PARIS. — IMPRIMERIE Vve P. LAROUSSE ET Cie,
19, RUE DU MONTPARNASSE, 19.

ŒUVRES COMPLÈTES

DE

SAINT JÉROME

PRÊTRE ET DOCTEUR DE L'ÉGLISE

TRADUITES EN FRANÇAIS ET ANNOTÉES

PAR L'ABBÉ BAREILLE

AUTEUR DE LA TRADUCTION DES ŒUVRES DE S. JEAN CHRYSOSTOME COURONNÉE PAR L'ACADÉMIE FRANÇAISE

RENFERMANT

le texte latin soigneusement revu et les meilleures notes des diverses éditions

TOME TROISIÈME

CONTRE VIGILANCE. — CONTRE JEAN DE JÉRUSALEM. — APOLOGIE CONTRE RUFIN.
DIALOGUE CONTRE LES PÉLAGIENS. — DE VIRIS ILLUSTRIBUS. — DES NOMS HÉBREUX. — SITE ET NOMS DES LIEUX. — QUESTIONS HÉBRAÏQUES SUR LA GENÈSE

PARIS
LOUIS VIVÈS, LIBRAIRE-EDITEUR
13, RUE DELAMBRE, 13

1878

qu'ils ne prennent aucun intérêt à nos misères terrestres, et que, dès lors, les prodiges qu'ils opèrent de temps en temps ne peuvent servir qu'aux incrédules. 3° Il appelait rites païens certaines cérémonies de l'Eglise, notamment l'usage d'allumer des cierges le jour pour la messe, ou bien pour la lecture de l'Evangile ; il ne voulait entendre l'*Alleluia* qu'à la fête de Pâques. 4° Son opinion était que chacun pouvait parfaitement garder son bien pour lui-même, que le renoncement aux choses du siècle n'est pas tellement bon ; il allait même jusqu'à traiter de paresse et de fuite honteuse la pauvreté des moines et leur séjour dans le désert. Il blâmait en conséquence les aumônes qu'on avait coutume d'envoyer à Jérusalem, et peut-être les empêcha dans certaines circonstances, disant que, s'il fallait secourir les indigents, ce n'était qu'avec modération et par petites offrandes. 5° Il en vint enfin à vomir ce blasphème, que les clercs étaient ceux de tous les hommes qui devaient le moins garder le célibat ; il avait une telle aversion pour la continence, une hérésie, disait-il, et pour la pudeur, une source de corruption, disait-il encore, qu'il s'efforçait de persuader aux évêques de ne recommander à personne la chasteté, de n'ordonner aucun célibataire.

Jérôme répond point par point, dans cet opuscule, à ces monstrueuses erreurs ; et, ce qui vous frappera beaucoup plus d'admiration, il le composa dans une seule nuit. Lui-même nous apprend qu'il l'écrivit deux ans environ après sa lettre à Riparius, sur les veilles passées dans les basiliques des martyrs, ce qui donne pour date à cette composition l'an 406. Nous voyons cela par l'excuse qu'il invoque à la fin, le départ subit du frère Sisinnius pour l'Egypte ; car c'est là le messager qui devait, à son retour, remettre ce petit livre à Riparius et Desiderius, et les commentaires sur Zacharie à l'évêque de Toulouse Exupère, ces derniers écrits, comme s'exprime l'auteur lui-même dans la préface, sous le sixième consulat d'Arcadius et d'Anicius Probus ; ce qui est bien la même année que nous venons de dire.

LIVRE CONTRE VIGILANCE

1. *Condamnation et mort de Jovinien. Erreurs et blasphèmes de Vigilance.* — Le monde a vu naître bien des monstres. Nous voyons dans Isaïe les centaures, les sirènes, l'oiseau des nuits et celui des mers. *Isa.* XIII et XXXV. Job décrit, en un langage mystique, Leviathan et Behemoth. *Job.* III

CONTRA VIGILANTIUM

LIBER UNUS (a)

1. *Joviniani damnatio et mors. Errores Vigilantii et blasphemiæ.* — Multa in orbe monstra generata sunt. Centauros, et sirenas, ululas, et onocrotalos in Isaia (*Isai.* XIII et XXXV), legimus. Job Leviathan et Behemoth mystico sermone describit. *Job.* III et XL. Cerberum et Stymphalidas, aprumque Erimanthium et leonem Nemæum, chimæram atque hydram multorum capitum narrant fabulæ poetarum. Cacum (al. *descripsit*) describit Virgilius. *Æneid.* VIII. Triformem Geryonem Hispaniæ prodiderunt. Sola Gallia

(a) Edd. Martian. et Vallars. habent titulum hujusmodi : *Incipit liber S. Hieronymi presbyteri contra Vigilantium.* Edit. — *Incipit Liber.* Quanta sit Operum Hieronymi in quibusdam libris mss. depravatio, ex uno ms. codice Cluniacensi scire nobis licet ; in eo enim ita incipit Tractatus præsens contra Vigilantium : « INCIPIT AD VIGILANTIUM CONSENTIENTEM JOVINIANO. Multa quidem in orbe monstra generata sunt : Sirenes monstra marina ; Onocratalus avis, et interpretatur longum rostrum ; Crotalon, id est, cymbalum ; Ulalas, id est, aves ab ululando dictas ; Leviathan, id est, cetus magnus, et interpretatur additamentum eorum ; Behemoth interpretatur animal ; Stimphalides, id est, harpias a Stimphalo flumine ; Centauros et sirenas, ululas et onocratalos in Esaia legimus, etc. » Quis non exhorrescat tantam ac talem pueri contextus corruptelam et depravationem codicis ms. Cluniacensis, alioqui præstantissimi, ut in aliis hunc multis castigatius scripti ? Sed hæc facile abstergi possunt ex aliis exemplaribus, quibus semper abundamus in hac editione. MARTIAN.

et XI. Cerbère et les oiseaux du lac Stymphale, le sanglier d'Erimanthe et le lion de Némée, la chimère et l'hydre aux cent têtes figurent dans les fables des anciens. Virgile décrit le géant Cacus. *Eneid.* VIII. Les Espagnes nous ont donné le triple Géryon. La Gaule seule n'a pas eu de monstres; elle abonda toujours en courageux guerriers, en orateurs éloquents. Mais voilà que tout à coup a surgi Vigilance, ou mieux Dormitance, qui de son souffle impur entreprend de lutter contre l'esprit de Jésus-Christ, déclarant qu'on ne doit pas vénérer les tombes des martyrs, qu'il faut condamner les saintes veilles, que l'*Alleluia* ne peut jamais être chanté qu'à Pâque, que la continence est une hérésie et la pudeur une source de corruption. Comme cet Euphorbe qui revint à la vie, selon le témoignage de Pythagore, l'âme perverse de Jovinien a ressuscité dans cet homme, ce qui nous met dans la nécessité de la combattre en lui et de repousser en même temps les embûches du diable. Nous lui dirons : « Race perverse, prépare tes fils à la mort, en punition des péchés de ton père. » *Isa.* XIV, 21, selon les Septante. Le premier, condamné par l'autorité de l'Église Romaine, a rendu l'esprit, disons plutôt vomi, parmi les faisans et les viandes de porc. Le second, un cabaretier de Calagurris, Quintilien muet par la ressemblance dérisoire du nom de sa patrie, mêle l'eau avec le vin. N'oubliant pas les artifices de son premier état, il tâche de mêler le poison de sa perfide doctrine à la pureté de la foi catholique : il attaque la virginité, déteste la pudeur, et, dans ses festins avec les hommes du monde, il proteste contre les jeûnes des saints. Philosophant au milieu des coupes, goûtant à des mets exquis, il ne dédaigne pas les modulations des psaumes : il prête volontiers l'oreille aux cantiques de David, d'Idithun, d'Asaph et des enfants de Choré. Ces mots me sont arrachés par la douleur beaucoup plus que par l'impression du ridicule ; car j'ai de la peine à me contenir : je ne puis pas faire la sourde oreille lorsque j'entends insulter les apôtres et les martyrs.

2. *Célibat des clercs.* — Chose affreuse! on dit que des évêques se font les complices de sa criminelle témérité, si toutefois on peut nommer évêques ceux qui n'ordonnent que les diacres mariés. En professant une telle défiance vis-à-vis des célibataires, ils manifestent la sainteté de leur propre vie. Leurs soupçons à l'égard de tous les condamnent eux-mêmes : il leur faut donc les preuves visibles de l'incontinence des clercs, une femme enceinte, un enfant qui vagit dans ses bras, pour leur confier les sacrements du Christ. Que feront les Églises orientales, et celles de l'Égypte, et le Siége apostolique lui-même, qui n'acceptent que des clercs voués à la virginité, ou pratiquant la continence, ou cessant de vivre avec leurs femmes, s'ils sont mariés? (1) Voilà ce qu'enseigne Dormitance, lâchant

(1) On ne saurait rien imaginer de moins équivoque et de plus formel concernant la loi du célibat ecclésiastique. Dans ce même sens ont parlé la plupart des grands docteurs du IVe siècle. On trouve également des autorités et des traditions décisives dans les siècles antérieurs, en remontant jusqu'au berceau du christianisme. Comment, après cela, les hérétiques de ces derniers temps et les ennemis actuels de l'Église ont-ils osé soutenir que Grégoire VII, ou tel autre pape du moyen âge, était l'auteur de cette loi ? c'est un prodige d'ignorance, à moins que ce ne soit un monstre d'impudence et de perfidie.

monstra non habuit; sed viris semper fortibus et eloquentissimis abundavit. Exortus est subito Vigilantius, seu verius Dormitantius, qui immundo spiritu pugnet contra Christi spiritum, et Martyrum neget sepulchra veneranda; damnandas (al. *dicit*) dicat esse vigilias : nunquam nisi in Pascha Alleluia cantandum; continentiam, hæresim; pudicitiam, libidinis seminarium. Et quomodo Euphorbus in Pythagora renatus esse perhibetur, sic in isto Joviniani mens prava surrexit; ut et in illo, et in hoc diaboli respondere cogamur insidiis. Cui jure (al. *dicetur*) dicitur : « Semen pessimum, para filios tuos occisioni peccatis patris tui. » *Isa.* XIV, sec. LXX, 21. Ille, Romanæ Ecclesiæ auctoritate damnatus, inter phasides aves et carnes suillas non tam emisit spiritum, quam eructavit. Iste, caupo Calagurritanus, et in perversum propter nomen viculi mutus Quintilianus, miscet aquam vino (*a*), et, de artificio pristino, suæ venena perfidiæ Catholicæ fidei sociare conatur, impugnare virginitatem, odisse pudicitiam, in convivio sæcularium contra sanctorum jejunia proclamare; dum inter phialas philosophatur, et ad placentas liguriens, psalmorum modulatione mulceri; et tantum inter epulas, David et Idithun, et Asaph et filiorum Chore cantica audire dignetur. Hæc dolentis magis effudi animo quam ridentis, dum me cohibere non possum, et injuriam apostolorum ac martyrum surda nequeo aure transire.

2. *Cælibatus Clericorum.* — Proh nefas! episcopos sui sceleris dicitur habere consortes; si tamen episcopi nominandi sunt, qui non ordinant diaconos, nisi prius uxores duxerint; nulli cælibi credentes pudicitiam, imo ostendentes quam sancte vivant, qui male de omnibus suspicantur : et nisi prægnan-

(*a*) Alludi videtur illud Isai. I : *Vinum tuum mixtum est aqua*, quod passim alii Patres, et noster cum primis Hieronymus de hæreticis dictum interpretantur. Tertullianus, lib. *de Anima*, c. 3. *caupones* et *miscentes aquam vino* hæreticos vocat. Hieronymus utrumque uno verbo elegantissime et hæresim et cauponariam artem exprobrare voluit Vigilantio. (*Edit. Mign.*)

le frein aux passions, en doublant même l'impétuosité dans l'âge de l'effervescence, dans la vigueur de la jeunesse, par l'audace de ses discours; ou plutôt les éteignant dans l'excès du désordre, si bien que nous ne différions plus des pourceaux, qu'on ne puisse plus nous distinguer des brutes, et qu'on nous applique avec raison ce que Dieu dit par son prophète : « Ils sont devenus devant moi des chevaux emportés par le vertige; chacun hennissait après la femme de son prochain. » *Jerem.* v, 8. Voilà ce que l'Esprit-Saint disait encore par la bouche de David : « Ne devenez pas comme le cheval et le mulet, qui sont dépourvus d'intelligence. » *Psalm.* xxxi, 9. Il ajoute concernant Dormitance et ses compagnons : « Serrez les mâchoires avec le mors et le frein à ceux qui n'approchent plus de vous. »

3. *Riparius, Desiderius et Sisinnius. Inhabileté de Vigilance.* — Mais il est temps de citer ses expressions et de répondre à chacune. Il pourrait arriver, en effet, qu'un interprète malin m'accusât encore d'imaginer un sujet, et de faire ensuite une réfutation également imaginaire, à la façon des rhéteurs. C'est ce qui eut lieu pour mon exhortation aux deux Gallia, la mère et la fille, entre lesquelles la discorde s'était glissée. Les saints prêtres Riparius et Desiderius ont provoqué ma dictée présente, en m'écrivant que leurs paroisses sont infectées par le voisinage de l'hérétique, et de plus, en m'envoyant par le frère Sisinnius les opuscules qu'il a dégobillés à travers ses orgies. Ils assurent enfin que plusieurs acquiescent à ses blasphèmes, en favorisant ses mœurs. C'est un homme dénué de style et de science, inhabile à parler, et dès lors entièrement incapable de se défendre; mais, par égard pour les hommes du siècle et pour ces pauvres femmes toutes chargées de péchés, qui ne cessent d'apprendre et n'arrivent jamais à la science de la vérité, je vais répondre d'un seul jet à toutes ses inepties, pour ne point paraître avoir dédaigné les lettres des saints personnages qui m'en ont prié.

4. *La ville de Comminges et la patrie de Vigilance. Elle fut d'abord appelée Pompeiopolis. Expressions mêmes de l'hérétique.* — Il ne dément certes pas son origine, puisqu'il est né d'une race de brigands et de vagabonds réunis, que Pompée, après avoir dompté l'Espagne et se hâtant de revenir à Rome pour y recevoir les honneurs du triomphe, fit descendre des sommets des Pyrénées et rassembla dans une place forte; d'où le nom de Convènes donné à cette ville (et devenu plus tard Comminges). Il n'est donc pas étonnant qu'il continue ses brigandages contre l'Église de Dieu, ce descendant des Vectons, des Arrebaces et des Celtibériens ; qu'il se jette sur les chrétientés, tenant en main, non certes l'étendard de la

tes uxores viderint clericorum, infantesque de ulnis matrum vagientes, Christi sacramenta non tribuant. Quid facient Orientis Ecclesiæ ? quid Ægypti et Sedis Apostolicæ, quæ aut virgines Clericos accipiunt, aut continentes, aut, si uxores habuerint, mariti esse desistunt? Hoc docuit Dormitantius, libidini frena permittens, et naturalem carnis ardorem, qui in adolescentia plerumque fervescit, suis (al. *hortationibus*) hortatibus duplicans ; imo extinguens coitu feminarum, ut nihil sit quo distemus a porcis, quo differamus a brutis animantibus, quo ab equis, de quibus scriptum est : « Equi insanientes in feminas facti sunt mihi ; unusquisque in uxorem proximi sui hinniebat. » *Jerem.* v, 8. Hoc est quod loquitur per David Spiritus sanctus : « Nolite fieri sicut equus et mulus, quibus non est intellectus. » *Psal.* xxxi, 9. Et rursum de Dormitantio et sociis ejus : « In chamo et freno maxillas eorum constringe, qui non approximant ad te. »

3. *Riparius, Desiderius et Sisinnius. Imperitia Vigilantii.* — Sed jam tempus est, ut ipsius verba ponentes ad singula respondere nitamur. Fieri enim potest, ut rursum malignus interpres dicat fictam a me materiam, cui rhetorica declamatione respondeam : sicut illam quam scripsi ad Gallias, matris et filiæ inter se discordantium. Auctores sunt hujus dictatiunculæ meæ sancti presbyteri Riparius et Desiderius, qui parœcias suas vicinia istius scribunt esse maculatas, miseruntque libros per fratrem Sisinnium, quos inter crapulam stertens evomuit. Et asserunt repertos esse nonnullos, qui, faventes vitiis suis, illius blasphemiis acquiescant. Est quidem imperitus, et verbis et scientia, et sermone inconditus, ne vera quidem potest defendere ; sed, propter homines sæculi, et mulierculas oneratas peccatis, « semper discentes et nunquam ad scientiam veritatis pervenientes, » una lucubratiuncula illius næniis respondebo, ne sanctorum virorum qui ut hæc facerem me deprecati sunt, videar litteras respuisse.

4. *Convenarum urbs et patria Vigilantii. Pompeiopolis fuit dicta. Verba Vigilantii.* — Nimirum respondet generi suo, ut qui de latronum et Convenarum natus est semine, quos (*Consule* Strab., lib. iv) Cn. Pompeius edomita Hispania, et ad triumphum redire festinans, de Pyrenæi jugis deposuit, et in unum oppidum congregavit, unde et Convenarum urbs nomen accepit, hucusque latrocinetur contra Ecclesiam Dei, et de Vectonibus, Arrebacis, Celtiberisque descendens, incurset Galliarum Ecclesias, portetque nequaquam vexillum (al. *Christi*) crucis, sed insigne

croix, mais les enseignes du diable. Pompée, du reste, agit de même en Orient : ayant vaincu les pirates et les brigands de la Cilicie et de l'Isaurie, il fonda entre ces deux provinces une ville à laquelle il donna son nom. Cette ville cependant garde les traditions des aïeux, et n'a donné le jour à aucun Dormitance. Les Gaules sont ravagées par un ennemi domestique, un homme à la tête ébranlée, et qu'il faudrait attacher avec les liens d'Hippocrate. On le voit assis dans l'Eglise ; et, parmi tant d'autres blasphèmes, on l'entend parler ainsi : « As-tu donc besoin d'honorer de la sorte, et même d'adorer ce je ne sais quoi renfermé dans un vase portatif? » Il dit encore dans le même livre : « Pourquoi baises-tu avec un sentiment d'adoration un peu de poussière enveloppée dans un linge? » Plus loin, il continue : « Nous voyons à peu près les rites des Gentils introduits dans les Églises sous prétexte de religion ; tandis que le soleil répand sa lumière, des masses de cierges sont allumés, et partout on baise, on adore une poussière sans nom, enveloppée d'un linge et placée dans un petit vase précieux. Voilà bien un bel honneur que ces hommes rendent aux bienheureux martyrs ; ils pensent devoir illuminer avec leurs misérables flambeaux de cire ceux qu'illumine l'Agneau, siégeant sur son trône dans tout l'éclat de sa majesté. »

5. *Reliques des Apôtres et de Samuel.* — Qui donc, ô tête folle, a jamais adoré les martyrs? qui confond l'homme avec Dieu? Est-ce que Paul et Barnabé, lorsque les Lycaoniens, les prenant pour Jupiter et Mercure, voulaient leur immoler des victimes, ne déchirèrent pas leurs vêtements, en se proclamant hommes? Ce n'est pas qu'ils ne fussent meilleurs que Jupiter et Mercure, hommes morts depuis longtemps ; mais ils n'entendaient pas que, par une erreur idolâtrique, on leur rendît des hommages dus à Dieu seul. Nous lisons la même chose par rapport à Pierre, qui, lorsque Corneille se disposait à l'adorer, le releva de la main, en disant : « Lève-toi ; car je ne suis moi-même qu'un homme. » *Act.* x, 26. Et tu as l'audace de dire : « Ce je ne sais quoi qu'on adore dans un petit vase portatif. » Qu'est ce je ne sais quoi? Je désire le savoir. Parle d'une manière plus claire, blasphème en toute liberté : « Ce peu de poussière sans nom, enveloppé d'un linge et renfermé dans un petit vase précieux. » Il déplore que les reliques des martyrs soient couvertes d'un riche voile, et qu'on ne les attache pas dans des haillons, dans de vils lambeaux, pour les jeter aux ordures, de telle sorte qu'on n'adore plus désormais que Vigilance, cuvant son vin dans le sommeil. Nous sommes donc des sacriléges lorsque nous entrons dans les basiliques des apôtres? Il fut un sacrilége aussi l'empereur Constance, qui transféra les saintes reliques d'André, de Luc et de Timothée à Constantinople, ces reliques auprès desquelles rugissent

diaboli. Fecit hoc idem Pompeius, etiam in Orientis partibus : ut Cilicibus et Isauris piratis, latronibusque superatis, sui nominis inter Ciliciam et Isauriam conderet civitatem. Sed hæc urbs hodie servat scita majorum, et nullus in ea ortus est Dormitantius. Galliæ vernaculum hostem sustinent, et hominem moti capitis, atque Hippocratis vinculis alligandum, sedentem cernunt in Ecclesia, et, inter cætera verba blasphemiæ, ista quoque dicentem : « Quid necesse est, te tanto honore, non solum honorare, sed etiam adorare illud nescio quid, quod in modico vasculo transferendo colis ? » Et rursum in eodem libro : « Quid pulverem linteamine circumdatum adorando oscularis ? » Et in consequentibus : « Prope ritum gentilium videmus sub prætextu religionis introductum in Ecclesiis ; sole adhuc fulgente, moles cereorum accendi, et ubicumque pulvisculum nescio quod, in modico vasculo pretioso linteamine circumdatum osculantes adorant. Magnum honorem præbent hujusmodi homines beatissimis martyribus, quos putant de vilissimis cereolis illustrandos quos Agnus, qui est in medio throni cum omni fulgore majestatis suæ, illustrat. »

5. *Reliquiæ Apostolorum et Samuelis.* — Quis enim, o insanum caput, aliquando martyres adoravit ? quis hominem putavit Deum ? Nonne Paulus et Barnabas, *Act.* xiv, cum a Lycaonibus Jupiter et Mercurius putarentur, et eis vellent hostias immolare, sciderunt vestimenta sua, et se homines esse dixerunt ? Non quod meliores non essent olim mortuis hominibus Jove atque Mercurio ; sed quod sub gentilitatis errore, honor eis Deo debitus deferretur. Quod et de Petro legimus, qui Cornelium se adorare cupientem manu sublevavit, et dixit : « Surge ; nam et ego homo sum. » *Ibid.* x, 26. Et audes dicere : « Illud nescio quid quod in modico vasculo transferendo colis ? » Quid est illud nescio quid, scire desidero. Expone manifestius, ut tota libertate blasphemes : « Pulvisculum nescio quod (*Ms., B.* inquit in, etc.) in modico vasculo pretioso linteamine circumdatum. » Dolet martyrum reliquias pretioso operiri velamine ; et non vel pannis, vel cilicio colligari, vel projici in sterquilinium, ut solus Vigilantius ebrius et dormiens adoretur. Ergo sacrilegi sumus, quando Apostolorum basilicas ingredimur ? Sacrilegus fuit Constantius Imperator, qui sanctas reliquias Andreæ, Lucæ, et Timothei transtulit Constantinopolim, apud quas dæmones rugiunt, et inhabitatores Vigi-

les démons, hôtes habituels de Vigilance, et confessent ainsi la présence des saints? Maintenant même il faut déclarer que l'empereur Arcadius est un sacrilége, lui qui vient de transporter, après tant de siècles, les ossements du bienheureux Samuel de la Judée dans la Thrace? Tous les évêques doivent être estimés non-seulement sacriléges, mais encore insensés, puisqu'ils portaient dans la soie et l'or la plus vile des choses, les restes d'un corps réduit en cendre? Ils étaient fous les peuples de toutes les Églises qui couraient à la rencontre des reliques sacrées, accueillant le prophète avec autant de joie que s'il eût été présent et visible, se remplaçant par innombrables essaims et formant une chaîne non interrompue de la Palestine à Chalcédoine, faisant retentir d'une voix unanime les louanges du Christ? Apparemment qu'ils adoraient Samuel, et non le Christ, dont Samuel fut le lévite et le prophète. Tu le crois mort, et de là tes blasphèmes. Lis l'Évangile : « Le Dieu d'Abraham, d'Isaac et de Jacob n'est pas le Dieu des morts, mais bien le Dieu des vivants. » *Matth.* XII. Si les saints vivent, ils ne sont donc pas renfermés dans une honorable prison, selon ton langage.

6. *Sentiment des hérétiques de ce temps. Il ne faut pas lire les livres apocryphes. Monstrueuses paroles de Basilide.* — Tu prétends, en effet, que les âmes des apôtres et des martyrs sont immobilisées dans le sein d'Abraham, ou dans un lieu de rafraîchissement et de paix, ou sous l'autel même de Dieu : qu'elles ne peuvent pas dès lors sortir de leurs sépulcres et se transporter où elles veulent. Elles sont donc investies d'une dignité sénatoriale; et ce n'est pas dans un sombre cachot, avec les homicides, c'est aux îles fortunées sans doute, ou dans les Champs-Élysées qu'elles sont reléguées, jouissant d'une liberté restreinte, dans une prison honorable. Tu poses donc des lois à Dieu? Tu donnes des chaînes aux apôtres? Les voilà donc prisonniers jusqu'au jour du jugement, et séparés de leur divin Maître, ceux dont il est cependant écrit : « Ils suivent l'Agneau partout où il va. » *Apoc.* XIV, 4. Si l'Agneau va partout, nous devons bien croire qu'ils vont partout aussi, ceux qui vont avec l'Agneau. Tandis que le diable et les démons circulent dans tout l'univers, et sont en quelque sorte présents en tout lieu par leur étonnante vélocité, les martyrs, après avoir répandu leur sang, seront renfermés dans une caisse et n'en pourront pas sortir? Tu dis dans ton libelle que, pendant la vie, nous pouvons prier les uns pour les autres, mais qu'une fois morts, nous ne saurions faire pour autrui de prière efficace; et la grande raison est que les martyrs ont demandé, sans l'obtenir, que leur sang fût vengé. *Apoc.* VI. Si les apôtres et les martyrs, vivant encore sur la terre, ont pu prier pour le prochain, alors qu'ils devaient n'être pas sans sollicitude pour eux-mêmes, combien plus ne le peuvent-ils pas après leurs couronnes, leurs victoires et leurs triomphes?

tantii illorum se sentire præsentiam confitentur? Sacrilegus dicendus est et nunc Augustus Arcadius, qui ossa beati Samuelis longo post tempore de Judæa transtulit in Thraciam? Omnes episcopi non solum sacrilegi, sed et fatui judicandi, qui rem vilissimam et cineres dissolutos in serico et vase aureo portaverunt? Stulti omnium Ecclesiarum populi, qui occurrerunt sanctis reliquiis, et tanta lætitia, quasi præsentem, viventemque prophetam cernerent, susceperunt : unde Palæstina usque Chalcedonem jungerentur populorum examina, et in Christi laudes una voce resonarent? Videlicet adorabant Samuelem, et non Christum, cujus Samuel et levita et propheta fuit. Mortuum suspicaris, et idcirco blasphemas. Lege Evangelium : « Deus Abraham, Deus Isaac, Deus Jacob non est Deus mortuorum, sed vivorum. » *Matth.* XII. Si ergo vivunt, honesto juxta te carcere non clauduntur.

6. *Sententia Hæreticorum hujus temporis. Non sunt legendi libri apocryphi. Basilidis portenta verborum.* — Ais enim vel in sinu Abrahæ, vel in loco refrigerii, vel subter aram Dei, animas apostolorum et Martyrum consedisse; nec posse de suis tumulis, et ubi voluerint adesse præsentes. Senatoriæ videlicet dignitatis sunt; et non inter homicidas teterrimo carcere, sed in libera honestaque custodia in fortunatorum insulis et in campis Elysiis *recluduntur*. Tu Deo leges pones? Tu apostolis vincula injicies; ut usque ad diem judicii teneantur custodia, nec sint cum Domino suo, de quibus scriptum est : « Sequuntur Agnum, quocumque vadit. » *Apoc.* XIV, 4. Si Agnus ubique, ergo et hi qui cum Agno sunt, ubique esse credendi sunt. Et cum diabolus et dæmones toto vagentur in orbe, et celeritate nimia ubique præsentes sint, martyres post effusionem sanguinis sui (*Mss.* ara) *arca* operientur inclusi, et inde exire non poterunt? Dicis in libello tuo, quod, dum vivimus, mutuo pro nobis orare possumus; postquam autem mortui fuerimus, nullius sit pro alio exaudienda oratio; præsertim cum martyres ultionem sui sanguinis obsecrantes, impetrare non quiverint. *Apoc.* VI, 9. Si apostoli et martyres, adhuc in corpore constituti, possunt orare pro cæteris, quando pro se adhuc debent esse solliciti; quanto magis post coronas, victorias et triumphos? Unus homo Moyses sexcentis millibus armatorum impe-

Un homme seul, Moïse obtient de Dieu la grâce de six cent mille combattants; *Exod.* XXXII. *Act.* VII; Etienne, marchant sur les traces du Seigneur, et le premier martyr dans le Christ, obtient également grâce pour ses persécuteurs, et, dès qu'ils sont avec le Christ, ils auront moins de puissance? L'apôtre Paul nous apprend que soixante-seize âmes lui furent données dans le navire; et, lorsqu'une fois délivré de ses liens terrestres il est avec le Christ, il restera bouche close, il ne pourra pas dire un mot en faveur de ceux qui dans le monde entier ont embrassé son Evangile? Vigilance sera donc le chien vivant qui vaut mieux que ce lion mort. *Eccli.* IX. La citation serait juste, si j'avouais que l'âme de Paul est morte d'elle-même. Enfin, on ne dit pas des saints qu'ils meurent, mais bien qu'ils s'endorment. C'est ce que le Sauveur disait de Lazare, au moment de le ressusciter. *Joan.* XI. L'Apôtre défend aux Thessaloniciens de s'affliger de ceux qui dorment. I *Thessal.* IV. Pour toi, tu dors étant éveillé, et tu écris en dormant; c'est ainsi que tu me présentes un livre apocryphe, accepté par toi et par tes semblables, sous le nom d'Esdras. Il est écrit là que personne après la mort n'ose prier pour les autres. Mais ce livre, je ne l'ai jamais lu. A quoi bon tenir dans sa main ce qui n'est pas reçu par l'Église? Tu pourrais aussi mettre en avant le Baume, le Barbélus et le Trésor des Manichéens, ou bien encore ce nom ridicule de Leusibora. Comme ta demeure est aux pieds des Pyrénées, sur la frontière de l'Ibérie, tu continues le langage monstrueux de Basilide, cet hérétique des anciens temps, cet homme sans science; tu fais valoir ce que rejette l'autorité du monde entier. Dans ton misérable opuscule, tu prétends emprunter à Salomon, en faveur de ta doctrine, un texte que Salomon n'a jamais écrit. Ayant un autre Esdras, tu veux avoir encore un autre Salomon. Si cela peut te plaire, lis aussi les révélations imaginaires de tous les patriarches et prophètes; puis, quand tu les sauras par cœur, chante-les au milieu des femmes occupées à tisser, ou plutôt fais-les lire dans ta taverne, pour que le vulgaire ignorant soit excité par de telles inepties à boire davantage.

7. *Pourquoi des cierges sont allumés dans les*

trat a Deo veniam; *Exod.* XXII, *Act.* VII; et Stephanus, imitator Domini sui, et primus martyr in Christo, pro persecutoribus veniam deprecatur; et postquam cum Christo esse cœperint, minus valebunt? Paulus apostolus ducentas septuaginta sex sibi dicit in navi animas condonatas; et postquam resolutus esse cœperit cum Christo, tunc ora clausurus est, et pro his qui in toto orbe ad suum Evangelium crediderunt, mutire non poterit? Meliorque erit Vigilantius canis vivens, quam ille leo mortuus. *Eccl.* IX. Recte hoc de Ecclesiaste proponerem, si Paulum in spiritu mortuum confiterer. Denique sancti non appellantur mortui, sed dormientes. Unde et Lazarus, qui resurrecturus erat, dormisse perhibetur. *Joan.* XI. Et Apostolus vetat Thessalonicenses, *I Thess.* IV, de dormientibus contristari. Tu vigilans dormis, et dormiens *scribis*; et proponis mihi librum apocryphum (*a*) qui sub nomine Esdræ a te et similibus tui legitur: ubi scriptum est, quod post mortem nullus pro aliis audeat deprecari; quem ego librum nunquam legi. Quid enim necesse est in manus sumere, quod Ecclesia non recipit? Nisi forte Balsamum mihi, et Barbelum, et (*b*) Thesaurum Manichæi, et ridiculum nomen Leusiboræ proferas; et, quia ad radices Pyrenæi habitas, vicinusque es Iberiæ, Basilidis antiquissimi hæretici et imperitæ scientiæ, incredibilia portenta prosequeris, et proponis quod totius orbis auctoritate damnatur. Nam in Commentariolo tuo quasi pro te faciens de Salomone sumis testimonium, quod Salomon omnino non scripsit; ut qui habes alterum Esdram, habeas et Salomonem alterum; et, si tibi placuerit, legito fictas revelationes omnium patriarcharum et prophetarum; et, cum illas didiceris, inter mulierum textrinas cantato, imo legendas propone in tabernis tuis, ut facilius per has nænias vulgus indoctum provoces ad bibendum.

7. *Cerei in templis, quare accensi? Christiani re-*

(*a*) *Qui sub nomine Esdræ.* Librum Esdræ quartum intelligere videtur: nam falsa Vigilantio opinio sumpta videtur e capite 7, libr. IV, Esdræ, vers. 36 ad 44. MARTIAN. — Notatum Victorio est e quarto libro apocrypho Esdræ, cap. VII, vers. 36 ad usque 44 suam opinionem utcumque extundere potuisse Vigilantium.

(*b*) *Thesaurum Manichæi.* Duas naturas, unam boni, alteram mali Manichæus dicebat: easque velut e quodam æterno thesauro erutas asserebat. Ridicula hæc portenta Manichæi et Basilidis vide apud Irenæum, Epiphanium, et Augustinum. MARTIAN. — Putat Martianæus e quodam æterno thesauro erutas innui juxta Manichæum duas naturas, boni unam, alteram mali, a quo non abludit Victorius, qui *thesaurum* obvio sensu dici autumat. Verum e contrario *thesaurum* unum fuisse e portentosis nominibus, quæ Basilides et Manichæus excogitarunt, passim Hieronymus indicat in cap. LXIV Isaiæ: *Et Basilidis, Balsami atque Thesauri, Barbelonis quoque et Leusiboræ, ac reliquorum nominum portenta*, etc. Paria habet in Epist. ad Theodoram, et in illa ad Pammachium de optimo genere interpretandi: Inter Phœnicum vero deos Μελχάθαρον, et Θησαυρὸν, *Thesaurum* Codinus quoque enumerat in Originibus Constantinopolitanis numero 66, tametsi pro Θησαυρὸν alii substituant Θύσηρον, et falsæ lectionis Codinum arguant. Certe non alio sensu Thesauri nomen, ut auctor Historiæ Hæreseos Manichæorum, recens Parisiis editus tradit, titulus erat quarti libri quem contra rectam fidem Scythianus hujus hæresis auctor composuit. Vide Eusebium oratione de laudibus Constantini, et quæ in Epistolam 25 ad Theodoram, numero 3 annotavimus nota *b*.

temples. Nous renaissons chrétiens. Pourquoi des flambeaux accompagnent la lecture de l'Évangile. — Ce n'est pas en plein jour que nous allumons des cierges, comme tu nous en accuses gratuitement; c'est pour dissiper au contraire les ténèbres de la nuit, pour veiller à la lumière, et ne pas nous endormir avec toi dans un profond aveuglement. S'il est des personnes qui, manquant d'instruction, avec la simplicité des hommes vivant dans le monde, ou plutôt des femmes sincèrement attachées à la religion, et dont nous pouvons dire en toute vérité : « J'avoue qu'elles ont le zèle de Dieu, mais non selon la science, » *Rom.* x, 2, se livrent à ces pratiques pour honorer les martyrs, quelle perte en résulte-t-il pour toi? Dans une circonstance, les apôtres se plaignaient aussi qu'un baume précieux fût perdu; ils furent rappelés à l'ordre par la voix même du Seigneur. *Matth.* xxvi; *Marc.* xiv. Sans doute, le Christ n'avait pas besoin de ce parfum, pas plus que les martyrs n'ont besoin de la lumière des cierges; mais c'est pour honorer le Christ que cette femme agit de la sorte, et son pieux sentiment fut accueilli. Il en est de même de celles qui font brûler des cierges; elles ont la récompense méritée par leur foi, d'après cette parole de l'Apôtre : « Que chacun se montre généreux selon sa pensée. » *Rom.* xiv, 5. Tu les traites d'idolâtres; et j'avoue que nous tous, qui croyons en Jésus-Christ, sommes venus des ténèbres des erreurs de l'idolâtrie; car nous ne naissons pas, nous renaissons chrétiens. Et, parce que nous adorions autrefois les idoles nous ne devons pas maintenant adorer Dieu, dans la crainte de le confondre avec les fausses divinités par de semblables hommages? C'est parce que les idoles en étaient l'objet, que ces pratiques étaient abominables : elles s'adressent désormais aux martyrs, et par là même elles méritent d'être respectées. En dehors de ce culte, dans toutes les Églises d'Orient, au moment de l'Évangile, on allume des flambeaux, quoique le soleil éclaire déjà la terre; mais ce n'est pas en vue de dissiper l'obscurité, c'est un témoignage d'allégresse. De là vient aussi que les vierges dont il est parlé dans l'Évangile ont toujours leurs lampes allumées. *Matth.* xxv. Il est encore dit aux apôtres : « Ayez une ceinture à vos reins, et dans vos mains des lampes rayonnantes. » *Luc.* xii, 35. Il est dit enfin de Jean-Baptiste : « Celui-là était une lampe ardente et brillante. » *Joan.* v, 35. Voilà comment, sous l'image de la lumière corporelle, nous est montrée celle dont nous lisons dans le Psautier : « Votre parole, Seigneur, est la lampe qui guide mes pas, la lumière éclairant mes sentiers. »

8. *Le Pontife romain offre le divin sacrifice sur les corps des Apôtres. Opinion ou bien objection insensée de Vigilance. Eunomius, premier auteur de l'hérésie contre les reliques. Montan. Le livre de Tertullien intitulé Scorpiaque. L'hérésie Caïnique renouvelée.* — Il agit donc mal le Pontife romain, qui, sur les ossements vénérables, selon nous,

nascimur. Luminaria ad Evangelium accendantur quare? — Cereos autem non clara luce accendimus, sicut frustra calumniaris, sed ut noctis tenebras hoc solatio temperemus; et vigilemus ad lumen, ne cæci tecum dormiamus in tenebris. Quod si aliqui per imperitiam, et simplicitatem sæcularium hominum, vel certe religiosarum feminarum, de quibus vere possumus dicere : « Confiteor, zelum Dei habent, sed non secundum scientiam, » *Rom.* x, 2, hoc pro honore Martyrum faciunt, qui inde perdis? Causabantur quondam et apostoli, quod periret unguentum; sed Domini voce correpti sunt. *Matth.* xxiv *et Marc.* xxvi. Neque enim Christus indigebat unguento, nec martyres lumine cereorum; et tamen illa mulier in honore Christi hoc fecit, devotioque mentis ejus recipitur. Et quicumque accendunt cereos, secundum fidem suam habent mercedem, dicente Apostolo : « Unusquisque in suo sensu abundet. » *Rom.* xiv, 5. Idololatras appellas hujusmodi homines? Non diffiteor omnes nos qui in Christo credimus de idololatriæ errore venisse. Non enim nascimur, sed renascimur christiani. Et quia quondam colebamus idola, nunc Deum colere non debemus, ne simili eum videamur cum idolis honore venerari? Illud fiebat idolis, et idcirco detestandum est : hoc fit martyribus, et idcirco recipiendum est. Nam et absque martyrum reliquiis per totas Orientis Ecclesias, quando legendum est Evangelium, accenduntur luminaria, jam sole rutilante; non utique ad fugandas tenebras, sed ad signum lætitiæ demonstrandum. Unde et virgines illæ evangelicæ semper habent accensas lampades suas. *Matth.* xxv. Et ad apostolos dicitur : « Sint lumbi vestri præcincti, et lucernæ ardentes in manibus vestris. » *Luc.* xii, 35. Et de Joanne Baptista : « Ille erat lucerna ardens et lucens; » *Joan.* v, 35; ut sub typo luminis corporalis illa lux ostendatur, de qua in Psalterio legimus : « Lucerna pedibus meis verbum tuum, Domine, et lumen semitis meis. » *Ps.* cxviii, 105.

8. *Romanus Episcopus super corpora apostolorum offert sacrificia. Vigilantii stulta sententia vel objectio. Eunomius auctor hæreseos contra reliquias. Montanus. Tertulliani Scorpiacus liber. Caina hæresis instaurata.* — Male facit ergo Romanus episcopus, qui super mortuorum hominum Petri et Pauli, secundum nos ossa veneranda, secundum te vilem

de Pierre et de Paul, deux hommes défunts, sur une vile poussière, selon toi, offre au Seigneur le divin sacrifice, et regarde leurs tombes comme les autels du Christ? Et ce n'est pas seulement l'évêque d'une ville, ce sont les évêques du monde entier qui se trompent; car, laissant de côté le cabaretier Vigilance, pénètrent-ils dans les basiliques des morts, où gît, enveloppée d'un linge, une misérable poussière, une cendre qui n'a pas de nom, souillant tout de sa propre infection : ce sont ici, s'il faut t'en croire, les sépulcres pharisaïques blanchis au dehors, mais renfermant une cendre immonde, et dont le contact et l'odeur imprègnent tout ce qui les entoure. Après cela, soulevant la boue de ta poitrine infecte : « Donc les âmes des martyrs aiment leurs cendres, dis-tu; elles volent au-dessus; elles sont là toujours présentes, de peur que, si quelqu'un vient les prier, elles ne puissent pas entendre? » O monstruosité qu'il faudrait déporter aux derniers confins de la terre! Tu ris des reliques des martyrs; à l'exemple d'Eunomius, le véritable auteur de cette hérésie, tu dresses tes calomnieuses accusations contre les Églises du Christ; tu n'es pas effrayé d'une telle compagnie, et tu vas relançant contre nous les expressions mêmes de cet hérétique? Pas un de ses sectateurs n'entre dans les basiliques des apôtres ou des martyrs; ils réservent leurs adorations pour Eunomius mort, aux livres duquel ils accordent plus d'autorité qu'aux Évangiles; ils croient qu'en lui réside la lumière de la vérité, tout comme d'autres hérésies prétendent que le Paraclet est venu dans Montan, ou bien que Manès était le Paraclet lui-même. Ton hérésie s'est élevée déjà contre l'Église, tu ne dois pas te glorifier d'avoir innové dans le crime; et Tertullien, cet homme si savant, l'a déjà réfutée dans un remarquable volume, sous ce titre significatif de Scorpiaque; car elle injecte son venin dans le corps de l'Église par un double aiguillon, cette hérésie primitivement appelée Caïnique. Après avoir longtemps dormi dans la tombe, elle est maintenant ressuscitée par Dormitance. Je m'étonne que tu ne dises pas qu'il ne faut jamais subir le martyre, Dieu, qui ne veut pas du sang des boucs et des taureaux, voulant encore moins de celui de hommes. Que tu l'aies dit ou non, telle est au fond ta pensée. En effet, prétendre qu'on doit fouler aux pieds les reliques des martyrs, c'est prétendre qu'on ne doit pas donner un sang qui n'est digne d'aucun honneur.

9. *Les saintes veilles, les nuits passées dans les basiliques. La faute de quelques-uns ne porte pas atteinte à la Religion. Ce qu'il est bon d'avoir fait une fois ne saurait devenir mauvais en le répétant.* — Quant à l'utilité des veilles et des nuits fréquemment passées dans les basiliques des martyrs, j'en ai sommairement parlé, répondant à tes erreurs, dans une lettre écrite, il y a deux ans environ, au saint prêtre Riparius. Si tu con-

pulvisculum, offert Domino sacrificia, et tumulos eorum Christi arbitratur altaria? Et non solum unius urbis, sed totius orbis errant episcopi, qui cauponem Vigilantium contemnentes, ingrediuntur basilicas mortuorum, in quibus pulvis vilissimus et favilla, nescio quæ, jacet linteamine convoluta, ut polluta omnia polluat : et quasi sepulcra pharisaica foris dealbata sint cum intus immundo cinere (a), juxta te, immunda omnia oleant atque sordeant. Et post hæc de barathro pectoris tui cœnosam spurcitiam evomens, aut dicere : « Ergo cineres suos amant animæ martyrum, et circumvolant eos, semperque præsentes sunt; ne forte si aliquis precator (al. *peccator*) advenerit, absentes audire non possint? » O portentum in terras ultimas deportandum! Rides de reliquiis martyrum, et cum auctore hujus hæreseos Eunomio, Ecclesiis Christi calumniam struis; nec tali societate terreris, ut eadem contra nos loquaris, quæ ille contra Ecclesiam loquitur? Omnes enim sectatores ejus basilicas apostolorum et martyrum non ingrediuntur, ut scilicet mortuum adorent Eunomium, cujus libros majoris auctoritatis arbitrantur, quam Evangelia; et in ipso credunt esse lumen veritatis; sicut aliæ hæreses Paracletum Montanum venisse contendunt, et Manichæum ipsum dicunt esse Paracletum. Scribit adversum hæresim tuam, quæ olim erupit adversum Ecclesiam (ne et in hoc quasi repertor novi sceleris glorieris) Tertullianus vir eruditissimus insigne volumen, quod Scorpiacum vocat rectissimo nomine; quia arcuato vulnere in Ecclesiæ corpus venena diffundit, quæ olim appellabatur Caina hæresis; et multo tempore dormiens vel sepulta, nunc a Dormitantio suscitata est. Miror quod non dicas, nequaquam perpetranda martyria, Deum enim qui sanguinem hircorum taurorumque non quærat, multo magis hominum non requirere. Quod cum dixeris, imo et si non dixeris, ita haberis quasi dixeris. Qui enim reliquias martyrum asseris esse calcandas, prohibes sanguinem fundi, qui nullo honore dignus est.

9. *Vigiliæ et pernoctationes in basilicis. Paucorum culpa non præjudicat religioni. Quod semel fecisse bonum est, non potest esse malum si frequenter fiat.* — De vigiliis et pernoctationibus in basilicis marty-

(a) *Cum intus immundo.* Plures mss. omittunt hoc loco nonnulla verba, legentes *cum intus immundo cinere sordeant.* Cluniacensis codex variam hanc retinet lectionem : *et intus immundi cineres juxta te immunde omnia polluant et sordeant.* MARTIAN.

damnes cette réponse par cette raison que nous semblerions célébrer plusieurs fois la Pâque, et qu'il ne faut pas célébrer les veilles solennelles avant une année révolue, il ne faudra pas non plus, par la même raison, offrir le divin sacrifice chaque dimanche; car ce serait également répéter la résurrection du Seigneur, et nous aurions ainsi plusieurs Pâques, au lieu d'une seule. Les égarements et les désordres de quelques jeunes gens et des femmes de la plus vile condition, qui se produisent souvent pendant la nuit, ne sauraient être imputés aux hommes religieux. De semblables désordres ont également lieu dans les veilles de la Pâque, sans que la faute d'un petit nombre retombe sur la religion; ils n'ont pas besoin de l'occasion des veilles, ils ont leurs propres maisons ou les maisons étrangères. La foi des apôtres ne fut pas ruinée par la trahison de Judas. Nos saintes veilles ne le seront pas davantage par ces veilles dépravées; elles obligent même à veiller pour la pudeur ceux qui dorment dans les passions. Quand une action est bonne une fois, elle ne devient pas mauvaise en se répétant; ou bien, s'il faut éviter une faute, ce n'est pas précisément parce qu'elle est fréquente, c'est parce qu'elle est coupable, ne l'aurait-on commise qu'une fois. Ne veillons donc pas dans les solennités pascales, de peur de favoriser les mauvais désirs longtemps entretenus, de peur que la femme, ne pouvant plus alors être renfermée par son mari, ne tombe dans l'adultère. Plus est rare l'occasion, plus elle est ardemment désirée.

10. *Arguments de Vigilance contre les miracles.* — Je ne puis pas parcourir tout ce qui m'est signalé dans les lettres des saints prêtres; je suis obligé de choisir dans les libelles de l'hérétique. Il argumente contre les miracles et les guérisons qui s'accomplissent dans les basiliques des martyrs, disant que cela n'est pas utile aux croyants, mais seulement aux incrédules; comme s'il n'était plus question maintenant que des personnes en faveur de qui ces prodiges sont opérés, et non de la puissance qui les opère. J'admets que les miracles servent aux infidèles, et puissent amener à la foi ceux qui n'ont pas voulu croire par la parole et l'enseignement; mais le Seigneur lui-même opérait des miracles pour les incrédules, et certes on ne peut pas les condamner pour cela; ils n'en sont que plus dignes d'admiration, puisqu'ils ont eu la force de dompter les âmes les plus endurcies et de les courber sous le joug de la foi. Je ne veux pas que vous alliez me redisant que les signes appartiennent aux infidèles; répondez plutôt à ceci : Comment une vile poussière, une cendre sans nom, est-elle accompagnée de si frappants miracles? Je sais, je sais à merveille, ô le plus malheureux des mortels, ce qui fait l'objet de ta douleur et de ta crainte. Cet esprit impur qui guide ta plume a souvent été torturé par cette vile poussière; il l'est même encore aujourd'hui, et les blessures qu'il dissimule en

ram sæpe celebrandis, in altera Epistola, quam ante hoc ferme biennium sancto Ripario presbytero scripseram, respondi breviter. Quod si ideo eas æstimas respuendas, ne sæpe videamur Pascha celebrare, et non solennes post annum exercere vigilias; ergo et die dominico non sunt Christo offerenda sacrificia, ne resurrectionis Domini crebro Pascha celebremus; et incipiamus non unum Pascha habere, sed plurima. Error autem et culpa juvenum vilissimarumque mulierum, qui per noctem sæpe deprehenditur, non est religiosis hominibus imputandus; quia et in vigiliis Paschæ tale quid fieri plerumque convincitur, et tamen paucorum culpa non præjudicat religioni: qui et absque vigiliis possunt errare vel in suis, vel in alienis domibus. Apostolorum fidem Judæ proditio non destruxit. Et nostras ergo vigilias malæ aliorum vigiliæ non destruent: quin potius pudicitiæ vigilare cogantur, qui libidini dormiunt. Quod enim semel fecisse bonum est, non potest malum esse, si frequentius fiat; aut, si aliqua culpa vitanda est, non ex eo quod sæpe, sed ex eo quod fit aliquando culpabile est. Non vigilemus itaque diebus Paschæ, ne exspectata diu adulterorum desideria compleantur; ne occasionem peccandi uxor inveniat, ne maritali non possit recludi clave. Ardentius appetitur quidquid est rarius.

10. *Vigilantii argumenta contra miracula.* — Non possum universa percurrere, quæ sanctorum presbyterorum litteræ comprehendunt; de libellis illius aliqua proferam. Argumentatur contra signa atque virtutes quæ in basilicis martyrum fiunt, et dicit eas incredulis prodesse, non credentibus; quasi nunc hoc quæratur quibus fiant, et non qua virtute fiant. Esto signa sint infidelium, qui, quoniam sermoni et doctrinæ credere noluerunt, signis adducantur ad fidem; et Dominus incredulis signa faciebat, et tamen non idcirco Domini suggillanda sunt signa, quia illi infideles erant, sed majori admirationi erunt (al. *erant*), quia tantæ fuere potentiæ, ut etiam mentes durissimas edomarent, et ad fidem cogerent. Itaque nolo mihi dicas, signa infidelium sunt; sed responde quomodo in vilissimo pulvere, et favilla, nescio qua, tanta signorum virtutumque præsentia. Sentio, sentio, infelicissime mortalium, quid doleas, quid timeas. Spiritus iste immundus qui hæc te cogit scribere, sæpe hoc vilissimo tortus est pulvere, imo hodieque

soi, il les avoue chez les autres. A la manière des Gentils et des impies, de Porphyre et d'Eunomius, peut-être imagineras-tu que ce sont là des prestiges diaboliques, que les démons ne crient pas réellement et qu'ils simulent la souffrance. Je te donne un conseil : entre dans les basiliques des martyrs, et quelque jour tu seras purifié : tu trouveras là beaucoup de tes compagnons, et tu ressentiras la brûlure, non certainement des cierges qui te déplaisent tant, mais des flammes invisibles ; et tu confesseras alors ce que tu nies à l'heure présente ; tu proclameras ton nom, maintenant caché sous celui de Vigilance ; tu déclareras être Mercure, à cause de l'âpre amour du gain, ou la divinité nocturne dont le sommeil, selon la fable de Plaute dans son Amphitryon, favorisa les adultères de Jupiter et la naissance d'Hercule, le dieu de la force ; ou bien encore tu seras le père Bacchus, reconnaissable à son ébriété, à la coupe qui pend de ses épaules, au visage toujours rubicond, aux lèvres écumantes, à l'injure effrénée.

11. *Histoire concernant Vigilance.* — Aussi, lorsque cette province fut ébranlée par un subit tremblement de terre, qui réveilla tout le monde au milieu de la nuit, toi, le plus prudent et le plus sage des hommes, tu priais nu, nous retraçant l'histoire d'Adam et d'Ève dans le paradis ; mais eux rougirent en ouvrant les yeux, en s'apercevant de leur nudité, et se couvrirent de feuilles d'arbre : quant à toi, dépouillé de foi comme de tunique, saisi tout à tout de frayeur, et sous l'impression encore de l'orgie nocturne, tu donnais aux saints le spectacle de cette nudité honteuse, pour mieux manifester ta prudence. Et voilà quels sont les ennemis de l'Église, voilà les chefs qui combattent contre le sang des martyrs, les orateurs qui tonnent contre les apôtres, ou plutôt les chiens enragés qui poursuivent de leurs aboiements les disciples du Christ.

12. *Jérôme craignait parfois d'entrer dans les basiliques des Martyrs.* — Je confesse ma crainte, dans le cas où par hasard elle proviendrait de la superstition : si j'ai subi les assauts de la colère, ou ceux d'une mauvaise pensée, ou même d'un mauvais rêve, je n'ose pas entrer dans les basiliques des martyrs ; je tremble de tout mon corps et de toute mon âme. Ris tant que tu voudras, tourne en ridicule et traite de folie l'humble religion des femmes. Je ne rougis pas de la foi de celles qui virent les premières le Seigneur ressuscité, qui sont envoyées aux apôtres, et confiées à leurs soins dans la Mère de Jésus. Gorge-toi jusqu'à la nausée avec les hommes du siècle ; pour moi, je jeûnerai avec les pieuses femmes, et même avec les hommes vraiment religieux, qui portent la pudeur peinte

torqueatur, et qui in te plagas dissimulat, in caeteris confitetur. Nisi forte in morem gentilium impiorumque, Porphyrii et Eunomii, has praestigias daemonum esse confingas, et non vere clamare daemones, sed sua simulare tormenta. Do consilium, ingredere basilicas martyrum, et aliquando purgaberis : invenies ibi multos socios tuos, et nequaquam cereis martyrum, qui tibi displicent, sed flammis invisibilibus combureris, et tunc fateberis, quod nunc negas, et tuum nomen, qui in Vigilantio loqueris, libere proclamabis, te esse aut Mercurium propter nummorum cupiditatem, aut Nocturnum (al. *Nocturnonem*), juxta Plauti Amphitryonem, quo dormiente, in Alcmenae adulterio, duas noctes Jupiter copulavit, ut magnae fortitudinis Hercules nasceretur ; aut certe Liberum patrem pro ebrietate et cantharo ex humeris dependente, et semper rubente facie, et spumantibus labiis, effrenatisque conviciis.

11. *De Vigilantio historia.* — Unde et in hac provincia (*a*) cum subitus terrae motus, noctis medio omnes de somno excitasset ; tu prudentissimus et sapientissimus mortalium nudus orabas, et referebas nobis Adam et Evam de paradiso ; et illi quidem apertis oculis erubuerunt, nudos se esse cernentes, et verenda texerunt arborum foliis : tu, et tunica et fide nudus, subitoque timore perterritus, et aliquid habens nocturnae crapulae, sanctorum oculis obscenam partem corporis ingerebas, ut tuam indicares prudentiam. Tales habet adversarios Ecclesia, hi duces contra martyrum sanguinem dimicant, hujuscemodi oratores contra apostolos pertonant, imo tam rabidi canes contra Christi latrant discipulos.

12. *Timebat interdum Hieronymus basilicas intrare martyrum.* — Confiteor timorem meum, ne forsitan de superstitione descendat. Quando iratus fuero, et aliquid mali in meo animo cogitavero, et me nocturnum phantasma deluserit, basilicas martyrum intrare non audeo ; ita totus et corpore et animo contremisco. Rideas forsitan, et muliercularum deliramenta subsannes. Non erubesco earum fidem, quae primae viderunt Dominum resurgentem, quae mittuntur ad apostolos, quae in matre Domini Salvatoris, sanctis apostolis commendantur. Tu ructato cum sæculi hominibus ; ego jejunabo cum feminis, imo cum religiosis viris, qui pudicitiam vultu præferunt, et

(*a*) *Cum subitus terræ motus.* Prosper in Chronicis : *Arcadio IV et Honorio III coss. terræ motus per dies plurimos fuit cœlumque ardere visum est.* MARTIAN. — In S. Prosperi ac Marcellini Chronicis refertur ad annum 396 : *Arcadio V et Honorius III coss. terræ motus per dies plurimos fuit,* etc. Paulo infra vetus editio *de Paradiso ejectos sic crasse.*

sur leur visage et qui, dans leur continuelle pâleur, attestent, avec leurs privations, la sainte modestie du Christ.

13. *Qu'interdisait Vigilance. Les collectes du jour consacré au Seigneur. La coutume des aumônes chez les Hébreux et les Chrétiens.* — Il est une autre chose dont tu me parais vivement préoccupé : c'est que, si la tempérance, la sobriété et le jeûne viennent à s'implanter chez les Gaulois, tes tavernes n'éprouvent une sensible perte, et que tu ne puisses plus exploiter toute la nuit les veilles diaboliques et les grossières orgies. On me rapporte encore, dans les mêmes lettres, que t'élevant contre l'autorité de l'apôtre Paul, de Pierre lui-même, de Jean et de Jacques, qui donnèrent la main aux communications de Paul et de Barnabé, en leur recommandant de ne pas oublier les pauvres, tu t'opposes à ce que des secours soient envoyés à Jérusalem, pour soulager la misère des saints. Si j'essaie d'attaquer en ce point ta conduite, tu vas aussitôt aboyer, prétendant que je plaide ma propre cause, après que tu nous as tous comblés de tes largesses. En effet, si tu n'étais pas venu à Jérusalem pour y répandre tes richesses et celles de tes patrons, nous risquerions tous de mourir de faim. Mon langage est celui que le bienheureux saint Paul tient dans presque toutes ses Épîtres, quand il ordonne à l'Église des Gentils de recueillir, le premier jour du sabbat, c'est-à-dire le dimanche, les aumônes auxquelles il oblige tous les fidèles, pour les envoyer à Jérusalem, soit par ses disciples, soit par des messagers qu'eux-mêmes auront choisis; il va jusqu'à dire qu'il conduira ou portera ces secours, si l'on juge que c'est plus convenable. Voici ce que, dans les Actes des Apôtres, il dit au président Félix : « Après quelques années, je suis venu à Jérusalem, portant des aumônes à ma nation, des offrandes et des vœux au temple; et c'est là qu'ils m'ont trouvé après ma purification. » *Act.* XIV, 17. Ne pouvait-il pas faire cette distribution d'aumônes sur un autre point du monde, à des Églises naissantes qu'il élevait dans la foi, ou bien à celles qu'on lui avait transmises? Non; il désirait donner aux pauvres des saints Lieux, à ceux qui s'étaient dépouillés de leurs biens pour le Christ, et portés de toute leur âme au service du Seigneur. Il serait trop long, pour l'heure présente, de rappeler tous les passages de ses Épîtres dans lesquels il revient à ce sujet, travaillant de tout cœur à faire parvenir de l'argent aux fidèles de Jérusalem et de la Terre-Sainte, non certes pour satisfaire la cupidité, mais pour adoucir les souffrances; non pour former un trésor, mais pour subvenir à la faiblesse corporelle, pour combattre l'indigence et la nudité. Cette coutume persévère encore de nos jours dans la Judée, non-seulement parmi nous, mais aussi chez les Hébreux : les personnes qui vont méditant jour et nuit sur la loi du Seigneur, qui n'ont d'autre père que Dieu sur la terre, sont secourues par les dons des synagogues et du

pallida jugi continentia ora portantes, Christi ostendunt verecundiam.

13. *Vigilantius quid prohibebat. Collectæ in die dominico. Consuetudo eleemosynarum apud Hebræos et Christianos.* — Videris mihi dolere et aliud, ne si inoleverit apud Gallos continentia et sobrietas atque jejunium, tabernæ tuæ lucra non habeant, et vigilias diaboli ac temulenta convivia, tota nocte exercere non possis. Præterea iisdem ad me relatum est Epistolis, quod contra auctoritatem apostoli Pauli, imo Petri, Joannis et Jacobi, qui dextras dederunt Paulo et Barnabæ communicationis, et præceperunt eis ut pauperum memores essent, tu prohibeas Hierosolymam in usus sanctorum aliqua sumptuum solatia dirigi. Videlicet si ad hæc respondero, statim latrabis, meam me causam agere, qui tanta cunctos largitate donasti, ut nisi venisses Hierosolymam, et tuas vel patronorum tuorum pecunias effudisses, omnes periclitaremur fame. Ego hoc loquor, quod beatus apostolus Paulus in cunctis pene Epistolis suis loquitur, et præcipit Ecclesiis Gentium per unam sabbati, hoc est, die dominico omnes conferre debere, quæ Hierosolymam in sanctorum solatia dirigantur, et vel per discipulos suos, vel per quos ipsi probaverint; et, si dignum fuerit, ipse aut dirigat, aut perferat quod collectum est. In Actibus quoque Apostolorum loquens ad Felicem præsidem : « Post annos, ait, plures, eleemosynas facturus in gentem meam, veni Hierosolymam, et oblationes et vota in quibus invenerunt me purificatum in templo. » *Act.* XIV, 17. Numquid in alia parte terrarum, et in Ecclesiis, quas nascentes fide sua erudiebat, quæ ab aliis acceperat, dividere non poterat? Sed sanctorum locorum pauperibus dare cupiebat, qui suas pro Christo facultatulas relinquentes, ad Domini servitutem tota mente conversi sunt. Longum est nunc si de cunctis epistolis ejus omnia testimonia revolvere voluero, in quibus hoc agit, et tota mente festinat, ut Hierosolymam et ad sancta loca credentibus pecuniæ dirigantur : non in avaritiam, sed in refrigerium, non ad divitias congregandas, sed ad imbecillitatem corpusculi sustentendam, et frigus atque inediam declinandam. Hac in Judæa usque hodie perseverante consuetudine, non solum apud nos, sed et apud Hebræos, ut qui in lege Domini meditantur die ac nocte, et patrem non habent in terra, nisi

monde entier; pour que l'égalité s'établisse, et non pour que les uns soient dans le bien-être et les autres dans les tribulations, nous voulons que l'abondance des uns soulage l'indigence des autres. II *Corinth.* VIII.

14. *A qui surtout faut-il faire l'aumône. Les mauvais pauvres.* — Tu me répondras que chacun peut donner de tels secours dans sa patrie; que les pauvres à secourir avec les ressources de l'Église ne sauraient manquer. Nous ne disons pas non plus qu'il ne faille user de ces ressources, quand elles sont assez grandes, pour venir en aide à tous les pauvres, sans distinction de Juifs et de Samaritains. L'Apôtre lui-même nous enseigne qu'il faut faire l'aumône à tous, mais principalement aux enfants de la foi. *Galat.* VI. Voilà ceux dont le Sauveur parlait dans l'Évangile : « Faites-vous des amis avec les trésors de l'iniquité, afin qu'ils vous reçoivent dans les éternels tabernacles. » *Luc.* XVI, 9. Est-ce que ces pauvres que les passions dominent ouvertement parmi les haillons et les plaies, peuvent avoir les éternels tabernacles, eux qui n'ont ni les biens présents ni les biens à venir? Ce n'est pas simplement les pauvres, ce sont les pauvres en esprit que le Seigneur appelle heureux, et dont il est écrit : « Heureux celui dont l'intelligence est ouverte sur l'indigent et le pauvre; au jour du malheur, le Seigneur le délivrera. » *Psalm.* XL, 1. Pour secourir les pauvres ordinaires, on n'a nul besoin de subtilité, il suffit de l'aumône. La béatitude de l'intelligence s'applique aux saints qui sont dans la pauvreté; il faut savoir donner à qui rougit de recevoir et gémit d'avoir reçu, bien que, en retour des choses corporelles, il sème les biens spirituels. Lorsque l'hérétique affirme que ceux-là qui continuent à jouir de leur fortune, en faisant part aux pauvres d'une légère portion du revenu, sont mieux inspirés que ceux qui donnent tout à la fois, après avoir vendu leurs biens, ce n'est pas moi, c'est le Seigneur lui-même qui lui répond : « Voulez-vous être parfait, allez, vendez tout ce que vous avez, donnez-en le prix aux pauvres; puis venez, marchez à ma suite. » Il parle à qui veut être parfait, à qui sait abandonner, comme les Apôtres, père, barque et filets. La conduite que tu vantes ne figure qu'au deuxième ou troisième rang; et nous l'approuvons aussi, pourvu qu'on respecte le premier et qu'on le laisse à sa place.

15. *Condition et vie d'un vrai moine. Le moine doit éviter la vue des femmes.* — Il ne faut pas que les moines soient détournés de leur genre de vie par ta langue de vipère et tes cruelles morsures. C'est en vain que tu prétends argumenter contre eux, en disant : Si tous vont s'enfermer dans la solitude, qui s'occupera des chrétiens et des solennités de l'Église? qui gagnera les hommes du siècle? qui ramènera les pécheurs à la vertu? Je dirai de même : Si tous partagent ta folie, où sera le sage? Il ne faudra donc pas approuver la virginité; car, si tous l'embrassent, le mariage n'existera plus : le

solum Deum, synagogarum et totius orbis foveantur ministeriis; ex æqualitate duntaxat, non ut aliis refrigerium, et aliis sit tribulatio : sed ut aliorum abundantia, aliorum sustentet inopiam. *II Cor.* VIII.

14. *Eleemosynæ quibus potissimum faciendæ. Mali pauperes.* — Respondebis, hoc unumquemque posse in patria sua facere : nec pauperes defuturos, qui Ecclesiæ opibus sustentandi sint. Nec nos negamus cunctis pauperibus etiam Judæis et Samaritanis, si tanta sit largitas, stipes porrigendas. Sed Apostolus faciendam quidem docet ad omnes eleemosynam, sed maxime ad domesticos fidei. *Gal.* VI. De quibus et Salvator in Evangelio loquebatur : « Facite vobis amicos de mammona iniquitatis (al. *iniquo*), qui vos recipiant in æterna tabernacula. » *Luc.* XVI, 9. Numquid isti pauperes, inter quorum pannos et illuviem corporis, flagrans libido dominatur, possunt habere æterna tabernacula, qui nec præsentia possident, nec futura? Non enim simpliciter pauperes, sed pauperes spiritu beati appellantur; de quibus scriptum est : « Beatus qui intelligit super egenum et pauperem; in die mala liberabit eum Dominus. » *Psal.* XL, 1. In vulgi pauperibus sustentandis nequaquam intellectu, sed eleemosyna opus est. In sanctis pauperibus beatitudo est intelligentiæ, ut (al. *ut et ei*) ei tribuat, qui erubescit accipere; et cum acceperit, dolet, metens carnalia, et seminans spiritalia. Quod autem asserit eos melius facere, qui utuntur rebus suis, et paulatim fructus possessionum suarum pauperibus dividunt, quam illos qui possessionibus venundatis, semel omnia largiuntur, non a me ei (al. *eis*), sed a Domino respondebitur : « Si vis esse perfectus, vade, vende omnia quæ habes, et da pauperibus; et veni, sequere me. » Ad eum loquitur qui vult esse perfectus, qui cum apostolis patrem, naviculam et rete dimittit. Iste quem tu laudas, secundus aut (al. *et*) tertius gradus est; quem et nos recipimus, dummodo sciamus prima secundis et tertiis præferenda.

15. *Vita ac conditio veri monachi. Vitandi monacho aspectus mulierum.* — Nec a suo studio monachi deterrendi sunt a te lingua viperea et morsu sævissimo; de quibus argumentaris, et dicis : Si omnes se clauserint, et fuerint in solitudine, quis celebrabit Ecclesias? quis sæculares homines lucrifaciet? quis peccantes ad virtutes poterit cohortari? Hoc enim

genre humain périra; les enfants ne vagiront plus dans leur berceau; les nourrices, n'étant plus gagées, seront réduites à demander l'aumône; Dormitance, enfin, se consumera dans un froid isolement et d'interminables veilles. Rare est la vertu, et ce n'est pas le grand nombre qui la recherche. Plût à Dieu que tous fussent ce que sont quelques-uns, ceux dont il est dit: « Il y a beaucoup d'appelés et peu d'élus. » *Matth.* xx, 16; xxii, 14. Alors les prisons seraient vides. Le moine n'a pas à remplir l'office de docteur, son office est de gémir: il doit pleurer ou sur lui-même ou sur le monde; il doit attendre dans la crainte l'avènement du Seigneur. Il n'ignore pas sa propre faiblesse; et ce vase fragile qu'il porte, il craint de le heurter à quelque obstacle, de le laisser choir et de le briser. Il a donc soin d'éviter la vue des femmes, de celles surtout qui sont encore jeunes: il veille à tel point sur lui-même qu'il n'est pas sans appréhension dans ce qui n'offre aucun danger.

16. *Obligation de fuir les vices et les occasions d'y tomber. Qu'il ne faut pas lâcher le certain pour l'incertain.* — Pourquoi, me diras-tu, t'enfoncer dans les déserts? Précisément pour ne pas t'entendre ni te voir, pour n'être pas ébranlé de ta démence ni subir tes combats, pour échapper à l'œil de la courtisane, aux funestes entraînements de la beauté. Tu me diras encore: Ce n'est pas là combattre, c'est fuir. Reste dans la mêlée, oppose tes armes à celles des ennemis, afin de recevoir la couronne, après avoir remporté la victoire. J'avoue mon infirmité. Je ne veux pas lutter dans l'espoir de la victoire, de peur d'être un jour vaincu. Où donc est la nécessité d'abandonner le certain pour s'attacher à l'incertain? C'est avec le bouclier, ou bien avec les pieds, qu'il faut se dérober à la mort. Toi qui soutiens la lutte, tu peux éprouver la défaite aussi bien que remporter la victoire: et moi, quand j'ai fui, je ne suis pas vainqueur sans doute, mais j'ai fui pour n'être pas vaincu. Il n'y a de sécurité d'aucune sorte à dormir dans le voisinage du serpent. Il peut bien arriver qu'il ne me morde pas; un jour ou l'autre cependant il peut me mordre. Nous donnons le nom de mères à des sœurs, à des filles, et nous ne rougissons pas de couvrir nos vices des voiles de la piété. Que va chercher un moine dans les monastères des femmes? que signifient ces colloques sans témoins, et cette attention de fuir les regards? Le saint amour n'a pas d'impatience. Ce que nous avons dit des entraînements de la chair, disons-le de l'avarice et de toutes les passions, auxquelles on échappe par la solitude. Si nous quittons les sociétés et les relations des villes, c'est pour n'être pas subjugués par ce que nous impose la volonté, beaucoup plus que la nature.

17. *Le blasphème sans déguisement provoque l'indignation.* — Voilà ce que, je l'ai déjà dit, à la prière de quelques saints prêtres, j'ai dicté

modo si omnes tecum fatui sint, sapiens quis esse poterit? Et virginitas non erit approbanda; si enim omnes virgines fuerint, nuptiæ non erunt: interibit humanum genus; infantes in cunis non vagient; obstetrices absque mercedibus mendicabunt; et gravissimo frigore solus (al. *solutus*) atque contractus Dormitantius vigilabit in lectulo. Rara est virtus nec a pluribus appetitur. Atque utinam hoc omnes essent, quod pauci sunt, de quibus dicitur: « Multi vocati, pauci electi. » *Matth.* xx, 16 *et* xxii, 14. Vacui essent carceres. Monachus autem non doctoris habet, sed plangentis officium: qui vel se, vel mundum lugeat, et Domini pavidus præstoletur adventum: qui sciens imbecillitatem suam, et vas fragile quod portat, timet offendere, ne impingat, et corruat atque frangatur. Unde et mulierum, maximeque adolescentularum vitat aspectum, et in tantum castigator sui est, ut etiam quæ tuta sunt pertimescat.

16. *Fugienda vitia, et vitiorum occasiones. Certa non sunt dimittenda, et incerta sectanda.* — Cur, inquies, pergis ad eremum? videlicet ut te non audiam, non videam; ut tuo furore non movear, ut tua bella non patiar; ne me capiat oculus meretricis; ne forma pulcherrima ad illicitos ducat amplexus. Respondebis: Hoc non est pugnare, sed fugere. Sta in acie, adversariis armatus obsiste; ut postquam viceris, coroneris. Fateor imbecillitatem meam. Nolo spe pugnare victoriæ, ne perdam aliquando victoriam. Si fugero, gladium devitavi (al. *dimittam*): si stetero, aut vincendum mihi est, aut cadendum. Quid autem necesse est certa dimittere, et incerta sectari? Aut scuto, aut pedibus mors vitanda est. Tu qui pugnas, et superari potes, et vincere. Ego, cum fugero, non vinco in eo quod fugio; sed ideo fugio, ne vincar. Nulla securitas est vicino serpente dormire. Potest fieri ut me non mordeat, tamen potest fieri ut aliquando me mordeat. Matres vocamus sorores et filias, et non erubescimus vitiis nostris nomina pietatis obtendere. Quid facit monachus in cellulis feminarum? quid sibi volunt sola et privata colloquia, et arbitros fugientes oculi? Sanctus amor impatientiam non habet. Quod de libidine diximus, referamus ad avaritiam, et ad omnia vitia quæ vitantur solitudine. Et idcirco urbium frequentias declinamus, ne facere compellamur, quæ nos non tam natura cogit facere, quam voluntas.

17. *Aperta blasphemia indignationem flagitat.* — Hæc, ut dixi, sanctorum presbyterorum rogatu,

dans la veille d'une seule nuit, le frère Sisinnius me donnant la dernière presse, et voulant immédiatement partir pour aller en Égypte porter aux saints les secours de la charité. Du reste, j'avais devant les yeux le blasphème manifeste; et cela provoque l'indignation de l'écrivain, au lieu d'exiger l'accumulation des preuves. Si Dormitance s'éveille de nouveau pour lancer contre moi ses malédictions, et, de cette même bouche qui ne cesse de blasphémer contre les apôtres et les martyrs, pense devoir aussi me lacérer, ce n'est plus une courte veille, c'est toute une nuit que je lui consacrerai, sans oublier ses compagnons, ses disciples et ses maîtres, ceux enfin qui regardent, comme indignes d'exercer le ministère du Christ, les hommes dont les femmes ne promettent pas une postérité.

unius noctis lucubratione dictavi, festinante admodum (a) fratre Sisinnio, et propter Sanctorum refrigeria ad Ægyptum ire properante: alioquin et ipsa materia apertam habuit blasphemiam, quae indignationem magis scribentis, quam testimoniorum multitudinem flagitaret. Quod si Dormitantius in mea rursus maledicta vigilaverit, et eodem ore blasphemo, quo apostolos et martyres lacerat, de me quoque putaverit detrahendum, nequaquam illi brevi lucubratiuncula, sed tota nocte vigilabo, et sociis illius, imo discipulis vel magistris, qui nisi tumentes uteros viderint feminarum, maritos earum Christi ministerio arbitrantur indignos.

(a) *Fratre Sisinnio.* De hoc eodem Sisinnio haec leguntur in Praefatione Comment. lib. II in Zachariam: *Dum frater Sisinnius Ægyptum ire festinat, ut odorem haec fragrantia, qui a te missus est fratribus, illuc quoque perferat,* etc. Hanc itaque in Vigilantium lucubratiunculam scripsit anno Christi 406, id est, sexto consulatu Arcadii Augusti, ut ipsemet testatur Praefatione III Commentar. in Amos prophetam. MARTIAN.

A PAMMACHIUS, CONTRE JEAN DE JÉRUSALEM

AVANT-PROPOS

Jean de Jérusalem qui, avant d'arriver à l'épiscopat, pendant qu'il était moine, avait eu des liaisons avec les Ariens et les Macédoniens, lorsqu'il eût été élevé à la dignité pontificale, prêta l'oreille aux Origénistes, qui étaient nombreux dans sa province. C'était un sujet de douleur pour tous les bons chrétiens, et surtout pour saint Epiphane, qui vint le trouver à Jérusalem et l'exhorta de vive voix à rompre tout pacte avec l'erreur. Jean, au contraire, s'irrita jusqu'à oser accuser publiquement le saint de partager l'hérésie des Anthropomorphites. Puis cet homme, avide de litiges, cherchant des prétextes de vengeance, se plaignit d'avoir été offensé par Epiphane, en ce que celui-ci avait conféré la prêtrise à Paulinien, frère dans le monastère de saint Jérôme, en Palestine, et par conséquent hors de la juridiction de l'évêque de Salamine. Epiphane alléguait une raison fort acceptable : il n'avait pas fait cette ordination dans une paroisse soumise à Jean, et il protestait que l'unique cause du différend était dans les atteintes portées à la vraie foi par les doctrines d'Origène ; mais l'évêque de Jérusalem n'en persistait pas moins à présenter cette ordination comme l'unique motif de son irritation. De là sa haine contre Jérôme, à cause de Paulinien, et beaucoup plus par entêtement en faveur de l'Origénisme. Le saint Docteur, partisan déclaré d'Epiphane, outre qu'il savait fort bien que l'ordination de son frère, faite d'après une coutume admise par les évêques de Cypre, ne pouvait être injurieuse à personne, poursuivait les erreurs d'Origène, dans ses discours et dans ses écrits, avec un tel acharnement que Jean, au comble de la colère, l'excommunia. Toutefois, il n'en continua pas moins à vivre dans la communion de toute l'Eglise de Jérusalem.

Dès le début, le comte Archélaüs s'efforça d'apaiser ce soulèvement des esprits; il fixa un lieu où l'on se réunirait pour s'y réconcilier, et, puisque l'origine des discordes était dans le soupçon que la pureté de la foi avait été violée, il décida que la paix serait amenée par une profession de foi publique des uns et des autres. A plusieurs reprises, Archélaüs invita Jean à la réconciliation; pour une cause ou pour une autre, et toujours sous les plus frivoles prétextes, Jean ne vint pas au rendez-vous; mais on doit croire qu'il écrivit à Théophile d'Alexandrie, pour l'informer des progrès de la discorde, et peut-être aussi le priait-il de faire des représentations à ses adversaires. Théophile, à son tour, écrivit, avec les ménagements convenables, à Jérôme, le prévint des plaintes qu'il avait reçues de Jean et l'engagea à la paix. Jérôme répond à l'évêque d'Alexandrie par une lettre, la 132e de notre recueil[1], où, après avoir protesté de son désir sincère de conciliation, il détruit un à un les reproches qui lui sont faits et montre que la cause des divisions est dans la violation du dogme par Jean. Désireux de venir au secours de cette Eglise de plus en plus troublée, Théophile accrédite, comme messager à Jérusalem, par une lettre où il s'applique à calmer les esprits divisés, le prêtre Isidore[2], bien connu par sa piété et ses autres vertus, mais qui s'était laissé infecter d'origénisme. Or, quand ce médiateur si mal choisi fut arrivé à Jérusalem, il répudia sa mission, refusa de remettre à Jérôme la lettre qui lui avait été confiée, et comme celui-ci lui disait : « Si vous avez mission, remettez la lettre qui en est la preuve, car, si vous n'avez pas cette lettre, comment prouverez-vous que vous êtes envoyé? » il répondit qu'il avait cette lettre, mais que Jean l'avait prié de ne pas la donner. Ainsi, il aima mieux s'éloigner sans remplir son mandat que de faire cesser le soupçon qu'on avait de ses préférences pour les Origénistes. Toutefois, il conseilla à Jean d'adresser à Théophile une apologie de sa conduite, et il participa si bien à la rédaction de ce document que, dit Jérôme, « l'auteur et le porteur de la lettre ne faisaient qu'un. » Par conséquent, l'évêque de Jérusalem, après avoir dédaigné de répondre à la missive d'Epiphane, répandit en tous lieux cette apologie, mais surtout en Occident, pour prédisposer en sa faveur les oreilles du clergé romain. Et, en effet, Pammachius écrit à Jérôme qu'il y a trouble et division dans les esprits, les uns se rangeant à la cause de l'évêque de Salamine, les autres à celle de l'évêque de Jérusalem; inquiet lui-même de cet état de choses, il prie le saint Docteur de lui expliquer cette affaire. Jérôme répond à ce désir dans le traité qui suit : il montre que la cause du différend est, non pas dans l'ordination du frère Paulinien, mais dans les accusations d'origénisme dirigées contre Jean, puisque, outre que Paulinien a été ordonné dans le territoire d'Eleuthéropolis, et non dans celui de Jérusalem, même avant sa consécration le débat était engagé déjà entre les deux évêques, au sujet des doctrines d'Origène. Quant à l'origénisme, Jérôme le ramène à huit propositions, à trois desquelles seulement Jean a répondu dans son apologie : 1° Dieu le Fils ne peut voir Dieu le Père, ni le Saint-Esprit voir le Fils; 2° les âmes tombées du ciel à cause de leurs péchés sont enfermées dans le corps comme dans une prison; 3° le diable doit venir un jour à résipiscence, se convertir et régner avec les saints; 4° Adam et Eve n'avaient pas de corps avant le péché, et la prise de ces corps est indiquée par les vêtements de peau dont ils se couvrirent; 5° la chair ne ressuscitera pas, et nous n'aurons pas de sexe après la résurrection; 6° le paradis terrestre doit s'entendre allégoriquement; 7° les eaux que l'Ecriture dit être sur les cieux représentent les anges, et celles qui sont au-dessous, les démons; 8° l'homme, par le péché, a cessé d'être l'image de Dieu. Il oppose donc de nouveau ces erreurs à Jean, et il perce à jour les échappatoires de son apologie, en apostrophant presque toujours l'évêque de Jérusalem.

Quelques-uns croient que ce livre demeura inachevé, et ils en donnent pour raison que la paix fut enfin conclue par les soins de Théophile, dans le temps même où Jérôme l'écrivait; mais il ne serait pas contre les probabilités de penser que la fin, courte d'ailleurs, s'est perdue à travers les siècles. Quoi qu'il en soit, assurément Rufin n'eut pas connaissance de cette œuvre, qu'il n'aurait pas manqué, sans cela, de combattre dans ses livres d'*Invectives*. En outre, il est étonnant de voir combien les érudits sont peu d'accord sur la date de ce traité, les uns le rapportant à l'année 393, d'autres à l'année 406, et d'autres, selon leur fantaisie, à quelqu'une des années intermédiaires. Nous avons, pour le rapporter à 399 ou 400, les deux arguments que nous avons déjà exposés dans les notes chronologiques des Lettres. Le premier est qu'il déclare ici avoir publié, « environ dix ans auparavant, » les Commentaires sur l'Ecclésiaste et l'explication de l'Épitre aux Éphésiens. Pour ne parler que des Commentaires, c'est vers l'an 390 qu'il les écrivit, comme il l'atteste lui-même en plusieurs endroits, et surtout dans leur Préface à Paula et Eustochium, où il dit formellement qu'il entreprit ce travail « à peu près cinq ans » après son départ de Rome. Si l'on ajoute à cela une dizaine d'années, on arrive à 399 ou 400. Un autre calcul, qui conduit au même résultat, est pris de ce qu'il dit, vers la fin de l'Opuscule, « qu'il avait quitté treize ans auparavant la fameuse ville d'Antioche, pour mériter la miséricorde de Jésus-Christ, en pleurant loin des hommes, dans la solitude, les péchés de sa jeunesse. » En effet, ces treize années ne peuvent, de toute façon, se compter qu'après l'an 386 révolu, puisqu'il est avéré que Jérôme était demeuré à Rome jusqu'au mois d'août de 385. A cette époque, en se rendant en Orient, il visita plusieurs contrées avant de s'arrêter à Antioche. Comme son ordination semblait l'attacher à l'Église d'Antioche, où il pouvait exercer le sacerdoce avec éclat, il nous apprend qu'il aima mieux s'en éloigner pour aller dans le désert expier, par la pénitence, les péchés de sa jeunesse. Or, ajoutant 13 à 386, on arrive à 399, ou au commencement de 400. C'est à cette dernière époque que nous préférons fixer la date de ce livre, peu de temps avant le synode d'Alexandrie de la même année, dans lequel Théophile condamna le prêtre Isidore comme origéniste.

A PAMMACHIUS, CONTRE JEAN DE JÉRUSALEM.

LIVRE I.

1. *Difficulté d'interpréter le sentiment d'autrui.*— Puisque, d'après l'apôtre Paul, nous ne pouvons rendre exactement ce que nous sentons, *Rom.* VIII, 26, et que la parole interprète imparfaite-

CONTRA JOANNEM HIEROSOLYMITANUM AD PAMMACHIUM.

LIBER UNUS (a).

1. *Periculosum de alterius animo judicare.* — Si juxta Paulum apostolum, quod sentimus orare non possumus, *Rom.* VIII, 26, ac propriæ mentis cogitationem sermo non explicat; quanto magis periculosum est de alterius animo judicare, et singulorum dictorum atque verborum investigare atque proferre rationem? Natura hominum prona est ad clementiam, et in alieno peccato sui quisque miseretur. Si

(a) Ed. Vallars. sic edidit titulum : *Incipit liber S. Hieronymi presbyteri ad Pammachium contra Joan. Hierosol.*; Martian. vero, *adversus hæreses Joannis*, etc. Erasm. — *Adversus hæreses Joannis Hierosolym.* In recentiori ms. codice Sorbonico ita inscribitur : *Incipit liber S. Hieronymi ad Pammachium contra Joannem Hierosolymitanum episcopum, et Rufinum Presbyterum Origenis assertorem.* In codice vero Clusiacensi : *Incipit liber S. Hieronymi presbyteri de creatione animæ, vel de resurrectione carnis contra epistolam Rufini hoc verbo scribentis.* Sermo nobis est omnium visibilium, etc., ut legatur in medio hujusce Epistolæ. In fine quoque multa desunt in eodem ms. codice; nam ante verba, *præpostero ordine*, etc., habet EXPLICIT. Codex San-Cygiranus eodem modo incipit et absolvitur; sed hanc retinet epigraphen : *Incipit liber sancti Hieronymi de resurrectione carnis.* MARTIAN.

ment notre propre pensée, combien plus difficile encore doit-il être d'analyser le sentiment d'autrui, de chercher et de donner la raison de chaque mot, de chaque expression ? La nature humaine est portée à la clémence, et chacun est indulgent pour soi dans la faute du prochain. Incrimine-t-on quelqu'un pour son langage ? il a parlé, dit-il, en toute simplicité : lui reproche-t-on la duplicité ? il s'avoue inhabile, pour éviter le soupçon de malice. Il arrive par là qu'on voit un calomniateur dans celui qui reprend, un esprit inculte, et non pas un hérétique, dans celui qui est repris. Vous savez, Pammachius, vous savez que si je descends à cette besogne d'accusateur, ce n'est ni par un sentiment d'inimitié, ni par soif de renommée ; vos lettres, qu'inspira le zèle de la foi, m'y ont poussé. Je voudrais, s'il était possible, que tout le monde eût la même conviction, et qu'on ne pût m'accuser d'intolérance et de témérité, quand j'ai attendu trois ans à prendre la parole. Enfin si, pour obtenir l'Apologie que j'ai maintenant décidé d'écrire, vous ne m'aviez dit que le trouble règne dans beaucoup d'âmes et qu'un grand nombre flottent indécis entre les deux camps, j'étais résolu à persévérer dans mon premier silence.

2. *Novatus et Montanus. Celui qui a une foi pure doit avoir un langage pur. Quand on est soupçonné d'hérésie, la tolérance est coupable.* — Que Jean porte le coup décisif à l'erreur de Novatus, refusant de tendre la main à ceux qui s'égarent, et de Montanus, maître écouté de femmes insensées, qui précipita en enfer le pécheur après sa chute, c'est bien. Tous nous péchons, et chaque jour nous tombons en quelque faute. Par conséquent, indulgents pour nous-mêmes, nous ne pouvons être sévères aux autres ; bien plus, nous demandons, nous prions, nous supplions Jean, ou de publier avec simplicité nos fautes, ou de se défendre ouvertement de celles qui lui sont étrangères. Je suis l'ennemi des équivoques, je ne puis souffrir qu'on me parle un langage à double sens. Contemplons la gloire du Seigneur à visage découvert. II *Corinth.* III, 18. Autrefois aussi, le peuple israélite clochait des deux pieds. C'est pourquoi Elie, dont le nom veut dire *fort du Seigneur,* lui dit : « Jusques à quand boiterez-vous à droite et à gauche ? Si le Seigneur est votre Dieu, marchez dans sa voie ; si c'est Baal, suivez-le. » III *Reg.* XVIII, 21. Et le divin Maître lui-même au sujet des Juifs : « Des enfants étrangers m'ont été donnés par tromperie ; des enfants étrangers sont entrés, et leurs pieds boiteux les ont détournés de la voie. » *Psalm.* XVII, 46. S'il n'y a pas matière à soupçon d'hérésie, comme je le désire et le crois, pourquoi n'exprime-t-il pas mon sentiment dans mon langage ? Ce qu'il décore du nom d'innocente droiture, sent pour moi la malignité. Il veut me persuader de la pureté de sa foi ; qu'il mette donc cette pureté dans ses discours. S'il s'agissait d'un mot ou d'une phrase à double entente, de deux, de trois, j'y pourrais pardonner un manque de connaissances, et je n'estimerais pas qu'il eût volontairement entouré d'un voile des points de doctrine certains jusqu'à l'évidence. Mais quelle

ergo reum in sermone reprehenderis, simplicitatem vocabit ; si calliditatem argueris, imperitiam confitebitur, ut suspicionem vitet malitiæ. Atque ita fiet ut tu qui arguis, calumniator : ille qui reprehenditur, non hæreticus, sed rusticus judicetur. Nosti, Pammachi (al. *Pammachium*), nosti me ad hoc opus non inimicitiis, non gloriæ cupiditate descendere ; sed provocatum litteris tuis ex ardore fidei ; ac velle si fieri posset, omnes idipsum sapere, nec impatientiæ ac temeritatis posse reprehendi, si (al. *qui*) post triennium loquor. Denique nisi ad Apologiam, de qua nunc scribere institui, multorum animos diceres perturbatos, et in utramque partem fluctuare sententiam, decreveram in incepto silentio permanere.

2. *Novatus et Montanus. Qui pure credit, pure loqui debet. In suspicione hæreseos nemo sit patiens.* — Facessat itaque Novatus errantibus non manus porrigens, Montanus cum insanis feminis prosternatur, jacentes in barathrum præcipitans, ne leventur. Quotidie peccamus omnes et in aliquo labimur. Qui ergo in nos clementes sumus, rigorem contra alios non tenemus ; quin potius oramus, petimus, obsecramus, ut aut simpliciter nostra fateatur, aut aperte defendat aliena. Nolo verborum ambiguitates, nolo mihi dici, quod et aliter possit intelligi. Revelata facie gloriam Domini contemplemur. II *Cor.* III, 18. Claudicabat quondam et Israeliticus populus in utroque pede. Sed Elias, qui interpretatur fortis Domini : « Usquequo, ait, claudicatis in utroque vestigio ? Si Dominus est Deus, ambulate post eum : si autem Baal, sequimini eum. » III *Reg.* XVIII, 21. Et ipse Dominus de Judæis : « Filii alieni mentiti sunt mihi ; filii alieni inveteraverunt, et claudicaverunt a semitis suis. » *Ps.* XVIII, 46. Certe si hæreseos nulla suspicio est (ut cupio et credo) cur non verbis meis meum sensum loquitur. Quam ille simplicitatem vocat, ego malitiam interpretor. Persuadere mihi vult, quod pure credat ; pure ergo et loquatur. Et si quidem unum verbum, vel unus sensus esset ambiguus, si duo, si tres, ignorantiæ veniam tribuerem : nec ea quæ aut obscura vel dubia sunt, de certis et perspicuis æstimarem. Nunc vero quæ ista simplicitas est,

innocente droiture y a-t-il à marcher sans cesse comme un charlatan, au théâtre, marche sur la pointe des œufs et des épis; à mettre le doute partout et partout le soupçon? On dirait, non pas qu'il expose une doctrine, mais qu'il écrit une allégorie. Ce qu'il s'efforce de faire là, nous avons appris autrefois à le faire à l'école. Il combat contre nous avec notre armure. Quand même sa foi soit correcte, dès qu'il parle avec circonspection et timidité, tant de précaution m'est suspecte. « Celui qui marche sans arrière-pensée, marche avec assurance. » *Prov.* x, 9. Il est un sot de se laisser décrier inutilement. On lui objecte une culpabilité dont il n'a pas conscience. Qu'il nie donc avec confiance cette culpabilité qui dépend toute des mots, et qu'il rende odieux son adversaire (saint Epiphane). L'attaque a été vive, que la défense le soit; et, lorsqu'il aura dit tout ce qu'il veut dire, expliqué ses propositions, montré qu'elles sont à l'abri du soupçon, si la calomnie persévère, qu'il saisisse le calomniateur et le traine en justice. Il me plait qu'un homme ne se laisse point soupçonner d'hérésie, de peur que, s'il se tait, ceux qui ne connaissent pas son innocence l'accusent en toute conscience de dissimulation, bien qu'il soit inutile d'exiger la présence et de torturer le silence de quelqu'un dont on a les écrits en main.

3. *Apostrophe à Jean lui-même.* — Nous savons tous ce qu'Epiphane vous a écrit, les accusations qu'il élève contre vous, en quoi, comme vous le dites, vous avez été calomnié. Répondez à toutes choses, suivez pas à pas sa lettre, pour ne pas laisser sans réplique un seul trait, le moindre coup d'épingle de la calomnie. Si quelque négligence vous est échappée, si vous avez fait des omissions, involontairement, dites-vous, et je le crois, lui aussitôt de vous crier : Là, c'est là que je vous tiens pour battu; là est le nœud de toute l'affaire. Un ennemi et un ami n'entendent pas les choses de la même façon. L'ennemi cherche des difficultés, même où il n'y en a pas; l'autre, au contraire, loue toutes choses, même les mauvaises. Les lettres profanes attestent que les jugements dictés par l'affection sont aveugles. Uniquement absorbé dans l'étude des Livres saints, peut-être avez-vous mis ces vérités en oubli. Ne tirez jamais vanité de l'appréciation de l'amitié; au contraire, dans celle que prononce une voix hostile, il y a un réel témoignage, tandis que si un ami fait votre éloge, on le regardera, non pas comme un témoin ou un juge, mais comme un flatteur. Ce sont là les propos que ne manqueront pas de tenir vos adversaires, heureux de mettre en doute votre parole et de provoquer votre colère. Pour moi, que vous n'avez jamais volontairement froissé, moi dont vous avez toujours été contraint de ménager le nom dans vos lettres, je vous donne le conseil ou de faire profession ouverte de la foi de l'Eglise, ou de dire clairement ce que vous croyez. Vos précautions de langage, votre prudente pondé-

quasi super ova et aristas inter theatrales præstigias pendenti gradu incedere : ubique dubium, ubique suspectum ? Putes eum non expositionem fidei, sed figuratam controversiam scribere. Quod iste nunc appetit, olim in scholis didicimus. Nostra adversum nos dimicat armatura. Etiam si bene credit, et circumspecte et timide loquitur, suspicionem mihi facit nimia diligentia. « Qui ambulat simpliciter, ambulat confidenter » *Prov.* x, 9. Stultum est frustra infamiam sustinere. Objicitur ei crimen, cujus non habet conscientiam. Ergo crimen quod totum pendet in verbo, neget confidenter, ac libere faciat invidiam adversario suo (S. Epiphanio). Eadem audacia qua ille insimulat, hic defendat. Cumque omnia dixerit quæ voluerit, quæ proposuerit, quæ suspicionibus carent : si perseverat calumnia, conserta manu in jus trahat. Nolo in suspicione hæreseos quemquam esse patientem; ne apud eos qui ignorant innocentiam ejus, dissimulatio conscientia judicetur, si taceat : licet superfluum sit ejus præsentiam quærere, et extorquere silentium, cujus apud et litteras teneas.

3. *Joannem ipsum alloquitur.* — Scimus omnes quid tibi scripserit, quid in te arguerit, in quo (ut tu vis) calumniatus sit. Responde ad singula, per Epistolæ hujus gradere vestigia, ne punctum quidem apicem calumniæ transeas. Si enim egeris negligenter, et (ut ego tibi credo juranti) casu aliqua transieris, statim ille clamabit et dicet : Hic, hic te victum (*Al.* *vinctum*) teneo; hic totius negotii cardo versatur. Non æque inimici audiunt, et amici. Qui inimicus est, etiam in scirpo nodum quærit : amicus prava quoque recta judicat. Scribunt sæculi litteræ, amantium cæca esse judicia : quas tu forsitan sacris Voluminibus occupatus omnino neglexeris. Nequaquam de amicorum judicio glorieris. Illud verum est testimonium, quod ab (*a*) inimica voce profertur. Alioqui si amicus pro te dixerit, non testis, aut judex, sed fautor putabitur. Hæc et hujusmodi loquentur inimici tui, qui tibi forte non credant, et movere cupiunt stomachum. Ceterum ego quem numquam volens læsisti, cujus semper in Epistolis tuis nomen cogeris ventilare, do consilium ut aperte aut fidem Eccl. siæ prædices, aut loquaris, ut credis. Dispensatio etenim ac libratio ista prudens verbo-

(*a*) Cicero lib. 1 Officiorum, qui Platonis effatum istud Latine reddit. Vetus editio, *quod ab incerta voce profertur.*

ration des mots peut en effet tromper les gens naïfs; mais l'auditeur et le lecteur sagace y découvriront bien vite les embûches, et mettront en pleine lumière les mines qui menacent la vérité. Les Ariens, que vous avez bien connus, feignirent longtemps de se tenir à l'écart, à cause du scandale que leur causait le mot ὁμοούσιος (consubstantiel), et ils doraient les poisons de l'erreur du miel de leur langage. Enfin, le tortueux serpent se trahit lui-même, et le dard spirituel perça sa tête dangereuse, qui se cachait dans les replis nombreux de son corps. L'Eglise, vous le savez, les reçut à pénitence, et le nombre des pécheurs était si grand que, pendant qu'elle pourvoyait au salut des troupeaux que la ruse avait égarés, elle ferma les yeux sur les blessures reçues par les pasteurs. La conduite est encore la même à l'égard de l'ancienne et de la nouvelle hérésie, en sorte que les prêtres prêchent une doctrine au peuple et en professent eux-mêmes une autre.

4. *Un grand nombre de fidèles, en Palestine, n'étaient pas en communion de foi avec l'évêque Jean. Saint Epiphane appelait Jean hérétique. Athanase et Paulin, seuls catholiques en Orient.* — Mais avant de commenter ici la lettre que vous avez écrite à l'évêque Théophile, et de vous montrer en quoi votre prudence de langage me paraît exagérée, il me plaît de vous adresser quelques questions. Quel est ce grand dédain qui fait que vous ne répondez point à ceux qui vous interrogent sur votre foi? que vous regardez comme des ennemis avoués cette multitude de fidèles et de moines de la Palestine qui ne sont pas en communion de sentiment avec vous? Le Fils de Dieu, ayant laissé dans les montagnes quatre-vingt-dix-neuf brebis pour voler au secours de celle qui était en souffrance, supporta les soufflets, la flagellation, la croix; brisé de lassitude, il porta jusqu'au ciel, sur ses épaules, avec toute sorte de ménagements, cette pécheresse blessée. Et vous, le plus béat des pères, pontife plein de dédain, seul riche, seul sage, seul noble et disert, le front plissé, à peine honorez-vous d'un regard oblique vos compagnons de service, rachetés comme vous au prix du sang de Notre-Seigneur! Est-ce ainsi que vous pratiquez le précepte apostolique: « Soyez toujours prêts à satisfaire quiconque vous demande raison de l'espérance qui est en vous? » I *Pet.* III, 15. Supposez que, sous un prétexte de foi, nous cherchions l'occasion de semer la division, d'exciter les discordes, de faire le schisme. Otez donc l'occasion à ceux qui la veulent; quand vous aurez pleinement satisfait sur la foi et brisé toutes les trames ourdies contre vous, vous aurez fait pour tous la preuve manifeste qu'on ne vous attaque point dans l'intérêt du dogme, mais par jalousie de votre rang. Mais peut-être, interrogé sur la foi, vous taisez-vous par prudence, de peur, en donnant satisfaction, de donner lieu à quelques-uns de croire que vous fûtes hérétique. Ce serait donc qu'aucun prévenu ne devrait se disculper

rum, indoctos decipere potest. Cautus auditor et lector cito deprehendet insidias : et cuniculos quibus veritas subvertitur, aperte in luce demonstrabit. Et Ariani, quos optime nosti, multo tempore propter scandalum nominis ὁμοούσιον (consubstantialem) se damnare simulabant, venenaque erroris circumlinebant melle verborum. Sed tandem coluber se tortuosus aperuit, et noxium caput, quod spiris totius corporis tegebatur, spiritali mucrone confossum est. Recipit, ut scis, Ecclesia pœnitentes; et numero superata peccantium dum deceptis gregibus consulit, pastorum vulneribus ignoscit. Eadem nunc in veteri et nova hæresi consuetudo servatur, ut aliud populi audiant, aliud prædicent sacerdotes.

4. *Joanni episcopo in Palæstina non communicabant plures. Joannem hæreticum vocabat S. Epiphanius. Athanasius et Paulinus soli in Oriente catholici.* — Ac primum antequam epistolam tuam, quam scripsisti ad episcopum Theophilum, interpretatam huic volumini inseram, et ostendam tibi, me intelligere nimis cautam (al. *tantam*) prudentiam tuam, expostulare tecum libet. Quæ hæc est tanta arrogantia, non respondere de fide interrogantibus? Tantam fratrum multitudinem, et Monachorum choros, qui tibi in Palæstina non communicant, quasi hostes publicos æstimare? Dei Filius propter unam morbidam ovem, nonaginta novem in montibus derelictas, alapas, crucem, flagella sustinuit, et suis humeris portavit ad cœlos bajulans, et patiens delicatam peccatricem. Tu beatissimus papa, et fastidiosus antistes, solus dives, solus sapiens, solus nobilis ac disertus, conservos tuos, et redemptos sanguine Domini tui, rugata fronte et obliquis oculis despicis? Hoc est illud, quod, Apostolo præcipiente, didicisti : « Parati semper ad satisfactionem omni poscenti vos rationem de ea quæ in vobis est spe. » I *Pet.* III, 15. Finge nos occasionem quærere, et sub prætextu fidei lites serere, schisma conficere, jurgia concitare. Tolle occasionem volentibus occasionem; ut postquam de fide satisfeceris, et omnes nodos qui contra te nectuntur absolveris, tunc liquido omnibus probes, non dogmatum, sed ordinationis esse certamen. Nisi forte prudenti consilio, ideo de fide interrogatus taces, ne videaris hæreticus (al. *fuisse*), cum satisfeceris. Omnia ergo crimina, quibus accusantur homines, refutare non debent : ne postquam negaverint

de la faute dont on l'accuse, pour ne point laisser croire, après s'être défendu, qu'il a été coupable. Mais vous méprisez les laïques, les diacres et les prêtres ; vous vous vantez hautement de pouvoir faire en une heure mille clercs. Mais notre père Epiphane vous accuse ouvertement d'hérésie dans ses lettres. Certes, ni l'âge, ni la science, ni les mérites, ni la renommée universelle, ne vous placent au-dessus de lui. S'agit-il de l'âge? jeune, vous répondez à un vieillard; de la science? vous avez encore à apprendre, et il est savant, bien que vos adulateurs publient que vous êtes plus éloquent que Démosthènes, plus spirituel que Chrysippe, plus intelligent que Platon, et qu'ils vous l'aient peut-être persuadé à vous-même. Les mérites et la foi, je ne les mets pas en parallèle pour ne point paraître blessant à votre égard. Au temps où l'hérésie d'Arius et d'Eunom possédait tout l'Orient, à l'exception d'Athanase et de Paulin, quand vous n'étiez pas en communion avec les Occidentaux, confesseurs de la foi même en exil, lui, supérieur de monastère, élevait la voix contre Eutychius (1), et plus tard évêque de Cypre, n'était point tourmenté par Valens. Il fut toujours, en effet, l'objet d'une vénération si grande, que les hérétiques, quand ils avaient tout pouvoir, eussent regardé comme une infamie de persécuter un tel homme. Ecrivez donc à celui-là, répondez à sa lettre ; que d'autres apprécient votre talent, votre éloquence, votre savoir, de peur qu'on ne vous croie disert qu'à vos propres yeux. Pourquoi, provoqué par celui-là, tournez-vous vos armes d'un autre côté ? La Palestine vous interroge, et vous répondez à l'Egypte! Voici ceux qui ont les yeux malades, et vous oignez les yeux de ceux qui n'en souffrent pas! Si vous dites à d'autres ce qu'il nous serait agréable d'entendre, c'est agir avec orgueil ; si c'est autre chose que ce que nous demandons, c'est un hors-d'œuvre.

5. *Points approuvés par Théophile.* — Mais vous dites : L'évêque d'Alexandrie approuve ma lettre. Qu'approuve-t-il? vos bonnes paroles contre Arius, contre Photinus, contre les Manichéens. Or, maintenant, qui donc vous accuse d'arianisme? qui donc vous fait un crime d'être partisan de Photinus ou de Manès? Ces erreurs ont été précédemment corrigées et battues en brèche. Vous ne pouviez être naïf jusqu'à défendre ostensiblement une hérésie dont vous savez qu'elle déplait à l'Eglise. Vous n'ignoriez pas que, si vous l'aviez fait, c'eût été au prix de votre charge, et vous avez eu un soupir de regret pour les délices de votre trône. Vous avez alors choisi un tempérament tel que vous ne déplairiez pas aux esprits naïfs, tout en n'offensant pas vos partisans. C'est bien écrit, mais tout y est étranger à la cause. D'où l'évêque d'Alexandrie pouvait-il être informé des charges élevées

(1) Eutychius n'est pas un personnage entièrement ignoré dans l'histoire de cette époque. Il fut évêque d'Eleuthéropolis ; et, sur ce siége, il obtint une triste célébrité. La haine dont il était animé contre saint Cyrille, évêque de Jérusalem, lui fit embrasser le parti d'Acace de Césarée, l'un des principaux chefs de l'Arianisme ; et cela malgré ses convictions, que saint Epiphane de Salamine déclare avoir toujours été foncièrement catholiques.

criminosi sint. At contemnis laicos, diaconos atque presbyteros. Potes enim (ut gloriaris et jactitas) in una hora mille clericos facere. Habes papam Epiphanium, qui te aperte missis litteris hæreticum vocat. Certe nec ætate, nec scientia, nec vitæ merito, nec totius orbis testimonio, major illo es. Si ætatem quæris, juvenis ad senem scribis (al. *scribes*). Si scientiam, non sic eruditus ad doctum : licet et fautores tui, disertiorem Demosthene, acutiorem Chrysippo, sapientiorem Platone contendant, et tibi ipsi forte persuaserint. De vita autem et fide nihil amplius dicam, ne te lædere videar. Eo tempore quo totum Orientem (excepto papa Athanasio atque Paulino) Arianorum et Eunomianorum hæresis possidebat, quando tu Occidentalibus et in medio exsilio confessoribus, non communicabas ; ille velle presbyter monasterii ab Eutychio audiebatur, vel postea Episcopus Cypri a Valente non tangebatur. Tantæ enim venerationis semper fuit, ut regnantes hæretici, ignominiam suam putarent, si talem virum persequerentur. Scribe igitur ad hunc. Responde epistolæ ejus : sentiant cæteri finem, eloquentiam, prudentiam tuam, ne tibi solus disertus esse videaris. Cur ab alio provocatus, aliorsum arma convertis ? Palestinæ (al. *Palæstinis*) interrogaris, et respondes Ægypto. Aliis lippientibus, ungis oculos non dolentium ! Si placitura nobis alteri loqueris, satis superbe : si aliud quam quærimus, satis superflue.

5. *Theophilus quid probaverit.* — Sed dicis : Epistolam meam probavit Alexandrinus episcopus. Quid probavit ? contra Arium, contra Photinum, contra Manichæum bene locutum. Quis enim te hoc tempore arguit Arianum ? quis tibi nunc Photini, Manichæique crimen impingit ? Olim ista emendata sunt atque concussa. Non eras tam stultus, ut aperte defenderes hæresim, quam sciebas Ecclesiæ displicere. Noveras te si hoc fecisses, statim loco movendum, et solii tui delicias suspirabas. Sic sententiam temperasti, ut nec simplicibus displiceres, nec tuos offenderes. Bene scripsisti, sed nihil ad causam pertinens. Unde noverat Alexandrinæ Ecclesiæ

contre vous? sur quels points on vous demandait une profession de foi? Vous avez dû poser vous-même les objections, pour les résoudre ensuite une à une. On raconte cette vieille histoire : Un jour qu'un orateur, plaidant avec faconde, se laissait emporter dans un flux de belles paroles, sans dire le moindre mot du fait en question : « Bien, s'écria un juge sage qui l'écoutait, fort bien, mais où tend tout ce beau discours? » Les médecins inhabiles n'ont qu'un même collyre pour toutes les différentes maladies des yeux. Celui qu'on accuse de plusieurs fautes et qui, dans sa défense, en omet quelques-unes, s'avoue coupable de tout ce qu'il passe sous silence. Avez-vous répondu à la lettre d'Epiphane et avez-vous posé vous-même les objections à résoudre? Vous avez ainsi fait les choses, dans la conviction sans doute que chacun a, pour se frapper, une main moins lourde que celle d'autrui. De deux choses l'une, vous avez le choix : ou vous avez répondu à la lettre d'Epiphane, ou vous n'y avez point répondu. Dans le premier cas, d'où vient que vous avez omis la plupart des objections et des plus considérables? Dans la seconde alternative, que devient cette apologie dont vous vous vantez auprès des gens crédules, et que vous distribuez de toutes parts à ceux qui ne connaissent pas l'affaire?

6. *Jean ne répond qu'à trois questions sur huit.* — Huit questions capitales, je l'établirai tout-à-l'heure, vous ont été opposées touchant l'espérance de la foi chrétienne. Vous touchez à trois, et vous passez outre. Sur toutes les autres, mutisme absolu. Si vous aviez parfaitement répondu à sept, j'hésiterais à propos d'un seul point, et je vous tiendrais quitte malgré votre silence. Mais vous êtes comme un homme qui, tenant le loup par les oreilles, ni ne peut le tenir, ni n'ose le lâcher. Même pour les trois, c'est avec négligence, comme sûr de vous-même et comme si vous faisiez autre chose que vous y touchez; et vous prenez votre essor, pour les effleurer, vers des questions de nulle importance ou de peu. Et vous abritez si bien votre retraite dans les chemins cachés, qu'il y a l'aveu d'une déroute dans le silence qui vous couvre, bien plus que le semblant d'une défense dans les moyens employés. Qui ne peut vous dire avec raison : « Puisque la lumière qui est en vous n'est que ténèbres, combien profondes seront les ténèbres elles-mêmes? » *Matth.* VI, 23. Si les trois petites réponses que vous avez cru devoir faire en quelques mots peuvent paraître suspectes de n'être que de captieuses échappatoires, que dire des cinq questions sur lesquelles, n'ayant aucun moyen de tromper l'auditeur par des déclarations ambiguës, vous avez mieux aimé vous taire absolument que d'avouer sans détours ce qu'il était juste de reconnaître?

7. *Huit erreurs capitales d'Origène reprochées à Jean par Epiphane.* — La première erreur est tirée du livre *Des Pouvoirs*, où il est dit :

pontifex, in quibus arguereris? quorum a te confessio postularetur? Debueras tibi objecta proponere, et sic ad singula respondere. Vetus narrat historia : Quidam cum diserte diceret, ferreturque impetu ac volubilitate verborum, causamque omnino non tangeret, pandens auditor et judex : « Bene, inquit, bene, sed quo istud tam bene? » Imperiti medici ad omnes oculorum dolores uno utuntur collyrio. Qui arguitur in pluribus, et in dilutione criminum aliqua prætermittit, quidquid tacuerit, confitetur. Annon respondisti ad epistolam Epiphanii, et proposuisti ipse quæ dissolveres? Nimirum hæc fiducia respondisti : Nullus fortiter a semetipso cæditur. Elige e duobus, quod vis. Optio tibi datur, aut respondisti ad epistolam Epiphanii, aut non. Si respondisti, cur maxima et plurima de his quæ tibi objecta sunt, reliquisti? Si non respondisti : ubi est illa Apologia tua, in qua gloriaris apud simplices, et quasi (al. *quam*) ignorantibus causam hanc illacque disseminas?

6. *Tribus ex octo quæstionibus Jo. respondit.* — Octo tibi, ut statim probabo, de spe fidei Christianæ quæstionum capita objecta sunt. Tria tantum tangis, et præteris. In cæteris grande silentium est. Si ad septem absolutissime respondisses, hærerem tamen (al. *tantum*) in uno crimine : et quod tacueras, hoc tenerem. Nunc vero (a) quasi auribus lupum apprehenderis, nec tenere potes, nec audes dimittere. Ipsa quoque tria quasi negligens atque securus, quasique aliud agens; et in quibus aut nulla aut parva sit quæstio, prætervolas atque perstringis. Et ita opertus ac tectus incedis, ut plus confitearis tacendo quam renuas disputando. Quis non protinus tibi potest dicere : « Si lumen quod in te est, tenebræ sunt, ipsæ tenebræ quantæ erunt? » *Matt.* VI, 23. Si tres quæstiunculæ, de quibus visus es aliquid dicere, suspicione et culpa non carent, et fraudulenter ac lubrice scriptæ coarguuntur, quid faciemus de quinque reliquis, in quibus quia nulla ambigui sermonis dabatur occasio, nec illudere poteras audientes, maluisti omnino reticere, quam aperte quod rectum (al. *tectum*) fuerat confiteri?

7. *Octo ex Origenis erroribus quæstionum capita*

(a) Ex Græco proverbio, τῶν ὤτων ἔχω τὸν λύκον, οὔτ' ἔχειν, οὔτ' ἀφεῖναι δύναμαι, quod sic ferme vertit Latine Terentius Phorm. III, 2, 21 : *Auribus teneo lupum. Nam neque quomodo a me amittam, invenio, neque uti retineam, scio.*

De même qu'il ne convient pas de dire que le Fils peut voir le Père, de même il ne convient pas de penser que le Saint-Esprit peut voir le Fils. La seconde est que l'âme est enchaînée dans le corps comme dans une prison, et qu'avant la création de l'homme dans l'Eden, nos âmes habitaient dans les cieux, au nombre des créatures douées de raison : aussi plus tard, dans les Psaumes, l'âme dit-elle, pour sa consolation ; « Avant d'avoir été humiliée, j'ai péché. » *Psalm.* CXVIII, 67 ; et encore : « Retourne, ô mon âme, dans ton repos ; » *Psalm.* CXIV, 7 ; et de nouveau : « Seigneur, délivrez mon âme de la prison, » *Psalm.* CXLI, 8, et autres paroles semblables. La troisième est que le diable et les démons feront pénitence un jour et régneront dans les cieux avec les saints, à la fin des temps. La quatrième est qu'Origène regarde le corps de l'homme comme de tuniques de peau dont Adam et Eve auraient été revêtus après avoir été chassés du paradis à cause de leur faute, en sorte qu'ils n'auraient eu ni chair, ni nerfs, ni os quand ils étaient dans l'Eden. La cinquième consiste en ce qu'il nie très-clairement, et dans son commentaire du Psaume premier, et dans un grand nombre d'autres traités, la résurrection de la chair et de la réunion des membres, et le sexe qui distingue l'homme de la femme. Par la sixième, il parle par figures, du Paradis au point de détruire la vérité de l'histoire, quand il voit dans les arbres des Anges, et les Vertus célestes dans les fleuves, travestissant ainsi en allégorie tout ce que le Paradis contenait. La septième consiste à penser que les eaux, dont l'Ecriture dit qu'elles sont sur les cieux, représentent les Vertus saintes et célestes, tandis que celles qui sont sur la terre et au-dessous répondent aux forces contraires et diaboliques. La huitième erreur, qu'Epiphane vous oppose la dernière, est que l'homme a perdu l'image et la ressemblance de Dieu, à laquelle il fut créé, qu'il ne l'a plus depuis son expulsion du Paradis.

8. *Humilité et charité d'Epiphane. Mot de Prétextatus, consul désigné. La foi pure ne souffre pas d'empêchement. Que doit être le zèle de la foi.* — Voilà les flèches qui vous ont percé ; voilà les traits qui vous poursuivent et vous blessent pendant toute cette lettre ; sauf toutefois qu'Epiphane, se jetant à vos genoux, oubliant à vos pieds la dignité du sacerdoce et la sainteté de ses cheveux blancs, vous supplie en ces termes de faire votre salut : « Accordez à vous-même et à moi votre salut ; sauvez-vous, selon l'expression de l'Ecriture, de la génération des méchants ; éloignez-vous, frère bien-aimé, de l'hérésie d'Origène et de toute autre hérésie ; » et, plus bas : « Pour la défense de l'hérésie, vous suscitez des haines contre moi, vous brisez la charité qui me liait à vous, et vous me faites

Joanni objecta ab Epiphanio. — Et primum de libro περὶ Ἀρχῶν ubi loquitur : Sicut enim incongruum est dicere, quod possit Filius videre Patrem ; ita inconveniens est opinari, quod Spiritus sanctus possit videre Filium. Secundum, quod in hoc corpore quasi in carcere sint animæ religatæ ; et antequam homo fieret in paradiso, inter rationales creaturas in cœlestibus commoratæ sunt. Unde postea in consolationem suam anima loquitur in Psalmis : « Priusquam humiliarer, ego deliqui. » *Ps.* CXVIII, 67. Et : « Revertere, anima mea, in requiem tuam » *P.* CXIV, 7. Et : « Educ de carcere animam meam » *Ps.* CXLI, 8, et cætera his similia. Tertium, quod dicat, et diabolum et dæmones acturos pœnitentiam aliquando, et cum sanctis ultimo tempore regnaturos. Quartum, quod tunicas pelliceas humana corpora interpretetur, quibus post offensam et ejectionem de paradiso Adam et Eva induti sint, haud dubium quin ante in paradiso sine carne, nervis et ossibus fuerint. Quintum, quod carnis resurrectionem membrorumque compagem, et sexum quo viri dividimur a feminis, apertissime neget, tam in explanatione primi psalmi, quam in aliis multis tractatibus. Sextum, quod sic paradisum allegorizet, ut historiæ auferat veritatem, pro arboribus Angelos, pro fluminibus virtutes cœlestes intelligens ; totamque paradisi (a) continentiam tropologica interpretatione subvertat. Septimum, quod aquas, quæ super cœlos in Scripturis esse dicuntur, sanctas supernasque virtutes, quæ super terram et infra terram, contrarias et dæmoniacas esse arbitretur. Octavum, quod extremum objicit, imaginem et similitudinem Dei, ad quam homo conditus fuerat, dicit ab eo perditam ; et in homine post paradisum non fuisse.

8. *Humilitas ac charitas Epiphanii. Prætextatus consul designatus ; quid solebat dicere. Fides pura moram non patitur. Zelus fidei quis debeat esse.* — Hæ sunt sagittæ, quibus confoderis : hæc tela, quibus in tota Epistola vulneraris : excepto eo, quod tuis genibus advolutus, sanctamque canitiem seposito paulisper Sacerdotii honore substernens (al. *substinens*), deprecatur salutem tuam, et his verbis loquitur : « Præsta mihi et tibi ut salveris, sicut scriptum est : A generatione perversa, et recede ab hæ-

(a) Intellige pro eo quod in paradisi historia continetur, atque enarratur. Hoc sensu Siricius papa Epist. ad diversos contra Jovinianum ab eo dixit *novi, ac veteris Testamenti continentiam* pervertit, quod est doctrinam in utroque Testamento contentam absurde interpretari.

regretter d'avoir été en communion chrétienne avec vous, tant vous mettez d'âpreté à défendre les erreurs et les opinions d'Origène. » Dites-moi, dialectitien parfait, auxquelles de ces huit objections vous avez répondu. Pour ne parler d'abord que de la première, de quels traits avez-vous poursuivi ce blasphème que le Fils ne peut point voir le Père, ni le Saint-Esprit le Fils? « Nous croyons, dit Epiphane, que la sainte et adorable Trinité est consubstantielle, coéternelle, égale en gloire et en divinité, anathématisant ceux qui prétendent qu'il y a quoi que ce soit de plus grand, de plus petit, d'inégal ou de visible dans quelqu'une des trois personnes divines. Et comme nous disons que le Père est incorporel, invisible et éternel, nous disons aussi que le Fils et le Saint-Esprit sont incorporels, invisibles et éternels. » Tout autre langage est contraire à la foi de l'Eglise. Et pourtant je ne m'enquiers pas si vous avez parlé ce langage contraire dans le passé; je ne rechercherai pas si vous avez favorisé ceux qui le tenaient ouvertement; avec qui vous étiez quand les défenseurs du vrai dogme souffraient l'exil; quel est cet homme qui, le prêtre Théon proclamant dans l'assemblée des fidèles que le Saint-Esprit est Dieu, se boucha les oreilles, et se hâta de fuir dehors, pour ne pas entendre une telle abomination. J'admets, dit Epiphane, qu'une tardive conversion l'a tout-à-coup ramené à la foi. Un misérable, un homme sacrilége, adorateur des idoles, Prétextat, qui mourut consul désigné, avait coutume de dire par ironie contre le saint pape Damase : « Faites-moi évêque de Rome, et je serai aussitôt chrétien. » Pourquoi me démontrer en un long discours et en périodes diffuses que vous n'êtes pas Arien? Ou niez que celui qu'on accuse d'avoir tenu un langage contraire à la foi, l'a tenu; ou s'il l'a tenu, condamnez-le pour l'avoir fait. Voulez-vous savoir quel est le zèle des vrais fidèles? écoutez l'Apôtre : « Si moi-même je vous annonçais un évangile contraire à celui que je vous ai prêché, anathème sur moi, et anathème sur un Ange descendu du ciel, s'il le faisait. » *Galat.* I, 8. Pour atténuer votre faute, cachant le nom du coupable, comme si toutes choses étaient en sûreté et que nul ne fût repris pour ses blasphèmes, vous vous arrangez une foi neutre dans un langage plein d'artifices. Dites de suite, et que ce soit le début de votre lettre : Anathème à celui qui a osé écrire de telles erreurs. Une foi pure ne souffre pas d'hésitations. Dès que le scorpion se montre, il doit être aussitôt écrasé.

resi Origenis, et a cunctis hæresibus, dilectissime. » Et infra : « Propter defensionem hæreseos adversum me odia suscitantes rumpitis charitatem, quam in vobis habui : intantum, ut faceretis nos etiam pœnitere quare vobis communicaverimus, ita Origenis errores et dogmata defendentibus. » Dic mihi, disputator egregie, de octo capitulis, ad quæ responderis. Paulisper de cæteris taceo (al. *taceas*). Prima illa blasphemia, quod nec Filius Patrem, nec Filium possit videre Spiritus sanctus, quibus a te telis confossa est? « Sanctam, inquit, et adorandam Trinitatem, ejusdem substantiæ, et coæternam; ejusdem gloriæ et divinitatis credimus : anathematizantes eos, qui grande aut parvum, aut inæquale, aut visibile in deitate Trinitatis quidquam loquuntur. Sed sicut incorporalem, invisibilem, et æternum dicimus Patrem : sic incorporalem, invisibilem et æternum dicimus Filium et Spiritum sanctum. » Nisi hoc diceres, Ecclesiam non teneres; et tamen non quæro (*a*), si ante non dixeris; non eventilabo, si amaveris eos qui talia prædicaverint; cum quibus fueris, quando ista dicentes exsilia sustinebant; quis sit ille, qui Theone presbytero Spiritum sanctum Deum (al. *Domini*) in Ecclesia prædicante, clauserit aures, forasque cum suis concitus fugerit, ne tantum audiret piaculum. Statim sera conversione fidelem, inquit, volo. Miserabilis Prætextatus, qui designatus consul est mortuus, homo sacrilegus et idolorum cultor, solebat ludens beato Papæ Damaso dicere : Facite me Romanæ urbis episcopum, et ero protinus Christianus. Quid mihi longo sermone et laciniosis periodis Arianum te non esse demonstras? Aut nega hoc dixisse eum, qui arguitur : aut si locutus est talia, damna, quia dixerit. Vis scire quantus sit ardor bene credentium? audi Apostolum : « Et si nos (al. *homo*), aut Angelus de cœlo aliter evangelizaverit vobis quam annuntiavimus, anathema sit. » *Gal.* I, 8. Tu mihi ut crimen extenues, et dissimulato nomine criminosi, quasi secura sint omnia, et nullus in blasphemiis arguatur, otiosam fidem artifici sermone contexis. (*b*) Dic statim, et Epistola tua hoc habeat exordium, anathema ei, qui talia ausus est scribere. Fides pura moram non patitur. Ut apparuerit scorpius, illico conterendus est. David inventus secun-

(*a*) Cum nempe antea Macedonii hæresim secutus sit Jo. Hierosolymitanus, et S. Spiritus divinitatem negaverit. Quod subdit de Prætextato altera exprobratio est in Joannem, qui utilitatis causa a Macedonianis secessit, et nihil non movit ut Hierosolymitanus episcopus fieret.

(*b*) Reposuimus *otiosam* ex fide mss. et vetustiorum editionum, ipso etiam cogente orationis contextu. Puta dici inanem sive inutilem ac superfluam fidem. Eo sensu Quintilianus *otiosum sermonem* dixit, ut ab aliis exemplis abstineam. Erasmus maluisset, *enodam*, sive *enodem*. Victorius et Martianæus *erosam* legunt. — *Erosam fidem.* Non *erosam*, sed *otiosam* fidem legunt mss. codices. Conjicit Erasmus legendum *enodam*, sive *enodem fidem*, id est simplicem, et nihil habentem distorti. Quod Marianus impugnat in suis scholiis, probans *erosam* fidem legendum, hoc est non integram, neque sanam. MARTIAN.

David, qui fut trouvé selon le cœur du Seigneur, disait : « N'ai-je point haï, Seigneur, ceux qui vous haïssent, n'ai-je point séché de courroux contre eux ? Je les ai détestés d'une haine extrême. » *Psalm.* CXXXVIII, 21. Pour moi, si j'avais entendu mon père, ma mère, mon frère murmurer un mot contre Jésus-Christ, j'eusse déchiré la bouche blasphématrice comme on tue un chien enragé, ma main eût été la première à s'appesantir sur eux. Ceux qui ont dit à leurs parents : « Nous ne vous connaissons point », ceux-là ont accompli la volonté du Seigneur; mais celui qui aime son père et sa mère au-dessus de Jésus-Christ n'est pas digne de Jésus-Christ. *Matth.* X, 37.

9. *Les Anges sont invisibles. Foi pure et sincérité de Jérôme.* — On vous objecte que votre maître, que vous dites catholique et que vous défendez avec obstination, a dit : « Le Fils ne voit pas le Père, et l'Esprit-Saint ne voit pas le Fils », et vous nous répondez : « Le Père est invisible, le Fils est invisible, le Saint-Esprit est invisible ! » comme si les Anges, les Chérubins et les Séraphins n'étaient pas, eux aussi, de leur nature, invisibles à nos yeux. David doute même, en ce sens, de la vue des cieux : « Je verrai, dit-il, les cieux, œuvre de vos mains, » *Psalm.* VIII, 4. Je verrai, et non pas je vois. Je verrai, quand je contemplerai face à face la gloire du Seigneur; mais ici-bas, nous voyons en partie, nous ne connaissons qu'un côté de la vérité. I *Corint.* XIII, 9. On vous demande si le Fils voit le Père, et vous répondez : « Le Père est invisible. » On met en question si le Saint-Esprit voit le Fils, et vous dites : « Le Fils est invisible. » On met en doute que les personnes divines de la Trinité se voient mutuellement, toute oreille catholique se révolte contre un pareil blasphème, et vous vous contentez de rappeler que la Trinité est invisible ; puis vous vous échappez en d'autres louanges de la divinité, et vous pérorez sur des choses dont nul ne s'inquiète. Vous attirez l'auditeur sur un autre terrain, pour ne pas répondre à notre question. Mais tout cela est dit inutilement. Nous admettons que vous n'êtes pas Arien; bien plus, que vous ne l'avez jamais été. Nous vous accordons même que, dans votre développement du premier point, il n'y a matière à aucun soupçon contre vous, et que la plus parfaite pureté d'intentions anime toutes vos paroles, dites en toute simplicité de cœur; c'est avec la même franchise que nous vous parlons. Est-ce que notre vénérable père Epiphane vous accuse d'être Arien ? est-ce qu'il vous oppose l'hérésie d'Eunome athée ou d'Erius ? Toute sa lettre ne vous demande qu'une seule chose: pourquoi vous suivez quelques erreurs des doctrines d'Origène et pourquoi vous avez quelques compagnons en cette hérésie. D'où vient qu'interrogé sur une chose, vous répondez sur une autre, et que, comme si vous parliez à des sols,

dum cor Domini : « Nonne, inquit, odientes te, Domine, oderam et super inimicos tuos tabescebam ? Perfecto odio oderam illos. » *Ps.* CXXXVIII, 21. Ego si patrem, si matrem, si germanum adversus Christum meum audivissem ista dicentes, quasi rabidi canis blasphemantia ora lacerassem, et fuisset in primis manus mea super eos. Qui patri et matri dixerunt : « Non novimus vos, » hi impleverunt voluntatem Domini. Qui diligit patrem aut matrem super Christum, non est eo dignus. *Mat.* X, 37.

9. *Invisibiles sunt angeli. Hieronymi pura fides ac sinceritas.* — Objicitur tibi, quod magister tuus, quem catholicum vocas, quem defendis obnixe, dixerit : « Filius non videt Patrem, et Filium non videt Spiritus sanctus ; » et tu mihi dicis : « Invisibilis Pater, invisibilis Filius, invisibilis Spiritus sanctus ! quasi non et Angeli et Cherubim et Seraphim, secundum naturam suam oculis nostris invisibiles sint. Certe David etiam de aspectu cœlorum dubitans : « Videbo, inquit, cœlos, opera digitorum tuorum. » Ps. VIII, 4. Videbo, non video. Videbo, quando facie revela gloriam Domini fuero contemplatus : nunc autem ex parte videmus, et ex parte cognoscimus I *Cor.* XIII, 9. Quæritur an Patrem videat Filius, et tu dicis : « Invisibilis Pater est. » Deliberatur an Filium videat Spiritus sanctus, et tu respondes : « Invisibilis est Filius. » Versatur in causa, an se invicem Trinitas videat, humanæ aures tantam blasphemiam ferre non sustinent, et tu dicis : « Invisibilis Trinitas est. » In laudes cæteras evagaris : peroras in his, quæ nullus inquirit. Auditorem aliorsum trahis, ut quod quærimus, non loquaris. Verum hæc ex superfluo dicta sint. Donamus tibi, ut non sis Arianus; imo plus, ut nunquam fueris. Concedimus, ut in expositione primi capituli, adversum te nulla suspicio sit, et totum pure, totum simpliciter sis locutus, eadem simplicitate et nos tecum loquimur. Num papa Epiphanius accusavit te, quod Arianus esses ? (a) Num Eunomii ἀθέου, aut Ærii tibi impegit hæresim ? Hoc per totam Epistolam quæritur quod Origenis dogmatum sequaris errores, et quosdam habeas hujus hæreseos socios. Cur aliud interrogatus, respon-

(a) *Num Eunomii.* Sorbonicum exemplar ms. *Num Eunomii, id est sine Deo, aut Ærii tibi impegit hæresim.* Editi omittunt nomen *Ærii,* qui et ipse Arianus fuit ac hæreticus. Vide Epiphanium lib. III de Hæres., et Augustin. in libro ad Quodvultdeum. MARTIAN.

vous faites la sourde oreille aux chefs d'accusation contenus dans la lettre d'Epiphane, pour vous retrancher derrière ce que vous avez dit au su de toute l'Eglise? On vous demande une profession de foi, et vous nous glissez vos écrits très-diserts, mais dont nous n'avons que faire ici! Je prie le lecteur que, se souvenant du tribunal de Dieu et du compte qu'il rendra de son propre jugement, il soit impartial entre mon adversaire et moi, et qu'il considère, non pas les personnes, mais la cause. Et maintenant, poursuivons.

10. *Elie prophétisant la Vierge.*—Vous avancez, dans votre lettre, qu'avant l'élévation de Paulinianus à la prêtrise, notre père Epiphane ne vous a jamais interpellé sur les erreurs d'Origène. Il y a doute à cet égard, et je produis l'attitude des personnes. Il dit qu'il l'a fait, vous prétendez le contraire; il cite des témoins, vous refusez de les entendre; il rappelle même qu'il y a une autre juridiction, vous vous dérobez des deux côtés; il vous envoie par son clerc une lettre et sollicite la réponse, vous vous taisez: mais, n'osant pas rester muet, vous parlez à Alexandrie quand on vous provoquait en Palestine. De vous ou de lui, à qui faut-il ajouter foi? il ne m'appartient pas de le décider. J'estime que vous-même, en regard d'un si grand homme, vous n'oseriez pas vous attribuer la vérité et lui laisser le mensonge. Mais il peut se faire que chacun de vous ait parlé pour son propre compte. Ici j'invoque contre vous votre propre témoignage. S'il n'y avait pas entre vous un différend sur les dogmes, si vous n'aviez pas lassé la patience du saint vieillard, si sa lettre ne visait pas une réponse à vos opinions, qu'aviez-vous besoin, dans un seul sermon et sans avoir l'éloquence nécessaire pour cela, de passer en revue tous les dogmes: la Trinité, l'Assomption du Corps de Notre-Seigneur, la Croix, l'enfer, la nature des Anges, l'état des âmes, la Résurrection du Sauveur, la nôtre; d'aborder intrépidement et de parcourir d'une seule haleine tout ce que vous n'aviez pas écrit, peut-être par oubli, à la connaissance des peuples et de cet homme si vénérable? Où sont les anciens docteurs de l'Eglise qui ont à peine sufti à traiter l'une de ces questions en plusieurs volumes? où est le vase d'élection, cette trompette de l'Evangile, ce rugissement de notre lion, ce tonnerre des Gentils, ce fleuve de l'éloquence chrétienne, qui admire, plutôt qu'il ne les raconte, le mystère ignoré par toutes les générations antérieures et l'abîme des trésors de sagesse et de science divines? *Rom.* II, 33; *Coloss.* I, 26. Où est Isaïe, prophétisant la Vierge, et qui, succombant sous le poids de cette seule question si haute, s'écrie: « Qui racontera sa génération? » *Isai.* LIII, 8. Un homme chétif, qui n'a rien de grand, s'est rencontré en notre époque, qui, d'un seul tour de langue, éclaire plus que ne le ferait un soleil toutes les questions fondamentales de l'Eglise. Si nul ne vous a interrogé, si le calme régnait partout, c'est folie à vous de

des aliud, et quasi cum stultis loquaris, dissimulatis criminibus, quæ in litteris continentur, replicas quid in Ecclesia præsenti Epiphanio dixeris? Confessionem fidei postularis, et disertissimos tractatus tuos nolentibus ingeris? Quæso, lector, ut memor tribunalis Domini, et de judicio tuo te intelligens judicandum, nec mihi, nec adversario faveas, neve personas loquentium, sed causam consideres. Dicamus ergo quod cœpimus.

10. *Isaias Virginis demonstrator.*— Scribis in Epistola, quod antequam Paulinianus presbyter tua fieret, nunquam te Papa Epiphanius super Origenis errore convenit. Primum dubium est, et de personis disputo. Ille objecisse se dicit, tu negas: ille testes profert, tu non vis audire productos. Ille etiam commemorat alium esse conventum, tu pro utroque dissimulas; mittit tibi per Clericum suum epistolam, responsionem flagitat: taces, mutire non audes, et Palestinæ provocatus, Alexandriæ loqueris. Inter illum et te, cui accommodanda sit fides, non est meum dicere. Puto quod nec ipse audeas adversum talem ac tantum virum, tibi veritatem, illi mendacium deputare. Sed fieri potest, ut unusquisque pro se loquatur. Teipsum contra te testem vocabo. Si enim nulla de dogmatibus quæstio versabatur: si stomachum senis non moveras: si ille tibi nihil responderat, quid necesse erat, ut in uno Ecclesiæ tractatu, de cunctis dogmatibus, homo non satis eloquens, disputares: de Trinitate, de assumptione dominici corporis, de cruce, de inferis, de Angelorum natura, de animarum statu, de resurrectione Salvatoris, et nostra: et in terra, quæ forsitan oblitus es scribere, præsentibus populis et tali ac tanto viro, intrepidus diceres, et omnia una saliva continuares? Ubi sunt veteres Ecclesiæ tractatores, qui vix singulas quæstiones explicare multis voluminibus potuerunt? ubi electionis vas, tuba Evangelii, rugitus leonis nostri, tonitruus gentium, flumen eloquentiæ Christianæ, qui mysterium retro generationibus ignoratum, et profundum divitiarum sapientiæ et scientiæ Dei magis miratur, quam loquitur? » *Rom.* II, 33; *Col.* I, 26. Ubi Isaias Virginis demonstrator, qui in una quæstione succumbens, ait: « Generationem ejus quis enarrabit? » *Isai.* LIII, 8. Repertus est sæculis nostris haud grandis homunculus, qui de cunctis Ecclesiæ quæstionibus, uno linguæ rotatu sole clarius co-

vous être donné la pénible charge d'une telle discussion. Et si vous avez parlé pour la satisfaction de la foi, ce n'est donc point l'ordination d'un prêtre qui est la source de la discorde, d'un prêtre qui, de notoriété publique, a été ordonné longtemps après. Vous avez trompé des absents, et votre lettre ne peut être agréable qu'à des oreilles étrangères au débat.

11. *Les Anthropomorphites.* — Nous savons tout, nous qui étions là quand notre père Epiphane parlait contre Origène dans votre église; quand, sous son nom, il vous perçait de ses traits. Vous et les vôtres, écumant de rage, les narines contractées, branlant la tête, vous déclariez, par votre pantomime, que c'étaient là pour vous propos d'un vieillard en délire. En présence du sépulcre de Notre Seigneur, comme il discutait ces questions, ne lui avez-vous point enjoint, par un archidiacre, d'avoir à se taire? Quel évêque a-t-il jamais publiquement intimé pareil ordre au dernier de ses prêtres? Quand, du lieu de la résurrection, vous alliez à celui du crucifiement, comme la foule de tout âge et de tout sexe l'entourait, lui présentant les petits enfants, baisant ses pieds, suspendue à son manteau, et comme, ne pouvant faire un pas en avant, il maîtrisait à grand'peine sur place les flots du peuple enthousiaste, vous, rongé d'envie, n'éleviez-vous point la voix contre ce glorieux vieillard, et n'avez-vous pas eu le front de lui dire en face qu'il restait volontairement et par calcul au milieu de nous? Souvenez-vous, je vous prie, du jour où le peuple convoqué demeura jusqu'à la septième heure dans le seul espoir d'entendre Epiphane après vous; souvenez-vous de ce que vous avez dit alors devant l'assemblée. Vous vous y êtes élevé avec indignation contre les Anthropomorphites qui, dans leur rustique naïveté, s'imaginent que Dieu a les membres dont parlent les Livres Saints; et vos yeux, vos mains, tout votre corps était dirigé contre le saint vieillard, dans l'intention où vous étiez de le rendre suspect de cette hérésie insensée. Et quand, la bouche sèche, la tête haute et les lèvres frémissantes, vous vous êtes tû, et que tout le peuple fut enfin arrivé au moment attendu, quelle fut à votre égard la conduite de ce vieillard en délire? Il se leva, pour indiquer qu'il avait peu de chose à dire, et, après avoir salué l'assistance de la voix et de la main: « Tout ce que mon frère, qui est mon fils par l'âge, vient de vous dire contre l'hérésie des Anthropomorphites, est bon et selon la foi: cette hérésie, je la condamne également; mais il est juste que, de même que nous condamnons cette erreur, de même nous condamnions les doctrines perverses d'Origène. » Quel rire universel, quelle acclamation unanime suivit ces mots, vous ne l'avez point oublié, je pense. Pour cela sans doute, dans votre lettre, vous prétendez qu'il a dit au peuple ce qu'il voulait et comme bon lui a semblé. Il délirait assurément, de s'élever dans vos domaines contre votre propre sentiment. Ce qu'il a voulu, prétendez-vous, et

ruscaret. Si nemo a te postulabat, et tranquilla erant omnia, stulte tanta disputandi voluisti subire discrimina. Si jam tunc in satisfactione fidei loquebaris, ergo non est ordinatio presbyteri, causa discordiæ: quem constat multo post tempore constitutum. Fefellisti absentes, et litteræ tuæ peregrinis auribus blandiuntur.

11. *Anthropomorphitæ.* — Nos hic eramus, cuncta novimus, quando contra Origenem in Ecclesia tua, Papa Epiphanius loquebatur; quando sub illius nomine in vos (al. *nos*) jacula torquebantur. Tu et chorus tuus canino rictu, naribusque contractis, scalpentes capita, delirum senem nutibus loquebamini. Nonne ante sepulcrum Domini misso Archidiacono præcepisti, ut talia disputans conticesceret? Quis hoc unquam presbytero suo coram plebe imperavit (al. *impetravit*) Episcopus? Nonne cum de Anastasio pergeretis ad crucem, et ad eum omnis ætatis et sexus turba confflueret, offerens parvulos, pedes deosculans, fimbrias vellens; cumque non posset præmovere gradum, sed in uno loco vix fluctus inundantis populi sustineret, tu tortus invidia adversus gloriosum senem clamitabas: nec erubuisti in os ei dicere, quod volens et de industria moraretur. Recordare, quæso, illius diei, quando ad horam septimam invitatus populus spe sola, quasi postea auditurus Epiphanium esset, detinebatur, quid tunc concionatus sis. Nempe contra Anthropomorphitas, qui simplicitate rustica Deum habere membra, quæ in divinis libris scripta sunt, arbitrantur, furens et indignans loquebaris; oculos et manus et totius corporis truncum, in senem dirigebas, volens illum suspectum facere stultissimæ hæreseos. Postquam lassus ore arido, resupinaque cervice ac trementibus labiis conticuisti, et tandem totius populi vota completa sunt, quid tibi fecit delirus et fatuus senex? Surrexit, ut se indicaret pauca dicturum esse, salutataque et voce et manu Ecclesia: « Cuncta (inquit) quæ locutus est collegio frater, ætate filius meus, contra Anthropomorphitarum hæresim, bene et fideliter locutus est, quæ mea quoque damnatur voce. Sed æquum est, ut quomodo hanc hæresim condemnamus, etiam Origenis perversa dogmata condemnemus. » Qui risus omnium, quæ acclamatio consecuta sit, puto quod retineas. Hoc est illud quod in Epistola tua dicis, loquentem illum ad po-

comme bon lui a semblé ; ou louez ou blâmez ses discours. Pourquoi là même usez-vous de détours ? Si ce qu'il disait est bon, que ne le proclamez-vous hautement ? s'il est mauvais, que ne le réprouvez-vous avec force ? Or, cette colonne de la vérité et de la foi, qui ose prétendre qu'un homme si sage a dit au peuple ce qu'il a voulu, remarquons avec quelle prudente modestie et avec quelle humilité il parle de lui-même. « Lorsque nous-même, dit-il, devant lui qui nous entendait et en présence de toute la réunion des fidèles, nous avions, en une circonstance, provoqué par la lecture de l'évangile du jour, parlé de la foi et dit, au sujet du dogme catholique, ce que, par la grâce de Dieu, nous ne cessons d'enseigner et dans l'Église et dans les catéchismes. »

12. *Epiphane père des évêques.* — Quelle est cette assurance, ce si grand orgueil ? Tous les philosophes, tous les orateurs critiquent amèrement Gorgias de Léontium, pour sa téméraire promesse de répondre, après s'être assis en public, à toute question qu'il plairait à n'importe qui de lui faire. Si l'honneur du sacerdoce et le respect pour votre charge ne mettaient un frein à ma langue, et si je ne me souvenais du mot de l'Apôtre : « Je ne savais pas, mes frères, qu'il est Pontife ; car il est écrit : Vous ne direz point de mal du Prince de votre peuple, » *Act.*, XXIII, 5 ; *Exod.*, XXII, avec quel éclat et quelle indignation de paroles je m'élèverais contre votre récit, où, vous-même oublieux de la dignité qui vous couvre, vous déversez, en paroles et en actions, le mépris sur celui qui est presque le père de tout l'épiscopat et la relique vénérable de sainteté primitive ! Vous prétendez qu'en cette circonstance, provoqué sur le texte de l'évangile du jour, devant lui et en présence de tous les fidèles, vous avez disserté sur la foi et sur tous les dogmes catholiques ! Admirons à présent Démosthènes, qui prépara, dit-on, pendant longtemps, son beau discours contre Eschine ! C'est à tort que nous vantons Tullius, dont Cornélius Népos rapporte qu'en sa présence, et presque mot à mot telle qu'elle a été publiée, il débita sa plaidoirie pour le tribun séditieux Cornélius. Ils sont éclipsés aussi, Gracchus, notre Lysias, et, pour dire un mot des modernes, Qu. Atérius, qui avait de l'esprit argent comptant, au point de ne pouvoir s'arrêter qu'après avoir été prévenu, et dont César Auguste a dit avec raison : « Notre Quintus est un char qu'il faut enrayer. »

13. *Coutume de l'Eglise à l'égard de ceux qui*

pulum quæ vellet, et qualia vellet. Scilicet delirabat, qui in regno tuo contra tuam sententiam loquebatur. Quæ vellet, inquis, et qualia vellet. Vel lauda, vel reproba. Quid et hic dubius incedis ? Si bona erant quæ loquebatur, cur non aperte prædicas ? Si mala, cur non constanter reprehendis ? Atqui columna veritatis ac fidei, qui de tanto viro audet dicere, loquente illo ad populum quæ vellet : de seipso quam prudenter et verecunde, quam humiliter referat, consideremus. « Cum, inquit, et nos quadam die ante eum locuti essemus et præsens lectio (Evangelii) provocasset, audiente illo, et universa Ecclesia, de fide et omnibus ecclesiasticis dogmatibus hæc locuti sumus, quæ et semper, gratia Dei, indesinenter in Ecclesia docemus, et in catechesibus. »

12. *Pater episcoporum Epiphanius.* — Rogo quæ est ista confidentia, qui tantus animi tumor ? Gorgiam Leontinum cuncti philosophi et oratores lacerant, quod ausus sit, publice sella posita, polliceri responsurum se, de qua quisque re interrogare voluisset. Nisi me honor sacerdotii, et veneratio nominis refrenaret, et scirem illud Apostoli : « Nesciebam, fratres, quia Pontifex est ; scriptum est enim : Principem populi tui non maledices, » *Act.* XXIII ,5 ; *Exod.* XXII, qua vociferatione et indignatione verborum, de tua narratione conquererer ! Licet ipse nominis tui extenues dignitatem, cum patrem pene omnium episcoporum, et antiquæ reliquias sanctitatis et opere et sermone despicias. Dicis te quadam die, cum præsens lectio provocasset, audiente illo et universa Ecclesia, de fide et omnibus ecclesiasticis dogmatibus disputasse. Nunc est mirari Demosthenem, qui pulcherrimam orationem contra Æschinem multo tempore dicitur exarasse. Frustra suspicimus (al. *suscipimus*) Tullium ; refert enim Cornelius Nepos, se præsente, iisdem pene verbis quibus edita est, eam pro Cornelio seditioso tribuno defensionem peroratam. En Lysias noster, en Gracchus, et ut aliquid de neotericis inferam, Qu. Aterius, qui ingenium in numerato habebat, ut sine monitore tacere non posset ; de quo egregie Cæsar Augustus : « Quintus, inquit (*a*), noster sufflaminandus est. »

13. *Consuetudo Ecclesiæ pro baptizandis.* — Quis-

(*a*) *Noster sufflaminandus est.* Erasmus legit corrupte *sufflammandus ;* vetus codex *inflammandus.* De hoc verbo isthæc legi apud eruditos : *Sufflamino*, significat sufflamine comprimere et retinere. Seneca 4 Declamatione : *Tanta illi erat velocitas orationis, ut vitium fieret. Itaque divus Augustus optime dixit : Aterius noster sufflaminandus est.* Ubi alias legitur : *sufflamandus*, alias *suffibulandus.* Erat porro sufflamen retinaculum rotæ decurrentis, ne velocius decurreret. Gallice *sufflamine* intelligitur *enrayer les roues d'un carrosse*, etc. Hac voce abusus est imperitus Joannes clericus in Questionib. Hieron. quasi timuisset ne rotatu quodam ferrentur hodie in præceps studia sacrarum litterarum. MARTIAN. — Seneca in IV Declamationum : *Tanta illi*, Aterio, *erat velocitas orationis ut vitium fieret. Itaque Divus Augustus optime dixit : Aterius noster sufflaminandus est.* Vid. et de morte Claudii.

vont recevoir le baptême. — Quel homme sage et sain d'esprit affirmerait qu'il a traité, dans une seule instruction religieuse, de la foi et de tous les dogmes catholiques? Montrez-moi donc ce texte de l'Evangile, qui est la quintescence de tous les Livres Saints et dont la lecture vous a poussé à faire cette preuve soudaine de votre génie? Et si le fleuve de votre faconde n'avait débordé, on aurait donc été en droit de vous blâmer de n'avoir pu improviser cette défense de tous les dogmes. Mais qu'est ceci? Vous promettez une chose, et vous en produisez une autre. La coutume de l'Eglise est que nous expliquions publiquement, pendant quarante jours, le symbole à ceux qui vont recevoir le baptême. Si le texte du jour vous poussait à parler de tous les dogmes en une heure, comment quarante jours sont-ils nécessaires pour dérouler la même doctrine? Et si vous résumiez vos instructions de quarante jours, comment un seul texte a-t-il pu vous engager à parler de tous les dogmes dans la même instruction? Il y a là encore ambiguïté de langage. Il peut se faire que les enseignements qu'il avait coutume de livrer publiquement, pendant quarante jours, à ceux qui devaient être baptisés, il en ait fait le résumé à l'occasion d'un seul passage de l'Evangile; c'est, en effet, le propre de l'éloquence, et de dire peu de chose en beaucoup de mots et beaucoup de choses en peu de mots. On peut comprendre encore que, à la suite de la lecture du texte sacré, enflammé par la fièvre de l'éloquence, il ne s'arrêta pas de parler pendant quarante jours; et le saint vieillard, suspendu à ses lèvres et consacrant ses loisirs à éteindre sa soif d'apprendre des choses nouvelles, ne l'aurait quitté à regret que pour se livrer au sommeil. Les deux hypothèses sont admissibles, à moins toutefois que Jean n'ait simplement dit, selon sa coutume, que ce qu'il a dit.

14. *Jean a imposé silence à Epiphane. Lettre d'Epiphane à Siricius.* — Passons à cet endroit où, après le dédale d'une discussion diffuse, il émet une opinion très-claire, très-catégorique, et conclut ainsi ses prodigieuses élucubrations: « Lorsque nous eûmes ainsi parlé, et qu'en raison de la déférence que nous lui avons prodiguée au-delà de toute mesure, nous l'eûmes prié de parler à son tour, il fit un chaleureux éloge de notre prédication, et déclara publiquement que telle était la foi catholique. » Comment vous lui avez fait honneur au-delà de toute mesure, les avanies dont vous l'avez abreuvé au-delà de toute mesure l'attestent; quand, par un archidiacre, vous lui avez imposé silence, et quand, les fidèles se pressant autour de lui, vous l'accusiez hautement de capter la faveur populaire. Votre conduite actuelle est faite pour édifier sur le passé. Après avoir, pendant trois longues années, dévoré son injure, Epiphane, maître de son ressentiment personnel, ne sollicite qu'une chose, votre retour à l'or-

quamne prudentum et sani capitis in uno Ecclesiæ tractatu, de fide et de omnibus ecclesiasticis dogmatibus se asserat disputasse? Quæso te ut ostendas mihi, quæ sit illa lectio, toto Scripturarum sapore condita, cujus te occasio provocarit, ut repente ad periculum ingenii descenderes? Et nisi tibi disertitudinis tuæ fluvius inundasset, poteras argui, quod non posses ex tempore de cunctis dogmatibus dicere. Verum quid hoc est? aliud promittis, et aliud exhibes. Consuetudo autem apud nos istiusmodi est, ut his qui baptizandi sunt, per quadraginta dies, publice tradamus sanctam et adorandam Trinitatem (fidei symbolum). Si te præsens lectio provocavit, ut de cunctis dogmatibus una hora diceres, quid necesse fuit quadraginta dierum replicare doctrinam? Sin autem ea referebas, quæ per totam quadragesimam locutus est, quomodo te quadam die, ut de cunctis dogmatibus diceres, una lectio provocavit? Sed et hic ambigue loquitur: potest enim fieri, ut quæ per quadraginta dies tradere solebat in Ecclesia baptizandis, hæc sub unius lectionis occasione perstrinxerit. Ejusdem enim eloquentiæ est, et pauca multis, et multa paucis verbis posse dicere. Hoc quoque intelligi datur, quod postquam illum una lectio provocavit, inflammatus ardore dicendi, per quadraginta dies nunquam tacuerit. Sed et otiosus senex, ex ejus ore dependens, dum res inauditas scire desiderat, pene dormiens ceciderit. Utcumque toleranda sunt; forsitan et hæc simpliciter more suo sit locutus.

14. *Joannes tacere jussit Epiphanium. Epiphanii littera ad Siricium.* — Ponamus reliqua, in quibus post laciniosæ disputationis labyrinthos, nequaquam dubiam, sed apertam poni sententiam, et miros tractatus suos hoc fine concludit: « Cum hæc ipso præsente locuti essemus, et ipse post nos causa honoris, quem ei super omnem mensuram exhibuimus, provocatus esset ut diceret; prædicationem nostram laudavit, atque miratus est, et catholicam fidem esse omnibus declaravit. » Quantum ei super omnem mensuram honoris exhibueris, declarant supra mensuram exhibitæ contumeliæ: quando eum per Archidiaconum tacere jussisti; et morantem in populis, laudis cupidum perstonabas. Docent præsentia de præteritis. Ille per totum exinde triennium suas injurias devorat, privataque simultate contempta, fidei tantum correctionem postulat. Tu qui sumptibus abundas (al. *abundans*), et totius orbis religio lucrum

thodoxie de la foi. Vous qui nagez dans l'abondance et qui vous faites un gain des offrandes pieuses de tout l'univers, vous envoyez au loin en tous lieux vos graves émissaires, et vous tirez subitement le saint vieillard de son repos, lui enjoignant de vous répondre. En vérité, après les grands honneurs dont vous l'aviez entouré, il était juste qu'il louât sans réserve votre discours hors de saison. Et comme les hommes louent souvent ce qu'ils n'approuvent pas et couvrent d'inutiles flatteries la sottise d'autrui, non-seulement il loua vos paroles, mais encore, à la louange, il joignit l'admiration, et, pour montrer l'étendue de cette admiration, il déclara à tout le peuple que c'était là le miroir de la foi catholique. Vraiment, c'est ainsi qu'il a fait, nous pouvons en rendre témoignage, nous qui l'avons entendu et qu'il vint trouver, brisé de douleur et déclarant qu'il y avait eu témérité de sa part à vivre fraternellement avec vous. Supplié par tout le monastère de revenir de Bethléem vers vous, et ne résistant pas à de si pressantes prières, il y retourna si bien le soir, qu'il prit la fuite au milieu de la nuit ; de tout cela les preuves sont dans sa lettre à notre père Siricius, et vous n'avez qu'à la relire pour vous convaincre comme il admira votre discours et le déclara conforme à la foi catholique. Mais nous perdons le temps à des riens ; c'est trop longuement s'arrêter à de frivoles contes de bonne femme.

15. Passons à la seconde question où, comme si de rien n'était, il feint de goûter le sommeil dans la paix la plus profonde, afin d'endormir les lecteurs. Or, nous avions à parler des autres points relatifs à la foi, à savoir que toutes les choses visibles et invisibles, les puissances des cieux et les créatures terrestres, ont un seul et unique créateur, Dieu, c'est-à-dire la sainte Trinité, selon la parole du bienheureux David : « Les cieux ont été affermis par la parole du Seigneur, et toute puissance des cieux l'a été par le souffle de sa bouche ; » *Psalm.* XXXII, 6 ; ce qui montre aussi clairement quelle a été la création de l'homme. C'est en effet le même Seigneur qui, ayant pris du limon de la terre, en forma l'homme, et, par la grâce de son souffle, le gratifia d'une âme raisonnable et libre, qu'il a créée, et qui n'est pas une parcelle de sa nature, comme le prétendent certains impies, qui professent la même erreur au sujet des Anges, parce que l'Ecriture a dit de Dieu : « Il fait ses anges esprits, et ses ministres feu brûlant ; » *Psalm.* CIII, 4 ; mais cette même Ecriture nous défend de croire qu'ils ont une nature immuable, quand elle dit : « Il retient éternellement enchaînés dans les ténèbres les anges qui ont perdu leur suprématie et ont été bannis de leur demeure au jugement du grand jour. » *Jud.* 6. Et comme ils ont été changés en perdant leur dignité et leur gloire, nous avons appris qu'ils sont descendus au rang des démons. Mais nous n'avons jamais cru et nous n'avons

tuum est, gravissimos illos legatos tuos huc illucque transmittis, et dormientem senem ad respondendum suscitas. Et revera cui tantum honoris detuleras, justum erat, ut tua præsertim extemporalia dicta laudaret. Quia vero solent interdum homines laudare quod non probant, et alienam stultitiam cassis nutrire præconiis, non solum tua dicta laudavit, sed laudavit atque miratus est : et ne miraculum quoque parvum esset, catholicæ esse fidei omni populo declaravit. Hæc quam vere dixerit, et nos testes sumus qui audivimus, ad quos tuis vocibus perturbatus venit exanimis, temere se communicasse, dicens. Rogatusque ab omni Monasterio, ut ad te de Bethleem reverteretur, tantorum preces non ferens, sic reversus est vespere, ut medio noctis aufugeret, litteræ ad papam Siricium probant : quas si legeris, pervidebis, quomodo tua dicta miratus sit, et catholica declaraverit. Verum nugas terimus, et aniles et superfluas cantilenas longo sermone convincimus.

15. Transeamus ad secundam quæstionem, in qua quasi nihil sibi propositum sit, securus et ructans dormire se simulat, ut legentes faciat dormitare. Sed de reliquis quæ ad fidem pertinent, sermo nobis erat, id est, omnium visibilium et invisibilium, cœlestium fortitudinum, et terrestrium creaturarum unum et eumdem esse conditorem Deum, id est sanctam Trinitatem, juxta beatum David dicentem : « Verbo Domini cœli firmati sunt, et spiritu oris ejus omnis virtus eorum ; » *Psal.* XXXII, 6 ; quod simpliciter ostendit et hominis creatio. Ipse est enim qui, accepto limo de terra, plasmavit hominem, et per gratiam propriæ insufflationis animam donavit rationabilem (al. *rationalem*), et liberi arbitrii, non partem aliquam suæ naturæ (juxta quosdam, qui hoc impie prædicant), sed propriam conditionem. Et de sanctis Angelis æque credunt, secundum divinam Scripturam de Deo dicentem : « Qui facit Angelos suos spiritus, et ministros suos ignem urentem ; » *Psal.* CIII, 4 ; de quibus credere quod immutabilis (al. *immutabiles*) naturæ sint, non concedit nobis Scriptura, dicens : « Angelos quoque qui non custodierunt suum principatum, sed dereliquerunt proprium domicilium in judicium magni diei, vinculis æternis in tenebris custodivit ; » *Jud.*, 6 ; quia immutati sunt, et ex propria dignitate et gloria, magis in dæmonum ordinem abisse eos cognovimus (al. *cognoscimus*). Animas vero hominum ex Ange-

jamais enseigné, grâce à Dieu, « que les âmes des hommes proviennent de la chute et de la transformation des anges, » ce que nous proclamons contraire à la prédication catholique.

16. *Erreurs d'Origène.* — Nous recherchons si les âmes, avant que l'homme fût fait dans le paradis, et qu'Adam fût façonné d'un peu de terre, étaient parmi les créatures raisonnables ; si elles ont eu un état propre, si elles ont vécu, quelle fut leur demeure, comment elles subsistaient, et si la doctrine d'Origène est vraie quand il dit que toutes les créatures raisonnables, incorporelles et invisibles, au cas où elles ont commis le péché, tombent par degrés jusqu'au dernier rang, et qu'elles revêtent des corps appropriés aux conditions des lieux où elles descendent ; par exemple, des corps éthérés d'abord, puis aériens. Parvenues dans le voisinage de la terre, il prétend qu'elles revêtent une enveloppe plus épaisse, et qu'en dernier lieu elles sont unies aux chairs humaines ; que les démons, qui ont librement abandonné le service de Dieu avec leur prince le diable, s'ils se repentent un jour, recevront un corps semblable au nôtre, et qu'alors, tous les genoux fléchissant devant Dieu, au ciel, sur la terre et dans les enfers, Dieu sera tout à tous. Voilà ce qui est en question. D'où vient donc que, passant sous silence l'objet du débat et fuyant l'arène, vous vous attardez à des discussions lointaines et tout autres ?

17. *Ce que dit Origène dans son livre* Des Pouvoirs. *Époque à laquelle Jérôme publia ses* Commentaires sur l'Ecclésiaste. — Vous croyez que toutes les créatures visibles et invisibles sont l'œuvre de Dieu ; Arius lui-même n'y contredirait pas, puisqu'il dit que toutes choses ont été créées par le Fils. Si l'on vous accusait de partager l'hérésie de Marcion, qui admet un Dieu bon et un Dieu juste, celui-là créateur des choses invisibles et celui-ci des choses visibles, je regarderais votre réponse comme suffisante. Vous croyez que la Trinité a créé tout ce qui existe. Les Ariens et les Semi-Ariens le nient, émettant le blasphème que le Saint-Esprit est, non pas Créateur, mais créature. Mais à présent qui vous

lorum ruina, aut ex conversione fieri, neque credidimus aliquando, neque docuimus (absit enim), et alienum hoc esse a prædicatione Ecclesiastica confitemur. »

16. *Origenis errores.* — Quærimus utrum animæ antequam homo in paradiso fieret, et plasmaretur Adam de terra, inter rationabiles fuerint creaturas ; utrum proprium statum habuerint, vixerint, moratæ sint, atque substiterint, et an Origenis doctrina sit vera, qui dixit cunctas rationabiles creaturas, incorporales et invisibiles, si negligentiores fuerint, paulatim ad inferiora labi, et juxta qualitates locorum ad quæ defluunt, assumere sibi corpora. Verbi gratia, primum ætherea, deinde aerea. Cumque ad viciniam terræ pervenerint, crassioribus corporibus circumdari, novissime humanis carnibus alligari, ipsosque dæmones, qui proprio arbitrio cum principe suo diabolo de Dei ministerio recesserunt, si paululum resipiscere cœperint, humana carne vestiri, ut acta deinceps pœnitentia post resurrectionem eodem circulo, quo in carnem venerant, revertantur ad viciniam Dei, (a) liberati etiam aereis æthereisque corporibus, et tunc omnia genua curvent Deo, cœlestium, terrestrium, et infernorum, et sit Deus omnia omnibus. Cum ergo ista quærantur, cur tu omissis super quibus pugna est, de (b) scammate et loco certaminis egrediens, in peregrinis et longe alienis disputationibus immoraris ?

17. *Quid in libris* περὶ Ἀρχῶν *dicebat Origenes. Quo tempore Commentarios edidit in Ecclesiasten Hieronymus.* — Credis quod cunctas visibiles, et invisibiles creaturas unus Deus fecerit ; hoc et Arius confiteretur, qui dicit cuncta creata per Filium. Si de Marcionis arguereris hæresi, quæ alterum bonum, alterum justum Deum inferens (c) ; illum invisibilium, hunc visibilium asserit Creatorem, recte mihi de hujusmodi satisfeceris quæstione. Credis quod universitatis Trinitas sit creatrix. Istud Ariani (d)

(a) Martianæus ait : « Hoc loco errorem Theologicum inferunt veteres editiones Erasmi et Mariani Victorii (addere potuisset et vetustiores aliæ), ubi legitur *revertantur ad visionem Dei :* quasi Dæmones aliquando Dei visione beata frui potuissent. » At non catholicus, sed Origenis sensus hic edisseritur. Num porro levior est error, Dæmones acta pœnitentia ad *viciniam* Dei reverti quam ad *visionem ?* Sic autem re ipsa Origenes sensit tom. III in Matthæum, pag. 332 : *Fieri posse ut quemadmodum de incredulitate ad fidem, ab incontinentia ad castitatem, et universe a nequitia ad virtutem homo convertitur, ita et,* Angelus *cui animæ cura statim ab ortu commissa est, malus initio esse possit, deinde vero qua proportione is credit, qui sibi traditus est, eadem et ipse credat, et tantus faciat progressus,* ὡς γενέσθαι αὐτὸν Ἄγγελον ἕνα τῶν διὰ παντὸς βλεπόντων τὸ πρόσωπον τοῦ ἐν οὐρανοῖς πατρός, *ut unus ex Angelis faciem Patris qui in cœlis est, semper spectantibus, efficiatur.* Nescio itaque an verius *visionem* veteres editiones legant ; tametsi *viciniam,* nec diverso quidem sensu, præfert noster quoque ms.

(b) *De scammate.* Bene monet Marianus, et castigat Erasmum legentem *de stamate,* etc. quum mss. omnes legant *scammate.* Martian. — Sic veteres appellabant fossam, qua stadium claudebatur, et quam ultra progredi certantibus non licebat. Vetus edit. *de numeri tui ordine ;* Erasm. *de stamate.*

(c) *Deum inferens.* Non *serens,* neque *ferens,* sed *inferens* reperi scriptum in vetustis codicibus. Martian.

(d) *Ariani et Hemiariani.* Ita legit ms. Sorbonicum exemplar ; in Cluniacensi vero non iisdem verbis, sed eodem sensu, *Ariani et Eunomiani negant.* Martian.

accuse d'arianisme ? Vous ajoutez que les âmes des hommes ne sont pas une parcelle de la nature divine, comme si, en cet endroit, Epiphane vous eût traité de manichéen. Vous réprouvez ceux qui affirment que les âmes sont des anges dont la substance est devenue la nôtre après leur chute. Ne dissimulez pas ce que vous savez à merveille et ne jouez pas la naïveté là où vous ne sauriez feindre ; Origène, non plus, n'a jamais dit que les âmes deviennent âmes après avoir été anges, puisqu'il enseigne que le mot ange est un nom de fonction, qui n'exprime pas la nature des êtres qui la remplissent. En effet, dans son livre *Des Pouvoirs*, il avance que les Anges, les Trônes, les Dominations, les Puissances, les forces qui régissent le monde et celles qui régissent les ténèbres, et tout nom qui se prononce, non pas seulement sur la terre, mais aussi dans les cieux, *Ephes.* I, 21, sont les âmes de corps qu'ils ont pris, soit qu'ils l'aient désiré, soit pour remplir un ministère ; et que le soleil lui-même, la lune et tous les astres sont des âmes de créatures autrefois raisonnables et incorporelles, qui maintenant soumises à la fragilité, c'est-à-dire à des corps de feu, que dans notre ignorance nous appelons les luminaires du monde, seront un jour délivrées de la servitude de la corruption, pour entrer dans la gloire des enfants de Dieu. De là vient, ajoute-t-il, que toute créature gémit et enfante ; de là cette plainte de l'Apôtre : « Malheureux homme que je suis, qui me délivrera de ce corps mortel ? » Ce n'est pas ici le lieu de réfuter ce dogme païen, qui se ressent des idées de Platon. Il y a près de dix ans que, dans mes Commentaires sur l'Ecclésiaste, et mon explication de l'Epître aux Ephésiens, je crois avoir exposé ma manière de voir aux yeux des gens de bon sens.

18. En ce moment, je vous prie, vous qui avez dit de si grandes choses et qui, dans une seule instruction, avez traité de tout d'une seule haleine, d'accorder à nos instances une réponse courte et catégorique à ceci : Quand Dieu fit l'homme d'un peu de limon et lui accorda une âme par la grâce de son souffle, cette âme existait-elle auparavant? comment et où vivait-elle, avant de passer dans l'homme par le souffle divin ? ou bien est-ce au sixième jour, quand le corps fut formé d'un peu de terre, qu'elle reçut l'être et la vie, par la puissance de Dieu ? Là-dessus, vous vous taisez, et, feignant de ne pas savoir ce qu'on demande, vous vous rabattez sur des questions oiseuses. Vous ne touchez pas à Origène, et vous vous déchaînez contre Marcion, Apollinaire, Eunome, Manès, Arius, les autres hérétiques et leurs inepties. On vous demande la main, et vous tendez le pied ; et pourtant la doctrine, à laquelle vous demeurerez fidèle, vous l'insinuez à petit bruit. Vous ne nous apaisez, nous, gens grossiers, qu'autant que cela se peut sans déplaire à votre entourage.

19. Vous dites que les Anges déchus de-

et Hemiariani negant, Spiritum sanctum non conditorem, sed conditum blasphemantes. Sed te quis hoc tempore insimulat Arianum ? Dicis animas hominum non partem Dei esse naturæ ; quasi Manichæus nunc ab Epiphanio sis vocatus. Detestaris eos, qui animas ex Angelis asserunt fieri, et illorum ruinam nostram dicunt esse substantiam. Noli dissimulare quod nosti, nec simplicitate quod non habes fingere : Nec Origenes unquam dixit ex Angelis animas fieri, cum ipsos Angelos nomen esse officii doceat, non naturæ. In libris enim περὶ Ἀρχῶν, et Angelos, et Thronos, et Dominationes, Potestates, et rectores mundi, et tenebrarum, et omne nomen quod nominatur, *Ephes.* I, 21, non solum in præsenti sæculo, sed in futuro, dicit animas esse eorum corporum, quæ vel desiderio, vel ministerio susceperint. Solem quoque ipsum et lunam, et omnium astrorum chorum, esse animas rationabilium quondam et incorporalium creaturarum : quæ nunc vanitati subjectæ, ignitis videlicet corporibus, quæ nos imperiti et rudes luminaria mundi appellamus, liberabuntur a servitute corruptionis in libertatem gloriæ filiorum Dei. Unde et omnis creatura congemiscit et parturit. Et Apostolus deplorat, dicens : « Infelix ego homo, quis me liberabit de corpore mortis hujus ? » Non est istius temporis contra dogma gentilium, et ex parte Platonicum, scribere. Ante annos ferme decem in Commentariis Ecclesiastæ, et in explanatione Epistolæ ad Ephesios, arbitror sensum animi mei prudentibus explicatum.

18. Hoc nunc rogo, qui tanta loqueris, qui de cunctis sermonibus sub uno tractatu edisseris veritatem, ut respondeas sciscitantibus brevem absolutamque sententiam. Quando plasmavit Deus hominem ex limo, et per gratiam propriæ insufflationis ei animam tribuit : utrum illa anima fuerit ante et substiterit, et ubi versata sit, quæ Dei postea insufflatione donata est : an in sexto die quando corpus ex limo formatum est, et esse et vivere, Dei potestate susceperit. De hoc taces, et quid quæratur scire dissimulans, in superfluis quæstionibus occuparis. Originem relinquis intactum, et contra Marcionem, Apollinarem, Eunomium, Manichæum, Arium cæterorumque hæreticorum ineptias debaccharis. Manum peteris, et pedem porrigis ; et tamen dogma quod retines, latenter insinuas. Sic nos rusticos placas, ut tuis penitus non displiceas.

19. Dicis ex Angelis dæmones potius quam animas

viennent des démons plutôt que des âmes, comme si les démons eux-mêmes, pour Origène, n'étaient pas des âmes de corps aériens et si de démons dans la suite, au cas où ils se repentiront, ils ne devaient pas devenir des âmes humaines. Vous écrivez que les *Anges ne sont pas immuables*, et, à la faveur de cette maxime pie, vous glissez cette impiété qu'à travers plusieurs périodes les âmes ne dérivent pas immédiatement des anges, mais de la dernière des appellations successives auxquelles les anges ont été changés antérieurement. Eclaircissons encore ce point. Supposez qu'un homme, après avoir été privé, en punition de ses fautes, du grade de tribun, descendant un à un les divers degrés de la hiérarchie équestre, soit tombé au rang de simple soldat. Est-il de tribun devenu immédiatement simple soldat? Non : il est devenu précédemment primicier, sénateur (1), capitaine de deux cents hommes, centenier, commissaire des vivres, chef de ronde, cavalier, et enfin simple soldat; et quoique, jadis tribun, il soit maintenant au dernier rang de la milice, cependant de tribun il est devenu, non pas simple soldat, mais primicier. Origène enseigne que les créatures raisonnables descendant degré à degré par l'échelle de Jacob jusqu'au dernier, c'est-à-dire jusqu'à la chair et au sang, il ne peut pas se faire qu'un être soit précipité tout d'un coup du nombre cent au nombre un, obligé qu'il est de passer par tous les nombres intermédiaires, comme par les degrés d'une échelle, avant d'arriver au nombre un, et qu'il change autant de fois de corps qu'il y a d'échelons du ciel à la terre. Tels sont les stratagèmes et les subtilités au moyen desquels vous nous traitez de Pélusiotes, d'êtres sans raison, d'animaux dont on a fait des hommes, parce que nous n'avons pas reçu les dons qui viennent de l'esprit, *Vid. Epist. Pammachio et Oceano ad fin.*, tandis que vous, Hiérolymitains, vous planez même au-dessus des Anges. Les voilà révélés, et publiés à toutes les oreilles chrétiennes, vos mystères et votre doctrine tissue de fables païennes. Ce que vous admirez, nous l'avons jadis méprisé dans Platon; nous l'avons méprisé, parce que nous avons reçu la folie de Jésus-Christ; et nous avons reçu la folie de Jésus-Christ, parce que celui qui a cette folie est plus sage que les hommes. Des chrétiens et des prêtres de Dieu ne rougissent pas et ne regardent pas comme une puérilité de scruter les mots douteux et de peser les opinions ambiguës, qui trompent encore plus celui qui les propage que celui qui les entend. I *Corint.*, I, 25.

20. *Paroles d'un Origéniste.* — Un des vôtres que je pressais de me dire son sentiment sur l'âme, et si elle avait ou n'avait pas existé auparavant, me répondit que le corps et l'âme avaient existé en même temps. Je savais qu'un

(1) Un savant critique a supposé qu'il s'était introduit une incorrection dans le texte, par la raison que ce titre de sénateur ne représente pas une dignité militaire, et n'appartient qu'à l'ordre civil. C'est lui qui se trompe. Dans les monuments contemporains, ou même d'une époque antérieure, il est plus d'une fois question du sénateur des soldats. Cette fonction avait pour objet spécial le maintien de la discipline et la bonne organisation de l'armée. Quant aux autres charges mentionnées par notre saint Docteur, elles sont caractérisées par le nom même, indépendamment de ce que nous en savons par les documents historiques.

fieri, quasi non et ipsi dæmones, juxta Originem, animæ sint aerei corporis, et ex dæmonibus postea si resipuerint, humanæ animæ sint futuri. Angelos scribis esse mutabiles, et sub eo quod pium est, illud quod impium est introducis; ut multis periodis animæ fiant non ex Angelis, sed ex his vocabulis, in quæ prius Angeli mutati sunt. Volo quod dico, manifestius fieri : finge aliquem tribunitiæ potestatis suo vitio regradatum, per singula militiæ equestris officia, ad tironis vocabulum devolutum, numquid ex tribuno statim fit tiro? Non; sed ante primicerius, deinde senator, ducenarius centenarius, biarchus, circitor eques, dein tiro; et quamquam tribunus quondam miles gregarius sit, tamen ex tribuno non tiro, sed primicerius factus est. Docet Origenes per scalam Jacob paulatim rationabiles creturas ad ultimum gradum, id est, ad carnem et sanguinem descendere; nec fieri posse, ut de centenario numero subito quis ad unum numerum præcipitetur, nisi per singulos numeros, quasi per scalæ gradus, ad ultimum usque perveniat; et tot mutare corpora, quot de cœlo ad terram mutaverint mansiones. Hæc sunt strophæ vestræ atque prestigiæ, quibus nos Pelusiotas et jumenta, et animales homines dicitis, qui non recipimus ea quæ spiritus sunt. *Vid. Epist. Pammachio et Oceano ad fin.* Vos Hierosolymitæ etiam Angelos deridetis. Pertrahuntur (al. *protrahuntur*) in medium vestra mysteria, et de Gentilium fabulis dogma contextum, Christianis auribus publicatur. Hoc quod vos miramini (al. *imitamur*), olim in Platone contempsimus. Contempsimus autem, quia Christi stultitiam recepimus (al *recipimus*). Recepimus Christi stultitiam, quia fatuum Dei sapientius est hominibus. Non pudet Christianos et sacerdos Dei, quasi de rebus ludicris agatur, verbis dubiis hærere, et ambiguas librare sententias, quibus loquens magis quam audiens decipitur. I *Cor.* I, 25.

20. *De quodam Origenista hæc dicta.* — Unus ex choro vestro cum a me teneretur, ut diceret quid

hérétique sème son discours de piéges. Enfin je découvris en lui cette pensée : Du moment où elle anima le corps, elle prit le nom d'âme, elle qui avait été appelée auparavant ou démon, ange de satan, esprit de fornication, ou bien Domination, Puissance, esprit administrateur, messager. Si l'âme a existé avant qu'Adam fût formé dans le paradis, en quelque état et en quelque rang qu'elle ait vécu et qu'elle ait agi, car nous ne pouvons la concevoir immobile et inerte, comme une sorte de loir, dans son immatérialité et son éternité, il y a nécessairement une cause antécédente en vertu de laquelle elle a été d'abord incorporelle, et plus tard entourée d'un corps. Et si l'âme est incorporelle de sa nature, il est contre nature qu'elle soit dans un corps. S'il est contre nature d'être dans un corps, la résurrection du corps sera donc contre nature. Mais cette résurrection ne se fera pas contre nature ; et par conséquent le corps, qui à votre sens ressusciterait contre nature, ne pourrait pas avoir une âme.

21. *Le nom seul de Manès souille la bouche de celui qui le prononce.* — Vous convenez que l'âme n'est pas de la même substance que Dieu. Fort bien. Vous condamnez le plus impie des hérétiques, Manès, dont le nom seul souille la bouche qui le prononce. Vous convenez que les âmes ne sortent pas des anges. J'y consens quelque peu, quoique je sache en quel sens vous parlez ainsi. Nous avons vu ce que vous niez ; nous voulons connaître ce que vous croyez. « Dieu, dites-vous, ayant pris un peu de limon, façonna l'homme, et par la grâce de son propre souffle le dota d'une âme raisonnable et libre, créée par lui, et n'étant pas une parcelle de la nature divine, comme le prétendent certains impies. » Voyez-vous au moyen de quels détours il nous dit ce que nous ne demandons pas? Nous savons que Dieu fit l'homme d'un peu de terre, qu'il lui souffla sur la face, et qu'il lui donna une âme vivante ; nous n'ignorons pas que l'âme est raisonnable et libre, et une créature de Dieu. Personne ne doute que Manès est dans l'erreur, quand il prétend que l'âme est de la même substance que Dieu. Mais ici, voici ma demande : Cette âme, créature de Dieu, libre, raisonnable et qui n'est pas de la même substance que son Créateur, quand a-t-elle été faite ; est-ce au moment où l'homme fut formé d'un peu de limon et où le souffle de la vie fut insufflé sur sa face, ou bien, antérieurement créée et après avoir existé et vécu parmi les créatures raisonnables et incorporelles, fut-elle donnée ensuite à l'homme par l'insufflation de Dieu ? Là, vous gardez le silence, vous prenez un masque de rustique naïveté, vous cachez sous les paroles de l'Ecriture ce qui n'est pas le sentiment de l'Ecriture. A l'endroit où vous dites, sans qu'on s'en enquière, que l'âme n'est pas une

sentiret de anima, fuissetne ante carnem, an non fuisset ; fuisse respondit simul, et corpus et animam. Sciebam hominem hæreticum laqueos in sermone quærere. Tandem reperi eum, ex quo corpus animasset, ex tunc eam dicere animam nuncupatam, quæ prius vel dæmon, vel Angelus Satanæ, vel spiritus fornicationis, aut in parte contraria, dominatio, potestas, administrator spiritus, aut nuncius appellata sit. Si fuit anima antequam Adam in paradiso formaretur, in quolibet statu et ordine, et vixit, et egit (al. *erat)* aliquid (neque enim possumus incorporalem, et æternam in modum glirium immobilem torpentemque sentire), necesse est ut aliqua causa præcesserit, cur quæ prius sine corpore fuit, postea circumdata sit corpore. Et si animæ est naturale esse sine corpore, ergo contra naturam est esse in corpore. Si contra naturam est esse in corpore, ergo resurrectio corporis contra naturam erit. Sed non fiet resurrectio contra naturam ; ergo juxta sententiam vestram corpus quod contra naturam est resurgens, animam non habebit.

21. *Manichæum nominare pollutio est.* — Dicis animam non esse de Dei substantia. Pulchre. Damnas enim impiissimum Manichæum, quem nominare pollutio est. Dicis ex Angelis animas non fieri. Acquiesco paulisper, licet noverim quo sensu dixeris. Quia ergo didicimus quid neges, volumus scire quid credas. « Accepto, inquis, de terra limo, plasmavit Deus hominem, et per gratiam propriæ insufflationis animam donavit rationabilem, et liberi arbitrii, non partem aliquam suæ naturæ (juxta quosdam, qui hoc impie prædicant), sed propriam conditionem. » Videte quanto circumitu, quod non quærimus, eloquatur. Scimus quod de terra Deus plamavit hominem, novimus quod insufflavit in faciem ejus et factus est in animam viventem, non ignoramus quod anima rationalis sit, et proprii arbitrii, et scimus quod Dei illa conditio sit. Nemo dubitat errare Manichæum, qui dicit eam esse Dei substantiam. Hoc nunc interrogo : Anima ista Dei conditio, liberi arbitrii, rationalis, neque de substantia Creatoris, quando facta sit ; utrum eo tempore quo de limo factus est homo, et insufflatum est spiraculum vitæ in faciem ejus : an quæ prius fuerat (al. *antea facta fuerat)*, et inter rationabiles creaturas et incorporeas erat atque vivebat, Dei postea insufflatione donata sit ? Hic taces, hic simplicem ac rusticum te simulas ; et sub verbis Scripturæ, ea quæ Scriptura non sentit, abscondis. In eo loco ubi dicis, quod nullus quærit, non illam partem aliquam esse suæ (al. *divinæ*) naturæ (juxta

parcelle de la nature divine, comme le prétendent certains impies, vous auriez dû dire plutôt, répondant à la question que nous avons tous faite, que l'âme n'avait pas existé auparavant, que Dieu ne l'avait pas créée avant ce moment, qu'elle n'habitait pas antérieurement et depuis longtemps parmi les créatures raisonnables, incorporelles et invisibles. De cela, vous n'en parlez pas ; vous mettez Manès en avant, et vous cachez Origène ; et comme aux petits enfants qui demandent à manger, les berceuses offrent des jouets pour les détourner de leur désir, ainsi vous appelez ailleurs l'attention des gens crédules, afin, qu'émus par la nouveauté d'un autre spectacle, ils oublient la question qu'ils ont faite.

22. *Eve figure de l'Eglise. Dieu crée chaque jour des créatures raisonnables. Libre profession de foi.* — Là-dessus, vous vous taisez. Eh bien ! je veux admettre que votre ingénuité ne cache aucune ruse sous ce silence. Mais vous qui aviez commencé par nous parler de l'âme et par remonter par un sujet si grand à l'origine de la condition humaine, pourquoi, la cause encore pendante, vous envolez-vous soudain aux anges et à l'économie eucharistique, et laissant à vos pieds un mauvais pas si redoutable, souffrez-vous que nous demeurions enfoncés dans le bourbier du doute ? Si le souffle de Dieu, dont vous ne voulez pas et dont vous parlez ici sous le voile du doute, est la condition créatrice de l'âme humaine, d'où Eve eut-elle son âme, puisque Dieu ne souffla point sur sa face ? Laissons Eve, qui tirée d'une côte de l'homme comme figure de l'Eglise, ne doit pas après tant de siècles être exposée aux railleries de ses descendants. Caïn et Abel, les premiers d'entre les hommes, d'où eurent-ils leurs âmes ? Et dans la suite, pour chaque membre du genre humain, quel fut, à votre sens, le commencement de son âme ? Se transmet-elle comme l'instinct chez les animaux, en sorte que l'âme engendre l'âme comme le corps engendre le corps ? ou bien des âmes raisonnables, qui sont tombées graduellement vers la terre parce qu'elles soupiraient après un corps, sont-elles en dernier lieu enchaînées à la forme humaine ? Ou assurément, ce qui est de foi dans l'Eglise d'après la parole du Sauveur : « Mon Père n'a cessé de créer jusqu'à maintenant, et moi je crée comme lui ; » *Joan.*, v, 17 ; ou d'après celle d'Isaïe : « Il forme l'esprit de l'homme dans chacun ; » et celle du Psalmiste : « Il fait le cœur de l'homme dans chacun, » *Psalm.*, xxxii, 15, Dieu, dont le propre est de vouloir faire et qui ne cesse de créer, forme-t-il chaque jour des âmes ? Je sais ce que vous avez coutume de dire à cet égard, et que vous nous objectez les fruits de l'adultère et de l'inceste : ce débat exigerait de longs développements que n'admet pas le cadre restreint de cette polémique. Mais l'objection peut être retournée contre vous-même ; ce qui paraît indigne de Dieu créant à l'instant même, n'est pas moins indigne de Dieu faisant un don. Naître d'un

quosdam qui hoc impie prædicant), illud magis debueras dicere, quod omnes quærimus, non eam, quæ prius fuerat, non eam quam ante condiderat, quæ inter rationabiles atque incorporeas et invisibiles creaturas multo jam tempore versabatur. Nihil horum loqueris, producis nobis Manichæum, et abscondis Origenem, et sicut parvulis cibum poscentibus, ludicra quædam offerunt gerulæ, ut avocent mentes eorum, sic tu nos rusticos avocas ad alia, ut dum alterius personæ novitate tenemur, quod volumus non quæramus.

22. *Eva in typo Ecclesiæ. Quotidie Deus fabricatur animas rationales. Libera confessio fidei.* — Esto, hoc non loquaris, et simplicitas tua nihil in se habeat quod callide taceas. Qui ergo de anima semel dicere cœperas, et de re tanta ab exordio conditionis humanæ repetere ; cur, disputatione pendente, ad Angelos et ad dispensationem Dominici corporis repente transcendis ; et tam grandi in medio prætermissa salebra, dubios non in luto hærere pateris ? Si insufflatio Dei (quod non vis, et quod nunc relinquis ambiguum) humanæ animæ conditio est : Eva, in cujus faciem non insufflavit Deus, unde animam habuit ? Taceo de Eva, quæ in typo Ecclesiæ de costa viri ædificata, non debet post tanta sæcula nepotum calumnias sustinere. Caïn et Abel, primi ex primis hominibus, unde habuere animas ? Omne deinceps humanum genus, quibus animarum censetur exordiis ? Utrum ex traduce, juxta bruta animalia : ut quomodo corpus ex corpore, sic anima generetur ex anima ? an rationabiles creaturæ desiderio corporum paulatim ad terram delapsæ, novissime etiam humanis alligatæ corporibus sint ? An certe (quod Ecclesiasticum est secundum eloquia Salvatoris : « Pater meus usque modo operatur, et ego operor ; » *Joan.* v, 17 ; et illud Isaiæ : (*a*) « Qui format spiritum hominis in ipso ; » et in Psalmis : « Qui fingit per singulos corda eorum, » *Ps.* xxxii, 15), quotidie Deus fabricatur animas : cujus velle fecisse est, et conditor esse non cessat ? Scio quæ contra hæc soleatis dicere, et adulteria nobis atque incesta proponere ; quæ longior pugna est, nec hujus temporis patitur

(*a*) *Et illud Isaiæ.* Pro *Isaiæ* legendum *Zachariæ* : hæc enim verba apud Zachariam posita leguntur cap. xii, 1, licet apud Isaiam multa dicantur cap. xlii et lvii, de creatione animæ et insufflatione spiritus. Martian.

adultère est la faute, non pas de celui qui naît, mais de celui qui engendre. De même qu'en fait de semences on ne peut accuser de péché la terre qui les nourrit, le grain qu'on répand sur les sillons, l'humidité et la chaleur grâce auxquels les grains fécondés germent de toutes parts, mais, par exemple, le voleur qui par la ruse ou la force emporte les fruits ; de même dans la génération humaine la terre, c'est-à-dire le sein, reçoit ce qu'il lui appartient de recevoir, l'entretient ensuite, en fait un corps par ce moyen, en développe distinctement les membres. Et dans les mystérieux replis du sein, la main de Dieu opère sans cesse ; et le Créateur du corps et de l'âme est le même. Ne méprisez point la bonté du potier qui vous a façonné et vous a fait comme il a voulu. Il est lui-même la force divine et la sagesse divine qui s'est édifié une demeure dans le sein de la Vierge. *Hebr.*, XI. Jephté, que l'Apôtre range au nombre des saints, était le fils d'une courtisane. Voyez d'ailleurs qu'Esaü, né de Rebecca et d'Isaac, est couvert de poils, aussi bien quant à l'âme que pour le corps, comme le bon grain dégénère en épi vide et en paille stérile, c'est-à-dire, que la cause des vices et des vertus est, non pas dans la semence, mais dans la volonté de celui qui naît. Si c'est une déchéance de naître dans un corps d'homme, d'où vient qu'ainsi naquirent Isaac, *Gen.*, XVIII, Samson, *Judic.* XIII, Jean-Baptiste, *Luc.*, I, anneaux de l'alliance entre la terre et Dieu ? Comprenez-vous ce que c'est que proclamer sans crainte et librement sa foi ? Dites que je suis dans l'erreur, je n'en proclame pas moins ce que je crois. Vous à votre tour, ou professez nos croyances en homme libre, ou proclamez les vôtres sans détours. Ne vous rangez pas dans mon camp, afin que, sous le masque de la naïveté, il vous soit facile, quand vous voudrez, de me frapper par derrière au milieu du combat. Ce n'est pas ici le lieu d'écrire longuement contre les doctrines d'Origène ; nous dédierons à un autre cette œuvre, si Jésus-Christ nous prête vie. Maintenant nous recherchons si l'homme qu'on accuse a répondu aux griefs imputés, et si sa réponse est simple et claire.

23. *Jérôme parle et veut qu'on l'écoute dans la crainte de Dieu. Profession de foi de Jean.* — Abordons la question si célèbre de la résurrection de la chair et du corps. Ici, lecteur, je vous veux avertir de nouveau que vous devez avoir en m'écoutant la même crainte des jugements de Dieu que j'ai eue en vous parlant. Ce serait de ma part le comble de la folie si, l'exposition de Jean ne portant aucune atteinte à la pureté de la foi et ne laissant aucune place au soupçon de perfidie, j'y cherchais une occasion de le noircir ; je m'efforcerais d'imprimer au prochain la tache du péché, et je mériterais le stigmate du calomniateur. Qu'on lise donc ce qui suit sur la résurrection de la chair ; cette lecture faite, si elle a plu, et je sais qu'elle doit plaire

angustias. Eadem controversia et in vos retorqueri potest : et quodcumque in Conditorem præsentis temporis videtur indignum, hoc etiam eo donante non est dignum. Nasci de adulterio, non ejus culpa est qui nascitur, sed illius qui generat. Quomodo in seminibus non peccat terra quæ fovet, non semen quod in sulcos jacitur, non humor et calor, quibus temperata frumenta in germen pullulant (sed verbi gratia, fur et latro qui fraude et (al. *exinde)* vi eripit semina) ; sic in generatione hominum (al. *genus humanum)* recipit terra, id est, vulva quod suum est ; et receptum confovet, confotum corporat, corporatum in membra distinguit. Et inter illas secretas ventris angustias, Dei manus semper operatur : idemque est corporis et animæ Creator. Noli despicere bonitatem figuli tui, qui te plasmavit, et fecit ut voluit. Ipse est Dei virtus et Dei sapientis qui (al. *quæ)* in utero Virginis ædificavit sibi domum. *Heb.* XI. Jephte inter viros sanctos Apostoli voce numeratus, meretricis est filius. Sed audi, ex Rebecca et Isaac, Esau genitus hispidus, tam mente quam corpore, quasi bonum triticum in lolium avenasque degenerat ; quia non in seminibus sed in voluntate nascentis, causa est vitiorum atque virtutum. Si offensa est nasci corporibus humanis, quomodo Isaac, *Genes* XVIII, Samson, *Judic.*, XIII, Joannes Baptista, *Luc.* I, de repromissione nascuntur ? Intelligis quid sit fidem suam audacter ac libere profiteri ? Pone errare me, aperte dico quod sentio. Et tu igitur aut libere nostra profitere, aut constanter tua loquere. Noli statuere te in acie mea, ut rusticitate simulata in tuto habeas, cum volueris, pugnanti terga confodere. Non est istius temporis contra Origenis dogmata conscribere ; alteri istud, si Christus vitam dederit, operi dedicabimus. Nunc quæritur, an qui arguitur, ad interrogata responderit, et simplex sit et aperta ejus responsio.

23. *Cum timore Dei loquitur et vult audiri. Joannis confessio.* — Transeamus hinc ad famosissimam de resurrectione carnis et corporis quæstionem, in qua te rursum, lector, admonitum volo, ut cum timore et judicio Dei me scias loqui, et te audire debere. Neque enim tantæ stultitiæ sum, ut si in expositione illius fides mera est, et perfidiæ nulla suspicio, quæram accusandi occasionem ; et dum volo alium notare culpæ, ipse noter calumniæ. Lege ergo de resurrectione carnis quæ subdita sunt ; et cum legeris, et placuerint (scio enim placitura ignorantibus), sus-

aux esprits incultes, qu'on suspende son jugement, qu'on attende un peu, qu'on diffère la sentence jusqu'à la fin de notre réplique; et si après cela ce système plaît encore, qu'on nous flétrisse alors du nom de calomniateur. « Nous croyons aussi à sa Passion sur la Croix, à sa mort et à sa sépulture, qui ont sauvé le monde, et à sa résurrection réelle et non fictive. Premier-né d'entre les morts, *Colos.* I, 18, il éleva au ciel avec lui les prémices de l'ensemble de nos corps, qui étaient couchés dans la tombe et qu'il ressuscita, nous léguant l'espérance de la résurrection dans la résurrection de son propre corps: aussi espérons-nous ressusciter tous d'entre les morts de la même manière qu'il est ressuscité; non pas dans certains corps étrangers et appartenant à d'autres, qui sont pris dans une vision; mais comme lui-même est ressuscité dans le corps qui fut enseveli chez nous dans le saint sépulcre, ainsi nous espérons pour la même raison et par le même ordre, que nous ressusciterons dans les mêmes corps dont nous sommes enveloppés ici-bas et dans lesquels nous sommes ici-bas ensevelis. En effet, selon l'Apôtre, ce qui est semé dans la corruption, ressuscitera incorruptible; ce qui est semé dans l'ignominie ressuscitera dans la gloire. « Il est semé corps animal, et il ressuscitera corps spirituel. » I *Corint.* xv, 42 *et seq.* Et l'enseignement du Sauveur sur le même sujet, est celui-ci: « Ceux qui seront dignes du siècle à venir et de la résurrection des morts, ne se marieront point; et ils ne pourront plus mourir, car ils seront semblables aux Anges, et les enfants de Dieu, lorsqu'ils ressusciteront. » *Luc.* xx, 35, 36.

24. Une seconde fois, dans une autre partie de sa lettre, à la fin de ses dissertations, afin de tromper les oreilles de ceux qui ne le connaissent pas, il a fait grand cas de la résurrection dans ce flux pompeux de paroles ambiguës: « Nous avons aussi prêché sans relâche le second et glorieux avénement de notre Seigneur Jésus-Christ, qui doit venir dans sa gloire juger les vivants et les morts; lui-même, en effet, ressuscitera tous les morts, et les fera comparaître devant son tribunal; et il rendra à chacun selon ce qu'il aura fait au moyen de son corps, soit le bien, soit le mal, c'est-à-dire chacun devant ou être couronné dans son corps, parce qu'il aura agi avec chasteté et avec justice; ou être condamné, parce qu'il a été esclave et des voluptés et de l'iniquité. » Ce mot de l'Evangile: A la fin du monde, « s'il était possible, *Matth.* xxiv, 24, les élus mêmes seraient séduits, » trouve sa preuve dans ces passages. Les esprits incultes entendent qu'on leur parle de morts et d'ensevelis; de résurrection des morts réelle et non fictive; des prémices de l'ensemble de nos corps qui sont parvenues aux cieux avec le corps de Notre-Seigneur; de résurrection future, non pas dans des corps étrangers et appartenant à d'autres, qui sont pris dans

pende judicium, exspecta paulisper, usque ad finem responsionis nostræ cohibe sententiam; et si tibi postea placuerint, tunc nos calumniæ denotabis. « Passionem quoque ejus in cruce et mortem ac sepulturam, quæ universa servavit, ac resurrectionem veritate, et non putative confitemur; qui, *Colos.* I, 18, et primogenitus ex mortuis, primitias massæ corporum nostrorum, quas in sepulcro positas suscitavit, pervexit ad cœlum, spem nobis resurrectionis in resurrectione proprii corporis tribuens; unde et omnes sic speramus resurgere ex mortuis, sicut ille resurrexit: non in aliis quibusdam peregrinis et in alienis corporibus, quæ assumuntur in phantasmate; sed sicut ipse in illo corpore, quod apud nos in sancto sepulcro conditum resurrexit: ita et nos in ipsis corporibus, quibus nunc circumdamur, et in quibus nunc sepelimur, eadem ratione et visione speramus resurgere. Quæ enim juxta Apostolum seminantur in corruptione, surgent in incorruptione; quæ seminantur in ignobilitate, surgent in gloria. « Seminatur corpus animale, surget corpus spirituale; » I *Cor.* xv, 42; de quibus et Salvator docens locutus est: « Qui enim digni fuerint sæculo illo, et resurrectione ex mortuis, neque nubent neque nubentur; neque enim ultra mori poterunt; sed erunt sicut Angeli Dei, cum sint filii resurrectionis. » *Luc.* xx, 35, 36.

24. Rursum in alia parte Epistolæ, hoc est, in fine suorum tractatuum, ut auribus illuderet nescientium, strepitum resurrectionis ac pompam hac verborum ambiguitate libravit: « Sed neque de secundo glorioso adventu Domini nostri Jesu Christi intermisimus, qui venturus est in gloria sua judicare vivos et mortuos; ipse enim suscitabit omnes mortuos, et ante suum tribunal esse faciet; et unicuique reddet secundum quod egit per corpus, sive bonum sive malum; scilicet aut coronandus in corpore, quod caste egit, et juste; aut condemnandus, quod voluptatibus pariter iniquitatibusque servivit. » Hoc quod in Evangelio legimus: In consummatione mundi, si fieri potest, *Matth.* xxiv, seduci etiam electos, in hoc capitulo comprobamus. Audit vulgus indoctum mortuos et sepultos; audit resurrectionem mortuorum, veritate et non putative; audit primitias massæ nostrorum corporum, in Domini corpore ad cœlestia pervenisse; audit resurrecturos, non in peregrinis alienisque corporibus, quæ assumuntur in phantasmate, sed sicut surrexit Dominus in cor-

une vision, mais de résurrection au jour du jugement dans les mêmes corps qui nous enveloppent ici-bas et dans lesquels nous sommes ensevelis, comme le Seigneur est ressuscité dans le corps qui a été enseveli en ce monde dans le saint sépulcre. Et de peur que quelqu'un n'estimât cela trop peu, Jean ajoute à la fin : « Il rendra à chacun selon ce qu'il aura fait par le moyen de son corps, soit le bien, soit le mal, chacun devant être ou couronné dans son corps parce qu'il aura agi avec chasteté et avec justice, ou condamné, parce qu'il aura été l'esclave des voluptés et de l'iniquité. » Devant un tel langage, les esprits incultes, derrière un bruit si grand de morts, de corps ensevelis, de résurrection, ne soupçonnent aucune ruse, aucun stratagème. Ils croient que ce qui est dit est la vérité. En effet, les oreilles du peuple sont plus saintes que l'âme du pasteur.

25. Je ne cesserai, lecteur, de vous engager à user de patience, à apprendre par la patience ce que j'en ai moi-même appris. Avant que je mette en lumière la tête du serpent, et que j'expose en peu de mots la doctrine d'Origène sur la résurrection, car on ne peut connaître la force de l'antidote qu'à condition d'éprouver celle du poison, examinez avec soin ces passages, relisez-les, pesez chaque mot. Neuf fois il a parlé de la résurrection du corps, pas une seule fois il n'a nommé celle de la chair. Cette omission calculée doit vous être suspecte. Origène dit en plusieurs endroits, notamment au quatrième livre de la Résurrection, dans l'Exposition du psaume premier, et dans les Notes, qu'une double erreur a cours dans l'Église, la nôtre et celle des hérétiques. « Les simples, les défenseurs de la chair prétendent, dit-il, que les mêmes os, le même sang, la même chair, c'est-à-dire, le visage, les membres et toute la charpente du corps ressusciteront au dernier jour. Ainsi nous marcherons avec nos pieds, nous agirons avec les mains, nous verrons avec les yeux, nous entendrons avec les oreilles, nous aurons toujours un ventre insatiable, un estomac qui digèrera les aliments. Logiquement, d'après cette croyance, il faut admettre que nous serons dans la nécessité de manger, de boire, de digérer les aliments, d'évacuer les excréments, de contracter mariage, de procréer des enfants. A quoi bon, en effet, les organes de la génération, si le mariage n'existe pas? les dents, s'il n'y a pas d'aliments à triturer? le ventre et les aliments, si celui-là et ceux-ci ne sont plus, selon le mot de l'Apôtre, qui s'écrie encore : « La chair et le sang ne posséderont point le royaume de Dieu, ni la corruption l'incorruptible. » I *Corint.* I, 15. C'est là le langage qu'Origène nous prête à nous, esprits incultes et naïfs. « D'autre part, poursuit-il, les hérétiques, au nombre desquels Marcion, Appelles, Valentin, Manès, dont le nom veut dire fou, niant absolument la résurrection de la chair et du corps, et ne la

pore, quod apud nos in sancto sepulcro conditum jacuit : ita et nos in ipsis corporibus, quibus nunc circumdamur et sepelimur, in die judicii resurrecturos. Et ne hoc parum quis existimaret, addit in extremo capitulo : « Et unicuique reddet secundum quod egit per corpus, sive bonum, sive malum, scilicet aut coronandus in corpore quod caste egit et juste, aut condemnandus, quod voluptatibus iniquitatibusque servivit. » Hæc audiens, indoctum vulgus, in tanto mortuorum, sepulti corporis, resurrectionis sonitu, nullam stropham, nullas insidias suspicatur. Credit esse quod dicitur. Sanctiores enim sunt aures populi, quam sacerdotis animus.

25. Iterum atque iterum, te lector, commoneo, ut patientiam teneas, et discas quod ego quoque per patientiam didici; et tamen antequam vultum draconis evolvam, et dogma Origenis de resurrectione breviter exponam (non enim poteris vim scire antidoti, nisi venena perspexeris), illud diligenter observa et caute relegens numera : quod novies resurrectionem nominans corporis, ne semel quidem carnis inseruit; suspectumque tibi sit, quod de industria prætermisit. Dicit ergo Origenes in pluribus locis, et maxime in libro de Resurrectione quarto, et in Expositione primi psalmi, et in Stromatibus, duplicem errorem versari in Ecclesia; nostrorum, et hæreticorum : « Nos simplices et philosarcas (a) dicere, quod eadem ossa, et sanguis, et caro, id est, vultus et membra, totiusque compago corporis resurgat in novissima die; scilicet ut pedibus ambulemus, operemur manibus, videamus oculis, auribus audiamus, circumferamusque ventrem insatiabilem, et stomachum cibos concoquentem. Consequens autem esse, qui ita credimus, dicere nos quod et comedendum nobis sit, et bibendum, digerenda stercora, effundendus humor, ducendæ uxores, liberi procreandi. Quo enim membra genitalia, si nuptiæ non erunt? Quo dentes, si cibi non molendi sunt? Quo venter et cibi si juxta Apostolum et hic et illi destruentur? ipso iterum clamante : « Caro et sanguis regnum Dei non possidebunt, neque corruptio incorruptionem. » I *Cor.* I, 15. Hæc nos innocentes et rusticos asserit dicere. « Hæreticos vero, in quorum parte sunt Marcion, Appelles, Valentinus, Manes,

(a) Hem. *philosarcas*, id est *amatores carnium*, scilicet a φίλος et σάρξ.

concevant que pour l'âme, soutiennent que nous avons en vain l'espoir de ressusciter à l'exemple de Notre-Seigneur, quand Notre-Seigneur n'est ressuscité qu'en apparence, et que, non-seulement sa résurrection, mais encore sa nativité est simplement de doctrine, c'est-à-dire qu'elle a été plutôt imaginée que réelle. Pour moi, continue Origène, je désapprouve les deux opinions, je répudie les chairs des uns et le fantôme des autres, parce que ce sont les deux extrêmes, ceux-là croyant qu'ils seront tels qu'ils vécurent, et ceux-ci repoussant absolument la résurrection des corps. Il y a quatre éléments, bien connus, des philosophes et des médecins, et qui entrent dans la composition du corps humain comme de toutes choses : la terre, l'eau, l'air et le feu. Dans les chairs, il faut voir la terre, l'air dans la respiration, l'eau dans le sang, le feu dans la chaleur. Quand l'âme aura, sur l'ordre de Dieu, quitté le corps fragile et froid, peu à peu chaque partie retournera à sa substance originelle : les chairs retomberont dans la terre, le souffle se mêlera à l'air, les humeurs retourneront aux abîmes, la chaleur s'envolera vers l'éther. De même que, si, après avoir jeté un setier de vin et de lait dans la mer, on voulait ensuite les retirer de ce mélange, quoique le vin et le lait n'eussent pas péri, on ne pourrait cependant les séparer des eaux de la mer; de même la chair et le sang ne périssent point, mêlés qu'ils sont aux matières originelles, mais ils ne retourneront pas dans l'ancienne charpente du corps, et ne peuvent point redevenir absolument ce qu'ils étaient. » Dans ce passage, Origène nie donc la résurrection du corps avec la solidité de ses chairs, la fluidité de son sang, l'élasticité de ses nerfs, l'enchevêtrement de ses veines et la dureté de ses os.

26. *Opinion d'Origène.* — « C'est autrement, ajoute-t-il, que nous croyons à la résurrection des corps, des mêmes corps qui ont été mis dans la tombe et qui s'y sont réduits en poussière : de Paul dans celui de Paul, de Pierre dans celui de Pierre, de chacun dans le sien, parce qu'il n'est pas permis que l'âme ait péché dans un corps et soit châtiée dans un autre, et qu'il répugne à la justice du Juge que les corps qui reçoivent la couronne du martyr ne soient pas les mêmes qui ont versé leur sang pour Jésus-Christ. » Devant ce langage, pourrait-on soupçonner qu'il nie la résurrection de la chair ? Mais il poursuit : « Dieu créateur a mis dans chaque semence un certain rudiment qui contient les matières à venir dans les principes de son essence. De même que dans la semence on n'aperçoit pas l'élévation si grande d'un arbre, le tronc, les rameaux, les fruits, les feuilles, mais qu'ils sont dans l'économie de la semence que les Grecs appellent σπερματικὸν λόγον ; de

nomen insaniæ *(a)*, penitus et carnis et corporis resurrectionem negare ; et salutem tantum tribuere animæ, frustraque nos dicere ad exemplum Domini resurrecturos, cum ipse quoque Dominus in phantasmate resurrexit ; et non solum resurrectio ejus, sed et ipsa nativitas τῷ δοκεῖν, id est, putative visa magis sit quam fuerit. Sibi autem utramque displicere sententiam, fugere se et Nostrorum carnes, et Hæreticorum phantasmata : quia utraque pars in contrarium nimia sit, aliis idem volentibus se esse quod fuerint (al. *non erunt*), aliis resurrectionem corporum omnino denegantibus. Quatuor, inquit, elementa sunt, philosophis quoque nota et medicis, de quibus omnes res et corpora humana compacta sunt, terra, aqua, aer, et ignis. Terram in carnibus, aerem in halitu, aquam in humore, ignem in calore intelligi. Cum ergo anima caducum hoc frigidumque corpusculum Dei jussione dimiserit, paulatim omnia redire ad matrices suas substantias : carnes in terram relabi, halitum in aera misceri, humorem reverti ad abyssos, calorem ad æthera subvolare. Et quomodo si sextarium lactis et vini mittas in pelagum, velisque rursum separare quod mixtum est, vinum quidem et lac quod miseras non perire (al. *perisse*) non tamen posse quod fusum est separari : sic substantiam carnis et sanguinis non perire quidem in originalibus materiis, non tamen in antiquam redire compaginem, nec posse ex toto eadem esse quæ fuerint. » Cum autem ista dicantur, soliditas carnium, sanguinis liquor, crassitudo nervorum, venarumque perplexio, et ossium duritiès denegatur.

25. *Origenis sententia.* — « Alia ratione resurrectionem corporum confitemur, eorum quæ in sepulcris posita sunt, dilapsaque in cineres : Pauli Pauli, et Petri Petri, et singula singulorum, neque enim fas est ut in aliis corporibus animæ peccaverint, in aliis torqueantur ; nec justi judicis, alia corpora pro Christo sanguinem fundere, et alia coronari. » Quis hæc audiens, resurrectionem carnis eum negare putet ? « Et, inquit, singulis seminibus ratio quædam a Deo artifice insita, quæ futuras materias in medullæ principiis tenet. Et quomodo tanta arboris magnitudo, truncus, rami, poma, folia non videntur in semine, sunt tamen in ratione seminis, quam Græci σπερματικὸν λόγον vocant ; et in grano frumenti est intrinsecus vel medulla, vel venula, quæ cum in

(a) Persicum nomen est Manes, quod serenum notat ; at Hieronymus ad Græcum Μανία respicit, quod *furor, insania* interpretatur sive μανεὶς *insanus*.

même qu'il y a intérieurement au grain de blé ou une moëlle ou une petite veine qui, après s'être dissoute dans le sol, attire les matières voisines et s'élève en chaume, en feuilles et en épi, et qu'une partie meurt tandis qu'une autre ressuscite, puisque de ce grain, les racines, le chaume, les feuilles, l'épi, la paille n'ont pas été dissoutes ; de même dans l'économie des corps humains quelques anciens principes subsistent pour la résurrection et il se fait dans le sein de la terre comme un développement de la semence des morts. Lorsque viendra le jour du jugement, que la voix de l'Archange et l'éclat de la trompette ébranleront la terre, les semences seront aussitôt remuées et sur l'heure les morts germeront ; mais ils ne seront pas rétablis dans les mêmes chairs ni dans les mêmes formes qu'ils avaient autrefois. Voilà la vérité ; d'ailleurs, écoutez l'Apôtre : « Quelqu'un demandera peut-être : Comment les morts ressusciteront-ils ? dans quel corps ? Insensé, ce que vous semez n'est pas le corps à venir, mais le grain nu de ce corps, comme ce serait d'un grain de froment, de souche, d'arbre. » I *Corint.* xv, 36, 37. Puisque nous avons parlé déjà du grain de froment et de la semence des arbres, étudions maintenant le pépin de raisin. C'est une graine si petite, que deux doigts mignons la peuvent à peine retenir. Où sont les racines ? où l'enchevêtrement des racines, du cep et des sarments ? où l'ombrage des pampres et ces beaux raisins qui donneront le vin ? Ce grain qu'on tient, et qu'on voit à peine, est aride ; mais de ce grain aride, la puissance de Dieu et l'occulte économie de la semence tireront le moût écumant. Vous accordez cela à un peu de bois, et vous ne l'accorderiez point à l'homme ! Puisque tel est le privilège de ce qui est périssable, ce qui ne doit pas périr ne reparaitra pas dans sa vilité primitive. Comment admettre la reprise de la chair, des os, du sang, des membres, pour que la chevelure croissant toujours ait besoin de ciseaux qui la coupent, que le nez résolve les mêmes humeurs, qu'il faille rogner les ongles, et que les excréments s'écoulent ou la luxure se satisfasse toujours par le corps ? Si l'on accepte ces inepties des esprits simples, on oublie que nous ne pouvons plaire à Dieu dans la chair, on méconnait la résurrection des morts : « Le corps semé dans la corruption ressuscitera incorruptible ; semé dans l'ignominie, il ressuscitera dans la gloire ; il est semé corps animal, et il ressuscitera corps spirituel. » I *Corint.* XLII, 34 *et seq.* Ici-bas nous avons des yeux qui voient, des oreilles qui entendent, des mains qui agissent, des pieds qui marchent.

terra fuerit dissoluta, trahit ad se vicinas materias, et in stipulam, folia, aristasque consurgit ; aliudque moritur, et aliud resurgit, neque enim in grano tritici, radices, culmus, folia, aristæ, paleæ sunt dissolutæ : sic et in ratione humanorum corporum manent quædam surgendi antiqua principia, et (*a*) quasi ἐντερώνη (al. ἀντερίαν), id est, seminarium mortuorum, sinu terræ confovetur. Cum autem judicii dies advenerit, et in voce Archangeli, et in novissima tuba tremuerit terra, movebuntur statim semina, et in puncto horæ mortuos germinabunt ; non tamen easdem carnes, nec in his formis restituent, quæ fuerunt. Vis scire verum esse quod dicimus, audi Apostolum : « Sed dicit aliquis : Quomodo resurgent mortui ? quo autem corpore venient ? Insipiens, quod tu seminas, non corpus quod futurum est seminas, sed nudum granum ; ut puta tritici, vitis et arboris. » I *Cor.* xv, 36, 37. Et quia de grano tritici ac semente arborum ex parte jam diximus, nunc de acino vinacii disseramus. Granum parvum est, ita ut vix duobus digitulis teneri possit. Ubi sunt radices ? ubi radicum et trunci et propaginum tortuosa perplexio ? Ubi pampinorum umbracula, et uvarum pulchritudo, futura vina parturiens ? Aridum est quod tenetur, et pene vix cernitur : sed in sicco illo grano, potentia Dei, et occulta ratione sementis, spumantia musta fundentur. Hæc ligno tribues, homini non tribues ; quod periturum est, sic ornatur ; quod mansurum est, pristinam non recipiet vilitatem. Et vis rursum carnem, ossa, sanguinem, membra, ut crescentibus capillis tonsore egeas, nasus pituitas digerat, incrementa unguium resecanda sint, ut per inferiores partes vel stercora, vel libidines effluant ? Si affers istas ineptias rusticorum, et carnis, in qua Deo placere non possumus, quasi inimicæ oblivisceris et resurrectionis mortuorum : « Seminatur in corruptione, surget in incorruptione. Seminatur in contumelia, surget in gloria. Seminatur in infirmitate, surget in virtute. Seminatur corpus animale, surget corpus spirituale. » I *Cor.* XIII, 34. Nunc oculis videmus, auribus audimus, manibus agimus, pedibus am-

(*a*) *Quasi* ἐντερώνη. In restitutione hujus etiam vocis infelix Erasmus ; sed infelicior Marianus, qui mutat *quasi* ἀντίριαν, ut substituat, *quasi* ἀνδίριον. Neutra vera est lectio Hieronymi, ut ab ipso didici in consequentibus : loquens enim de eodem seminario mortuorum, et resurrectionis hæreticorum, hæc habet infra in ista Epistola : *Qui potentiam Dei calumniaris ? Qui potest de medulla illa et de seminario vestris* ἐντερώνη, *non carnes tantum*, etc. Est autem ἐντερώνη medulla, cor et matrix, sive pars interna cujusque. Medulla itaque, et matrix sinu terræ confovebatur, quasi seminarium ad mortuorum resurrectionem, si Origeni crederemus.

MARTIAN.

Dans cet autre corps, que nous voyions, que nous entendions, que nous opérions, que nous marchions, nous serons entièrement spirituels; et le Seigneur transformera ce corps de notre humilité en un corps conforme à celui de sa gloire. Quand il est dit « il transfigurera, » *Philipp.* XXI, c'est-à-dire il changera de forme, » c'est que les divers membres dont nous usons ici-bas nous sont déniés. Un autre corps nous est promis, spirituel, éthéré, qui n'est ni tangible, ni visible, ni pesant, et qui sera différent selon les lieux divers où il sera. Si les mêmes chairs et les mêmes corps devaient ressusciter, ils seraient nécessairement de nouveau mâles et femelles, il y aurait les mariages : d'un côté, les hommes au sourcil hérissé et à la longue barbe : de l'autre, les femmes aux joues polies, à l'étroite poitrine, au sein et aux hanches faits pour l'enfantement. Les nourrissons ressusciteront et les vieillards aussi, les premiers qu'il faudra allaiter, et les autres s'appuyant sur un bâton. Hommes simples, ne vous méprenez pas à la résurrection de Notre-Seigneur, en ce qu'il montra son flanc et ses mains, se tint debout sur le rivage, fit route avec Cléophas et dit : J'ai ma chair et mes os. Ce corps, qui n'est pas né de la semence de l'homme ni de la chair, a de tout autres prérogatives que le nôtre. Il mangea et but après sa résurrection, il apparut dans son vêtement, il se laissa toucher, afin d'inculquer la foi en la résurrection aux Apôtres qui en auraient pu douter. Mais il ne cache point toutefois sa nature de corps aérien et spirituel. En effet, il entre les portes étant fermées, il s'évanouit après avoir rompu le pain. Direz-vous encore qu'après la résurrection nous devrons boire et manger, et rejeter ensuite les excréments? Et que deviendrait cette promesse ; « Il faut que ce corps mortel soit revêtu d'immortalité? » I *Corint.* XV, 53.

27. *La chair et le corps choses différentes. Fourberie des hérétiques.* — Voilà donc pourquoi, dans l'exposition de votre foi, pour en imposer aux oreilles des ignorants, vous nommez neuf fois le corps et pas une seule fois la chair, la masse des fidèles en concluant que vous parlez de corps en chair et en os et que corps et chair est une même chose. Si c'est la même chose, les deux mots n'ont pas une signification différente. J'attends en effet de vous cette allégation : J'ai pensé que corps et chair étaient la même chose, j'ai parlé en toute simplicité. D'où vient donc que vous ne vous servez pas plutôt du mot chair pour signifier le corps, et que vous ne dites pas indifféremment tantôt la chair et tantôt le corps, pour indiquer le corps dans la chair et la chair dans le corps ? C'est que votre silence sur l'un des deux est bien un calcul. La chair en effet a sa définition et le corps a la sienne : toute chair est corps, mais tout corps n'est pas chair. La chair est proprement une matière intimement unie au sang, aux os, aux veines et aux nerfs.

bulamus. In illo autem corpore spirituali toti videbimus, toti audiemus, toti operabimur, toti ambulabimus : et transfigurabit Dominus corpus humilitatis nostræ, conforme corporis suæ gloriæ. Quando dixit transfigurabit, *Philipp.* XXI, id est, μετασχηματίσει, membrorum, quibus nunc utimur, diversitas denegatur. Aliud nobis spirituale et æthereum promittitur, quod nec tactui subjacet, nec oculis cernitur, nec pondere prægravatur; et pro locorum, in quibus futurum est, varietate mutabitur. Alioqui si eædem carnes erunt, et corpora quæ fuerunt rursum mares et feminæ, rursum nuptiæ; viris hirsutum supercilium, barba prolixa; mulieribus leves genæ, et angusta pectora, ad concipiendos et pariendos fetus venter et femora dilatanda sunt. Resurgent etiam infantuli, resurgent et senes : illi nutriendi, hi baculis sustentandi. Nec vos, o simplices, resurrectio Domini decipiat, quod latus et manus monstraverit, in littore steterit, in itinere cum Cleopha ambulaverit, et carnes et ossa habere se dixerit. Illud corpus aliis pollet privilegiis, quod de viri semine, et carnis voluptate non natum est. Comedit post resurrectionem suam et bibit, et vestibus apparuit, tangendum se præbuit, ut dubitantibus Apostolis, fidem faceret resurrectionis. Sed tamen non dissimulat naturam aerei corporis et spiritualis. Clausis enim ingreditur ostiis, et in fractione panis ex oculis evanescit. Ergo et nobis post resurrectionem bibendum erit et comedendum, et post cibum stercora egerenda? Et ubi erit illa promissio : « Oportet mortale hoc induere immortalitatem? » I *Cor.* XV. 53.

27. *Caro et corpus differunt. Astutia hæreticorum.* — Hæc est omnis causa, cur in expositione fidei tuæ, ad decipiendas aures ignorantium, novies corpus, et ne semel quidem carnem nominas : dum homines putant te carnes in corporibus confiteri, et idem carnem esse quod corpus. Si idem est, non diversum significat. Scio enim te hoc esse dicturum : Putavi idem corpus esse quod carnem, simpliciter sum locutus. Quare non carnem potius nominas, ut corpus in carne, et caro in corpore demonstretur? Sed mihi crede, non est simplex silentium tuum. Alia enim carnis, alia corporis definitio est : omnis caro est corpus, non omne corpus est caro. Caro est proprie, quæ sanguine, venis, ossibus, nervisque constringitur. Corpus quamquam et caro dicatur, interdum tamen æthereum, vel aereum nominatur,

Un corps, quoique ce mot s'applique à la chair, est cependant parfois éthéré, aérien, quand on ne peut le toucher ni le voir ; mais le plus souvent il désigne quelque objet qu'on peut voir et toucher. Un mur est un corps, mais il n'est pas chair ; une pierre est un corps, mais on ne la confond pas avec la chair. D'où l'Apôtre fait la distinction des corps célestes et des corps terrestres. Le soleil, la lune, les étoiles sont des corps célestes. Le feu, l'air, l'eau, la terre, et les autres objets qu'on croit composés de ces éléments sont, l'âme exceptée, des corps terrestres. Le voyez-vous, nous comprenons vos subtilités et nous dévoilons les mystères que vous goûtez entre gens parfaits dans vos conventicules intimes, laissant le peuple à la porte comme indigne de les entendre ? C'est ainsi que, dans le secret de l'oreille et vous approuvant mutuellement de la main et du sourire, vous vous appliquez ces paroles : « Toute la gloire de la fille du roi est à l'intérieur ; » *Psalm.* XLIV, 14 ; et encore : « Le roi m'a introduit dans sa chambre nuptiale. » *Cant.* I, 3. Il est évident pour tous que vous avez dit résurrection du corps et non pas de la chair, pour nous faire accroire à nous, esprits grossiers, que vous indiquiez la chair dans le corps, tandis que les initiés entendraient que vous niez la chair dans le corps ressuscité. Or l'Apôtre, dans son Epître aux Colossiens, voulant montrer que Jésus-Christ est ressuscité dans un corps de chair, et non pas dans un corps spirituel, aérien, vaporeux, a dit ces mots significatifs : « Vous étiez vous-mêmes autrefois éloignés de Dieu, et votre cœur, livré aux œuvres criminelles, vous rendait ses ennemis ; mais maintenant Jésus-Christ vous a réconciliés par la mort qu'il a soufferte dans sa chair : » *Coloss.* I, 21, 22 ; et plus loin dans la même Epître : « C'est en lui que vous avez été circoncis, non d'une circoncision faite par la main des hommes, mais de la circoncision de Jésus-Christ, par laquelle vous avez été dépouillés de votre corps charnel. » *Coloss.* II, 11. Si corps était synonyme de chair, s'il n'y avait pas ambiguïté, s'il ne pouvait s'interpréter en divers sens, c'eût été un pléonasme de dire corps charnel, puisque la chair eût été implicitement nommée dans le corps.

28. *Le Symbole des Apôtres.* — Dans le Symbole de notre foi et de notre espérance, que les Apôtres nous ont légué, il ne s'agit pas de papier noirci avec de l'encre ; mais sur les tables de nos cœurs de chair, après la proclamation de la Trinité et de l'unité de l'Eglise, est gravée la conclusion de tous les mystères du dogme chrétien : la résurrection de la chair. Et vous, une première fois, puis une seconde, puis une troisième, et jusqu'à neuf fois, vous insistez en paroles et en nombre sur le mot corps, sans nommer une seule fois la chair, tandis que les Apôtres disent partout la chair, et jamais le corps. Sachez bien que nous entendons ce que vous voilez sous la trame de vos arguties, ce que vous cachez sous vos prudentes précautions oratoires. Vous donnez pour preuves de la résurrection celles dont Origène se sert pour la

quod tactui visuique non subjacet, et plerumque visibile est atque tangibile. Paries est corpus, sed non caro : lapis corpus est, sed non caro dicitur. Unde Apostolus corpora cœlestia appellat, et corpora terrestria. Cœleste corpus solis, lunæ, stellarum. Terrestre, ignis, aeris, aquæ, terræ, et reliquorum, quæ absque anima his censentur elementis. Vides nos intelligere subtilitates vestras, et arcana, quæ in cubiculis et inter perfectos loquimini, et quæ populus foris stans, nec meretur audire, proferre in medium ? Hoc est illud quod reducta ad auriculam manu, et concrepantibus digitis, ridentes dicitis : « Omnis gloria filiæ regis intrinsecus. » *Ps.* XLIV, 14. Et « introduxit me rex in cubiculum suum. » *Cant.* I 3. Patet quare corporis, et non carnis resurrectionem dixeris ; scilicet ut nos rudes carnem te dicere putaremus in corpore, et hi qui perfecti sunt, intelligerent carnem in corpore denegari. Denique Apostolus in Epistola sua ad Colossenses, volens corpus Christi carneum, et non spirituale, aereum, tenue, demonstrare, significanter locutus est, dicens : « Et vos cum essetis aliquando alienati a Christo, et inimici sensus ejus in operibus malis, reconciliavit in corpore carnis suæ per mortem. » *Coloss.* I, 21, 22. Rursumque in eadem Epistola : « In quo circumcisi estis circumcisione non manu facta in exspoliatione corporis carnis. » *Coloss.* II, 11. Si corpus carnem solum significat, et non est nomen ambiguum, nec ad diversas intelligentias trahi potest : satis superflue corporeum et carneum dicit, quasi caro non intelligatur in corpore.

28. *Symbolum fidei ab Apostolis traditum.* — In Symbolo fidei et spei nostræ, quod ab Apostolis traditum, non scribitur in charta et atramento ; sed in tabulis cordis carnalibus, post confessionem Trinitatis et unitatem Ecclesiæ, omne Christiani dogmatis sacramentum, carnis resurrectione concluditur. Et tu intantum in corporis, et iterum corporis, et tertio corporis, et usque novies corporis, vel sermone vel numero immoraris, nec semel nominas carnem, corpus vero taces. Sed et illud quod argute subnectis, et prudenter præcavens dissimulas, scito nos intelligere. His enim testimoniis veritatem resurrectionis probas, quibus Origenes negat, et de du-

nier, et confirmant les incertitudes qui planent sur les points douteux, vous cherchez à renverser sous un coup de vent soudain l'édifice de la certitude de la foi. « Il est semé, est-il écrit, corps animal, et il renaîtra corps spirituel. Ils ne marieront point et ne se marieront pas ; mais ils seront comme les anges dans les cieux. » I *Corint.* 15, 14 : *Matth.* XXII, 30 ; *et Luc.* XX, 35. Quels autres exemples prendriez-vous pour nier la résurrection ? Voulez-vous la résurrection de la chair, réelle et non imaginaire ; dites-le donc sans ambages. Après avoir, pour capter les oreilles des ignorants, annoncé que nous ressusciterons dans les mêmes corps dans lesquels nous sommes morts et avons été ensevelis, ajoutez donc : De même que Notre-Seigneur après sa résurrection montra les trous des clous à ses mains, la blessure de la lance à son côté, et, aux Apôtres qui étaient dans le doute s'ils ne voyaient pas un fantôme, répondit : « Touchez-moi et constatez qu'un esprit n'a ni chair, ni os comme vous voyez que j'ai ; » *Luc.* XXIV, 39 ; et spécialement à Thomas : « Porte ton doigt dans mes mains, et ta main dans mon côté, et garde-toi d'être incrédule, mais sois fidèle ; » *Joan.* XX, 27 ; de même nous aussi après la résurrection, nous aurons les mêmes membres, dont nous nous servons ici-bas, les mêmes chairs, le même sang et les mêmes os, car l'Ecriture Sainte condamne leurs œuvres, et non pas leur nature. C'est en ce sens qu'il est écrit dans la Genèse : « Mon Esprit ne demeurera pas en ces hommes, parce qu'ils sont chair ; » *Gen.* VI, 3 ; et que l'apôtre Paul dit au sujet de la doctrine perverse et des œuvres des Juifs : « Je ne me suis pas complu dans la chair et le sang ; » *Galat.* ; et aux Saints, qui étaient pourtant dans la chair, il dit : « Vous n'êtes point dans la chair, mais dans l'esprit, puisque l'Esprit de Dieu habite en vous. » *Rom.* VIII, 9. En niant que ceux qui étaient évidemment dans la chair, fussent dans la chair, il ne condamnait pas la substance de la chair, mais le péché.

29. *Véritable croyance à la résurrection. Elie et Enoch.* — La vraie croyance à la résurrection est celle qui accorde la glorification de la chair pour ne pas ternir la vérité. Qu... aux épithètes « corruptible et mortel, » I *Corint.* XV, employées par l'Apôtre, elles s'appliquent au corps, c'est-à-dire à la chair visible ici-bas. Et lorsqu'il y ajoute « se revêtir d'incorruption et d'immortalité, » cela ne signifie pas que le corps soit remplacé par ce vêtement qui l'ornera dans la gloire ; mais, lui qui était auparavant sans gloire, deviendra glorieux, en sorte qu'ayant rejeté son misérable vêtement de mortalité et d'infirmité, il sera pour ainsi dire vêtu de l'or de l'immortalité et de la béatitude de la force et de la vertu. Nous voulons donc, non pas être dépouillés de la chair, mais qu'elle soit revêtue de la gloire, désirant que notre demeure, qui est du ciel, soit recouverte de manière que ce qui est mortel soit dévoré par la vie. Asssurément, nul ne peut être revêtu, s'il n'a pas été

biis incerta confirmans, certam fidei domum, subita tempestate subvertis. « Seminatur, inquit, corpus animale : surget corpus spirituale. Neque enim nubent, neque nubentur ; sed erunt sicut Angeli in cœlis ; » I *Cor.* 15, 44 ; *Matth.* XXII, 30 ; *et Luc.* XX, 35. Quæ alia exempla assumeres, si resurrectionem negares ? Vis resurrectionem carnis, veritate et non putative, ut loqueris, confiteri. Post illa, quibus ignorantium blanditus es auribus, quod in ipsis corporibus, in quibus mortui sumus et sepulti, resurgamus, hoc potius adjunge, et dic : Quomodo Dominus post resurrectionem fixuras clavorum ostendit in manibus, vulnus lanceæ monstravit in latere, et dubitantibus Apostolis, quod putarent phantasma se videre, respondit : « Palpate me et videte, quoniam spiritus carnes et ossa non habet, sicut me videtis habere, » *Luc.* XXIV, 39, et proprie ad Thomam : « Infer digitum tuum in manus meas, et manum tuam in latus meum, et noli esse incredulus, sed fidelis ; » *Joan.* XX, 27 ; sic et nos post resurrectionem eadem habebimus membra, quibus nunc utimur, easdem carnes et sanguinem et ossa ; quorum in Scripturis sanctis opera, non natura, damnantur. Denique in Genesi scriptum est : « Non permanebit Spiritus meus in hominibus istis, quia caro sunt. » *Gen.* VI, 3. Et Paulus Apostolus de prava doctrina et operibus Judæorum : « Non acquievi, ait, carni et sanguini. » *Gal.* I, 16. Et ad Sanctos, qui utique in carne erant, dicit : « Vos autem in carne non estis ; sed in spiritu : si tamen Dei spiritus habitat in vobis. » *Rom.* VIII, 9. Negans enim eos in carne, quos in carne esse constabat, non carnis substantiam, sed peccata damnabat.

29. *Vera resurrectionis confessio. Elias et Enoch.* — Hæc est vera resurrectionis confessio, quæ sic gloriam carnis tribuit, ut non auferat veritatem. Quod vero dicit Apostolus, « corruptibile hoc et mortale, » I *Cor.* XV, hoc ipsum corpus, id est, carnem, quæ tunc videbatur, ostendit. Quod autem copulat, induere incorruptionem, et immortalitatem, illud indumentum, id est vestimentum, non dicit corpus abolere quod ornat in gloria ; sed quod ante inglorium fuit, efficere gloriosum ; ut mortalitatis et infirmitatis viliore veste deposita, immortalitatis auro, et, ut ita dicam, firmitatis atque virtutis beatitudine induamur ; volentes non spoliari carne, sed supervestiri in gloria,

vêtu auparavant. C'est ainsi que Notre-Seigneur sur la montagne fut transfiguré dans la gloire, non pas en ce qu'il y perdit les pieds et les autres membres et qu'il acquit tout-à-coup l'apparence sphérique d'un soleil, *Matth.* XVII *et Marc.* IX, mais en ce que ses propres membres brillant de l'éclat du soleil éblouirent les yeux des Apôtres. Ses vêtements devinrent blancs comme la neige, et non pas aériens, pour qu'on n'y pût voir rien de spirituel : « Et son visage, est-il écrit, resplendissait comme le soleil. » *Matt.* IX, 2. Puisque l'Evangile nomme le visage, je me plais à penser que les autres membres étaient également visibles. Enoch fut enlevé dans sa chair. Elie fut ravi en chair et en os dans le ciel; *Genes.* V, 4; *Reg.* II; habitants du paradis sans être passés par la mort, ils y ont les membres dans lesquels ils furent enlevés. Les biens où nous aspirons dans le jeûne, ils les possèdent dans la société de Dieu. Ils se nourrissent du pain céleste, ils se rassassient de toute parole de Dieu, l'ayant lui-même pour Seigneur et pour nourriture. Ecoutez le Sauveur : « Ma chair repose dans la paix; » *Psalm.* XV, 9; et ailleurs : « Sa chair n'a pas vu la corruption; » *Act.* II, 31; et encore : « Toute chair verra le salut de Dieu. » *Isa.* XL, 5. Et vous nous rebâchez toujours le corps? Mettez plutôt en avant Ezéchiel, qui, joignant les ossements aux ossements, les tirant des tombeaux et les mettant debout sur leurs pieds, les réunit à leurs chairs et à leurs nerfs, et les revêt de leur peau. *Ezech.* XXXVII.

30. *Job athlète de l'Eglise avant Jésus-Christ. Job semble avoir écrit d'avance contre Origène.* — Job, vainqueur des tourments et râclant avec un tesson la pourriture de ses plaies, se console de ses douleurs par l'espoir de la résurrection réelle. Ecoutons ce tonnerre : « Qui m'accordera, dit-il, que mes paroles soient écrites? Qui m'accordera qu'elles soient gravées dans un livre avec un poinçon de fer et sur des lames de plomb, ou qu'elles soient sculptées dans la pierre avec le burin? Je sais en effet que le Rédempteur vit, et qu'au dernier jour je dois ressusciter de la terre, que je serai de nouveau entouré de ma peau, et que je verrai Dieu dans ma chair; je dois le voir moi-même, et non pas un autre, et ce sont mes yeux qui le contempleront. Cette espérance a été déposée en mon sein. » *Job.* XIX, 23 *et seqq.* Quoi de plus évident que cette prophétie? Nul après Jésus-Christ n'a parlé de la résurrection aussi catégoriquement que Job avant Jésus-Christ. Il veut que ses paroles restent éternellement, et pour qu'aucune durée ne puisse les effacer, il demande qu'elles soient gravées dans le plomb et sculptées dans la pierre. Il a l'espérance de la

et domicilium nostrum, quod de cœlo est, superindui desiderantes, ut devoretur mortale a vita. Certe nemo superinduitur, nisi qui ante vestitus est. Sic et Dominus noster in monte transfiguratus est in gloria, *Matth.* XVII, *et Marc.* IX, non ut manus ac pedes cæteraque membra perderet, et subito in rotunditate vel solis, vel sphæræ volveretur; sed eadem membra solis fulgore rutilantia, Apostolorum oculos præstringerent : unde et vestimenta ejus mutata sunt in candorem, non in aerem; ne forte et vestes ejus asseras spirituales : « Et facies ejus, inquit, fulgebat sicut sol. » *Matth.* IX, 2. Ubi autem facies nominatur, æstimo quod et cætera membra conspecta sint. Enoch translatus est in carne. Elias carneus raptus est in cœlum : *Genes.* V, 4; *Reg.* II : necdum mortui, et paradisi jam coloni, habent membra cum quibus rapti sunt atque translati. Quod nos imitamur jejunio, illi possident Dei consortio. Vescuntur cœlesti pane, et saturantur omni verbo Dei, eumdem habentes Dominum, quem et cibum. Audi Salvatorem dicentem : « Et caro mea requiescit in spe. » *Psal.* XV, 9. Et in alio loco : « Caro ejus non vidit corruptionem. » *Act.* II, 31. Et rursum : « Omnis caro videbit salutare Dei. » *Isai.* XL, 5. Et tu semper corpus ingeminas? Profer magis Ezechiel, qui ossa jungens ossibus et educens ea de sepulcris suis, et super pedes stare faciens, carnibus nervisque constringit (*a*), et cute desuper tegit. *Ezech.* XXXVII.

30. *Job athleta Ecclesiæ ante Christum. Job videtur contra futurum Origenem scribere.* — Tonet Job tormentorum victor, et testa radens putridæ carnis saniem, miserias suas resurrectionis spe et veritate soletur : « Quis mihi det, inquit, ut scribantur sermones mei? Quis mihi det, ut exarentur in libro stylo ferreo, et plumbi lamina, vel celte sculpantur in silice? Scio enim quod Redemptor meus vivit, et in novissimo die de terra surrecturus sum, et rursum circumdabor pelle mea, et in carne mea videbo Deum; quem visurus sum ego ipse, et oculi mei conspecturi sunt, et non alius. Reposita est hæc spes mea in sinu meo. » *Job* XIX, 23 et seqq. Quid hac prophetia manifestius? Nullus tam aperte post Christum, quam iste ante Christum de resurrectione loquitur. Vult verba sua in perpetuum durare; et ut nulla possint vetustate deleri, exarari ea vult in plumbi lamina, et sculpi in silice. Sperat resurrec-

(*a*) *Et cute desuper tegit.* Nullo sensu in editis libris legimus, *et desuper tegit : donec Job tormentorum victor*, etc. Deinde in contextu Jobi, legendum putant docti pariter et indocti, *vel certe sculpantur in silice*. Sed non attendunt Hieronimum expressisse vocem Hebræam ..... *jebhats hun, celte sculpantur*, ut indicaret instrumentum sculpturæ. MARTIAN.

résurrection, il sait et il voit que Jésus-Christ son rédempteur est vivant et que lui-même au dernier jour il ressuscitera de la terre. Le Seigneur n'était pas encore mort, et cet athlète de l'Eglise voyait son rédempteur ressuscitant d'entre les morts. Quand il dit : « Je serai de nouveau entouré de ma peau, et c'est dans ma chair que je verrai Dieu, » j'estime qu'il ne parlait pas en enthousiaste de ces chairs qu'il voyait puantes et gangrenées ; mais dans la foi de la résurrection, il méprise le présent et se console avec l'espoir des choses à venir. « Une seconde fois, dit-il, je serai revêtu de ma peau. » Où est ce corps éthéré ? où ce corps aérien et semblable à un esprit et à un souffle ? Assurément où il y a la peau et la chair, les os et les nerfs, le sang et les veines, il y a aussi la structure de la chair, la propriété du sexe. « Et c'est dans ma chair, ajoute-t-il, que je verrai Dieu. » Quand toute chair verra le salut de Dieu, J.-C. Dieu, alors moi aussi je verrai mon Rédempteur, mon Sauveur et mon Dieu. Or, je le verrai dans cette chair qui me torture maintenant, qui m'abreuve ici-bas de douleur. C'est donc dans ma chair que je contemplerai Dieu, parce qu'il a guéri toutes mes infirmités par sa résurrection. Ne vous semble-t-il pas que dès cette époque Job écrivait contre Origène, et qu'il soutenait le combat contre les hérétiques en faveur de la résurrection de cette chair qui le fit tant souffrir ? Ne se plaindrait-il pas, en effet, et n'aurait-il pas souffert en vain, s'il avait été crucifié de la sorte en sa chair pour ressusciter spirituellement dans un autre corps ? Aussi, il insiste, il exagère la démonstration, il prévient de sa grande voix tous les subterfuges secrets d'une profession de foi mensongère : « C'est moi-même qui verrai Dieu, et non pas un autre, et je le contemplerai de mes propres yeux. » S'il ne devait pas ressusciter avec son sexe, avec ces mêmes membres qui gisaient sur le fumier, s'il ne devait pas rouvrir pour contempler Dieu les mêmes yeux qui voyaient ici-bas les vers de ses plaies, où donc Job serait-il ? Vous enlevez tout ce qui a constitué la personnalité de Job, et vous m'accordez un simulacre vain du ressuscité ; comme si vous vouliez qu'un navire fût rétabli après le naufrage, tout en refusant les morceaux dont il était composé.

31. *En quoi consiste la résurrection réelle. En quoi consiste la ressemblance avec les anges qui nous est promise.* — Je veux parler en toute franchise ; vous avez beau assombrir vos fronts, arracher vos cheveux, frapper du pied, requérir la lapidation, je proclamerai hautement la foi de l'Eglise. La réalité de la résurrection ne se peut concevoir sans la chair et les os, sans le sang et les membres. Où il y a chair et os, sang et membres, il y a nécessairement distinction des sexes. Où il y a distinction des sexes, Jean est Jean, Marie est Marie. Ne redoutez pas les noces pour ceux qui, même avant la mort, vécurent et agirent dans leur sexe comme s'ils n'avaient pas de sexe. Cette parole : « Alors ils ne marie-

tionem, imo novit et vidit, quod vivit Christus redemptor ejus, et in novissimo die de terra resurrecturus sit. Necdum mortuus erat Dominus, et Athleta Ecclesiæ redemptorem suum videbat ab inferis resurgentem. Illud vero quod infert : « Et rursum circumdabor pelle mea, et in carne mea videbo Deum, » puto quod non loquatur, quasi amator carnium, quasi putridas fetentesque cernebat ; sed ex fiducia resurgendi, contemnit præsentia, solatio futurorum. « Rursum, ait, circumdabor pelle mea. » Ubi hic corpus æthereum ? ubi aereum, et spiritui et auræ simile ? Certe ubi pellis et caro, ubi ossa et nervi, et sanguis et venæ, ibi carnis structura, ibi sexus proprietas. Et in carne, inquit, mea videbo Deum. Quando omnis caro videbit salutare Dei, et Jesum Deum, tunc et ego videbo Redemptorem et Salvatorem, et Deum meum. Videbo autem in ista carne, quæ me nunc cruciat, quæ nunc præ dolore distillat. Idcirco Deum in carne conspiciam, quia omnes infirmitates meas sua resurrectione sanavit. Nonne tibi videtur jam tunc Job contra Origenem scribere, et pro carnis veritate, in qua tormenta sustinuit, alterum contra hæreticos habere certamen ? Dolet enim, si tanta sit frustra perpessus, et alia spiritualiter resurgente, ista carnaliter cruciata sit. Unde inculcat et exaggerat, et omnia lubricæ confessionis arcana manifesta voce concludit, dicens : « Quem visurus sum ego ipse, et oculi mei conspecturi sunt, et non alius. » Is si non sexu suo resurrecturus est, si non eisdem membris, quæ jacuere in stercore, si non eosdem oculos aperiat ad videndum Deum, quibus tunc videbat vermiculos, ubi erit ergo Job ? Tollis ea in quibus substitit Job, et donas mihi inane vocabulum resurgentis ; quomodo si navim post naufragium restituas velis, ne neges singula de quibus navis construitur.

31. *Veritas resurrectionis in quo sit. Similitudo angelorum nobis promissa in quo sit.* — Ego libere dicam, et quamquam torqueatis ora, trahatis capillum, applaudatis pede, Judæorum lapides requiratis, fidem Ecclesiæ apertissime confitebor. Resurrectionis veritas sine carne et ossibus, sine sanguine et membris, intelligi non potest. Ubi caro et ossa, et sanguis et membra sunt, ibi necesse est ut sexus diversitas sit. Ubi sexus diversitas est, ibi Joannes Joannes, Maria Maria. Noli timere eorum nuptias, qui etiam

ront pas et ne seront point mariés, » *Matth.* XXII, 30, s'entend de ceux qui, pouvant contracter mariage, ne le contractent pas. Nul, en effet, ne dit des anges : « Ils se marieront et on les marie. » Je ne sache pas qu'il se célèbre aux cieux mariage entre les Vertus spirituelles. Mais, dès qu'il y a sexe, il y a aussi homme et femme. Aussi, malgré vous, la vérité vous a fait violence et vous avez dû écrire : « Chacun sera ou couronné dans son corps, pour ce qu'il aura fait de chaste et de juste, ou condamné dans son corps, parce qu'il aura été l'esclave des voluptés et de l'iniquité. » Remplacez le mot corps par le mot chair, et vous ne niez plus la distinction entre homme et femme. Qui donc vivrait avec la gloire de la pureté s'il n'avait pas de sexe au moyen duquel il pût être impur? A-t-on jamais songé à couronner une pierre parce qu'elle est demeurée vierge? Il nous est promis que nous serons semblables aux anges, c'est-à-dire que nous, avec notre chair et notre sexe, nous serons gratifiés d'une béatitude pareille à celle que les anges goûtent sans chair et sans sexe. Ainsi le croit mon faible esprit, ainsi est proclamée la résurrection des sexes dans leurs œuvres; ce sont bien les hommes qui ressuscitent, et qui deviennent égaux aux anges. Et la résurrection de membres qui n'accompliront pas leur fonction n'est pas chose inutile, puisque déjà, dans cette vie, nous nous efforçons de ne pas accomplir les œuvres de ces membres. Enfin, la ressemblance avec les anges n'est pas une métamorphose des hommes en anges, mais le bénéfice de l'immortalité et de la gloire.

32. *Encore Élie et Enoch.* — Quant à ces objections prises des enfants et des nourrissons, des vieillards, des aliments, des excréments même, que vous opposez à la foi catholique, elles ne vous appartiennent pas : elles ont leur source chez les païens, qui ne cessent de nous les opposer encore. Vous qui prenez le nom de Chrétien, quittez cette armure païenne. Enseignez-leur à confesser la résurrection de la chair, au lieu d'apprendre d'eux à la nier. Ou bien, si vous êtes au nombre de nos ennemis, laissez-le voir ostensiblement, afin que les coups qui frappent les païens vous atteignent aussi. Je vous fais grâce de vos nourrices pour apaiser les vagissements des enfants, de vos vieillards décrépits qu'abattrait le froid de l'hiver. Qu'avons-nous à parler de l'art des perruquiers, nous qui savons que le peuple d'Israël n'éprouva, pendant quarante ans, la croissance ni des ongles, ni des cheveux ; et, ce qui est une merveille plus grande, leurs vêtements ne se déchirèrent point et leurs chaussures ne vieillirent pas. Enoch et Elie, dont nous avons parlé déjà, sont demeurés depuis des siècles à l'âge où ils furent ravis au ciel. Ils ont leurs dents, leur ventre, tous leurs membres, et ils n'éprouvent pourtant aucun besoin de nourriture ou de mariage. Pourquoi calomniez-vous la puissance de Dieu? Il peut,

ante mortem in sexu suo sine sexus opere vixerunt. Quando dicitur : « In illa die neque nubent, neque nubentur; » *Matth.* XXII, 30, de his dicitur, qui possunt nubere, et tamen non nubent. Nemo enim dicit de Angelis : « Non nubent, neque nubentur. » Ego nunquam audivi spiritualium Virtutum in cœlo nuptias celebrari; sed ubi sexus est, ibi vir et femina. Unde et tu invitus licet, cogente veritate, confessus es, et dixisti : « Aut coronandus in corpore, quod caste egit et juste, aut condemnandus in corpore, quod voluptatibus iniquitatique servivit. » Tolle corpus et pone carnem, et virum ac feminam non negasti. Quis enim vivit cum gloria pudicitiæ qui non habet sexum, per quem committi potuit impudicitia? Quis enim unquam lapidem coronavit, quia virgo permanserit? Angelorum nobis similitudo promittitur, id est, beatitudo illa, in qua sine carne et sexu Angeli, nobis in carne et sexu nostro donabitur. Mea rusticitas sic credit, et sic intelligit sexum confiteri sine sexuum operibus; homines resurgere, et sic eos Angelis adæquari. Nec statim superflua videbitur membrorum resurrectio, quæ caritura sint officio suo; cum adhuc in hac vita positi, nitamur opera non implere membrorum. Similitudo autem ad Angelos, non hominum in Angelos demutatio, sed profectus immortalitatis et gloriæ est.

32. *Enoch et Elias iterum.* — Argumenta vero illa puerorum et infantium et senum, et ciborum, et stercorum, quibus adversum Ecclesias uteris, non sunt tua : de Gentilium fonte manarunt. Eadem enim opponunt nobis Ethnici. Qui Christianum esse te dicis, Gentilium arma depone. Discant illi magis a te resurrectionem carnis confiteri, quam tu ab illis negare. Aut si et tu de hostium numero es, ostende et libere adversarium, ut Ethnicorum suscipias vulnera. Dono tibi nutriculas tuas, ne vagiant infantes; dono decrepitos senes, ne hyberno frigore contrahantur. Frustra etiam tonsores artificia didicerunt, scientes Israeliticum populum per quadraginta annos, nec unguium, nec capillorum incrementa sensisse : et quod his majus est, non sunt attrita vestimenta eorum; nec inveteraverunt calceamenta eorum. Enoch et Elias, de quibus du-lum diximus, tanto tempore in eadem permanent ætate, qua rapti sunt. Habent dentes, ventrem, genitalia, et tamen nec cibis, nec uxoribus indigent. Quid potentiam Dei calumniaris? qui potest de medulla illa et de seminario vestro, [illegible] non carnes tantum de car-

dites-vous, de votre moëlle et de votre semence, tirer, non pas la chair de la chair, mais un corps, et faire une chose d'une autre, et changer l'eau en vin généreux, c'est-à-dire notre chair vile en corps aérien; à plus forte raison peut-il, en vertu de la même puissance par laquelle il a tout fait de rien, rétablir ce qui fut, parce que rétablir ce qui fut est bien moins que créer ce qui n'était pas. Vous vous étonnez que des enfants et des vieillards aient, après la résurrection, la force de l'homme parfait, quand d'un peu de limon, sans aucune transition d'âge, un homme parfait fut créé? Une côte est changée en femme; et, à la troisième phase de la condition humaine, les vils et honteux éléments de notre nativité sont transformés en chairs, liés à des membres développés en veines, durcis en os. Voulez-vous connaître une quatrième manière de génération de l'homme? « L'Esprit-Saint viendra d'en haut en vous, la vertu du Très-Haut vous couvrira de son ombre, et, à cause de cela, le fruit saint qui naîtra de vous, sera appelé le Fils de Dieu. » *Luc.* I, 35. Une génération pour Adam, une autre pour Ève, une autre pour Abel, une autre pour l'homme Jésus-Christ. Et, malgré ces commencements divers, la nature de l'homme est toujours la même.

33. *Témoignages qui prouvent la résurrection réelle. Sens du mot résurrection.* — Si je voulais prouver la résurrection de la chair et de tous les membres, et joindre à chaque preuve son explication, plusieurs volumes seraient nécessaires; mais le débat actuel ne l'exige pas. Je ne me suis pas proposé de réfuter Origène sur tous les points, mais de dévoiler les subterfuges de votre trompeuse réparation. Toutefois, puisque j'ai longuement exposé les assertions de nos adversaires, et comme je ne voudrais pas, en m'efforçant de percer à jour la fraude, laisser le lecteur scandalisé, je réunirai les témoignages en bloc et je les commenterai rapidement, afin que nous écrasions de tout le poids des textes sacrés l'argumentation empoisonnée de l'ennemi. Celui qui n'a pas le manteau nuptial et qui n'a pas gardé ce commandement : « Que vos vêtements soient toujours sans tache, » *Matth.* XII, 13, on lui lie les pieds et les mains, pour qu'il soit exclu du festin, qu'il ne s'assoie pas sur le trône, qu'il ne se tienne point à la droite de Dieu, et on le précipite dans la Géhenne, où il y a des pleurs et des grincements de dents. *Matth.* XXII. « Les cheveux de votre tête ont été comptés, » *Luc.* XII, 7. Si les cheveux ont été comptés, les dents l'ont été plus facilement encore, j'imagine. Mais c'est en vain que tout cela a été compté, s'il doit périr un jour. « L'heure viendra où tous ceux qui sont dans le tombeau entendront la voix du Fils de Dieu, et comparaîtront. » *Joan.* V, 25. Ils entendront avec leurs oreilles, et pour comparaître ils s'avanceront avec leurs pieds. C'est ce qu'avait déjà fait Lazare. Ils s'avanceront hors de leurs tombeaux, c'est-à-dire que ceux qui avaient été portés morts dans la tombe, viendront après s'être levés pour sortir de leurs

nibus, sed corpus educere, et aliud ex alio facere; et de aqua, id est, de vilitate carnium, pretiosa et aerei corporis vina mutare : potest utique eadem potentia, qua de nihilo cuncta fabricatus est, reddere quæ fuerunt; quia multo minus est restituere quod fuerit, quam facere quod non fuit. Miraris si de infantibus et senibus in perfecti viri ætatem resurrectio fiat, cum de limo terræ absque ullis ætatem incrementis, consummatus homo factus sit? Costa mutatur in feminam; et tertio humanæ conditionis modo, vilia et pudenda nostræ nativitatis elementa mutantur in carnes : ligantur membris, discurrunt in venas, in ossa durantur. Vis et quartum genus humanæ generationis audire? « Spiritus Sanctus superveniet in te, et virtus Altissimi obumbrabit tibi. Propterea quod nascetur ex te sanctum, vocabitur Filius Dei. » *Luc.* I, 35. Aliter Adam, aliter Eva, aliter Abel, aliter homo Jesus Christus. Et in omnibus diversis exordiis, una hominis natura non differt.

33. *Testimonia quæ probant veram resurrectionem. Resurrectionis vocabulum quid significet.* — Resurrectionem carnis, omniumque membrorum si velim probare, et ad singula testimonia explanationes adjungere, multis libris opus erit; sed præsens causa hoc non desiderat. Proposui enim, non Origeni in omnibus respondere, sed fraudulentæ satisfactionis aperire mysteria. Attamen quia longus fui in assertione contraria, et vereor ne dum fraudes pandere studeo, scandalum lectori reliquerim, acervatim testimonia ponam, cursimque perstringam, ut toto contra venenatam argumentationem Scripturarum pondere dimicemus. Qui vestem non habet nuptialem, nec servavit illud mandatum : « Candida sint vestimenta tua semper, » *Matth.* XII, 13, manibus pedibusque constringitur, ne recumbat in convivio, sedeat in solio, sed ad dexteram Dei; mittitur in gehennam, ubi fletus oculorum et stridor dentium est. *Matth.* XXII. « Capilli capitis vestri numerati sunt, » *Luc.* XII, 7. Si capilli, puto facilius dentes. Frustra autem numerati, si aliquando perituri. « Veniet hora, in qua omnes qui in monumentis sunt, audient vocem Filii Dei, et procedent. » *Joann.* V, 25. Audient auribus, procedent pedibus. Hoc et Lazarus ante jam fecerat. Procedent autem de monumentis, id est, qui monumentis illati fuerant, venient mortui, et resurgent de sepulcris suis. « Hos enim qui a Deo

sépulcres. « Car la rosée qui vient de Dieu est le remède pour leurs os. » Alors sera accompli ce que le Seigneur a dit par la bouche du Prophète : « O mon peuple, entre pour un peu de temps dans tes refuges, jusqu'à ce que mon courroux soit passé. » *Isai.* XXVI, 20, *sec.* LXX. Ces refuges signifient les sépulcres, et ce qui en sortira, c'est assurément ce qui s'y était caché. Les morts sortiront de leurs sepulcres, comme de petits mulets délivrés de toute entrave. Leur cœur sera plein de joie, et leurs ossements se lèveront comme le soleil. Toute chair viendra en la présence de Dieu. Il commandera aux poissons de la mer, et ils rejetteront les os qu'ils avaient dévorés. Il fera retrouver le membre par le membre qui lui fut uni, l'ossement par l'ossement. Et ceux qui dormaient dans la poussière de la terre, ressusciteront, les uns pour la vie éternelle, et les autres pour leur opprobre éternel et leur éternelle confusion. *Dan.* XII, 2. Alors les justes verront la punition et les tourments des impies, dont le ver ne mourra pas, et dont le feu ne s'éteindra point, et qui seront à jamais un objet d'horreur pour toute chair. *Isai.* LXVI. Nous tous donc qui avons cette espérance, comme nous avons fait servir nos membres à l'impureté et à l'injustice pour commettre l'iniquité, de même faisons-les servir maintenant à la justice pour devenir saints, afin que, ressuscitant d'entre les morts, nous marchions dans la nouveauté de la vie. *Rome* VI, 19. Comme notre corps mortel atteste la vie de notre Seigneur Jésus, Celui qui a ressuscité Jésus ressuscitera également nos corps mortels, à cause du séjour de son Esprit en nous. II *Corint.* IV, 14. Il est juste, en effet, qu'après que nous aurons toujours donné dans notre corps l'exemple de la mortification chrétienne, la vie de Jésus-Christ se manifeste aussi dans notre corps mortel, c'est-à-dire dans notre chair, mortelle selon la nature, éternelle selon la grâce. Etienne vit Jésus assis à la droite du Père, *Act.* VII, et la main de Moïse, après avoir été changée en une main blanche comme la neige, fut ensuite rendue à sa couleur primitive. *Exod.* IV. Dans l'un et l'autre état, c'était une main. Le potier de Jérémie, dont le choc des pierres brisa le vase qu'il avait fait, refit ce vase avec le même bloc et la même argile qui étaient tombés. *Jerem.* XVIII, 4. Le mot *résurrection* lui-même, signifie le relèvement de cela même qui était tombé, et si l'on ajoute *des morts*, c'est dire la résurrection de la chair, puisque c'est ce qui meurt de l'homme qui est rendu à la vie. Le blessé du chemin de Jéricho est rapporté tout entier à l'hôtellerie, et les plaies faites par les voleurs sont guéries par l'huile et le vin de l'immortalité. *Luc.* X.

34. *La réalité de la résurrection prouvée par les quarante jours. Pourquoi Jésus-Christ mangea-t-il après sa résurrection? Erreur sacrilège de Marcion. Apollonius de Thyane devant Domitien.* — Les sépulcres s'ouvrirent également pendant la

est, medicina est ossibus ipsorum. » Tunc implebitur quod Dominus loquitur per Prophetam : « Populus meus, intra in cellaria tua aliquantulum, donec ira mea transeat. » *Is.* XXVI, 20, *sec.* LXX. Cellaria sepulcra significant, de quibus hoc utique profertur, quod conditum fuerat. Et exibunt de sepulcris suis, veluti hinnuli de vinculis soluti. Gaudebit cor eorum, et ossa eorum sicut sol orientur : veniet omnis caro in conspectu Domini, et mandabit piscibus maris, et eructabunt ossa quæ comederant, et faciet compagem ad compagem, et os ad os ; et qui in terræ pulvere dormierunt, resurgent : alii in vitam æternam, alii in opprobrium et confusionem æternam. *Dan.* XII, 2. Tunc videbunt justi impiorum pœnas atque cruciatus : quoniam vermis eorum non morietur, et ignis eorum non exstinguetur, et erunt in conspectu omnis carnis. *Is.* LXVI, 24. Quotquot igitur habemus hanc spem, sicut exhibuimus membra nostra famulantia immunditiæ, et iniquitati ad iniquitatem, ita exhibeamus ea famulantia justitiæ ad sanctificationem : ut resurgentes ex mortuis, in novitate vitæ ambulemus. *Rom.* VI, 19. Quomodo et vita Domini Jesu manifestatur in nostro mortali corpore : et qui suscitavit Jesum Christum a mortuis, vivificabit et mortalia corpora nostra, propter inhabitantem spiritum ejus in nobis. II. *Cor.* IV, 14. Justum enim est, ut qui semper mortificationem Christi in corpore nostro circumtulimus, vita quoque Jesu manifestetur in corpore nostro mortali, id est, in carne, mortali secundum naturam, æterna autem secundum gratiam. Vidit et Stephanus stantem Jesum ad dexteram Patris, *Act.* VII, et manus Moysi mutata est in candorem nivis, et deinceps colori pristino restituta. *Exod.* IV. In utraque diversitate manus fuit. Figulus ille Jeremiæ, cujus per duritiam lapidum vas quod fecerat, confractum est, de eadem massa et de eodem luto redintegravit, quod ceciderat. *Jer.* XVIII. Sed et ipsum *resurrectionis* vocabulum significat non aliud ruere, aliud suscitari ; et quod adjicitur, *mortuorum*, carnem propriam demonstrat : quod enim in homine moritur, hoc et vivificatur. Vulneratus ille itineris Jericho totus refertur ad stabulum, et delictorum plagæ immortalite sanantur. *Luc.* X.

34. *Resurrectionis veritas probata quadraginta diebus. Quare Christus comedit post resurrectionem? Marcionis error et blasphemia. Apollonius Tyaneus ante Domitianum.* — Aperta sunt et sepulcra in Domini

Passion de Notre-Seigneur, lorsque le soleil prit la fuite, la terre trembla et beaucoup de corps des Saints ressuscitèrent et furent vus dans la cité sainte. *Matth.* XXVII. « Qui est, dit Isaïe, celui qui s'élève d'Edom, beau dans sa parure blanche, avec des habits éclatants de pourpre de Bosor? » *Isai.* LXIII, 1, *juxta* LXX. Edom signifie ou *terrestre*, ou *sanglant*; Bosor, ou *chair*, ou *dans la tribulation*. En peu de mots, le prophète démontre tout le mystère de la résurrection, c'est-à-dire, la réalité de la chair dans la résurrection et l'accroissement de la gloire. Le sens est celui-ci : Qui est celui qui vient de la terre et du sang? *Genes.* XLIX; *Isai.* LXIII. C'est celui qui, selon la prophétie de Jacob, a attaché l'ânon à la vigne, qui seul a brisé le pressoir, et dont le vêtement rougi de vin, est de Bosor, c'est-à-dire de chair, ou de tribulations du monde; c'est lui-même, en effet, qui a vaincu le monde. *Joan.* XVI. Son vêtement est rouge et brillant, parce qu'il est d'une beauté au-dessus de celle des enfants des hommes; *Psalm.* XLIV; mais à cause de la gloire de son triomphe, cet habit a été changé en une robe blanche; et alors s'est véritablement accomplie cette prophétie relative à la chair du Christ : « Quelle est cette blanche vierge qui s'élève, appuyée sur le fils de son frère? » et dans le même livre : « Le fils de mon frère est rouge et blanc. » *Cant.* VIII, 5; V, 10. Ils sont ses imitateurs, ceux qui ne souillent point leurs vêtements dans l'impureté, demeurant chastes et vierges en vue du royaume des cieux. Aussi seront-ils revêtus de robes blanches. En ce temps-là l'événement vérifiera à la lettre cette promesse de Notre-Seigneur : « De tout ce que mon Père m'a donné, je ne perdrai pas la moindre parcelle, et je le ressusciterai tout au dernier jour; *Joan.* VI, 39 : c'est-à-dire tout l'homme dont il s'est revêtu par sa naissance. Alors la brebis égarée qui errait dans les bas lieux, sera portée sans mutilation sur les épaules du Sauveur; et celle que le péché avait rendue languissante, sera réconfortée par la clémence du Juge. *Luc.* XV. Alors ils verront Jésus, ceux qui l'ont couronné d'épines et qui ont crié : « Crucifiez, crucifiez-le. » *Joan.* XIX, 6. Des peuples et d'autres peuples, eux et leurs femmes, se frapperont la poitrine; ces femmes auxquelles, quand il portait sa croix, Notre-Seigneur avait dit : « Filles de Jérusalem, ne pleurez pas sur moi, mais pleurez sur vous-mêmes et sur vos enfants. » *Luc.* XXIII, 28. Alors s'accomplira la prophétie faite par les Anges aux Apôtres frappés d'étonnement : « Hommes de Galilée, pourquoi regardez-vous le ciel, dans l'immobilité de l'étonnement? Ce Jésus qui s'est élevé au ciel en votre présence, en viendra un jour de la même manière que vous venez de l'y voir monter. » *Act.* I, 11. Et comment prétendre que Notre-Seigneur, qui, après sa résurrection, mangea pendant quarante jours avec ses Apôtres, pour ne pas être pris pour un fantôme, *Ibid.*, donne précisé-

passione, quando sol fugit, terra tremuit, multa corpora Sanctorum surrexerunt, et visa sunt in sancta civitate. *Matth.* XXVII. « Quis est, inquit Isaias, qui ascendit ex Edom : fulgida vestimenta ejus ex Bosor, sic formosus in stola candida. » *Isai.* LXIII, 1, *juxta* LXX. Edom aut terrenus interpretatur, aut cruentus. Bosor, aut caro, aut in tribulatione. Paucis verbis totum resurrectionis mysterium demonstrat, id est, et veritatem carnis et augmentum gloriae. Et est sensus : Quis est iste qui ascendit de terra, ascendit de sanguine? *Gen.* XLIX, *Isa.* LXIII. Cujus vestimenta, juxta prophetiam Jacob, *Gen.* XLIX, 11 : Qui alligavit pullum suum ad vitem, et torcular calcavit solus, musto rubentia sunt de Bosor, id est, de carne, sive tribulatione mundi, ipse enim vicit mundum. Ideoque rubra et fulgida sunt vestimenta ejus; quia speciosus est forma prae filiis hominum : *Psal.* XLIV : et propter gloriam triumphantis in stolam candidam commutata sunt; et tunc vere de Christi carne completum est : « Quae est ista quae ascendit dealbata, innitens super fratrem suum? » Et quod in eodem libro scribitur : « Fratruelis meus candidus et rubicundus. » *Cant.* VIII, 5; V, 10. Hunc imitantur, qui vestimenta sua non coinquinaverunt cum mulieribus : *Apoc.* III; virgines enim permanserunt qui se castraverunt propter regna caelorum. Itaque in albis erunt vestibus. Eo tempore sententia Domini opere perfecta monstrabitur : « Omne quod dedit mihi Pater, non perdam ex eo quidquam, sed resuscitabo illud in novissimo die. » *Joan.* VI, 39. Totum videlicet hominem, quem totum nascendo susceperat. Tunc ovis quae perierat, et in inferioribus oberrabat, humeris Salvatoris tota portabitur, et quae peccatis languida fuit, clementia judicis sustentabitur. *Luc.* XV. Tunc videbunt illum qui compunxerunt, qui clamaverunt : « Crucifige, crucifige talem. » *Joan.* XIX, 6. Tribus et tribus caedent pectora, ipsi et mulieres eorum; illae mulieres, quibus Dominus locutus est crucem portans : « Filiae Jerusalem, nolite flere super me, sed super vos flete, et super filios vestros. » *Luc.* XXIII, 28. Tunc Angelorum vaticinium complebitur, qui stupentibus Apostolis sunt locuti : « Viri Galilaei, quid statis stupentes in caelum? Hic Jesus qui a vobis assumptus est in caelum, sic veniet, quemadmodum vidistis eum euntem in caelum. » *Act.* I, 11. Quale est autem, idcirco dicere Dominum post resurrectionem quadraginta diebus comedisse cum Apostolis, ne phantasma putaretur; *Ibid.*;

ment une preuve qu'il n'était qu'un fantôme en cela même qu'il mangea et se fit voir en chair et en os ? Oui ou non, il était tel qu'on le voyait. Si oui, il mangeait réellement, et il avait des membres réels ; si non, pourquoi aurait-il voulu tromper les yeux pour prouver la vérité de la résurrection ? Nul, en effet, ne prouve le vrai par le faux. — Mais nous-mêmes, vous écrierez-vous, mangerons-nous après la résurrection ? — Je l'ignore ; l'Ecriture n'en dit rien ; je crois toutefois que nous ne mangerons pas. J'ai lu en effet que le royaume de Dieu n'est pas nourriture et boisson, et ce qui nous est promis n'a jamais été vu par les yeux, ni entendu par les oreilles, ni conçu par les désirs de l'homme. *Rom.* I. Moïse et Elie jeûnèrent quarante jours et quarante nuits : *Isai.* LXV, 4 ; *Deut.* IX. La nature humaine ne comporte pas une aussi longue abstinence ; mais ce qui est impossible à l'homme, ne l'est pas à Dieu. III, *Reg.* XIX. Pour être prophète, il importe peu que ce qu'on prédit se réalise après dix ans ou après cent ans, la prévision de l'avenir étant toujours la même ; ainsi, celui qui peut jeûner et vivre pendant quarante jours, ou plutôt, qui ne peut pas jeûner pendant ce temps, mais qui vit soutenu par la vertu divine, pourra pareillement vivre dans un jeûne perpétuel. Pourquoi Notre-Seigneur mangea-t-il du miel ? Pour prouver sa résurrection, et non point pour vous permettre l'usage du miel comme aliment. Il demanda du poisson cuit sur la braise, pour dissiper les doutes des Apôtres, qui n'osaient pas s'approcher de lui, parce qu'ils croyaient avoir devant les yeux un Esprit, et non pas un corps. *Joan.* XII. La fille du chef de la Synagogue est ressuscitée, et on lui donne à manger ; Lazare ressuscite quatre jours après sa mort, et on nous le montre s'asseyant à table, non point parce qu'il avait eu faim dans la tombe, mais parce que la confirmation d'un miracle difficile à croire l'exigeait ainsi. De même qu'il montra des mains véritables et un véritable côté, de même il mangea réellement avec ses disciples, marcha réellement avec Cléophas, se servit véritablement de sa langue pour s'entretenir avec les hommes, s'assit réellement à table, prit réellement de ses mains le pain, le bénit, le rompit et l'offrit aux convives. S'il s'évanouit soudain, c'est par un privilége de sa divinité, et non parce qu'il était ombre et fantôme. D'ailleurs, même avant la résurrection, quand on le conduisit hors de Nazareth pour le précipiter du haut de la montagne, il passa à travers ses ennemis, c'est-à-dire, il disparut dans leurs mains. Pouvons-nous dire avec Marcion qu'il n'était né que comme fantôme, puisqu'il disparut dans les mains qui le tenaient, ce qui est contre nature ? Ce qu'un magicien peut faire, le Seigneur ne le pourrait-il pas ? Il est écrit qu'Apollon de Thyane, comme il était debout devant Domitien au milieu d'une assemblée, devint tout à coup invisible. Gardez-vous de ravaler la puissance de Dieu aux ruses des

et hoc ipsum quod comedit, in carne et in membris visus est, in phantasmate confirmare ? Aut verum est quod videbatur, aut falsum. Si verum est, ergo vere comedit, et vere membra habuit. Si autem falsum, quomodo res falsas ostendere voluit, ut resurrectionis veritatem probaret ? Nemo enim falso verum probat. Ergo, inquies, et nos post resurrectionem comesuri sumus ? Nescio. Non enim scriptum est ; et tamen si quæratur, non puto comesuros. Legi enim, non esse regnum Dei cibum et potum, repromittens nobis quæ oculus non vidit, nec auris audivit, nec in cor hominis ascenderunt. *Rom.* I. Moyses et Elias quadraginta diebus jejunaverunt ac noctibus. *Is.* LXV, 4 ; *Deut.* IX. Hoc hominum natura non patitur ; sed quod homini impossibile est, Deo impossibile non est. III *Reg.* XIX. Sicut qui futura prædicit, non interest utrum post decem annos, aut post centum futura pronuntiet, quia una est scientia futurorum : sic qui quadraginta diebus potest jejunare et vivere, imo non potest jejunare, sed vivit virtute Dei ; et æterno tempore poterit absque esca et potu vivere. Quare favum comedit Dominus ? Ut resurrectionem probaret ; non ut tuis faucibus mella permitteret. Piscem in prunis assum petiit, ut dubitantes confirmaret Apostolos, qui ad illum accedere non audebant, quod putarent se spiritum videre, non corpus. *Joan.* XII. Archisynagogi filia suscitatur, et cibum accipit ; Lazarus quadriduanus mortuus resurgit, et prandens inducitur : *Marc.* V ; *Joann.* XI : non quia apud inferos esuriebat, sed quia difficultas operis, scrupulositatem fidei requirebat. Quomodo veras manus et verum ostendit latus : ita vere comedit cum discipulis, vere ambulavit cum Cleopha, vere lingua locutus est cum hominibus, vero accubitu discubuit in cœna, veris manibus cepit panem, benedixit, ac fregit, et porrigebat illis. Quod autem ab oculis repente evanuit, virtus Dei est, non umbræ et phantasmatis. Alioquin et ante resurrectionem, cum eduxissent eum de Nazareth, ut præcipitarent de supercilio montis, transivit per medios, id est, elapsus est de manibus eorum. Numquid juxta Marcionem dicere possumus, quod ideo nativitas ejus in phantasmate fuerit, quia contra naturam qui tenebatur, elapsus est ? Quod Magis licet, hoc Domino non licet ? Apollonius Thyaneus scribitur, cum ante Domitianum staret in consistorio, repente non com-

magiciens, pour prétendre qu'il parut être ce qu'il n'était pas, qu'il mangea sans dents, marcha sans pieds, rompit le pain sans mains, parla sans le secours de la langue, et montra un côté sans côtés.

35. Et comment, direz-vous, ne le reconnaissait-on pas sur la route, puisqu'il avait le même corps qu'avant sa mort? — L'Evangile vous le dit : « Il y avait sur leurs yeux un voile pour qu'ils ne le reconnussent pas; » *Luc.* XXIV, 16; et plus loin : « Leurs yeux s'ouvrirent, et ils le reconnurent. » *Ibid.* 31. Etait-il autre quand ils le reconnurent que lorsqu'ils ne le reconnaissaient pas? Assurément il était le même dans les deux circonstances. Ainsi reconnaître ou ne pas reconnaître fut le fait des yeux qui regardaient et non pas un changement en Jésus, bien qu'il ait lui-même ordonné ce résultat, en mettant sur les yeux le voile qui empêchait de le reconnaître. Aussi, pour vous montrer que l'erreur ne provenait pas du corps de Notre-Seigneur, mais de ce que les yeux étaient voilés, l'Evangile ajoute : « Leurs yeux s'ouvrirent, et ils le reconnurent. » *Joan.* XX. C'est de la même façon que Marie-Magdeleine, tant qu'elle ne reconnaissait pas Jésus et qu'elle le cherchait parmi les morts, le prit pour un jardinier. Elle le reconnaît, et elle l'appelle Seigneur. Après sa résurrection, Jésus était sur le rivage, les disciples dans la barque. Les autres ne le reconnaissant pas, le disciple bien-aimé de Jésus dit à Pierre : « C'est le Seigneur. » *Joan.* XXI, 12. La virginité reconnaît la première ce corps virginal. Il était le même, et il ne paraissait pas le même à tous. L'Evangile ajoute aussitôt : « Et personne n'osait lui demander : Qui êtes-vous? sachant que c'était le Seigneur. » Personne n'osait, parce qu'ils savaient que c'était Dieu. Ils mangeaient avec lui, parce qu'ils voyaient l'homme et la chair, non pas qu'il fût d'une manière comme Dieu, et d'une autre comme homme, mais parce que le même et unique Fils de Dieu, était connu comme homme et adoré comme Dieu. Me faudrait-il maintenant philosopher sur l'incertitude de nos sens, et de la vue surtout? évoquer de la tombe quelque Carnéade, pour qu'il nous édifie à cet égard? rappeler le bâton que l'eau fait paraître brisé, les portiques qu'on croirait de loin plus étroits, et les angles des tours qui semblent ronds, le cou des colombes qui change de couleur à chaque mouvement? Lorsque Rhode annonce l'évasion de Pierre aux Apôtres, à cause des milles dangers de cette entreprise, ils ne croient pas d'abord à son retour; ils disent : C'est un ange. Or, le même pouvoir qui permit au Sauveur d'entrer les portes étant closes, rendit Pierre invisible aux yeux des gardes. La mythologie attribuait à Lyncée la faculté de voir à travers les murs; et Notre-Seigneur, à moins d'être un fantôme, ne saurait entrer les portes étant closes? Les aigles et les vautours perçoivent l'odeur des cadavres à travers les mers; et le Sauveur ne saurait visiter ses Apôtres à moins

paruisse. Noli potentiam Domini Magorum praestigiis adaequare, ut videatur fuisse quod non fuit, et putetur comedisse sine dentibus, ambulasse sine pedibus, fregisse panem sine manibus, locutus esse sine lingua, et latus monstrasse sine costis.

35. Et quomodo, inquies, non cognoscebant eum in itinere, si ipsum habebat corpus, quod ante habuit. Audi Scripturam dicentem : « Oculi eorum tenebantur, ne eum agnoscerent. » *Luc.* XXIV, 16. Et rursum : « Aperti sunt oculi eorum, et cognoverunt eum. » *Ibid.*, 31. Numquid alius fuit quando non agnoscebatur, et alius quando agnitus est? Certe unus atque idem erat. Cognoscere ergo, et non cognoscere, oculorum fuit, non ejus qui videbatur, licet et ipsius fuerit. Oculos enim tenebat eorum, ne se agnoscerent. Denique ut scias errorem qui versabatur in medio, non corporis Domini, sed oculorum fuisse clausorum : « Aperti sunt oculi eorum, inquit, et cognoverunt eum. » *Joan.* XX. Unde et Maria Magdalene quamdiu non agnoscebat Jesum, et vivum quaerebat inter mortuos, hortulanum putabat. Agnoscit, et Dominum vocat. Post resurrectionem Jesus stabat in littore, discipuli in navi erant. Caeteris non cognoscentibus eum, dicit discipulus, quem diligebat Jesus, Petro : « Dominus est. » *Joan* XXI, 12. Prior enim virginitas virginale corpus agnoscit. Idem erat, et non idem omnibus videbatur. Statimque subjungitur : « Et nemo audebat interrogare eum : Tu quis es? scientes quod Dominus est. » Nemo audebat, quia Deum sciebant. Vescebantur eum prandente, quia hominem et carnem videbant, non quod alter Deus, alter homo esset, sed unus atque idem Filius Dei cognoscebatur ut homo, adorabatur ut Deus. Scilicet nunc mihi philosophandum est, incertos esse sensus nostros, et maxime visum. Carneades aliquis ab inferis excitandus, ut proferat verum, ramum in aqua fractum videri, porticus longius angustiores, rotundos procul turrium angulos, columbarum colla ad singulas conversiones colorem mutantia. Cum Rhode Petrum nuntiaret, et Apostolis diceret, *Act.* XII, ob periculi magnitudinem evasisse; non credunt, phantasma suspicantur. Porro quod clausis ingressus est ostiis, ejusdem virtutis fuit, cujus et ex oculis evanescere. Lynceus (ut fabulae ferunt) videbat trans parietem : Dominus clausis ostiis, nisi phantasma fuerit, intrare non poterit? Aquilae et

d'ouvrir une porte? Voudriez-vous me dire, raisonneur subtil, qui est ce qui est le plus grand : ou la suspension de notre globe et l'équilibre des eaux dans le vide ; ou bien le passage de Dieu à travers une porte close et l'obéissance de la chose créée à son Créateur ? Ce qui est le plus, vous l'accordez ; ce qui est le moins, vous le refusez. Pierre marche sur les eaux avec son corps pesant et solide, *Joan.* xx, et l'onde molle ne cède pas ; sa foi chancelle, et son corps reprend aussi ses propriétés naturelles, pour nous bien montrer que le corps ne marche pas au-dessus des eaux, mais que la foi peut l'y soutenir.

36. *Raisonnement d'un Marcionite.* — Je vous en prie, vous qui soulevez tant d'arguments contre la résurrection, soyez franc avec moi. Ou vous croyez que Notre-Seigneur est ressuscité véritablement dans le même corps avec lequel il est mort et a été enseveli, ou vous ne le croyez pas? Si vous le croyez, pourquoi proposer les objections au moyen desquelles on nie la résurrection? Si vous ne le croyez pas, d'où vient que vous entretenez cet espoir dans les âmes simples, et que vous faites grand bruit du mot de résurrection vide de sens? Ecoutez. Naguères, un disciple de Marcion disait : Malheur à celui qui ressusciterait en chair et en os! Et, l'esprit joyeux, il ajoute aussitôt : « En effet, nous avons été ensevelis et nous sommes ressuscités avec Jésus-Christ par le baptême. » *Rom.* VI, 4. Soutenez-vous la résurrection de l'âme ou celle de la chair? — Non-seulement de l'âme, répondis-je, mais aussi de la chair, qui est régénérée avec l'âme par le baptême. Et comment périrait-elle, puisqu'elle est née une seconde fois en Jésus-Christ. — Parce que, reprit-il, il est écrit que « le sang et la chair ne posséderont pas le royaume de Dieu. » II *Corint.* XV. — Veuillez remarquer, répliquai-je, qu'il est dit : « Le sang et la chair ne posséderont pas le royaume de Dieu. » Est-ce affirmer qu'ils ne ressusciteront pas? Nullement ; mais ils ne posséderont pas. Et pourquoi cette non-possession? L'Apôtre répond lui-même plus loin : « Parce que la corruption ne peut posséder ce qui est incorruptible. » Donc, pendant tout le temps qu'ils resteront absolument chair et sang, ils ne posséderont pas le royaume de Dieu : mais lorsque la corruption se sera revêtue d'incorruptibilité et le corps mortel d'immortalité, I *Corint.* XV, 53, et que l'argile de la chair façonnée en vase aura reçu la cuisson, cette chair que son poids rivait à la terre, recevra des ailes spirituelles et, grâce à ce changement, qui n'est pas la destruction, volera glorieuse jusqu'au ciel. Alors s'accomplira cette prophétie : « La mort a été absorbée par la victoire. O mort, où est ta victoire? ô mort, où est ton aiguillon? » *Ose.* XIII, 14 ; *et* I *Corint.* XV, 55.

37. *Epître de Jean à Théophile. Césarée, métropole de la Palestine ; Antioche, de tout l'Orient. Le prêtre Isidore.* — Renversant l'ordre de la discussion, nous avons répondu sur la condition

vultures transmarina cadavera sentiunt ; Salvator Apostolos suos, nisi ostium aperuerit, non videbit? Dic mihi, acutissime disputator, quid est majus, tantam terræ magnitudinem appendere super nihilum, et super aquarum incerta librare : an Deum transire per clausam portam, et creaturam cedere Creatori? Quod majus est, tribuis : quod minus est, calumniaris. Petrus super aquas ambulat gravi et solido corpore. *Joan* xx. Mollis unda non cedit : paululum fides dubitat, et statim naturam suam corpus intelligit : ut sciamus, super aquas non corpus ambulasse, sed fidem.

36. *Marcionitæ disputatio.* — Oro te, qui tantis contra resurrectionem uteris argumentis, ut simpliciter mecum loquaris. Credis vere Dominum resurrexisse, in eodem quo mortuus, quo sepultus est corpore, an non credis? Si credis, cur ista proponis, per quæ resurrectio denegatur? Si non credis, cur ita imperitorum lactas animas, et resurrectionem casso nomine ventilas? audi. Nuper de Marcionis quidam schola : Væ, inquit, ei, qui in hac carne, et in his ossibus resurrexerit. Gaudens animus statim intulit : « Consepulti enim sumus, et consurreximus cum Christo per baptismum. » *Rom.* VI, 4. Animæ, an carnis resurrectionem dicis? Respondi, non solius animæ, sed carnis, quæ cum anima renascitur in lavacro. Et quomodo peribit, quæ in Christo renata est? Quia scriptum est, ait : « Caro et sanguis regnum Dei non possidebunt. II *Cor.* XV. Attende, obsecro te, quod dicitur : « Caro et sanguis regnum Dei non possidebunt. » Numquid non resurgent? Absit ; sed non possidebunt. Quare non possidebunt? quamdiu caro tantum sanguisque permanserint. Cum autem corruptivum induerit incorruptionem, et mortale induerit immortalitatem, I *Cor.* XV, 35, et lutum carnis in testam fuerit excoctum, quæ prius gravi pondere premebatur in terram, acceptis spiritus pennis et immutationis, non abolitionis, nova gloria volabit ad cœlum ; et tunc implebitur illud quod scriptum est : « Absorpta est mors in victoria. Ubi est, mors, contentio tua? ubi est, mors, aculeus tuus? » *Ose.* XIII, 14 ; *et* I *Cor.* XV, 55.

37. *Joannis Epist. ad Theophil. Cæsaria Metropolis Palæstinæ : totius Orientis Antiochia. Isidorus Presbyter.* — Præpostero ordine de animarum statu et carnis resurrectione respondimus ; omissisque prin-

des âmes et la résurrection; négligeant l'introduction de votre lettre, nous avons dirigé tous nos coups contre les points fondamentaux que vous y traitez. C'est que nous avons mieux aimé plaider la cause de Dieu, que laver nos propres injures. « Si un homme a péché contre un autre, on intercèdera pour lui auprès du Seigneur; mais s'il a péché contre Dieu, qui priera pour lui? » I *Reg.* II, 25. Maintenant par une diversion, avec une importunité infatigable, nous allons poursuivre nos adversaires sur toutes choses; ils blasphèment Dieu, nous leur tendons une main clémente. Jean a écrit à l'évêque Théophile une apologie, dont voici l'exorde : « Homme de Dieu, orné des grâces apostoliques, vous pourvoyez au soin de toutes les Eglises, surtout de celle de Jérusalem, bien que l'Eglise dont vous êtes le chef, revendique une grande part de vos sollicitudes. » Il loue son personnage, il l'élève au rôle des princes. Vous qui prenez souci des règles ecclésiastiques, et des canons du concile de Nicée, tout en cherchant à vous approprier des clercs étrangers et demeurant avec leurs évêques, voudriez-vous me dire quel lien il y a entre la Palestine et l'évêque d'Alexandrie? Si je ne me trompe, le mot de la question c'est que Césarée (1) est la métropole de la Palestine, et Antioche de tout l'Orient. Par conséquent, ou vous deviez en référer à l'évêque de Césarée, avec qui vous saviez qu'il n'y a pas pour vous de fraternité chrétienne; ou bien puisqu'il vous fallait chercher un juge au loin, c'est à Antioche que devait être adressée votre lettre. Mais je n'ignore pas pourquoi vous n'avez pas envoyé à Césarée ou à Antioche : vous saviez ce que vous vouliez suivre, ce que vous vouliez éviter. Vous avez mieux aimé vous rendre importun à des oreilles pleines d'autres soins, que de rendre à votre métropolitain un honneur qui lui est dû. Ce n'est point, en disant cela, que je veuille, en votre démarche, reprendre autre chose que les liens de l'amitié, qui engendrent le soupçon; mais vous deviez surtout plaider votre cause sur les lieux mêmes auprès de ceux qui vous interrogeaient. « Vous avez, dites-vous à Théophile, envoyé un homme de Dieu, d'une rare piété, le prêtre Isidore, des plus aptes, tant par la dignité de ses manières extérieures que par sa science des choses divines, d'être le médecin de ceux dont l'intelligence est profondément malade, s'ils avaient conscience de leur propre faiblesse. Un homme de Dieu envoie un homme de Dieu. » Pas de différence entre l'évêque et le prêtre : égalité parfaite entre celui qui envoie et celui qui est envoyé. Parler ainsi n'est pas le comble de l'habileté; c'est, comme on dit, faire naufrage au port. Ce même Isidore, que vos éloges portent aux nues, on lui fait à Alexandrie les mêmes reproches qu'on vous adresse à Jérusalem; il semble qu'il soit bien moins un émis-

(1) Dans les canons VI et VII, le concile de Nicée reconnaît, plutôt qu'il n'établit, la ville de Césarée comme métropole de la Palestine. Il est aisé d'y voir que ce titre datait d'une époque antérieure.

cipiis Epistolæ, tota nobis contra egregios tractatus ejus fuit disputatio. Maluimus enim de Dei rebus, quam de nostris injuriis dicere. « Si peccaverit homo in hominem, rogabunt pro eo ad Dominum. Si autem in Deum peccaverit, quis orabit pro eo? » I *Reg.*, II, 25. Nunc e diverso super omnia nostros adversarios immortali odio persequimur : blasphemantibus Deum, clementem porrigimus manum. Scribit ad Theophilum episcopum apologiam, cujus istud exordium est : « Tu quidem ut homo Dei, et apostolica ornatus gratia, curam omnium Ecclesiarum, maxime ejus quæ in Jerosolymis est, sustines, cum ipse plurimis sollicitudinibus Ecclesiæ Dei, quæ sub te est, distringaris. » Laudat faciem, ad personam principium trahit. Tu qui regulas quæris Ecclesiasticas, et Nicæni concilii canonibus uteris, et alienos clericos, et cum suis episcopis commorantes tibi niteris usurpare, responde mihi, ad Alexandrinum episcopum Palæstina quid pertinet? Ni fallor, hoc ibi decernitur, ut Palæstinæ metropolis Cæsaria sit, et totius Orientis Antiochia. Aut igitur ad Cæsariensem episcopum referre debueras, cui, spreta communione tua, communicare nos noveras; aut si procul expetendum judicium erat, Antiochiam potius litteræ dirigendæ. Sed novi cur Cæsariam, cur Antiochiam nolueris mittere. Sciebas quid fugeres, quid vitares. Maluisti occupatis auribus molestiam facere, quam debitum Metropolitano tuo honorem reddere. Nec hoc dico, quo præter amicitias, quæ suspicionem generant, quidquam in legatione reprehendam; sed quia apud interrogantes magis et præsentes te purgare debueris. « Misisti religiosissimum hominem Dei Isidorum presbyterum, virum potentem tam ex ipsa incessus et habitus dignitate, quam divinæ intelligentiæ, curare etiam eos, qui animo vehementer ægrotant; si tamen sensum sui languoris habeant. Homo Dei mittit hominem Dei. » Nihil interest inter presbyterum et episcopum; eadem dignitas mittentis et missi : hoc satis imperite : in portu, ut dicitur, naufragium. Iste Isidorus qui in cœlum tuis laudibus tollitur, idipsum infamatur Alexandriæ, quod tu Jerosolymæ; ex quo non legatus advenisse videtur, sed socius. Alioquin et litteræ manu ejus scriptæ, quæ ante tres menses legationis ad nos directæ

saire envoyé vers vous, que votre compagnon d'erreurs. D'ailleurs, une lettre écrite de sa main, trois mois avant cette délégation, et où il nous condamne, dirigée contre nous, a été remise au prêtre Vincent qui la détient encore; il y exhorte le chef de sa troupe à demeurer inébranlable sur la pierre de sa foi, sans s'émouvoir de nos lamentations. Quand il n'était nullement question de lui pour délégué, il promet de venir à Jérusalem, et, dès son arrivée, de réduire en poudre les bandes des adversaires de Jean. Entre autres choses, il s'exprime ainsi : « Comme la fumée se dissout dans l'air, et la cire se fond à l'approche du feu, de même seront dissipés ceux qui, résistant toujours à la foi de l'Église, cherchent maintenant à inquiéter cette même foi en pervertissant les esprits simples. »

38. Je vous le demande, lecteur, que vous semble être l'homme qui écrit de la sorte avant de venir? un ennemi ou un légat? Voilà celui qu'il nous faudrait accepter comme un personnage d'une rare piété, et pour rapporter le mot même de Jean, *voué tout entier au culte de Dieu* (θεοσεβέστατον). Tel est cet homme plein de l'esprit de Dieu, et par là, comme aussi par la dignité de son extérieur et de ses habitudes, le plus apte, comme un Hippocrate spirituel, à remédier à l'état languissant de nos âmes, pourvu toutefois que nous consentions à user de son remède. Qu'il se traite à loisir par cette médecine, celui qui s'efforce de l'imposer à d'autres. A notre sens, cette intelligence divine dont vous parlez est de la folie substituée à Jésus-Christ. Volontiers nous gardons la maladie de notre ignorance, de peur que votre collyre ne donne à nos yeux la manière de voir des impies. « Comme si votre sainteté avait atteint le but que se proposait votre excellente volonté, nous prions le Seigneur, jour et nuit, dans les saints lieux, de vous donner la récompense entière et de vous accorder la couronne de la vie. » C'est à bon droit que vous lui exprimez votre reconnaissance : si Isidore n'était pas venu, vous n'auriez pas trouvé dans toute la Palestine un aussi fidèle compère. S'il ne vous avait apporté le secours promis, vous seriez encore perdu dans cette foule de gens grossiers, incapables d'entendre votre science. L'apologie elle-même dont nous parlons, a été faite en la présence et avec la collaboration assidue d'Isidore, en sorte que l'auteur du message et le messager ne font guère qu'un.

39. *Le comte Archelaüs. Prudence de saint Épiphane.* — « Il est donc venu, et il a par trois fois différentes offert le salutaire remède de sa parole inspirée par votre science des choses divines et par sa propre intelligence; mais il n'a pu se rendre utile ni aux autres ni à lui-même. » Vous dites qu'il est venu trois fois à nous. Il a été fidèle au nombre sacramentel. Il prétendait parler au nom de l'évêque Théophile, mais il a refusé de nous remettre la lettre que cet évêque nous adressait. Nous lui disions : Si vous êtes messager, produisez la lettre qui vous accrédite;

erant, portantes errorem, Vincentio presbytero redditæ sunt, quæ usque hodie ab eo tenentur, quibus cohortatur ducem exercitus sui, ut super petram fidei, stabili persistat gradu, nec nostris næniis terreatur. Pollicetur se antequam legationis esset ulla suspicio, venturum Jerosolymam, et ad adventum suum illico adversariorum cuneos proterendos. Et inter cætera his etiam verbis utitur : « Quomodo fumus in aere dissolvitur, et cera ad viciniam ignis liquescit : ita dissipabuntur qui semper Ecclesiasticæ fidei resistentes, nunc per homines simplices eamdem fidem inquietare conantur. »

38. Rogo te, lector, qui hoc scribit antequam veniat, qui tibi videtur? adversarius, an legatus? Iste est quem nos piissimum vel religiosissimum, et, ut verbum exprimamus e verbo, deicolam (θεοσεβέστατον) possumus dicere. Iste est homo divinæ intelligentiæ; tam poteas, et tanta incessus ac habitus dignitate, ut quasi spiritualis Hippocrates, languorem animarum nostrarum sua potuerit præsentia mitigare, si tamen nos voluerimus suæ medicinæ acquiescere. Curet se tali medicamine, qui etiam alios curare consuevit. Nobis divina illa intelligentia, pro Christo stultitia est. Libenter nostra rusticitate languemus, ne collyrio vestro impie videre discamus. « Tuæ vero sanctimoniæ, pro optima voluntate quasi ad finem usque perducta sit, deprecamur Dominum in sanctis locis nocte ac die, ut ei reddat perfectam mercedem, et coronam vitæ largiatur. » Recte gratias agis; nisi enim venisset Isidorus, tu in tota Palæstina tam fidelem sodalem non invenisses. Nisi ille tibi promissum apportasset auxilium, hæreres in turba rusticorum, quæ sapientiam tuam intelligere non posset. Hæc ipsa apologia, de qua nunc sermo est, Isidoro præsente et multum collaborante, dictata est, ut idem esset, et dictator et bajulus litterarum.

39. *Archelaus comes. S. Epiphanii prudentia.* — « Cum ergo huc venisset, et accessisset ad nos tribus vicibus, et admovisset tam divinæ sapientiæ tuæ, quam propriæ intelligentiæ habentia medicinam verba, nec profuit alicui, nec profuit ei quisquam. » Hic qui ad tres vices dicitur ad nos accessisse, ut in veniendo mysticum numerum conservaret, qui Theophili episcopi mandatum nobis loquebatur, litteras ad nos ab eo missas noluit reddere. Cumque diceremus : Si legatus es, redde legationis epistolas; si

si vous n'avez pas cette lettre, comment prouverez-vous votre qualité de messager? Il a répondu qu'il avait cette lettre, mais que l'évêque de Jérusalem l'avait prié de ne point nous la livrer. Quel fonds pouvait-on faire sur ce messager? Voilà comment il se montrait impartial, lui qui, pour amener la paix, devait exclure tout soupçon de ses préférences pour l'une des deux parties! Il était venu sans médicament, il n'avait pas les instruments indispensables au médecin, et voilà pourquoi sa médecine n'a servi de rien. « Jérôme et ceux qui sont avec lui, lui ont très-fréquemment assuré sous la foi du serment, dans l'intimité aussi bien qu'en public, qu'ils n'ont jamais eu de doute sur notre orthodoxie : Comme au temps où nous communiquions avec lui, disaient-ils, nous avons maintenant la même assurance sur la sincérité de sa foi. » Voyez le résultat de l'accord des doctrines. Isidore, qu'il met en évidence comme son allié, est appelé homme de Dieu, prêtre d'une rare piété (θεοσεβέστατος), homme puissant, à l'extérieur saint et vénérable et à l'intelligence surhumaine, Hippocrate des chrétiens. Et moi chétif, qui cache ma vie au fond d'une solitude, mutilé tout-à-coup par un si grand pontife, j'ai perdu le nom de prêtre. Mais ce Jérôme, avec son entourage en guenilles et son troupeau crasseux, qu'a-t-il osé répondre à ce foudre, à Isidore? De peur sans doute que celui-ci fût inébranlable, et ne les écrasât de tout le poids de sa majestueuse présence, ils ont juré, non pas une fois, ni trois, mais très-souvent qu'ils tenaient pour orthodoxe l'homme dont la foi était mise en doute et qu'ils ne l'avaient jamais soupçonné d'hérésie. O impudence! ô mensonge sans déguisement que ce Caton, sans y croire lui-même, invente pour les besoins de sa cause! C'est qu'en effet tout se passe entre deux ou trois témoins. *Deut.* XXVII, 6; *et Matth.* XVIII, 16; *et* II *Corint.* XVI, 1. Vous a-t-il été dit en aucun lieu, en aucun lieu enseigné que nous subirions jamais votre communion sans avoir pleine satisfaction sur la pureté de votre foi! Quand le comte Archélaüs, homme très savant et très chrétien, qui était le médiateur de la paix, assigna le lieu des pourparlers, ne fut-il pas demandé avant toute chose que la foi jetât les fondements de la future concorde? Il avait promis de venir lui-même. Le jour de Pâques était proche; une grande foule de moines s'était réunie de tous les points : on vous attendait au lieu convenu. Vous ne saviez quel parti prendre. Soudain vous prétextez la maladie de je ne sais plus quelle personne, et vous mandez que vous ne pouvez vous rendre ce jour-là. Est-ce le langage d'un histrion ou d'un Evêque? Votre allégation était rigoureusement vraie, je veux l'admettre; pour le soulagement d'une femmelette, de peur qu'en votre absence elle n'ait à lutter contre un peu de migraine, du dégoût, des frissons d'estomac, vous négligez la cause de tout le troupeau? Vous faites fi de la présence

epistolas non habes, quomodo legatum te probabis? respondit se habere quidem litteras ad nos : adjuratum tamen ab Hierosolymorum episcopo, ne nobis eas redderet. En legati constantia, qui ut pacem faceret, et suspicionem in alteram partem favoris excluderet, æquum se utrisque tribuit. Et quia sine emplastro venerat, et medicorum armamenta non habebat, idcirco ejus medicina non profuit. « Hieronymus et hi qui cum eo sunt, et secreto et coram omnibus, frequentissime et sub jurisjurandi testificatione satis ei fecerunt, quod nunquam de nobis (al. *vobis*) ambiguitatem aliquam habuerint fidei, dicentes : Quomodo eo tempore quando communicabamus ei, nunc similiter eumdem affectum habemus de ratione fidei. » Videte quid faciat concordia dogmatum. Isidorus, ut hæc significaret, ejus socius erat, homo Dei et presbyter θεοσεβέστατος, et vir potens, et sacro ac venerabili incessu, et divinæ intelligentiæ, et Hippocrates Christianorum vocatur. Ego misellus dum in solitudine delitesco, a tanto pontifice repente truncatus, presbyteri nomen amisi. Et tamen iste Hieronymus, cum pannosa turba et sordidatis gregibus, quid Isidoro illi fulmineo (al. *fulmini*) ausus est respondere? At ne forte ille non cederet, et opprimeret eos præsentia et mole corporis sui, non semel, non tertio, sed frequentissime juraverunt, se eum de quo quæstio erat, scire orthodoxum, nec unquam in suspicione habuisse hæreseos. O apertum impudensque mendacium! O testimonium pro se, nec Catoni creditum! In ore enim duorum, vel trium testium stat omne verbum. *Deut.*, XXVII, 6; *et Matth.*, XVIII, 16; *et* II *Cor.*, XVI, 1. Alicubi (al. *aliquando*) ne dictum, aut tibi alicubi mandatum est, quod sine satisfactione fidei communionem tuam subiremus? Quando per virum disertissimum, et christianissimum Archelaum comitem, qui sequester pacis erat, condictus locus fœderis fuit, nonne hoc in primis postulatum est, ut futuræ concordiæ fides jaceret fundamenta? Pollicitus est esse se venturum. Instabat dies Paschæ; frequens monachorum turba convenerat (al. *venerat*); exspectabaris in loco; quid faceres, nesciebas. Repente mandasti ægrotare nescio quam; illo die te non posse venire. Ludione an episcopus hæc loquitur? Pone verum esse quod dicis : propter unius muliercula delicias, ne te absente doleat caput, fastidium sustineat, stomacho perfrigescat, Ecclesiæ causam negligis? tot virorum, et christianorum et mona-

de tant de personnes, fidèles et moines ? Nous n'avons pas voulu vous abandonner la partie : perçant à jour l'artifice de cet ajournement, nous avons dévoré en silence l'injure qui nous était faite. Archélaüs écrit de nouveau à Jean : il le prévient qu'on l'attendra le lendemain et le surlendemain s'il veut venir. Mais Jean est occupé : la délicate malade a été dans de continuels vomissements ; tant qu'elle n'a pas été délivrée des nausées, il nous a complètement mis en oubli. Enfin, après deux mois d'attente, vient Isidore, qui entendit, non pas un témoignage en votre faveur, comme vous l'inventez à plaisir, mais les griefs sur lesquels on vous demandait satisfaction. En effet, à cette objection : Pourquoi avez-vous été en communion avec lui, s'il était hérétique ? Nous avons unanimement répondu : Nous avons été en communion tant que nous ne l'avons pas soupçonné d'hérésie. Mais après les représentations de notre vénérable père Epiphane, auxquelles il dédaigna de répondre soit de vive voix, soit par écrit, celui-ci écrivit à tous les moines, afin que nul ne fût témérairement en communion avec lui jusqu'à ce qu'il eût justifié de sa foi. La lettre est là, et sur ce point aucun doute n'est possible. Voilà ce que tous les frères ont répondu, et non pas, comme vous prétendez, que vous n'êtes point hérétique, parce qu'il a été un moment où l'on ne vous donnait pas ce nom. Avec ce raisonnement, on ne serait jamais malade, pour avoir joui de la santé avant la maladie.

40. *Ordination de Paulinien.* — « Quand a commencé de se répandre la nouvelle de l'ordination de Paulinien et de ceux qui sont avec lui, ils y ont cru un blâme à leur adresse, alors qu'on n'accordait rien ici que dans l'intérêt de la charité et de la concorde ; le seul but visé était que des prêtres, bien qu'ordonnés par d'autres contre les règles, rentrassent pourtant dans la soumission à l'Église de Dieu, pour qu'il n'y eût plus scission et qu'ils ne formassent pas un camp particulier. N'acquiesçant pas à ces vues, le prêtre Jérôme et les siens proposèrent alors le débat sur la foi, et rendirent évident pour tous, qu'ils ne nous accuseraient pas à leur tour s'ils n'étaient pas accusés ; mais qu'au contraire, s'ils étaient accusés d'erreur et de faute, comme ils ne peuvent discuter à fond des questions de cette nature, ne pouvant donner satisfaction sur leurs propres errements, ils auraient recours au moyen dont ils usent maintenant ; non pas qu'ils espèrent pouvoir nous convaincre d'erreur, mais ils essaient de porter atteinte à notre réputation. »

41. *Le prêtre Paulinien habitait Cypre. Jérôme ordonné par Paulin.* — Qu'on ne rejette pas sur la traduction l'embarras qui règne dans tout ce morceau : il est tel quel en grec. Je me réjouis pourtant de ce que, quand je me croyais décapité, on me rend soudain ma tête, je veux dire mon titre de prêtre. Il prétend qu'il nous est impossible de le convaincre d'hérésie, et il a une prudente horreur du débat. Si le motif de

chorum contemnis præsentiam? Noluimus occasionem dare : videbamus enim stropham dilationis tuæ, injuriam patientia vicimus. Rescribit (al. *quod scribit*) Archelaus ; monet altero et tertio die manere, si vellet (al. *si velles*) venire. At ille occupatus ; muliercula enim vomere non cessavit ; dum nauseam evasisset, nostri penitus oblitus est. Post duos ergo menses tandem exspectatus venit Isidorus, qui non, ut tu fingis, pro te testimonium, sed causam postulatæ satisfactionis audivit. Cum enim objiceret nobis : Quare ei communicatis, si hereticus erat ? audivit ab omnibus : Communicavimus nihil de hæresi suspicantes. Postquam vero a beato Papa Epiphanio conventus, tam sermone, quam litteris, respondere contempsit ; cunctis monachis ab eodem Epiphanio scripta venerunt, ut absque satisfactione fidei, nullus ei temere communicaret. Presto sunt litteræ, nec super hac re dubitari potest. Hæc sunt quæ fratrum turba respondit, non ut tu argumentaris, ex eo te non esse hereticum, quia aliquando non dictus sis. Hac enim ratione ægrotare non debebit, qui ante ægrotationem sanus fuit.

40. *Pauliniani ordinatio.* — « Quando autem cœptum est de ordinatione Pauliniani, et aliorum qui cum eo sunt, ventilari, videntes se reprehendi, cum propter charitatem atque concordiam concederentur eis omnia ; hoc autem solum expeteretur, ut licet ab aliis contra regulas ordinati essent, tamen subjicerentur Ecclesiæ Dei ; ut non scinderent eam, atque proprium sibi facerent principatum : in hoc non acquiescentes, cœperunt proponere de fide, et omnibus notum facere, quod si non arguerentur hi qui cum Hieronymo presbytero erant, nihil culparent in nobis. Sin autem arguerentur erroris, et culpæ, cum penitus non queant de istiusmodi quæstionibus disputare, satisfactionem errati proprii non invenientes, ad ista confugerent : non quo sperarent non posse convinci, sed famam nostram lædere niterentur. »

41. *Paulinianus presbyter Cypri versabatur. Hieronymus ordinatus a Paulino.* — Quod perplexa oratio est, nemo vitium interpretationis putet. Talis enim et Græca est. Interim ego gaudeo, quod qui me decollatum putabam, subito mihi presbyterii caput video repositum. Dicit nos omnino convinci non posse, et venire ad prælium perhorrescit. Si causa discordiæ, non ex discussione fidei est, sed

la discorde git tout entier, comme vous l'affirmez, dans l'ordination de Paulinien, et non pas dans une dissension en matière de foi, quelle folie de ne vouloir pas nous tenir tête, quand nous vous livrons à toutes les chances de succès! Exposez votre foi; mais de manière à répondre aux objections faites, ce qui rendra évident pour tous qu'il y a différend, non point en matière de foi, mais à propos d'ordination. Interrogé sur le dogme, tant que vous garderez le silence, l'adversaire est en droit de vous dire : Ce n'est pas une ordination, c'est la foi qui est en cause, il y a folie de votre part à ne pas répondre aux questions qu'on vous pose sur le dogme. Si c'est le dogme, votre prétexte d'ordination est de nulle valeur. Je ne comprends pas assez de qui vous parlez quand vous dites : « Le but visé était de les voir rentrer dans l'obéissance à l'Eglise de Dieu, pour qu'il n'y eût pas scission et qu'ils ne formassent point un camp particulier. » S'il s'agit du prêtre Vincent et de moi, vous avez fait un bien long somme, puisque vous ne vous réveillez qu'au bout de treize ans pour parler de la sorte. Ce n'est point en effet pour louer votre prédication parmi les peuples que nous avons quitté deux villes fameuses, lui Constantinople, et moi Antioche, mais pour attirer sur nous la miséricorde de Jésus-Christ en pleurant dans la solitude les péchés de notre jeunesse. S'il s'agit de Paulinien, vous voyez qu'il est dans la dépendance de son évêque, qu'il habite Cypre d'ordinaire, et qu'il vient parfois visiter nos contrées, non pas comme votre prêtre, mais comme celui d'un autre, de celui sans doute qui lui a conféré l'ordination. Et s'il voulait demeurer ici et vivre en exil dans notre paisible solitude, que vous doit-il, à part la déférence que nous devons à tous les évêques? Admettez qu'il ait été ordonné par vous : il vous répondra ce que moi, chétif, je répondis à l'évêque Paulin, de sainte mémoire : « Vous ai-je demandé de me conférer le sacrement de l'Ordre? Si vous accordez la prêtrise de manière à ne pas effacer en nous le caractère de moine, c'est affaire à votre discernement. Si au contraire sous le nom de prêtre vous prétendez m'enlever celui pour lequel j'ai renoncé au monde, je n'en conserve pas moins ce que j'ai toujours eu, et vous n'avez fait aucun frais dans mon ordination. »

42. *Catéchumènes dans l'Eglise. Jérôme exclu du temple.* — « Pour qu'il n'y ait pas scission, dit-il, et qu'ils ne constituent pas un camp particulier. » Qui fait scission dans l'Eglise? Est-ce nous, quand tous les membres de la maison de Bethléem sont en communion avec l'Eglise? Est-ce vous, qui, si votre foi est orthodoxe, gardez un silence orgueilleux, et si elle ne l'est pas, êtes un vrai schismatique? Est-ce nous, qui, peu de mois avant le jour de la Pentecôte, le soleil s'étant obscurci et tout le monde redoutant que ce ne fût l'heure du jugement dernier, avons

ex Pauliniani, ut dicis, ordinatione descendit, quæ tanta stultitia est volentibus occasionem dare, nolle respondere? Confitere fidem; sed tamen responde quod quæreris, ut omnibus luceat, non de fide, sed de ordinatione esse certamen. Quamdiu enim interrogatus de fide, tacueris, potest tibi adversarius dicere : Non est ordinationis causa, sed fidei. Si ordinationis causa est, stulte facis de fide interrogatus, tacere. Si fidei, stulte prætendis ordinationem. Porro quod dicis te petisse, ut subjicerentur Ecclesiæ Dei, et non scinderent eam, neque proprium sibi facerent principatum, de quibus dicas, non satis intelligo. Si de me et de (a) presbytero Vincentio, satis multo dormisti tempore, qui post annos tredecim, nunc excitatus hæc loqueris. Ob id enim et ego Antiochiam, et ille Constantinopolim, urbes celeberrimas deseruimus, non ut te in populis prædicantem laudaremus; sed ut in agris et in solitudine adolescentiæ peccata deflentes, Christi in nos misericordiam deflecteremus. Sin autem de Pauliniano tibi sermo est : vides eum Episcopo suo esse subjectum, versari Cypri, ad visitationem nostram interdum venire : non ut tuum, sed ut alienum; ejus videlicet, a quo ordinatus est. Quod si hic etiam esse voluerit, et in exsilio nostro quietus in solitudine vivere, quid tibi debet, nisi honorem quem omnibus debemus episcopis? Fac a te ordinatum; idem ab eo audies, quod a me misello homine sanctæ memoriæ episcopus Paulinus audivit. « Num rogavi te, ut ordinarer? Si sic presbyterium tribuis, ut monachum nobis non auferas, tu videris de judicio tuo. Sin autem sub nomine presbyteri tollis mihi, propter quod sæculum dereliqui, ego habeo quod semper habui; nullum dispendium in ordinatione passus es. »

42. *Competentes in Ecclesia. Ab specu Domini prohibitus Hieronymus.* — « Ut non scinderent, inquit, eam, neque proprium sibi facerent principatum. » Quis scindit Ecclesiam? Nos, quorum omnis domus Bethleem in Ecclesia communicat? an tu qui aut bene credis, et superbe de fide taces : aut male, et vere scindis Ecclesiam? Nos scindimus Ecclesiam, qui ante paucos menses circa dies Pentecostes, cum

(a) *Presbytero Vincentio.* Non legas *Innocentium*, sed *Vincentium*; uti compertum nobis est ex supra dictis, et ex tertio libro adversus Rufinum, ubi dicitur Vincentium in portu Romano navem ascendisse cum Hieronymo Jerosolymam redeunte. A quo autem tempore numerentur anni tredecim, de quibus nunc sermo est, alibi dicemus in Notis Chronologicis. MARTIAN.

offert à vos prêtres quarante personnes d'âge et de sexe différents pour les baptiser? Et pourtant il y avait dans le monastère cinq prêtres qui pouvaient baptiser en vertu de leur droit propre; mais ils n'ont rien voulu faire qui pût vous irriter, pour ne pas vous fournir là encore un prétexte de vous taire au sujet de la foi. N'est-ce pas vous plutôt qui divisez l'Eglise, quand vous avez donné l'ordre à vos prêtres de Bethléem de ne pas donner, le jour de Pâques, le baptême à nos catéchumènes, que nous avons dû envoyer à Diospolis (*Lidda*) à l'évêque et confesseur Denys? On prétend que nous divisons l'Eglise, nous qui n'avons pas une place dans l'Eglise, hors de nos cellules? N'est-ce point vous qui la divisez, en mandant à vos clercs que si quelqu'un dit que Paulinien a été consacré prêtre par l'évêque Epiphane, il soit exclu de l'assemblée des fidèles? Depuis ce temps jusqu'à ce jour nous n'avons que la vue du temple du Seigneur, et relégués au loin, nous soupirons en y voyant entrer les hérétiques.

43. Est-ce nous qui semons la division, ou celui qui refuse aux vivants une demeure, aux morts un tombeau, et sollicite l'exil de ses frères? Qui a excité contre nous plus particulièrement cette redoutable bête féroce, qui est une menace pour l'univers entier? Qui permet que la pluie outrage encore les ossements des saints et leurs cendres innocentes? Voilà par quelles caresses ce bon Pasteur nous convie à la paix, nous accusant de former une secte séparée, nous qui, fidèles quand même à l'orthodoxie, sommes unis à tous les évêques par les liens d'une fraternelle charité. Etes-vous donc, à vous seul, l'Eglise, et celui qui vous blesse est-il par là même banni de la famille chrétienne? Puisque nous fondons un gouvernement pour nous, montrez que nous avons notre évêque dans votre diocèse. Nous ne sommes pas en communion avec vous pour des motifs de foi; répondez-nous, et tout se réduira à une affaire d'ordination.

44. « Ils cherchent aussi un prétexte dans une autre lettre que leur aurait écrite Epiphane. De tout ce qui a été fait, celui-ci rendra compte devant le tribunal de Jésus-Christ, où le plus grand et le plus petit sera jugé sans aucune acception de personnes. Toutefois, comment peuvent-ils se faire forts de cette lettre qu'il a écrite sur nos représentations au sujet de l'ordination illicite de Paulinien et de ceux qui sont avec lui,

obscurato sole, omnis mundus jam jamque venturum judicem formidaret, quadraginta diversæ ætatis et sexus, presbyteris tuis obtulimus baptizandos? Et certe quinque presbyteri erant in monasterio, qui suo jure poterant baptizare; sed noluerunt quidquam contra stomachum tuum facere, ne et hæc tibi de fide reticendi daretur occasio. An non tu potius scindis Ecclesiam, qui præcepisti Bethleem presbyteris tuis, ne competentibus nostris in Pascha baptismum traderent, quo nos Diospolim (Lidda) ad confessorem et episcopum misimus (*a*) Dionysium baptizandos? Ecclesiam scindere dicimur, qui extra cellulas nostras locum Ecclesiæ non habemus? An non tu scindis Ecclesiam, qui mandas clericis tuis, ut si quis Paulinianum ab Epiphanio episcopo consecratum presbyterum dixerit, Ecclesiam prohibeatur intrare. Ex quo tempore usque in præsentem diem videmus tantum specum Domini; et hæreticis intrantibus, procul positi suspiramus.

43. Nosne sumus, qui Ecclesiam scindimus: an ille qui vivis habitaculum, mortuis sepulcrum negat, qui fratrum exsilia postulat? Quis potentissimam illam feram, totius orbis cervicibus imminentem, contra nostras cervices (*b*) specialiter incitavit? Quis ossa Sanctorum, et innoxios cineres luensque verberari ab imbribus sinit? His nos blandimentis bonus Pastor invitat ad pacem, et proprium arguit facere principatum, qui omnibus episcopis, rectam duntaxat fidem tenentibus, et communione et charitate sociamur. An tu solus Ecclesia es, et qui te offenderit, a Christo excluditur? Si proprium defendimus principatum, ostende nos in parœcia tua habere episcopum. Quod tibi non communicavimus, fidei est: responde, et ordinationis erit.

44. « Occasionem quoque fingunt aliarum litterarum, quas dicunt sibi scripsisse Epiphanium. Quamquam dabit ille rationem pro omnibus quæ gesta sunt ante tribunal Christi ubi major et minor absque ulla personarum acceptione judicabitur. Attamen quomodo possunt illius niti epistola, quam de ordinatione Pauliniani illicita, et illorum qui cum eo sunt, a nobis coargutus scripsit: sicut et ipsa ejus epistola in exordio suo significat? » Rogo quæ tanta est cæcitas, Cimmeriis, sicut aiunt, tenebris involuta?

(*a*) Hic ille Dionysius Liddensis, sive Diospolitanus est, cujus ante ineditam Epistolam de Origenistarum damnatione vulgavimus in priori tomo sub numero 93.

(*b*) Lego cum mss. *specialiter;* quod legi oportere pro *spiritualiter* Gravius quoque docuerat, et sensus postulat. Feram autem illam quam contra Hieronymum Joannes incitaverat, quidam intelligi volunt Rufinum Arcadii tutorem, illum perduellem, qui ducem Gothorum Alaricum vocavit contra Arcadium, ut ipse ejus imperium occuparet; sed repulso Alarico, ipse trucidatus est, labente an. 395. Apertius ipse Hier. ad Theophilum adversus ipsum Joannem epistola 81: *Nuper*, inquit, *nobis postularit, et impetravit exsilium; atque utinam implere potuisset,* etc., fortasse quia trucidato statim Rufino, rescriptum illud nullius erat auctoritatis.
(Edit. Mign.)

comme cette lettre même le déclare au début ? » Quel est cet aveuglement, plus profond, comme on dit, que les ténèbres polaires ? Il dit que nous cherchons un prétexte dans une lettre d'Epiphane, que nous n'avons pas, et il ajoute aussitôt : « Comment peuvent-ils se faire forts de cette lettre qu'il a écrite sur nos représentations au sujet de l'ordination illicite de Paulinien et de ceux qui sont avec lui, comme cette lettre même le déclare au début ? » Nous n'avons pas la lettre ; quelle est donc cette lettre qui, au début, parle de Paulinien ? Et après ce début, il y a autre chose dont vous redoutez de faire mention. Vous lui avez fait des représentations sur l'âge de Paulinien. Et vous, vous conférez les ordres à ce même Paulinien, vous le choisissez pour messager et pour compagnon ; et votre assurance est si grande, que vous le voyez comme prêtre là même où vous avez dit mensongèrement qu'il est un enfant. De même, vous faites prêtre le diacre Théosébas (*ailleurs*, Théosobius), de l'Eglise de Thiria, vous l'armez contre nous, et vous abusez contre nous de son éloquence. A vous seul il est permis de fouler aux pieds les droits de l'Eglise ; tout ce que vous faites est une règle de doctrine ; et vous ne rougissez point d'appeler Epiphane en jugement avec vous devant le tribunal de Jésus-Christ. Ce qui suit cette introduction se résume ainsi : Jean reproche à Epiphane l'hospitalité qu'il lui a donnée à sa table et sous son toit ; il écrit qu'il n'a jamais été question entre eux des doctrines d'Origène ; il l'affirme ainsi sous le sceau du serment : « Dieu est témoin qu'il n'a jamais fait paraître alors qu'il eût même un soupçon sur l'intégrité de notre foi. » J'aime mieux ne pas répondre ; la discussion serait aigre, et je semblerais faire la preuve qu'un évêque a été parjure. Sur ce point, il y a l'existence de plusieurs lettres d'Epiphane : une à Jean lui-même, d'autres aux évêques de la Palestine, et une autre tout récemment au Souverain-Pontife, à Rome. Il y est dit qu'Epiphane, interpellant Jean sur le dogme en présence d'un grand nombre de personnes, n'a pu en obtenir une réponse ; et tout le monastère de notre chétive obédience est témoin de la vérité de ce fait.

Dicit nos occasionem fingere, et Epiphanii adversus se litteras non habere, statimque subjungit : « Quomodo possunt illius niti epistola, quam de ordinatione Pauliniani illicita, et eorum qui cum eo sunt, a nobis coargutus scripsit : sicut et ipsa ejus epistola in exordio suo significat ? » Non habemus epistolam. Et quæ est illa epistola quæ in exordio suo de Pauliniano loquitur ? Est aliquid post exordium, cujus tu times facere mentionem. A te est coargutus a tatis, qua Paulinianus erat. Presbyterum ordinas, et legatum mittis ac socium ; tantamque habes fiduciam, ut ubi Paulinianum mentitus es puerum, illuc puerum mittas presbyterum. Itemque Theosebam (al. *Theosobium*) Thiriæ Ecclesiæ diaconum facis presbyterum, et contra nos armas, illiusque in nos abuteris eloquentia. Tibi soli licet Ecclesiæ jura calcare : tu quidquid feceris, norma doctrinæ est ; et non erubescis ante tribunal Christi judicandum tecum Epiphanium provocare. Quæ sequuntur post hoc capitulum, hæc sunt : Mensæ suæ et domus contubernium imputat Epiphanio, scribitque eum nunquam esse secum de Origenis dogmatibus locutum, et sub jurisjurandi testificatione confirmat, dicens : « Ne suspicionem quidem, sicut Deus testis est, perversæ in nos fidei se habere monstravit. » Nolo respondere et arguere acriter, ne perjurii episcopum convincere videar. Præsto sunt plures epistolæ Epiphanii : una ad ipsum, aliæ ad episcopos Palestinos, et nuper ad Romanæ urbis pontificem ; in quibus dicit se eum coram multis, de dogmatibus arguentem, non meruisse responsum, totumque nostræ parvitatis testis est monasterium.

APOLOGIE DE JÉROME CONTRE RUFIN

AVANT-PROPOS

L'histoire des dissensions entre Jérôme et Rufin est beaucoup trop connue pour que nous ayons besoin de l'exposer ici. La cause d'un tel malheur, ce fut la traduction latine du περὶ Ἀρχῶν, que le prêtre d'Aquilée avait faite à Rome d'une manière assez légère, vers l'an 398. Pour mieux verser le poison des doctrines d'Origène aux oreilles latines, il ne se contente pas de le dissimuler adroitement dans sa traduction, mais il écrit une préface dans laquelle, après avoir exalté Jérôme par des éloges suspects, il le donne comme partisan de ces mêmes doctrines, ayant là-dessus la même opinion que lui ; mais il se vante d'avoir expurgé le livre de toute erreur. Il restait là cependant beaucoup de choses qui blessaient les oreilles chrétiennes et semblaient peu conformes à l'orthodoxie. Pammachius et Océanus prièrent alors Jérôme de publier une traduction exacte de ce livre, sans en dissimuler les erreurs, afin qu'elles fussent mieux saisies ; et de ne pas laisser croire qu'il était partisan d'Origène, comme son émule l'avait insinué ; ils ajoutaient enfin que, s'il ne détruisait pas cette insinuation, on prendrait son silence pour un consentement. Le saint Docteur commença par écrire à Rufin, pour se plaindre amicalement de ce procédé. Plus tard, en 400, il traduisit le livre d'Origène, mais de telle façon que les hérésies paraissaient au premier abord ; en même temps il adressait une lettre, la quatre-vingt-quatrième de notre collection, à Pammachius et Océanus, dans laquelle il repoussait bien loin toute accusation de ce genre, en exposant dans quel esprit il avait pu lire et même louer Origène, sans aucun danger pour la foi.

De là s'alluma dans l'Eglise un immense incendie : Rufin, obligé d'écrire au pape Anasthase pour établir la pureté de sa foi, s'efforça moins de se défendre lui-même que d'élever contre Jérôme de nouvelles calomnies, toujours dans son propre intérêt. La blessure s'envenimant de plus en plus, l'année suivante, 401, il composa trois livres d'invectives contre son ancien ami. Avant même de les lire, et sur le rapport qu'on lui en avait fait, celui-ci répondit par ces trois livres apologétiques. Je les rapporte à l'année 402, sur un double témoignage de Jérôme lui-même. D'abord, à la fin du premier livre, il déclare qu'il écrit deux ans après avoir publié un court opuscule en réponse aux assertions de Rufin ; et cet opuscule n'est autre que la lettre à Pammachius dont nous avons parlé tout à l'heure. En second lieu, après la moitié du deuxième livre, il rappelle qu'il écrivait dix ans auparavant son ouvrage *Des hommes illustres ;* et tout le monde sait que cet ouvrage parut en 392. Voici maintenant le sommaire des trois livres que nous donnons : Dans le premier, l'auteur justifie sa traduction par un grand nombre d'arguments, et détruit les accusations portées contre lui ; dans le deuxième, il discute et combat l'apologie de Rufin au pape Anasthase ; dans le troisième enfin, il répond aux lettres ainsi qu'aux invectives de son détracteur.

APOLOGIE DE SAINT JÉROME

CONTRE LES LIVRES DE RUFIN

ADRESSÉE A PAMMACHIUS ET A MARCELLA.

LIVRE I.

1. J'apprends par vos lettres et par celles de beaucoup d'autres qu'on me reproche dans l'école de Tyranien, « avec cette langue caline qui vient de mes ennemis et de lui-même, » *Psalm.* LXVII, 24, d'avoir traduit en latin les livres du περὶ Ἀρχῶν. Singulière impudence ! ils font le procès au médecin parce qu'il a mis à nu le poison, afin sans doute de mettre à couvert leur pharmacopée, non sous la protection de l'innocence, mais par l'extension de la complicité, comme si le nombre des coupables diminuait la grandeur du mal, et de plus comme si l'accusation portait sur les choses et non sur les personnes. On écrit des livres contre moi, on les place sous les yeux de tout le monde ; mais on ne les publie pas, pour frapper ainsi le cœur des simples, et m'enlever la possibilité de me défendre. Nouveau genre de méchanceté, glisser des accusations qu'on ne voudrait pas soutenir au grand jour, écrire une chose en dérobant sa main. Si ce qu'il écrit est vrai, pourquoi craint-il la lumière ? Si c'est faux, pourquoi l'écrit-il ? Dans notre enfance, on nous faisait jadis lire ceci : « Tout écrire, même ce qu'on veut cacher, me paraît le signe d'un esprit qui n'est pas maître de lui-même. » *Cicero*, *Academ. Quæst. I.* Quelle est donc cette douleur, je vous prie ? d'où viennent cette exaspération et cette rage ? Quoi, parce que je n'ai pas voulu d'un apologiste marqué, de feintes louanges ? parce que sous le nom de l'amitié j'ai découvert les embûches de la haine ? On m'appelle frère et

APOLOGIA ADVERSUS LIBROS RUFINI

MISSA

(a) AD PAMMACHIUM ET MARCELLAM.

LIBER PRIMUS.

1. Et vestris et multorum litteris didici objici mihi (b) in schola Tyranni, « lingua canum meorum ex inimicis ab ipso, » *Ps.* LXVII, 24, cur περὶ Ἀρχῶν libros in Latinum verterim (c). O impudentiam singularem ! accusant medicum quod venena prodiderit ; ut scilicet (d) φαρμακοπώλην suum, non innocentiæ merito, sed criminis communione tueantur, quasi culpam numerus peccantium minuat, et in personis, non in rebus sit accusatio. Scribuntur contra me libri, ingeruntur omnibus audiendi ; et tamen non eduntur, ut et simplicium corda percutiant, et mihi facultatem pro me auferant respondendi. Novum malitiæ genus, accusare quod prodi timeas ; scribere quod occultes. Si sunt vera quæ scribit, cur publicum timuit ; si falsa, cur scripsit ? Olim pueri legimus : Intemperantis esse arbitror scribere quidquam, quod occultari velis. *Cicero lib.* I, *Academ. Quæst.* Rogo quis est iste dolor ? Quid æstuant ? quid insaniunt ? Quod præconem repuli figuratum ? quod nolui me subdolo ore laudari ? quod sub amici nomine, inimici insidias deprehendi ? Frater et collega in præfatiun-

(a) *Ad Pammachium*, etc. In mss. codicibus S. Audoeni Rothomagensis ad hunc modum inscribitur Defensio isthæc : *Incipit Hieronymi Doctoris egregii adversus tres libellos Rufini calumniatoris invidi Defensio missa Pammachio et Marcellæ.* Falso in antea editis libris *Marcellino*, pro *Marcellæ*, inscripta erat eadem Apologia. MARTIAN.

(b) *In schola tyranni.* Sic lege cum omnibus fere exemplaribus mss. conformiter libro Actuum cap. XIX, 9, *disputans in schola tyranni cujusdam.* — MARTIAN. — Putat Martianæus alludi illud Actuum, cap. XIX, 9 : *disputans in schola tyranni cujusdam.* At proprie Hieronymus patriam Rufini notat, quem *Tyranium* vel *Toranium*, et *Turanium* appellari videas ab antiquis. Ipsa ejus Symboli expositio *Rufino Torano, Aquileiensis Ecclesiæ presbytero auctore*, inscribitur. *Tora* aut *Tyra* fuerit loci nomen. Hier. infra lib. III oppidum fuisse dicit. Erat autem Rufini cognomentum *Tyrannius*, ut suis locis ostendimus.

(c) *O impudentiam.* S. Audoeni ambo mss. codices, *et ob impudentiam singularem*, etc. Corbeiensis autem : *et o impudentiam singularem.* MARTIAN.

(d) Φαρμακοπώλην *suum.* Obtrudunt nobis hic Græca verba Erasmus et Marianus, quæ in nullo apparent exemplari manuscripto ; nempe φάρμακον θανάσιμον, id est, venenum mortiferum. In multis Græce quidem scribitur ΦΑΡΜΑΚΟΠΩΛΑΜ suum ; sed altum ubique silentium de pharmaco thanasimo Erasmi et Mariani. Pharmacopola porro Origenistarum erat Rufinus, ut liquido apparet ex ipso contextu. MARTIAN.

collègue dans un petit avant-propos ; puis on expose assez ouvertement mes crimes, on fouille mes écrits, on dit par quels éloges j'aurais élevé Origène jusqu'au ciel. On déclare l'avoir fait avec une bonne intention. Et comment l'ennemi m'objecte-t-il à l'heure présente ce que l'ami louait alors ? Il avait voulu me faire passer devant, pour n'avoir qu'à me suivre, dans cette interprétation, espérant ainsi donner à son œuvre l'appui de mes opuscules. Mais c'était assez d'avoir dit une fois ce que j'aurais écrit. A quoi bon le répéter, y revenir à plusieurs reprises, et, comme si personne n'ajoutait foi à ses louanges, se couvrir de mes expressions ? Elle n'est pas tellement en sollicitude sur l'adhésion des auditeurs, une louange pure et simple. Pourquoi craint-il qu'on ne le croie pas quand il me loue, s'il n'a recours à ce que j'ai dit moi-même ? Vous voyez que je comprends sa manœuvre ; et nous aussi nous avons souvent manié dans les écoles l'art de l'ironie. Il ne peut pas prétexter la simplicité ; l'artiste se trahit par la malice. Se tromper une ou même deux fois comme c'est l'ordinaire, peut n'être qu'un accident ; mais pourquoi cette erreur habile et continuelle dont le tissu ne me permet pas de nier ce qu'il affirme en me louant ? Un homme sage, un ami, quand la réconciliation était faite, aurait dû ne donner aucun prétexte aux plus légers soupçons. Il ne fallait pas même qu'une chose fortuite pût faire accuser son intention. De là ce que dit Cicéron dans ses commentaires pour la défense de Gabinius : « Pour moi j'ai toujours pensé que toutes les amitiés devaient être sauvegardées avec autant de bonne foi que de religion, mais par-dessus toutes les autres celles qui succèdent à des inimitiés ; car dans le cas d'une amitié qui n'a jamais subi d'atteinte, un devoir omis peut s'attribuer à l'oubli, ou tout au plus à la négligence ; après une réconciliation, la moindre faute est regardée non comme une négligence, mais comme une violation de la paix, non comme une imprévoyance, mais comme une perfidie. » Horace écrit de même dans son épître à Florus : « Une paix mal faite n'est qu'un vain traité, et finit par se rompre. »

2. *Hilaire, interprète d'Origène, ainsi qu'Ambroise et Victorinus. Les trois livres de Rufin.* — Quel avantage est-ce maintenant pour moi qu'il jure s'être simplement trompé ? Voilà qu'on me jette à la tête ses éloges ; et le témoignage que me rend cet ami si simple, n'étant ni simple ni pur, est un grief qu'on m'oppose. S'il prétendait autoriser son travail en montrant quels modèles il avait suivis, à lui se présentait le saint confesseur Hilaire, qui a traduit environ quarante mille versets d'Origène sur le livre de Job et les Psaumes. Il avait également Ambroise dont presque tous les traités sont pleins de sentences de ce même Origène. Il avait le martyr Victorinus, qui, celui-là, prouve sa simplicité en ne dressant d'embûches à personne. Il ne prononce pas même leur nom, et, laissant de côté ces

cula vocor, et satis aperte exponuntur crimina mea, quid scripserim, quibus in cœlum Origenem laudibus levaverim. Bono animo fecisse se dicit. Et quomodo nunc eadem inimicus objicit quæ tunc amicus laudaverat ? Voluerat me in interpretatione quasi prævium sequi, et auctoritatem operi suo ex nostris opusculis mutuari. Sufficerat semel dixisse quod scripseram. Quid necesse fuit eadem rursus iterare et frequenter ingerere ; et quasi nemo sibi laudanti crederet, ipsa dicta replicare ? Non est tam sollicita de audientium fide, simplex et pura laudatio. Quid metuit, ne illi sine testimoniis dictorum meorum, in meis laudibus non credatur ? Videtis nos intelligere prudentiam ejus et prædicationis diasyrticæ strophis in scholis sæpe lusisse ? Simplicitatem obtendere non potest, in quo artifex deprehenditur malitia. Semel, aut ut multum, bis errasse sit casus ; cur prudenter errat et crebro, et sic per totum texit errorem, ut mihi non liceat negare quod laudat ? Prudentis fuerat et amici, post reconciliatam simultatem, etiam leves suspiciones fugere ; ne quod fortuito fecisset, consulto facere putaretur. Unde et Tullius in Commentariis causarum pro Gabinio : « Ego, inquit, cum omnes amicitias tuendas semper putavi summa religione et fide, tum eas maxime quæ essent ex inimicitiis officium prætermissum, imprudentiæ, vel (ut gravius interpretemur) negligentiæ excusatione defenditur ; post reditum in gratiam, si quid est commissum, id non neglectum, sed violatum putatur, nec imprudentiæ, sed perfidiæ assignari solet. » Flaccus Horatius quoque in Epistola quam scribit ad Florum : « Male, ait, sarta gratia nequidquam coit, et rescinditur. »

2. *Hilarius, Origenis interpres, et Ambrosius et Victorinus. Tres libri Rufini.* — Quid mihi nunc prodest, quod simpliciter errasse se jurat ? Ecce objiciuntur mihi laudes ejus, et crimini datur simplicissimi amici, non simplex, nec pura laudatio. Si auctoritatem suo operi præstruebat, volens quos sequeretur ostendere, habuit in promptu Hilarium Confessorem, qui quadraginta ferme millia versuum Origenis in Job et Psalmis transtulit. Habuit Ambrosium, cujus pene omnes libri hujus sermonibus pleni sunt ; et Martyrem Victorinum, qui simplicitatem suam in eo probat, dum nulli molitur insidias. De his omnibus tacet, et, quasi columnis Ecclesiæ prætermissis, me

colonnes de l'Église, c'est moi seul, être chétif et sans importance, qu'il poursuit dans tous les recoins. Peut-être, aussi simplement qu'il accuse un ami sans le savoir, jurera-t-il encore qu'il ne connaissait pas ces auteurs. Qui pourra le croire chez un homme aussi savant qui possède à tel point la connaissance des anciens, celle des Grecs en particulier, qu'à force de s'attacher aux idées des autres, il a comme perdu ses propres idées ? peut-il ignorer des écrivains qui viennent à peine de disparaître, et des écrivains latins ? Il est aisé par là de comprendre qu'il avait moins à cœur de me louer que de ne pas les incriminer. Du reste, que ce soit un éloge, comme il s'efforce de le prouver aux ignorants, ou bien une accusation, comme je le sens par ma blessure, je ne regarderais pas comme une gloire de leur être comparé, ni comme une consolation d'être enveloppé dans le même blâme.

3. J'ai vos lettres en main, dans lesquelles vous m'annoncez que je suis un accusé, et vous m'exhortez à répondre aux accusations si je ne veux pas avoir l'air d'en reconnaître la vérité par mon silence. J'ai répondu, je l'avoue ; mais, quoique lésé, j'ai sauvegardé les droits de l'amitié au point de me défendre sans élever une accusation contre mon accusateur. J'ai été jusqu'à dire que les représentations qu'un seul ami m'avait faites à Rome, de nombreux ennemis les avaient répandues dans le monde entier ; et par là ce n'est pas à l'homme, mais aux griefs que s'adressait évidemment ma réponse. Ce serait autre chose si j'avais dû, pour sauvegarder les lois de l'amitié, me taire quand j'étais accusé ; si, la face couverte de boue, de la boue fétide de l'hérésie, puis-je dire, il ne m'était pas permis de me laver simplement avec de l'eau, de peur qu'on ne le regardât comme m'ayant fait outrage. Ce n'est pas d'un homme, dans ses rapports avec un autre homme, d'attaquer ouvertement un ami, de l'accabler d'accusations sous forme de louanges ; et cela, sans lui laisser même la liberté de prouver qu'il est catholique, et de déclarer que cet éloge d'un hérétique qu'on lui reproche tant, n'était pas une approbation donnée à l'hérésie mais un tribut d'admiration envers le génie. Il avait jugé convenable, ou plutôt, comme lui-même le veut faire croire, il s'était trouvé dans la nécessité de traduire en latin, ce qui répugnait à son intelligence. Mais quel besoin avait-il de venir me chercher dans ma retraite, quand j'étais si loin par delà les terres et les mers, pour me mêler à cette querelle ? Pourquoi m'exposer à la haine de tant d'envieux, alors qu'il devait me nuire par ses louanges beaucoup plus qu'il ne profiterait de mon exemple ? Et maintenant, comme j'ai renié cet étrange apologiste, en démontrant que je n'étais pas celui que me proclamait cet ami peu fidèle, j'apprends qu'il est furieux et qu'il a composé contre moi trois livres tout brillants de l'élégance attique, me faisant un crime de ce qu'il avait d'abord loué, me reprochant dans la traduction d'Origène les dogmes impies dont il avait lui-même dit dans

solum pulicem et nihili hominem per angulos consectatur. Nisi forte eadem simplicitate qua amicum nescius accusavit, illos ignorasse se juret. Et quis ei credet viro eruditissimo, et qui tantam habeat scientiam Scriptorum veterum, maxime Græcorum, ut dum peregrina sectatur, pene sua amiserit, quod recentissimæ memoriæ viros et Latinos nesciat ? Ex quo apparet non tam me ab eo laudatum, quam illos non accusatos : ut sive laus illa est (ut stultis persuadere conatur) sive accusatio, ut ego ex vulneris mei dolore sentio, nec in laude haberem æqualium gloriam, nec in vituperatione solatium.

3. Teneo epistolas vestras, quibus accusatum me scribitis esse ; et hortamini ut respondeam criminanti, ne si tacuerim, videar crimen agnoscere. Ad quas respondi, fateor ; et, quamvis læsus, sic amicitiæ jura servavi, ut me sine accusantis accusatione defenderem ; et quod unus Romæ amicus objecerat, a multis in toto orbe inimicis dicerem jactitatum, ut non viderer homini, sed criminibus respondere. Aliud est, si pro jure amicitiæ accusatus tacere debui, et dum lutatam habeo faciem, atque (ut ita dicam) hæretico fetore conspersam, ne simplici quidem aqua diluere, ne ille mihi fecisse putaretur injuriam. Hæc vox nec hominis est, nec ad hominem, aperte amicum petere, et crimina ejus sub persona laudatoris exponere ; et illi ne hoc quidem liberum derelinqui ut se catholicum probet, et laudationem hæretici, quæ illi objicitur, non de assensu hæreseos, sed de ingenii exstitisse admiratione respondeat. Placuerat ei, sive ut ipse vult videri, compulsus erat in Latinam linguam vertere quod nolebat. Quid necesse fuit me latentem, et tantis maris atque terrarum divisum spatiis, inserere quæstioni ? opponere invidiæ plurimorum, ut plus mihi laudando noceret, quam sibi prodesset exemplo ? Nunc quoque quia renui laudatorem, et verso stylo docui me non esse, quod meus necessarius prædicavit, dicitur furere, et tres contra me libros venustate Attica texuisse ; eadem accusans, quæ ante laudaverat, et objiciens mihi in translatione Origenis nefaria dogmata, de quo in Præfatiuncula laudationis suæ dixerat : « Sequar regulam præcessorum, et ejus præcipue viri, cujus superius fecimus mentionem ; qui, cum ultra

sa flatteuse préface : « Je suivrai la ligne de mes prédécesseurs, et principalement de cet homme que j'ai mentionné plus haut, qui a traduit plus de soixante-dix opuscules d'Origène, de ceux que l'auteur a nommés homilitiques, sans compter plusieurs autres tirés de ses commentaires sur Paul ; et, comme le grec n'était pas sans présenter des écueils, il a si bien tout adouci, tout épuré dans sa traduction, que le lecteur latin ne saurait y rien trouver qui s'éloigne de notre foi. Voilà donc aussi le modèle que nous suivons, non certes par la vigueur de l'éloquence, mais dans les principes de l'enseignement, dans la mesure de nos forces. »

4. *La foi romaine est celle des catholiques.* — Voilà ses expressions, il ne peut pas le nier. L'agrément même du style, le soin de la composition, et, ce qui vaut beaucoup mieux, la simplicité chrétienne portent assez l'empreinte de l'auteur. Dira-t-on qu'Eusèbe a fait subir au texte quelques altérations ; que cet accusateur d'Origène, dans son zèle pour moi, a soutenu que l'ouvrage étant le même, nous avions erré ou marché droit ensemble ? Celui qui s'est fait mon ennemi ne peut pas maintenant me déclarer hérétique, après avoir proclamé que nous ne différions pas dans la foi. Je lui demande encore cependant une chose, de m'expliquer ce langage dont la modération n'est peut-être pas sans équivoque. — Le lecteur latin ne trouvera rien là qui soit en désaccord avec notre foi. — Quelle est cette foi qu'il appelle la sienne ? Est-ce celle qui fait la grandeur de l'Église romaine, ou bien celle que les volumes d'Origène ont exposée ? S'il me répond que c'est la première, nous sommes donc catholiques, n'ayant rien traduit des erreurs de cet écrivain ; mais, si les blasphèmes d'Origène sont sa foi, en m'accusant d'avoir changé, il se montre lui-même hérétique. Ou la foi de mon louangeur est pure, et alors il m'associe à la pureté de sa confession ; ou bien elle est altérée, et par là même, il montre qu'en me louant il me regardait comme participant à ses fausses doctrines. Quant à ces livres qui vont semant leurs rumeurs dans l'ombre, et me déchirant par de furtives incriminations, lorsqu'ils seront publiés, lorsqu'ils passeront des ténèbres à la lumière, et qu'ils seront venus jusqu'à nous, soit par le zèle de nos frères, soit par l'imprudence de nos envieux, j'essaierai d'y répondre. Ils ne doivent pas être bien à redouter, puisque l'auteur lui-même craint de les mettre au jour, et ne les donne à lire qu'à ceux de son parti. Alors je reconnaîtrai mes torts, ou je prouverai que je n'en ai point, ou même je renverrai les accusations à mon accusateur, montrant ainsi que le silence gardé jusqu'à cette heure m'était imposé par la modération, et non par une mauvaise conscience.

5. *L'auteur se justifie.* — En attendant, j'ai voulu me blanchir dans la pensée tacite du lecteur, et me défendre d'une faute extrêmement grave entre amis : il ne faut pas qu'on puisse

septuaginta libellos Origenis, quos Homiliticos appellavit, aliquantos etiam de tomis in Apostolum scriptis, transtulisset in Latinum ; in quibus cum aliquanta offendicula inveniantur in Græco, ita elimavit omnia interpretando atque purgavit, ut nihil in illis quod a fide nostra discrepet, Latinus lector inveniat. Hunc ergo etiam nos, licet non eloquentiæ viribus, disciplinæ tamen regulis in quantum possumus, sequimur. »

4. *Fides Romana Catholicorum est.* — Certe hæc illius verba sunt, negare non potest. Ipsa styli elegantia et sermo compositus, quodque his majus est, simplicitas Christiana, auctoris sui characterem probant. Aliud est, si ista Eusebius depravavit, et accusator Origenis, meique studiosus, in uno eodemque opere et illum et me vel errasse, vel bene sensisse testatus est. Non potest me nunc inimicus hæreticum dicere, quem a fide sua dudum non discrepare præfatus est. Simulque et hoc ab eo quæro, quid sibi velit sermo moderatus et dubius ? Nihil, inquit, in illis quod a fide nostra discrepet, Latinus lector inveniet. Fidem suam quam vocat ? Eamne qua Romana pollet Ecclesia ? an illam, quæ in Origenis voluminibus continetur ? Si Romanam responderit, ergo Catholici sumus, qui nihil de Origenis errore transtulimus ; sin autem Origenis blasphemia, fides illius est, dum mihi inconstantiæ crimen impingit, se hæreticum probat. Sive bene credit laudator meus, confessione sua me assumit in socium ; sive male, ostendit me ideo ante laudatum, quia participem sui putabat erroris. Sed adversus illos libros, qui per angulos garriunt, et furtiva accusatione me mordent, cum editi fuerint, et de tenebris ad lucem processerint, atque ad nos vel studio fratrum, vel temeritate æmulorum potuerint pervenire, respondere conabor. Neque enim magnopere formitandi sunt, quos metuit auctor suus prodere, et tantum confœderatis legendos esse decrevit. Tunc aut agnoscam crimina, aut diluam, aut in accusatorem quæ sunt objecta retorquebo : et ostendam quod hucusque silentium modestiæ fuerit, non malæ conscientiæ.

5. *Auctor sese excusat.* — Interim apud tacitum lectoris judicium purgatum me esse volui, et gravissimum inter amicos crimen refellere, ne prior læsisse videar, qui et vulneratus nequaquam contra persecutorem tela direxi ; sed meo tantum vulneri

m'accuser d'avoir fait la première blessure, moi qui, blessé, n'ai pas même lancé de trait contre mon assaillant ; je n'ai pas fait autre chose que porter la main sur la plaie. Je conjure tout homme impartial d'attribuer le tort au provocateur, sans égard aux personnes. Non content de m'avoir blessé, comme si je n'avais pas de langue, comme si je devais toujours rester muet, il a composé trois livres, et de mes opuscules il a fabriqué les antithèses de Marcion. Je suis impatient de savoir et sa nouvelle doctrine et ma démence inattendue. Peut-être a-t-il appris en quelques instants ce qu'il doit nous enseigner ; et cette science que personne ne lui supposait va se répandre tout à coup en flots d'éloquence. « Puisse le Père le faire ainsi Dieu, ainsi que le grand Jésus. » *Enéid.* x. Qu'il commence donc la lutte. Quoiqu'il se soit donné le temps de préparer les traits de son accusation et qu'il les ait lancés de toutes ses forces, nous avons confiance en notre divin Sauveur, nous espérons que sa vérité nous couvrira comme un bouclier, et que nous pourrons chanter avec le Psalmiste : « Les flèches des enfants leur ont porté des coups mortels ; » *Psalm.* LXIII, 8 ; puis encore : « Alors même que les camps se dresseraient contre moi, mon cœur sera sans crainte. Que la bataille soit suspendue sur nos têtes, et je serai là plein d'espoir. » *Psalm.* XXVI, 3, 4. Mais remettons cela pour plus tard ; revenons maintenant à ce que nous nous sommes proposé.

6. *Pourquoi il a traduit en latin le* περὶ Ἀρχῶν *d'Origène. Didyme, défenseur d'Origène.* — Ses partisans m'objectent d'abord, « et ce sont des armes de cire qu'ils manient dans leur profond accablement, » *Enéid.* I, ma traduction des livres d'Origène, ces livres si nuisibles et si contraires à la foi de l'Eglise. A cela ma réponse est brève et succincte : ce sont vos lettres, frère Pammachius, et celles des vôtres, qui m'ont contraint, en me faisant savoir que ces livres étaient infidèlement traduits par un autre, qu'il y avait là certaines interpolations, sans compter les additions et les changements. Comme si ce n'était pas assez de vos lettres pour me persuader, vous m'avez envoyé des exemplaires de cette traduction, avec la petite préface où je suis loué. Après avoir lu cet ouvrage, en le comparant avec le texte grec, j'ai bien vite remarqué que le langage erroné d'Origène sur le Père, le Fils et le Saint-Esprit, se trouvait modifié dans un sens favorable par le traducteur, si bien qu'il ne révoltât plus les oreilles romaines ; que ses enseignements concernant la chute des anges, la dégradation des âmes, les prestiges de la résurrection, le monde et les créations fortuites d'Epicure, le rétablissement de toutes choses dans leur état primitif, et tant d'autres points beaucoup plus

admovi manum. Quem obsecro, ut absque præjudicio personarum, culpam in eum referat, qui lacessivit. Nec læsisse contentus, quasi adversus elinguem semperque taciturum, tres elucubravit libros, (a) et ἀντιθέσεις Marcionis de meis opusculis fabricatus est. Gestit animus, et illius repente doctrinam, et meam insperatam vecordiam cognoscere. Fortasse brevi tempore didicit, quod nos docere debeat ; et quod illum scire nullus putabat, subitum eloquentiæ flumen ostendet. « Sic pater ille Deum faciat ; sic magnus Iesus. » *Ex Virgil. lib.* x *Æneid.* Incipiat conferre manum. Quamvis libraverit accusationis suæ hastas, et totis adversum nos viribus intorserit, credimus in Dominum Salvatorem, quod scuto circumdabit nos veritas ejus ; et cum Psalmista cantare poterimus : « Sagittæ parvulorum factæ sunt plagæ eorum ; » *Psal.* LXIII, 8 ; et : « Si consliterint adversum me castra, non timebit cor meum. Si steterit adversum me prælium, in hoc ego sperabo. » *Psal.* XXVI, 3, 4. Sed hæc alias. Nunc ad id quod cœpimus, revertamur.

6. *Cur Latine verterit Origenis Periarchon? Didymus propugnator Origenis.* — Objiciunt mihi sectatores ejus, « cereaque arma Expediunt fessi rerum, » *Æneid.* I, quare περὶ Ἀρχῶν libros Origenis noxios, et Ecclesiasticæ fidei repugnantes, in Latinum sermonem verterim. Ad quos brevis et succincta responsio est : Tuæ me, frater Pammachi, et tuorum litteræ compulerunt, dicentes illos ab alio fraudulenter esse translatos, et interpolata nonnulla, et vel addita vel mutata. Ac ne parvam Epistolis haberem fidem, misistis exemplaria ejusdem translationis, cum præfatiuncula laudatrice mea. Quæ cum legissem, contulissemque cum Græco, illico animadverti quæ Origenes de Patre et Filio et Spiritu Sancto impie dixerat, et quæ Romanæ aures ferre non poterant, in meliorem partem ab interprete commutata. Cætera autem dogmata, de Angelorum ruina, de

(a) ἀντιθέσεις. Prodigiosum mendum, inquit Gravius, in hunc locum ; et vere prodigiosum, quod Erasmi phantasmata, non Hieronymianum contextum repræsentat. Præterea omnes mss. codices retinent non Erasmianum ἀρτιώσεις, sed Marcionis ἀντιθέσεις, de quibus Tertullianus lib. I, contra Marcionem : *Nam hæ sunt* ἀντιθέσεις *Marcionis, quæ conantur discordiam Evangeli cum Lege committere.* Deinde lib. IV : *Opus ex contrarietatum oppositionibus* ἀντιθέσεις *cognominatum, et ad separationem Legis Evangelii coactum.* Similes contrarias oppositiones ex opusculi Hieronymi fabricatus est Rufinus, ut Auctorem sibi contrarium ac parum constantem ostenderet in causa et Origenis laude. — MARTIAN. — Antitheses novi et veteris Testamenti titulus libri est, quem Marcion oppositis Moysi et Christo sententiis composuit ; Tertullianus cum primis impugnavit. Olim erat ἀρτιώσεις, falso.

funestes qu'il serait trop long d'énumérer, il les a rendus comme il les avait trouvés dans le grec, ou bien exagérés et corroborés d'après les commentaires de Didyme, qui fut ouvertement le défenseur d'Origène; de telle sorte que le lecteur, ayant trouvé l'auteur catholique sur la Trinité, ne s'attendît pas à le trouver hérétique sur d'autres dogmes.

7. Quelqu'un qui ne serait pas son ami lui dirait sans doute : Ou bien changez tout ce qui est mal, ou bien donnez tout ce que vous regardez comme irréprochable. Si, par égard pour les âmes simples, vous retranchez tous les passages nuisibles; si ce que vous feignez avoir été glissé là par des hérétiques, vous ne voulez pas l'exprimer dans une autre langue, ne laissez subsister aucun mal. Si vous conservez dans la traduction la pure vérité, pourquoi changez-vous certaines choses, et ne touchez-vous pas aux autres? L'aveu, du reste, est formel dans ce même préambule : vous avez corrigé le mal, vous avez laissé le bien. Vous n'aurez donc pas les immunités d'un interprète, vous aurez la responsabilité d'un auteur; si quelque chose d'hérétique se trouve encore dans ce que vous avez traduit, vous êtes manifestement coupable, et voilà pourquoi vous avez enduit de miel les bords de la coupe qui contient le poison, pour qu'une feinte douceur cachât une fatale amertume.--Ainsi vous parlerait un ennemi; il vous dirait même des choses beaucoup plus dures; il vous traînerait même devant la juridiction de l'Eglise, non comme un traducteur, mais comme un garant d'un mauvais ouvrage. Pour moi, content d'avoir mis à couvert ma responsabilité, j'ai simplement rendu des livres du περὶ Ἀρχῶν ce que portait le texte grec; et mon intention évidente était de porter le lecteur à croire, non ce que je traduisais, mais ce que vous aviez traduit. Mon œuvre avait une double utilité : je dévoilais un auteur hérétique, j'élevais la voix contre un interprète peu fidèle. Nul ne pouvait penser que je donnais mon assentiment aux choses traduites, puisque j'avais pris soin de montrer dans la préface la nécessité de la traduction et d'indiquer au lecteur ce qu'il ne devait pas croire. La première traduction renferme l'éloge de l'auteur, que blâme la seconde. Celle-là porte le lecteur à croire, celle-ci l'incline dans le sens opposé. Dans l'une, on me fait complice des éloges donnés; dans l'autre, bien loin de louer celui que je trahis, je suis dans l'obligation d'accuser celui qui l'a loué. L'œuvre est à peu près la même, l'intention ne l'est pas; en suivant la même route, nous sommes arrivés à des buts différents. Il a fait disparaître ce qui était, sous prétexte que les hérétiques l'avaient altéré; il a introduit ce qui n'était pas, en affirmant que l'auteur l'avait traité dans d'autres passages. Or, s'il ne montre pas ces passages mêmes, il ne lui sera pas possible de justifier ces additions. Pour ma part, je me suis appliqué à ne rien changer dans le texte; car je me proposais, dans ma traduction, de manifester les erreurs

animarum lapsu, de resurrectionis præstigiis, de mundo vel intermundiis Epicuri, de restitutione omnium in æqualem statum, et multo his deteriora quæ longum esset retexere, vel ita vertisse, ut in Græco invenerat, vel de Commentariolis Didymi, qui Origenis apertissimus propugnator est, exaggerata et firmiora posuisse; ut qui in Trinitate catholicum legerat, in aliis hæreticum non caveret.

7. Alius forsitan, qui non esset amicus ejus, diceret : aut totum muta quod malum est; aut totum prode, quod optimum putas. Si propter simplices noxia quæque detruncas, et ea quæ ab hæreticis addita simulas, in peregrinum non vis transferre sermonem, cede quidquid est noxium. Sin autem veritatis fidem in translatione conservas, cur alia mutas, et alia dimittis intacta? Quanquam aperta confessio est in eodem Prologo, emendasse te prava, et optima reliquisse. Ex quo non interpretis libertate, sed scriptoris auctoritate teneberis, si quid in his quæ vertisti, hæreticum comprobetur; et manifesti criminis argueris; idcirco te veneni calicem circumlinere melle voluisse, ut simulata dulcedo, virus pessimum tegeret. Hæc et multo his duriora inimicus diceret; et te, non ut interpretem mali operis, sed ut astipulatorem in jus Ecclesiæ traheret. Ego autem memet tantum defendisse contentus, in libris περὶ Ἀρχῶν simpliciter quod in Græco habebatur expressi; non ut crederet lector his quæ interpretabar, sed ne crederet illis quæ tu ante transtuleras. Duplex in opere meo utilitas fuit, dum et hæreticus auctor proditur, et non verus interpres arguitur. Ac ne quis me putaret his consentire quæ verteram, interpretationis necessitatem præfatione munivi, et docui quibus lector non deberet credere. Prior translatio laudem Auctoris continet, secunda vituperationem. Illa lectorem provocat ad credendum; ista ad non credendum movet. Ibi et ego invitus laudator assumor; hic intantum non laudo quem transfero, ut cogar accusare laudantem. Eadem res non eadem mente perfecta est; imo unum iter diversos exitus habuit. Abstulit quæ erant, dicens ab hæreticis depravata; et addidit quæ non erant, asserens ab eodem in locis aliis disputata; quod nisi ipsa loca monstraverit, unde transtulisse se dicit, probare non poterit. Mihi studio fuit nihil mutare de vero; ad hoc enim interpretabar, ut mala inter-

qu'il renferme. Vous me prenez pour un interprète complaisant? Je suis un révélateur : j'ai révélé l'hérétique, pour mettre l'Eglise à l'abri de l'hérésie. Les raisons qui m'ont fait antérieurement louer Origène en certains points, je les donne en tête de ce même ouvrage. Je me borne, pour le moment, à justifier ma traduction; inspirée qu'elle est par une foi sincère, elle ne doit pas me faire accuser d'impiété, puisque je n'ai fait que présenter, comme hétérodoxe, ce qu'on offrait aux Eglises comme exempt de toute erreur.

8. *Eusèbe, porte-drapeau de la faction arienne.* — J'avais, en effet, traduit soixante-dix livres de cet auteur, comme mon ancien ami m'en accuse, sans compter beaucoup d'extraits. Or, jamais il ne fut question de mon ouvrage, jamais Rome ne s'en émut. Etait-il donc nécessaire de livrer aux Latins ce que la Grèce ellemême abhorre, ce que condamne le monde entier? Moi qui, durant tant d'années, ai traduit des œuvres si nombreuses, je n'ai jamais suscité de scandale. Vous, dès votre premier et seul ouvrage, d'inconnu que vous étiez, vous voilà devenu célèbre par votre témérité. La préface elle-même nous apprend que le livre du martyr Pamphile, pour la défense d'Origène, a de même été traduit par vous. Vous travaillez donc de toutes vos forces à faire que l'Eglise ne condamne pas un écrivain dont la foi se trouve ainsi garantie par un martyr. Eusèbe, évêque de Césarée, autrefois le porte-drapeau de la faction arienne, a, comme je l'ai déjà dit, composé six livres en faveur d'Origène, une œuvre élaborée avec autant de soin qu'elle présente d'étendue; il accumule les témoignages pour démontrer qu'Origène était catholique, et dès lors arien pour nous. Le premier de ces livres, vous le traduisez sous le nom du martyr; et vous nous étonnons que vous me déniez, moi, sans valeur et sans importance, pour un apologiste de cet écrivain, quand vous avez fait planer sur un martyr la même calomnie? Après avoir modifié quelques passages, en très-petit nombre, sur le Fils et l'Esprit saint, sachant qu'ils déplairaient à Rome, vous avez laissé tout le reste, jusqu'à la fin, sans aucun changement, usant, par rapport à l'Apologie, que vous prétendiez être de Pamphile, du même procédé que dans votre traduction des livres d'Origène. Si ce livre est de Pamphile, quel sera donc le premier des six livres d'Eusèbe? Mais dans ce volume, dont vous disposez arbitrairement, il est fait mention de ceux qui vont suivre. Dans le deuxième et les autres encore, Eusèbe rappelle ce qu'il a dit dans le premier, afin de n'avoir pas à le redire. Si l'ouvrage est tout entier de Pamphile, pourquoi ne traduisez-vous pas les livres suivants? S'il est d'un autre, pourquoi changez-vous le nom? Vous gardez le silence; c'est que les choses parlent d'elles-mêmes : vous couvriez de l'autorité d'un martyr celui que les fidèles eussent détesté comme chef des Ariens.

9. *Le martyr Pamphile n'a rien écrit du tout.* — Vous dirai-je quelle était votre intention, trop confiant ami? Espériez-vous donc pouvoir, en

pretata convincerem. Putatis me interpretem? Proditor fui : prodidi hæreticum, ut Ecclesiam ab hæresi vindicarem. Cur Origenem in quibusdam ante laudaverim, præfatus huic operi ostendit liber. Nunc sola interpretationis meæ causa redditur, quæ cum pietatis habeat voluntatem, non debeo impietatis argui, prodens impium, quod quasi pium Ecclesiis tradebatur (Epistola ad Pammachium et Oceanum).

8. *Eusebius signifer Arianæ factionis.* — Septuaginta libros ejus, ut meus necessarius criminatur, in Latinum verteram, et multa de tomis. Nunquam de opere meo fuit quæstio, nunquam Roma commota est. Quid necesse erat Latinis auribus tradere, quod detestatur et Græcia, quod orbis accusat? Ego per tot annos tam multa convertens, nunquam scandalo fui. Tu ad primum et solum opus, ignotus prius, temeritate factus es nobilis. Docet ipsa Præfatio, et Pamphili martyris librum pro defensione Origenis a te esse translatum. Et hoc agis totis viribus, ut cujus fidem martyr probat, Ecclesia non refutet. Sex libros (ut ante jam dixi) Eusebius Cæsariensis episcopus, Arianæ quondam signifer factionis, pro Origene scripsit, latissimum et elaboratum opus; et multis testimoniis approbavit Origenem juxta se catholicum, id est, juxta nos Arianum esse. Horum tu primum librum vertis sub nomine martyris. Et miramur si me homunculum parvi pretii, Origenis laudatorem velis, cum martyri calumniam feceris? Paucisque testimoniis de Filio Dei et Spiritu sancto commutatis, quæ sciebas displicitura Romanis, cætera usque ad finem integra dimisisti; hoc idem faciens in Apologia, quasi Pamphili, quod et in Origenis περὶ Ἀρχῶν translatione fecisti. Si iste Pamphili liber est, de sex libris quis erit primus Eusebii? In ipso volumine, quod tu Pamphili simulas, sequentium librorum facta mentio est. In secundo quoque et reliquis dicit Eusebius, quod in primo libro ante jam dixerat, et quod eadem repetere non debeat. Si totum opus Pamphili est, cur reliquos libros non transfers? Si alterius, cur nomen immutas? Taces; ipsæ res loquuntur : videlicet ut crederent martyri, qui Arianorum principem detestaturi erant.

9. *Pamphilus martyr nihil omnino scripsit.* — Quid

imposant le nom d'un martyr au livre de l'hérétique, tromper la bonne foi, et procurer ainsi, par l'autorité d'un témoin du Christ, d'inconscients défenseurs à votre Origène? Ni l'étonnante érudition que vous possédez, ni votre réputation d'écrivain universel qui vous est faite en Occident et qui vous met, de l'aveu de tout le monde, à la tête de votre parti, ne me permettent de croire que l'œuvre d'Eusèbe vous fût inconnue, et que vous ayez de même ignoré que le martyr Pamphile n'a jamais composé d'ouvrage. Eusèbe, l'ami, l'admirateur, le compagnon de Pamphile, a lui-même écrit sur la vie de ce dernier trois livres d'une élégance extrême; et, parmi tant d'autres éloges qu'il décerne à son héros, après avoir porté son humilité jusqu'au ciel, il s'écrie dans le troisième livre : « Quel est l'homme d'études dont Pamphile ne se soit montré l'ami? S'il en rencontrait quelqu'un dénué des choses nécessaires à la vie, il donnait avec autant d'abondance qu'il était en son pouvoir. Il donnait encore avec une extrême facilité des exemplaires de l'Ecriture-Sainte, et ne se contentait pas de les prêter. Ce n'est pas seulement envers les hommes qu'il agissait ainsi, c'est même envers les femmes qui montraient des goûts studieux. Il préparait de nombreux exemplaires pour en faire présent dans toute occasion favorable. Quant à lui, jamais il n'a voulu rien écrire de son propre fonds, à part les lettres qu'il pouvait adresser aux amis, tant était grande son humble abjection. Il lisait avec la plus grande application les œuvres des anciens, et ne se lassait pas de les méditer. »

10. *Théophile et Anastase déclaraient Origène hérétique.* — Voilà donc le défenseur d'Origène, l'apologiste de Pamphile, affirmant que celui-ci n'a rien écrit du tout, rien composé de lui-même. Or, il affirme cela après la mort et le triomphe de Pamphile, ce qui fait qu'il n'est plus possible d'attribuer à celui-ci quelqu'un des livres publiés par Eusèbe. Que ferez-vous donc? Le livre que vous avez donné comme étant d'un martyr a blessé beaucoup de consciences. Elles n'ont plus égard à l'autorité des évêques condamnant Origène, quand elles ont la persuasion qu'un martyr l'a défendu. A quoi serviront les lettres de l'évêque Théophile et celles du pape Anastase poursuivant l'hérétique dans tout l'univers, en présence de votre livre qui lutte contre ces documents avec tout le poids du nom de Pamphile, et met le témoignage d'un martyr en opposition avec la dignité épiscopale? Ce que vous avez fait sur le περὶ Ἀρχῶν, faites-le pour ce volume faussement intitulé. Ecoutez le conseil d'un ami, ne condamnez pas votre œuvre : ou bien dites qu'elle n'est pas de vous, ou bien reconnaissez qu'elle est altérée par Eusèbe. Comment peut-

tibi animi fuisse dicam, amice simplicissime? tene potuisse hæretici hominis libro, martyris nomen imponere, et ignaros sub auctoritate testis Christi, Origenis facere defensores? Pro eruditione qua polles (a) et inclytus συγγραφεὺς in Occidente laudaris, ita ut κορυφαῖον te omnes tuæ partis nominent, non reor te ignorasse Eusebii σύνταγμα, et Pamphilum martyrem nihil omnino operis condidisse. Ipse enim Eusebius amator et præco et contubernalis Pamphili tres libros scripsit elegantissimos, vitam Pamphili continentes; in quibus cum cætera miris laudibus prædicaret, humilitatemque ejus ferret in cœlum, etiam hoc in tertio libro addidit : « Quis studiosorum amicus non fuit Pamphili? Si quos videbat ad victum necessariis indigere, præbebat large quæ poterat. Scripturas quoque sanctas non ad legendum tantum, sed et ad habendum, tribuebat promptissime; nec solum viris, sed et feminis, quas vidisset lectioni deditas. Unde et multos codices præparabat, ut cum necessitas poposcisset, volentibus largiretur. Et ipse quidem proprii operis nihil omnino scripsit, exceptis epistolis, quas ad amicos forte mittebat; intantum se humilitate dejecerat. Veterum autem tractatus Scriptorum legebat studiosissime, et in eorum meditatione jugiter versabatur. »

10. *Theophilus et Anastasius Origenem hæreticum dicebant.* — Defensor Origenis, et laudator Pamphili, dicit Pamphilum nihil omnino scripsisse, nec proprii quidquam condidisse sermonis. Et hoc dicit jam Pamphilo martyrio coronato, ne habeas suffugium post editos ab Eusebio libros, hoc Pamphilum scripsisse. Quid facies? Eo libro quem sub nomine martyris edidisti, vulneratæ sunt conscientiæ plurimorum. Non valet apud eos super Origenis damnatione episcoporum auctoritas, quem putant a martyre prædicatum. Quid facient epistolæ Theophili episcopi? quid papæ Anastasii in toto orbe hæreticum persequentes, cum liber tuus sub nomine Pamphili editus pugnet contra Epistolas eorum, et Episcopali nomini testimonium Martyris opponatur? Quod fecisti in libris περὶ Ἀρχῶν, hoc facito et in isto volumine ψευδεπιγράφῳ. Audi consilium amici, non te

(a) *Et inclytus* συγγραφεύς. Hic quoque mutavit vocem Græcam Erasmus; non quod συγγραφεὺς in exemplaribus mss. abfuerit, sed quod magis ei placuerit συντάκτης, id est, compositor. Mirare Lector fidem Editoris, qui cum invenerit in omnibus libris vetustioribus Hieronymi verbum συγγραφεὺς, illud abjicit in scholia, ut obtrudat in contextum συντάκτην suum, quia id magis ipsi placet. In consequentibus pro κορυφαῖον, Cluniac. legit *Coryphæum*, alii codices mutant vocem Græcam in Latinam *incorruptum*; neque vero satis intellexerunt exscriptores, sive emendatores antiqui, quid esset κορυφαῖος. MARTIAN.

on vous prouver que c'est là votre traduction? On ne vous a pas tenu la main; votre éloquence n'est pas telle que nul ne puisse l'imiter. Dans tous les cas, si l'on en vient à faire la preuve, si les témoignages s'accumulent et vous obligent à baisser le front, chantez la palinodie à la manière de Stésichore. Mieux vaut vous repentir de ce que vous avez fait que laisser subsister la calomnie contre un martyr et l'erreur dont plusieurs sont les victimes. Ne rougissez pas de revenir sur vos affirmations; ni votre autorité, ni votre renommée ne sont assez grandes pour vous mettre au-dessus d'une rétractation. Suivez mon exemple, puisque vous m'aimez tant, et que vous ne sauriez ni vivre ni mourir sans moi; proclamez, à votre tour, ce que j'ai dit pour ma défense, en répondant à vos éloges.

11. *Ce qu'Eusèbe objectait au martyr Méthodius. Opuscules d'Eusèbe traduits par Jérôme.* — Eusèbe, évêque de Césarée, dont j'ai parlé plus haut, objecte à Méthodius, évêque et martyr, la même chose dont vous me faites un crime tout en me louant; il dit : Comment Méthodius a-t-il osé maintenant écrire contre Origène, après avoir tant parlé des doctrines de cet auteur? — Ce n'est pas ici le lieu de défendre le martyr; car tout sujet n'est pas à traiter partout. Il me suffit d'avoir rappelé que l'objection faite par un arien à un martyr, non moins illustre qu'éloquent, vous la renouvelez envers moi, tantôt comme une louange amicale, tantôt comme une amère récrimination. Je vous fournis en ce moment même une nouvelle occasion de me calomnier, si cela vous est agréable, en me demandant pourquoi j'attaque maintenant Eusèbe, après en avoir fait l'éloge, après l'avoir loué dans une autre circonstance. Eusèbe est un autre nom, mais la calomnie est la même par rapport à celui d'Origène. J'ai fait l'éloge d'Eusèbe à propos de son Histoire Ecclésiastique, de sa Chronologie, de sa description de la Terre-Sainte; en traduisant en latin ces derniers opuscules, je les ai donnés aux hommes de ma langue. Suis-je donc arien, parce qu'un arien a composé ces livres? Si vous avez le courage de me dire hérétique, souvenez-vous de la petite préface du περὶ Ἀρχῶν, dans laquelle vous attestez que j'appartiens à votre foi; je vous conjure aussi d'écouter avec patience la réclamation de celui qui fut votre ami. Vous êtes à batailler avec les autres : ou vous incriminez, ou l'on vous incrimine. Or, accusateurs et accusés, vous appartenez tous au même ordre; à vous de voir si vos accusations sont vraies ou fausses. Pour moi, je déteste une accusation, même vraie, dirigée contre un frère; je n'accuse pas le prochain, je dis simplement ce que je ne ferais pas moi-même. Séparé de vous par d'immenses

pœniteat artis tuæ : vel dicito, tuum non esse, vel ab Eusebio presbytero depravatum. Unde probari tibi poterit, quod a te translatum est? Non manus tua tenetur; non tantæ es eloquentiæ, ut nullus te possit imitari. Aut certe si res ad probationem venerit, et impudentiam frontis oppresserint testimonia plurimorum, palinodiam Stesichori more cantato. Melius est te pœnitere facti tui, quam et martyrem in calumnia, et deceptos in errore persistere. Nec erubescas de commutatione sententiæ : non es tantæ auctoritatis et famæ, ut errasse te pudeat. Imitare me, quem plurimum amas, sine quo nec vivere, nec mori potes; et mecum clama quæ ego laudatus a te in defensione mei locutus sum.

11. *Quid Eusebius objiciebat Methodio martyri. Eusebii opuscula ab Hieronymo translata.* — Eusebius Cæsariensis episcopus, cujus supra memini, in sexto libro ἀπολογίας Origenis, hoc idem objicit Methodio episcopo et martyri, quod tu in meis laudibus criminaris, et dicit : Quomodo ausus est Methodius nunc contra Origenem scribere, qui hæc et hæc de Origenis locutus est dogmatibus? Non est hujus loci pro martyre loqui; neque enim omnia in locis omnibus disserenda sunt. Nunc tetigisse sufficiat hoc ab Ariano homine objici clarissimo et eloquentissimo martyri, quod tu in me et amicus laudas, et offensus accusas. Habes occasionem et de præsenti loco, si velis, mihi calumniam struere, cur nunc et Eusebio detraham, quem in alio loco ante laudavi? Alterum quidem nomen Eusebii; sed eadem quæ super Origenis vocabulo est calumnia. Laudavi Eusebium in Ecclesiastica Historia, in digestione Temporum, in descriptione sanctæ Terræ; et hæc ipsa opuscula in Latinum vertens, meæ linguæ hominibus dedi (a). Num ex eo Arianus sum, quia Eusebius qui hos libros condidit, Arianus est? Si ausus fueris me hæreticum dicere, memento Præfatiunculæ περὶ Ἀρχῶν, in qua fidei tuæ me esse testaris; simulque obsecro, ut amicum quondam tuum expostulantem patienter audias. Contra alios digladiaris, aut facis calumniam, aut pateris. Quos accusas, et a quibus accusaris, ordinis tui sunt : recte an perperam, vos videritis. Mihi etiam vera accusatio contra fratrem displicet; nec reprehendo alios, sed dico quid ipse non facerem. Tantis spatiis terrarum separatus, quid peccavi in te? quid commerui? An quia Origenisten me non esse respondi? Numquid defensio mea, accusatio tua est? Et tu si non es Origenistes, vel non

(a) *In Latinum vertens.* Cave ne intelligas hoc loco Hieronymum in Latinum vertisse Ecclesiasticam Historiam Eusebii; vertit enim solummodo Chronicum Canonem, et librum de Locis Hebraicis, quos hic recenset cum Historia Ecclesiastica. MARTIAN.

contrées, comment ai-je pu vous offenser? quelle est ma faute? Serait-ce pour avoir répondu que je n'étais pas origéniste? Parce que je me défends, vous sentiriez-vous accusé? Si vous n'êtes pas vous-même origéniste ou vous ne l'avez pas été, je crois à votre parole; si vous l'avez été, j'accepte votre repentir. Pourquoi vous plaindre que je sois ce que vous déclarez être? Serait-ce parce que j'ai bien osé traduire après vous les livres d'Origène, et regardez-vous mon interprétation comme le blâme de la vôtre? Mais quelle conduite devais-je tenir? On m'avait fait passer vos éloges, qui sont une véritable accusation. Vous m'aviez loué d'une manière si forte et si prolixe que, si j'avais acquiescé, tous m'auraient tenu pour hérétique. Voyez plutôt la conclusion de la lettre romaine : « Dissipez les soupçons des hommes, confondez l'accusateur, de peur que votre silence ne soit pris pour un assentiment. » Ainsi mis en demeure, en commençant ma traduction, j'écrivais ceci, veuillez bien le remarquer : « Des amis m'ont placé dans cette alternative, — je n'ai pas dit mon ami, pour ne point paraître vous désigner, — que mon silence soit regardé comme un aveu de culpabilité, ou ma réponse comme un acte d'hostilité. De ces deux conditions, dures l'une et l'autre, je choisis la moins onéreuse. Des ennemis peuvent se réconcilier; une défaillance contraire à la foi ne mérite pas le pardon. » Ne vous paraît-il pas évident qu'on m'a imposé, contre mon gré, un fardeau que j'aurais voulu repousser, et que l'aigreur qui devait naître d'un travail de cette nature avait son remède dans la nécessité qui en est l'excuse? Si vous aviez interprété les livres du περὶ Ἀρχῶν sans me nommer, votre plainte que je les ai traduits ensuite dans un but de critique contre vous serait juste. Mais actuellement vous êtes mal fondé à vous plaindre de ce que je vous ai répondu dans un ouvrage où vous m'avez accusé en me louant. Ce que vous appelez, en effet, un éloge, tous le regardent comme une accusation. Reconnaissez que l'attaque vient de vous, et vous ne vous irriterez point de la défense. Admettons d'ailleurs que vous ayez écrit de bonne foi : homme inoffensif, ami très-fidèle, dont la bouche n'a jamais proféré le mensonge, vous m'avez blessé à votre insu; que m'importe, quand le coup est porté? Ne dois-je pas travailler à ma guérison, parce que vous m'avez blessé de bonne foi? Je suis percé, je gis à terre, le dard vibre encore dans ma poitrine, le sang souille mes membres immaculés naguères, et vous me dites : ne portez pas la main à votre blessure, pour qu'on ne voie pas que c'est moi qui l'ai faite! Au reste, la traduction elle-même accuse plutôt Origène que vous. Vous avez, en effet, corrigé ce qui vous semblait avoir été ajouté par les hérétiques, tandis que j'ai mis en lumière ce que toute la Grèce proclame qu'il a écrit. Qui de nous a mieux fait? ce n'est ni à vous ni à moi d'en décider. Vos écrits et les miens relèvent de la censure et de la sentence du lecteur. Toute cette lettre, que je fais pour ma satisfaction, je la dirige contre les hérétiques et contre mes accu-

fuisti, credo juranti; si fuisti, suscipio pœnitentem. Quid doles, si id sum, quod esse te dicis? An quia περὶ Ἀρχῶν Origenis libros post te transferre ausus sum, et interpretatio mea suggillatio putatur operis tui? Quid poteram facere? Missa mihi est laudatio tua, id est, accusatio mea. Tam fortiter me prolixeque laudaveras, ut si tuis laudibus acquievissem, omnes hæreticum me putarent. Vide quid Romanæ ad me Epistolæ clausula teneat : « Purga suspiciones hominum, et convince criminantem; ne si dissimulaveris, consentire videaris. » Tali constrictus articulo, interpretaturus eosdem libros, ausculta quid scripserim : « Hoc mihi præstiterunt amici mei (non dixi amicus meus, ne te viderer arguere) ut si tacuero, reus; si respondero, inimicus judicer. Dura utraque conditio, sed e duobus eligam quod levius est. Simultas redintegrari potest; blasphemia veniam non meretur. » Animadvertis invito mihi et repugnanti hoc onus impositum; et futuram ex hujuscemodi opere simultatem, necessitatis excusatione curatam? Si interpretatus esses libros περὶ Ἀρχῶν absque meo nomine, recte quereveris in reprehensionem tuam a me postea esse translatos. Nunc autem injuste doles, in eo opere a me tibi esse responsum, in quo a te laudante accusatus sum. Quam enim tu laudem vocas, omnes accusationem intelligunt. Constet apud te, quod accusaveris; et non indignaberis, quod responderim. Esto, tu bono animo scripseris, et homo innocens et amicus fidelissimus, de cujus nunquam egressum est ore mendacium, me nescius vulneraris; quid ad me, qui percussus sum? Num idcirco curari non debeo, quia tu me bono animo vulnerasti? Confossus jaceo, stridet vulnus in pectore, candida prius sanguine membra turpantur, et tu mihi dicis : Noli manum adhibere vulneri, ne ego te videar vulnerasse. Quanquam et ipsa translatio magis Origenem quam te arguit. Tu enim emendasti quæ addita ab hæreticis arbitratus es. Ego prodidi, quod ab illo scriptum Græcia universa conclamat. Quis rectius arbitratus sit, nec meum, nec tuum judicium est. Utrinsque scripta censoriam lectoris virgulam sentiant. Tota illa Epistola, qua

sateurs ; en quoi peut vous émouvoir, puisque vous faites parade d'orthodoxie et d'amitié pour moi, que je sois sévère aux hérétiques et que je cite leurs impostures à la barre du public ? Réjouissez-vous donc de ces attaques ; si vous vous en plaignez, on vous accusera d'hérésie. Quand un écrit s'élève contre les vices sans nommer personne, celui qui s'en offense se dénonce lui-même. Il eût été d'un homme prudent, même s'il était atteint, d'en renfermer le secret en lui-même, et de dissiper le nuage de son cœur sous la sérénité de son front.

12. *Lettres de Théophile et d'Epiphane, et décrets des Empereurs contre Origène.* — Au reste, vous prenez pour vous tout ce qu'on dit contre Origène et ses sectateurs. Mais alors les lettres de nos pères Théophile et Epiphane, celles des autres évêques, qu'Epiphane a traduites naguères sur leurs propres instances, sont dirigées contre vous, c'est vous qu'elles déchirent : et c'est encore sous mon inspiration qu'ont été dictés les décrets des empereurs qui ordonnent d'expulser les Origénistes d'Alexandrie et de l'Égypte. Si le Pontife de Rome les a en exécration, c'est que je lui en ai donné le conseil ; et c'est l'œuvre de ma plume si Origène, qu'on avait lu jusque là non sans quelque attrait dans l'original, a vu s'allumer contre lui des répugnances universelles depuis votre traduction. Puisque ma puissance est si grande, je suis étonné que vous ne me redoutiez pas. Après avoir, dans une lettre publique, observé la plus grande modération, pour qu'aucune de mes paroles ne pût vous paraître hostile, je vous ai aussitôt écrit une autre lettre où je réclame en quelques lignes contre vos éloges. Comme vous n'étiez pas à Rome, mes amis ne voulurent pas vous l'envoyer, par la raison, disaient-ils, que vous teniez hautement, avec vos familiers, des propos indignes du nom chrétien au sujet de ma conduite. J'en ai joint une copie à ce volume, afin que vous sachiez quelle grande douleur j'ai contenue sous cette grande modération, alors nécessaire.

13. *Le Juif précepteur de Jérôme. Grégoire de Nazianze maître de Jérôme. Le juif Huillus. Psaumes sans titre.* — D'ailleurs, je vous vois d'ici prendre à partie, en philosophe, certains passages de ma lettre, et, le front sévère et le sourcil froncé, aiguiser contre moi un bon mot de comédie, parce que j'aurais dit que mon précepteur juif avait nom Barrabas. Quoi d'étonnant si au lieu de BAR-ANINA, à la faveur d'une lointaine similitude des mots, vous avez écrit *Barrabas*, quand vous poussez la licence dans les mutations de nom jusqu'à faire d'Eusèbe Pamphile, d'un hérétique, un martyr ? Homme redoutable ! et je dois surtout être en garde de votre côté, de peur qu'à l'improviste et à mon insu vous ne changiez mon nom de Jérôme en celui de Sardanapale. Je m'explique donc, ô soutien de la sagesse et modèle de l'austérité catonienne. Je n'ai pas dit que Bar-Anina fût mon maître ; j'ai voulu prouver mon application à l'étude des saintes Écri-

pro me satisfacio, contra hæreticos et accusatores meos dirigitur ; quid ad te, qui et orthodoxum et laudatorem meum te esse dicis, si asperior sum in hæreticos, et illorum in publicum strophas profero ? Lætare invectione mea ; ne si dolueris, hæreticus esse videaris. Quando sine nomine contra vitia scribitur ; qui irascitur, accusator sui est. Prudentis hominis fuerat, etiam si dolebat, dissimulare conscientiam ; et cordis nubilum, frontis serenitate discutere.

12. *Epistolæ Theophili et Epiphanii, et Imperatorum scripta adversus Originem.* — Alioqui, si quidquid contra Originem et sectatores ejus dicitur, in te dictum putas ; ergo et epistolæ papæ Theophili et Epiphanii, et aliorum episcoporum, quas nuper ipsis jubentibus transtuli, te petunt, te lacerant. Imperatorum quoque scripta, quæ de Alexandria et Ægypto Origenistas pelli jubent, me suggerente, dictata sunt. Ut Romanæ urbis Pontifex miro eos odio detestetur, meum consilium fuit. Ut totus orbis post translationem tuam in Origenis odia exarserit, quem antea simpliciter lectitabat, meus operatus est stylus. Si tantum possum, miror cur me non metuas. Ego ille moderatus in epistola publica, qui diligenter cavi, ne quid in te dictum putares, scripsi ad te statim brevem Epistolam, expostulans super laudibus tuis. Quam, quia Romæ non eras, amici mei tibi mittere noluerunt, eo quod te dicerent cum sodalibus tuis indigna nomine Christiano de mea conversatione jactitare. Cujus exemplum huic volumini subdidi, ut scias quantum dolorem, quanta moderatione necessitudinis temperavi.

13. *Judæus Hieronymi præceptor. Gregorius Nazianzenus magister Hieronymi. Huillus Judæus. Psalmi sine titulo.* — Audio præterea te quædam de epistola mea philosophice carpere, et hominem rugosæ frontis adductique supercilii, Plautino in me sale ludere, eo quod Barrabam Judæum dixerim præceptorem meum. Nec mirum si pro BAR-ANINA, ubi est aliqua vocabulorum similitudo, scripseris *Barrabam*, cum tantam habeas licentiam nominum immutandorum, ut de Eusebio Pamphilum, de hæretico martyrem feceris. Cavendus homo, et mihi maxime declinandus, ne me repente, dum nescio, de Hieronymo Sardanapalum nomines. Audi ergo, sapientiæ columen, et norma Catonianæ severitatis. Ego non illum magis-

tures, pour montrer que le même dessein qui avait fait de moi un auditeur de ce juif, m'avait fait lire Origène. Ce n'est pas de vous apparemment que j'aurais pu apprendre la littérature hébraïque. Vous ai-je fait injure en suivant Apollinaire et Didyme, au lieu de vous suivre? Ne pouvais-je pas, dans cette lettre, mettre en avant le nom de Grégoire, homme d'une rare éloquence? Qui lui est égal chez les Latins? Je me glorifie, je suis fier de l'avoir eu pour maître. Mais j'ai nommé ceux-là seuls qui étaient sous le coup de la censure catholique, pour attester que j'avais lu pareillement Origène, non à cause de la pureté de sa *foi*, mais à cause de son érudition éminente. Origène lui-même, et Clément, et Eusèbe, et vingt autres, lorsqu'ils dissertent sur quelque point des Écritures et qu'ils veulent corroborer leur dire, emploient d'habitude les formules suivantes : « Au rapport d'un Hébreu, » et encore : « Je l'ai ouï dire par un Hébreu ; » et enfin : « Telle est l'opinion des Hébreux. » C'est ainsi qu'Origène nomme le patriarche Huillus, son contemporain ; dans le trentième tome sur Isaïe, à la fin duquel il commente : « Malheur à toi, cité d'Ariel, qu'a prise David, » il conclut par l'explication de ce Juif, et après avoir dit qu'il avait d'abord une opinion différente, il avoue qu'il a appris d'Huillus sa nouvelle opinion, plus vraie. C'est aussi d'après les raisons d'Huillus qu'il attribue à Moïse le quatre-vingt-neuvième psaume intitulé : « Prière de Moïse, homme de Dieu, » et les onze suivants qui n'ont pas de titre, et comme il commente successivement chaque passage des Livres hébreux, il ne dédaigne pas de rapporter la manière de voir des Hébreux.

14. *Condamnation d'Origène.* — Dernièrement, quand on lut à Rufin les lettres de Théophile, où il met à découvert les erreurs d'Origène, on dit que Rufin se boucha les oreilles ; que devant tous, d'une voix ferme, il condamna l'auteur d'un si grand mal, et qu'il dit : j'ai ignoré jusqu'à ce jour qu'Origène eût écrit des choses aussi criminelles. — Je n'y contredis pas ; je n'allègue même point, ce qu'un autre ne manquerait pas de faire peut-être, que Rufin ne peut avoir ignoré l'homme dont il a interprété l'Apologie, écrite par un hérétique sous le nom d'un martyr, et dont il a, dans son propre livre, hautement pris la défense. Dans la suite de cet écrit, si j'en ai le loisir, je discuterai sur ce point. Je n'avance que ce qui est à l'abri de toute contestation. S'il lui est permis de n'avoir pas compris ce qu'il a traduit, pourquoi ne me serait-il pas permis d'avoir ignoré les livres du περὶ Ἀρχῶν, que je n'avais pas lus auparavant, et d'avoir lu seulement les Homélies que j'ai traduites et qui sont irrépréhensibles, Rufin en convient lui-

trum dixi ; sed meum in Scripturas sanctas studium volui comprobare, ut ostenderem me sic legisse Origenem, quomodo et illum audieram. Neque enim Hebræas litteras a te discere debui. An injuria tibi facta est, quod pro te Apollinarium, Didymumque sectatus sum? Numquid in illa epistola Gregorium virum eloquentissimum non potui nominare? (a) Quis apud Latinos par sui est? quo ego magistro glorior et exsulto. Sed eos tantum posui, qui in reprehensione erant, ut similiter me Origenem, non ob fidei veritatem, sed ob eruditionis meritum legisse testarer. Ipse Origenes, et Clemens et Eusebius, atque alii complures, quando de Scripturis aliqua disputant, et volunt approbare quod dicunt, sic solent scribere : « Referebat mihi Hebræus ; et, audivi ab Hebræo ; et, Hebræorum ista sententia est. » Certe etiam Origenes Patriarchen Huillum, qui temporibus ejus fuit, nominat ; et tricesimum tomum in Isaiam, in cujus fine edisserit : « Væ tibi, civitas Ariel, quam expugnavit David, » illius expositione concludit ; et cum aliter prius sensisse se dicat, doctum ab illo, id quod est verius, confitetur. Octogesimum quoque nonum Psalmum, qui scribitur : « Oratio Moysi hominis Dei, » et reliquos undecim, qui non habent titulos, secundum Huilli expositionem, ejusdem Moysi putat, nec dedignatur Hebræam Scripturam interpretans per singula loca, quid Hebræis videatur, inserere.

14. *Origenes damnatus.* — Lectis nuper papæ Theophili epistolis, in quibus Origenis exponit errores, dicitur obturasse aures suas, et auctorem tanti mali clara cum (al. *coram*) omnibus voce damnasse, et dixisse : usque ad illud tempus se ignorasse, quod tam nefaria scripserit. Non recuso, nec dico quod alius diceret forsitan, non potuisse eum ignorare quod interpretatus est, cujus Apologiam scriptam ab hæretico sub nomine martyris edidit ; cujus defensionem etiam proprio volumine professus est ; adversum quod in sequentibus, si dictandi spatium fuerit, disputabo. Hoc loquor, cui contradicere non potest. Si illi licet non intellexisse quod transtulit, quare mihi non liceat ignorasse libros περὶ Ἀρχῶν,

(a) *Quis apud Latinos par sui est?* Hucusque torsit eruditorum ingenia locus iste male editus apud Erasmum et Marianum, qui cum nonnullis codicibus mss. ita legunt : *Numquid in illa Epistola Gregorium virum eloquentissimum non potui nominare, qui sui apud Latinos impar est, quo ego magistro glorior, et exsulto?* Ex hoc itaque loco depravate edito putarunt haud pauci Gregorium Latine scivisse, sed non æque ac Græce : unde impar sui apud Latinos habebatur. Nos genuinam lectionem Hieronymi restituimus ad fidem vetustissimi codicis Corbeiensis, et alterius Sorbonici non infimæ notæ. Corbeiensis notatus 147 in nostra Bibliotheca Sangermanensis, Sorbonicus autem habet numerum 612 in liminari pagina. MARTIAN.

même ? Si au contraire il se déjuge et me blâme à présent à propos de ce qui m'avait attiré ses éloges, il se prend dans cette alternative, ou de m'avoir loué, bien que je fusse hérétique, parce qu'il avait la même manière de voir que moi, ou de me déclarer maintenant à tort ennemi de la foi, après m'avoir hautement proclamé orthodoxe. Mais peut-être s'est-il tu alors, par amitié pour moi, sur mes erreurs, que la colère lui fait maintenant dévoiler, après qu'il les avait cachées.

15. *Défense des Commentaires sur l'Épître aux Éphésiens.* — Quoiqu'on ne puisse ajouter foi à l'inconstance, et que les inimitiés déclarées éveillent le soupçon de mensonge, je n'irai pas moins en avant le front haut, avec la volonté de savoir qu'est-ce qui est entaché d'hérésie dans ce que j'ai écrit, ou afin de faire pénitence avec Rufin, et de protester que j'ignorais les maximes mauvaises d'Origène et que maintenant, pour la première fois, j'avais appris ses impiétés de notre père Théophile ; ou assurément afin de démontrer que ma manière de voir est bonne, et que Rufin, selon sa coutume, ne m'a pas compris. Il ne se peut pas en effet que dans les Commentaires sur l'Épître aux Éphésiens, qu'il incrimine, on me l'apprend, ce que j'ai dit soit à la fois bon et mauvais, et que de la même source découlent le miel et le fiel, si bien qu'après avoir condamné dans toute mon œuvre ceux qui croient que les âmes ont été faites d'anges transformés, je m'oublie tout-à-coup jusqu'à défendre ce que j'ai précédemment condamné. Il ne peut m'objecter mon défaut de jugement, après m'avoir, dans ses écrits, proclamé très-disert et très-éloquent, puisqu'on doit supposer qu'un sot babil est le fait plutôt d'un hâbleur bavard que d'un homme éloquent. Qu'incrimine-t-il plus particulièrement dans mes livres, je l'ignore ; je ne connais ses accusations que par ouï-dire, ses écrits ne sont pas venus jusqu'à moi, et, comme parle l'Apôtre, c'est folie que de frapper l'air à coups de poings. Toutefois, dans l'incertitude, je répondrai en général, jusqu'à ce que j'arrive à des données certaines ; vieillard, je rappellerai à mon jaloux ce que j'ai appris tout enfant : que nombreuses sont les manières de parler, et que, selon l'objet du passage, non-seulement les maximes, mais aussi les mots des Écritures varient.

16. *But des Commentaires. Donat précepteur de Jérôme.* — Chrysippe et Antipater ont du trait ; Eschyne et Démosthènes tonnent l'un contre l'autre ; Lysias et Isocrate coulent avec douceur.

quos ante non legi ; et eas tantum Homilias legisse, quas transtuli, in quibus nihil esse mali, ipsius testimonium est ? Sin autem contra sententiam suam nunc me in eis arguit, in quibus ante laudaverat, undique strictus tenebitur. Aut enim idcirco me hæreticum hominem laudavit, quia ejusdem mecum dogmatis erat ; aut nunc frustra inimicus accusat, quem prius ut orthodoxum prædicavit. Sed forsitan tunc errores meos quasi amicus tacuit ; et nunc iratus profert quod prius celaverat.

15. *Comment. in epist. ad Ephes. tuetur.* — Quamdam non mereatur fidem inconstantia, et professæ inimicitiæ suspicionem habeant mendacii ; tamen audacter conferam gradum, volens scire quid hæreticum scripserim, ut aut cum illo agam pœnitentiam, et Origenis mala ignorasse me jurem, ac nunc primum a papa Theophilo didicisse impietates ejus ; aut certe doceam me quidem bene sensisse, sed illum more suo non intelligere. Neque enim fieri potest ut in eisdem ad Ephesios libris quos, ut audio, criminatur, et bene et male dixerim ; et de eodem fonte dulce amarumque processerit : ut qui toto opere damnaverim eos, qui credunt animas ex Angelis conditas, subito mei oblitus id defenderem quod ante damnavi. Stultitiam mihi objicere non potest, quem disertissimum et eloquentissimum in suis opusculis prædicavit. Alioqui stulta verbositas, rabulæ potius et garruli hominis, quam eloquentis putanda est. Quid in libris proprie accuset, ignoro. Fama enim ad me criminum ejus, non scripta venerunt, et stultum est juxta Apostolum, pugnis aerem verberare. Tamen in incertum respondebo, donec ad certa perveniam (*a*) ; ἀντίζηλον meum docebo senex, quod puer didici, multa esse genera dictionum ; et pro qualitate materiæ, non solum sententias, sed et Scripturarum verba variari.

16. *Commentarii quid operis habeant. Donatus præceptor Hieronymi.* — Chrysippus et Antipater inter

(*a*) Ἀντίζηλον *meum docebo.* Ex hoc loco haud multum difficili velim ut intelligat Lector studiosus quanta sit fides, ac eruditio veterum Editorum Hieronymi, qui ἀντίζηλον omnium mss. codicum consensu a nobis restitutum, nec conjectura assequi potuerunt. Sic igitur locum præsentem restituit, et scholiis suis illustravit Marianus Victorius 20, ἀντίπαλον *meum docebo senex, quod puer didici.* Adversarium hæc vox significat, hoc est, ἐναντίον καὶ ἐχθρόν : idemque prorsus est sensus, si legatur ἀντίμαχον. Quod autem legi possit vel ὁμογίροντα, vel ἀθηνογίροντα, somnium est Erasmianum : nam præterquam quod sensu caret hæc lectio, apud cuncta, quæ nos vidimus tum impressa, tum mss. exemplaria, aut ἀντίμαχον. Hucusque Marianus ; cui ego respondeo nullum apud nos superesse exemplar manuscriptum, quod retineat vel *antipalon*, vel *antimachon* ; sed omnes mss. nostros codices retinere purum verbum *antizelon* ; vel illud apertissime renuntiare in vestigiis Græcorum elementorum. Ἀντίζηλος vero Hieronymi, id est, *æmulus*, et *zelotypus* fuit Rufinus, ut invectivæ ejus et calumniæ probare etiam stultis possunt. Ex Levit. XVIII, 18 : *Uxorem non accipiet super sororem ejus*, ἀντίζηλον. Vide LXX. MARTIAN.

Il y a une étonnante diversité entre eux, mais ils sont tous parfaits en leur genre. Lisez les livres de Cicéron à Hérennius, lisez sa Rhétorique ; ou bien, puisqu'il dit qu'il les a laissés sortir de ses mains inachevés et sans les polir, méditez ses trois volumes sur l'orateur, où il introduit les avocats les plus éloquents de cette époque, Crassus et Antoine, discutant entre eux, et méditez aussi le quatrième traité sur l'orateur, que déjà vieux il dédie à Brutus : et vous comprendrez alors qu'il y a un genre de composition pour l'Histoire, un autre pour le Discours, un autre pour le Dialogue, un autre pour les Lettres, un autre pour les Commentaires. Pour moi, dans les Commentaires sur l'Épître aux Éphésiens, j'ai marché sur les traces d'Origène, de Didyme et d'Apollinaire, qui ont assurément des croyances différentes, de manière à ne pas perdre la vérité de ma foi. Quel est le but des Commentaires ? Ils discutent les paroles d'autrui, pour rendre évident, au moyen d'un langage clair, ce qui a été obscurément écrit ; ils rapportent un grand nombre d'opinions émises sur un passage, et ils disent : Certains expliquent ainsi cet endroit ; voici comment d'autres l'interprètent ; les uns et les autres s'efforcent d'appuyer leur sentiment et leur manière d'entendre sur tels témoignages et sur telles raisons. De la sorte, le lecteur prudent, après avoir lu les diverses explications, et connaissant ce qu'un grand nombre approuvent ou improuvent, peut choisir l'opinion qui lui semble la plus vraie, et, comme un changeur expert, repousser la monnaie de mauvais aloi. Fera-t-on un crime de la diversité d'interprétation et de ce que les opinions ont de contradictoire entre elles à celui qui, dans le seul ouvrage qu'il commente, rapporte les explications de plusieurs ? Vous avez, j'imagine, lu dans votre enfance les Commentaires d'Asper sur Virgile et Salluste, de Vulcatius sur les Discours de Cicéron, de Victorinus sur les Dialogues du même et sur les Comédies de Térence, de mon précepteur Donat également sur Virgile, et d'autres sur d'autres auteurs, tels que Plaute, Lucrèce, Horace, Perse et Lucain. Accusez ces interprètres de n'avoir pas suivi une explication unique, et de rapporter sur un même sujet et leur manière de voir et celle des autres.

17. *Langage vicieux de Rufin.* — Vous faites parade de posséder à fonds les Grecs, et dans votre recherche des langues étrangères, vous avez presque oublié votre propre langage ; je glisse sur cette particularité, pour ne point paraître, d'après le vieux dicton, faire la leçon à plus habile que moi, et porter de l'eau à la rivière. Je m'étonne que, vous posant en Aristarque de notre époque, vous ignoriez des rudiments d'écolier, puisque, tout préoccupé des opinions, tout à la besogne d'élever des accusations calomnieuses contre moi, vous dédaignez les préceptes de la grammaire et de la rhétorique, et qu'il vous importe peu de ne pas entasser hyperbates sur circonlocutions, d'éviter la cacophonie, de fuir la diction heurtée. Il y a

spineta versantur. Demosthenes et Æschynes contra se invicem fulminant. Lysias et Isocrates dulciter fluunt. Mira in singulis diversitas, sed omnes in suo perfecti sunt. Lege ad Herennium Tullii libros, lege Rhetoricos ejus : aut, quia illa sibi dicit inchoata et rudia excidisse de manibus, revolve tria volumina de Oratore, in quibus introducit eloquentissimos illius temporis oratores, Crassum et Antonium disputantes ; et quartum Oratorem, quem jam senex scribit ad Brutum : tunc intelliges aliter componi Historiam, aliter Orationes, aliter Dialogos, aliter Epistolas, aliter Commentarios. Ego enim in Commentariis ad Ephesios sic Origenem et Didymum et Apollinarium secutus sum (qui certe contraria inter se habent dogmata), ut fidei meæ non amitterem veritatem. Commentarii quid operis habent ? Alterius dicta edisserunt, quæ obscure scripta sunt, plano sermone manifestant ; multorum sententias replicant ; et dicunt : Hunc locum quidam sic edisserunt ; alii sic interpretantur ; illi sensum suum et intelligentiam his testimoniis, et hac nituntur ratione firmare : ut prudens Lector, cum diversas explanationes legerit, et multorum vel probanda, vel improbanda didicerit, judicet quid verius sit ; et quasi bonus trapezita, adulterinæ monetæ pecuniam reprobet. Num diversæ interpretationis, et contrariorum inter se sensuum tenebitur reus, qui in uno opere quod edisserit expositiones posuerit plurimorum ? Puto quod puer legeris Aspri in Virgilium et Sallustium Commentarios, Vulcatii in Orationes Ciceronis, Victorini in Dialogos ejus et in Terentii Comœdias, præceptoris mei Donati æque in Virgilium, et aliorum in alios : Plautum videlicet, Lucretium, Flaccum, Persium atque Lucanum. Argue interpretes eorum, quare non unam explanationem secuti sint ; et in eadem re quid vel sibi, vel aliis videatur, enumerent.

17. *Vitia sermonis Rufini.* — Prætermitto Græcos, quorum tu jactas scientiam, et dum peregrina sectaris, pene tui sermonis oblitus es : ne veteri proverbio, Sus Minervam docere videar, et in silvam ligna portare. Illud miror, quod Aristarchus nostri temporis puerilia ista nescieris. Quanquam tu occupatus in sensibus, et ad struendam mihi calumniam cernulus, Grammaticorum et oratorum præcepta contempseris, parvipendes ὑπέρβατα post anfractus reddere, a pe-

extravagance à ne montrer que quelques blessures sur un corps brisé, mutilé de pied en cap. Je ne choisis pas ce que je pourrais critiquer ; que Rufin lui-même choisisse ce qui est irrépréhensible. Ne devait-il pas même connaître cet aphorisme de Socrate : Je sais que je ne sais rien. « L'homme qui ignore la manœuvre d'un navire redoute l'office de pilote ; il faut la science nécessaire pour oser prescrire l'aurone au malade. Les médecins font profession de ce qui concerne la médecine ; au forgeron à manier ses outils. Ignorants et savants, sans distinction, nous composons des poëmes. » Il jugera peut-être qu'il n'a pas étudié les lettres, et en cela, sans qu'il en fasse le serment, il nous est très-facile de croire à sa parole ; ou bien il se réfugiera derrière l'humble aveu de l'Apôtre : « Etranger à l'art de la parole, je ne le suis pas toutefois à la science. » I *Corint.* XI, 6. Mais Paul, versé dans les lettres hébraïques, instruit aux pieds de Gamaliel, que, bien que revêtu déjà de la dignité d'Apôtre, il ne rougit pas d'appeler son maître, dédaignait le talent de bien parler le grec, ou certainement, par humilité, le dissimulait, afin que sa prédication s'affermît, non par la persuasion de la parole, mais par la force des caractères divins. Riche de ses propres trésors, il méprisait des ressources étrangères ; et ce n'est pas à un ignorant, à un homme se ruant comme vous à l'aventure à travers toutes les assertions, que jamais Festus aurait pu dire du haut de son tribunal : « Vous êtes fou, Paul, vous êtes fou ; trop de savoir vous pousse à la folie. » *Act.* XXVI, 24. Vous qui, parmi les Latins, bégayez encore, et qui vous remuez à l'instar de la tortue plutôt que vous ne marchez, ou vous devez écrire en grec, pour que ceux qui ignorent cette langue croient que vous la savez ; ou bien, si vous voul[illegible] tâter de la langue latine, commencez par su[illegible] s leçons d'un grammairien, et par affranch[illegible] votre main de la férule, en apprenant, vieil élève mêlé à de jeunes enfants, l'art de parler avec correction. On a beau avoir l'air d'un Crésus et d'un Darius, la science ne dépend pas de la bourse. Elles est la compagne des veilles et du travail, des privations et non de la satiété, de la continence et non de la luxure. Démosthènes, dit-on, dépensa plus d'huile que de vin, et fut toujours plus matineux que le moindre artisan. Ce qu'il fit pour la prononciation de la lettre *rho*, qu'il apprit d'un chien, vous me faites un crime de l'avoir fait pour la littérature hébraïque, que j'ai pourtant apprise d'un homme. De là vient que certains, qui ne veulent pas apprendre ce qu'ils ignorent, se renferment sagement dans leur ignorance, et demeurent insensibles au conseil d'Horace : « Pourquoi, par fausse honte, préféré-je ignorer

ritatem evitare consonantium, hiulcam fugere dictionem. Ridiculum est debilitati et fracti totius corporis vulnera pauca monstrare. Non eligo quod reprehendam ; eligat ipse quod vitio careat. Ne illud quidem Socraticum nosse debuerat : Scio quid nescio ;

> Navem agere ignarus navis timet ; abrotanum ægro
> Non audet, nisi qui didicit, dare. Quod medicorum est,
> Promittunt medici ; tractant fabrilia fabri.
> Scribimus indocti, doctique poemata passim.

Nisi forte se litteras non didicisse jurabit ; quos nos illi et absque juramento perfacile credimus : vel ad Apostolum confugiet profitentem : « Et si imperitus sermone, non tamen scientia. » I *Cor.* XI, 6. Ille Hebraicis litteris eruditus, et ad pedes doctus Gamalielis, quem non erubescit, jam Apostolicæ dignitatis, magistrum dicere, Græcam facundiam contemnebat, vel certe, quod erat humilitatis, dissimulabat : ut prædicatio ejus, non in persuasione verborum, sed in signorum virtute consisteret ; spernens alienas opes, qui in suis dives erat : quanquam ad imperitum, et per singulas instar tui sententias corruentem, nunquam pro tribunali Festus diceret : « Insanis Paule ; insanis, multæ te litteræ ad insaniam convertunt. » *Act.* XXVI, 24. Tu qui in Latinis mussitas, et testudineo gradu moveris potius, quam incedis : vel Græce debes scribere, ut apud homines Græci sermonis ignaros, aliena scire videaris : vel si Latina tentaveris, ante audire Grammaticum, ferulæ manum subtrahere, et (*a*) inter parvulos ἀθηνογέρων artem loquendi discere. Quamvis Crœsos qui spiret et Darios, litteræ marsupium non sequuntur. Sudoris comites sunt et laboris ; sociæ jejuniorum, non saturitatis ; continentiæ, non luxuriæ. Demosthenes plus olei quam vini expendisse dicitur, et omnes opifices nocturnis semper vigiliis prævenisse. Quod ille in una littera fecit exprimenda, ut a cane *rho* disceret, tu in me criminaris quare homo ab homine Hebræas litteras didicerim. Inde est quod quidam inerudite sapientes remanent, dum nolunt discere quod ignorant. Nec Horatium audiunt commonentem :

> (*b*) Cur nescire pudens prave, quam discere malo ?

Loquitur et Sapientia, quam sub nomine Salomonis

(*a*) *Parvulos* ἀθηνογέρων. Ἀθηνογέρων, est *senex scholasticus*, qui in senectute litteris navare incipiat. Composita dictio ex Ἀθήνη, *Minerva*, quæ studiis præesse dicebatur, et γέρων, *senex*. MARTIAN. — Sub initium libri tertii, *neque*, inquit, *athenogeronta meum scutica et plagis litteras docere contendo*. Nomen ex Græco discipulum senem notat.

(*b*) *Cur nescire pudens*. Marianus cum mss. codicibus. *Cur nescire prudens*, etc. Erasmus, *Cur nescire prudens*, etc. Apud Horatium de Arte Poetica ad Pisones :

> Cur ego, si nequeo ignoroque, Poeta salutor ?
> Cur nescire pudens prave q[illegible]am discere malo ? MARTIAN.

qu'apprendre? » La Sagesse, sous le nom de Salomon, dit aussi : « La science n'entre jamais dans l'âme malgré elle, et n'habite point en un corps assujetti au péché; car l'Esprit saint fuit celui qui néglige de s'instruire, et s'éloigne des pensées insensées. » *Sap.* I, 4, 5. Mais c'est autre chose pour ceux qui, contents de l'approbation du vulgaire, dédaignent l'oreille des docteurs, et méprisent cet arrêt qui stygmatise leur imprudente ignorance : « ..... N'avais-tu pas coutume, ô ignare, de massacrer dans les carrefours de malheureux airs sur tes pipeaux criards? » Comme si, dans les divertissements, une troupe autre qu'une bande de bambins aux cheveux bouclés pourrait chanter les chœurs des amours; si le testament du Pourceau exciterait un fou rire chez les Besses, et si c'est avec des sornettes de cette sorte qu'on égaierait une table de bouffons. Chaque jour, sur les places publiques, des niais se font fesser par quelque faux devin qui secoue les dents d'un scorpion qu'il empêche de mordre en le serrant fortement; et nous nous étonnerions qu'il se trouve des lecteurs pour des livres d'auteurs sans savoir?

18. On s'indigne de ce que j'ai écrit que les Origénistes sont unis dans un culte mystérieux des mensonges. J'ai cité le livre où j'ai lu le fait, c'est-à-dire le sixième *Stromatéon* d'Origène, dans lequel, mariant notre dogme avec l'opinion de Platon, il s'exprime ainsi : Platon écrit au troisième livre sur la République : « Il faut avoir aussi un grand attachement pour la vérité. En effet, si, comme nous le disions fort justement tout à l'heure, le mensonge ne sied pas à Dieu et lui est inutile, il est parfois utile aux hommes, pourvu qu'ils s'en servent comme d'un condiment et d'un remède; il n'y a doute pour personne qu'une telle licence doit être donnée aux médecins, et rigoureusement interdite aux gens sans prudence. Votre assertion est vraie, dit-il; par conséquent, si l'on accorde cette faculté à quelques autres, les chefs des villes sont aussi parfois dans la nécessité de mentir, soit pour nuire aux ennemis, soit pour l'avantage de la patrie et de leurs concitoyens. Mais tout mensonge doit être interdit à ceux qui ne savent pas faire usage du mensonge. » Origène : « Par conséquent, nous aussi, nous souvenant de ce précepte : « Que chacun de nous dise la vérité avec son prochain, » *Ephes.* IV, 25, nous ne devons pas dire : Qui est mon prochain? mais considérer avec quelle prudence le philosophe a dit : Le mensonge ne sied pas à Dieu et lui est inutile, et il est utile parfois aux hommes. Loin de nous donc la pensée que Dieu mente jamais, même pour faciliter le gouvernement du monde. Si au contraire l'avantage de celui qui l'écoute l'exige, il parle à mots couverts et il énonce par énigmes ce qu'il veut, afin que la dignité de la vérité soit sauvegardée chez son auditeur, et que ce qui pouvait nuire en le divulgant dans sa nudité, soit énoncé à l'ombre

legimus : « In malevolam animam nunquam intrabit sapientia, nec habitabit in corpore subdito peccatis. Spiritus enim sanctus eruditionis fugiet dolum, et recedet a cogitationibus stultis. » *Sap.* I, 4, 5. Aliud est, si vulgi lectione contenti, doctorum aures despiciunt; et contemnunt illud elogium, quo procax imperitia denotatur :

> .... Non tu in triviis, indocte, solebas,
> Stridenti miserum stipula disperdere carmen?

Quasi non (*a*) cirratorum turba Milesiarum in scholis figmenta decantet; et testamentum Suis Bessorum cachinno membra concutiat, atque inter scurrarum epulas, nugæ istiusmodi frequententur. Quotidie in plateis fictus hariolus stultorum nates verberat, et obtorto scorpione dentes mordentium quatit; et miramur si imperitorum libri lectorem inveniant?

18. Indignantur quare Origenistas scripserim inter se orgiis mendaciorum fœderari. Nominavi librum, in quo hoc scriptum legerim; id est, sextum Stromateon Origenis, in quo Platonis sententiæ nostrum dogma componens, ita loquitur; Plato in tertio de Republica libro : « Veritas quoque sectanda magnopere est. Si enim, ut paulo ante rectissime dicebamus, Deo indecens et inutile mendacium est, hominibus quandoque utile (ut utantur eo quasi condimento atque medicamine); nulli dubium est, quin hujusmodi licentia medicis danda sit, et ab imprudentibus removenda. Vera, inquit, asseris; ergo principes urbium, si quibus et aliis hoc conceditur, oportet aliquando mentiri, vel contra hostes, vel pro patria et civibus. Ab aliis vero qui uti mendacio nesciunt, auferendum est omne mendacium. » Origenes : « Et nos igitur illius præcepti memores : « Loquimini veritatem unusquisque cum proximo suo. » *Ephes.* IV, 25, non debemus dicere : Quis est proximus meus? sed considerare quomodo philosophus caute dixerit : Deo indecens et inutile esse mendacium, hominibus interdum utile; et quod ne pro dispensatione quidem putandus sit Deus aliquando mentiri. Sin autem commodum audientis exegerit, verbis loquitur ambiguis et per ænigmata quæ vult, profert : ut et veritatis apud eum dignitas conser-

(a) *Quasi non cirratorum turba.* De cirratis pueris supra in Epistolis diximus. Persius de iisdem Sat. I :

Nec matutini cirrata caterva magistri. MARTIAN.

d'un certain voile. Pour l'homme à qui incombe la nécessité de mentir, il doit mettre le plus grand soin à faire parfois usage du mensonge comme d'un condiment et d'un remède, en gardant la mesure exacte, et sans sortir des limites où se maintint Judith contre Olopherne, qu'elle vainquit par une prudente feinte de paroles. Qu'il imite Esther qui, par un long silence sur la vérité de son origine, corrigea l'opinion hostile d'Artaxerxès ; et surtout le patriarche Jacob, que l'Ecriture nous montre obtenant les bénédictions paternelles par un habile mensonge. Par là il est évident que si nous ne mentons pas dans le but de nous procurer quelque grand bien, nous devons être jugés comme ennemis de celui qui a dit : « Je suis la vérité. » *Joan.* XIV. » Voilà ce qu'Origène a écrit, nous ne pouvons le nier ; il l'a écrit dans les livres qu'il adressait aux parfaits et à ses disciples, et il enseigne que les maîtres peuvent mentir et que les disciples ne le doivent pas. Par conséquent, celui qui ment bien, et sans la moindre pudeur dresse contre ses frères tout ce qui lui vient aux lèvres, prouve qu'il est un maître par excellence.

19. *Défense de l'interprétation du Psaume II. Baiser synonyme de vénération chez les Hébreux.* — Il me blâme aussi, me dit-on, de ce que, dans l'interprétation du Psaume deux, à la place de ce que nous lisons dans le latin : « Embrassez étroitement la discipline, » et qui est écrit *Nescubar* dans le texte hébreu, j'ai dit : « Adorez le Fils ; » et de ce qu'ensuite, traduisant en langue romaine tout le Psautier et comme oublieux de ma première explication, j'ai mis : « Adorez avec pureté. » Ces deux versions n'ont aucun rapport, cela est évident pour tous. En réalité, Rufin est pardonnable d'ignorer les étymologies hébraïques, puisqu'il hésite parfois dans les choses de la langue latine. *Nescu*, pour rendre mot à mot, répond à καταφιλήσατε, c'est-à-dire *baisez* ; ce que ne voulant pas traduire platement, j'ai suivi de préférence le sens, en disant : « adorez ; » parce qu'en effet ceux qui adorent ont coutume de baiser la main et de courber la tête. C'est ce que le saint homme Job nie avoir fait devant les éléments et les idoles, quand il dit : « Si j'ai regardé le soleil dans son plus grand éclat, et la lune quand elle était la plus claire ; si mon cœur alors a ressenti une secrète joie, et si j'ai porté ma main à ma bouche pour la baiser, ce qui est le comble de l'iniquité et un renoncement du Dieu très-haut..... » Puisqu'il est dans le génie de la langue hébraïque que baiser y soit synonyme de vénération, j'ai traduit d'après le sens que les Hébreux eux-mêmes attachent au mot NESCU. Quand à BAR, il a chez eux des significations diverses. Ainsi il veut dire « fils, » comme dans ces exemples : Barjona, « fils de la colombe, » Barthélemy, « fils de Tholomée, » et Barthimée,

vetur : et quod noxium esse poterat, si nudum proferretur in vulgus, quodam tectum velamine proferatur. Homo autem, cui incumbit necessitas mentiendi, diligenter attendat, ut sic utatur interdum mendacio, quomodo condimento atque medicamine ; ut servet mensuram ejus, ne excedat terminos, quibus usa est Judith contra Holofernem, et vicit eum prudenti simulatione verborum. Imitetur Esther, quæ Artaxerxis sententiam, diu tacita gentis veritate correxit. Et in primis Patriarcham Jacob, quem legimus benedictiones patris artifici impetrasse mendacio. Ex quo perspicuum est, quod nisi ita mentiti fuerimus, ut magnum nobis ex hoc aliquod quæratur bonum, judicandi simus, quasi inimici ejus, qui ait : « Ego sum veritas. » *Joan.* XIV. Hæc Origenes scripsit, negare non possumus ; scripsit in libris, quos ad perfectos et ad discipulos loquebatur : docetque magistris mentiendum ; discipulos autem non debere mentiri. Qui ergo bene mentitur, et absque ulla verecundia quidquid in buccam venerit, contingit in fratres, magistrum se optimum probat.

19. *Psalmi II interpretationem defendit. Deosculatio pro veneratione apud Hebræos.* — Illud quoque carpere dicitur, quod secundum Psalmum interpretans, pro eo quod legimus in Latino : « apprehendite disciplinam ; » et in Hebraico volumine scriptum est NESCU BAR, dixerim in Commentariolis meis : « Adorate filium. » Et rursum omne Psalterium in Romanum vertens sonum, quasi immemor expositionis antiquæ posuerim : « Adorate pure ; » quod utique sibi esse contrarium omnibus patet. Et revera ignoscendum est ei, si ignoret linguæ Hebraicæ veritatem, qui interdum et in Latinis hæsitat. NESCU, ut verbum de verbo interpreter, καταφιλήσατε, id est, *deosculamini* dicitur : quod ego nolens transferre putide, sensum magis secutus sum, ut dicerem, *adorate*. Quia enim qui adorant solent deosculari manum, et capita submittere, quod se beatus Job elementis et idolis fecisse negat, dicens. *Cap.* XXXI, 26, 27 : « Si vidi solem cum fulgeret, et lunam incedentem clare ; et lætatum est in abscondito cor meum, et osculatus sum manum meam ore meo, quæ iniquitas maxima est, et negatio contra Deum altissimum, » et Hebræi juxta linguæ suæ proprietatem, deosculationem pro veneratione ponunt, id transtuli, quod ipsi intelligunt, quorum verbum est. BAR autem apud illos diversa significat. Dicitur enim et *filius*, ut est illud : Barjona, *filius columbæ*, et Bartholomæus, *filius Tholomæi*, et Barthimæus, et Barjesu, et Barabbas ; *triticum* quoque, et *spicarum fasciculus*, et *electus*, ac *purus*. Quid igi-

et Barhiésu, et Barrabas; il veut dire aussi « froment, » et « poignée d'épis, » et « choisi, » et « pur. » Où donc est le crime, si j'ai donné deux versions différentes d'un mot à plusieurs sens? et si, après avoir dit : « Adorez le Fils, » dans les Commentaires, qui laissent toute liberté de dissertation, — dans le Psautier même, pour ne point paraître donner une interprétation forcée, et pour ne pas prêter matière à quelque calomnie judaïque, j'ai mis : « Adorez avec pureté, » ou « avec discernement, » traduction qui est aussi celle d'Aquila et de Symmaque? En quoi nuit-on à la foi de l'Église, en enseignant au lecteur de combien de manières les Hébreux expliquent un même passage?

20. *Erreurs d'Origène.* — Il est permis à votre Origène de traiter de la métempsychose, de faire intervenir des mondes innombrables, de revêtir les créatures raisonnables de corps successifs, et de dire que le Christ a souffert souvent et qu'il souffrira souvent encore, afin que le bienfait qu'a produit une fois son incarnation se renouvelle sans cesse; vous-même vous assumez une telle autorité que vous déguisez un hérétique en martyr, et que vous blanchissez les livres d'Origène des souillures adultères de l'hérésie; et il ne me sera pas permis de discuter des mots et d'enseigner aux Latins, dans des Commentaires, ce que j'ai appris des Hébreux? S'il ne fallait éviter les longueurs et si cela ne sentait la gloriole, je vous montrerais ici de quelle utilité il est de fouler souvent le seuil des maîtres et d'apprendre l'art de ceux qui le pratiquent; vous verriez que la langue hébraïque est comme une vaste forêt amplement fournie de noms et de mots à plusieurs sens : circonstance qui a prêté matière à des interprétations diverses, parce que chacun, dans le doute, donne la traduction qui lui paraît la plus convenable. Mais pourquoi vous envoyer en pays étranger? Feuilletez Aristote et les dissertations d'Alexandre sur les œuvres d'Aristote : cette lecture vous fera connaître que les termes ambigus sont innombrables; et vous cesserez de critiquer votre ami sur un sujet que vous n'avez jamais appris, même en songe.

21. *Commentaires sur l'Épître aux Éphésiens.* — Puisque mon frère Paulinien m'a rapporté quelques-unes des critiques de Rufin au sujet des Commentaires sur l'Épître aux Éphésiens, qu'il s'est souvenu d'un petit nombre, et qu'il m'a montré les endroits critiqués, je ne dois pas recourir à des subterfuges, et je prie le lecteur, si je suis quelque peu long dans l'exposé et la réfutation des griefs, de me pardonner en raison de la nécessité. Car je n'accuse pas le prochain; je m'efforce de me défendre, et de repousser l'accusation calomnieuse d'hérésie. Origène a écrit trois volumes sur l'Épître de Paul aux Éphésiens, qui a été aussi pour Didyme et pour Apollinaire l'occasion d'écrits personnels. J'ai traduit ou imité ces interprètes, et il est bon de rappeler ce que j'écrivais dans le Prologue de cet ouvrage : « Cette préface a pour but encore de ne pas laisser ignorer que j'ai parfois suivi les traces d'Origène qui a écrit

tur peccavi, si verbum ambiguum diversa interpretatione converti? et qui in Commentariolis, ubi libertas est disserendi, dixeram : « Adorate filium; » in ipso corpore, ne violentus viderer interpres, et Judaicæ calumniæ locum darem, dixerim : « Adorate pure, » sive « electe; » quod Aquila quoque et Symmachus transtulerunt? Quid ergo Ecclesiasticæ fidei nocet, si doceatur lector, quot modis apud Hebræos unus versiculus explanetur?

20. *Origenis errores.* — Origeni tuo licet tractare de μετεμψυχώσει, innumerabiles mundos introducere, et rationabiles creaturas aliis atque aliis vestire corporibus, Christumque dicere sæpe passum, et sæpius passurum, ut quod semel profuit, semper prosit assumptum; tibi quoque ipse tantam assumis auctoritatem, ut de hæretico martyrem, de Origenis libris hæreticorum adulteria mentiaris : mihi non licebit disputare de verbis, et in Commentariorum opere Latinos docere, quod ab Hebræis didici? Nisi enim et prolixum esset, et redoleret gloriolam, jam nunc tibi ostenderem, quid utilitatis habeat magistrorum limina terere, et artem ab artificibus discere; et videres quanta silva sit apud Hebræos ambiguorum nominum atque verborum. Quæ res diversæ interpretationi materiam præbuit; dum unusquisque inter dubia, quod sibi consequentius (al. *convenientius*) videtur, hoc transfert. Quid ad peregrina te mitto? Revolve Aristotelem, et Alexandrum Aristotelis volumina disserentem; et quanta ambiguorum sit copia, eorum lectione cognosces; ut tandem desinas amicum tuum in eo reprehendere, quod ne per somnium quidem aliquando didicisti.

21. *Commentar. ad Ephesios.* — Sed quia Paulinianus frater meus, de Commentariis ad Ephesios quædam ab eo reprehensa narravit, et pauca ex his memoriæ tradidit, mihique ipsa demonstravit loca, non debeo subterfugere; quæsoque lectorem, ut si paululo in proponendis et diluendis criminibus longior fuero, necessitati det veniam. Non enim alterum accuso; sed me nitor defendere, et objectam hæreseos calumniam refutare. In Epistolam Pauli ad Ephesios tria Origenes scripsit volumina. Didymus quoque et Apollinarius propria opuscula condidere. Quos ego vel transferens, vel imitans, quid in Prologo ejusdem

trois volumes sur cette Epître, sur laquelle Apollinaire et Didyme ont également publié quelques Commentaires. Nous leur avons emprunté certaines appréciations, quoiqu'en petit nombre, et nous en avons ajouté ou retranché d'autres conformes à notre manière de voir, en sorte que le lecteur attentif reconnaîtra dès le début que cet ouvrage est un mélange d'emprunts faits à d'autres et de vues personnelles. » Par conséquent, pour tout ce qu'on pourrait incriminer dans l'explication de cette Epître, s'il ne m'est pas possible de le faire voir dans les livres grecs d'où j'ai affirmé l'avoir traduit en latin, je m'avouerai coupable, et j'accepterai comme mien ce qui ne sera pas à autrui. Enfin, pour ne paraître pas user de nouveau de sophisme, et cacher sous un habile prétexte la crainte de m'avancer davantage, je citerai les passages mêmes qui sont incriminés.

22. *Devoirs du Commentateur. Temps où furent écrits les Commentaires sur l'Epître aux Ephésiens.* — Dès le début du premier volume, ce passage de Paul où il est dit : « Ainsi qu'il nous a élus en lui avant la création du monde, afin que nous fussions saints et irrépréhensibles devant ses yeux, » *Ephes.*, I, 4, je l'ai interprété de manière à rapporter cette élection à la prescience divine, au lieu de dire, avec Origène, que ces élus sont ceux qui avaient existé avant la création. Et j'ai ajouté : « Quand Paul atteste que le Père nous a élus avant la création du monde, afin que nous fussions saints et irrépréhensibles devant lui, c'est-à-dire devant Dieu, il vise la prescience divine, pour laquelle toutes choses à venir sont déjà faites, et qui connaît toutes choses avant qu'elles arrivent. C'est en ce sens que Paul lui-même est prédestiné dès le sein de sa mère ; et que Jérémie, dès qu'il est conçu, est sanctifié, élu, fortifié, et, figure du Christ, envoyé comme prophète aux nations. » Assurément, il n'y a rien de répréhensible dans cette explication ; et tandis qu'Origène a dit le contraire, j'ai suivi le sentiment de l'Eglise. Mais comme le rôle de commentateur est de faire connaître les opinions de plusieurs, et que je m'y étais engagé dans la préface, voici comment, sans marquer de haine contre lui, j'ai donné l'explication d'Origène lui-même : « Mais un autre auteur, qui s'efforce de montrer que Dieu est juste en ce qu'il élit chacun, non sur un jugement de sa prescience, mais d'après le mérite de chaque élu, dit qu'antérieurement aux créatures visibles, le ciel, la terre, la mer et tout ce qui est en eux, existaient d'autres créatures invisibles, entre autres les âmes, qui, pour certaines causes connues de Dieu seul, auraient été précipitées en bas, dans cette vallée de larmes, lieu d'affliction et de notre pèlerinage, où un saint priait en ces termes pour retourner de cet exil dans sa demeure primitive : « Hélas !

operis scripserim, subjiciam : « Illud quoque in Præfatione commoneo, ut sciatis Originem tria volumina in hanc Epistolam conscripsisse, quem et nos ex parte secuti sumus ; Apollinarium etiam, et Didymum quosdam Commentariolos edidisse. Ex quibus licet pauca, decerpsimus ; et nonnulla quæ nobis videbantur, adjecimus, sive subtraximus ; ut studiosus statim in principio lector agnoscat, hoc opus vel alienum esse, vel nostrum. » Quidquid ergo in explanatione hujus Epistolæ vitii potuerit demonstrari, si ego illud in Græcis voluminibus, unde in Latinum vertisse me dixi, ostendere non potuero, crimen agnoscam, et meum erit, quod alienum non fuerit. Tamen ne rursus videar cavillari, et hac excusationis stropha, gradum non audere conferre, ponam ipsa testimonia, quæ vocantur in crimen.

22. *Commentatoris officium. Tempus scriptionis Commentariorum in Epistolam ad Ephes.* — In primo statim volumine testimonium Pauli, in quo loquitur : « Sicut elegit nos in ipso ante constitutionem mundi, ut essemus sancti et immaculati coram ipso, » *Ephes.* I, 4, sic interpretati sumus, ut electionem non juxta Origenem, eorum diceremus, qui prius fuerant ; sed ad Dei præscientiam referremus. Denique diximus : « Quod autem electos nos, ut essemus sancti et immaculati coram ipso, hoc est Deo, ante fabricam mundi, testatus est, ad præscientiam Dei pertinet, cui omnia futura jam facta sunt, et antequam fiant universa sunt nota. Sicut et Paulus ipse prædestinatur in utero matris suæ ; et Jeremias in vulva sanctificatur, eligitur, roboratur, et in typo Christi Propheta Gentibus mittitur. » Certe in expositione ista nullum crimen est ; et Origene dicente contraria, nos Ecclesiasticum sensum secuti sumus. Et quia Commentatoris est officium, multorum sententias ponere, et hoc me facturum in Præfatione promiseram, etiam Origenis, absque invidia nominis ejus, explanationem posui, dicens : « Alius vero, qui Deum justum conatur ostendere, quod non ex præjudicio scientiæ suæ, sed ex merito electorum unumquemque eligat, dicit ante visibiles creaturas, cœlum, terram, maria, et omnia quæ in eis sunt, fuisse alias invisibiles creaturas, in quibus et animas, quæ ob quasdam causas soli Deo notas dejectæ sint deorsum, in vallem istam lacrymarum, in locum afflictionis et peregrinationis nostræ, in quo sanctus constitutus orabat, ut ad sedem pristinam reverteretur, dicens : « Heu mihi, quia incolatus meus prolongatus est ; habitavi cum habitantibus Cedar, multum peregrinata est anima mea ; » *Ps.* CXIX, 5 ; et Apostolus : « Miser ego homo, quis me liberabit de corpore mortis hujus ? » *Rom.* VII, 24 ; et : « Melius est reverti, et esse cum

que mon sort est triste d'être si longtemps exilé! j'ai demeuré avec ceux qui habitent dans Cédar; mon âme a été longtemps étrangère; » *Psalm.* cix, 5; et l'Apôtre : « Malheureux homme que je suis! qui me délivrera de ce corps de mort? » *Rom.* vii, 24; et puis : « Le meilleur est de s'en retourner et d'être avec Jésus-Christ; » *Philip.* i, 23; et encore David en un autre endroit : « Avant que j'eusse été humilié, j'ai péché; » *Psalm.* cxviii, 67; et autres arguments semblables, qu'il serait long de rapporter. Pesez bien mes paroles : « Mais un autre, qui s'efforce de montrer que Dieu est juste...; » j'ai dit, non pas « qui montre, » mais « qui s'efforce de montrer. » Que si vous vous scandalisez de ce que j'ai résumé en peu de mots une fort longue dissertation d'Origène, pour dévoiler au lecteur sa manière de voir; et si vous croyez que j'adhère secrètement à son opinion. [illegible]e que je n'ai rien omis de ce qu'il a dit [illegible]nez que je n'ai pas agi de la sorte po[illegible]échapper à vos accusations injustes et [illegible]ns la crainte de vous entendre dire que j'avais passé sous silence ses meilleurs arguments et qu'Origène a discuté en grec avec plus de force. J'ai rapporté, bien que sommairement, tout ce que j'ai trouvé dans le grec, afin de ne laisser à ses disciples aucune nouveauté qu'il leur fût possible de glisser dans les oreilles des Latins. On se gare plus facilement d'un mal connu que d'une surprise. Et quand j'ai fait l'exposé de son interprétation, voici, veuillez bien le remarquer, la conclusion de tout le morceau : « L'Apôtre, en effet, ne dit pas : « Il nous a élus avant la création du monde, alors que nous étions saints et irrépréhensibles; » il dit : « Il nous a élus afin que nous fussions saints et irrépréhensibles, » c'est-à-dire que, nous qui ne fûmes pas saints et irrépréhensibles auparavant, il nous a élus afin que nous le fussions dans la suite. Ce qui peut s'entendre des pécheurs revenus à de meilleurs sentiments, et qui corrobore cette maxime : « Nul homme vivant ne sera trouvé juste devant vous; » *Psalm.* cxlii, 2; vivant, c'est-à-dire pendant toute sa vie, pendant tout le temps qu'il passe en ce monde. Entendue de la sorte, cette maxime s'élève aussi contre celui qui prétend qu'avant la création du monde, les âmes ont été élues en vue de la sainteté, et que les péchés ne les souillent pas. » Or je l'ai déjà dit, Paul, et ceux qui lui sont semblables, ne sont pas élus parce qu'ils étaient saints et immaculés; ils sont élus et prédestinés afin que, par leurs œuvres et leurs vertus, ils deviennent saints et irrépréhensibles dans le cours de leur vie qui va s'ouvrir. Et après un tel langage, il se trouve une voix assez impudente pour m'accuser d'origénisme? Il y a presque dix-huit ans que j'ai dicté ces Commentaires; c'était le temps où le nom d'Origène florissait dans le monde, et où les Latins ne connaissaient pas son ouvrage du περὶ Ἀρχῶν; et néanmoins je déclarais hautement ma foi, et je montrais ce qui me déplaisait en lui. Depuis cette époque, sur d'autres points, si l'inimitié avait pu découvrir quelque trace d'hérésie, je serais coupable, non d'adhésion aux doctrines per-

Christo; » *Phil.* i, 23; et alibi : « Antequam humiliarer, ego peccavi; » *Ps.* cxviii, 67; et cætera his similia, quæ longum est scribere. Animadverte quid dixerim : Alius vero, qui Deum justum conatur ostendere : conatur ostendere, inquam, non ostendit. Si autem in eo scandalum pateris, quare latissimam Origenis disputationem brevi sermone comprehenderim, et lectori sensum ejus aperuerim; atque ex eo tibi occultus illius videor esse sectator, quia nihil ab eo dictum prætermiserim, vide ne hoc idcirco fecerim, ut vestram calumniam declinarem, ne me diceretis quæ ab eo fortiter sunt dicta, tacuisse, et illum in Græco robustius disputare. Posui ergo omnia, licet brevius, quæ in Græco reperi, ut nihil haberent discipuli ejus novi, quod Latinorum auribus ingererent. Facilius enim nota, quam repentina contemnimus. Exposita autem interpretatione ejus, quid in fine capituli dixerimus, ausculta : « Non enim, » ait Apostolus, « elegit nos ante constitutionem mundi, cum essemus sancti et immaculati; sed elegit nos ut essemus sancti et immaculati; » hoc est, qui sancti et immaculati ante non fuimus, ut postea essemus. Quod et de peccatoribus ad meliora conversis dici potest; et stabit illa sententia : « Non justificabitur in conspectu tuo omnis vivens, » *Ps.* cxlii, 2; id est, in tota vita sua, in omni quo in mundo ipso versatus est tempore. Quod quidem ita intellectum, et adversum eum facit, qui antequam mundus fieret, animas dicit esse electas propter sanctitatem, et nullum vitium peccatorum. Non enim (ut ante jam diximus) eliguntur Paulus, et qui ei similes sunt, quia erant sancti et immaculati; sed eliguntur et prædestinantur, ut in consequenti vita per opera atque virtutes, sancti et immaculati fiant. Et audet quisquam post hujusmodi sententiam, nos Origenis hæreseos accusare? Decem et octo ferme anni sunt, ex quo istos dictavi libros, eo tempore quo Origenis nomen florebat in mundo; quo περὶ Ἀρχῶν, illius opus, Latinæ aures ignorabant : et tamen professus sum fidem meam; et quid mihi displiceret, ostendi. Ex quo etiam si in cæteris aliquid hæreticum monstrare potuisset inimicus, non tam dogmatum eversorum, quæ hic et in aliis libris sæpe damnavi, quam improvidi tenerer erroris.

verses, que j'ai souvent condamnées ici dans les autres livres, mais tout au plus d'erreur par imprévoyance.

23. *Foi de l'Eglise.* — Je serai bref sur le second endroit que mon frère m'a signalé comme critiqué par Rufin : il est sans importance, et le dessein de me calomnier est évident. A l'occasion de ces paroles de Paul : « Le faisant asseoir à sa droite dans le ciel, au-dessus de toutes les Principautés et de toutes les Puissances, de toutes les Vertus, de toutes les Dominations, et de tous les titres qui peuvent être non-seulement dans le siècle présent, mais encore dans celui qui est à venir, » *Ephes.* I, 20, 21, après plusieurs explications, qui m'avaient conduit à parler des fonctions des ministres de Dieu, et des Principautés, des Puissances, des Vertus et des Dominations, j'ajoutais ceci : « Il est nécessaire qu'ils aient des subordonnés qui les craignent, qui les servent, et à qui se communique leur force. La hiérarchie des fonctions qui existe actuellement existera aussi dans le siècle à venir ; en sorte qu'en raison du rang, des honneurs, du degré hiérarchique, chacun soit plus ou moins élevé en dignité, et soit subordonné à tel ou tel chœur des Puissances, des Vertus, des Principautés, des Dominations. » Prenant ensuite un roi de la terre pour exemple, j'expliquais les diverses fonctions des ministères célestes par la description d'une cour d'ici-bas, et je continuais : « Pensons-nous que Dieu, le Seigneur des seigneurs, le Roi des rois, puisse se contenter d'un ministère uniforme ? » Comme on n'appelle archange que celui qui est devant les Anges, de même les noms de Principautés, de Puissances, de Dominations emportent l'idée de subordonnés d'un grade inférieur. Si Rufin croit que je marche sur les traces d'Origène parce que, dans mon explication, j'indique des rangs dans les honneurs, une échelle hiérarchique, le plus ou le moins dans les dignités, il y a un abîme, qu'il le sache bien, entre affirmer, comme Origène, que les démons et les hommes sont des métamorphoses d'anges, de chérubins et de séraphins, et dire que les anges eux-mêmes sont répartis hiérarchiquement, selon les fonctions qu'ils ont mission de remplir, croyance qui ne répugne pas à l'Eglise. De même qu'entre les hommes il y a une échelle de dignités basée sur la différence de leurs travaux, par exemple qu'évêque, prêtre et toute autre charge ecclésiastique a son rang, et pourtant qu'ils sont tous des hommes ; de même il y a divers degrés entre les anges, et pourtant tous demeurent dans leur condition d'ange, sans que des anges deviennent hommes, et que de nouveau des hommes deviennent anges.

24. *Il n'a pas nommé, par délicatesse, ceux dont il donnait l'opinion.* — Troisième reproche sur la triple explication de ce passage de l'Apôtre : « Pour faire éclater dans les siècles à venir les richesses surabondantes de sa grâce par la bonté qu'il nous a témoignée en Jésus-Christ. » *Ephes.* II, 7. La première donne ma manière de voir ; la seconde,

23. *Ecclesiæ fides.* — Secundum locum quem mihi ab eo reprehensum frater ostendit, quia valde frivolus est, et apertam sui præfert calumniam, ponam breviter. In eo testimonio ubi Paulus loquitur : « Sedere eum faciens ad dexteram suam in cœlestibus, super omnem principatum et potestatem et virtutem et dominationem, et omne nomen quod nominatur, non solum in hoc sæculo, sed etiam in futuro, » *Ephes.* I, 20, 21, post multiplicem expositionem, cum ad ministrorum Dei officia pervenissem, et de principatibus ac potestatibus et virtutibus ac dominationibus dicerem, etiam hoc addidi : « Necesse est, ut subjectos habeant, et timentes se, et servientes sibi, et eos qui a sua fortitudine roborentur. Quæ distributiones officiorum, non solum in præsentiarum, sed etiam in futuro sæculo erunt : et per singulos profectus et honores, ascensiones et descensiones, vel crescat aliquis, vel decrescat, et sub alia atque alia potestate, virtute, principatu, et dominatione fiat. » Et post exemplum terreni regis, totamque Palatii descriptionem, per quam diversa ministeriorum Dei officia demonstrabam, addidi : « Et putamus Deum, Dominum dominorum, regemque regnantium, simplici tantum ministerio esse contentum ? » Quomodo Archangelus non dicitur, nisi qui prior est Angelorum ; sic Principatus et Potestates et Dominationes non appellantur, nisi subjectos aliquos habeant et inferioris gradus. Sin autem putat idcirco me Origenem sequi, quia profectus et honores, ascensiones et descensiones, incrementa et imminutiones, in expositione mea posui : sciat multum interesse de Angelis et Seraphim et Cherubim dicere, dæmones et homines fieri, quod affirmat Origenes ; et ipsos inter se Angelos diversa officiorum genera esse sortitos, quod Ecclesiæ non repugnat. Quomodo et inter homines ordo dignitatum ex laboris varietate diversus est, cum episcopus et presbyter, et omnis Ecclesiasticus gradus habeat ordinem suum ; et tamen omnes homines sunt : sic et inter Angelos merita esse diversa, et tamen in Angelica omnes persistere dignitate : nec de Angelis homines fieri, nec rursum homines in Angelos reformari.

24. *Verecunde non posuit nomina Expositorum.* — Tertius est reprehensionis locus quod dicente Apostolo : « Ut ostenderet in sæculis supervenientibus abundantes divitias gratiæ suæ in bonitate super

les allégations d'Origène; la troisième, l'interprétation ingénue d'Apollinaire. Si je n'ai pas nommé ces auteurs, pardonnez à ma délicate réserve; je ne devais pas blâmer des gens que j'imitais à quelques égards et dont je traduisais la pensée en latin. « Mais, disais-je, celui qui est un lecteur assidu prendra aussitôt ses informations et dira... » Et encore à la fin : « Un autre fait ainsi entendre ces paroles : « Pour faire éclater dans les siècles à venir les richesses surabondantes de la grâce. » Ainsi, objecterez-vous, c'est en la mettant dans la bouche d'un lecteur assidu que vous expliquerez l'opinion d'Origène. J'avoue mon erreur; ce n'est pas assidu, c'est impie qu'il fallait dire. De la sorte, et si j'avais pu deviner que vous mettriez en avant de semblables bagatelles, j'aurais évité vos paroles calomnieuses. Grand crime d'avoir habillé en lecteur assidu cet Origène, dont j'ai interprété soixante-dix livres, dont j'ai fait le plus chaleureux éloge, et pour qui j'ai été poussé, il y a plus de deux ans, à répondre dans un court écrit à vos éloges, qui se tournaient contre moi. Vous disiez bien haut, quand vous me louiez, que j'ai donné à Origène le nom de maître des Églises; et vous croyez que je dois trembler, parce que vous m'accusez maintenant, sur le ton d'un ennemi, de l'appeler lecteur diligent. On qualifie aussi de diligents, et le marchand le plus ladre, et le serviteur d'une avarice sordide dans l'intérêt de son maître, et le pédagogue sévère à l'excès, et le voleur le plus adroit. De même l'Évangile loue comme prudents certains actes de l'économe injuste : « Les enfants du siècle, dit-il, sont plus sages dans la conduite de leurs affaires que ne le sont les enfants de la lumière; » *Luc*, XVI, 8; et nous lisons ailleurs : « Le serpent était le plus avisé de tous les animaux que le Seigneur Dieu avait faits sur la terre. » *Genes*, III, 1.

25. *Ce qu'est ce « corps de mort. »* — Le quatrième reproche porte sur le début du second livre, où nous avons analysé ce témoignage de Paul : « Pour ce sujet, moi Paul, prisonnier de Jésus-Christ pour vous autres, Gentils. » *Ephes.* III, 1. Cet endroit étant fort clair par lui-même, je rapporterai seulement la partie du commentaire qui laisse passage à la calomnie. « Que Paul est prisonnier de Jésus-Christ pour les Gentils, cela peut aussi s'entendre de son martyre, en ce que c'est de Rome, où il avait été jeté dans les fers, qu'il aurait envoyé cette Épître, à la même époque où, comme nous l'avons montré ailleurs, il écrivit à Philémon, aux Colossiens et aux Philippiens. Ou assurément, puisque nous lisons en bien des endroits que ce corps est le lien de l'âme et la tient comme enfermée dans une prison, nous disons aussi que Paul, retenu dans les chaînes du corps, ne pouvait s'en retourner et être avec Jésus-Christ, parce qu'il fallait que par lui s'accomplît l'œuvre de la prédication au milieu des Gentils. Ici

nos in Christo Jesu. » *Ephes.* II, 7, nos triplicem expositionem posuimus. In prima quid nobis videretur; in secunda quid Origenes opponeret; in tertia quid Apollinarius simpliciter explanaret. Quorum si nomina non posui, ignosce verecundiæ meæ; non debui eos carpere, quos imitabar ex parte, et quorum in Latinam linguam sententias transferebam. « Sed, dixi, qui diligens lector est, statim requiret, et dicet. » Et rursus in fine : « Alius vero hoc quod ait, ut ostenderet in sæculis supervenientibus abundantes divitias gratiæ suæ, ad illam intelligentiam transfert. » Ecce, inquies, sub diligentis lectoris persona, Origenis sententias explicasti. Fateor errorem, non debui diligentem dicere, sed blasphemum; quod si fecissem, et aliquo scirem vaticinio te istiusmodi nenias sectaturum, etiam calumniæ verba vitassem. Grande crimen si Origenem diligentem dixi esse lectorem, cujus septuaginta libros interpretatus sum, quem in cœlum laudibus tuli; pro quo compulsus sum ante biennium brevi libello tuis contra me præconiis respondere. Ecclesiarum magistrum a me dictum esse Origenem, in tuis laudibus objicis; et putas quod pertimescere debeam, si diligentem lectorem me illum dixisse inimicus accuses. Solemus et negotiatores parcissimos, et frugi servos, et molestos pædagogos, et argutissimos fures, diligentes vocare. Et in Evangelio villicus iniquitatis prudenter quædam fecisse dicitur; et : « Prudentiores sunt filii hujus sæculi filiis lucis in generatione sua; » *Luc.* XVI, 8; et : « Serpens sapientior erat omnibus bestiis, quas fecit Dominus super terram. » *Gen.* III, 1.

25. *Corpus mortis quod sit.* — Quartus reprehensionis locus, exordium secundi libri possidet, in quo hoc Pauli testimonium exposuimus : « Hujus rei gratia ego Paulus vinctus Jesu Christi pro vobis gentibus; » *Ephes.* III, 1; et quia per se locus ipse manifestus est, eam tantum partem ponam explanationis, quæ patet calumniæ : « Vinctum Christi Jesu Paulum esse pro Gentibus, potest et de martyrio intelligi, quod Romæ in vincula conjectus, hanc Epistolam miserit, eo tempore quo ad Philemonem, et ad Colossenses, et Philippenses, in alio loco scriptas esse monstravimus. Vel certe, quia in plurimis locis lectum est vinculum animæ corpus hoc dici, quo quasi clausa teneatur in carcere, dicimus propterea Paulum corporis nexibus coerceri, nec reverti, et esse cum Christo, ut perfecta in Gentes per eum prædicatio compleatur; licet quidam alium sensum in hoc loco

quelques-uns préconisent un autre sens que je rejette, et en vertu duquel Paul, prédestiné et sanctifié avant de naître dès le sein de sa mère pour la prédication au milieu des Gentils, aurait reçu plus tard les liens de la chair. » Sur ce passage encore, comme plus haut, j'ai fait connaître trois explications : la première donne ma manière de voir ; la seconde, les assertions d'Origène ; et la troisième, le sentiment d'Apollinaire à l'encontre des doctrines d'Origène. Lisez les commentaires grecs, et, s'ils ne vérifient pas mon dire, je me reconnaîtrai coupable. Sur ce point, quelle est ma faute ? Sans doute celle dont je me suis lavé tout à l'heure, de n'avoir pas nommé les auteurs des opinions rapportées ? Il était superflu, à chaque passage de l'Apôtre, de nommer ces auteurs, quand dans la préface j'avais annoncé que j'allais traduire leurs ouvrages. Quoi qu'il en soit, dire que l'âme est dans les liens du corps jusqu'à ce qu'elle revienne à Jésus-Christ, et, dans la résurrection glorieuse, revête d'incorruption et d'immortalité ce corps corruptible et mortel, n'a rien d'absurde et qui ne se comprenne pas. C'est pour cela que l'Apôtre a dit : « Malheureux homme que je suis ! qui me délivrera de ce corps de mort. » *Rom.* VII, 24. Il appelle corps de mort ce qui est assujetti aux vices, aux maladies, aux perturbations et à la mort, jusqu'à ce qu'il ressuscite avec Jésus-Christ dans la gloire, et que le feu de l'Esprit saint ait fait d'un limon d'abord fragile un vase indestructible, et changé sa dignité sans changer sa nature.

26. Le cinquième point est le plus important. Sur ce témoignage de l'Apôtre : « De qui tout le corps, dont les parties sont jointes et unies ensemble avec une si juste proportion, reçoit, par tous les vaisseaux et toutes les liaisons qui portent l'esprit et la vie, l'accroissement qu'il lui communique par l'efficacité de son influence, selon la mesure qui est propre à chacun des membres, afin qu'il se forme ainsi et s'édifie par la charité, » *Ephes.*, IV, 16, j'ai résumé, sans rien enlever à la force de ses exemples et de ses assertions, l'explication très-étendue d'Origène, qui présente les mêmes jugements sous des locutions diverses. Parvenu à la fin, j'ajoutais ceci : « Par conséquent, lorsque sera venu, pour rétablir toutes les parties, le véritable médecin, Jésus-Christ, qui doit guérir le corps de l'Église entière, maintenant déchiré et dont les membres sont dispersés, chacun, selon la mesure de la foi et de la connaissance du Fils de Dieu, — on dit qu'il le connaît, parce qu'il l'avait connu d'abord, et qu'il a cessé ensuite de le connaître, — recevra sa place, et commencera à être ce qu'il avait été ; de telle sorte toutefois qu'ils ne soient pas, selon une autre hérésie, tous placés dans un même âge, c'est-à-dire tous rendus à la forme angélique, mais que chaque membre soit parfait selon sa mesure et sa fonction. Par exemple, de sorte que l'ange transfuge commence à être ce qu'il fut créé ; que l'homme qui avait été chassé du paradis soit rendu de nouveau à la culture du paradis, » et le reste.

27. *Deux hérésies.*—Je m'étonne qu'un homme

introducant, quod Paulus prædestinatus et sanctificatus ex utero matris suæ ad prædicationem Gentium antequam nasceretur, postea vincula carnis acceperit. » Et in hoc triplicem, ut supra, expositionem posui. In prima, quid mihi videretur ; in secunda, quid Origenes assereret ; in tertia, quid Apollinarius contra illius dogmata sentiret. Lege Græcos Commentarios ; et nisi ita repereris, crimen fatebor. Quod est in isto loco peccatum meum ? Illud nimirum, pro quo supra respondi : quare non eos a quibus dicta sunt, nominarim ? Superfluum erat per singula Apostoli testimonia, eorum nomina ponere, quorum me Opuscula translaturum in Præfatione signaveram. Et tamen vinctam dici animam corpore, donec ad Christum redeat, et in resurrectionis gloria corruptivum et mortale corpus incorruptione et immortalitate commutet, non absurdæ intelligentiæ est. Unde et Apostolus : « Miser ego, inquit, homo ! quis me liberabit de corpore mortis hujus ? » *Rom.* VII, 24. Corpus mortis appellans, quod vitiis et morbis et perturbationibus ac morti subjaceat, donec cum Christo resurgat in gloria, et fragile prius lutum excoquatur fervore Spiritus sancti in testam solidissimam, demutans gloriam, non naturam.

26. Quintus locus validissimus est, in quo exponentes illud Apostoli testimonium : « Ex quo totum corpus compactum et conglutinatum per omnem juncturam subministrationis, secundum operationem in mensuram uniuscujusque membri, augmentum corporis facit in ædificationem sui in charitate, » *Ephes.* IV, 16, latissimam Origenis expositionem, et eosdem sensus per diversa verba volventem, brevi sermone constrinximus, nihil exemplis et assertionibus illius auferentes. Cumque pervenissemus ad finem, hæc subjecimus : « Igitur et in restitutione omnium, quando corpus totius Ecclesiæ nunc dispersum atque laceratum, verus medicus Christus Jesus sanaturus advenerit, unusquisque secundum mensuram fidei et agnitionis Filii Dei (quem ideo agnoscere dicitur, quia prius noverat, et postea nosse desivit) suum recipiet locum, et incipiet id esse quod fuerat ; ita tamen, ut non juxta hæresim aliam omnes in una ætate sint positi, id est, omnes in

aussi prudent que vous n'ait pas compris l'arrangement de mon exposition. En effet, quand je dis : « De sorte pourtant qu'ils ne soient pas, selon une autre hérésie, tous placés dans un même âge, c'est-à-dire tous rendus à la forme angélique, » je montre que les doctrines que je discute sont également hérétiques, et diffèrent d'une autre hérésie. Quelles sont donc ces deux hérésies ? L'une est celle qui prétend que toutes les créatures raisonnables seront rendues à la forme d'anges; l'autre est celle qui affirme que chaque chose, dans le rétablissement du monde, sera ce qu'elle fut créée. Par exemple, les démons étant des anges déchus, les démons redeviendraient des anges ; et les âmes des hommes, redevenant telles qu'elles ont été créées, ne prendraient pas la forme angélique, mais reprendraient celle que Dieu leur donna en les créant, de sorte que les justes et les pécheurs deviendraient égaux. Enfin, pour vous bien montrer que je n'avais pas développé mon opinion, mais que j'avais comparé entre elles deux hérésies que j'avais lues l'une et l'autre dans le grec, je concluais ainsi toute ma discussion : « Enfin, comme nous l'avons dit plus haut, ces théories sont très-obscures chez nous, parce qu'en grec elles sont exprimées métaphoriquement ; et dans toute métaphore, si elle est transportée littéralement d'une langue dans une autre, le sens et les germes du discours sont étouffés comme sous des épines. » Si les textes grecs ne confirment pas toutes ces assertions, vous pouvez me rendre responsable de tout ce qui a été dit.

28. La sixième objection qu'on me rapporte, et la dernière, au cas où mon frère n'a oublié d'en mentionner aucune, est celle-ci : Pourquoi, dans l'interprétation du passage où l'Apôtre dit : « Celui qui aime sa femme, s'aime soi-même ; car nul ne hait jamais sa propre chair, mais il la nourrit et l'entretient comme Jésus-Christ fait à l'égard de l'Eglise, » *Ephes.* v, 28, 29, après un simple exposé, ai-je introduit une question d'Origène, disant d'après lui, sans le nommer : « On peut nous opposer que cette sentence de l'Apôtre : Nul ne hait jamais sa propre chair, est fausse, puisque ceux qui sont atteints d'ictère malin, de phthisie, de catarrhe, ou qui ont un cancer, aiment mieux mourir que vivre, et haïssent leur corps ? » J'ai fait suivre immédiatement ma manière de voir : « Le langage de l'Apôtre doit donc être entendu dans un sens figuré. » Quand je dis « figuré, » j'indique que ce qui est dit n'est pas conforme à la réalité, mais est couvert du voile de l'allégorie. Rapportons néanmoins textuellement les paroles que contient le troisième livre d'Origène : « Disons que l'âme doit aimer, nourrir et entretenir cette chair qui verra le salut de Dieu, lui donner ses enseignements, l'engraisser avec le pain céleste et l'arroser du sang

Angelos reformentur; sed unumquodque membrum juxta mensuram et officium suum perfectum sit. Verbi gratia, ut Angelus refuga id esse incipiat, quod creatus est; ut homo qui de paradiso fuerat ejectus, ad culturam iterum paradisi restituatur, » et reliqua.

27. *Duæ hæreses.* — Miror te hominem prudentissimum non intellexisse artem expositionis meæ. Quando enim dico : « Ita tamen ut non juxta aliam hæresim omnes in una ætate sint positi, id est, omnes in Angelos reformentur, » ostendo et ea de quibus disputo esse hæretica, et ab alia hæresi discrepare. Quæ sunt ergo duæ hæreses ? Una, quæ dicit omnes rationabiles creaturas in Angelos reformari. Altera quæ asserit unumquodque in restitutione mundi id fore quod conditum est. Verbi gratia, quia ex Angelis dæmones sunt, rursum dæmones Angelos fieri; et animas hominum, ita ut sunt conditæ, non in Angelos, sed in id quod a Deo sunt conditæ, reformari, ut et justi et peccatores æquales fiant. Denique ut scias me non meam explicasse sententiam, sed inter se hæreses comparasse, quarum utramque in Græco legeram, disputationem meam hoc fine complevi : « Idcirco, ut supra diximus, hæc apud nos obscuriora sunt, quia μεταφορικῶς dicuntur in Græco; et omnis metaphora, si de alia in aliam linguam transferatur ad verbum, quibusdam quasi sentibus orationis sensus et germina suffocantur. » Nisi hæc eadem in Græco repereris, quidquid dictum est, meum putato.

28. Sextum, quod et extremum, mihi objicere dicitur (si tamen nihil in medio frater oblitus est), cur illum locum Apostoli interpretans ubi ait : « Qui uxorem suam diligit, seipsum diligit. Nemo enim unquam suam carnem odit; sed nutrit et fovet eam, sicut et Christus Ecclesiam, » *Ephes.* v, 28, 29, post simplicem expositionem, Origenis posuerim quæstionem, ex cujus persona tacito nomine dixerim : « Opponi nobis potest, quod non sit vera sententia dicentis Apostoli : Nemo unquam carnem suam odit, cum morbo regio laborantes, phthisi, et cancere et distillationibus, mortem vitæ præferant, et sua oderint corpora. » Et statim quid ipse sentirem adjunxi : « Magis itaque ad tropicam intelligentiam sermo referatur. » Quando dico, tropicam, doceo verum non esse, quod dicitur, sed allegoriæ nubilo figuratum. Ponamus tamen ipsa verba quæ in Origenis libro tertio continentur : « Dicamus quod illam carnem, quæ visura sit salutare Dei, anima diligat, et nutriat, et foveat eam, disciplinis erudiens, et cœlesti saginans pane, et Christi sanguine irrigans ; ut refecta et nitida, possit libero cursu virum sequi, et nullo debilitatis pondere prægravari. Pulchre etiam in simi-

du Christ, afin que, réconfortée et saine, elle puisse librement fournir sa course sur les pas de l'homme, et n'être pas accablée sous le fardeau de la faiblesse. Belle comparaison qu'à l'image de Jésus-Christ nourrissant et entretenant l'Église et disant à Jérusalem : « Combien de fois ai-je voulu rassembler tes enfants, comme une poule rassemble ses petits sous ses ailes, et tu ne l'as pas voulu, » *Matth.* XXIII, 37, les âmes aussi entretiennent leurs corps, afin que ce limon corruptible se revête d'incorruptibilité, et que, comme suspendu sur des ailes légères, il soit plus facilement soulevé dans l'air. Maris, entretenons donc nos femmes, et âmes, entretenons nos corps, en sorte que, comme la femme est soumise au mari, le corps soit soumis à l'âme, et qu'il n'y ait plus aucune différence de sexes; mais de même que, chez les anges, il n'y a ni homme ni femme, de même nous, qui serons un jour semblables aux anges, nous commencions à être, dès à présent, ce que, selon les divines promesses, nous serons dans le ciel. »

29. Nous avions avant cela exprimé clairement en ces termes notre manière de voir sur ce passage de Paul : « En ce qui touche au sens réel, l'Apôtre, après avoir prescrit une sainte affection entre mari et femme, nous ordonne ici de nourrir et d'entretenir nos épouses, c'est-à-dire de leur fournir le vivre et le vêtement, et tout ce qui est nécessaire. » Voilà mon sentiment. Partant, tout ce qui suit et qu'on peut m'opposer, j'ai montré qu'on ne doit pas l'entendre comme mon appréciation, mais comme le dire de mes contradicteurs. Puisque cette réponse, courte et absolue, a été, d'après ce que nous avons dit plus haut, violemment détournée, sous les ombres de l'allégorie, de ce qui est à ce qui n'était pas, je serrerai la question de plus près, et je vous demanderai qu'est-ce qui vous déplaît dans cette discussion? Sans doute cette assertion que les âmes, comme les maris, entretiennent leurs corps comme des épouses, afin que ce corps corruptible se revête d'incorruptibilité, et, suspendu sur des ailes légères, soit plus facilement soulevé dans l'air. Quand je dis que ce corps corruptible se revêtira d'incorruptibilité, je ne change pas sa nature, mais j'augmente sa gloire. De même s'explique ce qui suit : « Suspendu sur des ailes légères pour s'élever plus facilement dans l'air ; » en prenant des ailes, c'est-à-dire l'immortalité pour voler plus facilement dans le ciel, il ne cesse pas d'être ce qu'il avait été. Mais, direz-vous, c'est la suite qui m'irrite : « Maris, entretenons donc nos femmes, et âmes, entretenons nos corps, en sorte que, comme la femme est soumise au mari, le corps soit soumis à l'âme, et qu'il n'y ait plus aucune différence de sexe ; mais, de même que chez les anges il n'y a ni homme ni femme, de même nous, qui serons un jour semblables aux anges, nous commencions à être sur la terre ce que, selon les divines promesses, nous devons être dans le ciel. » Ces paroles vous irriteraient à bon droit, si j'avais dit, sans les considérations qui précèdent : Commençons à être, dès ici-bas, ce que, d'après les divines promesses, nous de-

litudinem Christi nutrientis et foventis Ecclesiam, et dicentis ad Jerusalem : « Quoties volui congregare filios tuos, ut gallina congregat pullos suos sub alas suas, et noluisti, » *Matth.* XXIII, 37, animæ quoque fovent corpora sua, ut corruptivum hoc induat incorruptionem, et alarum levitate suspensum, in aerem facilius sublevetur. Foveamus igitur et viri uxores nostras, et animæ nostra corpora ; ut et uxores in viros, et corpora redigantur in animas, et nequaquam sit sexuum ulla diversitas ; sed quomodo apud Angelos non est vir et mulier ; ita et nos, qui similes Angelis futuri sumus, jam nunc incipiamus esse quod nobis in cœlestibus repromissum est. »

29. Supra simplicem expositionem quæ nobis in testimonio isto esse videbatur, expressimus, dicentes : « Quantum ad simplicem intelligentiam pertinet, sancta (al. *sanctam charitatem)* inter virum et uxorem charitate præcepta (al. *præcepto hoc),* nunc jubemur, ut nutriamus et foveamus conjuges ; ut scilicet eis victum et vestitum, et ea quæ sunt necessaria præbeamus. » Hæc nostra sententia est. Igitur omne quod sequitur deinceps, et opponi nobis potest, ostendimus non ex nostra, sed ex contradicentium intelligi debere persona. Quæ quum sit brevis et absoluta responsio, et juxta id quod supra diximus, etiam allegoriæ umbris, de eo quod est, ad id quod non erat, depravata ; tamen accedam propius, et sciscitabor quid tibi in hac disputatione displiceat. Nempe quia dixerim, animas ut viros fovere quasi uxores corpora sua, ut corruptivum hoc induat incorruptionem, et alarum levitate suspensum, in aerem facilius sublevetur. Quando dico corruptivum hoc induat incorruptionem, non muto naturam corporum, sed augeo gloriam. Nec non quod sequitur, alarum levitate suspensum in aerem facilius sublevetur : qui alas assumit, id est, immortalitatem, ut levius ad cœlum volet, non perdit esse quod fuerat. Sed dices : Movent me quæ sequuntur : « Foveamus igitur et viri uxores, et animæ nostra corpora, ut et uxores in viros, et corpora redigantur in animas, et nequaquam sit sexuum ulla diversitas ; sed quomodo apud Angelos non est vir, neque mulier : ita et nos, qui similes Angelis futuri sumus, jam nunc incipiamus

vons être un jour dans le ciel. Quand je dis : « Commençons à être sur cette terre, » je ne détruis pas la nature des sexes ; mais j'ôte la passion, l'union charnelle entre mari et femme, selon le mot de l'Apôtre : « Le temps est court ; par conséquent, que ceux qui ont des femmes soient comme n'en ayant point. » *Corint.* VII, 29. Et le Seigneur, dans l'Evangile, interrogé duquel des sept frères qui l'ont eue, une femme, lorsque la résurrection arrivera, sera l'épouse, répond : « Vous êtes dans l'erreur, ne comprenant pas les Ecritures ni la puissance de Dieu : car, après la résurrection, les hommes n'auront point de femmes, ni les femmes de maris ; mais ils seront comme les anges de Dieu dans le ciel. » *Matth.* XXII, 22, 29, 30. Et réellement, dès que la chasteté existe entre mari et femme, c'est comme s'il n'y avait ni hommes ni femmes ; mais bien que placés encore dans le corps, ils sont changés en anges, chez lesquels il n'y a ni hommes ni femmes. C'est ce que le même Apôtre dit ailleurs : « Vous tous qui avez été baptisés en Jésus-Christ, vous avez été revêtus de Jésus-Christ. Il n'y a plus maintenant ni Juif, ni Gentil, ni esclave, ni libre, ni homme, ni femme ; mais vous n'êtes tous qu'un en Jésus-Christ. » *Galat.* III, 27, 28.

30. *Fausses accusations de Rufin. Rufin avait appris les lettres grecques sans maître. Il avait traduit Grégoire de Nazianze.* — Puisque notre discours a heureusement franchi les flots bruyants semés d'écueils, et que notre front est demeuré vierge de toute atteinte de l'accusation d'hérésie, passons aux autres griefs, où Rufin aiguise sa dent contre nous. Et d'abord, dit-il, je suis la médisance même, le détracteur de tous les talents, ne faisant à tout propos qu'une bouchée de mes devanciers. Qu'il en cite un seul dont j'ai noirci le nom en mes écrits, où, qu'à son exemple, j'ai percé du trait d'une louange hypocrite. Si, au contraire, je parle contre des envieux, et blesse de ma plume acérée Luscius, Lavinius ou Asinius Pollion, de race cornélienne ; si j'éloigne de moi un homme à l'âme basse et pleine de fiel, et dirige tous mes traits vers un seul but, d'où vient qu'il répartit ses blessures sur plusieurs ? Pourquoi son impatience de répondre montre-t-elle que c'est lui qu'on vise ? Rufin me reproche un parjure, et un parjure compliqué de sacrilége, parce que dans le livre où je traite de la conduite d'une vierge chrétienne, rêvant que j'étais devant le tribunal du juge, j'ai promis de ne m'occuper jamais plus de lettres profanes, et que néanmoins j'ai parfois des ré-

esse in terris, quod nobis in cœlestibus repromissum est. » Recte moverent, nisi post priora dixissem : Jam nunc incipiamus esse, quod nobis in cœlestibus repromissum est. Quando dico, hic esse incipiamus in terris, naturam non tollo sexuum ; sed libidinem, et coitum viri et uxoris aufero, dicente Apostolo : « Tempus breve est ; reliquum est, ut et qui habent uxores, sic sint quasi non habeant. » I *Cor.* VII, 29. Et Dominus interrogatus in Evangelio, cujus de septem fratribus in resurrectione esse deberet uxor, ait : « Erratis, nescientes Scripturas, neque virtutem Dei ; in resurrectione enim neque nubent, neque nubentur ; sed erunt sicut Angeli Dei in cœlo. » *Matth.* XXII, 29, 30. Et revera ubi inter virum et mulierem castitas est, nec vir incipit esse, nec femina ; sed adhuc in corpore positi, mutantur in Angelos, in quibus non est vir neque mulier. Quod et in alio loco ab eodem Apostolo dicitur : « Quicumque in Christo baptizati estis, Christum induistis. Non est Judæus neque Græcus, non est servus neque liber, non est masculus neque femina. Omnes enim unum vos estis in Christo Jesu. » *Galat.* III, 27, 28.

30. *Accusationes Rufini falsæ. Rufinus Græcas litteras didicerat sine magistro. Gregorium Nazianzenum transtulerat.* — Sed quoniam de contragosis et asperis locis enavigavit oratio, et hæreseos crimen impactum tota frontis libertate repulimus (*Mss.* respuimus), ad alias ejus accusationis partes, quibus nos mordere nititur, transeamus. E quibus prima est, me hominem maledicum, omnium detractorem, in præcessores meos genuinum semper in[illegible]. Det unum, cujus in opusculis meis nomen [illegible], vel quem juxta artem illius figurata laude perstrinxerim. Sin autem contra invidos loquor, [illegible] Luscium Lavinium (*a*), vel Asinium Pollionem de genere Corneliorum, styli mei mucro convulnerat, si histriculæ (*b*) et lividæ mentis hominem a me submoveo, et ad unum stipitem cuncta jacula dirigo, quid vulnera sua partitur in multos ? quid ex impatientia respondendi, ostendit se esse qui petitur ? Objicit mihi

(*a*) *Et Luscium*, etc. Luscium Lavinium æmulum fuisse Terentii, et Ciceronis Asinium Pollionem, docet S[illegible] in [illegible] nibus : Rufinus et alius monachus, qui se jactabat de genere Corneliorum, imitabantur illos æmulos. Confer [illegible] in Jonam, ubi de cucurbita sermo est. MARTIAN. — Sæpius *Lanarius* appellatur etiam apud Hier[illegible] *Lacinius*, quod idem est. In Epistola ad Augustinum 112, *ante annos plurimos cucurbita venit in* [illegible] *Cornelio, et Asinio Pollione, me hederam pro cucurbita transtulisse*. Vide, ne longi simus, in Jonam cap. [illegible] Declamat. æmulum Terentii, Lucium Lavinium, ut et Asinium Pollionem Ciceronis. Num itaque Noster Rufinum [illegible] Rufinianos sodales carpit et cum primis Monachum, qui se de Corneliorum esse genere jactabat ?

(*b*) *Si histriculæ*. Marianus post Erasmum mutavit lectionem omnium codicum mss. qui constanter retinent [illegible] histrica enim et livida erat mens Rufini, quem a sua amicitia submovit Hieronymus. Editi legunt *histricosæ*, [illegible] congruenti. MARTIAN. — Victorius *histricosæ* legendum maluit.

miniscences de cette érudition diabolique. Il s'agit sans doute de Sallustianus Calpunius, qui, par l'intermédiaire de l'orateur Magnus, m'avait proposé une question peu importante, à laquelle j'ai donné satisfaction dans un court écrit. Maintenant il y a urgence à me disculper de ce sacrilége et de ce parjure de dormeur. J'ai dit que je renonçais désormais à la lecture de tout livre profane; engagement pour l'avenir, qui ne peut détruire les souvenirs des lectures passées. Et comment, direz-vous, votre mémoire a-t-elle pu garder ce que vous n'avez pas relu depuis si longtemps? Si je réponds ici par une maxime des anciens livres, et si je dis: « Tant sont puissantes les habitudes prises dans le jeune âge! » *Virg. Georg.* II, j'encours de nouveau l'accusation que je repousse, et le témoignage que j'allègue pour ma défense se change en une arme contre moi. Aussi faut-il que je développe ici longuement ce dont chacun a la preuve en sa propre conscience. Qui de nous ne se souvient de son enfance? Pour moi, je l'avoue, dussé-je dérider votre front, toujours sévère, et vous faire imiter Crassus, dont Lucilius rapporte qu'il rit une fois en sa vie, il me souvient d'avoir, tout enfant, couru à travers les logis d'esclaves, d'avoir passé dans les jeux les jours fériés, d'avoir été arraché au sein de mon aïeule pour être traîné comme un captif à la férule d'un Orbilius. Ce qui vous étonnera bien plus, maintenant encore, avec mes rares cheveux blancs sur ma tête presque chauve, il m'arrive de m'apparaître à moi-même, en mes songes, avec une luxuriante chevelure et vêtu d'une riche toge, déclamant quelque futile controverse devant mon maître de rhétorique; et, si je m'éveille, je me félicite d'être délivré de la périlleuse tâche de parler. Croyez-moi, les souvenirs d'enfance nous la rendent souvent sur beaucoup de points comme une réalité. Si vous aviez appris les lettres, le vase de votre petit talent répandrait le parfum de la liqueur dont il se serait jadis imprégné. Aucune eau ne peut décolorer les laines teintes de pourpre. Une âne même, une brute, d'un chemin qu'il a suivi, fût-il long, connaît la seconde fois les détours. Quoi d'étonnant pour vous que je n'aie pas oublié les lettres latines, quand vous avez appris les lettres grecques sans maître? Les éléments de dialectique m'ont enseigné qu'il y a sept sortes de conclusions; ce que veut dire axiome, que nous pouvons nommer *proposition*; que le verbe et le nom sont indispensables à l'expression de toute pensée; les degrés du sorite, les argùties de l'argument menteur, les ruses du sophisme; et je puis faire le serment que, depuis

perjurium, et mixtum sacrilegio, quod in libro quo ad instituendam Christi virginem loquor, ante tribunal judicis dormiens pollicitus sim, nunquam me litteris saecularibus daturum operam, et nihilominus damnatae eruditionis interdum meminerim. Nimirum iste est Sallustianus Calpurnius (a), qui nobis per Magnum Oratorem, non magnam moverat quaestionem, cui libello brevi satisfecimus. Nunc quod instat, pro sacrilegio atque perjurio somnii respondendum est. Dixi me saeculares litteras deinceps non lecturum; de futuro sponsio est, non praeteritae memoriae abolitio. Et quomodo, inquies, tenes, quod tanto tempore non relegis? Rursum si aliquid de veteribus libris respondero, et dixero: « Adeo in teneris consuescere multum est! » *Virgil. Georg.* II; dum renuo, crimen incurro, et pro me testimonium proferens, hoc ipso arguor, quo defendor. Scilicet nunc longo sermone texendum est, quod probant conscientiae singulorum. Quis nostrum non meminit infantiae suae? Ego certe, ut tibi homini severissimo risum moveam, et imiteris aliquando Crassum, quem semel in vita dicit risisse Lucilius, memini me puerum cursitasse per cellulas servulorum, diem feriatum duxisse lusibus et ad (b) Orbilium saevientem de aviae sinu tractum esse captivum. Et quo magis stupeas, nunc cano et recalvo capite, saepe mihi videor in somnis comatulus, et sumpta toga ante rhetorem controversiam declamare. Cumque experrectus fuero, gratulor me dicendi periculo liberatum. Crede mihi, multa ad purum recordatur infantia. Si litteras didicisses, oleret testa ingenioli tui, quo semel fuisset imbuta. Lanarum conchylia nullae aquae diluunt. Etiam asini et bruta animalia, quamvis in longo itinere, noverunt secundo diverticula. Miraris si ego litteras Latinas non sum oblitus, quum tu Graecas sine magistro didiceris? Septem modos conclusionum dialectica me elementa docuerunt; quid significet ἀξίωμα, quod nos *pronuntiatum* possumus dicere; quomodo absque verbo et nomine nulla sententia fit, soritarum gradus (c), pseudomeni argutias, sophismatum fraudes. Jurare possum me postquam egressus de schola sum, haec nunquam omnino le-

(a) *Iste est Sallustianus.* Infra in Epist. ad Magnum: *Sed per te mihi proposita ab alio quaestio est, qui forte propter eruditionem historicam Sallustii Calpurnius cognomento Lanarius est.* Vide Cicer. Offic. III, et in Pisonem. MARTIAN.

(b) *Et ad Orbilium.* De Orbilio Grammatico Suetonius de Illustribus Grammat., Horatius Epist. 1 ad August., et Martialis lib. II Epigramm. 12. MARTIAN. — Celebris Paedagogi nomine praeceptorem suum figurate intelligit. Vide de Orbilio Horatium, Sueton. alios pe.

(c) *Pseudomeni argutias.* Cicero Academ. Quaest. lib IV, et lib. II de Divinatione, ubi *Pseudomenon* Latino verbo appellat acervalem. MARTIAN. — Errat Martianaeus, qui *Pseudomenon* Latine *acervalem* appellari a Cicerone annotat; nam Cicero lib. II, de Divinatione, num. 4, *Pseudomenon* appellat *mentientem*, *Soriten* vero *acervalem*; idque rectissime, ut liquet.

ma sortie de l'école, je n'ai plus rien relu de tout cela. Il me faudra donc boire de l'eau du Léthé, comme parlent les mythologues, pour qu'on ne me fasse pas un crime de savoir ce que j'ai appris. Or ça, répondez, vous qui me reprochez le peu de science que j'ai et qui vous croyez un savant et un maître, d'où vous est venue la témérité d'écrire, de traduire avec l'éclat de style convenable des œuvres aussi élégantes que celles de Grégoire? D'où avez-vous une abondance d'expressions, une clarté de de pensées, une variété de traduction assez grande, quand c'est à peine si, dans votre adolescence, vous avez goûté du bout des lèvres aux études oratoires? Ou je me trompe, ou vous faites en secret de Cicéron votre lecture favorite. Et voilà comme vous êtes si beau diseur, et pourquoi vous me faites un crime de le lire, afin d'avoir seul, entre tous les commentateurs, la gloire d'être regardé comme un fleuve d'éloquence. Pourtant, peut-être rappelez-vous plutôt les philosophes, les subtilités de Cléanthe, et les entortillements de Chrysippe, non par application d'un art que vous ne savez pas, mais à cause de l'étendue de vos dispositions naturelles. Et comme les Stoïciens s'arrogent le monopole de la logique, et que vous méprisez les extravagances de cette science, de ce côté-là, vous êtes épicurien; uniquement soucieux de ce que vous dites, peu vous importe la manière de le dire. Que peut vous faire qu'un autre ne comprenne pas ce que vous voulez dire, puisque vous parlez, non à tout le monde, mais à vos adeptes seuls? En un mot, quand je relis vos écrits, quoique je ne comprenne pas toujours et que je croie lire Héraclite, je ne me plains pas cependant, je ne me fâche pas des retards; car j'éprouve à vous lire les désagréments que vous éprouvez à écrire.

31. *Défense du songe. Fréquentation des Lieux-Saints où l'on vient du monde entier. Pourquoi Rufin a médit de Jérôme.* — Je me défendrais ainsi, au cas où j'aurais promis dans l'état de veille. Mais ici, par un nouveau genre d'impudence, on base l'accusation sur un songe. Plût à Dieu que la fréquence des pèlerins, qui accourent aux Saints-Lieux de tous les points du monde, me laissât le loisir de lire les divines Ecritures! Comment aurais-je le temps de m'appliquer aux études profanes? Toutefois, puisque Rufin me fait un crime d'un songe, qu'il entende les Prophètes lui dire qu'il ne faut pas ajouter foi aux songes, parce que, ni un adultère en rêve ne me mène en enfer, ni la palme du martyre en rêve ne m'élève au ciel. Que de fois je me suis vu mort et couché dans le sépulcre! que de fois, porté par des ailes au-dessus de la terre, et naviguant en mon essor par-delà les monts et les mers! Qu'il fasse donc que je sois un cadavre, ou que j'aie des ailes aux flancs, parce que ces vaines images se sont souvent jouées de mes esprits. Combien, qui sont riches en songe, se réveillent tout à coup mendiants? Combien rêvent qu'ils boivent un fleuve, à qui la soif au réveil brûle la gorge? Vous exigez de moi l'accomplissement d'une promesse faite en songe; j'ai contre vous des accusations plus rigoureuses et plus vraies. Avez-vous rempli

gisse. Bibendum igitur mihi erit de Lethæo gurgite juxta fabulas poetarum, ne arguar scire quod didici. En tu qui in me parvam criminaris scientiam, et videris tibi litteratulus atque Rabbi, responde, cur scribere aliqua ausus sis, et virum disertissimum Gregorium pari eloquii splendore transferre? Unde tibi tanta verborum copia, sententiarum lumen, translationum varietas, homini, qui oratoriam vix primis labris in adolescentia degustasti? Aut ego fallor, aut tu Ciceronem occulte lectitas. Et ideo tam disertus es, mihique lectionis ejus crimen intendis, ut solus inter ecclesiasticos tractatores eloquentiæ flumine glorieris. Licet magis philosophos sequi videaris spinas, Cleantis, et contorta Chrysippi, non ex arte quam nescis, sed de ingenii magnitudine. Et quoniam Stoici logicam sibi vindicant, et tu hujus scientiæ deliramenta contemnis, in hac parte Epicureus es; nec quæris quomodo, sed quid loquaris. Quid enim ad te pertinet, si alius non intelligat quid velis dicere, quia non ad omnes, sed ad tuos loqueris? Denique et ego scripta tua relegens, quamquam interdum non intelligam quid loquaris, et Heraclitum me legere putem, tamen non doleo, nec me pœnitet tarditatis: id enim in legendo patior, quod tu pateris in scribendo.

31. *Somnium defendit. Sanctorum Locorum celebritas et de toto orbe conventus. — Cur Hieronymo detraxerit Rufinus.* — Hæc dicerem, si quippiam vigilans promisissem. Nunc autem, novum impudentiæ genus, objicit mihi somnium meum. Utinam celebritas loci, et sanctorum de toto orbe conventus, sineret me divinas Scripturas legere! Intantum spatium non habeo externa meditandi. Sed tamen qui somnium criminatur, audiat Prophetarum voces, somniis non esse credendum, quia nec adulterium somnii ducit me ad tartarum, nec corona martyrii in cœlum levat. Quoties vidi me esse mortuum, et in sepulcro positum! Quoties volare super terras, et montes ac maria natatu aeris transfretare! Cogat ergo me non vivere, vel pennas habere per latera, quia vagis imaginibus mens sæpe delusa est. Quanti in somnis divites, apertis oculis repente mendici

toutes les promesses de votre baptême? Avons-nous l'un et l'autre rempli toutes les obligations du titre de moine? Gardez-vous, veuillez m'en croire, d'oublier la poutre de votre œil, pour ne voir que la paille du mien. Je parle malgré moi, je contiens ma langue et la douleur lui arrache les paroles. Il ne vous suffit pas des inventions dont vous noircissez ma conduite en pleine lumière, et vous incriminez mes songes mêmes. Vous poussez la curiosité à l'égard de ma vie jusqu'à vous enquérir de mes actions ou de mes paroles pendant mon sommeil. Je ne m'arrête pas aux expressions dont vous avez sali votre réquisitoire contre moi ; votre œuvre et le langage que vous y parlez sont un opprobre pour le nom chrétien. Je me contente de vous déclarer, et je ne cesserai, s'il y a lieu, de vous avertir encore et toujours, que vous avez affaire à des cornes plus dures que les vôtres; et n'était la crainte du mot de l'Apôtre : « Les médisants ne posséderont pas le royaume de Dieu ; » I *Corint.* VI, 10 ; et encore : « En vous mordant les uns les autres, vous consommez votre ruine mutuelle, » *Galat.* V, 15, vous sentiriez déjà que d'une minime et trompeuse concorde, une immense discorde est issue dans le monde. Que vous sert d'entasser contre moi les médisances devant ceux qui me connaissent et ceux qui ne me connaissent pas ? Est-ce comme n'étant pas origéniste et ne sachant pas que j'ai péché dans le ciel, que je suis accusé pour mes péchés sur la terre ? et la concorde a donc été rétablie, pour qu'il ne me soit pas loisible de parler contre les hérétiques, de peur que vous ne voyiez une attaque contre vous en tout ce que je dirai d'eux? Tant que je ne répudiais pas vos louanges, vous me suiviez comme on suit un maître, m'appelant frère et collègue, et vous me proclamiez catholique à la face de tous. Je n'ai fait que répudier vos louanges et me déclarer indigne des éloges d'un si grand personnage : aussitôt vous changez de style, et vous blâmez tout ce que vous aviez porté aux nues ; c'est le fiel qui sort de la même bouche d'où le miel découlait naguères. Comprenez-vous pourquoi je me tais, pourquoi je ne mets pas en mes paroles l'indignation qui bouillonne en ma poitrine ? et pourquoi je dis avec le Psalmiste : « Mettez, Seigneur, une garde à ma bouche, une barrière fortifiée à mes lèvres, et ne laissez pas mon cœur se détourner en des paroles de malice ; » *Psalm.* CXL, 3 ; et ailleurs : « Lorsque le pécheur s'était levé contre moi pour m'accuser, je me suis tu, j'ai été humilié, et j'ai gardé le silence devant les gens de bien ; » *Psalm.* XXXVIII, 1, 2 ; et encore : « Je suis devenu comme un homme qui n'entend pas, et qui n'a pas des reproches dans sa bouche ? » *Psalm.* XXXVII, 12. Mais il vous répondra pour moi le Dieu vengeur, qui dit par la voix du Prophète : « La vengeance m'appartient, et je l'exercerai, dit le Seigneur ; » *Rom.* XII, 19 ; et ailleurs : « Vous vous étiez assis pour parler contre votre frère, et vous propagiez le scandale contre le fils de votre mère. Voilà ce que vous

sunt ? Sitientes flumina bibunt ; et experrecti, siccis faucibus æstuant ? Tu a me somnii exigis sponsionem ; ego te verius strictiusque conveniam. Fecisti omnia quæ in baptismate promisisti ? Quidquid monachi vocabulum flagitat, nostrum uterque complevit ? Cave, quæso, ne per trabem tuam, festucam meam videas. Invitus loquor, et retrectantem linguam dolor in verba compellit. Non tibi sufficiunt quæ de vigilante confingis, nisi et somnia crimineris. Tantam habes curiositatem meorum actuum, ut quid dormiens fecerim, dixerimve, discutias. Prætermitto, quæ contra me loquens, propositum tuum deturpasti ; quæ in depompationem omnium Christianorum, et verbis et opere feceris. Hoc unum denuntio, et repetens iterum iterumque monebo : cornutam bestiam petis ; et nisi caverem illud Apostoli : « Maledici regnum Dei non possidebunt ; » I *Cor.* VI, 10 ; et : « Mordentes invicem consumpti estis ab invicem, » *Galat.* V, 15, jam nunc sentires de parvula subdolaque concordia, magnam in mundo ortam esse discordiam. Quid tibi prodest, apud notos pariter et ignotos in nos maledicta congerere ? An quia Origenistæ non sumus, et in cælo nos peccasse nescimus, in terris arguimur peccatores ? Et ideo in concordiam redivimus, ut mihi loqui contra hæreticos non liceret, ne, si illos descripsero, tu te appetitum putes ? Quamdiu non renuebam laudationem tuam, sequebaris me ut magistrum, fratrem et collegam vocabas, et catholicum in omnibus fatebaris. Postquam non agnovi laudes tuas, et me indignum tanti viri præconio judicavi, illico vertis stylum, et omnia laudata prius vituperas, de eodem ore et dulce proferens et amarum. Sentisne quid taceam, quod æstuanti pectori verba non commodem ? et cum Psalmista loquar : « Pone, Domine, custodiam ori meo, et ostium munitum labiis meis. Non declines cor meum in verba malitiæ ; » *Ps.* CXL, 3 ; et alibi : « Cum consisteret adversum me peccator, obmutui, et humiliatus sum, et silui a bonis ; » *Ps.* XXXVIII, 1, 2 ; et rursus : « Factus sum quasi homo non audiens, nec habens in ore suo increpationes? » *Ps.* XXXVII, 12. Sed pro me ultor tibi Dominus respondebit, qui dicit per Prophetam : « Mihi vindicta, et ego retribuam, dicit Dominus ; » *Rom.* XII, 19 ; et in alio loco : « Sedens adversus fratrem tuum loquebaris, et adversus filium matris tuæ ponebas scan-

avez fait et je me suis tu ; vous pensiez, ô méchant, que je voulais être semblable à vous ; je vous reprendrai, et je prouverai contre vos allégations, » *Psalm.* XL, 20 *seq.*, afin que vous voyiez condamner en vous ce dont vous accusez faussement le prochain.

32. *Chrysogone, sectateur de Rufin.*— J'apprends en outre que son sectateur Chrysogone me blâme, après avoir dit que, tous les péchés étant remis au baptême, le bigame y meurt pour renaître homme nouveau en Jésus-Christ, d'avoir ajouté qu'il y a dans les Églises quelques prêtres qui sont dans ce cas. Je réplique en peu de mots : Ils ont le livre qu'ils incriminent ; que Chrysogone réponde, qu'il le détruise par son argumentation, qu'il combatte l'écrit par l'écrit. Le front austère, les narines plissées et contractées, que pèse-t-il des mots creux, affectant la sainteté aux yeux de la vile multitude, et cachant ses vices sous le masque du rigorisme ? Qu'il entende, nous le proclamons de nouveau : Le vieil Adam meurt tout entier dans le baptême, et le nouvel Adam y est suscité en Jésus-Christ ; le terrestre périt, et le céleste naît. Quand nous avons traité cette question, ce n'est pas, grâces à Dieu, qu'elle nous concernât nous-même ; mais, interrogé par des frères, j'ai répondu ce qui me semblait bon, n'empêchant personne de suivre un autre sentiment, et ne prétendant pas renverser l'opinion d'autrui au profit de la mienne. Nous, en effet, à l'ombre de nos cellules, nous n'ambitionnons pas le sacerdoce ; sous le masque de l'humilité, nous n'achetons pas la mitre à prix d'or ; nous ne méditons pas en notre esprit rebelle la perte d'un pontife élu par Dieu ; nous ne favorisons pas les hérétiques, sous le prétexte de les instruire ; nous n'avons pas de richesses ni ne voulons en avoir : « Nous sommes contents d'avoir de quoi vivre et de quoi nous vêtir, » I *Timot.* VI, 3, répétant sans cesse le chant du saint qui gravit la montagne du Seigneur : « Celui qui ne prête pas son argent à usure et qui n'accepte pas des présents pour opprimer l'innocence, n'aura rien à craindre dans l'éternité. » *Psalm.* XIV, 5, 6. Par conséquent, celui qui ne suit pas cette maxime prépare dès ce monde sa ruine éternelle.

dalum. Hæc fecisti et tacui : existimasti, inique, quod ero tui similis ; arguam te, et statuam contra faciem tuam ; » *Psal.* XL, 20 *seq* ; ut in te videas condemnata, quæ falso in aliis criminaris.

32. *Chrysogonus sectator Rufini.* — Audio præterea objici mihi a Chrysogono sectatore ejus, cur in baptismate dixerim universa peccata dimitti, et mortuo bimarito, novum virum in Christo resurgere ; atque istiusmodi Sacerdotes in Ecclesiis esse nonnullos. Cui brevi sermone respondebo : habent libellum, quem in crimen vocant ; ille respondeat, hunc sua disputatione subvertat, et scripta scriptis arguat. Quid austeritate frontis, et contractis rugatisque naribus, concava verba trutinatur, et sanctitatem apud vulgus ignobile simulato rigore mentitur ? Audiat nos iterum proclamantes : Veterem Adam in lavacro totum mori, et novum cum Christo in baptismate suscitari ; perire choicum, et nasci supercœlestem. Hæc dicimus, non quod ipsi, propitio Christo, hac quæstione teneamur, sed interrogati a fratribus, quid nobis videretur, respondimus, nulli præjudicantes sequi quod velit, nec alterius decretum nostra sententia subvertentes. Neque enim ambimus sacerdotium, qui latemus in cellulis ; nec humilitate damnata, episcopatum auro redimere festinamus ; nec electum pontificem a Deo, rebelli cupimus mente jugulare ; nec favendo hæreticis, hæreticos nos docemus. Pecunias nec habemus, nec habere volumus : « Habentes victum et vestitum, his contenti sumus, » I *Tim.* VI, 3, illud de ascensore montis Dominici jugiter decantantes : « Qui pecuniam suam non dedit ad usuram, et munera super innocentem non accepit, qui facit hæc, non movebitur in æternum. » *Psal.* XIV, 5, 6. Ergo qui non facit, jam corruit in æternum.

LIVRE SECOND.

1. *Il se défend, il n'accuse pas les autres.* — Jusqu'ici c'est au sujet des accusations ou plutôt sur les griefs pris de mes écrits et qu'un panégyriste perfide réunit un jour contre moi, si bien que ses disciples me les opposent depuis sans relâche, que, mettant un frein à ma douleur, j'ai répondu, non pas à mon gré, mais de mon mieux. J'ai pris en effet la résolution, moins d'accuser autrui que de me défendre moi-même. J'arrive à l'Apologie, au moyen de laquelle Rufin s'efforce de donner satisfaction à saint Anastase, évêque de Rome, et où de nouveau il me calomnie pour se défendre. Il m'aime au point que, emporté par le tourbillon et précipité dans l'abîme, il se cramponne à mon pied pour être sauvé ou périr avec moi.

2. *Apologie de Rufin. A la façon du vulgaire, il appelle parents ses consanguins et ses alliés.* — Rufin annonce qu'il répond d'abord aux rumeurs qui, à Rome, censurent sa foi, quand il a donné les preuves les plus éclatantes de foi et d'amour de Dieu. Rendu à ses parents après trente ans d'absence, il n'a pu se déterminer à quitter ceux qu'il a vus si tard, pour n'être pas accusé d'inhumanité et de dureté ; d'ailleurs, d'une santé bien fragile, après les fatigues de son long voyage, il est trop faible pour affronter encore les mêmes épreuves ; n'était cela, il avait la pensée de venir lui-même à Rome. Ne pouvant le faire, il envoie cette lettre contre ses calomniateurs, comme un bâton dont est armée sa main pour repousser les chiens qui font rage contre lui. Si sa foi et son amour de Dieu sont certains pour tous, et surtout pour l'évêque lui-même à qui il écrit, d'où vient qu'à Rome on le mord, on le censure, et que les attaques à sa considération croissent en notoriété ? Et puis, quoi de plus humble que de prétendre à un renom manifeste de foi et d'amour de Dieu, lorsque à cette prière des apôtres : « Seigneur, augmentez notre foi, » *Luc.* XVII, 5, il est répondu : « Si vous avez de la foi seulement comme un grain de sénevé, » *Ibid.* 6 ; et qu'il fut dit à Pierre lui-même : « Homme de peu de foi, pourquoi doutez-vous ? » *Matth.* XIV, 31. Et que dirai-je de la charité, qui est plus grande que la foi et que l'espérance, et que Paul désire plutôt qu'il ne se flatte de l'avoir ; sans laquelle le sang répandu dans le martyre et les tortures du corps dévoré par les flammes n'obtiennent pas la palme céleste ? Foi et charité, Rufin se les arroge, et pourtant il n'a eu pas moins contre lui une meute de censeurs, qui ne cessent d'aboyer que si le bâton d'un illustre pontife les éloigne. Quant à se vanter de son retour auprès de ses parents, lui qui n'a ni père ni mère, c'est tout simplement ridicule ;

LIBER SECUNDUS.

1. *Vult se defendere, non alios accusare.* — Hucusque de criminibus, imo pro criminibus meis, quæ in me quondam subdolus laudator ingessit, et discipuli ejus constantius arguunt, non ut debui, sed ut potui, moderato dolore (al. *labore*) respondi. Propositum quippe mihi est, non tam alios accusare, quam me defendere. Veniam ad Apologiam ejus, qua sancto Anastasio, Romanæ urbis episcopo, satisfacere nititur, et in defensionem sui mihi rursum calumniam struit ; tantumque me diligit, ut raptus turbine, et in profunda demersus, meum potissimum invadat pedem, ut mecum aut liberetur, aut pereat.

2. *Apologia Rufini. Parentes vulgari sermone dicebantur cognati et affines.* — Dicit se primum respondere rumoribus, quibus illius Romæ carpatur fides, hominis probatissimi, tam in fide, quam in charitate Dei. Et nisi post triginta annos parentibus redditus, nollet eos deserere, quos tam tarde viderat, ne inhumanus putaretur, aut durus, et tam longi itineris labore fragilior, ad iterandos labores esset infirmus, ipsum venire voluisse. Quod quia non fecerit, contra latratores suos misisse baculum litterarum, quem ille teneret in dextera, et sævientes contra se abigeret canes. Si probatus est cunctis, et maxime ipsi cui scribit episcopo, in fide et charitate Dei, quomodo Romæ mordetur, et carpitur, et appetitæ æstimationis ejus fama crebrescit ? Deinde cujus est humilitatis, probatum se dicere in fide, et charitate Dei, cum Apostoli petant : « Domine, adauge nobis fidem, » *Luc.* XVII, 5, et audiant : « Si habueritis fidem ut granum sinapis ; » *Ibid.*, 6 ; et ad ipsum dicatur Petrum : « Modicæ fidei, quare dubitasti ? » *Matth.* XIV, 31. Quid loquar de charitate, quæ et fide et spe major est, et quam Paulus optat potius quam præsumit ; sine qua et martyrio sanguis effusus, corpusque flammis traditum, coronam non habet præmiorum ? Harum utramque iste sic sibi vindicat, ut tamen contra se habeat latratores, qui nisi inclyti pontificis baculo repellantur, latrare non cessant. Illud vero ridiculum, quod post triginta annos ad parentes se reversum esse jactat, homo qui nec patrem habet, nec matrem ; et quos viventes juvenis dereliquit, mortuos senex desiderat : nisi forte parentes militari vulgarique sermone, cognatos et affines nominat,

jeune encore, il les abandonne, et maintenant qu'ils sont morts, il leur donne des regrets dans sa vieillesse : à moins toutefois qu'à la façon des soldats et du vulgaire, il ne gratifie du nom de parents ses consanguins et ses alliés ; et c'est sans doute pour ne point paraître inhumain et dur en les quittant qu'il s'est éloigné de son pays pour habiter Aquilée. Sa foi si bien prouvée est mise en doute à Rome, et lui, cloué sur sa couche par trente ans de fatigues, ne peut s'y rendre même en voiture, par la voie Flaminia, si facile pourtant ; il parle des épreuves de son long voyage, comme si pendant trente ans il n'avait pas fait autre chose qu'être en route, et si, malgré ses deux ans de repos à Aquilée, il n'en était pas moins brisé de lassitude après ses courses passées.

3. *Paroles de Rufin.* — Passons à d'autres griefs, et rapportons les termes mêmes de sa lettre : « Quoique, dit-il, notre foi, au temps de la persécution des hérétiques, alors que nous vivions dans la sainte Église d'Alexandrie, ait fait ses preuves dans les prisons et les exils qui nous étaient infligés pour la foi. » Je m'étonne qu'il n'ait pas ajouté : Enchaîné pour Jésus-Christ, j'ai été délivré de la gueule du lion, j'ai combattu à Alexandrie contre les bêtes, j'ai consommé ma course, j'ai gardé la foi, il me reste à recevoir la couronne de justice. De quels exils, de quelles prisons veut-il parler ? Je rougis pour lui d'un mensonge aussi impudent ; comme si la prison et l'exil peuvent s'appliquer sans un arrêt des juges. Je voudrais bien savoir où sont ces prisons ; qu'il dise dans quelles provinces il a souffert l'exil. Assurément, entre plusieurs cachots et des exils sans nombre, il aura toute facilité pour en nommer un. Qu'il nous produise ses actes de confesseur de la foi, que nous avons ignorés jusqu'à présent, afin que nous lisions ses hauts faits avec ceux des martyrs d'Alexandrie, et qu'il puisse dire contre ses détracteurs : « Au reste, que personne ne m'importune de questions, puisque je porte sur mon corps les cicatrices des plaies souffertes pour notre Seigneur Jésus-Christ. » *Galat.*, VI, 17.

4. *Question sur l'âme de Jésus-Christ.* — « Toutefois, en ce moment, s'il y a quelqu'un qui désire éprouver notre foi, ou entendre et apprendre ma profession de foi, qu'il sache que telle est notre croyance sur la Trinité, » et le reste. Plus haut vous tendez à l'évêque un bâton qui doit lui servir d'arme pour vous défendre. Ici, comme assailli d'un doute, vous dites : S'il y a quelqu'un qui veuille éprouver notre foi ; les nombreux aboiements arrivés jusqu'à vous éveillent donc des doutes en votre esprit. Je ne m'arrête pas à discuter votre style, dont vous ne faites pas cas vous-même ; je réponds à la pensée. On vous pose une question, et vous répliquez sur autre chose. Précédemment, à Alexandrie, vous aviez combattu dans les cachots et dans l'exil contre les doctrines d'Arius, non en paroles, mais au prix de votre sang. A présent, on vous accuse de tremper dans l'hérésie d'Origène. Vous n'avez pas à donner des soins aux parties saines, portez les remèdes sur les blessures. Vous dites

quos quia non vult deserere, ne inhumanus putetur, aut durus, idcirco patria derelicta, Aquileiæ habitat. Periclitatur Romæ illa probatissima fides ejus, et hic supinus et lassulus, post triginta annos, per mollissimum Flaminiæ iter, essedo venire non potest ; sicque prætendit longi itineris lassitudinem, quasi triginta annis semper concurrerit, aut biennio Aquileiæ sedens, præteriti itineris labore confectus sit.

3. *Rufini verba.* — Carpamus reliqua, et ipsa epistolæ ejus verba ponamus : « Quamvis igitur fides nostra, persecutionis hæreticorum tempore, cum in sancta Alexandrina Ecclesia degeremus, in carceribus et exsiliis, quæ pro fide inferebantur, probata sit. » Miror quod non adjecerit : Vinctus Jesu Christi et liberatus sum de ore leonis, et Alexandriæ ad bestias pugnavi, et cursum consummavi, fidem servavi, superest mihi corona justitiæ. Quæ exsilia, quos iste carceres nominat ? Pudet me apertissimi mendacii, quasi carceres et exsilia absque judicum sententiis irrogentur. Volo tamen ipsos scire carceres, et quarum provinciarum se dicat exsilia sustinuisse. Et utique habet copiam de multis carceribus et infinitis exsiliis unum aliquod nominandi. Prodat nobis confessionis suæ acta, quæ hucusque nescivimus ; ut inter alios Alexandriæ Martyres hujus quoque gesta recitemus, et contra latratores suos possit dicere : « De cætero nemo mihi molestus sit, ego enim stigmata Domini nostri Jesu Christi in corpore meo porto. » *Galat.* VI, 17.

4. *Quæstio de anima Christi.* — « Tamen et si quis nunc est, qui vel tentare fidem nostram cupit vel audire, vel discere, sciat quod de Trinitate ita credimus, » et reliqua. Supra contra canes tuos baculum episcopo porrigis, quo pro te munitus incedat. Nunc quasi ambigens dicis : Si quis est qui tentare fidem nostram cupit ; demum dubitas, cum multorum latratus ad te usque pervenerint. Non discutio paulisper elocutiones tuas, quas et tu contemnis et despicis ; tantum sensibus respondebo. Aliud a te quæritur, et pro alio satisfacis. Contra Arii dogmata, jam Alexandriæ in carceribus et exsiliis dimicaveras, non voce, sed sanguine. Nunc super Origenis hæresi tibi calumnia commovetur. Nolo cures, quæ sana sunt, vulnera medicare. Trinitatem dicis unius esse Deitatis,

que la Trinité est un seul Dieu. Le monde entier le croit; je pense que les démons même confessent que le Fils de Dieu est né de Marie toujours Vierge, qu'il s'est revêtu de la chair de la nature humaine, qu'il a pris une âme d'homme. Si je vous questionne plus étroitement, vous crierez à l'esprit de chicane. Puisque vous avouez que le Fils de Dieu s'est revêtu de la chair de la nature humaine et qu'il a pris une âme d'homme, répondez-moi sans impatience, je vous en prie : Cette âme, qu'a prise Jésus, existait-elle avant qu'il naquit de Marie? Ou dans cette origine virginale, due à l'opération du Saint-Esprit, a-t-elle été créée en même temps que le corps, ou bien a-t-elle été faite et envoyée du ciel aussitôt après la formation du corps dans le sein maternel? De ces trois opinions quelle est la vôtre, je désire le savoir. Si elle existait avant qu'il naquit de Marie, elle n'était donc pas alors encore l'âme de Jésus, elle agissait en quelque manière, et c'est à cause de ses vertus méritoires qu'elle devint plus tard l'âme du Sauveur. Si elle a commencé par transmission, les âmes humaines, que nous proclamons éternelles, et celles des brutes, qui se dissolvent avec le corps, sont de même nature. Si au contraire elle est créée et envoyée aussitôt après la formation du corps, avouez-le franchement et délivrez-nous de tout scrupule.

5. Là-dessus, vous garderez le silence; occupé à d'autres choses, vous abusez de notre simplicité, et, par le faux éclat et la pompe du style, vous ne souffrez pas que nous nous arrêtions à cette question. Quoi! direz-vous, la question ne portait-elle pas sur la résurrection de la chair et sur les châtiments du diable? J'en conviens. Répondez donc en peu de mots et sans ambages. Je ne conteste pas sur ce que vous écrivez, que c'est la même chair dans laquelle nous vivons qui ressuscite, sans amputation d'aucun membre et sans retranchement de quelque partie du corps, ce sont là vos propres expressions; mais je vous interroge sur ce qu'Origène nie, si c'est avec le même sexe avec lequel ils sont morts que les corps ressuscitent, Marie demeurant Marie, et Jean, Jean; ou si, par le mélange et la confusion des sexes, il n'y a plus ni homme ni femme, mais réunion des deux sexes ou abolition des sexes? Et encore si les mêmes corps, demeurant éternellement incorruptibles, immortels, et, comme vous le dites fort bien, spirituels, d'après le mot de l'Apôtre, ce sont non-seulement les corps, mais aussi la chair avec le sang et les veines qui l'arrosent, et les os qui la soutiennent, et tout ce que Thomas toucha; ou bien si ces choses se réduisent peu à peu à rien, en sorte que les corps soient ramenés aux quatre éléments dont ils ont été tirés? Voilà ce que vous auriez dû affirmer ou nier, au lieu d'énoncer ce qu'Origène avoue artificieusement, et comme pour se jouer d'enfants et de sots, « qu'aucun membre n'est retranché, qu'aucune partie du corps n'en est coupée; » comme si nous pouvions craindre

Hoc toto credente jam mundo, puto quod et dæmones confiteantur Filium Dei natum de Maria Virgine, et carnem naturæ humanæ, atque animam suscepisse. Si arctius quid rogavero, contentiosum vocabis. Si dicis Filium Dei humanæ naturæ carnem atque animam suscepisse, oro te ut absque stomacho respondeas: anima ista quam suscepit Jesus, eratne antequam nasceretur ex Maria? An in origine virginali, quæ de Spiritu sancto nascebatur, cum corpore simul creata est, vel jam in utero corpore figurato, statim facta et missa est de cœlo? E tribus unum quid sentias, scire desidero. Si fuit (al. *non fuit*) antequam nasceretur ex Maria, necdum ergo erat anima Jesu, et agebat aliquid, ac propter merita virtutum postea facta est anima ejus. Si cœpit ex traduce, humanarum igitur animarum, quas æternas fatemur, et brutorum animantium, quæ cum corpore dissolvuntur, una conditio est. Sin autem figurato corpore statim creatur et mittitur, fatere simpliciter, et nos scrupulo libera.

5. Nihil horum loqueris; sed occupatus in aliis, simplicitate nostra abuteris, et præstigiis pompaque verborum hærere nos non sinis quæstioni. Quid, inquies, nonne quæstio erat de resurrectione carnis, et pœnis diaboli? Fateor (al. *Fatere*). Ergo breviter pureque responde. Non quæro quod scribis, eamdem carnem resurgere, in qua vivimus, nullo membro amputato, nec aliqua parte corporis desecta, hæc enim tua verba sunt; sed quæro, quod Origenes negat, utrum in eodem sexu, quo mortua sunt corpora, suscitentur, et Maria Maria, Joannes resurgat Joannes; an commixto sexu atque turbato, nec vir, nec femina sit; sed utrumque, vel neutrum? Et an ipsa corpora incorrupta, et immortalia, et ut argute præmones, juxta Apostolum spiritualia permaneant in æternum et non solum corpora, sed caro et sanguis infusus, venis et ossibus irrigatus, quæ Thomas tetigit; an certe paulatim resolvantur in nihilum, et ad quatuor unde compacta sunt elementa, retrahantur? Hæc aut dicere debueras, aut negare, et non ea loqui, quæ subdole Origenes fatetur; ut quasi fatuis et pueris illudens, « nullo membro amputato, nec aliqua corporis parte desecta. » Scilicet hoc timuimus, ne sine naso et auribus surgeremus, et amputatis sectisque genitalibus, eunuchorum in cœlesti Jerusalem civitas conderetur.

que la résurrection se fit sans nez et sans oreilles et que, les sexes étant détruits, la Jérusalem céleste dût être peuplée d'eunuques.

6. Voici comment il tempère sa manière de voir sur le diable : « Nous proclamons aussi un jugement à venir, dans lequel jugement chacun recevra selon ses propres œuvres, bonnes ou mauvaises, pendant sa vie terrestre. Si les hommes doivent recevoir selon leurs œuvres, combien plus le diable, qui a été pour tous la cause du péché ! A son endroit, nous croyons ce qui en a été écrit dans l'Évangile, *Matth.*, XXV : que le diable lui-même et tous ses anges, avec ceux qui font ses œuvres, c'est-à-dire qui accusent leurs frères, seront pareillement mis en possession avec lui de l'héritage du feu éternel. Par conséquent, si quelqu'un nie que le diable soit livré aux feux éternels, qu'il reçoive avec lui une part du feu éternel, afin qu'il sente la réalité de ce qu'il a nié. » Reprenons point par point. « Nous proclamons, dit-il, qu'il y aura un jugement, dans lequel jugement, » et le reste. J'avais résolu de me taire sur les défauts de style ; mais, en homme précautionneux, il a craint de dire seulement « dans lequel, » et il a mis « dans lequel jugement, » de peur que, s'il n'avait pas répété le mot « jugement, » nous ne missions en oubli ce qui précède et nous n'eussions la pensée qu'il s'agit, non de « jugement, » mais d'un « âne. » Ce qu'il déduit plus bas : « Qui accusent leurs frères seront pareillement mis avec lui en possession de l'héritage du feu éternel, » n'a pas moins de grâce. A-t-on jamais entendu dire « être mis en possession des flammes, » et avoir la jouissance des supplices ? Mais notre homme, en vrai Grec, me semble avoir voulu se commenter lui-même, et pour rendre leur expression κληρονομήσουσι, qui peut se rendre chez nous par le seul mot « hériteront, » il aura dit, avec plus d'art et de recherche, « seront mis en possession de l'héritage. » Son langage du reste fourmille de puérilités et d'impropriétés d'expression semblables.

7. *Il raille les paroles de Rufin. Le feu éternel, d'après Origène.* — Terrible coup de lance porté au diable, qui a été pour tous la cause du péché, s'il doit rendre compte de ses œuvres, comme un homme, et avec ses anges être mis en possession de l'héritage du feu éternel ! Le besoin en était urgent : les hommes étant assujettis au châtiment, il fallait que le diable fût mis en possession des feux éternels, qu'il avait convoités pendant si longtemps. Vous me semblez, en cet endroit, calomnier le diable, et porter de fausses accusations contre l'accusateur de tous. Vous dites : « Qui a été pour tous la cause du péché ; » en rapportant à lui tous les crimes, vous exemptez les hommes de culpabilité, et vous ôtez le libre arbitre, quoique le Sauveur ait dit que « les mauvaises pensées, les homicides, les adultères, les fornications, les vols, les faux témoignages, les blasphèmes sortent de notre cœur, » *Matth.* XV, 19 ; et que nous lisions aussi dans l'Évangile, à propos de Judas :

6. Porro de diabolo sic sententiam temperat : « Dicimus quoque et judicium futurum, in quo judicio unusquisque recipiet propria corporis, prout gessit, sive bona, sive mala. Quod si homines recepturi sunt pro operibus suis, quanto magis et diabolus, qui omnibus existit causa peccati ! De quo illud sentimus quod scriptum est in Evangelio : *Matth.* XXV : quia et ipse diabolus, et omnes angeli ejus, cum his qui opera ejus faciunt, id est, qui criminantur fratres, cum ipso pariter æterni ignis hæreditate potientur. Si quis ergo negat diabolum æternis ignibus mancipari, partem cum ipso æterni ignis accipiat, ut sentiat quod negavit. » Repetamus singula. « Dicimus, inquit, futurum judicium in quo judicio, » et cætera. Super verborum vitiis tacere decreveram ; sed quia discipuli ejus mirantur eloquentiam præceptoris, pauca perstringam. Dixerat judicium futurum ; sed homo cautus timuit solum dicere, *in quo*, et posuit, *in quo judicio* ; ne si non secundo repetisset *judicium*, nos, obliti superiorum, pro judicio *asinum* putaremus. Illud quoque quod postea infert, « qui criminantur fratres, cum ipso pariter æterni ignis hæreditate potientur, » ejusdem est venustatis. Quis enim unquam audivit *potiri ignibus*, et frui suppliciis ? Sed homo Græcus videtur mihi seipsum interpretari voluisse, et pro eo quod apud eos dicitur κληρονομήσουσιν et apud nos uno verbo dici potest, *hæreditabunt*, compositius et ornatius dixisse, *hæreditate potientur*. Hujusmodi nugis et acyrologiis omnis ejus scatet oratio. Sed revertamur ad sensum.

7. *Ridet Rufini verba. Ignis æternus juxta Origenem.* — Grandi diabolus lancea percutitur, qui omnibus existit causa peccati, si pro operibus suis, quasi homo, redditurus est rationem, et cum angelis suis æterni ignis hæreditate potietur. Hoc enim deerat, ut hominibus tormento subditis, ille potiretur ignibus æternis, quos tanto tempore desideraverat. Et videris mihi calumniam in hoc loco facere diabolo, et criminatorem omnium falsis criminibus accusare. Dicis enim, « qui omnibus existit causa peccati ; » et dum in illum refers crimina, homines culpa liberas, tollisque arbitrii libertatem, Salvatore dicente, quod « de corde nostro exeunt cogitationes malæ, homicidia, adulteria, fornicationes, furta, falsa testimonia, blasphemia ; » *Matth.* XV, 19 ; et rursum de Juda in Evangelio legimus : « Post buccellam intravit in eum Sa-

« Il avait péché volontairement ; » et que, ni par humilité, ni touché de la bonté du Sauveur, il ne fut poussé au repentir. D'où Dieu, dans l'Apôtre : « Je les ai livrés à Satan, afin qu'ils apprennent à ne pas blasphémer, » *Timot.* I, 20 ; et ailleurs : « J'ai livré les hommes de cette sorte à Satan pour la perte de la chair, afin que l'âme soit sauvée, » I *Corint.* V, 5. Il les a livrés à Satan, comme à un bourreau, pour les punir, ces hommes qui, avant d'être livrés, avaient blasphémé volontairement. Et David : « Purifiez-moi, Seigneur, de mes volontés cachées, et épargnez à votre serviteur les instigations étrangères, » *Psalm.* XVIII, 13, exprimant en peu de mots la culpabilité de sa volonté et les aiguillons des vices. Nous lisons aussi dans l'Ecclésiaste : « Si l'esprit de celui qui a la puissance escalade votre cœur, ne lui livrez point un passage. » *Eccles.* X, 4. De là il ressort clairement que, si nous lui avons livré un passage, nous avons péché en le lui livrant, et en ne précipitant pas, pour le repousser, l'ennemi qui escaladait nos murs. Quant à l'imprécation où vous appelez sur vos frères, c'est-à-dire vos accusateurs, les feux éternels avec le diable, vous me paraissez moins écraser vos frères que soulager le diable, puisqu'il doit être puni dans les mêmes flammes que des chrétiens (1). Je présume, d'ailleurs, que vous n'oubliez pas ce qu'Origène a coutume d'entendre par feux éternels, c'est-à-dire la conscience des péchés et le remords intime brûlant les cœurs. De même Isaïe : « Leur ver ne mourra pas et leur feu ne s'éteindra point ; » *Isai.* LXVI, 24 ; et c'est en ce sens qu'il est écrit contre Babylone : « Vous avez des charbons ardents ; asseyez-vous sur eux, et vous y trouverez votre secours ; » *Psalm.* XVII, 14 ; et qu'il est dit au pénitent dans le psaume : « Que vous sera-t-il donné et quel secours offert contre la langue trompeuse ? les flèches aiguës du Tout-Puissant, avec les charbons qui dévorent ; » *Psalm.* CXIX, 4 ; en sorte que les flèches des préceptes de Dieu, dont le Prophète dit ailleurs : « Je suis plongé dans la douleur, parce que mes reins sont percés de traits, » *Psalm.* XXXI, 4, blessent et percent la langue trompeuse, et y exterminent les péchés. Pareillement le passage où le Seigneur dit : « Je suis venu porter le feu sur la terre, et je veux qu'il la consume, » *Luc.* XII, 49, s'explique ainsi : « Je désire que tous fassent pénitence, et que l'Esprit saint consume les vices et les péchés. Car je suis celui dont il est écrit : « Dieu est un feu qui consume. » *Deut.* IV, 24. C'est donc dire peu que de réserver au diable ce qui est également réservé aux hommes. Vous deviez dire plutôt, pour échapper à tout soupçon de croire

(1) Le croirait-on ? Des esprits subtils ont vu dans cette phrase une insinuation détournée contre l'éternité des peines de l'enfer. Loin d'aborder ce dogme, l'auteur ne l'effleure pas même en passant. Rien dans les termes, rien dans la pensée. Il faut être bien à court d'arguments pour recourir à de telles interprétations et tâcher de s'en faire une arme. C'est donc à cela qu'en sont réduites l'hérésie et l'impiété ! Si les critiques ont, au contraire, voulu jeter un odieux soupçon sur l'orthodoxie de l'immortel Docteur, ils n'ont prouvé que leur inattention ou leur ignorance. Le but qu'il poursuit leur échappe absolument ; ils défigurent jusqu'à la beauté de son langage, par la raison qu'ils n'en comprennent pas le sens.

tanas ; » *Joan.* XIII, 27 ; qui ante buccellam sponte peccaverat, et nec humilitate, nec clementia Salvatoris flexus est ad pœnitentiam. Unde Apostolus : « Quos tradidi, inquit, Satanæ, ut discant non blasphemare ; » I *Tim.* I, 20 ; et in alio loco : « Tradidi hujusmodi Satanæ in interitum carnis, ut spiritus salvus fiat. » I *Cor.* V, 5. Tradidit eos Satanæ, quasi tortori ad puniendum, qui antequam traderentur, voluntate propria blasphemaverant. Et David : « Ab occultis, inquit, meis munda me, Domine, et ab alienis parce servo tuo ; » *Ps.* XVIII, 13 ; breviter et suæ voluntatis errorem, et vitiorum incentiva significans. In Ecclesiaste quoque legimus : « Si spiritus potestatem habentis ascenderit super cor tuum, locum tuum ne dimiseris. » *Eccli.* X, 4. Ex quo liquido apparet, si dederimus, ascendenti locum, nos peccasse qui dederimus, et ascendentem muros hostem non præcipitem deturbaverimus. Quod autem imprecaris fratribus, hoc est criminatoribus tuis, æternos ignes cum diabolo, non tam fratres mihi videris premere quam diabolum sublevare, cum iisdem quibus homines Christiani ignibus puniendus sit. Ignes autem æternos, quos intelligere solet Origenes, puto quod te non fugiat, conscientiam videlicet peccatorum et pœnitudinem interna cordis urentem. De qua et Isaias loquitur : « Vermis eorum non morietur, et ignis eorum non exstinguetur ; » *Isai.* LXVI, 24 ; et ad Babylonem scriptum est : « Habes carbones ignis, sedebis super eos ; hi erunt tibi in adjutorio ; » *Psal.* XXVII, 14 ; et in Psalmo pœnitens audit : « Quid detur tibi, aut quid apponatur tibi ad linguam dolosam ? Sagittæ potentis acutæ, cum carbonibus desolatoriis ; » *Psal.* CXIX, 4 ; ut linguam dolosam, sagittæ præceptorum Dei (de quibus in alio loco Propheta dicit : *Psal.* XXXI, 4 : « Versatus sum in miseria, dum configitur mihi spina), » vulnerent atque confodiant, et peccatorum in ea solitudinem faciant. Illud quoque testimonium in quo Dominus loquitur : « Ignem veni mittere super terram, et quam volo ut ardeat, » *Luc.* XII, 49, » sic interpretatur : « Omnes cupio agere pœnitentiam, et excoquere Spiritu sancto vitia atque peccata. » Ipse enim sum de quo scribitur : « Deus ignis consumens est. » *Deut.* IV, 24. Non ergo grande est hoc de dia-

au salut du diable : « Tu t'es changé en perdition, et tu ne seras pas à tout jamais ; » *Ezech.* xxviii ; et, d'après les paroles du Seigneur, parlant à Job du diable : « Il sera frustré dans son espérance, et précipité aux yeux de tous. » *Job.* xl, 28. « Je ne suis pas cruel en le suscitant. Qui peut, en effet, résister en ma présence ? Qui m'a donné d'abord, pour que je sois obligé de lui rendre ? Tout ce qui est sous le ciel est à moi. Je ne l'épargnerai point, malgré ses paroles puissantes, changées en supplications. » *Job.* xli, 1 *et seq.* Pourtant, on peut mettre ce que vous avez dit là sur le compte de la simplicité d'esprit ; si cela n'échappe pas aux yeux de l'érudition, il a, aux yeux inexpérimentés, un semblant d'innocence.

8. Ce qui suit, sur l'état des âmes, ne se peut absolument excuser. Il dit, en effet : « J'apprends aussi que des questions sont soulevées au sujet de l'âme ; à vous de juger si la plainte, sur ce sujet, doit être admise ou rejetée. Que si on s'enquiert de mon sentiment sur la matière, j'avoue que j'ai lu des solutions diverses de cette question chez la plupart de ceux qui l'ont traitée. Certains disent que les âmes sont transmises en même temps que le corps, par le moyen de la fécondation humaine, et l'on appuyait cette manière de voir sur les assertions qu'on pouvait trouver. A cette opinion, parmi les Latins, je crois pouvoir ranger Tertullien, Lactance même et quelques autres sans doute. D'autres avancent que, les corps étant formés dans le sein maternel, Dieu fait chaque jour des âmes qu'il y infuse. D'autres disent qu'ayant été faites jadis, c'est-à-dire lorsque Dieu créa toutes choses de rien, sa providence les fait naître ensuite dans le corps, d'après sa sagesse ; ainsi pensent Origène et quelques autres parmi les Grecs. Après avoir lu ces systèmes divers, je prends Dieu à témoin que, jusqu'à présent, je ne me suis arrêté à rien de certain et de défini sur cette question, mais je laisse à Dieu de savoir ce qui est vrai, et de décider s'il daignera le révéler à quelqu'un. Pour moi, je ne nie pas avoir lu toutes ces opinions, et j'avoue mon ignorance, sauf sur ce point de tradition dans l'Eglise, que Dieu est le créateur des âmes et des corps. »

9. Avant de discuter le fond, je veux admirer la forme qu'emploie notre Théophraste : « J'apprends, dit-il, que des questions sont soulevées au sujet de l'âme ; à vous de juger si la plainte sur ce sujet doit être admise ou rejetée. » Si des questions s'agitent à Rome sur l'état de l'âme, quelle est cette plainte ou doléance qu'on laisse au jugement des évêques le soin d'admettre ou de repousser ? à moins toutefois que Rufin n'attache le même sens aux mots question et plainte, parce qu'il trouve une figure de ce genre dans les Commentaires de Caper. « Certains disent, je l'ai lu, que les âmes sont répandues par transmission en même temps que le corps, par le moyen de la fécondation sexuelle ; et ils appuyaient

bolo dicere, quod et hominibus præparatum est. Magis debueras (ut suspicionem salutis diabolicæ declinares) dicere : « Perditio factus es ; et non eris in æternum ; » *Ezech.* xxviii, sec. LXX ; et ex persona Domini loquentis ad Job de diabolo : « Ecce spes ejus frustrabitur eum, et videntibus cunctis præcipitabitur. » *Job.* xl, 28. « Non quasi crudelis suscitabo eum. Quis enim resistere potest vultui meo ? Quis ante dedit mihi ut reddam ei ? Omnia quæ sub cœlo sunt, mea sunt. Non parcam ei, et verbis potentibus, et ad deprecandum compositis. » *Job.* xli, 1 et seqq. Verum hæc possunt quasi simplicis hominis excusari ; et cum eruditos non subterfugiant, apud indoctos præferre innocentiæ similitudinem.

8. Quod sequitur de animarum statu, excusari omnino non potest. Dicit enim : « Audio et de anima quæstiones esse commotas ; de qua re utrum recipi debeat querimonia an abjici, vos probate. Si autem et de me quid sentiam quæritur, fateor me de hac quæstione apud quamplurimos tractatorum diversa legisse. Legi quosdam dicentes, quod pariter cum corpore per humani seminis traducem etiam animæ diffundantur ; et hæc quibus poterant assertionibus confirmabant. Quod puto inter Latinos Tertullianum sensisse, vel Lactantium, fortassis et nonnullos alios. Alii asserunt, quod, formatis in utero corporibus, Deus quotidie faciat animas et infundat. Alii quod factas jam olim, id est, tunc cum omnia creavit Deus ex nihilo, nunc eas judicio suo nasci dispenset in corpore. Hoc sentit et Origenes, et nonnulli alii Græcorum. Ego vero cum hæc singula legerim, Deo teste dico, quia usque ad præsens certi et definiti aliquid de hac quæstione non teneo ; sed Deo relinquo scire quid sit in vero, et si cui ipse revelare dignabitur. Ego tamen hæc singula et legisse me non nego, et adhuc ignorare confiteor ; præter hoc quod manifeste tradit Ecclesia, Deum esse et animarum et corporum conditorem. »

9. Antequam de sensibus disputem, Theophrasti verba mirabor : « Audio, inquit, de anima quæstiones commotas esse ; de qua re utrum recipi debeat querimonia, aut abjici, vos probate. » Si quæstiones de animæ statu in Urbe commotæ sunt, quæ est ista querimonia vel querela, quæ utrum recipi debeat, episcoporum judicio relinquitur ? nisi forte quæstionem et querimoniam idipsum significare putat, quia in Capri Commentariis hujusmodi figuram reperit. Deinde ponit, « Legi quosdam dicentes, quod pariter

cette manière de voir sur les assertions qu'ils pouvaient trouver. » Quelle est, je le demande, cette licence de figures? cette perturbation des modes et des temps? « J'en ai lu qui disent, ils appuyaient sur les assertions qu'ils pouvaient. » Et plus loin : « D'autres affirment que, les corps étant formés dans le sein maternel, Dieu, chaque jour, fait des âmes nouvelles et les y infuse. D'autres, après qu'elles ont été faites jadis, c'est-à-dire quand Dieu créa toutes choses de rien, il les distribue maintenant selon sa sagesse, par la naissance dans le corps. » Et cette disposition est vraiment des plus belles. Les uns, dit-il, affirment ceci ou cela ; les autres que, les âmes ayant été déjà faites autrefois, c'est-à-dire alors que Dieu créa toutes choses de rien, actuellement, selon sa sagesse, il les distribue par la naissance dans le corps. Langage si embrouillé, si confus, que j'ai plus à faire pour reprendre que lui-même pour écrire. A la fin, il a mis : « Pour moi, après que j'eus lu chacun de ces sentiments, » et la pensée encore en suspens, comme s'il avait mis en avant quelque chose de nouveau, il a ajouté : « Et je ne nie pas que j'ai lu chacun de ces sentiments, et j'avoue que je suis encore dans l'ignorance. »

10. *Le mystère de la Trinité ignoré des anciens.* — Ames infortunées, que les vices de langage percent de coups de lances si nombreux ! je ne crois pas que l'erreur d'Origène leur ait infligé d'aussi grands maux, en les précipitant du ciel sur la terre, pour les y revêtir du fardeau du corps, qu'elles en éprouvent ici dans ce choc de paroles et de pensées, même en passant sous silence cette manière obscène de dire que les âmes sont répandues, par transmission, avec la semence humaine. Je sais que, parmi les chrétiens, on n'a pas coutume de censurer les vices de langage; mais j'ai voulu montrer, par un petit nombre d'exemples, jusqu'où va votre témérité en enseignant ce que vous ne savez pas, en décrivant ce que vous ignorez, afin qu'on s'attende à une prudence égale dans vos jugements. Il envoie une lettre, c'est-à-dire un bâton des plus solides dont s'armera l'évêque de Rome ; et, sur la question même, qui fait aboyer les chiens, il dit qu'il ne sait pas ce qu'on demande. S'il ignore pourquoi on le décrie, à quoi bon envoyer une apologie qui ne contient pas sa défense, mais l'aveu de son ignorance? Ce n'est pas étouffer les soupçons anciens, c'est en semer de nouveaux. Il pose trois opinions sur la condi-

cum corpore per humani seminis traducem etiam animæ diffundantur, et hæc quibus poterant, assertionibus confirmabant. » Rogo quæ est ista licentia figurarum? quæ modorum et temporum perturbatio? « Legi dicentes, quibus poterant assertionibus confirmabant. » Et in consequentibus : « Alii asserunt, quod, formatis in utero corporibus, Deus quotidie faciat novas animas, et infundat. Alii, factas jam olim, id est, tunc cum omnia Deus creavit ex nihilo, nunc eas judicio suo nasci dispenset in corpore. » Et hic ordo pulcherrimus. Alii, inquit, asserunt hoc vel illud ; alii factas jam olim, id est, tunc cum omnia Deus creavit ex nihilo, nunc eas judicio suo nasci dispenset in corpore. Tam putide et confuse loquitur, ut plus ego in reprehendendo laborem, quam ille in scribendo. Ad extremum posuit : « Ego vero cum hæc singula legerim, » et adhuc pendente sententia, quasi novum aliquid protulisset, adjecit : « Ego tamen hæc singula et legisse me non nego, et adhuc ignorare confiteor. »

10. *Trinitatis mysterium ignoratum Antiquis.* — O infelices animas, quæ tantis vitiorum lanceis vulnerantur! non eas puto juxta Origenis errorem tantum laborasse, cum de cœlo in terras ruerent, et crassis corporibus vestirentur, ut nunc et verbis et sententiis hinc inde collisas ; ut prætermittam κακέμφατον, quo de humani seminis traduce diffundi animæ dicuntur. Scio inter Christianos verborum vitia non solere reprehendi ; sed ex paucis ostendere volui, cujus temeritatis sit docere quod nescias, scribere quod ignores : ut similem prudentiam et in sensibus requiramus. Mittit epistolam, id est, robustissimum baculum, quo Romanæ urbis armetur episcopus ; et in ipsa quæstione, pro qua canes latrant, dicit se nescire quod quæritur. Si ignorat, pro quo sibi calumnia commovetur, quid necesse est Apologiam mittere, quæ non habet defensionem sui, sed ignorantiæ confessionem ? Hoc est suspiciones hominum non sopire, sed serere. Tres super animarum statu ponit sententias, et in fine concludens : « Singula, inquit, me legisse non nego, et ad huc ignorare confiteor. » Arcesilam, aut Carneadem putes, qui omnia incerta pronuntiant, licet et illos superet cautione. Illi enim omnium philosophorum invidiam non ferentes, quod veritatem e vita tollerent (*a*), verisimilia repererunt, ut ignorantiam rerum probabili asser-

(*a*) *Quod veritatem.* Præter codicem vetustum Monasterii nostri Floriacensis, omnes alii quos vidimus juxta Erasmum legunt, *quod vitam e vita tollerent.* At cogit nos Arcesilæ et Carneadis historia retinere *veritatem,* quam hi Philosophi e vita tollebant, incerta omnia dicentes, et ignorantiam rerum probabili assertione, sive sententia temperantes. Porro Arcesilas vocatus est *cacillator,* quod cum nihil se scire diceret, nec alios quidquam scire patiebatur, omnes turbaret sophismatibus. Vide Cicer. lib. II de Finibus. A Carneade cavendum dicebat M. Cato in Senatu, quia ob eloquentiam, et disserendi facultatem, facile quæcumque vellet, impetrare posset. Vide Gellium lib. XVI et Quintilianum. Martian. Ita Victorius reposuit ope mss. exemplarium, cum antea esset, *vitam a vita.* Lectionem probat insuper Arcesilæ et Carneadis ingenium, quorum alter mediæ Academiæ auctor est, alter tertiæ princeps.

tion des âmes, et il conclut à la fin : « Je ne nie pas que je les ai lues toutes trois, et j'avoue que je suis encore dans l'ignorance. » On dirait Arcésilas ou Carnéade, qui prononcent que tout est incertain, bien que même il les surpasse en défiance. Eux, en effet, n'osant affronter la haine de tous les philosophes, en retranchant la vérité de la vie, trouvaient les choses vraisemblables et donnaient pour tempérament à leur doctrine de l'ignorance humaine l'assertion de la probabilité des faits; mais lui, il déclare qu'il est dans l'incertitude et que, de trois opinions, il ne sait absolument pas laquelle est vraie. Lorsque telle devait être sa réponse, quel motif l'a poussé à faire un aussi grand pontife témoin de son incapacité, qui l'empêcha de venir à Rome et qu'il a déguisée sous les fatigues de trente années de voyage? Combien d'autres choses nous ne savons pas, et pourtant nous ne cherchons point des témoins de notre ignorance! Du Dieu Père, Fils et Saint-Esprit, et de la nativité du Seigneur Sauveur, au sujet de laquelle Isaïe s'écrie : « Qui racontera sa génération, » *Isaï*, LIII, 8? il en parle audacieusement, et il s'attribue la science d'un mystère ignoré de tous les siècles passés; et il ignore seulement ce qu'il est scandaleux aux yeux de tous d'ignorer. Il sait comment la Vierge a engendré Dieu; et il ne sait pas comment il est né lui-même. Il avoue que le Seigneur est le Créateur des âmes et des corps, soit que les âmes aient existé avant les corps, soit que leur origine se confonde avec celle des corps, soit qu'elles soient envoyées dans les corps après qu'ils ont été formés et qu'ils ont pris figure dans le sein maternel. Dans tous les cas, nous reconnaissons Dieu comme l'auteur. Ici, la question n'est pas si Dieu ou un autre les a faites; mais des trois opinions qu'il a rapportées, quelle est la vraie, et il dit qu'il ne le sait pas. Prenez garde qu'on ne vous reproche pas tout de suite d'avouer votre ignorance sur les trois points, pour n'être pas obligé de condamner l'un d'eux, et d'épargner Tertullien et Lactance, pour ne pas accabler Origène avec eux. Autant que ma mémoire est fidèle, et sauf erreur, je n'ai jamais lu dans Lactance que l'âme soit engendrée avec le corps. D'ailleurs, vous qui prétendez l'avoir lu, dites dans quel livre, pour que vous ne paraissiez pas le calomnier après sa mort, comme vous m'avez rendu responsable d'un songe. Mais là même vous avancez d'un pas hésitant et cauteleux. Voici vos expressions : « Je pense que, parmi les Latins, Tertullien a pensé ainsi, ou Lactance, peut-être même quelques autres. » Non-seulement vous doutez de la condition des âmes, mais encore, au sujet des auteurs des opinions, vous dites : Je pense. Il y a là une nuance. Alors que notoirement vous ne savez pas au sujet des âmes, et que vous avouez votre ignorance, au sujet des auteurs, vous dites que vous ne savez pas de manière à penser quels ils sont plutôt qu'à oser l'affirmer. Il n'y a qu'Origène sur lequel vous ne balancez pas, puisque vous dites : « C'est ce que croit Origène. » Si je vous demande : Sa croyance est-elle bonne ou mauvaise? Je ne sais, répondez-vous. Pourquoi donc, par des messagers et des intermédiaires nombreux, essayez-vous de

tione temperarent; iste se dicit incertum, et e tribus omnino nescire quid verum sit. Si hoc erat responsurus, quæ eum ratio impulit, ut tantum Pontificem inscitiæ suæ testem faceret. Nimirum hæc illa est lassitudo, quod triginta annorum itinere confectus, Romam venire non potuit. Quanta et alia nescimus, et tamen imperitiæ nostræ testes non quærimus! De Patre, Filio, et Spiritu sancto; de nativitate Domini Salvatoris, super qua Isaias clamitat : « Generationem ejus quis enarrabit? » *Isai.* LIII, 8, audacter loquitur, et mysterium omnibus retro sæculis ignoratum scientiæ suæ vindicat; et hoc solum ignorat, quod ignoratum cunctis scandalum facit. Scit quomodo Deum Virgo generarit; et nescit quomodo ipse sit natus. Animarum et corporum conditorem fatetur Dominum, sive animæ ante corpora fuerint, sive cum corporum nascantur exordiis, sive jam formatis in utero figuratisque corporibus immittantur. In omnibus novimus auctorem Dominum. Nec de hoc nunc quæstio est, utrum Deus, an alius eas fecerit; sed e tribus quas posuit, quæ sit illarum sententia vera, nescire se dicit. Vide ne statim tibi objiciatur, idcirco te trium ignorantiam confiteri, ne unum damnare cogaris; et Tertulliano et Lactantio ideo parcere, ne Origenem cum illis jugules. Quantum memoria suggerit, nisi tamen fallor, nescio me legisse Lactantium συσπειρομένην animam dicere. Ceterum qui legisse te scribis, dic in quo libro legeris, ne ut me dormientem, sic illum mortuum calumniatus esse videaris. Sed et in hoc cunctabundus incedis et cautus. Dicis enim : « Puto inter Latinos Tertullianum sensisse, vel Lactantium, fortassis et alios nonnullos. » Non solum de animarum statu dubitas, sed et de auctorum sententiis putas; et tamen aliquid interest. De animabus autem aperte nescis, et inscitiam confiteris; de auctoribus sic nosse te dicis, ut putes potius quam præsumas. In solo Origene non ambigis. Dicis quippe : « Hoc sentit Origenes. » Interrogabo te : bene sentit, an male? Nescio, inquis. Quid me igitur missis tabellariis et creberrimis nuntiis docere conaris, ut sciam, quod nescias? Et ne forte non credam imperitiæ tuæ, et arbitrer te callide reticere quod nosti, juras Deo teste,

m'instruire, afin que je sache ce que vous ne savez pas? Et afin qu'il ne m'arrive pas d'ajouter foi à votre incapacité, et d'estimer que vous taisez artificieusement ce que vous connaissez, vous faites serment et vous prenez Dieu à témoin que, jusqu'à présent, sur cette question, vous n'êtes arrêté à rien de certain et de défini; et vous laissez à Dieu de savoir où est en cela la vérité et de décider s'il daignera la révéler à quelqu'un. Dans une telle suite de siècles, nul ne vous paraît avoir mérité les révélations divines sur cette question : ni un patriarche, ni un prophète, ni un apôtre, ni un martyr; ni à vous-même, quand vous languissiez dans les cachots et dans l'exil, ces mystères ne vous ont pas été manifestés. Le Seigneur dit dans l'Évangile : « Père, j'ai révélé votre nom aux hommes. » *Joan.* XVII, 6. Celui qui a révélé le Père a gardé le silence sur la condition des âmes. Et vous vous étonnez que vos frères, scandalisés, s'élèvent contre vous, quand vous faites le serment que vous ne savez pas ce que les Églises de Jésus-Christ font profession de savoir.

11. Après cet exposé de sa foi, ou plutôt cette confession de son ignorance, il aborde un autre sujet : il s'efforce de se justifier d'avoir traduit en latin les livres du περὶ Ἀρχῶν. Voici textuellement ce qu'il écrit : « J'apprends aussi qu'ensuite il y a eu débat sur ce que, à la demande de mes frères, j'ai traduit du grec en latin certains écrits d'Origène; certes, tout le monde comprend, j'imagine, que l'envie seule a suscité cette récrimination. S'il y a quelque chose qui déplaise dans l'auteur, peut-on l'opposer à l'interprète? Ce qui se trouve dans le texte grec, on m'a prié de le montrer tel quel aux Latins. Je n'ai fait qu'habiller de mots latins les pensées du grec. Par conséquent, si ces pensées sont par elles-mêmes dignes de quelque éloge, il ne me revient pas, comme ne me revient pas le blâme, si elles le méritent. »... « J'apprends aussi, dit-il, qu'il y a eu ensuite « débat. » Avec quelle prudence il appelle « débat » l'accusation portée contre lui! « Qu'à la prière de mes frères, j'ai traduit du grec en latin certains écrits d'Origène. » Certains; mais lesquels? N'ont-ils pas de nom? Vous n'en dites rien. Les libelles de vos accusateurs parlent pour vous. « Je pense, poursuit-il, que tout le monde comprend que « l'envie seule » a suscité cette récrimination. » L'envie, à quel sujet? Sont-ils envieux de votre éloquence? ou avez-vous fait ce qu'aucun homme ne put jamais faire? Mais moi-même j'ai traduit bien des ouvrages d'Origène, et personne, excepté vous, n'en est envieux et ne m'en fait un crime. Poursuivons : « S'il y a quelque chose qui déplaise dans l'auteur, d'où vient qu'on le reproche à l'interprète? Ce qui se trouve dans le grec, on m'a prié de le montrer tel quel aux Latins. Je n'ai fait qu'habiller de mots latins les pensées du grec. Par conséquent, si ces pensées sont par elles-mêmes dignes de quelque éloge, il ne m'est pas dû, comme aussi ne me revient pas le blâme, si elles le méritent. » Vous vous étonnez que les hommes aient mauvaise opinion de vous, quand, au sujet d'impiétés manifestes,

quod usque ad præsens certi et definiti aliquid de hac quæstione non teneas; et Deo relinquas scire quid sit in vero, et si cui ipse revelare dignabitur. Per tanta sæcula tibi nullus videtur dignus fuisse, cui de hac quæstione Dominus revelarit? Non patriarcha, non propheta, non apostolus, non martyr? Ne tibi quidem, quando in carceribus et exiliis morabaris, hujuscemodi sacramenta patuerunt? Dominus in Evangelio : « Pater, inquit, revelavi nomen tuum hominibus. » *Joan.* XVII, 6. Qui Patrem revelavit, de animarum statu tacuit; et miraris si contra te fratrum scandala concitentur, cum id nescire te jures, quod Christi Ecclesiæ se nosse fateantur?

11. Exposita fide sua, imo inscitiæ confessione, transit ad aliud; et excusare se nititur, cur libros περὶ Ἀρχῶν in Latinum verterit. Et hæc scribit ad verbum : « Sane quia audio etiam inde esse disputatum quod quædam Origenis rogatus a fratribus de Græco in Latinum transtuli, puto quod omnes intelligant, hæc pro solo livore culpari. Si enim aliquid est quod displiceat in auctore, quare id ad interpretem detorquetur? Sicut in Græcis habetur, rogatus sum ut Latinis ostenderem. Græcis sensibus verba dedi Latina tantummodo. Sive ergo in illis sensibus laus inest aliqua, non est mea; sive culpa, similiter non est mea. » ... « Audio, inquit, etiam inde esse *disputatum.* » Quam prudenter accusationem suam, *disputationem* vocat! « Quod *quædam* Origenis rogatus a fratribus de Græco in Latinum transtuli. » Quæ sunt illa quædam? Nomen non habent? Taces? Libelli accusatorum loquuntur. « Puto, ait, quod omnes intelligant hæc *pro solo livore* culpari. » Pro quo livore? Num invident eloquentiæ tuæ? Aut fecisti quod nullus hominum unquam facere potuit? Ecce et ego Origenis multa transtuli; et præter te nemo nec invidet, nec calumniatur. « Si enim, inquit, aliquid est quod displiceat in Auctore, quare id ad interpretem detorquetur? sicut in Græcis habetur, rogatus sum ut Latinis ostenderem. Græcis sensibus verba dedi Latina tantummodo. Sive ergo in illis sensibus laus inest aliqua non est mea; sive culpa, similiter non est mea. » Et miraris, si de te homines male sentiant, quum de apertis blasphemiis dicas : « Si est aliquid, quod displiceat in auctore? » Omni-

vous dites : « S'il y a dans l'auteur quelque chose qui déplaise. » Tout ce qui a été dit dans le περὶ Ἀρχῶν déplaît ; vous seul en doutez, et vous vous plaignez qu'on fasse le traducteur solidaire de ce que vous avez loué dans la préface de votre traduction. On vous avait prié de traduire en latin ce qui est dans le texte grec. Plût à Dieu que vous eussiez fait ce dont vous feignez qu'on vous a prié ! vous ne seriez maintenant odieux à personne. Si vous aviez fait une traduction fidèle, je n'aurais pas été dans la nécessité de renverser votre fausse interprétation par la véritable. Vous avez conscience de ce que vous avez ajouté, de ce que vous avez retranché, des changements que vous avez faits, selon votre caprice, dans l'une et l'autre partie ; et, après cela, vous osez dire que c'est à l'auteur, non à vous-même, qu'on doit imputer le bon et le mauvais. Sous l'odieux qui vous écrase, vous modérez encore vos expressions, et comme si vous souteniez vos pas suspendus au-dessus des épis, vous dites : « Soit que ces pensées soient dignes d'éloge, soit qu'elles méritent le blâme. » Vous n'osez pas les défendre, et cependant vous ne voulez pas les condamner. Prenez l'un de ces deux partis, on vous laisse le choix : si votre interprétation est bonne, louez-la ; condamnez-la, si elle est mauvaise. Mais il s'excuse, il ourdit un nouvel artifice. Il dit : « Bien plus, j'ai de plus ajouté quelque chose, comme je l'ai indiqué dans ma Préface, afin, autant que je le pouvais, de retrancher sur quelques points, ceux-là seulement qui allaient pour moi jusqu'à être suspects, parce qu'au lieu d'avoir été exprimés de la sorte par Origène lui-même, ils paraissaient avoir été interpolés par d'autres, à cause de ce que j'avais lu, sur le même sujet, de catholiquement rendu dans d'autres endroits du même auteur. » Éloquence admirable, nuancée des couleurs du goût attique : « Bien plus, de plus ; » et encore : « qui allaient jusqu'à être suspects pour moi. » Je suis plus que surpris qu'il ait osé envoyer à Rome ces monstruosités littéraires. On dirait que sa langue, retenue dans les nœuds de liens inextricables, peut à peine former un son qui ait quelque chose d'humain. Mais je reviens au fait.

11. *Impiété d'Origène.* — Qui vous a donné la licence de tant retrancher dans votre interprétation ? On vous avait prié de rendre en latin le texte grec, non de le réformer ; de rapporter les dites d'un autre, et non d'écrire les vôtres. En faisant plusieurs retranchements, vous n'avez pas fait, vous l'avouez, ce qui vous a été demandé. Et plût au ciel que vous eussiez retranché ce qui est mauvais, bien loin d'émettre de nombreuses assertions personnelles contraires au bien ! Je n'en citerai qu'une, comme exemple, qui fera connaître les autres. Dans le premier livre du περὶ Ἀρχῶν, où la langue sacrilége d'Origène a émis le blasphème que le Fils ne voit pas le Père, à votre tour vous alléguez les motifs, comme au nom de celui qui a écrit, et vous interprétez le σχόλιον où Didyme s'épuise

bus quæ in illis libris dicta sunt, displicent ; et tu solus dubitas, et quereris, cur ad interpretem detorqueatur, quod in translationis tuæ Præfatione laudasti. Rogatus eras, ut quomodo habebatur in Græco, in Latinum verteres. Utinam fecisses quod rogatum te esse simulas ! nulli nunc invidiæ subjaceres. Si tu translationis servasses fidem, mihi necessitas non fuisset interpretationem falsam vera interpretatione subvertere. Novit conscientia tua, quæ addideris, quæ subtraxeris, quæ in utramque partem, ut tibi visum fuerit, immutaris ; et post hæc audes dicere, quod et bona et mala non tibi, sed auctori debeant imputari. Et oppressus invidia adhuc verba moderaris ; et quasi super aristas pendenti incedens gradu, loqueris : « Sive in illis sensibus laus est, sive culpa. » Defendere non audes, et tamen damnare non vis. Elige e duobus quod vis, optio tibi datur : si bona est interpretatio tua, lauda ; si mala, condemna. Verum excusat se, et subnectit aliam stropham. Dicit enim : « Quinimo etiam aliud adjeci, sicut in Præfatiuncula mea designavi ; ut in quantum possem aliquanta deciderem : illa tamen quæ mihi ad suspicionem veniebant, quod non ab ipso Origene ita dicta, sed ab aliis viderentur esse inserta, propter hoc quod de eisdem rebus in aliis auctoris ejusdem locis catholice dictum legeram. » Mira eloquentia, et Attico flore variata : « Quinimo etiam ; et quæ mihi ad suspicionem veniebant. » Admiror ausum illum esse hæc Romam verborum portenta transmittere. Compeditam putes linguam ejus, et inextricabilibus nodis ligatam, vix in humanum sonum erumpere. Sed ad causam redeam.

11. *Origenis blasphemia.* — Quis tibi dedit hanc licentiam, ut multa de interpretatione decideres ? Rogatus eras ut Græca in Latinum verteres, non ut emendares ; ut alterius dicta proferres, non ut tua conderes. Non fecisse te quod rogatus es, recidendo plurima, confiteris. Atque utinam præcidisses mala, et non in assertionem malorum, tua multa posuisses ! E quibus unum proferam, ut ex hoc cognoscantur et cætera. In primo libro περὶ Ἀρχῶν, ubi Origenes lingua sacrilega blasphemavit, quod Filius Patrem non videat, tu etiam causas reddis, quasi ex persona ejus, qui scripsit, et Didymi interpretaris σχόλιον, in quo ille casso labore conatur alienum errorem defendere, quod Origenes quidem bene dixerit ; sed

en vains efforts pour défendre l'erreur d'autrui et montrer qu'Origène aurait bien parlé ; mais nous, hommes simples, esprits farouches qu'Ennius apprivoisa, nous ne pouvons comprendre ni la sagesse d'Origène ni celle de son interprète. Votre Préface, que vous invoquez et qui me décore d'étonnantes louanges, prouve que vous êtes coupable de la plus mauvaise des traductions. Vous dites en effet que vous avez retranché beaucoup du texte grec, bien que vous passiez sous silence vos additions. Ce que vous avez retranché était-il bon ou mauvais? Mauvais, assurément. Ce que vous avez conservé, était-il bon ou mauvais ? Bon, assurément ; vous n'auriez pas choisi ce qui était mauvais pour le traduire. Vous avez donc retranché ce qui était mauvais, et gardé ce qui était bon ? Cela ne fait doute pour personne. Or, on prouve que presque tout ce que vous avez traduit est mauvais. Donc, tout le mauvais que je montrerai dans votre traduction vous sera imputé, à vous qui l'avez traduit comme bon. C'est comme si, censeur injuste, entre des hommes coupables de la même faute, vous chassiez les uns du Sénat, et vous conserviez les autres dans la curie. Mais vous dites : « Je ne pouvais pas tout changer ; j'ai cru que je devais retrancher seulement ce qui, à mon sens, avait été ajouté par les hérétiques. » Fort bien. Si vous avez retranché ce que vous pensiez avoir été ajouté par les hérétiques, ce que vous avez maintenu appartient donc à celui que vous avez interprété. Répondez, ce qui reste ainsi est-il bon ou mauvais ? Vous ne pouviez traduire le mauvais, dès que vous aviez retranché les additions faites par les hérétiques, à moins toutefois que vous n'ayez dû retrancher les impostures des hérétiques, et traduire en latin, sans les toucher, les erreurs d'Origène. Apprenez-nous donc pourquoi vous avez traduit en latin les doctrines mauvaises d'Origène : pour convaincre l'auteur de perversité, ou pour le louer ? Si vous le dénoncez, pourquoi le louez-vous dans la préface ? Si vous le louez, il est prouvé que vous êtes hérétique. Pas de milieu, vous avez rapporté ces doctrines comme bonnes ; s'il est prouvé qu'elles sont toutes mauvaises, l'auteur et son interprète seront coupables du même crime, et ce sera l'accomplissement de cette sentence : « Vous voyiez un voleur, et vous couriez avec lui ; et vous partagiez votre repas avec l'adultère. » *Psalm.* XLIX, 18. Inutile de rendre douteuse par des raisonnements une chose claire par elle-même. D'où lui est venu le soupçon que ce qu'il retranchait avait été ajouté par des hérétiques ? la suite nous l'apprend : « Parce que, dit-il, sur les mêmes matières, j'avais lu des dires catholiques du même auteur. »

nos simplices homines (*a*), et cicures Enniani, nec illius sapientiam, nec tuam, qui interpretatus es, intelligere possumus. Præfatio tua, quam nominas, et in qua me miris ornas laudibus, te reum pessimæ translationis facit. Dicis enim quod de Græco multa decideris, licet taceas quod addideris. Quæ decidisti, mala erant, an bona ? Utique mala. Quæ reservasti bona, an mala ? utique bona. Neque enim mala transferre poteras. Ergo mala amputasti, et reliquisti bona ? nulli dubium est. Probantur autem quæ translata sunt, pene omnia mala. Quidquid igitur malum in translatione monstravero, tibi imputabitur, qui illud pro bono transtulisti. Aliud est, si iniquus censor ejusdem criminis reus, alios de senatu pellis, alios in curia retines. Sed dicis : « Omnia mutare non poteram ; sed ea tantum, quæ addita ab hæreticis arbitrabar, mihi amputanda credidi. » Pulchre. Si amputasti quæ addita ab hæreticis existimabas, ergo quæ reliquisti, ejus sunt quem interpretatus es (al. *interpretabaris*) ; responde, utrum bona, an mala sint ? Mala transferre non poteras. Semel enim, quæ ab hæreticis addita fuerant, amputasti. Nisi forte hæreticorum mala amputare debueris, et Origenis errores in Latinum integros vertere. Dic ergo, quare Origenis mala in Latinum verteris : ut auctorem mali proderes, an ut laudares ? Si prodis, in præfatione cur laudas ? Si laudas, hæreticus approbaris. Restat, ut quasi bona protuleris. Si hæc omnia probantur mala, igitur unius et Auctor et Interpres rei criminis erunt, et implebitur illa sententia : « Videbas furem, et currebas cum eo ; et cum adulteris portionem tuam ponebas. » *Psal.* XLIX, 18. Non est necesse rem planam, argumentatione dubiam facere. Quod sequitur, respondeat, unde illi sit orta suspicio, hæc ab hæreticis addita ? « Quia, inquit, de eisdem rebus in aliis locis ejusdem auctoris catholice dictum legeram. »

(*a*) *Et cicures Enniani.* Haud dubie animalia, et pecudes mansuetas habuit Ennianus, sive Ennius Poeta celeberrimus, qui in Aventino habitans suo plu contentus est parcissimo, et ancillulæ ministerio. Vel certe ipse cicurare noverat feras ; unde Enniani cicures hic dicuntur. In codice Collegii Navarrici Parisiensis legimus, *et cincturæ Senniani.* MARTIAN. — Quidam vir doctus legendum putat *Cinctuti Enniani,* ut gentes illæ barbaræ notentur, quales primi Italiæ incolæ erant, quos vocat *cinctutos* Horat. art. Poetic. ỳ 50 :

Fingere cinctutis non exaudita Cethegis.

Mihi nihil immutari placet ; tametsi, quod apud Ennium in fragmentis historia isthæc non supersit, hariolari haud velim. Verum *Cicuria Enniana insignioris magistri,* dixit etiam Tertullianus lib. contra Valentinianos sub finem, sive cap. 37. Fera ingenia, aut barda, malis auspiciis, atque irrito conatu mansuetudinem edocta innuerit. (*Edit. Mign.*)

12. *Hérésies d'Origène.* — Voyons d'abord ce que Rufin a conservé, pour arriver ensuite logiquement au reste. Je juge, quant à moi, qu'entre un grand nombre d'opinions mauvaises d'Origène, celles-ci surtout sont hérétiques : Le Fils, créature de Dieu; l'Esprit-Saint, ministre de Dieu; des mondes innombrables se succédant pendant des siècles sans fin ; les anges changés en âmes humaines ; l'existence de l'âme du Sauveur avant qu'il naquît de Marie, cette âme étant la même qui, ayant la forme et la nature de Dieu, ne crut pas que ce fût une usurpation pour elle de se croire *égale* à Dieu, *Philip.* II, mais s'abaissa jusqu'à prendre la forme et la nature de serviteur; la résurrection de nos corps telle qu'ils n'auront pas les mêmes membres, parce que les fonctions des membres cessant, ces membres deviendront inutiles ; la disparition progressive de ces corps eux-mêmes subtils et spirituels, et leur réduction en air et puis à rien ; au-delà, restauration universelle; quand viendra la Bonté infinie, une condition unique et une même mesure pour les Chérubins et les Séraphins, les Trônes, les Principautés, les Dominations, les Vertus, les Puissances, les Archanges, les Anges, le diable, les démons, et les âmes de tous les hommes, tant chrétiens que juifs et païens; après qu'ils seront parvenus à leur forme et à la balance du juste juge, et que la nouvelle armée des foules revenant de l'exil du monde aura laissé paraître des créatures raisonnables dépouillées de toute vase corporelle, l'avénement d'un autre monde sorti d'une nouvelle origine, et d'autres corps, afin que les âmes tombant du ciel en soient revêtues, en sorte que nous devions craindre que nous, qui sommes hommes à présent, nous naissions femmes plus tard, et que celle qui est maintenant une vierge ne soit alors une prostituée. J'enseigne moi que ces hérésies sont dans les livres d'Origène; vous, montrez dans lequel de ses ouvrages vous avez lu quelque chose de contraire à ces opinions.

13. *Les six mille livres d'Origène.* — Je ne veux pas que vous disiez : « Les dires orthodoxes sur les mêmes matières que j'avais lus dans d'autres endroits du même auteur, » de peur que vous ne me renvoyiez aux six mille livres d'Origène, dont vous reprochez la lecture au bienheureux père Epiphane. Nommez les endroits mêmes, et encore cela ne me suffira-t-il pas, si vous ne me rapportez textuellement les paroles de l'auteur. Origène n'est pas une tête folle, je puis l'attester ; il ne saurait se contredire dans ses discours. Par conséquent, notre calcul aboutit à ce résultat que ce que vous avez retranché ne provenait pas des hérétiques, mais d'Origène, dont vous avez interprété les doctrines perverses, parce que vous les croyiez bonnes ; et l'on doit vous imputer et le bon et le mauvais de celui dont vous avez approuvé les écrits dans le Prologue.

14. *Hilaire et Ambroise, interprètes d'Origène. Lettre d'Anastase à Jean de Jérusalem.* — Rufin poursuit, dans la même apologie : « Je ne suis ni le défenseur, ni le partisan, ni le premier interprète d'Origène. D'autres, avant moi, avaient

12. *Origenis hæretica.* — Videamus, quod primum est, ut ordine venerit ad secundum. Probo ego inter multa Origenis mala, hæc maxime hæretica : Dei Filium creaturam ; Spiritum sanctum ministrum ; mundos innumerabiles, æternis sibi sæculis succedentes ; Angelos versos in animas hominum ; animam Salvatoris fuisse antequam nasceretur ex Maria, et hanc esse, quæ cum in forma Dei esset, non est rapinam arbitrata æqualem se esse Deo, *Philip.* II, sed se exinanivit, formam servi accipiens ; resurrectionem nostrorum corporum sic futuram, ut eadem membra non habeant, quia cessantibus membrorum officiis, superflua membra reddantur ipsaque corpora tenuia et spiritalia paulatim evanescere, et in auram tenuem, atque in nihilum dissipari ; in restitutione omnium, quando indulgentia principalis venerit, Cherubim et Seraphim, Thrones, Principatus, Dominationes, Virtutes, Potestates, Archangelos, Angelos, Diabolum, dæmones, animas omnium hominum, tam christianorum, quam Judæorum, et Gentilium, unius conditionis et mensuræ fore. Cumque ad formam, et libram æquitatis pervenerint, et rationabiles creaturas omni corporum fæce deposita, novus de mundi exsilio populi revertentis monstraverit exercitus, tunc rursus ex alio principio fieri mundum alium, et alia corpora, quibus labentes de cœlo animæ vestiantur, ut verendum nobis sit, ne qui nunc viri sumus, postea nascamur in feminas ; et quæ hodie virgo, tunc (al. *postea*) forte prostibulum sit. Hæc in Origenis libris ego hæretica doceo ; tu ostende, in quo ejus opere his contraria legeris.

13. *Sex millia librorum Origenis.* — Nolo dicas : Quæ de eisdem rebus in aliis locis ejusdem auctoris catholice dicta legeram ; ne me mittas ad sex millia librorum ejus, quos legisse beatum papam Epiphanium criminaris ; sed ipsa loca nomina, nec hoc mihi sufficiet, nisi eadem dicta ad verbum protuleris. Non est fatuus Origenes, et ego novi ; contraria sibi loqui non potest. Igitur ex hac supputatione illa summa (al. *sententia*) nascitur, non hæreticorum esse, quæ amputasti, sed Origenis, cujus ideo mala interpretatus es, quia putasti bona ; et tibi tam bona, quam mala illius imputanda, cujus scripta in Prologo comprobasti.

14. *Hilarius et Ambrosius Origenis interpretes. Anastasii epistola ad Joannem Hierosolymitanum.* — Sequitur in eadem Apologia : « Origenis ego neque defensor sum, nec assertor, nec primus interpres.

fait ce même travail, que j'ai fait moi-même après eux, à la prière de mes frères. S'il y a défense de faire une chose, on observe d'habitude cette défense dans la suite ; et si l'on accuse ceux qui ont fait avant l'interdiction de faire, qu'on fasse d'abord remonter la faute à ceux qui ont agi les premiers. » Enfin, il a vomi son projet caché, et toute la suie de son cœur s'est échappée en accusations envieuses contre nous. Quand il traduit le περὶ Ἀρχῶν, il dit qu'il marche sur mes traces, et quand on l'accuse de ce qu'il a fait, il oppose mon exemple ; en sûreté comme en péril, il ne peut vivre sans moi. Qu'il écoute donc ce qu'il feint de ne pas savoir. Personne ne vous reproche d'avoir traduit Origène, sans quoi Hilaire et Ambroise répondraient de la même faute ; mais d'avoir, dans les éloges de la Préface, confirmé les hérésies que vous avez traduites. Moi-même, que vous incriminez, j'ai traduit soixante-dix de ses Homélies et quelques-uns de ses Tomes, de manière à séparer les mauvaises doctrines de l'interprétation des bonnes, et ostensiblement, dans le περὶ Ἀρχῶν, à montrer, par la critique de votre traduction, ce que le lecteur doit éviter. Vous voulez traduire Origène en latin? Vous avez un grand nombre de ses homélies et de ses tomes dans lesquels est traitée la question morale et qui expliquent les endroits obscurs des Ecritures. Interprétez ces œuvres, répondez par elles à ceux qui vous demandent. Pourquoi votre premier labeur commence-t-il par un opprobre? Pourquoi, sur le point de traduire des hérésies, les faites-vous précéder, pour leur défense, du livre faussement attribué à un martyr, et débitez-vous aux oreilles des Romains ce qui, traduit, a épouvanté tout l'univers? Ou, certainement, si votre traduction a pour but d'accuser Origène d'hérésie, ne changez rien au texte grec, et faites connaître votre dessein ; c'est ce qu'avec beaucoup de prudence notre père Anastase, dans la lettre qu'il écrit contre vous à l'évêque Jean, a fait clairement ressortir, m'absolvant, parce que j'ai agi de la sorte, et vous accusant, parce que vous n'avez pas voulu le faire. Au cas où vous voudriez nier, j'ai mis à la suite de ces livres un exemplaire de ce document, afin que, si vous refusez d'entendre les avis de votre frère, vous vous incliniez devant la sentence de l'évêque.

13. *Il prouve que Rufin défend Origène. Eusèbe, chef des Ariens. Préface de Rufin sur l'Apologie de Pamphile pour Origène.* — Vous n'êtes, prétendez-vous, ni le défenseur, ni le partisan d'Origène ; sur l'heure, je vous oppose un de vos écrits dont vous parlez en ces termes dans la fameuse préface de votre magnifique ouvrage : « La cause de cette diversité, nous l'avons plus amplement mise en lumière dans un court opuscule joint à l'Apologétique que Pamphile a écrit entre autres livres ; dans cet opuscule, nous avons montré, je crois, avec les preuves les plus évidentes, qu'en bien des endroits, les hérétiques et des malveillants ont altéré les livres d'Origène, et principalement ceux dont vous me demandez

Alii ante me hoc idem opus fecerunt (al. *fecerant*) : feci et ego postremus rogatus a fratribus. Si jubetur, ne fiat, jussio observari solet in posterum. Si culpantur, qui ante jussionem fecerunt, culpa a primis incipiat. » Tandem evomuit, quod volebat, et omnis animi tumor in nostræ accusationis erupit invidiam. Ubi interpretatur libros περὶ Ἀρχῶν, me sequi se dicit ; ubi accusatur cur hoc fecerit, meum ponit exemplum ; et securus, et periclitans sine me vivere non potest. Audiat igitur quod nescire se simulat. Nemo tibi objicit, quare Origenem interpretatus es, alioqui Hilarius et Ambrosius hoc crimine tenebuntur ; sed quia interpretatus hæretica, Præfationis tuæ laude firmasti. Ego ipse, quem in crimen vocas, sic (al. *ideo*) septuaginta Homilias ejus transtuli, et nonnulla de Tomis, ut et mala in bonorum interpretatione subtraherem, et aperta in libris περὶ Ἀρχῶν ad coarguendam translationem tuam, quid lector vitaret, ostenderem. Vis Origenem in Latinum vertere? Habes multas homilias ejus et tomos, in quibus moralis tractatur locus, et Scripturarum panduntur obscura. Hæc interpretare ; hæc rogantibus tribue. Quid primus labor tuus incipit ab infamia? Cur translaturus hæretica, in defensionem eorum præmittis quasi martyris librum, et id Romanis auribus ingeris, quod translatum totus orbis expavit? Aut certe si ideo interpretaris, ut eum hæreticum arguas, nihil de Græco mutes, et hoc ipsum præfatione testare, quod prudentissime Papa Anastasius in epistola, quam contra te scribit ad episcopum Joannem, suo sermone complexus est, me liberans, qui id feci, et te arguens, qui facere noluisti. Ac ne forsitan hoc quoque neges, subjeci exemplum ejus ; ut si non vis audire fratrem monentem, audias episcopum condemnantem (al. *calumniantem*).

13. *Rufinus Origenis defensor probatur. Eusebius Arianorum princeps. Rufini præfatio in Apologiam Pamphili pro Origene.* — Dicis te non esse defensorem, neque assertorem Origenis ; jam nunc tibi proferam librum tuum de quo in famosa illa præfatiuncula præclari operis tui his verbis loqueris : « Cujus diversitatis causam plenius tibi in Apologetico, quem Pamphilus in libris suis scripsit, edidimus brevissimo libello superaddito, in quo evidentibus, ut arbitror, probamentis, corruptos esse in quampluribus ab hæreticis et malevolis libros ejus ostendimus, et

maintenant la traduction, c'est-à-dire le περὶ Ἀρχῶν.» La défense d'Eusèbe, ou, comme il vous plaît de dire, de Pamphile pour Origène, ne vous suffisait-elle pas, que vous, comme plus sage et plus savant, vous y ajoutiez ce que vous pensiez qu'il a passé sous silence? Œuvre longue, si je voulais insérer dans mon travail votre livre en entier, et, après chaque citation, démontrer pied à pied tous les vices de langage, toutes les assertions mensongères, toutes les contradictions du texte lui-même. Aussi, pour fuir les ennuis d'une discussion diffuse, me renfermant dans un cercle plus étroit, je ne répondrai qu'aux idées. A peine quittait-il le port, qu'il a fait naufrage. En effet, se référant à l'Apologie par Pamphile, martyr, qui est, nous l'avons prouvé, l'œuvre d'Eusèbe, prince des Ariens, et dont il avait dit : Nous l'avons reproduite en langue latine comme nous l'avons pu ou selon que la chose le demande, voici ce qu'il avance : «Ce dont je veux que vous soyez averti, Macaire, ami bien-aimé, c'est que, sachez-le bien, cette règle de la foi, que nous avons exposée plus haut d'après ses livres, est telle qu'elle doit être embrassée et gardée. Chacun de ses points, la preuve en est évidente, est conforme à l'enseignement catholique.» Quoiqu'il ait retranché beaucoup au livre d'Eusèbe, et qu'il se soit efforcé de changer en bien ce qui concerne le Fils et le Saint-Esprit, pourtant on y trouve un grand nombre d'opinions scandaleuses et d'une impiété notoire, que Rufin ne peut nier lui appartenir, après les avoir déclarées orthodoxes. Dans ce volume, Eusèbe, ou, comme vous le voulez, Pamphile, dit que le Fils est le ministre du Père; que l'Esprit-Saint n'est pas consubstantiel au Père et au Fils; que les âmes des hommes sont des créatures déchues du ciel; que nous sommes des anges changés de condition; qu'à la résurrection universelle, les anges, les démons et les hommes seront égaux; et beaucoup d'autres si impies et si abominables qu'il serait criminel même de les rapporter. Que fera le partisan d'Origène et l'interprète de Pamphile? Si, dans ce qu'il a corrigé, il y a de tels blasphèmes, quels sacriléges sont donc contenus dans ce qu'il feint avoir été altéré par les hérétiques? On s'en doute bien, le motif de notre jugement à cet égard, c'est qu'un homme ni inepte ni fou ne peut dire des choses contradictoires. D'ailleurs, de peur que peut-être nous pensions qu'Origène avait émis des opinions diverses à des époques différentes, et selon les âges avait eu des sentiments contraires, Rufin ajoute : «Comment expliquer que, parfois, dans les mêmes endroits et, pour ainsi dire, presque à l'alinéa suivant, on trouve insérée une pensée contraire à la précédente?

præcipue istos, quos nunc exigis ut interpreter, id est, περὶ Ἀρχῶν.» Non tibi suffecerat Eusebii, vel certe ut tu vis, Pamphili pro Origene defensio, nisi quod ab illis minus dictum putabas, tu quasi sapientior et doctior adderes? Longum est, si velim totum librum tuum huic operi inserere, et propositis capitulis ad singula respondere, quid in his vitiorum sermo habeat, quid mendaciorum assertio, quid inconsequens textus ipse verborum. Unde laciniosæ disputationis fastidia fugiens, et in arctum verba conpingens, tantum sensibus respondebo. Statim de portu egrediens, navem impegit. Referens enim de Apologia Pamphili martyris (quam nos Eusebii, Arianorum principis, probavimus) de qua dixerat : Prout potuimus, vel res poposcit, Latino sermone digessimus, intulit : «Illud est, quod, desideriorum vir, Macari, te admonitum volo, ut scias hanc quidem fidei regulam, quam de libris ejus supra exposuimus, esse talem, quæ et amplectenda et tenenda sit. In omnibus enim his catholicum inesse sensum evidenter probatur.» Quamvis de Eusebii libro multa subtraxerit, et in bonam partem de Filio et Spiritu sancto nisus sit commutare; tamen multa in illo scandala reperiuntur, et apertissimæ blasphemiæ, quæ iste sua negare non poterit, catholica esse pronuntians. Dicit Eusebius, imo (ut tu vis) Pamphilus, in isto volumine (*a*), Filium Patris ministrum; Spiritum sanctum non de eadem Patris Filiique substantia; animas hominum lapsas esse de cœlo; et in hoc quod sumus de Angelis commutati, in restitutione omnium æquales et Angelos, et dæmones, et homines fore; et multa alia tam impia et nefaria, quæ etiam replicare sit criminis. Quid faciet assertor Origenis, et interpres Pamphili? Si in his, quæ emendavit, tanta blasphemia est; in illis, quæ ab hæreticis falsata confingit, quanta sacrilegia continentur? Cujus opinionis causam hanc suspicatur, quod vir neque stultus, neque insanus dicere sibi repugnantia non potuerit. Et ne forsitan putaremus diversis eum varia scripsisse temporibus, et pro ætatibus edidisse contraria, addidit : «Quid facimus, quod interdum in eisdem locis, atque, ut ita dixe-

(*a*) *Filium Patris ministrum.* Ita legendum docent omnes nostris mss. codices : nec veram retinent editi libri lectionem Hieronymi, qui non dixit : *Filii et Patris ministrum Spiritum Sanctum* ; sed Filium Patris ministrum dictum fuisse ab Eusebio, Spiritum vero Sanctum, non esse de Patris, Filiique substantia. MARTIAN. — Veteres editi, *Filii et Patris ministrum Spiritum sanctum.* Forte scriptum pridem fuit, *Filium Patris ministrum, Filii Spiritum sanctum, non de eadem*, etc. Hieronymus paulo supra : *Origenis hæc maxime hæretica : Dei Filium creaturam, Spiritum sanctum ministrum*, etc.

Peut-il s'être oublié lui-même dans l'enchaînement du même livre, et parfois, nous l'avons dit, à l'alinéa qui suit immédiatement? Par exemple, comment, après avoir dit précédemment qu'on ne trouve absolument aucun passage de l'Ecriture où il soit dit que l'Esprit-Saint a été fait ou créé, ajoutait-il aussitôt que l'Esprit-Saint a été fait parmi les autres créatures? Ou encore, lui qui a désigné le Père et le Fils comme consubstantiels, ce qui en grec se dit ὁμοούσιος, dans ce qui suit, aussitôt après l'autre alinéa, pourrait-il dire qu'il est d'une autre substance et une créature, ce Fils qu'il vient d'affirmer être né de même nature que Dieu le Père?»

16. *Eusèbe et Didyme embrassent les principes d'Origène.* — Ce sont là ses propres paroles, il ne peut le nier. Je ne veux pas que vous disiez: Par exemple, après avoir dit plus haut; même que vous nommiez le livre lui-même où il a bien dit d'abord et mal ensuite; où, ayant écrit que le Saint-Esprit et le Fils sont consubstantiels à Dieu le Père, il affirmerait immédiatement après qu'ils sont des créatures. Ne savez-vous pas que j'ai toutes les œuvres d'Origène? que je les ai lues pour la plupart? «Tout votre clinquant est bon pour le peuple; moi, je vous connais à fond et au-dedans de la peau.» *Perse, Sat.* III. Le très-savant Eusèbe (j'ai dit, non pas catholique, mais savant; n'allez pas, selon votre coutume, m'accuser faussement à cet égard) n'a fait autre chose, en dix volumes, que montrer qu'Origène partageait sa croyance, c'est-à-dire l'infidélité arienne. Et il pose un grand nombre d'exemples, et il prouve toujours son dire. Quel songe, dans la prison d'Alexandrie, vous a-t-il révélé de regarder comme falsifiés des textes qu'Eusèbe proclame authentiques? Mais celui-ci peut-être, comme arien, a tourné à l'avantage de son erreur les additions des hérétiques, pour ne pas être regardé comme étant seul d'une opinion perverse contre l'Eglise. Que répondrez-vous au sujet de Didyme, qui assurément est catholique sur la Trinité? De celui-ci, j'ai traduit également en latin un livre sur l'Esprit-Saint. Certes, Didyme ne saurait se ranger aux opinions émises dans les endroits ajoutés par les hérétiques aux œuvres d'Origène. Sur le περὶ Ἀρχῶν, que vous avez écrit vous-même, il a écrit des commentaires, non pas pour nier qu'Origène a écrit ce qu'il a écrit, mais pour essayer de nous persuader que nous, esprits simples, nous ne pouvons comprendre ce qui y est dit, et dans quel sens il le faut comprendre en bonne part. Cela seulement au sujet du Fils et du Saint-Esprit. Du reste, pour les autres croyances, Eusèbe et Didyme embrassent ostensiblement les erreurs d'Origène, et défendent comme orthodoxe et pieux ce que toutes les Eglises réprouvent.

17. *Rufin au sujet de l'altération des livres d'Origène.* — Examinons pourtant sur quels ar-

rim, in consequenti pene capite sententia contrarii sensus invenitur inserta? Numquid in eodem opere ejusdem libri, et interdum, ut diximus, statim in consequenti capitulo, oblitus sui esse potuit? Verbi gratia, ut qui superius dixerat, nusquam inveniri in omni Scriptura, ubi Spiritus sanctus factus, vel creatus esse diceretur, continuo subjiceret, inter cæteras creaturas factum esse Spiritum sanctum? Aut iterum, qui Patrem et Filium unius substantiæ, quod Græce ὁμοούσιον dicitur, designavit; in consequentibus statim capitulis alterius esse substantiæ, et creatum poterat dicere eum, quem paulo ante de ipsa natura Dei Patris pronuntiaverat natum?»

16. *Eusebius et Didymus in Origenis scita concedunt.* — Hæc ipsius verba sunt, negare non potest. Nolo dicas: Verbi causa, ut qui superius dixerat; sed ipsum librum nomina, ubi prius bene dixerit, et postea male; ubi Spiritum sanctum et Filium de Dei Patris scribens esse substantia, statim in consequentibus asseruerit creaturas. Nescisne me Origenis habere omnia? legisse quamplurima?

Ad populum phaleras, ego te intus et in cute novi.
(*Persius, Sat.* 3.)

Vir doctissimus Eusebius (doctissimum dixi, non catholicum, ne more solito, mihi et in hoc calumniam struas) per sex volumina nihil aliud agit, nisi ut Origenem suæ ostendat fidei, id est, Arianæ perfidiæ. Et multa ponit exempla, et hoc constanter probat. Tibi ergo in quo somnio Alexandrini carceris revelatum est, ut quæ ille vera profitetur, falsata confingas? Sed forsitan hic, ut Arianus, ab hæreticis addita, in occasionem sui traxit erroris, ne solus male sensisse contra Ecclesiam putaretur. Quid respondebis pro Didymo, qui certe in Trinitate catholicus est? Cujus etiam nos de Spiritu sancto librum in Latinam linguam vertimus. *(Vid. supra)*. Certe hic in his, quæ ab hæreticis in Origenis operibus addita sunt, consentire non potuit; et in ipsis περὶ Ἀρχῶν, quos tu interpretatus es libris, breves dictavit Commentariolos, quibus non negaret ab Origene scripta, quæ scripta sunt; sed nos simplices homines non posse intelligere, quæ dicuntur, et quo sensu in bonam partem accipi debeant, persuadere conatur. Hoc duntaxat de Filio et Spiritu sancto. Cæterum in aliis dogmatibus et Eusebius et Didymus apertissime in Origenis scita concedunt, et quod omnes Ecclesiæ reprobant, catholice et pie dictum esse defendunt.

guments il veut prouver que les écrits d'Origène ont été falsifiés par les hérétiques. « Clément, dit-il, disciple des apôtres, qui fut après les apôtres évêque de l'Église romaine et martyr, a publié des livres qu'on appelle ἀναγνωρισμὸς, c'est-à-dire « Reconnaissance. » dans la plupart desquels il expose comme vraiment apostolique, la doctrine qu'il a reçue de la bouche de l'apôtre Pierre ; dans quelques-uns, il introduit l'enseignement d'Eunome de telle manière qu'on croirait vraiment entendre discuter Eunome lui-même, affirmant que le Fils de Dieu n'a été créé d'aucune créature visible. » Et après d'autres réflexions, trop longues à rapporter : « Faut-il conclure de cela, dit-il, que cet homme apostolique a écrit des hérésies ? Ne faut-il pas croire plutôt que des hommes pervers ont mêlé aux assertions de leurs doctrines, sous le nom de saints hommes, pour leur donner plus de crédit, des propositions que ceux-ci, soyons-en convaincus, n'ont ni professées ni écrites ? » Il écrit aussi que Clément, prêtre de l'Église d'Alexandrie, parfait catholique, dit parfois en ses livres que le Fils de Dieu a été créé, et que Denys, évêque d'Alexandrie, homme d'une rare érudition, dans ses quatre volumes de discussions contre Sabellius, tombe dans l'erreur arienne. Grâce à ces exemples, il manœuvre de manière à attester que des clercs et des catholiques n'ont pas mal pensé, mais que leurs écrits ont été altérés par les hérétiques, et à conclure à la fin en ces termes : « De même pour Origène, chez lequel, comme chez ceux dont nous avons déjà parlé, on rencontre quelque diversité, ne suffit-il pas d'alléguer ce qu'on allègue et que l'on comprend pour les catholiques jugés avant lui, et la même excuse ne suffirait-elle pas devant un semblable motif ? » Si l'on accorde que tout ce qu'il y a de nuisible dans les livres y a été glissé frauduleusement, rien de cela ne saurait être imputé aux auteurs, mais on l'attribuerait à ceux par qui les passages auraient été, dit-on, viciés, et cette attribution ne porterait alors sur personne, puisque les noms de ceux-ci sont incertains, en sorte que toutes choses étant à tous, rien ne serait à aucun. Grâce à ce système de défense, plein de vague, on ne pourrait accuser ni Marcion, ni Manès, ni Arius, ni Eunome ; sur toutes les impiétés que nous leur opposerons comme leur dire, leurs disciples répondront : « Ce ne sont pas les paroles de nos maîtres, leurs ennemis les ont faussées. » Par ce moyen, le livre où vous faites ce beau raisonnement et qui est de vous, ne sera pas de vous, mais de moi peut-être ; et mon livre, où je réponds à vos accusations, si vous y reprenez quelque chose, ne sera pas mien, mais vôtre, puisque vous le critiquez. En rapportant tout aux hérétiques,

17. *Rufinus de adulteratione librorum Origenis.* — Videamus tamen, quibus argumentis probare nitatur Origenis ad hæreticis scripta vitiata. « Clemens, inquit, Apostolorum discipulus, qui Romanæ Ecclesiæ post Apostolos episcopus et martyr fuit, libros edidit (a), qui appellantur ἀναγνωρισμὸς, id est *recognitio*, in quibus quum ex persona Petri Apostoli doctrina, quasi vere apostolica, in quamplurimis exponatur ; in aliquibus ita Eunomii dogma inseritur, ut nihil aliud quam ipse Eunomius disputare credatur, Filium Dei creatum de nullis exstantibus asseverans. » Et post alia, quæ prolixum est scribere : « Quid, quæso, ait, de his sentiendum est, quod Apostolicus vir hæretica scripserit ? An id potius credendum, quod perversi homines ad assertionem dogmatum suorum sub virorum sanctorum nomine, tamquam facilius credenda, interseruerint ea, quæ illi nec sensisse, nec scripsisse credendi sunt ? » Clementem quoque Alexandrinæ Ecclesiæ presbyterum, virum catholicum, scribit in libris suis interdum Dei Filium dicere creatum ; et Dionysium Alexandrinæ urbis episcopum, virum eruditissimum, contra Sabellium quatuor voluminibus disputantem, in Arianum dogma delabi. Et sub his exemplis illud agit, ut non ecclesiasticos, et catholicos viros male sensisse, sed ab hæreticis eorum scripta corrupta esse testetur, et concludat ad extremum, dicens : « De Origene quoque, in quo similiter, ut in his quos supra diximus, quædam diversitas invenitur, istud non sufficiat sentire, quod de præjudicatis jam catholicis sentitur, vel intelligitur viris, ne similis causæ, similis sufficiat excusatio ? » Si conceditur, ut quidquid in libris noxium reperitur, ab aliis corruptum sit, (*Al.* id si ita est nihil, *etc.*), nihil eorum erit, quorum fertur nominibus ; sed his deputabitur, a quibus dicitur esse vitiatum, quamquam et illorum non erit, quorum incerta sunt nomina ; atque ita fiet, ut dum omnium omnia sunt, nihil alicujus sit. Hac defensionis perturbatione nec Marcion, nec Manichæus, nec Arius, nec Eunomius accusari poterunt ; quia quidquid nos ab his impie dictum objecerimus, discipuli respondebunt, non a magistris suis ita editum (*Al.* dictum), sed ab inimicis esse violatum. Hoc genere et iste ipse tuus liber, tuus non erit, sed forsitan meus. Et meus liber, quo tibi accusatus respondeo, si in illo aliquid reprehenderis, non erit

(a) *Qui appellantur* ἀναγνωρισμὸς. Nullus est codex ms. apud nos, qui pure non legat ΑΝΑΓΝΩΡΙΣΜΟΣ, licet imperiti lectores, et scriptores posuerint ad marginem quorumdam exemplarium, *anatheorismos* ; quem errorem retinent editi ante nos libri. MARTIAN.

qu'attribuerez-vous aux orthodoxes, à qui vous ne laissez rien en propre ? Mais d'où vient, direz-vous, qu'il y a dans leurs livres certains points répréhensibles ? Répondre que je n'en sais pas les causes, ce n'est pas me hâter de les regarder comme hérétiques. Il peut se faire, en effet, ou qu'ils aient erré de bonne foi, ou qu'ils aient écrit dans un autre sens, ou que des copistes inhabiles aient peu à peu dénaturé leurs écrits ; ou certainement, avant qu'Alexandrie vît naître Arius, cet autre démon du Midi, on a dit certaines choses sans intention mauvaise et avec trop peu de précaution, mais qui ne pourraient échapper aux censures d'hommes pervers. On élève des accusations contre Origène, et au lieu de le défendre, vous accusez d'autres personnes ; vous ne niez pas qu'il soit coupable, vous lui cherchez une foule de compagnons de faute. Si l'on demandait quels sont les cohérétiques d'Origène, vos arguments auraient leur raison d'être ; mais on vous demande si les doctrines exprimées dans les livres d'Origène sont bonnes ou mauvaises ? Vous n'en dites rien, et vous vous réfugiez dans d'autres discours. Clément dit : Denys n'est pas exempt de cette erreur ; l'évêque Athanase (*ailleurs* : Anastase) défend Denys de la sorte : Les écrits des apôtres ont été pareillement défigurés ; comment donc, quand c'est vous qu'on accuse d'hérésie, vous taisez-vous sur votre compte, et rejetez-vous le fardeau sur moi ? Pour moi, je n'accuse personne et je me contente de répondre en ce qui me concerne. Je ne suis pas ce que vous prétendez ; si vous êtes ce dont on vous accuse, voyez-le vous-même. Ni le fait de m'absoudre moi-même ne prouve que je suis innocent ou coupable, ni de votre part le fait de m'accuser ne prouve votre innocence ou votre culpabilité.

18. *Lettre d'Origène aux amis d'Alexandrie. Première partie de sa missive.* — L'altération des dires des apôtres, de l'un et de l'autre Clément et de Denys, par les hérétiques, lui servant de prémisses, Rufin arrive à Origène et s'exprime ainsi : « Les écrits et les discours d'Origène lui-même prouvent qu'il se plaignait de ces altérations et qu'il les déplorait ; ce que de son vivant, à sa connaissance et sous ses yeux, il eut à souffrir des éditions infidèles de ses livres ou des paroles qu'on lui attribuait faussement, ressort avec évidence de la lettre qu'il adresse à ses amis d'Alexandrie. » Et Rufin cite aussitôt ce document ; et lui qui impute aux hérétiques d'avoir faussé les écrits d'Origène, débute lui-même par une falsification, dans une traduction où il dénature la pensée qui est dans le grec, et où il ne rapporte pas aux Latins ce qu'Origène proclame dans sa lettre. Toute cette lettre n'est qu'un violent pamphlet contre Démétrius, évêque d'Alexandrie, et contre les évêques et les clercs du monde entier ; il y dit que c'est en vain que les Églises l'ont banni de leur communion, et qu'il ne veut pas rendre la pareille à ceux qui médisent de lui : sans doute, pour ne point paraître médisant lui-même, lui qui pousse les

meus, sed tuus, a quo reprehenditur. Et dum omnia ad hæreticos refers, quid Ecclesiasticis tribues, quibus proprium nihil relinquis ? Et quomodo, inquies, in libris eorum vitiosa nonnulla sunt ? Si me causas vitiorum nescire respondero, non statim illos hæreticos judicabo. Fieri enim potest, ut vel simpliciter erraverint, vel alio sensu scripserint, vel a librariis imperitis eorum paulatim scripta corrupta sint. Vel certe antequam in Alexandria quasi dæmonium meridianum Arius nasceretur, innocenter quædam, et minus caute locuti sunt, et quæ non possint perversorum hominum calumniam declinare. Objiciuntur Origeni crimina, et tu non illum defendis, sed alios accusas ; nec crimen renuis, sed criminosorum turbam requiris. Si tibi diceretur, quos habet Origenes in hæresi socios, recte ista proferes. Nunc a te quæritur, hæc quæ in Origenis libris scripta reperiuntur, bona sint an mala ? Taces, et pro his alia loqueris. Clemens hoc ait : Dionysius in isto errore deprehenditur ; Athanasius (al. *Anastasius*) episcopus sic Dionysii defendit errorem : Apostolorum scripta similiter depravata sunt ; quomodo et nunc ab aliis tibi hæreseos crimen impingitur, et tu pro te taces, et pro me confiteris ? Ego neminem accuso, pro me tantum respondisse contentus. Non sum quod arguis ; si tu es quod accusaris, ipse videris. Nec absolutio mea me, nec reatus te, aut innocentem, aut obnoxium crimini probabunt.

18. *Epistola Origenis ad amicos Alexandriæ. Origenianæ epistolæ prior pars.* — Præmissa falsatione ab hæreticis apostolorum, et utriusque Clementis, atque Dionysii, venit ad Origenem, et his verbis loquitur : « Ipsius hoc conquerentis et deplorantis scriptis ac vocibus probavimus. Quid enim ipse cum adhuc in carne vivens, sentiens, vidensque perpessus sit de librorum suorum, vel sermonum corruptionibus, vel adulterinis editionibus, ex ipsius epistola quam scribit ad quosdam charos suos Alexandriam, evidenter docetur. » Statimque exemplum subjungit epistolæ ; et qui falsitatem scriptorum Origenis hæreticis imputat, ipse incipit a falsitate, non ita interpretans ut habetur in Græco, nec id Latinis insinuans, quod ipse in suis litteris profitetur. Cumque illa epistola tota Demetrium Alexandrinæ urbis pontificem laceret, et in totius orbis episcopos et clericos invehatur, et frustra ab Ecclesiis excommu-

précautions pour ne pas médire d'autrui, même jusqu'à ne pas oser mal parler du diable, ce qui a fourni l'occasion à Candide, partisan de la secte Valentinienne, de lui reprocher d'avoir dit que le salut est compatible avec la nature du diable. Mais Rufin, cachant l'argumentation de la lettre, invente en faveur d'Origène ce qu'il n'a pas dit. C'est pour cela que j'ai traduit en partie et par fragments le début de cette lettre, et que j'ai joint ici les passages que Rufin a interprétés inexactement et frauduleusement ; ainsi le lecteur reconnaîtra dans quel but il a passé sous silence la pensée générale de cet écrit. Origène, dans une discussion générale contre les prêtres de l'Eglise, qui l'ont jugé indigne de la communion chrétienne, leur oppose ce raisonnement : « Qu'est-il besoin de citer les passages des Prophètes, où ils menacent et réprimandent si souvent les pasteurs, les anciens, les prêtres et les princes du peuple? Vous pouvez, sans notre aide, les extraire des saintes Ecritures, et vous convaincre que ce temps est sans doute celui dont il est dit : « N'ayez ni confiance aux amis, ni espérance dans les princes; » *Mich.* VII, 5; et qu'à present s'accomplit cette prophétie : « Les chefs de mon peuple ne m'ont point connu ; ce sont des enfants qui n'ont point de sens ni de raison ; ils ne sont sages que pour faire le mal et ils n'ont point d'intelligence pour faire le bien. » *Jérém.* IV, 22. Nous devons plutôt les plaindre que les haïr, plutôt prier pour eux que les maudire. Nous avons en effet été créés pour bénir et non pas pour maudire. C'est ainsi que saint Michel, dans son débat avec le diable, au sujet du corps de Moïse, n'osa pas prononcer une sentence de malédiction contre ce grand criminel, mais il dit : « Que le Seigneur te réprime ; » et nous lisons quelque chose de pareil dans Zacharie : « Que le Seigneur te réprime, ô Satan, que le Seigneur te réprime, lui qui a choisi Jérusalem. » *Zach.* III, 2. Nous désirons de même que le Seigneur réprime ceux qui n'ont pas l'humilité de se laisser reprendre par le prochain. Michel ayant dit : « Que le Seigneur te réprime, ô Satan, » et Zacharie comme lui, Dieu verra lui-même s'il veut ou non réprimer le diable, et s'il le fait, ce sera de la manière qu'il lui plaira. » Et après beaucoup d'autres considérations qu'il serait trop long d'écrire, Origène ajoute : « Notre sentiment est qu'ils seront rejetés du royaume des cieux, non-seulement ceux qui ont commis d'affreux péchés, par exemple, les fornicateurs, les adultères, les imitateurs des habitants de Sodome et les voleurs, mais encore ceux qui auront commis de moindres fautes, puisqu'il est écrit : « Ni les ivrognes ni les médisants ne possèderont pas le royaume de Dieu ; » I *Corinth.* VI, 10 ; et qu'il n'y a pas moins une mesure de la bonté que de la sévérité de Dieu. Aussi nous efforçons-nous de faire toute chose avec réflexion, buvant avec tempérance et mettant un frein à notre langue, de

nicatum esse se dicat, nec velle in maledictis referre vicem, ne scilicet malediens videatur esse homo, qui in tantum cautus sit ad maledicendum, ut ne diabolo quidem audeat maledicere ; unde et Candido Valentiniani dogmatis sectatori, calumniandi se occasionem dederit, quod diabolum salvandæ dixerit esse naturæ : hic dissimulato argumento epistolæ, fingit pro Origene, quod ille non loquitur. Unde epistolæ ipsius partem paululum ex superioribus transtuli, et his junxi, quæ ab ipso commaticæ dolosequo translata sunt, ut quo consilio superiora tacuerit, ipse lector agnoscat. Contra sacerdotes ergo Ecclesiæ generaliter disputans, a quibus indignus communione ejus fuerat judicatus, hæc intulit : « Quid necesse est de prophetarum sermonibus dicere, quibus sæpissime pastoribus, et majoribus natu, et sacerdotibus, ac principibus populi comminantur et arguunt eos? Quæ absque nobis de sanctis Scripturis elicere potestis, et liquido pervidere, quod forsitan hoc tempus sit, de quo dicitur : « Nolite credere amicis, nec speretis in principibus ; » *Mich.*, VII, 5 ; et nunc impleatur vaticinium : « Duces populi mei me nescierunt, filii stulti sunt, et non sunt sapientes. Sapientes sunt, ut faciant mala, bene autem facere nesciunt : » *Jerem.* IV, 22 ; quorum magis misereri quam eos odisse debemus, et orare pro illis, quam eis maledicere. Ad benedicendum enim, et non ad maledicendum creati sumus. Unde et Michael cum adversus diabolum disputaret de Moysi corpore, ne tanto quidem malo ausus est judicium inferre blasphemiæ, sed dixit : « Increpet tibi Dominus. » *Jud.* 9. Cui quid simile etiam in Zacharia legimus : « Increpet tibi Dominus, diabole, et increpet Dominus in te, qui elegit Jerusalem. » *Zach.* III, 2. Itaque et nos cupimus increpari a Domino eos qui nolunt cum humilitate a proximis increpari. Dicente autem Michaele : « Increpet tibi Dominus, diabole, » et Zacharia similiter, utrum increpet, an non increpet Deus diabolum, ipse viderit. Et si increpat, quomodo increpet, ipse agnoscat. » Et post multa quæ prolixum est scribere, addit : « Nos hoc sentimus quod ejicientur de regno cœlorum, non solum qui grandia peccaverunt, verbi gratia, fornicatores et adulteri, et masculorum concubitores, et fures, sed et qui minora deliquerunt, ex eo quod scriptum est : « Neque ebriosi, neque maledici regnum Dei possidebunt ; » 1 *Cor.* VI, 10 ; et tam in bonitate quam severitate Dei esse mensuram. Unde cuncta nitimur agere

manière à n'oser médire de personne. C'est à cause de la crainte de Dieu que nous nous gardons de médire de qui que ce soit, nous souvenant de cette parole : « Il n'osa pas prononcer un arrêt de malédiction, » qui s'applique à Michel contre le diable, et de cette autre : « Ils méprisent les puissances et ils maudissent les personnes constituées en dignité. » *Petr.* II, 10 ; et puisque certains de ceux qui inventent volontiers des querelles accusent d'impiété nous et notre doctrine, sur quoi il leur appartient de voir comment ils entendent la maxime : « Ni les ivrognes, ni les médisants ne possèderont pas le royaume de Dieu, » quoiqu'ils prétendent que le père de la malice et de la perdition de ceux qui seront exclus du royaume de Dieu puisse être sauvé, ce que ne peut dire même un homme atteint de folie. » La traduction de Rufin donne un tout autre sens au passage que nous avons interprété à la fin de ces paroles d'Origène : « C'est à cause de la crainte de Dieu que nous nous gardons de médire de qui que ce soit, » et le reste. Rufin supprime ce qui précède, d'où dépend ce qui suit, et commençant à rapporter la lettre, comme si l'exorde omis abondait dans son sens, il dit : « Certains de ceux qui accusent volontiers le prochain nous imputent à nous et à notre doctrine un blasphème criminel, qu'on n'a jamais ouï sortir de notre bouche, sur quoi ils ont à considérer eux-mêmes qu'ils ne veulent pas observer ce précepte : « Les médisants ne possèderont pas le royaume de Dieu, » quand ils me prêtent l'assertion que le père de la malice et de la perdition de ceux qui seront exclus du royaume de Dieu, c'est-à-dire le diable, obtiendra le salut, opinion que ne peut émettre même un homme qui a perdu son bon sens et qui est manifestement insensé. »

19. *Dialogue de Candide et d'Origène. Livre de Novatien sur la Trinité.* — Que l'on compare les paroles d'Origène, que j'ai traduites plus haut mot à mot, je ne dis pas à la traduction, mais à la version, mais au renversement fait par Rufin, et l'on verra sans peine combien grande est la différence, non-seulement des expressions, mais encore des idées. Je prie le lecteur de ne pas s'impatienter d'une interprétation plus étendue ; si nous avons tout traduit, c'est pour prouver dans quel but il a passé sous silence ce qui précédait. Il y a chez les Grecs un dialogue entre Origène et Candide, défenseur de l'hérésie de Valentin, dans lequel, je l'avoue, je me suis donné en spectacle le duel de deux Andabates. Candide dit que le Fils est consubstantiel au Père, mais il erre en avançant qu'il en est une *προβολή*, (1) c'est-à-dire une « émission. »

(1) Candidus abusait de ce terme pour enseigner, à la suite du gnostique Valentin, que le Verbe n'était pas de même nature que le Père. Il entendait par là, non la génération immanente et éternelle, mais une sorte de création, comme celle des Eons ou génies inventés dans les antres du gnosticisme. Ce n'est pas que l'étymologie du mot implique nécessairement l'hérésie, repousse une signification catholique. Tertullien, réfutant les erreurs de Praxéas, le déclare d'origine orthodoxe ; il ne veut pas que la langue de l'Eglise en soit privée par cela seul que les hérétiques l'emploient au service de l'erreur. Que d'expressions irréprochables en elles-mêmes n'ont-ils pas imprégnées de leur venin ? Saint Grégoire de Nazianze et plusieurs autres Pères ont gardé celle-ci dans leurs théories doctrinales.

consilio : in vini quoque potu, et in moderatione sermonis, ut nulli audeamus maledicere. Ergo cum propter Dei timorem caveamus in quempiam maledicta conferre, recordantes illius dicti : « Non fuit ausus judicium inferre blasphemiæ, » quod dicitur de Michaele contra diabolum ; et in alio loco : « Dominationes quidem reprobant, glorias autem blasphemant ; » II *Petr.* II, 10 ; quidam eorum qui libenter contentiones reperiunt, ascribunt nobis et nostræ doctrinæ blasphemiam, super qua ipsi viderint, quomodo illud audiant : « Neque ebriosi, neque maledici regnum Dei possidebunt. » licet patrem malitiæ et perditionis eorum, qui de regno Dei ejicientur, dicant posse salvari, quod ne mente quidem quis captus dicere potest. » Cætera quidem ex eadem epistola transtulit pro hoc, quod in fine verborum Origenis interpretati sumus : « Ergo cum propter timorem Dei caveamus in quempiam maledicta conferre, » et reliqua : iste fraudulenter amputatis superioribus, ex quibus inferiora dependent, sic cœpit transferre epistolam, quasi hoc sensu superius esset exordium, et ait : « Quidam eorum qui libenter habent criminari proximos suos, ascribunt nobis et doctrinæ nostræ crimen blasphemiæ, quod a nobis nusquam audierunt ; de quo ipsi viderint, nolentes observare mandatum illud quod dicit : « Quia maledici regnum Dei non possidebunt ; » dicentes asserere me patrem malitiæ et perditionis eorum qui de regno Dei ejiciuntur, id est diabolum, esse salvandum : quod ne aliquis quidem mente motus et manifeste insaniens dicere potest. »

19. *Dialogus Candidi et Origenis. Liber Novatiani de Trinitate.* — Conferte Origenis verba, quæ supra ad verbum transtuli, his quæ ab isto non versa sunt, sed eversa, et quantam inter se non solum verborum, sed et sensuum habeant dissonantiam, perspicietis. Obsecro ne molesta sit vobis proxilior interpretatio. Idcirco enim omnia vertimus, ut quo consilio superiora tacuerit, probaremus. Habetur dialogus apud Græcos Origenis et Candidi Valentinianæ hæreseos defensoris, in quo duos Andabatas digladiantes inter se spectasse me fateor. Dicit Can-

Au contraire, Origène nie, d'après Arius et Eunome, que le Fils soit ou une émission du Père, ou qu'il soit né du Père, afin que Dieu le Père ne soit pas divisé en parties; mais il prétend qu'il a été, par la volonté du Père, une créature comme les autres, la plus sublime et la plus excellente de toutes. Ils abordent ensuite une seconde question. Candide affirme que la nature du diable est la pire des natures, et qu'elle n'arrivera jamais au salut; à quoi Origène répond avec raison, que le diable n'est pas d'une substance périssable, mais qu'une faute volontaire l'a fait déchoir, et qu'il peut être sauvé. Candide tire de là une fausse accusation, comme si Origène avait dit que la nature du diable devait obtenir le salut. Ce dernier réfute ce reproche plein de fausseté. C'est dans ce dialogue seul, nous le comprenons par là, et non dans les autres livres, dont il n'a jamais été question, qu'Origène censure la duplicité des hérétiques. Du reste, si tous les points entachés d'hérésie ne proviennent pas d'Origène, mais des hérétiques, comme presque tous ses ouvrages sont pleins de pareilles erreurs, rien ne sera l'œuvre d'Origène, et tout sera le fait de gens dont nous ignorons les noms. Il ne suffit pas à Rufin de calomnier les Grecs et les anciens, sur lesquels l'éloignement des temps et des pays lui laisse la licence de mentir effrontément à loisir; il s'attaque aux Latins, et prétend d'abord que le livre d'Hilaire, confesseur de la foi, après le synode de Rimini, fut dénaturé par les hérétiques; qu'interrogé pour ce motif dans le concile des évêques, il ordonna d'apporter de sa demeure ce livre, qu'à son insu un hérétique avait transcrit; que, le livre ayant été apporté, tous le reconnurent entaché d'hérésie, et que l'auteur, frappé d'excommunication, s'éloigna de l'assemblée du concile. Et Rufin croit d'autant plus à sa propre autorité, que, quand il raconte un tel songe à ses familiers, nul n'ose le contredire dans ses inventions contre un confesseur de la foi. Mais voudriez-vous me répondre: Le synode qui l'excommunia, dans quelle ville fut-il tenu? Dites-nous les noms des évêques; rapportez les considérants de l'arrêt; y eut-il partage ou unanimité? Apprenez-nous qui étaient les consuls cette année-là, et quel empereur ordonna d'assembler ce synode: s'il n'y avait que des évêques de la Gaule, ou avec eux des évêques d'Italie, et d'autres d'Espagne; tout au moins, pour quelle cause le synode fut réuni? Vous ne dites rien de tout cela; mais, pour défendre Origène, vous inventez une excommunication, par un synode, contre l'homme le plus éloquent, trompette de la langue latine contre les Ariens. Pourtant, la calomnie contre un confesseur de la foi est tolérable en quelque manière. Mais il passe à l'illustre martyr Cyprien, et il dit que le livre de Tertullien intitulé *De la Trinité* est lu sous son nom, à Constantinople, par les sectateurs de Macédonius. Accusation doublement mensongère. Ce

didus Filium de Patris esse substantia, errans in eo quod προβολήν, id est *prolationem* asserit. E regione, Origenes juxta Arium et Eunomium repugnat eum vel prolatum esse, vel natum, ne Deus Pater dividatur in partes; sed dicit sublimem et excellentissimam creaturam voluntate exstitisse Patris, sicut et cæteras creaturas. Rursus ad secundam veniunt quæstionem. Asserit Candidus diabolum pessimæ esse naturæ, et quæ salvari nunquam possit. Contra hoc recte Origenes respondit, non eum periture esse substantiæ, sed voluntate propria corruisse, et posse salvari. Hoc Candidus vertit in calumniam, quasi Origenes dixerit, diaboli naturam esse salvandam; quod ille falso objecerat, hic refutat. Et intelligimus in hoc tantum dialogo ab Origene argui hæreticam falsitatem, et non in cæteris libris, de quibus nunquam quæstio fuit. Alioqui si omnia quæ hæretica sunt, non erunt Origenis, sed hæreticorum, omnes autem propemodum illius tomi his erroribus pleni sunt; nihil Origenis erit, sed eorum, quorum ignoramus vocabula. Non ei sufficit Græcos et antiquos calumniari, de quibus pro vetustate temporum et longinquitate regionum habet licentiam quidquid voluerit mentiendi; venit ad Latinos, et primum ponit Hilarium confessorem, quod post Ariminensem synodum liber illius falsatus ab hæreticis sit. Et ob hanc causam cum in concilio episcoporum ei quæstio moveretur, proferri librum de domo sua jusserit; qui, nesciente se, in scriniis suis hæreticus tenebatur. Cumque prolatus fuisset, et ab omnibus hæreticus judicatus, auctor libri excommunicatus, de concilii conventione discesserit. Et tantæ auctoritatis se putat, ut cum hoc familiaribus suis narrat somnium, nemo ei contra confessorem ista simulanti audeat contradicere. Responde, quæso; synodus, a qua excommunicatus est, in qua urbe fuit? Dic episcoporum vocabula; profer sententias subscriptionum, vel diversitatem, vel consonantiam. Doce qui eo anno consules fuerint, quis imperator hanc synodum jusserit congregari; Galliæne tantum episcopi fuerint, an et Italiæ, et Hispaniæ; certe quam ob causam synodus congregata sit. Nihil horum nominas, sed virum eloquentissimum, et contra Arianos Latini sermonis tubam, ut Origenem defendas, excommunicatum a synodo criminaris. Sed confessoris calumnia utcumque toleranda est. Transit ad inclytum martyrem Cyprianum, et dicit Tertulliani librum, cui titulus est « de Trinitate, » sub

livre n'est pas de Tertullien, et il n'est pas attribué à Cyprien ; mais la manière de l'auteur et le caractère du style prouvent qu'il est de Novatien, dont il porte d'ailleurs le nom.

20. *Historiette prise de Jérôme.* — Inutile, je pense, de réfuter d'évidentes inepties, comme lorsqu'il me rappelle une historiette qui m'est personnelle et qui a trait à un synode, qu'il m'attaque sous le nom d'un certain ami de Damase, évêque de Rome, à qui celui-ci confia le soin d'écrire les lettres aux Eglises, et qu'il décrit les ruses des Apollinaristes, qui, ayant soumis pour le lire le livre d'Athanase où est écrite l'appellation d'*homme du Seigneur*, le falsifièrent de manière à y rétablir ce qu'ils en avaient retranché en le râturant, sans doute pour qu'on pensât qu'ils ne l'avaient pas altéré, mais que j'y avais moi-même fait des surcharges. Je vous en conjure, ami très-cher, à propos des Traités sur la foi catholique, où l'on s'enquiert de la vérité des doctrines, et où l'on recherche le témoignage des ancêtres au sujet du salut de nos âmes, mettez de côté des extravagances de cette sorte, et n'acceptez pas des récits de table comme des arguments de la vérité. Il pourrait advenir, bien que vous m'ayez entendu conter la chose, d'ailleurs véritable, qu'un autre qui ne connaît pas cette circonstance dise que c'est une invention de votre crû, un piége ingénieux caché sous d'élégantes paroles, comme une malice de Philistion, de Lentulus ou de Marullus.

21. *Plainte au sujet de saint Epiphane.* — Jusqu'où ne va pas la témérité, dès qu'elle n'a plus de frein ? Après l'excommunication d'Hilaire, après la fausse attribution d'un livre hérétique à Cyprien, après la râture et la surcharge faite au livre d'Athanase, grâce à ma négligence, il déborde enfin contre le vénérable Epiphane, il tourne en apologie d'Origène le chagrin d'être accusé d'hérésie dans la lettre qu'Epiphane avait écrite à l'évêque Jean, et voici comment il se console : « Il vaut mieux découvrir ici la vérité cachée. En effet, il ne se peut pas qu'un homme ait assez de partialité pour ne pas porter le même jugement sur des cas identiques. Mais ceux qui sont la cause qu'il y a des calomniateurs, ce sont ceux qui ont coutume de discuter sur toutes choses dans l'Eglise ou même d'écrire des livres, et dont les discours ou les écrits sont un continuel plagiat d'Origène. De peur qu'un grand nombre ne connaissent leurs larcins, qui n'auraient assurément rien de criminel, si ces hommes n'étaient pas ingrats envers leur maître, ils détournent les esprits simples de la lecture de ses ouvrages. Enfin, l'un d'eux, qui s'imagine avoir la mission nécessaire de ré-

nomine ejus Constantinopoli a Macedonianæ partis hæreticis lectitari. In quo crimine mentitur duo. Nam nec Tertulliani liber est, nec Cypriani dicitur ; sed Novatiani, cujus et inscribitur titulo ; et auctoris eloquium, styli proprietas demonstrat.

20. *Fabella de Hieronymo.* — Et superfluum puto apertas ineptias confutare, cum mihi mea ingeratur fabella (a), a synodo videlicet, et sub nomine cujusdam amici Damasi Romanæ urbis episcopi ego petar, cui ille ecclesiasticas epistolas dictandas tradidit, et Apollinariorum versutiæ describantur, quod Athanasii librum ubi « Dominicus homo » scriptus est, ad legendum acceptum, ita corruperint, ut in litura id quod raserint, rursus scriberent, ut scilicet non ab illis falsatum, sed a me additum putaretur. Quæso te, amice charissime, ut in Ecclesiasticis tractatibus, ubi de veritate dogmatum quæritur, et de salute animarum nostrarum, majorum flagitatur auctoritas, hujuscemodi deliramenta dimittas, et prandiorum cœnarumque fabulas pro argumento non teneas veritatis. Fieri enim potest, ut etiam si a me verum audisti, alius qui hujus rei ignarus est, dicat a te esse compositum ; et quasi mimum Philistionis (b), vel Lentuli, ac Marulli stropham eleganti sermone confictam.

21. *De S. Epiphanio querela.* — Quo non perveniat semel effrenata temeritas ? Post excommunicationem Hilarii, post Cypriani ψευδεπίγραφον hæreseos librum, post Athanasii, me dormitante, lituram, simul et et inscriptionem, erupit aliquando contra Papam Epiphanium, et dolorem pectoris sui, quod eum in epistola quam ad Joannem episcopum scripserat, hæreticum arguit, in Apologia pro Origene digerit, et his se sermonibus consolatur : Quin potius aperienda est hoc in loco veritas latens. Non enim possibile est, tam iniquo judicio uti quemquam hominum, ut de causa æquali non æqualiter sentiat. Sed quod auctores obtrectatorum ejus hi sunt, qui vel in Ecclesia disputare latius solent, vel etiam libros scribere, qui totum de Origene vel loquuntur, vel scribunt. Ne ergo plures ipsorum furta cognoscant, quæ utique si ingrati in magistrum non essent, ne-

(a) *A synodo videlicet.* In quamplurimis exemplaribus mss. legimus, *asino videlicet lyræ;* sed imperitia librariorum est, qui nesciunt synodum congregatam a Damaso contra Apollinaristas, in qua ecclesiasticas epistolas dictandas tradidit Hieronymo. Vide hujusmodi fabulam apud Rufinum. MARTIAN. — Hæc videtur œcumenica synodus anni 382, sub Damaso Romæ habita. Porro fabulam depravati Athanasii libri non accusat Hieronymus falsi, sed tantum inter ea annumerat quæ seriæ disputationi non faciunt.

(b) Philistionis meminit S. Epiphan. hæres. 26, Gnostic. n. 1 ; Lentuli Tertullianus de Pallio cap. 4. Marulli dictum illud exstat satis festivum ad parasitum gulosum, *Tu Hectorem imitaris, ab Ilio nunquam recedis.* Tres autem una commemorat Marius Mercator in Commonit. : *Unus Philistion, unus Latinorum Lentulus, unus tibi Marullus comparandus.*

pandre des diffamations contre Origène chez toutes les nations et dans toutes les langues, s'est vanté, devant une fort nombreuse réunion de frères, d'avoir lu ses 6,000 livres. Assurément si, comme il a coutume de le dire, il lisait pour connaître ses erreurs, dix livres, ou vingt, ou trente au plus suffisaient pour former une telle conviction. Lire six mille livres d'un auteur, ce n'est pas vouloir connaître ses erreurs et ses mauvaises doctrines, mais consacrer à peu près une vie entière à ses enseignements et à ses études. Comment donc entendre avec une légitime confiance cet homme, quand il fait un crime à d'autres d'avoir lu un petit nombre d'écrits d'Origène, dans le seul but de s'instruire, sans s'écarter de la règle de la foi et sans perdre la pureté de la piété? »

22. *Epiphane connaissait cinq langues.* — Qui sont-ils ceux qui ont coutume de discuter sur toutes choses dans l'Eglise? qui écrivent ces livres? qui ne disent et n'écrivent rien qui ne soit d'Origène? qui, parce qu'ils ne veulent pas laisser connaître leurs plagiats et qu'ils sont ingrats envers leur maître, détournent les esprits simples de lire ses ouvrages? Vous devez les désigner nominativement, et caractériser chacun d'eux. Ainsi les vénérables évêques Anastase, Théophile, Vénérius de Milan, Chromatius d'Aquilée, et tout le synode des catholiques, tant de l'Orient que de l'Occident, qui, par un arrêt unanime, parce qu'ils ont un même esprit, le dénoncent au monde comme hérétique, doivent être regardés comme des plagiaires de ses livres; et quand ils prêchent dans les églises, ils ne rapportent pas les mystérieux témoignages des Ecritures, mais des larcins faits à Origène? Et non content de cette calomnie générale contre tous, il vous faut tourner spécialement la pointe empoisonnée de votre plume contre un bienheureux et illustre prêtre de l'Eglise? Quel est cet homme qui s'imagine avoir la mission nécessaire de répandre des diffamations contre Origène chez tous les peuples et dans toutes les langues? Qui a fait l'aveu, devant une réunion fort nombreuse de ses frères, qu'il a lu ses six mille livres? De cette réunion et de cette foule de frères, vous en faisiez partie, vous aussi, puisqu'il se plaint dans sa lettre que vous y avez voulu pallier l'abominable hérésie d'Origène? Faut-il lui faire un crime de savoir le grec, le syriaque, l'hébreu, la langue égyptienne et en partie le latin? Ainsi les apôtres et les hommes apostoliques qui parlaient diverses langues étaient coupables, et vous-même, qui parlez deux langues, vous me raillerez d'en connaître trois? Quant aux six mille livres dont vous lui attribuez la lecture, qui croira ou que vous dites la vérité, ou qu'il a pu mentir? Si Origène avait écrit six mille livres, il pourrait se faire qu'Epiphane, homme d'une rare érudi-

quaquam criminosa viderentur, simpliciores quosque ab ejus lectione deterrent. Denique quidam ex ipsis, qui se velut evangelizandi necessitatem per omnes gentes et per omnes linguas habere putat, de Origene male loquendi, sex millia librorum ejus se legisse, quam plurima fratrum multitudine audiente, confessus est. Qui si utique (ut ipse dicere solet) pro cognoscendis ejus malis legebat, sufficere poterant decem libri ad cognoscendum, aut viginti certe, aut ut plurimum triginta. Sex millia autem librorum legere, non jam est errores ac mala velle cognoscere, sed totam pene vitam disciplinis ejus ac studiis dedere. Quomodo ergo iste merito audiendus est, quum eos culpat, qui instructionis suæ causa perpauca ejus (salva fidei regula atque integra pietate) legerunt? »

22. *Epiphanius quinque linguas noverat.* — Qui sunt isti, qui in Ecclesia disputare latius solent? qui libros scribere? qui totum de Origene loquuntur et scribunt? qui dum sua nolunt furta cognosci, et ingrati sunt in magistrum, idcirco simplices ab illius lectione deterrent? Nominatim debes dicere, et ipsos homines denotare. Ergo beati episcopi Anastasius, et Theophilus, et Venerius *(Mediolani)* et Chromatius *(Aquileiæ)*, et omnis tam Orientis quam Occidentis Catholicorum synodus, qui pari sententia, qui pari et spiritu, illum hæreticum denuntiant populis, fures librorum illius judicandi sunt; et quando in Ecclesiis prædicant, non Scripturarum mysteria, sed Origenis furta commemorant? Non tibi sufficit passim contra omnes detrectatio, nisi specialiter contra beatum et insignem Ecclesiæ Sacerdotem styli tui lanceam diriges? Quis est ille, qui velut necessitatem evangelizandi per omnes gentes, et per omnes linguas habere se putat, de Origene male loquendi? qui sex millia librorum ejus se legisse, quam plurima fratrum multitudine audiente, confessus est? In qua multitudine et caterva fratrum tu quoque medius eras, quando ille in sua Epistola queritur, pro Origenis hæresi nefaria a te dogmata esse prolata? Crimini ei dandum est quare Græcam, Syram, et Hebræam, et Ægyptiacam linguam, ex parte et Latinam noverit? Ergo et Apostoli et Apostolici viri, qui linguis loquebantur, in crimine sunt; et me trilinguem, bilinguis ipse ridebis? De sex millibus autem librorum, quos ab eo lectos esse confingis, quis credet aut te verum dicere, aut illum potuisse mentiri? Si enim Origenes sex millia scripsisset librorum, poterat fieri ut vir eruditissimus (al. *eruditus*) et ab infantia sacris Litteris institutus, pro curiositate et scientia legisset aliena. Quod vero

tion, formé dès l'enfance à l'étude des lettres sacrées, par curiosité et par désir de science, eût lu d'autres livres. Mais ce que l'un n'a pas écrit, comment l'autre a-t-il pu le lire? Comptez les titres de ses œuvres, dont la nomenclature est donnée au troisième volume d'Eusèbe, où il a écrit la vie de Pamphile, et, loin d'en trouver six mille, vous n'en trouverez pas le tiers. Nous avons la lettre du Pontife dont il s'agit, dans laquelle il répond à cette fausse accusation de votre part, pendant que vous étiez encore en Orient, et il réfute, avec le front serein de l'homme qui dit vrai, votre mensonge des plus criants.

23. *Il avait le dessein d'écrire contre l'Apologie de Pamphile. Livre des hommes illustres à Dexter. Il a traduit les Homélies d'Origène dans sa jeunesse.* — Après des preuves aussi éclatantes, dans votre Apologie, vous osez dire que vous n'êtes pas le défenseur d'Origène ni son sectateur, quand Pamphile et Eusèbe vous ont paru avoir dit trop peu pour sa défense. Aux livres de ces derniers, si le Seigneur me prête vie, je tâcherai de répondre ailleurs. Ici, qu'il suffise d'avoir opposé une barrière à vos assertions, et de prévenir simplement le lecteur prudent que j'ai vu, pour la première fois, écrit dans votre recueil le livre qui était porté sous le nom de Pamphile; comme je ne m'inquiétais pas de ce qui était dit en faveur d'un hérétique, je croyais toujours qu'il y avait un ouvrage de Pamphile et un autre d'Eusèbe; mais plus tard, cette question étant soulevée, dans le dessein de répondre à leurs écrits, j'ai lu dans ce but ce que chacun pensait en faveur d'Origène, et j'ai reconnu très-clairement que le premier livre n'était autre chose que les six volumes d'Eusèbe, édités par vous en un seul, sous le nom de Pamphile, tant en grec qu'en latin, après avoir seulement changé la manière de voir au sujet du Fils et de l'Esprit-Saint, parce que l'impiété y est trop évidente. De là vient, qu'il y a dix ans environ, mon ami Dexter, qui a été préfet du prétoire, m'ayant demandé de lui dresser un index des auteurs de notre religion, au nombre des autres traités, j'indiquai aussi ce livre publié par Pamphile, croyant à votre assertion et à celles de vos disciples. Mais comme Eusèbe lui-même dit que Pamphile n'a rien écrit, sauf quelques courtes lettres à des amis, et que le premier livre contient les mêmes choses et dans les mêmes termes que les six volumes d'Eusèbe, mensongèrement attribués par vous à Pamphile, il est manifeste que vous avez voulu répandre ce livre pour introduire l'hérésie à la faveur de la considération qui entoure un martyr. Et comme aussi vous avez dénaturé beaucoup ce livre, que vous attribuez faussement à Pamphile, et qu'il y a une grande différence entre le grec et le latin, vous ne devez pas rendre mon erreur solidaire de votre fraude. J'ai cru que le livre était de celui dont le titre portait le nom; il en est de même pour le περὶ Ἀρχῶν, pour beaucoup

ille non scripsit, quomodo iste legere potuit? Numera indices librorum ejus qui in tertio volumine Eusebii, in quo scripsit vitam Pamphili, continentur: et non dico sex millia, sed tertiam partem non reperies. Habemus Epistolam supradicti Pontificis, in qua huic calumniæ tuæ, dum adhuc esses in Oriente, respondet, et apertissimum mendacium libera veritatis fronte confutat.

23. *Habebat in animo scribere contra Pamphili Apologiam. Lib. de Viris illustr. ad Dextrum. Transtulit homilias Origenis in adolescentia.* — Post hæc et tanta audes in Apologia tua dicere, te non esse defensorem Origenis, neque assertorem illius, pro cujus defensione Pamphilus et Eusebius tibi parum dixisse sunt visi. Adversum quæ volumina (si Dominus vitæ hujus dederit spatium) alias respondere conabor. Nunc tantum tuis assertionibus obviasse sufficiat, et hoc breviter prudentem instruxisse lectorem, me istum librum qui sub nomine Pamphili ferebatur, vidisse primum scriptum in codice tuo; et quia non erat mihi curæ quid pro hæretico diceretur, sic semper habuisse, quasi diversum esset opus Pamphili et Eusebii: postea vero quæstione mota, scriptis eorum respondere voluisse, et ob hanc causam legisse, quid pro Origene unusquisque sentiret, perspicueque deprehendisse, quod primus liber sex voluminum Eusebii ipse esset, qui unus sub nomine Pamphili a te editus est, tam Græce quam Latine, immutatis duntaxat sensibus de Filio et Spiritu sancto, qui apertam blasphemiam præferebant. Unde etiam ante annos ferme decem cum Dexter amicus meus, qui præfecturam administravit prætorii, me rogasset, ut auctorum nostræ religionis ei indicem texerem, inter cæteros tractatores posui et hunc librum a Pamphilo editum, ita putans esse, ut a te et tuis discipulis fuerat divulgatum. Sed cum ipse dicat Eusebius Pamphilum nihil *scripsisse*, exceptis brevibus Epistolis ad amicos, et primus liber sex voluminum illius, eadem et eisdem verbis contineat, quæ sub nomine Pamphili a te ficta sunt, perspicuum est te idcirco librum hunc disseminare voluisse, ut sub persona martyris hæresim introduceres. Cumque de hoc ipso libro quem Pamphili simulas, multa perverteris, et aliter in Græco, aliter in Latino sit, fraudem tuam errori meo imputare non debes. Credidi enim ejus esse librum, quem titulus præferebat, sicut περὶ Ἀρχῶν, et multa alia Origenis opera, plurimorumque Græciæ tractatorum, quæ aut ante non

d'autres ouvrages d'Origène, et pour la plupart des traités grecs, ou que je n'ai pas lus jusqu'ici, ou que je suis poussé à lire, parce qu'ils sont accusés d'hérésie, afin de savoir ce que je dois éviter et ce que je dois approuver. De là vient que j'ai de bonne foi, sur la demande qu'on m'en faisait, traduit dans mon enfance seulement les homélies qu'il adressait au peuple et qui renfermaient des scandales moins éclatants; je n'engageais nullement d'avance, dans mon acceptation de ce qui n'est pas condamné, celle de ce qui est ostensiblement entaché d'hérésie. Enfin, pour résumer ce long discours, puisque je prouve que j'ai reçu le livre de ceux qui l'ont transcrit de votre recueil, apprenez-nous de qui vous en avez l'exemplaire, afin que celui qui n'aura pas pu indiquer un autre auteur du livre, ait toute la responsabilité de l'imposture. « L'homme qui est bon tire de bonnes choses du trésor de son cœur; » *Matth.* xii, 35; et c'est à la douceur des fruits qu'on reconnaît l'arbre de bonne origine.

24. *Lettre supposée de Jérôme.* — Le frère Eusèbe écrit que, chez les évêques d'Afrique, qui étaient venus à la cour du comte pour des intérêts de l'Église, il avait trouvé une lettre que j'aurais écrite, où j'exprimais un vif repentir de m'être laissé entraîner dans ma jeunesse, par des Hébreux, à traduire en latin des volumes de leur langue, d'une manière complétement contraire à la vérité. Cette nouvelle m'a jeté dans un profond étonnement. Et comme « tout est confirmé par l'autorité de deux ou trois témoins; » *Deut.* xvii, 6; *Matth.* xviii, 16; II *Corint.* xiii, 1, et qu'on n'ajoute point foi à un seul, serait-ce Caton, un grand nombre de mes frères de Rome m'ont informé du même fait, me demandant s'il était vrai, et me désignant avec larmes celui qui a répandu dans le public cette même lettre. Celui qui a fait cela, que n'oserait-il pas faire? Il est bon que la malice n'ait pas autant de force que d'initiative. L'innocence serait perdue, si la puissance était toujours unie à la méchanceté, et si tous les désirs de la calomnie pouvaient prévaloir. Cet homme si disert n'a pu imiter ni mon style, quel qu'il soit, ni mes façons de parler; mais, malgré ses ruses, et à travers le manteau d'autrui dont il s'était frauduleusement revêtu, il a laissé voir qui il est. Or, cet imposteur qui avait écrit sous mon nom cette lettre fausse où je me repentirais d'avoir traduit de mauvaise foi les livres hébreux, me reproche, dit-on, d'avoir interprété les saintes Écritures par envie contre les Septante, afin que je demeure sous le coup de son accusation, et au cas où ma traduction serait infidèle, et au cas où elle serait vraie; puisque, d'un côté, dans un nouvel écrit, j'avoue que je me suis trompé, et que, de l'autre, ma version plus récente devient la condamnation de l'ancienne. Je m'étonne que, dans la même lettre, il ne m'ait pas traité d'homicide, d'adultère, de sacrilége, de parricide, et couvert de toutes les turpitudes qui peuvent s'agiter dans les ténèbres de la

legi, aut nunc compellor legere, quæstione hæreseos suscitata, ut sciam quæ vitare debeam, quæ probare. Unde et in adolescentia homilias tantum ejus quas loquebatur ad populum, in quibus non tanta scandala tenebantur, simpliciter rogantibus transtuli, nullis præjudicans ex his quæ probantur, illa suscipere quæ manifeste hæretica sunt. Certe (ut compendium longi sermonis faciam) sicut ego ostendo, me ab his accepisse librum qui de tuo codice transcripserunt; sic tu doce a quo exemplar acceperis, ut qui auctorem libri dare alium non potuerit, ipse falsitatis reus teneatur. « Bonus homo de bono cordis thesauro profert illa quæ bona sunt; » *Matth.* xii, 35; atque ex pomorum dulcedine, generosi seminis arbor agnoscitur.

24. *Epistola supposita Hieronymo.* — Scribit frater Eusebius se apud Afros episcopos, qui propter Ecclesiasticas causas ad Comitatum venerant, Epistolam quamdam meo scriptam nomine reperisse, in qua agerem pœnitentiam, et me ab Hebræis in adolescentia inductum esse testarer, ut Hebræa volumina in Latinum verterem, in quibus nulla sit veritas. Quod audiens obstupui. Et quia « in ore duorum vel trium stat omne verbum, » *Deut.* xvii, 6; *Matth.* xviii, 16; II *Cor.* xiii, 1, unique testi, nec Catoni creditum est, idipsum multorum me ex Urbe fratrum scripta docuerunt, sciscitantium, an ita se haberet, et a quo ipsa epistola disseminata esset in vulgus lacrymabiliter indicantium. Qui hoc ausus est facere, quid aliud non audeat? Bene, quod malitia non habet tantas vires, quantos conatus. Perierat innocentia, si semper nequitiæ juncta esset potentia, et totum quidquid cupit calumnia, prævaleret. Stylum meum, qualiscumque est, et formam eloquii vir disertissimus exprimere non potuit; sed inter ipsas præstigias, et alterius personam, qua se fraudulenter induerat, quis esset ostendit. Ergo ille qui epistolam sub nomine meo pœnitentiæ finxerat, quod male Hebræa volumina transtulissem, objicere dicitur, me in Septuaginta condemnationem Scripturas sanctas interpretatum, ut sive falsa sunt, sive vera quæ transtuli, in crimine maneam; dum aut in novo opere fateor me errasse, aut recens editio veteris condemnatio sit. (al. *fit.*) Miror quomodo in eadem epistola homicidam, et adulterum, et sacrilegum, et parricidam me esse non dixerit, et quidquid potest

pensée. Je lui dois de la reconnaissance, puisque, dans la forêt des crimes où il y en a tant et de tant de sortes, il a choisi, pour m'en accuser, le seul délit d'erreur ou de tromperie. Ai-je donc élevé une seule parole contre la version des Septante, alors que, depuis plusieurs années, je l'ai fait goûter aux Latins studieux, après l'avoir corrigée avec le plus grand soin, que je la développe chaque jour dans l'assemblée de mes frères, et que je répète sans cesse ses psaumes, objet de mes continuelles méditations? Étais-je assez insensé pour vouloir désapprendre dans ma vieillesse ce que j'ai appris dans mon enfance? Tous mes écrits ont pour base les témoignages des Septante. Les Commentaires sur les douze Prophètes expliquent leur interprétation et la mienne. O labeurs des hommes, toujours incertains, ô désirs des mortels, qui atteignent si rarement le but convoité! Je croyais par là bien mériter de mes chers Latins, exciter les esprits des nôtres à apprendre ce dont les Grecs eux-mêmes, après tant d'autres versions, ne dédaignent pas celle qui en a été faite du latin en leur langue; et c'est de cela même qu'on me fait un crime, c'est là ce qui rend mon pain amer. Qu'y a-t-il d'assuré pour l'homme, si l'on accuse même l'innocence? Pendant le sommeil du père de famille, l'ennemi a semé de l'ivraie au milieu du blé. *Matth.* XIII, 25. « Le sanglier de la forêt a ruiné la vigne, et la bête sauvage l'a dévorée. » *Psalm.* LXXIX, 14. Je me tais, et des lettres que je n'ai pas écrites parlent contre moi. J'ignore mon crime, et je confesse mon crime à la face de l'univers entier. « Hélas! ma mère, que je suis malheureux! Pourquoi m'avez-vous mis au monde, pour être un homme de contradiction, un homme de discorde dans toute la terre? » *Jerem.* XV, 10, sec. LXX.

25. *Du Prologue sur la Genèse.* — Toutes les préfaces de l'Ancien Testament, dont je vais donner des citations partielles, témoignent de ce fait. Ce que j'y ai dit, il est inutile de l'exprimer ici d'une autre manière. Je commence donc par la Genèse, dont voici le prologue: « Un jeune ami bien cher à qui, comme une sorte de présage de ses destinées futures, est échu le même nom qu'à Daniel, m'a fait parvenir des lettres impatiemment attendues, où il me conjure de faire entendre aux oreilles de nos compatriotes le Pentateuque, traduit de l'hébreu en latin. Œuvre périlleuse assurément, et qui se prête à la critique des détracteurs, qui m'accusent de forger des interprétations nouvelles à la place des anciennes, pour déconsidérer la version des Septante, et qui veulent mesurer ma patience comme on mesure la force du vin, puisque j'ai maintes et maintes fois déclaré que, selon mes moyens, j'apporte ce que je puis en offrande dans le tabernacle de Dieu, et que la pauvreté des uns ne déshonore pas les richesses des autres. La témérité de cette entreprise m'a été inspirée par l'étude d'Origène, qui a mêlé la traduction de Théodotion à la version primitive, distinguant tout son travail par un astérisque * et un obélisque ÷, c'est-à-

tacita mentis cogitatio intra se turpitudinis volvere. Gratias ei debeo agere, quod cum tanta silva sit criminum, unum mihi erroris vel falsitatis crimen objecerit. Egone contra Septuaginta interpretes aliquid sum locutus, quos ante annos plurimos diligentissime emendatos, meæ linguæ studiosis dedi, quos quotidie in conventu fratrum edissero, quorum Psalmos jugi meditatione decanto? Tam stultus eram, ut quod in pueritia didici, senex oblivisci vellem? Universi tractatus mei horum testimoniis texti sunt. Commentarii in duodecim Prophetas, et meam et Septuaginta editionem edisserunt. O labores hominum, semper incerti! o mortalium studia contrarios interdum fines habentia! Unde me putabam bene mereri de Latinis meis, et nostrorum ad discendum animos concitare, quod etiam Græci versum de Latino post tantos interpretes non fastidiunt; inde in culpam vocor, et nauseanti stomacho cibos ingero. Et qui in homine tutum sit, si innocentia criminosa est? Dormiente patrefamilias inimicus homo zizania superseminavit. *Matth.* XIII, 25. « Exterminavit vineam aper de silva, et singularis ferus depastus est eam. » *Psal.* LXXIX, 14. Ego taceo, et litteræ non meæ loquuntur contra me. Ignoro crimen, et crimen in toto orbe confiteor. « Heu mihi, mater mea, ut quid me genuisti, virum qui judicer et discernar omni terræ? » *Jerem.* XV, 10, *sec. LXX.*

25. *Ex Prologo in Genesim.* — Omnes Præfatiunculæ veteris Instrumenti, quarum ex parte exempla subjeci, huic rei testes sunt. Et superfluum est, quod in illis dictum est, aliter quam ibi dictum est, scribere. Incipiam igitur a Genesi, cujus Prologus talis est: « Desiderii mei desideratas accepi epistolas, qui quodam præsagio futurorum, cum Daniele sortitus est nomen, obsecrantis ut translatum in linguam Latinam de Hebræo sermone Pentateuchum nostrorum auribus traderem. Periculosum opus certe, et obtrectatorum latratibus patens; qui me asserunt in Septuaginta interpretum suggillationem, nova pro veteribus cudere: ita ingenium, quasi vinum probantes, cum ego sæpissime testatus sim, me pro virili proportione in tabernaculo Dei offerre quæ possim; nec opes alterius, aliorum paupertate fœdari. Quod ut auderem, Origenis me studium provocavit,

dire par une étoile et une broche ; parce que, ou il éclaire les passages qui avaient été retranchés, ou il retranche et transperce, pour ainsi dire, tout ce qui lui paraît superflu, et surtout ce que l'autorité des Évangélistes et des Apôtres a rendu public. Dans ceux-ci, nous lisons beaucoup de traits de l'Ancien-Testament qui ne sont pas dans nos recueils, comme celui-ci : « J'ai rappelé mon fils de l'Égypte ; » *Matth.* II, 15 ; et encore : « Il sera appelé Nazaréen ; » *Matth.* II, 23 ; et cet autre : « Ils verront celui qu'ils ont percé ; » *Joan.* XIX, 37 ; et encore : « Il sortira des fleuves d'eau vive de son cœur ; » *Joan.* VII, 38 ; et puis : « L'œil n'a point vu, l'oreille n'a point entendu, le cœur de l'homme n'a jamais conçu ce que Dieu a préparé pour ceux qui l'aiment ; » I *Corint.* II, 9 ; et bien d'autres, qui attendent encore l'arrangement qui leur convient. Interrogeons donc ceux où ces passages sont écrits, et lorsque nos éditions ne pourront nous le dire, demandons-le aux livres hébreux. Le premier témoignage est dans Osée ; le second dans Isaïe ; le troisième dans Zacharie ; le quatrième dans les Proverbes ; le cinquième encore dans Isaïe. Voilà ce que beaucoup ignorent, et ils suivent les extravagances des apocryphes, préférant les sornettes d'Ibérie aux livres authentiques. Ce n'est pas à moi d'exposer les causes de cette erreur : les Juifs prétendent que ce fut fait par mesure de prudence, de peur que Ptolémée, adorateur d'un seul Dieu, ne trouvât même chez les Hébreux une divinité double ; et on agissait surtout ainsi parce qu'il semblait pencher vers le système de Platon ; enfin, partout où l'Écriture atteste en quelque manière le mystère du Père et du Fils et du Saint-Esprit, les Septante traduisirent autrement, ou le passèrent absolument sous silence, et pour satisfaire le roi et pour ne pas divulguer un mystère de foi. Je ne sais d'ailleurs qui inventa le premier le mensonge des soixante-dix cellules d'Alexandrie, dans lesquelles les interprètes auraient écrit sans aucune communication entre eux, alors qu'Aristéas, panégyriste de ce même Ptolémée, et Josèphe, longtemps après, n'ont rien dit de cette fable, mais rapportaient qu'ils travaillaient en commun, réunis dans une même basilique, bien loin de prophétiser chacun à part. En effet, prophète est un et traducteur est un autre. Par l'un, l'Esprit prédit l'avenir ; l'autre, grâce à son érudition et à sa facilité de parole, rend en une autre langue ce qu'il comprend. A moins qu'on ne doive croire que c'est sous l'inspiration du souffle oratoire que Cicéron a traduit l'Économique de Xénophon, le Protagoras de Platon et le discours pour la Couronne de Démosthènes ; il se pourrait alors que, des mêmes livres, l'Esprit-Saint eût tiré des témoignages qui ont un sens dans les Septante et un autre dans la bouche des Apôtres ; et que ce que les premiers ont passé sous silence, les autres l'eussent annoncé mensongèrement comme écrit. Qu'est-ce à dire ? est-ce là condamner nos devanciers ? nullement.

qui editioni antiquæ translationem Theodotionis miscuit, asterisco *, et obelisco ÷, id est, stella et veru, opus omne distinguens ; dum aut illucere facit, quæ minus ante fuerant, aut superflua quæque jugulat et confodit, maximeque quæ Evangelistarum et Apostolorum auctoritas promulgavit. In quibus multa de veteri Testamento legimus, quæ in nostris codicibus non habentur, ut est illud : « Ex Ægypto vocavi filium meum ; » *Matth.* II, 15 ; et : « Quoniam Nazaræus vocabitur ; » *Matth.* II, 23 ; et : « Videbunt in quem compunxerunt ; » *Joan.* XIX, 37 ; et : « Flumina de ventre ejus fluent aquæ vivæ ; » *Joan.* VII, 38 ; et : « Quæ nec oculus vidit, nec auris audivit, nec in cor hominis ascendit, quæ præparavit Deus diligentibus se ; » I *Cor.* II, 9 ; et multa alia, quæ proprium σύνταγμα desiderant. Interrogemus ergo eos, ubi hæc scripta sint ; et cum dicere non potuerint, de libris Hebraicis proferamus. Primum testimonium est in Osee. Secundum in Isaia. Tertium in Zacharia. Quartum in Proverbiis. Quintum æque in Isaia. Quod multi ignorantes, apocryphorum deliramenta sectantur, et Iberas nænias libris authenticis præferunt. Causas erroris non est meum exponere. Judæi prudenti factum dicunt esse consilio, ne Ptolemæus unius Dei cultor, apud Hebræos etiam duplicem divinitatem deprehenderet ; quod maxime idcirco faciebant, quia in Platonis dogma cadere videbatur. Denique ubicumque sacratum aliquid Scriptura testatur de Patre et Filio et Spiritu sancto, aut aliter interpretati sunt, aut omnino tacuerunt, ut et regi satisfacerent, et arcanum fidei non divulgarent. Et nescio quis primus auctor septuaginta cellulas Alexandriæ mendacio suo exstruxerit, quibus divisi eadem scriptitarint, cum Aristeas, ejusdem Ptolemæi ὑπερασπιστής, et multo post tempore Josephus, nihil tale retulerint ; sed in una basilica congregatos contulisse scribant, non prophetasse. Aliud est enim vatem, aliud interpretem esse. Ibi spiritus ventura prædicit, hic eruditio et verborum copia ea quæ intelligit transfert. Nisi forte putandus est Tullius Œconomicum Xenophontis, et Platonis Protagoram, et Demosthenis pro Ctesiphonte orationem afflatus rhetorico spiritu transtulisse ; ut aliter de eisdem libris per Septuaginta interpretes, aliter per Apostolos Spiritus sanctus testimonia texuerit ; ut quod illi tacuerint, hi scriptum esse mentiti sint. Quid igitur ? damnamus

Mais après les recherches des ancêtres, nous travaillons selon nos forces dans la maison du Seigneur. Eux ont interprété avant l'avénement du Christ, et ce qu'ils ne savaient pas, ils en ont parlé en termes obscurs. Nous, c'est après la Passion et la résurrection que nous écrivons, moins une prophétie qu'une histoire. On ne raconte pas ce qu'on a ouï dire comme ce qu'on a vu : ce que l'on comprend mieux s'énonce plus clairement. Ecoutez donc, ô mon émule ; ô détracteur, remarquez-le bien : Je ne condamne pas, je ne blâme point les Septante ; mais c'est en toute confiance que je préfère les Apôtres à tous les interprètes. Jésus-Christ me parle par leur bouche, et je lis que pour les dons spirituels il ont été mis avant les Prophètes ; dans cette troupe, les commentateurs occupent presque le dernier rang. D'où vient que l'envie vous dévore ? pourquoi soulever contre moi les esprits inexpérimentés ? Si quelque part ma traduction vous semble erronée, interrogez les Hébreux, consultez les maîtres des diverses villes : ce qu'ils ont au sujet du Christ fait défaut dans vos recueils. C'est une autre question, s'ils ont voulu plus tard prouver contre eux-mêmes que les Apôtres se sont injustement approprié leurs témoignages, que les exemplaires latins sont plus corrects que les grecs et les grecs que les hébreux. »

26. *Du Prologue sur les livres des Rois.* — Pareillement, à propos des livres de Samuel et de Malachie, que nous nommons les quatre livres des Rois, après le catalogue de la divine Ecriture, j'ai ajouté : « Puisqu'il en est ainsi, veuillez ne pas croire, lecteur, que mon travail soit une censure de celui des devanciers. Dans le tabernacle de Dieu, chacun offre ce qu'il peut. Les uns apportent l'or, l'argent et les pierres précieuses ; les autres, le lin, la pourpre, l'écarlate et l'hyacinthe. Nous, le mieux que nous puissions faire, c'est d'offrir les peaux et les poils de chèvres. Et pourtant l'Apôtre estime que notre vile offrande est des plus nécessaires. I *Corint.* XII, 23. De là vient que toutes les richesses de l'ancien tabernacle, où des figures particulières représentent l'Eglise présente et l'Eglise à venir et les distinguent, étaient recouvertes de peaux et de cilices, et que ces vils objets les défendaient des ardeurs du soleil et des intempéries des saisons. » Voyez-vous quel front orgueilleux j'élève contre les Septante, quand je proclame qu'ils ont offert l'or, les pierres précieuses et la pourpre dans le tabernacle de Dieu, où j'offre les peaux et les poils de chèvres ?

27. *Du Prologue sur les Paralipomènes. La version des Septante dénaturée.* — Encore un autre témoignage, pour que vous ne puissiez pas dire que j'ai changé d'avis pour les besoins de ma cause. Dans le livre des Temps, c'est-à-dire *les Paralipomènes,* qui porte en hébreu le titre de DABRE JAMIM, voici comment je parle dans la préface à mon saint père Chromatius : « Si la version des Septante était demeurée pure et telle qu'ils la produisirent en grec, c'est inutile-

veteres ? Minime. Sed post priorum studia, in domo Domini quod possumus, laboramus. Illi interpretati sunt ante adventum Christi ; et quod nesciebant, dubiis protulere sententiis. Nos post passionem et resurrectionem ejus, non tam prophetiam, quam historiam scribimus. Aliter enim audita, aliter visa narrantur. Quod melius intelligimus, melius et proferimus. Audi igitur æmule, et obtrectator ausculta : Non damno, non reprehendo Septuaginta ; sed confidenter cunctis illis Apostolos præfero. Per istorum os mihi Christus sonat, quos ante Prophetas inter spiritualia charismata positos lego ; in quibus ultimum pene gradum interpretes tenent. Quid livore torqueris ? quid imperitorum animos contra me concitas ? Sicubi tibi in translatione errare videor, interroga Hebræos, diversarum urbium magistros consule : quod illi habent de Christo, tui codices non habent. Aliud est, si contra se postea ab Apostolis usurpata testimonia probaverunt, et emendatiora sunt exemplaria Latina, quam Græca ; Græca, quam Hebræa. »

26. *Ex Prologo in libros Regum.* — In libris quoque Samuel et Malachim, quos nos Regnorum quatuor nominamus, post catalogum divinæ Scripturæ hæc intuli : « Quæ quum ita se habeant, obsecro te, lector, ne laborem meum reprehensionem existimes antiquorum. In tabernaculo Dei offert unusquisque quod potest. Alii aurum et argentum et lapides pretiosos, alii byssum et purpuram et coccum offerunt et hyacinthum. Nobiscum bene agitur, si obtulerimus pelles et caprarum pilos. Et tamen Apostolus contemptibiliora nostra magis necessaria judicat. I *Cor.* XII, 21. Unde et tota illa tabernaculi pulchritudo et per singulas species Ecclesiæ præsentis futuræque distinctio, pellibus tegitur et ciliciis ; ardoremque solis et injuriam imbrium, ea quæ viliora sunt prohibent. » Vide quanto contra Septuaginta interpretes tumeam supercilio, ut illos aurum et pretiosos lapides et purpuram, me pelles et pilos caprarum in tabernaculo Dei obtulisse profitear ?

27. *Ex Prolog. in Paralipomena. Interpretum LXX versio corrupta.* — Ponam et aliud testimonium, ne nunc me rerum necessitate compulsum dicas mutasse sententiam. In libro Temporum, id est, *Paralipomenon,* qui Hebraice dicitur DABRE JAMIM, hac ad sanctum papam Chromatium Præfatiuncula usus

ment, cher Chromatius, ô le plus saint et le plus docte des évêques, que vous me demanderiez de vous traduire en latin les textes hébreux. Il serait juste, en effet, de donner notre silencieuse approbation à cette œuvre qui, la première, avait fixé l'attention des hommes et fortifié la foi de l'Eglise naissante. Mais de nos jours, selon les divers pays, ont cours des exemplaires divers, et la traduction authentique et primitive a été défigurée et viciée; c'est pourquoi vous estimez que nous sommes libres, ou de décider de ce qui est vrai d'après plusieurs documents, ou de composer une œuvre nouvelle sur l'ancienne, et contre les railleries des Juifs, de tromper, comme on dit, plus habile que soi. Alexandrie et l'Egypte louent l'édition de leurs Septante par Hésychius. De Constantinople à Antioche, la faveur est aux exemplaires du martyr Lucien. Les provinces intermédiaires lisent les recueils de la Palestine interprétés par Origène et vulgarisés par Eusèbe et Pamphile; et le monde entier est en lutte intestine à cause de cette triple divergence. Et, certes, Origène n'a pas seulement comparé la leçon de quatre éditions, mettant en regard chaque parole, afin que, s'il y a dissentiment du fait de l'un, il soit aussitôt réfuté par l'accord des autres; il a, ce qui est d'une hardiesse plus grande, mêlé l'édition de Théodotion à celle des Septante, désignant par des astérisques ce qui avait été retranché, ou par des traits ce qui lui paraissait des superfétations inutiles. Puisqu'il a été permis à d'autres de ne pas s'en tenir à l'œuvre qu'ils avaient d'abord reçue, qu'ils ont ouvert chacune des soixante-dix cellules dont on répète la fable anonyme, et qu'on lit dans l'Eglise des interprétations que les Septante ne connurent pas, pourquoi mes Latins n'agréeraient-ils pas ma nouvelle édition, composée sur une édition ancienne qui n'a reçu aucune atteinte, en sorte que mon travail s'appuie sur les Hébreux et, ce qui est plus considérable, sur l'autorité des Apôtres? J'ai écrit naguère un livre sur la meilleure manière d'interpréter, montrant ces paroles de l'Évangile : « J'ai rappelé mon fils de l'Egypte, » *Matth.* II, 15; et celles-ci : « Il sera appelé Nazaréen, » *Matth.* II, 23; et encore : « Ils verront celui qu'ils ont percé; » *Joan.* XIX, 37; et celles de l'Apôtre : « L'œil n'a point vu, l'oreille n'a point entendu, le cœur de l'homme n'a jamais connu ce que Dieu a préparé pour ceux qui l'aiment : » I *Corint.* I, 19; et d'autres passages semblables. Assurément, l'Apôtre et les Évangélistes connaissaient les Septante. D'où s'autorisèrent-ils donc à dire ce qui n'est pas dans les Septante? Et le Christ Notre-Seigneur, source de l'un et de l'autre Testament, ne dit-il pas dans l'Evangile selon saint Jean : « Celui qui croit en moi, il sortira, comme dit l'Écriture, des fleuves d'eau vive de son cœur. » *Joan.* VII, 38. Nul doute que cela soit écrit, puisque le Sauveur atteste que c'est écrit.

sum : « Si Septuaginta interpretum pura, et ut ab eis in Græcum versa est, editio permaneret, superflue me, mi Chromati, episcoporum sanctissime atque doctissime, impelleres, ut tibi Hebræa volumina Latino sermone transferrem. Quod enim semel aures hominum occupaverat, et nascentis Ecclesiæ roboraverat fidem, justum erat etiam nostro silentio comprobari. Nunc vero quum pro varietate regionum diversa ferantur exemplaria, et germana illa antiquaque translatio corrupta sit, atque violata, nostri arbitrii putas, aut ex pluribus judicare quid verum sit, aut novum opus in veteri opere cudere, illudentibusque Judæis, cornicum, ut dicitur, oculos configere. Alexandria et Ægyptus in Septuaginta suis Hesychium laudat auctorem; Constantinopolis usque ad Antiochiam Luciani martyris exemplaria probat; mediæ inter has provinciæ Palæstinos codices legunt, quos ab Origene elaboratos Eusebius et Pamphilus vulgaverunt; totusque orbis hac inter se trifaria varietate compugnat. Et certe Origenes non solum exempla composuit quatuor editionum, e regione singula verba describens, ut unus dissentiens statim, cæteris inter se consentientibus, arguatur; sed quod majoris audaciæ est, in editione Septuaginta, Theodotionis editionem miscuit, asteriscis videlicet designans quæ minus fuerant, et virgulis quæ ex superfluo videbantur apposita. Si igitur aliis licuit non tenere, quod semel susceperant, et post septuaginta cellulas, quæ vulgo sine auctore jactantur, singulas cellulas aperuere, hocque in Ecclesiis legitur, quod Septuaginta nescierunt; cur me non suscipiant Latini mei, qui inviolata editione veteri, ita novam condidi, ut laborem meum Hebræis, et (quod his majus est) Apostolis auctoribus probem? Scripsi nuper librum de Optimo genere interpretandi, ostendens illa de Evangelio : « Ex Ægypto vocavi filium meum; » *Matth.* II, 15, 1; et : « Quoniam Nazaræus vocabitur; » *Matth.* II, 23; et : « Videbunt in quem compunxerunt; » *Joan.* XIX, 37; et illud Apostoli : « quæ oculus non vidit, nec auris audivit, nec in cor hominis ascenderunt, quæ præparavit Dominus diligentibus se; » I *Cor.* I, 19; cæteraque his similia, in Hebræorum libris inveniri. Certe Apostolus et Evangelistæ, Septuaginta interpretes noverant. Et unde eis hoc dicere, quod in Septuaginta non habetur? Et Christus Dominus noster, utriusque Testamenti conditor, in Evangelio secundum Joannem : « Qui credit, » inquit, « in me, sicut dicit Scriptura, flumina

Où est-ce écrit ? Pas de traces dans les Septante, rien dans les recueils apocryphes de l'Eglise. Il faut donc revenir aux livres hébreux : c'est d'après eux que parle Notre-Seigneur, et ses disciples y ont puisé leurs exemples. Je dis ceci sans préjudice pour les anciens, et pour répondre aux détracteurs, dont la dent s'acharne sur moi, qui me déchirent publiquement, qui épluchent les mots et les syllabes, à la fois accusateurs et défenseurs, puisqu'ils approuvent chez les autres ce qu'ils réprouvent chez moi, comme si la vertu et le vice n'étaient pas dans l'action et changeaient de nom selon celui qui la fait. Je n'oublie pas d'ailleurs que j'ai autrefois transporté du grec dans le latin l'édition des Septante, et qu'on ne peut me regarder comme l'ennemi de ceux que je commente sans cesse dans l'assemblée de mes frères. Si donc j'interprète ici le DABRÉ JAMIM, c'est-à-dire les « Paroles des Jours », c'est afin d'y porter une clarté plus grande, en les passant au crible de l'examen, au milieu d'obstacles inextricables, d'une forêt de noms où la négligence des copistes a fait la confusion, et du labyrinthe des interprétations barbares. Si les oreilles des autres sont sourdes, c'est, selon le mot qui fut dit par Hisménias, pour mes amis et pour moi que je chante. »

28. *Du Prologue sur Ezras.* — Dans le volume d'Ezras également, j'ai parlé de même dans la préface, et, après beaucoup d'autres considérations, j'ajoutais : « La conclusion que je vais tirer est de toute équité. J'ai publié des passages qui ne sont pas dans le grec, ou qui y sont autrement que je les ai traduits. Pourquoi en faiton crime au traducteur ? Qu'on interroge les Hébreux, et c'est d'après leurs auteurs qu'on ajoutera ou qu'on n'ajoutera point foi à ma traduction. Mais c'est autre chose si l'on veut médire de moi, les yeux fermés, comme on dit, et si l'on n'imite pas la bienveillante application des Grecs, qui, après la version des Septante et depuis que brille l'Evangile de Jésus-Christ, lisent avec curiosité des Juifs et des Ebionites, interprètes de l'ancienne loi, à savoir Aquilée, Symmaque et Théodotion, et qui, par le travail d'Origène, les ont vulgarisés dans les bibliothèques de l'Eglise ; combien plus les Latins devraient-ils être reconnaissants de voir la Grèce s'empresser de leur faire quelque emprunt ! La première de toutes les grandes dépenses, la chose la plus difficile, est d'avoir tous les exemplaires. Enfin, ceux qui les auraient et ne connaissent pas la langue hébraïque, n'en erreront pas davantage, ne sachant qui, de beaucoup d'auteurs, a dit le plus vrai. C'est ce qui, chez les Grecs, est arrivé naguères à un homme d'un grand savoir : s'éloignant parfois du sens de l'Écriture, il a suivi l'erreur de n'importe quel interprète. Pour nous, qui avons du moins quelques notions élémentaires de la langue hébraïque, et à qui l'expression latine ne fait jamais défaut, nous pouvons plus sûrement apprécier les autres commentateurs, et

de ventre ejus fluent aquæ vivæ. » *Joan.* VII, 38. Utique scriptum est, quod Salvator scriptum esse testatur. Ubi scriptum est ? Septuaginta non habent, apocrypha nescit Ecclesia. Ad Hebræos igitur revertendum : unde et Dominus loquitur, et discipuli exempla præsumunt. Hæc pace veterum loquor, et obtrectatoribus meis tantum respondeo, qui canino dente me rodunt, in publico detrahentes, legentes in angulis, iidem et accusatores et defensores, cum in aliis probent, quod in me reprobant, quasi virtus et vitium non in rebus sit, sed cum actore mutetur. Cæterum memini editionem Septuaginta translatorum olim de Græco emendatam tribuisse me nostris, nec inimicum debere existimari eorum, quos in conventu fratrum semper edissero. Et quod nunc DABRE JAMIM, id est, « Verba Dierum, » interpretatus sum, idcirco feci ut inextricabiles moras, et silvam nominum, quæ scriptorum confusa sunt vitio, sensuumque barbariem (al. *labyrinthos*) apertius, et per versuum cola digererem, mihimetipsi et meis juxta Ismeniam canens, si aures surdæ sunt cæterorum. »

28. *Ex Prolog. in Ezram.* — In Ezræ quoque volumine, similia præfatus sum et post multa hæc addidi : « Quod illaturus sum, æquissimum est. Edidi aliquid, quod non habetur in Græco, vel aliter habetur, quam a me versum est. Quid interpretem laniant ? Interrogent Hebræos, et ipsis auctoribus translationi meæ vel arrogent vel derogent fidem. Porro aliud est, si clausis, quod dicitur, oculis, mihi volunt maledicere, et non imitantur Græcorum studium et benevolentiam, qui post Septuaginta translatores jam Christi Evangelio coruscante, Judæos, et Ebionitas Legis veteris interpretes, Aquilam videlicet, Symmachum et Theodotionem, curiose legunt : et per Origenis laborem ἐν ἑξαπλοῖς Ecclesiis dedicarunt : quanto magis Latini mei grati esse deberent, quod exsultantem Græciam cernerent aliquid a se mutuari ! Primum enim magnorum sumptuum est, et infinitæ difficultatis, exemplaria habere omnia. Denique et qui habuerint, et Hebræi sermonis ignari sunt, magis errabunt ignorantes quis e multis verius dixerit. Quod etiam sapientissimo cuidam nuper apud Græcos accidit, ut interdum Scripturæ sensum relinquens, uniuscujuslibet. (*Al.* uniuscujusque) interpretis sequeretur errorem. Nos autem qui Hebrææ linguæ saltem parvam habemus scientiam, et Latinus

rendre en notre langue ce que nous comprenons nous-mêmes. »

29. *Du Prologue sur Job.* — Je passe au livre de Job. Je l'avais depuis plusieurs années donné en langue latine, lorsque, après l'édition des Septante qu'Origène marqua de signets et d'astérisques, je le traduisis de nouveau d'après l'hébreu, et je disais alors : « Je suis contraint, à l'occasion de chaque livre de la divine Écriture, de répondre aux médisances de mes adversaires, qui accusent mon interprétation d'être un blâme des Septante ; comme si pareillement, chez les Grecs, Aquila, Symmaque et Théodotion n'avaient pas donné des traductions en tout genre de l'ancien Testament, soit mot à mot, soit en serrant le sens de près, soit en mariant les deux manières et en les tempérant l'une par l'autre, et si Origène n'y avait pas marqué, dans tous les volumes, de signets et d'astérisques, les passages qui avaient été ajoutés ou ceux qu'il prenait de Théodotion pour les insérer dans la traduction ancienne, où il prouvait qu'ils n'avaient pas été rendus. Que mes détracteurs se résignent donc à accueillir en entier ce qu'ils ont reçu incomplet, ou à raturer dans ma traduction ce qui est marqué d'astérisques dans la sienne. Il ne peut se faire qu'après avoir constaté plusieurs lacunes dans les interprètes, on ne convienne pas aussi qu'ils ont erré sur certains points, surtout dans Job, où, si l'on retranche les passages ajoutés avec des astérisques, le texte sera presque partout tronqué. Ceci, chez les Grecs seulement. En outre, chez les Latins, avant la traduction que nous avons publiée naguère avec des astérisques et des traits, il manque de sept cents à huit cents lignes, et le livre, écourté, lacéré, comme rongé, se présente au lecteur avec d'évidentes mutilations. » Et après bien d'autres considérations que je passe pour être bref, j'ajoutais à la fin : « Que les aboyeurs le sachent donc, mon travail en ce volume n'a pas pour but de blâmer la traduction ancienne, mais de rendre les points qui y sont ou obscurs, ou omis, ou certainement défigurés par la faute des copistes, plus manifestes par mon interprétation, puisque j'ai appris en partie la langue hébraïque, et que, quant au latin, c'est presque depuis le berceau que j'en ai eu les oreilles rebattues au milieu des grammairiens, des rhéteurs et des philosophes. Si, après l'édition des Septante, quand brillait déjà l'Évangile du Christ, le juif Aquila, et les hérétiques judaïsants, Symmaque et Théodotion, ont été accueillis chez les Grecs, eux qui, par une interprétation frauduleuse, ont caché la plupart des mystères relatifs au Sauveur, ce qui n'empêche pas qu'ils figurent dans les bibliothèques des Églises et que des clercs les commentent, combien plus, moi, chrétien né de parents chrétiens, qui porte sur mon front le signe de la

nobis utcumque sermo non deest, et de aliis magis possumus judicare, et ea quæ ipsi intelligimus, in nostra lingua exprimere. »

29. *Ex Prolog. in Job.* — Transibo ad librum Job, quem post Septuaginta interpretum editionem, quam Origenes obelis asteriscisque distinxit, ante annos plurimos Latino sermoni datum, cum rursum juxta ipsum Hebraicum verterem, sic locutus sum : « Cogor per singulos Scripturæ divinæ libros, adversariorum respondere maledictis, qui interpretationem meam, reprehensionem Septuaginta interpretum criminantur ; quasi non et apud Græcos Aquila, Symmachus et Theodotion vel verbum e verbo, vel sensum e sensu, vel ex utroque commixtum et medie temperatum genus translationis expresserint, et omnia veteris Instrumenti volumina Origenes obelis asteriscisque distinxerit ; quos vel additos, vel de Theodotione sumptos, translationi antiquæ inseruit, probans defuisse quod additum est. Discant igitur obtrectatores mei recipere in toto, quod in partibus susceperunt, aut interpretationem meam cum asteriscis suis radere. Neque enim fieri potest, ut quos plura intermisisse perspexerint, non eosdem etiam in quibusdam errasse fateantur ; præcipue in Job, cui si ea quæ sub asteriscis addita sunt subtraxeris, pars maxima detruncabitur. Et hoc duntaxat apud Græcos. Cæterum apud Latinos, ante eam translationem, quam sub asteriscis et obelis nuper edidimus, septingenti ferme aut octingenti versus desunt, ut decurtatus et laceratus, corrosusque liber fœditatem sui publice legentibus præbeat. » Et post multa quæ studio brevitatis prætereo, hæc in fine subjunxi : « Audiant quapropter canes mei, idcirco me in hoc volumine laborasse, non ut interpretationem antiquam reprehenderem, sed ut ea quæ in illa, aut obscura sunt, aut omissa, aut certe vitio scriptorum depravata, manifestiora nostra interpretatione fierent, qui et Hebræum sermonem ex parte didicimus, et in Latino pene ab ipsius incunabilis inter grammaticos et rhetores et philosophos detriti sumus. Quod si apud Græcos post Septuaginta editionem, jam Christi Evangelio coruscante ; Judæus Aquila, et Symmachus ac Theodotion judaizantes hæretici sunt recepti, qui multa mysteria Salvatoris, subdola interpretatione celarunt, et tamen in Hexaplis habentur apud Ecclesias, et explanantur ab ecclesiasticis viris ; quanto magis ego Christianus, de parentibus Christianis natus, et vexillum crucis in mea fronte portans, cujus studium fuit omissa repetere, depravata corrigere, et sacramenta Ecclesiæ, puro et fideli

croix, moi qui ai mis tous mes soins à combler les lacunes, à corriger les altérations, à présenter dans un langage pur et fidèle les textes saints de l'Eglise, ne dois-je pas être en butte aux dédains ou à la malignité des lecteurs ! »

30. *Du Prologue sur le Psautier.* — Il y a quelque temps, Rome fut dotée, grâce à notre travail, du Psautier le plus correct d'après les Septante ; quand je l'ai traduit ensuite d'après l'hébreu, je l'ai muni d'une Préface, et voici ce que je dis à un endroit du prologue : « Dans une récente discussion avec un juif, vous lui avez opposé, en faveur de Notre-Seigneur et Sauveur, certains témoignages pris des psaumes ; dans l'intention de se jouer de vous, comme vous faisiez vos citations d'après la version des Septante, il alléguait à peu près pour toutes que le texte hébreu ne parle pas ainsi. Plein de zèle, vous m'avez alors demandé d'en faire une nouvelle édition latine, à l'exemple des traducteurs grecs Aquila, Symmaque et Théodotion. Vous disiez que les divergences des interprètes ne faisaient que vous troubler davantage, et que, à cause de l'inclination affectueuse que vous avez pour moi, vous êtes satisfait et de ma manière de traduire et de mes appréciations. Poussé par vous, à qui je ne saurais refuser même l'impossible, je me livre de nouveau à la meute de mes détracteurs, aimant mieux que vous ayez à vous plaindre de mes forces que de ma bonne volonté comme ami. Au reste, je le dis en toute confiance, et j'en donnerai des preuves nombreuses dans cet ouvrage, je n'ai rien changé du sens de l'hébreu, au moins de propos délibéré. Si, en quelques endroits, mon édition est en désaccord avec celles de mes devanciers, interrogez qui que ce soit d'entre les Hébreux, et vous reconnaîtrez clairement que les envieux me déchirent injustement, et qu'ils aiment mieux fermer leurs yeux à des vérités évidentes que de les apprendre. Hommes d'une rare perversité : sans cesse à la poursuite de voluptés nouvelles, et quand les mers voisines ne suffisent plus à leur gourmandise, pourquoi n'est-ce que dans l'étude des Ecritures qu'ils ont le goût du vieux ? Disant cela, ce n'est pas que je veuille censurer mes prédécesseurs et que je croie qu'on puisse en mal parler le moins du monde, puisque précédemment j'ai donné aux hommes de ma langue leur traduction revue avec le plus grand soin ; mais lire les psaumes dans les assemblées des fidèles de Jésus-Christ est une chose, et répondre aux Juifs accusant faussement chaque mot en est un autre. »

31. *Du Prologue sur les livres de Salomon.* — De même dans ma traduction d'après l'hébreu des livres de Salomon, que j'avais autrefois interprétés en latin d'après les Septante, en y ajoutant des signets et des astérisques, traduction dédiée aux saints évêques Chromatius et Héliodore. Voici ce que je mettais à la fin de ma Préface : « S'il se trouve quelqu'un à qui l'édition des Septante plaise davantage, il l'a telle que nous l'avons revue autrefois, car nous n'avons pas fait de nouveaux travaux pour détruire les anciens. »

aperire sermone, vel a fastidiosis, vel a malignis lectoribus non debeo reprobari ! »

30. *Ex Prologo in Psalterium.* — Psalterium quoque quod certe emendatissimum juxta Septuaginta interpretes nostro labore dudum Roma suscepit, rursum juxta Hebraicum vertens, Præfatione munivi, et sic in parte prologi sum locutus : « Quia igitur nuper cum Hebræo disputans, quædam pro Domino Salvatore de psalmis testimonia protulisti ; volensque ille te illudere, per sermones pene singulos asserebat, non ita haberi in Hebræo, ut tu de Septuaginta interpretibus opponebas, studiosissime postulasti, ut post Aquilam, Symmachum, et Theodotionem, novam editionem Latino sermone transferrem. Aiebas enim te magis interpretum varietate turbari, et pro amore quo laberis, vel translatione, vel judicio meo esse contentum. Unde impulsus a te, cui et quæ non possum, negare non debeo, rursum me obtrectatorum latratibus tradidi, maluique te vires potius meas, quam voluntatem in amicitia quærere. Certe confidenter dicam, et multos hujus operis testes citabo, me nihil, duntaxat scientem, de Hebraica veritate mutasse. Sicubi ergo editio mea a veteribus discrepat, interroga quemlibet Hebræorum, et liquido pervidebis, me ab æmulis frustra lacerari, qui malunt contemnere videri præclara, quam discere. Perversissimi homines : nam cum novas semper expetant voluptates, et gulæ eorum vicina maria non sufficiant, cur in solo studio Scripturarum veteri sapore contenti sunt ? Nec hoc dico quod præcessores meos mordeam, aut quidquam de his arbitrer detrahendum, quorum translationem diligentissime emendatam olim meæ linguæ hominibus dedi ; sed quod aliud sit in Ecclesiis Christi credentium Psalmos legere, aliud Judæis singula verba calumniantibus respondere. »

31. *Ex Prologo in libr. Salomonis.* — Salomonis etiam libros, quos olim juxta Septuaginta additis obelis et asteriscis in Latinum verteram, ex Hebraico transferens, et dedicans sanctis episcopis Chromatio et Heliodoro, hæc in Præfatiunculæ meæ fine subjeci : « Si cui Septuaginta interpretum magis editio placet, habet eam a nobis olim emendatam. Neque enim sic nova cudimus, ut vetera destruamus. »

32. *Du Prologue sur Isaïe.* — J'arrive à Isaïe, et je rapporte la partie du Prologue qui concerne la version des Septante. Je disais qu'il fut évangéliste plutôt que prophète, parce qu'il a parlé si clairement de tous les mystères de l'Église de Jésus-Christ, qu'on peut croire qu'au lieu de prédire l'avenir, il raconte des événements accomplis, et j'ajoutais : « J'en conjecture qu'en leur temps les Septante ne voulurent pas dévoiler clairement aux païens les mystères de leur foi, pour ne pas jeter aux chiens les choses saintes, et les perles aux pourceaux. Quand vous aurez lu cette édition, vous reconnaîtrez qu'ils ont caché ces mystères. L'intelligence des Prophètes, je n'en doute pas, est une rude tâche, et nul ne peut aisément se prononcer sur un commentaire, s'il n'a d'abord compris ce qu'il a lu. Ainsi, je vais être exposé à bien des morsures, de la part de ceux que l'aiguillon de l'envie pousse à dénigrer ce qu'ils sont incapables de faire. C'est donc sciemment et de propos délibéré que je mets ma main dans les flammes. Je n'en adresse pas moins cette prière aux lecteurs dédaigneux : que, de même qu'après les Septante, les Grecs lisent Aquila, Symmaque et Théodotion, soit dans le désir de connaître leurs doctrines, soit pour mieux comprendre les Septante par comparaison ; eux de même, du moins, qu'ils daignent admettre un interprète en leur langue, après ces exemples. Qu'ils lisent avant de mépriser, pour ne point paraître n'obéir qu'à la haine en condamnant sans jugement des choses qu'ils ignorent. »

33. *De Daniel.* — Au sujet de Daniel, je réponds en peu de mots. Je n'ai pas nié qu'il était prophète, puisque j'ai proclamé qu'il l'est en tête même du prologue ; j'ai voulu montrer le dire des Hébreux et les arguments au moyen desquels ils s'efforçaient de prouver leur opinion ; j'ai appris au lecteur que les Églises de Jésus-Christ lisent ce prophète d'après Théodotion, non d'après les Septante. Si j'ai dit dans ce livre que la version de ces derniers est loin d'être fidèle, et justement rejetée par les Églises du Christ, la faute n'en est pas à moi qui l'ai dit, mais à ceux qui lisent. Quatre éditions sont en présence : Aquila, Symmaque, les Septante et Théodotion ; les Églises lisent Daniel d'après Théodotion. Comment ai-je péché en suivant le sentiment des Églises ? Quant à celui qui m'accuse de ce que les Hébreux ont coutume de dire contre l'histoire de Suzanne, l'hymne des trois enfants, et les fables de Bel et du Dragon, qui ne sont pas dans le volume hébreu, parce que je les rapporte, il prouve qu'il est un sycophante. En effet, j'ai développé, [illegible] pas mon sentiment, mais ce qu'ils ont coutu[illegible] le dire contre nous. Si je n'ai pas réfuté leur opinion dans le prologue, où je voulais être bref, pour ne point paraître écrire un livre, au lieu d'une préface, j'en ai donné immédiatement la raison, j'imagine, puisque j'ai dit : « Ce n'est pas ici le lieu de discuter ce point. » Sans quoi, puisque j'ai avancé que Porphyre a médit beaucoup de ce Prophète, et que j'ai cité en témoignage du fait Méthodius, Eusèbe et Apollinaire, qui ont

32. *Ex Prolog. in Isaiam.* — Veniam et ad Isaiam, et partem Prologi ejus super Septuaginta interpretatione subjungam. Quem cum magis evangelistam quam prophetam dicerem, eo quod universa Christi Ecclesiæ mysteria sic ad liquidum persecutus esset, ut non de futuro vaticinari, sed de præteritis historiam texere crederetur, etiam hoc addidi : « Unde conjicio noluisse tunc temporis Septuaginta interpretes, fidei suæ sacramenta perspicue Ethnicis prodere ; ne sanctum canibus, et margaritas porcis darent. Quæ cum hanc editionem legeritis, ab illis animadvertetis abscondita. Nec ignoro quanti laboris sit, Prophetas intelligere, nec facile quempiam posse judicare de interpretatione, nisi intellexerit ante quæ legerit. Nos quoque patere morsibus plurimorum, qui stimulante invidia, quod consequi non valent, despiciunt. Sciens ergo et prudens in flammam mitto manum. Et nihilominus a fastidiosis lectoribus hoc precor : ut quomodo Græci post Septuaginta translatores, Aquilam et Symmachum et Theodotionem legunt vel ob studium doctrinæ suæ, vel ut Septuaginta magis ex collatione eorum intelligant ; sic et isti saltem unum post priores habere dignentur interpretem. Legant prius et postea despiciant ; ne videantur non ex judicio, sed ex odii præsumptione, ignorata damnare. »

33. *De Daniele.* — De Daniele autem breviter respondebo, me non negasse eum prophetam, qu[illegible]m statim in fronte Prologi prophetam esse confessus sum, sed quid Hebræi dicerent, et quibus argumentis suam niterentur probare sententiam, voluisse monstrare, et docuisse lectorem, Ecclesias Christi hunc prophetam juxta Theodotionem legere, et non juxta Septuaginta translatores. Quorum si in isto libro editionem dixi multum a veritate distare, et recto ecclesiarum Christi judicio reprobatam, non est meæ culpæ qui dixi, sed eorum qui legunt. In promptu sunt quatuor editiones, Aquilæ, Symmachi, Septuaginta, et Theodotionis ; ecclesiæ juxta Theodotionem legunt Danielem. Ego quid peccavi, si ecclesiarum judicium secutus sum ? Quod autem refero, quid adversum Susannæ historiam, et hymnum trium puerorum, et Belis Draconisque fabulas, quæ in volumine Hebraico non habentur, Hebræi soleant di-

écrit plusieurs milliers de lignes contre son extravagance, on pourrait me reprocher de n'avoir pas écrit contre les livres de Porphyre dans une courte préface. Celui qui s'amuse à des bagatelles de cette sorte et ne veut pas admettre les textes hébreux dans leur pureté me permettra de lui dire franchement : que nul n'est obligé de lire ce qu'il ne veut pas lire. J'ai écrit pour ceux qui me l'ont demandé, non pour les pédants ; pour les gens reconnaissants, non pour les envieux ; pour les personnes appliquées, non pour les indifférents. Je m'étonne toutefois qu'on lise Théodotion, hérétique et judaezant, et qu'on fasse fi de la traduction d'un chrétien, quelque pécheur qu'il soit.

34. Veuillez bien, vous le plus charitable de mes amis, dont la curiosité va jusqu'à scruter mes songes, et qui incriminez tout ce que, dans l'espace de tant d'années, j'ai écrit sans crainte d'accusations injustes dans l'avenir, me dire d'où vient que vous ne connaissez pas les préfaces de ces livres que vous inculpez ; par une sorte d'intuition anticipée, elles ont répondu d'avance à vos calomnies, vérifiant le proverbe : « L'antidote avant le poison. » En quoi notre traduction est-elle nuisible aux Eglises ? Vous avez, je le sais, acquis à chers deniers les traductions, par des Juifs, d'Aquila, de Symmaque, de Théodotion et de la cinquième et de la sixième édition. Votre Origène, et — pour que d'aventure vous ne vous plaigniez pas du coup d'une feinte louange à votre adresse, — notre Origène, (je dis notre à cause de sa vaste érudition, sans accepter la vérité de ses doctrines) dans tous ses livres, à la suite de la version des Septante, explique et discute les traductions des Juifs. A leur tour, Eusèbe et Didyme font de même. Je ne dis rien d'Apollinaire qui, avec une louable application, malheureusement contraire à la science, s'est efforcé de tirer un seul manteau de lambeaux disparates de toutes les traductions, et de déduire les conséquences du texte sacré, non d'après les règles de la vérité, mais d'après son propre jugement. Les successeurs des Apôtres font usage des Ecritures hébraïques ; il est hors de doute que les Apôtres et les Evangélistes leur en avaient donné l'exemple. Notre-Seigneur et Sauveur, partout où il a cité l'ancien Testament, prend ses exemples dans les textes hébreux, comme celui-ci : « Celui qui croit en moi, il sortira, comme dit l'Ecriture, des fleuves d'eau vive de son cœur ; » et sur la Croix même : ELI,

cere, qui me criminatur, stultum se sycophantam probat (a). Non enim quid ipse sentirem, sed quid illi contra nos dicere soleant, explicavi. Quorum opinioni, si non respondi in Prologo, brevitati studens, ne non præfationem, sed librum viderer scribere, puto quod statim subjecerim ; dixi enim : « De quo non est hujus temporis disserere. » Alioquin et ex eo, quod asserui Porphyrium contra hunc prophetam multa dixisse, vocavique hujus rei testes Methodium, Eusebium, et Apollinarium, qui multis versuum millibus illius vesaniæ responderunt, me accusare poterit, quare non in præfatiuncula contra libros Porphyrii scripserim. Qui istiusmodi nænia consectatur, et Scripturæ Hebraicæ veritatem non vult recipere, audiat libere proclamantem : Nemo enim cogitur legere, quod non vult. Ego petentibus scripsi, non fastidiosis ; gratis, non invidis ; studiosis, non oscitantibus. Et tamen miror quomodo Theodotionem hæreticum et judaizantem legit, et qualiscumque peccatoris christiani translationem fastidit.

34. Quæso te, amice dulcissime, qui tam curiosus es, ut etiam somnia mea noveris, omniaque quæ per tot annos absque metu futuræ scripsi calumniæ, in accusationem vocas ; ut respondeas, quomodo eorum præfationes librorum nescias, quos accusas ; quæ quodam vaticinio, futuræ calumniæ responderunt, implentes proverbium : « Prius antidotum, quam venenum. » Quid nocet ecclesiis nostra translatio ? Magnis, ut scio, sumptibus redemisti Aquilæ, et Symmachi, et Theodotionis, quintæque et sextæ editionis Judaicos translatores. Origenes tuus, et (ne forte queraris figurata te laude percussum) Origenes noster (nostrum voco ob eruditionem ingenii, non ob dogmatum veritatem) in omnibus libris suis post Septuaginta interpretes, Judæorum translationes explanat et edisserit. Eusebius quoque et Didymus idem faciunt. Prætermitto Apollinarium, qui bono quidem studio, sed non secundum scientiam, de omnium translationibus in unum vestimentum pannos assuere conatus est, et consequentiam Scripturæ, non ex regula veritatis, sed ex suo judicio texere. Apostolici viri Scripturis utuntur Hebraicis ; ipsos apostolos et evangelistas hoc fecisse perspicuum est. Dominus atque Salvator ubicumque veteris Scripturæ meminit, de Hebraicis voluminibus ponit exempla, ut est illud : « Qui credit in me, sicut Scriptura dicit : Flumina de ventre ejus fluent aquæ vivæ. » Et in ipsa cruce, ELI, ELI, LEMA AZABATHANI, quod in-

(a) Intelligere ex hoc loco licet, quo animo S. Doctor tum in præfat. in Danielem, tum in procemio explanationis in eumdem prophetam, collegerit Judæorum et Porphyrii argumenta et cavillationes contra Susannæ, Belis, Draconisque historiam, nec non hymnum trium puerorum. Neque enim, quod aliquibus visum est, Rufini argumentis constrictus, quæ habentur infra lib. II Invectivarum, hic demum palinodiam recantat ; aut [illegible] ea fuit aliquando sententia, ut contra Ecclesiæ judicium, hasce fabulas (sic enim et verissimæ historiæ interdum appellantur) ipse argueret suppositionis. Vide Africani epistolam ad Origenem de hoc argumento, ipsiusque Origenis ad Africanum responsum, e quibus non pauca Hieronymus antea delibaverat.

ÉLI, LÉMA AZABATHANI, ce qui veut dire : « Mon Dieu, mon Dieu, pourquoi m'avez-vous abandonné ? » *Joan.* VII, 38 ? non pas d'après l'interprétation des Septante : « Dieu, mon Dieu, tournez vos yeux vers moi, pourquoi m'avez-vous abandonné ? » *Psalm.* XXI, 1 ; et beaucoup d'autres passages semblables. Si je dis cela, ce n'est point pour flétrir les Septante, mais c'est parce que l'autorité des Apôtres et de Jésus-Christ est plus grande ; or, partout où les Septante ne sont pas en désaccord avec l'hébreu, les Apôtres ont pris leurs exemples dans leur version ; mais partout où ils sont en désaccord, les Apôtres font passer dans le grec ce qu'ils ont appris dans le texte hébreu. De mon côté, je montre que le nouveau Testament rapporte nombre de passages des anciens livres qui ne sont pas dans les Septante et qui sont, et je le prouve, dans le texte hébreu ; que mon accusateur, de son côté, montre qu'il y a dans le nouveau Testament un seul passage conforme à la version des Septante, sans que l'hébreu le donne également, et tout débat est fini.

35. *Conclusion de l'ouvrage.* — De tout ce qui précède il ressort : que l'édition des Septante, consacrée depuis longtemps par la lecture, est utile aux Eglises, puisque c'est par elle que les Gentils ont entendu annoncer la venue de Jésus-Christ avant qu'il vint ; qu'il ne faut pas rejeter les autres traducteurs, parce qu'ils ont traduit les livres divins, et non leurs propres opinions ; enfin, mon ami Rufin doit accueillir venant de Jésus-Christ et d'un ami ce qu'il s'est hâté de se faire représenter à grands frais par des Juifs. J'ai dépassé les bornes d'une lettre ; moi qui avais déjà tourné ma plume contre une pernicieuse hérésie, j'ai été contraint à plaider ma propre cause, en attendant les trois volumes de cet ami, toute mon attention étant détournée vers les accusations qu'il entasse contre moi. J'aime mieux toutefois avoir désormais à me tenir en garde contre un adversaire déclaré, que d'avoir à souffrir d'hostilités cachées sous le masque de l'amitié.

terpretatur : « Deus meus, Deus meus, quare me dereliquisti ? » *Joan.* VII, 38, non ut a Septuaginta positum est : « Deus, Deus meus, respice in me, quare me dereliquisti ? » *Ps.* XXI, 1 ; et multa his similia. Nec hoc dicimus quod Septuaginta interpretes suggillemus, sed quod apostolorum et Christi major sit auctoritas, et ubicumque Septuaginta ab Hebræo non discordant, ibi apostolos de interpretatione eorum exempla sumpsisse ; ubi vero discrepant, id posuisse in Græco, quod apud Hebræos didicerant. Sicut ergo ego ostendo multa in novo Testamento posita de veteribus libris, quæ in Septuaginta non habentur, et hæc scripta in Hebraico doceo, si accusator ostendat, aliquid scriptum esse in novo Testamento de Septuaginta interpretibus, quod in Hebraico non habeatur, et finita contentio est.

35. *Operis Conclusio.* — Ex quibus omnibus approbatur, et Septuaginta interpretum editionem quæ legentium vetustate firmita est, utilem esse Ecclesiis, dum ante gentes audiunt Christum venturum esse quam veniat ; et cæteros interpretes non reprobandos, qui non sua, sed divina volumina transtulerunt, et familiarem meum id a Christiano et amico debere suscipere, quod magno sumptu sibi a Judæis describere festinavit. Excessi Epistolæ modum, et qui contra nefariam hæresim jam stylum fixeram, pro me respondere compulsus sum, expectans tria amici volumina, et ad congeriem criminum ejus tota mente suspensus ; nisi quod levius est, professum inimicum cavere, quam hostem latentem sub amici nomine sustinere.

LIVRE III.

OU DERNIÈRE RÉPONSE DE SAINT JÉRÔME CONTRE LES LIVRES DE RUFIN.

1. *Il répond aux pamphlets qu'il a reçus de Rufin lui-même.* — La lecture de cette prudente lettre où vous vous déchaînez contre moi, que vous combliez d'éloges quand vous me disiez des vôtres et me donniez les noms d'excellent collègue et de frère, et que vous mettez maintenant sur la sellette en présence de terribles accusations, m'a fait comprendre que s'était accomplie en vous cette parole de Salomon : « La langue de l'insensé est un bâton d'ignominie, » *Prov.* XIV, 3 ; et encore : « L'insensé n'accueille pas les doctrines de la sagesse, mais celles qui répondent aux pensées de son cœur ; » *Prov.* XVIII, 2 ; et celle d'Isaïe : « L'insensé dit des choses insensées, et les conceptions de son intelligence sont vaines, en sorte qu'il s'abandonne à l'iniquité et prononce le mensonge contre Dieu, » *Isa.* XXXII, parce qu'il n'était pas besoin, en effet, d'envoyer ces volumes d'accusations et de rendre publiques vos invectives, puisque, dans la dernière partie de votre lettre, vous essayez, par la menace de la peine capitale, de m'ôter le courage de répondre à vos accusations et, qui plus est, à vos louanges? Car vous exaltez et vous incriminez les mêmes actes, et vous tirez de la même source le lait et le fiel. Aussi vous prié-je de commencer par donner vous-même l'exemple de la modération et de la réserve que vous exigez de moi ; vous accusez autrui de mensonge, cessez donc vous-même de mentir. Pour moi, je ne scandalise personne, et je ne me constitue pas votre accusateur. Au lieu d'examiner ce que valent vos actes, j'étudie ce qu'il me sied de faire, et je tremble devant cette sentence du Sauveur : « Celui qui scandalisera un de ces petits qui croient en moi, il aurait mieux valu pour lui qu'on lui suspendît au cou une meule de moulin et qu'on l'engloutît au fond de la mer ; » *Marc.* IX, 41 ; et encore : « Malheur au monde à cause des scandales ! Il est nécessaire, en effet, que des scandales se produisent ; mais malheur à l'homme par qui le scandale arrive ! » *Matth.* XVIII, 7. Je pourrais, moi aussi, entasser les

(a) LIBER TERTIUS

VEL ULTIMA RESPONSIO S. HIERONYMI ADVERSUS SCRIPTA RUFINI.

1. *Acceptis ab ipso Rufino libris Invectivar. respondet.* — Lectis litteris prudentiæ tuæ, quibus in me inveheris, et laudatum, quondam tuum, quem verum collegam loquebaris et fratrem, nunc libris ad respondendum provocas, terresque criminibus, intellexi illud Salomonis in te esse completum : « In ore stulti baculus contumeliæ ; » *Prov.* XIV, 3 ; et : « Non recipit fatuus verba prudentiæ, nisi ea dixeris, quæ versantur in corde ejus ; » *Prov.* XVIII, 2 ; et Isaias : « Fatuus, inquit, fatua loquetur, et cor ejus vana intelliget ; ut compleat iniquitates, et loquatur contra Deum mendacium. » *Isai.* XXXII, 6. Quid enim necesse fuit accusationis volumina mittere, et maledicta proferre in medium ; si tu in ultima parte epistolæ, denuntiata morte me deterres, ne audeam respondere criminibus, imo laudibus tuis ? Eadem quippe et prædicas et accusas, et de uno fonte dulce amarumque procedit. Unde obsecro te, ut verecundiam et pudorem, quem a me exigis, prior exhibeas ; et qui mendacii alterum criminaris, desinas ipse mentiri. Ego nulli scandalum facio, nec accusator interim tui sum. Non etenim considero, quid tu merearis, sed quid me deceat ; et Salvatoris eloquium pertimesco dicentis : « Qui scandalizaverit unum de pusillis istis, qui in me credunt, expedit ei, ut suspendatur mola asinaria in collo ejus, et demergatur in profundum maris ; » *Marc.* IX, 41 ; et : « Væ mundo ab scandalis ! Necesse est enim ut veniant scandala ; sed væ homini per quem scandalum venit ! » *Matth.* XVIII, 7. Poteram et ego in te falsa

(a) Edd. Martian. et Vallars. hic habent titulum : *Incipit ultima responsio Hieronymi presbyteri adversus scripta Rufini presbyteri.* Edit. — *Hieronymi presbyteri.* In mss. exemplaribus S. Audoeni Rothomagensis : *Incipit adversus eos* (libros) *post lectionem ultima responsio.* In Corbeiensi codice : *Hieronymi presbyteri adversus scripta Rufini presbyteri invectio incipit.* Cluniacensis et Navaricus legunt ista tanquam epistolam, sive librum prolixum separatum a superioribus ; et hanc retinent epigraphen : *Epistola Hieronymi adversus Rufinum presbyterum Aquileiensem ;* vel *Hieronymus ad Alctium scribit adversus Rufinum.* Ex his omnibus verum titulum operis separavimus, falsa de *Alctio* amputantes : argumentum autem Erasmi integrum relinquere visum est, quia rem satis habet explicatam. MARTIAN.

faussetés contre vous, et dire, ou que j'ai appris, ou que j'ai vu des choses que personne ne remarque, afin que ceux qui les ignorent prissent mon impudence pour de la sincérité, et ma fureur pour du zèle. Mais loin de moi la faiblesse de vous imiter et de faire moi-même ce que je blâme en vous. Je laisse le langage indécent à celui qui est capable de commettre des indécences : « L'homme mauvais tire ce qui est mauvais du trésor mauvais de son cœur. La bouche parle de l'abondance du cœur. » *Matth.* XII, 35, et *Luc.* VI, 45. Profitez à loisir de ce que votre ami d'autrefois, que vous noircissez aujourd'hui, ne veut pas vous opposer d'infâmes propos. Ce n'est pas à dire que je redoute les traits de votre satire ; mais j'aime mieux être accusé qu'accusateur, et souffrir l'injure que la faire, en me conformant au précepte de l'Apôtre : « Ne vous vengez pas vous-mêmes, mes bien-aimés, et laissez ce soin à la colère divine, puisqu'il est écrit : La vengeance m'appartient, et c'est moi qui punirai, dit le Seigneur, *Deut.* XXXII, 35. Si votre ennemi a faim, nourrissez-le, et s'il a soif, donnez-lui à boire. En agissant ainsi, vous amasserez sur sa tête des charbons ardents. » *Rom.* XII, 19-21. Celui qui se venge lui-même ne mérite pas que le Seigneur le venge.

2. *Dissentiments des Apôtres, sans préjudice pour leurs amitiés.*--Avant de répondre à votre lettre, il me plaît de vous demander, à vous, le plus vénérable des moines, le meilleur des prêtres, l'imitateur de Jésus-Christ, s'il vous est permis de tuer votre frère, quand le fait seul de le haïr vous rend homicide ? N'avez-vous pas appris du Sauveur qu'il faut tendre l'autre joue à celui qui vous donne un soufflet? N'a-t-il pas ainsi répondu lui-même à celui qui le frappait : « Si j'ai mal parlé, prouvez en quoi j'ai mal parlé ; si j'ai bien parlé, pourquoi me frappez-vous ? » *Jean.* XVIII, 13. Vous me menacez de la mort ; les serpents aussi peuvent la donner. La mort est le lot de tous, l'assassinat est le comble de la perversité. Quoi donc ? si vous ne me tuez pas, serai-je immortel ? Au reste, je vous sais gré de faire de nécessité vertu. Les Apôtres aussi ne furent-ils pas en dissentiment, sans préjudice pour leurs amitiés, lorsque Paul et Barnabé se fâchèrent au sujet de Jean, surnommé Marc, et qu'ils naviguèrent vers des pays différents, eux que l'Evangile de Jésus-Christ unissait? Le même Paul ne soutint-il pas à Céphas, en sa présence, qu'il ne suivait pas la voie droite de l'Évangile? Et pourtant il l'appelle son devancier et la colonne de l'Eglise, et il prêche la même doctrine, pour ne pas courir ou n'avoir pas couru en vain. Même en fait de pratiques religieuses, n'y a-t-il pas des dissentiments entre enfants et parents, entre mari et femme, sans que les affections de de famille en souffrent? Si vous croyez ce que

congerere, et dicere me, vel audisse, vel vidisse, quæ nullus notat, ut apud ignorantes impudentia veritas, et furor constantia putaretur. Sed absit ut imitator tui sim ; et quod in te reprehendo ipse faciam. Ille loquatur spurcitias, qui potest spurca committere : « Malus homo de malo cordis thesauro profert ea quæ mala sunt. Ex abundantia cordis os loquitur. » *Matth.* XII, 35 ; *Luc.* VI, 45. Habeto interim lucrum, quod amicus quondam tuus nunc accusatus, turpia tibi non vult objicere. Et hoc dico, non quod accusationis tuæ gladios pertimescam; sed quod magis accusari velim, quam accusare, et pati injuriam, quam facere, sciens præceptum ab Apostolo : « Non vosmetipsos ulciscentes, charissimi, sed date locum iræ ; scriptum est enim : *Deut.* XXXII, 35 : Mihi vindicta, et ego retribuam, dicit Dominus. Sed si esurierit inimicus tuus, ciba illum : si sitierit, potum da illi. Hoc enim faciens, carbones ignis congeres super caput ejus. » *Rom.* XII, 19-21. Qui enim seipsum vindicat, ultionem Domini non meretur.

2. *Apostoli salvis amicitiis dissenserunt.* — Et tamen antequam respondeam epistolæ tuæ, expostulare tecum libet *(a)*, vetustissime monachorum, bone presbyter, imitator Christi, fratrem tuum potes occidere, quem si tantum oderis, homicida es ? Hoc a Salvatore didicisti, ut verberanti maxillam, præberes et alteram ? Sic ipse respondit percussori suo : « Si male locutus sum, testimonium perhibe de malo : si bene, quid me cædis ? » *Joan.* XVIII, 13. Mortem minaris, quam et serpentes inferre possunt. Mors omnium est, homicidium pessimorum. Quid enim ? nisi tu me occideris, ego immortalis ero ? Quin potius habeo gratiam, quod facis de necessitate virtutem. Nonne et Apostoli salvis inter se amicitiis dissenserunt ; cum Paulus et Barnabas propter Joannem, cognomento Marcum, stomachati sunt, et separavit eos navigatio, quos Christi Evangelium copulabat? Nonne idem Paulus in faciem Cephæ restitit, quod non recto pede incederet in Evangelio ? Et tamen præcessorem suum et columnam Ecclesiæ vocat, et exponit cum eo prædicationem, ne in vacuum curreret, aut cucurrisset. Nonne in religione etiam liberi a parentibus, et conjuges a maritis salva pietate dissentiunt ? Vos si ita habetis, ut habemus, cur

(*b*) *Vetustissime monachorum.* Non *venustissime*, sed *vetustissime* lego in cunctis manuscriptis; erat siquidem non venustus monachus Rufinus, sed vetustus, id est a primis annis. MARTIAN. — Victorius *Attamen antequam*, etc., tum *venustissime Monachorum* pro *vetustissime*; quam tamen lectionem probat.

nous croyons, pourquoi nous haïssez-vous ? Si vous avez d'autres croyances, pourquoi voulez-vous me tuer ? Faudra-t-il tuer quiconque ne pensera pas comme vous ? J'en prends à témoin Jésus-Christ, qui lit au fond de ma conscience et qui jugera cette lettre et la vôtre : Selon le conseil de mon saint père Chromatius, j'avais résolu de me taire, de mettre fin à notre querelle, de vaincre le mal par le bien ; mais me menacer de mort si je ne garde pas le silence, c'est me contraindre à répondre, pour que mon silence ne paraisse pas un aveu de ma culpabilité, et que vous n'interprétiez ma réserve comme un signe d'une mauvaise conscience.

3. *Paroles de la lettre de Rufin.*—Voici, somme toute, votre dilemme, et ce n'est pas la dialectique que vous ignorez qui vous l'a fourni, mais vous l'avez tiré de l'officine et des méditations du bourreau : Si je me tais, c'est un aveu de culpabilité, et si je réponds, je suis un médisant. Par conséquent, vous m'empêchez de répondre et vous m'y obligez en même temps. Dans cette alternative, j'userai de tempérament de manière à me laver de vos objections et à échapper au péril. Qui ne craindrait celui qui est prêt à lui donner la mort ? Je suivrai pas à pas votre proposition, maintenant mes appréciations sur vos écrits, si pleins d'érudition, que j'avais réfutés avant de les lire. Vous dites : « J'ai envoyé mes griefs contre vous, non au plus grand nombre, mais seulement à ceux qui avaient été blessés par vos discours, parce que je ne dois point parler par ostentation, mais pour l'édification des Chrétiens. » Et d'où, s'il vous plaît, m'est arrivée la renommée de vos livres ? Qui les a répandus à Rome ? qui, en Italie ? qui, dans les îles de la Dalmatie ? Puisqu'ils étaient cachés dans votre bibliothèque et dans celles de vos amis, comment ai-je pu apprendre vos accusations contre moi ? Et vous osez prétendre que vous parlez, non par ostentation, mais comme chrétien, pour l'édification de tous, vous qui, vieillard, inventez contre un vieillard des propos outrageants comme n'en tiendrait pas un homicide sur un voleur, une femme perdue sur une courtisane, un bouffon sur un histrion ? vous qui accouchez contre moi d'une montagne de calomnies, et qui aviez pendant si longtemps aiguisé les traits que vous brûlez d'enfoncer dans ma gorge ? Est-ce pour publier mes louanges que vos coureurs et vos courriers ont parcouru diverses provinces ? est-ce pour lire votre panégyrique dans les carrefours, sur les places publiques et dans les boudoirs des femmes à la mode ? Voilà votre sainte retenue, voilà l'édification chrétienne ; vous êtes si modeste, si réservé, que ceux qui venaient d'Occident m'ont en foule rapporté vos propos méchants, avec une mémoire si fidèle et une telle unanimité, que j'ai dû répondre, non à vos écrits, que je n'avais pas lus encore, mais aux opinions de ces écrits, et m'armer du bouclier de la vérité contre les traits du mensonge volant par le monde entier.

nos odistis ? Si aliter creditis, quid vultis occidere ? An qui a vobis dissenserit occidendus est ? Testem invoco Jesum conscientiæ meæ, qui et has litteras, et tuam epistolam judicaturus est, me ad commonitionem sancti papæ Chromatii voluisse reticere, et finem facere simultatum, et vincere in bono malum ; sed quia minaris interitum, nisi tacuero, respondere compellor, ne videar tacendo crimen agnoscere, et lenitatem meam, malæ conscientiæ signum interpreteris.

3. *Epistolæ Rufini verba.* — Hoc est verum dilemma tuum ; non ex dialectica arte quam nescis, sed ex carnificum officina et meditatione prolatum : Si tacuero, criminosus ero, si respondero, maledicus. Tu me ergo et prohibes, et cogis ad respondendum. In quo utrumque moderabor, ut et objecta diluam, et ab injuria temperem. Quis enim eum non timeat, qui est paratus occidere ? Sequarque vestigia propositionis tuæ, servans cætera illis eruditissimis libris, quos antequam legeram, confutavi. Dicis « te accusationem meam ad eos tantum misisse, qui meis verbis læsi fuerant, et non ad plures ; quia non ad ostentationem, sed ad ædificationem Christianis loquendum est. » Et unde, oro te, librorum tuorum ad me fama pervenit ? Quis eos Romæ ? quis in Italia ? quis per Dalmatiæ insulas disseminavit ? Si in scriniis tuis et amicorum tuorum latebant, ad me quomodo mea crimina pervenerunt ? Et audes dicere te n[illegible] ostentationem, sed ad ædificationem quasi Christianum loqui, qui de sene senex tanta confingis, quanta non diceret de latrone homicida, de scorto meretrix, scurra de mimo ? Qui parturis mihi montes criminum, et gladios quos defigas (al. *designas*) in jugulum meum, tanto ante tempore exacuis ? Idcircone Cereales et anabasii tui per diversas provincias cucurrerunt, ut laudes meas legerent ? Ut panegyricum tuum per angulos et plateas, ac muliercularum textrinas recitarent ? Hæc est tua illa sancta verecundia, hæc ædificatio Christiana ; sic modestus es, sic pudens, ut catervatim de occidente venientes, mihi tua maledicta narraverint ; ita memoriter et consentanee, ut ego cogerer non scriptis tuis, quæ necdum legeram, sed scriptorum respondere opinionibus, et volantia toto orbe jacula falsitatis, clypeo veritatis excipere.

4. *Epiphanii epistolam furatus est monachus Rufini*

4. *Un moine, instrument de Rufin, soustrait la lettre d'Epiphane.* -- Votre lettre continue : « Dispensez-vous de corrompre à prix d'or mon secrétaire, comme le firent vos amis pour mes tablettes du περὶ Ἀρχῶν, avant que je les eusse corrigées et fait tirer au net, afin de pouvoir falsifier plus à l'aise ce que personne n'avait ou qu'avaient seulement quelques intimes. Je vous envoie gratis ce recueil, que vous désireriez acquérir à grands frais. » Ne rougissez-vous pas de votre prémisse ? J'aurais acheté à prix d'or votre copiste ? Qui donc aurait assez de confiance en ses immenses ressources pour oser lutter de richesse avec un Crésus et un Darius? pour ne pas craindre la subite oppositon d'un Démarate et d'un Crassus? Votre front a-t-il désappris à rougir jusqu'à mettre votre espérance dans le mensonge ? estimez-vous que le mensonge est votre défense? pensez-vous qu'on doive ajouter foi à toutes vos inventions? Qui donc, à Bethléem, a soustrait dans la cellule du frère Eusèbe la lettre qui vous louait ? Par l'artifice et par les instruments de qui a-t-on découvert, sous le toit hospitalier de Fabiola, modèle de sainteté, et d'Océanus, chrétien si sage, un recueil qu'ils n'avaient jamais vu? Croyez-vous donc vous disculper en jetant vos fautes à la face d'autrui? Quiconque vous déplait, quelque sincère et inoffensif qu'il soit, sera-t-il aussitôt prévenu de mille crimes? Vous possédez, en effet, ce qui triompha de la pudeur de Danaé, ce que Giézi préféra à la sainteté de son maître, ce qui poussa Judas à trahir son Seigneur.

5. *L'accusation d'un chrétien contre un chrétien ne fait pas preuve. Défense d'Eusèbe de Crémone. Erreurs du Périarchon.* -- Voyons pourtant ce qu'un homme zélé pour moi peut avoir falsifié dans vos tablettes, avant qu'elles eussent été revues et tirées au net ; en quoi elles auraient été dénaturées d'autant plus aisément que personne ne les avait ou qu'elles n'étaient aux mains que de quelques intimes. J'ai eu l'occasion d'écrire, et j'atteste à présent encore devant Dieu, que je n'ai pas approuvé l'accusation portée par cet ami, non plus qu'aucune accusation d'un chrétien contre un autre. A quoi bon publier, pour le scandale ou la perte de plusieurs, ce qu'on peut secrètement ou reprendre ou corriger ? Mais chacun a son tempéramment, et un ami n'est pas toujours maître de la volonté de son ami. Aussi, de même que je blâme une accusation même vraie, je n'admets pas le reproche d'avoir falsifié des tablettes fait à un saint homme. Où est-ce qu'un latin peut avoir changé à une traduction du grec? Que retrancherait-il ou qu'ajouterait-il au Périarchon, où tout s'enchaine si bien et où une proposition est la conséquence d'une autre, que quoi que ce soit qu'on voulût ajouter ou retrancher apparaîtrait soudain comme un haillon sur un drap neuf? Suivez donc vous-même le conseil que vous me donnez : ayez un peu de la réserve qui sied à

minister. — Sequitur in epistola tua : « Noli multo auro redimere notarium meum, sicut amici tui de meis περὶ Ἀρχῶν schedulis, nondum emendatis, nondum ad purum digestis, fecerunt, ut facilius falsare possent, quod aut nullus haberet, aut admodum pauci. Gratis a me missum suscipe codicem, quem censu magno cuperes comparatum. » Non te pudet proœmii ? Ego auro redimerem notarium tuum ? Et quis talis ac tantus est, ut audeat cum Crœso et Dario pugnare divitiis ? Ut subitum Demaratum et Grassum non pertimescat ? Usque adeone obdurasti frontem ut mendacium ponas spem tuam : et existimes te protegi posse mendacio, et quidquid finxeris tibi credendum putes ? Quis Bethleem de cubiculo fratris Eusebii furatus est epistolam laudatricem tuam ? Cujus artificio, et a cujus ministris in sanctæ Fabiolæ hospitio, et viri Christiani et prudentis Oceani, inventus est codex, quem illi nunquam viderant ? An idcirco te existimas innocentem, si quidquid tuum est, in alios conferas ? Quicumque te offenderit, quamvis simplex, quamvis innoxius sit, illico criminosus fiet ? Habes enim, per quod Danaes est victa pudicitia, quod Giezi magistri prætulit sanctitati, propter quod Judas tradidit Dominum suum.

5. *Non probat accusationem Christiani in Christianum. Defendit Eusebium Cremonensem. Errores libri Periarchon.* -- Videamus tamen quid meus necessarius de schedulis tuis, necdum emendatis, et nondum ad purum digestis, falsaverit ; et ob id facilius ei falsatæ fuerint, quod aut nullus eas haberet, aut admodum pauci. Et ante scripsi, et nunc eadem, Deo audiente, protestor, me non approbasse accusationem ejus, nec cujusquam Christiani in Christianum. Quid enim necesse est, in multorum scandala ruinamque proferri, quæ secreto aut corripere valeas, aut emendare ? Sed quia unusquisque vivit stomacho suo, et amicus non statim dominus est alterius voluntatis ; sicut accusationem etiam veram reprehendo, sic falsitatem schedularum in sancto viro non suspicio. Quid enim homo Latinus de interpretatione Græca potuit immutare ? Aut quid subtraheret, vel adderet in libris περὶ Ἀρχῶν ubi sic contexta sunt omnia, et alterum pendet ex altero, ut quidquid tollere volueris, vel addere, quasi pannus in vestimento statim appareat ? Quod ergo me mones, ipse facito ; paululum saltem humani, si non Christiani, pudoris, assume, ne despecta et calcata conscientia tua, verbis te purgatum putes,

l'homme, sinon de pudeur chrétienne, de peur qu'au mépris de vos remords que vous foulez aux pieds, vous ne vous croyiez lavé par des mots, quand les faits vous accablent. Puisque Eusèbe acheta à prix d'or des tablettes non corrigées, pour les falsifier, montrez les vôtres qui n'ont pas été dénaturées ; et si vous prouvez qu'en celles-ci il n'y a rien d'hérétique, alors Eusèbe sera réellement coupable de falsification. Mais vous avez beau changer, beau corriger, vous ne prouverez point qu'elles sont orthodoxes. S'il y avait seulement erreur dans les mots ou dans un petit nombre de propositions, on pourrait retrancher ce qui est mauvais et le remplacer par du bon. Mais là, toute la discussion tourne autour du même pivot : Toutes les créatures raisonnables tombées par un effet de leur volonté propre retourneront plus tard dans une même condition, et d'autres chutes sortiront de nouveau de la même origine ; à cela que pouvez-vous corriger, à moins de tout changer ? Et si vous le faites, ce ne sont pas les écrits d'un autre que vous traduisez, mais vous composerez des livres à vous. Quelle est la portée de votre argument, c'est ce que je ne comprends pas. Parce que, dites-vous, vos tablettes n'étaient pas encore revues et tirées au net, Eusèbe a pu les falsifier plus aisément. Ou c'est moi qui suis plus lourd d'esprit, ou vous me paraissez passablement sot et obtus vous-même. Puisque les tablettes n'étaient pas encore revues et tirées au net, la responsabilité de ce qu'elles ont d'erroné n'incombe pas à Eusèbe, mais à vous-même, qui avez mis de si longs retards à les corriger. Le seul reproche qu'on puisse lui faire, c'est d'avoir hâtivement répandu dans le public un écrit que vous aviez le projet de revoir petit à petit. Au contraire si, comme vous le voulez, Eusèbe l'a falsifié, à quoi bon faire un procès de ce qu'il est devenu public avant d'avoir été revu et mis au net ? La falsification, en effet, atteint également et les tablettes corrigées et celles qui ne le sont pas. Personne, dites-vous, n'avait ces livres, ou bien peu les avaient. Que de diversité dans un même passage ! Si personne ne les avait, comment étaient-ils aux mains de quelques-uns ? Si quelques-uns les avaient, pourquoi dire mensongèrement qu'ils n'étaient aux mains de personne ? et puisque vous dites que quelques-uns les possédaient et que votre aveu montre qu'il est faux que personne ne les eût, que devient votre plainte au sujet du copiste acheté à prix d'or ? Nommez ce copiste, dites combien d'or a été donné, où, par qui et à qui il a été donné. Assurément, vous avez rejeté ce traître loin de vous ; après un tel crime de sa part, vous l'avez exclu de vos bonnes grâces. Voyez s'il n'est pas plus vrai que ces quelques-uns de vos amis qui avaient les livres, en aient donné à Eusèbe et à d'autres des exemplaires, qui ont entre eux une telle ressemblance et telle conformité qu'il n'y a pas de l'un à l'autre la différence même d'une virgule. Et puis, quelle prudence y a-t-il à mettre en d'autres mains un exemplaire non encore corrigé ? Les tablettes n'étaient pas tirées au net, et déjà d'autres personnes étaient en pouvoir de corriger vos erreurs. Comprenez-vous qu'il

qui rebus urgeris. Si Eusebius auro redemit inemendatas schedulas, quas falsaret, tu profer tuas, quæ falsatæ non sint ; et si probaveris nihil in eis hæreticum, tunc ille crimine tenebitur falsitatis. Quamvis mutes, quamvis corrigas, catholicas non probabis. Si enim error esset in verbis, aut in paucis sensibus, possent detruncari mala, et bona pro his reponi. Ubi autem tota disputatio æqualis est : ut universæ rationales creaturæ, quæ propria voluntate corruerant, in unum postea revertantur statum ; ut rursum ex eodem principio aliæ sint ruinæ ; quid habes emendare, nisi cuncta mutaveris ? Quod si facere volueris, jam non libros alienos interpretaberis, sed condes tuos. Hoc autem cujusmodi argumentum sit, non intelligo. Quia, inquit, inemendatæ, et nondum ad purum digestæ erant schedulæ, idcirco facilius ab Eusebio falsatæ sunt. Aut ego tardior sum ; aut mihi satis fatuum et obtusum videtur. Si nondum emendatæ, nec ad purum digestæ erant schedulæ, error earum non Eusebio imputabitur, sed moræ et tarditati tuæ, qui emendare cessasti. Et in eo solo erit ille culpabilis, quia scripta tua cito disseminavit in vulgus, quæ tu paulatim emendare decreveras. Sin autem, ut tu vis, eas falsavit Eusebius : quid causaris, atque prætendis inemendatas, et necdum ad purum digestas in publicum prorupisse ? Et emendatæ enim, et non emendatæ similem recipiunt falsitatem. Nullus, inquis, eos habebat libros, aut admodum pauci. In uno sermone quanta diversitas ! Si nullus eos habebat, quomodo apud paucos erant ? Si pauci habebant, cur nullum habuisse mentiris ? cum autem dicas apud paucos fuisse, et te ipso confitente subversum sit, quod nullus habuerit, ubi est illud, quod quereris, auro redemptum notarium tuum ? Dic nomen notarii, quantum auri datum sit, ubi, per quem, aut cui datum. Utique proditorem tuum abjecisti a te (al. *ante*), et tanti facinoris reum a tuo consortio separasti. Vide ne magis illud verum sit, a paucis illis amicis tuis et Eusebio et cæteris data exemplaria ; quæ ita inter se congruunt, atque consentiunt, ut ne puncto quidem alterum ab altero differat. Deinde

n'y a pas de cohésion dans ce mensonge? Quel fruit avez-vous tiré d'appeler la discussion sur les circonstances de temps, pour vous dérober à la censure des évêques? Voyez-vous que vos propres paroles se retournent contre vous? De là il appert que, selon le mot du prince des orateurs (Cicéron), vous avez la volonté de mentir, mais que vous ne possédez pas l'art de feindre.

6. *Différence entre se procurer et acheter.* — Je suis l'ordre de votre lettre et je rapporte mot à mot ce que vous y avez dit. « J'avoue, comme vous le dites, que j'ai fait dans ma Préface l'éloge de votre éloquence, et je la louerais encore si, contrairement au conseil de votre Tullius, vous ne la rendiez odieuse par trop de jactance. » Où ai-je été infatué de mon éloquence, moi qui n'ai vu qu'avec peine les louanges que vous lui donniez? Parlez-vous ainsi parce que vous craigniez de ma part d'ironiques louanges? Je vous accuserai sans détours, et puisque vous faites fi de mes éloges, vous connaîtrez le poids de mon blâme. Au reste, je n'étais pas assez naïf pour censurer votre incapacité; nul ne peut en faire une satire plus forte que vous-même en écrivant. Seulement, j'ai voulu montrer à vos cosectaires qui n'ont pas appris les lettres avec vous, quels progrès en trente années vous avez faits en Orient, vous, écrivain illettré, qui mettez le signe d'une bonne conscience à parler de tout et à médire de tous avec effronterie. A tort vous dites que je prétends vous donner la férule, et je n'ai pas la prétention de faire entrer à coups de fouet les lettres dans votre tête de vieillard; mais comme nous tous, les autres commentateurs, nous ne pouvons soutenir un foudre d'éloquence et de savoir tel que vous, et comme l'éclat de votre génie nous éblouit jusqu'à vous faire croire que nous vous portons tous envie, nous désirons de vous écraser sous nos efforts réunis, de peur que le jour où vous seriez devenu le prince des écrivains et le maître de la citadelle de l'éloquence, il nous soit interdit de souffler mot, à nous tous qui voulons savoir quelque chose. Vous me traitez de philosophe, de rhéteur, de grammairien, de dialecticien, d'hébreu, de grec, de latin, d'homme de trois langues. Par la même raison, vous êtes un homme de deux langues, vous qui possédez si bien la science du grec et du latin, que les Grecs vous croient latiniste, et les Latins helléniste; et le vénérable Épiphane est pentaglotte, puisqu'il emploie cinq langues contre vous et votre cher Origène. Je m'étonne d'ailleurs que vous ayez la témérité de dire contre un homme de tant de savoir: « Vous dont la vigilance est armée de tant de connaissances acquises comme d'autant d'yeux, êtes-vous digne d'indulgence, si vous êtes pris en faute, et la honte ne vous doit-elle pas condamner à un éternel silence? » A cette lecture, je redoutais

cujus prudentiæ est, dare exemplar aliis, quod nondum emendaveras? Scriptæ ad purum non erant schedulæ, et emendandos errores tuos jam alii possidebant. Sentisne non hærere inter se mendacium? Et quid tibi in articulo temporis profuit, ut episcoporum sententias subterfugeres, patere discussum, et tuis te verbis redargui? Ex quo apparet juxta inclyti oratoris *(Ciceronis)* elogium, te voluntatem habere mentiendi, artem fingendi non habere.

6. *Comparare et emere quid differant?* — Sequar ordinem epistolæ, et ipsa, ut locutus es, verba subnectam. « Eloquentiam, ut dicis, tuam et in Præfatione mea laudasse me fateor; et etiam nunc laudarem, nisi tu eam, contra Tullii tui sententiam, multa jactantia faceres odiosam. » Ubi jactavi eloquentiam meam, qui etiam a te laudatam non libenter accepi? An hoc dicis, quia non vis subdola prædicatione palpari? Aperte accusaberis, ut qui laudantem respuis, sentias criminantem. Imperitiam autem tuam, non tam stultus eram, ut reprehenderem; quam nemo potest fortius accusare, quam tu ipse dum scribis. Sed volui ostendere condiscipulis tuis, qui tecum non didicerunt litteras, quid per triginta annos in Oriente profeceris: qui, *συγγραφεὺς ἀγράμματος (scriptor illitteratus)*, procacitatem, disertitudinem, et maledicere omnibus, bonæ conscientiæ signum arbitraris. Nec tibi, ut dicis, ferulas adhibeo, neque athenogeronta *(senem discipulum)* meum scutica, et plagis litteras docere contendo; sed quia fulmen (al. *flumen*) eloquentiæ tuæ, atque doctrinæ omnes tractatores ferre non possumus, et ingenii acumine perstringis oculos nostros, in tantum ut omnes tuos invidos putes, certatim opprimere te cupimus: ne si semel in scribendo obtinueris principatum, et in eloquentiæ arce steteris, cunctis nobis qui aliquid scire volumus, mutire non liceat. Ego philosophus, rhetor, grammaticus, dialecticus, Hebræus, Græcus, Latinus, trilinguis. Hoc modo et tu bilinguis eris, qui tantam habes Græci Latinique sermonis scientiam, ut et Græci te Latinum, et Latini te Græcum putent; et papa Epiphanius πεντάγλωττος (Mss. πεντάγλωσσος) quia quinque linguis contra te et Amasium tuum *(Origenem)* loquitur. Simulque admiror, qua temeritate contra tantarum artium virum audeas dicere: « Tu qui tot disciplinarum oculis vigilas, quomodo venia donandus es, si erraveris, et non perpetuo pudoris silentio contegendus? » Quod cum legissem, et me putarem alicubi in sermone lapsum (qui enim, *Jacob* III, 2, in verbo non peccat, iste perfectus est),

d'avoir commis quelque part quelque *lapsus linguæ*, — car celui qui ne pèche jamais en paroles est parfait, *Jacob.* III, 2, — et je pensais que Rufin allait donner un exemple de mes fautes ; or, il dit aussitôt : « Deux jours avant le départ de mon messager vers vous, j'ai eu en mains vos déclamations contre moi. » Que devient donc cette menace : « Etes-vous digne d'indulgence, si vous êtes pris en faute, et la honte ne vous doit-elle pas imposer un éternel silence ? » Mais peut-être le temps vous a-t-il manqué pour cataloguer mes fautes ; ou bien il vous fallait prendre à gages un érudit chargé de chercher dans mes écrits les perles que j'avais dérobées à votre éloquence. Plus haut vous avez dit : « Recevez gratuitement de moi cet écrit, que vous désiriez ardemment assortir, et soyez désormais plus humble en vos paroles. J'avais dessein de vous imiter ; mais celui qui retournait vers vous se hâtant de partir de nouveau, j'ai mieux aimé vous écrire en quelques mots, au sujet de vos médisances, que d'écrire à d'autres avec plus d'étendue. Pendant ce temps, vous triompherez impunément dans votre ignorance, puisque vous avez dit hautement une bonne fois : « Inutile de nous réfuter sur quelques points, quand vous avez promis de répondre sur tous. » Sans m'arrêter à critiquer le mot *assortir*, employé à tort pour *acheter*, puisqu'on assortit des choses semblables, tandis qu'un achat consiste dans le versement d'un certain prix, et à montrer le grossier pléonasme qu'il y a dans « celui qui retournait vers nous, se hâtant de partir de nouveau, » je ne répondrai qu'aux idées ; ce n'est pas de solécismes et de barbarismes que je veux vous convaincre, mais de mensonge, de fraude et d'impudence.

7. *Sur la Préface du περὶ Ἀρχῶν.* — Vous adressez, dites-vous, votre lettre à moi seul, dans le dessein de me corriger par vos avis, sans faire scandale au dehors, et pour que la colère des uns ne cause pas la perte des autres ; mais alors pourquoi écrire à d'autres des volumes contre moi, et en propager la lecture dans le monde entier, au moyen de vos satellites ? Que devient ce syllogisme dans le filet duquel vous essayez de me prendre : « En cela, maître sans rival, qui vouliez-vous donc corriger, puisque ceux à qui vous vous adressez étaient irrépréhensibles, et que vous ne vous adressez pas à moi, que vous reprenez ? » Je retourne contre vous votre propre argument : Qui vouliez-vous corriger, maître de peu de savoir ? ceux qui n'avaient pas péché, ou moi, à qui vous n'aviez pas écrit ? Croyez-vous le lecteur sans discernement, et que tous ne comprennent pas votre prudence, ou plutôt cette malice, grâce à laquelle le serpent, lui aussi, fut le plus prudent de tous les animaux du Paradis, que vous attendiez de moi d'être secrètement repris, quand vous m'accablez d'accusations en public, et que vous n'ayez pas honte d'appeler Apologie ces accusations ? Avez-vous à vous plaindre de ce que j'oppose un bouclier à vos coups, et devez-vous, piense sainte-ni-touche, vous couvrir du man-

et suspicarer eum aliquid meorum prolaturum esse vitiorum, subito intulit : « Ante biduum mihi, quam proficisceretur harum bajulus, in manus venerunt, quæ in me declamasti. » Ubi est ergo, quod minaris, et dicis : « Quomodo donandus es venia, si erraveris, et non perpetuo pudoris silentio contegendus ? » Nisi forte præ angustia temporis potuisti ea in ordinem digerere ; aut aliquem de eruditis conducturus eras, qui in opusculis meis gemmarum eloquentiæ tuæ ornamenta perquireret. Supra scripsisti : « Gratis a me missum codicem suspice, quem sensu magno cuperes comparatum, et nunc humilitatis præstigiis loqueris. Imitari te volui (al. *valui*) ; sed refestinante eo, qui ad te remeabat, malui paucis ad te, quam ad alios pro tuis maledictis latius scribere. Et interim audacter frueris imperitia tua. Semel enim confessus es dicens : « Superflua tibi reprehensio fuit in paucis, quæ professa nobis habetur in omnibus. » Nec reprehendam, quod *comparatum* codicem, pro *empto* posueris, cum comparatio æqualium sit, emptio pretii annumeratio ; et « refestinante eo, quid ad te remeabat, » sordidissimæ elocutionis περισσολογία. Tantum sensibus respondebo ; et te nequaquam solœcistam, ac barbarum, sed mendacem, subdolum, impudentem esse convincam.

7. *In præfatione libri περὶ Ἀρχῶν.* — Si ad me tantum epistolam scribis, ut me commoneas, et emendatum velis, ne cæteris scandalum facias, et aliis furentibus, jugulentur alii ; cur libros contra me scribis ad alios, et legendos per satellites tuos toto orbe dispergis ? Ubi est syllogismus tuus, quo me irretire conaris, et loqueris : « Quem in hoc, magister optime, emendare cupiebas ? si illos, ad quos scribis, nihil deliquerant ; si me quem arguis, non ad me scripseras. » Et ego tuis respondebo tibi sermonibus : Quem emendare cupiebas, magister indocte ? eosne, qui non peccaverant ? an me, ad quem non scripseras ? Brutos putas esse lectores, et omnes non intelligere prudentiam tuam, imo malitiam, qua et serpens prudentior fuit cunctis bestiis in paradiso : ut a me secretam admonitionem flagites, quem publica accusatione persequeris ; et non te pudet accusationem tuam Apologiam vocare ? Quererisque cur opponam clypeum pugioni tuo, et

teau de l'humilité pour me dire : « Si j'ai erré, pourquoi écrivez-vous aux autres et ne me reprenez-vous pas moi-même ? » Cela se retourne encore contre vous : que n'avez-vous fait vous-même tout ce que vous me reprochez de n'avoir pas fait ? Comme si un homme résistant à un autre qui l'assomme des pieds et des mains, celui-ci lui disait : Oublies-tu le commandement : « Si quelqu'un vous donne un soufflet, tendez-lui l'autre joue ? » *Matth.* v, 39. Mais, brave homme, est-il de précepte pour vous de me frapper ? Vous m'arrachez les yeux, et pour peu que je m'en émeuve, vous me chantez les préceptes de l'Evangile ? Faut-il vous montrer toute la perversité de vos arguties, semblables aux pièges des renards, hôtes des ruines, et dont Ezéchiel a dit : « Tes prophètes, Israël, sont semblables aux renards dans les lieux déserts ? » *Ezech.* xiii, 4. Considérez ce que vous avez fait. Vous m'avez tellement loué dans votre préface, qu'on m'a fait un crime de vos louanges, et que je passerais pour hérétique, si je n'avais proclamé que je n'ai aucune communion d'idées avec un tel panégyriste. Or, parce que, pour me laver des accusations que me valaient vos éloges, j'ai, sans la moindre envie contre vous, répondu à ces accusations et non pas à mon accusateur, et que, diffamé par vous, je me suis élevé contre les hérétiques pour prouver mon orthodoxie, vous tempêtez, vous entrez en fureur, vous lancez contre moi les plus bruyants pamphlets ; et c'est quand vous les avez en fait lire au monde entier sur sur tous les tons, que de toutes parts, d'Italie, de Rome, de la Dalmatie, m'est venue la nouvelle de la belle réputation dont vous me couronniez, vous, mon louangeur de la veille.

8. *Il s'est lavé du soupçon d'hérésie.* — Je l'avoue, j'ai répondu, sans désemparer, aux objections qui m'étaient faites ; je me suis attaché, par tous les moyens, à prouver que je ne suis pas hérétique, et j'ai envoyé mon Apologie même à ceux que vous aviez blessés, afin qu'après vos poisons, mon antidote ne se fit pas attendre. A cause de cette faute, vous m'envoyez et vos livres antérieurs et votre récente lettre, pleine d'injures et d'accusations. Excellent ami ! que dois-je donc faire ? Me taire ? ce serait reconnaître ma culpabilité. Parler ? vous suspendez un glaive sur ma tête, la menace, non plus d'une accusation devant l'Eglise, mais d'une poursuite devant les tribunaux. Qu'ai-je donc fait ? quel châtiment mérité-je ? en quoi vous ai-je lésé ? Parce que j'ai nié que j'étais hérétique ? parce que je me suis trouvé indigne de vos louanges ? parce que j'ai hautement dévoilé les fraudes et les impostures des hérétiques ? D'où vient, puisque vous vous vantez de catholicisme et de véracité, que vous m'accusez plus volontiers que vous ne vous défendez vous-même ? Me défendre était-ce vous accuser ? ou ne pouvez-vous être orthodoxe qu'à la condition expresse de me convaincre d'hérésie ? Que vous importe d'être mis en société avec moi ? quelle

tibi quasi religiosulus et sanctulus personam humilitatis imponis et dicis : « Si erraveram, quare scribis aliis, et non meipsum redarguis ? » Hoc ipsum in te retorquebo : Quidquid enim me non fecisse causaris, quare non ipse fecisti ? Velut si quis pugnis aliquem calcibusque collidens, si resistere voluerit, dicat ei : Nonne tibi præceptum est : « Qui te percusserit in maxillam, præbe illi et alteram ? » *Matth.* v, 39. Quid enim, bone vir, tibi præceptum est, ut me verberes ? oculum mihi effodias ; et si paululum me commovero, Evangelii mihi præcepta cantabis ? Vis scire totas (al. *tortas*) argutiarum tuarum strophas, et vulpecularum insidias, quæ habitant in parietinis, de quibus Ezechiel loquitur : « Quasi vulpes in deserto Prophetæ tui, Israel ? » *Ezech.* xiii, 4. Ausculta quid feceris. Ita me in tua Præfatione laudasti, ut objicerentur mihi laudes tuæ, et nisi me alienum a tanto laudatore dixissem, hæreticus judicarer. Postquam repuli crimina, id est laudes tuas, et absque invidia tui nominis, respondi criminibus, non criminatori, atque ut me catholicum a te infamatus probarem, invectus sum in hæreticos, irasceris, furis, et luculentissimos libros contra me cudis : quos quum legendos et cantandos omnibus tradidisses, certatim ad me de Italia, et urbe Roma, atque Dalmatia scripta venerunt, quibus me laudator pristinus ornasses præconiis.

8. *Purgavit hæreseos suspicionem.* — Fateor, illico ad objecta respondi ; et me non esse hæreticum, totis viribus probare conatus sum. Misique hos ipsos Apologiæ meæ libros, ad eos quos tu vulneraveras ; ut venena tua, nostra sequeretur antidotus. Ob hanc culpam mittis mihi et priores libros, et recentem epistolam, plenam injuriarum et criminum. Quid me vis facere, bone amice ? Taceam ? videbor crimen agnoscere ; loquar ? terres me gladiis tuis et accusationem non jam Ecclesiasticam, sed tribunalium comminaris. Quid feci ? quid commerui ? in quo te læsi ? Quia me negavi hæreticum ? quia me tuis laudibus duxi indignum ? quia hæreticorum fraudulentias et perjuria aperto sermone descripsi ? Quid ad te, qui et catholicum et veracem te esse jactas, qui libentius me accusas quam te defendis ? Num mea defensio, accusatio tua est ? Aut aliter orthodoxus esse non poteris, nisi me hæreticum comprobaveris ? Quid tibi prodest societas mea ? Aut quæ est ista

est cette prudence? D'autres vous accusent, et vous accusez un autre qu'eux; un autre vous attaque, et vous lui tournez le dos pour provoquer celui qui vous laisse en repos.

9. *Rufin et Jérôme sont vieux. C'est dans sa jeunesse qu'il a loué l'érudition d'Origène.*—Je prends à témoin Jésus, médiateur, que je réponds à vos provocations à contre-cœur et malgré moi, et que si vous ne m'aviez attaqué, je me serais toujours tu. En un mot, cessez de m'accuser, et je cesserai de me défendre. Quelle édification y a-t-il pour les auditeurs à voir deux vieillards se déchirer au sujet des hérétiques, surtout lorsque l'un et l'autre veulent qu'on les croie catholiques? Laissons de côté toute défense des hérétiques, et il n'y aura plus de contestation entre nous. Avec la même ardeur que nous avons autrefois loué Origène, condamnons-le maintenant qu'il est condamné dans tous l'univers. La main dans la main et ne faisant qu'un cœur, suivons joyeusement à la victoire les deux porte-étendards (Théophile et Anastase) de l'Orient et de l'Occident. Nous avons erré jeunes hommes; vieillards, corrigeons-nous. Si vous m'aimez en frère, réjouissez-vous de ma conversion. Si je suis votre ami, je dois me féliciter de votre changement. Tant qu'il y aura eu débat entre nous, ce sera par nécessité, non par volonté, que nous aurons suivi la foi rigoureuse. Nos désaccords nous arrachent à l'un et à l'autre l'aveu d'un sincère repentir. Si nous n'avons qu'une seule croyance, si nous voulons et si nous ne voulons pas les mêmes choses, — et c'est de là que naissent les solides amitiés, Catilina lui-même en convient, — si nous avons une égale haine pour les hérétiques et si nous condamnons pareillement leur vieille erreur, que plaidons-nous entre nous, puisque nous combattons le même ennemi et que nous défendons les mêmes places? Pardonnez-moi d'avoir, dans ma jeunesse, loué l'érudition d'Origène et son application à l'étude des saints Livres, quand je connaissais mal son hérésie; pour moi, je vous absoudrai d'avoir, malgré vos cheveux blancs, écrit l'Apologie de ses œuvres.

10. Vous convenez que, deux jours avant de m'écrire votre lettre, mes deux opuscules étaient parvenus en vos mains, et voilà pourquoi vous n'avez pas eu le temps de me répondre à loisir; mais si vous aviez été préparé par la méditation à parler contre moi, ce serait la foudre, au lieu d'accusations, que vous lanceriez. Qui donc voudra croire, ô le plus véridique des hommes, que, semblable à un marchand d'articles d'Orient qui aurait à vendre en Occident sa pacotille et à y acheter un chargement de retour, et ne séjournerait que deux jours à Aquilée, vous ayez été dans l'obligation, sous l'empire des circonstances, de dicter à la hâte votre lettre contre moi? Mais vos livres, que vous avez limés pendant trois ans, sont-ils plus châtiés? Peut-être n'aviez-vous alors sous la main per-

prudentia? Accusatus ab aliis, accusas alium. Ab alio appeteris, et illi tergum obvertens, quiescentem contra te provocas.

9. *Senes Rufinus et Hieronymus. Origenis laudavit eruditionem in adolescentia.* — Testor mediatorem Jesum, invitum me et repugnantem ad hæc verba descendere (al. *respondere*); et nisi tu provocares, semper taciturum fuisse. Denique noli accusare, et ego cessabo defendere. Quæ enim est audientium ædificatio, duos senes inter se propter hæreticos digladiari: præsertim cum ambo Catholicos se videri velint? Omittamus hæreticorum patrocinium, et nulla erit inter nos contentio. Eodem fervore quo Origenem ante laudavimus, nunc damnatum toto orbe damnemus. Jungamus dextras, animos copulemus; et duos Theophilum et Anastasium Orientis atque Occidentis τροπαιοφόρους, alacri sequamur incessu. Erravimus juvenes, emendemur senes. Si frater es, me gaude correctum. Si amicus sum, de conversione tua debeo gratulari. Quamdiu inter nos jurgium fuerit, videbimur rectam fidem necessitate ducere, non voluntate. Inimicitiæ nostræ invicem nobis tollunt testimonium veræ pœnitentiæ. Si unum credimus, si idem et volumus et nolumus (ex quo firmas nasci amicitias etiam Catilina testatur), si hæreticos pariter odimus, et veterem æque damnamus errorem, quid contra nos tendimus, cum eadem defendamus? Ignosce mihi, quod Origenis eruditionem et studium Scripturarum, antequam ejus hæresim plenius nossem, in juvenili ætate laudavi; et ego tibi dabo veniam, quod Apologiam librorum ejus cano scripseris capite.

10. Ante biduum, quam ad nos Epistolam scriberes, libellos meos in manus tuas venisse testaris, et idcirco non habuisse spatium ex otio respondendi, alioqui si meditatus in nos paratusque dixisses, fulmina jacere non crimina videreris. Et quis tibi credet homini veracissimo, ut negociator orientalium mercium, qui et hinc deportata vendere necesse habebat, et ibi emere, quæ huc rursus adveheret, biduum tantum Aquileiæ fuerit, ut raptim et ex tempore contra nos dictare epistolam cogereris? Libri enim tui quos limasti per triennium, disertiores sunt? Nisi forte non fuit impræsentiarum, qui tuas emandaret nænias; et idcirco omne iter dictionis tuæ, absque Palladis arte, salebris et voraginibus vitiorum inciditur. Tam aper-

sonne pour polir vos futilités; et voilà comment votre style, étranger aux secrets de Minerve, suit toujours un chemin plein d'ornières et bordé de précipices. Ce mensonge sur le temps saute aux yeux : en deux jours, il vous était impossible, je ne dis pas de répondre à mon écrit, mais de le lire. De là il appert, ou que vous avez écrit cette lettre en plusieurs jours, comme doit le prouver l'élégance du style; ou, si le style est désordonné, que votre négligence est impardonnable, puisque vous n'avez produit rien de bon, quand vous en aviez tout le loisir.

11. *Usage et règle en matière de commentaires.*— Quant à vos tergiversations sur ce que vous avez traduit du grec des écrits que j'avais avant vous rendus en latin, je ne comprends pas assez ce que vous voulez dire, à moins que vous n'incriminiez encore les commentaires aux Ephésiens, que vous ne persistiez dans votre impudence, comme s'il ne vous avait pas été fait de réponse à cet égard, et que vous ne bouchiez vos oreilles à ce qu'on vous chante sur tous les tons. Pour moi, et dans ces commentaires et dans tous les autres, j'ai exposé mon opinion et celle d'autrui, proclamant sans détours ce qui était hérétique et ce qui était orthodoxe. L'usage en matière de commentaires, la règle des commentateurs, est de passer en revue les différentes opinions et de rapporter leur manière de voir et celle des autres. Ce ne sont pas seulement les interprètes des saintes Ecritures, ce sont aussi les glossateurs profanes, grecs et latins, qui agissent ainsi. Vous ne pouvez pas alléguer cette excuse au sujet de votre περὶ Ἀρχῶν. Vous êtes condamné par votre Préface, où vous annoncez avoir conservé le meilleur, après suppression du mauvais et des additions faites par les hérétiques; si bien que tout ce que vous avez dit là, bon ou mauvais, ne soit plus imputable à l'auteur que vous traduisez, mais à vous-même son traducteur, à moins que vous n'ayez dû corriger les erreurs des hérétiques, et rendre publiques les mauvaises doctrines d'Origène. Sur ce point, d'ailleurs, comme vous nous renvoyez au livre, nous vous avons répondu avant d'avoir lu votre écrit.

12. *Chose plaisante et chose ridicule. La Foi Romaine n'admet par les subtilités.* — Au sujet du livre de Pamphile, c'est une chose, non pas plaisante, comme vous l'écrivez, mais ridicule peut-être qui m'est arrivée, après avoir affirmé qu'il est d'Eusèbe, non de Pamphile, d'avouer en dernier lieu que, pendant plusieurs années, l'auteur était Pamphile, et que je vous avais emprunté un exemplaire de ce volume. Or, voyez à quel point je redoute vos railleries : ici encore je maintiens la même affirmation. C'est de votre bibliothèque que m'est venu cet exemplaire sous le nom de Pamphile. J'ai ajouté foi à la parole d'un chrétien et d'un moine, ne vous jugeant pas capable d'inventer une pareille scélératesse. Mais, plus tard, votre traduction ayant mis Origène au ban du monde entier, j'ai apporté plus d'attention à rechercher les exemplaires authen-

tum temporis mendacium est, ut non dicam respondere, sed legere biduo mea scripta non potueris. Ex quo apparet te illam epistolam, aut pluribus diebus scripsisse, ut styli ipsius elegantia probat; aut si tumultuaria dictio (al. *dictatio*) est, nimirum te esse negligentem, qui cum extemporalis talis sis, meditatus deterior fueris.

11. *Commentariorum mos et regula.* — Illud autem quod tergiversaris, et dicis, te ea transtulisse de Græco, quæ ego prius Latino sermone transtulerim, non satis intelligo quid velis dicere, nisi forte adhuc Commentarios ad Ephesios criminaris, et quasi nihil tibi super hoc responsum sit, obduras frontis impudentiam; nec auribus obturatis, voces recipis incantantis. Nos in Commentariis, et illis et aliis, et nostram et aliorum sententiam explicavimus, aperte confitentes quæ sunt hæretica, quæ catholica. Hic est enim Commentariorum mos, et explanantium regula, ut opiniones in expositione varias persequantur, et quod vel sibi, vel aliis videatur, edisserant. Et hoc non solum sanctarum interpretes Scripturarum, sed sæcularium quoque litterarum, explanatores faciunt, tam Latinæ linguæ, quam Græcæ. Tu in libris περὶ Ἀρχῶν, idipsum obtendere non potes. Arguet enim te Præfatiuncula tua, in qua polliceris, detruncatis malis, et quæ ab hæreticis addita fuerant, optima remansisse; ut quidquid ibi vel bonum, vel malum dixeris, jam non ei imputetur, quem transfers, sed tibi qui interpretatus es; nisi forte hæreticorum errores emendare debueras, et Origenis mala proferre in medium. Sed de hoc, quia nos remittis ad codicem, ante tibi respondimus, quam tua scripta legeremus.

12. *Ridiculosa res et ridicula. Fides Romana præstigias non recipit.* — De Pamphili libro, non ridiculosa, ut tu scribis, sed ridicula mihi forte res accidit, ut postquam Eusebii asseruerim esse, non Pamphili, ad extremum dixerim, etiam me annos plurimos hoc putasse, quod Pamphili fuerit, et a te exemplar hujus voluminis mutuatum. Vide quantum timeam cachinnos tuos, ut etiam nunc eadem ingeram. De tuo codice quasi Pamphili exemplar accepimus. Credidi Christiano, et credidi monacho; non putavi tantum sceleris a te posse confingi. Postea vero per interpretationem tuam, quæstione contra Origenem toto orbe commota, in quærendis exemplaribus diligentior fui, et

tiques, et j'ai trouvé dans la bibliothèque de Césarée les six volumes d'*Apologies d'Eusèbe*, par Origène. Après les avoir lus, j'ai retrouvé ce premier livre que vous seul avez publié sous le nom d'un martyr, après avoir changé le plupart des blasphèmes relatifs au Fils et au Saint-Esprit. Ou Didyme, ou vous, ou tout autre a fait là des changements, comme il est incontestable que vous en avez fait dans le περὶ Ἀρχῶν; surtout alors qu'Eusèbe même, — comme je l'ai montré dans les deux livres précédents, — dit que Pamphile n'a rien édité de ses œuvres personnelles. Nommez-nous donc la personne dont vous avez reçu l'exemplaire, et ne cherchez pas un fauxfuyant dans les noms de gens morts; mettre en avant quelqu'un qui ne pourrait répondre, ce serait prouver que vous ne pouvez désigner l'auteur. Mais si ce petit ruisseau a sa source dans votre bibliothèque, inutile de vous dire quelle est la conséquence d'un tel fait. Mettons d'ailleurs au compte de n'importe quel autre ami d'Origène le changement du titre de ce livre et du nom de l'auteur; pourquoi le traduisez-vous en latin? sans doute afin que, sur le témoignage d'un martyr, tout le monde eût confiance dans les écrits d'Origène, prémunis ainsi de la recommandation d'un si grand auteur. Vous ne vous contentez pas de l'Apologie d'un prince de la science, et vous écrivez vous-même un volume pour la défense d'Origène. Après avoir assuré la plus grande publicité à ces deux livres, vous n'hésitez pas à traduire du grec le περὶ Ἀρχῶν, et vous le recommandez par une Préface, disant que les hérétiques y ont altéré quelques passages, que vous avez rétablis d'après la lecture des autres livres d'Origène. Vous faites même mon éloge, pour qu'aucun de mes amis ne vous contredise. Vous me proclamez le héraut d'Origène; vous portez aux nues mon éloquence, pour traîner la foi dans la fange; vous m'appelez frère et collègue, et vous vous avouez imitateur de mon œuvre. Vous faites grand bruit de ma traduction des soixante-dix homélies d'Origène et de quelques-uns de ses tomes sur l'Apôtre, travail où j'ai mis en tout tant de perfection, « que le lecteur latin n'y peut rien trouver de malsonnant pour la foi catholique; » et voilà qu'à présent ces mêmes traductions, vous les accusez d'hérésie. Vous changez de plume, et après m'avoir exalté, parce que vous me pensiez votre consort, vous me noircissez en reconnaissant en moi un ennemi de votre perfidie. Qui de nous deux calomnie ce martyr? moi qui prétends qu'il ne fut pas hérétique, et n'a pas écrit un livre que tout le monde blâme; ou vous qui, changeant le titre d'un volume fait par un Arien, l'avez publié sous le nom de ce martyr? Ce n'est pas assez pour vous du scandale produit en Grèce, il vous faut en infecter les oreilles des Latins, et, par votre traduction, épuiser tous vos moyens de déshonorer l'illustre martyr? Vous avez agi, non dans le dessein de m'inculper, mais pour employer mon nom à la défense des écrits d'Origène. Mais, sachez-le

in Cæsariensi Bibliotheca Eusebii sex volumina reperi Ἀπολογίας ὑπὲρ Ὠριγένους. Quæ cum legissem, primum eum librum deprehendi, quem tu solus sub nomine martyris edidisti, de Filio et Spiritu Sancto, in bonam partem plerisque blasphemiis commutatis. Et hoc vel Didymum, vel te, vel alium fecisse nescio quem, quod tu apertissime in libris περὶ Ἀρχῶν fecisse convinceris: maxime cum idem Eusebius (ut jam duobus superioribus libris docui) scribat Pamphilum, nihil proprii operis edidisse. Dic ergo et tu, a quo exemplar acceperis, nec mihi ad subterfugiendum crimen, mortuos aliquos nomines; ut cum auctorem ostendere non potueris, illum (al. *alium*) proferas, qui non possit respondere. Sin autem rivulus ille in tuis scriniis fontem habet, quid sequatur, etiam me tacente, non dubitas. Verum fac ab alio quolibet amatore Origenis, libri hujus titulum, et auctoris vocabulum commutatum, cur hoc in Latinam linguam vertis? Videlicet ut testimonio Martyris, omnes Origenis scriptis crederent, præmissa munitione tanti auctoris et testis. Nec tibi sufficit doctissimi viri Apologia, nisi scribas et proprium volumen pro defensione ejus. Quibus per multos disseminatis, tuto jam libros περὶ Ἀρχῶν vertis e Græco, et hos ipsos Præfatione commendas, dicens nonnulla in his ab hæreticis depravata, quæ tu de aliorum librorum Origenis lectione correxeris. Me quoque laudas, ne tibi amicorum meorum quispiam contradicat. Origenis κήρυκα præconem prædicas, eloquentiam meam fers in cœlum, ut fidem in cœnum deprimas; fratrem et collegam vocas, et imitatorem te mei operis confiteris. Cumque a me translatas Origenis septuaginta homilias, et nonnullos tomos in Apostolum jactes, in quibus sic cuncta limaverim, « ut nihil in illis, quod a fide catholica discrepet, Latinus lector inveniat, » nunc eosdem libros, hæreticos criminaris; et verso stylo, quem prædicaveras, qui consortem putabas, accusas, quoniam (al. additur *modo*) perfidiæ tuæ cernis inimicum. Quis e duobus calumniator est martyris? ego qui illum dico hæreticum non fuisse, nec scripsisse librum qui ab omnibus reprehenditur; an tu, qui volumen hominis Ariani, titulo commutato, sub nomine Martyris edidisti? Non tibi sufficit scandalum Græciæ, nisi illud et Latinorum auribus ingeras, et inclytum Martyrem tua

bien, la foi romaine, louée par la voix de l'Apôtre, ne saurait admettre de tels subterfuges; un ange viendrait-il annoncer autre chose que ce qui a été prêché, notre croyance, fondée sur l'autorité de Paul, ne peut subir aucun changement. Ainsi, mon frère, ou c'est vous qui avez falsifié ce livre, comme beaucoup le pensent; ou bien, si c'est un autre, comme vous essaierez peut-être de le persuader, et si vous avez cru sans réflexion que cette œuvre d'un hérétique était celle d'un martyr, changez le titre, et délivrez la pureté de la foi romaine d'un si grand péril. Il ne vous est pas bon que par vous un martyr passe pour un hérétique; que celui qui a versé son sang pour le Christ paraisse un adversaire de la foi du Christ. Dites plutôt : J'ai trouvé ce livre, j'ai cru que ce martyr en était l'auteur. Ne craignez pas de vous repentir. Je ne vous presse plus, je ne demande pas qui vous l'a remis; dites-nous que c'est un homme qui est mort, ou que vous l'avez acheté à un inconnu sur la place publique. Nous ne cherchons pas votre condamnation, mais votre conversion. Mieux vaut une erreur de votre part que l'opinion qu'un martyr fut hérétique. Au reste, dégagez-vous ici-bas de cette entrave comme vous le pourrez; au jugement dernier, vous verrez ce que vous pourrez répondre aux plaintes du martyr contre vous.

13. *Calomnie au sujet des Commentaires. Divergences entre Apollinaire et Didyme.* — Vous mettez en avant même des objections que nul ne vous fait, et vous réfutez des accusations imaginaires. Vous prétendez avoir lu dans ma lettre : « Dites-nous qui vous a permis, quand vous traduisiez, de retrancher, ou de changer, ou d'ajouter certains passages? » et aussitôt, répondant à votre propre demande, vous vous élevez contre moi : « Qui vous a permis, s'il vous plaît, vous dirai-je à mon tour, d'écrire dans vos Commentaires ceci d'après Origène, cela d'après Apollinaire, et telle autre chose d'après vous-même, et non pas tout l'ouvrage d'après Origène, d'après vous-même, ou d'après un autre? » Mais voilà qu'en visant un tout autre but, vous avez produit contre vous-même le plus terrible grief, parce que vous avez oublié le vieux proverbe : Un menteur doit avoir de la mémoire. Vous dites qu'en mes Commentaires, ou j'ai cité tantôt Origène et tantôt Apollinaire, ou j'ai parlé d'après mon sentiment. Si ce que j'ai attribué à d'autres appartient à Apollinaire ou à Origène, d'où vient qu'en vos écrits vous prétendez que, quand j'écris : « Voici ce que dit un autre; un interprète croit, » cet autre et cet interprète ne sont autres que moi-même? Entre Apollinaire et Didyme, il y a une grande dissemblance d'interprétation, de style et d'opinions. Lorsque sur le même passage je rapporte leurs avis différents, peut-on croire que je partage leurs manières de voir opposées? Mais j'y reviendrai ailleurs.

quantum in te est translatione deformes. Tu quidem alia mente fecisti, non ut me accusares, sed ut Origenis per nos scripta defenderes. Attamen scito Romanam fidem, Apostolica voce laudatam, istiusmodi præstigias non recipere; etiam si Angelus aliter annuntiet, quam semel prædicatum est, Pauli auctoritate munitam non posse mutari. Ergo, frater, sive a te falsatus est liber, ut multi putant, sive ab altero, ut forsitan persuadere conaberis, et temere credidisti, hæretici hominis σύνταγμα opus esse martyris, muta titulum, et Romanam simplicitatem tanto periculo libera. Non tibi expedit, ut per te clarissimus martyr hæreticus judicetur; ut qui effudit pro Christo sanguinem, contrarius fidei Christi approbetur. Dic potius : Inveni librum, putavi illum martyris; ne timeas pœnitentiam. Jam te non urgebo, non quæram a quo acceperis; vel mortuorum aliquem nominato, vel in platea ab ignoto homine te emisse dicito. Non enim damnationem tuam quærimus, sed conversionem. Melius est, ut tu erraveris, quam ut Martyr hæreticus fuerit. Interim de præsenti compede utcumque erue pedem. In futuro judicio tu videris, quid ad martyris contra te respondeas quærimonias.

13. *De commentariis calumnia. Apollinaris et Didymus diversi.* — Proponis etiam tibi, quod nemo objicit, et diluis quod nullus accusat. Ais enim quod in meis litteris legeris : « Dic quis tibi permisit, ut interpretans quædam auferres, quædam mutares, quædam adderes? » Statimque tibi ipsi respondes, et contra me loqueris : « En tibi dico : Quæso quis permiserit, ut in Commentariis tuis, quædam de Origene, quædam de Apollinario, quædam de te ipso scriberes, et non de Origene totum, aut ex te, aut ex alio? » Interim in te dum aliud agis, crimen fortissimum prodidisti, et oblitus es veteris proverbii : Mendaces memores esse debere. Dicis enim me in Commentariis meis, quædam de Origene, quædam de Apollinario, quædam ex me ipso posuisse. Si ergo Apollinarii sunt et Origenis, quæ sub aliorum nomine posui, quomodo in libris tuis mihi crimen impingis, quod quando scribo : « Alius hoc dicit; Quidam sic suspicatur; » alius ille, et quidam, ego sim? Inter Apollinarium et Didymum explanationis, styli, et dogmatum magna diversitas est. Cum in uno capitulo diversas pono sententias, num contrarios sensus sequi credendus sum? Sed hæc alias.

14. *Ce qu'il condamne dans la traduction du περὶ Ἀρχῶν. Les interprètes d'Origène.* — Actuellement, je vous demande qui vous a objecté pourquoi vous aviez retranché, ou ajouté, ou changé certains passages dans Origène ; qui vous a mis sur la selette devant cette question : Ce que vous avez traduit est-il bon ou mauvais? En vain feignez-vous l'ingénuité, pour changer la véritable demande en une sotte interrogation. Je ne vous ai point reproché d'avoir traduit Origène selon votre caprice : j'en ai fait autant moi-même, et avant moi, Victorin, Hilaire et Ambroise l'ont fait ; mais pourquoi avez-vous, dans votre Préface, applaudi aux hérésies que vous avez traduites? Vous m'obligez à répéter les mêmes choses et à reproduire les mêmes mots. Vous dites dans votre Prologue que vous avez retranché ce qui avait été ajouté par les hérétiques, et que là vous avez rétabli le véritable texte. Puisque vous avez supprimé le mauvais qui venait des hérétiques, ce que vous avez conservé ou ajouté et qu'assurément vous avez mis là comme bon, ou appartient à Origène, ou vous appartient. Mais il y a là, vous ne pouvez le nier, bien des choses mauvaises. Que m'importe, répondrez-vous? accusez-en Origène; pour moi, j'ai simplement changé ce qui avait été ajouté par les hérétiques. — Dites-nous les raisons qui vous ont guidé pour retrancher tels passages mauvais comme venant des hérétiques, et pour restituer en sa pureté le texte d'Origène? N'est-il pas évident que vous condamnez la partie des mauvaises doctrines d'Origène que vous attribuez aux hérétiques, et que vous acceptez l'autre partie, parce que vous les avez crues, non pas mauvaises, mais bonnes et conformes à votre foi? C'est au sujet de ces dernières que je vous ai demandé si elles sont bonnes ou mauvaises ; au sujet de celles que vous avez louées dans votre Préface et qui sont, de votre aveu, demeurées comme les meilleures après la suppression des plus mauvaises. C'est là que l'argumentation vous met réellement à la torture : Si vous dites qu'elles sont bonnes, vous êtes convaincu d'hérésie ; qu'elles sont mauvaises, on vous demande aussitôt : Pourquoi donc, dans la Préface, avez-vous loué ces doctrines qui sont mauvaises? Et je n'ai pas ajouté ces mots, que vous me prêtez artificieusement : Pourquoi avez-vous porté à la connaissance des Latins des doctrines qui étaient mauvaises? Parfois, en effet, on dévoile de mauvaises doctrines, non pour les enseigner, mais pour les interdire, afin que celui qui lit se tienne en garde contre les erreurs, et non pour qu'il les suive, afin qu'il méprise en les connaissant des théories qu'on admire parfois quand on ne les connaît pas. Et vous osez dire après cela que j'ai fait des travaux comme le vôtre, lorsque, en tant qu'interprète, vous avez outrepassé votre mission partout où vous avez pu changer quelque chose, et que, si vous êtes resté dans votre rôle, c'est que vous ne pouviez rien changer. Un tel dire serait juste, si

14. *Quid damnet in translatione libri περὶ Ἀρχῶν. Origenis interpretes.* — Nunc quæro a te : quis tibi objecerit, quare de Origene vel abstuleris quædam, vel addideris, vel mutaveris, et te quasi in equuleo appensum interrogaverit : bona sunt, an mala quæ transtulisti? Frustra simulas innocentiam, ut interrogatione stulta, veram percontationem extenues. Ego non accusavi quare Origenem pro voluntate transtuleris : hoc enim et ipse feci, et ante me Victorinus, Hilarius, Ambrosiusque fecerunt : sed quare translationem hæreticam Præfationis tuæ testimonio roborasti? Cogis me eadem rursus iterare, et per meas lineas incedere. Dicis enim in eodem Prologo te ea quæ ab hæreticis addita fuerant, amputasse, et pro his reposuisse bona. Si hæreticorum mala abstulisti, ergo quæ dimisisti vel addidisti, aut Origenis erunt, aut tua, quæ utique quasi bona posuisti. Sed multa in his mala negare non poteris. Quid, inquies, ad me? Origeni imputa ; ego enim ea tantum quæ ab hæreticis addita fuerant, commutavi. Expone causas, quare hæreticorum mala tuleris, et Origenis integra dereliqueris? Nonne perspicuum est, quod mala Origenis ex parte sub hæreticorum nuncupatione damnaveris, et ex parte susceperis, quia non mala, sed bona, et tuæ esse fidei judicabas? Hæc sunt de quibus quæsivi, utrum bona essent, an mala, quæ in Præfatione laudasti, quæ amputatis pessimis, quasi optima remansisse confessus es, et te in veræ argumentationis appendi equuleo, ut si bona dixeris, hæreticus comproberis (al. *comprehenderis*) ; si mala, statim audias : Cur ergo quæ mala sunt, in Præfatione laudasti? Et non illud adjunxi, quod tu callide simulas : Cur quæ mala erant, ad Latinorum notitiam transtulisti? Mala enim ostendere interdum non docentis est, sed vetantis (al. *vitantis*) ; ut caveat lector, non ut sequatur errores ; ut nota contemnat, quæ nonnunquam ignota miraculo sunt. Et audes post hæc dicere, quod ego auctor talium scriptorum sim : tu autem ut interpres, in quibus emendare aliquid poteris, plus egeris quam interpres ; in quibus non potueris, solum interpres fueris. Recte ista diceres, si libri tui περὶ Ἀρχῶν Præfatiunculam non haberent. Quod et Hilarius in transferendis ejus Homiliis fecit, ut et bona

votre περὶ Ἀρχῶν n'avait pas de Préface. C'est ce qu'a fait Hilaire en traduisant les homélies d'Origène, en sorte que ce qu'elles ont de bon et de mauvais fût imputé à l'auteur, non au traducteur. Si vous n'aviez pas dit : j'ai retranché ce qu'il y avait de mauvais et conservé ce qu'il y avait de bon, assurément vous seriez irrépréhensible. Mais voilà ce qui renverse tous les prétextes de votre invention, et ne vous permet pas d'échapper au filet qui vous tient de toutes parts. N'abusez pas ainsi de l'ingénuité du lecteur, et ne supposez pas tous ceux qui ouvriront vos livres assez naïfs pour ne pas se rire de voir appliquer des emplâtres sur un corps sain, lorsque vous laissez les plaies tomber en pourriture.

15. *Sur la Résurrection.* — Votre opinion sur la résurrection de la chair, nous la connaissons déjà par votre Apologie : « Sans suppression d'aucun membre et sans retranchement de quelque partie du corps. » C'est là votre profession de foi pure et notoire, que vous affirmez avoir été accueillie par tous les évêques d'Italie. J'ajouterais foi à votre assertion, si le livre qui n'est pas de Pamphile ne me faisait douter de vous. Je m'étonne pourtant que l'Italie ait approuvé ce que Rome a rejeté, et que des évêques aient accueilli ce que le Siége apostolique a condamné.

16. *Deux lettres de Théophile rendues en latin par Jérôme.* — Vous dites aussi que l'exposition de la foi publiée naguère par notre père Théophile et dont je parle dans ma lettre, ne vous est pas encore parvenue ; et vous promettez de vous y conformer, quoi que ce soit qu'il ait écrit. Je ne sache pas avoir rien dit d'une telle exposition, je n'ai pas écrit de lettre où il en soit question. Pour vous, si vous vous rangez à des choses incertaines et dont vous ne savez pas ce qu'elles pourraient être, c'est pour éluder ce qui est certain et n'être pas tenu d'y souscrire. A peu près dans le courant de ces deux dernières années, j'ai traduit de lui deux lettres : l'une sur le Synode et l'autre sur les Pâques, contre Origène et ses disciples, et d'autres contre Apollinaire et le même Origène ; c'est pour l'édification de l'Eglise que je les ai livrées à la lecture des hommes de notre langue. Je ne sais pas avoir traduit autre chose de ses œuvres. Pourtant prenez garde que maîtres et condisciples de votre secte ne vous entendent dire que vous suivez en toutes choses le sentiment de notre père Théophile : vous blesseriez tous ceux qui vous déclarent martyr et m'appellent voleur ; n'irritez pas celui qui, en vous adressant une lettre contre notre père Epiphane, vous exhortait à persévérer dans la vérité de la foi, et à ne changer de sentiment devant aucune crainte. Cette lettre olographe est conservée par ceux à qui elle a été portée. Après cela, ditez-vous, selon votre habitude : « Comme sur ce que vous avez allégué plus haut, je vous ferai raison sur tout, seriez-vous en fureur ; dites-vous maintenant : Que vous en semble, avez-vous encore sur quoi exercer le fouet de votre babil ? » Et vous vous indignez quand je vous reproche de tenir un

et mala non interpreti, sed suo imputarentur auctori. Si non dixisses, amputasse te pessima, et optima reliquisse, utcumque de luto evaderes. Hoc est quod destruit strophas ingenioli tui, et te hinc inde constrictum evadere non sinit. Nec intantum abutere simplicitate lectoris, et sic omnes qui tuam scripturam lecturi sunt, brutos putes, ut cum vulnera putrescere sinas, sano corpori te imponere emplastra non rideant.

15. *De resurrectione.* — De carnis resurrectione quid sentias, jam in Apologia tua didicimus : « Nullo membro amputato, nec aliqua parte corporis desecta. » Hæc est tuæ simplicitatis pura et aperta confessio, quam ab omnibus Italiæ episcopis asseris esse susceptam. Crederem dicenti, nisi me dubitare de te iste liber, non Pamphili, faceret. Et tamen miror quomodo probaverit Italia, quod sedes Apostolica condemnavit.

16. *Duæ epistolæ Theophili Latine redditæ ab Hieronymo.* — Scribis quoque me litteris indicasse, quod papa Theophilus expositionem fidei nuper ediderit, quæ ad vos necdum pervenit ; et polliceris quod quidquid ille scripserit, tu sequaris. Ego me hoc scripsisse non novi, nec istiusmodi unquam litteras direxisse. Sed tu idcirco ad incerta consentis, et his quæ qualia futura sint nescis, ut certa declines, et ad eorum non tenearis assensum. Duas, synodicam et paschalem, ejus epistolas contra Origenem illiusque discipulos, et alias adversum Apollinarium et eumdem Origenem, per hoc ferme biennium interpretatus sum ; et in ædificationem Ecclesiæ, legendas nostræ linguæ hominibus dedi. Aliud operum ejus nescio me transtulisse. Et tamen tu qui papæ Theophili dicis te in omnibus sententiam sequi, cave ne hoc magistri et condiscipuli tui audiant, et offendas quamplurimos, qui me latronem, te martyrem vocant, ne irascatur is tibi, qui contra papam Epiphanium ad te epistolas dirigens, hortabatur ut permaneres in fidei veritate, et non mutares ullo terrore sententiam. Quæ epistola holographa tenetur ab his, ad quos perlata est. Et post hæc more tuo loqueris : « Ut de quo supra dixeras, ego tibi etiam furenti satisfaciam ; nunc dicis : Quid tibi videtur ; habesne

langage infect, à vous, écrivain ecclésiastique, qui vous appropriez les turpitudes des comédies et les bons mots des libertins de toute sorte.

17. *Sur l'évêque Paul.*— Vous demandez à quel moment j'ai commencé de suivre la manière de voir du vénérable Théophile, d'être avec lui en communion de foi, et vous vous répondez à vous-même : « C'est, j'imagine, quand vous dépensiez tous vos efforts et tout votre zèle à défendre Paul qu'il avait condamné ; quand vous le poussiez à accepter d'une décision impériale le sacerdoce, qu'il avait perdu par un arrêt de son évêque. » Je ne me défendrai pas moi-même, avant d'avoir parlé des injures des autres. Quelle humanité, quelle clémence y a-t-il à insulter aux misères d'autrui, à découvrir à tous les blessures du prochain? Est-ce ainsi que le Galiléen vous apprit à rapporter au bercail la brebis à demi-morte? à verser le baume sur ses plaies? à promettre une récompense au gardien de l'étable? Est-ce l'accueil fait, d'après l'Écriture, à la brebis rapportée, à la drachme retrouvée, à l'enfant prodigue de retour? J'admets que je vous avais blessé, que je vous avais poussé à la folie de la médisance en quelque sorte à coups d'aiguillon, comme vous dites ; en quoi cet homme, qui se cachait, a-t-il mérité que vous missiez à nu sa cicatrice pour lui causer une douleur inattendue en rouvrant sa blessure fermée? Devriez-vous agir ainsi, alors même qu'il mériterait l'opprobre? Ou je me trompe, ou la vérité est, comme beaucoup le répètent, que vous poursuivez en lui les origénistes, et qu'à l'occasion de Paul, vous ne sévissez pas moins contre l'évêque que contre lui. Puisque vous faites votre joie des doctrines du vénérable Théophile, et que la violation des arrêts des Pontifes est un crime à vos yeux, que dites-vous des autres personnes que ce même Théophile a condamnées? Que dites-vous de notre père Anastase, quant à qui il ne peut paraître vrai à personne, dites-vous, que le pasteur d'une telle ville ait pu être injuste envers vous, ou innocent, ou absent? Si je parle ainsi, ce n'est pas que je contrôle les jugements des évêques, ou que je désire de voir rescinder leurs décisions ; mais chacun fait à ses risques et périls ce qui lui semble bon, et il sait lui-même quel jugement doit être porté sur sa propre sentence. Dans notre monastère, nous avons l'hospitalité à cœur, et nous accueillons avec la joie d'hommes sensibles tous ceux qui viennent à nous. Nous craignons que Marie et Joseph ne trouvent pas de place à l'hôtellerie, et que Jésus, renvoyé, ne nous dise : « Je vous ai demandé l'hospitalité, et vous ne m'avez point reçu, » *Matth.* XXV, 43. Seuls, les hérétiques ne sont pas reçus chez nous, tandis que vous ne recevez qu'eux. C'est que nous avons formé la résolution de laver les pieds de ceux qui viennent, non de discuter leurs mérites. Souvenez-vous, mon frère, de la confession de Paul, et de sa poitrine déchirée par les verges ; souvenez-vous de la prison, des ténèbres de l'exil, des mines, et vous ne vous

ultra aliquid, quo nervos tuæ loquacitatis intendas? » Et indignaris si putide te loqui arguam, cum Comœdiarum turpitudines et scortorum amatorumque ludicra ecclesiasticus scriptor assumas?

17. *De Paulo episcopo.* — Porro quod interrogas, quando papæ Theophili sententiam sequi cœperim, eique fidei communione sociatus sim, et ipse tibi respondes : « Tunc credo, quando Paulum quem ille damnaverat, summo nisu et omnibus studiis defendebas ; quando eum per imperiale rescriptum recipere sacerdotium, quod episcopali judicio amiserat, instigabas. » Non prius pro me respondebo, quam de aliorum injuriis loquar. Cujus est humanitatis, cujusve clementiæ, insultare aliorum miseriis, et vulnera cunctis aliena monstrare? Siccine te docuit ille Samarites, semineceem ad stabulum reportare? oleum plagis infundere? mercedem stabulario pollicert? Sic revectam ovem, repertam drachmam, prodigum filium legis esse susceptum? Esto, ego te læseram, et quibusdam, ut dicis, stimulis ad maledictorum insaniam provocaram ; quid meruit homo latens, ut nudares cicatricem ejus, et obductam cutem, insperato dolore rescinderes? Nonne etiam si ille dignus esset contumeliis, tu facere non deberes? Aut ego fallor, aut illud est verum quod plurimi jactitant, te Origenistarum hostes in illo persequi, et sub occasione unius in utrumque sævire. Si papæ Theophili sententiis delectaris, et nefas putas Pontificum decreta convelli, quid de cæteris dicis, quos ipse damnavit? Quid de papa Anastasio, de quo nulli, ut ais, verum videtur, ut tantæ urbis sacerdos, vel innocenti tibi injuriam facere potuerit, vel absenti? Nec hoc dico, quod de episcoporum sententiis judicem, aut eorum cupiam statuta rescindi ; sed quod unusquisque suo periculo faciat, quod sibi videtur, et ipse noverit, quomodo de suo judicio judicandum sit. Nobis in monasterio hospitalitas cordi est ; omnesque ad nos venientes, læta humanitatis fronte suscipimus. Veremur enim ne Maria cum Joseph locum non inveniat in diversorio, ne nobis Jesus dicat exclusus : « Hospes eram, et non suscepistis me. » *Matth.* XXV, 43. Solos hæreticos non recepimus, quos vos solos recipitis. Propositum quippe nobis est pedes lavare venientium, non merita discutere. Recordare, frater, confessionis ejus, et pectoris quod

scandaliserez point que ce passant ait reçu notre hospitalité. Sommes-nous donc des rebelles à vos yeux parce que nous donnons le verre d'eau froide, au nom de Jésus-Christ, à ceux qui ont soif ?

18. *Corporation d'hérétiques chassée. Eloge de Théophile.* — Voulez-vous connaître un trait qui doit nous le rendre plus cher et vous le faire haïr davantage ? Une ligue d'hérétiques, chassés naguère d'Egypte et d'Alexandrie, vint se réfugier à Jérusalem et voulut s'associer à lui ; soumis aux mêmes douleurs, ils auraient à répondre à la même accusation. Il les a repoussés, méprisés, rejetés, disant qu'il n'est pas un ennemi de la foi et ne se révolte pas contre l'Eglise, qu'il avait autrefois ressenti des mouvements de douleur, jamais d'infidélité, et qu'il n'avait pas attaqué l'innocence d'autrui, mais seulement essayé de défendre la sienne. Vous croyez impie l'intervention d'un rescrit impérial après les décisions du clergé ? Celui-là sait ce qu'il en est qui l'a obtenue. Que pensez-vous de ceux qui, condamnés, assiégent les palais et se liguent pour poursuivre la foi de Jésus-Christ en un seul homme ? Quant à ma communion dans la foi avec notre père Théophile, je n'en veux pas d'autre témoin que lui-même, que vous feignez offensé par moi. Vous ne l'ignorez pas, il m'a toujours honoré de ses lettres, même au temps où vous cherchiez à faire rompre nos relations, où vous l'entouriez chaque jour d'émissaires pour lui persuader que son ennemi était mon plus intime ami, et où vous inventiez les mensonges que vous avez maintenant l'impudence d'écrire, afin de lui inspirer de l'aversion pour moi, et de changer la douleur d'un outrage reçu en préjudice pour la foi. Mais Théophile, plein de la sagesse et de la prudence des Apôtres, laissa aux événements le temps de lui prouver et notre dévouement pour lui, et vos embûches contre nous. Si mes disciples, au dire de votre lettre, vous ont tendu des piéges à Rome et vous ont, pendant votre sommeil, dérobé des tablettes que vous n'aviez pas encore corrigées, qui donc, en Egypte, a suscité le vénérable Théophile contre les traîtres à la foi ? qui a provoqué les édits royaux ? qui a défendu l'unité de la foi dans cette partie de l'univers ? Et vous vous vantez d'avoir été, dès l'enfance, l'auditeur et le disciple de Théophile, lorsque, avant d'être évêque, à cause de son humilité naturelle, il n'enseigna jamais, et qu'après son élévation à l'épiscopat, vous n'étiez plus à Alexandrie ! Et vous osez dire, pour me flétrir : Je n'accuse pas mes maîtres, ni n'en change ! Si cela est, vous me rendez votre fréquentation suspecte. Je ne condamne pas, comme vous m'en accusez, mes instituteurs, mais je crains cette parole d'Isaïe : « Malheur à ceux qui appellent bien le mal et mal le bien ; qui donnent à la lumière le nom de ténèbres et aux ténèbres celui de lumière ; qui disent que ce qui est amer est doux et que ce qui est doux est amer ! » *Isaï*, IX, 20. Mais vous, qui buvez sans discernement le vin et le

flagella secuerunt. Memento carceris, tenebrarum, exsilii, metallorum, et non indignaberis hospitio transeuntem esse susceptum. An ideo tibi rebelles videmur, quia calicem aquæ frigidæ in nomine Christi sitientibus porrigimus ?

18. *Hæreticorum factio fugata. Theophilus laudatur.* — Vis scire unde illum et nos plus amare, et tu odisse plus debeas ? Hæreticorum factio nuper fugata de Ægypto et Alexandria, se Hierosolymam contulit, et huic voluit copulari, ut quorum unus esset dolor, una fieret et accusatio. Quos ille repulit, sprevit, abjecit, dicens se non inimicum fidei, nec contra Ecclesiam bella suscipere ; quod prius tentavit, doloris fuisse, non perfidiæ ; nec alterius appetisse innocentiam, sed suam probare voluisse. Impium putas, post sententias sacerdotum imperiale rescriptum ? quod quale sit, noverit ille qui meruit. Quid tibi videtur de his, qui damnati, palatia obsident, et facto cuneo, fidem Christi in uno homine persequuntur ? Meæ autem communionis, et Papæ Theophili, nullum alium testem vocabo, nisi ipsum quem a me læsum simulas, cujus epistolas ad me semper datas, etiam eo tempore non ignoras, quo mihi eas reddi prohibebas et quotidie missis tabellariis, inimicum ejus amicum nostrum et familiarissimum jactitabas, et ea quæ nunc impudenter scribis, mentiebaris, ut illius contra nos odia concitares, et injuriæ dolor, fidei fieret oppressio. Sed vir prudens et Apostolicæ sapientiæ, tempore ac rebus probavit et nostrum in se animum, et vestras contra nos insidias. Si discipuli mei, ut scribis, tibi Romæ insidias concitarunt, et inemendatas schedulas, te dormiente, furati sunt : quis papam Theophilum adversus perduelles in Ægypto suscitavit ? Quis regum scita ? quis orbis in hac parte consensum ? Et gloriaris te ab adolescentia Theophili fuisse auditorem et discipulum ; cum et ille antequam episcopus fieret, pro humilitate sibi insita nunquam docuerit, et tu postquam hic episcopus factus est, Alexandriæ non fueris. Et audes dicere in suggillationem mei : Magistros meos, nec accuso, nec muto. Quod si verum est, suspectam mihi facis conversationem tuam. Nec enim damno, ut criminaris, institutores meos, sed metuo illud Isaiæ : « Væ qui dicunt malum bonum, et bonum malum ; qui ponunt tenebras lucem, et lucem tenebras ; qui dicunt ama-

poison versé par les maîtres, vous vous êtes éloigné du véritable maître, de l'Apôtre, qui enseigne qu'il ne faudrait suivre ni un ange ni lui-même, s'ils erraient en matière de foi.

19. *Calomnie au sujet de Vigilance.* — A propos de Vigilance, je ne sais quel rêve vous faites. Où ai-je donc écrit qu'il s'était souillé à Alexandrie par des accointances hérétiques? Montrez le livre, présentez la lettre; vous ne les trouverez nulle part, alors que, avec cette licence, ou plutôt cette effronterie dans le mensonge qui vous semble devoir assurer à vos paroles la créance de tous, vous ajoutez : « Vous avez invoqué contre lui si calomnieusement le témoignage des Écritures, que je n'ose répéter vos accusations. » Vous ne répétez pas, et votre silence est une inculpation plus grave. Vous ne savez qu'objecter, et vous feignez de rougir, afin que le lecteur pense que vous m'épargnez, vous dont le mensonge n'épargne pas votre âme. Quel est ce témoignage des Écritures, qu'il ne puisse sortir de vos lèvres si pudiques? et que peut-il y avoir de honteux à dire dans les Livres Saints? Si vous rougissez de parler, écrivez du moins, pour nous convaincre d'impudence par nos propres paroles. Sans autres preuves, ce passage me suffit pour montrer que votre visage porte le masque d'airain de l'hypocrisie. Et voyez si je redoute votre incrimination : si vous énoncez ce dont vous me menacez, tous vos vices deviendront les miens. Je vous ai répondu au sujet de Vigilance. Il récriminait contre moi sur les mêmes points que vous avez plus tard loués comme ami, et comme ennemi inculpés. Je sais qui a excité contre moi sa fureur, je connais vos voies souterraines. Cette loyauté que tous proclament ne m'est pas inconnue. C'est au moyen de sa sottise que votre malice s'est déchaînée contre moi; si j'ai dans ma lettre repoussé ses attaques, pour que la correction ne tombât pas sur vous seul, vous ne devez pas feindre une obscénité de mots que vous n'avez nulle part trouvée en mes écrits; mais comprendre et avouer qu'au sujet de son insanité, je réponds à vos calomnies.

20. *Lettre du Pape Anastase à Jean de Jérusalem sur Rufin.* — La lettre du saint et vénérable Anastase vous a convaincu de lubricité; et, dans votre trouble, vous ne savez plus où poser le pied. Tantôt, en effet, vous dites qu'elle est mon œuvre, tantôt qu'elle a dû vous être transmise par celui à qui elle a été adressée. Vous accusez de nouveau l'injustice de celui qui l'a écrite; mais, qu'il l'ait écrite ou non, vous prouvez que cela vous importe peu, puisque vous avez le témoignage de son prédécesseur, sous lequel, par amour de votre petite ville, vous avez dédaigné de venir à Rome, qu'il vous priait d'honorer de votre présence. Puisque vous soupçonnez que cette lettre est de moi, que ne la cherchez-vous dans le chartier de l'Église Romaine? Quand vous aurez la certitude qu'elle n'est point de l'évêque, vous aurez aussi la preuve évidente de ma culpabilité; vous ne

rum dulce, et dulce amarum *Isai.* IX, 20. Tu autem dum inter mulsum magistrorum et venena pariter bibis, a magistro Apostolo recessisti, qui docet etiam Angelum et se, si in fide erraverint, non sequendos.

19. *De Vigilantio calumnia.* — In Vigilantii nomine quid somnies, nescio. Ubi enim eum scripsi hæretica apud Alexandriam communione maculatum? Da librum, profer epistolam, nusquam omnino reperies; et eadem licentia, imo impudentia mentiendi, qua putas omnes tuis sermonibus credituros, addis : « Quando testimonium de Scripturis in eum tam injuriose posuisti, ut ego id repetere meo ore non audeam. » Non audes repetere, qui tacendo amplius criminaris. Et quia non habes quod objicias, simulas verecundiam, ut lector te putet mihi parcere, qui mentiens nec tuæ animæ pepercisti. Quod est illud testimonium de Scripturis, quod de tuo illo pudentissimo ore non exeat? Aut quid in sanctis Libris potest turpe memorari? Si erubescis loqui, scribe saltem, ut nos procacitatis proprius sermo convincat. Ut cætera sileam, ex hoc uno capitulo comprobabo, ferream te frontem possidere fallaciæ. Vide quantum timeam criminationem tuam. Si protuleris quod minaris, mea erunt universa quæ tua sunt. Ego in Vigilantio tibi respondi. Eadem enim accusabat, quæ tu postea et amicus laudas, et inimicus accusas. Scio a quo illius contra me rabies concitata sit, novi cuniculos tuos. Simplicitatem quam omnes prædicant, non ignoro. Per illius stultitiam tua in me malitia debacchata est; quam ego si epistola mea repuli, ne solus habere videaris baculum litterarum, non debes turpitudinem simulare verborum, quam nusquam omnino legisti; sed intelligere et confiteri, per illius vecordiam, tuis calumniis fuisse responsum.

20. *Epist. Papæ Anastasii ad Joannem Hieros. de Rufino.* — In epistola sancti papæ Anastasii lubricus exstitisti; et turbatus, in quo figas gradum non reperis. Modo enim dicis a me esse compositam, nunc ab eo ad te debuisse transmitti, cui missa est. Rursum injustitiam scribentis arguis; etiam si scripta sit ab illo, sive non scripta, ad te nihil pertinere testaris, qui prædecessoris ejus habeas testimonium, et rogantem Romam, ut eam illustrares præsentia tua, oppiduli tui amore contempseris. Si a me fictam epistolam suspicaris, cur eam in Romanæ Ec-

m'opposerez pas en vain une toile d'araignée, vous me tiendrez dans le filet le plus inextricable et le plus solide. Mais si elle est de l'évêque de Rome, c'est à tort que vous en demandez un exemplaire à celui qui l'a reçue, au lieu d'en réclamer le témoignage à celui qui l'envoya, quand vous avez l'auteur et le témoin si près de vous. Allez plutôt à Rome, et demandez-lui en face pourquoi il vous a couvert d'opprobre en votre absence et malgré votre innocence : d'abord, pourquoi il n'a pas accueilli l'exposition de votre foi, approuvée, écrivez-vous, de toute l'Italie, et n'a pas voulu faire usage du bâton de votre lettre contre les chiens qui vous assaillent ; ensuite, pourquoi il a envoyé contre vous une lettre en Orient, où il vous marque, à votre insu, au fer rouge de l'hérésie ; où il dit que le περὶ Ἀρχῶν d'Origène, traduit par vous, a été répandu parmi les esprits simples de l'Église Romaine, avec le dessein, de votre part, de leur faire perdre la vraie foi qu'ils ont apprise de l'Apôtre, et où, pour vous rendre plus odieux, il ose vous accuser d'avoir applaudi, dans votre Préface, aux erreurs de ce livre. Ce n'est pas un mince grief qu'élève contre vous le Pontife d'une telle ville, aurait-il témérairement reproduit l'objection d'un autre. Criez et criez encore sur les chemins et sur les places publiques : Ce livre n'est pas de moi ; et, s'il est de moi, Eusèbe m'en a dérobé l'ébauche avant toute correction. Je l'ai publié tout autre, ou plutôt je ne l'ai jamais fait paraître. Je n'ai donné mes épreuves à personne, ou assurément je les ai remises à bien peu de gens, mais mon ennemi a eu tant de scélératesse et mes amis ont eu tant de négligence, qu'Eusèbe a pu falsifier pareillement tous les exemplaires. Voilà, très-cher frère, ce que vous deviez faire, au lieu de tourner le dos à Anastase, pour diriger sur moi, au travers des mers, les traits de vos médisances. Quel bien y a-t-il pour vos blessures à ce que je sois blessé moi-même ? La consolation de celui qui est frappé de mort est-elle de voir mourir son ami avec lui ?

21. Vous mettez en avant une lettre de Siricius, qui est endormi dans le Seigneur, et vous vous taisez sur les paroles d'Anastase vivant. En quoi, dites-vous, peut vous nuire ce qu'il a, ou peut-être n'a pas écrit à votre insu ? S'il a écrit, vous vous contentez de ce témoignage universel, qu'il n'est vraisemblable pour personne que le Pontife d'une telle cité ait pu vous outrager en votre absence et malgré votre innocence. Vous vous donnez le nom d'innocent, vous dont la traduction a scandalisé Rome ; d'absent, vous qui n'osez pas répondre quand on vous accuse. Vous fuyez le jugement de Rome à ce point que vous aimez mieux souffrir les maux d'une invasion barbare qu'affronter l'arrêt d'une ville paisible. Soit, c'est moi qui ai forgé la lettre de l'an dernier ; qui envoya en Orient les écrits récents où le pape Anastase vous tresse une telle couronne, que lorsque vous les

clesiæ chartario non requiris ? ut quum deprehenderis ab episcopo non datam, manifestissime criminis reum teneas ; et nequaquam aranearum mihi opponas cassiculos, sed fortissimo me et solidissimo constringas reti. Si autem Romani episcopi est, stulte facis ab eo exemplar epistolæ petere, cui missa non est, et non ab illo qui miserit, de oriente exspectare testimonium ; cujus auctorem et testem habeas in vicino. Vade potius Romam, et præsens apud eum expostula, cur tibi et absenti et innocenti fecerit contumeliam. Primum, ut non reciperet expositionem fidei tuæ, quam omnis, ut scribis, Italia comprobavit, et baculo tuarum uti noluerit litterarum contra canes tuos. Deinde, ut epistolas contra te ad Orientem mitteret et cauterium tibi hæreseos, dum nescis, inureret, diceretque libros Origenis περὶ Ἀρχῶν a te translatos, et simplici Romanæ Ecclesiæ traditos, ut fidei veritatem quam ab Apostolo didicerant, per te perderent, et quo tibi majorem faceret invidiam, ausus sit criminari hos ipsos Præfationis tuæ testimonio roboratos. Non est leve quod tibi impingit tantæ urbis pontifex, vel ab alio objectum temere suscepit. Vociferare et clamita per compita, per plateas : Non est meus liber ; et si meus est, schedulas inemendatas Eusebius furto abstulit. Aliter ego edidi, imo nec edidi. Nulli eas dedi, aut certe paucis ; et tam sceleratus inimicus, tam negligentes amici fuerunt, ut omnium codices ab eo pariter falsarentur. Hæc, frater charissime, facere debueras, et non illi tergum obvertens, in me transmarinas maledictorum tuorum sagittas dirigere. Quid enim vulneribus tuis prodest, si ego fuero vulneratus ? An solatium percussi est, amicum secum videre morientem ?

21. Siricii jam in Domino dormientis profers epistolam, et viventis Anastasii dicta contemnis. Quid enim tibi, ut ais, officere potest, quod te ignorante, aut scripsit, aut forte non scripsit ? Et si scripsit, sufficit tibi totius orbis testimonium, quod nulli verum videtur, ut tantæ urbis sacerdos, vel innocenti injuriam facere potuerit, vel absenti. Innocentem te vocas, ad cujus interpretationem Roma contremuit. Absentem, qui accusatus respondere non audes. Et tantum Romanæ urbis judicium fugis, ut magis obsidionem barbaricam, quam pacatæ urbis velis sententiam sustinere. Esto, præteriti anni ego epistolam finxerim. Recentia ad orientem scripta quis misit ? In quibus papa Anastasius tantis te ornat

aurez lus, vous sentirez bien plus le besoin de vous défendre que celui de nous accuser? Réfléchissez aussi à votre inimitable prudence, à vos railleries de bon goût, à votre élégant et saint langage. D'autres vous attaquent, vous percent de leurs accusations, et votre fureur se tourne contre moi en ces termes : « Ne puis-je point, moi aussi, raconter comment vous êtes parti de la Ville-Eternelle? quel a été le jugement de la première heure sur vous? ce qui a été écrit plus tard, et quels ont été vos serments? où vous vous êtes embarqué? de quelle sainte manière vous avez évité le parjure? Je pouvais tout dévoiler, mais j'ai décidé d'en tenir en réserve la plus grande partie, plutôt que de la rapporter. » Voilà les fleurs de vos discours; et après cela, si je dis qu'elles sont pleines d'épines, vous me menacez aussitôt de la proscription et du fer. Cependant, foudre d'éloquence, vous vous jouez dans les détours de la rhétorique, et vous feignez de ne pas dire ce que vous dites, afin que, ne pouvant prouver vos objections, le soupçon de culpabilité plane sur vos réticences. Là est toute votre bonhomie; c'est ainsi que vous épargnez un ami, et que vous vous réservez pour les tribunaux, afin que, sous le prétexte d'être indulgent pour moi, vous assembliez votre faisceau d'accusations.

22. *Circonstances du départ de Jérôme quittant Rome.* — Voulez-vous connaître les circonstances de mon départ de la Ville-Eternelle? Je les raconte en peu de mots. Au mois d'août, quand soufflaient les vents étésiens, avec le saint prêtre Vincent, et son jeune frère, et les autres moines qui résident maintenant ensemble à Jérusalem, je montai joyeusement sur le navire dans le port de Rome, accompagné d'un grand nombre de saints. Je suis arrivé à Rhégium, et j'ai fait un court séjour sur le littoral de Scylla, où j'ai appris les antiques fables : la fuite précipitée du fourbe Ulysse, et les chants des Syrènes, et le gouffre insatiable de Charybde. Les habitants de ces lieux, après mille récits, me donnaient le conseil de naviguer, non vers les colonnes de Protée, mais vers le port de Jonas, celui-là étant le refuge des fugitifs qu'on poursuit, et l'autre le but des hommes sans reproche; j'aimai mieux gagner Cypre, par Malée, à travers les Cyclades. Après y avoir été reçu par le vénérable évêque Epiphane, dont vous vous arrogez le témoignage, j'atteignis Antioche, où j'ai pu jouir de la communion du pontife et confesseur Paulin, et c'est après l'avoir quitté au cœur de l'hiver, par le froid le plus rigoureux, que j'entrai à Jérusalem. Je vis beaucoup de merveilles, et je jugeai par mes propres yeux de celles dont la renommée m'avait instruit auparavant. De là, je me dirigeai vers l'Egypte, je visitai les monastères de Nitrie, et, au milieu des chœurs des Saints, j'étudiai de près les aspics de l'hérésie. Aussitôt je retournai en toute hâte à ma chère Bethléem, où je respirai les parfums de la crèche et du berceau du Sauveur. Je vis aussi le lac fameux; je ne me livrais pas à une inerte paresse, et j'appris bien

floribus, ut cum ea legeris, magis te velle defendere incipias, quam nos accusare. Simulque considera illam inimitabilem prudentiam tuam, et sales Atticos, et sancti eloquii venustatem. Ab aliis appeteris, aliorum criminatione confoderis, et contra me furibundus jactaris, et loqueris : « Numquid et ego non possum enarrare, tu quomodo de Urbe discesseris? Quid de te in præsenti judicatum sit? quid postea scriptum, quid juraveris? ubi navim conscenderis? quam sancte perjurium vitaveris? Poteram pandere, sed plura servare statui, quam referre. » Hæc sunt tuorum ornamenta verborum. Et post ista si quid in te asperum dixero, statim mihi proscriptionem et gladios comminaris. Et interim homo eloquentissimus arte ludis rhetorica, et simulas te præterire quæ dicis, ut qui objecta probare non poteras, quasi prætermissa facias criminosa. Hæc est tua tota simplicitas, sic amico parcis, et reservas te ad tribunalia judicum, ut acervum criminum mihi, dum parcis, objeceris.

22. *Ordo profectionis Hieronymi de Urbe.* — Vis nosse profectionis meæ de Urbe ordinem? Narrabo breviter. Mense Augusto, flantibus etesiis, cum sancto Vincentio presbytero, et adolescente fratre, et aliis monachis, qui nunc Hierosolymæ commorantur, navim in Romano portu securus ascendi, maxima me Sanctorum frequentia prosequente. Veni Rhegium, in Scyllæo littore paululum steti, ubi veteres didici fabulas, et præcipitem pellacis (al. *fallacis*), Ulyssis cursum, et syrenarum cantica, et insatiabilem Charybdis voraginem. Cumque mihi accolæ illius loci multa narrarent, darentque consilium, ut non ad Protei columnas, sed ad Jonæ portum navigarem, illum enim fugientium et turbatorum, hunc securi hominis esse cursum, malui per Maleas et Cycladas Cyprum pergere. Ubi susceptus a venerabili episcopo Epiphanio, cujus tu testimonio gloriaris, veni Antiochiam, ubi fruitus sum communione pontificis confessorisque Paulini, et deductus ab eo media hyeme et frigore gravissimo, intravi Hierosolymam. Vidi multa miracula; et quæ prius ad me fama pertulerat, oculorum judicio comprobavi. Inde contendi Ægyptum, lustravi monasteria Nitriæ, et inter Sanctorum choros aspides latere perspexi. Protinus concito gradu Bethleem meam reversus sum, ubi odoravi præsepe et incunabula Salvatoris.

des choses que j'ignorais auparavant. Le jugement qui a été porté sur moi à Rome et ce qu'on a écrit de moi plus tard, je ne désire pas que vous les taisiez, surtout quand vous avez le témoignage des Écritures ; ce n'est point par les propos que vous pouvez inventer, par les mensonges que vous pouvez publier impunément, c'est par des écrits conformes à l'esprit de l'Eglise que je dois être repris. Et voyez comme je vous crains : Si vous produisez contre moi une seule ligne de l'Evêque de Rome, ou de celui de toute autre Eglise, j'avoue que je suis coupable de tout ce qui vous a été reproché. Ne pourrais-je point, moi aussi, discuter votre départ ? Quel âge vous aviez, où et en quel temps vous vous êtes embarqué ? où vous avez vécu ? qui vous avez fréquenté ? Mais loin de moi de faire ce que je vous reproche de faire, et, dans une discussion entre clercs, d'employer les extravagances des querelles de vieilles femmes. Qu'il me suffise d'avoir montré à votre prudence que vous devez vous garder de dire contre le prochain ce qui peut immédiatement être retourné contre vous.

23. *Médisances de Rufin contre Epiphane. Lettre d'Epiphane à Jean.* — Votre tergiversation à propos de saint Epiphane est admirable : après le baiser de paix, après la prière commune, vous niez qu'il ait pu écrire contre vous, comme si vous prétendiez que celui qui vivait quelques instants auparavant n'a pu mourir, ou s'il y avait plus de certitude dans votre réfutation que dans votre excommunication après le baiser de paix. « Ils se sont, est-il dit, éloignés de nous ; mais ils n'étaient pas des nôtres, sans quoi ils seraient demeurés avec nous. » I *Joan.* II, 19. Après un et deux avertissements, l'Apôtre prescrit d'éviter l'hérétique, qui assurément, avant qu'on l'ait fui et condamné, faisait partie du troupeau de l'Eglise. *Tit.* III, 10. Et je ne puis m'empêcher de rire de vous voir, à propos d'un sage avis qu'on vous donne, tonner contre les mérites d'Epiphane : « Voilà ce vieillard en délire, cet anthropomorphite ; cet homme qui a chanté, en votre présence, les six mille livres d'Origène ; qui pense avoir mission de prêcher contre Origène dans les langues de toutes les nations ; qui interdit aux autres de le lire, pour qu'ils ne connaissent pas ses larcins. » Lisez vos écrits et sa lettre, ou plutôt ses lettres, où je puiserai un témoignage de votre foi, afin qu'il ne paraisse pas ici avoir été à tort loué par vous : « Que Dieu, mon frère, vous délivre, et avec vous le peuple saint du Christ, et tous les frères qui sont avec vous, et surtout le prêtre Rufin, de l'hérésie d'Origène, et des autres hérésies, et de leur perdition. Puisque pour une parole, ou deux, qui sont contraires à la Foi, beaucoup d'hérésies ont été déclarées par l'Eglise, combien plus sera-t-il regardé comme hérétique, celui qui, ayant forgé tant de perversités et tant de doctrines mauvaises contre la foi, s'est posé en ennemi de l'Eglise ! » Voilà le témoignage que vous rend ce saint homme ;

Vidi quoque famosissimum lacum,* nec me inerti tradidi otio ; sed multa didici, quæ ante nesciebam. Quid autem de me Romæ judicatum sit, et quid postea scriptum, nolo taceas, præsertim cum habeas testimonium (al. *testimonia*) Scripturam, et ego non verbis tuis quæ simulare potes, et impunito jactare mendacio, sed scriptis ecclesiasticis arguendus sim. Vide quantum te timeam : Si vel parvam schedulam contra me Romani episcopi, aut alterius Ecclesiæ protuleris, omnia quæ in te scripta sunt, mea crimina confitebor. Numquid et ego non possem profectionem tuam discutere ? Cujus ætatis fueris, unde, quo tempore navigaris ? ubi vixeris ? quibus interfueris ? Sed absit, ut quod in te reprehendo, faciam ; et in ecclesiastica disputatione, anilium jurgiorum deliramenta compingam. Hoc solum prudentiæ tuæ dixisse sufficiat, ut caveas in alterum dicere, quidquid in te statim retorqueri potest.

23. *Maledicta Rufini in Epiphanium. Epiphanii epist. ad Joannem.* — In sancti Epiphanii nomine mira tua tergiversatio, ut post osculum, post orationem, neges eum contra te potuisse scribere ; quomodo si contendas non potuisse eum mori, qui paulo ante vixerat, aut certior sit tui reprehensio, quam post pacem excommunicatio. « Ex nobis, inquit, exierunt : sed non fuerunt ex nobis, mansissent utique nobiscum. » I *Joan.* II, 19. Hæreticum post unam et alteram commonitionem vitandum Apostolus præcipit, qui utique antequam vitetur atque damnetur, Ecclesiastici gregis portio fuit. *Tit.* III, 10. Simulque risum tenere non possum, quod a quodam prudente commonitus, in laudes Epiphanii personas : « Hic est ille delirus senex, hic est anthropomorphites ; hic qui sex millia Origenis libros, te præsente, cantavit ; qui omnium gentium linguis prædicationem sibi contra Originem injunctam putat ; qui ideo eum legi prohibet, ne alii ejus furta cognoscant. » Lege scripta tua, et epistolam ejus, imo epistolas, e quibus unum proferam tuæ fidei testimonium, ut non immerito nunc a te laudatus esse videatur. « Te autem, frater, liberet Deus, et sanctum populum Christi, qui tibi creditus est, et omnes fratres qui tecum sunt, et maxime Rufinum presbyterum, ab hæresi Origenis, et aliis hæresibus, et perditione earum. Si enim propter unum verbum, aut duo, quæ contraria fidei sunt, multæ hæreses objectæ sunt

c'est ainsi couronné de ses louanges que vous nous apparaissez. Telle est la lettre que vous avez tirée à prix d'or de la cellule du frère Eusèbe, pour calomnier mon interprétation et m'inculper d'un crime notoire, parce qu'au lieu d'*honorable* j'avais traduit *très-cher*. Que vous importe d'ailleurs à vous, dont la prudente modération en toutes choses sait trouver un moyen terme, en sorte que si vous rencontriez des gens pour vous croire, ni Anastase, ni Épiphane n'auraient écrit contre vous; et si leurs lettres mêmes protestent et condamnent votre effronterie, vous méprisez aussitôt le jugement de l'un et de l'autre, et il vous est indifférent qu'ils aient ou qu'ils n'aient pas écrit, parce qu'ils n'ont pu écrire malgré votre innocence et en votre absence. Il ne faut pas rapporter ces méchancetés à un saint homme; « elles montreraient que sa bouche a donné le baiser de paix, tandis qu'il cachait au fond de son cœur le mal et la trahison. » Tel est votre raisonnement, ce sont les termes de votre défense. L'univers sait que la lettre contre vous est bien de lui, nous sommes convaincus que vous en avez eu l'original entre les mains, et je m'étonnerais que la honte, ou plutôt votre impudence vous fasse nier une chose que vous savez être vraie de toute vérité? Épiphane est donc un misérable, qui vous a donné le baiser de paix, quand il tenait la trahison en réserve au fond du cœur? Mais pourquoi ne serait-il pas plus vrai qu'il vous avait d'abord averti? qu'il avait voulu vous corriger, vous ramener au droit chemin, afin de n'avoir pas à repousser le baiser d'un Judas, espérant toucher, par sa patience, un traître à la foi; et qu'après avoir compris qu'il y perdait ses sueurs, que le léopard ne change pas ses poils de diverses nuances, ni l'Éthiopien sa peau, il avait exprimé dans sa lettre ce dont il était convaincu?

24. *Calomnie sur la paix hypocrite. Amis de Jérôme envoyés en Occident.* — Quelque chose de semblable est votre raisonnement contre le pape Anastase, quand vous dites qu'il ne pouvait pas écrire contre vous, parce que vous avez une lettre de l'évêque Siricius. Je crains que vous n'ayez flairé l'opprobre qui vous atteignait. Fin et prudent, je ne sais comment vous descendez à ces inepties, qui montrent votre sottise, quand vous comptez sur celle des lecteurs. Après cette belle argumentation, vous concluez: « Loin d'hommes saints une telle conduite; c'est de votre école que sortent d'habitude de tels procédés. Au départ, vous nous avez donné le baiser de paix, et vous nous avez criblés par derrière de traits empoisonnés. » Toujours la même sagacité: vous avez voulu être disert et vous n'avez été que déclamatoire. Nous avons donné le baiser de paix, nous n'avons pas accepté l'hérésie. Nous avons mis notre main dans la vôtre: nous vous avons salué de nos vœux au départ,

ab Ecclesia, quanto magis hic inter haereticos habebitur, qui tantas perversitates, et tam mala dogmata contra fidem adinvenit, Dei Ecclesiae hostis exstitit! » Haec est viri sancti de te testificatio; sic ab eo ornatus, sic laudatus incedis. Ita est epistola quam de cubiculo fratris Eusebii nummis aureis produxisti, ut calumniareris interpretem, et me apertissimi teneres criminis reum, quare pro « honorabili » charissimum transtulissem. Sed quid ad te, qui prudenti consilio cuncta moderaris, et sic medius incedis, ut si inveneris qui tibi credant, nec Anastasius contra te, nec Epiphanius scripserint; nisi ipsae epistolae reclamaverint, et fregerint tuae frontis audaciam, statim judicium utriusque contemnas, et non ad te pertineat sive scripserint, sive non scripserint, quia de innocente et absente scribere non potuerint (al. *potuerant*). Nec in sanctum virum haec mala conferenda sunt; « ut ostendatur ore quidem et osculo pacem dedisse, mala autem et dolum in suo corde servasse. » Sic enim argumentaris, et haec sunt verba defensionis tuae. Ipsius esse adversum te epistolam, et orbis agnoscit, et authenticam in manus tuas venisse convincimus; et miror quo pudore, imo qua impudentia neges quod verum esse non ambigis? Ergo pollutus erit Epiphanius, qui tibi pacem dedit, et in suo corde dolum servavit? Cur non illud verius sit, quod te primum monuerit? quod voluerit emendare, et ad rectum iter reducere, ut Judae osculum non refutaret, ut proditorem fidei frangeret patientia; et postquam se intellexit casso sudare labore, nec pardum mutare varietates, nec Æthiopem pellem suam, quod mente conceperat, litteris indicasse?

24. *Calumnia de ficta pace. Amici Hieronymi missi in Occidentem.* — Tale quid et contra papam Anastasium disputas, ut quia Siricii Episcopi habes epistolam, iste contra te scribere non potuerit. Vereor ne tibi factam injuriam suspiceris. Nescio quomodo acutus et prudens ad has ineptias devolvaris, ut dum stultos lectores putas, te stultum esse demonstres. Post egregiam argumentationem, ponis in clausula. « Absit hoc a viris sanctis. De vestra schola solent ista procedere. Vos nobis pacem proficiscentibus dedistis, et a tergo jacula venenis armata jecistis. » Et in hac eadem prudentia, imo declamatione disertus esse voluisti. Pacem dedimus, non haeresim suscepimus. Junximus dexteras; abeuntes prosecuti sumus, ut vos essetis catholici, non ut nos essemus haeretici. Volo tamen scire quae sint ista jacula venenata, quae post tergum vestrum nos jecisse con-

afin que vous fussiez catholiques, et non afin que nous fussions hérétiques. Toutefois, je voudrais bien savoir quels sont ces traits empoisonnés que, dites-vous, nous vous avons lancés par derrière, les prêtres Vincent, Paulinien, Eusèbe, Rufin et moi. Vincent vint à Rome longtemps avant vous; Paulinien et Eusèbe partirent un an après votre navigation; Rufin y fut envoyé deux ans après, pour la cause de Claudius; tous y étaient pour leurs propres intérêts, ou pour le péril d'une autre tête. Pouvions-nous savoir qu'à votre entrée à Rome un homme noble y verrait en songe entrer à toutes voiles un navire plein de marchandises? Qu'il résoudrait toutes les questions contraires à la fatalité par une interprétation non déraisonnable? Que vous traduiriez le livre d'Eusèbe comme étant de Pamphile? Que ce pot empoisonné trouverait en vous son couvercle? Que vous revêtiriez de la majesté de votre diction le trop fameux περὶ Ἀρχῶν? Accusateurs, nous avons inventé un nouveau genre de calomnie en vous accablant de ces griefs avant que vous les eussiez commis. Non, non, ce ne fut pas de propos délibéré, mais par un dessein de la Providence, qu'envoyés à Rome pour autre chose, ils combattirent contre l'hérésie naissante, et, comme Joseph, prévinrent, par l'ardeur de la foi, la famine future.

25. *La lettre fausse aux Africains. Rufin avait traduit les Ecritures du grec en latin, en les corrigeant.* — A quels excès ne se porte pas l'audace qui a brisé tout frein? Rufin se charge lui-même de la faute d'un autre, pour que nous paraissions l'accuser mensongèrement. Ce qui a été dit sans nommer personne, il le prend comme à lui adressé; il purge les péchés d'autrui, tant il est sûr de son innocence. Il proteste qu'il n'a pas écrit sous mon nom la lettre aux Africains, où l'on me fait avouer que j'ai été poussé par des Juifs à traduire des mensonges; et il envoie les livres qui contiennent toutes les mêmes choses qu'il jure avoir ignorées. Je m'étonne que sa prudence ait pu se rencontrer si bien avec la perversité d'un autre, que ce que l'autre disait mensongèrement en Afrique, il le rapporte exactement comme vrai, après que je ne sais quel homme inhabile avait pu imiter l'élégance de son style. A vous seul il est permis de transvaser les poisons de l'hérésie, et de verser à boire à toutes les nations la liqueur du calice de Babylone. Quoi! vous refondrez les Ecritures latines en les tirant du texte grec, et vous donnerez aux Eglises autre chose à lire que ce qu'elles reçurent d'abord des Apôtres; et il ne me sera pas permis, après l'édition des Septante, que depuis plusieurs années j'ai fait connaître aux hommes de ma langue, après l'avoir revue avec

quereris, Vincentius, Paulinianus, Eusebius, Rufinus, presbyteri: quorum Vincentius multo tempore ante vos Romam venit; Paulinianus et Eusebius post annum vestræ navigationis profecti sunt; Rufinus in causa Claudii post biennium missus: omnes, vel pro re familiari, vel pro periculo capitis alieni. Numquid nosse potuimus, quod ingrediente te Romam, vir nobilis somniaret navim plenam mercium, inflatis intrare velis? (a) Quod omnes adversus fatum quæstiones, non fatua solveret interpretatio? quod librum Eusebii pro Pamphili verteres? quod tuum quasi operculum venenatæ patellæ imponeres? quod famosissimum opus περὶ Ἀρχῶν eloquii tui majestate transferres? Novum calumniæ genus, ante accusatores misimus quam tu accusanda committeres. Non fuit, non fuit, inquam, nostri consilii, sed Dei providentiæ, ut missi ad aliud, contra nascentem hæresim dimicarent; et in morem Joseph, famem futuram, fidei ardore sublevarent.

25. *De falsa epist. ad Afros. Ex Græcis Latina Rufinus emendaverat.* — Quo non erumpat semel effrenata audacia? Alienum crimen sibi objecit, ut nos finxisse videamur. Quod absque nomine dictum est, in se dictum refert, et purgans externa peccata, tantum de sua securus est innocentia. Jurat enim se epistolam non scripsisse ad Afros sub nomine meo, in qua confitear inductum me a Judæis, mendacia transtulisse; et mittit libros eadem omnia continentes, quæ nescisse se jurat. Et miror quomodo prudentia ejus cum alterius nequitia convenerit, ut quod alius in Africa mentitus est, hic concorditer verum diceret, stylique ejus elegantiam, nescio quis imperitus posset imitari. Tibi soli licet hæreticorum venena transferre; et de Babylonis, cunctis gentibus propinare. Tu latinas Scripturas de Græco emendabis; et aliud Ecclesiis trades legendum, quam quod semel ab Apostolis susceperunt; mihi non licebit post Septuaginta editionem, quam diligentissime emendatam, ante annos plurimos meæ linguæ hominibus dedi, ad confutandos Judæos, etiam ipsa

(a) *Quod omnes adversus*, etc. Erasmus legit, *Quod omnes adversariorum quæstiones*, etc. Marianus autem, *Quod omnes adversus fatum quæstiones*, etc., ita quoque ms. codex Cluniacensis; at alii omnes, *adversus fatua quæstiones*, etc. Dicit itaque Hieronymus virum nobilem somniasse navim plenam mercium intrasse Romam, quando eam urbem ingressus est Rufinus cum sociis: quod somnium non fatua solveret interpretatio, et omnes adversus fatum quæstiones; quia scilicet navis illa plena erat blasphemiarum, ut alibi docet: et paulo post lecturi sumus: *Ergo nisi de Oriente venisses, eruditissimus vir hæret adhuc inter Mathematicos; et homines Christiani, quid contra fatum dissereret, ignorarent.* MARTIAN. — Perperam Victorius *adversus fatuum*. Rufinus ipsa *adversus fatum, vel Mathesin*, difficultates Macario a se jactat enodatas. Vid. infra.

le plus grand soin, de traduire, pour réfuter les Juifs, les textes mêmes qu'ils proclament les seuls vrais, afin que, s'il arrive que les Chrétiens aient à discuter contre eux, ils n'aient aucun moyen détourné pour fuir, mais que plutôt ils soient frappés par leurs propres armes? J'ai écrit plus amplement à ce sujet, il m'en souvient, et en bien d'autres endroits, et à la fin du second livre, où je réponds à votre accusation ; j'ai ouvertement réprimé votre désir de popularité, qui vous pousse à travailler, à déchaîner contre moi l'envie des gens simples et sans expérience, et je crois utile de renvoyer le lecteur à ce passage.

26. *Rufin appelé martyr et apôtre par les siens.*— Je ne laisserai point passer cette popularité sans protestation, afin que vous ne vous plaigniez pas de ce que le falsificateur de vos tablettes ait auprès de moi la gloire d'un confesseur, alors que, coupable vous-même du même crime, après l'exil d'Alexandrie et les cachots ténébreux, vous avez été décoré du nom de martyr et d'apôtre par tous les sectateurs d'Origène. Au sujet du prétexte de votre inexpérience, je vous ai déjà répondu. Mais, puisque vous répétez les mêmes choses, et que, comme oublieux de ce que vous venez de dire pour votre défense, vous nous prévenez encore, pour que nous le sachions bien, qu'après avoir pâli trente ans sur les volumes grecs, vous ignorez les finesses du latin, réfléchissez un peu que je ne critique pas chez vous quelques expressions, quand il faudrait biffer tout ce que vous avez écrit ; mais j'ai voulu montrer et faire comprendre à vos disciples, à qui vous vous êtes appliqué à ne rien apprendre, quelle dignité il y a à leur enseigner ce que vous ne savez pas, à écrire ce que vous ignorez, afin qu'ils s'attendent à la même sagesse de leur maître dans les doctrines. Vous ajoutez : « Ce ne sont point les paroles, mais les péchés, le mensonge, la calomnie, la médisance, le faux témoignage, et tous les outrages qui sont la mauvaise odeur de l'âme, et « la bouche qui ment tue l'âme ; » *Sap.* I, II ; et vous me prévenez « que ce miasme ne révolterait pas mon odorat, » si j'ajoutais foi à vos paroles, au lieu de rechercher les faits qui la contrarient, comme si le foulon et le corroyeur engageaient le parfumeur à se boucher le nez en passant devant leurs usines. Je suivrai donc votre conseil, je me boucherai le nez pour que les suaves parfums de vos vérités et de vos bénédictions ne l'infectent pas.

27. *Nos louanges et nos accusations ne s'adressent pas aux mêmes choses dans le même homme.* — Parce que ma louange et mon blâme vous ont montré sous des aspects différents, avec une merveilleuse finesse, vous en déduisez qu'il vous est permis pareillement de dire de moi du bien et du mal, tout comme il m'a été permis de censurer Origène et Didyme, que j'avais loués d'abord. Sachez donc, miracle de sagesse, prince des dialecticiens de Rome, qu'on n'est pas fautif pour louer le même homme à certains égards, et le censurer à d'autres égards, mais

exemplaria vertere, quæ ipsi verissima confitentur, ut si quando adversum eos Christianis disputatio est, non habeant subterfugiendi diverticula, sed suomet potissimum mucrone feriantur? Plenius super hoc et in multis aliis locis, et in fine secundi libri, ubi accusationi tuæ respondi, scripsisse me memini ; et popularitatem tuam, qua mihi invidiam apud simplices et imperitos niteris concitare, perspicua ratione compescui, illucque lectorem transmittendum puto.

26. *Martyr et Apostolus vocatus Rufinus a suis.* — Hoc intactum præteriri non patiar, ne doleas falsatorem schedularum tuarum, confessoris apud me gloriam possidere, cum tu ejusdem criminis reus, post Alexandrinum exsilium et tenebrosos carceres, a cunctis Origenis sectatoribus martyr et apostolus nominaris. Super excusatione imperitiæ tuæ, jam tibi respondi. Sed quia eadem repetis, et quasi superioris tuæ defensionis oblitus, rursum admones, ut sciamus te per triginta annos Græcis voluminibus devoratis, Latina nescire ; paulisper attende me non pauca in te verba reprehendere, alioquin omnis tibi Scriptura delenda est ; sed voluisse ostendere discipulis tuis, quos magno studio nihil scire docuisti, ut intelligerent cujus verecundiæ sit docere quod nescias, scribere quod ignores, et eamdem magistri sapientiam etiam in sensibus quærerent. Quodque addis, « peccata putere, non verba, mendacium, calumniam, detractionem, falsum testimonium, universa convicia, » et « Os quod mentitur occidit animam, *Sap.* 1, 11. » monesque « ne ille fetor nares meas penetret, » crederem dicenti, nisi facta contraria deprehenderem, quasi si fullo et coriarius moneant pigmentarium, ut naribus obturatis, tabernas suas prætereat. Faciam ergo quod præcipis, claudam nares meas, ne veritatis et benedictionum tuarum suavissimo odore crucientur.

27. *In uno homine diversa laudamus et accusamus.* — In laude et detractione mea, quia varius exstitisti, miro acumine argumentatus es, sic tibi licere de me, et bene et male dicere, quomodo et mihi licuerit Origenem et Didymum reprehendere, quos ante laudaverim. Audi ergo, vir sapientissime, et Romanæ dialecticæ caput, non esse vitii hominem unum laudare in aliis, et in aliis accusare ; sed eamdem rem probare et improbare. Ponam exemplum, ut

pour approuver et désapprouver la même chose. Prenons un exemple, pour que le lecteur sensé comprenne avec moi ce que vous ne voulez pas entendre. En Tertullien, nous louons le talent, nous condamnons l'hérésie. Dans Origène, nous admirons la science des Ecritures, sans accueillir pour cela la fausseté de ses doctrines. Quant à Didyme, nous proclamons sa mémoire et la pureté de sa foi au sujet de la Trinité, mais nous nous éloignons de lui sur les autres points où il a eu le tort de croire Origène. Il faut imiter les vertus des maîtres, non leurs défauts. Certain Romain eut pour professeur de grammaire un Africain d'une rare érudition, et il se croyait le digne émule de son maître quand il parvenait à imiter la rudesse et les défauts de sa prononciation. Dans votre préface du περὶ Ἀρχῶν vous me donnez les noms de frère, de collègue très-éloquent, et vous proclamez la sincérité de ma foi. Sur ces trois points vous ne pouvez médire de moi; contentez-vous de juger du reste à votre fantaisie, pour ne point paraître vous contredire dans votre appréciation sur mon compte. En disant frère et collègue, vous me déclarez digne de votre amitié; en proclamant mon éloquence, vous renoncez pour plus tard au reproche d'impéritie; sur tous les points où vous m'avez accordé l'orthodoxie, vous ne pourrez m'opposer le crime d'hérésie. Hors de ces trois choses, si vous avez quelque autre blâme à m'adresser, vous ne serez pas en contradiction avec vous-même. Ce raisonnement nous conduit à cette double conclusion, et que vous avez tort de critiquer en moi ce que vous aviez loué d'abord, et que je ne suis pas fautif quand, dans les mêmes hommes, je loue ce qui est digne d'éloges, et je censure ce qui doit être censuré.

28. *De la question des âmes. Livre de Didyme à Rufin, et Commentaire d'Osée à Jérôme.* — Vous passez à l'état des âmes, et vous me réprimandez longuement de donner de l'importance à des riens. Pour qu'il vous soit licite d'ignorer ce que vous feignez adroitement de savoir, vous m'interrogez d'abord sur les habitants des cieux, comment sont les Anges, comment les Archanges? où ils habitent et comment est leur demeure? y a-t-il quelque différence entre eux, ou n'y en a-t-il aucune? quelle est la raison d'être du soleil? d'où viennent les accroissements et les décroissances de la lune? quel est ou comment se comporte le cours des astres? Je m'étonne que vous ayez oublié ces vers: « D'où proviennent les tremblements de terre? par quelle force les flots profonds s'enflent et brisent leur frein, et puis retombent sur eux-mêmes? comment s'expliquent les disparitions diverses du soleil et les phases de la lune? quelle est l'origine du genre humain et des animaux, de la pluie et des astres, l'arcture, les humides hyades et les deux Ourses? pourquoi les soleils d'hiver se hâtent tant de se cacher dans l'Océan, ou quel obstacle rend tardive la venue des nuits d'été? » *Virg. Georg.* II, 473; *Æneid.* I, 746. Quittant ensuite les célestes sommets et descendant

quod non intelligis, prudens mecum lector intelligat. In Tertulliano laudamus ingenium, sed damnamus hæresim. In Origene miramur scientiam Scripturarum, et tamen dogmatum non recipimus falsitatem. In Didymo vero et memoriam prædicamus, et super Trinitate fidei puritatem; sed in cæteris quæ Origeni male credidit, nos ab eo retrahimus. Magistrorum enim non vitia imitanda sunt, sed virtutes. Grammaticum quidam Afrum habuit Romæ virum eruditissimum; et in eo se æmulum præceptoris putabat, si stridorem linguæ ejus et vitia tantum oris exprimeret. In Præfatiuncula περὶ Ἀρχῶν fratrem me nominas, et collegam dicis eloquentissimum, fidei meæ prædicas veritatem. His tribus detrahere non poteris; cætera carpe ut libet, ne videatis tuo de me testimonio repugnare. Cum fratrem et collegam dicis, amicitia tua dignum fateris. Cum eloquentem prædicas, imperitiæ ultra non arguis. Cum catholicum in omnibus profiteris, hæreseos non poteris mihi crimen impingere. Extra hæc tria si quid in me reprehenderis, non tibi videberis esse contrarius. Ex qua supputatione illa summa sancitur, et te errare ea in me reprehendentem quæ prius laudaveras; et me non esse in vitio, si in eisdem hominibus et laudanda prædicem, et vituperanda reprehendam.

28. *De animarum quæstione. Liber Didymi ad Rufinum, et Explanatio Osee ad Hieronymum.* — Transis ad animarum statum, et prolixius fumos meos increpas; atque, ut tibi liceat ignorare quod consulto te scire dissimulas, quæris a me primum de cœlestibus, quomodo Angeli, quomodo Archangeli sint? quæ eis, vel qualis habitatio? quæve inter ipsos differentia, aut si nulla omnino? quæ solis sit ratio; unde augmenta lunæ, unde defectus; quis vel qualis sit siderum cursus? Miror quomodo oblitus sis illos versiculos ponere:

Unde tremor terris, qua vi maria alta tumescant,
Objicibus ruptis, rursusque in seipsa residant;
Defectus Solis varios, Lunæque labores;
Unde hominum genus, et pecudum; unde imber et ignes,
Arcturum, pluviasque hyadas, geminosque Oriones.
Quid tantum Oceano properent se tingere soles
Hiberni, vel quæ tardis mora noctibus obstet.

Virgil., Georg. II, 473; *Æneid.* I, 746.

Deinde cœlestia deserens, et ad terrena descendens,

sur la terre, vous philosophez sur de moindres questions. Voici d'ailleurs vos interrogations : « Dites-nous la raison d'être des sources ? des vents ? de la grêle ? de la pluie ? de la mer salée? des fleuves d'eau douce ? des nuages ou des pluies, des éclairs, ou des tonnerres, ou de la foudre ? » Et cela, afin que, lorsque j'aurai répondu que j'ignore ces choses, il vous soit permis d'être dans l'ignorance au sujet des âmes, et pour compenser la connaissance d'une seule chose par l'ignorance d'un si grand nombre. Vous qui, à chaque page, soufflez sur mes flocons de fumée, ne comprenez-vous pas que nous sondons vos nuages ténébreux? Pour vous persuader à vous-même votre demi-science, et tenir le sceptre de la doctrine parmi les Calpurniens, vos disciples, vous m'objectez la physique tout entière, comme si Socrate, passant à l'éthique, avait dit en vain : Les choses qui sont au-dessus de nous ne nous regardent pas. Ainsi donc, à moins de dire pourquoi la fourmi, ce petit animal, ce corps qui n'est qu'un point, en quelque sorte, a six pieds, quand l'éléphant, dont la masse est énorme, peut marcher avec quatre; pourquoi les serpents et les couleuvres glissent en rampant sur leur ventre ; pourquoi le vermisseau, que le vulgaire appelle mille-pieds, a un aussi grand nombre de pattes, je ne pourrai savoir quelle est la condition des âmes ? Vous me demandez ce que je pense moi-même des âmes, pour vous ruer sur mon explication dès que je l'aurai donnée. Si, avec l'Eglise, je réponds que Dieu crée chaque jour des âmes e les envoie dans le corps de ceux qui naissent, aussitôt vous me tendrez les toiles d'araignée du maître : Mais, où est la justice de Dieu, s'il accorde des âmes à ceux qui naissent de l'adultère et de l'inceste? il est donc le coopérateur de gens criminels, et produit lui-même les âmes pour les corps semés par l'adultère? Comme si le crime du semeur était dans le blé qui a été volé, au lieu d'être dans l'homme qui l'a volé, et si la terre ne devait pas féconder les semences en son sein, parce que c'est une main coupable qui les a répandues. De là vient aussi votre mystérieuse question : Pourquoi les enfants meurent-ils, quand ils ont reçu les corps à cause des péchés? Il y a le livre que vous adresse Didyme où, interrogé par vous, il répond qu'ils ont commis peu de péchés, et que dès lors il leur suffit de n'avoir fait que toucher la prison du corps. Mon maître et le vôtre, au temps où vous l'avez questionné sur ce point, m'adressa, sur ma demande, trois livres de Commentaires sur le prophète Osée. On peut y voir clairement ce qu'il nous a enseigné à l'un et à l'autre.

29. *Questions relatives à la nature.* — Vous me pressez de répondre sur la nature des choses. S'il y avait opportunité, je pourrais vous dire ou les opinions de Lucrèce d'après Epicure, ou celles d'Aristote selon les péripatéticiens, ou celles de Platon et de Zénon d'après les académiciens et les stoïciens. Pour venir à l'Eglise, qui a la règle de la vérité, la Genèse, les livres des Pro-

In minoribus philosopharis. Interrogas enim me : « Dic nobis quæ fontium ratio ? quæ ventorum ? quid grandi[n]is ? quid pluviæ ? quid mare salsum ? quid flumina dulcia ? quid nubes, aut imbres, fulgura, aut tonitrua, aut fulmina? » Ut postquam me hæc nescire respondero, tuto tibi liceat de animabus ignorare ; et unius rei scientiam, tantarum rerum ignoratione compenses. Tu qui per singulas paginas, fumos meos ventilas, non intelligis videre nos caligines tuas et turbines? Nam ut tibi sciolus esse videaris, et apud Calpurnianos discipulos doctrinæ gloriam teneas, totam mihi Physicam opponis ut frustra Socrates ad ethicam transiens dixerit : Quæ supra nos, nihil ad nos. Ergo nisi tibi rationem reddidero : quare formica parvum animal, punctum, ut ita dicam, corporis, sex pedes habeat, cum elephantis tanta moles quatuor pedibus incedat ; cur serpentes et colubri ventre labantur et pectore ; cur vermiculus quem vulgus millepedam vocat, tanto pedum agmine scateat, de animarum statu scire non potero ? Quæris a me quid ipse de animabus sentiam, ut cum professus (al. *processus*) fuero, statim invadas. Et si dixero illud Ecclesiasticum : Quotidie Deus operatur animas, et in corpore eas mittit nascientium, illico magistri tendiculas proferas : Et ubi est justitia Dei, ut de adulterio incestuque nascentibus animas largiatur ? Ergo cooperator est malorum hominum, et adulteris seminantibus corpora, ipse fabricator animas? quasi vitium sementis in tritico sit quod furto dicitur esse sublatum, et non in eo qui frumenta furatus est ; idcircoque terra non debeat gremio suo semina confovere, quia sator immunda ea projecerit manu. Illinc est et illa tua arcana interrogatio, quare moriantur infantes, cum propter peccata, corpora acceperint. Exstat liber Didymi ad te, quo sciscitanti tibi respondit, non eos multa peccasse, et ideo corporum carceres tantum eis tetigisse sufficere. Magister meus et tuus eo tempore, quo tu ab eo ista quærebas, tres explanationum in Osee prophetam libros ad me, me rogante, dictavit. Ex quo apparet, quid me, quid te docuerit.

29. *Naturales quæstiones.* — Urges ut respondeam de natura rerum. Si esset locus, possem tibi vel Lucretii opiniones juxta Epicurum, vel Aristotelis juxta Peripateticos, vel Platonis atque Zenonis secundum Academicos et Stoicos dicere. Et ut ad Ec-

phètes et l'Ecclésiaste nous parlent beaucoup des questions de cette sorte. Ou si nous ignorons ces choses, deviez-vous, au sujet de la condition des âmes, confesser dans votre Apologie l'ignorance de toutes choses, et demander à vos détracteurs pourquoi ils vous mettaient effrontément vous seul sur la selette, quand ils ignorent eux-mêmes de si grandes choses ! O navire plein de richesses, qui était venu guérir la pauvreté romaine au moyen des ressources de l'Orient et de l'Egypte ! « .... Vous êtes ce Maxime, l'homme unique dont les écrits rétablissent nos affaires. » Si donc vous n'étiez pas venu d'Orient, le plus érudit des hommes serait encore en suspens au milieu des mathématiciens, et les chrétiens ne sauraient que dire contre le *fatum*. Il vous est aisé de m'interroger sur l'astrologie, sur les révolutions du ciel et des astres, puisque vous avez amené un navire plein de ces richesses. J'avoue mon indigence, je n'ai pas acquis en Orient autant de trésors que vous. Pendant longtemps, Pharos vous a instruit de ce que Rome ignorait; l'Egypte vous a dévoilé ce que l'Italie ne possédait pas jusqu'à ce jour.

30. *Opinions diverses sur l'âme.* — Vous écrivez qu'il y a, parmi les écrivains ecclésiastiques, trois opinions sur les âmes : une que suit Origène; l'autre qui est celle de Tertullien et de Lactance — bien qu'au sujet de Lactance, ce soit un pur mensonge; — la troisième, qui est la nôtre, à nous, hommes simples et dénués de sens, qui ne comprenons pas qu'en pensant ainsi nous accusons Dieu d'injustice. Après quoi, vous jurez que vous ne savez pas où est la vérité. Répondez, je vous en prie : Croyez-vous que, hors de ces trois opinions, il y en a une qui est la vraie? que toutes trois sont mensongères, ou que la vérité est dans l'une des trois? S'il y en a une autre, pourquoi renfermez-vous la liberté de la discussion dans ce cercle étroit, et cachez-vous ce qui est vrai, après avoir rapporté ce qui n'est que mensonge? Si, au contraire, l'une des trois est vraie, tandis que les deux autres sont fausses, pourquoi votre ignorance est-elle égale en ce qui est vrai comme en ce qui ne l'est pas? Dissimuleriez-vous la vérité, pour avoir toute aisance de défendre le mensonge quand vous le voudrez? Voilà les nuages de fumée, voilà

clesiam transeam, ubi norma est veritatis, multa et Genesis et Prophetarum libri ac Ecclesiastes nobis de hujusce modi quæstionibus suggerunt. Aut si hæc ignoramus, quomodo de animarum statu, debueras in Apologia tua omnium rerum ignorantiam confiteri, et a calumniatoribus quærere cur a te unum impudenter expeterent, cum ipsi tanta nescirent ? O triremem locupletissimam, quæ Orientalibus et Ægyptiis mercibus Romanæ urbi ditare venerat paupertatem !

. . . . Tu (a) Maximus ille es,
Unus, qui nobis scribendo restituis rem.

Ergo nisi de oriente venisses, eruditissimus vir hæreret adhuc inter mathematicos, et omnes (al. *homines*) christiani quid contra fatum dicerent (al. *dissererent*) ignorarent. Merito a me quæris de astrologia, et cœli ac siderum cursu, qui tantarum mercium plenam navem detulisti. Fateor paupertatem, non sum ita ut tu in oriente ditatus. Te multo tempore Pharus docuit, quod Roma nescivit (al. *nesciret*) ; instruxit Ægyptus, quod Italia hucusque non habuit.

30. *Sententiæ variæ de anima.* — Scribis apud Ecclesiasticos tractatores, tres de animabus esse sententias. Unam, quam sequitur Origenes; alteram, quam Tertullianus et Lactantius (licet de Lactantio apertissime mentiaris) ; tertiam, quam nos simplices et fatui homines, qui non intelligimus, quod si ita sit, injustus a nobis arguatur Deus. Et post hæc juras te nescire quid sit verum. Dic, oro te, putasne extra hæc tria esse aliquid in quo veritas sit ? et in tribus istis mendacium ? An de tribus unum esse quod verum sit ? Si est aliquid, cur disputantium libertatem angusto fine concludis ; et cum mendacia protuleris, de veritate taces ? Sin autem e tribus unum verum est, et reliqua duo falsa sunt, cur simili ignorantia ignoras falsa cum veris ? An idcirco verum dissimulas, ut tibi tutum sit, cum volueris, falsa defendere ? Hi sunt fumi, hæ caligines, quibus ex oculis hominum conaris lumen auferre (*b*).

(a) *Tu Maximus ille es.* De Fabio Maximo versus iste Ennianus est, *Unus qui nobis cunctando restituit rem.* MARTIAN. — Ex illo Ennii versu de Q. Fabio Maximo :

Unus homo nobis cunctando restituit rem,

quem Virgilius fere exscribit lib. VI.

(b) *Aristippus nostri temporis.* Aristippus Socratis auditor Cyrenæus fuit, primus quæstu philosophatus est. Habuit ingenium ad omnia pro tempore, loco et persona, simulanda, omnino promptum. Vide Diogenem et Horatium. Hermagoras et Gorgias rhetores fuerunt egregii ; dicitur vero Gorgias, qui primus ausus sit in conventu poscere qua de re quisque vellet audire; ac de omni re quacumque in disceptationem quæstionemque vocaretur, se copiose dicturum esse profitebatur. MARTIAN. Aristippum Cyrenæum intellige, Socratis familiarem, aulici ingenii Philosophum, de quo Horat. :

Omnis Aristippum decuit, color, et status et res.

Hic siquidem primus, teste Suida, mercedem ab auditoribus suis exegit. Hermagoram, qui subsequitur Carium, a quo idem Suidas peculiarem institutam tradit dicendi rationem, quam secuti sunt plurimi. Vid. Quintilianum. Gorgiam vero Leontinum, qui primus dicitur Athenis in Theatro ausus dicere auditoribus, προβάλλετε, sive, *qua de re quisque vultis audire proponite.* His omnibus coæquat Rufinum Hieronymus.

les ténèbres sous lesquelles vous vous efforcez de voiler la lumière aux yeux des hommes. Nouvel Aristippe, qui entrez au port de Rome sur un navire plein de toutes marchandises, et posant votre chaire en public, ressuscitez pour nous Hermagoras et Gorgias de Léontium, dans votre précipitation à naviguer vers nous, vous avez oublié d'acquérir en Orient la solution d'un seul petit problème. Et voilà que vous vous récriez et que vous vous vantez d'avoir appris à Aquilée, comme à Alexandrie, que Dieu est le créateur des âmes et des corps. La question qui s'agite est-elle de savoir si c'est Dieu ou le diable qui a fait les âmes, et non de savoir si l'âme a existé avant le corps, comme le veut Origène, et commis quelque action à cause de laquelle elle est enchaînée au fardeau du corps, ou si elle était alors inerte et engourdie à la manière des loirs? Sur ceci, vous vous taisez, quand c'est ce que tout le monde demande, et vous répondez à des questions que personne ne fait.

31. Vous raillez souvent les ombres dont je m'enveloppe, en feignant de savoir ce que je ne sais pas, et en trompant le vulgaire grossier par l'énumération des savants. Pour vous, vous êtes tout feu, ou plutôt, pareil à la foudre, vous fulminez en parlant, et votre bouche ne peut retenir les flammes dont vous êtes plein. Comme ce Bar-Chochabas, instigateur d'une sédition en Judée, entretenait de son souffle une tige enflammée à ses lèvres, pour qu'on crût qu'il vomissait des flammes, ainsi, nouveau Salmonée, vous inondez de lumière toutes les voies que vous suivez, et vous nous reprochez d'être enveloppés de fumée, en nous appliquant ce que le Prophète dit à Dieu : « Vous touchez les montagnes, et voilà qu'elles fument. » Vous ne comprenez pas la signification dans le Prophète de la fumée des sauterelles, et que la beauté de vos yeux ne peut pas supporter l'amertume de notre fumée.

32. *Du serment dans un songe.* — Quant à l'accusation de parjure, puisque vous me renvoyez à votre recueil et que je vous ai répondu à vous et à Calpurnius, qu'il suffise de dire ici, en peu de mots, que vous exigez d'un homme endormi ce que vous n'avez jamais fait vous-même. Je suis accusé d'un grand crime en ce que j'ai dit à de jeunes filles et des vierges de Jésus-Christ qu'il ne fallait pas lire des livres profanes, et qu'averti en songe, j'avais promis de n'en pas lire moi-même. Votre vaisseau annoncé à la cité romaine par une révélation promet une chose et en produit une autre. Il était venu résoudre des questions de mathématiciens, et il dissout la foi des chrétiens. Après avoir couru à pleines voiles sur les mers d'Ionie, Egée, Adriatique et Tyrrhénienne, il a fait naufrage dans le port de Rome. N'avez-vous pas honte de discuter sur de pareilles extravagances, et de me contraindre à vous faire de pareilles objections? Soit, un autre avait eu à votre sujet un songe glorieux; la modestie et la prudence voulaient que vous dissimuliez cette nouvelle, au lieu de vous glorifier du rêve d'autrui, comme d'un grand témoi-

Aristippus nostri temporis, qui plenam cunctarum mercium navem Romano invehis portui, et sella publice posita, Hermagoram nobis, et Gorgiam exhibes Leontinum; dum navigare festinas, unius quæstiunculæ mercimonium in oriente oblitus es. Et iterum clamitas, et Aquileiæ atque Alexandriæ te didicisse jactas quod sit Deus et animarum et corporum creator. De hoc scilicet quæstio ventilatur, utrum Deus, an diabolus animas fecerit; et non utrum animæ ante corpora fuerint, quod vult Origenes, et egerint aliquid, propter quod sint crassis corporibus alligatæ; an in morem glirium torpentes consopitæque dormierint. Hæc taces quæ omnes flagitant; et ad illa respondes quæ nullus inquirit.

31. Fumos quoque meos frequenter irrides, eo quod simulem me scire quod nesciam, et enumeratione doctorum, rude vulgus illudam (al. *inducam*). Tu videlicet flammeus, imo fulmineus, qui in loquendo fulminas, flammas ore conceptas tenere non potes, atque ut ille « Bar-Chochabas, » auctor seditionis Judaicæ, stipulam in ore succensam anhelitu ventilabat, ut flammas evomere putaretur, ita et tu nobis, alter Salmoneus, omnia per quæ incedis illustras, et nos fumosos arguis, de quibus forte dicatur : « Qui tangis montes, et fumigant »; nec intelligis quid fumus in Propheta significet locustarum; et quod pulchritudo oculorum tuorum, amaritudinem fumi nostri ferre non potest.

32. *De sacramento in somnio.* — De crimine autem perjurii, quia me remittis ad codicem tuum, et ex magna parte in aliis libris, tibi, Calpurnioque respondi, nunc breviter dixisse sufficiat, te exigere a dormiente quod numquam vigilans præstitisti. Magni criminis reus sum, si puellis et virginibus Christi, dixi sæculares libros non legendos, et me in somnis commonitum promisisse ne legerem. Tua navis Romanæ urbi revelatione promissa, aliud pollicetur, et aliud efficit. Mathematicorum venerat solvere quæstiones, et solvit fidem Christianorum. Quæ per Ionium et Ægeum, Adriaticum atque Tyrrhenum (al. *additur mare*) plenis cucurrerat velis, in Romano portu naufragium fecit. Nonne te pudet istiusmodi deliramenta conquirere, et mihi similia objiciendi imponere necessitatem? Esto, alius de te somnium

gnage. Remarquez bien la différence qu'il y a entre votre songe et le mien. Moi, je raconte humblement que j'ai été réprimandé, tandis que votre jactance fait grand bruit d'une louange reçue. Vous ne pouvez pas dire : Ce qu'un autre a vu m'importe peu, puisque, dans vos livres si élégants, vous avouez que vous avez été poussé à écrire ces commentaires, pour qu'un homme illustre ne perdît pas le fruit du songe qu'il avait eu à votre sujet. Tous vos efforts tendent à prouver que vous n'êtes pas hérétique, en faisant voir que je suis parjure.

33. *Calomnie au sujet de l'infidélité.* — J'arrive à la plus grosse accusation, où vous me reprochez d'avoir été infidèle à l'amitié, après réconciliation. J'avoue que, de toutes les médisances que vous m'objectez ou dont vous me menacez, je ne dois rien récuser avec plus de soin que la fraude, le dol, l'infidélité. Pécher est le fait d'un homme : tendre des embûches, le fait d'un démon. Est-ce donc pour voler, à Rome, votre manuscrit, que nous avons mis notre main dans la vôtre, après l'immolation de l'Agneau sur l'autel de l'Anastase ? Est-ce pour lâcher les chiens qui devaient en déchirer les pages avant que vous les eussiez corrigées ? Est-il croyable que nous ayons enrôlé vos accusateurs avant que vous eussiez commis la faute ? Pouvions-nous connaître ce que vous méditiez au fond du cœur ? ce qu'un autre devait rêver de vous, en sorte que s'accomplit en vous le proverbe grec, et qu'un moins habile vous en remontrât ? Puisque j'avais tourné contre vous les aboiements d'Eusèbe, qui donc vous a mis en butte aux attaques acharnées d'Aterbius et des autres ? N'est-ce point celui qui me croyait hérétique moi-même, parce que vous vous disiez mon ami ? et quand je lui ai eu donné satisfaction, en condamnant les doctrines d'Origène, vous, au contraire, fermant votre porte, vous n'avez jamais osé le voir, soit pour ne pas condamner ce que vous ne vouliez pas condamner, soit pour ne pas vous charger, par une résistance ouverte, de tout l'odieux de l'hérésie. Ne pourra-t-il donc pas être témoin contre vous, parce qu'il vous accuse ? Avant que le vénérable Epiphane vînt à Jérusalem et vous donnât du bout des lèvres le baiser de paix, pendant qu'il cachait au fond du cœur tant de ruses mauvaises ; avant que, pour vous diffamer, je lui eusse dicté ces lettres où il vous traite d'hérétique, après avoir reconnu votre orthodoxie par son baiser, Aterbius aboyait déjà contre vous à Jérusalem, et, s'il n'était parti en toute hâte, il aurait senti le poids, non d'une lettre, mais de votre main, qui est l'arme avec laquelle vous avez coutume d'éloigner les aboyeurs.

34. *Les manuscrits non corrigés.* — « Pourquoi, dites-vous, avez-vous reçu mes tablettes falsifiées ? pourquoi, après que j'ai eu traduit le περὶ Ἀρχῶν, avez-vous eu la hardiesse de tourner votre plume contre cet ouvrage ? Deviez-vous, puisque je m'étais trompé, — l'homme n'est pas infaillible, — me circonvenir dans une lettre privée, et me

viderat gloriosum ; verecundiæ tuæ fuerat et prudentiæ dissimulare quod audieras, et non, quasi magno testimonio, alterius somnio gloriari. Vide quid inter tuum et meum intersit somnium. Ego me humiliter reprehensum refero, tu jactanter laudatum te esse congeminas. Nec dicere potes : Nihil mea refert quid alius viderit, cum in luculentissimis libris tuis, hac te ad interpretandum dicas ratione commotum, ne vir illustris de te somnium perderet. Hic est omnis conatus tuus ; si me perjurium docueris, tu hæreticus non eris.

33. *De infidelitate calumnia.* — Venio ad gravissimum crimen, in quo post reconciliatas amicitias, me infidelitatis accusas. Fateor, inter cuncta maledicta quæ vel objicis vel minaris, nihil a me ita repellendum est quam fraus, dolus, infidelitas. Peccare quidem hominis est : insidias tendere, diaboli. Ergo ideo in Anastasi immolato agno dexteras junximus, ut tuas Romæ schedulas furaremur ? ut immissi canes inemendatas chartulas, te dormiente, corroderent ? Et hoc credibile est, ante nos accusatores parasse quam tu crimen admitteres ? Scilicet noveramus quid in animo volveres ? quid alius de te somniatus esset ? Ut impleretur in te græcum proverbium, et (al. ut) sus doceret Minervam. Si Eusebium ego ad latrandum miseram, quis Aterbii (Mss. *Atarcii* et *Atarbii*) contra te et cæterorum rabiem concitavit ? Nonne ille est qui et me hæreticum ex tuis amicitiis judicabat ? Cui cum satis fecissem damnatione dogmatum Origenis, tu clausus domi, nunquam eum videre ausus es, ne aut damnares quod nolebas, aut aperte resistens, hæreseos invidiam sustineres. An idcirco testis contra te esse non poterit, quia accusator tui est ? Antequam sanctus Epiphanius venisset Hierosolymam, et ore quidem et osculo tibi pacem daret, mala autem et dolos in suo corde servaret ; antequam nos ei in suggillationem tui epistolas dictaremus, ut hæreticum scriberet, quem osculis orthodoxum comprobavit, Aterbius (al. *Atercius*) contra te latrabat Hierosolymis ; et nisi cito abiisset, sensisset baculum non litterarum, sed dexteræ tuæ, quo tu canes abigere consuevisti.

34. *De schedulis non emendatis.* — « Cur, inquit, falsatas meas schedulas suscepisti ? Quare post interpretationem meam, ausus es in libris περὶ Ἀρχῶν stylum figere ? num si erraveram ut homo, debuisti me privatis litteris convenire, et sic mihi blandiri,

flatter, comme je vous flatte moi-même dans mes lettres? » Là est toute ma faute, en ce que, inculpé par des louanges traîtresses, j'ai voulu me disculper sans jeter l'odieux sur vous, puisque je rapportais l'accusation que vous vous étiez seul attirée et que je me lavais du soupçon d'hérésie, mais sans vous en noircir vous-même. Pouvais-je deviner qu'écrire contre les hérétiques, c'était exciter vos colères? Vous aviez dit : J'ai retranché des livres d'Origène ce qui sentait l'hérésie; je ne vous croyais pas un défenseur des hérétiques, et c'est contre eux, non contre vous, que je me suis élevé; si j'y ai mis trop de véhémence, pardonnez-le-moi : je croyais en cela plaire à tous, même à vous. Ce sont, dites-vous, des créatures à moi qui ont dérobé par fraude et répandu dans le public vos tablettes, que vous gardiez dans le secret de votre cabinet, ou que possédait celui-là seul qui avait sollicité de vous ce travail. D'où vient que plus haut vous aviez avoué, ou que personne ne les avait, ou qu'elles étaient aux mains d'un bien petit nombre? Si vous les gardiez dans le secret de votre cabinet, pourquoi étaient-elles chez celui qui vous avait demandé ce travail? Et si la personne pour qui elles avaient été écrites les avait reçues pour les cacher, elles étaient donc ailleurs que dans votre cabinet, et pourtant elles n'étaient pas aux mains de ce petit nombre d'amis qui les avaient, d'après votre précédent aveu. Vous prétendez qu'elles ont été volées, et puis vous m'accusez de les avoir acquises au poids de l'or et au prix de tous les sacrifices. Sur un seul point et dans une courte lettre, quelle variété d'allégations discordantes et mensongères! Il vous serait permis d'accuser, et je ne pourrais pas me défendre? Puisque vous m'inculpez, vous ne me croyez pas votre ami; c'est quand je réplique que les droits de l'amitié vous viennent à l'esprit. Mais ces tablettes, s'il vous plaît, les aviez-vous écrites pour les cacher ou pour les publier? si c'est pour les cacher, pourquoi les écrire? si c'est pour les publier, pourquoi les cacher?

35. *Il s'est mis en garde contre le soupçon d'hypocrisie.* — Mais je suis répréhensible, en ce que je n'ai pas contenu ceux de vos accusateurs qui sont mes amis. Faut-il produire leurs lettres où ils m'accusent de dissimulation, parce que je me taisais, vous sachant hérétique, et que je fomentais la guerre civile dans l'Eglise, en vous accordant une paix imprévoyante? Vous appelez mes disciples ceux qui me soupçonnent d'être votre condisciple, et qui, parce que j'ai mis trop de ménagement à repousser vos éloges, me croient votre complice. Voilà pour moi le fruit de votre prologue, votre amitié m'a été plus préjudiciable que votre inimitié. Ils sont convaincus, — à eux de voir si c'est à tort ou à raison, — que vous êtes hérétique. Si je voulais vous défendre, je n'obtiendrais qu'un résultat, celui d'être accusé comme vous. Enfin, ils m'objectent votre panégyrique, pensant que vous avez écrit, non pour me tendre un piége, mais en toute sincérité, et ils inculpent à faux avec force tout ce que vous avez autrefois toujours

quomodo et ego tibi nunc in epistolis meis blandior? » Hæc tota mea culpa est, quare subdolis laudibus accusatus, purgare me volui, et hoc sine invidia nominis tui : ut quod tu solus accusaveras, ad multos referrem, non tibi hæresim objiciens, sed a me repellens. Numquid scivi quod irascereris si contra hæreticos scriberem? Dixeras te de Origenis libris hæretica sustulisse; fautorem te hæreticorum jam non esse credebam, et ideo non in te, sed in hæreticos invectus sum; in quo si vehementior fui, ignosce mihi. Putavi quod et tibi placerem. Furto et insidiis ministrorum meorum dicis schedulas tuas in publicum prolatas fuisse, quæ latebant in cubiculo tuo, vel apud eum solum erant qui rem sibi geri injunxerat. Et quomodo supra confiteris quod aut nullus eas habuerit, aut admodum pauci? Si in cubiculo tuo latebant, qua ratione apud eum erant qui sibi rem geri injunxerat? Sin autem unus cui scriptæ fuerant occultandas susceperat, ergo non latebant tantum in cubiculo tuo, nec habuerunt eas pauci, quos habuisse testatus es. Furto sublatas arguis; et rursum emptas grandi pecunia et infinitis mercibus criminaris. In una re et in parva epistola, quanta varietas et dissonantia mentiendi! Tibi licet accusare, mihi defendere non licebit? Quando criminaris, amicum non cogitas. Quando respondeo, tunc tibi jus amicitiæ in mentem venit. Dic, oro te, celandas schedulas scripseras, an prodendas? si ut celares, cur scripsisti? si ut proderes, cur celabas?

35. *Cavit suspicionem hypocriseos.* — Sed in eo reprehendendus sum : quare accusatores tuos amicos meos non coercuerim. Vis tibi proferam litteras eorum, in quibus me hypocriseos arguunt, quod te sciens hæreticum, tacuerim; quod dum pacem incautus præbeo, intestina Ecclesiæ bella suscepi? Tu discipulos vocas, qui me tuum condiscipulum suspicantur. Et quia parcior fui in refellendis laudibus tuis, putant me tuum esse symmysten. Hoc mihi prestitit prologus tuus, ut plus me amicus læderes quam inimicus. Semel sibi persuaserant (recte an perperam ipsi viderint) te esse hæreticum. Si defendere voluero, hoc solum proficiam, ut me tecum pariter accusent. Denique mihi objiciunt laudationem tuam, et te non putant insidiose scripsisse, sed vere :

vanté en moi. Que voulez-vous que je fasse ? que pour vous décharger, je fasse de mes disciples vos accusateurs; que j'expose ma poitrine aux traits lancés contre un ami ?

36. Vous devez même me rendre grâce au sujet du περὶ Ἀρχῶν. Vous avez en effet, vous le dites vous-même, reproduit ce qu'il y a de meilleur, après suppression de tous les passages nuisibles, tandis que j'ai tout rapporté tel que le donne le texte grec. Par là sont mises en lumière et votre foi et l'hérésie de l'auteur que vous avez traduit. Des hommes considérables en Jésus-Christ, *Pammachius* et *Océanus*, m'écrivaient de Rome : Répondez aux attaques, pour que votre silence ne paraisse pas un assentiment à de telles opinions. Tous me demandaient unanimement de dévoiler les impostures d'Origène, et de mettre ainsi en garde les cœurs des Romains contre les poisons de l'hérésie. Qu'y a-t-il là d'injurieux pour vous ? Avez-vous seul traduit les livres d'Origène, et d'autres n'ont-ils pas fait ce travail comme vous ? Etes-vous aussi l'un des Septante, qu'après votre édition, il soit interdit à tout autre d'interpréter ? J'ai moi-même, ainsi que vous le dites, traduit en latin beau nombre de textes grecs : vous pouvez à votre tour les traduire comme vous l'entendrez. Chacun est responsable du bien et du mal qu'il fait. Il en serait de même à votre égard, si vous n'aviez pas dit que vous aviez retranché les passages entachés d'hérésie, pour ne rapporter que les meilleurs. Là est pour vous le nœud gordien qui ne se peut défaire. Puisque votre erreur est le fait de la faiblesse humaine, condamnez votre opinion antérieure.

37. *Livres latins traduits en grec par Rufin.* — Mais que ferez-vous de l'Apologétique que vous avez écrite en faveur des œuvres d'Origène et du volume d'Eusèbe ? Quoique vous y ayez fait beaucoup de changements en traduisant les écrits d'un hérétique sous le nom d'un martyr, vous y avez néanmoins émis bien des assertions qui sont en désaccord avec la foi de l'Eglise. Vous traduisez en grec des livres latins, et vous nous interdiriez de donner à ceux de notre langue les écrits étrangers ? Si je vous avais répondu à propos d'un autre travail où vous ne m'auriez pas offensé, on aurait pu croire que je traduisais ce que vous aviez déjà traduit pour vous faire injure, en montrant votre inhabileté ou votre fourberie. Mais voici bien un autre genre de plainte : vous vous plaignez que je vous aie répondu par l'ouvrage même dans lequel vous m'avez accusé. On disait que votre interprétation avait porté le trouble dans Rome, tous me demandaient le remède à ce mal ; non pas que ma voix eût quelque importance, mais ceux qui s'adressaient à moi avaient cette croyance. Vous, le traducteur, vous étiez un ami. Que pouvais-je faire ? Vaut-il mieux obéir à Dieu, ou aux hommes ? *Act.* v, 29 ; défendre le trésor du Seigneur, ou céler le larcin d'un compagnon d'esclavage ? Ne pourrai-je vous apaiser autrement qu'en me faisant votre complice pour un

et quod tu in me semper ante laudabas, vehementer insimulant. Quid me vis facere ? ut discipulos accusatores pro te habeam ; ut contorta in amicum jacula, meo suscipiam pectore ?

36. De libris autem περὶ Ἀρχῶν debes mihi et gratias agere. Tu enim, ut dicis, noxia quæque detruncans, meliora posuisti. Ego ita ut habebantur in Græco, expressi. Ex quo et tua apparet fides ; et ejus quem interpretatus es, hæresis. Scribebatur mihi de Urbe a viris « Pammachio et Oceano » in Christo præcipuis : Responde criminanti, ne, si tacueris, consensisse videaris. Consona omnes voce poscebant, ut Origenis versutias proderem, ut (al. *et*) venena hæreticorum Romanis auribus cavenda monstrarem. Quid hoc ad injuriam tuam pertinet ? Num solus interpretatus es istos libros, et alios hujus operis non habes participes ? Numquid et tu de Septuaginta interpretibus es, ut post editionem tuam aliis transferre non liceat ? Ecce et ego multos, ut dicis, libellos de Græco in Latinum transtuli : habes potestatem et tu rursum eos vertendi, ut volueris ; et bona enim et mala suo imputantur auctori. Quod et in te fieret, nisi dixisses te amputasse hæretica et optima transtulisse. Hic est enim nodus tuus, qui solvi non potest. At (al. *Aut*) si errasti ut homo, priorem damna sententiam.

37. *Latinos libros vertebat in Græcum Rufinus.* — Sed quid facies de Apologetico tuo, quem pro Origenis scripsisti operibus ? Quid de volumine Eusebii ? in quo quum multa mutaveris, et, sub nomine martyris, hæretici hominis scripta transtuleris, tamen plura posuisti, quæ Ecclesiasticæ fidei non conveniunt. Tu etiam Latinos libros in Græcum vertis : nobis dare nostris externa prohibebis ? Si in alio opere respondissem, in quo me non læseras, videri poteram in injuriam tuam transferre quod verteras ; ut te vel imperitum, vel subdolum demonstrarem. Nunc vero novum querimoniæ genus : doles tibi in eo esse responsum, in quo a te accusatus sum. Dicebatur ad interpretationem tuam Roma subversa, postulabant omnes a me hujus rei remedium. Non quo ego alicujus momenti essem ; sed qui petebant, me esse aliquid arbitrabantur. Tu amicus eras, qui illa transtuleras ; quid me vis facere ? Obedire Deo magis oportet, an hominibus ? *Act.* v, 29. Domini custodire substantiam, an furtum celare

acte coupable? Si vous n'aviez en rien cité mon nom, si vous ne m'aviez comblé d'éloges, je pouvais m'esquiver et alléguer divers prétextes pour ne pas traduire de nouveau ce qui l'était déjà. C'est vous, mon ami, qui m'avez obligé à perdre quelques jours à ce travail, et à produire en public ce qu'il eût mieux valu que Charybde dévorât ; et cependant, bien que lésé, j'ai respecté en vous les droits de l'amitié, et, autant que je l'ai pu, je me suis défendu sans vous accuser. C'est trop de méfiance, trop de penchant à vous plaindre, que de vous appliquer des paroles prononcées pour flétrir les hérétiques ; si je ne puis être votre ami qu'à la condition d'être en même temps celui des hérétiques, le joug de votre inimitié me sera plus léger que celui de leurs bonnes grâces.

38. *Sur la lettre à Rufin.* — Vous pensez aussi que j'ai commis un nouveau mensonge en composant sous mon nom, comme si je l'avais écrite autrefois, une lettre qui vous était adressée et que vous n'avez jamais reçue, dans le but de faire croire à ma bonté et à ma modération. Ici, la preuve est des plus faciles. Plusieurs à Rome, depuis trois ans environ, ont des exemplaires de cette lettre; ils ne voulurent pas vous l'envoyer, sachant les bruits que vous accréditiez à mon endroit, tout ce que vous inventiez d'abominable et d'indigne d'une bouche chrétienne. Moi qui ne savais rien, j'écrivais comme on écrit à un ami. S'ils ne vous remirent pas la lettre, c'est qu'ils vous savaient mon ennemi; ils usaient de ménagement, et à cause de mon ignorance et à cause de vos remords. Vous, aussitôt, vous concluez que, si je vous avais adressé une lettre semblable, je n'aurais pas dû dire tant de mal de vous dans un autre écrit. Toute votre erreur, et c'est ce qui justifie vos plaintes, vient de ce que vous prenez pour vous ce que nous disons contre les hérétiques, et que vous vous tenez pour offensé si nous ne les épargnons pas. Est-ce vous refuser du pain que lancer la pierre à la tête des hérétiques? Puis, pour ne pas souscrire à ma lettre, vous prétendez que celle du pape Anastase, au sujet de laquelle je vous ai déjà répondu, a été le résultat d'une fraude semblable. Puisque vous supposez qu'elle n'est pas de lui, il vous est facile de me convaincre d'imposture auprès de lui-même. Mais si elle est de lui, comme le prouvent celles qu'il a écrites contre vous cette année même, en vain et mensongèrement essayez-vous de la prétendre fausse, et, par l'authenticité de sa lettre, je prouve l'authenticité de la mienne.

39. *Les disciples de Pythagore. Préceptes et symboles pythagoriciens. Ce que, chez les Grecs, Pythagore a découvert le premier.* — En excusant votre mensonge, vous avez voulu être plein de délicatesse, et, pour ne pas produire les six mille livres d'Origène, vous exigez que je vous cite les monuments de Pythagore. Qu'est devenue cette confiance grâce à laquelle vous embouchiez la trompette pour vous vanter à tout instant d'avoir corrigé le περὶ Ἀρχῶν d'après ce que vous aviez

conservi? Aliter te non placabo, nisi et ego tecum accusanda commisero? Si nullam fecisses mei nominis mentionem, si me non ornasses egregiis laudibus, poteram aliquod habere suffugium, et diversa obtendere, ne rursus interpretata transferrem. Tu me, amice, compulisti, ut aliquot dies in hoc opere perderem, ut proferrem in medium quod Charybdis debuit devorare; et tamen læsus, amicitiæ in te jura servavi, et quantum in me fuit, sic me defendi, ut te non accusarem. Tu nimium suspiciosus et querulus, qui dicta in hæreticos ad tuam refers contumeliam. Quod si aliter amicus tuus esse non possum, nisi et hæreticorum amicus fuero, levius tuas inimicitias, quam illorum amicitias sustinebo.

38. *De epistola ad Rufinum.* — Novum quoque me putas finxisse mendacium, ut epistolam ad te meo nomine componerem, quasi olim scriptam, quo bonus esse videar et modestus; quam tu nunquam omnino susceperis. Hæc res perfacile probari potest. Multi Romæ ejus exemplaria habent, ante hoc circiter triennium, qui tibi eam mittere noluerunt, scientes quæ de meo nomine jactitares, et quam indigna proposito Christiano ac nefanda confingeres. Ego scripsi nesciens, quasi ad amicum. Illi non reddiderunt ei, quem inimicum noverant; parcentes et meo errori, et tuæ conscientæ. Et simul argumentaris, quod si talem tibi epistolam scripseram, non debueram contra te in alio libello multa mala scribere. Hic est totus error tuus, et hæc justa querimonia: quod quæ nos in hæreticos dicimus, tu in te dicta confingis; et nisi illis pepercerimus, te putas esse violatum. An ideo panem tibi non damus, quia hæreticorum cerebro lapidem illidimus? Et ut nostram epistolam non probes, papæ quoque Anastasii simili dicis fraude subnixam, de qua tibi ante respondi; quam si suspicaris ipsius non esse, habes ubi apud eum nos arguas falsitatis. Sin autem ejus est, ut hujus quoque anni contra te epistolæ probant, frustra et falso falsam arguere niteris, cum ex illius vera epistola, nostram veram esse doceamus.

39. *Pythagoræ discipuli. Pythagorica præcepta et symbola. Quid apud Græcos invenit primus Pythagoras.* — In excusando mendacio tuo (al. *mendacium tuum*), quam elegans esse voluisti, et ne sex millia Origenis libros proferas, Pythagoræ a me exigis monumenta. Ubi est illa fiducia, qua inflatis buccis creberrime personabas, te quæ in aliis libris Origenis legeras, emendasse in libris περὶ Ἀρχῶν,

lu dans les autres traités d'Origène, et de l'avoir complété, non par des emprunts faits au dehors, mais par ce qui est à lui-même? De toute cette forêt de livres, vous ne pouvez montrer un seul rejeton, le moindre rameau. Voilà les fumées, voilà les nuages que j'anéantis et dissipe autour de vous, remarquez-le, alors que vous m'accusez de m'en envelopper. Mais votre orgueil, rudement frappé, ne se courbe pas pour si peu: avec une effronterie plus grande que votre ignorance, vous affirmez que je nie ce qui est de toute évidence, alors qu'après avoir promis des montagnes d'or, vous ne pouvez tirer de vos trésors pas même une vile obole. Votre haine contre moi n'est pas sans cause, je le reconnais, et vous obéissez à une véritable rage contre nous. Si je n'avais l'audace d'exiger que vous produisiez ce qui n'existe pas, vous passeriez pour posséder ce que vous n'avez point. Vous me demandez quels sont les livres de Pythagore. Qui vous a donc dit qu'il existe des volumes de lui? Dans ma lettre, que vous incriminez, n'y a-t-il pas ces mots: « Mais admettez que j'ai erré dans ma jeunesse, et que versé dans l'étude des philosophes, c'est-à-dire des lettres païennes, à mon entrée dans la foi, j'ignorais les dogmes chrétiens et pensais qu'il y avait chez les Apôtres ce que j'avais lu dans Pythagore, Platon et Empédocle. » Je n'ai pas parlé de leurs ouvrages, mais de leurs doctrines, que j'ai pu apprendre dans Cicéron, Brutus et Sénèque. Lisez le discours pour Vatinius, et les autres où il est fait mention des fraternités pythagoriciennes; feuilletez les dialogues de Cicéron; jetez les yeux sur cette partie de l'Italie qui s'appelait autrefois la Grande-Grèce; vous reconnaîtrez que les doctrines des pythagoriciens sont gravées dans la littérature nationale comme sur de l'airain. De qui sont les *Vers dorés?* N'est-ce point de Pythagore, dont ils résument toute la doctrine, si bien que le philosophe Jamblique les a commentés dans un ouvrage très-étendu, imitant en partie Moderatus, homme d'une rare éloquence, Archippus et Lysidès, auditeurs de Pythagore. Archippus et Lysidès eurent des écoles en Grèce, à Thèbes, et, conservant en leur mémoire les préceptes du maître, puisaient dans leurs souvenirs, qui leur tenaient lieu de ses livres. Voici une de leurs maximes: Φυγαδευτέον πάσῃ μηχανῇ, καὶ περικοπτέον πυρὶ καὶ σιδήρῳ καὶ μηχαναῖς παντοίαις, ἀπὸ μὲν σώματος νόσον, ἀπο δὲ ψυχῆς ἀμαθίαν, κοιλιας δὲ πολυτέλειαν, πολεως δὲ στάσιν, οἴκου δὲ διχο-

et non aliena, sed sua reddidisse suis? De tanta librorum silva unum fruticem ac surculum proferre non potes. Illi sunt veri fumi, hæ nebulæ, quas dum in me criminaris, in te exstinctas dissipatasque per me cognoscis, nec fractam cervicem dejicis, sed majori impudentia, quam imperitia, dicis me denegare, quæ in promptu sunt, ut cum montes aureos pollicitus fueris, ne scorteum quidem nummum de thesauris tuis proferas. Justa contra me odia recognosco, et vera in nos debaccharis insania. Nisi enim ego quod non est, audacter exigerem, tu videbaris habere quod non habes. Pythagoræ a me libros flagitas. Quis enim tibi dixit illius exstare volumina? Nonne in epistola mea, quam criminaris, hæc verba sunt? « Sed fac me errasse in adolescentia, et philosophorum, id est, Gentilium studiis eruditum, in principio fidei ignorasse dogmata Christiana, et hoc putasse in Apostolis, quod in Pythagora et Platone et Empedocle legeram. » De dogmatibus eorum, non de libris locutus sum, quæ potui in Cicerone, Bruto, ac Seneca discere. Lege pro Vatinio oratiunculam, et alias ubi (*a*) sodalitiorum mentio fit. Revolve dialogos Tullii. Respice omnem oram Italiæ, quæ quondam magna Græcia dicebatur: et Pythagoricorum dogmatum incisa publicis litteris æra cognosces. Cujus enim sunt illa χρυσᾶ παραγγέλματα? nonne Pythagoræ? in quibus omnia ejus breviter dogmata continentur, et in quæ latissimo opere philosophus commentatus est Jamblichus, imitatus ex parte Moderatum virum eloquentissimum, et Archippum ac Lysidem Pythagoræ auditores. Quorum Archippus ac Lysides in Græcia, id est, Thebis scholas habuere, qui memoriter tenentes præcepta doctoris, ingenio pro libris utebantur; a quibus illud est: (*b*) Φυγαδευτέον πάσῃ μηχανῇ, και περικοπτέον πυρι και σιδήρῳ και μηχαναῖσ

(*a*) De Sodalitiis Pythagoræorum Justinus lib. xx: *Sed triginta ex juvenibus cum sodalitio jure sacramento quodam nexi, separatam a cæteris civibus vitam exercerent*, etc. Vide etiam A. Gellium lib. 1, c. 9. De iisdem multa dixerat Cicero in Oratione pro Vatinio, quod ipse Vatinius se jactabat Pythagoræum, ut idem Cicero in oratione contra Vatinium testatur. Cujus Orationis pro Vatinio meminit Valerius Maximus lib. iv, c. 2. (*Edit. Mign.*)

(*b*) Φυγαδευτέον πάσῃ, etc. Verba isthæc Græca Erasmo ac Mariano ignorata prorsus; quia e mss. exemplaribus non sine labore ac capitis dolore nobis eruenda reliquerunt. Maluerunt illi aliena fingere, et in contextum Hieronymi obtrudere multa falsa, quam diligenti indagatione genuina restituere. In hunc igitur modum depravatum edidere Hieronymum: Φευκτέον παντάπασι καὶ ἐκκοπτέον ἀσθενείαν μὲν τοῦ σώματος, ἀπαιδευσίαν δὲ τῆσ ψυχῆσ, ἀκολασίαν δὲ τοῦ γαστρόσ, στάσιν δὲ τῆσ πόλεωσ, τὴν δὲ διαφωνίαν τῆσ οἰκίασ, καὶ κοινῇ ἀπὸ πάντων τὸ ἀκρατέσ, quod, etc. Hæc sunt Erasmi fabulosa Græca vocabula, quibus jamdiu fucum fecit omnibus, qui putabant eum edidisse Opera Hieronymiana ad fidem vetustissimorum codicum; non ex meris atque futilibus suis conjecturis. Cæterum omittunt exemplaria mss. quæ clauduntur uncinatis lineis; quæque nos supplenda docuerunt Latina Hieronymi. MARTIAN.

φροσύνην, ὁμοῦ δὲ πάντων ἀμετρίαν. Ce que nous pouvons ainsi traduire : « Il faut éloigner par tous les moyens et retrancher la langueur du corps, l'ignorance de l'esprit, la luxure du ventre, la sédition de la cité, la discorde de la famille, et en général l'intempérance en quoi que ce soit. » Voici encore des maximes pythagoriciennes : « Entre amis, tout est commun. Un ami est un autre soi-même. Il faut avoir le plus grand souci de deux temps, le matin et le soir, c'est-à-dire de ce que nous avons fait et de ce que nous devons faire. Après celui de Dieu, c'est le culte de la vérité qu'il faut avoir, parce qu'il n'y a qu'elle qui rapproche les hommes de Dieu. » Et ces sentences énigmatiques qu'Aristote étudie fort attentivement dans ses écrits : « N'outrepassez pas la balance ; » c'est-à-dire, « ne franchissez pas les bornes de la justice. « N'excitez pas le feu avec le glaive ; » c'est-à-dire, « n'irritez point par des paroles mauvaises un homme enflé des vapeurs de la colère. » « Il ne faut pas priver une couronne de ses fleurs ; » c'est-à-dire, « il faut défendre en commun les lois. » « Il ne faut pas manger son cœur ; » c'est-à-dire, « il faut rejeter la tristesse de son esprit. » « Lorsque vous serez parti, ne revenez pas ; » c'est-à-dire, « après la mort, ne regrettez pas cette vie. » « Ne marchez pas par la voie publique ; » c'est-à-dire, « ne suivez pas les erreurs du grand nombre. » « Il ne faut pas recevoir d'hirondelle en sa maison ; » c'est-à-dire, « il ne faut pas introduire sous son toit les hommes bavards et de beaucoup de paroles. » « Il faut mettre le fardeau sur ceux qui sont chargés, et n'en point faire part à ceux qui se déchargent ; » c'est-à-dire, « il faut augmenter les préceptes pour ceux qui progressent dans la vertu, et abandonner ceux qui se livrent à l'oisiveté. » J'ai dit que j'avais lu les maximes pythagoriciennes ; écoutez donc ce que Pythagore a découvert le premier, parmi les Grecs : Les âmes sont immortelles, et passent d'un corps dans un autre. Virgile, d'après la même croyance, dit au sixième livre de l'Enéide : « Chaque fois que le temps a parcouru un cercle de mille années, Dieu évoque toutes ces âmes en une troupe innombrable aux bords du fleuve Léthé, afin qu'y buvant l'oubli, elles puissent revoir notre machine ronde, après avoir éprouvé de nouveau le désir de retourner dans les corps. »

40. *Autres maximes de Pythagore. Origène a transporté Platon dans ses livres.* — Je fus d'abord Euphorbe, dit Pythagore, en second lieu Callidès, puis Hermotimus, ensuite Pyrrhus, et en dernier lieu Pythagore ; après certains laps de temps, chaque chose redevient ce qu'elle avait été, et il n'y a rien de neuf sous le soleil ; la philosophie est la méditation de la mort, où l'on s'efforce chaque jour de dégager la liberté de l'âme de la prison du corps ; μαθήσεις ἀναμνήσεις, c'est-à-dire, les sciences sont des réminiscences ; et bien d'autres propositions que Platon discute dans ses traités, notamment dans le Phédon et dans

παντοίαις, ἀπὸ μὲν σώματος νόσον, ἀπὸ δὲ ψυχῆς ἀμαθίαν, κοιλίας δὲ πολυτέλιαν, πόλεως δὲ στάσιν, οἴκου δὲ διχοφροσύνην, ὁμοῦ δὲ πάντων ἀμετρίαν. Quod in Latinum ita possumus vertere : « Fuganda sunt omnibus modis et abscindenda, languor a corpore, imperitia ab animo, luxuria a ventre, a civitate seditio, a domo discordia, et in commune a cunctis rebus intemperantia. » Pythagorica et illa præcepta sunt : « Amicorum omnia esse communia. Et Amicum seipsum esse alterum : duorumque temporum maxime habendam curam, mane et vesperi, id est, eorum quæ acturi sumus, et eorum quæ gesserimus. Post Deum veritatem colendam, quæ sola homines Deo proximos faciat. » Illaque ænigmata, quæ diligentissime Aristoteles in suis libris prosequitur : « Stateram ne transilias, id est, ne prætergrediare justitiam. Ignem gladio ne fodias ; iratum videlicet et tumidum animum verbis maledicis ne lacessas. Coronam minime carpendam, id est, leges urbium conservandas. Cor non comedendum, id est, mœrorem de animo projiciendum. Cum profectus fueris, inquit, ne redeas ; id est, post mortem vitam istam ne desideres. Per viam publicam ne ambules ; id est, ne multorum sequaris errores (al. *errorem*). Hirundinem in domum non suscipiendam ; id est, garrulos et verbosos homines sub eodem tecto non habendos. Oneratis superponendum onus, deponentibus non communicandum ; id est, ad virtutem incedentibus augmentanda (al. *augenda*) præcepta, tradentes se otio relinquendos. » Et quia Pythagorica dogmata legisse me dixeram, audi quid apud Græcos Pythagoras primus invenerit : Immortales esse animas, et de aliis corporibus transire in alia. Quod quidem et Virgilius in sexto Æneidos volumine sequens loquitur :

Has omnes, ubi mille rotam volvere per annos,
Lethæum ad fluvium Deus evocat agmine magno ;
Scilicet immemores supera ut convexa revisant,
Rursus et incipiant in corpora velle reverti.

40. *Pythagoræ alia dogmata. Origenes in libros suos Platonem transtulit.* — Se primum fuisse Euphorbum, secundo Callidem, tertio Hermotimum, quarto Pyrrhum, ad extremum Pythagoram ; et post certos temporum circulos, ea quæ fuerant, rursum fieri ; nihilque in mundo videri novum. Philosophiam meditationem esse mortis ; quotidie de corporis carcere nitentem animæ educere libertatem ; μαθήσεις

le Timée. Après avoir fondé l'Académie, où il eut des disciples sans nombre, Platon comprit que sa doctrine était encore fort incomplète ; il vint dans la Grande-Grèce, et là, instruit de la doctrine de Pythagore par Archytas de Tarente et Timée de Locres, il maria leurs enseignements précis avec les élégantes et délicates théories de Socrate, et c'est là évidemment ce qu'Origène a, sous un titre différent, réuni dans son περὶ Ἀρχῶν. Où est donc mon erreur si j'ai dit qu'en ma jeunesse j'avais cru que des propositions que j'avais lues dans Pythagore, Platon et Empédocle, étaient aussi dans la doctrine des Apôtres? Je n'ai pas dit, comme vous le supposez calomnieusement, que je les avais lues dans les livres de Pythagore, de Platon et d'Empédocle, mais que les écrits d'autres auteurs m'avaient appris que ces livres les contenaient. Cette manière de parler est des plus fréquentes ; comme si je disais : J'ai cru vraies les propositions que j'ai lues dans Socrate. Non pas que Socrate ait écrit aucun livre ; mais il professa les opinions que j'ai lues dans Platon et ses autres disciples. Ou encore : J'ai voulu imiter les exploits que j'avais lus d'Alexandre et de Scipion. Non qu'ils aient eux-mêmes écrit leurs hauts faits ; mais j'ai lu dans d'autres le récit des actions que j'admire en eux. Par conséquent, quand bien même je ne pourrais pas faire voir qu'il existe des œuvres de Pythagore lui-même, et prouver qu'elles ont été reconnues par son fils et sa fille et par ses autres disciples, vous ne me convaincriez pas de mensonge, puisque j'ai dit avoir lu, non pas ses livres, mais ses doctrines. C'était une lourde erreur de croire que j'aurais consenti à excuser votre mensonge et à vous tenir quitte des six mille livres d'Origène, parce que je ne pourrais pas citer un seul ouvrage de Pythagore.

41. *Rufin menaçait Jérôme de le perdre.* — J'arrive à vos conclusions, c'est-à-dire à vos médisances, sur lesquelles vous m'exhortez au repentir ; et, si je ne me convertis point, c'est-à-dire si je ne garde le silence devant vos accusations, vous me menacez de me perdre. Vous annoncez que ce scandale retomberait sur ma tête, parce que, par ma réponse à vos assertions, je vous aurais provoqué, vous le plus doux des hommes, doué de la mansuétude d'un Moïse. Vous vous vantez, en effet, de savoir des crimes que je n'ai avoués qu'à vous seul, mon meilleur ami, et vous les divulgueriez hautement ; vous me montreriez sous mon jour véritable, et je dois me souvenir que je me suis jeté à vos pieds pour que le glaive de votre parole ne décapitât point mon honneur. Après bien d'autres excès où vous épanchez vos fureurs, vous revenez à vous, et vous dites que vous désirez la paix, mais à la condition expresse que je me tairai à l'avenir, c'est-à-dire que je n'écrirai pas contre les hérétiques, et que je n'oserai pas répondre à votre accusation. Si j'agis ainsi, je serai votre frère et collègue, l'homme le plus éloquent, votre ami et consort, et, qui plus est, vous tiendrez pour orthodoxe tout ce que j'ai

ἀναμνήσεις ; id est, « discentias reminiscentias esse ; » et multa alia, quæ Plato in libris suis, et maxime in Phædone Timæoque prosequitur. Nam post Academiam et innumerabiles discipulos, sentiens multum suæ deesse doctrinæ, venit ad magnam Græciam, ibique ab Archyta Tarentino et Timæo Locrensi Pythagoræ doctrina eruditus, elegantiam et leporem Socratis cum hujus miscuit disciplinis, quæ omnia nomine commutato, Origenes in libros suos περὶ Ἀρχῶν transtulisse convincitur. In quo igitur erravi, si adolescens dixi, me ea putasse in Apostolis, quæ in Pythagora et Platone et Empedocle legeram ? Non ut tu calumniaris et fingis, in Pythagoræ et Platonis et Empedoclis libris, sed quæ in illis fuisse legeram, et aliorum me scripta eos habuisse docuerunt. Et hoc genus elocutionis frequentissimum est ; ut si dicam : Quæ in Socrate legi dogmata, putavi vera. Non quod Socrates libros ullos scripserit ; sed quæ legi apud Platonem et alios Socraticos illum habuisse. Et rursum : Imitari volui gesta, quæ in Alexandro et Scipione legeram. Non quod ipsa sua gesta descripserint ; sed quod apud alios legerim, quæ illos gessisse mirabar. Igitur etiam si docere non possem, ipsius Pythagoræ exstare monumenta, nec a filio ejus ac filia, aliisque discipulis probata convincerem, me non teneres mendacii, quia non libros, sed dogmata legisse me dixi ; et te frustra errare, me tuum protegere mendacium voluisse, ut nisi ego unum librum Pythagoræ protulero, tu sex millia Origenis libros perdideris.

41. *Minabatur Hieronymo interitum Rufinus.* — Veniam ad epilogos, id est, maledicta tua, in quibus me ad pœnitentiam cohortaris, et nisi conversus fuero, id est, nisi te accusante siluero, mihi minaris interitum. Et hoc scandalum redundaturum in caput meum denuntias, qui te hominem lenissimum et Mosaicæ mansuetudinis, responsione mea ad scriptionis insaniam provocaverim. Scire enim te jactas crimina, quæ tibi soli amicissimo sim confessus, et hæc in medium prolaturum ; meisque me coloribus esse pingendum, et debere meminisse, quod jacuerim ad pedes tuos, ne gladio oris tui amputares caput meum. Et post multa, in quibus furibundus exsultas, revocas te, et dicis optare pacem cum denuntiatione duntaxat, ut deinceps taceam, id est, ut non scribam contra hæreticos, nec audeam res-

traduit d'Origène; mais si je ne suis pas muet, si je m'émeus en rien, je serai aussitôt impur, hérétique, indigne de vos bonnes grâces. Voilà les causes signifiées, c'est ainsi que vous m'engagez à la paix, en n'accordant même pas à ma douleur la liberté de gémir et de pleurer.

42. *Excès de la médisance censurés. Fulvie et Hérodiade.* — Je pourrais, moi aussi, vous peindre avec vos propres couleurs; répondre à l'insanité par l'insanité; dire tout ce que je sais ou tout ce que je ne sais pas; avec la même licence, ou plutôt la même démence furieuse, entasser le faux et le vrai, jusqu'à rougir de dire ce que vous rougiriez d'entendre; vous charger de tout ce qui peut vous condamner et comme accusateur et comme accusé, pour en imposer au lecteur par mon effronterie, et faire croire que j'ai écrit la vérité, parce que j'aurais menti avec impudence. Mais les chrétiens, qui ont à lutter contre les ennemis du dehors, ne doivent pas s'égorger entre eux; même sans user du glaive, même par la pensée, ils ne doivent pas être homicides. Cela ne peut convenir qu'à votre bonté, à votre mansuétude, à votre loyauté à vous, qui, du même fumier de votre cœur, tirez le parfum des roses et l'infection des cadavres, et contrairement à la parole du Prophète, *Isai.* v, accusez d'être amer ce que vous aviez loué comme plein de douceur. Il n'est pas nécessaire que nous agitions dans des traités religieux une question qui ressortit aux tribunaux. Là-dessus, je ne vous opposerai rien autre que ce dicton trivial : « Lorsque vous aurez dit ce que vous voulez, vous entendrez ce que vous ne voudriez pas. » Si ce vulgaire proverbe vous paraît trop bas, et qu'en homme de bon goût vous aimiez mieux les sentences des philosophes et des poètes, lisez ce vers d'Homère : « La demande qu'on fait vaut la réponse qu'on reçoit. » Je ne sollicite qu'un renseignement de vous, le saint le plus parfait, le censeur dont la pureté est si grande que les démons rugissent à l'aspect de la ceinture qui garde vos trésors de chasteté : De qui donc imitez-vous l'exemple en vos écrits? Qui, d'entre les catholiques, dans les discussions d'opinions, a jamais opposé ses dérèglements à l'adversaire qu'il combat? Ce sont là les enseignements de vos maîtres? Vous a-t-on fait un précepte d'enlever la tête à celui à qui vous ne pouvez répondre, et de couper la langue qui ne peut se taire? Beau sujet de gloire, si vous donnez la mort comme le peuvent faire le scorpion et la cantharide. Cela, Fulvie le fit contre Cicéron, Hérodiade contre Jean; parce qu'elles n'avaient pu souffrir l'expression de la vérité, elles percèrent la langue avec leur épingle à cheveux. Les chiens aboient pour leurs maîtres, et vous ne voulez pas que j'aboie pour Jésus-Christ? Beaucoup ont écrit contre Marcion, Valentin, Arius et Eunome. Qui donc s'avisa de leur opposer leurs désordres? Ne consacrèrent-ils pas tous leurs efforts à confondre l'hérésie? Ce sont

pondere accusationi tuæ. Si hoc fecero, frater ero et collega, et vir eloquentissimus et amicus ac sodalis, et quod his majus est, omnia quæ de Origene transtuli, catholica judicabis. Sin autem mutiero, et me commovero, illico impurus ero et hæreticus, et tua indignus necessitudine. Hæc sunt præconia mea, sic me hortaris ad pacem, et ne gemitum quidem ac lacrymas dolori liberas esse concedis.

42. *Calumniandi licentiam reprehendit. Fulvia et Herodias.* — Possem et ego tuis te coloribus pingere, et insanire contra insanientem; et dicere quidquid vel scio, vel nescio; et eadem licentia, imo furore et amentia, vel falsa, vel vera congerere, ut et me loqui, et te pudere audire; et objicere tibi, quæ aut accusantem damnarent, aut accusatum; ut ex frontis duritia, fidem lectori facerem; ut quod impudenter scriberem, vere scribere judicarer. Sed procul sit a moribus Christianis, ut dum aliorum petunt sanguinem, suum offerant, et sine gladio, voluntate homicidæ sint. Tuæ hoc bonitati, tuæque mansuetudini et simplicitati convenit, qui de uno pectoris sterquilinio, et odorem rosarum, et fetorem profers cadaverum, et contra sententiam Prophetalem, *Isai.* v, amarum dicis esse, quod quasi dulce laudaveras. Nec necesse est, ut in ecclesiasticis tractatibus rem tribunalium ventilemus; nihilque super hoc amplius audies, nisi illud e trivio : « Cum dixeris quod vis, audies quod non vis. » Aut si tibi vile videtur vulgare proverbium, et homo sapientissimus magis philosophorum ac poetarum sententiis delectaris, lege illud Homericum :

Ὁπποῖον κ' εἴπησθα ἔπος, τοῖον κ' ἐπακούσαις.

Hoc solum requiro ab eximia sanctitate et censura tua (cujus tanta est puritas, ut ad sudaria et semicinctia tua dæmones rugiant), cujus exemplum in scribendo sequaris? Quis unquam catholicorum in disputatione sectarum, turpitudinem ei, adversum quem disputat, objecit? Sic te docuerunt magistri tui? Talibus institutus es disciplinis, ut cui respondere non potueris, caput auferas, et linguam quæ tacere non potest, seces? Nec magnopere glorieris, si facias quod scorpiones possunt facere et cantharides. Fecerunt hæc et Fulvia in Ciceronem, et Herodias in Joannem, quia veritatem non poterant audire, et linguam veriloquam discriminali acu confoderunt. Canes latrant pro dominis suis, et tu non vis me latrare pro Christo? Scripserunt multi contra Marcionem, Valentinum, Arium et Eunomium. A

à les machines de guerre des hérétiques, c'est-à-dire de vos maîtres : convaincus de trahir la foi, ils ont recours à la médisance contre leurs adversaires. C'est ainsi que l'évêque d'Antioche Eustathius se trouve père d'un enfant sans le savoir; c'est ainsi que le pontife d'Alexandrie Athanase avait coupé la troisième main d'Arsénius, puisque lorsqu'on le fit revivre ensuite, après avoir d'abord inventé qu'il était mort, il fut prouvé qu'il en avait deux encore. Maintenant encore, vos condisciples et vos maîtres forgent de semblables calomnies contre un prêtre de la même Eglise, et font échec à la vraie foi au moyen de l'or, c'est-à-dire de vos forces et de celles des vôtres. Que parlé-je des hérétiques, qui, bien qu'ils soient hors de l'Eglise, se disent néanmoins chrétiens? Combien des nôtres n'ont-ils pas écrit contre les plus impies des hommes, Celse et Porphyre? Qui, négligeant la discussion véritable, s'est laissé aller à leur reprocher inutilement d'autres crimes, qui doivent figurer, non dans des thèses de religion, mais sur les registres du juge? Que vous sert d'ailleurs de triompher dans votre accusation, si vous succombez dans votre cause? Bel avantage d'accuser au péril de votre tête. Payez un assassin à gages, et vous pouvez satisfaire votre désir. Et vous feignez de craindre le scandale, vous qui êtes prêt à tuer un homme, maintenant accusé, toujours votre ennemi, mais qui est encore votre frère. Je m'étonne pourtant que votre fureur paralyse votre prudence jusqu'à vous pousser à me rendre le service de tirer mon âme de la prison du corps, au lieu de souffrir que je demeure avec vous dans les ténèbres de ce monde.

43. *Il ne pouvait ménager les hérétiques.* — Voulez-vous donc que je me taise? N'accusez pas. Déposez le glaive, et je quitterai le bouclier. Je ne puis vous céder sur un seul point : ménager les hérétiques et ne pas me montrer orthodoxe. Si là est la cause de nos discordes, je puis mourir, je ne saurais me taire. J'aurais dû répondre à votre démence par des témoignages pris de toute l'Ecriture, et, à la manière de David jouant de la cithare, I *Reg*, VI, calmer votre fureur avec les divines paroles; je me contenterai d'opposer la sagesse à la folie, par quelques passages pris d'un seul livre. Si vous méprisez les conseils de l'homme, ne négligez pas du moins ceux de Dieu. Ecoutez donc ce que le sage Salomon dit de vous et de tous les envieux, des médisants et des calomniateurs : « Les insensés, avides d'outrager le prochain, deviennent impies et prennent en haine le bon sens. N'inventez pas de mauvaises insinuations contre votre ami, et ne vous faites pas sans motif l'adversaire d'un homme. Les impies exaltent l'ignominie. Retranchez d'auprès de vous la bouche méchante, et repoussez loin de vous les lèvres injustes, les yeux du diffamateur, la langue de l'injuste, les mains qui versent le sang du juste, le cœur qui forge des pensées mauvaises, et les pieds qui se hâtent vers le mal. Celui qui s'appuie

quo eis objecta est turpitudo? Nonne toti in convincenda hæresi incubuerunt? Istæ machinæ hæreticorum, id est, magistrorum tuorum sunt, ut convicti de perfidia, ad maledicta se conferant. Sic Eustathius, Antiochenus episcopus, filios dum nescit, invenit. Sic Athanasius, Alexandrinæ urbis pontifex, tertiam Arsenii amputavit manum. Duas enim, qui mortuus prius fingebatur, vivens postea habere monstratus est. Talia et condiscipuli tui et magistri nunc de ejusdem Ecclesiæ sacerdote confingunt, et auro, id est, tuis tuorumque viribus oppugnant fidei veritatem. Quid loquar de hæreticis, qui licet foris sint, tamen se nominant Christianos? Adversum impiissimos, Celsum atque Porphyrium, quanti scripsere nostrorum? Quis omissa causa, in superflua criminum objectione versatus est? Quæ non chartæ Ecclesiasticæ, sed libelli debent judicum continere. Aut quid refert, si causa cadas, et crimine superes? Non necesse est, ut cum periculo tui capitis accuses. Uno percussore conducto, satis potes facere desiderio tuo. Et scandalum timere te simulas, qui dudum fratrem, nunc accusatum, semper inimicum, es paratus occidere. Et tamen miror, quomodo homo prudens, furore præventus, velis mihi beneficium tribuere, ut educas de carcere animam meam, et non patiaris tecum in tenebris hujus sæculi commorari.

43. *Hæreticis non poterat parcere.* — Vis ergo me tacere? Ne accuses. Depone gladium, et ego scutum abjiciam. In uno tibi consentire non potero, ut parcam hæreticis, ut me catholicum non probem. Si ista est causa discordiæ, mori possum, tacere non possum. Debueram quidem de omni Scriptura tuæ insaniæ respondere, et divinis vocibus in modum David citharizantis, I *Reg*. VI, lenire furorem pectoris tui; sed contentus ero unius libri paucis testimoniis, et opponam sapientiam stultitiæ, ut si humana contemnis, saltem divina non negligas. Audi igitur, quid de te, et de omnibus invidis ac maledicis et contumeliosis, loquatur sapiens Salomon : « Insipientes dum injuriis cupidi sunt, impii facti oderunt sensum. Ne fabriceris in amicum tuum mala. Et ne inimiceris adversum hominem sine causa. Impii exaltant contumeliam. Circumcide a te os pravum, et iniqua labia longe repelle abs te : oculos contumeliosi, linguam iniqui, manus effundentes

sur le mensonge se nourrit de vent, et poursuit des oiseaux au vol. Il a abandonné les voies de sa vigne, et il a rendu tortueux les chemins de sa culture. Il marche dans les lieux arides et déserts, et ses mains recueillent la stérilité. La bouche de l'impudent est toujours près de s'attirer la confusion, et celui qui répand les médisances est le plus fou des hommes. L'âme bénie est toute loyale ; l'homme rancuneux n'est pas honnête. Le pécheur tombe dans le filet par les fautes de la langue. Les voies des insensés sont droites à leurs yeux. L'insensé laisse voir le jour même sa colère. Le Seigneur a en abomination les lèvres menteuses. Celui qui met une garde à sa bouche sauve son âme. Celui dont les lèvres sont téméraires sera pour lui-même un objet d'épouvante. Le méchant fait le mal avec honte, l'insensé fait parade de sa malice. Vous chercherez la sagesse chez les méchants, et vous ne la trouverez pas. Le téméraire sera rassasié du fruit de ses voies. Le sage s'éloigne du méchant avec crainte, l'insensé le fréquente avec confiance. L'homme qui a l'âme grande est prudent en toutes choses ; le pusillanime est imprudent à l'excès. Celui qui accuse faussement le pauvre offense le Créateur du pauvre. La langue du sage connaît le bien, et la bouche des insensés prononce le mal. L'homme rancuneux prépare les rixes, et quiconque exalte son cœur est immonde devant Dieu. Celui qui unit sa main à une autre pour l'injustice ne restera pas sans châtiment. Celui qui aime la vie est ménager de sa bouche. L'ignominie précède la confusion, et la mauvaise pensée précède la ruine. Celui qui pense à de noirs desseins avec un œil fixe, exécute le mal en se mordant les lèvres. Les lèvres de l'insensé le conduisent dans les maux, et la bouche audacieuse appelle la mort. L'homme malin souffrira beaucoup de déboires. Il vaut mieux un pauvre juste qu'un menteur riche. La gloire est à l'homme qui se détourne des médisances ; mais celui qui est insensé se fait leur esclave. N'aimez pas à médire, de peur d'être déraciné. Le pain du mensonge est doux à l'homme ; plus tard sa bouche sera remplie de gravier. Celui qui amasse des trésors avec une langue menteuse poursuit des chimères, et tombera dans les filets de la mort. Ne dites rien à l'oreille de l'insensé, pour que, d'aventure, les sages ne se rient de vos discours. La massue, l'épée et la flèche sont pernicieuses ; l'homme qui porte un faux témoignage contre son ami, leur est semblable. Comme l'oiseau et le passereau s'envolent aisément, ainsi la médisance qu'on publie sans sujet ne viendra sur personne. Ne répondez pas à la parole irréfléchie de l'imprudent, pour ne pas lui devenir semblable ; mais répondez aux extravagances de l'homme déraisonnable, pour qu'il ne s'imagine pas être sage. Celui qui tend des piéges à ses amis, dit, si on le découvre : Je l'ai fait par plaisanterie. Ce qu'est le charbon à la braise, le bois au feu, l'homme colère l'est pour allumer des disputes. Quand bien même l'ennemi vous parlerait d'un

sanguinem justi, cor fabricans cogitationes malas, et pedes festinantes ad malefaciendum. Qui nititur mendacio, pascit ventos, et sequitur aves volantes. Dereliquit (al. *derelinquit*) enim vias vineæ suæ, et axes culturæ suæ fecit errare. Perambulat aridum ac desertum, et colligit manibus suis sterilitatem. Os procacis appropiat contritioni ; et qui profert maledicta, stultissimus est. Anima benedicta omnis simplex vir : animosus inhonestus est. Per delicta labiorum incidit in laqueum peccator. Itinera stultorum recta in conspectu suo. Stultus eadem die ostendit iram suam. Abominatio est Domino, labia mendacia. Qui custodit os suum, servat animam suam. Et qui temerarius est labiis, terrebit seipsum. Malus cum contumelia agit mala, et insipiens expandit malitiam suam. Quæres apud males sapientiam, et non invenies. Suis itineribus saturabitur temerarius. Sapiens timendo declinat malum. Stultus confidens miscetur ei. Longanimus vir multus in prudentia est : pusillanimus valde imprudens est. Qui calumniatur pauperem, lacessit factorem ejus. Lingua sapientium bona novit, et os stultorum pronuntiat malum. Vir animosus parat rixas, et immundus est apud Deum omnis qui exaltat cor suum. Manus manui inferens injuste, non erit impunitus. Qui diligit vitam, parcit ori suo. Ante contritionem præcedit contumelia, et ante ruinam mala cogitatio. Qui obfirmat oculos suos, cogitat perversa, et provocat labiis suis omnia mala. Labia stulti ducunt eum in mala, et os audax mortem invocat. Malignus vir multa detrimenta patietur. Melior est pauper justus quam mendax dives. Gloria est viro qui avertit se a maledictis ; qui autem stultus est, talibus se obligat. Noli amare detrahere, ne eradiceris. Suavis est homini panis mendacii ; postea implebitur os ejus calculo. Qui operatur thesauros lingua mendacii (al. *mendacis*), vana sectatur, et veniet in laqueos mortis. In aure stulti noli quidquam dicere, ne forte irrideant sapientes sermones tuos. Clava et gladius et sagitta perniciosa sunt ; sic et vir qui contra amicum suum falsum dicit testimonium. Sicut aves avolant, et passeres, ita maledictum vanum non superveniet illi. Noli respondere imprudenti ad imprudentiam ejus, ne similis ei fias ; sed responde stulto ad stultitiam ejus, ne sibi sapiens esse videatur. Qui insidiatur amicis suis, cum visus fuerit, dicit : Lu-

ton humble, ne vous fiez point à lui, parce qu'il a sept replis de malice dans le fond de son cœur. La pierre est lourde et le sable est pesant; mais la colère de l'insensé pèse encore plus que l'une et l'autre. La colère et la fureur qui éclate est sans miséricorde, et qui pourra soutenir la violence d'un homme emporté? L'impie accuse calomnieusement les pauvres. Celui qui se confie dans l'audace de son cœur est un insensé. L'insensé produit sa colère toute à la fois; le sage la partage en plusieurs lots. La race des méchants, au lieu de dents, a des épées; elle se sert de ses dents pour déchirer et dévorer ceux qui sont faibles sur la terre et qui sont pauvres parmi les hommes. » *Prov. passim.* Instruit par ces exemples, je n'ai pas voulu rendre morsure pour morsure et user de la loi du talion; j'ai mieux aimé charmer les fureurs de la démence, et verser dans un cœur empoisonné l'antidote de ce livre. Mais je crains que ce ne soit peine perdue, et que je sois obligé de chanter avec David ces mots pour me consoler: « Les pécheurs se sont éloignés de la justice dès leur naissance, et ils se sont égarés dès qu'ils sont sortis du sein de leur mère. Ils ont dit des choses fausses. Leur fureur est semblable à celle du serpent et de l'aspic, qui se rend sourd en se bouchant les oreilles et qui ne veut point entendre la voix des enchanteurs, pas même celle de l'homme qui sait le mieux l'art d'enchanter. Dieu brisera leurs dents dans leur bouche; le Seigneur mettra en poudre les mâchoires des lions. Ils seront réduits à rien, comme une eau qui passe. Il a tendu son arc, jusqu'à ce qu'ils tombent dans la dernière faiblesse. Ils seront détruits comme la cire que la chaleur fait fondre et couler; le feu est tombé d'en haut sur eux, et ils n'ont plus vu le soleil. » *Psalm.* LVII, 1 *seqq.* Et encore: « Le juste se réjouira en voyant la vengeance que Dieu prendra des impies, et il lavera ses mains dans le sang du pécheur. Et les hommes diront alors: Puisque le juste retire un fruit de la justice, il y a sans doute un Dieu qui juge les hommes sur la terre. » *Ibid.* 11.

44. A la fin de votre lettre, votre main a écrit: « Je désire que vous aimiez la paix. » Ma réponse sera courte: Si vous désirez la paix, déposez les armes. Je puis me rendre à des paroles de douceur, je ne crains pas les menaces. Qu'il y ait entre nous l'unité de foi, et la paix en sera aussitôt la conséquence.

dens feci. Craticula carbonibus, et ligna igni, et vir maledicus ad tumultum rixæ. Si te rogaverit inimicus tuus, parcens voce magna, ne consentias ei; septem enim nequitiæ sunt in anima ejus. Gravis est lapis, et vix portabilis arena; sed ira stulti gravior utroque, crudelis est indignatio, et acuta ira et zelus impatiens est. Impius calumniatur pauperes; et qui confidit in cordis audacia (al. *avaritia*), stultissimus est. Totam iram suam profert insipiens; sapiens dispensat in partes. Filius malus gladios dentes habet, et cultros molas, ut consumat infirmos de terra, et pauperes ex hominibus (*Prov.* X, XVIII, *et al., sec.* LXX). » His ergo doctus exemplis, nolui mordere mordentem, nec vicem talionis implodere; maluique insaniam excantare furibundi, et unius libri antidotum venenato pectori infundere (al. *inserere*). Sed vereor ne nihil proficiens, illud Davidicum cantare compellar, et his me sermonibus consolari: « Alienati sunt peccatores a vulva, erraverunt ab utero. Locuti sunt falsa, furor illis secundum similitudinem serpentis; sicut aspidis surdæ et obturantis aures suas, quæ non audiat vocem incantantium et venefici incantantis sapienter. Deus conteret dentes eorum in ore ipsorum; molas leonum confringet Dominus (al. *Deus*). Ad nihilum devenient, tanquam aqua decurrens. Intendit arcum suum, donec infirmentur. Sicut cera quæ fluit, auferentur; supercecidit ignis, et non viderunt solem. *Psal.* LVII, 1 *seqq.* Et iterum: « Lætabitur justus, cum viderit vindictam impiorum; manus suas lavabit in sanguine peccatoris. Et dicat homo: si utique est fructus justo, utique est Deus judicans eos in terra. *Ibid.*, 11. »

44. In extrema Epistola scribis manu tua: « Opto te pacem diligere. » Ad quod breviter respondebo: Si pacem desideras, arma depone. Blandienti possum acquiescere, non timeo comminantem. Sit inter nos una fides, et illico pax sequetur.

DIALOGUES CONTRE LES PÉLAGIENS

AVANT-PROPOS

1. A peine le perfide Origéniste, condamné dans toute l'étendue du monde chrétien, était-il dompté par Jérôme, que s'allume soudain la guerre Pélagienne, qui s'étend au loin dans toutes les Églises, et force encore notre grand docteur, né pour anéantir les monstres, à se mêler à la bataille, quoique courbé déjà sous le poids des années ; il ne devait, j'imagine, y avoir aucune couronne gagnée en étouffant l'hérésie, qu'il n'eût remportée seul, ou le premier de tous. Pélage, qui avait appris à Rome, d'un certain Rufinus de Syrie, son exécrable doctrine, l'importa en Palestine, vers l'an 412 de l'ère chrétienne, et l'enseigna à Jérusalem, dont l'évêque Jean le favorisa ; elle y fit des progrès si rapides, que le nom de Pélagiens y fut donné à ses adeptes. Les erreurs capitales de l'hérésie, à ce moment, étaient que les hommes peuvent être sans péché s'ils veulent, que le besoin de la grâce divine est contraire au libre arbitre, et qu'il n'y a pas de péché originel ; ce dernier point toutefois paraît avoir été alors mis en avant avec moins d'ardeur. Jérôme, dans les livres auxquels il travaillait à cette époque, et surtout dans ses Commentaires sur Jérémie, ne laissa pas échapper toute occasion qui lui était offerte de flageller le détestable orgueil de ces sectaires ; mais il s'abstint toujours de nommer les personnes, parce qu' « il aimait mieux les corriger que les diffamer. » Enfin, deux ans après environ, et comme il venait à peine d'achever son premier livre à la louange du Prophète, il tourna sa plume contre l'hérétique, et il écrivit à Ctésiphon une lettre que nous avons donnée, sous le numéro 132, dans le premier tome ; il y montre que l'*Apathie* est d'origine stoïcienne, la combat vivement et menace les hérétiques, si cette escarmouche ne les amène pas à résipiscence, d'écrire un ouvrage où il éventera toutes les mines de cette faction impie. En effet, peu de temps après, à la prière des Frères de Bethléem, il publia les trois livres suivants ; exposant, à la manière de Socrate, ce qui pouvait être allégué de part et d'autre pour ou contre l'hérésie, il met en scène deux personnages, Atticus et Critobule, qui soutiennent alternativement la discussion ; il peut ainsi développer avec plus de clarté le dogme orthodoxe, et combattre plus efficacement l'hérétique. S. Prosper, dans son poëme *Contre les Ingrats*, chante cet exploit en vers d'une élégance remarquable : « Alors aussi l'hôte illustre de Bethléem, dont la bouche n'était étrangère à aucune des grâces de l'hébreu, du grec et du latin, et qui était, par ses mœurs et par sa science, le modèle et le maître du monde, Jérôme, en différents écrits écrasa cet ennemi et fit connaître de quelles ténèbres l'hérésie naissante voulait envelopper la vraie lumière. »

2. En quelle année furent écrits ces dialogues ? Le moine espagnol Orose, qui « s'assit alors aux pieds de Jérôme, » va nous l'apprendre dans son apologie, dont j'expliquerai l'origine en peu de mots, afin de faire comprendre du même coup quelle était en ce temps-là la méthode de la doctrine orthodoxe, son état et son économie, l'importance de ses forces, et le genre d'esprit entraîné par l'hérésie. Comme la question de l'origine de l'âme, controversée en deux sens divers, causait une grande sollicitude aux catholiques, pour couper court à ces fluctuations de l'opinion, S. Augustin pensa qu'il convenait de consulter le plus grand docteur de l'Eglise, Jérôme, et il engagea Orose, qu'il avait alors auprès de lui, à faire le voyage de Jérusalem, pour remettre au célèbre solitaire les lettres que nous donnons sous les numéros 130 et 131 du tome premier de ses œuvres, les traités relatifs aux mérites et à la rémission des pécheurs, et l'épître à Hilaire, écrits où il réfute les erreurs propagées à petit bruit par les adhérents de Pélage et surtout par Cœlestius. Armé de ces documents, Orose alla trouver Jérôme, et lui fit en outre connaître, de vive voix, les mesures prises à Carthage contre Cœlestius. La nouvelle de cette démarche ne tarda pas à se répandre, et fit naître, entre les nombreux adhérents de Jérôme et la minorité pélagienne, des dissentiments que voulut apaiser Jean de Jérusalem, qui donnait la préférence à l'hérésie. Il manda Orose à Jérusalem, où il convoqua tout le clergé et Pélage lui-même à un synode, ordonnant à l'un de faire connaître les raisons qu'il apportait d'Afrique contre cette doctrine, à l'autre les arguments favorables à sa cause. J'abrège. Pélage sûr de la partialité de son juge et des interprètes qui avaient été pris dans sa faction et qui mirent la plus insigne mauvaise foi dans la traduction en grec des paroles latines d'Orose, éluda si bien la décision du synode, qu'il fit croire malheureusement à des sentiments d'envie chez son accusateur, ce qui le contraignit à publier une Apologie pour se laver de tout soupçon d'hérésie. Dans cet ouvrage, le prêtre espagnol raconte en détail toutes les phases de cette affaire, et, entre autres choses, fixe la date de ce synode de Jérusalem, le quarante-septième jour avant le commencement de la fête annuelle de la Dédicace du temple de cette ville. Cette fête, au rapport de Nicéphore, *Histor.* lib. VIII, se célébrait le quatorze septembre, d'où il a été calculé, par soustraction, que le synode avait eu lieu dans les premiers jours de juillet. Quant à l'année, point de doute : il s'agit de l'an quatre cent quinze ; Orose, en effet, qui était venu cette année-là à Bethléem, fut de retour en Afrique vers le printemps suivant. Or, cette année-là et ce même mois, parlant de ce synode et s'élevant contre cette erreur de Pélage, qu'un homme peut, s'il veut, observer aisément les commandements de Dieu sans le secours de la grâce : « le bienheureux Jérôme, dit-il, dont tout l'Occident attend la parole comme une rosée pour sa toison, où plusieurs hérétiques ont, malgré sa résistance, enchevêtré les pailles de la discorde, Jérôme a condamné cette erreur dans sa récente lettre à Ctésiphon, et il la réfute encore dans le livre qu'il écrit actuellement sous forme de dialogues. » Il n'est pas permis d'opiner que cet ouvrage ait été remis à l'année suivante, jusqu'au départ d'Orose, qui eut lieu, nous l'avons dit, au printemps. Jérôme lui donna une lettre, la 133e de notre recueil, pour Augustin, où il adresse ces mots à l'évêque d'Hippone : « Assurément, dans le dialogue que j'ai publié dernièrement, je me suis souvenu de votre béatitude comme elle le mérite. » Cet éloge d'Augustin se trouve à la fin du troisième livre, quand l'ouvrage est près d'être achevé, ce qui fait qu'on ne peut le rapporter qu'à l'année quatre cent quinze.

3. Ces écrits du saint Docteur eurent plusieurs contradicteurs : après Annianus, Pélage lui-même, lorsqu'il eut trompé le misérable synode de Jérusalem, et enfin Théodore, évêque de Mopsueste. Les élucubrations d'Annianus et de Pélage ne sont pas, comme on le croit communément, deux écrits différents, mais un même ouvrage, qu'ils avaient fait en collaboration ; il semble, du moins, qu'on pourrait le prouver d'après le témoignage des anciens qui en ont fait mention. Orose appelle Annianus l'écuyer de Pélage : « Debout, dit-il, dans son mons-

truenx orgueil, se tient Goliath (Pélage), suivi de son écuyer, qui, bien qu'il ne combatte pas lui-même, lui sert toutes les pièces de fer et d'airain qu'il emploie. » Jérôme, dans sa lettre à Augustin, dit qu'Annianus « se repait abondamment des frivoles arguties de l'impiété d'autrui, pour les servir ensuite à son maître. » Gennadius ne le nomme même pas, mais fait mention «des écrits» de Pélage «en faveur de son hérésie.» Sigebert enfin, qui énumère les autres ouvrages d'Annianus, ne lui attribue pas celui qu'il aurait écrit contre Jérôme. Quoi qu'il en soit, la génération suivante laissa se perdre dans l'oubli de méchants libelles nés sous de coupables auspices. Le saint Docteur lui-même, après avoir hésité longtemps à les réfuter, finit par le mépris, regardant comme au-dessous de son caractère de « répondre à d'ineptes bagatelles. » Il se contente de conseiller à Augustin la même attitude, comme étant la plus sage, « afin, dit-il, que nous ne soyons pas obligés de nous mettre en parallèle avec cet hérétique.» Quant à Théodore de Mopsueste, mon compatriote, le cardinal Henri Noricius, auteur d'une histoire de Pélage, le fait connaître par l'extrait suivant du recueil 177 des Œuvres de Photius : « J'ai lu un ouvrage de Théodore d'Antioche, qui était évêque de Mopsueste, comme nous l'apprennent quelques-unes de ses lettres ; il est intitulé : *Contre ceux qui prétendent que les hommes sont pécheurs par nature et non par volonté.* Cette controverse en cinq livres est dirigée contre les Occidentaux infectés de cette erreur. Il y raconte que le fondateur de cette hérésie, originaire de l'Occident, habitait à cette époque encore en Orient, et qu'après avoir écrit naguère des livres en faveur de l'hérésie de son invention, il les avait envoyés à ses compatriotes, chez lesquels, par ce moyen, il avait fait beaucoup de partisans à sa manière de voir, empoisonnant ainsi d'opinions absurdes les Eglises jusque-là vierges d'erreur. Nous sommes dans l'incertitude au sujet de l'auteur de ces livres, que Théodore appelle *Aram*. Est-ce le nom? est-ce un surnom? Théodore ajoute qu'il a trouvé dans les recueils d'Eusèbe de Palestine un cinquième évangile fabriqué par ce même Aram, qui, en outre, rejetant la version des textes sacrés de l'Ancien Testament sortie de l'accord des Septante, non moins que l'interprétation de Symmaque, d'Aquila et des autres, a osé forger une nouvelle explication qui lui est propre, alors qu'il n'a pas, comme ceux-là, été familiarisé dès le berceau avec la langue hébraïque et qu'il ne s'est pas pénétré de l'esprit de l'Ecriture Sainte ; il lui a suffi de se faire l'écolier de quelques Hébreux de basse condition, pour entreprendre ensuite d'écrire une édition de son crû. » Sauf le nom, le pamphlétaire hérétique ne pouvait désigner plus clairement S. Jérôme ; pour ce qui est du surnom d'Aram qu'il lui donne, il paraît être tiré de ce que, étant de la Pannonie, il habitait en Orient. Le S. Docteur ne répondit pas à ce pamphlet ; il semble qu'il ne l'ait pas lu, qu'il n'en ait même pas connu l'existence. Il n'en reste d'ailleurs que quelques extraits, que Marius Mercator supposait écrits contre Augustin, et qu'il a traduits en latin et rapportés dans son *Commonitoire.*

4. Entre autres soins que nous avons apportés à rendre plus grand, selon nos forces, l'attrait de cette œuvre de S. Jérôme, nous avons jugé convenable de transcrire ici, à la suite du dialogue, ces mêmes fragments, afin qu'on connaisse les criailleries d'un homme qui s'imaginait avoir seul la science en partage contre le vainqueur de la secte des Pélagiens (pourquoi hésiterais-je à proclamer cette gloire de l'illustre Docteur ?) Nous avons d'ailleurs sévèrement examiné tout l'ouvrage à la lumière des éditions primitives, et surtout des manuscrits 4,985 de la Bibliothèque Vaticane et 286 de la Reine de Suède, ce dernier très-ancien, grâce auxquels nous avons pu corriger çà et là des incorrections de texte admises par nos devanciers.

DIALOGUE CONTRE LES PÉLAGIENS

Personnages : ATTICUS, *catholique,* **& CRITOBULE,** *hérétique.*

PROLOGUE

Il écrit, pressé par les instances de ses frères. — Depuis ma lettre à Ctésiphon, *Epist.* 132, en réponse à diverses questions qui m'étaient faites, mes frères m'ont souvent demandé pourquoi je différais toujours le travail promis, où je devais, disais-je, réfuter la frivole argumentation de ceux qui prêchent l'ἀπάθεια (absence de toutes passions). En effet, il est certain pour tout le monde que c'est là le réveil de la querelle des Stoïciens et des Péripatéticiens, c'est-à-dire de la vieille Académie : selon les uns, les passions, que nous pouvons définir *les mouvements déréglés de l'âme*, comme le chagrin, la joie, l'espérance, la crainte, peuvent être déracinées et arrachées des âmes des hommes; selon les autres, on les réduit, on les dirige, on les modère, on les soumet au frein, pour ainsi dire, comme les chevaux indomptés. Ces doctrines, Cicéron les expose tout au long dans ses Tusculanes, et Origène s'efforce, dans les Stromates, de les mêler à la vérité catholique ; sans compter Manès, Priscillien, Evagre l'Ibérite (*Alit.* l'Hiborite et l'Hyperborite), Jovinien et les hérétiques de presque toute la Syrie, appelés à tort chez nous *Massaliens* et chez les Grecs *Euchites*, lesquels prétendent tous que la vertu et la science humaine sont susceptibles d'une perfection qui rend l'homme, je ne dirai pas semblable, mais égal à Dieu; et ils affirment qu'on ne peut plus pécher, pas même par pensée ou par ignorance, lorsqu'on est arrivé au faîte de cette perfection. Comme dans la lettre que j'ai précédemment écrite à Ctésiphon contre ces erreurs je n'ai eu le loisir que d'effleurer ces questions, le livre

DIALOGUS ADVERSUS PELAGIANOS

SUB PERSONA

ATTICI CATHOLICI, ET CRITOBULI HÆRETICI.

PROLOGUS

1. *Scribit motus fratrum expostulationibus.* — Scripta jam ad Ctesiphontem epistola *Epist.* 132, in qua ad interrogata respondi, crebra fratrum expostulatio fuit, cur promissum opus ultra differrem, in quo pollicitus sum me ad cunctas eorum qui ἀπάθειαν prædicant, quæstiunculas responsurum. Nulli enim est dubium quin Stoicorum et Peripateticorum, hoc est, veteris Academiæ ista contentio sit, quod alii eorum asserant πάθη, quas nos « perturbationes » possumus dicere : ægritudinem, gaudium, spem, timorem eradicari et exstirpari posse de mentibus hominum ; alii frangi eas, regi atque moderari, et quasi infrenes equos quibusdam lupatis coerceri. Quorum sententias et Tullius in Tusculanis disputationibus explicat, et Origines Ecclesiasticæ veritati in Stromatibus suis miscere conatur, ut præteream Manichæum, Priscillianum, Evagrium Iberitam (al. *Hiboritam* et *Hyperboritam*), Jovinianum, et totius pene Syriæ hæreticos, quas sermone gentili (*a*) διεστραμμένως « Massalianos, » Græce εὐχίτας vocant; quorum omnium ista sententia est, posse ad perfectionem, et non dicam ad similitudinem, sed æqualitatem Dei humanam virtutem et scientiam pervenire : ita ut asserant se ne cogitatione quidem et ignorantia, cum ad consummationis culmen ascenderint, posse peccare. Et quamquam superiori epistola, quam ad Ctesiphontem scripsi contra errores eorum pro an-

(*a*) *Sermone gentili Messalianos.* Multa verba obtrudunt in contextum Hieronymi veteres editiones Joan. Andreæ, Erasmi et Mariani, qui omnes legere voluerunt. *Quos sermone gentili Abin, et Paania, id est, perversos et Massilianos, Græce* εὐχίτας *vocant.* Sane nomen omnium pene hæreticorum in Syria erat, *Messaliani;* sive sermone gentili Syriæ hæreticos vocabant *Messalianos,* Græce autem εὐχίτας. Præter hæc, omnia alia verba superflua sunt, atque genuino sensu carent. Ms. codex Corb. num. 116 nihil posuit præter contextum a nobis editum ; conformiter Epiphanio lib III adversus hæreses, hæres. 80 dicenti : *Messiliani vocantur, id est,* εὐχόμενοι, *orantes.* Idem habet Theodoritus lib. IV Ecclesiasticæ Histor. cap. 11 : Μεσαλιανῶν, *Messalianorum eo tempore hæresis exorta est.* Εὐχίτας *eos vocant, qui nomen illorum in Græcam linguam transtulerunt.* Addit etiam : *Habent etiam appellationem,* ἐνθουσιασταί ; *enthousiastæ enim vocantur.* Editoribus vero antiquis erroris causa fuit lectio quamplurium mss. codicum Hieronymi, ubi isthæc posita leguntur : *quos sermone gentili* ΔΙΕΣΤΡΑΜΜΕΝΩΣ, *id est et perverse Massilianos Græce* ΕΥΧΙΤΑΣ *vocant.* Sed hic contextus manifeste confictus habetur ex his, quæ jam dixi de Epiphanio et Theodorito. S. Augustinus corrupte legebat *Psallianos,* lib. de Hæresibus licet eos ita vocari potuissent, quod Psalmos sæpe recitarent, et semper orarent.

MARTIAN.

dont la composition appelle maintenant mes soins observera la forme accoutumée des discussions socratiques, exposant ce qui peut être allégué de part et d'autre ; la vérité y gagnera en évidence, chaque parti défendant lui-même son opinion. C'est un sentiment personnel à Origène qu'il est impossible que, de la naissance à la mort, la nature humaine ne faillisse pas, et qu'en retour il est possible, quand un homme s'est tourné vers le bien, qu'il arrive à un degré de force suffisant pour ne plus pécher à l'avenir.

Jérôme écrit sans envie. — Je suis, au dire de certaines gens, poussé par l'envie à faire ce livre ; je réponds en peu de mots que je n'ai jamais épargné les hérétiques, et que je n'ai rien négligé pour faire des ennemis de l'Eglise mes propres ennemis. Helvidius a écrit contre la perpétuelle virginité de Marie. Ai-je été poussé par l'envie à répondre à cet homme que je n'ai jamais vu? Jovinien, dont on évoque maintenant l'hérésie, troubla la foi romaine en mon absence avec si peu d'érudition et de style qu'il eût été plus digne de pitié que d'envie. A celui-là aussi j'ai répondu comme j'ai pu. Rufin mit tout en œuvre pour répandre, non pas dans une ville seulement, mais dans l'univers, les blasphèmes d'Origène et ses livres du περὶ Ἀρχῶν, au point qu'il édita d'abord la Défense d'Origène par Eusèbe, sous le nom du martyr Pamphile, et, comme si c'était là trop peu, il vomit lui-même un nouveau volume sur ce sujet. Lui porté-je envie, parce que je lui réponds, et y a-t-il en lui de tels torrents d'éloquence qu'ils puissent me détourner du désir d'écrire et de publier mon œuvre ! Palladius, avec une basse méchanceté, s'est efforcé de rajeunir la même hérésie, et d'éditer une nouvelle traduction mensongère des Livres hébreux. Porté-je envie à son talent et à sa noblesse ? Maintenant encore s'opère le mystère d'iniquité, et chacun babille à son point de vue ; moi, je suis le seul que la gloire de tous empêche de dormir, assez misérable pour porter envie même à ceux qui ne méritent pas l'envie. Aussi, afin de prouver à tous que je ne hais pas les hommes, mais les erreurs ; que je ne cherche à faire décrier personne, et que je plains surtout le sort de ceux qu'on trompe sous les apparences de la science, j'ai mis en avant les noms d'Atticus et de Critobule, au moyen desquels j'exprime le sentiment des chrétiens et celui de leurs adversaires. Nous tous, les catholiques, nous désirons ardemment la condamnation de l'hérésie, l'amendement des hommes ; et, certainement, s'ils persistent dans l'erreur, il y a de la faute, non pas à nous qui écrivons, mais à ceux qui ont préféré le mensonge à la vérité. Aux calomniateurs, dont les médisances retombent sur eux-mêmes, nous répondrons en peu de mots que l'essence de la doctrine manichéenne est de condamner la nature humaine, d'annihiler le libre arbitre, de supprimer le secours de Dieu, ce qui est d'une

angustia temporis pauca perstrinxerim, hic liber, quem nunc cudere nitimur, Socraticorum consuetudinem servabit, ut ex utraque parte quid dici possit exponat, et magis perspicua veritas fiat, cum posuerit (al. *proposuerit*) unusquisque quod senserit. Illud autem Origenis proprium est, et impossibile esse humanam a principio usque ad mortem, non peccare naturam, et rursum, esse possibile, cum se aliquis ad meliora converterit, ad tantam fortitudinem pervenire ut ultra non peccet.

2. *Non invidia motus.* — Adversum eos autem, qui me dicunt hoc opus inflammatum invidiæ facibus scribere, breviter respondebo, nunquam me hæreticis pepercisse, et omni egisse studio ut hostes Ecclesiæ, mei quoque hostes fierent. Helvidius scripsit contra sanctæ Mariæ virginitatem perpetuam. Numquid ut ei responderem, ductus invidia sum, quem omnino in carne non vidi ? Jovinianus cujus nunc hæresis suscitatur, Romanam fidem, me absente, turbavit, tam elinguis et sic sermonis putidi, ut magis misericordia dignus fuerit quam invidia. Illi quoque respondi ut potui. Rufinus non uni urbi, sed orbi blasphemias Origenis et περὶ Ἀρχῶν libros, quantum in se fuit, intulit, ita ut Eusebii quoque primum librum Defensionis Origenis sub nomine Pamphili martyris ederet, et quasi ille parum dixisset, novum pro eo volumen evomeret. Num invidemus ei, quia respondimus, et tanta in eo eloquentiæ fuere flumina, ut me a scribendi atque dictandi studio deterrerent ? Palladius, servilis nequitiæ, eamdem hæresim instaurare conatus est, et novam translationis Hebraicæ mihi calumniam struere. Num et illius ingenio nobilitatique invidemus (al. *invidimus*)? Nunc quoque mysterium iniquitatis operatur, et garrit unusquisque quod sentit : ego solus sum qui cunctorum gloria mordear ; et tam miser ut his quoque invideam qui non merentur invidiam. Unde, ut omnibus probarem me non odisse homines, sed errores, nec aliquorum infamiam quærere, magisque dolere vicem eorum qui falsi nominis scientia supplantantur, Attici et Critobuli nomina posui, per quos et nostra pars et adversariorum quid sentiret, expromerem (al. *exprimerem*). Quin potius omnes qui catholicam sectamur fidem, optamus et cupimus damnari hæresim, homines emendari. Aut certe si in errore voluerint permanere, non nostram culpam esse qui scripsimus, sed eorum, qui mendacium prætulerunt veritati. Breviterque calumniatoribus

insigne folie et revient à dire que l'homme est Dieu. Il faut donc rentrer dans la voie royale, afin de ne nous égarer ni à droite ni à gauche; il faut croire que les passions et la volonté de l'homme se gouvernent avec le secours de Dieu. Si quelqu'un fait grand bruit d'être faussement décrié et se vante d'avoir nos sentiments, il prouvera son adhésion à la vraie foi, en condamnant hautement et sans détours ce qui lui est contraire, de peur d'être atteint par ce mot du Prophète : « Après tous ses crimes, la perfide Juda, sa sœur, n'est pas revenue à moi de tout son cœur, mais avec mensonge. » *Jerem.* III, 10. Celui qui suit le mal qu'il croit être le bien est moins coupable que celui qui n'ose pas défendre le bien qu'il connait avec certitude. Si nous ne pouvons supporter les menaces, l'injure, la pauvreté, comment sortirons-nous vainqueurs des flammes de Babylone? Ce que la guerre a conservé, il ne faut pas qu'une fausse paix l'enlève. Je ne veux pas que la crainte me conduise à la perfidie, quand Jésus-Christ m'a laissé la vraie foi pour guide.

respondemus, qui sua in eos maledicta conferunt, Manichæorum esse sententiæ, hominum damnare naturam, et liberum auferre arbitrium, et adjutorium Dei tollere. Rursumque apertissimæ insaniæ, hoc hominem dicere quod Deus est. Et sic ingrediendum via regia ut nec ad sinistram nec ad dextram declinemus; appetitumque propriæ voluntatis, Dei semper credamus auxilio gubernari. Si quis autem falso se infamari clamitat, et gloriatur nostra sentire, tunc veræ fidei probabit assensum, cum aperte et absque dolo adversa damnaverit, ne audiat illud Propheticum : « Et in omnibus his non est conversa ad me prævaricatrix soror ejus Juda ex toto corde suo, sed in mendacio. » *Jerem.* III, 10. Minorisque peccati est, sequi malum quod bonum putaveris, quam non audere defendere quod bonum pro certo noveris. Qui minas, injuriam, paupertatem ferre non possumus, quomodo flammas Babylonis (al. *Babylonias*) vincemus? Quod bellum servavit, pax ficta non auferat. Nolo timore perfidiam discere, cum veram fidem meæ Christus reliquerit voluntati.

LIVRE I.

L'homme peut-il, s'il le veut, être sans péché? — ATTICUS. Sont-elles vraies, Critobule, ces deux propositions qu'on me dit se trouver dans vos écrits : L'homme peut, s'il le veut, être sans péché; les commandements de Dieu sont faciles? CRITOBULE. Elles sont vraies, Atticus; seulement mes rivaux les comprennent dans un sens, et j'ai parlé dans un autre. A. Mais y a-t-il là quelque chose d'ambigu, qui se prête à des interprétations diverses? Vous avez émis deux propositions : L'homme peut, s'il le veut, être sans péché; les commandements de Dieu sont faciles. Quoiqu'elles aient été émises ensemble, examinons-les pourtant chacune en particulier, afin qu'entre hommes dont la foi parait être la même, la diversité de langage n'engendre pas la division. C. J'ai dit, Atticus, que l'homme peut, s'il veut, ne pas commettre le péché. Ai-je prétendu en cela, comme m'en accuse la calomnie, qu'il le peut sans le secours de la grâce divine? Je n'en ai même pas eu la pensée, qui serait un sacrilége. J'ai dit simplement qu'il le peut, s'il veut, et l'on doit sous-entendre : avec le secours de la grâce divine. A. Dieu est donc en vous l'inspirateur même des mauvaises œuvres? C. Nullement. Mais ce qu'il y a de bon en moi, il me le suggère, et je l'ac-

LIBER PRIMUS.

1. *Num possit homo sine peccato, si velit, esse.* — ATTICUS. Dic mihi, Critobule, verumne est quod a te scriptum audio : Posse hominem sine peccato esse si velit; et facilia Dei esse præcepta? CRITOBULUS. Verum, Attice; sed non eodem sensu ab æmulis accipitur, quo a me dictum est. *A.* Quid enim ambiguitatis in dicto est, ut diversæ intelligentiæ tribuatur occasio? Nec quæro ut de utroque pariter respondeas. Duo enim a te proposita sunt. Unum, posse hominem sine peccato esse, si velit; alterum, facilia Dei esse præcepta. Licet ergo simul dicta sint, tamen per partes singulas disserantur, ut quorum una videtur fides, nulla sit in sententiarum diversitate contentio. *C.* Ego, Attice, dixi hominem absque peccato posse esse, si velit, non ut quidam maledici calumniantur, absque Dei gratia (quod etiam cogitare sacrilegium est), sed simpliciter posse, si velit, ut subaudiatur cum Dei gratia. *A.* Ergo et malorum in te operum auctor est Deus? *C.* Nequaquam ita ut autumas. Sed si quid in me boni habeo, illo suggerente

complis avec son aide. *A.* Je ne raisonne pas au point de vue de la nature de l'homme ; nul ne doute, en effet, que Dieu est le créateur de toutes choses; mais au point de vue de ses actes, et je voudrais votre réponse à cette question : le bien que vous faites est-il votre œuvre, ou l'œuvre de Dieu? *C.* Il est à la fois mon œuvre et celle de Dieu ; j'opère et il m'aide. *A.* D'où vient l'opinion générale que vous supprimez la grâce divine et que vous affirmez que toutes les actions de l'homme sont le résultat de sa volonté seule ? *C.* Je m'étonne, Atticus, que vous me demandiez à moi-même la cause et la raison de l'erreur d'autrui, et que vous cherchiez dans mes écrits ce qui n'y est pas, quand on voit clairement ce que j'ai écrit. J'ai dit que l'homme peut, s'il le veut, ne pas tomber dans le péché. Ai-je ajouté : Sans le secours de la grâce divine? *A.* Parce que vous n'avez pas ajouté : avec ou sans le secours, vous passez pour le nier. *C.* Mais au contraire, puisque je ne le nie pas, on doit penser que je l'admets. On ne doit pas nous accuser de nier tout ce que nous ne disons pas. *A.* Vous croyez donc que l'homme, s'il veut, peut, avec le secours de la grâce divine, ne pas commettre le péché? *C.* Non-seulement je le crois, mais je le proclame volontiers. *A.* Il est donc dans l'erreur, celui qui supprime la grâce divine? *C.* Il est dans l'erreur. Bien plus, il est un impie, puisque Dieu gouverne toutes choses, et que notre être et notre volonté propre sont un bienfait de ce Dieu créateur. Si nous possédons le libre arbitre et si nous inclinons au bien ou au mal par un choix de notre volonté propre, c'est une faveur de Celui qui nous a ainsi faits à son image et à sa ressemblance.

Que faut-il attribuer à la grâce divine? — *A.* Nul ne doute que Dieu, qui a tout créé, ne soit l'arbitre de toutes choses, et que tout ce que nous avons doit être attribué à sa bienfaisance. Mais le rôle de la grâce divine, le bornez-vous à un privilége accordé à notre condition, ou pensez-vous qu'il s'exerce à propos de chacun de nos actes; en un mot, croyez-vous que nous usons de son aide en toutes choses, ou bien qu'une fois dotés par lui du libre arbitre, nous faisons ce que nous voulons, comme nous voulons, ou par nos seules forces? Je sais, en effet, que la plupart d'entre vous rapportent toutes choses à la grâce de Dieu, non point chacune en particulier, mais toutes en général, c'est-à-dire qu'ils voient son intervention puissante, non pas dans chacun de nos actes, mais dans le seul fait de nous avoir créés libres? *C.* Vous distinguez à tort deux choses que j'admets également : Nous avons été créés tels que nous sommes, par un effet de la grâce divine, et cette même grâce nous aide et nous soutient dans chacune de nos actions. *A.* Il est donc notoire pour nous que, dans les bonnes œuvres, nous sommes déterminés par notre volonté propre et soutenus par le secours de Dieu; dans les mauvaises, par l'aide du diable. *C.* Bien, là-dessus nous sommes d'accord. *A.* Ils pensent donc mal, ceux qui nient le secours de Dieu dans

et adjuvante completur. *A.* Non de natura quæro, sed de actu. Quis enim dubitat Deum omnium Creatorem? Hoc mihi respondeas velim : quod agis bonum, tuum est, an Dei? *C.* Meum est, et Dei; ut ego operer et ille adjuvet. *A.* Et quomodo hæc omnium opinio est, quod Dei auferas gratiam, et quidquid homines agimus, propriæ tantum asseras voluntatis? *C.* Miror, Attice, cur erroris alieni a me causam rationemque flagites, et id quæras quod scriptum non est, cum perspicuum sit quod scripserim. Dixi hominem sine peccato esse posse, si velit. Numquid addidi, absque Dei gratia? *A.* Sed ex eo quod non addidisti, videris negare. *C.* Imo ex eo quod non negavi, dixisse existimandus sum. Neque enim quidquid non dicimus, negare abitrandi sumus. *A.* Confiteris ergo posse hominem sine peccato esse, si velit, cum Dei gratia? *C.* Non solum fateor; sed et libere proclamo. *A.* Errat ergo qui Dei gratiam tollit? *C.* Errat. Quin potius arbitrandus est impius, cum Dei nutu omnia gubernentur, et hoc quod sumus et habemus appetitum propriæ voluntatis, Dei conditoris sit beneficium. Ut enim liberum possideamus arbitrium, et vel ad bonam, vel ad malam partem declinemus propria voluntate; cujus est gratiæ, qui nos ad imaginem et ad similitudinem sui tales condidit.

2. *Num gratiæ Dei tribuendum?* — *A.* Nulli, o Critobule, dubium est, ex ejus cuncta pendere judicio, qui creator est omnium, et quidquid habemus, illius beneficio deputandum. Sed quæro, hoc ipsum quod Dei asseris gratiæ, utrum ad conditionis referas beneficium, an in singulis rebus putes esse quas gerimus, ut scilicet illius in omnibus utamur auxilio; an semel ab eo liberi arbitrii conditi, nostra voluntate vel viribus agamus quod volumus? Novi enim, plerosque vestrum ita ad Dei cuncta referre gratiam, ut non in partibus, sed in genere, hoc est, nequaquam in singulis rebus, sed in conditione arbitrii intelligant potestatem. *C.* Non est ita ut autumas, sed a me utrumque dicitur, ut et Dei gratiæ sit, quod tales conditi sumus, et per singula opera illius adminiculo fulciamur. *A.* Constat ergo inter nos, in bonis operibus post propriam voluntatem, Dei nos niti auxilio, in malis diaboli. *C.* Constat, et super hoc nulla contentio est. *A.* Male ergo sentiunt, qui per singulas res quas agimus, Deus auferunt adju-

nos actions, et qui, par des interprétations perverses, ou plutôt ridicules, du Psaume : « Si le Seigneur ne bâtit pas la maison, en vain travaillent ceux qui la bâtissent ; si le Seigneur ne garde pas la cité, en vain veillent ceux qui la gardent, » *Psalm.* CXXVI, 1, 2, et d'autres textes semblables, s'efforcent de leur donner un sens détourné?

Nécessité du secours de Dieu en chaque chose.— *C.* Qu'avez-vous besoin de me parler contre les autres, puisque vous avez ma réponse? *A.* Votre réponse, en quel sens? Pensent-ils bien ou mal? *C.* Et quelle nécessité y a-t-il à ce que je mette en avant mon opinion contre d'autres? *A.* La suite de la discussion et la logique de la vérité. Ignorez-vous que tout ce qui se dit est ou n'est pas et se range du côté du bon ou du côté du mauvais? Il faut donc avouer, bon gré, mal gré, si ce que disent ceux sur lesquels je vous interroge est bien ou mal dit. *C.* S'il nous faut recourir au secours de Dieu dans chacune de nos actions, nous ne pourrons donc, sans l'aide divine, ni aiguiser le style pour écrire, ni l'émousser ensuite avec la pierre ponce, ni former les lettres sur les tablettes, ni nous taire, ni parler, ni nous asseoir, ni nous lever, ni marcher, ni courir, ni manger, ni jeûner, ni pleurer, ni rire, ni faire toute autre chose semblable? *A.* A mon avis, il est évident qu'on ne le peut pas. *C.* En quoi donc avons-nous le libre arbitre, et la grâce de Dieu demeure-t-elle intacte en nous, si nous ne pouvons même cela sans le secours divin?

Comment nous est donné le libre arbitre. La grâce de Dieu ne nuit pas à la liberté. — *A.* Le privilège du libre arbitre ne nous a pas été donné tel que l'aide divine soit annihilée dans aucune circonstance. *C.* L'aide de Dieu n'est pas annihilée, puisque l'homme conserve la grâce du libre arbitre qu'il a reçue une bonne fois. Mais, si je ne puis agir sans que Dieu me vienne en aide pour la moindre action, je ne puis rien faire. Ce n'est donc point avec justice qu'il couronnera les bonnes œuvres et qu'il punira les mauvaises ; dans un cas, il récompensera, et dans l'autre, il condamnera sa propre intervention. *A.* Dites donc franchement pourquoi vous supprimez la grâce de Dieu? car ce que vous supprimez dans chaque partie, vous devez forcément le supprimer dans le tout. *C.* Je ne nie pas la grâce, puisque j'affirme que Dieu m'a créé de telle façon que, par sa grâce, il a été accordé à ma volonté de se décider à faire ou à ne pas faire. *A.* Par conséquent, Dieu, après qu'il nous a dotés une bonne fois de la puissance du libre arbitre, dort ensuite pendant que nous agissons; inutile d'implorer son secours pour chacune de nos actions, puisqu'il dépend uniquement de notre volonté et du libre arbitre ou de faire si nous voulons, ou de ne pas faire si nous ne voulons pas?

C. Comme les autres créatures suivent l'ordre de leur condition, ainsi pour nous tout a été laissé à notre volonté après que le libre arbitre nous a été une bonne fois concédé. *A.* Je le ré-

torium, et illud quod Psalmista canit : « Nisi Dominus ædificaverit domum, in vanum laborant qui ædificant eam. Nisi Dominus custodierit civitatem, frustra vigilat qui custodit eam; » *Ps.* CXXVI, 1, 2; et cætera hujuscemodi, perversis interpretationibus, imo risu dignis, ad alios sensus detorquere nituntur.

3. *In singulis rebus Dei opus esse adjutorio.* — *C.* Quid mihi necesse est contra alios dicere, cum meum responsum habeas? *A.* Tuum responsum cujusmodi? Eos bene sentire, an male? *C.* Et quæ me cogit necessitas, ut contra alios promam sententiam? *A.* Disputationis ordo et ratio veritatis. An ignoras omne quod dicitur, aut esse, aut non esse : et aut inter bona, aut mala debere numerari? Hoc ergo de quo interrogo, aut bene dici, aut male, ingratis tibi fatendum est. *C.* Si in singulis rebus quas gerimus, Dei utendum est adjutorio, ergo et calamum temperare ad scribendum, et temperatum pumice terere, manumque aptare litteris, tacere, loqui, sedere, stare, ambulare, currere, comedere, jejunare, flere, ridere, et cætera hujuscemodi, nisi Deus juverit, non poterimus? *A.* Juxta meum sensum non posse perspicuum est. *C.* In quo igitur liberum habemus arbitrium, et Dei in nos gratia custoditur, si ne hoc quidem absque Deo possumus facere?

4. *Quomodo datum liberum arbitrium. Libertati non officit Dei gratia.* — *A.* Non sic donata est liberi arbitrii gratia, ut Dei per singula tollatur adminiculum. *C.* Non tollitur Dei adjutorium, cum creaturæ ex semel dati liberi arbitrii gratia conserventur. Si enim absque Deo, et nisi per singula ille me juverit, nihil possum agere : nec pro bonis me juste operibus coronabit, nec affliget pro malis; sed in utroque suum vel recipiet, vel damnabit auxilium. *A.* Dic ergo simpliciter, cur Dei auferas gratiam? Quidquid enim tollis in partibus, necesse est ut et in genere neges. *C.* Non nego gratiam, cum ita me a Deo asseram conditum, ut per Dei gratiam meæ datum sit voluntati, vel facere quid, vel non facere. *A.* Dormitat ergo Deus in operibus nostris, semel data liberi arbitrii potestate : nec orandus est, ut in singulis operibus nos juvet, cum voluntatis nostræ sit et proprii arbitrii, vel facere si volumus, vel non facere si nolumus.

5. *C.* Quomodo in cæteris creaturis conditionis ordo servatur ; sic concessa semel liberi arbitrii po-

pète, je ne dois donc pas implorer l'assistance de Dieu pour chaque action, puisque tout a été définitivement remis à mon discernement? *C.* S'il coopère en toutes choses, les actions ne sont pas de moi, mais de lui qui m'aide, bien plus, qui coopère en moi, surtout si je ne puis rien faire sans lui. *A.* N'avez-vous point lu que « cela ne dépend ni de celui qui veut, ni de celui qui court, mais de Dieu qui a fait miséricorde? » *Rom.* IX, 16. Nous comprenons par là que notre lot est de vouloir et de courir; mais il dépend de la miséricorde de Dieu que notre volonté et notre course s'accomplissent, en sorte que, dans la volonté et dans la course, c'est le libre arbitre qui s'exerce, et que, dans la consommation de la volonté et de la course, tout est laissé à la puissance de Dieu. Je pourrais ici montrer, par de nombreux passages des Écritures, que les saints invoquent le secours de Dieu à chaque pas et désirent l'avoir pour auxiliaire et pour protecteur de chacune de leurs actions. Lisez tout le Psautier et toutes les paroles des saints, et vous n'y trouverez pas autre chose qu'une constante prière à Dieu pour invoquer son appui. D'où il suit clairement, ou que vous niez la grâce divine, que vous supprimez dans le détail, ou que, si vous l'admettez dans le détail, ce que vous dites clairement ne pas faire, vous vous rangez, à notre avis, à nous qui conservons le libre arbitre à l'homme de manière à ne pas nier le secours de Dieu dans chaque action.

Il presse vivement la doctrine des Pélagiens. — *C.* Conclusion captieuse et qui sent l'artifice des dialecticiens. Nul ne pourra m'enlever le libre arbitre, à moins de dire que, si Dieu m'aide dans mes œuvres, la récompense ne m'est pas due, mais revient à celui qui a opéré en moi. *A.* Jouissez de votre libre arbitre pour armer votre langue contre Dieu, et, s'il vous plaît de blasphémer, prouvez en cela que vous êtes libre. Mais votre opinion à ce sujet ne fait doute pour personne, et les artifices de votre profession de foi sont percés à jour. Revenons maintenant au point d'où est parti le débat. Dites-moi si vous pensez que l'homme, qui peut, s'il veut, disiez-vous tout-à-l'heure, ne pas tomber dans le péché avec le secours de Dieu, a ce pouvoir pour toujours, ou pour un temps court et limité? *C.* Question superflue. Si je dis que c'est pour un temps limité, cela ne s'étendra pas moins à toujours. En effet, si vous accordez pour un temps, vous accorderez aussi pour toujours. *A.* Je ne comprends pas suffisamment vos paroles. *C.* Êtes-vous si dur, que vous ne compreniez pas l'évidence?

L'homme peut-il être exempt de péché pour un temps ou pour toujours? — *A.* Je n'ai pas honte d'ignorer ce que je ne sais pas; et nous devons être bien d'accord sur le sens de ce qui va être l'objet de notre discussion. *C.* Voici mon assertion : Celui qui peut être exempt de péché un jour, peut également l'être deux; celui qui peut

testate, nostræ voluntati omnia derelicta sunt. *A.* Ergo, ut dixi, non debeo a Deo per singula auxilium deprecari, quod semel meo datum est judicio? *C.* Si in omnibus ille cooperatur, non est meum, sed ejus qui adjuvat, imo qui in me cooperatur : præsertim cum absque eo facere nihil possim. *A.* Oro te, non legisti : « Non enim volentis, neque currentis, sed miserentis est Dei? » *Rom.* IX, 16. Ex quibus intelligimus nostrum quidem esse velle et currere; sed ut voluntas nostra compleatur et cursus, ad Dei misericordiam pertinere, atque ita fieri, ut et in voluntate nostra et in cursu, liberum servetur arbitrium, et in consummatione voluntatis et cursus, Dei certa potentiæ relinquantur. Scilicet nunc mihi Scripturarum testimonia replicanda sunt, quomodo per singula Dei a sanctis flagitetur auxilium et in singulis operibus suis, illo adjutore et protectore uti desiderent. Lege totum Psalterium, omnes sanctorum voces, nihil erit, nisi ad Deum in cunctis operibus deprecatio. Ex quo perspicue ostenditur te, aut Dei negare gratiam, quam tollis in partibus; aut si in partibus dederis, quod nequaquam te velle manifestum est, in nostram sententiam transire, qui sic liberum homini servamus arbitrium, ut Dei per singula adjutorium non negemus.

6. *Strangulat Pelagianorum dogma.* — *C.* Captiosa ista est conclusio, et de dialecticorum arte descendens. Mihi autem nullus auferre poterit liberi arbitrii potestatem, ne, si in operibus meis Deus adjutor exstiterit, non mihi debeatur merces, sed ei qui in me operatus est. *A.* Fruere liberi arbitrii potestate, ut contra Deum armes linguam tuam, et in eo te liberum probes, si tibi liceat blasphemare. Verum super hoc quid sentias, nulli dubium est, et præstigia confessionis tuæ apertissima luce claruerunt. Nunc revertamur ad id, unde disserere cœpimus. Dic mihi, si tibi videtur, hoc quod cum Dei adjutorio paulo ante dicebas, posse hominem non peccare si velit, in perpetuum dicas, an ad tempus et breve? *C.* Superflua interrogatio est. Si enim ad tempus et breve dixero, nihilominus refertur ad perpetuum. Quidquid enim ad breve dederis, hoc concedes et in perpetuum. *A.* Quid dicas, non satis intelligo. *C.* Itane durus es, ut manifesta non sentias?

7. *Num ad tempus an in perpetuum abstinere homo a peccato possit?* — *A.* Non me pudet nescire quod nescio. Et de quo futura est disputatio, debet inter utrumque convenire quem sensum habeat. *C.* Ego hoc assero, qui potest uno die se abstinere a pec-

l'être deux, peut aussi l'être trois; celui qui peut l'être trois, peut l'être trente; et ainsi de suite, trois cents, trois mille, et tout le temps qu'il voudra l'être. *A.* Dites donc sans détours que l'homme, s'il veut, peut être perpétuellement exempt de péché. Mais pouvons-nous tout ce que nous voulons? *C.* Nullement. Je ne puis pas tout ce que je veux, et je dis seulement que l'homme peut être sans péché, s'il veut. *A.* Répondez-moi, je vous prie : Croyez-vous que je sois un homme ou une bête sans raison? *C.* Emettre un doute sur votre condition d'homme, ce serait avouer que je suis moi-même un animal sans raison. *A.* Puis donc que je suis homme, vous l'avouez, d'où vient que je pèche, alors que je veux ne pas pécher, que je désire ardemment de ne pas pécher? *C.* Parce que votre volonté est imparfaite. Si vous vouliez véritablement, il est certain que vous ne tomberiez pas en faute. *A.* Vous donc qui m'accusez de ne pas désirer véritablement, vous êtes sans péché, ayant le désir réel à ce sujet? *C.* Comme s'il s'agissait de moi, qui m'avoue pécheur et grand pécheur, quand je dis que ceux qui veulent ne pèchent pas!

Pas d'exemple d'homme impeccable. — *A.* Par conséquent, de votre aveu et du mien, vous qui me répondez et moi qui vous interroge, nous sommes pécheurs? *C.* Mais nous pouvons ne pas l'être, si nous voulons. *A.* J'ai dit que j'ai la volonté de ne pas pécher, et il est évident que vous l'avez comme moi. Comment donc ce que nous voulons l'un et l'autre, nous ne le pouvons ni l'un ni l'autre? *C.* Parce que nous ne voulons pas pleinement. *A.* Montrez donc parmi nos ancêtres ceux qui ont pu parce qu'ils ont voulu pleinement? *C.* Ce n'est pas chose facile. Quand je dis que l'homme peut être sans péché, s'il veut, je ne prétends pas que des hommes aient atteint ce but; simplement, je dis que l'homme peut, s'il veut. *Pouvoir être*, en grec η δυναμις, *la possibilité*, est en effet autre chose que *être*, η ἐνεργεια, *l'acte lui-même*. Je puis être médecin, mais je ne le suis pas; je puis être orfèvre, mais je n'ai pas encore appris cet art. Tout ce que je puis être, bien que je ne le sois pas encore, je le serai si je veux.

Ce qui ne doit jamais être est-il possible? — *A.* Autre chose est un art, autre chose ce qui est au-dessus de l'art. La médecine, le travail de l'or et les autres arts se rencontrent dans plusieurs; mais être sans cesse exempt de péché, cela n'appartient qu'à la seule puissance divine. Par conséquent, ou citez un exemple d'hommes qui aient été sans cesse sans péché; ou, si vous ne pouvez le citer, confessez la faiblesse humaine, et ne vous égalez pas à Dieu, en trompant les oreilles des sots par votre distinction entre *être* et *pouvoir être*. Qui vous accordera que l'homme peut faire ce qu'aucun homme n'a pu jamais? N'êtes-vous pas vous-même imbu des ruses de la dialectique? Si l'homme peut, le *non pouvoir*

cato, posse et altero; qui duobus, posse et tribus; qui tribus, posse et triginta; atque hoc ordine posse et trecentis, et tribus millibus, et quamdiucumque se voluerit abstinere. *A.* Dic ergo simpliciter posse hominem in perpetuum esse sine peccato si velit. Possumusne omne quod volumus? *C.* Nequaquam. Neque enim possum quidquid voluero; sed hoc solum dico, hominem sine peccato posse esse, si velit. *A.* Quæso ut mihi respondeas. Hominem me putas, an belluam? *C.* Si de te ambigo, utrum homo, an bellua sis, ipse me belluam confitebor. *A.* Si ergo, ut dicis, homo sum, quomodo cum velim, et satis cupiam non peccare, delinquo? *C.* Quia voluntas imperfecta est. Si enim vere velles, vere utique non peccares. *A.* Ergo tu qui me arguis non vere cupere, sine peccato es, quia vere cupis? *C.* Quasi ego de me dicam, quem peccatorem esse confiteor, et non de paucis et raris, si qui voluerint non peccare.

8. *Ejus rei nullum exemplum.* — *A.* Interim ex meo tuoque judicio, et ego qui interrogo, et tu qui respondes, peccatores sumus. *C.* Sed possumus non esse si velimus. *A.* Dixi me velle non peccare, te quoque hoc sentire non dubium est. Quomodo ergo quod uterque volumus, uterque non possumus? *C.* Quia plene non volumus. *A.* Da ergo qui majorum nostrorum plene voluerint et potuerint. *C.* Hoc quidem non facile est ostendere. Neque enim quando dico hominem posse esse sine peccato si velit, aliquos fuisse contendo; sed simpliciter posse esse si velit. Aliud namque est esse posse, quod Græce dicitur τῇ δυνάμει (possibilitate); aliud est esse, quod ipsi appellant τῇ ἐνεργείᾳ (actu ipso). Possum esse medicus; sed interim non sum. Possum esse faber; sed necdum didici. Quidquid igitur possum, licet necdum sim, tamen ero si voluero.

9. *Quod futurum nunquam est, an possibile sit.* — *A.* Aliud sunt artes, aliud id quod per artes est. Medicina et fabrica, et artes cæteræ inveniuntur in plurimis : sine peccato autem esse perpetuo, divinæ solius est potestatis. Itaque aut da exemplum qui absque peccato fuerint in perpetuum : aut si dare non potes, confitere imbecillitatem tuam, et noli ponere in cœlum os tuum, ut per *esse*, et *esse posse*, stultorum illudas auribus. Quis enim tibi concedet, posse hominem facere quod nullus unquam hominum potuerit? Ne tu dialecticis imbutus quidem es? Si enim potest homo, non posse tollitur. Si autem

disparaît; s'il ne peut pas, *pouvoir* n'existe plus pour lui. Ou prouvez que quelqu'un a pu ce que vous prétendez possible; ou, si personne ne l'a pu, il sera vrai, malgré vous, que personne ne peut ce que vous proclamez possible. Cette discussion sur le *possible* a été agitée entre deux très-fameux dialecticiens, Diodore et Chrysippe. Diodore soutient que cela seul peut être fait, qui est ou qui sera vrai; que tout ce qui doit être, il est nécessairement possible de le faire, tandis qu'on ne peut faire ce qui ne doit pas être. Chrysippe au contraire dit qu'on peut faire même ce qui ne doit pas être, comme briser un diamant, alors même qu'on n'y parviendra jamais. Ceux donc qui avancent que l'homme peut être sans péché s'il veut, ne prouveront que cela est vrai qu'en démontrant que cela sera. Mais comme l'avenir est incertain, surtout quant aux choses qui n'ont jamais été faites, il est clair qu'ils prédisent un événement qui n'arrivera pas. Cette maxime est de l'Ecclésiaste : « Tout ce qui doit arriver a déjà été fait dans les temps antérieurs. »

Possibilité des Commandements de Dieu. — *C.* A mon tour, laissez-moi vous poser une question : Dieu nous a-t-il ordonné des choses possibles ou impossibles? *A.* Je vois où tend votre assertion. Mais ce point doit être discuté plus tard; en mêlant les questions aux questions, nous jetterions l'obscurité dans l'intelligence des auditeurs. Donc, sous la réserve de notre cr[oy]ance, qui est que les commandements de Dieu sont possibles, sans quoi il serait lui-même une source d'injustice s'il exigeait que ce qui est impossible fût fait, achevez d'éclaircir maintenant votre proposition que l'homme peut être sans péché s'il veut. Ou vous citerez ceux qui l'ont pu; ou, si personne ne l'a pu, évidemment vous avouerez que l'homme ne peut être toujours sans péché. *C.* Puisque vous me contraignez de citer un exemple que rien ne m'oblige à citer, arrêtez-vous, je vous prie, à ces paroles de Notre-Seigneur : il a dit qu'un chameau peut passer plus facilement par le trou d'une aiguille qu'un riche entrer dans le royaume des cieux. *Matth.* XIX et *Marc.* X. Pourtant il dit que ce qui n'a jamais été fait peut être fait. Un chameau, en effet, n'est jamais passé par le trou d'une aiguille. *A.* J'ai lieu de m'étonner qu'un homme sage ait mis en avant un texte qui se tourne contre lui. En effet, il ne s'agit pas là d'une chose qui ne peut pas être faite; c'est une comparaison de l'impossible avec l'impossible. De même qu'un chameau ne peut passer par le trou d'une aiguille, de même le riche n'entrera pas dans le royaume des cieux. C'est-à-dire que si vous pouviez démontrer qu'un riche entrera dans le royaume des cieux, il s'en suivrait qu'un chameau passerait par le trou d'une aiguille. Et ne m'opposez pas Abraham et les autres que l'ancien Testament dit avoir été riches, lesquels riches sont entrés dans le royaume des cieux, puisqu'ils ont cessé d'être riches, en ce qu'ils ont consacré leurs richesses

non potest, posse subvertitur. Aut concede mihi aliquem potuisse, quod fieri posse contendis; aut si nullus hoc potuit, invitus teneberis, nullum posse, quod possibile jactitas. Inter Diodorum et Chrysippum valentissimos dialecticos περὶ δυνατοῦ ista contentio est. Diodorus id solum posse fieri dicit, quod aut sit verum, aut verum futurum sit. Et quidquid futurum sit, id fieri necesse esse. Quidquid autem non sit futurum, id fieri non posse. Chrysippus vero et quæ non sunt futura, posse fieri dicat : ut frangi hoc margaritum, etiam si id nunquam futurum sit. Qui ergo aiunt hominem posse esse absque peccato si velit, non poterunt hoc verum probare, nisi futurum docuerint. Cum autem futura incerta sint omnia, et maxime ea quæ nunquam facta sunt, perspicuum est eos id futurum dicere, quod non sit futurum; Ecclesiaste hanc confirmante sententiam : « Omne quod futurum est, jam factum est in priori sæculo. »

10. *Possibilia Dei mandata.* — *C.* Oro te, ut hoc mihi respondeas : possibilia Deus mandata dedit, an impossibilia? *A.* Cerno quo tua tendat assertio. Sed de hoc in posterioribus disserendum est, ne dum miscemus quæstionibus quæstiones, obscuram audientibus intelligentiam relinquamus. Reservato igitur hoc quod fatemur possibilia Deum dedisse mandata, ne ipse auctor injustitiæ sit, si id exigat fieri, quod fieri non potest, nunc illud imple quod proposueras, posse hominem sine peccato esse si velit. Aut enim dabis eos qui potuerunt; aut si nullus potuit, liquido confiteberis hominem in perpetuum vitare peccata non posse. *C.* Quoniam urges me, ut dem quod dare non debeo, illud, quæso, considera, quod Dominus dixerit facilius camelum per foramen acus intrare posse, quam divitem in regnum cœlorum. *Mat.* XIX *et Marc.* X. Et tamen dixit fieri posse, quod nunquam factum est. Neque enim camelus unquam per foramen acus ingressus est. *A.* Miror hominem prudentem proposuisse testimonium, quod contra se faciat. In hoc enim non quod fieri possit, dictum est, sed impossibile impossibili comparatum. Quomodo enim camelus non potest intrare per foramen acus, ita et dives non ingredietur in regna cœlorum. Aut si potueris ostendere, quod dives ingrediatur regna cœlorum, sequitur ut et camelus intret per foramen acus. Nec mihi Abraham et cæteros, quos in veteri Testamento divites legimus, exemplo proponas, qui divites ingressi sunt regna cœlorum, cum ipsi (al. *ipsius*) divitiis ad bona uten-

à de bonnes œuvres; ou plutôt, puisqu'ils ont possédé la fortune, non pas pour eux, mais pour le prochain, on doit plutôt leur donner le nom d'intendants de Dieu, que celui de riches. Pour nous, recherchons la perfection de l'Evangile, dont voici le précepte : « Si vous voulez être parfait, allez, vendez tout ce que vous avez, donnez le prix aux pauvres, revenez et suivez-moi. » *Matth.* XIX, 21.

Réponse à l'objection tirée du précepte de Notre-Seigneur. Fausse application des exemples de Job, Zacharie, Elisabeth. — *C.* A votre insu, vous tombez dans votre propre filet. *A.* En quoi? *C.* Sur la parole du divin Maître, vous affirmez que l'homme peut être parfait. Quand il dit : « Si vous voulez être parfait, vendez ce que vous avez, donnez-en le prix aux pauvres, venez et suivez-moi, » il montre que l'homme, s'il veut et s'il suit ses commandements, peut être parfait. *A.* Oh! vraiment, le terrible coup dont vous m'avez frappé! Je n'y ai vu que du feu! Mais pourtant, par cela même qu'il dit : « Si vous voulez être parfait, » il s'adresse à celui qui ne peut pas, bien plus à celui qui ne veut pas, et c'est pour cela qu'il ne peut pas. Mais vous, citez-moi quelqu'un qui ait voulu et qui ait pu; car c'est là votre promesse. *C.* Et quelle nécessité m'oblige de citer ceux qui ont été parfaits, lorsqu'il est évident qu'on peut être parfait, puisque le Sauveur a dit à un homme et à tous en lui : « Si vous voulez être parfait? » *A.* Vous tergiversez, vous ne sortez pas de votre fange. En effet, ou ce qui est possible a été fait, ou si cela n'est jamais arrivé, avouez que c'est impossible.

C. Qu'attendre encore? Votre défaite est dans le témoignage des Ecritures. Laissons cent autres textes : n'êtes-vous pas confondu par ceux qui louent Job, et Zacharie et Elisabeth? Si je ne me trompe, le livre de Job s'exprime ainsi : « Il y avait un homme du nom de Job dans le pays de Hus, homme véridique, sans reproche, véritable adorateur de Dieu, s'abstenant de toute action mauvaise. » *Job.* I, 1 *sec.* LXX. Et encore : « Quel est celui qui accuse le juste sans péché et condamne ses paroles par ignorance. » Et dans l'Evangile selon saint Luc : « Dans les jours d'Hérode, roi de Judée, il y eut un prêtre nommé Zacharie, du sang d'Abia, et sa femme descendait des filles d'Aaron, et elle avait nom Elisabeth. Et tous deux étaient justes devant Dieu, marchant dans tous les commandements du Seigneur, sans aucune plainte. » *Luc.* I, 3 *seqq.* Je pense que Job, qui était un véritable adorateur de Dieu, sans tache et sans reproche, et les autres qui marchaient dans tous les commandements du Seigneur, étant justes devant Dieu, étaient exempts de péché, et ne manquaient d'aucun des éléments qui constituent la justice. *A.* Vous citez des textes qu'il ne faut pas expliquer par d'autres passages de l'Ecriture, mais qui ont leur commentaire à côté d'eux. Job,

tes opera, divites esse desierint; imo cum non sibi, sed aliis divites fuerint, et dispensatores magis Dei, quam divites appellandi sint. Sed nobis Evangelica perfectio requirenda est, in qua præcipitur : « Si vis perfectus esse, vade et vende omnia quæ habes, et da pauperibus, et veni, sequere me. *Matth.* XIX, 21.

11. *Respondet objectioni ex Domini sententia. Diluit exempla de Job, Zacharia et Elisabeth.* — *C.* Dum nescis, proprio captus es laqueo. *A.* Quonam modo? C *C.* Ex sententia Domini asseris posse hominem esse perfectum. Quando enim dicit : « Si vis perfectus esse, vende omnia quæ habes, et da pauperibus, et veni, sequere me, » ostendit hominem, si voluerit, et fecerit quæ præcepta sunt, posse esse perfectum. *A.* Validissimo quidem pugno me percussisti, ita ut caligo mihi ante oculos obversari cœperit; sed tamen hoc ipsum quod dicit : « Si vis perfectus esse, » ei dicitur, qui non potuit, imo noluit, et idcirco non potuit. Tu autem ostende mihi, qui et voluerit et potuerit, quod nunc pollicitus es. *C.* Quæ enim me cogit necessitas ostendere, qui perfecti fuerint, cum perspicuum sit posse esse perfectos, ex eo quod uni a Salvatore sit dictum, et per unum omnibus, « si vis esse perfectus? » *A.* Tergiversaris : in eodem luto hæsitas. Aut enim quod potest fieri, aliquando factum est : aut si numquam factum est, fieri non posse concede.

12. *C.* Quid ultra differo? Scripturarum auctoritate vincendus es. Ut cætera intermittam, nonne his duobus testimoniis tibi imponetur silentium, in quibus Job et Zacharias, Elisabethque laudantur? Nisi enim fallor, in Job ita scriptum est : « Homo quidam erat in regione Ausitide (al. *Hus*), nomine Job, et erat homo ille verax et sine crimine, verus Dei cultor, abstinens se ab omni re mala » *Job.* I, *sec.* LXX. Et iterum : « Quis est qui arguit justum sine peccato, et loquitur verbis suis per ignorantiam? » In Evangelio quoque secundum Lucam : « Fuit in diebus Herodis regis Judæ sacerdos quidam nomine Zacharias, de vice Abia, et uxor illi de filiabus Aaron, et nomen illius Elisabeth. Erant autem ambo justi ante Deum, incedentes in omnibus mandatis et justificationibus Domini, sine querela. » *Luc* I, 5 *seqq.* Si verus Dei cultor est, et immaculatus, ac sine crimine : et qui ambulabant in cunctis justificationibus Domini, justi sunt in conspectu ejus, puto quod peccato careant, et nulla re indigeant.

après avoir été couvert de plaies, appelle Dieu en jugement et dit évidemment beaucoup de choses contraires à la morale divine : « Plût au ciel qu'il y eût un juge entre l'homme et Dieu, comme il y en a un entre un homme et son semblable! » *Job.* XVI, 22. Et encore : « Quoique je sois juste et sans reproche, il trouvera que j'ai dit des choses impies et que je suis pervers; blanc comme la neige et avec des mains pures, votre œil, Seigneur, me trouvera couvert de souillures. Mon vêtement lui-même a horreur de moi. » *Job.* IX, 20, 21. Quant à Zacharie, il dit, quand l'Ange lui promettait la naissance d'un fils : « Comment connaîtrai-je ceci? car je suis vieux, et ma femme est avancée en âge; » paroles pour lesquelles il est aussitôt condamné au silence : « Et voilà que tu seras muet, et tu ne pourras parler jusqu'au jour où ces choses arriveront, parce que tu n'as point cru à mes paroles, qui seront accomplies en leur temps. » *Luc.* I, 18, 20. Par là, il est clair que les justes sont dits être sans tache; mais que, si la négligence les gagne, ils peuvent succomber, et que l'homme est sans cesse dans l'alternative, ou de tomber du faîte des vertus dans le vice, ou de monter de l'abîme des vices au faîte des vertus. Il n'est jamais dans une sécurité parfaite, et toujours au milieu du calme il redoute le naufrage. C'est en cela même que l'homme ne peut se dire impeccable, selon le mot de Salomon : « Il n'y a pas sur terre un homme juste, pratiquant le bien, qui ne pèche pas. » *Eccl.* VII, 21. De même au livre des Rois : « Il n'y a pas d'homme qui ne pèche point. » III *Reg.* VIII, 46. Et le bienheureux David : « Qui comprend, dit-il, le péché? Rendez-moi pur à mes yeux, épargnez le regard d'autrui à votre serviteur. » *Psalm.* XVIII, 13. Et encore : « N'entrez pas en jugement avec votre serviteur, parce qu'il n'y a pas de vivant qui puisse être juste à vos yeux. » *Psalm.* CXLII, 2. L'Ecriture sainte est pleine de passages semblables.

Autre argument pris de l'Evangile de S. Jean. — *C.* Que répondrez-vous à l'exemple que propose S. Jean : « Nous savons que quiconque est né de Dieu ne commet point de péché, parce que la semence de Dieu le conserve et empêche que l'esprit malin le touche. Nous savons que nous sommes nés de Dieu, et que le monde entier est sujet aux attaques du démon. » I *Joan.* III, 9. *A.* Je vous opposerai vos propres armes : en suivant votre interprétation, l'épître de S. Jean se contredirait elle-même à bref délai. Si celui qui est né de Dieu ne commet point le péché, parce que la semence de Dieu demeure en lui; s'il ne peut pécher, parce qu'il est enfant de Dieu, par quelle logique est-il écrit au même endroit : « Si nous disons que nous sommes sans péché, nous nous séduisons nous-mêmes, et la vérité n'est point en nous? » *Joan.* I, 8. La

quæ ad justitiam pertinet. *A.* Proposuisti testimonia quæ non de alterius Scripturæ loco, sed de propriis libris absoluta sunt. Nam et Job postquam percussus est plaga, multa adversus Dei sententiam, provocans eum ad judicium, dixisse convincitur : « Atque utinam sic judicaretur vir cum Deo, quomodo judicatur filius hominis cum collega suo! » *Job.* XVI, 22. Et iterum : « Quis mihi tribuat auditorem, ut desiderium meum omnipotens audiat, et librum scribat ipse qui judicat? » *Job.* XXXI, 35. Et rursum « Si enim fuero justus, os meum impia loquetur, et si absque crimine, pravus inveniar; et si purificatus nive et lotus manibus, satis me sorde tinxisti. Exsecratum est me vestimentum meum. » *Job.* IX, 20, 21. Et de Zacharia scriptum est quod, Angelo nativitatem filii pollicente, dixerit : « Unde hoc sciam? Ego enim sum senex, et uxor mea processit in diebus suis; » ob quæ statim silentio condemnatur : « Eris tacens et loqui non poteris usque ad diem, quo fient hæc, quia non credidisti verbis meis quæ implebuntur in tempore suo. » *Luc.* I, 18, 20. Ex quo perspicuum est, justos quidem et immaculatos dici; sed si negligentia subrepserit, posse concidere, et semper hominem in meditullio positum, ut et de virtutum culmine ad vitia delabatur, et de vitiis ascendat ad sublimia; et numquam eum esse securum, sed semper metuere in tranquillitate naufragium : ac per hoc hominem sine peccato esse non posse, dicente Salomone : « Non est homo justus super terram, qui faciat bonum, et non peccet. » *Eccl.* VII, 21. Et eodem in Regum libro : « Neque enim est homo qui non peccet. » III *Reg.* VIII, 46. Ac beato David : « Delicta quis intelligit? ab occultis meis munda me et ab alienis parce servo tuo. » *Psal.* XVIII, 13. Et iterum : « Ne intres in judicium cum servo tuo, quia non justificabitur in conspectu tuo omnis vivens. » *Psal.* CXLII, 2. Et multa alia quibus Scripturæ sanctæ plenæ sunt.

13. *Explodit argumentum ex Evangelio Joannis.* — *C.* Quid ergo respondebis ad illud exemplum quod ponit Evangelista Joannes : « Scimus quod omnis qui natus est ex Deo, non peccat; sed generatio Dei conservat eum, et malignus non tangit eum. Scimus quoniam ex Deo sumus, et mundus totus in maligno positus est. » I *Joan.* III, 9. *A.* Par pari referam, et parvam Evangelistæ Epistolam, secundum sensum tuum docebo sibi esse contrariam. Si enim omnis qui natus est ex Deo, peccatum non facit : quoniam semen ejus manet in eo, et non potest peccare, quia ex Deo natus est, qua consequentia idem in eodem loco sequitur : « Si dixerimus quoniam peccatum non habemus, ipsi nos seducimus, et veritas in no-

raison vous échappe, vous hésitez, vous vous troublez. Ecoutez le même Évangéliste : « Mais si nous confessons nos péchés, il est fidèle et juste pour nous les remettre, et pour nous purifier de toute iniquité. » *Ibid.* 9. Nous sommes donc justes, quand nous nous avouons pécheurs, et notre justice résulte, non pas de notre propre mérite, mais de la miséricorde divine, selon le mot de la sainte Écriture : « Le juste est son propre accusateur dès sa première parole. » *Prov.* XVIII, 17. Et ailleurs : « Confessez vos péchés, afin d'être justifié. » *Isai.* XLIII, 26, *sec.* LXX. « Mais Dieu a tout renfermé dans le péché, afin d'être miséricordieux envers tous. » *Galat.* III, 22. Le comble de la justice pour l'homme, c'est de penser que tout ce qu'il peut avoir de vertu ne lui appartient pas, mais est un don de Dieu; Ainsi, celui qui est né de Dieu ne pèche pas tant que la semence de Dieu demeure en lui, et il ne peut pas pécher, parce qu'il est enfant de Dieu; mais parce que dans le champ du Seigneur, *Matth.* XIII, pendant le sommeil du père de famille, l'ennemi répand l'ivraie, et, semeur nocturne, mêle au blé la mauvaise herbe et la folle avoine stérile, nous devons trembler devant cette parabole du père de famille de l'Évangile, qui fait arracher l'ivraie, et, réservant le blé pour l'enfermer dans son grenier, disperse la paille au vent et l'abandonne au feu qui la dévore. Aussi Jérémie a-t-il écrit : « Qu'y a-t-il de commun entre la paille et le froment, dit le Seigneur? » *Jérem.* XXIII, 28. A la consommation des temps, la paille est séparée du froment. Cela prouve que, pendant que nous sommes dans ce corps mortel, nous sommes mêlés au bon grain. Vous m'objecterez qu'il est dit : « Il ne peut pécher, parce qu'il est enfant de Dieu. » Je réponds : Où serait la récompense de la volonté, s'il ne pouvait pécher? En effet, s'il ne pèche pas parce qu'il ne le peut pas, le libre arbitre disparait, et il ne dépend pas de nous de ne pas pécher, mais c'est un privilége de notre nature.

Deux autres exemples pris de l'Ancien et du Nouveau Testament. — C. Je vous ai proposé des points faciles, pour vous amener à d'autres plus délicats. Que diriez-vous ici, où, quelque ingénieux que vous soyez, vous ne pourrez invoquer aucun artifice? J'invoquerai d'abord l'Ancien, puis le Nouveau Testament. Moïse est la clef de l'Ancien Testament; Notre-Seigneur et Sauveur, du Nouveau. Moïse dit au peuple : « Soyez parfaits en présence du Seigneur votre Dieu; » *Deut.* XVIII, 13; et le Sauveur aux Apôtres : « Soyez parfaits comme votre Père céleste est parfait. » *Matth.* V, 48. Ou il est possible à ceux qui entendent ces paroles de faire ce que Moïse et Notre-Seigneur leur commandent, ou, si cela leur est impossible, il n'y a pas de leur faute, puisqu'ils ne peuvent obéir, mais de la faute de celui qui commande des choses impossibles? A. Ce passage, pour les ignorants et pour ceux que la méditation et l'usage n'ont pas conduits à la

bis non est? » I *Joan.* I, 8. Ignoras rationem, hæsitas atque turbaris. Audi eumdem Evangelistam : « Si confiteamur peccata nostra, fidelis et justus est, ut dimittat nobis peccata nostra, et mundet nos ab omni iniquitate. » *Ibid.* 9. Tunc ergo justi sumus, quando nos peccatores fatemur, et justitia nostra non ex proprio merito, sed ex Dei consistit misericordia, dicente sancta Scriptura : « Justus accusator sui est in principio sermonis. *Prov.* XVIII, 17. Et in alio loco : « Dic tu peccata tua, ut justificeris. » *Isai.* XLIII, 26, *sec.* LXX. « Conclusit enim Deus omnia sub peccato, ut omnibus misereatur. » *Galat.* III, 22. Et hæc hominis summa est justitia, quidquid potuerit habere virtutis, non suum putare esse, sed Domini qui largitus est. Qui ergo natus est ex Deo, non peccat, quamdiu semen Dei manet in eo, et non potest peccare, quia ex Deo natus est, Sed quia in agro Dominico, *Matth.* XIII, dormiente patrefamilias, inimicus homo zizania superseminat, et frumento bono, dum nescimus, lolium avenasque steriles sator nocturnus inserserit : ideo parabola ista Evangelici patrisfamilias formidanda est : qui purgat aream, et frumento horreis condito, paleas ventorum flatibus dispergendas et urendas ignibus derelinquit. Unde et in Jeremia scriptum legimus : « Quid paleis ad frumentum, dicit Dominus ? » *Jerem.* XXIII, 28. Paleæ autem a frumento in consummatione sæculi separantur. Ex quo approbatur dum sumus in corpore isto mortali, mixtos esse cum tritico. Quod si opposueris quare dixerit : « Et non potest peccare, quia ex Deo natus est, » audies : Et ubi erit præmium voluntatis? Si enim ideo non peccat, quia peccare non potest, liberum tolletur arbitrium, et nequaquam nostrum fiet, sed naturæ bonum, quæ peccata non capiet.

14. *Duo alia ex Veteri ac Novo Testamento.* — C. Dudum faciliora proposui, ut te ad majora exercerem. Quid ad illud dicere potes, quod quamvis sis ingeniosus, nulla valebis arte subvertere ? Primum ponam de veteri Testamento, deinde de novo. Veteris Testamenti princeps Moyses est; novi, Dominus atque Salvator. Moyses loquitur ad populum : « Perfecti estote in conspectu Domini Dei vestri. » *Deut.* XVIII, 13. Et Salvator ad Apostolos : « Estote perfecti sicut Pater vester cœlestis perfectus est. » *Matth.* V, 48. Aut enim possibile est audientibus facere quod Moyses et Dominus præceperunt : aut si impossibile est, non est culpa eorum qui obedire non possunt, sed ejus qui impossibilia præcepit. A. Hic locus apud imperitos, et Scripturarum sanctarum meditationem usumque et scientiam non habentes, videtur opt-

science des Ecritures, semble, de prime abord, sourire à votre opinion. Mais la discussion lève facilement la difficulté. Comparez les témoignages aux témoignages des Ecritures, l'Esprit saint ne pouvant pas se contredire suivant les lieux et les temps, d'après cette parole : « L'abîme appelle l'abîme dans le langage de vos cataractes; » *Psalm.* XLI, 8; vous verrez alors la vérité, c'est-à-dire que Jésus-Christ a prescrit le possible, en disant : « Soyez parfaits comme votre Père céleste est parfait, » et que cependant les Apôtres n'étaient pas parfaits. *C.* Je ne parle pas de ce que les Apôtres ont fait, mais du commandement de Jésus-Christ. La faute, en effet, n'est pas de celui qui commandait, mais des Apôtres, qui reçurent un ordre praticable, la justice de N.-S. le garantit. *A.* A merveille. Ne me dites donc pas que l'homme peut être sans péché s'il veut; mais qu'il peut être ce que les Apôtres ne furent pas. *C.* Me croyez-vous assez insensé pour tenir un tel langage? *A.* Vous ne le tenez pas, et les conséquences rigoureuses de votre proposition vous amènent à le tenir malgré vous. En effet, si un homme peut être sans péché, état où il est évident que les Apôtres n'arrivèrent pas, cet homme pourrait s'élever au-dessus des Apôtres; je vous fais grâce des Patriarches et des Prophètes qui, sous l'ancienne Loi, n'eurent pas une justice parfaite, comme le dit l'Apôtre : « Tous ont péché et n'ont rien dont ils puissent se glorifier, si ce n'est en Dieu, étant justifiés par sa grâce, par la rédemption qu'ils ont en Jésus-Christ, que Dieu a proposé pour être la victime de propitiation. » *Rom.* III, 23, 24.

Il invoque le témoignage de Paul aux Philippiens. — *C.* Argumentation tortueuse, mêlant la simple vérité catholique aux épines de la philosophie. Qu'y a-t-il de commun entre Aristote et Paul, entre Platon et Pierre? Si Platon a été le prince des philosophes, Pierre a été le prince des Apôtres, et c'est sur lui, roc inébranlable, qu'a été fondée l'Eglise de Dieu, qu'aucun choc des flots, aucune tempête ne peut renverser. *A.* Phrase de rhéteur; vous m'accusez de philosophie, et vous êtes dans le camp des orateurs. Mais écoutez un mot du plus grand de tous : « Quittez les lieux communs; notre demeure en est pavée. » *Cicer.* IV, *Acad. Quæst.* *C.* Il n'y a, dans mes paroles, aucune prétention à l'éloquence, à la redondance oratoire, s'accommodant, d'après la définition, au désir de persuader; mais nous cherchons la vérité pure en un simple langage. Ou Notre-Seigneur n'a pas fait un commandement impraticable, et il y a faute de la part de ceux qui ne l'ont pas rempli, puisqu'il était possible : ou bien, si le commandement était impraticable, ceux qui ne l'ont pas suivi ne seraient pas en faute, mais celui qui a prescrit l'impossible serait convaincu d'injustice, ce qu'on ne peut dire sans blasphème. *A.* Je vous vois violemment agité, contre vos habitudes, et je cesse d'argumenter, pour vous demander

nioni tuæ prima fronte blandiri. Cæterum discussa facile solvitur. Et cum testimonia Scripturarum aliis comparaveris testimoniis, ne sibi Spiritus sanctus pro qualitate locorum et temporum videatur esse contrarius, secundum illud quod scriptum est : « Abyssus abyssum invocat in voce cataractarum tuarum, » *Ps.* XLI, 8, tunc veritas apparebit, hoc est, Christum possibilia præcepisse dicentem : « Estote perfecti sicut Pater vester cœlestis perfectus est, » et tamen Apostolos non fuisse perfectos. *C.* Non dico quid Apostoli fecerint, sed quid Christus præceperit. Neque enim culpa imperantis est, sed eorum qui audierunt imperium, quod utique potuisse fieri ex justitia ejus qui imperabat, agnoscitur. *A.* Pulchre. Nolo ergo mihi dicas posse hominem sine peccato esse si velit; sed posse hominem id esse quod Apostoli non fuerunt. *C.* Tam stultum me putas, ut audeam hoc loqui? *A.* Licet non loquaris : tamen ex propositione tua, ipsa consequentia et rerum ordine invitus hoc loqueris. Si enim potest esse homo sine peccato, quod Apostolos non fuisse perspicuum est, posset esse super Apostolos homo; ut taceam de Patriarchis et Prophetis, quorum in lege non fuit perfecta justitia, secundum illud Apostoli : « Omnes enim peccaverunt, et indigent gloria Dei; justificati gratis per Dei gratiam, per (al. add. *ipsius*) redemptionem quæ est in Christo Jesu : quem proposuit Deus propitiatorem. » *Rom.* III, 23, 24.

15. *Opponit testimonium Pauli ad Philipp.* — *C.* Hæc argumentatio tortuosa est, Ecclesiasticam simplicitatem inter philosophorum spineta concludens. Quid Aristoteli et Paulo? Quid Platoni et Petro? Ut ille enim princeps philosophorum, ita hic Apostolorum fuit, super quem Ecclesia Domini stabili mole fundata est, quæ nec impetu fluminis, nec ulla tempestate concutitur. *A.* Rhetoricaris, et dum mihi objicis philosophiam, ad Oratorum castra transcendis. Verum audi quid idem dicat Orator tuus : « Desine communibus locis; domi nobis ista nascuntur. » *Cic.* IV *Acad. Quæst.* *C.* Nulla hic eloquentia est, nullus Oratorum tumor, quorum definitio est, dicere ad persuadendum accommodate, sed puram puro sermone quærimus veritatem : Aut Dominum non impossibilia præcepisse, ut sint in culpa qui possibilia non fecerint; aut si non possunt fieri, non eos qui impossibilia non faciunt, sed eum qui impossibilia præcepit, quod nefas dictu sit, convinci injustitiæ. *A.* Video te contra mores tuos vehementer

votre sentiment sur le passage suivant, que l'Apôtre écrit aux Philippiens : « Non que j'aie déjà atteint jusque-là, ou que je sois déjà parfait ; mais je poursuis ma course, pour tâcher de parvenir où Jésus-Christ m'a destiné en me prenant. Non, mes Frères, je ne pense point être encore arrivé au but ; mais tout ce que je prétends, c'est qu'oubliant ce qui est derrière moi, et m'avançant vers ce qui est devant moi, je m'efforce d'atteindre le but, pour remporter le prix auquel Dieu m'a appelé d'en haut, par Jésus-Christ. Nous donc qui sommes parfaits, soyons dans ce sentiment, et, si vous avez d'autres pensées, Dieu vous éclairera sur cela même. » *Philip.* III, 12, *seqq.*, et le reste, que vous connaissez assurément et que nous ne disons pas pour être bref. Il dit qu'il n'est point parvenu au terme, qu'il n'est point parfait, mais qu'à l'instar de l'arbalétrier, il dirige toutes ses flèches vers le but assigné, que la langue grecque appelle significativement σκόπος (cible), de peur que la flèche s'égarant ailleurs, ne prouve la maladresse du tireur. Il assure qu'il oublie complètement ce qui est derrière lui, et qu'il s'avance sans cesse vers ce qui est devant lui, nous enseignant par là qu'il faut passer outre aux progrès accomplis pour aspirer à de nouveaux progrès, en sorte qu'en cherchant plus haut et mieux, nous serons convaincus demain de l'imperfection de ce qui nous semble parfait aujourd'hui. S'élevant de degré en degré, sans jamais s'arrêter, il poursuit toujours sa course et nous montre l'imperfection de ce que nous croyions parfait, la vraie perfection et la vraie justice ne s'alliant qu'aux seules vertus divines. « Je m'efforce, dit-il, d'atteindre le but, pour remporter le prix auquel Dieu m'a appelé d'en haut par Jésus-Christ. » O apôtre Paul, je ne suis qu'un misérable pécheur, mais j'avoue mon indignité; faites-moi grâce, si j'ose vous interroger. Vous n'avez point encore, dites-vous, atteint jusque-là, vous n'avez pas touché le but, vous n'êtes pas encore parfait : mais, oubliant sans cesse ce qui est derrière vous, vous vous avancez vers ce qui est devant, pour tâcher d'être près du terme au jour de la résurrection et de recevoir le prix auquel Dieu vous a appelé d'en haut. D'où vient que vous ajoutez aussitôt : « Nous qui sommes parfaits, nous savons » ou « sachons ? » N'y a-t-il pas contradiction en vos paroles, et comment savons-nous que nous sommes parfaits ? que nous avons atteint le but, quand nous ne l'avons pas atteint? que nous avons reçu le prix, quand nous ne l'avons pas reçu? que nous sommes parfaits, quand nous ne le sommes pas encore? Que savons-nous donc, que devons-nous savoir, nous qui ne sommes point parfaits? Nous devons avouer notre imperfection, et que nous n'avons encore ni atteint le but, ni reçu le prix. La vraie sagesse pour l'homme consiste à savoir qu'il est imparfait, et que, chez tous les justes, en cette vie, la perfection est, pour ainsi dire, imparfaite.

esse commodum, et propterea argumentari desinam. Sed paululum te interrogabo, quid de illo Apostoli loco sentias, quem scribit ad Philippenses : « Non quia jam acceperim, aut jam perfectus sim. Persequor autem si comprehendam : in quo apprehensus sum a Christo. Fratres, ego me necdum arbitror comprehendisse. Unum autem, posteriorum oblivisceris, ad ea quæ priora sunt me extendens, juxta propositum sequor, ad bravium supernæ vocationis Dei in Christo Jesu. Quotquot ergo perfecti, hoc sapiamus ; et si quid aliter sapitis, hoc ergo quoque Deus vobis revelabit. » *Philipp.* III, 12 *seqq.*, et cætera, quæ te scire non dubito et nos brevitatis studio præterimus. Dicit se necdum comprehendisse, et nequaquam esse perfectum, sed instar sagittarii ad propositum et ad signum jacula dirigere, quem (al. *quod*) significantius Græci σκόπον nominant, ne sagitta ad partem declinans alteram, imperitum ostendat sagittarium. Et asserit præteritorum se semper oblivisci, et ad priora semper extendi : per quæ docet præterita negligenda, et futura cupienda, ut quod hodie perfectum putaverit, dum ad meliora et priora extenditur, esse imperfectum fuisse convincat. Atque ita per singulos gradus, dum nunquam in statione, sed semper in cursu est, imperfectum doceat, quod hominis putabamus esse perfectum : solamque perfectionem et veram justitiam, Dei tantum virtutibus coaptandam. « Secundum propositum, inquit, persequor ad bravium supernæ vocationis Dei in Christo Jesu. O apostole Paule, ignosce mihi quasi homunculo mea vitia confitenti, si audacter interrogem. Dicis te necdum accepisse, et necdum comprehendisse, et necdum esse perfectum, et præteritorum semper oblivisci, et ad priora te extendi, si quo modo possis occurrere in resurrectionem mortuorum, et consequi bravium supernæ vocationis. Et quomodo statim infers : « Quotquot ergo perfecti (al. add. *sumus*), hoc sapimus, » sive « sapiamus ? » diversa enim sunt exemplaria : et quid sapimus, sive sapiamus, nos esse perfectos ? comprehendisse quod non comprehendimus, accepisse quod non accepimus esse perfectos qui nondum perfecti sumus ? Quid ergo sapimus, imo quid sapere debeamus qui perfecti non sumus ? Imperfectos esse confiteri, et necdum comprehendisse, necdum accepisse. Hæc est hominis vera sapientia, imperfectum esse se nosse : atque, ut ita loquar, cunctorum in carne justorum imperfecta perfectio est. Unde et in Pro-

Aussi lisons-nous dans les Proverbes : « Appliquons-nous à comprendre la vraie justice. » *Prov.* I, 3, *sec.* LXX. S'il n'y avait pas une fausse justice, celle de Dieu ne serait jamais qualifiée de vraie justice. Et l'Apôtre, au même passage, continue : « Si vous avez d'autres pensées, Dieu vous éclairera sur cela même. » *Philip.* III, 15. Chose étonnante! lui qui vient de dire : « Non que j'aie déjà atteint jusque-là, ou que je sois déjà parfait ; » ce vase d'élection qui, dans la confiance que Jésus-Christ habitait en lui, a osé prononcer ces mots : « Cherchez-vous à mettre à l'épreuve Jésus-Christ qui parle en moi? » II, *Corint.* XIII, et qui pourtant avoue sans détours qu'il n'est point parfait; maintenant ce qu'il se refusait à lui-même individuellement, il l'accorde à la foule et à lui-même qu'il mêle aux autres : « Nous tous qui sommes parfaits, dit-il, sachons. » La raison de ces paroles, il la donne dans ce qui suit. Nous qui voulons être parfaits selon la petite mesure de la fragilité humaine, dit-il, sachons que nous n'avons pas encore reçu le prix, que nous n'avons pas atteint le but, que nous ne sommes pas encore parfaits. Et parce que nous ne sommes pas encore parfaits, et que nous pensons peut-être autrement que n'exige la vraie et parfaite perfection, si nous pensons et si nous comprenons autrement que ne le comporte la science de Dieu, Dieu nous éclairera sur cela même, afin que nous fassions entendre la prière de David : « Otez le voile qui est sur mes yeux, et je considérerai les merveilles qui sont enfermées dans votre Loi. » *Psalm.* CXVIII, 18.

Double perfection et double justice. — Par là, il est manifeste que l'Ecriture parle de deux sortes de perfection, de justice, de crainte. La perfection, la vérité, la justice parfaites, et la crainte qui est le commencement de la sagesse, s'unissant aux vertus divines ; au contraire, la perfection à laquelle peut prétendre, non-seulement l'homme, mais aussi toute créature, et qui se mesure à notre faiblesse, selon cette parole du Psalmiste : « Nul homme vivant ne sera trouvé juste devant le Seigneur, » *Psalm.* CXLII, 2, est cette justice qui est appelée parfaite, non point par comparaison avec celle de Dieu, mais parce qu'elle connaît Dieu. C'est ainsi que Job, Zacharie, Elisabeth ont été appelés justes selon la justice qui peut quelquefois se changer en iniquité, et non point selon la justice immuable, dont il est écrit : « Je suis Dieu, et je ne change pas. » *Malach.* III, 6. C'est pourquoi l'Apôtre écrit ailleurs: « Et cette gloire même n'est point une véritable gloire, si on la compare avec la sublimité de l'autre, » II *Corint.* III, 10, c'est-à-dire que la justice selon la Loi comparée à la grâce de l'Evangile, ne semble pas être une justice. « En effet, dit-il, si le ministère qui devait finir a été glorieux, celui qui durera toujours doit l'être beaucoup plus, » *Ibid.* II. Et encore : « Ce que nous avons maintenant de science et de prophétie est très-imparfait ; mais lorsque nous serons dans l'état parfait, tout ce qui est imparfait sera aboli. »

verbis legimus : « Ad intelligendam justitiam veram. » *Prov.* I, 3, *sec.* LXX. Nisi enim esset et falsa justitia, nunquam Dei vera justitia diceretur. Et in eodem Apostoli loco sequitur : « Et si quid aliter sentitis, et hoc vobis Deus revelabit. » *Phil.* III, 15. Rem novam audio. Qui paulo ante dixerat : « Non quia jam accepi, aut jam perfectus sum, » et vas electionis, qui pro confidentia habitantis in se Christi audebat loqui : « An experimentum quaeritis ejus, qui in me loquitur Christus? » II *Cor.* XIII, 3, et tamen simpliciter fatebatur se non esse perfectum ; nunc quod sibi proprie denegabat, mittit in turbam, jungitque se cum caeteris, et ait : « Quotquot ergo perfecti, hoc sapiamus. » Sed qua ratione hoc dixerit, exponit in sequentibus. Hoc, inquit, sapiamus, qui volumus secundum humanae fragilitatis modulum esse perfecti, necdum nos accepisse, necdum comprehendisse, necdum esse perfectos. Et quia necdum perfecti sumus, et forsitan aliter sapimus, quam poscit vera et perfecta perfectio : si quid aliter sapimus, et aliter intelligimus, quam Dei habet scientia ; et hoc nobis Deus revelabit, ut precemur cum David, atque dicamus : « Revela oculos meos, et considerabo mirabilia de Lege tua. » *Ps.* CXVIII, 18.

15. *Duplex perfectio, et justitia.* — Ex quo perspicuum est duas in Scripturis sanctis esse perfectiones, duasque justitias, et duos timores. Primam perfectionem et comparabilem veritatem perfectamque justitiam, et timorem, qui est initium sapientiae, Dei virtutibus coaptandam ; secundam autem, quae non solum hominibus, sed et omni creaturae competit, et fragilitati nostrae, juxta illud quod in Psalmis dicitur : « Non justificabitur in conspectu tuo omnis vivens ; » *Ps.* CXLII, 2 : eam justitiam, quae non comparatione, sed Dei scientia, dicitur esse perfecta. Job quoque et Zacharias et Elisabeth justi dicti sunt, secundum eam justitiam, quae possit in injustitiam aliquando mutari, et non secundum illam, quae nunquam mutari potest, de qua dicitur : « Ergo Deus, et non mutor. » *Malach.* III, 6. Et hoc est quod Apostolus alio loco scribit : « Etenim non est glorificatum, quod glorificatum est propter excellentem gloriam, » II *Cor.* III, 10, quod videlicet Legis justitia ad comparationem Evangelicae gratiae, non videatur esse justitia. « Si enim, ait, quod destruitur glorio

I *Corint.* XIII, 9, 10. Et plus loin : « Nous ne voyons maintenant que comme en un miroir et en des énigmes, mais alors nous verrons Dieu face à face. Je ne connais maintenant Dieu qu'imparfaitement, mais alors je le connaîtrai comme je suis moi-même connu de lui. » *Ibid.*, 12. Et le Psalmiste : « Votre science est élevée d'une manière merveilleuse au-dessus de moi, elle me surpasse infiniment, et je ne pourrai jamais y atteindre. » *Psalm.* CXXXVIII, 6. Et encore : « J'ai pensé à vouloir pénétrer ce secret, mais un grand travail s'est présenté devant moi, jusqu'à ce que j'entre dans le sanctuaire de Dieu, et que j'y comprenne quelle doit être leur fin. » *Psalm.* LXXII, 16, 17. Et au même endroit : « Je suis devenu comme une bête en votre présence, je ne me suis point cependant éloigné de vous. » *Ibid.* 23. Et Jérémie : « La science de tous ces hommes les rend insensés. » *Jerem.* X, 14. Enfin, le même apôtre Paul : « Ce qui paraît en Dieu une folie est plus sage que la sagesse des hommes. » *Corint.* I, 25. Et bien d'autres passages que j'omets pour être bref.

Un homme est appelé juste par comparaison avec les hommes, et non pas avec Dieu. — *C.* Excellente et fort ingénieuse mémoire, cher Atticus. Mais votre travail pour entasser texte sur texte vient à l'appui de ma thèse. En effet, je ne compare pas l'homme à Dieu, mais aux autres hommes, relativement auxquels celui qui s'y appliquera peut être parfait. De même quand on dit que l'homme peut être sans péché s'il veut, cela s'entend dans la mesure de la puissance humaine, et non pas en regard de la majesté de Dieu, en comparaison de qui aucune créature ne peut être parfaite. *A.* C'est vous, Critobule, qui travaillez pour ma cause, puisque mon opinion est bien qu'aucune créature ne peut être parfaite en égard à la justice véritable et consommée. D'ailleurs, tout individu diffère des autres, et la justice a des degrés divers dans les hommes, cela ne fait doute pour personne. L'un peut être plus vertueux, l'autre moins, et pourtant, d'après l'état de chacun et sa mesure, on peut appeler justes des hommes qui ne le seraient pas en comparaison d'autres. Par exemple, Paul, ce vase d'élection, qui eut plus de fatigues que tous les Apôtres, était juste et pouvait écrire à Timothée : « J'ai bien combattu, j'ai achevé ma course, j'ai gardé la foi ; il ne me reste qu'à attendre la couronne de justice qui m'est réservée, que le Seigneur comme un juste juge me rendra au grand jour, et non-seulement à moi, mais encore à tous ceux qui aiment son avénement. » II *Timot.* IV, 7, 8. C'était aussi un juste, ce Timothée, son disciple et imitateur, à qui il enseigne ses devoirs et comment il doit se régler dans la voie des vertus. Pourrions-nous croire qu'il n'y a eu qu'une seule et même justice dans tous deux, et que celui qui avait le plus supporté de labeurs n'ait pas le plus de mérites ? « Il y a beaucoup de demeures dans la

sum est, multo magis quod permanet, erit in gloria. » *Ibid.*, 11. Et iterum : « Ex parte scimus, et ex parte prophetamus. Cum autem venerit quod perfectum est, destruentur illa quæ ex parte sunt. » I *Cor.* XIII, 9. Et : « Videmus nunc per speculum et in ænigmate, tunc autem facie ad faciem. Nunc cognosco ex parte, tunc cognoscam sicut et cognitus sum. » *Ibid.*, 12. Et in Psalmis : « Mirabilis facta est scientia tua ex me, confortata est, et non potero ad eam. » *Ps.* CXXXVIII, 6. Et iterum : « Existimabam cognoscere hoc ; labor est in conspectu meo, donec introeam in sanctuarium Dei, et intelligam in novissimis eorum. » *Ps.* LXXII, 16, 17. Et in eodem loco : « Ut jumentum factus sum apud te, et ego semper tecum. » *Ibid.*, 2. Et Jeremias : « Stultus factus est omnis homo a scientia. » *Jerem.* X, 14. Et idem Paulus apostolus : « Fatuum, inquit, Dei sapientius est hominibus. » I *Cor.* I, 25. Et multa alia, quæ studio brevitatis omitto.

16. *Justus hominum comparatione, non Dei dicitur.* — *C.* Argute quidem, mi Attice, memoriterque dixisti. Sed labor tuus et multiplex testimoniorum replicatio, meæ parti proficit. Neque enim ego hominem Deo comparo, sed aliis hominibus, quorum comparatione, qui studium dederit, potest esse perfectus. Ac per hoc quando dicitur, homo potest esse sine peccato si voluerit, juxta mensuram hominis, non juxta Dei dicitur majestatem, cujus comparatione nulla creatura potest esse perfecta. *A.* O Critobule, hæc memorans mecum facis. Et ego enim hoc sentio, nullam creaturam secundum veram consummatamque justitiam, posse esse perfectam. Cæterum alium differre ab alio, et diversas esse in hominibus justitias, nulli dubium est ; et vel majorem esse alium vel minorem, et tamen secundum statum et mensuram suam posse justos nominari, qui aliorum comparatione justi non sunt. Verbi gratia, Paulus apostolus, vas electionis, qui plus omnibus Apostolis laboravit, utique justus erat scribens ad Timotheum : « Certamen bonum certavi, cursum consummavi, fidem servavi ; de cætero reposita est mihi corona justitiæ, quam reddet mihi Dominus in illa die justus judex : non solum autem mihi, sed et omnibus qui diligunt adventum ejus. » II *Tim.* IV, 7, 8. Justus erat et Timotheus discipulus ejus et imitator, quem docet quid agere debeat, et quem modum tenere virtutum. Putamusne unam et eamdem in utroque fuisse justitiam, et non plus habere meritorum eum,

maison du Père, » *Joan.* xiv, 2, parce que les mérites sont divers. « L'étoile diffère de l'étoile en clarté, » I *Corint*, xv, 41, et dans le corps de l'Église qui est un, il y a des membres divers. Le soleil a sa splendeur, la lune adoucit les ténèbres de la nuit ; et les autres cinq astres, appelés errants, accomplissent dans le ciel des révolutions différentes et ont chacun sa lumière. Innombrables sont les autres étoiles que nous voyons briller au firmament. Chacune a un éclat particulier, et cependant chacune est parfaite quant à sa clarté, quoiqu'elle soit imparfaite eu égard à celle qui brille plus qu'elle. Dans le corps aussi, dont les membres sont divers, l'œil fait une chose, la main une autre, le pied une autre. Aussi l'Apôtre dit-il : « L'œil ne peut pas dire à la main : Je n'ai pas besoin de votre secours ; non plus que la tête ne peut dire au pied : Vous ne m'êtes pas nécessaire. Tous sont-ils des Apôtres ? tous sont-ils des Prophètes ? tous sont-ils des Docteurs ? tous ont-ils toutes les vertus ? tous font-ils des miracles ? tous parlent-ils plusieurs langues ? tous ont-ils le don de les interpréter ? Entre ces dons, ayez plus d'empressement pour les meilleurs. Or, c'est le même et unique Esprit qui opère toutes ces choses, les répartissant entre tous, à chacun comme il veut. » I *Corint.* xii, 21, 29 *seqq.* Il dit, faites-y grande attention, que l'Esprit répartit les dons comme il veut, et non pas selon que chaque membre le désire. Le vase, en effet, ne peut pas dire au potier : Pourquoi m'avez-vous fait ainsi, et non pas autrement ? « Le potier n'a-t-il pas le pouvoir de faire de la même masse d'argile un vase destiné à des usages honorables, et un autre destiné à des usages vils ou honteux ? » *Rom.* ix, 21. Aussi ajoute-t-il logiquement : « Entre ces dons, ayez plus d'empressement pour les meilleurs, » afin que, par notre foi et notre zèle, nous méritions d'avoir plus d'onction que les autres, et que nous soyons meilleurs que ceux qui, comparés à nous, occupent le second ou le troisième rang. Dans une grande maison, il y a des vases différents, d'or, d'argent, d'airain, de fer, de bois. Or, le vase d'airain, qui est parfait quant à sa valeur propre, est imparfait eu égard à celui d'argent, et de même celui d'argent, qui est moins précieux que le vase d'or. Par des comparaisons semblables, on voit que toutes choses sont imparfaites et parfaites. Dans la même bonne terre, la même semence produit trente, soixante ou cent pour un ; ces nombres indiquent qu'il y a inégalité entre les produits, et pourtant chacun est parfait en son genre. Elizabeth et Zacharie, dont l'exemple vous paraît un bouclier inexpugnable, nous peuvent enseigner combien ils sont inférieurs en sainteté à la bienheureuse Marie mère de Notre-Seigneur, qui a conscience de l'habitation de Dieu en elle et la proclame hautement : « Désormais je serai appelée bienheureuse dans la suite de tous les siècles, parce qu'il a fait en mo

qui plus omnibus laboravit ? « Multæ mansiones sunt apud Patrem, » *Joan.* xiv, 2, quia et merita diversa, « Stella a stella differt in claritate, » I *Cor.* xv, 41, et in uno Ecclesiæ corpore membra diversa sunt. Habet sol fulgorem suum, luna quoque noctis tenebras temperat ; et quinque sidera alia, quæ vocantur errantia, diversis et cursibus et luminibus cœlum peragrant. Innumerabiles sunt aliæ stellæ, quas micare in firmamento cernimus. In singulis diversa sunt lumina, et tamen in suo unaquæque perfecta est, ita duntaxat, ut comparatione majoris, perfectione careat. In corpore quoque, cujus membra diversa sunt, aliud oculus, aliud manus, aliud pes, agunt. Unde et Apostolus dicit : « Non potest oculus dicere manui : Non es mihi necessaria ; aut iterum caput pedibus : Non desidero operam vestram. Numquid omnes Apostoli ? numquid omnes prophetæ ? numquid omnes magistri ? numquid omnes cunctas habent virtutes ? numquid omnes donationes habent sanitatum ? numquid omnes linguis loquuntur ? numquid omnes interpretantur ? Æmulamini dona majora. Omnia autem hæc operatur unus atque idem Spiritus, dividens singulis, unicuique prout vult. » I *Cor.* xii, 21, 29 *seqq.* In quo diligenter attende, quod non dixerit, secundum quod unumquodque membrum cupit, sed secundum quod ipse vult Spiritus. Neque enim dicere potest vas figulo suo, quare ita vel ita me fecisti ? « An non habet figulus potestatem de eodem luto, aliud vas facere in honorem, aliud in contumeliam ? » *Rom.* ix, 21. Unde consequenter adjecit : « æmulamini dona majora, » ut in fide et industria plus cæteris charismatibus habere mereamur, melioresque simus his, qui comparatione nostri in secundo vel tertio gradu positi sunt. In magna domo vasa diversa sunt, alia aurea, alia argentea, ænea, ferrea, lignaque. Et tamen secundum modulum suum, cum æneum vas perfectum sit, comparatione argentei vasis imperfectum dicitur, rursumque argenteum aurei collatione deterius est. Atque hoc modo, dum sibi invicem comparantur, imperfecta et perfecta sunt omnia. In agro terræ bonæ, et ex una semente tricenarius et sexagenarius et centenarius fructus exoritur : ipsis numeris indicatur impar esse quod nascitur, et tamen in suo genere perfecta sunt singula. [illegible]eth et Zacharias, quos testimonio, quasi impenetrabili uteris clypeo, nos docere possunt, quanto inferiores sunt beatæ Mariæ matris Domini sanctitate, quæ conscientia in

de grandes choses, lui qui est tout puissant et de qui le nom est saint. Sa miséricorde se répand d'âge en âge sur ceux qui le craignent. Il a déployé la force de son bras. » *Luc.* I, 42 et *seqq.* Vous l'entendez, elle se dit bienheureuse par la clémence de Dieu qui habite en elle, et non par son mérite et sa vertu. Jean aussi, qui n'a pas eu de plus grand que lui parmi les enfants des hommes, est meilleur que ses parents. En effet, le Seigneur lui-même le compare, non-seulement aux hommes, mais encore aux Anges. Et pourtant il est écrit que Jean, plus grand que tous les hommes sur la terre, était moindre que le plus petit des habitants des cieux.

La même comparaison s'applique entre pécheurs. — Quoi d'étonnant qu'entre les saints il y ait ces degrés de supériorité et d'infériorité, puisqu'on peut les trouver entre les pécheurs ? Le prophète dit à Jérusalem couverte des blessures du péché : « Sodome est juste en comparaison de vous. » *Thren.* IV, 6. Ce n'est point parce que Sodome, qui a été dévorée par le feu du ciel, est juste par elle-même, qu'Ezéchiel dit : « Sodome sera rétablie dans son antique honneur; » *Ezech.* XVI, 52; mais elle paraît juste en comparaison de Jérusalem, plus criminelle qu'elle. Jérusalem, en effet, a mis à mort le Fils de Dieu, tandis que Sodome, corrompue par l'abondance et par la luxure, ne connut pas de frein dans le péché. Le Publicain de l'Evangile, *Luc.* XVIII, qui frappe sa poitrine parce qu'elle recèle les plus mauvaises pensées, et qui n'ose pas lever les yeux parce qu'il a conscience de ses fautes, est trouvé le plus juste quand on le met en parallèle avec l'orgueilleux Pharisien. Thamar, qui a trompé Juda sous le déguisement d'une femme de mauvaise vie, mérite que celui qu'elle a trompé dise lui-même : « Elle a moins de tort que moi. » *Genes.* XXXVIII, 26. De toutes ces preuves, il résulte que les hommes ne sont point parfaits, si ont les met en parallèle avec Dieu, et même avec les Anges et les autres hommes qui ont atteint le faîte des vertus; tel qui, en regard d'un autre, est meilleur et montre que celui-ci est imparfait, se trouve à son tour au second rang par rapport à un autre; en sorte qu'on ne peut avoir la vraie perfection, à laquelle rien ne devrait manquer afin qu'elle fût parfaite.

Perfection qui est de précepte. — *C.* Et quelle est, Atticus, la mesure de perfection que nous prescrit le divin enseignement ? *A.* Je l'ai indiquée : chacun, selon ses forces, doit s'avancer, s'efforçant d'atteindre le but et de gagner le prix auquel Dieu l'appelle d'en haut. Enfin, Dieu tout-puissant, au-dessous de qui l'Apôtre enseigne qu'il faut mettre le Fils, quant au classement de la chair dont il s'est revêtu, « afin que Dieu soit tout en tous, » I *Corint.* XV, 28, évidemment ne veut pas en vain que toutes choses lui soient assujetties. C'est pourquoi le Prophète accepte d'avance cet assujettissement : « Mon âme ne sera-t-elle pas soumise à Dieu, puisque

se habitantis Dei libere proclamat : « Ecce enim ex hoc beatam me dicent omnes generationes. Quia fecit mihi magna qui potens est, et sanctum nomen ejus. Et misericordia ejus a progenie in progenies timentibus eum. Fecit potentiam in brachio suo. » *Luc.* I, 4 *et seqq.* In quo animadverte, quod beatam se esse dicat, non proprio merito atque virtute, sed Dei in se habitantis clementia. Ipse quoque Joannes, quo major non fuit inter natos mulierum, parentibus suis melior est. Non enim solum hominibus, sed et Angelis testimonio Domini comparatur. Et tamen qui cunctis hominibus erat major in terra, minimo in regno cœlorum minor fuisse perhibetur.

17. *Id etiam in collatione peccatorum intelligi.* — Quid mirum in collatione Sanctorum, alios esse meliores, et alios inferiores, cum e contrario in collatione peccatorum hoc intelligi possit ? Ad Jerusalem dicitur, quæ multis peccatorum erat confossa vulneribus : « Justificata est Sodoma ex te; » *Thren.* IV, 6; non quod Sodoma per se justa sit, quæ in æternos collapsa cineres, *Gen.* XIX, audit per Ezechielem : « Sodoma restituetur in antiquum; » *Ezech.* XVI, 52; sed quod comparatione sceleratioris Jerusalem hæc justa videatur. Illa enim Dei Filium trucidavit, hæc propter abundantiam panis, et per luxuriæ magnitudinem excessit modum libidinis. Publicanus in Evangelio, *Luc.* XVIII, qui percutiebat pectus, quasi thesaurum cogitationum pessimarum, et conscientia delictorum, oculos non audebat attollere, superbientis Pharisæi collatione fit justior. Et Thamar sub specie meretricis fallit Judam, et ipsius sententia qui deceptus est, meretur audire : « Justificata est Thamar magis quam ego. » *Gen.* XXXVIII, 267. Ex quibus omnibus approbatur, non solum ad comparationem divinæ Majestatis homines nequaquam esse perfectos, sed ne Angelorum quidem et cæterorum hominum, qui virtutum culmina conscenderant : cum et tu qui melior es alterius collatione, quem imperfectum esse monstraveris, rursum ab alio te præeunte vincaris ; ac per hoc non habeas veram perfectionem, quæ si perfecta sit, nulla re indiget.

18. *Quomodo perfecti jubeamur esse.* — *C.* Et quomodo, Attice, ad perfectionem divinus sermo nos provocat ? *A.* Hac ratione qua dixi, ut secundum vires nostras unusquisque quantum valuerit extendatur, si quo modo possit pervenire, et comprehendere bravium supernæ vocationis. Denique omnipotens Deus, cui docet Apostolus juxta dispensationem

c'est de lui que je dois attendre mon salut? » *Psalm.* LXI, 1. Jésus-Christ étant la tête du corps de l'Église, comme quelques membres sont encore en révolte, le corps lui-même ne paraît pas assujetti à sa tête; car si l'un des membres souffre, tous les autres souffrent avec lui, et tout le corps est affecté par la douleur de l'un des membres. Je rends mes paroles plus claires : Tant que nous conservons notre trésor dans ce vase d'argile, tant que nous sommes entourés de cette chair fragile, ou plutôt mortelle et corruptible, nous nous croyons heureux si nous sommes assujettis à Dieu dans chaque vertu ou dans des degrés d'une vertu. Mais quand ce corps mortel aura été revêtu d'immortalité, quand ce qui est corruptible aura été revêtu d'incorruptibilité, quand la mort aura été anéantie dans la victoire de Jésus-Christ, alors Dieu sera tout en tous; en sorte qu'il ne soit pas seulement la sagesse dans Salomon, la mansuétude en David, dans Élie et dans Phinée le zèle, la foi dans Abraham, la parfaite dilection dans Pierre, à qui il a été dit : « Simon Jean, vous m'aimez, » *Joan.* XXI, 15, dans le vase d'élection le feu sacré de l'apostolat, et dans d'autres, enfin, deux ou trois vertus. Mais il sera tout entier en chacun, la Société des Saints sera glorifiée dans tout chant des vertus; Dieu sera tout en tous.

Tant que nous vivons, nous ne pouvons avoir de vertus.— *C.* Aucun saint ne peut donc, tant qu'il est en ce corps, réunir toutes les vertus? *A.* Aucun, parce que ce que nous avons maintenant de science et de prophétie est très-imparfait. Tout, en effet, ne peut être en tous, l'enfant des hommes n'étant pas immortel. *C.* D'où vient que nous lisons : Celui qui a une vertu paraît les avoir toutes? *A.* Il y participe, il ne les possède pas. Il est nécessaire que chacun soit au-dessus d'autres. Du reste, je ne vois pas où est écrit ce que vous dites avoir lu. *C.* Vous ignorez que c'est là une maxime des philosophes? *A.* Mais non des Apôtres. Or, je ne me mets pas en peine de l'enseignement d'Aristote, mais de celui de Paul. *C.* Mais l'apôtre Jacques n'a-t-il pas écrit, *Jacob.*, II, 10, que quiconque viole la loi en un seul point est coupable comme l'ayant toute violée? *A.* Le passage s'interprète par lui-même. Comme principe de la discussion qu'il y fait, il ne dit pas que celui qui accorde plus d'honorabilité au riche qu'au pauvre est coupable d'adultère ou d'homicide. Là est la folie des Stoïciens, qui prétendent que toutes les fautes sont égales. Mais voici ses paroles : « Celui qui a dit : Ne commettez point d'adultère, ayant dit aussi : Ne tuez point, si vous tuez, quoique vous ne commettiez point d'adultère, vous êtes violateur de la loi. » *Ibid.*, 11. Les fautes légères sont comparées aux fautes légères, et les graves aux graves. Un manquement qui mérite la férule ne doit pas être châtié avec le glaive, et le forfai

carnis assumptæ subjiciendum Filium, « ut sit Deus omnia in omnibus, » I *Cor.* XV, 28, perspicue demonstrat, nequaquam sibi cuncta esse subjecta. Unde et Propheta subjectionem sui in finem præsumit dicens : « Nonne Deo soli subjecta erit anima mea? ab ipso enim est salutare meum. » *Psal.* LXI, 1. Et quia in corpore Ecclesiæ caput Christus est, quibusdam adhuc repugnantibus membris, videtur corpus quoque capiti non esse subjectum. Namque si patitur unum membrum, compatiuntur omnia, et totum corpus dolore unius membri cruciatur. Quod dico ita manifestius fiet. Quamdiu habemus thesaurum istum in vasis fictilibus, et fragili carne circumdamur, imo mortali et corruptibili, beatos esse nos credimus, si in singulis virtutibus, partibusque virtutum Deo subjecti simus (Al. *sumus*). Cum autem mortale hoc indutum fuerit immortalitate, et corruptivum hoc incorruptione vestitum, et absorpta mors fuerit in Christi victoria, tunc Deus erit omnia in omnibus; ut non sit tantum in Salomone sapientia, in David animi mansuetudo, in Elia et Phinees zelus, in Abraham fides; in Petro, cui dictum est : « Simon Joannis, amas me, » *Joan.* XXI, 15, perfecta dilectio; in electionis vase studium prædicandi, et in cæteris vel bina vel trina; sed totus in cunctis sit, et in omni virtutum choro Sanctorum, numerus glorietur, et sit Deus omnia in omnibus.

19. *Quamdiu vivimus cunctas virtutes habere non possumus.* — *C.* Nullus ergo Sanctorum, quamdiu in isto corpusculo est, cunctas potest habere virtutes? *A.* Nullus, quia nunc ex parte prophetamus, et ex parte cognoscimus. Nec enim possunt omnia esse in omnibus hominibus : quia non est immortalis filius hominis. *C.* Et quomodo legimus : Qui unam habuerit, omnes videtur habere virtutes? *A.* Participatione, non proprietate. Necesse est enim, ut singuli excellant in quibusdam; et tamen hoc quod legisse te dicis, ubi scriptum sit nescio. *C.* Ignoras hanc Philosophorum esse sententiam? *A.* Sed non Apostolorum. Neque enim mihi curæ est quid Aristoteles, sed quid Paulus doceat. *C.* Obsecro te, nonne Jacob apostolus scribit, *Jacob.* II, 10, qui in uno offenderit, eum esse omnium reum? *A.* Ipse locus se interpretatur. Non enim dixit unde cœperat disputatio, qui divitem pauperi in honore prætulerit, reus est adulterii vel homicidii. In hoc enim delirant Stoici, paria contendentes esse peccata. Sed ita : « Qui dixit, non mœchaberis, dixit et, non occides; quod etsi non occidis, mœchatis autem, factus es transgressor legis. » *Ibid.* 11. Levia cum levibus, et gravia cum

qui demande le glaive ne doit pas être réprimé avec la férule. *C.* Soit, aucun saint n'a toutes les vertus; vous m'accorderez du moins qu'en ce qu'il peut faire, il est parfait s'il le fait. *A.* N'avez-vous point entendu ce que j'ai dit plus haut? *C.* Qu'est-ce encore? *A.* Il est parfait en ce qu'il a fait, imparfait en ce qu'il n'a pu faire. *C.* Mais comme il est parfait en ce qu'il a fait parce qu'il a voulu le faire, ainsi en cela par où il est imparfait parce qu'il ne l'a pas fait, il aurait pu être parfait s'il avait voulu le faire? *A.* Qui donc ne veut point faire ce qui est parfait? Qui ne désirerait briller de l'éclat de toutes les vertus? Si vous demandez tout à chacun, vous détruisez l'échelle des actions et des grâces, la variété, œuvre du Créateur, et que le Prophète célèbre ainsi : « Vous avez fait toutes choses avec une souveraine sagesse. » *Psalm.*, CIII, 24. L'étoile du matin pourrait s'indigner de n'avoir pas l'éclat de la lune; la lune se plaindre de ses défauts et de ses labeurs, puisqu'elle parcourt chaque mois le cercle que le soleil parcourt en une année; le soleil considérer comme une injure d'avoir un cours plus lent que celui de la lune; nous-mêmes, hommes chétifs, nous murmurerions de ce que nous avons été faits hommes et non pas anges, bien que votre docteur, ὁ ἀρχαῖος, qui a été la source de toutes ces erreurs, assure que toutes les créatures raisonnables ont été créées égales, afin que, à l'instar des quadriges et des chars sortant de leurs remises, elles se précipitent dans la lice, se dépassent les unes les autres et parviennent au but de leurs désirs. Les éléphants énormes et les lourds griffons feront un grief de ce qu'ils marchent sur quatre pattes, alors que les mouches, les cousins et d'autres insectes pareils ont six pieds au-dessous de leurs ailes, et qu'il existe des vermisseaux qui sont pourvus d'un nombre de pieds plus grand qu'il n'y en a dans toute une armée. Qu'ils parlent ainsi, Marcion et tous les hérétiques qui médisent des œuvres du Créateur. Votre système en viendra au point que, en médisant de chaque chose, on portera la main sur Dieu, lui demandant pourquoi il est seul Dieu et jaloux des créatures, puisqu'elles n'ont pas la même majesté que lui. Cela, vous ne le dites point, vous n'êtes pas assez malhabiles pour renier Dieu publiquement; mais, par des détours de langage, vous reportez sur l'homme ce qui convient à Dieu, vous présentez l'homme comme impeccable, et par là vous le faites Dieu. Ecoutez donc le sublime langage de l'Apôtre sur la diversité des grâces : « Il y a diversité de dons spirituels, mais il n'y a qu'un même Esprit; il y a diversité de ministères, mais il n'y a qu'un même Seigneur; il y a diversité d'opérations surnaturelles, mais il n'y a qu'un même Dieu qui opère tout en tous. » I *Corint.*, XII, 4-6.

Combien l'homme diffère de Dieu.--*C.* Vous êtes excessif sur une seule et même question, vous

gravibus comparantur. Nec ferula dignum vitium, gladio vindicandum est; nec gladio dignum scelus, ferula coercendum. *C.* Esto, ut nullus Sanctorum omnes virtutes habeat : hoc certe dabis in eo quod potest facere, si fecerit, *esse* perfectum. *A.* Non tenes quid supra dixerim? *C.* Quidnam illud est? *A.* Perfectum esse in eo quod fecit, et imperfectum in eo, quod facere non potuit. *C.* Sed sicut perfectus est in eo quod fecit, quia facere voluit, ita et in eo, per quod imperfectus est, quia non fecit, perfectum esse potuisse, si facere voluisset. *A.* Quis enim non vult facere quod perfectum est? Aut quis non cunctis cupiat florere virtutibus? Si totum requiris ab omnibus, tollis rerum diversitatem, et gratiarum distantiam, et Creatoris artificis varietatem, cujus sacro Propheta sonat carmine : « Omnia in sapientia fecisti. » *Psal.* CIII, 24. Indignetur lucifer, quare fulgorem lunæ non habeat. Luna super suis defectibus et labore causetur, cur annuum solis circulum singulis mensibus expleat. Sol queratur, quid offenderit ut lunæ cursu tardior sit. Clamemus et nos homunculi, quid causæ exstiterit, ut homines et non Angeli facti simus : quamquam magister vester, ὁ ἀρχαῖος, de cujus hæc fonte procedunt, omnes rationales creaturas æquo asserat jura conditas, ut instar quadrigarum et curruum de carceribus excuntes, in medio spatio vel corruant, vel prætervolent, et ad optata perveniant. Elephanti tantæ molis, et gryphes in sua gravitate causentur, cur quaternis pedibus incedant, cum muscæ, culicesque, et cætera hujuscemodi animantia sub pennulis senos pedes habeant, et aliqui vermiculi sint, qui tantis pedibus scateant, ut, innumerabiles simul motus, nulla acies comprehendat. Dicat hæc Marcion et omnes hæretici, qui Creatoris operibus illudunt. Vestrum decretum huc usque perveniet, ut dum singula calumniantur, manum injiciant Deo, cur solus Deus sit, cur inviderit creaturis, ut non omnes eadem polleant majestate. Quod licet non dicatis (neque enim tam insani estis, ut aperte repugnetis Deo), tamen aliis verbis loquimini, rem Dei, homini copulantes ut sit absque peccato, quod et Deus est. Unde Apostolus super diversis intonans gratiis loquitur : « Divisiones donationum sunt, idem autem Spiritus; et divisiones ministeriorum sunt, sed idem Dominus : et divisiones operationum sunt, unus autem Deus, qui operatur omnia in omnibus. » I *Cor.* XII, 4, 5, 6.

21. *Quantum homo a Deo differat.* — *C.* Nimius es

efforçant de nous persuader que l'homme ne peut avoir tous les dons à la fois, comme si Dieu, par envie contre son image et sa ressemblance, ou par impuissance, la laissait ne pas être digne en tout de son Créateur. *A.* Moi, excessif! n'est-ce point vous plutôt qui exhumez les points résolus? Ne comprenez-vous pas que ressembler est un et qu'égaler est un autre, cela étant l'image et ceci la réalité. Un cheval véritable franchit la plaine à la course; un cheval en peinture reste appendu au mur. Les Ariens refusent au Fils de Dieu ce que vous accordez à tout homme. Ils n'osent pas proclamer la perfection de l'homme en Jésus-Christ, pour ne pas être contraints d'accepter en lui la peccabilité humaine, comme si ce qui est créé pouvait être plus puissant que le Créateur, et un enfant des hommes être la même chose que le Fils de Dieu. Par conséquent, ou adressez-moi d'autres objections à résoudre, ou cessez de vous enorgueillir de votre système, et rendez gloire à Dieu. *C.* Vous oubliez vos propres paroles; vous avez entassé arguments sur arguments, vous avez, comme un cheval indompté, pris vos ébats dans le vaste champ des Écritures, et vous êtes complétement muet sur une question des plus fortes, à laquelle vous avez promis de répondre plus tard. Vous feignez l'oubli, pour échapper à l'obligation de répondre; et moi qui ai eu alors la bonhomie de vous accorder le délai demandé, pensant que vous lèveriez spontanément la difficulté acceptée, et qu'il ne me faudrait pas vous redemander une dette. *A.* Si je ne me trompe, j'ai différé ma réponse sur les commandements possibles. Posez donc la question à votre guise.

Comment les ordres de Dieu sont possibles. — *C.* Ou Dieu a donné des commandements praticables, ou il a donné des commandements impraticables: s'ils sont praticables, il est en notre pouvoir de les remplir, pourvu que nous voulions; s'ils sont impraticables, nous ne sommes point coupables en ce que nous n'en pratiquons pas ce que nous ne pouvons point; et par là, dans l'une ou l'autre alternative, l'homme peut être sans péché s'il veut. *A.* Je vous demande de m'écouter avec patience; nous ne cherchons pas, en effet, notre triomphe personnel contre un adversaire, mais celui de la vérité contre le mensonge. Dieu a donné à l'homme le pouvoir de pratiquer tous les arts, puisqu'un grand nombre ont pu les apprendre, *Plato in Symposio*, et, sans compter les arts que les Grecs appellent « mécaniques » nous pouvons en assimiler bien d'autres aux arts manuels, comme la grammaire, la rhétorique, les trois genres de philosophie, physique, éthique et logique, la géométrie, l'astronomie, l'astrologie, l'arithmétique et la musique, qui sont également des parties de la philosophie; et encore la médecine, qui est de trois sortes: méthodique, dogmatique et empirique; la science du droit et des lois. Qui de nous, quelque génie qu'il eût, pourrait embrasser toutes les connaissances, quand le plus éloquent des orateurs (*Cicéron*), parlant de la rhé-

in una atque eadem quæstione, ut persuadere coneris hominem universa simul habere non posse, quasi aut inviderit aut non potuerit Deus præstare imagini et similitudini suæ, ut in omnibus responderet suo Creatori. *A.* Egone nimius, an tu? qui soluta proponis; et non intelligis aliud esse similitudinem, aliud æqualitatem: illud picturam, hoc esse veritatem. Verus equus camporum spatia transvolat, pictus parieti hæret in curru. Ariani Dei Filio non concedunt, quod tu omni homini tribuis. Alii non audent perfectum in Christo hominem confiteri, ne suscipere in eo hominis peccata cogantur: quasi potentior sit creatio Creatore; et idipsum filius tantum hominis, quod Dei Filius. Aut igitur propone alia, quibus respondeam; aut desine superbire, et da gloriam Deo. *C.* Immemor es responsionis tuæ; et dum argumenta argumentis connectis, ac per Scripturarum latissimos campos infrenis equi libertate baccharis, super fortissima quæstione, cui pollicitus es te in consequentibus responsurum, omnino tacuisti oblivionem simulans, ut necessitatem responsionis evaderes. Sed ego stultus ad horam tribui, quod petebas, existimans oblaturum sponte quod acceperas, et non admonitum reddere quod debebas. *A.* Nisi fallor, de possibilibus mandatis dilata est responsio. Pone igitur ut volueris.

21. *Quomodo possibilia mandata Dei sint.* — *C.* Aut possibilia Deus mandata dedit, aut impossibilia. Si possibilia, in nostra potestate est ea facere, si velimus. Si impossibilia, nec in hoc rei sumus, si non facimus, quod implere non possumus. Ac per hoc sive possibilia dedit Deus mandata, sive impossibilia, potest homo sine peccato esse, si velit. *A.* Quæso ut patienter audias; non enim de adversario victoriam, sed contra mendacium quærimus veritatem. Deus possibiles dedit humano generi omnes artes, quippe quas plurimi didicerunt; *Plato in Symposio*; ut taceam de his, quas Græci *βαναύσους* vocant, nos ad opera manuum pertinere possumus dicere: verbi gratia, grammaticam, rethoricam; philosophiæ tria genera: physicam, ethicam, logicam, geometriam quoque, et astronomiam, astrologiam, arithmeticam, musicam, quæ et ipsæ partes philosophiæ sunt; medicinam etiam, quæ in tria dividitur, *δόγμα, μέθοδον, ἐμπειρίαν*; juris quoque et legum scientiam. Quis nostrum, quamvis sit

torique et de la jurisprudence, a dit : « Peu sont capables de posséder une de ces deux sciences, et personne toutes les deux. » Vous voyez que Dieu a ordonné là des choses possibles, et pourtant personne, en raison de sa nature, ne peut accomplir absolument ces choses possibles. Il a donc donné des préceptes divers que nous ne pouvons accomplir tous, comme nous ne pouvons avoir toutes les vertus. Il arrive que ce qui est au premier rang ou tout entier dans l'un, n'est qu'en partie dans un autre. Cependant, on ne fait pas un crime à quelqu'un de ne pas tout avoir, on ne le condamne pas à cause de ce qu'il n'a pas, et on le trouve juste à cause de ce qu'il possède. L'Apôtre, écrivant à Timothée, donne la définition du bon évêque : « Il faut que l'évêque soit irrépréhensible, qu'il n'ait été marié qu'une fois, qu'il soit sobre, chaste, instruit, aimant l'hospitalité, capable d'instruire, qu'il ne soit ni adonné au vin, ni violent, mais équitable et modéré, éloigné des contestations, désintéressé, qu'il gouverne bien sa propre famille et qu'il maintienne ses enfants dans l'obéissance. » *Timot.* III, 2 *et seqq.* Et encore : « Que ce ne soit point un néophyte, de peur que, s'élevant d'orgueil, il ne tombe dans la condamnation de Satan. Il faut aussi que ceux de dehors rendent de lui un bon témoignage, de peur qu'il ne tombe dans le mépris et dans les piéges du démon. » *Ibid*, 6, 7. Une autre fois, dans sa lettre à son disciple Tite, il montre en peu de mots quels évêques il peut ordonner : « Je vous ai laissé en Crète, afin que vous donniez ordre à tout ce qui reste à régler, et que vous établissiez des prêtres dans chaque ville, selon l'ordre que je vous ai donné, choisissant celui qui sera irréprochable, qui n'aura été marié qu'une fois dont les enfants seront fidèles et n'auront point été accusés de débauche ou de désobéissance. Car il faut que l'évêque soit irréprochable, ou bien qu'on ne l'ait jamais accusé (c'est, en effet, le véritable sens d'ἀνέγκλητος), comme étant le dispensateur de Dieu ; qu'il ne soit ni superbe, ni colère, ni adonné au vin, ni violent, ni avide d'un gain sordide, mais amateur de l'hospitalité, doux, sobre, juste, saint, tempérant, attaché aux vérités de la foi, afin qu'il soit capable d'exhorter selon la saine doctrine et de convaincre ceux qui la combattent. » *Tit.* I, 5 *et seqq.* Sans m'occuper des commandements faits suivant les différentes conditions, je m'en tiendrai ici aux devoirs des évêques.

Exemples pris des vertus qui sont de précepte pour les évêques. — Dieu veut assurément que les évêques ou les prêtres soient tels que l'enseigne le vase d'élection. Il dit d'abord *irréprochable*, et il n'y en a aucun ou bien peu qui le soient. Quel est, en effet, celui qui est exempt de toute tache ? Le plus beau corps n'a-t-il pas ses imperfections ? Paul nous fait voir saint Pierre ne

ingeniosus, poterit omnia comprehendere, cum eloquentissimus Orator (*Cicero*) de rhetorica et juris scientia disputans, dixerit : « Pauci unum possunt, utrumque nemo. » Vides ergo, quod Deus possibile jusserit, et tamen id, quod possibile est, per naturam nullum posse (al. *potuisse*) complere. Dedit itaque præcepta diversa, virtutesque varias, quas omnes simul habere non possumus. Atque ita fit, ut quod in alio aut primum, aut totum est, in alio ex parte versetur : et tamen non sit in crimine, qui non habet omnia, nec condemnetur ex eo, quod non habet ; sed justificetur ex eo, quod possidet. Definit Apostolus, qualis episcopus esse debeat, scribens ad Timotheum : « Oportet episcopum esse irreprehensibilem, unius uxoris virum, sobrium, pudicum, ornatum, hospitalem, docilem, non vinolentum, non percussorem ; sed mansuetum, non litigiosum, sine avaritia, domum suam bene regentem, filios habentem subditos cum omni pudicitia. » I *Tim.* III, 2 *et seqq.* Et iterum : « Non neophytum, ne inflatus in judicium incidat diaboli. Oportet autem eum etiam testimonium deforis habere bonum, ne in opprobrium incidat, et laqueum diaboli. » *Ibid.*, 6, 7. Tito quoque scribens discipulo, quales episcopos debeat ordinare, brevi sermone demonstrat : « Ideo reliqui te Cretæ, ut quæ reliqua sunt, corrigas, et constituas per civitates presbyteros, sicut ego præcepi tibi. Si quis est sine crimine, unius uxoris vir, filios habens fideles, nec in accusatione luxuriæ, aut non subjectos. Oportet autem episcopum esse sine crimine, sive sine accusatione (hoc enim magis ἀνέγκλητος sonat), sicut dispensatorem Dei non protervum, non iracundum, non violentum, non percussorem, non turpis lucri appetitorem ; sed hospitalem, benignum, pudicum, justum, sanctum, continentem, obtinentem doctrinæ fidelem sermonem, ut possit exhortari in doctrina sana, et contradicentes coarguere. » *Tit.* I, 5 *seqq.* Ut diversarum personarum varia præcepta nunc sileam, circa mandata episcopi me tenebo.

22. *Ab exemplo virtutum, quas habere jubentur episcopi.* — Vult certe Deus tales esse episcopos, sive presbyteros, quales vas electionis docet. Primum quod dixit, « irreprehensibilis, » aut nullus, aut rarus est. Quis est enim, qui non quasi in pulchro corpore aut nævum, aut verrucam habeat ? Si enim ipse Apostolus dicit de Petro, quod non recto pede incesserit in Evangelii veritate, et intantum reprehensibilis fuerit, ut et Barnabas adductus sit in eamdem simulationem ; *Galat.* II, 11, 14 ; quis indigna-

marchant pas droit selon la vérité de l'Evangile, et répréhensible en cette circonstance où Barnabé se laissa entraîner à la même dissimulation que lui; *Galat.* II, 11, 14; qui peut trouver blessant qu'on lui refuse cette qualité que n'eut pas le prince des Apôtres? J'admets que vous trouviez un ecclésiastique qui n'aura été marié qu'une fois, sobre, pudique, affable, hospitalier; vous trouverez difficilement unie à ces qualités celle de pouvoir enseigner,—διδακτικὸς a été mal interprété en latin par *docilis*, obéissant. L'Apôtre répudie également ceux qui sont adonnés au vin, violents, avides d'un gain sordide; il enjoint la douceur, l'éloignement des contestations et de l'avarice, la sage direction de sa propre famille, toutes choses très-difficiles, comme aussi de maintenir ses enfants, soit selon la chair, soit selon la foi, dans une pureté entière. Vous entendez : Une pureté complète. Il ne suffit pas que le prêtre soit pur lui-même, il faut qu'il soit orné de la pureté de ses fils, de ses compagnons et de ses serviteurs, selon le mot de David : « C'est celui qui marche dans une voie immaculée qui sera mon ministre. » *Psalm.* C, 6. Arrêtons-nous à ce surcroît de pureté, « qu'il ait des fils soumis et vivant dans une pureté rigoureuse ; » non-seulement leurs actions, mais encore leurs paroles et leurs moindres mouvements doivent être étrangers à l'impureté, afin que n'arrive pas ce qui advint à Héli, qui dut adresser ce reproche à ses fils : « Abstenez-vous, mes fils, abstenez-vous ; ce que j'apprends sur votre conduite n'est pas d'une bonne renommée. » II *Reg.* II, 24. Il les reprit, et cependant il fut puni, parce qu'il ne devait pas les reprendre, mais les rejeter. Que fera celui qui est indulgent à ses propres défauts et qui n'a pas la force de s'amender? qui craint sa conscience et feint d'ignorer ce que tout le monde dit hautement de lui? Aussi Paul ajoute : ἀνέγκλητον, que personne ne l'accuse, en sorte que ceux du dehors aient une bonne opinion de lui : qu'il soit à l'abri des médisances, même de ses adversaires, que sa sociabilité plaise à ceux à qui déplaît sa doctrine. Voilà, je crois, qui est bien difficile à trouver, surtout uni à la capacité et à la force de convaincre ses adversaires, de combattre les mauvaises doctrines et d'en triompher. L'Apôtre veut qu'un néophyte ne soit pas ordonné évêque, et en notre temps une semblable élection est acceptée comme parfaitement régulière. Si le baptême rendait juste immédiatement, s'il dotait d'une justice entière, Paul aurait eu tort d'exclure le néophyte; mais le baptême, en détruisant les péchés antérieurs, ne donne pas les vertus désormais nécessaires; il tire de prison, et à celui qu'il a délivré, il promet la récompense des œuvres qu'il fera.

bitur, id sibi denegari, quod princeps Apostolorum non habuit? Deinde, « unius uxoris virum, sobrium, pudicum, ornatum, hospitalem, » ut reperias : illud certe, quod sequitur διδακτικὸν, « qui possit docere, » non ut interpetatur Latina simplicitas, « docilem, » cum cæteris virtutibus difficulter invenies. « Vinolentum quoque et percussorem, et turpis lucri cupidum, » repudiat Apostolus : et pro his cupit mansuetum, absque jurgio, sine avaritia, et ut domum suam optime regat, quodque difficillimum est; « ut filios habeat subjectos, cum omni pudicitia, » vel filios carnis, vel filios fidei. « Cum omni, inquit, pudicitia. » Non ei sufficit propriam, nisi ea filiorum et comitum ac ministrorum pudore decoretur, dicente David : « Ambulans in via immaculata, hic mihi ministrabit. » *Ps.* C, 6. Consideremus quoque ἐπίτασιν (al. σύντασιν) pudicitiæ, « filios habentem subditos in omni pudicitia ; » ut non solum opere, sed sermone quoque et nutibus se abstineant ab impudicitiis, ne forte illud incidat Heli, qui certe increpavit filios suos dicens : « Nolite, filii mei, nolite; non bonam famam audio ego de vobis. » I *Reg.* II, 24. Corripuit, et punitus est, quia non corripere debuit, sed abjicere. Quid faciet, qui gaudet ad vitia, qui emendare non audet? qui conscientiam suam metuit; (a) et quod cunctus populus clamitat, nescire se simulat? Quodque sequitur (b), ἀνέγκλητον, ut etiam a nullo accusetur : ut bonam opinionem ab his qui foris sunt habeat, ut etiam maledictis adversariorum careat; et quibus doctrina displicet, placeat conversatio : puto quod non facile sit reperire, maximeque illud, « ut potens sit adversariis resistere, » et perversas opprimere et superare doctrinas. Vult ut non neophytus episcopus ordinetur, quod videmus nostris temporibus pro summa eligi justitia. Si baptismum statim justum faceret, et omni plenum jus-

(a) *Qui conscientiam suam.* Marianus hic addit particulam negativam, *qui conscientiam suam non metuit*, vocatque fœdum errorem Erasmi, quod sine negatione legerit, *qui conscientiam suam metuit*. Sed errat ipse Marianus, non intelligens mentem Hieronymi dicentis episcopum criminosum non audere vitia aliena redarguere, quia timet propriam conscientiam : ideoque simulare se nescire quod cunctus populus clamitat. Præterea omnes mss. codices nostri legunt sine negante particula. MARTIAN. — Vatican. *conscientiam sui metuit*. Victorius Auctoris mentem non assecutus de suo addidit negandi particulam, *non metuit*, etc.

(b) *Sequitur* ἀνέγκλητον. Apud Apostolum, I Tim. III, sequitur μὴ νεόφυτον, *non neophytum* : at pro eo in cunctis exemplaribus mss. lego ἀνέγκλητον, *sine crimine*, sive ut supra ait Hieronymus, *sine accusatione* ; quod convenit huic loco, *ut a nullo accusetur*. Hoc me compulit mutare veterem lectionem editorum librorum. MARTIAN. — Olim μὴ νεόφυτον, quod paulo inferius expenditur.

Il n'y a personne, dirai-je, ou ils sont bien rares, ceux qui réunissent toutes les qualités qu'un évêque doit avoir. Mais parce qu'un évêque n'aura pas une ou deux des vertus énumérées, on ne saurait lui refuser l'appellation de juste; il ne sera pas condamné à cause de ce qu'il n'a pas, mais couronné pour ce qu'il possède. Avoir toutes les vertus sans exception, c'est le propre de Celui « qui n'a commis aucun péché, dans la bouche duquel le mensonge n'a pas été trouvé, et qui ne répondait point par des injures quand on le maudissait; » I *Petr.* II, 22; qui, ayant conscience de ses mérites, pouvait dire sans crainte : « Le prince de ce monde vient, et il n'a aucun droit sur moi; » *Joann.* XIV, 30; « qui, ayant la nature de Dieu, n'a point cru que ce fût pour lui une usurpation de s'égaler à Dieu, et qui s'est cependant anéanti lui-même, en prenant la nature d'esclave, et en se rendant obéissant jusqu'à la mort; et jusqu'à la mort de la croix; c'est pourquoi Dieu l'a élevé et lui a donné un nom qui est au-dessus de tout nom, afin qu'au nom de Jésus tout genou fléchisse dans le ciel, sur la terre et dans les enfers. » *Philipp.* II, 6 *seqq.* Or, si dans un même évêque on ne trouve aucune ou seulement quelques-unes des vertus qui sont de précepte, que dire de tout fidèle indistinctement, pour qui le devoir est d'observer tous les commandements?

Tous n'ont même pas tous les dons corporels. — Jugeons des dons spirituels d'après les dons corporels. L'un a des pieds agiles, mais des mains faibles; l'autre, qui est lent à la marche, est redoutable au combat; celui-ci, beau de visage, a la voix discordante; celui-là d'une laideur prodigieuse, module les chants les plus doux. Chez l'un la finesse d'esprit s'unit au manque de mémoire; on trouve chez l'autre beaucoup de mémoire, mais une grande lenteur d'esprit. Dans les controverses, où nous nous exercions autrefois sur les bancs de l'école, tous ne brillaient pas également, ou dans l'exorde, ou dans la narration, ou dans la digression, ou dans l'argumentation, ou dans les exemples, ou dans la péroraison; mais chacun avait plus ou moins d'éloquence dans quelqu'une de ces parties. Je parlerai plus volontiers des ecclésiastiques. Plusieurs, qui dissertent très-bien sur l'Evangile, sont inférieurs à eux-mêmes dans l'explication des Epîtres; d'aucuns qui sont parfaits à l'endroit du Nouveau Testament, sont muets sur l'Ancien et sur les Psaumes. Je dis cela pour prouver que « nul homme ne peut toutes choses. » *Virg. Eglog.* VII. Il n'y a pas un seul riche qui possède en égale quantité tous les biens qui composent sa fortune. Dieu ne nous a donné que des commandements praticables, je l'avoue; mais les vertus, toutes possibles, chacun ne peut les pratiquer toutes. Ce n'est point par faiblesse de notre nature, ce serait faire injure à Dieu de le dire, mais par lassitude d'esprit, qui ne peut avoir en même temps et toujours toutes les

titia, nequaquam utique Apostolus neophytum refutaret; sed baptismus vetera peccata conscindit, novas virtutes non tribuit, dimittit e carcere, et dimisso, si laboraverit, præmia pollicetur. Aut nullus, inquam, aut rarus est, qui omnia habeat, quæ habere debet episcopus. Et tamen si unum vel duo de catalogo virtutum episcopo cuiquam defuerint, non tamen (al. *statim*) justi carebit vocabulo; nec ex eo damnabitur, quod non habet, sed ex eo coronabitur, quod possidet. Omnia enim habere, et nullo indigere, virtutis ejus est « qui peccatum non fecit, nec dolus inventus est in ore ejus; qui cum malediceretur, non remaledixit; » 1 *Pet.* II, 22; qui confidenter virtutum conscientia loquebatur: « Ecce venit princeps mundi hujus, et in me invenit nihil; » *Joan.* XIV, 30; « qui cum esset in forma Dei, nequaquam rapinam arbitratus est æqualem se esse Deo, sed se exinanivit, formam servi accipiens, et factus est obediens usque ad mortem, mortem autem crucis. Propterea donavit ei Deus nomen, quod est supra omne nomen, ut in nomine Jesu flectant genu cœlestia, terrestria, et inferna. » *Philipp.* II, 6 *seqq.* Si ergo in una episcopi persona pauca præcepta aut nequaquam, aut difficulter invenies; quid facies de omni homine, qui cuncta debet implere mandata?

23. *Etiam in corporalibus non omnia omnes habere.* — Ex corporalibus consideremus spiritualia. Alius velox est pedibus, sed non fortis manu. Ille tardus incessu, sed stabilis in prælio est. Hic pulchram habet faciem, sed raucæ vocis est; alius tetram, sed dulci modulatione cantat. Illum ingeniosum, sed obliviosum; hunc memorem, sed tardi videmus ingenii. In ipsis controversiis, in quibus quondam pueri lusimus, non omnes similiter vel in proœmiis, vel in narrationibus, vel in excessibus, vel in argumentis, aut exemplorum copia, et epilogorum dulcedine se agunt: sed eloquentiæ suæ alia atque alia in parte dissimiles sunt. De viris magis ecclesiasticis loquar. Multi super Evangelia bene disserunt, sed in explanatione Apostoli impares sui sunt. Alii cum in Instrumento novo optime senserint, in Psalmis et veteri Testamento muti sunt. Hoc totum dico, quod « non omnia possumus omnes, » *Virg. Egl.* VII, rarusque aut nullus est divitum, qui in omni substantia sua paria universa possideat. Possibilia præcepit Deus, et ego fateor. Sed hæc possibilia cuncta singuli habere non possumus: non imbecillitate naturæ, ne calumniam facias Deo; sed animi lassitudine, qui cunctas simul et semper non potest habere virtutes. Quod et si in eo arguis Creatorem, quare te

énergies. Et ne reprochez pas au Créateur de vous avoir ainsi fait, que vous faiblissez et vous lassez; vous pouvez, répondrai-je, lui adresser un plus grand reproche, celui de ne pas vous avoir fait Dieu. Mais, dites-vous, puisque je suis impuissant, je ne suis pas coupable de ne pas faire. — Votre péché, c'est de ne pas faire ce qu'un autre a pu faire. A son tour, celui à qui cette comparaison vous rend inférieur, sera pécheur, soit eu égard à vous-même dans une autre vertu, soit eu égard à quelque autre; en sorte que, quiconque vous placerez au premier rang, est inférieur à quelque autre qui est plus grand que lui à un autre point de vue.

Dieu peut conserver l'homme exempt de péché. — *C.* Puisque l'homme ne peut être sans péché, d'où vient que l'apôtre Jude écrit : « Celui qui peut vous conserver sans péché, et vous faire immaculés en présence de sa gloire? » *Jud.* I, 24. Ce témoignage prouve que l'homme peut être sans péché, sans tache. *A.* Vous ne comprenez pas votre propre objection. Il est impossible qu'un homme soit sans péché, comme vous le dites; mais Dieu peut, s'il lui plaît, conserver l'homme sans péché, le maintenir sans tache, par un effet de sa miséricorde. A cela j'y souscris aussi, parce que tout est possible à Dieu, tandis que tout ce que l'homme veut ne lui est pas possible, et surtout d'être ce que vous n'avez lu nulle part qu'une créature ait été. *C.* Je ne dis pas que l'homme est sans péché, ce qui vous parait impossible; mais qu'il peut être sans péché s'il veut. Etre est un, et pouvoir est un autre. Etre se prouve par des exemples; pouvoir montre la réalité de la puissance. *A.* Vous jouez sur les mots, ne vous souvenant pas du proverbe : « Ne plaidez pas ce qui est plaidé; c'est vous rouler dans la même fange, et c'est peine perdue. » Je m'en tiendrai donc à cette réponse, évidente pour tous : Vous vous efforcez d'établir un fait qui n'est pas, qui n'a pas été et qui ne sera sans doute jamais. Je montre par vos propres expressions le peu de consistance de votre frivole argumentation; vous dites en effet que ce qui ne peut pas être, peut être. Ou votre proposition : l'homme peut être sans péché s'il veut, est réalisable, ou elle ne l'est pas? Si elle est réalisable, citez un homme sans péché : si elle ne l'est pas, reconnaissez que ce qui n'est pas réalisable ne peut jamais se faire. Mais, honte et silence à la vérité! vous ne voulez toucher à ces discussions qu'à petit bruit, dans le secret de vos réunions; vous craignez le grand jour de la publicité.

Réfutation du livre de Pélage. — Passons à d'autres points : ici, je devrai toujours garder la parole; toutefois, vous aurez la liberté de réfuter et d'interroger, si bon vous semble. *C.* J'écouterai avec patience, mais non pas volontiers, je vous l'avoue, admirant d'autant plus votre habileté de langue que vous défendrez de plus grandes erreurs. *A.* Si ce que je vais

talem condiderit, qui delicias atque lassescas : dicam iterum : Major erit reprehensio, si eum volueris accusare, quare te Deum non fecerit. Sed dices : Si non possum, ergo peccatum non habeo. Habes peccatum quare non feceris, quod alius potuit facere. Hic rursum ille, cujus in comparatione deteriores, vel tui in alia virtute, vel alterius erit collatione peccator : atque ita fit, ut quemcumque primum putaveris, minor sit eo qui se in alia parte major est.

24. *Deus potest servare hominem sine peccato.* — *C.* Si non potest homo esse sine peccato, quomodo Judas scribit Apostolus : « Ei autem qui potest et vos conservare sine peccato, et constituere ante conspectum gloriæ suæ immaculatos? » *Jud.* I, 24. Quo testimonio comprobatur posse hominem esse sine peccato, et maculam non habere. *A.* Non intelligis, quæ proposueris. Neque enim homo potest esse sine peccato, quod tua habet sententia; sed potest, si voluerit Deus, hominem servare sine peccato, et immaculatum sua misericordia custodire. Hoc et ego dico, quod Deo cuncta possibilia sunt. Homini autem non quidquid voluerit possibile est; et maxime id esse, quod nullam legeris habere creaturam. *C.* Non dico hominem esse sine peccato, quod tibi forsitan impossibile videtur; sed posse esse si velit. Aliud est enim esse, aliud posse. Esse, quærit exemplum : posse, ostendit imperii veritatem. *A.* Nugaris nec meministi illius proverbii : « Actum ne agas; et in eodem cœno volutaris, nunc laterem lavas. » Pro quo nihil aliud audies, nisi hoc, quod omnibus patet : rem te velle firmare, quæ nec est, nec fuit, et forsitan nec futura est. Atque, ut ipso verbo utar et stultitiam ἀσύστατον, id est, *non consistentis* argumentationis ostendam, esse posse, te aio dicere, quod esse non possit. Hoc enim, quod proposuisti, posse hominem sine peccato esse si velit, aut verum est, aut falsum est. Si verum est, ostende quis fuerit : si falsum, quidquid falsum est, numquam fieri potest. Verum hæc quasi explosa taceantur, et in scriniis vestris tantum mussitent, publicam faciem formidantia.

25. *Librum Pelagii confutat.* — Transeamus ad alia, in quibus perpetua oratione utendum est, ita duntaxat, ut habeas potestatem refellendi et quærendi si quid volueris. *C.* Audiam patienter, non enim dicam libenter; et magis mirabor ingenium, cujus stupeo falsitatem. *A.* Utrum falsa sint an vera quæ dicturus sum, cum audieris, tunc probabis. *C.* Lo-

dire est faux ou vrai, vous le prouverez quand vous l'aurez entendu. *C.* Parlez comme il vous plaira ; j'ai résolu, si je ne puis répondre, de me taire, plutôt que d'acquiescer au mensonge. *A.* Qu'importe que vous vous taisiez ou que vous parliez, pourvu que je vous batte ; qu'importe que je vous saisisse éveillé ou endormi, comme dit la fable de Protée ? *C.* Quand vous aurez dit ce qui vous plaît, vous entendrez ce qui vous est désagréable. La vérité peut être en péril, mais elle est invincible. *A.* Il m'est agréable de discuter un peu vos maximes, afin que vos sectateurs comprennent quel génie ils admirent en vous. Vous dites : « Personne ne peut être sans péché, s'il ne possède pas la science de la loi ; » par là vous excluez de la justice la meilleure partie des Chrétiens, et vous, qui prêchez l'impeccabilité, vous concluez que presque tous sont pécheurs. Combien y a-t-il de chrétiens qui aient la science de la loi, disséminée dans les œuvres des nombreux docteurs de l'Eglise ? Pour en trouver quelques-uns, ce sera bien difficile. Or, vous, que le désir de vous concilier la faveur de vos Amazones met en libéralité rare, vous écrivez ailleurs : « Les femmes mêmes doivent avoir la science de la loi, » quand l'Apôtre enseigne que les femmes doivent se taire dans l'assemblée des fidèles et que, si elles ignorent quelque chose, elles doivent consulter leurs maris à la maison. I *Corint.* XIV. Et il ne vous suffit pas d'avoir donné à votre troupe la science des Ecritures ; vous voulez jouir de leurs voix et de leurs cantiques. Vous ajoutez en effet, et vous posez en principe, que « les femmes doivent aussi chanter les louanges de Dieu. » Qui donc ignore que les femmes doivent chanter des cantiques dans leurs demeures, loin de la présence des hommes et de l'agglomération des foules ? Mais vous leur accordez ce qui leur est interdit, afin que ce qu'elles peuvent faire décemment et sans aucune permission, elles reconnaissent hautement le tenir de votre autorité.

Suite de la réfutation du livre de Pélage. — Vous ajoutez encore : « Un serviteur de Dieu ne doit jamais laisser sortir de sa bouche des paroles amères, et son langage doit toujours être plein de douceur et de suavité, » *Titul.* XIII, *ali.* XIV ; et comme si un serviteur de Dieu était autre qu'un docteur et un prêtre, oubliant cet aphorisme, vous émettez cet autre : « Le prêtre ou le docteur doit surveiller la conduite de tous, et reprendre avec confiance ceux qui pèchent, de peur qu'il n'ait à rendre compte de leurs actions et que leur sang ne soit redemandé à ses mains. » *Titul.* XXVII, *ali.* XXII. Non content d'avoir posé une fois cette maxime, vous y revenez, vous insistez : « Le prêtre, le docteur, ne doit flatter personne, mais reprendre tout le monde sans crainte, de peur de se perdre lui et ceux qui l'écoutent. » *Titul.* XXXI. D'où viennent ces contradictions dans un même ouvrage, où vous oubliez un instant après ce que vous veniez de dire ? Puisqu'un serviteur de Dieu ne doit jamais prononcer des paroles amères, que son langage

quere ut vis, mihi decretum est si respondere non potuero, magis silere, quam mendacio acquiescere. *A.* Quid interest utrum te tacentem, an loquentem superem, et juxta Protei fabulam vigilantem capiam, an dormientem ? *C.* Cum dixeris quæ volueris, audies quæ nequaquam velis. Veritas enim laborare potest, vinci non potest. *A.* Libet sententias tuas paululum discutere, ut intelligant sectatores tui, quam divinum in te mirentur ingenium. Dicis : « Sine peccato esse non posse, nisi qui scientiam legis habuerit, per quod magnam partem Christianorum excludis a justitia, et qui prædicator es impeccantiæ, omnes prope peccatores esse pronuntias. Quotus enim quisque Christianorum habet legis scientiam, quam in multis Doctoribus Ecclesiæ ? aut raro, aut difficulter invenias. Verum tu tantæ es liberalitatis, ut favorem tibi apud Amazonas tuas concilies, ut in alio loco scripseris : « Scientiam legis etiam feminas habere debere » ; cum Apostolus doceat esse tacendum mulieribus in Ecclesia ; et si quid ignorant, domi viros suos debere consulere. I. *Cor.* XIV. Nec sufficit tibi dedisse agmini tuo scientiam Scripturarum, nisi earum voce et canticis delecteris. Jungis enim et ponis in titulo : « Quod et feminæ Deo psallere debeant ». Quis enim ignoret psallendum esse feminis in cubiculis suis, et absque virorum frequentia et congregatione turbarum ? Verum tu donas quod non licet ; ut quod verecunde facere debeant, et absque ullo arbitro, magistri auctoritate proclament.

26. *Item librum Pelagii confutat.* — Addis præterea : *Tit.* XIII, *al.* XIV : « Servum Dei nihil amarum de ore suo, sed semper quod dulce est et suave debere proferre ; » et quasi alius sit servus Dei, alius doctor et sacerdos Ecclesiæ, prioris oblitus sententiæ, ponis in alio titulo : *Tit.* XXVII, *al.* XXII : « sacerdotem sive doctorem omnium actus speculari debere, et fiducialiter corripere peccantes, ne, pro iisdem rationem reddat (*Al.* *reddas*), et eorum sanguis de suis manibus requiratur. » Nec semel dixisse contentus, idipsum replicas, et inculcas : *Tit.* XXX : « Sacerdotem sive doctorem nemini adulari debere, sed audenter omnes corripere, ne et se et eos qui eum audiunt, perdat. » Tantane est in uno opere dissonantia, ut quid prius dixeris nescias ? Si enim servus Dei nihil amarum de suo debet ore proferre, sed semper quod dulce et suave est : aut sacerdos et doctor servi Dei

doit toujours être la douceur et la suavité mêmes ; ou le prêtre et le docteur, qui doivent reprendre sans crainte les pécheurs, ne flatter personne et réprimander hautement tout le monde, ne seront pas des serviteurs de Dieu ; ou, si le prêtre et le docteur sont des serviteurs de Dieu et des serviteurs au premier rang, vous avez à tort conseillé aux serviteurs de Dieu un langage doux et flatteur, qui est le propre des hérétiques et de ceux qui veulent séduire leur auditoire, selon le mot de l'Apôtre : « De tels hommes ne servent point J.-C. Notre-Seigneur, mais sont esclaves de leurs sens, et, par des paroles douces et flatteuses, ils séduisent les âmes simples. » *Rom.* XVI, 18. La flatterie est toujours insidieuse, rusée, agréable ; et c'est avec raison que les Philosophes définissent le flatteur : « Un agréable ennemi. » La vérité est amère ; elle a le front sombre et ridé, elle blesse ceux qu'elle reprend. De là ce mot de l'Apôtre : « Je suis devenu votre ennemi, parce que je vous ai dit la vérité ; » *Galat.* IV, 16 ; et celui du poète comique : « La flatterie procure des amis, la vérité des ennemis. » C'est pourquoi nous mangeons la Pâque avec des condiments amers, et le vase d'élection enseigne que la Pâque doit être célébrée dans la vérité et la sincérité. I *Corint.* V. Que la vérité et la sincérité soient en nous, et l'amertume suit aussitôt.

La volonté de Dieu dirige tout. — Quant à cet autre aphorisme : « Chacun se gouverne selon sa propre volonté, » *Titul.* XXXI, quel chrétien n'offense-t-il pas ? Puisque ce n'est pas un homme, ni quelques-uns, ni un grand nombre, mais tous les hommes qui se dirigent selon leur volonté propre, où est le secours de Dieu ? Expliquez donc les textes de l'Ecriture : « Le Seigneur dirige les pas de l'homme ; » *Psalm.* XXXVI, 23 ; et : « l'homme n'a pas sa voie en lui ; » *Jérem.* X, 22 ; et encore : « nul n'a un don en lui, qu'il ne l'ait reçu d'en haut ; » et dans un autre endroit : « qu'avez-vous que vous ne l'ayez reçu ? et puisque vous l'avez reçu, pourquoi vous en glorifier comme si vous ne l'aviez pas reçu ? » I *Corint.* IV, 7. Quand le Sauveur a dit : « Je ne suis pas descendu du ciel pour faire ma volonté, mais la volonté de mon Père qui m'a envoyé ; » *Joan.* V, 30 ; et ailleurs : « Mon Père, si cela se peut faire, que ce calice s'éloigne de moi ; cependant, que votre volonté soit faite, et non la mienne ; » *Luc.* XXII, 42 ; et dans l'Oraison dominicale : « Que votre volonté soit faite sur la terre comme au ciel ; » *Matth.* VI, 10 ; par quelle témérité de pensée osez-vous nier tout secours de Dieu ? En vain, vous efforcez-vous ailleurs d'ajouter : « Non sans la grâce de Dieu ; » c'est votre aphorisme XXXI qui contient votre opinion réelle, et qui montre que vous refusez le secours de la grâce dans chacune de nos actions, pour n'en faire découler que la puissance du libre arbitre et du commandement, attribut de notre nature.

Distinction entre les impies et les pécheurs. — Dans un autre passage vous avancez qu' « au jour du jugement il ne doit pas être accordé de

1

non erunt, qui fiducialiter debent corripere peccantes, et nulli adulari, sed audacter omnes increpare ; aut si sacerdos et doctor, non solum servi Dei, sed inter servos ejus principalem tenent locum, frustra servis Dei blanditias et dulcedines reservasti, cum hoc proprie hæreticorum sit, et eorum qui decipere cupiunt audientes, dicente Apostolo : « Hujusmodi enim Christo Domino nostro non serviunt, sed suo ventri. Et per dulces sermones et benedictiones seducunt corda innocentium. » *Rom.* XVI, 18. Semper insidiosa, callida, blanda est adulatio. Pulchreque adulator apud philosophos definitur *blandus inimicus*. Veritas amara est, rugosæ frontis ac tristis, offenditque correptos. Unde et Apostolus loquitur : « Inimicus vobis factus sum, veritatem dicens vobis ? » *Galat.* IV, 16. Et Comicus :

Obsequium amicos, veritas odium parit.

Quapropter et Pascha cum amaritudinibus comedimus, et vas electionis docet Pascha celebrandum in veritate et sinceritate. I *Cor.* V. Veritas in nobis sit sinceritas, et amaritudo illico consequetur.

27. *Omnia Dei voluntate regi.* — Illud vero quod in alio ponis loco : *Tit.* XXXI : « Omnes voluntate propria regi, » quis Christianorum potest audire ? Si enim non unus, nec pauci, nec multi, sed omnes reguntur propria voluntate, ubi erit auxilium Dei ? Et quomodo illud exponis ? « A Domino gressus hominis diriguntur ; » *Psal.* XXXVI, 23 ; et : « Non est in homine via ejus ; » *Jerem.* X, 22 ; et : « Nemo potest quidquam accipere, nisi datum fuerit ei desuper ; » et in alio loco : « Quid enim habes quod non accepisti ? Et si accepisti, quid gloriaris, quasi non acceperis ? » I *Cor.* IV, 7 ; dicente Domino Salvatore : « Non descendi de cœlo, ut faciam voluntatem meam, sed voluntatem ejus qui me misit Patris. » *Joan.* V, 30. Et in alio loco : « Pater, si fieri potest, transeat a me calix iste. Verumtamen non quod ego volo, sed sicut tu. » *Luc.* XXII, 42. Et in Oratione Dominica : « Fiat voluntas tua, sicut in cœlo et in terra. » *Matth.* VI, 10. Qua sententiæ temeritate aufers Dei omne præsidium ? Et quod in alio loco frustra conaris adjungere : « Non absque Dei gratia, » quomodo sentire velis, ex hoc loco intelligitur, dum gratiam ejus non ad singula refers opera, sed ad conditionis ac legis et liberi arbitrii potestatem.

28. *Impiorum et iniquorum diversitas.* — Illud vero

pardon aux injustes, et aux pécheurs, et qu'ils doivent être envoyés au feu éternel. » *Titul.* LXII, *ali.* LXXII. Qui ne s'indignerait de vous entendre interdire la miséricorde à Dieu, et préjuger la sentence du juge avant le jour du jugement, en sorte que s'il voulait alors pardonner aux injustes et aux pécheurs, il ne le pourrait pas, en vertu de votre prescription? Vous dites en effet : « Il est écrit dans le psaume cent trois : « Que les pécheurs et les injustes disparaissent de la terre, jusqu'au point de ne plus être; » et dans Isaïe : « Les injustes et les pécheurs seront brûlés ensemble, et ceux qui abandonnent Dieu seront consumés. » Ne comprenez-vous pas qu'il y a, dans la menace de Dieu, encore un écho de sa clémence? Il ne dit pas qu'ils doivent être dévorés par les flammes éternelles, mais disparaître de la terre et cesser d'être injustes. Autre chose est qu'ils s'éloignent du péché et de l'iniquité, autre chose qu'ils périssent à jamais et soient dévorés par le feu éternel. Enfin, vous invoquez le témoignage d'Isaïe : « Les injustes et les pécheurs, dit-il, seront brûlés ensemble; » il n'ajoute pas : éternellement. « Et ceux qui abandonnent Dieu seront consumés. » Ceci s'applique spécialement aux hérétiques, qui, ayant abandonné le droit sentier de la foi, seront consumés s'ils ne veulent pas revenir à Dieu qu'ils ont délaissé. Cette sentence vous est réservée à vous-même, si vous négligez de vous convertir à de meilleures doctrines. C'est d'ailleurs le comble de la témérité que d'assimiler les injustes et les pécheurs aux impies, que nous définissons de la sorte : Tout impie est injuste et pécheur. Mais nous ne pouvons pas dire par réciproque, que tout homme injuste et pécheur est un impie. L'impiété est le caractère distinctif de ceux qui n'ont pas la connaissance de Dieu, ou qui l'ayant, l'ont changée. Au contraire, le péché et l'iniquité, selon la grandeur des vices, font des blessures qui admettent ensuite la guérison. De là cette parole : « Les maux du pécheur sont nombreux. » *Psalm.* XXXI, 10. L'Ecriture ne parle pas là de la mort éternelle. C'est au moyen des fléaux et des souffrances qu'Israël est corrigé. « Car le Seigneur réprimande celui qu'il aime; il châtie quiconque est au nombre de ses enfants. » *Hebr.* XII, 6. Frapper avec l'affection d'un instituteur et d'un père est autre chose que sévir avec courroux contre des ennemis. De là vient l'expression du psaume premier : « Les impies ne ressuscitent point pour être jugés. » C'est que leur perdition est prononcée d'avance. « Et les pécheurs ne ressuscitent point dans l'assemblée des justes. » *Psalm.* I, 5. Perdre la gloire de la résurrection, et périr éternellement, sont deux choses différentes. « L'heure viendra, est-il écrit, où tous ceux qui sont dans les sépulcres entendront sa voix, et ceux qui ont fait le bien sortiront dans la résurrection de la vie, tandis que ceux qui ont fait le mal sortiront dans la résurrection du jugement. » *Joan.* V, 5. Aussi l'Apôtre,

quod in sequenti ponis capitulo: *Tit.* LXII, *al.* LXXII : « In die judicii iniquis et peccatoribus non parcendum, sed æternis eos ignibus exurendos, » ferre quis potest, et interdicere te misericordiam Dei, et ante diem judicii de sententia judicis judicare, ut si voluerit iniquis et peccatoribus parcere, te præscribente, non possit? Dicis enim : Scriptum est in centesimo tertio psalmo : « Deficiant peccatores a terra et iniqui, ita ut non sint. » Et in Isaia : « Comburentur iniqui et peccatores simul, et qui relinquunt Deum, consummabuntur. » Et non intelligis comminationem Dei interdum sonare clementiam? Non enim dicit eos æternis ignibus exurendos, sed a terra deficere, et iniquos esse cessare. Aliud enim est ipsos a peccato et iniquitate desistere, et aliud ipsos perire in perpetuum, et æternis ignibus concremari. Denique Isaias de quo ponis testimonium : « Comburentur, inquit, peccatores et iniqui simul; » non addit, in æternum. « Et qui relinquunt Deum, consummabuntur. » Proprie hoc de hæreticis loquitur, qui rectum fidei tramitem relinquentes consummabuntur, si noluerint ad Dominum reverti, quem dereliquerunt. Quæ sententia et tibi parata est, si neglexeris ad meliora converti. Deinde cujus est temeritatis, iniquos et peccatores impiis jungere! qui a nobis sic definiuntur : Omnis impius iniquus est et peccator; nec reciprocatur, ut possimus dicere, omnis peccator et iniquus etiam impius est. Impietas enim proprie ad eos pertinet, qui notitiam Dei non habent, vel cognitam transgressione mutarunt. Peccatum autem et iniquitas pro qualitate vitiorum, post peccati et iniquitatis vulnera, recipit sanitatem. Unde scriptum est : « Multa flagella peccatoris; » *Ps.* XXXI, 10; et non interitus sempiternus. Et per omnia flagella atque cruciatus emendatur Israel. « Quem enim diligit Dominus corripit; flagellat autem omnem filium quem recipit. » *Hebr.* XII, 6. Aliud est cædere magistri et parentis affectu; aliud contra adversarios crudeli animo desævire. Quam ob causam, et in primo Psalmo canitur : « Quoniam non resurgunt impii in judicio. » Jam enim in perditionem sunt præjudicati : « Neque peccatores in consilio justorum. » *Psal.* I, 5. Aliud enim est gloriam perdere resurgendi, aliud perire perpetuo. « Veniet, inquit, hora, in qua omnes qui in sepulcris sunt, audient vocem ejus, et egredientur, qui bona fecerunt, in resurrectionem vitæ; qui autem mala egerunt, in resurrectionem judicii. »

que le même Esprit inspire, parle aux Romains dans le même sens : « Quiconque aura péché sans la loi, périra sans elle ; et quiconque aura péché dans la loi, sera jugé par la loi. » *Rom.* II, 12. Sans la loi, c'est l'impie qui périra éternellement ; dans la loi, c'est le pécheur croyant en Dieu, qui sera jugé par la loi, et ne périra point. Si les pécheurs et les injustes sont brûlés par les feux éternels, ne redoutez-vous point votre propre maxime, vous qui vous proclamez injuste et pécheur? Et votre argumentation est qu'il n'y a pas d'homme sans péché, mais qu'il peut y en avoir! Il n'y aura donc de sauvés que des hommes qui n'ont jamais existé, qui n'existent pas, mais qui existeront, et peut-être n'en existera-t-il aucun ; et tous ceux qui ont existé périront, puisque les Ecritures nous disent qu'ils ont été pécheurs. Vous-même, qui ajoutez à vos athlétiques épaules d'un Milon l'enflure d'un orgueil à la Caton, par quelle témérité, vous, pécheur, osez-vous prendre le titre de maître? Ou si vous êtes juste et si vous feignez, par humilité, d'être pécheur, il se mêlera un bien grand étonnement à notre joie de vous voir posséder seuls, vous et les vôtres, un privilége que n'eut aucun Patriarche, aucun Prophète, aucun Apôtre. Mais quand Origène prétend qu'aucune créature raisonnable ne doit périr et que le diable même fera pénitence, pourquoi vous tournez-vous contre nous, qui disons que le diable et ses satellites, et tous les impies, et tous les prévaricateurs, périront éternellement, et que les chrétiens surpris par la mort en état de péché léger seront sauvés après une expiation?

Contradiction entre deux aphorismes de Pélage. — Je relève encore deux aphorismes contradictoires. S'ils étaient vrais, ils vous enlèveraient tout droit do parler. « Celui-là seul peut avoir la

Joan. V, 5. Unde et Apostolus eodem sensu, quia eodem et spiritu, loquitur ad Romanos : « Quicumque enim sine lege peccaverunt, sine lege peribunt. Et quicumque in lege peccaverunt, per legem judicabuntur. » *Rom.* II, 12. Sine lege impius est, qui in æternum peribit. In lege peccator credens in Deum, qui per legem judicabitur, et non peribit. Si peccatores et iniqui æternis ignibus exuruntur, non times sententiam tuam, qui iniquum et peccatorem te esse dicis? Et argumentaris hominem non esse sine peccato, sed esse posse! Ergo solus ille salvetur, qui numquam fuit, nec est, sed futurus, aut forsitan nec futurus ; et pereant omnes, quos vestro fuisse legimus. Tu ipse qui Catoniana (al. *Catoniaca*) nobis inflaris superbia, et Milonis humeris intumescis *(a)*, qua temeritate, peccator, magistri nomen assumis? Aut si justus es et humilitate simulas peccatorem, mirabimur atque gaudebimus habere te solum et possidere cum sociis, quod nec Patriarcharum, nec Prophetarum, nec Apostolorum quispiam habuit. Si (al. *Sin*) autem Origenes omnes rationabiles creaturas dicit non esse perdendas, et diabolo tribuit pœnitentiam, quid ad nos, qui et diabolum et satellites ejus omnesque impios et prævaricatores dicimus perire perpetuo, et Christianos, si in peccato præventi fuerint, salvandos esse post pœnas *(b)*?

29. *Duo Pelagii capitula inter se discrepantia.* — Jungis præterea duo capitula inter se discrepantia, quæ si vera sint, os aperire non poteris : « Sapientiam et intellectus Scripturarum, nisi qui didicerit,

(a) Innuit proceris staturæ hominem fuisse Pelagium, quem et in Præfat. lib. III in Jeremiam vocat *Alpinum* (leg. *Albinum*) *canem, grandem et corpulentum, et qui calcibus magis possit sævire quam dentibus.*

(b) Hunc locum plerique omnes suggillant, et calumniantur, ac non modo heterodoxi, qualis est Stanislaus Pannonius Anabaptista, lib. *de Divina philanthropia*, ad nefariam hæresim perstruendam usurpant ; verum etiam doctissimi viri ac summe catholici, qualis est certe Abrincensis episcopus Daniel Huetius in Origenianis, lib. II, alienum pronuntiant a recta fide. Nec dubium si quemadmodum interpretantur, Hieronymus dixerit diabolo tantum atque impiis *hominibus, qui notitiam Dei non habent*, sempiternas destinari pœnas ; iniquis vero christianis, tametsi graviorum scelerum reis, solummodo temporarias. Sed non eam fuisse ejus mentem contendo, si commode possit catholico sensu accipi, ne invidiosissimæ calumniæ pateat sanctissimi Patris doctrina. Equidem si hujus tantummodo loci suspicio purganda sit, facile præstiterim, ita exponendo, quemadmodum nativus orationis sensus præ se fert : *christianos* non tamen *prævaricatores* quos modo impiis annumeravit, *si in peccato præventi fuerint*, utique leviore, quod a Lege prævaricatio non sit, *salvandos esse post pœnas*, scilicet purgatorias, quibus deleri peccatum queat. Verum scimus de hujus loci sensu ex duorum aliorum collatione velle adversarios sumi judicium. Alterum opponunt ex Commentariis in Isaiam cap. ultimo : *Sicut diaboli, et omnium negatorum atque impiorum, qui dixerunt in corde suo,* non est Deus, *credimus æterna tormenta; sic peccatorum atque impiorum, et tamen christianorum, quorum opera igne probanda, atque purganda sunt, moderatam arbitramur, et mixtam clementiæ sententiam judicis.* Alterum ex eo, quod eadem in Commentariis quoque suis in epist. ad Ephesios S. Doctor asperserit, et Rufini reprehensiones declinans, lib. II Apologiæ, num. 7, scripserit : *Quod autem imprecaris fratribus, hoc est, criminatoribus tuis æternos ignes cum diabolo, non tam fratres mihi videris premere quam diabolum sublevare, cum iisdem quibus christiani ignibus puniendus sit.* His si opponamus sexcenta ipsius Hieronymi testimonia quibus æternas malorum christianorum, qui absque pœnitentia decesserint, futuras pœnas expresse tradidit, nil amplius evinci volunt, quam mutasse illum aliquando sententiam, nec unicæ semper opinioni adhæsisse. Quasi vero in his quos tantopere calumniantur locis, abnormis ejus doctrinæ error sit. Dixit : *Peccatorum sed tamen Christianorum, quorum opera igne probanda, atque purganda sunt, moderatam arbitrari se, et mixtam clementiæ sententiam judicis.* Pauli enimvero testimonium est, 1 Cor. III, 13 et 14, Christianorum opera igne probanda et purganda, ut mercedem accipiant, scilicet ut leviora crimina, et quæ graviora, jam sunt per pœnitentiam dimissa, Purgatorio igne mundentur. Et noster quidem non omnibus passim christianis, sed iis dixit : *Quorum opera igne probanda atque purganda sunt.* Quibus certe verbis nonnisi Purgatoriis, ut ecclesiastico sensu ac vocabulo dicimus, pœnas ad tempus duraturas, et fidelibus levium culparum reis, aut graviorum quoque post pœnitentiam, infligendas significat. (*Edit. Migne.*)

science et l'intelligence des Écritures, à qui elles ont été enseignées; » et puis: « Celui qui ne sait pas la loi ne doit pas user de cette science. » *Titul.* xx. Ou bien, en effet, vous devez nommer un maître de qui vous avez appris, afin qu'il vous soit licite d'user de la science de la loi; ou bien, si votre maître est tel qu'il n'ait appris d'aucun autre et qu'il vous ait enseigné ce qu'il ignorait lui-même, il demeure que vous agissez mal, vous qui faites usage de la science des Écritures qu'on ne vous a pas apprise, et qui êtes maître avant d'avoir été disciple; à moins que, avec votre humilité habituelle, vous ne vous vantiez d'avoir pour maître le Seigneur même, qui enseigne toute science, et qu'avec Moïse, *Exod.* xxxiv, au milieu de la nuée et des éclairs, vous n'entendiez face à face les paroles de Dieu et vous ne reveniez ensuite de là vers nous le front armé de science divine. Cela ne vous suffit pas. Vous vous transformez soudain en stoïcien, et, du haut de votre sourcil à la Zénon, vous tonnez sur nous : « La patience du chrétien doit être telle que si quelqu'un voulait lui enlever ses biens, il devrait les perdre avec reconnaissance. » *Titul.* LXXIII, *ali.* LXIV. N'est-ce pas assez pour nous de perdre avec patience notre avoir, et faut-il encore que nous rendions grâces à la violence du ravisseur et que nous le comblions de bénédictions? L'Évangile enseigne qu'à celui qui nous appelle en jugement pour nous enlever par chicane notre tunique, nous devons aussi céder notre manteau; il ne nous fait pas un précepte de lui rendre grâce, et de perdre avec joie ce qui nous appartient. Si je dis cela, ce n'est pas que je trouve votre maxime en rien criminelle, mais parce que partout vous fuyez la simplicité pour affecter la grandeur à coups d'hyperboles. Ainsi vous dites que « l'éclat des habits et des ornements est une hostilité contre Dieu. » Où est l'inimitié contre Dieu, s'il vous plaît, en ce que j'aurai une tunique bien propre; en ce que l'évêque, le prêtre, le diacre et tout autre ecclésiastique procèdera au ministère du saint Sacrifice avec un vêtement sans tache? Veillez sur vous, clercs; veillez sur vous, moines; et vous, veuves et vierges, vous êtes en danger, si le peuple ne vous voit sordides et couverts de haillons. Je me tais sur les gens du monde, à qui la guerre est déclarée et qui sont en hostilité avec Dieu, s'ils se servent d'étoffes éclatantes et de prix.

Nouvelles contradictions de Pélage. — Écoutons encore : « Il faut chérir ses ennemis à l'égal de ses proches; » *Titul.* CXLIV, *ali.* CLXIV; et aussitôt, tombant dans un léthargique oubli, vous dites: « Il ne faut jamais se fier à un ennemi. » *Titul.* CLXI, *ali.* CXLVI. Je n'ai même pas besoin de prouver une contradiction qui est évidente. Vous objecterez que les deux propositions sont implicitement contenues dans l'Écriture et que je ne tiens pas compte du sens qui est attaché à chacune en son lieu. — Il m'est ordonné d'aimer mes ennemis et de prier pour mes persécuteurs; m'est-il fait un précepte de les aimer autant que mes proches, mes parents, mes amis, en sorte qu'il n'y ait aucune différence entre un adver-

scire non posse; » et iterum : « Scientiam legis non usurpare debere indoctum. » *Tit.* xx. Aut enim magistrum, a quo didiceris, proferre cogeris, ut tibi scientiam legis liceat usurpare; aut si magister talis est, qui ab alio non didicerit, et docuerit te quod ipse ignorabat, restat ut non recte facias, qui indoctus usurpas scientiam Scripturarum, et magister prius quam discipulus esse cœpisti. Nisi forte humilitate solita, magistrum tuum jactitas Dominum, qui docet omnem scientiam, et cum Moyse, *Exod.* XXXIV, in nube et caligine facie ad faciem audis verba Dei, et inde nobis cornuta fronte procedis. Nec hoc sufficit, sed repente mutaris in Stoicum, et de Zenonis nobis tonas supercilio : « Christianum illius debere esse patientiæ, ut si quis sua auferre voluerit, gratanter amittat. » *Tit.* LXXIII, *al.* LXIV. Nonne nobis satis est patienter perdere quod habemus, nisi violento atque raptori agamus gratias, et cum cunctis benedictionibus prosequamur? Docet Evangelium, *Matth.* v, ei, qui nobiscum velit judicio contendere, et per lites ac jurgia auferre tunicam, etiam pallium esse concedendum; non præcipit, ut agamus gratias, et læti nostra perdamus. Hoc dico, non quod aliquid sceleris in hac sententia sit, sed quod ubique ὑπερβολικῶς mediocria transeas, et magna secteris. Unde adjungis : « Gloriam vestium et ornamentorum Deo esse contrariam. » Quæ sunt, rogo, inimicitiæ contra Deum, si tunicam habuero mundiorem, si episcopus, presbyter, et diaconus, et reliquus ordo ecclesiasticus in administratione sacrificiorum candida veste processerint? Cavete, clerici; cavete, monachi; viduæ et virgines, periclitamini, nisi sordidas vos atque pannosas vulgus aspexerit. Taceo de hominibus sæculi, quibus aperte bellum indicitur, et inimicitiæ contra Deum, si pretiosis atque nitentibus utantur exuviis.

30. *Capitula Pelagii sibi contraria.* — Audiamus et cætera : « Inimicos ut proximos diligendos; » *Tit.* CXLV, *al.* CLXIV; statimque oppressus gravissimo lethargo, ponis et dicis : « Inimico nunquam esse credendum. » *Tit.* CLXI, *al.* CXLVI, quod sibi esse contrarium, etiam me silente, perspicuum est. Sed dices (al. *dicis*) utrumque vocibus Scripturæ contineri, non animadvertens, quo sensu in suis locis dicta

saire et une personne qui m'est chère? Si j'ai pour mes ennemis le même amour que pour mes proches, que donnerai-je de plus à mes amis? Mais après avoir ainsi parlé, pour ne pas vous contredire dans le même passage, vous deviez ne pas dire ceci : « Il ne faut jamais se fier à un ennemi. » *Exod.* XXXIII. Au reste, la loi enseigne également comment il faut aimer un ennemi : « Si la bête de somme de votre adversaire tombe, vous devez l'aider à la relever; » *Deut.* XXII, 4; et l'Apôtre : « Si votre ennemi a faim, donnez-lui à manger, et s'il a soif, donnez-lui à boire; en faisant cela, vous amassez des charbons de feu sur sa tête; » *Rom.* XII, 20; non pas en attirant sur lui la malédiction et la condamnation, comme plusieurs le pensent, mais en le reprenant et en lui inspirant le repentir, en sorte que, vaincu en bienfaisance, brûlé par le feu de la charité, il cesse d'être un ennemi.

Le royaume des cieux est-il promis dans l'Ancien Testament?—Vous ajoutez aussi que « le royaume des cieux est promis dans l'Ancien Testament; » *Titul.* CXXIII; et vous avez recours à des témoignages apocryphes, puisqu'il est évident que le royaume des cieux a été prêché pour la première fois dans l'Evangile, par Jean-Baptiste, le Sauveur et les Apôtres. Jean-Baptiste crie dans le désert : « Faites pénitence, le royaume des cieux approche; » *Matth.* III, 2; il est écrit du Sauveur : « Jésus parcourait les villes et les villages en enseignant dans les synagogues, et en prêchant le royaume de Dieu; » *Matth.* IX, 35; et il donna ce précepte aux Apôtres : « Allez et prêchez, disant que le royaume des cieux approche. » *Matth.* X, 7. Et vous, vous nous appelez Manichéens, parce que, préférant l'Evangile à la loi, nous disons que celle-ci est l'ombre et celui-là la réalité. Vous ne comprenez point qu'à l'impudence vous alliez la sottise. Autre chose est condamner la loi, et c'est ce que fait le Manichéen; autre chose préférer l'Evangile à la loi, et c'est la doctrine apostolique. Dans celle-là, ce sont des serviteurs de Dieu qui parlent, et dans celui-ci, c'est Notre-Seigneur lui-même; là, c'est la promesse, et ici, c'est l'accomplissement; là, c'est l'ébauche, et ici, c'est la perfection; là, c'est le fondement de l'édifice, et ici, c'est le faîte de la foi et de la grâce. Ces arguments font voir quelle est votre doctrine et quel remarquable docteur vous êtes.

Il combat la maxime fondamentale des Pélagiens. — Votre centième aphorisme est que « l'homme peut être sans péché et observer facilement les commandements de Dieu, s'il le veut. » Nous en avons déjà longuement discouru. Pélage, qui prétend imiter, ou même compléter l'œuvre du bienheureux martyr Cyprien, écrivant à Quirinus (Cirinus), ne fait pas attention qu'il a dit le contraire dans ce même ouvrage. Cyprien, en effet, au cinquante-quatrième titre du troi-

sint. Præceptum est mihi, ut diligam inimicos, et orem pro persecutoribus. Numquid jussum est, ut ita diligam, quasi proximos et consanguineos et amicos, ut inter æmulum et necessarium nulla distantia sit? Si inimicos diligo quasi proximos, amicis quid amplius exhibebo? Aut si hoc dixeras, illud tacere debueras, ne contraria sibi in eodem loco dicere videreris : « Inimico nunquam esse credendum. » *Exod.* XXIII. Sed quando diligatur inimicus, et lex docet : *Deut.* XXII, 4 : Jumentum adversarii si ceciderit, sublevandum; et Apostolus : « Si esurierit inimicus tuus, ciba illum; si sitiere, da illi potum. Hoc enim faciens, carbones ignis congregabis super caput ejus : » *Rom.* XII, 20 : non in maledictum et condemnationem, ut plerique existimant, sed in correctionem et pœnitudinem, ut superatus beneficiis, excoctus fervore charitatis, inimicus esse desistat.

31. *Ad regnum cœlorum in veteri Test. repromissum.* — Addis præterea; « Regnum cœlorum etiam in Testamento veteri repromitti; » *Tit.* CXXIII; ponisque testimonia de apocryphis, cum perspicuum sit, regnum cœlorum primum in Evangelio prædicari per Joannem Baptistam, et Dominum Salvatorem, et Apostolos. Lege Evangelia. Joannes Baptista clamat in deserto : « Pœnitentiam agite, appropinquavit enim regnum cœlorum. » *Matth.* III, 2. Et de Salvatore scriptum est : « Ex eo tempore cœpit prædicare et dicere : Pœnitentiam agite, appropinquavit enim regnum cœlorum. » *Matth.* IV, 17. Et iterum : « Circuibat Jesus civitates et vicos, docens in synagogis (al. *synagoga*) eorum, et prædicans regnum Dei. » *Matth.* IX, 35. Et Apostolis præcipit : « Ite et prædicate, dicentes, quoniam appropinquavit regnum cœlorum. » *Matth.* X, 7. Tu autem illos Manichæos vocas, quia Legi Evangelium præferentes, in illa umbram, in hoc veritatem esse dicamus, et non intelligis stultitiam tuam impudentiæ copulatam. Aliud esse (al. *est*) damnare Legem, quod Manichæus facit; aliud Legi præferre Evangelium, quæ apostolica doctrina est. In illa enim servi, in hoc præsens Dominus loquitur; ibi promittitur, hic impletur; ibi initia, hic perfectio est; in illa operum fundamenta jaciuntur, hic fidei et gratiæ culmen imponitur. Hoc posuimus, ut egregii præceptoris doctrina monstraretur.

32. *Præcipuam Pelagianorum sententiam impugnat.* — Centesimus titulus est : « Posse hominem sine peccato esse, et Dei mandata facile custodire, si velit, » de quo abunde dictum est. Cumque se imitatorem, imo expletorem operis beati Martyris Cypriani, scribentis ad Quirinum (Mss. *Cirinum*), esse fateatur, non intelligit se in eodem opere di-

sième livre, affirme que nul n'est sans tache et sans péché, et il en donne aussi les preuves en citant Job : « Qui est sans tache? personne, quand même il n'aurait vécu qu'un seul jour sur la terre; » *Job.* XIV, 14; et le psaume cinquante : « J'ai été conçu dans l'iniquité, et ma mère m'a conçu dans le péché; » *Psalm.* L, 6; et l'épître de Jean : « Si nous disons que nous sommes sans péché, nous nous séduisons nous-mêmes, et la vérité n'est point en nous. » *Joan.* I, 8. Vous, au contraire, vous prétendez que « l'homme peut être sans péché, » et pour que cette maxime paraisse vraie, vous ajoutez aussitôt : « et observer facilement les commandements de Dieu, s'il veut le faire. » Il y a eu rarement, il n'y a jamais eu un homme dans ces conditions. Si la chose est aisée, le plus grand nombre doit les observer. Si elle ne l'est pas, même en vous accordant que peu d'hommes peuvent les observer, il est manifeste que ce qui arrive rarement est difficile. Et par surcroît, pour montrer l'excellence de votre vertu et faire croire que votre conscience déborde des trésors du bien, vous émettez la maxime qu' « il ne faut pas pécher, même en matière légère. » *Titul.* CXXXIII. En outre, pour qu'on ne pense pas que, par matière légère, vous entendez une action, vous ajoutez : « Il ne faut même pas avoir une mauvaise pensée, » *Titul.* CXXXVI, *ali.* CXXXI, ne vous souvenant pas de la parole de David : « Qui comprend les fautes? Seigneur, purifiez-moi de mes fautes cachées; et soyez clément à votre serviteur pour celles qui lui viennent du dehors; » *Psalm.* XVIII, 13; alors que l'Église enseigne que nos manquements par ignorance et nos péchés par pensée sont des délits, au point qu'il est ordonné d'offrir des sacrifices pour ceux qui sont dans l'ignorance et dans l'erreur. *Heb.* V, et que le pontife, qui prie pour tout le peuple, offre avant tout le sacrifice d'expiation pour lui-même, à qui, assurément, il n'aurait jamais été permis de l'offrir pour les autres, s'il n'était juste lui-même, et qui, je le répète, ne l'offrirait pas pour lui-même, s'il était exempt de péché par ignorance. Il me faut maintenant parcourir le vaste champ de l'Écriture, pour montrer que le péché est dans l'erreur et dans l'ignorance.

Péchés d'ignorance. — *C.* N'avez-vous point lu que « quiconque aura regardé une femme pour la convoiter a commis l'adultère dans son cœur. » *Matth.* V, 28. Ce ne sont donc pas le seul regard et les aiguillons du vice qui sont réputés péché, mais aussi les choses auxquelles nous attribuons le consentement. En effet, ou nous pouvons éviter les mauvaises pensées, et par conséquent être exempts de péché; ou, si nous ne pouvons pas les éviter, il ne faut pas réputer péché une chose dont nous ne pouvons nous défendre. *A.* C'est raisonner habilement, mais vous ne voyez pas que votre argumentation va contre les saintes Écritures. Les maximes de l'Écriture veulent

xisse contraria. Ille in quinquagesimo quarto titulo tertii libri, ponit neminem sine sorde et sine peccato esse, statimque jungit testimonia, in quibus scriptum est apud Job : « Quis enim mundus a sordibus? nec si unius etiam diei sit vita ejus in terra. » *Job.* XIV, 14. Et in Psalmo quinquagesimo : « Ecce in iniquitatibus conceptus sum, et in peccatis concepit me mater mea. » *Psalm.* L, 6. Et in Epistola Joannis : « Si dixerimus, quia peccatum non habemus, nosmetipsos decipimus, et veritas in nobis non est. » I *Joan.* I, 8. Tu e diverso asseris : « Posse hominem sine peccato esse; » et ut hoc verum dixisse videaris, statim adjungis : « Et Dei mandata facile custodire, si velit, » quæ aut rarus, aut nullus implevit. Si enim facilia sunt, debent a pluribus custodiri. Sin autem, ut concedamus tibi, rarus quisquam ea implere potest, manifestum est esse difficile quod rarum est. Atque ut hoc augeas, et magnitudinem tuæ virtutis ostendas, quod scilicet de bono conscientiæ thesauro eructare credaris, ponis in titulo : « Ne leviter quidem esse peccandum. » *Tit.* CXXIII. Et quid sit hoc leviter, ne forte in opere te aliquis dixisse existimaret, annectis : « Malum nec cogitandum, » *Tit.* CXXXVI, *al.* CXXXI, neque illius sententiæ recordaris : « Delicta quis intelligit? ab occultis meis munda me, Domine, et ab alienis parce servo tuo; » *Psal.* XVIII, 13; cum Ecclesia etiam ea quæ per ignorantiam delinquimus, et sola cogitatione peccamus, delicta esse fateatur, in tantum ut hostias pro errore jubeat offerri, *Hebr.* V, et Pontifex qui pro cuncto populo deprecatur, ante pro se offerat victimas, qui certe nunquam pro aliis juberetur offerre, nisi justus ipse esset, nec rursum pro se offerret, si peccato careret ignorantiæ. Scilicet nunc mihi latissima Scripturarum spatia peragranda sunt, ut doceam errorem et ignorantiam esse peccatum.

33. *Esse peccata ignorantiæ.* — *C.* Obsecro te, nonne legisti : « Qui viderit mulierem ad concupiscendum eam, jam mœchatus est eam in corde suo? » *Matth.* V, 28. Non ergo solus aspectus et incentiva vitiorum reputantur in peccatum; sed ea quibus attribuimus assensum. Aut enim vitare possumus malam cogitationem, et consequenter possumus carere peccato; aut si vitare non possumus, non reputatur in peccatum, quod caveri non potest. *A.* Callide quidem argumentaris, sed non intelligis argumentationem tuam contra sacras Scripturas fa-

qu'il y ait péché même dans l'ignorance. Aussi Job offre-t-il un sacrifice pour ses fils, *Job.* I, de peur qu'en leurs pensées ils n'aient péché par ignorance. Et à celui qui coupe du bois, si la hache s'échappe du bois et tue un homme, il est ordonné, *Deut.* XIX, de se réfugier en toute hâte dans une ville ayant droit d'asile et d'y demeurer jusqu'à ce que le Grand-Prêtre meure, c'est-à-dire jusqu'à son rachat par le sang du Sauveur, ou dans la demeure du baptême, ou dans la pénitence, qui renouvelle la grâce du baptême par un effet de l'ineffable clémence du Sauveur, lequel ne veut la perte de personne et se réjouit, non pas de la mort du pécheur, mais de sa conversion et de sa vie. *Ezech.* XVIII. *C.* Quelle est, je vous le demande, cette justice qui m'impute à péché une erreur dont la conscience ne voit pas la culpabilité? J'ignore que j'ai péché, et j'expie une faute que j'ignore; qu'en sera-t-il de plus pour un péché de propos délibéré? *A.* Est-ce à moi que vous demandez les mobiles de la pensée et de l'économie divines? Le livre de la Sagesse répondra à votre téméraire interrogation : « Ne vous enquiérez pas des choses trop au-dessus de vous, et ne cherchez pas à pénétrer les secrets impénétrables. » *Eccli.* III, 22. Et ailleurs : « Ne cherchez pas à trop savoir, et ne raisonnez pas plus qu'il ne faut. » *Eccl.* VII, 17. Et encore : « Cherchez Dieu dans la science et dans la simplicité du cœur. » *Sap.* I, 1. Peut-être ces textes ne vous paraissent pas concluants; écoutez donc l'Apôtre faisant éclater la trompette évangélique : « O profondeur des trésors de la sagesse et de la science de Dieu, que ses jugements sont incompréhensibles et ses voies impénétrables! Qui a connu les desseins de Dieu, ou qui est entré dans le secret de ses conseils? » *Rom.* XI, 33, 34. Ce sont là des questions dont il dit ailleurs : « Evitez les questions vaines et inutiles, sachant qu'elles engendrent les contestations. » II *Timot.* 23. Et l'Ecclésiaste, livre sur l'authenticité duquel il n'y a assurément aucun doute : « J'ai dit : Je deviendrai savant, et la science s'est éloignée de moi. Profondeur insondable, qui en trouvera le fond? *Eccl.* VII, 24, 25. Vous me demandez pourquoi le potier a fait un vase de gloire, un autre destiné à l'opprobre, et vous ne voulez pas vous incliner devant Paul, répondant pour Notre-Seigneur : « Qui êtes-vous, ô homme, pour contester avec Dieu? » *Rom.* IX, 20.

Il oppose les témoignages des Ecritures. — Ecoutez donc, en peu de mots, les témoignages des Écritures, afin que votre curiosité folle, ou plutôt impie, soit réduite à un éternel silence. Dieu dit dans la Genèse : « Je ne différerai pas plus longtemps de maudire la terre à cause des œuvres des hommes, parce que l'esprit de l'homme s'est appliqué diligemment au mal dès l'enfance. » *Genes.* VIII, 21. Abraham et Sara, devant la promesse qui leur est faite de leur fils Isaac, rient en leur cœur, et leur secrète

cere. Volunt enim eloquia Scripturarum etiam ignorantiam habere peccatum; unde et Job, *Job.* I, offert hostias pro filiis suis, ne forte per ignorantiam in cogitatione peccaverint. Et qui ligna cædit, si securi ac ferro fugiente de ligno homo fuerit occisus, pergere jubetur, *Deut.* XIX, ad urbem fugitivorum et tamdiu ibi esse, quamdiu Sacerdos maximus moriatur, id est, redimatur sanguine Salvatoris, aut in domo baptismatis, aut in pœnitentia, quæ imitatur baptismatis gratiam per ineffabilem clementiam Salvatoris, qui non vult perire quemquam, nec delectatur mortibus peccatorum, sed ut convertantur et vivant. *Ezech.* XVIII. *C.* Rogo quæ est ista justitia, ut in peccato tenear erroris, cujus reatum non habet conscientia? Nescio me peccasse, et ejus rei quam nescio, pœnas luo? Et quid plus faciam, si sponte peccavero? *A.* A me sententiæ et dispositionis Dei causas requiris? Respondet stultæ interrogationi tuæ liber Sapientiæ : « Altiora te ne quæsieris, et fortiora te ne scrutatus fueris. » *Eccli.* III, 22. Et alibi : « Noli esse sapiens multum, et noli argumentari plus quam oporteat. » *Eccl.* VII, 17. Et in eodem loco : « In sapientia et in simplicitate cordis quærite Deum. » *Sap.* I, 1. Ac ne forte huic volumini contradicas, audi Apostolum, Evangelica clangentem tuba : « O altitudo divitiarum sapientiæ et scientiæ Dei, quam inscrutabilia sunt judicia ejus, et investigabiles viæ ejus! Quis enim cognovit sensum Domini? aut quis consiliarius ejus fuit? » *Rom.* XI, 33, 34. Istæ sunt quæstiones, de quibus et in alio loco scribit : « Stultas autem et ineruditas quæstiones devita, sciens quoniam lites generant; » II *Tim.* II, 23; et Ecclesiastes (de quo certe libro nulla est ambiguitas) : « Dixi, inquit, sapiens efficiar, et ipsa longe facta est a me. Profunda profunditas, quis eam inveniet? » *Eccl.* VII, 24, 25. A me quæris, quare figulus aliud vas fecerit in honorem, aliud in contumeliam, et non vis acquiescere Paulo pro suo Domino respondenti : « O homo! tu qui es, qui respondeas Deo? » *Rom.* IX, 20.

34. *Opponit Scripturarum testimonia.* — Audi ergo breviter testimonia Scripturarum, ut stulta, imo impia sciscitatio tua in perpetuum conticescat. Loquitur Deus in Genesi : « Non adjiciam ultra maledicere terræ propter opera hominum, quia apposita est mens hominis diligenter ad mala a pueritia. » *Gen.* VIII, 21. Abraham et Sara, audita repromissione filii Isaac, rident in corde suo, et tacita cogitatio non

pensée n'échappe pas à la science de Dieu. Ils sont blâmés de leur rire, et la secrète pensée elle-même est réprimandée comme partie intégrante du manque de foi. Pourtant, quoique ayant ri, ils ne sont pas condamnés pour ce manque de foi, mais ils reçurent la palme de la justice, pour avoir eu ensuite la foi. Loth ignore ce qu'il a fait dans la couche de ses filles, il n'a pas conscience de son crime à cause de son ivresse, et pourtant son erreur lui est imputée à péché. Reprochez au saint homme Jacob d'avoir chéri la belle Rachel, pour la possession de qui il demeura longtemps au service d'autrui, et de s'être attristé de sa première union avec Lia; compâtissez toutefois à la faiblesse humaine, qui fait qu'on aime la beauté du corps et qu'on en déteste la laideur. Jacob, qui déplore la mort de son fils Joseph, repousse pendant longtemps les consolations de ses autres enfants et leur répond : « Je pleurerai, je gémirai et je descendrai au tombeau; » *Genes.* VIII, 35; il prouve par là qu'il est homme, ce père juste, qui ignore le sort du juste Joseph. Il est écrit dans l'Exode : « Si un homme en frappe un autre et le met à mort, qu'il soit mis à mort lui-même; mais s'il a tué involontairement, Dieu ayant livré la victime entre ses mains, il sera établi un lieu de refuge pour l'homicide malgré lui. » *Exod.* XXI, 12, 13. Il est à remarquer que Dieu a livré celui qui a été tué, et que celui qui a tué par ignorance est condamné à l'exil. Le Lévitique pose cette loi : « Lorsqu'un homme a péché par ignorance, et violé quelqu'un de tous les commandements du Seigneur, en faisant quelque chose qu'il a défendu de faire, si c'est le Grand-Prêtre qui a péché, ou si c'est toute la synagogue, ou si c'est tout le peuple d'Israël, et qu'il reconnaisse ensuite le péché qu'il a commis par ignorance, il offrira pour son péché un bouc sans tache pris d'entre les chèvres, il lui mettra la main sur la tête, et il l'immolera au lieu où l'on a accoutumé de sacrifier les holocaustes devant le Seigneur, parce que c'est pour le péché. » *Levit.* IV, 2, 3 *et seqq.* Et plus loin : « Si un homme a touché quelque chose qui soit impur, qu'il soit défendu de toucher, qu'il l'ait fait par mégarde, et qu'il le reconnaisse ensuite; ou si ayant juré et prononcé de ses lèvres qu'il ferait quelque chose, et qu'il l'oublie ensuite, et qu'après cela il se ressouvienne de sa faute, qu'il en fasse pénitence, et qu'il prenne dans le troupeau une brebis ou une chèvre, qu'il offrira; et le Prêtre priera pour lui et pour son péché, qui lui sera pardonné. Mais s'il n'a pas le moyen d'offrir une brebis ou une chèvre, qu'il offre au Seigneur deux tourterelles ou deux petits de colombes, l'un pour le péché et l'autre en holocauste. Il les portera au prêtre, et le Prêtre offrira en premier lieu le don qui est pour le péché, et c'est dans ce sacrifice que l'homme qui a péché sera réconcilié avec le Seigneur et que sa faute sera remise. » *Levit.* III, 5, *seqq.* Je passe sous silence, pour être bref et pour ne vous point lasser, les autres préceptes

latet scientiam Dei. Arguuntur in risu, et ipsa cogitatio, quasi pars infidelitatis reprehenditur. Attamen non ex eo quod risere, diffidentiæ condemnantur, sed ex eo quod postea crediderunt, justitiæ palmam acceperunt. Lot nescit in concubitu filiarum quid fecerit, et inebriatus ab eis non habet crimen conscientiæ, et tamen error in vitio est. Argue sanctum virum Jacob, quare Rachel formosam dilexerit, pro qua et servivit multo tempore, et in Liæ primo concubitu fuerit contristatus; et acquiesce tandem humanæ fragilitati, quæ etiam pulchra corpora diligit, et deformia detestatur. Luget Jacob mortem filii sui Joseph, et multo tempore consolationem non recipit filiorum, respondetque : « Lugens et gemens, vadam ad infernum; » *Gen.* VIII, 35; et probat se hominem, dum justus ignorat quid actum sit de justo filio Joseph. In Exodo scriptum est : « Si percusserit aliquis quempiam, et mortuus fuerit, morte moriatur. Sin autem non volens, sed Deus tradidit eum in manibus ejus, dabo tibi locum, ad quem confugiat qui occiderit. » *Exod.* XXI, 12, 13. In quo notandum est, quod Deus tradidit hominem in manus ejus, et ille qui occidit per ignorantiam, exsilio condemnatur. In Levitico lex ponitur : « Anima si peccaverit in conspectu Domini, non sponte, ex omnibus præceptis Domini, quæ non oportet fieri, feceritque unum ex eis, sive Pontifex fuerit, sive omnis synagoga, et reliquus populus, et postea didicerit peccatum suum, quod peccavit per ignorantiam, offeret munus, hircum de capris, masculum immaculatum : et ponet manus suas super caput ejus, interficietque illum in loco ubi mactantur holocausta coram Domino, quia pro peccato est. » *Levit.* IV, 2, 3 *et seqq.* Statimque in sequentibus : « Si tetigerit aliquid immundum, quod non liceat tangere, et fecerit per ignorantiam, et postea didicerit, sive promiserit aliquid, et fuerit oblitus, pronuntiabit peccatum suum, in quo peccasse se perspicit, et offeret Domino pro his quæ peccavit, agnam sive capram pro peccato suo quod peccavit, et precabitur pro eo sacerdos super peccato, et dimittetur ei peccatum. Sin autem non prævaluerit manus ejus, ut offerat ovem pro peccatis suis quibus peccavit, duos turtures, aut duos pullos columbarum offeret Domino, unum pro peccato, et unum in holocaustum; et portabit ea ad sacerdotem, et offeret sacerdos id

analogues. Plus loin, *Ibid.* VIII, Moïse raconte que dans la consécration d'Aaron et de ses fils, il offrit un veau pour le péché, qu'il posa la main d'Aaron et de son fils sur la tête de la victime expiatoire, qu'il l'immola, qu'il prit de son sang, qu'il mouilla avec son doigt les coins et le pourtour de l'autel pour le purifier. Il immola pareillement un bélier, et mouilla avec son sang l'oreille droite, la main droite et le bout du pied droit d'Aaron. Après beaucoup d'autres cérémonies qu'il serait trop long de rapporter, quand Moïse a énuméré sept jours, il s'exprime ainsi : « Les cérémonies continuèrent aussi le huitième jour. Moïse appela Aaron avec ses fils et tous les vieillards d'Israël, et il dit à Aaron : Prenez de votre troupeau un veau pour le péché et un bélier pour en faire un holocauste, l'un et l'autre sans tache, et offrez-les devant le Seigneur. Vous parlerez aussi aux anciens d'Israël et vous leur direz : Prenez d'entre les chèvres un bouc pour le péché, un veau et un agneau d'un an sans tache, pour en faire un holocauste. Et Moïse dit à Aaron : Approchez de l'autel et immolez pour votre péché et pour celui des autres. Aaron étendit ensuite ses mains vers le peuple et le bénit. Ayant ainsi achevé les oblations pour le péché, celles des holocaustes et des victimes pacifiques, il descendit de l'autel. » *Levit.* IX, 1 *seqq.* C'est la loi de la nature qu'une femme engendre des enfants, et pourtant elle est impure pendant quarante jours après l'enfantement d'un garçon, pendant quatre-vingts après celui d'une fille. Ferez-vous un reproche au Créateur d'appeler immonde une chose qu'il a créée lui-même ? Et non-seulement l'accouchée est immonde, mais encore tout ce qu'elle touche. Pour le lépreux également, il est dit qu'au jour de sa purification il doit être offert pour lui une victime expiatoire, deux tourterelles et deux jeunes colombes, une pour les péchés et l'autre en holocauste. *Ibid.* 13. De même celui qui souffre de pertes séminales obtient sa délivrance par un double sacrifice, victime expiatoire et holocauste. Et voici la prescription finale : « Inspirez aux enfants d'Israël l'horreur de leurs impuretés, parce qu'ils mourraient pour leur péché s'ils souillaient le tabernacle de l'alliance. *Levit.* XV, 31. Il est en outre enjoint à Aaron lui-même, de ne pas entrer en tout temps dans le Saint des Saints, de peur d'être peut-être frappé de mort. « Lorsqu'il voudra entrer, qu'il offre une génisse en expiation et un bélier en holocauste, et qu'il reçoive deux boucs de tout le peuple ; qu'il en offre un pour ses propres péchés et l'autre pour ceux du peuple, et qu'il offre un bélier en holocauste. » *Levit.* XVI, 3. L'un des deux boucs est chargé des péchés de tout le peuple, comme figure de Notre-Seigneur et Sauveur, et il est

quod pro peccato est primum, et in ipso reconciliabitur pro peccato quod peccavit, et dimittetur ei. » *Levit.* V, 3 *seq.* Cæteraque his similia, quæ studio brevitatis omitto, ne fastidium stomacho tuo faciam. In consequentibus quoque narrat Moyses, *Ibid.* VIII, quod in consecratione Aaron et filiorum ejus obtulerit vitulam pro peccato et posuerit Aaron et filii ejus manus super eum, super caput videlicet vituli, qui erat pro peccato, et mactaverit eum, et tulerit de ejus sanguine, et posuerit super cornua altaris in circuitu digito suo, atque altare mundaverit. Similiter in ariete fecerit, et de sanguine ejus tetigerit auriculam ejus dexteram, et manum dexteram, et summitatem pedis dextri. Et post multa alia, quæ narrare longissimum est, enumeratis diebus septem, ita legimus : « Factum est quoque die octavo, et vocavit Moyses Aaron, et filios ejus, et omnes seniores Israel, et dixit ad Aaron : Tolle vitulum de bobus pro peccatis (al. *peccato*), et arietem in holocaustum immaculatum, et offeres eos in conspectu Domini ; et senioribus Israel loquere, dicens : Tollite hircum de capris unum pro peccato, et vitulum immaculatum in holocaustum. Dixitque Moyses ad Aaron : Accede ad altare et fac pro peccato tuo, et reliqua. Rursumque elevavit Aaron manus suas super populum, et benedixit eis. Descenditque cum fecisset pro peccato et holocausto et salutari. » *Levit.* IX, 1 *seqq.* Mulier generat liberos lege naturali et immunda est, si masculum pepererit diebus quadraginta ; si feminam, diebus octoginta. Accusa Creatorem, cur immundum quidquam nominet quod ipse condidit. Et non solum ipsa immunda est, sed et omne quod tetigerit. « Cumque dies, inquit, purgationis ejus completi fuerint super filio aut filia, offeret agnum anniculum immaculatum, et pullum columbarum, et turturem pro peccato, ad ostium tabernaculi testimonii sacerdoti, qui offeret ea in conspectu Domini, et expiabit pro ea sacerdos. » *Levit.* XII, 6 *et seqq.* De leproso quoque dicitur, quod in die purgationis ejus offeratur pro eo victima pro peccato, duoque turtures et duo pulli columbarum : unus pro peccato, alius in holocaustum. *Ibid.*, 13. Et qui fluxum seminis patitur, eodem sacrificii ordine pro peccato et holocausto liberatur. Et ad extremum infertur : « Timoratos facite filios Israel ab immunditiis suis, et non morientur pro peccato suo, si contaminaverint tabernaculum testamenti. » *Levit.* XV, 31. Ipsi quoque Aaron præcipitur, ut non omni tempore ingrediatur in Sancta Sanctorum, ne forte moriatur. « Cumque, ait, voluerit intrare, offerat vitulum pro peccato, et arietem in holocaustum, duosque hircos accipiat ab universo populo ; unum ex eis offerat pro peccato suo, et unum pro peccato populi, et arietem in holocaustum. » *Levit*, XVI, 3. Alter hirco-

chassé dans le désert; c'est ainsi qu'est apaisé le courroux de Dieu contre le peuple. Enfin, il est dit que « si quelqu'un mange sans le savoir des viandes sanctifiées par le sacrifice, cela lui est imputé à péché, et il portera la peine de sa faute. » C'est pourquoi l'Apôtre nous avertit qu'il faut recevoir l'eucharistie avec précaution, de peur d'y recevoir notre condamnation et notre jugement. I *Corint.* XI. Puisque l'ancienne loi condamne la faute par ignorance, combien plus l'Evangile condamne la faute volontaire!

' *Du Livre des Nombres.* — Passons aux Nombres, et, pour réfuter l'impudence de nos adversaires, parcourons-les rapidement. Le Nazaréen que ses cheveux vierges recommandent à la vénération, est souillé par la mort soudaine d'un autre, et tous les jours passés de sa consécration deviennent vains. Plus tard, on offre pour lui deux tourterelles et deux jeunes colombes, une pour ses péchés et l'autre en holocauste. Et pareillement, au jour de sa consommation, on offre un agneau en holocauste et une jeune brebis en expiation de ses péchés. Après bien d'autres choses, il est écrit : « Et maintenant que la force du Seigneur soit glorifiée, et qu'on dise de lui : Le Seigneur est patient, sa miséricorde est grande, et il efface les iniquités et les crimes, mais en purifiant il ne rend pas l'innocence. » *Num.* XIV, 18. Les Septante traduisent : « En corrigeant, il ne purifie pas le coupable ;» sans doute en ce sens qu'après le pardon, il est justiciable de sa propre conscience. Quand le peuple, par ignorance, a fait une des choses qu'il ne doit pas faire, Moïse prescrit une longue suite de cérémonies : « Offrez un bouc pour ce péché, que le Prêtre apaise le Seigneur au nom de toute la synagogue des enfants d'Israël et qu'il le leur rende propice, puisqu'ils ont péché par ignorance; eux-mêmes doivent présenter leur offrande en sacrifice au Seigneur pour avoir péché en sa présence sans le savoir. » *Num.* VII, 28, 29. A quoi s'ajoute cette prescription : « Si une âme pèche par ignorance, elle offrira une chèvre de l'année en expiation de son péché par ignorance en présence du Seigneur, et le Prêtre priera pour elle, parce que c'est par ignorance qu'elle a péché devant le Seigneur, et il implorera Dieu pour le lui rendre propice. » *Levit.* IV, 27 *seqq.* Aux calendes de chaque mois, on offrait un bouc au Seigneur en expiation des péchés. A Pâques aussi, pendant huit jours, depuis le quatozième jusqu'au vingt-et-unième du premier mois, la loi enjoint le sacrifice expiatoire. A la Pentecôte, on offrait encore un bouc pour les péchés, et aux calendes du septième mois, quand retentissaient les trompettes, on observait la même coutume pieuse d'offrir le bouc pour le péché. Enfin, le dixième jour de ce même septième mois, jour de jeûne jusqu'au coucher du soleil, on offrait aussi un bouc pour le péché, en outre de celui qui était immolé aussi pour le péché et avant l'holocauste, d'après la loi. De même, aux jours de la scénopégie, quand on plantait

rum cuncta peccata suscipit populi in typum Domini Salvatoris, et effert in solitudinem ; et sic placatur Deus omni multitudini. Ad extremum dicitur : « Si comederit homo de sanctificatis per ignorantiam, imputatur ei iniquitas atque delictum, et voti reus erit. » Unde et Apostolus monet eucharistiam Domini cum cautione sumendam, ne in condemnationem nobis sumamus atque judicium. I *Cor* XI. Si damnatur in lege ignorantia, quanto magis in Evangelio conscientia !

35. *Ex Numerorum libro.* — Transeamus ad Numeros, et ob contentiosorum impudentiam refutandam, summa quæque carpamus. Nazaræus sancto crine venerabilis, alterius subita morte maculatur, et omne dies consecrationis ejus præteriti irriti fiunt; posteaque pro eo offeruntur duo turtures, et duo pulli columbarum, unus pro peccato, et alter in holocaustum. In die quoque consummationis ejus offertur agnus in holocauta et agna pro peccato. Et post multa scriptum est: *Num.* XIV, 18 : « Et nunc magnificetur fortitudo Domini, sicut locutus es, dicens : Dominus longaminis et multæ misericordiæ, auferens iniquitatem et scelera, et mundans non faciet innocentem ; » pro quo Septuaginta interpretati sunt : « et emundans non mundabit reum, » quod scilicet etiam post indulgentiam, reus sit propriæ conscientiæ. Cumque, ait, ignoraverit populus, et fecerit unum ex his quæ facere non debuit, post cæremoniarum longum ordinem infertur et dicitur : « Offerte hircum caprarum pro peccato, et placabit Sacerdos pro omni synagoga filiorum Israel, et propitiabitur ei Dominus, quia ignorantia est; et ipsi offerent oblationem suam in sacrificium Domino pro peccato suo in conspectu ejus, quoniam nescierunt. » *Num.* 7, 28, 29. Ibique additur : « Si anima una peccaverit per ignorantiam, offeret capram anniculam pro peccato ignorantiæ coram Domino, et deprecabitur pro ea secerdos eo quod ignoraverit, pro peccato ignorantiæ coram Domino, et rogabit pro ea, et propitiatur ei. » *Levi.* IV, 27 *seqq.* In kalendis singulorum mensium offertur hircus caprarum pro peccato Domino. In Pascha quoque per dies octo, a die decimo quarto mensis primi usque ad vigesimum primum diem, sacrificium, pro peccato est. In Pentecoste hircus pro peccato offertur, et in kalendis mensis septimi, quando tubarum clangor concinit, eadem hirci

les tabernacles, depuis le quinzième jour du même septième mois jusqu'au vingt-deuxième, avec les autres victimes, on offrait toujours un bouc pour le péché, en quoi s'accomplit cette parole de David : « J'ai péché devant vous seul, et j'ai fait le mal en votre présence, de sorte que vous serez reconnu juste en vos paroles, et que vous demeurerez victorieux lorsqu'on jugera de votre conduite. » *Psalm.* L, 6. Six villes de refuge sont désignées pour ceux qui, non de propos délibéré, mais par ignorance, soit en lançant une pierre, soit d'un coup de poing, soit en jouant, soit en plaisantant et sans inimitié, par malheur plutôt que volontairement, ont péché, et ils ne sont pas innocentés de toute tache, puisqu'ils sont exilés pour toujours, et que leur retour avant le jour fixé ne peut être obtenu par des supplications ou acheté à aucun prix.

Du Deutéronome.— Dans le Deutéronome, livre qui énumère les événements passés, il est clairement démontré que nous devons notre conservation, non pas à nos œuvres et à notre justice, mais à la miséricorde de Dieu, le Seigneur disant par la bouche de Moïse : « Après que le Seigneur votre Dieu les aura détruites devant vos yeux, ne dites pas dans votre cœur : C'est à cause de ma justice que le Seigneur m'a fait entrer dans cette terre et qu'il m'en a donné la possession, puisque ces nations ont été détruites à cause de leurs impiétés. Car ce n'est ni votre justice, ni la droiture de votre cœur qui sera cause que vous entrerez dans leur pays pour le posséder ; mais elles seront détruites à votre entrée, parce qu'elles ont agi d'une manière impie, et que le Seigneur voulait accomplir ce qu'il a promis avec serment à vos pères Abraham, Isaac et Jacob. Sachez donc que ce ne sera point pour votre justice que le Seigneur votre Dieu vous fera posséder cette terre si excellente, puisque vous êtes, au contraire, un peuple d'une tête très-dure. » *Deut.* IX, 4 *et seqq.* Quant à ces paroles : « Soyez les dignes enfants de votre Dieu, » il montre par la suite en quel sens il les a prononcées : « Lorsque vous serez entrés dans le pays que le Seigneur votre Dieu vous donnera, prenez bien garde de ne pas vouloir imiter les abominations de ces peuples, et qu'il ne se trouve personne parmi vous qui prétende purifier son fils ou sa fille en les faisant passer par le feu, ou qui consulte les devins, ou qui observe les songes et les augures, ou qui use de maléfices et de sacriléges, ou qui consulte ceux qui ont l'esprit de python, ou qui interroge les morts. Car le Seigneur a en abomination toutes ces choses, et il exterminera tous ces peuples à votre entrée à cause de ces sortes de crimes qu'ils ont commis. Pour vous, soyez parfaits et sans tache avec le Seigneur votre Dieu. » *Deut.* XVIII, *et seqq.* Il dit ensuite : « Ces nations dont

pro peccato religio conservatur. Die quoque decimo ejusdem mensis septimi, quando jejunium est usque ad vesperam, offertur hircus caprarum pro peccato, præter eum hircum, qui ante holocaustum pro peccato ex lege mactatur. In diebus quoque Scenopegiæ, quando figebantur tabernacula, a die decimo quinto ejusdem mensis septimi usque ad diem vigesimum secundum, inter alias victimas semper pro peccato hircus offerebatur, ut illud impleatur beati David : « Tibi soli peccavi, et malum coram te feci, ut justificeris in sermonibus tuis, et vincas cum judicaris. » *Psal.* L, 6. Sex civitates eliguntur exsilii eorum, qui non sponte, sed per ignorantiam, vel jactu lapidis, vel impulsione manus, vel joco, vel lascivia absque inimicitiis, infelicitate magis quam voluntate peccaverunt, et tamen non absque crimine sunt, dum relegantur in perpetuum, et ante constitutum diem, nec supplicatione, nec pretio eorum reversio impetrari et redimi potest.

36. *Ex Deuteronomio.*—In Deuteronomio, qui liber præteritorum enumeratio est, perspicue demonstratur, non in operibus nostris et quo justitia, sed Dei misericordia nos conservari, dicente Domino per Moysen : « Ne dicas in corde tuo, cum subverterit eos Dominus Deus tuus a facie tua : In justitia mea introduxit me Dominus, ut possideam terram hanc, qui in impietate gentium istarum Dominus consumet eos a facie tua : non in justitia tua, et directione (al. *dilectione*) cordis tui intrabis, ut possideas terram eorum ; sed in impietate eorum Dominus Deus tuus consumet eos a facie tua, ut suscitet verbum quod locutus est patribus tuis, Abraham, Isaac et Jacob. Et scies quod non in justitia tua Dominus Deus tuus dabit tibi terram optimam, ut possideas eam, quia populus duræ cervicis es tu. » *Deut.* IX, 4 *seqq.* In eo autem quod dixit : « Perfectus erit cum Domino Deo tuo, » quo sensu dixerit, ex consequentibus approbatur : « Cum ingressus, inquit, fueris terram, quam Dominus Deus tuus dabit tibi, non disces facere abominationes gentium illarum, nec invenietur in te qui traducat filium vel filiam suam per ignem. Divinationibus vel omnibus auguriis et maleficis artibus et incantationibus non servies, ut interroges magos et hariolos et mortuos. Abominatio enim Domini est omnis qui facit hæc. Et propter has abominationes Dominus Deus tuus consumet eas a facie tua ; perfectus eris cum Domino Deo tuo. » *Deut.* XVIII, 9, 10. Denique infert : « Quia gentes istæ quas tu possidebis, hariolos et divinos audiunt. Tibi autem non sic dedit Dominus Deus tuus. »

vous allez posséder le pays écoutent les augures et les devins; mais, pour vous, vous avez été instruits autrement par le Seigneur votre Dieu. » Et il ajoute aussitôt : « Le Seigneur votre Dieu vous suscitera un prophète comme moi, de votre nation et d'entre vos frères; c'est lui que vous écouterez. » Il suit de là que l'Ecriture appelle parfait, non pas celui qui a toutes les vertus, mais celui qui suit le Dieu unique et parfait. Il raconte également le sort des exilés qui ont péché par ignorance, indique les lieux d'asile, et ajoute : « Quand vous bâtirez une maison neuve, vous ferez un canal autour de votre toit, pour que, si quelqu'un tombe de ce toit, vous ne soyez point coupable du sang. » Et encore : « L'homme à qui il arrive ce qui est l'effet de l'usage du mariage, sortira du camp et n'y rentrera point avant le soir, après avoir lavé d'eau tout son corps; alors seulement, après le coucher du soleil, il rentrera au milieu du peuple. » *Levit.* xv, 16.

Du Livre de Josué. — A Josué, fils de Navé, je n'emprunterai que deux preuves. Achan pécha, et tout le peuple offensa Dieu. Et le Seigneur dit à Josué : « Israël ne pourra plus tenir contre ses ennemis, et il fuira devant eux, parce qu'il est souillé de l'anathème. Je ne serai plus avec vous jusqu'à ce que vous ayez exterminé celui qui est coupable de ce crime. » *Jos.* vii, 12. On recherche donc le sacrilége, et le sort révèle le coupable qui se cachait. Alors on met à mort avec Achan ses fils, ses filles, ses bœufs, ses ânes et ses troupeaux; sa tente et tout ce qui lui avait appartenu est livré aux flammes. Ainsi, Achan a péché; mais ses fils, qu'ont-ils fait? mais ses bœufs? mais ses ânes? mais ses troupeaux? Oserez-vous accuser Dieu de ce que, pour un seul pécheur, plusieurs personnes ont été mises à mort? de ce qu'ayant été lapidé lui-même, on livre aux flammes vengeresses tout ce qu'il a pu posséder? Passons à l'autre citation : « Il n'y eut point de ville que Dieu ne livrât aux enfants d'Israël, hors les Hévéens qui demeuraient à Gabaon, et ils les prirent toutes de force, car ç'avait été la volonté du Seigneur que les cœurs de ces peuples s'endurcissent, qu'ils combattissent contre Israël, qu'ils fussent défaits, qu'ils ne méritassent aucune clémence, et qu'enfin ils fussent exterminés, selon que le Seigneur l'avait ordonné à Moïse. » *Jos.* xi, 19, 20. Puisque c'est par la volonté du Seigneur qu'ils n'obtinrent pas de paix et qu'ils ne purent vaincre Israël, disons avec l'Apôtre : « Pourquoi ces plaintes, et qui peut résister à la volonté de Dieu? » *Rom.* ix, 19.

Du livre des Rois. — Jonathas goûte d'un rayon de miel au bout de sa baguette, et, après que ses yeux ont repris une nouvelle vigueur, il est en péril, quoiqu'il ait agi par ignorance. L'Écriture, en effet, atteste qu'il ignorait l'ordre de son père, que personne ne devait manger, jusqu'à ce que la victoire du Seigneur fût com-

Statimque subjungit : « Prophetam unum ex te de fratribus tuis sicut me suscitabit tibi Dominus Deus tuus; ipsum audies. » Ex quo ostenditur perfectum hic dici non qui cunctas virtutes habeat, sed qui perfectum et unum sequatur Deum. Narratque similiter de conditione exsulum qui per ignorantiam peccaverunt, quo confugere debeant, atque subjungit : « Quando ædificaveris domum novam, facies loriculam tecto tuo in circuitu, ne sanguinis reus sis, cum aliquis ceciderit ex ea. » Et iterum : « Si fuerit in te vir, qui non sit mundus a nocturno fluxu, egredietur extra castra, et non ingredietur medium castrorum, cumque advenerit vespera, lavabit se aqua, et post occubitum solis ingredietur medium eorum. » *Levit.* xv, 16.

37. *Ex Josuæ libro.* — De Jesu filio Nave duo tantum ponam testimonia. Peccavit Achan, et totus populus offendit. Dixitque Dominus ad Josue : « Non poterunt stare filii Israel in conspectu inimicorum suorum; sed dorsa vertent adversariis suis, quia factum est anathema in eis. Et non addam ut sim vobiscum, nisi contritum fuerit anathema de medio vestrum. » *Jos.* vii, 12. Cumque sacrilegium quæreretur, et sors latentem invenisset reum, interficiuntur cum Achan filii ejus, et filiæ, boves, asini, pecora; tabernaculum, et quæcumque habere potuit, igne deleta sunt. Esto, ipse peccaverit : quid commisere filii? quid boves? quid asini? quid pecora? Fac Deo calumniam quare unus peccaverit, et pars populi trucidata sit? Cur et ipse lapidatur (al. *lapidetur*), et omnia quæ habere potuerit, ultrix flamma consumpserit? Dicamus et aliud : « Non erat, inquit, civitas, quam non tradidit Dominus filiis Israel, absque Eveo qui habitabat in Gabaon; omnes pugnando ceperunt, quia a Domino factum erat, ut induraret cor eorum et pugnarent contra Israel, ut interficerentur; et non fieret in eis misericordia, et perirent, sicut præcepit Dominus Moysi. » *Jos.* xi, 19, 20. Si Domini factum est voluntate, ut pacem non reciperint, nec susciperint Israel, dicamus juxta Apostolum : « Quid ergo queritur? Voluntati enim ejus quis potest resistere? » *Rom.* ix, 19.

38. *Ex Regum libris.* — De Samuel et Malachim. Jonathas favum mellis gustavit in sceptro, et illuminatis oculis, periclitatur, quod nesciens fecerit. Hoc enim Scriptura testatur, quod ignoraverit a patre esse præceptum, ne quisquam gustaret, donec victoria Domini compleretur. In tantum autem iratus

plète. Or, telle fut la colère du Seigneur, que le sort désigna le coupable et qu'il avoua lui-même sa faute, disant : « J'ai pris un peu de miel au bout d'une baguette que j'avais en main, et j'en ai goûté, et je meurs pour cela. » Il est ensuite sauvé par l'intercession et les prières du peuple, qui dit à Saül ; « Quoi donc, Jonathas mourra-t-il lui qui vient de sauver Israël d'une façon si miraculeuse? Cela ne se peut. Nous jurons par le Seigneur qu'il ne tombera pas sur la terre un seul cheveu de sa tête, car il a agi aujourd'hui avec Dieu. Le peuple délivra donc Jonathas et le sauva de la mort.» I *Reg.* XIV, 45 *et seqq.* Samuël s'irrite contre Saül et ne veut pas aller avec le roi ; I *Reg.* XVI, 5, 7; ensuite, il se laisse fléchir, et montre ainsi l'inconstance des intentions de l'homme. Il se rend à Bethléem, il pense que c'est l'un quelconque des fils de Jessé qui est appelé par le Seigneur, et voyant Eliab, il dit : « Le Christ du Seigneur est devant moi. » Mais le Seigneur dit à Samuël : « N'ayez égard ni à sa bonne mine, ni à sa taille avantageuse, parce que je l'ai rejeté, et que je ne juge pas des choses par ce qui en paraît aux yeux des hommes ; car l'homme ne voit que ce qui paraît au-dehors, mais le Seigneur regarde le fond du cœur. » Samuël se trompe de même sur chacun des enfants, et il est repris pour chacun, afin que la faiblesse de l'esprit humain soit mise en évidence. Isbozeth, fils de Saül, est tué traîtreusement par Réchab et Baana, fils de Remmon le Bérotite. Ils annoncent cette nouvelle à David et lui montrent la tête de son adversaire, et David les met à mort, disant : « Ces hommes impies ont tué un homme juste dans sa maison et dans son lit. » Assurément, Isbozeth n'était pas juste, mais il est ainsi appelé parce qu'il ne périt point par sa faute. Le lévite Oza, comme on transportait l'Arche sainte à Jérusalem et comme les bœufs folâtrant allaient faire verser le char, avança la main pour soutenir l'Arche inclinée. Il est dit aussitôt : « La colère du Seigneur s'alluma contre Oza, et il le frappa de mort à cause de sa téméraire ignorance ; et Oza tomba sur la place, devant l'Arche de Dieu. David fut affligé de ce que le Seigneur avait frappé Oza, il eut ce jour-là une grande crainte du Seigneur, et il s'écria : Comment l'Arche du Seigneur viendra-t-elle chez moi ? » II *Reg.* VI, 7-9. David, juste et prophète, qui a reçu l'onction royale, *Psalm.* LXXVI, et que le Seigneur a choisi afin qu'il fît toutes ses volontés, David, dès qu'il voit le châtiment infligé par Dieu à l'ignorance, s'effraie et s'attriste. Il ne demande pas à Dieu pour quel motif il a puni cette faute d'ignorance, mais il redoute une sentence semblable. David ordonne à Joab, général de son armée, de faire le dénombrement du peuple, et l'Écriture rappelle aussitôt que « David sentit un remords en son cœur, et dit au Seigneur : J'ai commis un grand péché dans cette action. » II *Reg.* XXIV, 10. Quand il donnait

est Dominus, ut sors inveniret occultum, et ipse fateretur dicens : « Gustavi in summitate sceptri, quod est in manu mea, parum mellis, et ecce ego morior. » Et postea intercessione et precibus populi liberatus est, dicentis ad Saul : « Num Jonathas morietur, qui fecit salutem hanc magnam in Israel ? Absit. Vivit Dominus : si ceciderit de capillis capitis ejus in terram, quia cum Domino fecit diem hanc ; et liberavit populus Jonathan, et non est mortuus. » I *Reg*, XIV, 45 *seqq.* Samuel irascitur Sauli, et non vult ire cum rege ; I *Reg.* XVI, 6, 7 ; postea precibus vincitur, ut ostendat humani animi in diversum mutationem. Pergit Bethleem, singulos filiorum Jesse putat ipsos esse, quos Dominus requirebat. Cumque vidisset Eliab, ait : « Ecce in conspectu Domini Christus ejus. Et ait Dominus ad eum : Ne respicias ad vultum ejus, et ad staturam corporis illius, quoniam abjeci eum. Aliter enim videt homo, aliter Deus. Homo enim videt in facie, Deus in corde. » Atque in hunc modum per omnes errat, per omnes corrigitur, ut pateat humanæ mentis infirmitas. Isboseth Saul filius interficitur dolo a Rechab et Baana filiis Remmon Berotitæ. Cumque nuntiassent David, et caput adversarii demonstrarent, occisi sunt a David, dicente : « Viri impii occiderunt virum justum in domo sua et in lectulo suo. » Certe Isboseth justus non erat, et tamen in eo justus appellatur, quod absque noxa interfectus est. Oze levites, cum Arca Domini transferretur Jerusalem, et lascivientes boves plaustrum in partem alteram declinassent, misit manum ut sustentaret inclinatam Arcam. Statimque sequitur : « Iratus est furor Domini in Ozam, et percussit eum Deus ibi pro ignorantia, et mortuus est juxta Arcam Dei. Contristatusque David, quod percusserat Dominus Ozam, timuit Dominum in illa die, et ait : Quomodo ingredietur ad me Arca Domini. » II *Reg.* VI, 7, 9. David justus et propheta et unctus in regem, *Ps.* LXXVII, quem elegit Dominus secundum cor suum, ut faceret cunctas voluntates ejus, ut videt ignorantiam Domini furore punitam, terretur atque tristatur, nec quærit causam a Domino, quare (al. *qua*) percusserit ignorantem, sed similem sententiam pertremiscit. Præcepit David principi exercitus Joab, ut numeraret populum ; statimque Scriptura commemorat : « Et percussit cor suum David, et dixit ad Dominum : Peccavi vehementer, quia hoc feci. » II *Reg.* XXIV, 10. Cum juberet ut fieret, utique quid diceret, ignorabat ; et tamen se

l'ordre du dénombrement, il ne savait pas, assurément, la portée de ses paroles; et pourtant il se reprend lui-même, et, pour cette faute, soixante-dix mille hommes périssent par l'épée de l'Ange. Salomon, ayant achevé les cérémonies du temple, lève les mains vers Dieu, et s'écrie: « Si votre peuple pèche contre vous, car il n'y a point d'homme qui ne pèche, » III *Reg.* viii, 46. Abias, prophète de Silo, ne sait pas que l'épouse de Jéroboam vient à lui, et le Seigneur lui dit : « Voici la femme de Jéroboam qui vient vous consulter sur son fils qui est malade; vous lui direz telles et telles choses. » III *Reg.* xiv, 5. Elisée étant assis sur la montagne, une femme dont le fils est mort vient à lui et jette les hauts cris en embrassant ses pieds. Et comme Giézi la repousse, l'homme de Dieu lui dit : « Laissez-la; son âme est dans l'amertume, et le Seigneur me l'a caché, et ne me l'a point fait connaître.» IV *Reg.* iv, 27.

Du livre des jours et des Prophètes. — Dans le livre des jours, nous lisons : « Sobal, père de Cariathiarim, eut des fils qui jouissaient du don de demi-prophétie. » Et encore : « Les fils de Salma habitèrent Bethléem et Nétophati, couronne de la maison de Joab, avec les descendants de Zaraï, qui avaient le don de demi-prophétie, » et le reste. I *Par.* ii, 52, 54, *selon les* LXX. Ils étaient pareillement saints, sans doute, puisqu'ils prophétisaient, et cependant ils ne méritèrent pas de recevoir le don de prophétie parfaite. Ils ne prophétisaient point l'avenir par figures, mais ils prédisaient les événements non présents de l'histoire. Le prophète Abacuc donne ce titre à son Cantique : « Prière du prophète Abacuc pour les péchés par ignorance. » Il avait en effet audacieusement adressé ces paroles au Seigneur : « Seigneur, jusques à quand pousserai-je mes cris vers vous, sans que vous m'écoutiez ? jusques à quand élèverai-je ma voix jusqu'à vous dans la violence que je souffre, sans que vous me sauviez ? Pourquoi me réduisez-vous à ne voir devant mes yeux que des iniquités et des maux, des violences et des injustices ? Si l'on juge une affaire, c'est la passion qui la décide. De là vient que les lois sont foulées aux pieds, et qu'on ne rend jamais la justice, parce que le méchant l'emporte sur le juste, et que les jugements sont tout corrompus. » *Abac.* i, 2, *seqq.* Aussi, se réprimandant lui-même d'avoir parlé par ignorance, il écrit le Cantique du repentir. Si l'on ne pouvait pécher par ignorance, il aurait été superflu pour lui d'écrire ce chant de repentir, il pleurerait vainement ce qui ne serait pas une faute. A la fin d'Ezéchiel, où, sous l'image du Temple édifié sur la montagne, fut prophétisée l'Eglise qui devait exister bien des siècles après, le premier et le septième jour du premier mois sont offertes des victimes pour les péchés de tous, en ce qu'ils ont péché par erreur ou par ignorance. Dans les sept jours de la Pâque, un bouc est

ipse reprehendit, et pro hac culpa septuaginta millia hominum Angeli gladio trucidantur. Salomon completis templi cæremoniis, utrasque palmas tetendit ad Dominum, et ait : « Cum peccaverit tibi populus, non est enim homo qui non peccet. » III *Reg.* viii, 46. Abia propheta Silonites nesciebat ad se venire uxorem Jeroboam ; dixitque (al. *add. ei*) Dominus : « Ecce uxor Jeroboam ingreditur, ut quærat verba a te pro filio suo qui ægrotat, juxta hoc et juxta hoc loqueris (al. *loquaris*) ad eam. » III *Reg.* xiv, 5. Eliseus sedebat in monte, venit ad eum mulier, cujus filius mortuus erat, et amplexata pedes ejus, vociferatur. Repellente autem eam Giezi, dixit ad eum vir Dei : « Dimitte eam, quoniam anima ejus in amaritudine est, et Dominus celavit a me, ut non annuntiaret mihi. » IV *Reg.* iv, 2.

39. *Ex libro dierum et Prophetis.* — In libro dierum legimus : « Fuerunt filii Sobal patris Cariathjarim, qui prophetabant ex dimidio. » Et iterum : « Filii autem Salma patris Bethleem et Netophati corona domus Joab, et qui prophetabant, ex dimidio Zarai, » et cætera. I *Paral.* ii, *sec.* LXX. Similiter utique sancti erant qui prophetabant, et tamen perfectam non meruerunt accipere prophetiam ; nequaquam de futuro secundum tropologiam; sed impræsentiarum juxta historiam prophetantes. Abacuc propheta Canticum suum hoc inscribit titulo : « Oratio Abacuc prophetæ pro ignorationibus » (al. *ignorantibus*). Locutus enim fuerat audacter ad Dominum, et dixerat : « Usquequo, Domine, clamabo, et non audies ? Vociferabor ad te vim patiens, et non salvabis ? Quare ostendisti mihi iniquitatem et laborem, videre prædam et injustitiam ? Contra me factum est judicium et contradictio potentior ; propter hæc lacerata est lex, et non pervenit usque ad finem judicium ; quia impius prævalet adversus justum, propterea egreditur judicium perversum. » *Abac.* i, 2 *seqq.* Pro quo se ipse reprehendens quod per ignorantiam sit locutus, scribit Canticum pœnitentiæ. Si peccatum non erat ignorantia, surperfluo scribit librum pœnitudinis, et inaniter voluit id lugere, quod peccatum non habet. In Ezechiel extrema parte, ubi per ædificium Templi in monte siti, Ecclesiæ multa post sæcula futuræ sacramenta narrantur, primo et septimo die mensis primi offeruntur victimæ pro peccato (al. *peccatis*) omnium, in quo per errorem, aut ignorantiam peccaverunt. Septem quoque diebus Paschæ, hircus semper pro peccato

aussi immolé pour le péché. Le quinzième jour du septième mois, pareille célébration de sacrifices pour les péchés. Et après bien d'autres choses, que ce n'est pas ici le lieu de rapporter, il est écrit : « Il y avait là un lieu particulier qui était tourné vers le couchant. Alors il me dit : C'est ici le lieu où les prêtres feront cuire les viandes des victimes immolées pour le péché et pour l'ignorance. » *Ezech.* XLVI, 19, 20. Jérémie dit à Dieu : « Je sais que la voie de l'homme ne dépend pas de l'homme, et que l'homme ne marche point et ne conduit point ses pas par lui-même. C'est pourquoi le cœur de l'homme est un abîme de perversité ; qui donc pourra le connaître ? » *Jérém.* X, 23. Nous lisons dans les Proverbes : « Il y a une voie qui paraît droite à l'homme, et dont la fin néanmoins conduit à la mort. » *Prov.* XIV, 12. Là encore l'ignorance est clairement condamnée, puisque l'homme pense une chose et que l'apparence de la vérité le conduit à la mort. « Il y a, dit-il, beaucoup de pensées dans le cœur de l'homme ; » *Prov.* XIX ; ce n'est pas toutefois sa volonté qui est incertaine, flottante et versatile, qui obtient le pas, mais les desseins de Dieu. « Qui, dit-il, peut se flatter d'avoir un cœur chaste ? » *Ibid.* XX, 9. « Qui peut dire : je suis pur de péché ? Le pain du mensonge est doux à l'homme, mais sa bouche ensuite sera pleine de gravier. C'est le Seigneur qui dresse les pas de l'homme, et quel est l'homme qui peut comprendre la voie par laquelle il marche ? Tout homme se croit juste, mais Dieu corrige les cœurs de tous. Le fils méchant feint la justice, et il n'est pas pur quand il sort. Le fils méchant a le regard orgueilleux et le dédain sur les sourcils. Le seul juste est celui qui meurt dans sa justice. » *Prov.* XX *passim.* De là ces conseils : « Ne soyez pas trop juste, et ne soyez pas plus sage qu'il n'est nécessaire, de peur que vous n'en deveniez stupide. L'homme, en effet, ne saurait découvrir tout ce qu'il s'efforcera de chercher. S'il dit qu'il y a des choses qu'il sait et qu'il comprend, il ne pourra pas les trouver ; car le cœur des hommes est rempli de malice. » *Eccli.* VII, *passim.*

mactatur. Septimi mensis quinta decima die, idem pro peccatis sacrificiorum ordo celebratur. Et post alia plurima, quæ non est istius temporis replicare, scriptum est : « Erat autem ibi locus ad occidentem, dixitque ad me : Iste est locus, ubi coquere debent Sacerdotes hostiam pro peccato et pro ignorantia. » *Ezech.* XLVI. Jeremias loquitur ad Deum : « Scio, Domine, quod non est hominis via ejus, nec viri est, ut ambulet et dirigat gressus suos. Ideoque pravum est cor hominis, et inscrutabile, et quis cognoscet illud ? » *Jerem.* X, 23. In Proverbiis legimus : « Est via quæ videtur recta esse apud homines, et novissima ejus veniunt in profundum inferni. » *Prov.* XIV, 12. Ecce et hic manifeste ignorantia condemnatur, cum aliud putat homo, et sub specie veritatis ad inferna delabitur. « Multæ, inquit, cogitationes in corde hominis ; » *Prov.* XIX ; sed non tamen illius voluntas, quæ incerta et fluctuans atque mutabilis est, sed Dei consilium obtinet. « Quis, inquit, gloriabitur castum se habere cor ? » *Ibid.* XX, 7. « Et quis confidet mundum se esse a peccato ? Dulcis est enim homini panis mendacii, postea implebitur os ejus calculo. A Domino gressus hominis diriguntur, mortalis autem quomodo scire poterit vias suas ? Omnis vir videtur sibi justus, sed corrigit corda omnium Deus. Filius malus justum se facit, et non lavat exitum suum. Filius malus excelsos habet oculos, et palpebris suis elevatur. Est enim justus, qui perit in justitia sua. » *Prov.* XX, 16, *seqq.* Unde dicitur ad eum : « Ne sis justus multum, nec quasi per sapientiam quæras superflua, ne forte obstupescas. Quæcumque enim laboraverit homo ut requirat, non inveniet. Si dixerit sapiens se intelligere, reperire non poterit. Cor enim filiorum hominum repletum est malitia. » *Eccli.* VII, 17 *seqq.*

LIVRE SECOND

1. *Sacrifice pour l'ignorance, l'erreur, etc.* — CRITOBULE. Votre heureuse mémoire vous a permis de puiser à pleines mains les citations dans les Saintes Écritures, et vous vous êtes efforcé d'en faire comme des nuages pour intercepter la claire lumière de la vérité ; mais, à quoi bon ici ? Tout cet échafaudage de textes a les apparences d'un réquisitoire contre la nature humaine, par où votre envie remonte jusqu'à Dieu, s'il a créé les hommes tels qu'ils ne puissent pas se défendre de pécher par oubli et par ignorance. D'où la conséquence manifeste que l'homme peut, s'il veut, ne pas pécher, puisqu'il a fait ce qu'il ne pouvait pas ne pas faire. Où il n'y a pas possibilité d'agir, il n'y a pas culpabilité, et nul n'est condamné pour ce qu'il n'a pas pu faire. ATTICUS. Vous ne comprenez pas mes efforts, je l'ai dit souvent : sans m'inquiéter de votre manière d'argumenter, je n'ai souci que des commandements de Dieu. Pour l'oubli, l'erreur et l'ignorance, des sacrifices, sont offerts comme pour le péché ; ou il est mauvais comme vous le dites, ou il est bon comme je le soutiens que Dieu ait prescrit de le faire. Mon rôle est d'observer ses volontés, comme le vôtre est de les blâmer. *C.* Puisque vous faites violence à la vérité évidente jusqu'à me pousser à la renier, je vous accorde que tel était le précepte sous l'ancienne Loi, dont il est écrit : « Ce qui était vieux est passé, tout est devenu nouveau. » II *Corinth.* v, 17. Pourrez-vous me prouver, l'Évangile en main, que n'importe qui soit puni pour un fait qu'il ignore, et qu'il mérite une peine sans être coupable devant sa conscience ? *A.* A notre insu, Manès se dresse soudain devant nous, proclamant que la Loi est abolie et qu'il ne faut lire que les livres du Nouveau Testament. *C.* Qu'ai-je dit qui justifie votre supposition ? La Loi donnée à nos pères est juste et sainte en considération du temps ; mais, après la venue de la perfection évangélique, ce qui était imparfait est passé. *A.* Il ne faut donc point observer ce qui est prescrit dans l'ancienne Loi ? *C.* On doit suivre quelques prescriptions et passer outre aux autres. *A.* Puisque je vous vois si bien informé, voudriez-vous me dire quelles dispositions de l'Ancien Testament je dois suivre, et quelles négliger ? *C.* Nous devons rester fidèles aux règles de morale et de conduite dans la vie, que l'Écriture appelle « un commandement du Seigneur dont la clarté illumine les yeux ; » *Psalm.* XVIII, 9 ; et mettre de côté celles qui ont trait aux cérémonies de l'ancienne Loi et aux rites des sacrifices. *A.* Soyez-moi

LIBER SECUNDUS.

1. *Sacrificium pro ignorantia, errore, etc.* — CRITOB. Multa quidem de Scripturis sanctis memoriter copioseque dixisti, et (*a*) quasi quibusdam nubibus clarum nisus es veritatis lumen operire : sed quid ad rem ? His enim cunctis testimoniis videris hominum accusare naturam, ac per hoc invidiam referre in Deum, si tales homines condidit, ut oblivione et ignorantiæ peccato carere non possint. Ex quo perspicuum est, hominem posse, si voluerit, non peccare. Id enim fecit, quod vitare non potuit. Ubi autem aufertur possibilitas, aufertur et vitium, nemo enim in eo condemnatur, quod facere non potuit. ATTIC. Sæpe dixi te non intelligere conatus meos, nec me considerare quid argumenteris ; sed quid Deus jusserit. Pro oblivione, errore et ignorantia, quasi pro peccato offeruntur sacrificia ; sive hoc male juxta te, sive bene juxta me, Deus præcepit. Meum est observare quod jussit ; tuum Dei jussa reprehendere. *C.* Quoniam vim facis perspicuæ veritati, et me trahis ad blasphemiam, concedam tibi hoc in veteri Lege præceptum, de qua scriptum est : « Vetera transierunt ; ecce facta sunt omnia nova. » II *Cor.* v, 17. Numquid et de Evangelio poteris hoc approbare, ut puniatur quispiam pro eo quod nescit, et ante pœnas luat, quam reus sit conscientiæ (al. *ignorantiæ*) ? *A.* Dum ignoramus, Manichæus nobis consurgit repente, qui Legem dicit abolitam, et solos novi Testamenti legendos libros. *C.* Quid enim a me audivisti, ut hoc autumes ? Et Lex enim patribus data, pro tempore justa et sancta est, et veniente Evangelii perfectione, viliora cessarunt. *A.* Ergo nequaquam observandum est, quod Lege præcipitur ? *C.* Quædam observanda, quædam prætermittenda sunt. *A.* Quoniam te video esse doctissimum, dic mihi quæ de veteri Testamento observare debeam, et quæ relinquere. *C.* Mandata observare debemus, quæ ad vitam et mores pertinent corrigendos, de quibus dictum est : « Mandatum Domini lucidum illuminans oculos. » *Ps.* XVIII, 9. Quæ autem ad cæremonias Legis, et ritus sacrificiorum pertinent, relinquenda sunt. *A.* Ignos-

(*a*) *Quasi quibusdam nubibus.* Sensus omnino liquidus quem retinent mss. codices : illum minime assecuti Marianus et alii, hoc modo legere voluerunt : *Et quasi quibusdam discussis nubibus, clarum visus es veritatis lumen aperire.* Erasmus habet *visus* pro *nisus*. MARTIAN.

indulgent, puisque, vous qui vous enorgueillissez d'avoir la science de la Loi et de toutes les Écritures, vous ne prenez point garde au sens de mes paroles. *C.* Je comprends ce que vous dites, je ne puis comprendre ce que vous ne dites pas. *A.* N'ai-je rien dit, quand j'ai voulu vous montrer par tant d'exemples que l'homme pèche par ignorance, et que, pour le péché, de même qu'on offrait des victimes sous l'ancienne Loi, il faut, sous l'Évangile, offrir la pénitence ?

2. *Exemple pris du Nouveau Testament dans la personne de l'Apôtre.* — C. Donnez-nous un exemple du Nouveau Testament où la faute par ignorance et l'impossibilité d'accomplir le précepte soient imputées à péché ? *A.* Inutile d'en donner plusieurs ; celui que je vais mettre en avant est certainement sans réplique. Le vase d'élection dit sans détours : « Selon l'homme intérieur, je trouve du plaisir dans la loi de Dieu ; mais je sens dans les membres de mon corps une autre loi qui combat contre la loi de mon esprit, et qui me tient captif sous la loi du péché, qui est dans les membres de mon corps. Malheureux homme que je suis ! qui me délivrera de ce corps de mort ? la grâce de Dieu, par J.-C. Notre-Seigneur. » *Rom.* VII, 22 *et seqq.* C. Voilà un exemple tout en faveur de ma cause. Délivrés de ce corps de mort par la grâce de N.-S. Jésus-Christ, nous ne devons plus pécher ensuite. *A.* Nous sommes, il est vrai, délivrés par le baptême ; mais expliquez-moi ces paroles : « Je sens dans les membres de mon corps une autre loi qui combat contre la loi de mon esprit, et qui me tient captif sous la loi du péché, qui est dans les membres de mon corps. » Quelle est cette loi qui règne dans les membres de l'homme et qui combat contre la loi de son esprit ? Répondez franchement. Vous vous taisez ? Écoutez donc ce que le même Apôtre proclame hautement : « Aussi, je n'approuve pas ce que je fais, parce que je ne fais pas le bien que je veux, et qu'au contraire, je fais le mal que je hais. Or, si je fais ce que je ne veux pas, je consens à la loi et je reconnais qu'elle est bonne. Et maintenant, ce n'est plus moi qui fais cela, mais c'est le péché qui habite en moi ; car je sais qu'il n'y a rien de bon en moi, c'est-à-dire dans ma chair, parce que je trouve en moi la volonté de faire le bien, mais je ne trouve point le moyen de l'accomplir. Et je ne fais pas le bien que je veux, et je fais, au contraire, le mal que je ne veux pas. Or, si je fais ce que je ne veux pas, ce n'est plus moi qui le fais, mais c'est le péché qui habite en moi. » *Ibid.* 15 *seqq.* C. Je m'étonne qu'un homme clairvoyant comme vous l'êtes entende l'Apôtre de manière à penser qu'il parle ainsi de lui-même, et non pas de l'homme en général. Lui qui, en effet, proclame volontiers, d'après sa conscience, que c'est Jésus-Christ qui parle en lui : « Est-ce que vous voulez éprouver la puissance de J.-C. qui parle

ce mihi, cum Legis et omnium Scripturarum scientiam jactites, non animadvertis quid velim dicere. *C.* Hoc intelligo quod loqueris, et non quod taces. *A.* Tacere tibi videor, qui tantis exemplis docere te volui, peccare hominem per ignorantiam, et pro peccato, ut in Lege hostias, ita et in Evangelio offerendam pœnitudinem ?

2. *Exemplum e N. T. in Apostoli persona.* — *C.* Da testimonium novi Instrumenti, ubi error et ignorantia, et impossibilitas mandati teneatur in crimine. *A.* Non necesse est multa proferre. Unum profetam, cui certe contradicere non poteris. Vas electionis perspicue loquitur : « Consentio enim legi Dei juxta interiorem hominem. Video autem aliam legem in membris meis, repugnantem legi mentis meæ, et captivantem me in lege peccati, quæ est in membris meis. Miser ego homo, quis me liberabit de corpore mortis hujus ? Gratia Dei per Jesum Christum Dominum nostrum. » *Rom.* VII, 22 *seqq.* *C.* Protulisti testimonium, quod pro me facit. Liberati ergo de corpore hujus mortis per gratiam Domini nostri Jesu Christi, nequaquam ultra peccare debemus. *A.* Liberati quidem sumus baptismo Salvatoris. Sed id mihi edissere, quare dixerit : « Video aliam legem in membris meis repugnantem legi mentis meæ, et captivantem me in lege peccati, quæ in membris meis est. » Quæ est ista lex regnans in membris hominis, et repugnans legi mentis ejus ? Responde simpliciter. Taces ? Audi eumdem Apostolum apertissime prædicantem : « Quod enim operor, non cognosco. Non enim quod volo, operor ; sed quod odi, illud facio. Sin autem quod nolo, hoc facio, consentio legi, quoniam bona est. Nunc autem nequaquam ego operor illud, sed quod in me habitat peccatum. Scio enim quod non habitat in me, hoc est in carne mea, bonum. Velle enim adjacet mihi, operari autem bonum non invenio. Non enim, quod volo, bonum, hoc ago ; sed quod nolo, malum, hoc facio. Si autem quod nolo, hoc ego facio, nequaquam ego operor illud, sed quod habitat in me peccatum. » *Ibid.*, 15 *seqq.* *C.* Miror te hominem prudentem sic intelligere Apostolum, ut eum (*a*) ex persona sua, et non ex aliorum hæc dicere sentias. Qui enim conscientia in se loquentis Christi libere proclamat :

(a) Vide S. Augustinum in Retractat. et Opere contra Julianum primo, ubi hunc sensum, quem Pelagiani proposito Pauli loco tribuebant, et quem ipse in prioribus suis elucubrationibus fuerat amplexatus, pluribus impugnat.

par ma bouche ? » II *Corinth.* XIII, 3, et ailleurs : « J'ai achevé ma course, j'ai gardé la foi, il ne me reste qu'à attendre la couronne de justice qui m'est réservée ; » II *Timot.* IV, 7, 8 ; pouvait-il parler ainsi de lui-même : « Je ne trouve point le moyen d'accomplir le bien, » et encore : « Je ne fais pas le bien que je veux, et je fais au contraire le mal que je ne veux pas ? » Quel était ce bien qu'il voulait et ne pouvait pas faire ? Quel était ce mal qu'il ne voulait pas faire et qu'il ne pouvait pourtant pas éviter ? Il ne dit donc point cela de lui-même, mais de tout le genre humain, sujet du vice, à cause de la fragilité de la chair.

3. *De la nature de qui Paul a parlé ; autre témoignage du même.* — *A.* Vous me retirez la partie pour m'accorder le tout. J'entendais qu'un seul homme, fût-il apôtre, est sujet au péché, vous prétendez que c'est tout le genre humain. Puisque la chose est vraie pour le genre, elle est vraie pour l'espèce. L'Apôtre est homme, et c'est comme homme qu'il parle ainsi de lui-même aussi bien que des autres : « Malheureux homme que je suis ! qui me délivrera de ce corps de mort ? » et encore : « Je sais qu'il n'y a rien de bon en moi, c'est-à-dire dans ma chair, » car ce corps corruptible est un fardeau pour l'âme, et « pendant que nous sommes en lui comme dans une tente, nous gémissons sous sa pesanteur, parce que nous sommes pleins de désirs. » II *Corinth.* V, 4. *C.* Vous parlez comme si j'acceptais que cela soit dit de tout le genre humain, quand c'est dit du pécheur seul. *A.* Et qui vous accordera que ce langage de l'Apôtre ne s'applique qu'au pécheur ? En effet, si vous l'entendez ainsi, il devrait dire, non pas « malheureux homme, » mais, malheureux pécheur que je suis ! puisque dans l'homme c'est le fait de la nature, et dans le pécheur celui de la volonté. Il faudrait alors que cette autre parole de l'Écriture : « Vanité des vanités, tout n'est que vanité, » *Eccl.* I, 2, se rapportât aux pécheurs, et non pas à tous les hommes ; et encore celle-ci : « L'homme passe comme une ombre et comme une image ; » *Psalm.* XXXVIII, 7 ; et plus loin : « L'homme est devenu semblable au néant même, ses jours passent comme l'ombre. » *Psalm.* CXLIII, 4. Si ce premier témoignage de Paul ne vous touche pas, écoutez-en un autre, auquel vous ne pourrez contredire : « Quoique ma conscience ne me reproche rien, » I *Corinth.* IV, 4, et ce qui suit : « Chose étonnante ! je n'ose pas me juger moi-même, quoique ma conscience ne me reproche rien, et je ne suis pas justifié pour cela. » Celui qui parlait ainsi, assurément, ne se sentait coupable d'aucun péché. Mais parce qu'il avait lu : « Qui comprend le péché ? » *Psalm.* XVIII, 13 ; et ailleurs : « Il y a des voies qui semblent justes à l'homme, et dont le terme le conduit à la mort ; » *Prov.* XIV, 12 ; et encore : « Tout homme paraît juste à ses propres yeux, mais Dieu dirige les cœurs des hommes, » *Prov.* XXI,

« An experimentum quæritis ejus, qui in me loquitur Christus ? » I *Cor.* XIII, 3 ; et in alio loco : « Cursum consummavi, fidem servavi, de cætero reposita est mihi corona justitiæ ; » II *Tim.* IV, 7, 8 ; iste hoc de se dicere poterat : « Operari bonum non invenio ? » et : « Non quod volo, bonum, hoc facio ; sed quod nolo, malum, hoc ago ? » Quid illud erat boni, quod volebat facere, et non poterat ? Et quid illud erat mali, quod nolebat, et tamen vitare non poterat ? Ergo non ex sua persona hoc dicit ; sed ex persona generis humani, quæ vitiis subjacet ob carnis fragilitatem.

3. *Ex cujus persona Paulus locutus sit aliudque ejus testimonium.* — *A.* Parum mihi tollis, ut totum tribuas. Ego enim unum hominem, licet Apostolum, intelligo (al. *intelligebam*) subjacere peccato, tu totum humanum genus asseris. Quod si verum est in genere, tenemus et speciem. Nam et Apostolus homo est ; et si homo est, vel de aliis, vel de se quasi homo loquitur : « Miser ergo homo, quis me liberabit de corpore mortis hujus ? Quoniam non habitat in me, hoc est, in carne mea, bonum. » *Rom.* VII, 24. Corruptibile enim corpus aggravat animam : « Deprimit terrena habitatio sensum multa curantem. » II *Corint.* V, 4. *C.* Sic loqueris, quasi ego hoc ex persona generis humani accipiam, et non ex persona peccatoris (al. *peccatorum*). *A.* Et quis tibi hoc concedet, ut ex persona peccatoris hoc loquatur Apostolus ? Si enim ex persona peccatoris hoc accipis, debebat dicere : Miser ego peccator, et non, miser ego homo. Homo quippe naturæ est, peccator voluntatis. Nisi forte et illud, quod scriptum est : « Vanitas vanitatum et omnia vanitas, » *Eccl.* I, 2, ad peccatores refertur, et non ad omnes homines. Et iterum : « Verumtamen in imagine perambulabat homo ; » *Ps.* XXXVIII, 7 ; ac deinde : « Homo vanitati assimilatus est, dies ejus velut umbra pertranseunt. » *Ps.* CXLIII, 4. Si hoc Pauli testimonio non moveris, audi aliud ejusdem cui contradicere non potes : « Nihil mihi conscius sum, » et cætera : I *Cor.* IV, 4 : Mire « nec meipsum judico ! nihil mihi conscius sum, nec tamen in hoc justificatus sum. » Qui hoc dicebat, nullius utique peccati sibi conscius erat. Sed quia legerat : « Delicta quis intelligit ? » *Ps.* XVIII, 13 ; et : « Sunt viæ quæ videntur viro justæ, novissima autem earum respiciunt in profundum inferni ; » *Prov.* XIV, 12 ; et iterum : « Omnis vir videtur sibi justus, Deus autem corda hominum dirigit ; » *Prov.* XXI, 4 ; idcirco temperabat sententiam, ne

4, il atténue ses expressions, surtout devant ce témoignage de l'Écriture : « Le juste est celui qui meurt dans sa justice ; » *Eccli.* VII, 16 ; et ailleurs : « Vous pratiquerez en homme juste ce qui est juste, » *Deut.* XVI, 20, de peur que notre opinion sur la vérité ne nous détourne de la justice, comme le prouvent Saül et Agag.

4. *Les justes sont en grand nombre, nul n'est sans péché.* — C. Pour que je ne paraisse point chicaner sur les mots, et prolonger le différend outre mesure, accordez-moi du moins que l'appellation de juste est fréquente dans l'Écriture. *A.* Non-seulement les justes sont nombreux, mais ils sont innombrables. *C.* Puisqu'il est hors de débat qu'ils sont innombrables, qu'y-a-t-il d'exagéré à dire que l'homme peut être sans péché, s'il veut ? C'est dire, en autres termes, que le juste est sans péché en tant qu'il est juste. *A.* Qu'il y a des justes, j'y souscris, mais je nie absolument qu'ils soient exempts de tout péché. Je dis que l'homme peut être exempt de vice, ce que les Grecs appellent κακία ; mais je nie formellement qu'il puisse être impeccable, ἀναμάρτητος, ce qui n'appartient qu'à Dieu. Toute créature est assujettie au péché et la miséricorde divine lui est nécessaire. L'Écriture dit : « La terre est pleine de la miséricorde du Seigneur. » *Psalm.* XXXII, *et* CXVIII, 6. Pour qu'il ne semble pas que je fais ressortir comme des taches sur la vie des saints hommes les faiblesses où ils sont tombés, je ne citerai que peu d'exemples, qui s'appliquent, non pas à l'un et à l'autre, mais à tous. Dans le trente-unième psaume, il est écrit : « J'ai dit : Je confesserai au Seigneur mon injustice, et vous m'avez pardonné l'impiété de mon cœur ; » *Psalm.* XXXI, 5 ; et aussitôt il ajoute : « A cause d'elle, » c'est-à-dire de son impiété ou de son injustice, car on peut entendre l'un et l'autre, « chaque saint vous invoquera en temps opportun. » Puisqu'il est saint, d'où vient qu'il prie pour son iniquité ? S'il a commis l'iniquité, d'où vient qu'il est appelé saint ? Il l'est sans doute dans la mesure qui a permis d'écrire ailleurs : « Le juste pèche sept fois par jour, et se relève ; » *Prov.* XXIV, 16 ; et puis : « Le juste s'accuse dès qu'il ouvre la bouche et parle ; » *Prov.* XVIII, 13 ; et encore : « Ils ont été conçus dans le péché, ils ont erré dès le sein de leur mère, et ils ont parlé contre la vérité. » *Psalm.* LVII, 4. Dès leur naissance, ils ont été soumis au péché, par similitude avec la prévarication d'Adam, qui est la figure de l'avenir ; ou assurément dès après la naissance du Christ du sein de la Vierge, lui dont il est écrit : « Quiconque ouvre le sein, sera appelé saint devant le Seigneur, » *Exod.* XIII, 2 *et* XXXIV, 19, tous les hérétiques furent dans l'erreur, ne comprenant pas le mystère de sa nativité. Et la parole qui suit se rapporte plutôt à la naissance du Sauveur qu'à celle de tout homme : « Celui qui sera appelé saint devant Dieu ouvre le sein de sa mère. » *Ezech.* XI, 43, 44. En effet, le Christ seul a pu

forte per ignorantiam deliquisset, maxime cum Scriptura testetur : « Est justus, qui perit in justitia sua. » *Eccl.* VII, 16. Et alibi : « Juste quod justum est sectaberis, » *Deut.* XVI, 20, ne opinione veritatis a justitia declinemus, recordantes Saulis et Agag.

4. *Plures justos esse, neminem sine peccato.* — *C.* Ne contendere videar, et in diversum absque mensura funem trahere, saltem hoc mihi concede, justos in Scripturis plurimos appellari. *A.* Non solum plurimos, sed innumerabiles. *C.* Si innumerabiles justi sunt, et hoc negari non possit, quid male locutus sum, posse esse hominem sine peccato, si velit ? Hoc est aliis verbis dicere, posse justum sine peccato esse, in eo quod justus est. *A.* Justos esse concedo, sine omni autem peccato omnino non assentior. Etenim absque vitio, quod Græce dicitur κακία, hominem posse esse aio ; ἀναμάρτητον, id est sine peccato esse, nego, id enim soli Deo competit, omnisque creatura peccato subjacet, et indiget misericordia Dei, dicente Scriptura : « Misericordia Domini plena est terra. » *Ps.* XXXII, 5, *et* CXVIII, 6. Et ne quasi maculas quasdam in sanctis viris videar persecutari, in quibus errore sunt (al. *sint*) lapsi, pauca proferam, quæ non ad singulos, sed ad omnes in commune pertineant. In tricesimo primo psalmo scriptum est : « Dixi, pronuntiabo adversum me injustitiam meam Domino, et tu dimisisti impietatem cordis mei. » *Ps.* XXXI, 5. Statimque sequitur : « Pro hac, hoc est, impietate sive iniquitate (utrumque enim intelligi potest), orabit ad te omnis sanctus in tempore opportuno. » Si sanctus est, quomodo orat pro iniquitate ? Si iniquitatem habet, qua ratione sanctus appellatur ? Juxta illum videlicet modum, qui et in alio loco scribitur : « Septies cadet (al. *cadit*) justus, et resurget ; » *Prov.* XXIV, 16 ; et : « Justus accusator sui est in principio sermonis ; » *Prov.* XVIII ; et alias : « Alienati (al. *abalienati*) sunt peccatores a vulva, erraverunt ab utero, locuti sunt falsa. » *Psal.* LVII, 4. Vel statim ut nati sunt, subjacuere peccato in similitudinem prævaricationis Adæ, qui est forma futuri ; vel certo statim ut de utero virginali natus est Christus, de quo scriptum est : « Omnis qui aperit vulvam, sanctus Domino vocabitur, » *Exod.* XIII, 2, *et* XXXIV, 19, omnes hæretici erraverunt, non intelligentes mysterium nativitatis ejus. Magisque ad specialem nativitatem Salvatoris, quam ad omnium hominum referri potest hoc quod dicitur : « Qui aperit vulvam, sanctus vocabitur Domino. » *Ezech.*

ouvrir les portes closes d'un sein virginal, sans qu'elles aient cessé un seul instant d'être closes. Voilà cette porte orientale fermée, par où le seul Pontife entre et sort, et qui néanmoins est toujours fermée. Méditez aussi ces paroles de Job : « Y a-t-il un homme pur devant Dieu, ou irréprochable dans ses œuvres ? S'il a des reproches pour ceux qui l'entourent de plus près, et trouve quelque tache jusque dans ses Anges, combien plus en trouvera-t-il dans ceux qui habitent ces demeures de boue. » *Job.* iv, 17, 18, et au nombre desquels nous sommes, puisque nous sommes faits de ce même limon ? Direz-vous que ces paroles sont de la bouche d'Eliphaz le Thémanite ? Il n'en est rien : elles sont de l'Ange qui lui apparaît et lui révèle les maximes de Dieu. Admettons, d'ailleurs, qu'Eliphas dise ce qui est évidemment le langage d'un Ange, ce qui suit s'applique-t-il à Job seul : « La vie de l'homme sur la terre est une lutte continuelle ; » *Job.* vii, 1 ; et puis : « Si j'ai péché, que puis-je faire ? » *Ibid.* 20 ; et plus loin : « Pourquoi m'avez-vous mis en oubli, et n'avez-vous point oublié mon iniquité et effacé mon péché ? Comment, en effet, peut-il y avoir sur terre un homme juste en comparaison du Seigneur ? » *Ibid.* 21 ; et ailleurs : « Quoique j'aie été juste, il ne m'écoutera pas, et je n'obtiendrai pas son jugement ; » *Job.* ix, 15, 29 ; et encore : « Si après cela je passe pour un méchant, pourquoi aurai-je travaillé en vain ? Quand j'aurais été lavé dans de l'eau de neige et que la pureté de mes mains éclaterait, votre lumière, Seigneur, me ferait paraître à moi-même tout couvert d'ordure. » *Ibid.* 30. « Si j'ai péché et si vous m'avez épargné sur l'heure, pourquoi ne permettez-vous pas que je sois au moins à présent purifié de mon iniquité ? Si j'ai péché, malheur à moi ! et si je suis juste, je ne lèverai point la tête, étant accablé d'affliction et de misère. » *Job.* x, 15, 16. Et encore : « Qui est sans tache devant Dieu ? Aucun ne peut l'être, quand même sa vie sur la terre ne serait que d'un seul jour, ou qu'on en pourrait compter les mois. » *Job.* xv, 14. Si vous dites que le pronom *qui* ne marque pas que la chose soit impossible, mais seulement qu'elle est difficile, je vous répondrai : Mais que devient alors votre téméraire proposition que « les commandements de Dieu sont faciles, » et que la pratique en est aisée ? Quand l'Ecriture dit au contraire : « L'homme travaille pour sa propre vie dans la douleur et se fait violence pour éviter sa perte, » *Prov.* xvi, 26, *sec.* LXX, afin que la chair étant opprimée, domptée, morte, l'esprit vive en lui. Votre Démosthènes a donné cette ridicule explication que Job n'a pas dit : « Qui est sans péché ? » mais : « Qui est sans tache. » Je ne m'y arrête pas. Il semble vouloir démontrer que le texte de Job vise les langes souillés de l'enfant, non les souillures des péchés. N'est-ce pas ainsi qu'il l'entend ? Dites-nous donc, vous-même, sa manière de voir ; puis, il est un discoureur si voilé,

xi, 13, 14. Solus enim Christus clausas portas vulvæ virginalis aperuit, quæ tamen clausæ jugiter permanserunt. Hæc est porta orientalis clausa, per quam solus Pontifex ingreditur et egreditur, et nihilominus semper clausa est. Illud quoque quod in volumine Job scriptum est : « Numquid mundus erit homo coram Deo, aut in operibus suis irreprehensibilis vir ? Si adversum famulos suos non credit, et contra Angelos pravum quid reperit : quanto magis in his, qui habitant domos luteas ! » *Job.* iv, 17, 18, e quibus et nos de eodem luto sumus. Quod si asserueris hoc dici ex persona Eliphas Themanitæ, intellige non ab eo dici : sed ab illo, qui sub persona Angeli in visione et revelatione loquitur ei sententias Dei. Sed esto ut loquatur Eliphas, quod perspicue Angelus loquitur, numquid non hoc ex persona Job proprie dicitur : « Tentatio est vita hominis super terram ? » *Job.* vii, 1 : et : « Si ego peccavi, quid possum facere. » *Ibid.* 20 ; et : « Quare oblitus es, nec fecisti iniquitatis meæ oblivionem, et emundationem peccati mei ? Quomodo enim potest esse justus homo super terram apud Deum ? » *Ibid.* 21. Et iterum : « Si fuero justus, non audiet me ; sed judicio ejus indigebo. » *Job.* ix, 15, 29. Et rursum : Quia sum impius, cur frustra laboro ? Si lotus fuero nive, et mundis manibus, satis me sorde tinxisti. Si peccavero, custodies me. Ab iniquitate autem me non facies innocentem : » *Ibid.* 30 ; et : « Si impie egero, væ mihi ; » *Job.* x, 15 ; et : « Si fuero justus, non potero respirare. Plenus enim ego sum ignominia. » *Ibid.* Et iterum : « Quis enim erit mundus a sorde ? Ne unus quidem, etiam si unius diei fuerit vita ejus super terram, et numerabiles menses illius. » *Job.* xv, 14. Quod si dixeris pronomen quis, non pro impossibili, sed interdum pro difficili accipi, respondebo tibi : Et ubi est illud, quod temere protulisti, « Facilia Dei esse mandata, » et ea facile posse compleri ? dicente Scriptura : « Vir in dolore laborat sibi, et vim facit perditioni suæ, » *Prov.* xvi, 26, *sec.* LXX, ut oppressa et subjugata et moriente carne, vivat in eo spiritus. Ridiculamque illam expositionem Demosthenis vestri, non dixisse Job : « Quis erit mundus a peccato ? » sed « quis erit mundus a sorde ? » præterea, qua probare conatur, sordes pannorum significari in infantia, non vitia peccatorum. Aut certe si non sic intelligit, dicite vos quid sentiat. Tam enim involutus dictor est, et nimio verborum squalore coopertus, ut suspicionem magis

si couvert d'une épaisse croûte de mots vides, qu'il fait naître plutôt le soupçon que la lumière dans l'esprit du lecteur. Job conclut enfin : « Comment pourrai-je répondre ? je n'ai qu'à mettre ma main sur ma bouche, puisque j'ai dit une chose que je souhaiterais n'avoir point dite. » *Job.* xxxix, 34. D'où vient donc que notre saint homme Job, sans tache, juste, s'éloignant de toute contestation et de tout mal, aboutit, après examen de sa justice, à avoir besoin de la miséricorde divine ? La réponse est dans les Proverbes : « Qui peut dire : Mon cœur est net, je suis pur de tout péché. » *Prov.* xx, 9. Montrez-nous qu'ici le pronom *qui* ne marque pas l'impossibilité ; ou bien retirez et rayez de votre livre votre maxime : « Les commandements de Dieu sont faciles. »

5. *Il va au-devant de l'objection de l'Epître de [Je]an.* — Peut-être m'opposerez-vous ces mots de l'apôtre Jean : « Ses commandements ne sont pas pénibles ; » I *Joan.* v, 3 ; et ceux de l'Evangile : « Mon joug est doux et mon fardeau léger. » *Matth.* xi, 30. La réponse est facile. Il est écrit que les commandements évangéliques ne sont pas pénibles comparativement aux pratiques du judaïsme, où telle était la multiplicité des cérémonies requises que, d'après le mot de l'Apôtre Pierre, nul ne put jamais s'y conformer à la lettre. Aussi lisons-nous dans les Actes des Apôtres : « Maintenant, pourquoi tentez-vous d'imposer aux disciples de Dieu un joug que nos pères ni nous n'avons pu porter ? Nous croyons que nous serons sauvés par la grâce de Notre-Seigneur Jésus-Christ, comme eux. » *Act.* xv, 10, 11. L'apôtre Jacques a dit : « Si vous jugez la loi, vous n'en êtes plus observateur, mais vous vous en rendez le juge. » *Jacob.* iv, 11. Celui-là juge la loi qui prétend qu'un seul précepte n'en est pas juste, qu'on ne pèche point par ignorance, et qu'on offre vainement des sacrifices pour une telle faute, puisqu'on n'en a pas conscience. On ne doit pas, en effet, rechercher la raison de la loi, mais se soumettre à son autorité. La même épître porte que « la colère de l'homme n'opère pas la justice de Dieu. » *Jacob.* i, 20. Or, qui peut éviter la colère, dont il est écrit « qu'elle perd les sages eux-mêmes ? » *Prov.* xv. Jacques a bien spécifié qu'il s'agit de la colère de l'homme, et non pas de celle de Dieu, puisque celle-ci est juste, tandis que la première procède d'un esprit troublé. C'est ainsi que le psaume a dit : « Irritez-vous, mais ne péchez pas, » *Psalm.* iv, 26, verset dont l'Apôtre nous enseigne le sens : « Que le soleil ne se couche point sur votre colère ; » *Ephes.* iv, 5 ; c'est-à-dire que même un léger mouvement de colère est un véritable péché, et que la justice consiste à éteindre la colère dans un prompt repentir. C'est ainsi encore qu'au jour du jugement nous rendrons raison d'une seule parole inutile. Dans l'Evangile, nous lisons : « Quiconque s'irrite sans motif contre son frère, sera condamné par le

quam intelligentiam lectori praebeat. Ad extremum infert : « Ego autem ad haec quid respondebo ? Manum ponam meam super os meum, semel locutus sum, in secundo non addam. » *Job.* xxxix, 34. Ecce Job noster vir immaculatus et justus, et sine querela, et abstinens se ab omni malo, quali fine justitiae coronatur, ut misericordia Dei indigeat ? Hoc est illud quod in Proverbiis legimus : « Quis gloriabitur castum se habere cor. Aut quis confidet se mundum esse a peccato ? » *Prov.* xx, 9. Fac quod et hic, « quis, » non pro impossibili, sed pro difficili dixerit. Tolle ergo sententiam, et rade de libro tuo « Facilia Dei esse mandata. »

5. *Occurrit objectioni ex Evangel. Joannis.* — Quod si illud Joannis Apostoli opposueris : « Mandata ejus non sunt gravia, » I *Joan.* v, 3, et de Evangelio : « Jugum meum suave est, et onus meum leve, » *Matth.* xi, 30, facillime revinceris ; levia enim certum est dixisse Evangelii mandata ad comparationem superstitionis Judaicae, in qua varia caeremoniarum genera quaerebantur, quae juxta litteram, et Apostoli Petri sententiam, nullus potuit explere. Unde et in Actibus Apostolorum scribitur : « Nunc ergo quid tentatis imponere jugum super cervicem discipulorum, quod neque patres nostri, neque nos portare potuimus ? sed per gratiam Domini Jesu salvari credimus, quemadmodum et illi. » *Act.* xv, 10. Jacobus Apostolus scribit : « Si judicas legem, non es factor legis, sed judex. » *Jacob.* iv, 11. Ille judicat legem, qui dicit aliquid non juste praeceptum, et ignorantiam non habere (al. *habet*) peccatum, et frustra offerri victimas pro errore, quod peccati non habet conscientiam. Neque enim in lege ratio quaeritur, sed auctoritas. Idem in eadem dicit Epistola : « Ira viri justitiam Dei non operatur ; » *Jacob.* i, 20 ; et quis nostrum carere potest ira, de qua scriptum est : « Ira perdit etiam sapientes ? » *Prov.* xv. Significanterque non iram Dei, sed iram viri posuit. Ira enim Dei justa est ; ira autem viri de perturbata mente procedit. Unde et in Psalmo dicitur : « Irascimini, et nolite peccare ; » *Psal.* iv, 26 ; qui versiculus quem sensum habeat, Apostolus docet : « Sol non occidat super iracundiam vestram, » *Ephes.* iv, 5, ut peccatum omnino sit vel leviter irasci ; justitia autem, iram celeri poenitudine mitigare. Unde pro otioso verbo reddituri sumus rationem in die judicii. Et in eodem Evangelio legimus : « Qui irascitur fratri suo sine causa, reus

jugement. » *Matth.* v, 22. La plupart des éditions anciennes ne portent pas les mots « sans motif, » parce que nous ne devons même pas nous irriter à bon escient. Quel homme peut se flatter d'éviter toute sa vie un mouvement de colère ? Il est écrit encore : « Ne vous glorifiez pas d'avance, parce que vous ne savez pas ce que vous apportera le jour de demain ; » *Prov.* XXVII, 1 ; et encore : « N'appelez pas un homme heureux avant sa mort. » Tant que nous vivons, nous sommes dans la mêlée, et tant que nous sommes dans la mêlée, toute victoire est incertaine, puisque pour l'Apôtre lui-même, pour le meilleur des combattants, la palme n'est qu'au ciel. Notre-Seigneur et Sauveur a dit, conformément à la nature humaine dont il s'était revêtu : « Je suis le moins sage des hommes, et la prudence de l'homme n'est point en moi ; » *Eccli.* XI ; et dans le soixante-huitième psaume : « Seigneur, vous connaissez mon peu de sagesse ; » mais « ce qui paraît en Dieu une folie est plus sage que les hommes. » I *Corinth.* I, 25. Nous lisons aussi dans l'Ecclésiaste : « Le comble de la science est au comble de la sagesse, et celui qui amasse la science amasse la douleur, » *Eccl.* I, 18, pour signifier qu'il n'atteindra jamais à la perfection, et que, si grandes que soient les connaissances d'un homme, celles qu'il n'a pas sont plus nombreuses encore. Salomon continue : « Et j'ai pris la vie en dégoût, parce que l'œuvre que je fais sur la terre est une œuvre mauvaise. C'est que tout n'est que vanité et présomption. Nul ne connaît l'avenir, et qui pourrait le prédire tel qu'il sera ? Il y a des justes dont on taxe l'œuvre d'impiété ; il y a des impies dont on taxe l'œuvre de justice. » *Eccl.* VIII, 14. Cela veut dire que Dieu seul juge avec certitude, et que souvent il déclare pécheurs ceux que nous croyons justes, tandis que ceux que nous croyons pécheurs sont justifiés à ses yeux. « Quel que soit le travail de l'homme, il n'atteindra pas le but de toutes ses recherches, et le savant qui voudrait se connaître lui-même n'y parviendrait pas. Tous, en effet, nous nous ressemblons en ce que les cœurs des hommes sont changeants et pleins de malice. » *Eccl.* X, 1. Cette inconstance des cœurs, les Grecs la caractérisent par le mot περιφερια (rondeur). « Les mouches près de mourir, » ou d'après le texte hébreu, « les mouches mortes se décomposent et corrompent le doux parfum de l'huile. » Qui d'entre les hommes mortels ne tombe dans quelque erreur ? Quelle est l'âme sur laquelle n'ont pas rejailli quelques gouttes des poisons de l'hérésie et des fausses doctrines ? « Or, est-il écrit, voici le temps où Dieu va commencer son jugement par sa propre maison. Et s'il commence par nous, quelle sera la fin de ceux qui ne croient point l'Évangile ? Si le juste même se sauve avec tant de peine, comment l'impie et le pécheur pourront-ils subsister en la présence de Dieu ? » I *Petr.* IV, 17, 18. Assurément, c'est un juste, celui qui au jour du jugement se sauve avec peine ; mais il se sauverait facilement, s'il n'y avait

erit judicio. » *Matth.* v, 22. Licet in plerisque codicibus antiquis, sine causa, additum non sit, ut scilicet ne cum causa quidem debeamus irasci. Quis hominum poterit dicere, quod ira, quæ absque justitia est, in sempiternum vitio careat ? Et iterum : « Ne glorieris in crastinum, nescis enim quid adveniens pariat dies. » *Prov.* XXVII, 1. Unde scriptum est : « Ne beatum dixeris quempiam ante mortem. » Quamdiu enim vivimus, in certamine sumus, et quamdiu in certamine, nulla est certa victoria, quæ etiam Apostolo fortissime prælianti in futuro sæculo reservatur. Dominus atque Salvator sub persona assumpti hominis loquitur : « Insipientissimus enim omnium hominum sum, et non est hominis prudentia in me. » *Eccli.* XI. Et in sexagesimo octavo Psalmo : « Deus, tu scis insipientiam meam ; » sed « fatuum Dei, sapientius est hominibus. » I *Cor.* I, 25. In Ecclesiaste quoque scriptum est : « In multitudine sapientiæ, multitudo scientiæ ; et qui addit scientiam, addit dolorem, » *Eccles.* I, 18 ; intelligens quod perfectione careat, et ex eo quod novit, quanta non noverit. « Et odio, inquit, habui vitam, quoniam malum est opus quod operor super terram. Omnia enim vanitas, et præsumptio spiritus. Nemo scit quid futurum sit, quia sicuti est, quis annuntiabit ei ? Sunt justi ad quos pervenit quasi opus impiorum. Et sunt impii, ad quos pervenit quasi opus justorum. » *Eccl.* VIII, 14. Hoc idcirco dicitur, quia certum judicium solius Dei est, et quos putamus justos, sæpe peccatores inveniuntur, et quos e contrario peccatores, apud Dei scientiam justi sunt. « Quantumcumque laboraverit homo, ut inquirat, non reperiet. Et si dixerit sapiens nosse se, invenire non poterit. Omnium enim unus occursus est, cordaque filiorum hominum repleta sunt malitia, et incerto statu. » *Eccl.* X, 1, quæ Græce περιφερια dicitur. « Muscæ morituræ, » sive, ut in Hebraico habetur, « mortuæ demoliuntur atque corrumpunt suavitatem olei. » Quis mortalium aliquo errore non capitur ? quem hæreticorum et falsorum dogmatum venena non maculant ? « Tempus, inquit, est ut incipiat judicium a domo Dei. Si autem primum a nobis, quis finis eorum qui non credunt Evangelio ? Et si justus vix salvabitur, impius et peccator ubi parebunt ? » I *Petr.* IV, 17, 18. Certe justus est, qui in die judicii vix salvatur. Salvaretur autem facile, si nihil in se haberet maculæ. Ergo jus-

aucune tache en lui. Il est donc juste en ce qu'il brille par de nombreuses vertus, et il se sauve avec peine en ce que quelques-unes de ses actions ont besoin de la miséricorde divine.

6. *Mouvements déréglés de l'âme.* — Quatre mouvements déréglés troublent l'âme humaine, dont deux ont trait au présent et deux à l'avenir, deux ont pour source les biens et deux les maux; la *tristesse*, en grec λύπη, et la *joie*, en grec χάρα, quoique le plus grand nombre l'appelle ἡδονὴ, *volupté*, qui ont chacune deux limites, l'une du côté du bien et l'autre du côté du mal. Il y a excès d'une part, quand nous nous réjouissons, contrairement à notre devoir, des richesses, de la puissance, des honneurs, du malheur de nos ennemis et de leur mort; excès d'autre part, quand nous ressentons une extrême douleur des maux d'ici-bas, adversité, exil, pauvreté, langueur, mort de nos proches, douleur que l'Apôtre défend. De même, d'un côté, nous ne devons pas convoiter ce que nous décorons du nom de biens, les héritages, les honneurs, le succès en toutes choses, la santé corporelle, rien de ce qui nous procure une joie terrestre; et, de l'autre côté, nous ne devons pas redouter ce que nous appelons des maux. Les Stoïciens, comme Zénon et Chrysippe, prétendent qu'il nous est possible de nous soustraire complétement à ces mouvements déréglés de l'âme; les Péripatéticiens, au contraire, affirment que c'est difficile, ou plutôt impossible, et l'autorité de tous les textes sacrés nous rallie à ce dernier sentiment. Ainsi Josèphe, auteur de l'histoire des Machabées, dit qu'il est possible d'apaiser et de refréner les mouvements déréglés de l'âme, impossible de les extirper, et les cinq livres des Tusculanes de Cicéron sont pleins d'argumentations sur cette matière. En effet, selon l'Apôtre, nous avons à combattre contre notre propre faiblesse et contre les esprits de malice répandus dans l'air. *Ephes.* VI, 12. Or, il nous enseigne qu'il est aisé de distinguer les œuvres de la chair de celles de l'esprit, l'esprit et la chair étant opposés l'un à l'autre, *Galat.* V, 19, en sorte que nous faisons ce que nous ne voudrions pas faire. Puisque nous faisons, non pas ce que nous voulons, mais ce que nous ne voulons pas faire, comment pouvez-vous dire que « l'homme peut être sans péché, s'il veut? » Voilà que ni l'Apôtre, ni aucun fidèle ne peut accomplir ce qu'il veut. « La charité couvre beaucoup de péchés, » I *Petr.* IV, 8, et plutôt les péchés actuels que les péchés passés, afin que, l'amour de Dieu demeurant en nous, nous ne péchions pas désormais. C'est pourquoi il est dit de la pécheresse : « Beaucoup de péchés lui sont remis, parce qu'elle a beaucoup aimé. » *Luc.* VII, 47. D'où nous comprenons qu'il ne dépend pas de nous seuls de faire ce que nous voulons, mais qu'il est nécessaire que la miséricorde divine vienne en aide à notre volonté.

7. *Dieu seul immortel, sage, parfait par nature.* — Dieu est appelé lumière, et il n'y a pas en lui la moindre ombre. Dire qu'il n'y a pas la moindre

tus est in eo, quod floret multis virtutibus, et vix salvatur in eo, quod in quibusdam Dei indiget misericordia.

6. *Perturbationes humani generis.* — Quatuor sunt perturbationes, quibus genus vexatur humanum, duæ præsentis, et duæ futuri : duæ bonorum, et duæ malorum. Ægritudo, quæ Græce dicitur λύπη, et gaudium, quod illi χάραν vel ἡδονὴν vocant, quamquam ἡδονὴ voluptas a plerisque dicatur; alteram mali, alterum boni. Excedimusque mensuram, si gaudeamus super his, quæ non debemus, divitiis, potentia, honoribus, inimicorum infelicitate vel mortibus; aut e contrario præsentium malorum dolore cruciemur, adversis, exsiliis, paupertate, languore, et mortibus propinquorum, quod Apostolus fleri prohibet; et rursum si cupiamus ea quæ arbitramur bona, hæreditates, honores, prosperitates omnium rerum, et corporum sanitatem, et cætera quorum præsentia gaudio fruimur : et metuamus illa, quæ putamus adversa; quibus ad perfectum carere juxta Stoicos, Zenonem videlicet et Chrysippum, possibile est : juxta Peripateticos autem et difficile et impossibile est : cui sententiæ omnis Scripturæ sanctæ consentit auctoritas. Unde et Josephus Machabæorum scriptor historiæ, frangi et regi posse dixit perturbationes animi, non eradicari, et quinque Tusculanarum quæstionum Ciceronis libri his disputationibus referti sunt. Pugnant enim, juxta Apostolum, adversum nos fragilitas corporis et spiritualia nequitiæ in cœlestibus. *Ephes.* VI, 12. Manifesta sunt, dicente eodem, opera carnis et opera spiritus, et hæc sibi invicem adversantur, *Galat.* V, 19, ut non quæ volumus, illa faciamus. Si non quod volumus, facimus, sed quod nolumus, illud operamur, quomodo dicitis : « Posse hominem sine peccato esse, si velit? » Ecce Apostolus, omnesque credentes, quod volunt, implere non possunt. « Charitas operit multitudinem peccatorum, » I *Petr.* IV, 8, non tam præteritorum quam præsentium, ne ultra, Dei in nobis manente charitate, peccemus. Quamobrem de muliere peccatrice dicitur : « Dimittuntur ei peccata multa, quoniam dilexit plurimum. » *Luc.* VII, 47. Ex quo intelligimus non nostræ solum esse potestatis facere quod velimus, sed et Dei clementiæ, si nostram adjuvet voluntatem.

7. *Deus solus immortalis, sapiens, perfectus, per*

ombre dans la lumière divine, c'est montrer qu'il y a quelque tache dans toute autre clarté. Les Apôtres sont appelés la lumière du monde, mais il n'est pas écrit qu'il n'y a pas d'ombre dans cette lumière. Pareillement il est dit de S. Jean : « Il vint pour servir de témoin, pour rendre témoignage à la lumière, afin que tous crussent par lui. Il n'était pas la lumière, mais il vint pour rendre témoignage à celui qui était la lumière. Celui-là était la vraie lumière, qui éclaire tout homme venant en ce monde. » *Joan.* I, 7-9. C'est de lui qu'il est dit « qu'il possède seul l'immortalité et qu'il habite une lumière inaccessible. » I *Tim.* VI, 16. L'Écriture dit, il est vrai, que les Anges, que les Trônes, que les Dominations, que les Vertus sont immortels. Mais Dieu seul l'est véritablement, parce qu'il n'a pas reçu, mais possède l'immortalité par nature. C'est pourquoi le même Apôtre écrit, *Rom.* XVI, que Dieu seul est sage, alors que Salomon et un grand nombre d'autres saints sont ainsi qualifiés, et qu'il est dit, d'après l'Hébreu, au prince de Tyr : « Vous êtes plus sage que Daniel? » *Ezech.* XXVIII, 3. Puis donc qu'il mérite seul le nom de lumière, d'immortel, de sage, quand même d'autres sont immortels, lumières et sages, il en découle que la perfection de l'homme dépend, non de sa nature, mais de la grâce, et que ceux qui nous paraissent parfaits sont imparfaits. Quant à cette parole : « Le sang de Jésus-Christ son fils nous purifie de tout péché, » I *Joan.* I, 7, elle doit s'entendre et de la régénération baptismale et du pardon dans la pénitence. Mais être purifié par Dieu n'est pas la même chose qu'être sans défaut par soi-même ; et Job a pu dire : « Puisque la lune même ne brille point et les étoiles ne sont pas pures devant les yeux de Dieu, combien moins le sera l'homme, qui n'est que pourriture, et le fils de l'homme qui n'est qu'un ver ! » *Job.* XXV, 5, 6. En effet, toute bouche est fermée et tout le monde est condamnable devant Dieu, « parce que nul homme ne sera justifié devant Dieu par les œuvres de la loi. » *Rom.* III, 19, 20. Il n'est fait aucune distinction de personnes. « Tous ont péché et ont besoin de rendre gloire à Dieu, étant justifiés gratuitement par sa grâce. » *Ibid.* 23, 24. Et quand l'Apôtre dit : « Nous devons reconnaître que l'homme est justifié par la foi, sans les œuvres de la loi, car il n'y a qu'un seul Dieu, qui justifie par la loi les circoncis, et par la foi les incirconcis, » *Ibid.* 28, 30, il montre clairement que la justice n'est pas dans le mérite de l'homme, mais dans la grâce de Dieu, qui a pour agréable la foi des fidèles sans les œuvres de la loi. De là cette conséquence : « Le péché ne vous dominera plus. » Et pourquoi? « Parce que vous n'êtes plus sous la loi, mais sous la grâce. » *Rom.* VI, 14. « Cela ne dépend ni de celui qui veut, ni de celui qui court, mais de

naturam. — Deus lux appellatur, et tenebræ in eo non sunt ullæ. Quando dicit nullas tenebras in Dei lumine reperiri, ostendit omnia aliorum lumina aliqua sorde maculari. Denique et Apostoli appellantur lux mundi. Sed non est scriptum, quod in Apostolorum luce nullæ sint tenebræ. Et de Joanne scribitur : « Hic venit in testimonium, ut testimonium perhiberet de lumine, ut omnes crederent per illum. Non erat ille lux, sed ut testimonium perhiberet de lumine. Erat lux vera, quæ illuminat omnem hominem venientem in hunc mundum. » *Joan.* I, 7, 9. Unde et de eo scriptum est : « Qui solus habet immortalitatem, et lucem habitat inaccessibilem. » I *Tim.* VI, 16. Et certe legimus immortales Angelos, immortales Thronos et Dominationes, cæterasque Virtutes. Sed solus Deus est immortalis, quia non est per gratiam, ut cætera, sed per naturam. Quam ob causam idem Apostolus, *Rom.* XVI, Deum solum esse sapientem, cum et Salomon, et multi alii Sancti sapientes vocentur, et dicatur juxta Hebraicum ad principem Tyri : « Sapientior Daniele es tu? » *Ezech.* XXVIII, 3. Quomodo ergo solus lux, solus immortalis, et solus et sapiens appellatur, cum multi immortales, et luces, et sapientes sint ; sic perfectio hominis non ex natura ; sed ex gratia veniens, imperfectos eos qui perfecti videntur esse, demonstrat. Quod autem scriptum est : « Et sanguis Jesu filii ejus mundat nos ab omni peccato, » I *Joan.* I, 7, tam in confessione baptismatis, quam in clementia pœnitudinis accipiendum est. Sed aliud est mundari a Deo, aliud per se esse sine vitio. Si enim juxta Job : « Luna non splendet, et stellæ non sunt mundæ in conspectu ejus, quanto magis homo, putredo, et filius hominis vermis ! » *Job.* XXV, 5, 6. Omne enim os obstruitur, et obnoxius est omnis mundus Deo : « Quia ex operibus legis non justificabitur omnis caro coram eo. » *Rom.* III, 19, 20. Nulla pæne distantia est personarum. « Omnes enim peccaverunt, et indigent gloria Dei, justificati gratis per gratiam ipsius. » *Ibid.* 23, 24. Si autem scribit : « Existimamus fide justificari hominem sine operibus legis, siquidem unus est Deus, qui justificat circumcisionem ex lege et præputium ex fide. » *Ibid.*, 28, 30, manifeste ostendit, non in hominis merito, sed in Dei gratia esse justitiam, qui sine legis operibus credentium suscipit fidem. Unde sequitur : « Peccatum vestri non dominabitur. » Cur? « Quia non estis sub lege, sed sub gratia. » *Rom.* VI, 14. « Non enim volentis, neque currentis, sed miserentis est Dei. » *Rom.* IX, 16. « Unde et gentes quæ non sectabantur justitiam, comprehenderunt

Dieu, qui fait miséricorde. » *Rom.* IX, 16. Aussi « les Gentils, qui ne cherchaient point la justice, ont embrassé la justice, et la justice qui vient de la foi. Les Israélites, au contraire, qui recherchaient la loi de la justice, ne sont point parvenus à la loi de la justice, parce qu'ils ne l'ont point recherchée par la foi, mais comme par les œuvres de la loi ; car ils se sont heurtés contre la pierre d'achoppement. » *Ibid.* 30, *seqq.* Jésus-Christ étant la fin de la loi, pour justifier tous ceux qui croient en lui. *Rom.* X, 4.

8. *Des épîtres de l'Apôtre.* — Presque toutes les épîtres de l'Apôtre commencent ainsi : « Dieu notre Père et Jésus-Christ Notre-Seigneur vous donnent la grâce et la paix, » I *Corint.* I, 2, et se terminent pareillement. Il écrit aussi aux Corinthiens : « Afin qu'il ne vous manque aucun don dans l'attente où vous êtes de la manifestation de Notre-Seigneur Jésus-Christ, qui vous affermira jusqu'à la fin, pour que vous soyez trouvés irrépréhensibles au jour de son avénement. » *Ibid.* 7, 8. Par conséquent, quoique nous ne manquions d'aucun don, nous attendons toutefois la manifestation de Notre-Seigneur Jésus-Christ, qui nous affermira en toutes choses, et nous montrera irrépréhensibles, quand le jour de son avénement viendra avec la fin du monde, en sorte que tous ne seront pas glorifiés en sa présence. Paul a planté, Apollon a arrosé, I *Corint.* III, 6, mais c'est Dieu qui a donné l'accroissement. Donc, ce n'est ni celui qui plante, ni celui qui arrose qui est quelque chose ; mais c'est celui qui donne l'accroissement, et c'est Dieu qui le donne. Nous sommes le champ qu'il cultive, l'édifice qu'il élève, et ce sage architecte nous donne pour fondement la grâce. « Que nul, est-il écrit, ne se trompe soi-même. Si quelqu'un d'entre vous pense être sage selon le monde, qu'il devienne fou pour devenir sage ; car la sagesse de ce monde est une folie devant Dieu, » I *Corint.* III, 18, « qui connaît les pensées des hommes, et combien elles sont vaines ; » *Psalm.* XXIII, 11 ; et plus loin : « Encore que ma conscience ne me reproche rien, je ne suis pas justifié pour cela, mais c'est le Seigneur qui est mon juge. » I *Corint.* IV, 4. A vous aussi, qui vous flattez d'être sans péché, on demande : Qu'y a-t-il que vous n'ayez pas reçu ? Et si vous avez tout reçu, pourquoi vous glorifier comme si rien ne vous avait été donné ? « Vous êtes déjà rassasiés, vous êtes déjà riches. » *Ibid.* 8. Et pour que nous sachions bien que tout dépend, non pas de nous, mais de Dieu, « j'irai vous voir dans peu de temps, dit Paul, s'il plaît au Seigneur. » *Ibid.*, 19. En disant « j'irai vous voir, » il montre la volonté, le désir, il fait la promesse de ce voyage ; mais, pour parler avec plus de prudence, il ajoute : « s'il plaît au Seigneur. » C'est que, si quelqu'un pense qu'il a quelque science, il ne sait pas encore comment il convient de savoir.

9. *Encore de l'Apôtre.* — Le vase d'élection, plein d'humilité ou plutôt de la conscience de sa faiblesse, s'exprime ainsi : « Je suis le moindre

justitiam, justitiam autem ex fide. Israel autem sequens legem justitiæ, in legem justitiæ non pervenit, quoniam non ex fide, sed ex operibus. Offenderunt enim in lapidem offensionis. » *Ibid.* 30, *seqq.* « Finis enim legis Christus ad justitiam omni credenti. » *Rom.* X, 4.

8. *Ex Apostoli Epistolis.* — Cunctæ prope Epistolæ Apostoli hoc habent principium : « Gratia vobis et pax a Deo Patre et Christo Jesu Domino nostro, » I *Cor.* I, 3, et simili fine clauduntur. Ad Corinthios quoque scribitur : « Ut non indigeatis ulla donatione, exspectantes revelationem Domini nostri Jesu Christi, qui et confirmabit vos usque in finem sine crimine in die Domini nostri Jesu Christi. » *Ibid.* 7, 8. Licet ergo nulla indigeamus donatione, tamen exspectamus revelationem Domini nostri Jesu Christi, qui tunc nos in omnibus confirmabit, et ostendet sine crimine, cum dies Domini nostri Jesu Christi et mundi finis advenerit, ut non glorietur omnis caro in conspectu ejus. Paulus plantavit, Apollo rigavit, I *Cor.* III, 6, sed Dominus incrementum dedit : ergo neque qui plantat, neque qui rigat, est aliquid ; sed qui incrementum dat, Deus. Ipsius enim agricultura, ipsius ædificatio sumus. Juxta gratiam Dei, quasi sapiens architectus posuit fundamentum. « Nolite, inquit, vosmetipsos decipere. Si quis sapiens est in vobis, seculo isto, fatuus fiat, ut sit sapiens. Sapientia enim mundi, stultitia est apud Deum. » I *Cor.* III, 18. « Dominus cognoscit cogitationes hominum, quia vanæ sunt. » *Psal.* XCIII, 11. Et iterum : « In nullo enim mihi conscius sum, sed non in hoc justificatus sum, quia qui me judicat, Dominus est. » I *Cor.* IV, 4. Dicitur et vobis, qui sine peccato vos esse dicitis, quid habetis quod non accepistis ? Si autem accepistis, quid gloriamini, quasi non acceperitis ? « Jam saturati estis, jam divites facti estis. » *Ibid.*, 8. Et ut sciamus non ex nobis, sed ex Dei cuncta pendere judicio : « Veniam, inquit, cito ad vos, si Dominus voluerit. » *Ibid.*, 19. Quid enim dicit, « veniam ad vos, » ostendit se velle, monstrat cupere, promittit adventum. Sed ut cautius loquatur, infert, « si Dominus voluerit. » Si quis enim putat se quid nosse, needum novit sicut nosse oportet.

9. *Iterum ex Apostolo.* — Vas electionis humilitate dejectus, imo conscientia fragilitatis suæ loquitur : « Ego sum minimus Apostolorum, qui non sum

des Apôtres, et je ne suis pas digne d'être appelé apôtre, parce que j'ai persécuté l'Église de Dieu. Mais c'est par la grâce de Dieu que je suis ce que je suis, et sa grâce n'a point été stérile en moi ; car j'ai travaillé plus que tous les autres, non pas moi toutefois, mais la grâce de Dieu qui est avec moi. » I *Corint.* xv, 9, 10. Il dit qu'il a travaillé plus que tous les autres Apôtres, et aussitôt il rapporte son travail au secours de Dieu : « Non pas moi toutefois, mais la grâce de Dieu qui est avec moi ; » de même qu'ailleurs : « C'est par Jésus-Christ que nous avons une si grande confiance en Dieu, non que nous soyons capables de former de nous-mêmes aucune bonne pensée comme de nous-mêmes, mais c'est Dieu qui nous en rend capables, et c'est lui aussi qui nous a rendus capables d'être les ministres de la nouvelle loi. » II *Corint.* III, 4, 6. L'homme, en effet, hors de la foi de Jésus-Christ, n'est pas justifié par les œuvres de la loi. D'où la conséquence : « Nous avons nous-mêmes cru en Jésus-Christ, pour être justifiés par la foi que nous aurions en lui, et non par les œuvres de la loi, parce que nul homme ne sera justifié par les œuvres de la loi. » *Galat.* II, 16. Car « si la justice s'acquiert par la loi, Jésus-Christ sera donc mort en vain. » *Ibid.* 21. « Ceux qui s'appuient sur les œuvres de la loi sont dans la malédiction, puisqu'il est écrit : Malédiction sur tous ceux qui n'observent pas ce qui est prescrit dans le livre de la loi. Mais Jésus-Christ nous a rachetés de la malédiction de la loi, s'étant rendu lui-même malédiction pour nous. » *Galat.* 10, 13. « Car si la loi qui avait été donnée avait pu donner la vie, on pourrait dire alors avec vérité que la justice s'obtiendrait par la loi. Mais la loi écrite a comme renfermé tous les hommes sous le péché, afin que ce que Dieu avait promis fût donné par la foi en Jésus-Christ, à ceux qui croiraient en lui. Ainsi la loi nous a servi de conducteur pour nous mener comme des enfants à Jésus-Christ, afin que nous fussions justifiés par la foi. » *Ibid.* 21-24. Plus loin, il condense tout en ce seul verset : « Vous qui voulez être justifiés par la loi, vous n'avez plus de part à Jésus-Christ, vous êtes déchus de la grâce. » *Galat.* v, 4.

10. *Nul n'a accompli la loi.* — Je parcours tous ces textes pour montrer que nul homme n'a accompli la loi, et que tout ce qu'elle contient est de précepte. En effet, c'est Dieu qui opère en nous la volonté et l'accomplissement. L'Apôtre a travaillé, *Philipp.* II, et s'étant tenu sans plainte dans la justice qui est dans la loi, il méprise tout pour Jésus-Christ, afin d'être trouvé en Jésus-Christ, non pas ayant sa propre justice, qui est d'après la loi, mais celle qui vient de Dieu d'après la foi en Jésus-Christ. Aussi écrit-il aux Thessaloniciens : « Dieu est fidèle, et il vous affermira, et vous préservera du malin esprit. » II *Thessal.* III, 3. Nous devons donc notre conservation, non pas à la puissance du libre arbitre, mais à la clémence de Dieu. Et pour que vous ne pensiez pas que de vains arguments, qui soulèvent des doutes parmi ceux qui les

dignus vocari Apostolus, quoniam persecutus sum Ecclesiam Dei ; gratia autem Dei sum id quod sum, et gratia ipsius in me vacua non fuit ; sed omnibus illis amplius laboravi, non ego autem, sed gratia Dei quæ mecum est. » I *Cor.* xv, 9, 10. Dicit se plus omnibus Apostolis laborasse, statimque laborem suum ad Dei refert auxilium : « Non ego, inquiens, sed gratia Dei, quæ mecum ; » sicut et in alio loco loquitur : « Fiduciam autem talem habemus per Jesum Christum ad Deum, non quia ex nobis ipsis sufficientes sumus cogitare aliquid, quasi ex nostro ; sed sufficientia nostra ex Deo est, qui et nos dignos fecit ministros novi Testamenti. » II *Cor.* III, 4, 6. Non enim justificatur homo ex operibus legis, nisi per fidem Jesu Christi. Unde infert : « Et nos in Jesum Christum credidimus, ut justificemur ex fide Christi, et non ex operibus legis, quia ex operibus legis non justificabitur omnis caro. » *Gal.* II, 16. « Si enim ex lege justitia, ergo Christus sine causa mortuus est. » *Ibid.*, 21. « In lege maledictio est ; scriptum est enim : Maledictus omnis, qui non permanet in omnibus quæ scripta sunt in libro Legis, ut faciat ea. Christus nos redemit de maledictione legis, factus pro nobis maledictio. » *Gal.* III, 10, 13. « Si enim data esset lex, quæ posset vivificare, vere ex lege esset justitia. Sed conclusit Scriptura omnia sub peccato, ut repromissio per fidem Jesu Christi daretur credentibus. Lex ergo pædagogus noster fuit in Christo, ut ex fide justificemur. » *Ibid.*, 21, 24. Unde addit, et uno versiculo omnia comprehendit, dicens : « Evacuati estis a Christo, qui in lege justificamini, a gratia excidistis. » *Galat.* v, 5.

10. *A nullo legem esse completam.* — Hæc cuncta percurro, ut ostendam a nullo legem esse completam, et per legem mandata omnia quæ continentur in lege. Deus est enim qui operatur in nobis, et velle et perficere. Laborat Apostolus, *Philipp.* II, et juxta justitiam quæ in lege est, sine querimonia conversatus, omnia pro Christo ducit quisquilias, ut inveniatur in Christo, non habens suam justitiam, quæ ex lege, sed quæ ex fide Christi est a Deo. Unde scribit ad Thessalonicenses : « Fidelis autem est Dominus, qui servabit vos, et custodiet a malo. » II *Thess.* III, 3. Ergo non liberi arbitrii potestate, sed Dei clementia conservamur. Ac ne putes argumentationibus vanis, quæ movent audientibus quæstio-

écoutent, peuvent ébranler la vérité de la foi, le même Paul écrit encore : « O Timothée, gardez l'excellent dépôt qui vous a été confié, fuyant ceux qui tiennent des discours vains et profanes, dont la nouveauté est une source de contestations, sous le faux nom de science que quelques-uns ont voulu étaler, ce qui les a conduits à l'erreur en matière de foi. » II *Timot.* I, 13, 14. « En effet, la bonté et l'amour de Dieu nous ont sauvés, non à cause des œuvres de justice que nous eussions faites, mais à cause de sa miséricorde, afin qu'étant justifiés par sa grâce, nous devinssions héritiers de la vie éternelle, suivant l'espérance que nous en avons. » *Tit.* III, 5, 6. Nous avons formé à la hâte ce modeste bouquet dans la vaste et magnifique prairie de la doctrine apostolique, afin de rabattre l'impudence d'un entêtement coupable.

11. *Des préceptes de l'Evangile.* — Passons à l'Evangile, et complétons la tremblante clarté de la flamme apostolique par la resplendissante lumière de Jésus-Christ. « Quiconque se met en colère sans motif, contre son frère, méritera d'être condamné par le jugement ; celui qui dira à son frère RACA (ce qui signifie *vain et sans cervelle*), méritera d'être condamné par le conseil, » le conseil sans doute des Saints et des Anges ; « et celui qui lui dira : Vous êtes un fou, méritera d'être condamné au feu de l'enfer. » *Matth.* V, 22. Qui donc peut se flatter de n'être pas sujet à cette faiblesse, et cependant, au jour du jugement, nous rendrons compte même d'une parole oiseuse ? Si la colère, si un mot injurieux, si parfois une plaisanterie, sont passibles du jugement du conseil et des feux de l'enfer, que mériteront les honteux désirs et l'avarice, qui est la racine de tous les vices ? « Si, lorsque vous présentez votre offrande à l'autel, vous vous souvenez que votre frère a quelque chose contre vous, laissez-là votre don devant l'autel, et allez vous réconcilier auparavant avec votre frère, et puis vous reviendrez offrir votre don. » *Matth.* V, 23, 24. Il est en mon pouvoir de n'avoir rien contre mon frère, mais il dépend de sa volonté d'avoir ou de n'avoir pas quelque chose contre moi. Que ferai-je donc s'il ne veut pas se réconcilier ? Je supplierai ? j'embrasserai ses genoux ? Mais il ne voudra pas m'entendre. Lui serrant le cou dans ma tunique, le traînerai-je malgré lui sous le joug de l'amitié ? Mais y a-t-il haine plus grande qu'entre deux amis accouplés de vive force ? Et pourtant l'Evangile ne dit pas : Priez-le de se réconcilier avec vous ; mais : Réconciliez-vous auparavant avec votre frère, et ensuite seulement vous reviendrez offrir votre don à l'autel. Et néanmoins Dieu ne commande pas l'impossible ; mais il se place au faîte de la patience, et paraît commander presque l'impossible, tant la difficulté d'exécution est grande, pour mettre à néant votre sentence que « les commandements de Dieu sont faciles. » Si notre main est une cause de scandale, il nous est prescrit de retrancher aussi l'œil et le pied. Mettons que c'est là une métaphore pour nous

nes, veritatem posse fidei subverti, idem Apostolus scribit ad Timotheum : « O Timothee, depositum custodi, devitans profanas vocum novitates et contradictiones falsi nominis scientiæ, quam quidam promittentes, circa fidem erraverunt. » II *Tim.* I, 13, 14. « Bonitas enim et misericordia Salvatoris nostri, non ex operibus justitiæ quæ fecimus, sed secundum suam misericordiam salvos nos fecit, ut justificati illius gratia, heredes simus secundum spem vitæ æternæ. » *Tit.* III, 5, 6. Hæc breviter quasi ex latissimo atque pulcherrimo Apostolicæ doctrinæ prato carpsimus, ut duræ frontis impudentia conteratur.

11. *Ex Evangelii præceptis.* — Transeamus ad Evangelia, et Apostolicos igniculos clarissima Christi lampade compleamus. « Omnis, ait, qui irascitur fratri suo sine causa, reus erit judicio. Qui autem dixerit RACA (quod interpretatur vanus et absque cerebro) reus erit concilio ; » haud dubium quin Sanctorum et Angelici senatus. « Qui autem dixerit fatue, reus erit gehennæ ignis. » *Matth.* V, 22. Quis nostrum potest huic vitio non subjacere, cum etiam pro otioso verbo reddituri simus rationem in die judicii ? Si ira et sermonis injuria atque interdum jocus judicio, concilioque, et gehennæ ignibus delegatur ; quid merebitur turpium rerum appetitio, et avaritia, quæ radix est omnium malorum ? « Si, inquit, offers donum tuum ad altare, et ibi fueris recordatus, quia frater tuus habet aliquid adversus te, dimitte ibi donum tuum ante altare, et vade primum, reconciliare fratri tuo, et tunc veniens offeres munus tuum. » *Matth.* V, 23, 24. Meæ est potestatis, ut non habeam aliquid contra fratrem meum. Ut autem ille adversus me habeat, aut non habeat, in illius voluntate consistit. Quid ergo faciam, si ille reconciliari noluerit ? Obsecrem ? flectam genua ? Sed audire contemnet. An obtorto collo nolentem in jus amicitiæ traham ? Et quæ est major inimicitia, quam amicitias necessitate sociare ? Neque enim dixit : Roga eum ut tibi concilietur ; sed, Reconciliare primum fratri tuo, et sic offeres munus tuum ad altare. Non quod impossibilia Deus præceperit ; sed in tantum patientiæ culmen ascendit, ut prope impossibilia pro difficultate nimia præcepisse videatur. *Matth.* XVIII, *et Marc.* IX, ad destruendam sententiam tuam, qua scribis : « Facilia esse Dei

enjoindre de renoncer à nos affections de meilleure amitié, de parenté, de famille et d'époux. Croit-on qu'il soit facile, pour quelques fautes, de se sevrer tout-à-coup de sentiments aussi tendres ? Quant à cette parole : « Contentez-vous de dire : Cela est, cela est ; ou : Cela n'est pas, cela n'est pas ; car ce qui est de plus vient du mal, » *Matth.* v, 37, peut-être faudrait-il avoir recours à votre école pour trouver un homme qui n'ait jamais menti, et qui ne connaisse pas ce mot du Prophète et de l'Apôtre : « J'ai dit dans l'humiliation de mon âme : Tout homme est menteur ; » *Psalm.* cxv. 2 ; et qui ne sache pas qu'il est écrit ailleurs : « La bouche qui ment donne la mort à l'âme. » *Sap.* i, 11. A celui qui nous frappe sur une joue, il nous est ordonné de tendre l'autre ; de donner aussi notre manteau à celui qui nous ravit notre tunique ; si quelqu'un vous traîne par la gorge pendant mille pas, tendez-lui le cou pour qu'il vous traîne pendant mille pas encore. « Donnez à tous ceux qui vous demandent, et ne redemandez point votre bien à celui qui vous l'emporte. » *Luc.* vi, 30. Si j'ai deux pièces d'argent et qu'un autre me les demande, ou je me réduirai moi-même à la mendicité en les lui donnant, ou, si je ne les donne pas, je transgresse la loi. Et cet autre précepte : « Aimez vos ennemis, faites du bien à ceux qui vous haïssent, et priez pour ceux qui vous persécutent et vous calomnient, » *Ibid.* 27, 28, peut-être est-il florissant dans votre secte, mais celui qui le pratique est rare chez nous. Ceux qui avouent humblement leurs péchés méritent la clémence du Sauveur ; et je ne vois pas trop qui observe cet autre commandement : « Prenez garde de ne pas faire vos bonnes œuvres, » c'est-à-dire votre aumône, « devant les hommes, pour en être regardés. » *Matth.* vi, 1. Nous faisons proclamer par le crieur public notre don d'un peu de pain et de deux oboles ; quand nous étendons la main, nous regardons de toutes parts, et, si personne ne nous voit, nous la fermons aussitôt. J'accorde qu'on puisse en trouver un sur mille qui n'agisse pas de la sorte.

12. *Il presse l'adversaire, en s'appuyant sur les mêmes préceptes.* — Répondez, s'il vous plaît, où sont les commandements faciles ? Il est écrit : « Ne soyez point en inquiétude pour le lendemain, car le lendemain aura soin de lui-même ; à chaque jour suffit son mal. » *Ibid.* 34. Ne vous inquiétez-vous pas du lendemain ? est-ce vous qui vivez content au jour le jour, comme les oiseaux, vous dont les épîtres sur parchemin volent au-delà des fleuves d'Ethiopie, afin que de nouveaux présents, flanqués de paons et de singes, soient envoyés d'Ophir à Salomon ? Voulez-vous mieux voir quelle est la facilité des commandements de Dieu ? Ecoutez ceci : « Que la porte de la vie est petite ! que la voie qui y mène est étroite ! et qu'il y en a peu qui la

mandata. » Scandalizantem manum, oculum et pedem jubemur abscindere. Esto per tropologiam dictum sit, pro amicissimis, et pro consanguineis, et fraterno nobis et conjugali amore sociatis ; facilene arbitramur ob quasdam offensas tantam subito abscindere charitatem ? Quodque dicitur : « Sit sermo vester, est est, non non, quod autem amplius est, a malo est ; » *Matth.* v, 37 ; forsitan de vestra schola reperiatur, qui nunquam mentitus sit, nec audierit illud Propheticum et Apostolicum : « Ego dixi in excessu mentis meæ : Omnis homo mendax, » *Psal.* cxv, 2, et nesciat scriptum in alio loco : « Os quod mentitur, occidit animam. » *Sap.* i, 11. Verberanti maxillam, alteram jubemur opponere. Tollenti tunicam, etiam pallium concedendum est. Angarianti se mille passibus, duobus millibus colla præbenda sunt. « Petenti te da, et volentem a te accipere mutuum, ne averseris. » *Luc.* vi, 30. Si duos nummulos habuero, et alius poposcerit, aut dabo ipsi, et mihi mendicandum erit, aut si non dedero, transgressor legis inveniar. Illud autem quod dicitur : « Diligite inimicos vestros, benefacite his qui oderunt vos, et orate pro persequentibus et calumniantibus vos ; » *Ibid.*, 27, 28 ; forsitan in vestro cœtu invenitur, apud nos rara avis est. Qui peccata simpliciter confitentur, merentur humilitate clementiam Salvatoris ; quodque sequitur : « Cavete, ne justitiam, hoc est, eleemosynam, vestram faciatis coram hominibus, ut videamini ab eis, » *Matth.* vi, 1, nescio quis possit implere. Ad largiendum frustum panis et binos nummulos præco conducitur, et extendentes manum, huc illucque circumspicimus, quæ si nullus viderit, contractior fit. Esto unus de mille inveniatur, qui ista non faciat.

12. *Urget ex iisdem præceptis.* — Responde, quæso, ubi sunt facilia mandata ? « Nolite, inquit, solliciti esse de crastino. Crastinus enim dies sollicitus erit pro se. Sufficit diei malitia sua. » *Ibid.*, 34. Vos de crastino non cogitatis, instar avium præsentibus contenti ? (a) quorum Epistolæ bibliniæ volitant trans flumina Æthiopiæ, ut inter simias et pavos, nova de Ophir Salomoni dona mittantur. Vis audire facilitatem præceptorum Dei ? ausculta quod dicitur : « Quam arcta via et angusta est, quæ ducit ad vitam, et pauci sunt qui inveniunt eam ! » *Matth.* vii, 14. Non dixit, qui gradiuntur per eam, hoc enim difficillimum est ;

(a) *Quatuor Epistolæ biblinæ.* Hæc lepide dixit, ut notet avaritiam, et voluptatem Pelagii et Juliani, qui epistolas papyraceas procul mittebant, ut inde redirent munera : alluditque ad dona peregrina missa Salomoni, ob admirationem sapientiæ. MARTIAN.

trouvent ! » *Matth.* VII, 14. Il n'est pas dit : Qui y marchent, chose bien plus difficile ; mais qui la trouvent. Et en effet, bien peu la trouvent, et un nombre bien plus petit encore savent y marcher. Celui qui avait dit par la bouche d'Isaïe : « C'est ici mon repos, soulagez-moi dans ma lassitude, » *Isai.* XXVIII, 12, « le Fils de l'homme n'a pas où reposer sa tête. » *Luc.* IX, 58. S'il n'a pas où mettre sa tête, où se reposer, lui qui a dit ailleurs : « Sur qui me reposerai-je, sinon sur l'humble, sur le pacifique et sur celui qui craint ma parole, » *Isai.* LXVI, 2, que devient la facilité des commandements ? Pour cette parole : « Je ne suis pas venu appeler les justes, mais les pécheurs à la pénitence, » *Matth.*, la plupart l'acceptent simplement, comme celle-ci : « Ce ne sont pas ceux qui se portent bien, mais les malades qui ont besoin de médecin. » *Marc.* II, 17. D'autres l'interprètent plus étroitement. « Je ne suis pas venu appeler les justes ; » *Marc.* II, 17, *et Luc.* V, 31 ; nul, en effet, n'est parfaitement juste, mais pécheur en quelque point ; « mais les pécheurs, » dont le monde est plein, selon le mot de David : « Sauvez-moi, Seigneur, car le saint lui-même succombe, » et : « Ils se sont corrompus et sont devenus abominables par leurs inventions. Tous se sont détournés de la droite voie ; ils sont tous devenus inutiles ; il n'y en a point qui fasse le bien, il n'y en a pas un seul. » *Psalm.* XIII, 2, 3. « Ne possédez, dit l'Evangile, ni or, ni argent, ni monnaie dans vos ceintures ; n'ayez point un sac dans la route, ni deux habits, ni souliers, ni bâton. » *Matth.* X, 9. Précepte, direz-vous, qui ne s'adressait qu'aux Apôtres. Pourtant l'Apôtre Pierre avait certainement une chaussure, puisque l'Ange lui dit : « Prends ta ceinture et mets ta chaussure à tes pieds. » *Act.* XII, 8. Je suppose, pour ne rien dire du reste, que vous et moi nous avons deux habits, et plus peut-être. Tout cela, je le dis, et j'entasse témoignage sur témoignage, pour que vous rougissiez de votre maxime : « Les commandements de Dieu sont faciles. »

13. *Encore de l'Evangile.* — « Le père livrera le frère à la mort, et le père le fils, et les enfants s'élèveront contre les parents et les feront mourir. Et vous serez en haine à tous, à cause de mon nom. » *Matth.* X, 21, 22. Comme Dieu savait qu'il ordonnait là choses faciles et de commode exécution, pour bien faire voir cette facilité, il ajoute par copulation : « Celui qui persévérera jusqu'à la fin sera seul sauvé. » *Matth.* X, 22. « Je ne suis pas venu porter la paix sur la terre, mais la guerre ; car je suis venu séparer l'homme de son père, la fille de sa mère et la belle-fille de sa belle-mère. » *Ibid.* 34. Et pour ne pas rendre cet enseignement trop long, en énumérant tout, il le résume en deux mots : « Les ennemis de l'homme seront les gens mêmes de sa maison. » *Ibid.* 36. Et après avoir dit : « Celui qui aime son père ou sa mère plus que moi n'est pas digne de moi, et celui qui aime son fils ou sa

sed qui inveniunt eam. Pauci enim inveniunt, et multo pauciores ingrediuntur per eam. « Filius, inquit, hominis non habet ubi caput suum reclinet. » *Luc.* IX, 58, qui dicit in Isaia : « Suscipite lassum, et hæc est requies mea. » *Isai.* XXVIII, 12. Si non habet ubi caput suum reclinet, et quo requiescat, dicens in alio loco : « Super quem requiescam nisi super humilem, et quietum, et trementem verba mea. » *Isai.* LXVI, 2, ubi est mandatorum facilitas ? Multi hoc quod scriptum est : « Non veni vocare justos sed peccatores ad pœnitentiam, » *Matth.* IX, 13, simpliciter accipiunt, juxta illum sensum : « Non indigent sani medico, sed hi qui male habent. » *Marc.* II, 17. Alii vero interpretantur cautius. « Non veni vocare justos, » *Marc.* II, 17, *et Luc.* V, 31, nullus enim ad perfectum justus est, sed ex aliqua parte peccator ; « sed peccatores, » quibus mundus refertus est, dicente David : « Salvum me fac, Domine, quoniam defecit sanctus ; » et : « Corrupti sunt, et abominabiles facti sunt in adinventionibus suis. Omnes declinaverunt, simul inutiles facti sunt, non est qui faciat bonum, non est usque ad unum. » *Ps.* XIII, 2, 3. Nolite, inquit, possidere aurum, neque argentum, neque pecuniam in zonis vestris, non peram in via, non panem, neque duas tunicas, neque calceamenta, neque virgam. *Matth.* X, 9. Hæc, inquies, præcepta Apostolica sunt. Et certe Petrus Apostolus caligas habuisse narratur, dicente ad eum Angelo : « Præcingere, et calceare (al. *calcea te*) caligis tuis » *Act.* XII, 8. Duas autem tunicas, ut de cæteris taceam, puto quod et ego et tu possideamus, si tamen amplius non habemus. Hæc dico, et iterum iterumque ac per singula ingeram, ut erubescas ad sententiam tuam, Facilia esse Dei mandata.

13. *Iterum ex Evangelio.* — « Fratrem tradet frater in mortem, et pater filium, consurgentque filii contra parentes, et interficient eos. Et eritis, inquit, odio cunctis hominibus propter nomen meum. » *Matth.* X, 22. Et quia facilia jusserat, et sciebat facile ea posse compleri, propterea, ut rei facilitatem ostenderet, copulavit dicens : « Qui perseveraverit usque in finem, hic salvus erit. » *Matth.* X, 22. « Non veni, inquit, pacem mittere super terram, sed gladium. Veni dividere hominem contra patrem suum, et filiam contra matrem, et nurum contra socrum. » *Ibid.*, 34. Et ne omnia percurrendo longiorem sententiam faceret, uno cuncta sermone comprehendit, dicens : « Inimici hominis, domestici ejus. » *Ibid.*, 36. Cumque po-

fille plus que moi n'est pas digne de moi, » *Ibid.* 37, pour mettre le comble à la facilité de ses préceptes, il ajoute : « Celui qui ne prend pas sa croix et ne me suit point, n'est pas digne de moi. » *Ibid.* 38, *et Luc.* XIV, 27. Porter la croix de Jésus-Christ est facile; marcher nu sur les traces du Christ, c'est un agrément, c'est un jeu. Et où sont les récompenses cherchées à travers tant de difficultés vaincues? L'ivraie n'est pas recueillie en cette vie, de peur que le froment ne fût également arraché; la moisson du Seigneur est réservée pour le jour du jugement, lorsque les justes brilleront comme le soleil, que les Anges entreront et qu'ils sépareront les méchants d'au milieu des justes. Pierre se noie, et il s'entend dire : « Homme de peu de foi, pourquoi doutez-vous? » *Matth.* XIV, 31. Si Pierre est homme de peu de foi, je ne vois guère où il y a un homme de beaucoup de foi. « Du cœur, est-il écrit, viennent les mauvaises pensées, les homicides, les adultères, les fornications, les vols, les faux témoignages, les blasphèmes, et ce sont ces choses qui souillent l'homme. » *Matth.* XV, 19. Montrez-moi un homme qui prouve qu'il n'a pas ces choses en son cœur, et j'avouerai que la justice parfaite se peut trouver en ce corps mortel. Il est dit aussi : « Celui qui veut sauver sa vie la perdra, et celui qui perdra sa vie à cause de moi sauvera sa vie. » *Matth.* XII, 25. Je le répète encore : Ces commandements sont-ils faciles? « Malheur au monde à cause des scandales, car il est nécessaire que des scandales arrivent. » *Matth.* XVIII, 7. C'est pourquoi il est écrit ailleurs : « Nous faisons tous beaucoup de fautes. » *Jacob.* III, 2. Il ne parle pas de peu de péchés commis par quelques-uns, mais de tous les hommes commettant beaucoup de péchés : « Car tous cherchent leurs propres intérêts, et non ceux de Jésus-Christ. » *Philip.* II, 28. Dieu mérite seul d'être appelé bon, et la bonté du savant est niée non moins que celle de tout homme. Un docteur de la loi se vante d'en avoir accompli tous les points et d'être aimé du Seigneur; pourtant il n'a pas la justice parfaite, parce qu'il n'a pas voulu distribuer son bien aux pauvres. Et là le difficile est comparé au difficile, ou plutôt l'impossible à l'impossible : ni un chameau ne peut passer par le trou d'une aiguille, ni un riche entrer dans le royaume des cieux. Qui de nous ne lave l'extérieur du verre et du plat, et ne laisse aucune souillure à l'intérieur? Qui peut décliner sa ressemblance avec les sépulcres blanchis à l'extérieur, en sorte que Jésus ne puisse aussi lui dire : « Au dehors, vous paraissez justes aux hommes, mais vous êtes intérieurement pleins d'hypocrisie et d'iniquité? » *Matth.* Quand même nous pourrions être exempts de tout autre défaut, n'être pas taché d'hypo-

suisset : Qui amat patrem aut matrem supra me, non est me dignus, et qui amat filium aut filiam supra me, non est me dignus, *Ibid.*, 37, ob facilitatem præceptorum intulit : « Et qui non tollit crucem suam, et sequitur me, non est me dignus. » *Ibid.*, 38, *et Luc.* IV, 27. Crux Christi facilis est ; nudum post Christum ire, ludus est, jocus est. Et ubi præmia quæ, difficultate superata, quæruntur ? Non colliguntur zizania in præsenti sæculo, ne et frumentum pariter eradicetur. Pala Dominica futuro judicio reservatur, quando justi fulgebunt quasi sol, et egredientur Angeli, et separabunt malos de medio justorum. Petrus mergitur, et meretur audire : « Modicæ fidei, quare dubitasti ? » *Matth,* XIV, 31. Si in illo modica fides, in quo magna sit, nescio. « De corde, inquit, egrediuntur cogitationes pessimæ, homicidia, adulteria, fornicationes, furta, falsa testimonia, blasphemiæ. Hæc sunt quæ coinquinant homines. » *Matth.* XV, 19. Procedat qui in corde suo hæc non esse testetur, et plenam in corpore isto mortali justitiam confitebor. « Qui vult, inquit, salvare animam suam, perdet eam ; et qui perdiderit animam suam propter me, salvam faciet eam. » *Matth.* XII, 25. (*a*) Iterum dico : Hæc sunt facilia mandata ? « Væ mundo a scandalis, necesse est enim ut veniant scandala. » *Matth.* XVIII, 7. Et propterea in alio loco scriptum est : « In multis offendimus, sive erramus, omnes. » *Jacob.* III, 2. Non pauca peccata, sed multa, nec quorumdam, sed omnium posuit : « Omnes enim quæ sua sunt quærunt, et non ea quæ Dei sunt. » *Philipp.* II, 21. Unus bonus Deus dicitur, et magistri quasi hominis bonitas refutatur. In Lege doctissimus omnia fecisse se dicit, quamobrem et amatur a Domino ; et tamen plenam justitiam non habet, quia noluit substantiam suam pauperibus erogare. Unde difficultas difficultati, imo impossibile impossibili tunc comparatur, quia nec camelus ingredi potest per foramen acus, nec divites pervenire in regna cœlorum. Quis nostrum non lavat exteriora calicis et paropsidis, et interiora habet nequaquam sordibus inquinata ? Quis sepulcrorum extrinsecus dealbatorum potest similitudinem declinare ? ne et nobis dicat Jesus : « De foris quidem videmini hominibus justi, intus autem pleni estis hypocrisi et iniquitate. » *Matth.* XXII, 1. Quamvis et aliis vitiis carere possimus, hypocriseos maculam (*b*) non habere aut paucorum est, aut nullorum.

14. *A Christi Domini et Apostolorum exemplo.* —

(*a*) Hæc in veteri edit. ita postponuntur, *Hæc sunt facilia mandata. Iterum dico, væ mundo,* etc.

(*b*) Martianæus post Erasm. *non habere posse,* tametsi *posse* Victorius antea expunxisset ope codicum Brixianorum, quibus et nostri pari consensu suffragantur.

crisie est le fait de bien peu, ou plutôt de personne.

14. *Exemple pris de Notre-Seigneur J.-C. et des Apôtres.* — « Mon Père, dit le Sauveur, que ce calice s'éloigne de moi, s'il est possible. Mais que votre volonté soit faite et non la mienne. » *Matth.* xxvi, 39. Le Fils de Dieu, dont « la parole a tout fait et le commandement créé toutes choses, » *Psalm.* cxlviii, 5, en raison de son nom de Fils de l'homme, change ainsi son langage : « Père, si c'est possible ; néanmoins, que votre volonté soit faite et non la mienne. » *Matth.* xxvi, 40 ; tandis que mon Critobule dit en fronçant le sourcil : « Si l'homme veut, il peut être sans péché. » Les Apôtres entendent ce reproche : « Ainsi vous n'avez pu veiller même une heure avec moi? » *Marc.* xiv, 37. Jésus ne leur dit pas : Vous n'avez pas voulu ; mais : Vous n'avez pas pu. Les Apôtres ne peuvent pas veiller même une heure, vaincus par le sommeil, le chagrin et la faiblesse de la chair, et vous, vous pouvez pendant longtemps dominer tous les péchés à la fois? L'évangéliste Marc écrit de Notre-Seigneur : « Il ne put faire là aucun miracle ; il guérit seulement un petit nombre de malades en leur imposant les mains, et il s'étonnait de leur incrédulité. » *Marc.* vi, 5. Il est dit de Notre-Seigneur qu'il ne put faire aucun miracle à Nazareth, parce qu'il est empêché par l'incrédulité qu'il y trouve, et vous prétendez, vous, pouvoir tout ce que vous voulez ! L'Evangéliste continue : « Il alla sur les confins de Tyr et de Sidon, et étant entré dans une maison, il désirait que personne ne le sût ; mais il ne put être caché. » *Marc.* vii, 24. Il avait véritablement le désir d'être caché ; d'où vient donc qu'il ne put pas accomplir son désir et faire que personne ne connût son arrivée? Vous cherchez les motifs pour lesquels il ne put être caché? Songez qu'il s'était réellement revêtu de la nature humaine, et le fait ne vous scandalisera pas. Puisque l'Evangile rapporte que le Fils de Dieu, revêtu de la chair, n'a pas pu quelque chose à cause de la chair, comment nous, qui sommes tout charnels et qui répugnons chaque jour aux œuvres de l'esprit, ferons-nous tout ce que nous voulons, contrairement au sentiment de l'Apôtre? L'Apôtre Pierre, qui, frappé de terreur, ne sait ce qu'il prétend, veut dresser trois tentes sur la montagne, une pour Notre-Seigneur, une pour Moïse, une autre pour Elie, et nous, nous débordons de l'orgueil de la secte pythagoricienne? Jésus répond que les Anges du ciel et le Fils de l'homme même ignorent le jour et l'heure de la fin du monde, et nous, nous nous targuons d'une science parfaite? Cette faible chair eut le bonheur d'avoir Dieu pour hôte, et cependant elle ne put sortir des limites

« Pater, inquit, si possibile est, transeat calix iste a me. Veruntamen non sicut ego volo, sed sicut tu. » *Matth.* xxvi, 39. Filius Dei « qui dixit, et facta sunt, mandavit et creata sunt » omnia, *Psal.* cxlviii, 5, secundum hoc quod Filius hominis dicitur, sententiam temperat : « Pater, si possibile est ; verumtamen non sicut ego volo, sed sicut tu ; » *Matth.* xxvi, 40 ; et Critobulus meus adducto supercilio loquitur : « Potest homo sine peccato esse si velit. » Apostoli audiunt : « Sic non potuistis una hora vigilare mecum ? » *Marc.* xvi, 37. Non dixit, noluistis, sed, non potuistis. Apostoli una hora vigilare non possunt, somno, mœrore et carnis fragilitate superati, et tu potes longo tempore omnia simul peccata superare? Marcus Evangelista scribit de Domino : « Et non poterat ibi ne unam quidem facere virtutem, nisi paucis ægrotantibus manus imponens, sanavit eos, et admirabatur propter *(a)* incredulitatem eorum. » *Marc.* vi, 5. Dominus dicitur non potuisse in Nazareth ne unam quidem facere virtutem, et infidelitatis alienæ stupore retinetur ; et vos potestis omne quod vultis. Denique in consequentibus scribitur : « Abiit in fines Tyri et Sidonis, et ingressus domum, neminem volebat scire, et latere non potuit. » *Marc.* vii, 24. Vere utique cupiebat latere, et quod cupiebat, quare facere non poterat, ut in adventu suo omnium conscientiam declinaret? Quæris causas, cur latere non potuerit *(b)*? Cogita assumpti hominis veritatem, et omni carebis scandalo. Si Filius Dei aliquid in carne et propter carnem non potuisse narratur, nos qui toti carnei sumus, et quotidie spiritus operibus repugnamus, contra Apostoli sententiam quæ volumus cuncta faciemus? Petrus apostolus tria vult facere in monte tabernacula, unum Domino, alterum Moysi, tertium Eliæ, nesciens quid loquitur timore perterritus ; et nos *(c)* Pythagoricæ philosophiæ ructamus superbiam? De die et hora consummationis ultimæ et Angelos cœlorum, et Filium ignorare respondit, et *(d)* nos plenam scientiam pollicemur? Carnis infirmitas Deo habitatore

(a) Duo Vaticani mss., *propter infidelitatem.*

(b) Quantopere hunc locum Pelagiani criminarentur, discas velim ex Augustini *Opere imperfecto,* atque infra num, 17, not.

(c) Superbiam Pythagoricæ Philosophiæ vocat ἀπαθείαν et ἀναμαρτησίαν, seu perfectæ justitiæ dogma, quod Pythagoræ in primis tribuere Hieronymus solet.

(d) Verius fortasse Reginæ liber cum veteri edit., *et vos plenam scientiam pollicemini.* Mox Græco verbo interpretationem addunt Vaticani *id est putative.*

de sa faiblesse, afin que l'on croie que le Fils de Dieu a été le Fils de l'homme en réalité, et non en apparence, comme le voulaient les anciens hérétiques. Laissant les Apôtres pour quelques instants, il tombe la face contre terre, et il priait en disant : « Mon Père, si c'est possible. » *Matth.* XXVI, 39. Pourquoi ce langage conditionnel, quand il avait dit ailleurs : « Les choses qui sont impossibles à l'homme sont possibles à Dieu ? » *Matth.* XIX, 26 ; *Marc.* X, 27 ; *Luc.* XVIII, 27. En homme qui va subir la Passion, il parle le langage de l'homme : Si c'est possible, qu'il s'éloigne pendant une heure. Et vous, vous osez dire qu'il est possible d'éviter le péché pendant tout le temps ?

15. *Des autres récits dans l'Évangile.* — Dans certains exemplaires, et surtout dans les recueils grecs, il est écrit à la fin de l'Évangile de S. Marc : « Jésus apparut aux onze lorsqu'ils étaient à table, et il leur reprocha leur incrédulité et la dureté de leur cœur, parce qu'ils n'avaient point cru ceux qui l'avaient vu ressuscité. » *Marc.* XVI, 14. « Et ils avouaient leur faute, et disaient : Ce siècle d'iniquité et d'incrédulité est en butte à Satan, qui ne permet pas aux âmes souillées de concevoir la vraie puissance de Dieu ; hâtez-vous donc de manifester votre justice. » Si vous repoussez ce texte, du moins n'oserez-vous pas renier celui-ci : « Tout le monde est sous l'empire de l'esprit malin. » I *Joan.* V, 19. Ce n'est d'ailleurs que pour un temps, c'est-à-dire jusqu'après la Passion, que Satan avait renoncé à la lutte, quand, ayant osé tenter son Seigneur, il fut défait et contraint à une honteuse retraite. Le Seigneur est tenté, et le successeur de Jovinien ose dire que ceux qui ont reçu le baptême avec une foi entière ne peuvent être tentés, ou plutôt, en d'autres termes, que l'homme qui a reçu le baptême ne commettra plus ensuite le péché, s'il ne veut pas le commettre. Zacharie le juste s'entend dire par l'Ange : « Parce que tu n'as point cru à mes paroles, tu seras muet et tu ne pourras parler jusqu'au jour où l'enfant naîtra. » *Luc.* I, 20. Le père du lunatique dit en parlant des Apôtres : « J'ai prié vos disciples de le chasser » (le démon), « et ils n'ont pas pu. » *Matth.* XVII, 15. Et les disciples eux-mêmes font cette question au Sauveur : « Pourquoi n'avons-nous pas eu le pouvoir de le chasser ? » et le Sauveur répond : « A cause de votre incrédulité. » Pourquoi ? parce qu'il est réservé à Dieu seul de pouvoir toutes choses. Les Apôtres eurent la pensée de savoir lequel d'entre eux était le plus grand, et la décision du divin Maître corrigea leur présomption, en leur montrant que le plus petit est le plus grand et que l'humilité est la véritable grandeur. Il n'est point reçu dans la ville

gaudebat, et tamen mensuram fragilitatis suæ excedere non potuit, ut non τῷ δοκεῖν (secundum apparentiam), juxta veteres hæreticos, sed vere Dei Filius, hominis Filius crederetur. Apostolos paulisper relinquens, cecidit in terram pronus, et orabat dicens : « Pater, si possibile est. » *Matth.* XXVI, 39. Cur, quæso, sententiam (a) ambigenter exprimebat, qui in alio loco dixerat : « Quæ apud homines impossibilia, apud Deum possibilia sunt ? » *Matth.* XIX, 26 ; *Marc.* X, 27 ; *Luc.* XVIII, 27. Sed homo passurus, hominis loquitur verbis. Ille dicit : Si possibile est, una hora prætereat. Tu dicis, possibile est omni tempore peccata vitare.

15. *Ex aliis in Evangelio historiis.* — In quibusdam exemplaribus et maxime in Græcis codicibus, juxta Marcum in fine ejus Evangelii scribitur : « Postea cum accubuissent undecim, apparuit eis Jesus, et exprobravit (b) incredulitatem et duritiam cordis eorum, quia his qui viderant eum resurgentem, non crediderunt. » *Marc.* XVI, 14. « Et illi satisfaciebant dicentes : Sæculum istud iniquitatis et incredulitatis (c) substantia est, quæ non sinit per immundos spiritus veram Dei apprehendi virtutem : idcirco jam nunc revela justitiam tuam. » I *Joan.* V, 19. Cui si contradicitis, illud certe renuere non audebitis : « Mundus in maligno positus est ; » *Ibid.* ; et quod Dominum suum Satanas tentare ausus sit, et victus atque confusus recesserit, usque ad tempus, utique passionis. Ille tentatur, et successor Joviniani audet loqui : Eos qui plena fide baptisma consecuti sunt, non posse tentari ; imo aliis verbis : Posse hominem baptizatum, si noluerit, nequaquam ultra peccare. Zacharias justus audit ab Angelo : « Quia non credidisti verbis meis, eris tacens, et non poteris loqui, usque in diem nativitatis ejus. » *Luc.* I, 20. Pater lunatici de Apostolis loquitur : « Rogavi discipulos tuos, ut ejicerent eum, id est dæmonem, et non potuerunt. » *Matth.* XVII, 15. Et ipsi discipuli interrogant Salvatorem : « Quare non potuimus ejicere illum ? » Et audiunt : « Propter incredulitatem vestram. » Cur, quæso ? quia omnia posse, Domino servabatur. Intravit cogitatio

(a) Iidem duo Vaticani *sententiam ambigentis exprimit.*

(b) Plerique mss., *incredulitati et duritiæ cordis*, etc. Porro sequentes versiculi a verbis : *Et illi satisfaciebant* ad finem usque, minime pro germanis ab Ecclesia habentur, neque in ullis Græcis codicibus, qui ad nos devenerint, aut in versionibus authenticis reperiuntur. Superiores vero consensu librorum omnium genuini sunt.

(c) Unus Vatican., *sub satana est*, quam certe præferrem lectionem, si *qui* deinde haberet pro *quæ*. Cæterum superius verbum *satisfaciebant*, observatum a doctis viris, idem esse ac *culpam fatebantur*.

des Samaritains, parce qu'il allait vers les brebis perdues de la maison d'Israël. Jacques et Jean, véritables fils du tonnerre, et Phinées et Elie que le zèle dévore, désirent de faire descendre en eux le feu du ciel, et le Seigneur les reprend; il ne les aurait pas repris, assurément, si leur désir eût été irrépréhensible. Les foules allaient sur les pas de Notre-Seigneur, qui se retourna et leur dit : « Si quelqu'un vient à moi, et ne hait point son père et sa mère, sa femme, ses enfants, ses frères, ses sœurs, et même sa propre vie, il ne peut être mon disciple: » *Luc.* XIV, 26; et encore : « Celui qui ne porte pas sa croix et ne me suit pas ne peut être mon disciple. » *Ibid.* 27. Et c'est devant ce texte que j'aurai la témérité de proclamer : « Si l'homme veut, il peut éviter tous les péchés, parce que les commandements de Dieu sont faciles? » Parler ainsi, c'est mériter le reproche du Sauveur : « Vous êtes de ceux qui veulent paraître justes devant les hommes; mais Dieu connait vos cœurs, et souvent ce qui est grand devant les hommes est abominable devant Dieu. » *Luc.* XVI, 15. « Il est impossible, est-il écrit, que des scandales n'arrivent pas. » *Luc.* XVII, 1. J'ose prétendre que le scandale est un péché, puisqu'il est une source de péchés. En effet, si je ne me trompe, il a été ainsi nommé des deux mots grecs *σκῶλον* et *σκάνδαλον*, *faute* et *ruine*. C'est pourquoi « nous commettons tous beaucoup de fautes. » *Jacob.* III, 2. Dites qu'il n'y a pas chute toujours, mais il y a faute assurément, et faute en beaucoup de choses. Or, je prétends qu'il y a péché à commettre une faute. « Les Apôtres dirent au divin Maître : Augmentez notre foi. Il leur répondit : Si vous aviez de la foi comme un grain de sénevé, » *Matth.* XVII, 19, qui est certainement le plus petit de tous les grains; et mon Critobule se vante devant nous d'avoir des montagnes de foi.

16. *L'infaillibilité peut être accordée par Dieu.* — « Il leur disait cette parabole pour montrer qu'il faut toujours prier et ne se lasser jamais. » *Luc.* XVIII, 1. En vain prions-nous toujours, s'il nous est permis de faire ce que nous voulons, d'après notre libre arbitre. Les Apôtres disent : « Qui est celui qui peut être sauvé? » et le Seigneur répond : « Ce qui est impossible aux hommes est possible à Dieu. » *Marc.* X, 26, 27. Par conséquent, il suit de là que certaines choses qui sont impossibles aux yeux des hommes, sont cependant possibles, puisque tout est possible à Dieu. Il est donc possible à Dieu, s'il veut, de donner à l'homme l'infaillibilité; mais elle sera un don de la miséricorde divine, non un fruit du mérite de l'homme, chez qui ce qu'il reçoit comme une grâce n'est pas possible par la puissance du libre arbitre. Il n'avait pas suffi aux Apôtres d'interroger précédemment Jésus, pour savoir qui d'entre eux

in Apostolos, qui eorum major esset, et emendantur (al. *emendatur*) doctrina Salvatoris, dum minimus major agnoscitur, et humilitas sublimitate mutatur. Non recipitur ab urbe Samaritanorum, quia facies ejus erat euntis Jerusalem. Jacobus et Joannes vere filii tonitrui, et zeli ardore ferventes Phinees et Eliæ ignem de cœlo deducere cupiunt, et corripiuntur a Domino; qui utique non corriperentur, si absque errore talia voluissent. Ibant cum illo populi, hoc est, cum Domino qui conversus dixit : « Si quis venit ad me, et non odit patrem suum, et matrem suam, et uxorem, et filios, et fratres et sorores, insuper et animam suam, non potest meus esse discipulus; » *Luc.* XIV, 26; et : « Qui non portat crucem suam, et sequitur me, non potest meus esse discipulus. » *Ibid.*, 27. Et in hoc loco temerarius proclamabo : « Potest homo, si velit, omnia peccata vitare; facilia enim sunt mandata ejus? » Qui merentur audire a Domino Salvatore : « Vos estis qui justos vos esse dicitis coram hominibus, Deus autem novit corda vestra, quia quod apud homines excelsum est, abominabile est coram Deo. » *Luc.* XVI. 15. « Impossibile est, inquit, ut scandala non veniant. » *Luc.* XVII, 1. Puto quod peccatum scandalum sit, quod per scandalum venit. Nisi fallor enim, *σκῶλον* et *σκάνδαλον* apud Græcos ex offensione et ruina nomen accepit. Propterea « in multis offendimus omnes. » *Jacob.* III, 2. Fac ut non corruerim, certe offendi, et non in uno, sed in pluribus. Arbitror quod in aliquo offendisse peccatum sit. « Dixerunt Domino Apostoli : Auge nobis fidem. Qui respondit eis : Si habueritis fidem, quasi granum sinapis, » *Matth*, XVII, 19, quod utique minimum est omnium seminum; et Critobulus meus fidei nobis motibus intumescit.

16. *Impeccantiam a Deo tribui posse.* — « Dicebat autem, inquit, et parabolam illis, quod semper oportet orare et nunquam deficere. » *Luc.* XVIII, 1. Frustra semper oramus, si in nostro arbitrio est facere quod volumus. Dixerunt Apostoli : « Et qui potest salvus esse? » Audiunt a Domino : « Quæ impossibilia sunt apud homines, possibilia apud Deum sunt. » *Marc.* X, 26, 27. Ergo aliqua, quæ apud homines impossibilia sunt, certe ea esse possibilia ex eo ostenditur quod apud Deum possibilia sunt. Sit ergo et apud Deum possibile homini, si velit, donare impeccantiam, non ipsius merito, sed sua clementia, et apud homines nequaquam possibile liberi arbitrii potestate, quod nutu donantis accipitur. Non suffecerat Apostolis dudum super dignitate quæsisse, quis eo-

était le plus grand; il est écrit qu'au moment même des terribles conjonctures de la Passion, « il s'excita parmi eux une contestation, lequel d'entre eux devait être estimé le plus grand. » *Luc.* XXII, 24. Circonstance, en effet, admirablement choisie pour contester de la prééminence, que celle où se plante la croix! Aussi, entendez le Seigneur : « Simon, Simon, Satan vous a demandés tous pour vous cribler comme on crible le froment; mais j'ai prié pour vous en particulier, pour que votre foi ne défaille point. » *Ibid.* 31. Selon vous, il était au pouvoir de l'Apôtre, s'il eût voulu, de ne point défaillir en sa foi, et celle-ci défaillant, le péché entre aussitôt. Quelques exemplaires grecs et d'autres latins portent en S. Luc : « Un ange du ciel lui apparut pour le fortifier; » *Luc.* XXII, 43; c'est-à-dire pour fortifier Notre-Seigneur et Sauveur. « Et étant tombé en agonie, il redoublait ses prières, et il lui vint une sueur comme de gouttes de sang, qui découlaient jusqu'à terre. » *Ibid.* 44. Le Sauveur, dans sa souffrance, est fortifié par un Ange; et mon Critobule n'a pas besoin du secours de Dieu, parce qu'il a la puissance du libre arbitre. Et Jésus priait avec tant de ferveur, que découlaient des gouttes de ce sang qu'il allait tout répandre en sa Passion. « Pourquoi, crie-t-il aux Apôtres, pourquoi dormez-vous? Levez-vous et priez, afin que vous ne tombiez point dans la tentation. » *Matth.* XXVI, 41. Il aurait dû dire, d'après vous : Pourquoi dormez-vous? Levez-vous et résistez, car vous avez le libre arbitre, et cette puissance vous ayant été une fois concédée par Dieu, vous n'avez plus besoin du secours de personne. Si vous agissez ainsi, vous ne tomberez point dans la tentation.

17. *Encore de l'Evangile.* — « Je ne puis, dit Jésus, rien faire de moi-même; je juge selon ce que j'entends. » *Joan.* V, 30. Les Ariens émettent à cet endroit un sacrilége; l'Eglise répond que Jésus parle eu égard à la nature humaine, dont il s'est revêtu. Vous, au contraire, vous dites : « Seigneur, si je veux, je puis être sans péché. » Jésus, quand il veut montrer qu'il s'est réellement fait homme, dit qu'il ne peut rien faire de lui-même; et vous, vous prétendez pouvoir éviter tous les péchés, voulant montrer que, pendant que vous êtes établi dans ce corps, vous êtes égal à Dieu. Jésus refuse à ses frères et à ses proches d'aller à la fête des tabernacles; et il est écrit immédiatement après : « Mais lorsque les frères furent partis, il alla lui-même à la fête, non pas publiquement, mais comme s'il eût voulu se cacher. » *Joan.* VII, 10. Il refusa d'y aller, et il fit ensuite ce qu'il avait dit qu'il ne ferait pas. Ici Porphyre aboie, et lance une accusation d'inconstance et de versatilité, ne sachant pas que tout ce qui semble un scandale en Jé-

rum major esset, sed in ipso necessitatis et passionis articulo scribitur de eis : « Facta est contentio inter illos, quis illorum major esset. » *Luc.* XXII, 24. Optimum revera tempus instante cruce de dignitate contendere. « Simon, inquit, Simon, ecce Satanas expetivit vos, ut cribraret sicut triticum. Ego autem rogavi pro te, ut non deficiat fides tua. » *Ibid.*, 31. Et certe juxta vos in Apostoli erat positum potestate, si voluisset, ut non deficeret fides ejus, qua utique deficiente, peccatum subingreditur. In quibusdam exemplaribus tam Græcis quam Latinis invenitur, scribente Luca : « Apparuit illi Angelus de cœlo confortans eum, » *Luc.* XXII, 23, haud dubium quin Dominum Salvatorem. « Et factus in agonia prolixius orabat, factusque est sudor ejus sicut guttæ sanguinis decurrentis in terram. » *Ibid.*, 44. Salvator in passione ab Angelo confortatur; et Critobulus meus non indiget auxilio Dei, habens liberi arbitrii potestatem. Et tam vehementer orabat, ut guttæ sanguinis prorumperent ex parte, quem totum erat in passione fusurus. « Quid, inquit, dormitis? surgite et orate, ne intretis in tentationem. » *Matth.* XXVI, 41. Debuit juxta vos dicere : Quid dormitis? surgite et resistite, liberum enim habetis arbitrium, et semel vobis concessa a Domino potestate, nullius alterius indigetis auxilio. Si enim hoc feceritis, non intrabitis in tentationem.

17. *Item ex Evangelica historia.* — « Non possum, ait, ego facere a memetipso aliquid, sed (al. *et*) sicut audio, ita judico. » *Joan.* V, 30. Ariani objiciunt calumniam, sed respondet Ecclesia, ex persona hominis hæc dici qui assumptus est. Tu e contrario loqueris : « Possum sine peccato esse, si voluero. » Ille nihil potest ex se facere, ut hominis indicet veritatem. Tu potes omnia peccata vitare, ut adhuc in corpore constitutus *(a)* ἀντίθεον esse te doceas. Negat fratribus et propinquis ire se ad scenopegiam; et postea scriptum est : « Ut autem ascenderunt fratres ejus, tunc et ipse ascendit ad solemnitatem, non manifeste, sed quasi in abscondito. » *Joan*, VII, 10. Iturum se negavit, et fecit quod prius negaverat. Latrat Porphyrius, inconstantiæ ac mutationis accu-

(a) *Constitutus* ἀντίθεον. Cave falsam Mariani Victorii interpretationem, qui putavit hic ἀντίθεον significare *Deo contrarium et adversarium*; cum certum sit Hieronymum intellexisse *semideum, eximium, æquiparatum Deo*, sive *divinum*; *hoc est* ἰσόθεον, κατ' ἀρετήν, *Deo æqualem secundum virtutem*. MARTIAN. — Scilicet *Deo æquiparandum*, quo sensu passim ab Homero vocabulum usurpatur, ut Iliad. Ψ vers. 360 :

Ἀντίθεον Φοίνικα ὀπάονα πατρὸς ἑοῖο.

sus-Christ doit être rapporté à la chair. « Moïse, dit Jésus aux Juifs, ne vous a-t-il pas donné la loi? et néanmoins nul de vous n'accomplit la loi, » qui est cependant praticable; mais si personne n'avait accompli ce qui était possible, la faute en était, non pas à celui qui avait prescrit, mais à la faiblesse de ceux qui avaient reçu le précepte; car il faut que le monde soit au-dessous de Dieu. Beaucoup d'exemplaires grecs et latins de l'Évangile selon saint Jean rapportent l'histoire de la femme adultère accusée devant Notre-Seigneur. Les Scribes et les Pharisiens l'accusaient et arguaient pour obtenir, selon leurs désirs, qu'elle fût lapidée conformément à la loi. « Mais Jésus, se baissant, écrivait avec son doigt sur la terre; » *Joan.* VIII, 6; sans doute il écrivait les péchés des accusateurs et ceux de tous les hommes, selon la parole du Prophète : « Ceux qui se retirent de vous seront écrits sur la terre. » *Jerem.* XVII, 13. Enfin, levant la tête, il leur dit : « Que celui d'entre vous qui est sans péché lui jette la première pierre. » *Joan.* VIII, 7. Là où nous disons « sans péché, le texte grec porte ἀναμάρτητος. Si quelqu'un prétend que « être sans péché » n'est pas la même chose que ἀναμάρτητος, qu'il donne une autre traduction de ce mot, ou si c'est là l'exacte traduction de ce mot, qu'il avoue qu'il n'y a aucune différence entre ἀναμάρτητος et « sans péché. » Or, tous les accusateurs se dispersèrent, la clémence sans égale du juge leur ayant laissé le temps de s'éloigner sous l'impression de la honte, pendant qu'il tenait ses yeux arrêtés sur la terre, où il écrivait de nouveau; en sorte qu'ils se retirèrent l'un après l'autre, se dérobant ainsi à sa vue. Jésus demeura donc seul avec cette femme, à qui il adressa ces paroles : « Où sont vos accusateurs? Personne ne vous a-t-il condamnée? Elle lui dit : Non, Seigneur. Jésus-Christ répondit : Je ne vous condamnerai pas non plus. Allez en paix, et à l'avenir ne péchez plus. » *Joan.* VIII, 10, 11. De même qu'il avait donné d'autres commandements dans la loi, il lui prescrivit de ne plus pécher. L'Écriture ne nous apprend pas si la pécheresse se conforma ou ne se conforma pas à cet ordre. Jésus a dit encore : « Tous ceux qui sont venus avant moi sont des voleurs et des larrons. » *Joan.* X, 8. S'ils le furent tous, il n'y a d'exception pour aucun. Il dit : « Ceux qui sont venus, » et non pas : Ceux qui ont été envoyés; c'est ainsi qu'on lit dans le Prophète : « Ils venaient d'eux-mêmes, et je ne les envoyais pas. » *Jerem.* XII, 17. Dans cette parole est réservée la puissance de Jésus-Christ seul, qui était venu chez soi, et que les siens n'ont pas reçu. « Lorsque j'étais avec eux dans le monde, je les conservais en votre nom, eux que vous m'avez donnés, et nul d'eux ne s'est perdu, si ce n'est celui qui était enfant de perdition. » *Joan.* XVII, 12. Il ne dit pas : Je leur ai donné le libre arbitre, afin qu'ils se sauvassent eux-mêmes par leur propre industrie; il dit : Je les ai gardés moi-même et je les ai conservés. Il conclut ensuite : « Je ne vous prie pas de les ôter du monde, mais de les

sat, nesciens omnia scandala ad carnem esse referenda. « Moyses, inquit, dedit vobis legem, et nemo ex vobis facit legem, » utique possibilem, et tamen quod erat possibile, nemo impleverat, neque enim culpa imperantis est, sed fragilitas audientis, ut omnis mundus subditus fiat Deo. In Evangelio secundum Joannem in multis et Græcis et Latinis codicibus invenitur de adultera muliere, quæ accusata est apud Dominum. Accusabant autem et vehementer urgebant Scribæ et Pharisæi, juxta legem eam lapidare cupientes. « At Jesus inclinans, digito scribebat in terra; » *Joan.* VIII, 6; eorum videlicet qui accusabant, et omnium peccata mortalium, secundum quod scriptum est in Propheta : « Relinquentes autem te, in terra scribentur. » *Jerem.* XVII, 13. Tandem caput elevans dixit eis : « Qui sine peccato est vestrum, primus mittat super eam lapidem. » *Joan.* VIII, 7. Hoc quod dicitur sine peccato, Græce scriptum est ἀναμάρτητος. Qui ergo dicit, aliud esse sine peccato, et aliud ἀναμάρτητον, aut Græcum sermonem novo verbo exprimat, aut si expressum est a Latinis, ut interpretationis veritas habet, perspicuum est ἀναμάρτητον nihil aliud esse, nisi sine peccato. Et quia accusatores omnes fugerunt (al. *fugiunt*) (dederat enim verecundiæ eorum clementissimus judex spatium recedendi) rursumque in terra scribens, terramque despiciens, paulatim discedere, et oculos illius declinare cœperunt; solusque remansit cum muliere, cui locutus est Jesus : « Ubi sunt qui te accusabant? Nemo te condemnavit? Quæ ait : Nullus, Domine. Respondit ei Jesus : Nec ego te condemnabo. Vade, et amodo noli peccare. » *Joan.* VIII, 10, 11. Præcepit Dominus, ne ulterius peccaret, sicuti et alia similiter in Lege mandavit. Sed utrum ea fecerit, necne, Scriptura non dicit. « Omnes, inquit, qui venerunt ante me, fures fuerunt et latrones. » *Joan.* X, 8. Si omnes, nullus excipitur. « Qui venerunt, » inquit, non, qui missi sunt, de quibus Propheta ait : « Ipsi veniebant a se, et ego non mittebam eos. » *Jerem.* XVII, 12. Quo verbo solius Christi potentia reservatur, qui ad sua venerat, et sui eum non receperunt. « Dum essem, inquit, in mundo cum eis, ego servabam eos in nomine tuo, quos dedisti mihi, custodivi, et nullus ex eis periit, nisi unus filius perditionis. » *Joan.* XVII, 12. Non dixit : Dedi eis liberi arbitrii potestatem, ut ipsi se suo la-

préserver du mal. » Les Actes des Apôtres rapportent, *Act.* xv, qu'à la suite d'une dissension au sujet de Jean, surnommé Marc, Paul et Barnabé se séparèrent; Barnabé prit Marc, et Paul prit Silas pour l'aider dans la prédication de l'Evangile. Le sentiment de Paul était né d'une juste sévérité, celui de Barnabé d'une fructueuse clémence ; mais cette contestation, où chacun maintient son opinion, tient par quelque côté à la faiblesse humaine. Nous lisons dans le même livre : « Ils traversèrent la Phrygie et la Galatie, et le Saint-Esprit leur défendit d'annoncer la parole de Dieu dans l'Asie. » *Act.* xvi, 6. C'est à cause de cette malédiction peut-être qu'on trouve encore dans cette province des hérétiques qui nient la divinité du Saint-Esprit. « Et étant venus en Mysie, ils se disposaient à passer en Bithynie; mais l'Esprit de Jésus ne le leur permit pas. » *Ibid.* 7. Remarquez bien que l'Esprit de Jésus n'est autre que le Saint-Esprit, qui, en un autre endroit, en raison de l'unité de la substance divine, est appelé Esprit saint. Ils veulent parler en Asie, et l'Esprit saint le leur défend. Ils essaient d'aller en Bithynie, et l'Esprit de Jésus ne le leur permet pas. Défense inutile, si avec le libre arbitre le pouvoir de faire ou de ne pas faire leur eût été donné une bonne fois pour toutes.

18. Je lis ensuite : « Dieu, irrité contre ces temps d'ignorance, prescrit maintenant aux hommes que tous fassent partout pénitence. » *Act.* xvii, 30. Paul appelle temps d'ignorance, ce qui est caractéristique, les temps passés sous l'ancienne loi. Il avait dit aussi : « J'irai vous voir, s'il plaît à Dieu. » Pourquoi ferait-il intervenir le bon plaisir de Dieu, si le libre arbitre lui donnait tout pouvoir? Lisez aussi l'Apôtre Jacques : « Quiconque ayant gardé toute la loi, la viole en un seul point, est coupable comme s'il l'avait violée tout entière. » *Jacob.* ii, 10. Qui de nous n'a péché un jour ou l'autre sur quelque point? S'il a péché, ce qui est incontestable, et si ce seul péché le fait justiciable comme s'il les avait tous commis, il se sauve, non point par ses propres forces, mais avec le secours de la miséricorde divine. « Si quelqu'un ne fait point de fautes en paroles, c'est un homme parfait. » *Jacob.* iii, 2. S'il vous est arrivé de pécher par paroles, où est votre présomptueuse perfection, alors surtout que l'Apôtre ajoute : « Nul homme ne peut dompter la langue ; c'est un mal qu'on ne peut arrêter; elle est pleine d'un venin mortel. » *Ibid.* 8. Répondez sur ce point; car, puisque la langue est un mal qu'on ne peut arrêter, puisqu'elle est pleine d'un poison mortel et que nul homme ne la peut dompter, vous êtes coupable d'une grande faute, et que devient alors votre perpétuelle impeccabilité ?

19. *Même argumentation.*— « D'où viennent les guerres et les procès entre vous ? N'est-ce pas

bore salvarent; sed : Ego custodivi eos, ego servavi. Denique infert : « Non peto, ut eos auferas de mundo, sed ut custodias illos a malo. » In Actibus Apostolorum scriptum est, *Act.* xv, inter Paulum et Barnabam propter Joannem, qui cognominatus est Marcus, ortam dissensionem, ita ut separarentur ; et Barnabas Marcum, et Paulus Sylam assumeret in Evangelii ministerium. Paulus severior, ille clementior, uterque in suo sensu abundat (al. *abundabat.)* Et tamen dissensio habet aliquid humanæ fragilitatis. In eodem volumine legitur : « Transierunt Phrygiam et Galaticam (al. *Galatiam*) regionem, prohibiti a Spiritu sancto loqui verbum in Asia ; » *Act.* xvi, 6 ; quo maledicto in ipsa provincia puto usque hodie hæreticos, qui contra Spiritum sanctum faciunt, plurimos reperiri. « Cumque venissent, ait, in Mysiam, tentabant ire in Bithyniam ; sed non dimisit eos Spiritus Jesu. » *Act.* xvi, 7. Nota quod Spiritus Jesu, Spiritus sanctus sit, qui in alio loco propter unitatem substantiæ, Patris Spiritus appellatur. Volunt (al. *voluerunt)* loqui in Asia, et prohibentur a Spiritu Sancto. Tentant ire in Bithyniam, et non eos permittit Spiritus Jesu. Satis importune, si eis faciendi, vel non faciendi semel dederat liberi arbitrii potestatem.

18. Sequitur : « Tempora, inquit, ignorantiæ respiciens Deus, nunc præcipit hominibus ubique pœnitentiam agere. » *Act.* xvii, 30. Significanter præterita in Lege tempora, tempora ignorantiæ demonstravit. Rursum ait : « Veniam ad vos, Deo volente. » Cur interposuit voluntatem Dei, si habebat sui arbitrii potestatem ? Jacobus Apostolus : « Si quis, ait, servaverit totam legem, offenderit autem in uno, reus est omnium factus. » *Jacob.* ii, 10. Quis nostrum in nullo aliquando peccavit? Si autem peccavit (quod negari non potest) et per unum peccatum, omnium est reus peccatorum, non suis viribus, sed Dei misericordia salvatur : « Si quis in verbo non peccavit, hic perfectus est vir. » *Jacob.* iii, 2. Si aliquando in sermone peccasti, ubi est apud te præsumpta perfectio, maxime cum sequatur : « Linguam autem hominum nullus potest domare, incontinens malum, plena veneni mortiferi ? » *Ibid.*, 8. Rogo te ut mihi respondeas, si lingua incontinens est malum, et plena veneni mortiferi, et nullus potest domare linguam mortalium, et tanti criminis reus es, ubi in perpetuum peccatorum fuga ?

19. *Idem persequitur.* — « Unde bella, et unde rixæ inter vos ? Nonne ex voluptatibus, quæ militant in membris vestris? » *Jacob.* iv, 1. Aut membra non

de vos passions qui combattent dans vos membres? » *Jacob.* IV, 1. Ou vous n'avez pas des membres d'homme, ou si un homme ne peut exister sans membres, avouez que la volupté et la luxure combattent dans votre chair. David, qui avait dit avec confiance : « Passez-moi au creuset de l'épreuve, Seigneur; brûlez mes reins et mon cœur, puisque j'ai votre miséricorde pour refuge et que j'ai mis tous mes plaisirs en votre vérité ; » *Psalm.* XXV, 2. 3 ; et encore : « Pour moi, j'ai marché dans mon innocence, et mon pied s'est maintenu dans la droite voie, » *Ibid.* 11, quoiqu'il eût tempéré la confiance en lui-même par la proclamation de la miséricorde divine, toutefois, pour avoir osé s'exprimer ainsi, David est abandonné pour un peu de temps à sa propre faiblesse, à son libre arbitre, comme vous dites, et quand cette liberté l'a conduit à l'homicide, il s'écrie enfin : « Ayez pitié de moi, Seigneur, dans la mesure de votre grande miséricorde, et grâce à votre bonté infinie, effacez mon iniquité. » *Psalm.* L, 1, 2. Par là, je ne prétends pas noircir un saint homme, dont il est écrit qu'il fit toutes les volontés de Dieu ; mais prouver qu'ayant compensé ces vices par beaucoup d'autres bonnes œuvres, il fut sauvé par la miséricorde de Dieu, qui juge en pesant toutes nos actions et à qui Asaph a dit : « Vous nous donniez la mesure nécessaire de pain pétri de nos pleurs et de boisson arrosée de nos larmes. » *Psalm.* LXXIX, 6. Le Seigneur, en effet, ne commet pas l'injustice de sévir contre nos seuls péchés, sans tenir compte de nos bonnes actions. Aussi écoutons le même David en un autre endroit : « Pour moi, j'ai dit, étant dans l'abondance : Je ne déchoierai jamais de cet état. C'était, Seigneur, par un pur effet de votre volonté que vous m'aviez affermi dans l'état florissant où j'étais ; mais vous avez détourné votre visage de moi, et aussitôt j'ai été rempli de trouble. » *Psalm.* XXIX, 7, 8. « J'ai dit : je déclarerai au Seigneur et confesserai contre moi-même mon injustice ; et vous m'avez aussitôt remis l'impiété de mon péché. » *Psalm.* XXXI, 5. Voici le précepte fait au juste : « Découvrez au Seigneur votre voie et espérez en lui ; il fera lui-même ce qu'il faut ; il fera éclater votre justice comme une lumière et l'équité de votre cause comme le soleil de midi ; » *Ps*. XXXVI, 56 ; « car le salut des justes vient du Seigneur, » *Ibid.* 39, dont la colère ne laisse rien de sain dans leur chair. Chaque jour, conformément au mot de l'Apôtre : « Le bien n'habite pas dans ma chair, » *Rom.* VII, 18, ils font entendre cette plainte : « Mes reins sont pleins d'illusions et il n'y a pas de santé dans mes membres. » *Psalm.* XXXVII, 8. Dieu a fait notre vie courte, et notre substance est à ses yeux comme si elle n'existait pas. « Tout homme vivant n'est que vanité ; » *Psalm.* XXXVIII, 6 ; vie du corps et vie de ses facultés, tout est vanité en lui. Il est ballotté au flot des incertitudes, et c'est quand il n'a aucune crainte qu'au milieu du calme la tempête le vient surprendre. C'est que, quand il jouissait du repos, il n'en a

habetis humana, aut si homo non potest esse sine membris, confitemini voluptatem atque luxuriam in vestris artubus militare, David qui dixerat confidenter : « Proba me, Domine, et tenta me, ure renes meos et cor meum, quia ante occulos meos misericordia tua est, et complacui in veritate tua ; » *Psal.* XXV, 2, 3 ; et iterum : « Ego autem in innocentia mea ingressus sum, et pes meus stetit in directo, » *Ibid.*, 11, quamquam judicii veritatem Dei misericordia mitigaret, tamen quia hoc ausus est dicere, relinquitur parumper fragilitati suæ, et ut vos dicitis, arbitrii libertati, et per adulterium lapsus in homicidium, postea loquitur : « Miserere mei, Deus, secundum magnam misericordiam tuam ; et secundum multitudinem miserationum tuarum, dele iniquitatem meam. » *Ps.* L, 1, 2. Nec hoc dico, quod virum sanctum accusem, de quo scriptum est, quod fecerit omnes voluntates Dei ; sed quod multis aliis bonis hæc vitia compensarit, et salvatus sit misericordia Dei, cujus judicium est in ponderibus, et ad quem Asaph loquitur : « Cibabis nos pane lacrymarum, et potum dabis nobis in lacrymis in mensura. » *Psal.* LXXIX, 6. Neque enim injustus est Dominus, ut tantum peccata condemnet, et bonorum operum non meminerit. Unde et in alio loco idem David canit : « Ego dixi in abundantia mea : Non movebor in æternum ; Domine, in voluntate tua præstitisti decori meo virtutem. Avertisti faciem tuam a me, et factus sum conturbatus. » *Ps.* XXIX, 7, 8. « Dixi enim : Pronuntiabo contra me injustitiam meam Domino, et tu remisisti impietatem peccati mei. » *Ps.* XXXI, 5. Justoque præcipitur : « Revela ad Dominum viam tuam, et spera in eum, et ipse faciet ; et educet quasi lumen justitiam tuam, et judicium tuum tamquam meridiem. » *Ps.* XXXVI, 5, 6. « Salus enim justorum a Domino, » *Ibid.*, 39, quia non est sanatio in carne eorum a facie iræ ejus, et quotidie juxta Apostolum qui dixerat : « Non enim habitat in carne mea bonum, » *Rom.* VII, 18, ingemiscunt dicentes : « Renes mei impleti sunt illusionibus, et non est sanitas in carne mea. » *Psal.* XXXVII, 8. Breves enim posuit dies nostros, et substantia nostra quasi nihilum in conspectu ejus. « Universa vanitas omnis homo vivens. » *Psal.* XXXVIII, 6, vel vivens in corpore, vel vivens in virtutibus, et tamen omnia vanitas. Incerto enim statu fluctuat, et dum non timet, in sereno patitur tem-

pas compris la source, et il a mérité d'être comparé aux bêtes sans raison, qu'il avait imitées. L'Écriture dit : « Dieu les sauvera gratuitement, » *Psalm.* LV, 8, désignant sans nul doute les justes, qui sont sauvés, non par leur propre mérite, mais par la clémence divine. « Je ne vous ai point caché mes fautes. » *Psalm.* LXVIII, 6. C'est Jésus-Christ, figuré par le Roi-Prophète, qui s'exprime ainsi. Puisque le Christ, qui a été sans péché et dans la bouche de qui n'a pu être découvert le mensonge, a gémi pour nous sous le poids de nos fautes, combien plus devons-nous les confesser nous-mêmes ! « Mon âme, continue David, a refusé toute consolation, » *Psalm.* LXXVI, 3, à la vue de mes égarements; mais « je me suis souvenu de Dieu, et j'ai été plein de joie, » *Ibid.* 4, à la pensée que sa clémence serait mon salut. « La nuit, je réfléchissais en moi-même, e torturais mon esprit, et j'ai dit : Maintenant je commence; ce changement est dû à la main de Dieu. » *Ibid.* 7. C'est la voix d'un juste qui, après les méditations de la nuit et les tortures de la conscience, s'écrie enfin : « Maintenant j'ai commencé, » soit de faire pénitence, soit de franchir le seuil de la vraie science, et ce changement du bien au mieux est le résultat, non pas de mes forces, mais de la main et de la puissance de Dieu.

20. *Puissance de Dieu.* — L'édifice de sa miséricorde s'accroîtra éternellement. *Psalm.* LXXXVIII, 3. Il n'y a pas de temps où sa miséricorde ne s'opère dans chacun des saints et dans ceux qui passent du péché à la vertu. « De la flèche qui vole en plein jour et du piége caché dans les ténèbres, » *Psalm.* XC, 6, qui de nous pourra se délivrer ? « Les pécheurs tendent leur arc et dirigent dans l'ombre leurs traits contre ceux qui ont la droiture du cœur. » *Psalm.* X, 3. Ils ne cherchent pas à blesser les méchants, mais les justes. La flèche qui vole pendant le jour, c'est l'hérésie dans l'interprétation des saintes Écritures. Le piége qui se cache dans les ténèbres de la nuit vient des philosophes, qui s'efforcent d'obscurcir la vérité dans leurs discours. « Ceux qui sont plantés dans la maison du Seigneur fleuriront dans la demeure de notre Dieu. » *Psalm.* XCI, 14. Ceux qui sont plantés dans la maison du Seigneur, ce sont les justes, enracinés dans la foi de l'Eglise. Mais ce n'est point en ce monde, c'est dans l'autre, où la possession est certaine et sûre, qu'ils fleuriront dans les demeures de Dieu. « Le Seigneur est miséricordieux et plein de pitié, sa longanimité et sa clémence sont sans bornes. » *Psalm.* CII, 8. « Le Seigneur est bon pour tous, et sa miséricorde s'étend à toutes ses créatures. » *Psalm.* CXLIV, 9. Vous voyez que ses miséricordes sont si grandes, et vous osez vous confier en vos propres forces? « Seigneur, que toutes vos créatures proclament vos bontés. » *Ibid.* 10. Puisque les hommes sont au nombre des créatures, tous les hommes doivent à Dieu l'aveu de leurs fautes.

pestatem. Cum enim esset in honore, non intellexit, comparatus est jamentis insipientibus, et similis factus est illis. « Pro nihilo, inquit, salvos faciet eos, » *Ps.* LV 3, haud dubium quin justos, qui non proprio merito, sed Dei salvantur clementia. « Et delicta mea a te non sunt abscondita. » *Ps.* LXVIII, 6. Hoc ex persona Christi dicitur. Si ille qui peccatum non fecit, nec dolus inventus est in ore ejus, pro nobis doluit, et peccata nostra peccavit, quanto magis nos debemus nostra vitia confiteri ? « Renuit, inquit, consolari anima mea, » *Ps.* LXXVI. 3, considerans delicta quæ feceram. « Recordatus sum Dei, et lætatus sum, » *Ibid.*, 4, cogitans me illius clementia conservandum. « Nocte cum corde meo meditabar, et scopebam spiritum meum. Et dixi : Nunc cœpi, hæc et mutatio dexteræ excelsi. » *Ibid.*, 7. Justi vox est, qui post meditationem somnii et conscientiæ cruces, ad extremum ait : « Nunc cœpi, » vel pœnitentiam agere, vel scientiæ limen intrare, et hæc ipsa de bonis ad meliora mutatio, non mearum virium, sed dexteræ et potentiæ Dei est.

20. *Potentia Dei prædicatur.* — « In æternum misericordia ædificabitur. » *Ps.* LXXXVIII, 3. Nullum enim tempus est, quo non ædificetur misericordia in singulis quibusque Sanctorum, et his qui de peccatis transeunt ad virtutes. « A sagitta volante per diem, a negotio perambulante in tenebris, » *Psal.* XC, quis nostrum poterit liberari ? « Ecce enim peccatores intenderunt arcum, ut sagittent in obscuro rectos corde. » *Ps.* X, 3. Nolunt pravos vulnerare, sed rectos corde. Sagitta per diem volitat per hæreticos in sanctarum intelligentia Scripturarum. Negotium in tenebris et nocte perambulat per philosophos, qui per obscuritatem sermonum involvere cupiunt veritatem. « Plantati in domo Domini, in atriis Dei nostri florebunt. » *Ps.* XCI, 14. Plantati in domo Domini, justi sunt, in Ecclesia confirmati. Sed hi non in præsentiarum, sed in futuro in atriis Domini florebunt, ubi est certa et secura possessio. « Misericors et miserator Dominus, longanimis et multæ miserationis. » *Ps.* CII. 8. « Suavis Dominus omnibus, et misericordia ejus super omnia opera illius. » *Ps.* CXLIV, 9. Tantas audis misericordias, et in tua audes virtute confidere ? « Confiteantur tibi, Domine, omnia opera tua. » *Ibid.*, 10. Si de cunctis operibus Dei et homines sunt, ergo omnes homines sua peccata confiteantur. Legimus in Samuele dictum de Salomone : « Ipse ædificabit domum nomini meo,

Nous lisons dans Samuël qu'il fut dit de Salomon : « Il a élevé une maison en mon nom et j'affermirai sa royauté dans tous les temps ; j'agirai en père avec lui et il sera comme mon fils ; » II *Reg.* VII, 14 ; et puis : « S'il commet l'iniquité, je le reprendrai avec la verge des hommes, mais je ne lui retirerai point ma miséricorde. » *Ibid.* 19. David, après avoir rendu grâces à Dieu, conclut ainsi : « C'est là la loi de l'homme ; » Seigneur Dieu, jugez-le toujours dans votre clémence et suppléez à la faiblesse de la chair par le secours divin. « Qu'y a-t-il de commun entre vous et moi, enfants de Sarvia ? Laissez-le faire, car le Seigneur lui a ordonné de maudire David ; et qui osera lui demander pourquoi il l'a fait ? II *Reg.* XVI, 10. La volonté de Dieu ne souffre pas d'être discutée, on doit l'accepter avec reconnaissance. Et ailleurs : « Ce fut par la volonté du Seigneur que le conseil d'Achitopel, qui était le plus utile, » et qui était assurément comme l'avis de Dieu, « fût détruit, afin que le Seigneur fît tomber Absalon dans le malheur. » II. *Reg.* XVII, 14. D'où vient donc que la puissance du libre arbitre est annihilée par une puissance plus grande ? Jéroboam, qui fit révolter le peuple d'Israël, est réprimandé en ces termes pour avoir violé le commandement de Dieu : « Je t'ai donné la royauté de la maison de David, et tu n'as pas été comme mon serviteur David, qui a gardé mes commandements, qui a marché dans ma voie de tout son cœur, et qui a fait ma volonté en ma présence. » III *Reg.* XIV, 8. Par conséquent, les commandements de Dieu sont praticables, puisque l'Écriture nous apprend que David les garda ; et cependant les Saints peuvent se lasser d'une constante justice.

21. *Beaucoup sont conservés par le mérite de leurs pères.* — A l'égard de beaucoup de rois de la race de David, nous lisons qu'ils furent conservés, non pour leur propre mérite, mais à cause des vertus de leur ancêtre David, qui fit la volonté de Dieu en sa présence. L'Écriture arrive à Asa, roi de Juda, dont il est écrit : « Asa fit le bien en présence du Seigneur, comme son ancêtre David. » III *Reg.* XV, 11. L'histoire, après s'être longtemps arrêtée à l'éloge de ses mérites, ajoute enfin : « Cependant Asa ne détruisit pas les hauts-lieux, et néanmoins le cœur d'Asa était parfait avec le Seigneur pendant tous les jours de sa vie. » *Ibid.* 14. Il est appelé juste, parce que son cœur était parfait avec Dieu, et cependant il tomba dans l'erreur en ce qu'il ne détruisit pas les hauts-lieux, que détruisirent Ezéchias et Josias. Elie, qui fut la figure de Jean-Baptiste, lui dont la prière fit tomber le feu du ciel et divisa les flots du Jourdain, eut peur de Jézabel, il prit la fuite et arriva plein de lassitude dans le désert, où, s'étant assis sous un genièvre, brisé par l'angoisse, il implora la mort : « Seigneur, c'est assez, retirez mon âme de mon corps, car je ne suis pas meilleur que mes pères. » III *Reg.* XIX, 4. Qui peut nier qu'il était juste ? et pourtant avoir peur, je ne dis pas

et firmabo regnum ejus usque in sempiternum. Ego ero ei in patrem, et ipse erit mihi in filium. » II *Reg.* VII, 14 ; et iterum : « Si inique egerit, corripiam eum in virga hominum, misericordiam autem meam non auferam ab eo. *Ibid.*, 19. Cum egisset David gratias Deo, ad extremum intulit : « Et hæc est lex hominis ; » Domine Deus, semper respice ad clementiam tuam, et infirmitatem carnis, divino auxilio sustenta. « Quid mihi, inquit, et vobis filii Sarviæ ? Maledicat Semei. Dominus præcepit ei ut maledicat David. Et quis respondebit ei. Quare hoc fecisti ? » II *Reg.* XVI, 10. Voluntas enim Dei non discutienda, sed cum gratiarum actione patienda est. Et in alio loco : « Dominus mandavit, ut dissiparet consilium Architophel bonum, ut adduceret super Absalon malum ; » II *Reg.* XVII, 14 ; cujus certe consilium erat, quasi consilium Dei. Et qua ratione potestas liberi arbitrii majore potestate subversa est ? Jeroboam, qui peccare fecit Israel, arguitur quare reliquerit præceptum Domini, diciturque ad eum : « Dedi tibi regnum domus David et non fuisti sicut servus meus David, qui custodivit mandata mea, et ambulavit post me in toto corde suo, et fecit placitum in conspectu meo. » III *Reg.* XIV, 8. Ergo et possibilia sunt Dei mandata, quæ David fecisse cognoscimus, et tamen lassescere Sanctos ad perpetuitatem justitiæ.

21. *Multi Patrum merito conservatis.* — In multis regibus legimus de stirpe David, quod non suo merito, sed David patris virtutibus conservati sint, qui fecerit placitum in conspectu Dei. Et venitur ad Asa regem Juda, de quo scriptum est : « Fecit Asa rectum in conspectu Domini, sicut David pater ejus. » III *Reg.* XIII, 21. Cumque in multis laudibus ejus immorata esset historia, ad extremum intulit : « Sed excelsa non abstulit. Attamen cor ejus perfectum erat cum Deo, omnibus diebus vitæ suæ. » *Ibid.*, 14. Ecce et justus dicitur, quippe cujus cor perfectum erat cum Deo, et tamen in hoc erravit, quod excelsa non abstulit, quæ Ezechiam et Josiam legimus abstulissé. Elias in cujus spiritu et virtute venit Joannes Baptista, ad cujus imprecationem venit ignis de cœlo, et Jordanis fluenta divisa sunt, timuit Jezabel, et fugit, lassusque in solitudine sedit sub arbore, et pressus angustia, mortem rogavit, dicens : « Sufficit mihi, Domine, tolle animam me-

d'une femme, mais d'un homme, est le fait d'une faiblesse d'âme qui ne peut être irrépréhensible, puisque David a dit : « Le Seigneur est mon secours, et je ne craindrai rien des entreprises des hommes contre moi. » *Psalm.* LV, 11, *et* CXVII, 6. De Josaphat, roi de Juda, il est écrit : Le Seigneur fut avec Josaphat, qui marcha dans les voies primitives de son père David. II *Paral.* XVII, 3. D'où il suit qu'il imita les vertus premières de David, mais se garda des péchés ultérieurs de ce roi. « Il ne mit point sa confiance en Baal, mais dans le Dieu de son père; il marcha fidèlement dans la voie de ses préceptes, et ne suivit point les dérèglements d'Israël. Aussi Dieu affermit le royaume dans sa main, et tous ceux de Juda vinrent lui faire des présents, de sorte qu'il se trouva comblé d'une infinité de richesses et d'une très-grande gloire. » *Ibid.* 3 *seqq.* Comme son cœur était plein de force et de zèle pour l'observation des préceptes du Seigneur, il fit abattre dans Juda les hauts-lieux et les bois consacrés aux idoles. Or, il fit alliance avec Achab, le plus impie des rois, contre Ramoth de Galaad. Comme, après le combat, il retournait à Jérusalem, « le prophète Jéhu, fils d'Anani, vint au-devant de lui et lui dit : Vous donnez du secours à un impie, et vous faites alliance avec ceux qui haïssent le Seigneur. Vous vous étiez rendu digne pour ce sujet de la colère de Dieu; mais il s'est trouvé de bonnes œuvres en vous, parce que vous avez exterminé de la terre de Juda les bois consacrés aux idoles, et que vous avez porté votre cœur à chercher le Seigneur. » II *Paral.* XIX, 3. Pour que nous ne pensions pas que les mérites passés aient été effacés par cette faute et par cette réprimande du Prophète, il est écrit plus loin, au sujet de son descendant Ochozias, que Jéhu, l'ayant trouvé caché dans Samarie, le fit mettre à mort, et qu' « on l'ensevelit à cause qu'il était fils de Josaphat, qui avait cherché le Seigneur de tout son cœur. » IV *Reg.* IX, 28. Il est écrit d'Ezéchias : « Il fit ce qui était bon et agréable aux yeux du Seigneur, selon ce qu'avait fait David, son père. Il détruisit les hauts-lieux, brisa les statues, mit le feu aux bois profanes, et fit mettre en pièces le serpent d'airain que Moïse avait fait ; » IV *Reg.* XVIII, 3, 4 ; et encore : « Il mit son espérance au Seigneur Dieu d'Israël; c'est pourquoi il n'y en eut point après lui, d'entre tous les rois de Juda, qui lui fût semblable, comme il n'y en avait point eu avant lui. Il demeura attaché au Seigneur, il ne se retira point de ses voies, et il observa les commandements que Dieu avait donnés à Moïse. C'est pourquoi le Seigneur était avec ce prince, qui se conduisait avec sagesse dans toutes ses entreprises. » *Ibid.* 5, 6. Sennachérib, roi des Assyriens, ayant pris toutes les places fortes de Juda, Ezéchias lui envoya des ambassadeurs à Lachis, avec ces paroles : « J'ai fait une faute, mais retirez-vous de mes terres, et je souffrirai tout ce que vous m'imposerez. » Le roi des Assy-

am, neque enim melior sum patribus meis. » III *Reg.* XIX, 4. Hunc justum negare quis potest ? Et tamen, non dicam mulierem, sed hominem formidare, de animi perturbatione descendit, quæ vitio carere non potest, dicente David : « Dominus auxiliator meus, non timebo quid faciat mihi homo. » *Ps.* LV, 11, *et* CXVII, 6. De Josaphat rege Juda scriptum est : « Et fuit Dominus cum Josaphat, qui ambulavit in viis David patris sui prioribus. » II *Paral.* XVII, 3. Ex quo intelligitur primas eum David habuisse justitias, et novissima non habuisse peccata. « Non speravit, ait, in Baalim, sed in Deo patris sui, et ambulavit in præceptis illius, et non juxta peccata Israel. Confirmavitque Dominus regnum in manu ejus et dedit omnis Juda munera Josaphat, factæque sunt ei infinitæ pecuniæ atque divitiæ, et multa gloria. » *Ibid.* 3 *seqq.* Cumque sumpsisset cor ejus audaciam propter vias Domini, etiam excelsa et lucos de Juda abstulit. Hic Achab regi impiissimo affinitate conjunctus est. Cumque post prælium reverteretur Jerusalem : « occurrit ei Jehu filius Anani videns, et ait ad eum : Impio præbes auxilium, et his qui oderunt Dominum amicitia jungeris. Et idcirco iram Domini quidem merebaris, sed bona opera inventa sunt in te, eo quod abstuleris lucos de terra Juda, et præparaveris cor tuum, ut requireres Dominum. » II *Paral.* XIX, 2, 3. Ac ne putemus præteritas justitias hoc peccato et increpatione prophetica fuisse deletas, postea de Ochozia stirpis (al. *stirpe*) ejus scriptum est, quod invenerit eum Jehu latentem in Samaria, adductumque occiderit : « Et sepelierunt, inquit, eum, eo quod esset filius Josaphat, qui quæsierat Dominum in toto corde suo. » IV *Reg.* IX, 28. De Ezechia scriptum est : « Fecit rectum in oculis Domini juxta omnia quæ fecerat David pater ejus. Iste abstulit excelsa, et contrivit statuas, et incendit lucum, contrivitque serpentem æneum, quem fecerat Moyses ; » IV *Reg.* XVIII, 3, 4 ; et iterum : « In Domino Deo Israel confisus est, et post ipsum non fuit similis ei in cunctis regibus Juda, qui fuerunt ante eum. Adhæsit Domino, et non recessit ab eo, et custodivit mandata ejus, quæ præcepit Dominus Moysi, et erat Dominus cum eo, et in omnibus, in quibus incedebat, sapienter agebat. » *Ibid.*, 5, 6. Cumque rex Assyriorum Sennacherib cepisset universas urbes Judæ, misit ad eum Ezechias in Lachis dicens : Peccavi, recede a me, quodcumque jusseris, dabo. Imposuitque rex Assyriorum Ezechiæ

riens ordonna à Ezéchias de lui donner trois cents talents d'argent et trente talents d'or. Ezéchias lui donna tout l'argent qui se trouva dans la maison du Seigneur et dans les trésors du roi. Alors Ezéchias détacha, des battants des portes du temple du Seigneur, les lames d'or que lui-même y avait attachées et les donna au roi des Assyriens. *Ibid.* 14. Le long récit de son règne nous montre donc qu'il ne craignit pas, sous l'empire de la nécessité, d'offrir au roi des Assyriens ce qu'il avait consacré au Seigneur ; aussi lui est-il dit : « Je protégerai cette ville à cause de moi-même et en considération de David, mon serviteur ; » IV *Reg.* xx, 6 ; non à cause de vous, qui avez agi ainsi, alors que cent quatre-vingt-cinq mille Assyriens sont tombés sous le glaive de l'Ange.

22. *Exemple des rois Ezéchias et Josias.* — Il faut aussi s'arrêter attentivement au passage suivant de l'Ecriture : « Ezéchias fut malade à la mort et le prophète Isaïe, fils d'Amos, vint le trouver et lui dit : Mettez ordre à votre maison, car vous mourrez. Alors Ezéchias, tournant le visage vers la muraille, fit la prière au Seigneur en ces termes : « Seigneur, souvenez-vous, je vous prie, de quelle manière j'ai marché devant vous dans la vérité et avec un cœur parfait, et que j'ai fait ce qui vous était agréable. Ezéchias versa ensuite une grande abondance de larmes. » IV *Reg.* xx, 1 *seqq.* Assurément, Ezéchias était juste et avait un cœur parfait. Au moment d'aller vers Dieu, il n'aurait pas dû pleurer. Voulez-vous savoir la raison de ses larmes ? Songez qu'il était homme, et sa douleur ne vous surprendra plus. Nul, en effet, n'aborde sans effroi le jugement de Dieu, parce qu'il a conscience de ses fautes. Quand le roi eut pleuré, le Seigneur adressa ces paroles à Isaïe : « Retournez, et dites à Ezéchias, chef de mon peuple. » *Ibid.* 5. Il est appelé chef selon Dieu, quand on vient de lui annoncer la mort, parce qu'il fait preuve d'une grande humilité : « Voici ce que dit le Seigneur, le Dieu de David, votre père : J'ai entendu votre prière, et j'ai vu vos larmes. » Quinze années sont ajoutées à sa vie et il est délivré des mains des Assyriens ; et cependant il demande un signe pour croire à la vérité de la promesse divine, ce qui assurément indique peu de foi. Le roi de Babylone envoya des messagers pour le complimenter sur son rétablissement ; il leur fit voir tous ses trésors d'encens, d'or et d'argent, et les vases sacrés. « Il n'y eut rien dans son palais, ni dans tout ce qu'il avait en sa puissance, qu'il ne leur montrât ; » *Isai.* xxxix, 2 ; ce qui donne bien à entendre qu'il leur fit voir aussi les vases du temple. Aussi la colère de Dieu s'allume contre lui, et il en est averti par cette prophétie d'Isaïe : « Ils prendront de vos enfants pour servir d'eunuques, et tous les vases du temple seront emportés à Babylone. » C'est pourquoi il est écrit dans le livre des Jours : « Ensuite Ezéchias s'humilia de ce que son cœur s'était élevé. »

trecenta argenti, et triginta talenta auri ; et dedit Ezechias omnem pecuniam, quæ inventa est in domo Domini et in thesauris domus regis. In tempore illo concidit valvas templi Domini, et clypeos quos deauraverat, et omnia dedit regi Assyriorum. » *Ibid.*, 15, *et seqq.* Cumque de eo tanta dicantur, non timuit necessitate cogente, quæ Domino consecrarat, regi offerre Assyrio, diciturque ad eum : « Ego custodiam civitatem hanc propter me, et propter David servum meum ; » IV *Reg.* xx, 6 ; non propter te, quia superiora fecisti, quando centum octoginta quinque millia exercitus Assyriorum, Angelo cædente, prostrata sunt.

22. *Ezechiæ et Josiæ Regnum exempla.* — Illud quoque diligentius attendendum, quod Scriptura commemorat : « Ægrotavit Ezechias usque ad mortem, venitque ad eum Isaias filius Amos, dicens : Præcipe domui tuæ, quia morieris tu. Qui convertit faciem suam ad parietem, et oravit ad Dominum dicens : Obsecro, Domine, memento quomodo ambulaverim in conspectu tuo, in veritate et corde perfecto, et bonum in oculis tuis fecerim. Flevitque Ezechias fletu magno. » IV *Reg.* xx, 1 *seqq.* Certe justus erat Ezechias et corde perfecto. Iturus erat ad Dominum, plorare non debuit. Quæris rationem fletuum ? Si cogitaveris hominem, non miraberis causas doloris. Nullus enim intrepidus vadit ad judicium Domini, habens conscientiam peccatorum. Cumque flevisset, factus est sermo Domini ad Isaiam prophetam, dicens : « Revertere, et dic Ezechiæ duci meo. » *Ibid.* 5. Dux Dei appellatur, cui mors fuerat nuntiata, quia humilitate prostratus est : « Hæc, inquit, dicit Dominus Deus David patris tui : Audivi orationem tuam, et vidi lacrymas tuas. » Additur ei tempus vitæ, et de Assyriorum manibus liberatur ; et tamen signum postulat, ut credat verum esse, quod Deus repromiserit, quod saltem parvæ fidelitatis indicium est. Misit quoque rex Babylonis nuntios et legatos, qui ei congratularentur ob restitutam corporis sanitatem ; qui ostendit eis omnes thesauros aromatum, auri quoque et argenti, et vasorum supellectilem. « Non fuit, inquit, res, quam non ostenderet eis Ezechias in domo Domini, et in omni potestate sua. » *Isai.* xxxix, 2. Ex quo intelligimus etiam vasa templi Babylonis monstrata legatis. Unde et ira Domini concitatur, et postea Isaiæ vaticinatione cognoscit : « De filiis tuis eunuchi erunt, et omnia vasa templi transferentur Babylonem. » Ob quam causam etiam in libro Dierum scriptum est : « Cecidit Ezechias elatione cordis

II. *Paral.* xxxII, 26. Certes, à moins d'être un impie, on ne saurait méconnaître qu'Ezéchias fut un juste. Direz-vous qu'ayant péché sur quelques points, il cessa d'être juste ? l'Ecriture est opposée à cette opinion. Parce qu'il commit quelques fautes légères, il ne perdit pas son titre de juste, mais il possède ce titre parce qu'il fit beaucoup de bonnes œuvres. Je m'étends ainsi pour prouver, à l'aide des témoignages des Ecritures, que les justes ne deviennent point pécheurs parce qu'ils font quelques faux pas, mais qu'ils demeurent justes parce qu'ils sont florissants de vertus nombreuses. De Josias il est écrit : « Il fit ce qui était bon en présence du Seigneur, et marcha dans les voies de David, son père, sans se détourner ni à droite, ni à gauche ; » II *Paral.* xxxIV 2 ; et pourtant, quoique juste, dans une circonstance critique, il envoya vers la prophétesse Olda, femme de Sellum, fils de Thécuath, fils d'Aaras, gardien des vêtements. « Olda demeurait à Jérusalem, dans la seconde partie de la ville ; » ce qui veut dire sans doute la partie de la ville entourée d'un mur intérieur. « Olda leur répondit : Voici ce que dit le Seigneur, le Dieu d'Israël : Dites à l'homme qui vous a envoyés vers moi. » Il y a là un reproche caché à l'adresse du roi, des prêtres et de tous, en ce qu'il n'avait pu se trouver aucun saint homme pour prédire l'avenir. En dernier lieu, Josias est tué par le Pharaon, roi d'Egypte, parce qu'il n'avait pas voulu suivre les avis du Seigneur, par la bouche du prophète Jérémie, ou d'après les Paralipomènes : « Josias ne voulut pas s'en retourner, mais il se prépara à le combattre, ne se rendant point à ce que lui dit Néchao de la part de Dieu. » II *Paral.* xxxv, 22. Et le livre poursuit : « Il mourut et fut mis dans le tombeau de ses pères, et tout Juda et Jérusalem le pleura, particulièrement Jérémie, dont les lamentations sur Josias se chantent jusqu'à cette heure par les musiciens et par les musiciennes. Cette coutume est comme une espèce de loi établie en Israël. On les trouve écrites parmi les lamentations. » *Ibid.* 24, 25.

23. *Autres exemples des Saints dans les Ecritures.* — J'imagine que c'est un péché de la part de tout homme de ne point se rendre aux avis de Dieu. Jérémie dit de Josias, quoique la plupart pensent que ces paroles doivent s'entendre par figure de Notre-Seigneur et Sauveur : « Le Christ, le Seigneur, l'esprit et le so[illegible] de notre bouche, a été pris à cause de nos péchés, lui à qui nous avions dit : Nous vivrons sous votre ombre parmi les nations. » *Thren.* IV, 20. Moïse, qui s'entretint avec Dieu face à face et dont l'âme fut sauvée, offensa Dieu auprès des eaux de la contradiction, et ne mérita point, ainsi que son frère Aaron, d'entrer dans la terre promise. Le Psalmiste dit à ce sujet : « Leurs juges ont été précipités et brisés contre la pierre, et ils écouteront enfin mes paroles, à cause qu'elles sont puissantes et efficaces. » *Psalm.* CXL, 6. Le sens est

sui. » II *Paral.* xxxII, 26. Certe Ezechiam justum nemo, nisi impius, denegabit. Dicas, peccavit in quibusdam, et idcirco justus esse desiit ; sed hoc Scriptura non loquitur. Non enim ex eo quod parva peccavit, justitiæ nomen amisit, sed ex eo quod multa bona fecit, justi vocabulum possidet. Hoc totum dico, ut Scripturarum sanctarum testimoniis comprobetur, non ex eo peccatores esse justos, quod aliquando peccaverunt ; sed ex eo justos permanere, quod multis virtutibus floreant. De Josia scriptum est : « Fecit rectum in conspectu Domini, et ambulavit in via David patris sui. Non recessit neque ad dexteram, neque ad sinistram ; » II *Par.* xxxIV, 2 ; et tamen cum esset justus, tempore necessitatis et angustiæ, mittit ad Oldam prophetissam uxorem Sellum, filii Tecuæ, filii Aaras custodis vestium. « Et hæc, inquit, habitabat Jerusalem in secunda ; » haud dubium quin urbis partem significet, quæ interiori muro vallabatur. « Et illa respondit : hæc dicit Dominus Deus Israel, ite et dicite viro qui misit vos ad me. » In quo occulta et regis et sacerdotum et omnium virorum reprehensio est, quod nullus virorum sanctus potuerit reperiri, qui posset futura prædicere. Denique interficitur Josias a Pharaone rege Ægypti, eo quod noluerit audire verba Domini ex ore Jeremiæ prophetæ, sive ut in Paralipomenis (al. *Paralipomenon libro*) scriptum est : « Noluit Josias reverti, sed paravit contra eum bellum, nec acquievit sermonibus Nechao ex ore Dei. » II *Paral.* xxxv, 23. Et infertur : « Mortuusque est et sepultus in mausoleo patrum suorum, et universus Juda et Jerusalem luxerunt eum, præcipueque Jeremias, cujus omnes cantatores atque cantatrices usque in præsentem diem, lamentationes super Josiam replicant, et quasi lex obtinuit in Israel : Ecce scriptum fertur in lamentationibus. » *Ibid.*, 24, 25.

23. *Exempla alia Sanctorum in Scripturis.* — Puto quod sermonibus Dei per quemlibet non acquievisse peccatum sit. De ipso Jeremias loquitur, quamquam hoc plerique secundum anagogen intelligant de Domino Salvatore : « Spiritus faciei nostræ Christus Dominus captus est pro peccatis nostris. Cui diximus : Sub umbra tua vivemus in gentibus. » *Thren.* IV, 20. Moyses cui locutus est Dominus facie ad faciem, *Exod.* xxxIII, et salva facta est anima ejus, ad aquas contradictionis offendit, nec meruit cum fratre Aaron terram repromissionis intrare. De qui-

celui-ci : Moïse et Aaron, juges du peuple d'Israël, ont été, à cause du péché du peuple, brisés contre la pierre, d'où l'eau coula en abondance, et assurément eux-mêmes furent justes, et ils écoutèrent les paroles de Dieu, qui ont par elles-mêmes la douceur du miel. On lit ensuite au sujet des cadavres de ceux qui moururent dans le désert : « Nos os ont été mêlés à la terre comme un vil engrais, et dispersés jusque dans leurs sépulcres. » *Psalm.* CXL, 7. Dieu dit dans Osée : « Je vous ferai mon épouse par une alliance de justice et de jugement; » *Ose.* II, 19; et il ajoute aussitôt : « De compassion, de miséricorde et de fidélité, » afin qu'on sache bien que la récompense vient entièrement de la libéralité du Seigneur. Nous trouvons dans le même livre : « Je suis Dieu, et non pas un homme, je suis le Saint qui a été adoré au milieu de vous, et je n'entrerai point dans vos villes, » *Ose.* XI, 9, c'est-à-dire dans le conciliabule des vices. Lui seul n'entre pas dans cette cité que Caïn éleva sous le nom de son fils Enoch, lui que les bouches de tous les prêtres proclament ensemble chaque jour, *ὁ μόνος ἀναμάρτητος*, ce qui se traduit ainsi en notre langue : « Celui qui est seul sans péché. » En vain cette louange est-elle adressée à Dieu, si, conformément à votre opinion, elle lui est commune avec nous tous. Mais nous, comme parle Amos, VI, 13, nous avons changé en absinthe le fruit de la justice, et en amertume les jugements que Dieu devait rendre. Dans le livre de Jonas, les mariniers et les pilotes crient au Seigneur : « Nous vous prions, Seigneur, que la mort de cet homme ne soit pas cause de notre perte, et ne faites pas retomber sur nous le sang innocent, parce que c'est vous-même, Seigneur, qui faites en ceci ce que vous voulez. » *Jona.* I, 14. Ils ne connaissent pas ce qu'a pu mériter ce prophète, ce fugitif, et pourtant ils justifient Dieu, et ils nomment innocent le sang de celui dont ils ne savent pas les œuvres. Et la fin : « C'est vous-même, Seigneur, qui avez fait en ceci ce que vous vouliez. » Ils ne scrutent pas la justice de la sentence divine; mais ils proclament que Dieu est un juste juge. Michée rend ce témoignage d'une voix lamentable : « On ne trouve plus de saints sur la terre, il n'y a personne qui ait le cœur droit, tous tendent des piéges pour verser le sang, le frère cherche la mort de son frère, ils appellent bien le mal qu'ils font; » *Mich.* VII, 2, 3; et encore : « Le meilleur d'entre eux est comme une ronce, et le plus juste est comme l'épine d'une haie. » *Ibid.* 4. Telle est la justice des hommes que,

bus et Psalmista canit : « Absorpti sunt juncti petræ judices eorum; audient verba mea, quoniam (*a*) placuerunt. » *Psal.* CXL, 6. Et est sensus : Judices populi Judæorum, Moyses et Aaron, devorati sunt a peccato populi juxta petram, de qua aquarum fluenta manarunt, et certe ipsi justi fuerunt, et obedierunt sermonibus Dei, qui per se suavissimi sunt. Denique sequitur de cadaveribus in solitudine mortuorum : « Quasi crassitudo terræ dirupti sunt super terram. Dispersa sunt ossa nostra secus infernum. » *Ps.* CXL, 7, 8. In Osee loquitur Deus : « Desponsabo te mihi in justitia et judicio. » *Ose.* II, 19. Statimque subjungit : « Et misericordia et miserationibus, et in fide, » ut largitoris præmio recognoscat, quod ipse sit Dominus. In eodem scriptum est libro : « Deus ego sum et non homo, in medio tui sanctus, et non ingrediar civitatem, » *Ose.* XI, 9, vitiorum scilicet conciliabulum. Ipse solus hanc non ingreditur civitatem, quam ædificavit Cain in nomine filii sui Enoch, quæ omnia sacerdotum quotidie ora concelebrant (*b*), *ὁ μόνος ἀναμάρτητος*, quod in lingua nostra dicitur, « qui solus est sine peccato. » Quæ laus juxta sententiam tuam frustra Deo reputatur (al. *deputatur*), si est communis cum cæteris. Nos enim juxta Amos convertimus justitiam in absinthium, et fructus judicii in amaratudinem. *Amos.* VI, 13. Loquuntur nautæ atque vectores, in libro Jonæ : « Rogamus, Domine, ne perdas nos propter hominem istum, neque inducas super nos sanguinem innocentem. Sicut enim placuit tibi, sic factum est, Domine. » *Jon.* I, 14. Nesciunt causas, quid mereatur Propheta, servus fugitivus, et tamen justificant Deum, et sanguinem innocentem fatentur cujus opera non norunt. Et ad extremum : « Sicut placuit tibi, Domine, sic factum est. » Non quærunt justitiam sententiæ Dei; sed veritatem justi judicis confitentur. Micheas lacrymabili voce testatur : « Periit sanctus (al. *semen*) de terra, et rectus in hominibus non est, omnes in sanguine insidiantur, unusquisque fratrem suum venatur ad mortem. Malum manuum suarum dicunt bonum; » *Mich.* VII, 2, 3; et iterum : « Qui optimus inter eos est, quasi paliurus est, et qui rectus, quasi spina de sepe. » *Ibid.*. Hæc hominum justitia est, ut juxta verba ejusdem

(*a*) Martianæus omnes, quibus usus est, codices mss. præferre dicit *potuerunt*. Contra nostri omnes legunt *placuerunt*, et Victorius quoque ita in suis reperit. Suffragatur et Græcus ἠδύνθησαν, et subnexa S. Doctoris expositio *qui per se suavissimi sunt*. — *Quoniam potuerunt*. Ita legunt omnes mss. codices nostri. Marianus legit ex LXX, *quoniam placuerunt*. MARTIAN.

(*b*) Ὁ μόνος ἀναμάρτητος. Nota quotidie ora sacerdotum concelebrasse in Ecclesiis summi Dei attributum et perfectionem, dicendo : *O monos anamartetos*, id est, *qui solus est sine peccato*. MARTIAN. — Vatic. *quem omnia*, etc. Hymnum designari arbitror, qui nunc dicitur *Gloria in excelsis Deo* : verbisque ὁ μόνος ἀναμάρτητος, respondere in Latinorum doxologia : *quoniam tu solus sanctus*. Hinc et mss. nostri, *qui solus es sine peccato* legunt.

d'après le sentiment du même Prophète, on ne peut s'en reposer ni sur l'amitié, ni sur la foi conjugale, ni sur le respect filial, parce que « les ennemis de l'homme sont les gens mêmes de sa maison. » *Psalm.* xxx. L'autorité du divin Maître a confirmé cette sentence. *Matth.* x. D'où le même Prophète donne ce conseil : « O homme, je vous dirai ce qui vous est utile et ce que le Seigneur demande de vous : agissez toujours selon la justice, aimez la miséricorde, marchez avec une vigilance respectueuse en la présence du Seigneur. » *Mich.* vi, 8. A-t-il dit : Soyez l'égal de Dieu, ou ceci, qui est le plus difficile : « Marchez avec une vigilance respectueuse en la présence du Seigneur? » Ne soyez jamais en sécurité, exercez sur votre cœur la plus scrupuleuse vigilance, n'oubliez jamais que vous marchez au milieu des embûches, sous les créneaux des murailles ennemies, et appliquez-vous chaque jour ces paroles : « Ils ont mis près du chemin de quoi me faire tomber. » *Psalm.* cxxxix, 6. « Dieu résiste aux superbes, mais il donne sa grâce aux humbles. » *Jacob.* iv, 6.

24. *Celui qui craint peut éviter à temps les péchés.* — Celui qui est animé d'une crainte vigilante peut à temps éviter les péchés, quand celui qui se repose sur sa propre justice est en opposition avec Dieu et, privé de son secours, est en butte aux piéges de l'ennemi. « Que la pourriture, s'écrie Abacuc, entre jusqu'au fond de mes os, et que les vers me rongent au-dedans de moi, afin que je sois en repos au jour de mon affliction et que je me joigne à notre peuple pour marcher avec lui. » *Abac.* iii, 16. Il demande pour cette vie les tribulations, les angoisses et l'affliction, afin d'être, dans l'autre, compté en la société des hommes qui règnent déjà avec le Christ. Par là il est manifeste qu'ils ont ici-bas la lutte et le combat, et là-haut la victoire. Jésus fils de *Josédec*, mot qui se traduit par *juste du Seigneur, Zachar.* iii, grand-prêtre, est décrit revêtu de vêtements sordides, lui qui ne commit pas de péché, mais qui porta les nôtres, et Satan se tenait à sa droite pour le combattre. Et après le combat et la victoire, il lui est dit : « Dépouillez-le de ce vêtement souillé, » et puis : « voilà que je t'ai délivré de ton iniquité. » Et l'héritier de Jovinien ose dire : « Je suis sans le moindre péché, je n'ai pas de vêtements souillés, je me dirige par mon libre arbitre, je suis plus grand que l'Apôtre. Il fait ce qu'il ne veut pas, et ce qu'il veut il ne le fait pas, tandis que je fais ce que je veux faire et ce que je ne veux pas faire je ne le fais pas; le royaume des cieux a été préparé pour moi, ou plutôt je me le suis préparé moi-même par mon propre mérite. » Là où Adam est tenu pour coupable, et les autres se tiennent pour coupables par ressemblance avec la prévarication d'Adam, moi seul et ma troupe nous sommes exempts de culpabilité. D'autres, prisonniers dans leurs cellules, martyrs de la chasteté, les malheureux ! sont dévorés de désirs, parce qu'ils n'écoutent point mes paroles; et moi, au milieu d'une armée de

prophetæ, nec amico, nec conjugi, nec filiis sit credendum, quia « inimici hominis domestici ejus. » *Psal.* xxx. Quam sententiam etiam sermo Dominicus comprobavit. *Matth.* x. Unde datur consilium per eumdem prophetam : « Indicabo tibi, o homo, quid sit bonum, et quid Dominus quærat a te : utique facere judicium, et diligere misericordiam, et sollicitum ambulare cum Deo tuo. » *Mich.* vi, 8. Numquid dixit : Habeto æqualitatem Dei, et non hoc, quod maximum est : « Sollicitum ambulare (al. *ambula*) cum Deo tuo ? » ut numquam securus sis, ut omni observantia custodias cor tuum, ut consideres, quoniam in medio laqueorum ambules, et sub murorum pinnis ingrediaris, ut illud quotidie mediteris : « Juxta semitam scandalum posuerunt mihi. » *Ps.* cxxxix, 6. « Superbis enim resistit Deus, humilibus autem dat gratiam. » *Jacob.* iv, 6.

24. *Timidus vitare potest ad tempus peccata.* — Qui cautus et timidus est, potest ad tempus vitare peccata ; qui securus est de justitia sua, repugnat Deo, illiusque auxilio destitutus, insidiis hostium patet. « Computrescant, dicit Abacuc, ossa mea, et subter me vermes scateant, tantum ut requiescam in die angustiæ ut ascendam ad populum fortem meum. » *Abac.* iii, 16. Hic tribulationes et angustias afflictionemque animi deprecatur, ut in futuro virorum jam cum Christo regnantium numero societur. Ex quo perspicuum est, his pugnam atque certamen, et in futuro esse victoriam. Jesus filius Josedec, quod interpretatur justus Domini, *Zach.* iii, sacerdos magnus, indutus describitur vestibus sordidis, qui peccatum non fecit, et tamen nostra peccata portavit, ad cujus dextram stabat Satanas, ut adversaretur ei. Diciturque ad eum post pugnam atque victoriam : « Auferte vestem sordidam ab eo ; » et : « Ecce abstuli a te iniquitatem tuam ; » et hæres Joviniani loquitur : « Sine omni omnino peccato sum, sordida vestimenta non habeo, proprio regor arbitrio, major Apostolo sum. Ille facit quod non vult, et quod vult non facit, ego facio quod volo, et quod nolo non facio, præparata sunt mihi regna cœlorum, imo ipse ea mihi meis virtutibus præparavi. » In quo Adam tenetur obnoxius, et alii qui reos se putant in similitudinem prævaricationis Adæ, ego solus cum mea caterva non teneor. Alii clausi cellulis, et feminas non videntes, quia miseri sunt et verba mea

personnes du sexe, je n'éprouve aucune concupiscence. C'est de moi qu'il a été dit : « On élèvera, comme un monument de la gloire de Dieu, les pierres saintes sur la terre qui lui appartient. » *Zach.* IX, 16 *sec.* LXX ; c'est pourquoi je n'ai point de passions, parce qu'en vertu de la puissance du libre arbitre, je porte le trophée du Christ. Entendons Dieu tonnant par la bouche d'Isaie : « Enfants de mon peuple, ceux qui vous appellent heureux vous trompent, et détournent vos pieds de la bonne voie. » *Isai.* III, 5. Qui trompe le peuple de Dieu? n'est-ce pas celui qui, fier de la puissance du libre arbitre, méprise le secours du Créateur et a sa volonté pour unique loi, plutôt que celui qui s'étudie avec crainte à conformer ses déterminations aux préceptes du Seigneur? Aux hommes de libre arbitre le Seigneur a dit : « Malheur à vous qui êtes sages à vos propres yeux et qui vous décernez la couronne de l'intelligence. » *Isai.* V, 21. Le même Isaie, selon le texte hébreu, se lamente et s'écrie : « Malheur à moi, parce que je me suis tu et parce que, ayant des lèvres impures et demeurant au milieu d'un peuple qui a les lèvres impures, j'ai vu de mes yeux le Seigneur Dieu des armées! » *Isai.* LXVI, 5. Ce prophète, qui, par le mérite de ses vertus était digne de jouir de la vue de Dieu, avouait que ses lèvres étaient impures, parce qu'il avait la conscience de ses péchés. Ce n'est pas qu'il eût dit quelque chose qui fût contraire à la volonté du Seigneur; mais il s'était tu, retenu par la crainte ou par la honte, et il n'avait pas repris, avec la liberté qui convient au Prophète, le peuple en ses égarements. Et nous, quand donc corrigeons-nous les pécheurs, nous qui flattons les riches et qui, poussés par un honteux désir de gain, faisons des distinctions de personnes entre pécheurs? Réprimandons-nous en toute assurance ceux dont nous ambitionnons les secours temporels? Cette conduite est coupable, et pour qui veut fuir toute espèce de péchés, assurément c'en est un de taire la vérité. La version des Septante ne porte point : « Parce que je me suis tu ; » mais : « Parce que j'ai été contrit, » évidemment à cause de la conscience de ses péchés, afin que s'accomplit cette prophétie : « J'ai été abreuvé de douleurs, pendant qu'une épine me pénétrait. » *Psalm.* XXXI, 4. L'épine du péché le perce ; et vous, les fleurs de la vertu vous couronnent. « La lune rougira, dit-il, et le soleil sera obscurci, quand le Seigneur aura paru dans les cieux au milieu de la céleste milice. » *Isai.* XXIV, 21, paroles conformes à celles du livre de Job : « Les astres eux-mêmes ne sont point purs en sa présence ; » et : « dans ses Anges mêmes il découvre quelque imperfection. » *Job.* XXV, 5, et IV, 18. La lune rougit, le soleil est obscurci, le ciel se couvre d'un voile épais, et nous irions, intrépides et joyeux, comme si nous étions sans tache, au-devant de la majesté de ce juge, quand sècheront d'effroi les montagnes, c'est-à-dire ceux qui étaient élevés dans leur orgueil, et toute la milice des cieux, c'est-à-dire les astres, ou bien les

non audiunt, torquentur desideriis ; ego etiamsi mulierum vallor agminibus, nullam habeo concupiscentiam. De me enim dictum est : « Lapides sancti volvuntur super terram ; » *Zach.* IX, 16, *sec.* LXX ; et ideo non sentio, quia liberi arbitrii potestate Christi tropaeum circumfero. Audiamus per Isaiam clamantem Deum : « Populus meus, qui beatos vos dicunt, seducunt vos, et semitam pedum vestrorum supplantant. » *Isai.* III, 5. Quis magis supplantat populum Dei : qui liberi arbitrii potestate subnixus despicit auxilium Conditoris, et in sua voluntate securus est, an qui ad singulas sententias praeceptorum Domini judicium pertimescit ? Ad hujuscemodi homines loquitur Deus : « Vae vobis, qui sapientes estis apud vos, et intelligentes vestro judicio : » *Isai.* V, 21. Isaias juxta Hebraicum plorat, et dicit : « Vae mihi, quia tacui, quia immunda habens labia, et in medio populi immunda habentis labia habitans, vidi Dominum sabaoth oculis meis. » *Isai.* LXVI, 5. Ille virtutum merito, Dei fruebatur aspectu, et conscientia peccatorum, labia sua fatebatur immunda. Non quod locutus esset aliquid, quod voluntati Domini repugnaret ; sed quod siluisset, vel timore, vel pudore perterritus, nec arguisset libertate prophetica populum delinquentem. Nos peccantes quando corripimus, qui adulamur divitibus, et personas accipimus peccatorum, turpis lucri gratia ? nisi forte tota eis loquimur (al. *loquamur*) confidentia, quorum opibus indigemus ? Ut talia non agamus, ut abstineamus nos ab omni specie peccatorum, certe verum tacuisse, peccatum est. Quanquam apud Septuaginta non sit scriptum : « Quia tacui, » sed, « quia compunctus sum, » conscientia scilicet peccatorum, ut illud compleatur Propheticum : « Versatus sum in miseria, dum infigitur mihi spina. » *Psal.* XXXI 4. Ille peccati spina compungitur ; tu virtutum floribus vernas. « Erubescet, inquit, luna, et confundetur sol, quando visitaverit Dominus super militiam coeli in excelsis, » *Isai.* XXIV, 23, hoc est quod in alio loco scriptum est : « Astra quoque non sunt munda in conspectu ejus ; » et : « Adversum Angelos suos, perversum quid repetit. » *Job.* XXV, 5, *et* IV, 18. Luna erubescit, sol confunditur, et coelum operitur cilicio, et nos intrepidi atque laetantes, quasi omni careamus vitio, occurremus judicis majestati, quando tabescent montes, erecti videlicet in

neuf chœurs des Anges ; quand les cieux se plieront comme un livre, et que les astres des cieux tomberont comme des feuilles d'arbre.

25. *Justice de Dieu.* — « Mon glaive, du haut des cieux, s'est enivré de sang, et maintenant il descendra sur l'Idumée. » *Isai.* xxxiv, 5. Le glaive de Dieu s'enivre de sang dans les cieux, et vous vous croyez en sûreté au sein de votre sainteté ? Il descendra dans l'*Idumée*, mot qui se traduit par *sanguinaire* et par *terrestre*. L'autorité du Prophète nous montre ainsi toute la terre soumise au jugement. Continuons : « Le Seigneur a marqué ses victimes dans *Bosra*, » mot qui se traduit par *chair*, « et le sacrifice a été abondant sur la terre d'Edom, » c'est-à-dire dans le *sang*, *Isai.* xxxiv, 6, conformément à cette parole de l'Apôtre : « La chair et le sang ne posséderont point le royaume de Dieu. » I *Corint.* xv, 50. « Malheur à l'homme qui dispute contre celui qui l'a fait ! malheur à celui qui dit à un père : Pourquoi m'avez-vous engendré ? et à une mère : Pourquoi m'avez-vous enfanté ? » *Isai.* xlv, 9, 10. Cela s'adresse à ceux qui disent : Pourquoi ai-je été ainsi fait, que je ne puisse pas être toujours exempt de péché ? Pourquoi, au lieu d'être un vase de diamant, suis-je un vase d'argile que le moindre choc peut briser ? « Nous nous sommes tous égarés comme des brebis, et le Seigneur a porté les péchés de nous tous. » *Isai.* liii, 6. Il a regardé, il a cherché avec soin, et il n'a trouvé personne qui eût le jugement droit et qui fît sa volonté en toutes choses. C'est pourquoi sa main nous a offert le salut et sa justice nous a tous sauvés, en sorte que le monde entier est assujetti à Dieu et que c'est sa bonté qui le conserve. Ce ne sont pas, en effet, quelques-uns qui ont été impurs, mais nous l'avons tous été. « Nos œuvres sont un linge souillé. » *Isai.* lxiv, 6. Dieu, par la voix d'Ézéchiel, dit à Jérusalem : « Tu étais parfaite dans la beauté que je t'avais donnée ; » *Ezech.* xvi, 14 ; et par conséquent, non dans tes œuvres, non dans ta conscience, non dans l'orgueil de ton cœur, mais seulement dans la beauté dont il avait plu à ma miséricorde de te doter. Il lui parle encore ensuite, quand elle est sauvée, non à cause de ses mérites, mais par la clémence divine : « Je me souviendrai de mon alliance avec toi aux jours de ta jeunesse, et j'établirai avec toi une alliance éternelle, et tu te souviendras de tes voies, et tu seras confondue ; » *Ibid.* 60, 61 ; et encore : « J'établirai mon alliance avec toi, et tu sauras que moi je suis le Seigneur, afin que tu te souviennes et que tu sois confondue, et que tu ne puisses désormais ouvrir la bouche dans la confusion que tu ressentiras, lorsque je me serai apaisé sur tous tes crimes, dit le Seigneur Dieu. » *Ibid.* 62, 63. La parole sainte montre évidemment ici, selon qu'il a été dit ailleurs : « En vous purifiant, il ne vous fera pas innocent, » que les justes mêmes et ceux qui après le péché ont été rétablis en leur pre-

superbiam, et omnis militia cœlorum, vel astra, vel Angelicæ dignitates ; et complicabuntur sicut libri cœli, et omnis exercitus eorum instar foliorum defluet.

25. *Dei justitia.* — « Quomodo (al. *Quoniam*) inebriatus est, inquit, in cœlo gladius meus, et nunc super Idumæam descendet. » *Isai.* xxxiv, 5. Gladius Dei inebriatur in cœlis, et tuum solium erit in sanctitate securum ? In Idumæam descendet, quæ interpretatur, vel « *sanguinaria* » vel « terrena » ; ut prophetica auctoritate discamus, omnem terram indigere judicio. Unde sequitur : « Victima Domini in Bosra, quæ interpretatur, caro ; et interfectio ejus multa in terra Edom, id est, in sanguine. » *Isai.* xxxiv, 6, juxta quod ponit Apostolus : « Caro et sanguis regnum Dei non possidebunt. » I *Cor* xv, 50. « Væ qui contradicit fictori suo, væ qui dicit patri : Ut quid me generasti ? et matri. Quare me peperisti ? » *Isai.* xlv, 9, 10. Hoc ad eos pertinet, qui dicunt : Quare talis conditus sum, qui non possum in perpetuum carere peccato ? Quare tale vas fictum, ut non adamantinum permanerem, sed ad omnem tactum fictile atque fragile ? « Omnes sicut oves erravimus, et omnium nostrum Dominus peccata portavit. » *Isai.* liii, 6. Intuitus est enim, et diligenter inspexit, nullumque reperit, qui judicaret juste, qui suam in omnibus faceret voluntatem. Et idcirco brachium ejus salutem præbuit, et justitia sua salvavit omnia, ut omnis mundus subjiciatur Deo, et illius clementia conservetur. Fuimus enim immundi non pauci, sed omnes. « Quasi pannus menstruatæ, reputata sunt omnia in lege opera nostra. » *Isai.* lxiv, 6. Ad Jerusalem in Ezechiel loquitur Deus : « Perfecta eras in decore meo ; » *Ezech.* xvi, 14 ; et est sensus : Non in tuis operibus, non in tua conscientia, cordisque jactantia ; sed in meo decore, quo te clementia mea liberalitate donaveram. Denique in consequentibus loquitur ad eam, quando salvatur non suo merito, sed ejus misericordia : « Recordabor pacti mei tecum in diebus adolescentiæ tuæ et suscitabo tibi pactum sempiternum, et recordaberis viarum tuarum, et confunderis ; » *Ibid.* 60, 61 ; et iterum : « Suscitabo pactum meum tecum et scies quia ego Dominus, ut recorderis et confundaris, et non sit tibi ultra aperire os, præ confusione tua, cum fuero placatus tibi in omnibus quæ fecisti, ait Dominus Deus. » *Ibid.*, 62, 63. Ecce aperte divino sermone monstratur, quid in alio loco dixerit : « Et mundans te non faciet innocentem ; » quod justi quoque et post peccatum in statum pristinum restituti, os aperire non audeant,

mier état, n'oseront pas ouvrir la bouche, mais diront avec l'Apôtre : « Je suis indigne d'être appelé apôtre, parce que j'ai persécuté l'Eglise de Dieu. » I *Corint.* xv, 9. Enfin ailleurs, par la voix du même Ezéchiel, Dieu s'adresse à ceux qui ont obtenu sa miséricorde : « Vous vous souviendrez alors de vos voies, et de tous les crimes dont vous étiez souillés, et vous vous déplairez en vous-mêmes, en vous représentant toutes les iniquités que vous avez commises, et vous saurez que moi je suis le Seigneur, lorsque je vous aurai comblés de biens pour la gloire de mon nom, et non pas selon vos voies et selon vos crimes détestables. » *Ezech.* xx, 43, 44. Rougissons nous-mêmes, et tenons le langage de ceux qui ont déjà obtenu la récompense ; pécheurs sur la terre, établis en ce corps faible et mortel, disons ce que disent, nous le voyons, les saints dans le ciel, alors même qu'ils sont revêtus d'incorruptibilité et d'immortalité. « Vous dites : La voie du Seigneur n'est pas juste, quand ce sont les vôtres qui sont corrompues. » *Ezech.* xviii, 25. C'est imiter l'orgueil des Pharisiens, qui rapportaient injurieusement au Créateur leurs péchés de propos délibéré, et calomniaient sa justice (1). Les prêtres du temple mystique, qui est la figure de l'Eglise, les fils de Sadoch, ne se mêlent pas au peuple quand ils sont revêtus des vêtements de leur ministère, de peur que ces habits sacrés ne fussent souillés par un contact profane. *Ezech.* xliv. Et vous, au milieu du peuple, seul de tout le peuple, vous vous croyez pur?

26. *De Jérémie.* — Parcourons à la hâte le prophète Jérémie, nous attachant plutôt au sens qu'à la lettre. « Parcourez les rues de Jérusalem, et cherchez dans ses places publiques si un homme accomplit la justice et recherche la vérité, et je pardonnerai à toute la ville à cause de lui. » *Jerem.* v, 1. « S'il en est qui jurent par moi, ils me prennent faussement à témoin, ils mentent. » *Ibid.* 2. Dieu repousse ensuite les sacrifices des pécheurs ; il laisse à ceux qui les offrent leurs victimes, pour qu'ils les mangent, disant que ce ne sont pas de tels sacrifices qu'il prescrivit à leurs pères, quand il les tira de la terre d'Egypte. Ce précepte, il le donna, non parce que ces victimes lui étaient agréables, mais parce que, en présence de l'idolâtrie, il aimait mieux qu'elles fussent offertes à lui-même qu'aux démons. Tous se sont éloignés de lui, nul ne prêche la vérité et ne fait pénitence de ses fautes. Ils suivent leurs propres désirs, comme un cheval emporté dans la mêlée. Ils tendent leur langue comme un arc : ils mentent en toutes choses, et la vérité n'est point en eux. Il enjoint aussi de se tenir en garde contre les séductions de l'amitié, et de n'avoir pas confiance même en ses proches. Chacun tend des embû-

(1) D'après l'auteur des constitutions apostoliques, les Pharisiens attribuaient au destin ou bien à la fortune les actions des pécheurs. L'historien Josèphe lui-même n'en disconvient pas dans son traité des Antiquités judaïques, en ajoutant cependant qu'ils entendaient sauvegarder le libre arbitre. Par quels arguments conciliaient-ils ces affirmations opposées ? Nous l'ignorons. C'est la contradiction que relève et stygmatise ici saint Jérôme.

sed cum Apostolo dicant : « Qui non sum dignus vocari apostolus, quia persecutus sum Ecclesiam Dei. » I *Cor.* xv, 9. Denique et in alio loco per eumdem prophetam ad eos, qui illius misericordiam consecuti sunt, loquitur Deus. « Et recordabimini viarum vestrarum et omnium scelerum vestrorum, quibus polluti eratis, et displicebit vobis (al. *displicebitis*) in conspectu vestro, in cunctis malitiis quas fecistis, et scietis quia ego Dominus, cum benefecero vobis propter nomen meum, non secundum vias vestras malas, neque secundum scelera vestra pessima. » *Ezech.* xx, 43, 44. Erubescamus atque dicamus, quod loquuntur hi qui jam præmia consecuti sunt ; loquamur peccatores super terram, et in fragili mortalique corpore constituti, quod sanctos videmus in cœlis dicere, etiam incorruptione et immortalitate donatos. « Et dicitis, inquit, non est recta via Domini, cum vestræ viæ pravæ sint. » *Ezech.* xviii, 25. Pharisæorum est hoc supercilium, ut peccata propriæ voluntatis referant ad Conditoris injuriam, et illius justitiam calumnientur (1). Sacerdotes templi mystici, quod interpretatur Ecclesia, filii Sadoch, cum vestimentis ministerii non egrediuntur ad populum, ne humana conversatione sanctificati maculentur. *Ezech.* xliv. Et tu in medio vulgi, unusque de populo mundum esse te credis ?

26. *Ex Jeremia.* — Jeremiam prophetam breviter percurrentes, sensu magis quam sermone carpamus. « Circuite, inquit, in exitibus Jerusalem, et quærite in plateis ejus sicubi reperire poteritis virum, qui juxta justitiam vivat et fidem, et ero propitius propter eum. » *Jerem.* v, 1. « Quamvis enim dicant : Vivit Dominus, fraudulenter jurant, et hoc ipsum in mendacio. » *Ibid.* 2. Refutat peccatorum sacrificia ; vescendas detrahit offerentibus hostias, dicens se non mandasse patribus eorum, quando eduxit eos de terra Ægypti, ut offerrent hujusmodi sacrificia. Non enim voluntate, sed idolorum comparatione mandavit, malens sibi offerri victimas, quam dæmonibus. Omnes recesserunt ab eo, nullus est qui loquatur bona, et agat pœnitentiam de peccatis suis. Sequuntur proprias voluntates, quasi equus promptus ad prælium. Intendunt linguam suam quasi arcum : mentiuntur omnia, et non est in eis veritas. Amicorum quoque cavendas insidias præcipit, et nulli credere proximorum. Singulos

ches à ses amis, le frère est trompé par le frère, et cela n'arrive point par un vice de la nature humaine, mais par la volonté de chacun, parce qu'ils ont enseigné le mensonge à leur langue et qu'ils se laissent aisément aller à l'injustice. « L'Ethiopien peut-il changer sa peau, le léopard ses couleurs? et vous, pourrez-vous faire le bien, lorsque vous aurez appris le mal? » *Jerem.* XIII, 23. Par conséquent, cette peau de l'Ethiopien et ces couleurs du léopard que nous revêtons sont le fait d'un enseignement qui se donne et se reçoit, et non de notre nature; toutefois, la tache du mal ne peut être effacée que par Celui à qui tout est possible.

27. Aussi Jérémie s'adresse-t-il à Celui qui est le seul vrai médecin : « Guérissez-moi, Seigneur, et je serai guéri; sauvez-moi, et je serai sauvé; vous êtes ma gloire et mon espérance. » *Jerem.* XXVII, 14. Si je considère ma condition misérable, je ne puis que m'écrier : « Maudit soit l'homme qui porta la nouvelle à mon père en disant : Il vous est né un enfant mâle. Que cet homme devienne comme les villes que le Seigneur a détruites. Pourquoi ne suis-je point mort avant de naître, pourquoi ma mère n'a-t-elle pas été mon sépulcre, et pourquoi son sein ayant conçu n'a-t-il pas été réduit à n'enfanter jamais? Pourquoi suis-je sorti du sein de ma mère pour être accablé de travail et de douleur, et pour voir consumer mes jours dans une confusion continuelle? » *Jerem.* XX, 13 *seqq.* Telle est sa sécurité dans sa condition, telle sa confiance en ses forces, qu'il préfère la mort à la vie. C'est qu'il connaît sa blessure et la puissance de Celui à qui rien ne peut être caché et qui a dit par la voix du Prophète : « Ne suis-je Dieu que de près, ne le suis-je pas aussi de loin? » *Jerem.* XXIII, 23. Il remplit le ciel et la terre, et nul ne peut échapper à son regard, qui voit nos plus secrètes pensées. Lui qui sonde les reins, lit aussi au fond des cœurs; et afin que nous sachions que tout le bien que nous faisons vient de Dieu : « Je les planterai, est-il dit, et je ne les arracherai point, et je leur donnerai un cœur docile et l'intelligence pour me connaître. » *Jerem.* XXIV, 6, 7. Si la pensée et le sens sont un don de Dieu, si l'intelligence a ses racines dans le Seigneur lui-même qu'elle doit connaître, en quoi y a-t-il lieu de tant s'enorgueillir de notre libre arbitre? Voulons-nous connaître notre condition, écoutons l'histoire. Joachim, roi de Juda, tous les princes et les plus puissants de sa cour, ayant entendu la prophétie d'Urie, voulurent le faire mourir. *Jerem.* XXVI, 21. Urie le sut, il eut peur, et il s'enfuit en Egypte. D'où vient qu'il craignait la mort, lui qui prophétisait au nom du Seigneur et qui savait que sa bouche annonçait la vérité de Dieu? Dédaignerons-nous en toute circonstance le secours de Dieu et négligerons-nous de faire toutes choses selon sa volonté, quand nous voyons les saints hommes avoir ainsi recours aux secours humains? Jérémie étant en danger,

enim insidiari amicis et fratrem a fratre decipi, et hoc facere non naturæ malo, sed propria voluntate; quia docuerunt linguam suam mendacium, et proni feruntur ad injustitiam. « Si Æthiops, ait, mutaverit pellem suam, et pardus varietatem suam, et vos poteritis facere bonum, cum didiceritis mala. » *Jerem.* XIII, 23. Ergo pellis Æthiopica et pardorum varietas, disciplinæ est, non est naturæ, quæ docetur et discitur; tamen auferri non potest vitium inoliti mali, nisi per eum, cui omnia possibilia sunt.

27. Unde loquitur ad eum, qui solus verus medicus est : « Sana me, Domine, et sanabor; salvum me fac, Domine, et salvus ero; tu es gloria (al. *gloriatio*) mea et spes mea. » *Jerem.* XXVII, 14. Si enim ad conditionem meam infelicitatemque respiciam, nihil aliud nisi hoc possum loqui : « Maledictus homo qui annuntiavit patri meo, dicens : Ecce natus est tibi puer; fiat homo ille similis urbibus, quas subvertit Deus. Quare enim in vulva non statim perii, et fuisset mihi sepulcrum mater mea, et vulva ejus infernus sempiternus? Quare egressus sum ex utero, ut viderem labores et miserias, et consumerentur dies mei in ærumnis? » *Jerem.* XX, 13, *seqq.* Tantum de sua conditione securus est, et sic confidit in fortitudine, ut mortem præferat vitæ. Noverat enim vulnus suum et potentiam ejus quem celare nihil potest, qui loquitur per Prophetam : « Deus appropinquans ego, et non procul? » *Jerem.* XXIII, 23. Qui enim cœlum replet et terram, nullus potest vitare ejus notitiam, et cordis occulta celare. Qui scrutatur renes, introspicit. Et ut sciamus Dei esse bonum omne quod gerimus : « Ego, inquit, plantabo eos, ut nequaquam eradicentur, et ego dabo eis cogitationem et sensum, ut intelligant me. » *Jerem.* XXIV, 6, 7. Si cogitatio et sensus dantur a Deo, et intellectus Domini ex illius qui noscendus est, radice pullulat, ubi est liberi arbitrii tantum superba jactatio? Volumus scire conditionem nostram, audiamus historiam. Joachim rex Juda, cunctique socii ejus et principes ejus, auditis sermonibus Uriæ, voluerunt occidere eum. » *Jerem.* XXVI. Quod cum ille didicisset, timore perterritus fugit in Ægyptum. Cur mortem timebat, qui explicavit sententiam Domini, et qui a se nuntiari Domini noverat voluntatem? Dedignamur per singula auxilium Dei, et ad illius nutum cuncta gerere negligimus, cum legamus sanctos viros, etiam hominum indiguisse præsidio? Periclitatur Jeremias et mani

l'Ecriture dit clairement que le secours d'Abicam, fils de Saphan, empêcha qu'il ne tombât aux mains de la multitude et ne fût lapidé.

28. *Grâce de l'Evangile.* — Les cérémonies de la loi et le lourd fardeau des anciens préceptes étant passés, la grâce de l'Evangile est promise au monde, et le Seigneur promet la nouvelle loi, sous laquelle tous pourront le connaître, depuis le plus petit jusqu'au plus grand. « Je remettrai leurs péchés, et je ne me souviendrai plus désormais de leurs iniquités. » Quelle fut la justice des saints sous l'ancienne loi, nous le voyons en ces paroles : « Les fils d'Israël et les fils de Juda ont fait sans cesse l'iniquité en ma présence, depuis leur origine jusqu'à maintenant, et la ville de Jérusalem, depuis le jour de sa fondation jusqu'à celui de sa ruine, a provoqué ma colère. » Voyez bien ce qu'il dit, joignez la fin à l'origine, et tout le temps intermédiaire se passe dans le vice. Jérémie, sanctifié dans le sein de sa mère avant de naître, *Jerem.* I, 5, vierge, prophète de l'ancienne alliance, tremble devant Sédécias et le supplie avec larmes : « Ecoutez-moi donc maintenant, je vous supplie, ô Roi mon seigneur, recevez favorablement la prière que je vous fais, et ne me renvoyez point dans la maison de Jonathan secrétaire, de peur que je n'y meure. » *Jerem.* XXXVII, 19. O Prophète, d'où vient que vous craignez un roi impie? Vous le redoutez, quand vous savez qu'il doit bientôt mourir? Vous redoutez la prison, où l'on gagne le paradis? Il me répondra : Je suis un homme revêtu d'une chair mortelle et corruptible; je sens la douleur, les tourments m'effrayent et le Seigneur doit un jour les souffrir pour mon salut comme pour celui de tous. Dieu a compassion du genre humain, il ne veut pas que l'œuvre de ses mains périsse. « Ne craignez point, ô Jacob, dit le Seigneur, car je suis avec vous et j'exterminerai tous les peuples parmi lesquels je vous ai dispersé; et pour vous, je ne vous perdrai pas entièrement, mais je vous châtierai selon ma justice, et ma miséricorde pour vous sera telle que vous ne vous croyiez pas innocent. » *Jerem.* XXX, 10.

29. *Notre salut dans la miséricorde de Dieu.* — Voilà pourquoi nous disons que les saints et ceux qui, après avoir péché, se convertissent à Dieu, sont justes, moins par leur propre mérite que par la clémence de ce Dieu, à qui toutes les créatures sont assujetties, et dont la miséricorde est indispensable à toutes. Qu'ils entendent les hérétiques qui s'enflent d'orgueil et disent : « N'est-ce pas par notre force que nous nous sommes rendus redoutables? » *Amos.* VI, 14; qu'ils entendent les paroles qu'entendit Moab : « Nous connaissons l'orgueil de Moab, et son orgueil est excessif. » *Isai.* XVI, 6. « Je connais sa fierté, sa présomption, sa vanité et sa confiance en lui-même, dit le Seigneur, et je sais que son insolence est plus grande que son pouvoir. » *Jerem.* XLVIII, 29, 30. Au sujet de tels

feste dicitur, quod auxilio ei fuerit manus Abicam filii Saphan, ne traderetur in potestatem vulgi, et obrueretur lapidibus.

28. *Evangelii gratia.* — Abolitis legis cæremoniis, et duro pondere veterum præceptorum, repromittitur Evangilii gratia, legemque Dominus pollicetur, ut omnes eum noverint a minimo usque ad maximum, dicens : « Dimittam peccata eorum, et iniquitatum illorum ultra memor non ero. » Quam autem habuerint sancti viri in lege veteri justitiam, sequenti sermone demonstrat : « Filii Israel et filii Juda iniquitatem fecere perpetuam in conspectu meo, ab adolescentia sua usque ad diem præsentem, et civitas Jerusalem ab initio conditionis suæ usque ad diem eversionis suæ me ad iracundiam provocavit. » Attende quid dicat, finem junge principio, omne medium tempus in vitio est. Jeremias sanctificatus in utero antequam natus, *Jerem.* I, 5, virgo, propheta veteris Testamenti, pertremuiscit Sedechiam, et flebiliter obsecrat, dicens : « Nunc ergo, domine mi rex, audi deprecationem meam, et prævaleat apud te obsecratio mea, ne remittas me in domum Jonathan scribæ, ne ibi peream. » *Jerem.* XXXVII, 19. O Propheta, cur times impium regem? Cur eum metuis, quem nosti jam jamque periturum? carcerem reformidas, cui paratur paradisus? Respondebit mihi : Homo sum in mortali carne et corruptibili constitutus, dolorem sentio, horresco cruciatus, quos etiam Dominus meus pro mea salute sensurus est. Miseretur humano generi Deus, et non vult perire quod fecit. « Noli timere, Jacob, dicit Dominus; ego enim sum tecum et interficiam omnes gentes in quas dispersi te; te vero ipsum perire non faciam, sed castigabo te in justitia, et ita miserebor tui, ut te innoxium non relinquam. » *Jerem.* XXX, 10.

29. *Salvamur Dei misericordia.* — Unde et nos dicimus esse justos sanctos viros, et post peccata placentes Deo, non suo tantum merito, sed ejus clementia, cui omnis creatura subjecta est, et indiget misericordia ejus. Audiant hæretici, qui elevantur per superbiam, et dicunt : « Ipsi nobis fecimus cornua; » *Amos.* VI, 14; audiant illud quod audivit Moab : « Audivimus superbiam Moab, superbus est valde. » *Isai.* XVI, 6. « Altitudinem illius, et elationem et glorificationem, et inflationem cordis ego cognovi, dicit Dominus, quoniam nequaquam juxta inflationem ejus et fortitudo illius est. » *Jerem.* XLVIII, 29, 30. Diciturque ad hu-

hommes il est dit : « Leurs ennemis » — nul doute qu'il ne s'agisse là des ennemis du troupeau du Seigneur — « les affermissent dans la foi, quand ils disent : Nous n'avons point péché, alors qu'ils ont péché en souillant la justice et en renonçant à l'espérance de leurs aïeux. » Voulez-vous savoir quand est-ce que tous les péchés finissent ? écoutez le même Prophète : « En ce temps-là, dit le Seigneur, on cherchera l'iniquité en Israël et il n'y en aura plus ; le péché en Juda, et il ne se trouvera plus. » *Jerem.* L, 20. Pourquoi, s'il vous plaît ? la raison suit : « Parce que je me serai rendu favorable. » Mais là où est la propitiation, le péché l'a précédée. Cessez donc de dire que l'homme peut par ses propres forces, et je vous accorderai que toutes choses sont possibles par la grâce de Dieu. « Il est bon d'attendre en silence le salut que Dieu nous promet. » *Thren.* III, 26. Il est bon à l'homme de mettre sa bouche dans la poussière, de tendre sa joue à celui qui le frappe, de se rassasier d'opprobres, *Ibid.* 29 et *seqq.*, de mettre son espérance en Dieu. S'il nous a rejetés, il aura aussi compassion de nous selon la multitude de ses miséricordes ; son cœur, en effet, ne se porte pas volontiers à humilier et rejeter les enfants des hommes. En vain l'homme murmure pendant la vie, puisqu'il souffre pour ses péchés. Examinons avec soin nos voies, cherchons ce qu'elles ont de mauvais, et retournons au Seigneur. *Ibid.* 32 et *seqq.* Elevons nos cœurs avec nos mains vers le ciel, et disons à Dieu : « Nous avons agi injustement, nous nous sommes attiré votre colère, c'est pourquoi vous êtes devenu inexorable. » *Ibid.* 42.

30. *Nous connaissons les causes de la volonté divine.* — Le prophète Daniel dit à Nabuchodonosor que le Très-Haut domine toute royauté humaine, qu'il la donne à qui il lui plaît, et qu'il place sur le trône le dernier et le plus méprisé de tous. Libre à vous de demander à Dieu pour quelle cause il établit roi le dernier et le plus méprisé des hommes, pourquoi il fait ce qu'il lui plaît, et de rechercher si sa volonté est juste, lui dont il est écrit : « Il tire de la poussière celui qui est dans l'indigence, et il élève le pauvre de dessus le fumier, pour le placer avec les princes, avec les princes de son peuple. » *Psalm.* CXII, 7, 8. Serait-ce par hasard, d'après vous, que, sans discernement et sans justice, il cherche la gloire et la faveur des hommes, en élevant les humbles sur le trône, tandis qu'il précipite les puissants dans l'abîme de l'abaissement ? Ecoutez le Prophète : « Tous les peuples du monde sont devant lui comme s'ils n'étaient point. » *Isai.* XL, 17. En effet, il a fait tout ce qu'il a voulu dans le ciel et sur la terre ; il n'y a personne qui résiste à sa volonté, ou qui puisse dire : Pourquoi avez-vous fait cela ? Toutes ses œuvres sont fondées sur la vérité, toutes ses voies sont justes, et il peut humilier les superbes. Antiochus Epiphane, roi très-cruel, renversa l'autel et fit fouler aux pieds la justice, parce que le Seigneur l'avait ainsi permis, à cause des « nombreux péchés commis. » II *Macchab.* V. Epiphane ne fit donc pas sa propre

juscemodi homines : « Inimici autem eorum (haud dubium quin gregis Domini) confirmant, dicentes : non peccavimus, cum peccaverint in pulchritudinem justitiæ, et in exspectationem patrum. » Vis scire quando omnia peccata finiantur ? audi eumdem prophetam : « In tempore illo, dicit Dominus, quæretur iniquitas in Israel, et non erit, et peccatum in Juda, et non invenietur. » *Jer.* L, 20. Cur, quæso ? sequitur : « Quia propitius ero illis. » Ubi autem propitiatio est, præcessit ante peccatum. Tolle igitur posse, et concedam omnia, donante Deo, subsistere. « Bonum est præstolari cum silentio salutare Domini ; » *Thren.* III, 26 ; bonum est ponere in pulvere os suum, dare percutienti se maxillam, saturari opprobriis, spem habere in Domino. *Ibid.*, 29 *seqq.* Si enim abjecit, et miserebitur juxta multitudinem misericordiarum suarum ; neque enim humiliavit corde suo et abjecit filios hominum. Frustra murmurat homo pro peccatis suis. Scrutemur vias nostras, et quæramus et revertamur ad Dominum. *Ibid.*, 32 *et seqq.* Levemus corda cum manibus ad Dominum in cœlum, dicamusque ei : « Inique egimus, et ad iracundiam provocavimus, idcirco tu inexorabilis es. *Ib.*, 42.

30. *Causas divinæ voluntatis noscimus.* — Daniel propheta loquitur ad Nabuchodonosor, quod dominetur excelsus regno hominum, et det illud cuicumque voluerit, et extremum atque projectum constituat super illud. Interroga eum qua causa ultimum atque despectum constituat in regem, et faciat quod voluerit ; et discute, utrum ipsius voluntas justa sit, de quo scriptum est : « Qui suscitat de terra humilem, et de stercore elevat pauperem, ut collocet eum cum principibus, cum principibus populi sui. » *Ps.* CXII, 7, 8. An forsitan juxta te absque judicio atque justitia gloriam quærit, auramque popularem, ut humiles erigat in regnum et potentes humilitate commutet ? Audi Prophetam dicentem : « Omnes habitatores terræ, quasi nihil reputati sunt apud eum. » *Isai.* XL, 17. Fecit enim quodcumque voluit in cœlo et in terra, et nemo est, qui resistat voluntati ejus, aut possit dicere, quare hoc fecisti, cujus sunt omnia opera in veritate, et viæ illius justitia, et superbientes potest ipse humiliare. Antiochus

volonté, mais ce que Dieu avait permis qu'il fît, à cause des péchés du peuple. Il suit de là qu'il n'accomplit pas cette action par sa propre force, mais en vertu du commandement de celui qui le faisait agir. Quant à cette parole : « Nous avons péché, nous sommes tombés dans l'iniquité en nous éloignant de vos commandements et de vos justes voies, » *Dan.* III, 29, et pour tout passage semblable, vous avez coutume de dire que David, Daniel et tous les prophètes, ne parlaient pas ainsi pour eux-mêmes, qui étaient saints, mais au nom de l'ensemble du peuple. Contrairement à cette opinion, le Prophète vous répond lui-même : « Lorsque je parlais encore, et que je confessais mes péchés et ceux du peuple d'Israël. » *Dan.* IX, 20. Vous voyez qu'il priait autant pour ses propres fautes que pour celles du peuple, et qu'il a répandu ses supplications en présence du Seigneur son Dieu. Voulez-vous savoir encore quand finit le péché et l'iniquité? Quoiqu'il y ait diverses interprétations de ce passage, écoutez le même Prophète : « Soixante-dix semaines ont été comptées sur ton peuple et sur ta cité sainte, afin que la mesure des iniquités soit remplie et que le péché reçoive sa fin, par la ruine de l'iniquité et la révélation de ta justice éternelle. » *Dan.* II, 4. Ainsi, jusqu'à ce que cette fin arrive, et que ce corps corruptible et mortel soit revêtu d'incorruptibilité et d'immortalité, nous sommes nécessairement assujettis au péché, non point, comme vous le dites avec sacrilége, par un vice de notre nature et de notre condition, mais à cause de la fragilité et de l'inconstance de la volonté humaine, qui varie à toute heure, parce que Dieu seul est immuable. Vous cherchez en quoi Abel, Enoch, Josué, Elisée, ont péché. Inutile de chercher midi à quatorze heures, et plût au ciel qu'il fût permis de jeter un voile sur les péchés avérés. Si vous voulez connaître par moi les péchés des justes, je les ignore. « Encore que ma conscience, dit l'Apôtre, ne me reproche rien, je ne suis pas justifié pour cela. L'homme voit les apparences, Dieu lit au fond du cœur. » I *Corint.* IV, 4. Devant la conscience et en la présence de Dieu, nul ne sera justifié. Aussi Paul dit-il formellement : « Tous ont péché, et ont besoin de la gloire de Dieu; » *Rom.* III, 23; et encore : « Dieu a permis que tous fussent enveloppés dans le pêché, pour exercer sa miséricorde envers tous, » *Rom.* XI, 32, et les autres textes que nous avons cités souvent.

Epiphanes rex crudelissimus subvertit altare, ipsamque justitiam fecit conculcari, quia concessum erat a Domino; causasque reddit, « propter peccata plurima. » II *Mach.* V. Ergo non fecit quod ipse tantum voluit, sed quod propter peccata populi concessit Dominus. Denique sequitur, quod non ex propria fecerit fortitudine, sed ex ejus imperio qui præcepit ut fieret. Illud autem quod in oratione sua loquitur : « Peccavimus, inique egimus, injuste gessimus et recessimus a mandatis et justitiis tuis, » *Dan.* III, 29, et cætera hujuscemodi, soletis dicere, quod et David, et Daniel, et omnes prophetæ, non pro se, qui sancti erant, sed ex persona populi sunt locuti. Adversum quam opinionem ipse respondebit, et dicet : « Cum adhuc orarem, et confiterer peccata mea, et peccata populi Israel. » *Dan.* IX, 20. Vides ergo quod tam pro peccatis suis, quam pro peccatis populi, Dominum sit deprecatus, et effuderit deprecationes suas in conspectu Domini Dei sui. Vis iterum nosse, quando peccatum et iniquitas finiatur? Quanquam diversa sit auctorum interpretatio, audi eumdem Prophetam : « Septuaginta hebdomadæ completæ sunt super populum tuum, et super civitatem tuam sanctam, ut compleantur iniquitates, et finem accipiat peccatum, ut dispereat iniquitas, et reveletur justitia sempiterna. » *Dan.* II, 4. Quamdiu ergo ille finis adveniat, et corruptivum hoc atque mortale incorruptione et immortalitate mutetur, necesse est nos subjacere peccato, non naturæ et conditionis, ut tu calumniaris, vitio, sed fragilitate et commutatione voluntatis humanæ, quæ per momenta variatur, quia Deus solus est immutabilis. Quæris ubi Abel, ubi Enoch, ubi Jesus filius Nave, ubi Elisæus, cæterique sanctorum peccaverint. Non est necesse nodum in scirpo quærere : utinam possem et manifesta reticere peccata. Si vis a me verum audire, nescio. « Nihil, inquit, mihi conscius sum, nec tamen in hoc justificatus sum. Homo videt in facie, Deus in corde. » I *Cor.* IV, 4. Apud ejus conscientiam atque conspectum nullus justificatur. Unde et Paulus loquitur confidenter : « Omnes peccaverunt, et indigent gloria Dei; » *Rom.* III, 23; et : « Conclusit Deus omnia sub peccato ut omnium misereatur, » *Rom.* XI, 32, et cætera quæ sæpe replicavimus.

LIVRE TROISIÈME.

1. *Le baptême n'efface que les péchés antérieurs.* — CRITOBULE. J'ai pris plaisir à vous entendre multiplier les paroles, sur quoi il est écrit : « Ce n'est pas en parlant beaucoup qu'on évite le péché. » *Prov.* x, 19. Mais la question n'a pas avancé. Vous avouerez assurément que ceux qui ont reçu le baptême de Jésus-Christ n'ont pas de péché; que, puisqu'ils sont sans péché, ils sont justes; et qu'une fois justes, s'ils agissent avec vigilance, ils peuvent conserver sans cesse la justice, et par ce moyen éviter tout péché. ATTICUS. Ne rougissez-vous point de suivre une opinion de Jovinien, ridicule et condamnée? Il s'appuie, en effet, sur les mêmes textes et sur les mêmes preuves que vous, ou plutôt vous vous faites l'écho des nouveautés qu'il a trouvées; vous voulez enseigner en Orient ce qui a été d'abord condamné à Rome, et qui vient de l'être naguère en Afrique. Lisez donc la réponse qui lui a été faite, et prenez-la comme une réponse à vous-même. Dans les dogmes et questions à discuter, la personne n'est rien, le fond est tout. Sachez cependant que le baptême efface les péchés antérieurs, mais ne garantit pas la justice à venir, qui dépend de nos efforts, de notre zèle, de notre diligence, et toujours et surtout de la miséricorde de Dieu : à nous de demander, à lui d'accorder ce qu'on lui demande; à nous de commencer, à lui de parfaire; à nous d'offrir ce que nous pouvons, à lui de suppléer à ce que nous ne pouvons pas. « Si le Seigneur ne bâtit pas la maison, en vain travaillent ceux qui la bâtissent. Si le Seigneur ne garde pas la cité, vaine est la vigilance de celui qui la garde. » *Psalm.* CXXVI, 1, 2. De là le précepte de l'Apôtre : « Courez de telle sorte que vous remportiez le prix; tous courent, en effet, mais un seul le remporte. » I *Corint.* IX, 24. Et le Psalmiste a écrit : « Seigneur, vous nous avez couronnés comme du bouclier de votre bonne volonté. » *Psalm.* V, 13. Notre victoire et la palme de la victoire se préparent sous la protection et sous le bouclier de Dieu; nous courons en ce monde pour être récompensés dans l'autre, où celui qui aura été vainqueur ici-bas recevra la couronne; et après le baptême, il nous est dit : « Voilà que tu es guéri; désormais ne pèche plus, de peur qu'il ne t'arrive pire. » *Joan.* V, 14; et : « Ne savez-vous pas que vous êtes le temple de Dieu et que l'Esprit de Dieu habite en vous? Or, si quelqu'un

LIBER TERTIUS.

1. *Baptismus tantum præterita peccata dimittit.* — CRITOB. Delectatus sum tuorum multiplicatione sermonum, de quibus scriptum est : « In multiloquio non effugies peccatum; » *Prov.* x, 19; sed quid ad causam? Certe hoc fateberis eos, qui Christi baptisma consecuti sunt, non habere peccatum, et si absque peccata sunt, justos esse, cumque semel justi fuerint, si egerint sollicite, posse in sempiternum justitiam custodire, ac per hoc omne vitare peccatum. ATTIC. Non erubescis explosam atque damnatam Joviniani sententiam sequi? Et ille enim his testimoniis tuisque nititur argumentis; imo tu illius inventa sectaris, in Oriente docere desiderans, quæ olim Romæ, et dudum in Africa condemnata sunt. Lege ergo quid illi responsum sit, et tibi responsum ducito. In dogmatibus enim et quæstionibus disserendis non persona, sed causa quærenda est. Et tamen hoc scito, baptismum præterita donare peccata, non futuram servare justitiam, quæ labore et industria, ac diligentia, et semper super omnia Dei clementia custoditur : ut nostrum sit rogare, illius tribuere quod rogatur; nostrum incipere, illius perficere (a); nostrum offerre quod possumus, illius implere quod non possumus. « Nisi enim Dominus ædificaverit domum, in vanum laboraverunt qui ædificant eam. Nisi Dominus custodierit civitatem, in vanum vigilat (al. *vigilabit*) qui custodit eam. » *Ps.* CXXVI, 1, 2. Unde et Apostolus præcipit : « Sic currite, ut comprehendatis. Omnes quidem currunt, sed unus accipit coronam. » I *Cor.* IX, 24. Et in psalmo scriptum est : « Domine, ut scuto bonæ voluntatis coronasti nos. » *Ps.* V, 13. Nostra enim victoria et corona victoriæ, illius protectione et clypeo paratur (al. *præparatur*); et hic currimus, ut in futuro comprehendamus; ibi accipiet coronam, qui in hoc sæculo victor exstiterit; nobisque post baptismum dicitur : « Ecce sanus factus es, jam noli peccare, ne quid deterius tibi contingat. *Joan.* V, 14; et : « Nescistis quia templum Dei estis; et Spiritus Dei habitat in vobis? Si quis templum Dei violaverit, disperdet eum Deus. » I *Cor.* III, 16, 17; et in alio loco : « Dominus vobiscum est, quamdiu vos estis cum eo;

(a) *Nostrum incipere.* Ex hoc loco dicere potuit sanctus Benedictus Prologo in Regulam suam : *In primis, ut quidquid agendum inchoas bonum, ab eo perfici instantissima oratione deposcas*, et cætera. MARTIAN. — Ne pravæ intelligentiæ locus hic pateat, addo clausulam, quam simili sententiæ in epist. 130 ad Demetriadem ipse Hieronymus satis orthodoxe semetipsum explicans apposuit *Ipsumque quod nostrum est, sine Dei miseratione nostrum non est.* Vide quæ paulo infra num. 10 annotamus.

profane le temple de Dieu, Dieu le perdra ; » I *Corint.* III, 16, 17 ; et ailleurs : « Le Seigneur est avec vous pendant tout le temps que vous êtes avec lui ; si vous l'abandonnez, il vous abandonnera à son tour. » II *Paral.* XII, 1. Croyez-vous qu'il y ait un sanctuaire de Jésus-Christ où la pureté soit permanente, un temple dont aucun nuage ne trouble la sérénité ? Quoi qu'aient dit les philosophes de la prétendue impassibilité de Socrate, nous ne pouvons pas avoir un visage toujours égal ; à plus forte raison ne pouvons-nous pas avoir l'égalité d'âme. La physionomie de l'homme est mobile, et de même son cœur est changeant. S'il nous était possible de demeurer constamment plongés dans les eaux du baptême, les péchés voleraient au-dessus de nous sans nous toucher : l'Esprit saint nous protégerait. Mais l'ennemi nous combat ; vaincu, il n'abandonne pas la lutte, et se tient perpétuellement en embuscade, pour lancer traîtreusement ses flèches sur ceux qui ont le cœur droit.

2. *De l'Évangile selon les Hébreux.* — Dans l'Évangile selon les Hébreux, écrit en langue chaldéenne et syriaque, mais en caractères hébreux, et dont les Nazaréens font usage maintenant encore, évangile selon les Apôtres, comme la plupart le présument, et qui est aussi à la bibliothèque de Césarée, on lit en saint Matthieu l'histoire suivante : « La mère du Seigneur et ses frères lui disaient : Jean-Baptiste baptise pour la rémission des péchés, allons recevoir le baptême de ses mains. Et il leur répondit : En quoi ai-je péché, pour aller recevoir le baptême de ses mains ? si ce n'est peut-être qu'en mes paroles, j'ai péché par ignorance. » Et dans le même livre : « Si votre frère vous a offensé et s'il se repent, pardonnez-lui sept fois le jour. Et Simon, son disciple, lui dit : Sera-ce jusqu'à sept fois ? Et le Seigneur lui répondit : Je vous dis même jusqu'à septante fois sept fois ; » *Matth.* XVIII, 22, *et Luc.* XVII, 4 ; « car la parole du péché a été trouvée dans les Prophètes eux-mêmes, après qu'ils avaient reçu l'onction de l'Esprit saint. » Ignace, martyr, qui eut toutes les vertus apostoliques, n'a pas craint d'écrire : « Le Seigneur a choisi pour apôtres les plus grands pécheurs d'entre les hommes ; » et le Psalmiste célèbre ainsi leur prompte conversion : « Ils se hâtent d'autant plus vers Dieu, que leurs faiblesses avaient été plus nombreuses. » *Psalm.* XV, 4. Ces témoignages peuvent ne pas avoir pour vous une autorité absolue ; ils vous montrent du moins, par leur ancienneté, ce que les vrais catholiques ont toujours pensé. Parlez d'un homme ravi par la mort immédiatement ou peu de temps après le baptême, et je vous accorderai, quoique je ne le doive pas, qu'il n'a commis aucun péché d'erreur ou d'ignorance, par pensées ou par paroles. Il n'aura pas vaincu le péché, il l'aura fui, et s'il nous paraît en être exempt, n'est-ce point que, par son passage au ciel, la miséricorde divine l'a délivré de la prison du péché ? Nous disons, nous, que Dieu peut tout ce qu'il veut ; mais que l'homme ne peut pas, ainsi que vous

si reliqueritis eum, et ille relinquet vos. » II *Paral.* XII, 1. In cujus putas delubro atque sacrario Christi puritas permanet, templique serenitas nullo nubilo contristatur ? Eumdem semper vultum habere non possumus, quod de Socrate falso philosophi (al. *philosopho*) gloriantur ; quanto magis animum ! Multæ facies hominum, sic et corda diversa. Si fieri posset, ut semper aquæ baptismatis mersos tenerent, volitantia nos desuper peccata non tangerent : Spiritus sanctus tueretur (al. *tuetur*). Sed impugnat inimicus, nec victus recedit, sed semper in insidiis est, ut sagittet in occulto rectos corde.

2. *Ex Evangelio juxta Hebræos.* — In Evangelio juxta Hebræos, quod Chaldaico quidem Syroque sermone, sed Hebraicis litteris scriptum est, quo utuntur usque hodie Nazareni, secundum Apostolos, sive ut plerique autumant, juxta Matthæum, quod et in Cæsariensi habetur bibliotheca, narrat historia : « Ecce mater Domini et fratres ejus dicebant ei : Joannes Baptista baptizat in remissionem peccatorum ; eamus et baptizemur ab eo. Dixit autem eis : Quid peccavi, ut vadam et baptizer ab eo ? Nisi forte hoc ipsum quod dixi, ignorantia est. » Et in eodem volumine : « Si peccaverit, inquit, frater tuus in verbo, et satis tibi fecerit, septies in die suscipe eum. Dixit illi Simon discipulus ejus : Septies in die ? Respondit Dominus, et dixit ei : Etiam ego dico tibi, usque septuagies septies. » *Mat.* XVIII, 22, *et Luc.* XVII, 4. « Etenim in Prophetis quoque postquam uncti sunt Spiritu sancto, inventus est sermo peccati. » Ignatius vir apostolicus et martyr, scribit audacter : « Elegit Dominus Apostolos, qui super omnes homines peccatores erant. » De quorum celeri conversione Psalmista canit : « Multiplicatæ sunt infirmitates eorum, postea acceleraverunt. » *Ps.* XV, 4. Quibus testimoniis, si non uteris ad auctoritatem, utere saltem ad antiquitatem, quid omnes Ecclesiastici viri senserint. Fac aliquem baptizatum, vel statim, vel in ipsis diebus morte subtractum, et concedam tibi, quod concedere non debeo, nec cogitasse aliquid, nec locutum, in quo errore et ignorantia laberetur. Num (al. *Et*) ideo sine peccato erit, quia videbitur non superasse, sed fugisse peccatum, ac non potius quia Dei misericordia de peccatorum carcere liberatus migravit ad Dominum ? Hoc et nos dicimus, posse Deum quidquid voluerit ; et homi-

l'affirmez, être sans péché par lui-même et par un effet de sa propre volonté. S'il le peut, c'est en vain que vous lui unissez maintenant la grâce, que sa puissance lui rend inutile. S'il ne le peut pas sans le secours de la grâce de Dieu, vous avez prétendu à tort qu'il peut ce qui lui est impossible; car tout ce qui dépend d'un bon plaisir étranger ne vient pas de celui que vous prétendez avoir la puissance de faire, mais de celui sans le secours de qui il est évident qu'il ne peut pas.

3. *Un abîme entre* ÊTRE *et* POUVOIR. — *C.* Quelle est, s'il vous plaît, cette chicane, cette querelle sans motif? Vous ne m'accordez même pas que celui qui sort des eaux du baptême soit sans péché? *A.* Ou j'exprime mal ma pensée, ou, quand je l'énonce clairement, vous êtes lent à la saisir. *C.* A quel propos? *A.* Rappelez-vous vos paroles et les miennes. Vous avez avancé qu'il dépend de la volonté de l'homme d'être sans péché. Je réponds que la chose lui est impossible, non point que l'homme, immédiatement après le baptême, ne soit exempt de péché, mais parce que ce temps où il est sans péché est un effet, non pas de ce qui est possible à l'homme, mais de la grâce divine. Ne dites donc pas que l'homme peut, et je vous accorderai qu'il est. En effet, comment peut-il celui qui ne peut point par lui-même? ou quelle est cette impeccabilité qui finit par la mort soudaine de ce corps? car si la vie se prolonge ensuite, l'homme est en péril de pécher à bon escient ou par ignorance. *C.* Vous me tendez les filets de la dialectique et vous ne parlez pas en toute simplicité chrétienne, quand vous allez chercher je ne sais quelles difficultés à propos de *être* et de *pouvoir être*. *A.* Est-ce moi qui joue sur les mots, quand c'est de votre officine que sort ce subterfuge? Car c'est vous qui dites que l'homme n'est pas sans péché, mais qu'il peut être ainsi, quand au contraire j'affirme ce que vous avez nié, à savoir, que l'homme est sans péché moyennant la grâce de Dieu, mais qu'il ne peut être ainsi par lui-même. *C.* C'est donc en vain que nous sont donnés les commandements, si nous ne pouvons les accomplir? *A.* Dieu a ordonné des choses possibles, cela ne fait doute pour personne. Mais parce que les hommes ne font pas ce qui est possible, tout le monde est assujetti à Dieu et a besoin de sa miséricorde. Assurément, il vous faudrait pouvoir nous montrer quelqu'un qui ait accompli tous les commandements, pour être en droit d'affirmer qu'il y a un homme à qui la miséricorde divine n'a pas été nécessaire. Tout ce qui peut être fait arrive à trois époques de la durée, le passé, le présent et l'avenir. Vous affirmez que l'homme peut être sans péché s'il veut; montrez-nous que la chose est arrivée dans le passé, ou du moins qu'elle a lieu dans le présent, et nous conclurons ensuite pour l'avenir. Si vous ne pouvez citer aucun homme qui ait été ou qui soit

nem per se et propria voluntate, quod tu asseris, sine peccato esse non posse. Sin autem potest, frustra nunc jungis et gratiam, qua potens non indiget. Quod si non potest absque Dei gratia, stulte tu dixisti posse quod non potest. Quidquid enim ex alterius pendet arbitrio, non ejus est quem posse contendis; sed illius, sine quo eum non posse perspicuum est.

3. *Inter esse et posse quantum distet* — *C.* Rogo, quæ est ista pravitas, imo absque ratione contentio? Ne hoc quidem mihi das, ut egressus aquas (al. *aqua*) baptismatis sine peccato sit? *A.* Aut ego sensum meum verbis explicare non valeo, aut, me explicante, ad intelligendum tardior es. *C.* Quonam modo? *A.* Recordare quid et tu dixeris, et ego quid loquar. Posuisti, hominem sine peccato esse, si velit. Ego impossibile hoc in homine esse respondeo, non quia statim a baptismate homo peccato non careat, sed illud tempus quando sine peccato est, nequaquam possibilitati humanæ, sed Dei gratiæ deputatur. Tolle igitur posse, et ego esse concedam. Quomodo enim potest, qui per se non potest? Aut quæ illa impeccantia, quæ statim corporis hujus morte finitur? Aut certe si ultra vitam protraxerit, delicti et ignorantiæ periculo subjacet (al. *subjacebit*). *C.* Dialectica me arte concludis, et non Christiana loqueris simplicitate, nodos mihi quosdam inter esse, et esse posse concinnans. *A.* Egone verborum strophis ludo, cum hoc de tua processerit officina? Tu enim dicis, non esse hominem sine peccato, sed esse posse, cum e contrario ego tribuam quod negasti, esse hominem sine peccato per Dei gratiam, et tamen per se non posse. *C.* Frustra ergo dantur præcepta, si ea implere non possumus. *A.* Deus possibilia mandavit, hoc nulli dubium est. Sed quia homines possibilia non faciunt, idcirco omnis mundus subditus est Deo, et indiget misericordia ejus. Aut certe si ostendere potueris, qui universa compleverit, tunc poteris demonstrare, esse hominem qui non indiget misericordia Dei. Omne enim quod fieri potest, tribus constat temporibus, aut præterito, aut præsenti, aut futuro. Hoc quod asseris, posse hominem sine peccato esse si velit, monstra factum esse de præterito, aut certe nunc fieri; de futuro postea videbimus. Quod si nullum potes ostendere, qui sine omni omnino peccato aut sit, aut fuerit, restat, ut de futuro tantum disputatio sit. Interim in duobus temporibus, præterito atque præ-

absolument sans péché. la discussion ne porte plus que sur l'avenir. Vous êtes donc battu sur le passé et sur le présent. S'il doit exister plus tard quelqu'un qui, étant sans péché, sera plus grand que les Patriarches, les Prophètes et les Apôtres, attendez à ce temps-là pour persuader, si vous le pouvez, aux générations futures, ce qui ne convient qu'à l'avenir.

4. *L'homme peut ne point pécher pendant un temps.* — *C.* Dites ce que vous voudrez, raisonnez selon votre bon plaisir, vous ne me ravirez pas le libre arbitre que Dieu m'a définitivement accordé; vous ne réussirez pas à m'enlever ce que Dieu m'a permis: pouvoir ce que je voudrai. *A.* Appelons en exemple un seul témoignage : « J'ai trouvé David, fils de Jessé, qui est un homme selon mon cœur et qui accomplira toutes mes volontés. » *Act.* XIII, 22, *Psalm.* LXVIII, 21. David est un saint, nul doute à cet égard ; et pourtant, après avoir été choisi pour faire toutes les volontés de Dieu, il fut repris pour quelques-unes de ses actions. Assurément, il lui était possible de faire toutes les volontés de Dieu, puisqu'il avait été choisi pour les faire. Or Dieu, qui avait prédit que David ferait toutes les volontés prescrites par les commandements divins, n'est pas coupable ; mais le coupable est David, qui ne répondit pas à cette prédiction. Dieu, en effet, n'avait pas dit : J'ai trouvé un homme qui suivra sans cesse toutes mes volontés et tous mes ordres ; il avait dit seulement : Qui fera toutes mes volontés. Nous disons également qu'un homme peut ne pas pécher, s'il veut, selon le moment et le lieu, relativement à la faiblesse humaine, pendant tout le temps que son âme est en éveil, et qu'aucun vice ne détend quelque corde de cette harpe. Qu'arrive-t-il si l'attention se relâche un peu? Comme le marinier qui remonte le courant, s'il cesse de ramer, est aussitôt emporté à la dérive, entraîné où il ne veut pas, ainsi la nature humaine, pour peu qu'elle se relâche, apprend qu'elle n'est que faiblesse et qu'il y a bien des choses qu'elle ne peut pas. Croyez-vous que l'apôtre Paul, quand il écrivait : « Apportez-moi en venant le manteau que j'ai laissé à Troade, chez Carpus, et les livres, et surtout les papiers, » II *Timot.* IV, 13, pensait aux mystères divins? ne songeait-il pas plutôt aux choses nécessaires aux usages communs de la vie et du corps? Montrez-moi un homme qui n'ait ni faim, ni soif, ni froid, et qui soit insensible à la douleur, à la fièvre, aux souffrances, aux maladies de toute sorte, et je vous accorderai que l'homme peut ne penser à rien autre qu'à la vertu. L'Apôtre est frappé au visage par un valet, et il dirige la sentence contre le Grand-Prêtre qui avait ordonné de frapper : « Dieu vous frappera vous-même, muraille blanchie. » Où est cette patience du Sauveur qui, mené à la mort comme un agneau qu'on va égorger, *Isa.* LIII, 7, demeura dans le silence sans ouvrir la bouche, et qui avait dit avec douceur à celui qui le frappait : « Si j'ai mal parlé, faites voir le mal que j'ai dit ; mais si j'ai bien parlé, pourquoi me frappez-vous ? » *Joan.* XVIII, 23. Nous ne diminuons pas l'Apôtre, mais

senti victus teneris. Si aliquis fuerit postea major Patriarchis, Prophetis, Apostolis, qui peccato careat, tunc futuris de futuro, si potueris, persuadeto.

4. *Posse hominem pro tempore non peccare.* — *C.* Loquere ut vis, argumentare ut libet, nunquam mihi liberum arbitrium extorquebis, quod semel concessit Deus, nec valebis auferre quod mihi tribuit Deus, posse si voluero. *A.* Exempli gratia, uno tantum utamur testimonio : « Inveni David filium Jesse, virum secundum cor meum, qui faciat omnes voluntates meas. » *Act.* XIII, 22 ; *Psal.* LXXXVIII, 21. David sanctum esse, non dubium est, et tamen qui electus est, ut omnes Dei voluntates faceret, aliqua fecisse reprehenditur. Utique possibile erat ei facere, qui ad hoc electus est, ut omnes Dei voluntates faceret. Nec Deus in culpa est, qui prædixit eum cunctas suorum præceptorum facere voluntates ; sed ille qui prædicta non fecit. Neque enim dixit, invenisse se virum qui cunctas in perpetuum suæ jussionis faceret voluntates ; sed qui tantum cunctas faceret voluntates. Hoc et nos dicimus, posse hominem non peccare, si velit, pro tempore, pro loco, pro imbecillitate corporea ; quamdiu intentus est animus, quamdiu chorda nullo vitio laxatur in cithara. Quod si paululum si remiserit, quomodo qui adverso flumine lembum trahit, si remiserit manus, statim retrolabitur, et fluentibus aquis, quo non vult ducitur ; sic humana conditio, si paululum se remiserit, discit fragilitatem suam, et multa se non posse cognoscit. Putasne apostolum Paulum eo tempore quo scribebat : « Lacernam, sive penulam, quam reliqui Troade apud Carpum, veniens affer, ac libros, et maxime membranas, » II *Tim.* IV, 13, de cœlestibus cogitasse mysteriis, et non de his quæ in usu communis vitæ vel corporis necessaria sunt ? Da mihi hominem qui non esuriat, non sitiat, neque algeat, non doleat, non febricitet, non torminibus et urinæ difficultatibus torqueatur ; et ego tibi concedam, posse hominem nihil nisi de virtutibus cogitare. Cæditur Apostolus a ministro, *Act.* XXIII, 3, et contra Pontificem qui cædere imperaverat, sententiam dirigit : « Percutiet te Deus, paries dealbate. » Ubi est illa patientia Salvatoris, qui quasi agnus ductus ad victimam, *Isai.* LIII, 7, non aperuit os suum, sed clementer loquitur ver-

nous proclamons la gloire incomparable du Seigneur qui, souffrant dans la chair, domine l'outrage et la faiblesse de la chair. Je passe même sous silence cet autre trait de Paul : « Alexandre, l'ouvrier en airain, m'a fait beaucoup de maux; le Seigneur lui rendra selon ses œuvres. » *II Timot.* IV, 14.

5. *Ne pas accuser l'œuvre du Créateur.* — *C.* Vous me poussez à dire ce que je désire depuis longtemps vous objecter, et pourtant je retiens les mots qui brûlent ma langue. *A.* Et qui vous empêche de dire ce que vous pensez? ou la pensée que vous allez émettre est bonne, et vous ne devez nous frustrer de rien de bon; ou elle est mauvaise, et alors votre silence vient de la honte, et non d'aucun égard pour nous. *C.* Je dirai, je dirai enfin ce que j'éprouve. Toute votre discussion aboutit à accuser la nature et à rapporter la faute à Dieu, qui a fait l'homme ainsi. *A.* Est-ce là ce que vous vouliez et ne vouliez pas dire? répondez, répondez, je vous prie, afin que tout le monde tire profit de votre prudence. Vous reprochez à Dieu d'avoir fait l'homme homme? que les Anges lui reprochent aussi de les avoir faits Anges. Que toute créature lui reproche de l'avoir créée comme il l'a créée, et non pas comme il aurait pu la créer. J'aurais beau prétexte ici à de puériles déclamations, et du ciron et de la fourmi, remontant jusqu'au Chérubin et au Séraphin, je rechercherais pourquoi chaque être n'a pas été créé dans un état meilleur. Et quand j'aurai atteint les Puissances les plus élevées, j'accuserai encore et je demanderai pourquoi Dieu seul est Dieu, et pourquoi il n'a pas fait un Dieu de toute créature. D'après vous, en effet, Dieu serait coupable ou d'impuissance ou d'envie. Reprochez-lui encore de permettre que le diable nous tente en ce monde, et supprimez la couronne, quand vous aurez supprimé le combat. *C.* Je ne suis pas assez dépourvu de sens pour demander d'où vient que le diable agit dans le monde, puisque sa haine a fait entrer la mort sur la terre; mais je me plains de ce que des hommes d'église, qui s'arrogent le titre de docteurs, suppriment le libre arbitre, suppression qui rétablit la secte des Manichéens. *A.* Supprimé-je le libre arbitre, moi qui, en toute cette discussion, n'ai pas eu d'autre vue que de conserver ce libre arbitre à côté de l'omnipotence de Dieu? *C.* En quoi conservez-vous le libre arbitre, puisque vous dites que l'homme ne peut rien faire sans que Dieu lui vienne toujours en aide? *A.* Si c'est une erreur d'unir le secours divin au libre arbitre, qu'on loue donc celui qui supprime le secours divin. *C.* Je ne supprime pas le secours divin, puisque c'est par la grâce de Dieu que nous pouvons tout ce que nous pouvons; mais nous donnons au secours divin et au libre arbitre à chacun ses limites, en sorte que la grâce de Dieu est reconnue nous avoir donné la puissance du libre arbitre, et qu'il appartient à notre volonté de

beranti : « Si male locutus sum, argue de malo ; si autem bene, quid me cædis ? » *Joan.* XVIII, 23. Non Apostolo detrahimus, sed gloriam Domini prædicamus, qui in carne passus, carnis injuriam superat et fragilitatem ; ut taceam illud, quod commemorat : « Alexander ærarius multa mihi mala ostendit; reddet illi Dominus in illa die justus judex. » II *Tim.* IV, 14.

5. *Nec est culpanda Creatoris conditio.* — *C.* Cogis me, ut loquar quod jam dudum gestio, et tamen erumpentia verba non promo. *A.* Quis enim te prohibet, quod sentis dicere? aut enim quod dicturus es, bonum est, et nos bono fraudare non debes ; aut malum, et idcirco non nostri gratia, sed pudore siluisti. *C.* Dicam, dicam aliquando quod sentio. Omnis disputatio tua illuc delabitur, ut naturam accuses, et culpam referas ad Deum, qui talem hominem condidit. *A.* Hoc illud erat quod volebas, et nolebas dicere? dic, dic quæso, ut omnes tua fruantur prudentia. Reprehendis Deum, quare hominem fecerit hominem? reprehendant et Angeli, cur Angeli sint. Omnis creatura causetur, quare id sit quod condita est, et non id quod condi potuit. Scilicet nunc mihi puerilibus declamatiunculis ludendum est, et a culice atque formica usque ad Cherubim et Seraphim veniam, cur non singula in meliori statu condita sint. Cumque ad excelsas venero Potestates, causabor et dicam, quare Deus solus tantum Deus sit, et non omnia deos fecerit. Aut enim impossibilitatis juxta te, aut invidiæ reus erit. Reprehende eum, cur et diabolum in hoc mundo esse concedat, et aufer coronam, cum certamen abstuleris. *C.* Non sum tam vecors, ut querar, cur diabolus sit, cujus invidia mors introivit in orbem terrarum ; sed hoc doleo, cur viri ecclesiastici, et qui magistrorum sibi usurpant vocabulum, tollant liberum arbitrium ; quo sublato, Manichæorum secta construitur. *A.* Egone liberum tollo arbitrium, qui in tota disputatione mea nihil aliud egi, nisi ut omnipotentiam Dei cum libero arbitrio conservarem? *C.* Quomodo servas liberum arbitrium, qui dicis hominem nihil posse facere, nisi Deus semper adjuverit? *A.* Si in culpa est, qui libero arbitrio jungit Dei adjutorium, ergo ille laudetur, qui Dei tollit auxilium. *C.* Non tollo Dei auxilium, quippe per cujus gratiam possumus omne quod possumus ; sed utrumque suis finibus terminamus : ut et Dei sit gratiæ quod dedit liberi arbitrii potestatem, et nostræ voluntatis, facere quid, vel non facere ; et quod facientibus præmium, et non facientibus pœna servatur.

6. *Quid Deus coronet in nobis.* — *A.* Videris mihi

faire ou de ne pas faire une chose, la récompense étant réservée à celui qui fait, et le châtiment à celui qui ne fait pas.

6. *Qu'est-ce que Dieu couronne en nous.* — *A.* Vous me semblez avoir peu de mémoire, et, comme si rien n'avait été dit jusqu'ici, revenir sur le chemin déjà parcouru. La conclusion d'une longue dissertation a été que la grâce du Seigneur, qui nous a concédé le libre arbitre, nous aide également et nous soutient dans chacune de nos actions. *C.* Que couronne-t-il donc en nous, et d'où vient qu'il glorifie ce qu'il a opéré lui-même? *A.* Il récompense notre volonté, qui a offert tout ce qu'elle a pu, et nos efforts, qui ont eu pour but de faire, et notre humilité, qui a toujours eu en vue le secours divin. *C.* Par conséquent, quand nous n'avons pas fait ce qu'il a ordonné, ou Dieu a voulu nous aider, ou il ne l'a pas voulu. S'il a voulu et qu'il nous ait aidés, et que cependant nous n'ayons pas fait ce que nous voulions, nous n'avons pas été vaincus, et c'est lui qui l'a été. S'il n'a pas voulu nous aider, la faute n'est pas imputable à celui qui a voulu faire, mais à celui qui pouvait aider et qui n'a pas voulu aider. *A.* Vous ne comprenez pas que votre dilemme est tombé dans le gouffre béant du blasphème, Dieu étant, dans les deux alternatives, ou impuissant ou envieux, en sorte qu'il y aurait pour lui moins de gloire à être l'auteur et le coopérateur du bien, que de blâme en ce qu'il n'empêche pas le mal. Qu'on lui reproche donc d'avoir permis l'existence du diable, et d'avoir souffert et de souffrir encore qu'aucun mal arrive dans le monde. A cela tendent Marcion et tous les chiens de l'hérésie qui déchirent à belles dents l'Ancien Testament et ourdissent un syllogisme en ce genre: Ou Dieu savait que l'homme placé dans le paradis devait prévariquer, ou il ne le savait pas. S'il le savait, on ne doit pas accuser Adam qui ne pouvait éviter la prescience divine, et la faute est à celui qui le créa tel qu'il ne pouvait éviter cette prescience. Si Dieu ne le savait pas, en lui enlevant la prescience, vous lui enlevez aussi la divinité. On accusera de même Dieu d'avoir choisi Saül, qui devait être plus tard un roi des plus impies. Et encore le Sauveur serait coupable ou d'ignorance ou d'injustice, lui qui a dit dans l'Évangile: « Ne vous ai-je pas choisis au nombre de douze? et néanmoins un de vous est un démon. » *Joan.* VI, 71. Demandez-lui d'où vient qu'il avait chois le traître Judas? pourquoi il avait confié sa bourse à celui qu'il savait être un voleur? Voulez-vous le motif? Dieu juge le présent et non pas l'avenir; il ne condamne pas d'après sa prescience celui qu'il sait devoir être tel qu'il lui déplaira plus tard; mais telle est sa bonté, son ineffable clémence, qu'il choisit celui qu'il voit bon maintenant et qu'il sait devoir être méchant, lui donnant la faculté de la conversion et du repentir, selon le sentiment de l'Apôtre : « Ignorez-vous que la bonté de Dieu vous invite

obliviosus esse, et quasi nihil supra dictum sit, per easdem disputationis reverti lineas. Hoc enim longa dissertione conclusum est, ut gratia sua Dominus, qua nobis concessit liberum arbitrium, in singulis operibus juvet atque sustentet. *C.* Quid ergo coronat in nobis, et laudat quod ipse operatus est? *A.* Voluntatem nostram, quæ obtulit omne quod potuit, et laborem, qui contendit ut faceret, et humilitatem, quæ semper respexit ad auxilium Dei. *C.* Ergo si non fecimus quod præcepit, aut voluit nos adjuvare Deus, aut noluit. Si voluit et adjuvit, et tamen non fecimus quod voluimus, non nos, sed ille superatus est. Sin autem noluit adjuvare, non est culpa ejus, qui voluit facere; sed illius qui adjuvare potuit, et noluit facere. *A.* Non intelligis διλήμματον tuum in grande blasphemiarum decidisse barathrum (a) : ut ex utraque parte, aut invalidus sit Deus, aut invidus, et non tantum ei laudis sit, quod bonorum auctor est et adjutor, quantum vituperationis, quod mala non coercuit. Detrahatur ergo illi, cur diabolum esse permiserit, cur passus sit, et hucusque patiatur quotidie aliquid in mundo mali fieri. Quærit hoc Marcion, et omnes hæreticorum canes, qui vetus laniant Testamentum, et hujuscemodi syllogismum texere consueverunt : Aut scivit Deus hominem in paradiso positum prævaricaturum esse mandatum illius, aut nescivit. Si scivit, non est in culpa is qui præscientiam Dei vitare non potuit; sed ille qui talem condidit, ut Dei non posset scientiam devitare. Si nescivit, cui præscientiam tollis, aufers et divinitatem. Hoc enim genere in culpa erit qui elegit Saul futurum postea regem impiissimum. Et Salvator aut ignorantiæ, aut injustitiæ tenebitur reus, cur in Evangelio sit locutus : « Nonne vos duodecim ego elegi Apostolos, et unus de vobis diabolus est? » *Joan.* VI, 71. Interroga eum, cur Judam elegerit proditorem? Cur ei loculos commiserit, quem furem esse non ignorabat? Vis audire rationem? Deus præsentia judicat, non futura. Nec condemnat ex præscientia, quem noverit talem fore, qui sibi postea displiceat; sed tantæ bonitatis est, et ineffabilis clementiæ, ut eligat eum, quem interim bonum cernit,

(a) *Non intelligis* διλήμματον. Non δίλημμα, ut editi libri, sed διλήμματον legunt cuncta exemplaria mss. Et ita legendum docet Hermogen., lib. IV de Inventione. Suidas quoque inter *dilemma* et *dilemmaton* hoc ponit discrimen : δίλημμα, τὸ διττῶς λαμβανόμενον φρόνημα : et διλήμματον, διχῶς νοούμενον, id est, *bifariam intellectum*. MARTIAN.

à la pénitence? et cependant, par votre dureté et par l'impénitence de votre cœur, vous vous amassez un trésor de colère pour le jour de la colère et de la manifestation du juste jugement de Dieu, qui rendra à chacun selon ses œuvres. » *Rom.* II, 4, 5, 6. Adam, en effet, ne pécha point parce que Dieu savait qu'il devait pécher; mais Dieu savait d'avance, en tant que Dieu, ce qu'Adam devait faire par sa propre volonté. Accusez donc Dieu de mensonge pour avoir dit : « Encore trois jours, et Ninive sera détruite. » *Jon.* III, 4. Il vous répondra par la voix de Jérémie : « Quand j'aurai prononcé l'arrêt contre un peuple ou contre un royaume pour le perdre et pour le détruire jusqu'à la racine, si cette nation fait pénitence des maux pour lesquels je l'avais menacée, je me repentirai aussi du mal que j'avais résolu de lui faire. Quand je me serai déclaré en faveur d'une nation ou d'un royaume pour l'établir et pour l'affermir, si cette nation pèche devant mes yeux et qu'elle n'écoute point ma voix, je me repentirai aussi du bien que j'avais résolu de lui faire. » *Jérém.* XVIII, 7 *seqq.* Jonas aussi autrefois s'indigna de ce que, par l'ordre de Dieu, il avait fait un mensonge; mais il fut repris de son injuste chagrin, qui lui aurait fait préférer d'avoir dit la vérité qui entraînait la ruine d'un peuple innombrable, que d'avoir dit un mensonge qui était suivi du salut de tant de monde. Dieu lui propose un exemple : « Vous vous fâchez pour un lierre qui ne vous avait point coûté de peine et qui a crû sans vous, qui est né en une nuit et qui est mort la nuit suivante; et moi je ne pardonnerai pas à la grande ville de Ninive, où il y a plus de cent vingt mille personnes qui ne savent pas discerner leur main droite d'avec leur main gauche! » *Jona.* IV, 10, 11. Puisque les enfants et les pauvres d'esprit, que vous ne pourriez assurément ranger au nombre des pécheurs, étaient en aussi grand nombre, que dire de la foule de l'un et de l'autre sexe et de divers âges, la vie, d'après Philon et le plus prudent des philosophes, Platon dans le Timée, depuis l'enfance jusqu'à la décrépitude, se divisant en sept degrés, et les progrès de chaque période les faisant se succéder tour à tour de telle manière que nous passons de l'une à l'autre sans être capables de le sentir?

7. *Dieu n'est en rien l'auteur du péché.* — Toute votre argumentation aboutit, quant à ce que les Grecs appellent αὐτεξούσιος et que nous nommons libre arbitre, à nous accorder le mot, mais à refuser la chose. En effet, vous faites de Dieu l'auteur des péchés, puisque vous affirmez que l'homme ne peut rien faire par lui-même, mais qu'il agit avec l'aide de Dieu, à qui devrait être

et scit malum futurum, dans ei potestatem conversionis et pœnitentiæ, juxta illum sensum Apostoli : « Ignoras quia benignitas Dei ad pœnitentiam te adducit? secundum duritiam autem tuam et cor impœnitens, thesaurizas tibi iram in die iræ et revelationis justi judicii Dei, qui reddet unicuique secundum opera ejus. » *Rom* II, 4, 5. Neque enim ideo peccavit Adam, quia Deus hoc futurum noverat; sed præscivit Deus, quasi Deus, quod ille erat propria voluntate facturus. Accusa ergo Deum mendacii, quare dixerit per Jonam : « Adhuc tres dies, et Ninive subvertetur. » *Jonn.* III, 4. Sed respondebit tibi per Jeremiam : « Ad summam loquar contra gentem et regnum, ut eradicem et destruam et disperdam illud. Si pœnitentiam egerit gens illa a malo suo, quod locutus sum adversus eam, agam et ego pœnitentiam super malo quod cogitavi ut facerem ei. Et ad summam loquar de gente et regno, ut ædificem et plantem illud, si fecerit malum in conspectu meo, ut non audiat vocem meam, pœnitentiam agam super bono, quod locutus sum ut facerem ei. » *Jerem.* XVIII, 7 *seqq.* Indignabatur quondam et Jonas, cur Deo fuerit jubente mentitus; sed injusti mœroris arguitur, malens cum pernicie innumerabilis populi verum dicere, quam cum tantorum salute mentiri. Ponitur ei exemplum : « Tu doles super hedera sive cucurbita in qua non laborasti, neque fecisti ut cresceret, quæ sub una nocte nata est, et una nocte periit, et ego non parcam Ninive civitati magnæ, in qua sunt plus quam centum viginti millia hominum, qui nesciunt quid sit inter dexteram et sinistram suam? » *Jonn.* IV, 10, 11. Si in parvulorum ætate et simplicium, quos certe peccatores fuisse non poteris approbare, tanta fuit hominum multitudo, quid dicemus de utriusque sexus ætate diversa, quæ juxta Philonem, et prudentissimum philosophorum « Platonem in Timæo, » ab infantia usque ad decrepitam senectutem, septennario ordine devolvitur, dum sibi sic invicem ætatum incrementa succedunt, ut quando de alia transeamus ad aliam, sentire minime valeamus?

7. *Minime peccati auctor est Deus.* — *C.* Tota argumentatio tua huc tendit, ut quod Græci dicunt (a), αὐτεξούσιον, et nos liberum appellamus arbitrium, vocabulo tribuas, re auferas. Tu enim auctorem peccatorum facis Deum, dum asseris nihil hominem per se posse facere, sed adminiculo Dei, cui imputetur omne quod facimus. Nos autem, sive bonum,

(a) *Quod Græci dicunt* αὐτεξούσιον. Hic similiter legunt omnes codices mss. αὐτεξούσιον, non falso αὐτεξουσίαν cum Erasmo. Est autem τὸ αὐτεξούσιον *libera voluntas*, sive *liberum arbitrium* : unde apud Gregor. Nazianz. τῷ αὐτεξουσίῳ τιμηθείς, *liberi arbitrium facultate donatus.* MARTIAN.

imputé tout ce que nous faisons. Pour nous, que l'homme fasse le bien ou qu'il fasse le mal, nous disons que l'un et l'autre lui sont imputables, à lui qui a fait ce qu'il a voulu, et non à Dieu qui lui a donné le libre arbitre une fois pour toutes. *A*. Vous avez beau tergiverser, vous serez pris dans les filets de la vérité : en effet, de cette manière, quoiqu'il n'aide pas au mal, il n'en est pas moins l'auteur selon vous, parce que, pouvant l'empêcher, il l'a laissé faire. C'est une vieille maxime qu'on est homicide quand, pouvant délivrer un homme de la mort, on ne le délivre pas. *C*. Je lève la main, je cède, vous avez vaincu, si toutefois c'est vaincre que vouloir renverser la vérité, non par des faits, mais par des mots, c'est-à-dire non avec l'arme de la vérité, mais avec celle du mensonge. Je puis, en effet, vous répondre par ce mot de l'Apôtre : « Si je suis grossier et peu instruit pour la parole, il n'en est pas de même pour la science. » II *Corint*. XI, 6. Quand vous parlez, il vous semble que je me rends, pressé par le choc de vos preuves ; mais, dès que vous vous arrêtez, mon sentiment se fait jour et je vois clairement que votre argumentation n'émane pas des sources de la vérité et de la simplicité chrétienne, mais dérive des minuties et des artifices des philosophes. *A*. Vous voulez donc que j'invoque de nouveau les témoignages des Ecritures ? Mais il fallait montrer ce que vaut cette prétention de vos disciples, que nul ne peut répondre à votre argumentation et à vos objections. *C*. Non-seulement je le veux, mais je le désire. Montrez-moi, par les Ecritures, que l'homme, privé de la puissance du libre arbitre, fait ou ce qu'il n'a pas voulu de lui-même ou ce qu'il n'a pas pu.

8. *Témoignages des Ecritures*. — Il faut user des textes de l'Ecriture, non comme vous le demandez, mais comme le veulent la vérité et la raison. Jacob dit dans sa prière : « Si Dieu demeure avec moi, s'il me protége dans le chemin par lequel je marche, et me donne du pain pour me nourrir et des vêtements pour me vêtir, et si je retourne heureusement dans la maison de mon père, le Seigneur sera mon Dieu, et cette pierre que j'ai posée comme un monument sera la maison de Dieu, et je vous offrirai, Seigneur, la dîme de tout ce que vous m'aurez donné. » *Genes*. XXVIII, 20 et *seqq*. A-t-il dit : Si vous me conservez le libre arbitre, si j'acquiers la nourriture et le vêtement et que je retourne dans la maison de mon père par mes propres moyens ? Il laisse tout à la discrétion de Dieu, pour mériter de recevoir ce qu'il demande. Jacob revenant de Mésopotamie rencontre des Anges de Dieu, et il appelle cet endroit le camp de Dieu. *Gen*. XXXII. Ensuite, il combat contre un Ange qui avait la figure d'un homme, et le Seigneur le fortifie ;

sive malum homo fecerit, per liberi arbitrii potestatem ei dicimus imputari, qui fecit quod voluit ; et non ei, qui semel concessit liberum arbitrium. *A*. Quamvis tergiverseris, laqueis veritatis innecteris ; hoc enim modo, etiam si ipse non adjuvat, tamen juxta te auctor erit malorum, quia potuit prohibere, et non prohibuit. Vetus enim sententia est, homicidam esse eum, qui cum possit hominem de morte liberare, non liberet. *C*. Jamjam tollo manum, cedo, vicisti : si tamen vincere est, veritatem velle subvertere, non rebus, sed sermonibus, id est, non veritate, sed mendacio. Possum enim illud tibi Apostoli respondere : « Etsi imperitus sermone, non tamen scientia. » II *Cor*. XI, 6. Quando enim loqueris coactus argumentationum strophis, tibi videor assentire ; cum autem tacueris, ex animo rursus elabitur, ut liquido appareat disputationem tuam non ex fontibus veritatis et christiana simplicitate, sed ex philosophorum minutiis et arte descendere. *A*. Vis ergo me rursum uti testimoniis Scripturarum ? Et quomodo jactant discipuli tui, nullum argumentationi tuæ posse et problematibus respondere ? *C*. Non solum volo, sed et cupio. Doce me de Scripturis sanctis, ubi, sublata liberi arbitrii potestate, faciat homo, quod per se aut (*a*) noluit, aut non potuit.

8. *Scripturarum testimonia*. — *A*. Non ita, ut tu proponis, sed ut veritas poscit et ratio, Scripturarum vocibus est utendum. Loquitur Jacob in oratione sua : « Si fuerit Dominus Deus mecum, et custodierit me in via, per quam ego pergo, et dederit mihi panem ad manducandum, et vestimentum ad operiendum, et reduxerit me cum salute in domum patris mei, erit mihi Dominus in Deum, et lapis iste quem me posui in titulum, erit mihi domus Dei, et omnium quæcumque dederis mihi, decimas offeram tibi. » *Genes*. XXVIII, 20 *et seqq*. Numquid dixit : Si liberum arbitrium conservaveris, et cibum et vestimentum meo labore quæsiero, et revertero in domum patris mei ? Omnia dat Domini voluntati, ut mereatur accipere quod precatur. Revertenti de Mesopotamia Jacob, Angelorum occurrit exercitus, et vocantur castra Dei. *Gen*. XXXII. Postea pugnat cum Angelo sub figura hominis, et a Domino confortatur : de supplantatore Jacob (*b*), rectissimus Dei, nomen accepit. Neque enim

(*a*) Vatic. *aut facere noluit*. Infra interpunctionem, cujus vitio sensus laborabat, emendamus.

(*b*) *Jacob rectissimus Dei*. Ineptit hic Marianus in Notis, quasi sexcentis Hieronymi locis *Israel* non interpretatum nomen ponatur, *rectissimus Dei*. MARTIAN. — Nempe *Israel*. Sic enim in commentar. in Isai. XLIV. *Proprie*, inquit, *juxta Hebræos, et litterarum fidem Israel* εὐθύτατος θεοῦ (rectus Dei .. ...) *dicitur*. Vid. Librum Nominum. Victorius maluit *rectissime*.

son nom de Jacob, c'est-à-dire supplantateur, est changé en celui de *très-juste devant Dieu*. Il n'osait pas retourner vers son frère très-cruel sans avoir été fortifié par le secours divin. Plus loin, nous lisons encore : « Il vit le soleil qui se levait, dès qu'il eut passé Phanuel, » *Gen.* XXXII, 31, mot qui signifie la face de Dieu. De même Moïse a dit : « J'ai vu Dieu face à face, et mon âme a été sauvée, » non par une propriété de sa nature, mais par la grâce de la miséricorde divine. Le soleil de justice se lève donc pour nous, quand nous sommes affermis par la présence de Dieu. En Egypte, Joseph est jeté en prison, et là on nous raconte que le gouverneur de la prison confia tout à son pouvoir et à sa fidélité; puis vient le motif : « Parce que le Seigneur était avec Joseph et qu'il le faisait réussir en toutes choses. » *Genes.* XXXIX, 23. Enfin, un songe est envoyé aux eunuques, *Genes.* XL, et Pharaon lui-même a un songe inextricable, *Genes.* XLI, afin qu'à cette occasion Joseph fût remis en liberté, *Genes.* XLII et *seqq.*, qu'il nourrît son père et ses frères, et qu'il sauvât l'Egypte au temps de la famine. Lisons maintenant : « Israël entendit Dieu lui dire dans une vision pendant la nuit : Je suis le Dieu de vos pères, ne craignez point; allez en Egypte, parce je vous y rendrai le chef d'un grand peuple; j'irai là avec vous, et je vous en ramènerai quand vous reviendrez; et Joseph aussi vous fermera les yeux de ses mains. » *Genes.* XLVI, 3, 4. Où est en cela le pouvoir du libre arbitre? N'est-ce point entièrement grâce au secours du Dieu de ses pères qu'il ose aller vers son fils et entrer chez un peuple qui ne connaît pas le Seigneur? Le peuple est délivré de la servitude d'Egypte par une main forte, par un bras puissant, non celui de Moïse et d'Aaron, mais celui de Dieu, qui fit les plaies miraculeuses pour amener cette délivrance, et frappa en dernier lieu tous les premiers-nés d'Egypte, en sorte que ceux qui s'opposaient d'abord avec obstination au départ des Israélites, les pressaient ensuite vivement de sortir au plus tôt de leur pays. *Exod.* XI et XII. Salomon a dit : « Ayez confiance en Dieu de tout votre cœur, et ne vous appuyez point sur votre prudence; pensez à lui dans toutes vos voies, et il conduira vos pas dans le droit chemin. » *Prov.* III, 5, 6. Entendez bien ce qu'il recommande : Nous ne devons point avoir confiance en notre prudence ni en nos forces d'aucune manière, mais en Dieu seul, qui dirige les pas des hommes. Il nous est prescrit enfin de lui montrer nos voies, de les lui faire connaître, parce qu'elles deviennent droites, non point par notre effort, mais par son secours et sa clémence. Aussi est-il écrit : « Rendez droite votre voie en ma présence, » ou selon d'autres exemplaires : « Rendez droite ma voie devant

ad fratrem crudelissimum audebat reverti nisi Domini præsidio roboratus. Scriptum est in consequentibus : « Ortus est ei sol, postquam transivit Phanuel, » *Gen.* XXXII, 31, quod interpretatur facies Dei. Unde loquitur et (*a*) Moyses : « Vidi Dominum (al. *Deum*) facie ad faciem, et salva facta est anima mea, » non proprietate naturæ ; sed dignatione miserentis. Oritur ergo nobis sol justitiæ, quando vultu Dei confirmamur. Joseph in Ægypto clauditur carcere, ibique infertur, quod custos carceris omnia potestati ejus fideique commiserit. Causaque redditur. « Quia Dominus erat cum eo, et quæcumque faciebat, prosperabantur a Domino in manibus ejus. » *Genes.* XXXIX, 23. Unde et eunuchis somnia suggeruntur, *Ibid.*, XL, et Pharao videt somnium inextricabile, *Ibid.*, XLI, ut per hanc occasionem liberaretur Joseph, *Genes.* XLII *et seqq.*, pater pasceretur et fratres, Ægyptus tempore famis salvaretur. Sequitur : « Dixit autem Deus ad Israel in visione noctis : Ego sum Deus patrum tuorum, noli timere descendere in Ægyptum ; in gentem enim magnam faciam te ibi, et ego descendam tecum in Ægyptum, et educam te inde ; et ponet Joseph manus suas super oculos tuos. » *Genes.* XLVI, 3, 4. Ubi hic est liberi arbitrii potestas ? An non totum (*b*) quod ire audeat (al. *audet*) ad filium, et genti se committere Dominum nescienti, Dei patrum ejus auxilium est ? Liberatur populus de Ægypto in manu forti et brachio excelso, non Moysi et Aaron, sed ejus qui signorum miraculis populum liberavit, et ad extremum percussit primogenita Ægypti, ut qui prius retinebant pertinaciter, ardenter exire compellerent. *Exod.* XI *et* XII. Salomon loquitur : « Esto confidens in Dominum in toto corde tuo, in tua autem sapientia ne exalteris ; in omnibus viis tuis cognosce eum, ut rectas faciat vias tuas. » *Prov.* III, 5, 6. Intellige quid loquatur : Nec in sapientia nostra, nec in (*c*) ullis virtutibus confidendum, sed in solo Domino, a quo gressus hominis diriguntur. Denique præcipitur, ut ostendamus ei vias nostras, et notas esse faciamus, quæ non labore proprio, sed illius adjutorio atque clementia rectæ fiunt. Unde scriptum est : « Rectam fac in conspectu meo viam

(*a*) *Unde loquitur et Moyses.* Verba sunt Jacob, sed a Moyse scripta : ideoque Moysi tribuit Hieronymus eadem verba. MARTIAN. — Quæ a Jacob dicta sunt, Moysi ut historico verba tribuit. Sic Christus, Matth. XIX, 4, Deum refert dixisse id, quod dixit Adam, Deo nimirum jubente.

(*b*) Regin. ms. cum veteri edit., *et non totum*, etc.

(*c*) Fortasse verius unus Vatic., *nec in illius virtutibus*, etc.

vous, » *Psalm.* v, 9, afin que ce qui est droit pour vous paraisse également droit à mes yeux. Le même Salomon a dit encore : « Exposez vos œuvres au Seigneur, et il affermira vos pensées. » *Prov.* XVI, 3. En effet, notre pensée est affermie, lorsque nous établissons tout ce que nous faisons sur le secours divin, comme sur une pierre ferme et inébranlable, et que nous rapportons tout à lui.

9. *Du Nouveau Testament.* — L'Apôtre Paul, après avoir rapidement exposé les bienfaits de Dieu, dit enfin : « Or, qui est capable de ces choses ? » I *Corint.* II, 11. De même, il a écrit ailleurs : « C'est par Jésus-Christ que nous avons une si grande confiance en Dieu, non que nous soyons capables de former de nous-mêmes aucune bonne pensée comme de nous-mêmes, mais c'est Dieu qui nous en rend capables, et c'est lui aussi qui nous a rendus capables d'être les ministres de la nouvelle alliance, non pas de la lettre, mais de l'esprit, car la lettre tue, et l'esprit donne la vie. » II *Corinth.* III, 4-6. Oserons-nous encore nous enorgueillir de notre libre arbitre, et abuser des bienfaits de Dieu pour lui refuser la gloire de ses largesses, alors que le même vase d'élection a écrit encore sans détours : « Nous portons ce trésor dans des vases de terre, afin qu'on reconnaisse que la grandeur de la puissance qui est en nous est de Dieu, et non pas de nous ? » II *Corint.* IV, 7. Aussi, en un autre endroit, il rabat ainsi l'impudence des hérétiques : « Que celui qui se glorifie ne se glorifie que dans le Seigneur ; car ce n'est pas celui qui se rend témoignage à soi-même qui est vraiment estimable ; mais c'est celui à qui Dieu rend témoignage ; » II *Corint.* X, 17, 18 ; et encore : « Je n'ai été en rien inférieur au plus éminent d'entre les Apôtres, encore que je ne sois rien. » II *Corint.* XII, 11. Pierre, troublé par la grandeur des prodiges, dit à Notre-Seigneur : « Retirez-vous de moi, parce que je suis un pécheur ; » *Luc.* V, 8 ; et Notre-Seigneur à ses disciples : « Je suis la vigne et vous êtes les rameaux ; celui qui demeure en moi, moi je demeure en lui, et il porte beaucoup de fruit, parce que sans moi vous ne pouvez rien faire. » *Joan.* XV, 5. Comme les rameaux et les sarments des vignes se dessèchent dès qu'ils ont été séparés du cep, ainsi décroît et dépérit la force de tous les hommes, si le secours de Dieu leur fait défaut. « Personne ne peut venir à moi, si mon Père, qui m'a envoyé, ne l'attire. » *Joan.* VI, 44. Quand Jésus dit : Personne ne peut venir à moi, il brise l'orgueil du libre arbitre ; si quelqu'un veut aller à Jésus-Christ en dehors de la soumission à ces paroles : « Si mon Père du ciel ne l'attire, » désire en vain et ses efforts sont superflus. Il faut remarquer aussi que celui qui est attiré ne

tuam, » sive ut alia exemplaria habent : « Rectam fac in conspectu tuo viam meam ; » *Ps.* v, 9 ; ut quod tibi rectum est, etiam mihi rectum esse videatur. Idem Salomon loquitur : « Devolve super Dominum opera tua, et firmabuntur cogitationes tuæ. » *Prov.* XVI, 3. Tunc enim nostra cogitatio confirmatur, quando omne quod agimus, quasi super stabilem et solidissimam petram, Domini adjutorio devolvimus, eique cuncta reputamus.

9. *Ex novo Testamento.* — Apostolus Paulus cum Dei beneficia celeri sermone narrasset, ad extremum intulit : « Et ad hæc quis idoneus ? » I *Cor*, II, 44. Unde et in alio loco dicit : « Fiduciam autem talem habemus per Christum ad Deum, non quod sufficientes simus cogitare aliquid a nobis, quasi ex nobis, sed sufficientia nostra ex Deo est, qui et idoneos fecit nos novi Testamenti ministros, non littera, sed spiritu. Littera enim occidit, spiritus autem vivificat. » II *Cor.* III, 4, 5. Adhuc audemus per liberum arbitrium superbire, et abuti beneficiis Dei in contumeliam largitoris ? cum idem vas electionis apertissime scribat : « Habemus autem thesaurum istum in vasis fictilibus, ut abundantia fortitudinis (*a*) nostræ sit ex Deo, et non ex nobis. » II *Cor.* IV. 7. Unde et in alio loco, retundens hæreticorum impudentiam, loquitur : « Qui gloriatur, in Domino glorietur. Neque enim qui seipsum commendat, ipse probatus est, sed quem Deus commendat ; » II *Cor.* x, 17, 18 ; et iterum : « Nihil enim mihi defuit ab his, qui supra modum sunt Apostoli, licet nihil sim. » II *Cor.* XII 11. Petrus loquitur ad Dominum, signorum magnitudine conturbatus : « Recede a me, quia homo peccator sum ; » *Luc.* v, 8 ; et Dominus ad discipulos : « Ego sum vitis et vos rami, qui manet in me, et ego in eo, iste (*b*) affert fructum multum ; quia sine me nihil potestis facere. » *Joan.* XV, 5. Sicut rami et flagella vitium illico contabescunt, cum fuerint a matrice præcisa, ita omnis hominum fortitudo marcessit et deperit, si a Dei auxilio deseratur. « Nemo, inquit, potest venire ad me, nisi Pater, qui misit me, traxerit eum. » *Joan.* VI, 44. Quando dicit : Nemo potest venire ad me, frangit superbientem arbitrii libertatem, quod etiam si velit ad Christum pergere, nisi fiat illud quod sequitur : Nisi Pater meus cœlestis traxerit eum, nequicquam cupiat, et frustra nitatur. Simul et hoc animadver-

(*a*) Abest a Reginæ *ms.* ut et a veteri edit. vox *nostra*, quæ nec in Græco habetur, neque in Vulgato interprete. Sunt autem in Græco qui legendum putent, καὶ ἐκ τοῦ Θεοῦ.

(*b*) Servatus Lupus, qui hunc ex Hieronymo locum recitat in *Collectaneo de tribus quæstionibus*, legit *afferet* in futuro : tum *folia vitium*, minus recte, pro *flagella ;* denique alterum *nisi* ante nomen *Pater* omittit.

court point par lui-même, mais c'est ou rétif et lent, ou malgré lui qu'il est attiré.

10. *Argumentation tirée de ces citations.* — Celui qui, par ses forces et par son propre effort, ne peut aller à Jésus-Christ, comment peut-il éviter tous les péchés à la fois, et les éviter sans cesse, et s'arroger le privilége de la puissance divine? En effet, s'il est, si je suis ἀναμάρτητος (sans péché), quelle différence y a-t-il entre Dieu et moi? Je ne citerai encore qu'un autre témoignage, pour ne lasser ni vous ni les auditeurs. Les yeux d'Assuérus, que les Septante appellent Artaxerxès, se refusent au sommeil, afin qu'en se faisant lire les récits des actions de ses fidèles serviteurs, il trouve Mardochée, dont l'avis l'avait délivré d'une conjuration; et aussi afin qu'Esther acquît plus d'influence auprès du roi, et que tout le peuple juif évitât un massacre imminent. Assurément, ce puissant roi, de l'Inde au Septentrion et à l'Éthiopie, possédait tout l'Orient; au sortir d'un festin copieux, où avaient paru les mets les plus rares venus de tous les points de l'univers, ce roi devait désirer le sommeil et le repos; sa volonté devait être de dormir; mais le Seigneur, qui est la source de tous les biens, avait renversé l'ordre de la nature, en sorte que, contre nature, la cruauté d'un tyran fût réduite à l'impuissance. Il serait trop long de mettre en lumière tous les exemples des Écritures saintes. Toute parole des saints est une prière à Dieu; toute prière et toute supplication fait violence à la miséricorde du Créateur, afin que, ne pouvant obtenir notre salut de notre zèle et de nos propres forces, nous le devions à la clémence divine. Mais partout où se montrent la miséricorde et la grâce, le libre arbitre s'efface en partie; il consiste alors uniquement en ce que nous voulons et nous désirons, et en ce que alors nous donnons notre assentiment à ce qui plaît à Dieu. Il est donc en la puissance de Dieu de nous procurer, par sa grâce et son secours, l'accomplissement de nos désirs, de nos travaux et de nos efforts.

11. *La santé de l'âme comparée à la santé du corps.* — *C.* J'avais dit simplement qu'afin que le libre arbitre ne fût pas annihilé, le secours de Dieu se faisait sentir, non pas dans chacune de nos actions, mais dans la grâce de notre nature et de sa loi. Du reste, la plupart d'entre nous disent que tout ce que nous faisons se fait avec l'aide de Dieu. *A.* Celui qui parle ainsi cesse d'être des vôtres. Tenez donc ce langage vous-même, afin de commencer d'être des nôtres, ou, si vous ne le tenez pas, vous nous êtes étran-

tendum, quod qui trahitur, non sponte currit, sed aut retrectans et tardus, aut invitus adducitur.

10. *Ex adductis locis arguit.* — Qui non potest suis viribus et labore venire ad Jesum, quomodo potest omnia simul peccata vitare, » et vitare in perpetuum, et Dei sibi potentiæ nomen assumere? Si enim ille ἀναμάρτητος, et ego ἀναμάρτητος, quæ inter me et Deum erit distantia? Unum adhuc ponam testimonium, ne tibi et auditoribus fastidium faciam. Assueri, quem Septuaginta interpretes Ἀρταξέρξην (al. *Artaxersen*) vocant, somnus aufertur ab oculis, ut Commentarios in se fidelium replicans ministrorum, inveniat Mardochæum, cujus indicio de insidiis liberatus est; ut et Esther commendabilior fieret, *Esther.* VI, et cunctus populus Judæorum imminentem vitaret necem. Certe rex potentissimus, qui ab India usque ad Septentrionem et Æthiopiam, cunctum possidebat Orientem, post largissimas epulas et cibos toto orbe quæsitos dormire cupiebat, et somno requiescere, ac liberum arbitrium implere dormiendi, nisi Dominus provisor bonorum omnium impedisset naturæ ordinem, ut contra naturam, tyranni crudelitas vinceretur. Longum est si voluero cuncta sanctarum Scripturarum exempla proferre. Totus sermo Sanctorum ad Deum oratio est; tota oratio et deprecatio extorquet clementiam Creatoris, ut qui nostri viribus et studio salvari non possumus, illius misericordia conservemur. Ubi autem misericordia et gratia est, liberum ex parte cessat arbitrium, quod in eo (*a*) tantum est, ut velimus atque cupiamus, et placitis tribuamus assensum. Jam in Domini potestate est, ut id quod cupimus, quod laboramus, ac nitimur, illius ope et auxilio implere valeamus.

11. *Corporis sanitas animæ sanitati comparatur.* — *C.* Ego simpliciter dixeram, non in singulis operibus nostris, sed in gratia conditionis et legis, sentiri auxilium Dei, ne liberum frangeretur arbitrium. Cæterum sunt plerique nostrorum, qui omnia quæ agimus, dicant fieri præsidio Dei. *A.* Qui hoc dicit,

(*a*) Initium quoddam bonæ voluntatis et fidei ex nobis esse, videtur prædicare Hieronymus tum hic, tum supra, num. 1, not. b. Cui sententiæ Arausicani secundi canones præcipue tertium et vigesimum quintum adversari, non est quod memorem. Excusatur tamen aliorum quorumdam Patrum exemplo, qui ante Pelagianam hæresim scripsere, quod nondum dolis omnibus, et Pelagianorum captiosis artibus delectis, verbo tenus humanæ voluntati plus justo videatur tribuere, ut fidem liberi arbitrii illæsam servet. Erat enim tunc temporis quoddam veluti proverbium, *Velle nostrum est :* unde et in anecdoto quodam sermone de Symbolo in Veronensibus membranis, *Etiamsi velle nostrum est, perficere tamen sine illo* (Deo) *non invenimus.* Hilarius in ps. CXVIII : *Voluntas nostra proprium ex se habere debet, ut velit : Deus incipienti incrementum dabit,* etc. Optatus, lib. II : *Nostrum est velle, nostrum est currere, Dei perficere,* etc. Denique ipse Augustin. in Enchirid. c. 32, qui hanc sententiam mirifice explicat : *Totum* inquit, *Deo dandum est, qui hominis voluntatem bonam et præparat adjuvandam, et adjuvat præparatam. Præcedit enim bona voluntas hominis multa Dei dono, sed non omnia; quæ autem non præcedit ipsa, in eis est et ipsa.* (Edit. Mign.)

ger, avec ceux qui parlent autrement que nous. *C.* Je serai des vôtres si vous dites comme moi, ou plutôt vous serez des nôtres, si vous ne dites pas le contraire de ce que nous disons. Vous avouez qu'il y a des corps sains, et vous déniez la santé à l'âme, plus forte que le corps; car le péché est à l'âme ce que la maladie et les plaies sont au corps. Vous qui reconnaissez que l'homme est sain parfois en cette partie qui est la chair, pourquoi n'admettriez-vous pas également sa santé quant à l'autre partie qui est l'âme? *A.* Je vais examiner cette objection. Vous ne m'échapperez en rien aujourd'hui, je vous suivrai partout où vous m'appellerez. *C.* Je suis prêt à vous écouter. *A.* Et moi à parler aux oreilles d'un sourd. Je réponds donc à l'objection. Composés d'un corps et d'une âme, nous tenons à la fois de la nature de l'une et de l'autre substance. Comme on dit que le corps est sain, si aucune langueur ne le tourmente, on dit aussi que l'âme est exempte de vice, si aucune passion ne l'agite. Et pourtant quoiqu'un corps sain soit florissant, vigoureux, robuste, à cause de la validité de tous les sens, il se plaint ou de fréquentes, ou de rares indispositions, et, pour n'en être que plus ferme, souffre de temps en temps des accès de pituite; de même l'âme, qui soutient le choc des pensées et des passions, pour arriver à surmonter les naufrages, ne navigue pas sans connaître le péril, et, se souvenant de sa faiblesse, elle est toujours dans la crainte de la mort, conformément à la parole de l'Écriture : « Quel est l'homme qui vit et ne voit point la mort? » *Psalm.* LXXXVII, 12, cette mort dont nous sommes tous menacés, non par la dissolution de notre nature, mais par la mort du péché, selon le mot du Prophète : « L'âme qui pèche, meurt. » *Ezech.* XVIII, 4. Du reste, nous savons qu'Enoch et Élie n'ont pas encore vu ce trépas commun qui dissout le corps de la brute comme le nôtre. Donnez-moi donc un corps qui n'ait jamais éprouvé de langueur, ou qui, après la langueur, soit assuré d'une éternelle santé, et je vous accorderai qu'il y ait des âmes qui n'aient jamais péché et chez qui les vertus ne seraient pas ensuite suivies de péché, surtout lorsque les vices confinent aux vertus, et que le moindre écart vous égare et vous jette dans le précipice. Quelle petite distance, en effet, y a-t-il entre l'entêtement et la persévérance, la parcimonie et la frugalité, la libéralité et la profusion, la prudence et la ruse, la force et la témérité, la prévoyance et la timidité? d'un côté le défaut, de l'autre la qualité. C'est aussi ce qui a lieu dans les corps. Si vous tempérez pour son bien l'énergie du fiel, il y a accroissement de pituite; si vous vous hâtez de sécher les humeurs, le sang s'échauffe, la bile le vicie, une couleur terreuse envahit la face. Assurément, nous avons beau mettre en œuvre tout l'art des médecins et nous astreindre à un régime alimentaire sévère pour empêcher les ferments des

vester esse cessabit. Aut ergo et tu ista dicito, ut noster esse incipias, aut si non dicis, alienus eris cum his qui nostra non dicunt. *C.* Tuus ero, si mea dixeris, imo tu meus, si adversa non dixeris. Sana corpora confiteris, et animæ, quæ fortior est, denegas sanitatem. Ut enim morbus et vulnus in corpore, ita peccatum in anima. Qui ergo sanum aliquando hominem confiteris ex ea parte qua caro est, quare non sanum dicas et ex ea qua spiritus est? *A.* Sequar propositionem tuam. Nunquam hodie effugies, veniam quocumque vocaris. *C.* Paratus sum ad audiendum. *A.* Et ego ad loquendum surdis auribus. Respondebo igitur ad propositum. Ex anima et corpore compacti, utriusque substantiæ naturam consequimur. Quomodo corpus sanum dicitur, si nullo languore vexetur, ita anima absque vitio, si nulla perturbatione quatiatur. Et tamen quamvis corpus sanum sit integrumque et vegetum, et cunctorum sensuum integritate robustum, aut crebris, aut raris infirmitatibus condolescit, et ut firmissimum sit, interdum pituitæ molestiam patitur; ita anima cogitationum et perturbationum impetus sustinens, ut superet naufragia, non absque periculo navigat, consideransque fragilitatem suam semper de morte sollicita est, secundum illud quod scriptum est : « Quis est homo qui vivet, et non videbit mortem? » *Psal.* LXXXVII, 12. Quæ cunctis intenta est mortalibus, non naturæ dissolutione, sed morte peccati, juxta illud Propheticum : « Anima quæ peccaverit, ipsa morietur. » *Ezech.* XVIII, 4. Alioquin hanc communem mortem, qua et bruta solvuntur animalia, Enoch et Eliam nondum vidisse cognoscimus. Da mihi corpus quod nunquam languerit, aut quod post languorem perpetua sanitate securum sit : et dabo tibi animam quæ nunquam peccaverit, nec post virtutes deinceps peccatura sit, præsertim cum vicina sint vitia virtutibus; et si paululum declinaveris, aut errandum tibi sit, aut in præceps cadendum. Quantum enim inter se distant pertinacia et perseverentia, parcimonia et frugalitas, liberalitas et profusio, prudentia et calliditas, fortitudo et temeritas, cautela et timiditas? quorum alia ad bona, alia referuntur ad mala. Quod quidem et in corporibus invenitur. Si felli provideris temperando, pituita succrescit. Si humores siccare festines, inardescit sanguis, bile (al. *bili*) vitiatur, et luteus color ora perfundit. Certe ut cunctam medicorum adhibeamus diligentiam, et castigatis viva-

maladies de se développer: pour certaines causes occultes et connues de Dieu seul, nous éprouvons ou les frissons du froid, ou les ardeurs de la fièvre, ou des douleurs qui nous torturent, et nous implorons le secours du Sauveur, du vrai médecin, nous écriant avec les Apôtres : « Maître, sauvez-nous, nous périssons. » *Matth.* VIII, 25.

12. *Réponse à quelques objections prises des Ecritures.*— *C.* Admettons que nul ne puisse éviter tout péché dans l'enfance, dans l'adolescence, dans la jeunesse; pouvez-vous nier qu'un grand nombre, devenus justes et saints après une vie de vices, ont pratiqué les vertus avec le plus grand zèle, et, par ce moyen, ont été exempts de péché? *A.* Nous revenons à ce que je vous ai dit au début : il est en notre pouvoir, pour conserver le jeu du libre arbitre, de pécher ou de ne pas pécher, de tendre la main vers le bien ou vers le mal; mais cela dans la mesure de la fragilité humaine, selon nos forces et les circonstances. Quant à l'infaillibilité perpétuelle, elle est réservée à Dieu seul, et à celui qui, Verbe fait chair, ne fut pas sujet aux faiblesses et aux péchés de la chair. Je suis capable pour un temps très-court; vous ne me ferez pas dire que je le suis d'une manière permanente. Je puis jeûner, veiller, marcher, lire, chanter, m'asseoir, dormir; le puis-je sans cesse? *C.* Mais, pourquoi dans les saintes Ecritures, sommes-nous provoqués à la justice parfaite, comme en ce passage : « Heureux ceux qui ont le cœur pur, parce qu'ils verront Dieu; » *Matth.* V, 8 ; et encore : « Heureux ceux qui sont sans tache dans leur voie et qui marchent dans la loi du Seigneur; » *Psalm.* CXVIII, 1 ; et Dieu parlant à Abraham : « Je suis votre Dieu, soyez-moi agréable en ma présence, soyez sans tache, » ou bien « ne murmurez point et j'établirai une alliance entre vous et moi, et je vous donnerai une nombreuse postérité? » *Genes.* XVII, 1 ; car si ce que dit l'Ecriture est impraticable, en vain nous est-il enjoint de le pratiquer. *A.* Par des témoignages divers des Ecritures, vous délayez la même question dans des prestiges de théâtre, qui, au moyen d'un changement de masque, font du même homme le suivant de Mars ou celui de Vénus, en sorte qu'après l'avoir vu roide et respirant les combats, nous le voyons ensuite efféminé et respirant la mollesse. Ces objections, que vous donnez comme nouvelles : « Bienheureux les cœurs purs; » et : « Heureux ceux dont la voie est immaculée; » et : « Soyez sans tache; » et autres de même acabit, ont trouvé leur réponse dans l'Apôtre : « Notre science est imparfaite, et notre prophétie est imparfaite; » et encore : « Nous ne voyons maintenant que comme dans un miroir et sous des images obscures; mais, après l'avènement de ce qui est parfait, ce qui avait été imparfait sera détruit. » I *Corint.* XIII, 9-12. Nous ne possédons que l'ombre et l'image de ce cœur pur qui verra Dieu plus

mus cibis, et morborum fomitibus careamus et cruditate, occultis quibusdam et soli Deo cognitis causis, vel frigore inhorrescimus, vel febre exardescimus, vel torminibus ejulamus et veri medici Salvatoris imploramus auxilium, dicimusque cum Apostolis : « Magister, salvos nos fac, perimus. » *Matth.* VIII, 25.

12. *Respondet aliquot e Scriptura objectionibus.* — *C.* Esto, ut nullus potuerit omne vitare peccatum in pueritia, adolescentia, et juventute; numquid negare potes plurimos justos et sanctos viros post vitia, omni se ad virtutes animo contulisse, et per has caruisse peccato ? *A.* Hoc est quod tibi in principio dixeram, in nostra esse positum potestate, vel peccare, vel non peccare, et vel ad bonum, vel ad malum extendere manum, ut liberum servetur arbitrium ; sed hoc pro modo et tempore et conditione fragilitatis humanæ ; perpetuitatem autem impeccantiæ soli reservari Deo, et ei qui Verbum caro factus, carnis detrimenta et peccata non pertulit. Nec quia ad breve possum, coges me ut possim jugiter. Possum jejunare, vigilare, ambulare, legere, psallere, sedere, dormire, numquid in perpetuum ? *C.* Et quare in Scripturis sanctis ad perfectam justitiam provocamur, ut est illud : « Beati mundo corde, quoniam ipsi Deum videbunt; » *Matth.* V, 8 ; et : « Beati immaculati in via, qui ambulant in lege Domini ; » *Psal.* CXVIII, 1 ; et Dei loquentis ad Abraham : « Ego sum Deus tuus, placeto in conspectu meo, et esto sine macula, vel querela, et ponam testamentum meum inter me et te, et multiplicabo te nimis ? » *Genes.* XVII, 1. Si enim non potest fieri quod Scriptura testatur, frustra præcepit ut fieret. *A.* Diversis testimoniis Scripturarum eamdem quæstionem teris in theatrales præstigias, quæ unum eumdemque hominem personarum varietate mutata, in Martem Venereumque producunt : ut qui prius rigidus et truculentus incesserat, postea solvatur in mollitiem feminarum. Hoc enim quod nunc quasi novum objicis : « Beati mundo corde, » et : « Beati immaculati in via, » et: « Esto sine macula, » et cætera hujuscemodi, Apostolo respondente convictum est : « Et ex parte cognoscimus, et ex parte prophetamus ; » et : « Nunc per speculum videmus in ænigmate ; cum autem venerit quod perfectum est, id quod ex parte fuerat destruetur. » I *Cor.* XIII, 9, 10. Et mundum igitur cor, quod postea sit visurum Deum, et beatitudinem vi-

tard et la béatitude de la vie immaculée, et qui vivra sans tache avec Abraham. Serait-on patriarche, prophète, apôtre, il est dit à tous en Notre-Seigneur et Sauveur: « Si, étant méchants comme vous êtes, vous savez donner de bonnes choses à vos enfants, à combien plus forte raison votre Père qui est dans les cieux donnera-t-il les vrais biens à ceux qui les lui demandent! » *Matth.* VII, 11. Au reste, Abraham, à qui il fut dit: « Ne murmurez point et soyez sans tache, » tomba la face contre terre avec la conscience de sa fragilité. Après ces paroles de Dieu: « Vous n'appellerez plus votre femme Sarai, mais Sara, et je vous donnerai un fils né d'elle, que je bénirai, qui sera le chef des nations, et des rois de divers peuples sortiront de lui, » l'Ecriture ajoute aussitôt: « Abraham se prosterna le visage contre terre et il rit en disant au fond de son cœur: Un homme de cent ans aurait-il donc bien un fils, et Sara enfanterait-elle à quatre-vingt-dix ans? Et il dit à Dieu: Faites-moi la grâce qu'Ismaël vive. Dieu lui répondit: Néanmoins Sara, votre femme, vous enfantera un fils que vous nommerez Isaac, » et la suite. *Genes.* XVII, 15 *seqq.* Il n'avait pas, assurément, oublié ces paroles de Dieu: « Je suis votre Dieu, marchez devant moi, et soyez parfait; » *Ibid.* 1; d'où vient donc qu'il ne crut pas à la promesse de Dieu, mais qu'il rit en son cœur, pensant échapper au regard divin et n'osant pas rire ouvertement? D'ailleurs, il donne les motifs de son incrédulité quand il dit en son cœur: Comment peut-il se faire qu'un centenaire engendre un fils d'une femme nonagénaire? « Faites-moi dit-il, la grâce de conserver Ismaël, » que vous m'avez déjà donné. Je ne demande pas des choses difficiles, content que je suis du bienfait reçu. Mais Dieu, le reprenant de sa secrète pensée; « Néanmoins, malgré cela, » c'est-à-dire ce que vous pensez ne pas devoir arriver, arrivera. Votre épouse Sara vous donnera un fils, et, avant qu'elle conçoive, j'impose un nom à l'enfant. Vous avez ri en votre cœur, et, à cause de cette faute, votre fils s'appellera Isaac, c'est-à-dire *rire*. Que si vous pensiez, ô Cléobule, que ceux qui ont le cœur pur en ce monde voient Dieu, d'où vient que Moïse, qui avait dit d'abord: « J'ai vu Dieu face à face, et mon âme a été sauvée, » *Genes.* XXXII, 30, demande ensuite de le voir pour le connaître? et parce qu'il avait dit: Je l'ai vu, le Seigneur lui adresse ces mots: « Vous ne pouvez voir mon visage, car nul homme ne me verra sans mourir. » *Exod.* XXXIII, 20. Aussi l'Apôtre appelle invisible le Dieu unique, qui habite une lumière inaccessible, et que nul d'entre les hommes n'a vu ni ne peut voir. Et l'apôtre Jean corrobore ainsi cette vérité: « Nul homme n'a jamais vu Dieu. Le Fils unique, qui est dans le sein du Père, l'a dit lui-même, » I *Joan.* IV, 12, et lui qui voit Dieu dit aussi, non pas combien grand est celui qu'il voit, ni combien grand le connaît celui qui parle

tæ immaculatæ, et immaculatum cum Abraham vivere, in umbra possidemus et imagine. Quamvis aliquis Patriarcha, quamvis Propheta, quamvis Apostolus, dicitur eis in Domino Salvatore: « Si vos cum sitis mali, scitis bona dare filiis vestris, quanto magis Pater vester qui in cœlis est, dabit bona petentibus se? » *Matth.* VII, 11. Denique et Abraham, cui dictum est: « Esto sine querela, et sine macula, » conscientia fragilitatis suæ cecidit pronus in terram. Cumque locutus esset ei Deus: « Sarai uxor tua non vocabitur ultra Sarai, sed Sara erit nomen ejus, et dabo tibi ex ea filium, et benedicam ei, et erit in gentes, et reges gentium ex ipso erunt, » statim infertur: « Cecidit Abraham in faciem suam, risitque, et dixit in mente sua: Si centenario nascetur filius, et si Sara nonaginta annorum pariet? Dixitque Abraham ad Deum: Ismael vivat in conspectu tuo. Cui respondit Deus: Etiam. Ecce Sara uxor tua pariet tibi filium, et vocabis nomen ejus Isaac, » et reliqua. *Genes.* XVII, 15 *seqq.* Certe audierat a Deo: « Ego sum Deus tuus, placeto in conspectu meo, et esto sine macula; » *Ibid.* 1; quare non credidit quod Deus repromisit, sed risit in corde, putans se celare Deum, et aperte ridere non audens? Denique causas incredulitatis exponens dicit in corde suo: Quomodo potest fieri, ut centenarius de nonagenaria uxore generet filium? « Vivat, inquit, Ismael in conspectu tuo, » quem semel dedisti. Difficilia non quæro, contentus sum beneficio quod accepi. Quem occulta responsione arguens Deus, ait: « Etiam. » Et est sensus: Fiet quod existimas non futurum. Sara uxor tua pariet tibi filium, et antequam ista concipiat, prius quam ille nascatur, puero nomen imponam. Ex errore enim tuo, quo risisti tacitus, filius tuus Isaac, risus nomen accipiet. Sin autem ab his qui sunt mundo corde in hoc sæculo, putas videri Deum, quare Moyses qui prius dixerat: « Vidi Dominum facie ad faciem, et salva facta est anima mea; » *Genes.* XXXII, 30; postea deprecatur, ut eum videat cognoscenter? quem quia dixerat se vidisse, audit a Domino: « Non potes videre faciem meam. Non enim videbit homo faciem meam, et vivet. » *Exod.* XXXIII, 20. Unde et Apostolus, I *Tim.* I, invisibilem solum Deum, qui et lucem habitat inaccessibilem, et quem nullus hominum viderit, neque possit videre, appellat. Et Joannes evangelista sacra voce testatur, dicens: « Deum nemo vidit unquam. Unigenitus Filius, qui est in sinu Patris, ipse narravit. » I *Joan.*

de lui, mais tout ce que peut en concevoir l'intelligence humaine.

13. *La vraie perfection réservée pour le ciel.* — Vous dites avec l'Ecriture : Heureux celui dont la voie est sans tache et qui marche dans la loi de Dieu. D'autres passages doivent vous donner la clef de ceux-là. Les nombreux textes déjà cités vous ont appris que nul n'avait pu accomplir entièrement la loi. Si l'Apôtre, pour s'enrichir de Jésus-Christ, a regardé comme des immondices, en comparaison de la grâce de Jésus-Christ, ce qu'auparavant il regardait comme des bénéfices sous la loi, à combien plus forte raison devons-nous savoir que la grâce de Jésus-Christ et de l'Evangile a succédé à la loi, parce que la loi ne put justifier personne! Mais si personne n'est justifié sous la loi, comment peut-il avoir atteint la perfection, celui dont la voie est sans tache, puisqu'il marche encore et qu'il se hâte vers le but? Assurément, celui qui court encore et qui marche dans la voie est moins grand que celui qui est arrivé au terme. Si celui qui est encore en route et marche dans la loi, est sans tache et parfait, qu'aura de plus celui qui est parvenu au terme de la vie et de la loi? Aussi l'Apôtre dit-il de Notre-Seigneur, *Ephes.* v, qu'à la fin du monde et à la consommation des vertus, il fera paraître pour lui-même cette sainte Eglise sans tache et sans rides, que vous croyez parfaite dans cette chair mortelle et corruptible, et vous méritez d'entendre avec les Corinthiens : « Vous êtes déjà parfaits, vous êtes déjà riches, vous régnez sans nous, et plût à Dieu que vous régnassiez, afin que nous régnassions aussi avec vous, » I *Corint.* iv, 8, puisque la perfection vraie, exempte de toute tache, ne paraîtra que dans les célestes demeures, quand l'Epoux dira à l'épouse : « Vous êtes toute belle, ô mon amie, et il n'y a aucune tache en vous. » *Cant.* iv, 7. C'est dans le même sens qu'il faut entendre : « Afin que vous soyez irrépréhensibles et sincères comme des enfants de Dieu sans tache ; » *Philip.* ii, 15; il a dit, non pas vous *êtes*, mais *afin que vous soyez*, remettant la chose à l'avenir, et ne l'affirmant point pour le présent, en sorte qu'ici-bas est le travail et la lutte, et là-haut la récompense du travail et de la vertu. Enfin Jean écrit : « Mes bien-aimés, nous sommes déjà enfants de Dieu, mais ce que nous serons un jour ne paraît pas encore; nous savons seulement que lorsque Jésus-Christ se montrera dans sa gloire, nous serons semblables à lui, parce que nous le verrons tel qu'il est. » I *Joan.* iii, 2. Quoique nous soyons enfants de Dieu, la similitude avec Dieu et le bonheur de le contempler en réalité nous sont promis pour le temps où il apparaîtra dans sa gloire.

14. *Orgueil de Pélage dans sa lettre à Julienne.* — C'est du comble de l'orgueil que procède cette audace à propos de la prière, qui vous fait dire à une veuve à qui vous écrivez sur la manière dont les saints doivent prier : « Celui-

iv, 12. Quividet, et narrat, non quantus est ille qui visus est, nec quantum novit ille qui narrat, sed quantum potest mortalium sensus accipere.

13. *Vera perfectione in cœlestibus reservatur.* — Quod autem putas beatum esse, qui sit immaculatus in via, et ambulet in lege ejus, ex sequenti sensu priorem intellige. Multis testimoniis supra didicisti, legem nullum potuisse complere. Si autem Apostolus ad comparationem gratiæ Christi, quæ prius lucra arbitrabatur in lege, reputavit quasi stercora, ut Christum lucrifaceret, quanto magis nos scire debemus, ideo Christi et Evangelii gratiam successisse, quia in lege nemo justificari potuit? Si autem (al. *ergo*) in lege nullus justificatur, quomodo ad perfectum (al. *perfectionem*) immaculatus est in via, qui adhuc ambulat, et ad calcem venire festinat? Certe qui in cursu est, et in via graditur, minor est eo qui pervenit ad finem. Si ergo immaculatus est ille atque perfectus, qui adhuc ambulat in via, et graditur in lege, quid plus habebit ille, qui ad terminum viæ legisque pervenit? Unde et Apostolus de Domino loquitur, *Ephes.* v, quod in fine mundi, et in consummatione virtutum exhibeat sibi sanctam Ecclesiam, non habentem maculam, neque rugam, quam vos putatis jam in ista carne mortali et corruptibili esse perfectam, et audire meremini cum Corinthiis : « Jam perfecti estis, jam divites facti estis, sine nobis regnatis (al. *regnastis*), atque utinam regnaretis, ut et nos regnaremus vobiscum ; » I *Cor.* iv, 8 ; cum vera et absque omni sorde perfectio in cœlestibus reservetur, quando sponsus loquetur ad sponsam : « Tota pulchra es, amica mea, et macula non est in te. » *Cant.* iv, 7 Juxta quod et illud intelligitur : « Ut sitis irreprehensibiles et simplices sicut filii Dei immaculati ; » *Philipp.* ii, 15 ; quod non dixerit (al. *dixit*) estis, sed sitis, in futurum differens, non in præsenti esse contestans, ut hic labor sit atque contentio, ibi laboris virtutisque præmia. Denique Joannes scribit : « Dilectissimi, filii Dei sumus, et nondum apparuit quid erimus. Scimus, quia cum apparuerit, similes ei erimus, quoniam eum videbimus sicuti est. » I *Joan.* iii, 2. Quamquam ergo filii Dei simus, tamen similitudo Dei, et vera contemplatio, tunc nobis repromittitur, quando apparuerit in claritate sua.

14. *Pelagii superbia in epist. ad Julianam.* — De hoc superbiæ tumore et illa orandi prorumpit audacia, qua scribens ad viduam, quomodo sancti debe-

là est digne d'élever les mains vers Dieu, celui-là prie avec une bonne conscience, qui peut s'écrier : Vous savez, Seigneur, combien saintes, combien innocentes, combien pures de toute fraude, de toute injustice et de toute rapine sont ces mains que j'étends vers vous ; combien justes, combien immaculées et libres de tout mensonge, ces lèvres avec lesquelles je vous supplie, afin que vous ayez pitié de moi. » Est-elle d'un Chrétien, ou d'un Pharisien plein d'orgueil, cette prière? Celui-ci aussi, dans l'Evangile, disait : « Mon Dieu, je vous rends grâces de ce que je ne suis point comme le reste des hommes, qui sont voleurs, injustes et adultères, ni même comme ce Publicain ; je jeûne deux fois la semaine, je donne la dîme de tout ce que je possède. » *Luc.* XVIII, 11. Il rend grâces à Dieu de ce que, par sa miséricorde, il n'est pas comme les autres hommes, parce qu'il déteste le péché, et ne s'attribue pas la justice. Vous, vous dites : « Seigneur, vous savez combien saintes, combien innocentes, combien pures de toute fraude, de toute injustice et de toute rapine sont les mains que j'élève vers vous. » Lui, il se vante de jeûner deux fois la semaine, pour mortifier les concupiscences de la chair, et de donner la dîme de tout ce qu'il possède ; car « les richesses de l'homme sont la rançon de son âme. » *Prov.* XIII, 8. Vous, vous dites avec le diable : « Je monterai au-dessus des astres, de Dieu, j'établirai mon trône dans le ciel, et je serai semblable au Très-Haut. » *Isai.* XIV, 13, 14. David a dit : « Mes reins ont été remplis d'illusions ; » *Psalm.* XXXVII, 8 ; et : « Mes plaies ont été remplies de corruption, à cause de mon extrême folie ; » *Ibid.* 6 ; et : « N'entrez pas en jugement avec votre serviteur ; » et : « Nul homme vivant ne sera trouvé juste devant vous. » *Psalm.* CXLII, 2. Vous, vous vous vantez d'être saint, innocent et pur et de tendre vers Dieu des mains sans tache. Et il ne vous suffit pas de vous glorifier dans toutes vos œuvres : vous vous dites encore pur de tout péché de parole et de bouche, proclamant combien justes, combien immaculées, combien libres de tout mensonge sont vos lèvres. David s'écrie : « Tout homme est menteur, » *Psalm.* CXV, 2, et l'autorité de l'Apôtre confirme que Dieu seul est véridique et que tout homme est menteur ; *Rom.* III ; et vous, vous avez des lèvres sans tache, justes et libres. Isaïe pousse cette plainte : « Malheur à moi de ce que je me suis tu, parce que je suis un homme dont les lèvres sont impures, et que j'habite au milieu d'un peuple qui a aussi les lèvres souillées ; » *Isai.* VI, 5 ; et alors un Séraphin porte un charbon de feu, pris avec des pincettes, pour purifier les lèvres du Prophète, non pas arrogant, comme vous l'êtes en votre prière, mais confessant ses fautes, selon cette parole du Psalmiste : « Que recevrez-vous et quel fruit vous reviendra-t-il de votre langue trompeuse? Elle est, de même que des flèches très-pointues, poussée par une main puissante, avec des char-

ant orare, pronuntias : « Ille enim, inquis, merito ad Deum extollit manus, ille preces bona conscientia fundit, qui potest dicere : Tu enim nosti, Domine, quam sanctæ, quam innocentes, quam puræ sint ab omni fraude, et injuria, et rapina, quas ad te expando manus ; quam justa, quam immaculata labia, et ab omni mendacio libera, quibus tibi, ut mihi miserearis, preces fundo. » Christiani est hæc, an Pharisæi superbientis oratio ? qui etiam in Evangelio loquebatur : « Deus, gratias ago tibi, quia non sum sicut cæteri homines, raptores, injusti, adulteri, et sicut hic publicanus ; jejuno bis in sabbatho, decimas do omnium quæ possideo. » *Luc.* XXIII, 11. Ille agit gratias Deo, quia ipsius misericordia non sit sicut cæteri homines, peccata detestans, non assumens justitiam. Tu dicis : « Domine, tu nosti quam sanctæ, quam innocentes, quam puræ sint ab omni fraude, injuria et rapina, quas ad te expando manus. » Ille bis in sabbatho se jejunare dicit, ut affligat carnem vitiis lascivientem, et omnis substantiæ suæ dat decimas. « Redemptio enim animæ viri, propriæ divitiæ. » *Prov.* XIII, 8. Tu cum diabolo gloriaris, dicente : « Super sidera ascendam, ponam in cœlo thronum meum, et ero similis Altissimo. » *Isai.* XIV, 13, 14. David loquitur : « Lumbi mei impleti sunt illusionibus ; » *Psal.* XXXVII, 8 ; et ; « Computruerunt cicatrices meæ a facie insipientiæ meæ *Ibid.*, 6 ; et : « Ne intres in judicium cum servo tuo ; » et : « Non justificabitur in conspectu tuo omnis vivens. » *Ps.* CXLII, 2. Tu sanctum et innocentem et purum te esse jactas, et mundas ad Deum expandis manus. Nec sufficit tibi in cunctis operibus gloriari, nisi ab omni sermonis orisque peccato mundum esse te dicas, inferens quam justa, quam immaculata labia, et ab omni mendacio libera. Ille canit : « Omnis autem homo mendax, » *Ps.* CXV, 2, et hoc ipsum confirmat apostolica auctoritas, ut sit Deus verax, *Rom.* III, omnis autem homo mendax ; et tu ab omni mendacio immaculata et justa et libera possides labia. Isaias plangit : « Heu mihi misero, quoniam compunctus sum, quia cum sim homo, et immunda labia habeam, in medio quoque populi immunda labia habentis ego habito ; » *Isai.* VI, 5 ; et postea Seraphim ignitum carbonem forcipe comprehensum defert ad prophetæ labia purganda, non ut loqueris, arrogantis, sed sua vitia confitentis. Juxta illud quod in psalmo dicitur : « Quid detur tibi, aut quid apponatur tibi ad linguam dolosam ?

bons dévorants. » *Psalm.* CXIX, 3, 4. Et après un si grand débordement d'orgueil dans la prière et de présomption en votre sainteté, vous parlez en insensé qui voudrait faire partager sa sottise à des étrangers, et vous dites sans y croire : Les lèvres avec lesquelles je vous prie, afin que vous ayez pitié de moi. Si vous êtes saint, innocent, pur de toute souillure, si vous n'avez péché ni par paroles, ni par actions, quand Jacques dit : « Si quelqu'un ne fait point de faute en parlant, c'est un homme parfait; » et : « Nul homme ne peut dompter sa langue, » *Jacob.* III, 2, 8, pourquoi demandez-vous miséricorde, à moins que vous ne vous plaigniez en vos prières d'être saint, pur, innocent, avec des lèvres sans tache et libres de tout mensonge, semblable à la puissance de Dieu? Jésus-Christ pria ainsi sur la croix : « Dieu, mon Dieu, pourquoi m'avez-vous abandonné? contre mon salut s'élève la voix de mes iniquités; » *Psalm.* XXI, 1; et encore : « Mon Père, je remets mon âme en vos mains; » *Psalm.* XXX, 6; et puis : « Mon Père, pardonnez-leur, car ils ne savent ce qu'ils font. » *Luc.* XXIII, 34. Or, rendant grâces pour nous, il avait dit : « Je vous loue, mon Père, Seigneur du ciel et de la terre. » *Marc.* XI, 25.

15. *De l'Oraison Dominicale.* — Tel a été son enseignement à ses Apôtres, que chaque jour, avec une foi entière dans le sacrifice de son corps, ils osent dire : « Notre Père, qui êtes aux cieux, que votre nom soit sanctifié. » *Matth.* VI, 9. Les Apôtres désirent que le nom de Dieu, qui est saint par lui-même, soit sanctifié en eux; et vous, vous dites : « Vous savez, Seigneur, combien saintes, innocentes et pures sont mes mains. » Ils s'écrient : « Que votre règne arrive, » demandant qu'il soit désormais le seul souverain, afin que, sous la domination de Jésus-Christ, le péché ne règne pas dans leur corps mortel, et ils ajoutent : « Que votre volonté soit faite sur la terre comme au ciel, » en sorte que les faibles humains imitent les Anges, et que la volonté du Seigneur s'accomplisse sur la terre. Et vous, vous dites : « L'homme n'a qu'à vouloir pour éviter tout péché. » Les Apôtres sollicitent « le pain quotidien, » c'est-à-dire d'être dignes de recevoir, « avant tout autre aliment, » le corps de Jésus-Christ; et vous, vous revendiquez audacieusement pour vous les dons célestes, en raison de votre sainteté, hors de comparaison, et de votre justice inébranlable. Vient ensuite : « Remettez-nous nos dettes, comme nous les remettons à ceux qui nous doivent. » Au sortir des eaux du baptême et régénérés en Notre-Seigneur et Sauveur, après avoir accompli la prescription de l'Écriture : « Heureux ceux dont

Sagittæ potentis acutæ cum carbonibus desolatoriis. » *Ps.* CXIX, 3, 4. Et post tantum tumorem, orantisque jactantiam et confidentiam sanctitatis, quasi stultus stultis persuadere conaris, ut in extremo dicas : Quibus tibi ut mihi miserearis preces fundo. Si sanctus es, si innocens, si ab omni sorde purgatus, si nec sermone, nec opere peccati, dicente Jacobo : « Qui in verbo non peccat, iste perfectus (al. *justus*) est vir; » et : « Nemo potest (al. *potens*) refrenare linguam suam, » *Jacob.* III, 2, 8, quomodo misericordiam deprecaris, ut videlicet plangas te, et fundas preces, quia sanctus et purus es et innocens immaculatisque labiis, et ab omni liber mendacio, Dei similis potestati? Sic Christus oravit in cruce : « Deus Deus meus, ut quid dereliquisti me? longe a salute mea, verba delictorum meorum; » *Ps.* XXI, 1; et rursum : « Pater, in manus tuas commendo spiritum meum; » *Ps.* XXX, 6; et : « Pater, ignosce eis, quod enim faciunt, nesciunt; » *Luc.* XXIII, 34; qui pro nobis agens gratias dixerat : « Confiteor tibi, Domine Pater cœli et terræ. » *Marc* XI, 25.

15. *Ex Oratione Dominica.* — Sic docuit Apostolos suos, ut quotidie in corporis illius (a) sacrificio credentes audeant loqui : « Pater noster, qui es in cœlis, sanctificetur nomen tuum. » *Matth.* VI, 9. Illi nomen Dei, quod per se sanctum est, in se sanctificari cupiunt; tu dicis : « Nosti, Domine, quam sanctæ, et quam innocentes, et quam puræ manus meæ sint. » Illi inferunt : « Adveniat regnum tuum, » spem regni futuro tempore præstolantes, ut regnante Christo, nequaquam regnet peccatum in mortali eorum corpore, junguntque : « Fiat voluntas tua, sicut in cœlo et in terra, » ut imitetur Angelos humana fragilitas, et voluntas Domini compleatur in terra. Tu dicis : « Potest homo si voluerit omni carere peccato. » « Panem quotidianum, sive, super omnes substantias, » venturum Apostoli deprecantur, ut digni sint assumptione corporis Christi. Et vos per nimiam sanctitatem, securamque justitiam audacter vobis cœlestia dona vendicatis. Sequitur : « Dimitte nobis debita nostra, sicut et nos dimittimus debitoribus nostris. » De baptismatis fonte surgentes, et regenerati in Dominum Salvatorem, impleto illo, quod de se scriptum est : « Beati quo-

(a) Mss. *sacramento.* Apostolicam consuetudinem Dominicæ orationis in Missa recitandæ laudat S. quoque Gregorius lib. VII, epist. 64 : *Orationem Dominicam idcirco mox post precem dicimus, quia mos Apostolorum fuit, ut ad ipsam solummodo orationem oblationis hostiam consecrarent.* Et illo antiquior Optatus Milevit. lib. II : *Ad altare cum esi Dominicam orationem prætermittere non potestis,* quibus alii passim consonant Patres. Hieronymus ipsam ejus orationis Præfationem hic indicat, qua in plerisque omnibus liturgiis sacerdos se indignum confitetur, quod audeat Deum Patrem compellare. Vid. card. Bona Rerum Liturgical. lib. II, cap. 13. Cæterum solemne est Patribus, et præcipue Augustino contra Pelagianos ex oratione Dominica argumentari.

les iniquités ont été remises et dont les péchés ont été effacés, » *Ps. lat.* xxxi, 1, ils disent aussitôt, dans la première communion du Corps de Jésus-Christ : « Remettez-nous nos dettes, » alors qu'ils avaient obtenu cette rémission en confessant Jésus-Christ ; et vous, arrogant et superbe, vous vous glorifiez de la pureté de vos mains saintes et de votre langage sans tache. Quelque parfaite que soit la conversion d'un homme, quelque pleinement qu'il possède les vertus après l'abandon des vices et des péchés, peut-on être aussi exempt de souillure que ceux qui viennent d'être lavés par les eaux du Baptême? Et néanmoins il leur est ordonné de dire : « Pardonnez-nous nos offenses, comme nous pardonnons à ceux qui nous ont offensés ; » *Matth.* vi, 13 ; non point par une feinte humilité, comme vous le prétendez, mais par une crainte inhérente à la faiblesse humaine, qui redoute sa propre conscience. Ils disent : « Ne nous induisez pas en tentation ; » et vous, avec Jovinien, vous affirmez que ceux qui ont reçu le Baptême avec une foi entière ne peuvent plus être tentés ni pécher dans la suite. Enfin, ils concluent : « Mais délivrez-nous du mal. » Pourquoi demandent-ils au Seigneur ce qu'ils ont dans le pouvoir du libre arbitre? O homme, tu as été maintenant fait pur dans le Baptême, et il est écrit de toi : « Quelle est celle-ci qui monte, vêtue d'une robe blanche et appuyée sur le fils de son frère? » parce que ton âme est lavée, il est vrai, mais elle ne peut garder sa pureté qu'à condition d'y être aidée par le Seigneur Dieu. D'où vient que vous désirez d'être délivré par la miséricorde de Dieu, alors que peu auparavant vous avez été délivré de vos péchés? sinon parce que, comme nous l'avons dit, après avoir fait tous nos efforts, nous avouons que, livrés à nous-mêmes, nous ne pouvons rien.

16. *Orgueil pélagien.* — Votre prière l'emporte donc en orgueil sur celle du Pharisien, et la comparaison avec celle du Publicain la condamne. Celui-ci, se tenant loin, n'osait lever les yeux vers Dieu, mais il frappait sa poitrine, en disant : « Mon Dieu, soyez-moi propice, à moi pécheur. » De là le jugement de Notre-Seigneur : « Je vous le dis, celui-ci revient à sa maison plus justifié que l'autre ; car quiconque s'élève sera abaissé, et quiconque s'abaisse sera élevé. » Les Apôtres s'abaissent pour être élevés ; vos disciples s'élèvent pour être précipités dans l'abîme. Pour flatter cette veuve, vous ne rougissez pas de lui attribuer une piété qu'on ne trouve nulle part sur la terre, et de mettre en elle la demeure de la vérité, qui est pèlerine en tous lieux, sans vous souvenir de cette maxime : « Mon peuple, ceux qui vous disent heureux vous trompent et détournent vos pas de la droite voie. » Et voici en quels termes vous chantez ses louanges : « O heureuse êtes-vous et trois fois bienheureuse, puisqu'on trouve en vous seule sur la terre cette justice qu'on croit en nos temps n'exister que dans le ciel ! » Est-ce là instruire, ou donner la mort? Élève-t-on au-dessus de la terre, ou pré-

rum remissæ sunt iniquitates, et quorum tecta sunt peccata, » *Ps.* xxxi, 1, statim in prima communione corporis Christi dicunt : « Et dimitte nobis debita nostra, » quæ illis fuerant in Christi confessione dimissa ; et tu arrogans et superbus de sanctarum puritate manuum, et immunditia eloquii gloriaris. Quamvis sit hominis perfecta conversio, et post vitia atque peccata virtutum plena possessio, numquid possunt sic esse sine vitio, quomodo illi, qui statim de Christi fonte procedunt? Et tamen jubentur dicere : « Dimitte nobis debita nostra, sicut et nos dimittimus debitoribus nostris ; » *Matth.* vi, 13 ; non humilitatis mendacio, ut tu interpretaris, sed pavore fragilitatis humanæ suam conscientiam formidantis. Illi dicunt : « Ne nos inducas in tentationem ; » tu cum Joviniano loqueris, eos qui plena fide baptisma consecuti sunt, tentari ultra, et peccare non posse. Ad extremum inferunt : « Sed libera nos a malo. » Quid precantur a Domino, quod habent in liberi arbitrii potestate? O homo, nunc mundus factus es in lavacro, et de te dicitur : « Quæ est ista, quæ ascendit dealbata, innitens super fratruelem suum? » ut lota quidem sit, sed custodire non valeat puritatem, nisi a Domino meo sustentetur. Quomodo cupis Dei misericordia liberari, qui paulo ante liberatus es a peccatis? nisi hac ratione qua diximus, ut cum omnia fecerimus, nos inutiles esse fateamur.

16. *Pelagiana superbia.* — Oratio ergo tua Pharisæi vincit superbiam, et publicani comparatione damnatur ; qui de longe stans, oculos ad Deum non audebat attollere, sed percutiebat pectus suum, dicens : « Deus propitius esto mihi peccatori. » Unde profertur Domini sententia : « Dico vobis, descendit hic justificatus in domum suam plus quam ille. Omnis enim qui se exaltat, humiliabitur, et qui se humiliat, exaltabitur. » Apostoli humiliantur, ut exaltentur. Discipuli tui elevantur, ut corruant. Eidem adulans viduæ non erubescis dicere pietatem, quæ nusquam reperiatur in terra, et veritatem, quæ ubique peregrina sit, in illa potissimum commorari, nec recordaris illius sententiæ : « Populus meus, qui beatum te dicunt, seducunt te, et semitas pedum tuorum supplantant, » laudasque eam vocibus, et dicis : « O te felicem nimium, o beatam, si justitia quæ esse jam non nisi in cœlo creditur, apud

cipite-t-on du ciel, quand on attribue à une faible femme ce que les Anges n'oseraient revendiquer? Si on ne trouve sur la terre la piété, la vérité et la justice que dans une seule femme, où seront vos justes, ces hommes exempts de tout péché dont vous proclamiez l'existence ici-bas? Prière et louanges, vos disciples et vous prétendez que ces deux passages ne sont pas de vous; mais la magnificence de votre style est trop évidente en eux, ils ont trop l'apparat de la période cicéronienne, ils accusent trop votre façon de marquer le pas au son de la lyre, bien que vous n'osiez professer en public ce que vous enseignez clandestinement et dont vous faites un honteux trafic. Heureux êtes-vous, puisqu'aucune autre main que celle de vos disciples ne transcrit vos livres, en sorte que vous pouvez répudier la paternité de tout passage qui aura déplu. Et qui aurait donc assez de génie pour pouvoir imiter les grâces de votre discours?

17. *Comment les enfants sont sans péché.* — *C.* Je ne puis y tenir davantage : la patience la plus robuste ne résisterait pas à l'injustice de vos paroles. En quoi, je vous le demande, les tout petits enfants ont-ils péché? On ne peut leur imputer ni la conscience d'une transgression, ni des fautes d'ignorance, à eux qui, selon le prophète Jonas, sont incapables de distinguer leur main droite de leur main gauche. Ils ne peuvent pécher, et ils pourraient périr! leurs genoux sont chancelants, leurs vagissements n'articulent aucune parole, on se rit de leur langue qui balbutie, et les tourments des éternelles peines sont réservés à ces malheureux! *A.* Oh! oh! l'exorde est trop disert, j'allais dire éloquent, puisque vos disciples mêmes sont passés maîtres. Mais le célèbre orateur Antoine, que Cicéron comble de louanges, avouait qu'il avait vu beaucoup d'hommes diserts, mais pas un seul d'éloquent. Au lieu donc de vous jouer de moi avec ces fleurs d'emprunt au moyen desquelles les rhéteurs ont coutume de tromper les oreilles des gens sans expérience et des adolescents, contentez-vous de me dire simplement votre pensée. *C.* Je dis ceci : Accordez-moi du moins que ceux qui ne peuvent pas pécher sont sans péché. *A.* D'accord, pourvu qu'ils aient été baptisés en Jésus-Christ, et je ne me range pas ainsi à votre maxime qu'il suffit à l'homme de vouloir pour ne pas commettre le péché. Ceux-ci, en effet, n'ont ni le pouvoir, ni la volonté, mais ils sont sans péché par la grâce de Dieu, qu'ils ont reçue dans le Baptême. *C.* Vous voudriez me pousser à cette question, née de l'envie : Quel est leur péché? pour me faire aussitôt jeter la pierre par la multitude, homicide ainsi par pensée de celui dont vos forces ne vous permettent pas de vous défaire. *A.* Celui-là cause la mort de l'hérétique qui supporte qu'il soit hérétique. Mais notre correction vivifie au contraire, puisque en vous faisant mourir à l'hérésie, elle vous fait vivre à la foi catholique. *C.* Puisque vous savez que nous

te solam inveniatur in terris! » Docere est hoc, an occidere? Levare de terra, an præcipitare de cœlo, id muliercula tribuere, quod Angeli non audeant usurpare? Si autem pietas, veritas, atque justitia non inveniuntur in terris, nisi in una muliere, ubi erunt justi tui, quos absque peccato in terris esse jactabas? Quæ duo capitula orationis et laudis, soles cum tuis jurare discipulis non esse tua, cum perspicue in eis styli tui splendor eluceat, et tanta sit venustas eloquii Tulliani, ut testudineo incedens gradu, quæ secreto doces, mittisque vanalia, publice non audeas profiteri (al. *proferri.*) O te felicem, cujus præter discipulos nemo conscribit libros, ut quidquid videris displicere, non tuum, sed alienum esse contendas. Et quis ille tanti erit ingenii ut leporem tui sermonis possit imitari?

17. *Quomodo infantes sine peccato sint.* — *C.* Non possum ultra differre : omnis vincitur patientia vestrorum iniquitate verborum. Oro te, quid infantuli peccavere? nec conscientia eis delicti imputari potest, nec ignorantia, qui juxta Jonam prophetam manum dexteram nesciunt et sinistram. Peccare non possunt, et possunt perire : genua labant, vagitus verba non explicant, balbutiens lingua ridetur, et æternæ miseriæ cruciatus miseris præparantur. *A.* Ah! nimium disertus esse cœpisti, ut non dicam eloquens, postquam discipuli tui versi sunt in magistros. Antonius orator egregius, in cujus laudibus Tullius pertonat, disertos se ait vidisse multos, eloquentem adhuc neminem. Noli ergo mihi oratorum et non tuis floribus ludere, per quos solent imperitorum atque puerorum aures decipi, sed simpliciter dic mihi quid sentias. *C.* Hoc dico, concedas mihi saltem eos esse sine peccato qui peccare non possunt. *A.* Concedam si in Christo fuerunt baptizati, nec illico me tenebis in assensum sententiæ tuæ, qua dixisti posse hominem sine peccato esse si velit; isti enim nec possunt, nec volunt; sed sine ullo peccato per Dei gratiam sunt, quam in baptismo susceperunt. *C.* Cogis me ut ad invidiosum illud veniam, et dicam tibi : Quid enim peccaverunt? ut statim in me populorum lapides conjicias, et quem viribus non potes, voluntate interficias. *A.* Ille hæreticum interficit, qui esse hæreticum patitur. Cæterum nostra correptio, vivificatio est; ut hæresis moriens, vivas catholicæ fidei. *C.* Si nos scitis hæreticos, cur non accusatis? *A.* Quia Apostolus, *Tit.* III, me docet hæreticum post unam et secundam cor-

sommes hérétiques, pourquoi ne nous accusez-vous pas? *A.* Parce que l'Apôtre me donne le conseil d'éviter, et non d'accuser l'hérétique, après l'avoir repris une première et puis une seconde fois, sachant qu'il est pervers et qu'il encourt sa condamnation de propos délibéré. Au reste, ce serait sottise que de soumettre ma foi à l'arbitrage d'un tiers. Eh quoi! parce qu'un autre dira que vous êtes catholique, j'y souscrirai aussitôt? Quiconque vous défendra, prétendant que vos fausses croyances sont conformes au vrai, ne vous blanchit en rien de votre ignominie, mais se couvre lui-même de la honte du parjure. La multitude de vos adeptes ne prouvera pas que vous soyez catholique ; vous n'en serez pas moins hérétique. Mettons ces expédients sous les pieds de l'Église, et qu'on ne nous montre pas un épouvantail comme au petit enfant qui pleure. Que la crainte de Dieu nous donne la force de mépriser toutes les autres craintes. En somme, ou défendez votre croyance, ou abandonnez ce que vous ne pouvez défendre. Qui que ce soit que vous appeliez à votre défense, il méritera le nom de complice et non pas celui d'avocat.

18. *Pourquoi les enfants doivent être baptisés ; témoignage de Cyprien.* — *C.* Dites-moi, je vous prie, et c'est ma dernière question : Pourquoi baptise-t-on les enfants qui viennent de naitre? *A.* Afin que les péchés leur soient remis dans le baptême. *C.* Quels péchés ont-ils donc commis? Délie-t-on celui qui n'est pas lié? *A.* C'est moi que vous interrogez? C'est la trompette évangélique, le Docteur des nations, le vase d'or qui resplendit dans tout l'univers qui va répondre : « La mort a régné depuis Adam jusqu'à Moïse, même dans ceux qui ne péchèrent pas, à la similitude de la prévarication d'Adam, qui est la figure de l'avenir. » *Rom.* v, 14. — Il dit, objecterez-vous, qu'il y en a qui ne péchèrent pas. — Entendez qu'ils ne commirent pas le péché qu'Adam commit en désobéissant, dans le paradis, au commandement de Dieu. Enfin, tous les hommes sont liés au péché ou à cause de notre premier père Adam, ou en leur propre nom. Celui qui vient de naître est débarrassé par le baptême du lien originel. Celui qui a l'âge de raison est délivré par le sang de Jésus-Christ et du péché originel et des siens propres. Et n'allez pas croire que j'exprime là un sentiment d'hérétique : le bienheureux martyr Cyprien, dont vous vous vantez d'être l'émule dans l'interprétation des témoignages de l'Ecriture, dans la lettre qu'il écrit à l'évêque Fidus pour recommander le baptême des petits enfants, s'exprime ainsi : « Si même aux plus grands coupables et à ceux qui offensent Dieu depuis bien longtemps, lorsqu'ils reviennent ensuite à la foi, la rémission des péchés est accordée, et si personne n'est exclu du baptême et de la grâce, combien plus ne doit-on pas en exclure l'enfant qui, venant de naître, n'a commis aucun péché, si ce n'est que, né d'Adam selon la chair, il a contracté, par son origine

reptionem vitare, non accusare, sciens quia perversus sit, et suo judicio damnatus. Alioqui stultissimum est, super fide mea, me ex alterius pendere judicio. Quid enim si te alius catholicum dixerit, statimne assensum tribuam? Quicumque te defenderit, et perversa credentem bene sentire dixerit, non hoc agit, ut te infamia liberet, sed ut se infamet perfidiæ. Multitudo sociorum nequaquam te catholicum, sed hæreticum esse demonstrabit. Verum hæc Ecclesiastico calcentur pede, ne quasi parvulis flentibus tristior quædam imago monstretur. Hoc nobis præstet Dei timor, ut omnes alios contemnamus timores. Proinde aut defende quod credis, aut relinque quod defendere non potes. Quemcumque in defensionem tui adduxeris, non patronum, sed socium nominabis.

18. *Quare infantes baptizentur : et Cypriani testimonium.* — *C.* Dic, quæso, et me omni libera quæstione, quare infantuli baptizentur? *A.* Ut eis peccata in baptismate dimittantur. *C.* Quid enim commeruere peccati? Quisquamne solvitur non ligatus? *A.* Me interrogas? Respondebit tibi Evangelica tuba, Doctor Gentium, vas aureum in toto orbe resplendens : « Regnavit mors ab Adam usque ad Moysen : etiam in eos, qui non peccaverunt, in similitudinem prævaricationis Adam, qui est forma futuri. » *Rom.* v, 14. Quod si objeceris dici esse aliquos, qui non peccaverunt, intellige eos illud non peccasse peccatum, quod peccavit Adam prævaricando in paradiso præceptum Dei. Ceterum omnes homines, aut antiqui propagatoris Adam, aut suo nomine tenentur obnoxii. Qui parvulus est, parentis in baptismo vinculo solvitur. Qui ejus ætatis est, quæ potest sapere, et alieno et suo, Christi sanguine liberatur. Ac ne me putes hæretico sensu hoc intelligere, beatus martyr Cyprianus, cujus te in Scripturarum testimoniis degerendis æmulum gloriaris, in epistola quam scribit ad episcopum Fidum in infantibus baptizandis hæc memorat : « Porro autem si etiam gravissimis delictoribus, et in Deum multo ante peccantibus, cum postea crediderint, remissio peccatorum datur, et a baptismo atque gratia nemo prohibetur, quanto magis prohiberi non debet infans, qui recens natus nihil peccavit, nisi quod secundum Adam carnaliter natus, contagium mortis antiquæ prima nativitate contraxit? Qui ad remissionem peccatorum accipiendam, hoc ipso facilius accedit, quod

la souillure contagieuse de la mort antique ? Il a droit à recevoir d'autant plus la rémission des péchés, que ce ne sont point ses propres péchés qui lui sont remis, mais la faute d'autrui. C'est pourquoi, très-cher frère, l'avis de notre assemblée a été que nous ne devons exclure personne du baptême et de la grâce de Dieu, qui est miséricordieux, clément et plein de sollicitude pour tous. Il faut observer et maintenir cette règle à l'égard de tous, et surtout y être fidèle, croyez-le, à l'égard des enfants récemment venus au monde, qui sont d'autant plus dignes de notre secours pour obtenir la miséricorde divine, que gémissant et pleurant dès qu'ils sont hors du sein maternel, tout ce qu'ils font est une prière. »

19. *Eloge de* S. *Augustin.* — Un saint homme, l'éloquent évêque Augustin, avait dédié naguères à Marcellin, qui fut ensuite, malgré son innocence, mis à mort par les hérétiques, sous le prétexte de complicité avec le rebelle Héraclien, deux livres sur la nécessité de baptiser les enfants, qui sont dirigés contre votre hérésie, quand vous prétendez que le baptême est donné aux enfants, non pour la rémission des péchés, mais pour leur ouvrir l'entrée du royaume des cieux, selon ce qui est écrit dans l'Evangile : « Nul ne peut entrer dans le royaume des cieux, à moins d'avoir été régénéré par l'eau et l'Esprit saint. » Il a aussi écrit au même Marcellin un troisième livre contre ceux qui affirment, comme vous, que l'homme peut être sans péché, s'il veut, sans le secours de la grâce divine. Enfin, il en a adressé un quatrième à Hilaire, contre votre doctrine pleine d'inventions perverses. On nous dit qu'il en compose à votre enseigne d'autres qui ne sont pas encore venus en nos mains. J'estime donc qu'il faut surseoir à ce travail, afin qu'on ne m'applique pas le mot d'Horace : « N'apportez pas du bois à la forêt. » *Hor.* I *sat.* 10. En effet, ou nous répéterions inutilement ce qui a été déjà dit, ou, si nous voulions aborder des points nouveaux, un talent supérieur les traitera mieux que nous. Je m'arrêterai donc à cet argument, pour conclure : Ou vous devez publier un nouveau symbole, d'après lequel vous baptiserez les enfants pour le royaume des cieux, après le Père et le Fils et le Saint-Esprit ; ou bien, si vous n'admettez qu'un seul baptême pour les enfants et pour les autres âges, convenez qu'on baptise aussi les enfants pour la rémission des péchés, à la suite de la prévarication d'Adam. Si la rémission des péchés étrangers vous paraît injuste, comme inutile à celui qui n'a point péché, passez au camp de votre préféré (Origène), qui avance que les fautes passées et anciennes sont effacées dans le baptême ; vous êtes à sa remorque pour tant d'autres doctrines, que vous pouvez également suivre son erreur en ce cas.

illi remittuntur non propria, sed aliena peccata. Et idcirco, frater charissime, hæc fuit in concilio nostra sententia, a baptismo atque gratia Dei, qui omnibus misericors et benignus et pius est, neminem per nos debere prohiberi. Quod cum circa universos observandum sit atque retinendum, tum magis circa infantes ipsos et recens natos observandum puto, qui hoc ipso de ope nostra ad divinam misericordiam plus merentur, quod in primo statim nativitatis suæ ortu plorantes ac flentes, nihil aliud faciunt, quam deprecantur. »

19. *Laudat S. Augustinum.* — Scripsit dudum vir sanctus et eloquens episcopus Augustinus ad Marcellinum, qui postea sub invidia tyrannidis Heracliani ab hæreticis innocens cæsus est, duos libros de infantibus baptizandis contra hæresim vestram, per quam vultis asserere, baptizari infantes non in remissionem peccatorum, sed in regnum cœlorum, juxta illud quod scriptum est in Evangelio : « Nisi quis renatus fuerit ex aqua et Spiritu sancto, non potest intrare in regnum cœlorum. » Tertium quoque ad eumdem Marcellinum contra eos, qui dicunt idem quod vos, posse hominem sine peccato esse, si velit, absque Dei gratia. Et quartum nuper ad Hilarium contra doctrinam tuam, multa perversa fingentem. Alios quoque specialiter tuo nomini cudere dicitur, qui necdum in nostras venere manus. Unde supersedendum huic labori censeo, ne dicatur mihi illud Horatii : « In silvam ne ligna. » *Lib.* I, *sat.* 10. Aut enim eadem diceremus ex superfluo ; aut si nova voluerimus dicere, a clarissimo ingenio occupata sunt meliora. Hoc unum dicam, ut tandem finiatur oratio, aut novum vos debere symbolum tradere, ut post Patrem et Filium et Spiritum sanctum baptizetis infantes in regnum cœlorum, aut si unum et in parvulis et in majoribus habetis baptisma, etiam infantes in remissionem peccatorum baptizandos in similitudinem prævaricationis Adam. Quod si injusta vobis videtur aliorum remissio peccatorum, quia non indiget qui peccare non potuit, transite ad amasium vestrum *Origenem*, qui præterita in cœlis et antiqua delicta solvi dicit in baptismo, ut cujus in ceteris auctoritate ducimini, etiam in hac parte errorem sequamini.

FRAGMENTS DE THÉODORE

ÉVÊQUE DE MOPSUESTE.

1. — Lorsque tant de preuves démontrent qu'Adam, en même temps qu'il fut formé d'un peu de terre, fut créé absolument mortel, il (S. Jérôme) lui a plu de dépenser des paroles au sujet d'un aliment particulier, et dès lors incapable de discerner la vérité, au lieu des paroles véritables de la menace divine, il la cite en y glissant une altération propre à tromper. Dieu n'a pas dit : « Vous serez mortel, » mais « vous mourrez de mort. » *Gen.* II. Assurément, l'homme et la femme étaient déjà mortels par nature ; et Dieu les menace uniquement de leur faire subir l'épreuve de la mort, menace dont il différa d'ailleurs l'effet, selon la coutume de sa clémence toute particulière. De même, lorsqu'il dit : « Si quelqu'un verse le sang d'un homme, son sang sera répandu en échange, » *Gen.* IX, 6, cela ne signifie pas que celui qui aura tué un homme sera mortel, mais qu'il mérite d'être lui-même puni de mort. C'est dans le même sens qu'il dit ici : « Vous mourrez de mort, » non point parce qu'ils deviennent mortels en ce moment, mais parce que leur désobéissance méritait une sentence de mort. Du reste, arrêtons notre attention sur la sentence divine, telle que Dieu la porte contre Adam après le péché. Elle est ainsi conçue : « Parce que vous avez écouté la voix de votre femme, et que vous avez mangé du fruit de l'arbre qui était le seul dont je vous avais défendu de manger le fruit, la terre sera maudite dans vos œuvres, elle vous nourrira dans la tristesse durant tous les jours de votre vie, elle produira pour vous des épines et des ronces, vous mangerez ce qu'elle rapportera et vous mangerez votre pain à la sueur de votre front, jusqu'à ce que vous retourniez dans la terre. » *Gen.* III, 14 *seqq.* Il n'y a dans tout cela, pour l'homme, que la perspective d'une vie de misères, avec l'obligation d'obtenir désormais par le travail les fruits de la terre dont il doit se nourrir et subsister, n'ayant plus, comme auparavant, devant lui cette abondance de biens que le paradis produisait outre mesure pour sa jouissance. Dieu, en effet, n'imposa pas à l'homme le travail de la terre comme un supplice et comme s'il le transportait en ce moment d'une nature immortelle dans une condition mortelle, puisqu'il lui avait assigné d'abord la garde et la culture du paradis ; seulement, au lieu de l'abondance et de la joie sans égales que l'homme avait dans le paradis, Dieu le menace pour l'avenir de ne lui accorder qu'une pénible existence, au moyen des fruits de la terre. Absolument mortel dès

1. — Tantis et tantis quae demonstrant Adam sic ex terra formatum, ut mortalis prorsus existeret, erga cibum quemdam voluit expendere sermonem, nec exinde valens advertere veritatem, pro dogmate vero, seductorie ex immutatione, adversationem jungens ; non ait, *Genes.* II : « Mortales eritis, » sed « Morte moriemini, » prorsus existentibus natura mortalibus hanc mortis experientiam comminatus, quam etiam juste secundum propriae benignitatis ad effectum perducere distulit. Sic ut enim cum dicit : « Qui effuderit hominis sanguinem, sanguis ejus pro eo fundetur, » *Genes.* IX, 6, non hoc dicit quia qui occiderit hominem, erit mortalis, sed quia dignus est hujusmodi morte damnari ; sic et in praesenti tamen dixit : « Morte moriemini, » non quod tunc mortales fierent, sed quod digni essent qui mortis sententiam pro inobedientia referrent. Sed et divinam sententiam, quam post peccatum Deus Adae inferre videtur, adverte. Sic enim dicit : « Quia audisti vocem uxoris tuae, et comedisti de ligno de quo praeceperam tibi de hoc solo non comedere, ex eo comedisti, maledicta terra in operibus tuis, in tristitia comedes eam omnibus diebus vitae tuae, spinas et tribulos proferet tibi, et comedes fenum agri, et in sudore vultus tui comedes panem tuum, donec revertaris in terram. » *Gen.* III, 14 *seqq.* Hoc autem per haec omnia comminatus est, quod aerumnosam vitam habiturus esset, cum labore deinceps fructus de terra sumpturus, quibus aleretur atque subsisteret, nequaquam habens, ut pridem, tantam propositam fugitatem, quanta ex paradisi copia fruebatur. Non enim operari terram pro supplicio dedit Deus quasi ex immortali natura in mortalitatem hominem transferens, quandoquidem et paradisum ei, ut operaretur et custodiret, indixit. Pro tanta vero pristina largitate et voluptate paradisi, aerumnosam ejus fore sustentationem de terrae fructibus comminatur. Nam prorsus ut mortalis factus, et tunc paradisi fructibus

sa formation, l'homme eut besoin d'abord des fruits du paradis, de *même* que depuis il recherche les fruits de la terre ; la privation des délices primitives est son supplice ; il est condamné à une vie de misères sans nombre et de travail incessant. De là cette conséquence finale : « Parce que tu es terre, et que tu retourneras dans la terre, » *Genes.* III, qui dénote aussi la nature mortelle de l'homme. Dieu, en effet, n'a pas appliqué ce mot de *terre* à un être immortel et qui, à ce moment-là seulement, recevait le premier effet de la sentence de mort, comme l'affirment les très-sages défenseurs du péché originel, ou plutôt ces pères extraordinaires du péché ; mais c'est à un être fait mortel par nature, dès le commencement, que convient cette appellation, comme en a décidé la divine Écriture, se servant très-souvent de ce mot au sujet des hommes pour montrer que leur nature est corruptible et dissoluble. Ainsi : « Il s'est souvenu, dit-elle, que nous sommes poussière ; les jours de l'homme sont comme le foin, et il fleurira comme la fleur des champs, parce que le souffle est passager en lui, et que la place où il était ne sera plus. » *Psalm.* CII, 14. Elle veut dire que nous sommes tous corruptibles et que nous nous dissoudrons à la manière d'une plante qui fleurit pour peu de temps et périt peu après. Et certes la durée de cette vie est bien courte, et de toute façon ensuite nous parvenons à la non existence. De là encore le mot d'Abraham : « Je suis terre et cendre ; » comme s'il avait dit : Je ne suis pas digne de parler avec un Dieu si grand, moi homme fait de terre et qui, de toute manière, dois redevenir terre. Dieu donc aurait dû dire plutôt : « Parce que tu *seras* terre, et que tu retourneras dans la terre, » s'il est vrai que la nature humaine devint mortelle en ce moment-là pour la première fois.

II. Mais cet étonnant défenseur du péché originel ne pouvait rien voir de tout cela, parce qu'il n'a été nullement exercé dans l'étude des divines Écritures, et qu'il n'a pas appris les lettres sacrées dès l'enfance, comme le recommande S. Paul. Aussi, dans ses fréquentes déclamations sur le sens des textes ou sur le dogme, il a impudemment proclamé, à propos des Écritures et de plusieurs dogmes, de nombreuses inepties, soit quant au sens littéral ou au sens figuré, soit quant aux deux à la fois. Nul n'osait parler contre lui par crainte de sa puissance, et ceux qui étaient versés dans les saintes Écritures se contentaient de le critiquer tout bas. Enfin, tout récemment, il est tombé dans la nouveauté en fait de dogme, jusqu'à prétendre que Dieu, dans l'excès de sa colère, avait ordonné qu'Adam devint mortel, et qu'à cause d'une seule désobéissance d'Adam, il avait condamné à la mort tous les hommes, même ceux qui n'étaient pas nés encore. Dans une telle discussion, il ne craint pas, il n'a pas honte d'avoir de Dieu une opinion que n'oserait se permettre jamais nul homme ayant un grain de bon sens et quelque souci de

indigebat, sicut tunc terræ fructus inquirit, et pro supplicio pristinis fraudatus deliciis, hac ærumnosissima laboriosissimaque conversatione mulctatur. Unde ad postremum consequenter adjecit : « Quia terra es, et reverteris in terram, » *Genes.* III, hinc etiam mortalitatem naturæ significans. Non enim immortali et nunc primum incipienti sententiam mortis excipere, sicut sapientissimi defensores peccati mirabiles, asseverant, vocabulum huic terræ composuit ; sed ut ab exordio naturaliter effecto mortali appellationem hanc congruere judicavit divina Scriptura, hoc de hominibus vocabulum ad ostensionem corruptibilis et resolubilis eorum naturæ sæpius assumens. Nam, « Recordatus est, inquit, quia pulvis sumus ; homo, sicut fenum dies ejus, et sicut flos agri, ita florebit, quia spiritus pertransivit in eo, et non erit amplius locus ejus. » *Psal.* CII, 14. Vult autem dicere quod corruptibiles et resolubiles omnes sumus in modum feni parumper florentis pereuntisque post paululum. Nam ad breve quidem tempus vitam ducimus ; ad non existendum vero deinceps omnimodo pervenimus. Sic et Abraham : « Ego sum, inquit, terra et cinis, » pro eo ac si diceret : Non sum dignus cum tanto Deo colloqui, homo factus e terra, et omnimodis hoc futurus. Magis ergo dicere debuit : « Quia terra eris, et in terram reverteris ; » siquidem nunc primum fieret natura mortalis. »

II. — Sed nihil horum prospicere potuit mirabilis peccati originalis assertor, quippe qui in divinis Scripturis nequaquam fuerit exercitatus, nec ab infantia, juxta beati Pauli vocem, II *Tim.* III, sacras didicerit litteras. Sed sive de Scripturæ sensibus, sive de dogmate sæpe declamans, multa frequenter inepta proprie communiterve de ipsis Scripturis dogmatibusque plurimis impudenter exprompsit. Nam potentiæ metus nullum contra sinebat effari, sed tantummodo taciti, qui divinarum Scripturarum habebant notitiam, detrahebant. Novissime vero in hanc dogmatis recidit novitatem, qua diceret quod in ira atque furore Deus Adam mortalem esse præceperit, et propter ejus unum delictum cunctos etiam necdum natos homines morte mulctaverit. Sic autem disputans non veretur, nec confunditur ea sentire de Deo, quæ nec de hominibus sanum sapientibus et aliquam justitiæ curam gerentibus unquam quis

la justice. Il ne s'est pas souvenu de cette parole sacrée : « Cette parabole n'aura plus cours désormais en Israël : Les pères ont mangé les raisins âpres, et les dents des fils ont été agacées, parce que voici ce que dit le Seigneur Adonaï : Ce sont les dents de ceux qui ont mangé les raisins verts qui seront agacées, » *Ezech.* XVIII, 1 *seqq.*, montrant par là que Dieu ne punira pas l'un pour l'autre, comme certains le croient à tort, mais qu'il rendra à chacun selon ses œuvres. Et S. Paul est entièrement du même avis : « Dieu, dit-il, rendra à chacun selon ses œuvres ; » *Rom.* II, 6 ; et encore : « Pourquoi jugez-vous votre frère ? ou pourquoi le méprisez-vous ? car nous paraîtrons tous devant le tribunal de Jésus-Christ ; » *Rom.* XIV, 10 ; et ailleurs : « Chacun de nous portera son fardeau. » *Galat.* VI, 3. Mais notre étonnant docteur a pensé que, pour un seul péché, Dieu s'était ému d'une telle fureur, qu'il avait assujetti Adam au châtiment le plus terrible, et fait peser une pareille sentence sur tous ses descendants. Il serait bien difficile cependant à un homme de compter les justes qu'il y a eu parmi eux. Notre homme ne devait-il pas considérer surtout qu'il semblait inconvenant de rendre Noé, Abraham, David, Moïse et tant d'autres justes solidaires du châtiment infligé à la faute et à une seule faute du premier homme, soumis à l'épreuve de ne pas goûter du fruit d'un arbre, et de montrer Dieu poussé par la colère hors de toute limite de la justice, au point qu'il repoussât toutes les vertus de tant de justes, et qu'il les assujettit à un si grand supplice, à cause du péché du seul Adam.

A défaut d'autres, la réflexion aurait dû le conduire du moins à une appréciation convenable au sujet d'Abel. Il a été le premier juste, et il mourut le premier. S'il est vrai que Dieu avait établi la mort comme châtiment des hommes, comment n'était-ce pas le renversement complet de toute justice, que celui qui fut l'origine de ce péché vécût, et que vécût avec lui cette Eve, instigatrice de la faute (je ne dis rien du diable, en possession encore de l'immortalité), tandis que le premier juste, qui a ouvert la voie de la vertu et le premier a eu souci du culte de la Divinité, fut frappé par la sentence avant tous les pécheurs ? Ce phénomène de la Sagesse aurait dû également faire de sérieuses méditations sur Enoch, qui n'est pas mort. Il ne fut pas en effet doué d'une vertu et d'une piété qui pussent le mettre à ce point au-dessus des autres, je veux dire Moïse, les Prophètes, les Apôtres et tous ceux dont S. Paul a dit : « Le monde n'était pas digne d'eux ; » *Hebr.* XI, 38 ; en sorte que, quand ils sont morts, lui seul soit exempt de l'épreuve de la mort. Mais, dès le commencement, le décret de Dieu était que les hommes fussent d'abord mortels, et qu'après un peu de temps ils eussent la joie de l'immortalité. C'est ainsi qu'il a décidé qu'il en serait pour notre utilité.

æstimare tentavit. Sed nec illius divinæ vocis recordatus est : « Quod non diceretur ulterius ista parabola in Israel : Patres manducaverunt uvam acerbam, et filiorum dentes obstupuerunt, quia hæc dicit Adonai Dominus : Dentes eorum qui manducaverunt uvam acerbam, obstupescent, » *Ezech.* XVIII, 1 *seqq.*, ostendens per hæc quod alterum pro altero, juxta quorumdam errorem, Deus omnino non puniat, sed unusquisque pro delictis suis redditurus est rationem. His consona beatus quoque Paulus annectit : « Deus, inquit, qui reddet unicuique secundum opera sua ; » *Rom.* II, 6 ; et : « Unusquisque nostrum onus suum portabit ; » *Gal.* VI, 5 ; et : « Tu quid judicas fratrem tuum ? aut tu quare spernis fratrem tuum ? omnes enim adstabimus ante tribunal Christi. » *Rom.* XIV, 10. Sed vir mirabilis propter unum peccatum de tanto furore commotum arbitratus est Deum, ut illum atrocissimæ pœnæ subderet, et ad universos omnes posteros ejus parem sententiam promulgaret, et inter quos quanti justi fuerint non facile numerare quis poterit. Ex quibus eum maxime considerare convenerat, quod valde videretur incongruum Noe, Abraham, David, Moysen et reliquos innumerabiles justos obnoxios pœnæ redditos ob ejus delictum et unum, atque ex gustu arboris approbatum, et quod sic ultra modum justitiæ iram suam Deus extenderit, ita ut tot justorum virtutes cunctas abjiceret, eosque propter unius peccatum Adæ tanto supplicio manciparet.

Nam et si nihil aliud, saltem de Abel mente perpendens convenienter æstimare debuerat ; qui primus justus existens, primus mortuus est. Et siquidem mortem Deus ad pœnam statuerat hominum, quomodo non impietatis erat extremæ vivere quidem eum qui fuit causa peccati, vivere etiam cum illo et Evam malitiæ repertricem (prætermitto autem diabolum in immortalitate hactenus perdurantem), primum vero justum repertoremque virtutis primumque divini cultus curam gerentem ante omnes pœna peccantium fuisse perculsum ? Oportebat autem sapientissimum virum et de Enoch, qui non est mortuus, diligenter expendere. Non enim tanta virtute vel pietate præditus fuit, ut melior omnibus existeret. Moyse dico, et Prophetis, Apostolisque, vel reliquis omnibus, de quibus ait beatissimus Paulus, « quibus dignus non erat mundus, » *Hebr.* XI, 38, ita ut, illis mortuis, ipse solus sine mortis experientia perduraret. Sed jam ab initio Deus hoc habuit apud

Dieu manifeste plus clairement encore cette vérité, quand il ravit Enoch et le fait immortel. En effet, si Dieu, à cause du péché, nous a infligé la mort en manière de châtiment, s'il n'y a pas là un décret antérieur à notre création de la part de Dieu, disposant toutes choses pour nous, conformément à sa sagesse, avec une ineffable bonté, conçoit-on qu'Enoch ait été dispensé de la mort, quand Notre-Seigneur Jésus-Christ a subi cette épreuve?

Le Seigneur est pour nous la source de tous les biens. Or, de même qu'Adam inaugura notre premier état, l'état mortel, de même il fut l'initiateur du second, l'état d'immortalité, après avoir d'abord revêtu la nature du premier Adam, puisqu'il naît d'une femme, qu'on l'enveloppe de langes, et qu'il suit les développements successifs de l'âge: « Jésus, est-il écrit, croissait en âge, en sagesse et en grâce devant Dieu et devant les hommes; » *Luc.* II, 52; qu'il se soumet à la circoncision, qu'il se présente au temple selon la coutume de l'ancienne Loi, qu'il est soumis à ses parents, et qu'il se mêle à la vie ordinaire des hommes. Ainsi encore, pour que la similitude fût entière, il accepte en dernier lieu la mort, assurément comme due à la nature, afin que, mourant selon la loi de la nature humaine, et ressuscitant d'entre les morts par l'effet de la vertu divine, il inaugurât pour tous les hommes, qui subissent la mort conformément à leur propre nature, la résurrection d'entre les morts, où ils sont transformés en une substance immortelle. En effet, de même que nous avons été tous faits conformes à Adam selon l'état présent, ainsi nous deviendrons en l'autre monde, conformes selon la chair à Notre-Seigneur Jésus-Christ. Car il a transfiguré le corps de notre humilité pour nous rendre conformes au corps de sa gloire; *Philip.* v; tel il a été sur la terre, tels nous sommes sur la terre; et tel il est dans le ciel, tels nous serons dans le ciel; et comme nous avons porté l'image de Jésus-Christ homme sur la terre, nous porterons l'image de Jésus-Christ homme dans le ciel. I *Corint.* 15. Ces paroles montrent qu'étant participants de la condition du premier Adam, nécessairement aussi nous deviendrons participants selon la chair, de l'état du second Adam, Notre-Seigneur Jésus-Christ, dans le ciel, parce qu'il est constant que Notre-Seigneur est né conformément à notre même nature humaine, qu'il a accepté tout ce qui constitue cette nature, et que c'est pour cela qu'il a souffert la mort, afin que, en acceptant la mort selon la nature humaine et en ressuscitant d'entre les morts, il nous fît une nature libre de la mort. Toutefois, en acceptant la mort, il n'accepta pas le péché, dont il demeura toujours parfaitement pur. En effet, ce qui est essentiel à notre nature, c'est-à-dire la mort, il n'y a pas doute qu'il s'en revêtit; mais il ne

se definitum, ut primum quidem mortales fierent, postmodum vero immortalitate gauderent; sic ad utilitatem nostram fieri ipse disponens.

Manifestius hæc eadem Deus ostendit cum transfert Enoch, et immortalem facit. Nam si per peccatum causa supplicii Deus intulit mortem, nec olim definitum hoc habuit apud se, ineffabiliter [illegible] nobis juxta propriam sapientiam cuncta dispensans, nequaquam Enoch quidem immortalis existeret, Dominus autem Christus ad mortis experientiam perveniret.

Idcirco Dominus auctor omnium bonorum hominibus factus est, ut sicut Adam primi et mortalis status exstitit inchoator, ita et ipse secundi et immortalis status initiator existens, primitus Adæ prioris naturalia custodiret, dum nascitur ex muliere, dum pannis involvitur, et paulatim a talis incrementa sortitur: « Jesus enim, *Luc.* II, 52, inquit, proficiebat ætate et sapientia et gratia coram Deo et hominibus, » dum circumcisionem suscipit, dum juxta legalem consuetudinem Deo adstitit in templo, parentibusque subjicitur, et conversationi [illegible] mancipatur. Sic etiam, ad expletionem [illegible], et mortem, utpote naturæ tributam, postremo suscipit, ut secundum legem humanæ naturæ moriens, et a mortuis divina virtute resurgens, initium cunctis hominibus, qui mortem secundum propriam naturam suscipiunt, fieret, ut a mortuis surgant, et ad immortalem substantiam commutentur. Sicut enim conformes Adæ secundum statum præsentem sumus omnes effecti, sic Christo Domino juxta carnem conformes efficiemur in posterum. Transfiguravit enim corpus humilitatis nostræ conformes fieri corpori gloriæ suæ, *Philipp.* v, et qualis terrenus, tales et terreni, et qualis cœlestis, tales et cœlestes; et sicut portavimus imaginem terreni, portemus etiam imaginem cœlestis, I *Cor.* xv, ostendens, quod primi status Adæ participes facti, necessario etiam secundi Adæ Christi Domini secundum carnem futuri status participium consequimur, utpote qui ex [illegible] eadem natura constet exortus, et cuncta quæ fuerant naturæ susceperit, et ideo sustinuerit [illegible], ut mortem naturæ suscipiens, et a mortuis resurgens, naturam liberam morte perficeret. Et [illegible] quidem [illegible] suscepit, peccatum vero [illegible], sed ab hoc [illegible] permansit. Quod enim erat naturæ, id est, [illegible], indubitanter assumpsit; peccatum vero, quod non erat naturæ, sed voluntatis, nullo pacto suscepit. Quod si mixtum est in natura peccatum, juxta sapientissimi hujus eloquium, pec-

souscrivit en aucune manière au péché, qui n'est pas de notre nature, mais de la volonté. Or, si le péché avait été inhérent à la nature humaine, comme le prétend notre phénix de sagesse, puisque le péché aurait été inséparable de notre nature, le Christ aurait dû nécessairement l'accepter.

III. Ou Dieu ne savait pas qu'Adam devait pécher, ou nos sages entre les sages ne doivent pas reculer devant cette réponse, quoique ce fût le comble de la folie de l'admettre seulement dans sa pensée. Il est évident que Dieu savait qu'il pécherait, et aussi, sans nul doute, qu'il mourrait à cause de son péché. N'est-il donc pas de la dernière sottise de croire qu'après l'avoir fait immortel pour six heures (car c'est là le laps de temps entre la création de l'homme et la perpétration du péché, puisque c'est le sixième jour qu'il fut fait d'un peu de terre et qu'il fut chassé du paradis pour avoir mangé du fruit que Dieu lui avait défendu de manger), Dieu le déclara mortel après le péché? Il est en effet certain que si Dieu avait voulu que l'homme fût immortel, même le péché survenant n'aurait pas changé la volonté de Dieu, puisqu'il ne rendit pas d'immortel mortel le diable, quoiqu'il fût le principe de tous les maux.

IV. — A ceux qui, depuis Adam jusqu'à l'avènement de Notre-Seigneur Jésus-Christ, furent dans les impiétés et les iniquités énormes que saint Paul a désignées par leurs vrais noms, comme nous venons de le voir en ses paroles, Dieu n'accordera donc pas la résurrection comme une grande rançon, s'il les a livrés à certains supplices sans fin et sans remède. Comment, en effet, compter la résurrection pour un don, si un châtiment sans remède est infligé à ceux qui ressuscitent?

Qui serait assez insensé pour croire qu'un si grand bien se changera, pour ceux qui ressuscitent, en une occasion d'un supplice sans fin? Il leur serait en ce cas plus avantageux de ne pas ressusciter du tout, que de supporter, après la résurrection, l'épreuve de maux pareils et si grands, au milieu de tourments infinis.

V. — Si nous ne reconnaissons pas qu'il y a deux natures en Jésus-Christ, il nous faudra nécessairement affirmer qu'il y a deux Fils ou deux Seigneurs, assertion qui serait le comble de la folie. En aucune chose, en effet, qui est double sous un rapport et une sous un autre, l'unité ne détruit la division dans l'autre rapport. « Mon Père et moi nous sommes un. » *Jean*, xx, 30. Mais parce qu'ils sont un, on ne doit pas nier la personnalité de l'un et de l'autre. Ailleurs l'Évangile s'exprime ainsi sur le mari et la femme : « Ils ne sont plus deux, mais une chair. » *Matth.* xix, 6. Mais ce n'est point parce qu'ils ne sont plus qu'une même chair, que le mari et la femme ne font plus deux, mais une chair; en effet, ils continuent à être deux selon ce en quoi ils sont deux, et ils deviennent un selon ce en quoi ils sont un. C'est de la même manière qu'il y a deux natures en Jésus-Christ et qu'il est un par

catum in natura prorsus existens, necessario suscepisset.

III. Si peccaturum Deus nesciebat Adam, sit horum sapientia sapientissimorum et ista responsio, quod hoc insanissimum est vel in cogitatione percipere. Manifestum est quod et peccaturum eum noverat, et propter hoc procul dubio moriturum. Quomodo ergo non est extremæ dementiæ credere quod primitus eum mortalem in sex horis fecerit (nam tantæ fuerunt a conditione ejus usque ad commissionem, quandoquidem sexto die factus e terra, et comedens contra divinum mandatum, de paradiso pulsus est), mortalem vero post peccatum monstraverit? Certum est enim quia si eum immortalem esse voluisset, nec intercedens peccatum Dei sententiam commutasset : quia nec diabolum fecit ex immortali mortalem, et quidem cunctorum malorum existentem principium.

IV. Non enim his qui ab Adam usque ad adventum Christum Domini in tantis fuerunt impietatibus et iniquitatibus, quantas beatus Paulus propriis verbis expressit, ut in superioribus est ejus declaratum vocibus, tanquam magnum quiddam resurrectionis collaturus est præmium, si eos suppliciis quibusdam sine fine et sine correctione tradiderit. Nam ubi jam loco muneris resurrectio computabitur, si pœna sine correctione resurgentibus inferatur?

Quis ita demens, ut tantum bonum credat materiam fieri resurgentibus infiniti supplicii, quibus utilius erat omnino non surgere, quam tantorum et talium malorum post resurrectionem sub infinitis pœnis experientiam sustinere?

V. Nec enim si duas dicimus in Christo naturas, necessario fiet ut duos filios aut duos dominos asseramus, quia hoc arbitrari extremæ probatur amentiæ. Omnia enim quæcumque secundum aliquid duo sunt, secundum aliquid unum, non interimunt per unitatem utriusque divisionem. « Ego enim et Pater unum sumus. » *Joan.* xx, 30. Sed non quia unum, negatur est utrinsque proprietas. Et alibi de viro et uxore pronuntians ait : « Jam non sunt duo, sed una caro. » *Matth.* xix, 6. Sed non quia una caro vir et uxor, jam non sunt duo, sed una caro; manent enim duo juxta quod duo sunt, et unum juxta quod unum. Secundum hunc modum et hic duo sunt naturæ, sed unum conjunctione : duo naturæ, quia

leur union ; deux natures en lui, car il y a une grande différence entre la nature divine et la nature humaine ; mais il est un par leur union, parce que ce qui est pris, demeurant désormais comme le temple inséparable de Celui qui le prend, ils obtiennent ensemble une vénération indivisible. En effet, toutes les choses dont on dit qu'elles sont deux contiennent dès lors l'usage de deux, puisqu'on croit l'une indifférente à l'autre, et c'est pourquoi on emploie en les comptant le mot deux. Par exemple, l'Écriture parle de quatre bêtes, *Dan.* VII, 3, un ours, un léopard, un lion et une autre qui les surpasse en grandeur ; or, il y en a quatre, parce qu'il est évident que chacune de ces bêtes existe, quant à la substance, indépendamment des trois autres. Il est aussi écrit : « Le témoignage de deux hommes est vrai, » *Joan.* VIII, 17, parce que chacun est par nature ce qu'est l'autre. Il en est de même de ce mot : « Nul ne peut servir deux maîtres, » *Matth.* VI, 24, parce que chacun n'est rien moins que maître pour celui qui sert. Ainsi pour Jésus-Christ : Si chaque nature était en lui selon sa substance Fils et Seigneur, on pourrait en quelque manière dire qu'il y a deux Fils et deux Seigneurs d'après le nombre des natures. Mais comme, d'un côté, il est Fils et Seigneur quant à sa substance, et que de l'autre, il n'est ni Fils ni Seigneur quant à son essence, et comme on reconnaît qu'il participe de l'un et de l'autre par l'union qui s'est faite en lui de l'un et de l'autre, c'est pourquoi nous disons que le Fils et le Seigneur sont un en lui qui, selon la substance, est cru être véritablement l'un et l'autre et en porte le nom ; ainsi, nous confondons avec lui, par la pensée, celui qui lui est inséparablement uni, et qu'on croit être en communion avec lui, Fils et Seigneur, par un lien indéfinissable. Par conséquent, si l'Écriture sainte qualifie quelque part de Fils de Dieu le corps dont il s'est revêtu, nous disons que ce nom lui est donné par rapport à celui qui s'en est revêtu et avec qui il est un. Par exemple, ces mots : « Son Fils, qui lui est né de la race de David, selon la chair, » *Rom.* I, 3, ne désignent pas le Verbe, mais la forme de serviteur dont il est revêtu. En effet, il n'est pas Dieu selon la chair, il n'est pas né Dieu de la race de David, celui que Paul appelle néanmoins clairement Fils de Dieu. Mais nous comprenons qu'il est Fils de Dieu, non point comme portant ce nom par lui-même, mais parce qu'il l'acquiert grâce à l'union qu'il a avec celui qui est véritablement le Fils de Dieu. Le Créateur eut pitié de la créature perdue, et, sans mélange, il forma cet enfant, et il le mena jusqu'à l'âge viril, glissant en lui la ressemblance des accroissements successifs et naturels, qui ne permettaient pas de douter de sa nature d'homme, mais en même temps existant en lui par une invisible union ; il était là quand il fut formé, il n'en était pas séparé quand il naquit, il était uni à lui et présent en lui quand il parlait, il

multa naturarum diversitas ; sed unum conjunctione, quia indivisam venerationem quod susceptum est cum suscipiente sortitur, velut templum ejus individuum perseverans. Omnia enim quæcumque duo dicuntur, tunc duorum continent usum, quando alterum alteri indifferens creditur, juxta quod duorum vocabulum connumerationemque sortitur. Verbi gratia, Quatuor bestias divina Scriptura commemorat. *Dan.* VII, 3, ursum, pardum, leonem, et aliam quæ has immanitate præcellat, et ideo sunt quatuor, quod unaquæque bestia nihil minus juxta substantiam reliquis bestiis existere comprobatur. « Duorum, inquit, hominum testimonium verum est, *Joan.* VIII, 17, quia hoc uterque natura quod alter est. Sic et illud : « Nemo potest duobus dominis servire, » *Matth.* VI, 24, quia præbenti servitium tamquam domino nihil minus uterque est dominus ; ita et hic, si uterque secundum substantiam esset filius et dominus, possent aliquo modo duo filii et domini nuncupari secundum numerum personarum. Quoniam vero hic quidem secundum substantiam filius existit et dominus, hic autem secundum essentiam nec filius nec dominus approbatur, conjunctione vero quæ ei facta cum illo est, hisdem participasse cognoscitur, idcirco unum filium et dominum dicimus, principaliter quidem intelligentes eum filium et dominum, qui secundum substantiam utrumque vere esse creditur et vocatur ; complectentes autem cogitatione et illum qui inseparabiliter ei conjungitur, et per ineffabilem cum eo copulam filii et domini particeps æstimatur. Itaque sicubi filium hunc qui sumptus est, divina Scriptura commemorat, relatione suscipientis juxta unitatem dicimus eum filium nuncupari. Cum enim dicit : « De filio suo, qui factus est ei ex semine David secundum carnem, « *Rom.* I, 3, nondum Verbum dicat, sed formam servi susceptam. Non enim Deus est secundum carnem, nec Deus ex semine David factus est, quem filium beatus Paulus evidenter appelat. Intelligimus autem eum filium, non quod per se dicatur filius, sed quod illa conjunctione quam habet cum eo qui vere est filius, taliter nuncupetur. Misertus est creator perditæ creaturæ, et sine commixtione format infantem, perducit ad ætatem virilem, incrementorum quidem processu naturæ similitudinem pro modo credulitatis insinuans, occulte vero eidem copulatus existens ; non aberat cum formaretur, non dividebatur cum nasceretur, loquenti conjunctus et

participait à ses actes, et il maintenait sans péché cette connexion des deux natures.

VI. — Dieu n'a pas livré les hommes à la mort contre son gré et ses décrets antérieurs, ce n'est pas sans aucune utilité qu'il leur laissa ouverte la voie du péché, et l'homme n'aurait pas pu pécher si Dieu ne l'avait pas voulu. Notre avantage, et d'ailleurs celui de tous les êtres raisonnables, est bien, Dieu le savait, que la voie du mal et du pire nous soit ouverte d'abord, et qu'ils soient ensuite détruits pour l'avènement des biens les meilleurs. Voilà pourquoi il a établi deux états pour la créature, la vie présente et la vie future. Dans l'autre monde, l'homme sera entièrement transformé dans l'immortalité et l'immutabilité, tandis qu'en celui-ci il abandonne momentanément la créature à la mort et au changement; car s'il nous avait faits, dès le commencement, immortels et immuables, nous ne serions en rien différents des êtres sans raison, puisque nous ne connaîtrions pas notre bien particulier. Dans l'ignorance du changement, on ignorerait le bienfait de l'immutabilité; ne connaissant pas la mort, on ne connaîtrait pas le bénéfice de l'immortalité; dans l'ignorance de la corruption, on n'exalterait pas l'incorruption; ne connaissant pas le poids des passions, on n'admirerait pas l'état d'impassibilité; en un mot, et pour ne pas étendre davantage ce discours : Si nous n'étions pas soumis à l'épreuve du mal, nous ne serions pas dignes d'arriver à la science des biens futurs.

præsens, in ejus actibus perseverans, atque ibi suam connexionem sine peccato custodiens.

VI. Nec igitur mortem non sponte et præter judicium suum intulit hominibus, neque peccato aditum ad nullam utilitatem dedit, nec enim hoc fieri nolens, non poterat; sed quoniam sciebat utile esse nobis, magis autem omnibus rationabilibus, prius quidem malorum, et deteriorum fieri aditum, postea autem deleri quidem hæc, introduci autem meliora, ideo in duos status divisit Deus creaturam præsentem et futuram; in illo quidem ad immortalitatem, et immutabilitatem omnia ducturus, in præsenti vero creaturam in mortem et mutabilitatem interim dimittens; nam siquidem statim ab initio immortales nos fecerit et immutabiles, nullam differentiam ad irrationabilia haberemus, proprium nescientes bonum. Ignorantes enim mutabilitatem, immutabilitatis ignorabamus bonum; nescientes mortem, immortalitatis lucrum nesciebamus; ignorantes corruptionem, non laudabamus incorruptionem; nescientes passionum gravamen, impassibilitatem non mirabamur. Compendiose dicere, ne longum sermonem faciam; nescientes malorum experimentum, bonorum illorum non poteramus scientiam mereri.

AVANT-PROPOS

SUR LE

LIVRE DES HOMMES ILLUSTRES

1. Ce *de Viris Illustribus* est, aux yeux de Jérôme lui-même, comme à ceux des anciens auteurs, l'œuvre presque la plus remarquable et la plus renommée. Notre saint auteur semble s'être félicité lui-même de l'utilité de ce travail, puisque, dans les livres qu'il composa plus tard, il ne perdit pas une occasion de le recommander au souvenir de ses lecteurs. De suite après, il écrivit contre Jovinien, et le discours l'amenant à parler de Jean, qui vécut jusqu'au règne de Trajan, c'est-à-dire s'endormit dans le Seigneur soixante-huit ans après la Passion : « c'est, dit-il, un point que nous avons brièvement traité dans le *de Viris Illustribus*. » Peu de temps après, il en parle dans la lettre 47 à Désidérius, comme aussi dans la préface des Commentaires sur Jonas, et d'abondance de cœur dans le second livre contre Rufin.

2. Il s'explique avec le plus grand soin sur le titre même qu'il a donné à ce livre, et en quelque sorte sur son vrai caractère, dans la lettre 122 à saint Augustin. La lettre 67 nous apprend quels enseignements saint Augustin aurait voulu voir figurer en outre dans ce travail.

3. Essayer de relever les témoignages des autres auteurs, ce serait œuvre trop longue. Gennadius, qui a continué sous le même titre le même travail jusqu'à son époque, dit au chap. I, au sujet de Jacques de Nisibe : « Le bienheureux Jérôme le cite dans son livre des *Chroniques* comme un homme de grandes vertus ; on s'explique facilement qu'il ne l'ait pas porté dans le *Catalogue des Ecrivains*, » etc. Nous apprécierons cette dernière assertion en son lieu. L'élégant Hermianensis, au livre VI, chap. 2, de la *Défense des trois Chapitres*, s'exprime ainsi : « Notre saint Jérôme, homme d'un rare savoir, qui aima la lecture jusqu'à lire tous ou presque tous les interprètes des saintes Ecritures, tant grecs que latins, a écrit un livre intitulé : *De Viris Illustribus*, où il a fait mention, non-seulement des catholiques, mais aussi des hérétiques qui ont écrit quelque chose sur les Livres Saints dans l'une et l'autre langue ; il n'y a pas caché qui sont ceux qui ont été les fondateurs des hérésies, ceux qui les ont défendues, ou ceux que certains accusaient d'hérésie, tandis que d'autres les lavaient de cette inculpation. » Enfin, Cassiodore, au chap. 17 des *Instit. Divin.* : « Lisez, dit-il, le *de Viris Illustribus* de saint Jérôme, où il s'est occupé brièvement et a parlé avec honneur de leurs divers travaux et de leurs opuscules. » A ces témoignages, ajoutez ceux de saint Isidore d'Hipalis, au livre VI, chap. 6 des *Origines* ; le comte Marcellin, dans sa *Chronique* ; Jean de Salisbury, lettre 172, et d'autres à peu près sans nombre dans les temps qui suivirent.

4. Cette célébrité du *de Viris* lui valut un sort meilleur que celui de tous les autres livres de Jérôme, puisque, en divers temps, il rencontra de nombreux savants dont les soins le revirent et le rendirent de plus en plus célèbre, en le mettant en lumière tantôt seul, et tantôt avec d'autres ouvrages. Les plus connus de ces savants sont Erasme, Victorius, Gravius, Suffridus Pétri, Jean de Fuelt, Aubert Miræus, Ernest Tentzellius, Salomon Cyprien, Martianay, et le plus récent de tous Albert Fabrici, qui, à son édition assez correcte, a joint les remarques et les annotations des autres éditeurs. Mais le travail le plus remarquable est celui d'un certain Sophronius, qui refondit tout ce livre en grec. A cet auteur et à sa version, sur lesquels les érudits ont émis des opinions nombreuses en bien et en mal, nous devons aussi quelques mots. Erasme, qui le premier de tous eut la bonne fortune, comme il le dit lui-même, de découvrir un exemplaire vieux et correct de la version sophronienne, et la plupart des éditeurs qui ont suivi Erasme, sont persuadés que ce Sophronius n'est autre que celui dont saint Jérôme, au chap. 134 du *de Viris* même, fait l'éloge comme élégant traducteur du latin en grec de quelques-uns de ses ouvrages. Leur manière de voir s'appuie d'abord sur le titre même du livre, et l'opinion préconçue des savants, d'après le témoignage de Jérôme, la confirme. D'autres, au contraire, voient là un écrivain moderne qui se cache derrière ce nom de Sophronius, familier de Jérôme, et il s'est trouvé un homme, d'ailleurs savant et érudit, je veux dire Vossius, qui a prétendu qu'Erasme lui-même avait mis le livre sous ce nom supposé de Sophronius, ou que certainement cette supposition était originairement le fait de quelque plagiaire des Grecs à cette époque. Ceux-ci se fondent sur ce que cette version, en maints endroits, est contraire au génie du grec, n'exprime pas la pensée de Jérôme, et semble tirée d'un exemplaire latin altéré, et sur ce qu'on ne peut la trouver dans aucun vieux manuscrit des bibliothèques fouillées jusqu'ici par les gens appliqués à de telles recherches. Entre ces deux extrêmes, l'opinion moyenne, embrassée par les esprits sages, tels que Bosius, Huet et d'autres, est de beaucoup la plus vraisemblable ; c'est-à-dire que le Sophronius ami de Jérôme, à qui on attribue d'ordinaire cette version, n'en est nullement l'auteur, mais il n'est pas possible de croire qu'elle ait été faite par Erasme ou par quelque autre imposteur de son temps. La première preuve est dans le style même, qui a paru, non sans raison, sentir le grec de la décadence ; on relève en outre des erreurs et des altérations de texte qui, bien qu'elles ne soient pas en aussi grand nombre que veut bien le dire Vossius, sont pourtant de nature à convaincre que cette version est la traduction élégante de quelque exemplaire latin des plus récents, au temps où, par l'infiltration lente de la barbarie, la négligence des copistes et la témérité des critiques avaient dénaturé les bons livres. Il y a surtout des interpolations prises des Apôtres ou des autres anciens Pères qui n'ont jamais rien écrit, et que Jérôme n'avait pas cités au nombre des auteurs ecclésiastiques, interpolations qui dénotent un tempérament tout-à-fait étranger à la foi et à la noblesse de Sophronius. L'autre opinion tombe aisément devant les témoignages d'écrivains qui ont fleuri, non pas un ou deux siècles, mais plusieurs avant Erasme. Suidas, en maints endroits, loue cette version, et la rend mot à mot sur Basile, Césaire, Grégoire, Damase, Epiphane, Eusèbe de Pamphile, Justin, Just Tibériensis, Josèphe, Méthodius, Origène, Polycarpe, Philon. On objectera que Suidas est lui-même un auteur d'une époque incertaine, et qui paraît avoir vécu au XII° siècle, parce qu'il reproduit certains passages de Michel Psellus, qui vivait sous Alexis Comnène. Cela est vrai ; mais de quelques mots ajoutés après coup on ne peut pas conclure à l'époque où florissait Suidas : nul n'y contredira, et quelque difficile qu'il soit de dire en quelle année vivait cet auteur, l'opinion commune est qu'il est fort ancien, et c'est aussi l'opinion des savants. D'ailleurs, je ne pèse pas sur ce seul témoignage. En voici un autre bien plus clair. Photius, qui assurément édita sa bibliothèque avant l'an 850, avait lu cette même

traduction grecque, et il en a cité plusieurs fragments. Pour l'évidence du fait, comparez, au chap. 61 de Jérôme sur Hippolyte, la traduction grecque de Sophronius, avec le passage de Photius, *Cod* 121. Il est manifeste que ce passage est pris mot à mot de Sophronius, dont la traduction était par conséquent antérieure à Photius; elle est donc loin d'être une œuvre récente, puisqu'on doit la rapporter, au plus tard, aux premières années du VIIIe siècle. L'auteur s'appelait-il réellement Sophronius, ou s'est-il caché derrière le nom de cet ancien interprète de saint Jérôme? Il ne me paraît pas utile de pousser la curiosité jusque-là; pourtant l'un et l'autre Sophronius peuvent avoir existé à des époques différentes, et s'être plus à faire un travail semblable.

5. Voici le moment de dire en quel temps le saint Docteur publia son livre. Or, au dernier chapitre, où il parle de lui-même, il nous l'apprend en ces mots : « J'ai écrit ce livre jusqu'à cette année même, c'est-à-dire la quatorzième du règne de Théodose. » Tout le monde sait que cette année est l'an 392 après la naissance de Jésus-Christ. Mon avis est que saint Jérôme parle de la fin de cette année. Tout concorde de cette manière. On trouve la preuve de cette assertion dans le livre contre Jovinien, dont nous avons déjà parlé : saint Jérôme, qui ne l'avait pas encore achevé, n'en fait pas mention dans son Catalogue, où l'a introduit quelque main zélée, qui nomme également les autres commentaires postérieurs, que l'auteur n'avait pas eu dessein d'y ranger et qu'on ne trouve pas dans les vieux exemplaires de ce Catalogue. Autre preuve dans la préface des Commentaires sur Jonas, où le saint Docteur énumère la série de ses travaux pendant les trois ans, depuis l'explication des cinq Prophètes ; et encore, ajouterai-je, dans le second livre contre Rufin, où il déclare qu'il avait fait ce Catalogue « environ dix ans auparavant. »

DES HOMMES ILLUSTRES

LIVRE DÉDIÉ A DEXTER, PRÉFET DU PRÉTOIRE.

PROLOGUE

Vous m'exhortez, Dexter, à marcher sur les traces de Tranquillus, en rangeant par ordre les écrivains ecclésiastiques. Ce qu'il a fait pour son Catalogue des hommes illustres dans la littérature profane, vous désirez que je le fasse pour les nôtres : en un mot, commencer à la passion du Christ et arriver à la quatorzième année de l'empereur Théodose, en vous énumérant tous ceux qui ont transmis à la postérité quelque traité sur l'Écriture sainte, telle est la courte exposition que vous me demandez. C'est là ce qu'ont déjà fait, chez les Grecs, Hermippe le péripatéticien, Antigone de Caryste, Satyre, homme de lettres, et de tous le plus savant, Aristoxène, le musicien : et chez les Latins, Varron, Santra, Nepos, Higynus, et celui dont vous me proposez

(a) DE VIRIS ILLUSTRIBUS

LIBER AD DEXTRUM PRÆTORIO PRÆFECTUM.

Adjuncta versione antiqua Græca, quam sub Sophronii nomine Erasmus in lucem edidit.

PROLOGUS

Hortaris (b) me, Dexter, ut, Tranquillum sequens, ecclesiasticos Scriptores in ordinem digeram, et quod ille in enumerandis (c) Gentilium litterarum Viris

Προτρέπῃ, Δέξτερ, ὅπως Τραγκύλλῳ ἑπόμενός με, τοὺς ἐκκλησιαστικοὺς συγγραφέας κατὰ τάξιν ἐκθέσθαι, καὶ ὅπερ ἐκεῖνος ἀπαριθμούμενος τοὺς περιφανεῖς ἄνδρας,

(a) De hoc Scriptorum Ecclesiasticorum Catalogo disputavit sæpius Hieronymus. Primum de titulo ejus in epistola ad Augustinum scripta, cujus initium : *Tres simul epistolas*, etc. *Dicis*, inquit Hieronymus, *accepisse te librum meum a quodam fratre, qui titulum non haberet, in quo scriptores ecclesiasticos tam Græcos, quam Latinos enumeraverim. Cumque ab eo quæreres, ut tuis verbis utar, cur limini ejus pagina non esset inscripta, vel quo censeretur nomine, respondisse eum Epitaphium*, et argumentaris, etc. *Ergo hic liber vel* DE ILLUSTRIBUS VIRIS, *vel proprie* DE SCRIPTORIBUS ECCLESIASTICIS *appellandus est ; licet a plerisque emendatoribus imperitis*, DE AUCTORIBUS *dicatur inscriptus*. Secundo de Dextro, cui liber inscribitur, hæc habet idem Hieronymus, lib. II Apologet. adversus Rufinum : *Ante annos ferme decem, cum Dexter amicus meus, qui Præfecturam administravit Prætorii, me rogasset, ut Auctorum nostræ Religionis ei indicem texerem*, etc. Tandem in epist. ad Desiderium, quæ incipit : *Lectis sermonis*, etc., ita disserit : *Scripsi librum de Illustribus Viris, ab Apostolis usque ad nostram ætatem, imitatus Tranquillum, Græcumque Apollonium ; et post Catalogum plurimorum, me quoque in calce voluminis quasi abortivum et minimum omnium Christianorum posui ; ubi mihi necesse fuit usque ad decimum quartum annum Theodosii principis, quæ scripserim, breviter annotare*. Præfatione Commentariorum in Jonam dicit similiter se scripsisse *librum de Viris Illustribus*. Nihil itaque addere possumus ad perfectam hujus operis distinctamque notitiam, cum tituli et inscriptionis, tum temporis et scriptionis ejus. MARTIAN.

(b) Ita Veronensis ms. omnium antiquiss. ubi *me* desideratur. Porro hunc *Dextrum*, cui liber iste inscribitur, *Præfectum Prætorio*, laudat ipse Hieron. supra lib. II in Rufinum, deque eo multa Gothofredus in cod. Theodosiani Prosopographia.

(c) Notatum est doctis viris Græca, τοὺς τὰ ἐθνικὰ συντάξαντας, eos proprie designare, qui de rebus aliis unius alicujus gentis scripserunt, nec bene respondere Latino textui, *gentilium litterarum viris*, puta grammaticos, rhetores, poetas, quos Suetonius recensuit.

l'exemple, Tranquillus. Mais je ne suis point dans les mêmes conditions : en consultant l'histoire ancienne et les annales, ils ont pu, comme dans une immense prairie, cueillir une assez belle couronne dans leurs opuscules. Pour moi, sans autre devancier que moi-même, sans autre maître que moi, le pire de tous, que vais-je faire? Sans doute le commentaire d'Eusèbe sur les dix livres de l'histoire ecclésiastique de Pamphile me sera d'un grand secours, ainsi que les volumes de chacun de ceux dont je vais parler, où se trouve souvent la vie des auteurs. Aussi, ai-je prié Notre-Seigneur Jésus-Christ, pour remplir dignement la tâche que vous me demandez et faire pour les écrivains de son Eglise ce que Cicéron, ce prince de l'éloquence romaine, n'a pas dédaigné de faire dans son Brutus, en nous donnant le catalogue des orateurs latins. Si, parmi les écrivains inexpérimentés de nos jours, il en est que j'oublie dans ce volume, c'est à eux bien plus qu'à moi qu'ils devront s'en prendre. S'ils ont caché leurs écrits, comment aurais-je pu parler en connaissance de cause sur ce que je n'ai point lu? Faut-il, de plus, s'étonner que, dans ce recoin du monde, j'ignore ce que d'autres peuvent savoir? Quant à ceux qui se sont illustrés par leurs écrits, ils n'auront point à désirer les frais de notre silence. Que Celse, Porphyre, Julien, ces chiens enragés contre le Christ, que leurs sectateurs apprennent donc, eux pour qui l'Église n'a compté dans ses rangs ni philosophes, ni orateurs, ni

fecit Illustribus, ego (al. *id ego*) in nostris faciam. id est, ut a passione Christi usque ad decimum quartum Thodosii imperatoris annum, omnes qui de Scripturis sanctis memoriæ aliquid prodiderunt, tibi breviter exponam. Fecerunt quidem hoc idem apud Græcos(*a*), Hermippus peripateticus, Antigonus Carystius, Satyrus doctus vir, et longe omnium doctissimus Aristoxenus musicus; apud Latinos autem Varro, Santra, Nepos, Hyginus, et ad cujus nos exemplum provocas, Tranquillus. Sed non mea est et illorum similis conditio : illi enim historias veteres annalesque replicantes, potuerunt quasi de ingenti prato non parvam opusculi sui coronam texere. Ego quid acturus, qui nullum prævium sequens, pessimum, ut dicitur, magistrum memetipsum habeo? Quanquam Eusebius Pamphili in decem ecclesiasticæ Historiæ libris, maximo nobis adjumento fuerit, et singulorum, de quibus scripturi sumus, volumina ætates auctorum suorum sæpe testentur. Itaque Dominum Jesum Christum precor, ut quod Cicero tuus, qui in arce Romanæ eloquentiæ stetit, non est facere dedignatus in Bruto, Oratorum Latinæ linguæ texens catalogum, id ego in ejus (*b*) Ecclesiæ Scriptoribus enumerandis, digne cohortatione tua impleam. Si qui autem de his qui usque hodie scriptitant (al. *scripserunt*), a me in hoc volumine prætermissi sunt, sibi magis quam mihi debebunt (al. *debent*) imputare. Neque enim celantes scripta sua, de his quæ non legi, nosse potui, et quod aliis forsitan sit notum, mihi in hoc terrarum angulo (Bethleemi) fuerit ignotum. Certe cum scriptis suis claruerint, non magnopere nostri silentii dispendia (al. *dispendio*) suspirabunt (*c*). Discant ergo Celsus, Porphyrius, Ju-

τοὺς τὰ θεῖα συντάξαντας πεποίηκε, κἀγὼ ἐν τοῖς ἡμετέροις ποιήσω. τοῦτ' ἔστιν, ἀπὸ τοῦ πάθους τοῦ Σωτῆρος ἄχρι τεσσαρεσκαιδεκάτου ἔτους Θεοδοσίου τοῦ βασιλέως, πάντας τοὺς ἐκ τῶν θείων γραφῶν συγγραψαμένους τι, καὶ τῇ μνήμῃ παραδεδωκότας, διὰ βραχέων φανερώσω. Πεποιήκασι μὲν οὖν τοῦτο αὐτὸ, παρὰ τοῖς Ἕλλησιν, Ἕρμιππος περιπατητικὸς, Ἀντίγονος Καρύστιος, Σάτυρος ἀνὴρ πολυμαθὴς, καὶ πολλῶν πάνυ διδασκαλικώτερος, Ἀριστόξενος μουσικός. Παρὰ δὲ τοῖς Ῥωμαίοις Βάῤῥων, Σάντρας, Νέπος, Ὑγῖνος, καὶ οὗ εἰς ὑπόδειγμα ἡμᾶς προκαλεῖσθαι βούλει, Τράγκυλλος. Ἀλλ' οὐκ ἔστιν ἐμοῦ κἀκείνων ὁμοία ἡ αἵρεσις. Ἐκεῖνοι μὲν γὰρ, παλαιὰς ἱστορίας καὶ τὰ ἑκάστου ἔτους ἀνακαλοῦντες συντάγματα, ἐδυνήθησαν ὡσανεὶ ἐκ μεγάλου λειμῶνος, ἐλάχιστον γοῦν τοῦ οἰκείου ἔργου στέφανον πλέξαι. Ἐγὼ δὲ τί διαπράξομαι, ἡγούμενον ἑπόμενος οὐδενὶ, ἀλλ' ἐμαυτὸν κάκιστον, ὡς ὁ λόγος φησὶ, διδάσκαλον ἔχων; Εἰ καὶ τὰ μάλιστα Εὐσέβιος ὁ Παμφίλου εἰς δέκα τῆς ἐκκλησιαστικῆς ἱστορίας βίβλους μεγίστην ἡμῖν παρέσχετο βοήθειαν, καὶ τὰ ἑκάστου, περὶ ὧν συγγράφειν μέλλομεν, τεύχη, ὑπὲρ τῶν οἰκείων τὴν μαρτυρίαν παρέξουσι χρόνων. Τοιγαροῦν τοῦ Κυρίου ἡμῶν Ἰησοῦ Χριστοῦ δέομαι, ἵν' ὅπερ ὁ σὸς Κικέρων, ὁ ἐν τῷ ἄκρῳ τῆς ῥωμαϊκῆς εὐγλωττίας ἱστάμενος, ποιῆσαι οὐκ ἀπηξίωσεν, εἰς Βροῦτον, τὸν τῶν ῥητόρων τῇ ῥωμαϊκῇ γλώττῃ συντάττων κατάλογον, τοῦτο ἐγὼ ἐν τῷ ἀπαριθμήσασθαι τοὺς συγγραφέας τῆς αὐτοῦ ἐκκλησίας, ἐκπληρώσω διὰ τῆς σῆς προτροπῆς. Εἰ δέ τινες ἐκ τῶν ἄχρι τήμερον συγγεγραμμένων παρ' ἐμοῦ ἐν τῷδε τῷ τεύχει παρελείφθησαν, ἑαυτοῖς μᾶλλον ἢ μοὶ ἐπιγράψονται. Οὐδὲ γὰρ ἀποκρυπτόντων αὐτῶν τὰ ἴδια συγγράμματα, γνῶναι ἐδυνήθην ἃ οὐκ ἔγνωκον, καὶ ὅπερ ἄλλοις ἴσως ἐστὶ γνωστὸν τυγχάνει, ἐμοὶ ἐν τῇ τοῦ κόσμου τούτου γωνίᾳ ἄγνωστον ὑπάρξει. Ὅμως ὅταν κατάδηλοι διὰ τῶν οἰκείων γένωνται συγγραμμάτων, οὐχ ὡς τὰ μέγιστα βλαβέντες τῆς ἡμετέρας ἐπιστενάξουσι σιωπῆς. Μαθέτωσαν τοιγαροῦν Κέλσος, Πορφύριος, Ἰου-

(*a*) Smyrnæus videlicet, quem et Josephus lib. contra Appion. [illegible] vocat [illegible] *historiæ diligentissimum* [illegible], et multi ex antiquis laudant. Ab Antigono scriptas Philosophorum Vitas Athenæus et Laertius testes sunt. Satyri meminit ipse Hieron. alibi II. lib. in Jovinian. : *Satyrus, qui illustrium virorum scripsit Historias* [illegible]. Aristoxeni βίοι ἀνδρῶν a Plutarcho et Gellio celebrantur.

(*b*) *In Ecclesiæ illius Scriptoribus*. Codex ms. eminentissimi card. Ottoboni [illegible] *in Ecclesiasticis scriptoribus*; sed unus est sensus in utraque lectione. Martian. — In [illegible] mss. [illegible] et Gravio testibus, [illegible] habetur *in Ecclesiasticis Scriptoribus*.

(*c*) *Discant ergo Celsus*, etc. Perniciosissimi hostes Ecclesiæ christianæ fuerunt isti tres sæculi sapientes et philosophi, quorum Celsum scriptis Origenes profligavit, Porphyrium Methodius, et Julianum Cyrillus Alexandrinus. Martian.

docteurs, qu'ils apprennent quels hommes illustres à tant de titres ont fondé, élevé, orné l'Église ; que désormais ils ne taxent pas notre foi de simplicité rustique, mais qu'ils reconnaissent plutôt leur complète ignorance. Salut en Notre-Seigneur Jésus-Christ.

COMMENCEMENT DES CHAPITRES DU LIVRE.

I.	Simon Pierre.	XV.	Clément, évêque.
II.	Jacques, frère du Seigneur.	XVI.	Ignace, évêque.
III.	Mathieu, d'après d'autres Lévi.	XVII.	Polycarpe, évêque.
IV.	Jude, frère de Jacques.	XVIII.	Papias, évêque.
V.	Paul, auparavant Saul.	XIX.	Quadrat, évêque.
VI.	Barnabé, ou même Joseph.	XX.	Aristide, philosophe.
VII.	Luc l'évangéliste.	XXI.	Agrippa, ou même Castor.
VIII.	Marc l'évangéliste.	XXII.	Hégésippe, historien.
IX.	Jean, apôtre et évangéliste.	XXIII.	Justin, philosophe.
X.	Hermas, auteur prétendu du livre *le Pasteur*.	XXIV.	Méliton, évêque.
		XXV.	Théophile, évêque.
XI.	Philon le juif.	XXVI.	Apollinaire, évêque.
XII.	Lucius Annæus Sénèque.	XXVII.	Denis, évêque.
XIII.	Josèphe, fils de Mathias.	XXVIII.	Pinyte, évêque.
XIV.	Juste de Tibériade.	XXIX.	Tatien, hérésiarque

lianus, rabidi adversus Christum canes, discant eorum sectatores qui putant Ecclesiam nullos philosophos et eloquentes, nullos habuisse doctores, quanti et quales viri eam fundaverint, exstruxerint (al. *struxerint*), et adornaverint ; et desinant fidem nostram rusticæ tantum simplicitatis arguere, namque potius imperitiam agnoscant (*q*). Vale in Domino Jesu Christo.

λιανός, οἱ λυσσώδεις κατὰ Χριστοῦ κύνες, μαθέτωσαν οἱ τούτων ἀκόλουθοι, οἱ νομίζοντες τὴν Ἐκκλησίαν μήτε φιλοσόφους καὶ εὐφραδεῖς, μήτε τινὰς ἐσχηκέναι διδασκάλους, ὅσοι καὶ οἷοι ἄνδρες ταύτην θεμελιώσαντες ᾠκοδόμησάν τε καὶ διεκόσμησαν, καὶ παύσονται τὴν ἡμετέραν πίστιν ἀγροικίας μόνον ἁπλότητος ἀπελέγχοντες, ἀλλὰ μᾶλλον τὴν ἰδίαν ἐπιγνωσόμενοι.

(a) INCIPIUNT CAPITULA LIBRI (*Al. hujus* Libri.)

I.	Simon Petrus.	XV.	Clemens episcopus.
II.	Jacobus frater Domini.	XVI.	Ignatius episcopus.
III.	Matthæus qui et Levi.	XVII.	Polycarpus episcopus.
IV.	Juda frater Jacobi.	XVIII.	Papias episcopus.
V.	Paulus qui (al. *et*) ante Saulus.	XIX.	Quadratus episcopus.
VI.	Barnabas qui et Joseph.	XX.	Aristides philosophus.
VII.	Lucas evangelista.	XXI.	Agrippa qui et Castor (Ms. *Castoris*).
VIII.	Marcus evangelista.	XXII.	Hegesippus historicus.
IX.	Joannes apost. et evang.	XXIII.	Justinus philosophus.
X.	Hermas (*has. reliqua tacet*), ut ferunt Pastor, auctor libri.	XXIV.	Melito episcopus.
		XXV.	Theophilus episcopus.
XI.	Philon Judæus.	XXVI.	Dionysius episcopus.
XII.	Lucius Annæus Seneca.	XXVII.	Apollinaris episcopus.
XIII.	Josephus Matthiæ filius.	XXVIII.	Pinitus (al. *Pinytus*) episcopus.
XIV.	Justus Tiberiensis.	XXIX.	Tatianus hæresiarches.

(a) *Incipiunt Capitula.* Hunc Catalogum descripsimus ex vetusto codice S. Germani a Pratis, et altero Abbatiæ Cluniacensis. Varias interdum habent lectiones ; [illegible] Segueriano codice legit hoc titulo, *Adamantius presbyter*. Num. autem 101, non habet in Didymo vocem Græcam ὁ Βλέπων, id est, *Videns*. Denique num. 129 legit, *Joannes episcopus*. Rursum codex Cluniacensis num. 132 nihil aliud retinet præter vocem *Doctor*. Num. similiter 82 antea omittit in Rhetorio verbum *Eduorum*. Sed hæc aut nullius, aut levioris sunt momenti ; nec eorum mentionem fecissem, nisi curiosos lectores etiam minima docere officiosum esset. MARTIAN.

XXX. Philippe, évêque.
XXXI. Musanus.
XXXII. Modeste.
XXXIII. Bardesanes, hérésiarque.
XXXIV. Victor, évêque.
XXXV. Irénée, évêque.
XXXVI. Panthène, philosophe.
XXXVII. Rhodon, disciple de Tatien.
XXXVIII. Clément évêque.
XXXIX. Miltiade.
XL. Apollonius.
XLI. Sérapion, évêque.
XLII. Apollonius, sénateur.
XLIII. Théophile, évêque.
XLIV. Baccille, évêque.
XLV. Polycrate, évêque.
XLVI. Héraclite, évêque.
XLVII. Maxime.
XLVIII. Candide.
XLIX. Appion.
L. Sextus.
LI. Arabien.
LII. Judas.
LIII. Tertullien, prêtre.
LIV. Origène ou même Adamantius, prêtre.
LV. Ammonius, prêtre.
LVI. Ambroise, diacre.
LVII. Tryphon, disciple d'Origène.
LVIII. Minucius Félix.
LIX. Gaius.
LX. Bérille, évêque.
LXI. Hippolyte, évêque.
LXII. Alexandre, évêque.
LXIII. Julien d'Afrique.
LXIV. Géminus, prêtre.
LXV. Théodore ou même Grégoire, prêtre.
LXVI. Corneille, évêque.
LXVII. Cyprien, évêque.
LXVIII. Ponce, diacre.
LXIX. Denis, évêque.
LXX. Novatien, hérésiarque.
LXXI. Malchion, prêtre.
LXXII. Archelaüs, évêque.
LXXIII. Anatole, évêque.
LXXIV. Victorin, évêque.
LXXV. Pamphile, prêtre.
LXXVI. Piérius, prêtre.
LXXVII. Lucien, prêtre.
LXXVIII. Philéas, évêque.
LXXVIX. Arnobe, rhéteur.
LXXX. Firmien, rhéteur.
LXXXI. Eusèbe, évêque.
LXXXII. Réticius, évêque des Eduens.
LXXXIII. Méthode, évêque.
LXXXIV. Juvencus, prêtre.
LXXXV. Eustathius, évêque.

XXX. Philippus episcopus.
XXXI. Musanus.
XXXII. Modestus.
XXXIII. Bardesanes hæresiarches.
XXXIV. Victor episcopus.
XXXV. Irenæus episcopus.
XXXVI. Panthænus philosophus.
XXXVII. Rhodon, Tatiani discipulus.
XXXVIII. Clemens presbyter.
XXXIX. Miltiades.
XL. Apollonius.
XLI. Serapion episcopus.
XLII. Apollonius alius senator.
XLIII. Theophilus alius episcopus.
XLIV. Baccillus (al. *Bacchelus*) episcopus.
XLV. Polycrates episcopus.
XLVI. Heraclitus episcopus
XLVII. Maximus.
XLVIII. Candidus.
XLIX. Appion.
L. Sextus.
LI. Arabianus.
LII. Judas.
LIII. Tertullianus presbyter.
LIV. Origenes, qui et Adamantius, presbyter.
LV. Ammonius presbyter
LVI. Ambrosius diaconus.
LVII. Tryphon Origenis discipulus.
LVIII. Minucius Felix.
LIX. Gaius.
LX. Berillus (al. *Beryllus*) episcopus.
LXI. Hippolytus (al. *Hipolitus*) episcopus.
LXII. Alexander episcopus.
LXIII. Julianus Africanus.
LXIV. Geminus presbyter.
LXV. Theodorus, qui et Gregorius, episcopus.
LXVI. Cornelius episcopus.
LXVII. Cyprianus episcopus.
LXVIII. Pontius diaconus.
LXIX. Dionysius episcopus.
LXX. Novatianus hæresiarches.
LXXI. Malchion presbyter.
LXXII. Archelaus episcopus.
LXXIII. Anatolius episcopus.
LXXIV. Victorinus episcopus.
LXXV. Pamphilus presbyter.
LXXVI. Pierius presbyter.
LXXVII. Lucianus presbyter.
LXXVIII. Phileas episcopus.
LXXIX. Arnobius rhetor.
LXXX. Firmianus rhetor.
LXXXI. Eusebius episcopus.
LXXXII. Reticius episcopus Eduorum.
LXXXIII. Methodius episcopus.
LXXXIV. Juvencus presbyter.
LXXXV. Eustathius episcopus.

LXXXVI. Marcellus, évêque.

LXXXVII. Athanase, évêque.

LXXXVIII. Antoine, moine.

LXXXIX. Basile, évêque.

XC. Théodore, évêque.

XCI. Eusèbe, évêque.

XCII. Triphile, évêque.

XCIII. Donat, hérésiarque.

XCIV. Astère, philosophe.

XCV. Lucifer, évêque.

XCVI. Eusèbe, évêque.

XCVII. Fortunatien, évêque.

XCVIII. Acace, évêque.

XCIX. Sérapion, évêque.

C. Hilaire, évêque.

CI. Victorin, rhéteur.

CII. Tite, évêque.

CIII. Damase, évêque.

CIV. Apollinaire, évêque.

CV. Grégoire, évêque.

CVI. Pacien, évêque.

CVII. Photin, hérésiarque.

CVIII. Phébade, évêque.

CIX. Didyme *le voyant.*

CX. Optat, évêque.

CXI. Acile Sévère, sénateur.

CXII. Cyrille, évêque.

CXIII. Euzoïus, évêque.

CXIV. Epiphane, évêque.

CXV. Ephrem, diacre.

CXVI. Basile, évêque.

CXVII. Grégoire, évêque.

CXVIII. Lucius, évêque.

CXIX. Diodore, évêque.

CXX. Eunomius, hérésiarque.

CXXI. Priscillien, évêque.

CXXII. Latronien, évêque.

CXXIII. Tibérien, évêque.

CXXIV. Ambroise, évêque de Milan.

CXXV. Evagrius, évêque.

CXXVI. Ambroise, disciple de Didyme.

CXXVII. Maxime, de philosophe évêque.

CXXVIII. Grégoire, évêque.

CXXIX. Jean, prêtre.

CXXX. Gélase, évêque.

CXXXI. Théotime, évêque.

CXXXII. Dexter, fils de Pacien, actuellement préfet du prétoire.

CXXXIII. Amphiloque, évêque.

CXXXIV. Sophronius.

CXXXV. Jérôme.

LXXXVI. Marcellus episcopus.

LXXXVII. Athanasius episcopus.

LXXXVIII. Antonius monachus.

LXXXIX. Basilius episcopus.

XC. Theodorus episcopus.

XCI. Eusebius alius episcopus.

XCII. Triphilus episcopus.

XCIII. Donatus hæresiarches.

XCIV. Asterius philosophus.

XCV. Lucifer episcopus.

XCVI. Eusebius alius episcopus.

XCVII. Fortunatianus episcopus.

XCVIII. Acacius episcopus.

XCIX. Serapion episcopus.

C. Hilarius episcopus.

CI. Victorinus rhetor Petavionensis.

CII. Titus episcopus.

CIII. Damasus episcopus.

CIV. Apollinaris episcopus.

CV. Gregorius episcopus.

CVI. Pacianus episcopus.

CVII. Photinus hæresiarches.

CVIII. Fœbadius episcopus.

CIX. Didymus ὁ Βλέπων

CX. Optatus episcopus.

CXI. Acilius Severus, senator.

CXII. Cyrillus episcopus.

CXIII. Euzoius episcopus.

CXIV. Epiphanius episcopus.

CXV. Ephrem diaconus.

CXVI. Basilius alter episcopus.

CXVII. Gregorius alius episcopus.

CXVIII. Lucius episcopus.

CXIX. Diodorus episcopus.

CXX. Eunomius hæresiarches.

CXXI. Priscillianus episcopus.

CXXII. Latronianus episcopus.

CXXIII. Tiberianus episcopus.

CXXIV. Ambrosius episcopus Mediolan.

CXXV. Evagrius episcopus.

CXXVI. Ambrosius Didymi discipulus.

CXXVII. Maximus ex philosopho episcopus.

CXXVIII. Gregorius alius episcopus.

CXXIX. Joannes presbyter.

CXXX. Gelasius episcopus.

CXXXI. Theotimus episcopus.

CXXXII. Dexter Paciani filius, nunc præfectus prætorio.

CXXXIII. Amphilochius episcopus.

CXXXIV. Sophronius.

CXXXV. Hieronymus.

COMMENCEMENT DU LIVRE.

CHAPITRE PREMIER.

Simon Pierre était fils de Jean. Né en Galilée, dans le bourg de Bethsaïda, il eut pour frère l'apôtre André. Devenu prince du corps apostolique, il transporta le siége de son épiscopat à Antioche qu'il abandonna, prêcha quelque temps à ceux qui croyaient à la circoncision et qui se trouvaient répandus dans le Pont, la Galatie, la Cappadoce, l'Asie et la Bithynie. Après quoi, la seconde année de l'empereur Claude, voulant confondre Simon-le-magicien, il partit pour Rome. Pendant vingt-cinq ans, il y tint son siége sacerdotal jusqu'à la dernière année du règne de Néron, c'est-à-dire la quatorzième. C'est là qu'il fut attaché à la croix, sur l'ordre de cet empereur, couronné du martyre, la tête en bas et les pieds en haut, se disant indigne d'être crucifié comme son Maître. Il a écrit deux épîtres, toutes deux catholiques : on lui refuse la seconde pour son style, qui diffère de la première. On lui attribue l'évangile selon Marc, qui fut son disciple et son interprète. Quant aux livres dont le premier [illegible] titre les Actes; le deuxième, l'Évangile; [illegible]sième la Prédication; le quatrième, l'Apocalypse; le cinquième, le Jugement, ils sont rejetés comme apocryphes. Enseveli à Rome au Vatican, sur la voie Triomphale, il est l'objet de la vénération du monde entier.

CHAPITRE II.

Jacques, le frère du Seigneur, surnommé le Juste, serait, d'après quelques-uns, l'enfant que Joseph aurait eu d'une autre épouse. Quant à moi, je le crois fils de Marie, la sœur de la mère

INCIPIT LIBER.

CAPUT PRIMUM.

Simon Petrus, filius Joannis, provinciæ Galileæ, e vico Bethsaida, frater Andreæ apostoli, *Matth.* iv, 18, et princeps Apostolorum, post episcopatum Antiochensis Ecclesiæ, et prædicationem dispersionis eorum qui de circumcisione crediderant, in Ponto, Galatia, Cappadocia, Asia, et Bithynia, I *Petr.* i, 1, secundo Claudii imperatoris anno, ad expugnandum Simonem magum, Romam pergit, ibique viginti quinque annis Cathedram Sacerdotalem tenuit, usque ad ultimum annum Neronis, id est, decimum quartum. A quo et affixus cruci, martyrio coronatus est, capite ad terram verso, et in sublime pedibus elevatis : asserens se indignum qui sic crucifigeretur ut Dominus suus. Scripsit duas Epistolas, quæ Catholicæ nominantur : quarum secunda a plerisque ejus esse negatur, propter styli cum priore dissonantiam. Sed et Evangelium juxta Marcum, qui auditor ejus et interpres fuit, hujus dicitur. Libri autem, e quibus unus Actorum ejus inscribitur, alius Evangelii, tertius Prædicationis, quartus Apocalypseos, quintus Judicii, inter apocryphas scripturas repudiantur. Sepultus Romæ in Vaticano, juxta viam Triumphalem, totius orbis veneratione celebratur.

Σίμων Πέτρος, [illegible]στολος, υἱὸς Ἰωνᾶ, ἐπαρχίας Γαλιλαίας, κώμης Βηθσαϊδά, ἀδελφὸς Ἀνδρέου Ἀποστόλου, καὶ ἔξαρχος τῶν Ἀποστόλων, μετὰ τὴν ἐπισκοπὴν τῆς Ἀντιοχέων ἐκκλησίας, καὶ τὸ κήρυγμα τῶν διεσπαρμένων, κα[illegible] περιτομῆς πεπιστευκότων, ἐν Πόντῳ, Γαλατίᾳ, Καππαδοκίᾳ, Ἀσίᾳ, καὶ Βιθυνίᾳ, τῷ δευτέρῳ Κλαυδίου [illegible] εἰς τὸ ἀποδιῶξαι Σίμωνα τὸν μάγον τῇ Ῥώμῃ ἐφίσταται, ἔνθα εἴκοσι πέντε ἐνιαυτοὺς τὸν θρόνον τῆς ἱερωσύνης κατέσχεν, [illegible] τοῦ τελευταίου ἐνιαυτοῦ Νέρωνος, τουτέστι τοῦ τεσσαρεσκαιδεκάτου. Ὑφ' οὗ καὶ σταυρωθεὶς ἐμαρτύρησε, τὴν κεφαλὴν κατὰ γῆν ἔχων, τοὺς πόδας δὲ ἐν μετεώρῳ, φάσκων ἀνάξιον ἑαυτὸν εἶναι, τὸν ὅμοιον τρόπον σταυρωθῆναι τῷ πάντων Κυρίῳ. Ἔγραψε δύο ἐπιστολὰς τὰς ὀνομαζομένας καθολικάς, ὧν τὴν δευτέραν οἱ πλεῖστοι οὐκ ἐγκρίνουσιν αὐτοῦ τυγχάνειν, [illegible] χαρακτῆρα, καὶ τὴν διαφωνίαν τῆς πρώτης ἐπιστολῆς. [illegible] καὶ τὸ κατὰ Μάρκον Εὐαγγέλιον, ὃς μαθητὴς αὐτοῦ καὶ ἑρμηνευτὴς ἐγένετο, τούτου λέγεται εἶναι. Τὰ δὲ συγγράμματα, τουτέστι πρῶτον, ὃ ἐπιγέγραπται Πράξεις αὐτοῦ· δεύτερον, Εὐαγγελίου· τρίτον, Κηρύγματος· [illegible], Ἀποκαλύψεως· πέμπτον, Κρίσεως, ὡς ἀπόκρυφα [illegible] ἀποδοκιμάζεται. Κηδευθεὶς δὲ ἐν Ῥώμῃ ἐν τῷ Βατικάνῳ πλησίον τῆς ὁδοῦ τῆς ἐπιλεγο[illegible] Τριουμφαλίας, μετὰ παντὸς τοῦ σεβάσματος παρὰ τῶν Ῥωμαίων θρησκεύεται.

CAPUT II.

Jacobus, qui appellatur frater Domini, *Galat.* i, 19, cognomento Justus, ut nonnulli existimant, Joseph ex alia uxore, ut autem mihi videtur, Mariæ sororis

Ἰάκωβος ὁ ἀδελφὸς τοῦ Κυρίου, [illegible] καὶ ἐπικληθεὶς δίκαιος, ὥς τινες ὑπολαμβάνουσιν, [illegible] Ἰωσὴφ ἐξ ἑτέρας γυναικός, ὡς δὲ ἐμοὶ φαίνεται, Μαρίας ἀδελφῆς

du Seigneur, dont Jean fait mention dans son évangile. Immédiatement après la passion de notre Maître, les Apôtres l'ordonnèrent évêque de Jérusalem. Il ne nous a laissé qu'une épître, qui est une des sept catholiques. On dit même qu'elle a été mise au jour sous son nom par un autre, bien qu'avec le temps elle ait obtenu l'autorité des autres. Hégésippe, dans le cinquième livre de ses Commentaires, raconte, au sujet de Jacques, ce qui suit : « Jacques, le frère du Seigneur, surnommé le Juste, reçut des Apôtres l'église de Jérusalem. Plusieurs alors portaient le nom de Jacques. Celui-ci fut sanctifié dès le sein de sa mère. Sans jamais boire de vin ou d'autre liqueur, sans jamais manger de viandes, laissant toujours croître ses cheveux, il laissa de côté les onguents et les bains. A lui seul était permis de pénétrer jusqu'au Saint des Saints. Aux vêtements de laine, il préférait ceux de fil, entrait seul dans le temple, et priait si longtemps à genoux qu'ils avaient contracté la dureté de ceux du chameau. » Il dit bien d'autres choses ; l'énumération en serait longue. Bien plus, Josèphe dans le vingtième livre des Antiquités, et Clément dans le septième livre des Hypotyposes, rapportent qu'à la mort de Festus, gouverneur de la Judée, Néron y envoya pour lui succéder Albinus. Il n'y était point encore arrivé, lorsque Ananus, jeune pontife, fils d'Ananus, de la caste sacerdotale, trouvant l'occasion favorable pour une révolte, réunit le conseil et poussa en public Jacques à renier le Christ comme Fils de Dieu. Sur son refus, il le fit lapider. Précipité du sommet du temple, il se brise les jambes. Presque mourant, il tend les mains vers le ciel et s'écrie : « Seigneur, pardonnez-leur, ils ne savent ce qu'ils font. » *Luc.* XXIII. 34. Frappé à la tête par un de ces pals de foulon qui servent à dessécher les draps humides, il expira. Telle était sa sainteté, dit Josèphe, telle était sa célébrité parmi le peuple, qu'on attribue à sa mort la ruine de Jérusalem.

matris Domini, *Joan.* XIX. 25, cujus Joannes in libro suo meminit, filius, post passionem Domini statim ab Apostolis Hierosolymorum episcopus ordinatus, unam tantum scripsit Epistolam, quæ de septem Catholicis est, quæ et ipsa ab alio quodam sub nomine ejus edita asseritur, licet paulatim tempore procedente obtinuerit auctoritatem. Hegesippus vicinus Apostolicorum temporum, in quinto Commentariorum libro de Jacobo narrans, ait : « Suscepit Ecclesiam Hierosolymorum post Apostolos frater Domini Jacobus, cognomento Justus. Multi siquidem Jacobi vocabantur. Hic de utero matris sanctus fuit, vinum et siceram non bibit, carnem nullam comedit, nunquam attonsus fuit, nec unctus fuit unguento, nec usus balneo. Huic soli licitum erat ingredi Sancta sanctorum : siquidem vestibus laneis non utebatur, sed lineis, solusque ingrediebatur templum, et fixis genibus pro populo deprecabatur, in tantum, ut camelorum duritiem traxisse ejus genua crederentur. Dicit et alia multa, quæ enumerare longum est. Sed et Josephus in vicesimo libro Antiquitatum refert, et Clemens in septimo ὑποτυπώσεων, mortuo Festo, qui Judæam regebat, missum esse a Nerone successorem ejus Albinum, qui cum needum ad provinciam pervenisset : Ananus, inquit, Pontifex adolescens Anani filius, de genere sacerdotali, accepta occasione ἀναρχίας, concilium congregavit, et compellens publice Jacobum, ut Christum Dei Filium denegaret, contradicentem lapidari jussit. Qui cum præcipitatus de pinna templi, confractis cruribus, adhuc semianimis tendens ad cœlum manus, diceret : « Domine, ignosce eis, quod enim faciunt, nesciunt : » *Luc.* XXIII. 34 ; fullonis fuste, quo uda vestimenta extorqueri solent, in cerebro percussus interiit. Tradit idem Josephus, tantæ eum sanctitatis fuisse, et celebritatis in populo, ut propter ejus

τῆς μητρὸς τοῦ Κυρίου εὐθὺς παρὰ τῶν ἀποστόλων Ἱεροσολύμων ἐπίσκοπος καταστάθεὶς, μίαν μόνην συνεγράψατο ἐπιστολὴν, ἥτις τῶν ἑπτὰ καθολικῶν τυγχάνει, καί τινες παρ' ἑτέρου τινὸς ἐπ' ὀνόματι αὐτοῦ ἐκδεδόσθαι ταύτην φάσκουσιν, εἰ καὶ κατὰ βραχὺ τοῦ χρόνου προϊόντος, αὐθεντίας τινὸς ἐπέτυχεν. Ἡγήσιππος γείτων τῶν Ἀποστολικῶν χρόνων ἐν τῷ πέμπτῳ λόγῳ τῶν ὑπομνημάτων περὶ Ἰακώβου διηγούμενος, ἔφη· Ἐδέξατο τὴν Ἐκκλησίαν Ἱεροσολύμων μετὰ τοὺς ἀποστόλους, ἀδελφὸς τοῦ Κυρίου Ἰάκωβος ὁ ἐπικληθεὶς δίκαιος, διὰ τὸ πολλοὺς κεκλῆσθαι Ἰακώβους. Οὗτος ἐκ γαστρὸς ἅγιος ἦν, οἶνον καὶ σίκερα οὐκ ἔπιε, κρέας δὲ οὐδὲ ἕτερον ὅλως οὐ μετέλαβε [illegible] Προστίθησιν ὁ αὐτὸς Ἰώσηπος, τοσαύτης αὐτὸν γεγενῆσθαι ἁγιότητος [illegible], καὶ φήμης παρὰ τῷ λαῷ, ὡς διὰ τὸν αὐτοῦ θάνατον [illegible] πάντας, τὰ Ἱεροσόλυμα πεπορθῆσθαι. Περὶ τούτου καὶ ὁ Ἀπόστολος Παῦλος πρὸς τοὺς Γαλάτας [illegible] Ἄλλον δὲ τῶν Ἀποστόλων οὐκ εἶδον [illegible] Ἰάκωβον τὸν ἀδελφὸν τοῦ Κυρίου.

C'est lui dont parle Paul, dans son épître aux Galates : « Je n'ai trouvé d'autre apôtre que Jacques, frère du Seigneur. » *Galat.* I, 19. Les Actes des Apôtres en font mention à chaque instant. L'Évangile d'après les Hébreux, que j'ai naguère traduit en grec et en latin, et dont Origène se sert souvent, raconte qu'après la résurrection du Sauveur, « Celui-ci, après avoir donné le linceul de sa sépulture au domestique du grand-prêtre, se dirigea vers Jacques et lui apparut. Car Jacques, depuis qu'il avait goûté au calice du Seigneur, avait juré de ne point manger de pain qu'il n'eût vu son maître ressuscité. » Et quelques lignes plus bas : « Apportez, dit le Seigneur, une table et du pain. » Et il ajoute aussitôt : « On porta du pain qu'Il rompit et bénit ; Il en donna à Jacques le juste, en lui disant : Mon frère, mange ton pain, car le Fils de l'homme est ressuscité. » Pendant trente ans, il gouverna l'Église de Jérusalem, c'est-à-dire jusqu'à la septième année de Néron. Il fut enseveli près du temple du haut duquel il avait été précipité. Son tombeau conserva le titre jusqu'au siége de Titus et jusqu'à celui d'Adrien, qui fut le dernier. Parmi nous, il en est qui le croient enseveli sur le mont des Oliviers ; c'est à tort.

CHAPITRE III.

Mathieu ou Lévi fut publicain avant de devenir apôtre. En faveur des circoncis qui croyaient à l'Évangile, le premier, il écrivit son évangile dans le texte hébreu. Quel est celui qui traduit plus tard en grec, c'est ce qu'on ignore. On possède encore le texte hébreu dans la bibliothèque de Césarée, que le martyr Pamphile a mis tant de soins à monter. C'est ce que j'ai pu moi-même apprendre de la bouche des Nazaréens qui se servent de ce volume. Il est à remarquer que chaque fois que l'Évangile cite personnellement ou met dans la bouche du

necem, creditum sit subversam esse Hierosolymam. Hic est de quo Paulus Apostolus scribit ad Galatas : « Alium autem Apostolorum vidi neminem, nisi Jacobum fratrem Domini. » *Galat.* I, 19. Et Apostolorum super hoc crebrius Acta testantur, *Actor.* I, 13 ; XXII, 17 ; XV, 13. Evangelium quoque quod appellatur secundum Hebræos, et a me nuper in Græcum Latinumque sermonem translatum est, quo et Origenes sæpe utitur, post resurrectionem Salvatoris refert : « Dominus autem cum dedisset sindonem servo Sacerdotis, ivit ad Jacobum, et apparuit ei. Juraverat enim Jacobus, se non comesturum panem ab illa hora qua biberat calicem Domini, donec videret eum resurgentem a dormientibus. » Rursusque post paululum : « Afferte, ait Dominus, mensam et panem. » Statimque additur : « Tulit panem et benedixit, ac fregit, et dedit Jacobo Justo, et dixit ei : Frater mi, comede panem tuum, quia resurrexit Filius hominis a dormientibus. » Triginta itaque annos Hierosolymorum (al. *Hierosolymis*) rexit Ecclesiam, id est, usque ad septimum Neronis annum, et juxta templum ubi et præcipitatus fuerat, sepultus est. Titulum usque ad obsidionem Titi, et ultimam Hadriani, notissimum habuit. Quidam e nostris in monte Oliveti eum putaverunt conditum, sed falsa eorum opinio est.

Καὶ τῶν Ἀποστόλων περὶ τούτου μαρτυροῦσιν αἱ Πράξεις. Καὶ τὸ Εὐαγγέλιον δὲ τὸ ἐπιγράφον (*Forte* ἐπιγραφόμενον) καθ' Ἑβραίους, ὅπερ ὑπ' ἐμοῦ νῦν εἰς τὴν ἑλληνικὴν καὶ ῥωμαϊκὴν γλῶτταν μετεβλήθη, ᾧ καὶ Ὠριγένης πολλάκις κέχρηται, μετὰ τὴν ἀνάστασιν τοῦ Σωτῆρος λέγει· Ὁ δὲ Κύριος δεδωκὼς σινδόνα τῷ δούλῳ τοῦ ἱερέως, ἀπελθὼν πρὸς Ἰάκωβον, ἤνοιξεν αὐτῷ. Ὀμωμόκει γὰρ Ἰάκωβος μὴ γεύσασθαι ἄρτου, ἐξ ἐκείνης τῆς ὥρας, ἀφ' ἧς πεπώκει τὸ ποτήριον ὁ Κύριος, ἕως οὗ ἴδῃ αὐτὸν ἀναστάντα ἐκ νεκρῶν. Αὖθι δὲ μικρὸν ὕστερον· Δότε, φησὶν ὁ Κύριος, τράπεζαν καὶ ἄρτον. Εὐθὺς δὲ προστίθεται, λαβὼν ἄρτον, εὐχαριστήσας ἔκλασε, καὶ δεδωκὼς Ἰακώβῳ τῷ δικαίῳ, λέγει αὐτῷ, Ἀδελφέ μου, ἔσθιε τὸν ἄρτον τὸν σὸν, ἠγέρθη γὰρ ὁ υἱὸς τοῦ ἀνθρώπου ἐκ νεκρῶν. Τριάκοντα τοιγαροῦν ἐνιαυτοὺς τὴν Ἱεροσολύμων κυβερνήσας ἐκκλησίαν, τουτέστιν, ἕως ἑβδόμου ἐνιαυτοῦ Νέρωνος, πλησίον τοῦ ναοῦ ἀπετέθη, ἐν ᾧ καὶ ἐῤῥίφη. Τίτλον ἄχρι τῆς Τίτου πολιορκίας, καὶ τῆς τελευταίας Ἀδριανοῦ ἐπίσημον ἔσχεν. Ὃν τινες ἐξ ἡμῶν ἐν τῷ ὄρει τοῦ ἐλαιῶνος τεθάφθαι νομίζουσι, ψευδοῦς οὔσης τῆς τούτων ὑπονοίας.

CAPUT III.

Matthæus, qui et Levi, ex publicano apostolus, *Matth.* IX, 9 ; *Marc.* II, 14 ; *Luc.* V, 27, primus in Judæa propter eos qui ex circumcisione crediderant, Evangelium Christi Hebraicis litteris verbisque composuit : quod quis postea in Græcum transtulerit, non satis certum est. Porro ipsum Hebraicum habetur usque hodie in Cæsariensi bibliotheca, quam Pamphilus martyr studiosissime confecit. Mihi quo-

Ματθαῖος, ὁ καὶ Λευὶς, Ἀπόστολος ἀπὸ τελωνῶν, ἐν τῇ Ἰουδαίᾳ πρῶτος διὰ τοὺς ἐκ περιτομῆς πιστεύσαντας, εὐαγγέλιον τοῦ Χριστοῦ γράμμασιν καὶ ῥήμασιν ἑβραϊκοῖς συνέταξεν, ἀγνοουμένου τοῦ μετὰ ταῦτα εἰς ἑλληνικὸν τοῦτο μεταφράσαντος. Τὸ δὲ ἑβραϊκὸν ἄχρι τήμερον ἐστιν ἐν τῇ βιβλιοθήκῃ Καισαρείας τῇ παρὰ Παμφίλου μάρτυρος περισπουδάστως κατασκευασθείσῃ. Ἐμοὶ δὲ παρὰ τῶν Ναζαραίων τῶν ἐν Βεροίᾳ τῆς Συρίας τοῦτο κεχρηκέ-

Sauveur un texte de l'Ancien Testament, il ne suit pas les Septante, mais s'en tient à l'hébreu ; par exemple, les deux suivants : « J'ai appelé mon fils d'Egypte, » et « Il sera appelé Nazaréen. »

CHAPITRE IV.

Jude, frère de Jacques, a laissé une courte épître du nombre des sept catholiques. Bien que rejetée par plusieurs, comme renfermant un passage du livre apocryphe d'Enoch, elle a conservé une autorité consacrée par l'usage et l'antiquité : ce qui la fait compter comme partie de l'Écriture sainte.

CHAPITRE V.

L'apôtre Paul, autrefois Saul, ne fut point du nombre des douze Apôtres. Issu de la tribu de Benjamin, il naquit en Judée, dans le bourg de Giscale. Sa patrie étant venue à tomber entre les mains des Romains, il émigra avec ses parents à Tarse de Cilicie. Ceux-ci, voulant le pousser dans l'étude de la loi, l'envoyèrent à Jérusalem recevoir les enseignements du très-savant Gamaliel, que cite saint Luc. Il assista au martyre d'Etienne, reçut du pontife du tem-

que a Nazaræis, qui in Beroea urbe Syriæ hoc volumine utuntur, describendi facultas fuit. In quo animadvertendum, quod ubicumque Evangelista, sive ex persona sua, sive ex persona Domini Salvatoris, veteris Scripturæ testimoniis abutitur, non sequatur Septuaginta translatorum auctoritatem, sed Hebraicam, e quibus illa duo sunt : « Ex Ægypto vocavi filium meum ; » et « Quoniam Nazaræus vocabitur. »

νον, ἅπερ παρεσχέθη, τούτου μεταγραφῆς, δι' οὗ ἔστιν ἀκριβῶς πεισθῆναι, ὡς ἔνθα ἂν ὁ Εὐαγγελιστὴς εἴτε ἐκ προσώπου οἰκείου, εἴτε ἐκ προσώπου τοῦ Κυρίου ἡμῶν Ἰησοῦ Χριστοῦ καὶ Σωτῆρος ταῖς μαρτυρίαις καταχρῆται τῶν παλαιῶν γραφῶν, μὴ ἀκολουθεῖν τῇ αὐθεντίᾳ τῶν ἑβδομήκοντα ἑρμηνευτῶν, ἀλλὰ τῇ Ἑβραϊκῇ, ἀφ' ὧν τὰ δύο ἐστὶν ἐκεῖνα. Ἐξ Αἰγύπτου ἐκάλεσα τὸν υἱόν μου, καὶ, Ὅτι Ναζαραῖος κληθήσεται.

CAPUT IV.

Judas frater Jacobi parvam, quæ de septem Catholicis est, Epistolam reliquit. Et quia de libro Enoch, qui apocryphus est, in ea (a) assumit testimonium, a plerisque rejicitur, (b) tamen auctoritatem vetustate jam et usu meruit, et inter sanctas Scripturas computatur.

Ἰούδας ἀδελφὸς Ἰακώβου ἐλαχίστην, ἥ τις ἐκ τῶν ἑπτὰ Καθολικῶν ἐστιν, Ἐπιστολὴν καταλέλοιπεν. Καὶ ἐπείπερ ἀπὸ τῆς βίβλου Ἐνὼχ, τῆς ἀποκρύφου τυγχανούσης, προσλαμβάνεται ἐν αὐτῇ μαρτυρίας, παρὰ πολλῶν ἐκβάλλεται, ἀλλ' ὅμως τῇ ἀρχαιότητι, καὶ τῇ τῆς χρήσεως αὐθεντίᾳ ἠξιώθη ταῖς θείαις γραφαῖς συγκαταριθμεῖσθαι.

CAPUT V.

Paulus apostolus, qui ante Saulus, *Actor.* VII, 58, extra numerum (c) duodecim Apostolorum, de tribu Benjamin et oppido (d) Judææ Giscalis fuit, quo a Romanis capto, cum parentibus suis Tarsum Ciliciæ commigravit, *Act.* XIII, 12, a quibus ob studia Legis missus Hierosolymam, a Gamaliele viro doctissimo, cujus Lucas meminit, eruditus est. Cum autem interfuisset neci martyris Stephani, et acceptis a pontifice templi epistolis, ad persequendos

Παῦλος ὁ Ἀπόστολος ἔξω τοῦ ἀριθμοῦ τῶν δώδεκα Ἀποστόλων τυγχάνων, ἐκ φυλῆς Βενιαμὴν, καὶ κώμης Γισχάλων τῆς Ἰουδαίας, ὁρμώμενος, πορθηθείσης παρὰ τῶν Ῥωμαίων τῆς αὐτῆς κώμης, μετὰ τῶν οἰκείων γονέων εἰς Ταρσὸν τῆς Κιλικίας κατῴκησεν, ὑφ' ὧν σταλεὶς διὰ τὴν ἄσκησιν τοῦ νόμου εἰς Ἱεροσόλυμα, παρὰ Γαμαλιὴλ ἀνδρὶ διδασκαλικωτάτῳ, οὗ καὶ Λουκᾶς μέμνηται, ἐφοίτησεν. Ἀλλ' ἡνίκα παρῆν τῇ σφαγῇ Στεφάνου τοῦ μάρτυρος, λαβὼν Ἐπιστολὰς τοῦ ἱερέως ἐπὶ διωγμῷ τῶν ἐν

(a) Cap. v, vers. 14. Quod vero Hieron. suo more *plerosque* dicit, intellige *aliquos*, non τοὺς πλείους. Sic enim Eusebius a plurimis, τοῖς πολλοῖς, genuinam habitam dicit. Cætera antiquorum testimonia non est hujus loci referre. Vide Huetium Demonstr. Evang. Prop. I, etc.

(b) *Tamen auctoritatem.* Sangermanensis codex vetustissimus ita legit : *tamen auctoritate jam, et vetustate et usu meruit*, etc. MARTIAN. — Cod. Sangerm. apud Martianæum, *tamen auctoritati jam et vetustate et usu meruit*, quemadmodum et Græca versio.

(c) Ut se ipse distinguit, I Corinth. XV, 5, 8.

(d) Paria habet in Epistola ad Philemon. : *Aiunt parentes apostoli Pauli de Giscalis regione fuisse Judææ, et eos, cum tota Provincia Romana vastaretur manu, et dispergerentur in orbem Judæi, in Tarsum urbem Ciliciæ fuisse translatos parentum conditionem adolescentulum Paulum secutum.* Paulus vero de semetipso, Actor. XXII, 3 : *Ego sum vir Judæus natus in Tarso Ciliciæ.* Porro Giscala πολίχνη id est *urbecula* Galilææ dicitur Josepho, lib. IV, de Bell. cap. 2.

ple des lettres qu'il se chargeait de porter à Damas pour persécuter ceux qui croyaient au Christ. Comme il y allait, une révélation le pousse vers la foi. On en trouve la description dans les Actes des Apôtres. De persécuteur, il devint dès lors un vase d'élection. Le premier fruit de sa prédication ayant été la conversion du proconsul de Chypre, Serge-Paul, il prit ce dernier nom, s'adjoignit Barnabé, et, après avoir parcouru un grand nombre de villes, il revint à Jérusalem, où Pierre, Jacques et Jean l'ordonnèrent apôtre des Gentils. Et comme dans les Actes des Apôtres on trouve toutes les circonstances de la visite apostolique, je me contentera de dire que, vingt-cinq ans après la passion du Sauveur, c'est-à-dire la seconde année de Néron, à l'époque où Festus, procurateur de la Judée, succédait à Félix, on l'envoyait couvert de chaînes à Rome, où il passa deux ans en prison, avec assez de liberté pour discuter tous les jours contre les Juifs au sujet de la venue du Christ. Il est bon de noter qu'après sa première détention, alors que l'empire de Néron n'était pas encore affermi et que cet empereur ne s'était pas encore livré aux atroces cruautés que l'histoire raconte de lui, Paul fut envoyé par Néron pour prêcher l'Évangile du Christ aux nations de l'Occident, comme lui-même nous l'apprend dans sa seconde épître à Timothée, qu'il dicta, chargé de chaînes, au moment de sa mort : « Lors de ma première détention, personne ne vint m'assister, tous m'abandonnèrent. Le Seigneur seul fut près de moi pour me conforter ; par là fut complétée la prédication, toutes les nations entendirent la parole de Dieu et je fus retiré de la gueule du lion. » I *Tim.* IV, 16. C'est à dessein qu'il a mis lion à cause de la cruauté de Néron. Plus bas : « J'ai été délivré de la gueule du lion. » Et aussitôt : « Dieu me délivrera de tout mal et me sauvera dans son royaume céleste, » preuve qu'il voyait imminent le martyre; car, dans la même épître, il avait déjà mis ces mots : « Pour moi, je suis immolé et le jour de ma mort est proche. »

eos, qui Christo crediderant, Damascum pergeret, revelatione compulsus ad fidem, quæ in Actibus Apostolorum scribitur, in vas electionis de persecutore translatus est. Cumque primum ad prædicationem ejus Sergius Paulus proconsul Cypri credidisset, ab eo quod eum Christi fidei subegerat (*a*), sortitus est nomen Paulus, et juncto sibi Barnaba, multis urbibus peragratis, revertensque Hierosolymam, a Petro, Jacobo et Joanne Gentium Apostolus ordinatur. Et quia in Actibus Apostolorum plenissime de ejus conversatione scriptum est, hoc tantum dicam, quod post passionem Domini vicesimo quinto anno, id est, secundo Neronis, eo tempore, quo Festus procurator Judææ successit Felici, Romam vinctus mittitur, et biennium in libera manens custodia, adversus Judæos de adventu Christi quotidie disputavit. Sciendum autem in prima satisfactione, needum Neronis imperio roborato, nec in tanta erumpente scelera, quanta de eo narrant historiæ, Paulum a Nerone dimissum, ut Evangelium Christi in Occidentis quoque partibus prædicaretur, sicut ipse scribit in secunda Epistola ad Timotheum, eo tempore quo et passus est, de vinculis dictans Epistolam : « In prima mea satisfactione nemo mihi affuit, sed omnes me dereliquerunt : non eis imputetur. Dominus autem mihi affuit, et confortavit me, ut per me prædicatio compleretur, et audirent omnes gentes, et liberatus sum de ore leonis. » I *Tim.* IV, 16. Manifestissime leonem propter crudelitatem Neronem significans. Et in sequentibus : « Liberatus sum de ore leonis. » Et statim : « Liberabit me Domi-

τῷ Ἰησοῦ Χριστῷ πιστευσάντων, ἐπιστὰς τῇ Δαμασκῷ ἐξ ἀποκαλύψεως εἰς τὴν πίστιν τὴν ἐν ταῖς Πράξεσι τῶν Ἀποστόλων ἐγγεγραμμένην, εἰς σκεῦος ἐκλογῆς ἀπὸ διώκτου μετηνέχθη. Πιστεύσαντος δὲ πρώτου εἰς τὴν τούτου κήρυξιν Σεργίου Παύλου ἀνθυπάτου τῆς Κυπρίων, ἐξ αὐτοῦ, ὅτι αὐτὸν τῇ πίστει τοῦ Χριστοῦ ὑπέταξεν, ἐκληρώθη τοῦ ὀνόματος Παύλου, καὶ συζεύξας ἑαυτῷ Βαρνάβαν, πολλαῖς τε πόλεσιν ἐπιστὰς ἀναζεύξας εἰς Ἱεροσόλυμα, παρὰ Πέτρου καὶ Ἰακώβου τῶν ἐθνῶν Ἀπόστολος καθίσταται. Ἐπεὶ τοίνυν ἐν ταῖς Πράξεσι τῶν Ἀποστόλων περὶ τῆς τούτου διαγωγῆς πολλὰ εἴρηται, τοῦτο μόνον λέξω, ὅτι περ μετὰ τὸ πάθος τοῦ Κυρίου εἰκοστῷ πέμπτῳ ἔτει, τουτέστι δευτέρῳ Νέρωνος, ἡνίκα Φῆστος ὁ τῆς Ἰουδαίας ἐπίτροπος διεδέξατο Φήλικα, εἰς Ῥώμην δέσμιος πέμπεται, καὶ ἐπὶ δύο ἐνιαυτοὺς ἐν ἐλευθέρᾳ μένων παραφυλακῇ, κατὰ τῶν Ἰουδαίων περὶ τῆς ἐλεύσεως Ἰησοῦ ἑκάστοτε ἐξηγήσατο. Δεῖ δὲ εἰδέναι ὅτι ἐν τῇ πρώτῃ ἀπολογίᾳ μήπω τῆς τοῦ Νέρωνος βασιλείας στερεωθείσης, μήτε εἰς τοσαύτας αὐτοῦ πράξεις, ὅσας αἱ ἱστορίαι φέρουσιν, ἐξεληλακότος, Παῦλος παρὰ Νέρωνος ἀπελύθη, ἐπὶ τὸ εὐαγγέλιον τοῦ Ἰησοῦ Χριστοῦ, καὶ ἐν τοῖς ἑσπερίοις μέρεσιν κηρύξαι, καθὼς γράφει ἐν τῇ δευτέρᾳ πρὸς Τιμόθεον Ἐπιστολῇ, ἐν τῷ καιρῷ, ἐν ᾧ καὶ ἔπαθεν, ὅταν ἐν τοῖς δεσμοῖς ὢν ἐπιστέλλει, λέγων· Ἐν τῇ πρώτῃ μου ἀπολογίᾳ οὐδείς μοι συμπαρεγένετο καὶ ἐῤῥύσθην ἐκ στόματος λέοντος, σαφῶς διὰ τὴν ὠμότητα Νέρωνα λέγων. Αἰσθόμενος γὰρ δηλονότι ἐπικεῖσθαι αὐτῷ τὸ μαρτύριον, ἐν τῇ αὐτῇ ἐπιστολῇ προεῖπε, λέγων· Ἐγὼ γὰρ ἤδη σπένδομαι, καὶ ὁ καιρὸς τῆς ἐμῆς ἀναλύσεως ἐφέστηκεν. Ὁμοίως τοίνυν καὶ αὐτὸς τεσσαρεσκαιδεκάτῳ Νέρωνος ἐνιαυτῷ, τῇ αὐτῇ ἡμέρᾳ, ᾗ καὶ Πέτρος ἐν Ῥώμῃ ὑπὲρ Ἰησοῦ Χριστοῦ ἀποκεφαλισθεὶς, ἐτάφη ἐν τῇ ὁδῷ, τῇ λεγομένῃ Ὀστησία ἔτους μετὰ τὸ πάθος τοῦ Κυρίου ἡμῶν Ἰησοῦ Χριστοῦ, τριακοστοῦ ἑβδόμου. Ἔγραψε δὲ ἐπιστολὰς ἐν-

(*a*) Alias *sortitus est nomen Paulus*. Fusius in Comment. in Epist. ad Philem. : *Ut enim Scipio subjecta Africa, Africani sibi nomen assumpsit, ita et Saulus ad prædicationem gentium missus a primo Ecclesiæ spolio proconsule Sergio Paulo victoriæ suæ tropæa retulit, erexitque vexillum, ut Paulus diceretur.*

I *Tim.* IV, 6. C'es donc la quatorzième année du règne de Néron, le jour même que Pierre était crucifié à Rome, que Paul eut la tête tranchée pour le Christ. Il fut enseveli sur la voie d'Ostie, trente-sept ans après la passion du Seigneur. Il écrivit neuf lettres aux sept Eglises, une aux Romains, deux aux Corinthiens, une aux Galates, une aux Ephésiens, une aux Philippiens, une aux habitants de Colosse, deux aux Thessaloniciens. Ses disciples en reçurent également : Timothée, deux ; Tite, une; Philémon, une. Pour l'épître aux Hébreux, à cause de la grande différence de style et de langue, Tertullien l'attribue plutôt à Barnabé, d'autres à Luc l'évangéliste, d'autres encore à Clément, évêque de l'Eglise romaine dans la suite, qu'on dit s'être approprié les sentences de Paul, les avoir mises en ordre et consignées par écrit ; ou plutôt parce que Paul, écrivant aux Hébreux, connaissant la haine qu'ils avaient pour son nom, l'a retranché au commencement de la salutation. Il l'écrivit comme un Hébreu en hébreu, c'est-à-dire, dans sa langue maternelle, et par suite avec éloquence, voulant que ce qui avait été écrit éloquemment en hébreu fût traduit plus éloquemment encore en grec, et c'est pour cette raison que cette épître n'a pas le ton des autres. Quelques-uns lui en attribuent encore une aux habitants de Laodicée, mais elle est généralement rejetée.

CHAPITRE VI.

Barnabé Cypriote, ou bien Joseph Lévite, ordonné apôtre avec Paul, a laissé, pour l'édification de l'Eglise, une épître qu'on lit parmi les apocryphes. Dans la suite, à cause de son disciple Jean, qu'on appelle aussi Marc, il se sépara de Paul et n'en exerça pas moins le ministère de la prédication.

nus ab omni opere malo et salvabit me in regnum suum cœleste, quod scilicet præsens sibi sentiret imminere martyrium. Nam et in eadem Epistola præmiserat : « Ego enim jam immolor et tempus resolutionis meæ instat. » I *Tim.* IV, 6. Hic ergo quarto decimo Neronis anno, eodem die quo Petrus, Romæ pro Christo capite truncatur, sepultusque est in via Ostiensi, anno post passionem Domini tricesimo septimo. Scripsit autem novem ad septem Ecclesias Epistolas, ad Romanos unam, ad Corinthios duas, ad Galatas unam, ad Ephesios unam, ad Philippenses unam, ad Colossenses unam, ad Thessalonicenses duas, præterea ad discipulos suos, Timotheo duas, Tito unam, Philemoni unam. Epistola autem quæ fertur ad Hebræos, non ejus creditur, propter styli sermonisque dissonantiam, sed vel Barnabæ, juxta Tertullianum, vel Lucæ Evangelistæ, juxta quosdam, vel Clementis Romanæ postea Ecclesiæ Episcopi, quem aiunt ipsi adjunctum sententias Pauli proprio ordinasse et ornasse sermone. Vel certe quia Paulus scribebat ad Hebræos, et propter invidiam sui apud eos nominis, titulum in principio salutationis amputaverit. Scripserat ut Hebræus Hebraice, id est, suo eloquio disertissime, ut ea quæ eloquenter scripta fuerant in Hebræo, eloquentius verterentur (Ms. *vertisse*) in Græcum, et hanc causam esse, quod a cæteris Pauli Epistolis discrepare videatur. Legunt quidam et ad Laodicenses, sed ab omnibus exploditur.

νὰς πρὸς ἑπτὰ ἐκκλησίας οὕτως· πρὸς Ῥωμαίους μίαν, πρὸς Κορινθίους δύο, πρὸς Γαλάτας μίαν, πρὸς Ἐφεσίους μίαν, πρὸς Φιλιππησίους μίαν, πρὸς Κολοσσαεῖς μίαν, πρὸς Θεσσαλονικεῖς δύο, καὶ πρὸς τοὺς οἰκείους μαθητάς. Τιμοθέῳ δύο, Τίτῳ μίαν, Φιλήμονι μίαν· Τὴν δὲ πρὸς Ἑβραίους Ἐπιστολήν τινες νομίζουσι μὴ εἶναι αὐτοῦ, διά τε τὸν χαρακτῆρα, καὶ τὴν τοῦ λόγου διαφωνίαν, ἀλλὰ Βαρνάβα, κατὰ τὸν Τερτουλλιανόν, ἢ τοῦ Λουκᾶ τοῦ Εὐαγγελιστοῦ, καθά τισι δοκεῖ, ἢ Κλήμεντος τοῦ τῆς ἐκκλησίας Ῥώμης ὕστερον Ἐπισκόπου, ὅν φασι τὰ ἀποφθέγματα Παύλου οἰκείῳ συντάξαι καὶ κοσμῆσαι λόγῳ, ἢ, τό γε μᾶλλον, Παῦλος γράφων πρὸς Ἑβραίους, διὰ τὸν φθόνον τὸν πρὸς αὐτόν, τὴν τοῦ Ἀποστόλου ἐπιγραφὴν ἐν ἀρχῇ τῆς προσηγορίας γραφῆναι οὐκ ἐδοκίμασεν. Ἐγεγράφει γὰρ ὡς Ἑβραῖος Ἑβραϊστὶ, τουτέστιν οἰκείᾳ φράσει ἐλλογίμως, καὶ ἅπερ εὐφραδῶς συνετέτακτο τῇ Ἑβραΐδι διαλέκτῳ, εὐφραδέστερον εἰς Ἑλληνικὴν μετεφράσθη, καὶ ταύτην εἶναι τὴν αἰτίαν τοῦ οἴεσθαι διαφωνεῖν ἄλλαις ταῖς Παύλου Ἐπιστολαῖς. Τινὲς δὲ, καὶ τὴν πρὸς Λαοδικεῖς ἀναγινώσκουσιν, ἀλλὰ παρὰ πάντων ἐκβάλλεται.

CAPUT VI.

Barnabas Cyprius, *Act.* IV, 36, qui et Joseph Levites, cum Paulo Gentium apostolus ordinatus, *Act.* XIII, 2 ; *Gal.* II, 9, unam ad ædificationem Ecclesiæ pertinentem Epistolam composuit, quæ inter apocryphas scripturas legitur. Hic postea propter Joannem discipulum, qui et Marcus vocabatur, *Act.* XV, 37, separatus a Paulo, nihilominus Evangelicæ prædicationis injunctum sibi opus exercuit.

Βαρνάβας Κύπριος, ὁ καὶ Ἰωσὴφ Λευίτης μετὰ Παύλου τῶν ἐθνῶν Ἀπόστολος κατασταθεὶς μίαν πρὸς οἰκοδομὴν τῆς ἐκκλησίας Ἐπιστολὴν συνέταξεν, ἥτις εἰς τὰς ἀποκρύφους γραφὰς ἀναγινώσκεται. Οὗτος ὕστερον διὰ Ἰωάννην τὸν μαθητὴν, ὃς καὶ Μάρκος ἐκαλεῖτο, χωρισθεὶς Παύλου, οὐδὲν ἧττον τοῦ Εὐαγγελικοῦ κηρύγματος ἔργον ἐπιταχθὲν αὐτῷ ἐπλήρωσεν.

CHAPITRE VII.

Luc, médecin d'Antioche, comme il nous l'apprend dans ses écrits, était versé dans la langue grecque. Disciple de Paul, et le compagnon de tous ses voyages apostoliques, il écrivit un évangile dont parle Paul : « Nous avons envoyé avec lui un frère dont on trouve l'éloge dans l'évangile adressé à toutes les Eglises ; » II *Corinth.* viii, 18 ; et aux habitants de Colosse : « Vous salue avec moi, Luc, médecin, qui m'est si cher ; » 77 *Coloss.* iv, 14 ; et à Timothée : « Luc est seul avec moi. » II *Timot.* iv, 11. Il nous a laissé un autre beau livre qui a pour titre : « Actes des Apôtres » et qui renferme l'histoire de ce temps-là jusqu'à la seconde année que passa Paul à Rome, c'est-à-dire la quatrième de Néron. Il est facile d'en conclure qu'il fut composé dans cette même ville. Aussi regardons-nous les « Voyages » de Paul, de Thècle et toute la fable du Lion baptisé, comme des livres apocryphes. Est-il possible, en effet, que, parmi tant d'autres choses, un compagnon de l'Apôtre n'ait oublié que celles-là ? Tertullien, qui n'est pas éloigné de ces temps-là, raconte qu'un prêtre, compagnon de voyage de l'apôtre Paul en Asie, fut convaincu par Jean d'être l'auteur du livre et avoua qu'il l'avait composé par amour pour Paul, et fut, en punition, déposé de son rang. Chaque fois que, dans ses épîtres, Paul parle de « son évangile », c'est de celui de Luc qu'il parle. Luc n'a pas recueilli l'évangile de la bouche de Paul seul, qui

CAPUT VII.

Lucas medicus Antiochensis, ut ejus scripta indicant, Græci sermonis non ignarus fuit, sectator Apostoli Pauli, et omnis peregrinationis ejus comes, scripsit Evangelium, de quo idem Paulus : « Misimus, inquit, cum illo fratrem, cujus laus est in Evangelio per omnes Ecclesias ; » II *Cor.* viii, 18 ; et ad Colossenses : « Salutat vos Lucas medicus charissimus ; » *Coloss.* iv, 14 ; et ad Timotheum : « Lucas est mecum solus. » II *Tim.* iv, 11. Aliud quoque edidit volumen egregium, quod titulo (*a*) Apostolicarum πράξεων prænotatur, cujus historia usque ad biennium Romæ commorantis Pauli pervenit, id est, usque ad quartum Neronis annum. *Act.* ii, 8, 30. Ex quo intelligimus, in eadem urbe librum esse compositum. Igitur περιόδους (Ms. περιοχὰς) Pauli, et Theclæ, et totam baptizati Leonis fabulam, inter apocryphas scripturas computamus. Qualis enim est, ut individuus comes Apostoli, inter cæteras ejus res hoc solum ignoraverit ? Sed et Tertullianus vicinus eorum temporum, refert presbyterum quemdam in Asia σπουδαστὴν apostoli Pauli, convictum apud (*b*) Joannem, quod auctor esset libri, et confessum se hoc Pauli amore fecisse, loco excidisse. Quidam suspicantur, quotiescumque in Epistolis suis Paulus dicit, (*c*) « juxta Evangelium meum, »

Λουκᾶς ἰατρὸς Ἀντιοχεὺς καθὼς τὰ συγγράμματα αὐτοῦ δηλοῖ, τοῦ ἑλληνικοῦ οὐκ ἄπειρος, σπουδαστὴς Παύλου Ἀποστόλου, καὶ πάσης αὐτοῦ τῆς ἀλλοδαπῆς ἀκόλουθος, συνέταξεν Εὐαγγέλιον, περὶ οὗ αὐτὸς Παῦλος· Ἀπεστείλαμεν, φησὶ, σὺν αὐτῷ τὸν ἀδελφὸν, οὗ ὁ ἔπαινος ἐν τῷ Εὐαγγελίῳ κατὰ πάσας τὰς ἐκκλησίας. Καὶ πρὸς τοὺς Κολοσσαεῖς· Ἀσπάζεται ὑμᾶς Λουκᾶς ὁ ἰατρὸς ὁ ἀγαπητός. Καὶ πρὸς Τιμόθεον· Λουκᾶς ἐστι μετ' ἐμοῦ μόνος. Καὶ ἕτερον δὲ ἐξέδωκε τεῦχος ἐξαίρετον, ἐπιγραφὴν Πράξεις Ἀποστόλων, τοῦ ἡ ἱστορία ἕως διετίας διάγοντος ἐν τῇ Ῥώμῃ Παύλου ἐκτείνεται, τουτέστιν ἕως τετάρτου Νέρωνος ἐνιαυτοῦ. Ἀφ' ὧν πεπείσμεθα, ἐν τῇ αὐτῇ πόλει τὴν βίβλον συντετάχθαι· Ἡ γὰρ Περίοδος Παύλου καὶ Θέκλας καὶ πᾶς ὁ μῦθος ὡσανεὶ λέοντος βαπτισθέντος, εἰς τὰς ἀποκρύφους γραφὰς ψηφισθήσεται. Οὐδὲ γὰρ ἐνεχώρει τὸν ἀχώριστον τοῦ Ἀποστόλου μεταξὺ τῶν λοιπῶν αὐτοῦ πράξεων τοῦτο ἠγνοηκέναι. Ἀλλὰ καὶ Τερτυλλιανὸς, ἐκείνων τῶν χρόνων, ἀναφέρει πρεσβύτερόν τινα ἐν τῇ Ἀσίᾳ, σπουδαστὴν Παύλου Ἀποστόλου, ἐλεγχθέντα ἐπὶ Ἰωάννου οἷα παρ' αὐτοῦ συνταχείσης βίβλου, ὁμολογηκέναι φίλτρῳ κατεχόμενον Παύλου τοῦτο πεποιηκέναι, διὸ καὶ ἐκβεβλῆσθαι τοῦτόν τινες ὑπολαμβάνουσιν. Ὁσάκις γὰρ Παῦλος ἐν ταῖς οἰκείαις Ἐπιστολαῖς λέγει, Κατὰ τὸ Εὐαγγέλιόν μου, δῆλον ὡς περὶ τοῦ τεύχους τοῦ κατὰ Λουκᾶν σημαίνει, καὶ Λουκᾶν οὐ μόνον παρὰ τοῦ Ἀποστόλου Παύλου μεμαθηκέναι τὸ Εὐαγγέλιον, οἷα μετὰ τοῦ Κυρίου τηνικαῦτα ἐν τῷ σώ-

(*a*) *Titulo Apostolicarum.* Ita legunt mss. codices antiquissimi, ac melioris notæ. Vaticani hæc retinent, *Apostolorum praxes*, 348 ; *titulo Apostolicarum Praxes*, 349 ; *Apostolicarum actionum Praxin*, 344. Exscriptorum Latinorum errores sequuntur Erasm. et Marian. qui legunt Πράξασ Ἀποστόλων S. Cygiranni exemplar nos. *titulo Apostolicarum actionum* Πράξεων *prænotatur*, Martian. — Non male legit Veronensis cod. *Apostolorum* πράξεισ, quemadmodum et Vatic. 354. Reliquæ variantes lectiones, quas hic affert Martianæus, meri sunt librariorum errores. Veteres Editiones mallebant legere πράξεισ Ἀποστόλων.

(*b*) *Convictum apud Joannem.* Sic codices Sangermanensis et Cluniacensis, necnon Ambrosianæ Bibliothecæ unus, num. 231. Et alii passim, quidquid e contrario velit Marianus Victorius, qui legit, *a Joanne convictus*, non *apud Joannem*. Martian. — Ita codices omnes a nobis et a Martianæo inspecti, unde perperam Victorius legit *a Joanne :* et mox alii editi et *ob id de loco*, quas voculas mss. non agnoscunt, quemadmodum nec Tertullianus.

(*c*) Vid. Euseb. lib. iii, c. 4. Porro ex his, qui id suspicarentur, imo sentirent, fuisse videtur Marcellus Ancyranus Epist. ad Julium apud Epiphan. Hæres. 72, num. 2, ubi ea verba Luc. i, 33, *cujus regni non erit finis*, κατὰ τοῦ Ἀποστόλου μαρτυρίαν citat, *ut testatur Apostolus*. Inferius tamen laudat ex ipsius Lucæ nomine. Verius plerique omnes interpretes intelligunt Evangelium, quod ipse Paulus prædicabat. Confer Rom. xvi, 11, 16, 25 ; Galat. i, 2.

ne conversa point avec le Seigneur, mais des autres Apôtres. C'est ce qu'il dit au commencement de son livre en ces termes : « Comme nous l'ont raconté ceux qui, dès le commencement, ont vu par eux-mêmes et ont été les ministres de la parole. » Aussi écrivit-il son évangile tel qu'ils le lui avait raconté ; quant aux Actes des Apôtres, il a vu tout ce qu'il y raconte. Enseveli à Constantinople, la vingtième année du règne de Constance, ses ossements furent transférés dans cette même ville, avec les reliques de l'apôtre André.

CHAPITRE VIII.

Marc, disciple et interprète de Pierre, appelé à Rome par ses frères, écrivit un court évangile. Après l'avoir lu, Pierre l'approuva et, usant de son autorité, il en prescrivit la lecture aux Eglises : c'est ce que nous racontent Clément dans le sixième livre de ses Hypotyposes, et Papias, évêque de Hiérapolis. Pierre parle de ce Marc dans sa première épître, où il désigne Rome d'une manière figurée, sous le nom de Babylone : « L'Eglise, réunie dans cette Babylone, ainsi que mon fils Marc, vous saluent. » I *Petr.* v, 13. Prenant l'évangile qu'il avait composé, il part pour l'Egypte, et, le premier, annonce le Christ à Alexandrie, y établit une Eglise, faisant tant par sa doctrine et la sainteté de ses mœurs, qu'il poussait tous les sectateurs du Christ à son imitation. Philon, enfin, l'un des hommes les plus diserts de la nation juive, voyant la première Eglise d'Alexandrie encore judaïsante, écrivit, comme un éloge de sa patrie, un livre au sujet de leur fidélité à l'ancien culte. Au rapport de Luc, les fidèles de Jérusalem

de Lucæ significare volumine, et Lucam non solum ab apostolo Paulo didicisse Evangelium, qui cum Domino in carne non fuerat, sed et a cæteris Apostolis. Quod (*c*) ipse quoque in principio sui voluminis declarat, dicens : « Sicut tradiderunt nobis, qui a principio ipsi viderunt, et ministri fuerunt sermonis. » Igitur Evangelium sicut audierat, scripsit. Acta vero Apostolorum sicut viderat, composuit (*a*). Sepultus est Constantinopoli, ad quam urbem vicesimo Constantii anno, ossa ejus cum reliquiis Andreæ apostoli translata sunt.

ματι μὴ γενομένου, ἀλλὰ καὶ παρὰ τῶν λοιπῶν Ἀποστόλων, ὅπερ καὶ αὐτὸς ἐν τῇ ἀρχῇ τοῦ ἰδίου συντάγματος περιφανῶς λέγει· Καθὼς παρέδοσαν ἡμῖν οἱ ἀρχῆς αὐτόπται. Τοιγαροῦν τὸ Εὐαγγέλιον καθὼς ἀκήκοεν ἔγραψε, τὰς δὲ Πράξεις τῶν Ἀποστόλων, καθὰ ἱστόρησεν αὐτὸς καὶ συνέταξεν. Ἠνέχθη τὰ λείψανα αὐτοῦ καὶ ἀπετέθη ἐν Κωνσταντινουπόλει, εἰς ἣν πόλιν τῷ εἰκοστῷ Κωνσταντίου ἐνιαυτῷ τὸ τούτου σῶμα μετὰ τῶν λειψάνων Ἀνδρέου τοῦ Ἀποστόλου μετηνέχθη.

CAPUT VIII.

Mercus discipulus et interpres Petri, juxta quod Petrum referentem audierat, rogatus Romæ a fratribus, breve scripsit Evangelium. Quod cum Petrus audisset, probavit, (*b*) et Ecclesiis legendum sua auctoritate edidit, sicut Clemens in sexto ὑποτυπώσεων libro scribit et Papias Hierapolitanus episcopus. Meminit hujus Marci, et Petrus in Epistola prima, sub nomine Babylonis figuraliter Romam significans : (*c*) « Salutat vos quæ in Babylone est collecta, et Marcus filius meus. » I *Petr.* v, 13. Assumpto itaque Evangelio quod ipse confecerat, perrexit Ægyptum, et primus (Ms. *primum*) Alexandriæ Christum annuntians, constituit Ecclesiam, tanta doctrina (al. *doctrinæ*) et vitæ continentia, ut omnes sectatores Christi ad exemplum sui cogeret. Deni-

Μάρκος μαθητὴς καὶ ἑρμηνευτὴς Πέτρου, καθὼς τοῦ Πέτρου ἐξηγουμένου ἀκήκοε, παρακληθεὶς ἐν τῇ Ῥώμῃ παρὰ τῶν ἀδελφῶν, βραχὺ συνέταξεν Εὐαγγέλιον, ὅπερ ἐντυχὼν Πέτρος ἐδοκίμασε, καὶ τῇ Ἐκκλησίᾳ ἀναγνωσθησόμενον αὐθεντίας ἐξέδωκε, καθὰ συνεγράψατο Κλήμης ἐν τῷ ἕκτῳ τῶν Ὑποτυπώσεων λόγῳ, καὶ Παπίας Ἱεραπολίτης Ἐπίσκοπος. Μέμνηται τούτου τοῦ Μάρκου καὶ Πέτρος ἐν τῇ πρώτῃ Ἐπιστολῇ, ἐπ' ὀνόματι Βαβυλῶνος εἰκονικῶς Ῥώμην σημαίνων. Ἀσπάζεται ὑμᾶς, φησὶν, ἡ ἐν Βαβυλῶνι σὺν τῇ ἐκλεκτῇ, καὶ Μάρκος ὁ ἐμὸς υἱός. Παραλαβὼν τοιγαροῦν τὸ Εὐαγγέλιον, ὅπερ αὐτὸς συνέταξε, καταλαμβάνει τὴν Αἴγυπτον, καὶ πρῶτος ἐν Ἀλεξανδρείᾳ Ἰησοῦν Χριστὸν κηρύσσων, κατεστήσατο ἐκκλησίαν, τοσαύτῃ παιδεύσει καὶ βίου καρτερίᾳ διέπρεψεν, ὥστε πάντας τοὺς ἀκολουθοῦντας τῷ Χριστῷ ἐφέλκεσθαι τῇ τούτου διαγωγῇ. Ὅθεν καὶ Φίλων ὁ τῶν Ἰουδαίων ἐλ-

(*a*) *Sepultus est Constantinopoli.* Falso addita sunt hoc loco : *Vixit octoginta et quatuor annos, uxorem non habens*, et consequenter *de Achaia.* Nullum extat vestigium horum verborum in mss. codicibus, neque novi unde petita hæc commenta fluxerint. MARTIAN.

(*b*) *Et Ecclesiis legendum.* Dissonant exemplaria mss. in hac sententia ; vetustiora secuti sumus. In aliis legimus, *Et Ecclesiæ legendum sua auctoritate dedit.* MARTIAN.— Cod. Veronensis *tradidit.* Quidam alii mss. atque editi, *Ecclesiæ legendum sua auctoritate dedit.* Tum idem cod. noster *sicut scribunt Clemens in sexto* ὑποτυπώσεων *libro, et Papias*, unde hinc etiam colligas emendandam interpunctionem Martianæi, qui ante *et Papias* punctum apponit.

(*c*) *Salutat vos, quæ*, etc. Hoc quoque in loco dissonantes reperio tres lectiones codicum mss. nam præter eam quam edidimus ex vetustioribus exemplaribus, aliam retinent tres aut quatuor mss. codices : *Salutat vos quæ in Babylone cum electa, et Marcus*, etc. Cæteri codices legunt, *quæ in Babylone collectæ.* MARTIAN. — Perperam Sophronius σὺν τῇ ἐκλεκτῇ, pro συνεκλεκτή, ut et quidam Hieronymiani codices, et quibus duo et nostris *cum electa* vel *collecta* legunt pro *coelecta.* Unus, *Salutat vos Ecclesia, quæ est in Babylone electa.*

avaient tout en commun; ce que Philon voyant également réalisé à Alexandrie sous le docteur Marc, il l'a constaté dans ses écrits. Cet apôtre mourut la huitième année du règne de Néron, et fut enseveli à Alexandrie. Annianus lui succéda.

CHAPITRE IX.

L'Apôtre Jean, disciple bien-aimé de Jésus, était fils de Zébédée et frère de Jacques, l'apôtre qu'Hérode, après la passion du Christ, fit décapiter. C'est le dernier qui écrivit l'Evangile. Sur la demande des évêques d'Asie, il le composa pour combattre Cérinthe et les autres hérétiques, surtout le dogme nouveau des Ebionites, qui prétendent que le Christ n'a pas existé avant Marie. C'est ce qui le poussa à nous faire connaître sa génération divine. On en donne encore une autre raison. Ayant lu les évangiles de Mathieu, Marc et Luc, il en approuva le texte historique, affirma la vérité de leurs récits. Mais ils ne contenaient que l'histoire d'une année, celle de la passion du Sauveur, après l'emprisonnement de Jean. Aussi, laissant de côté cette année dont les faits avaient été exposés par ses trois prédécesseurs, il raconte les faits qui précédèrent cet emprisonnement; il est aisé de s'en convaincre par la lecture attentive des quatre évangiles : ce qui fait cesser la différence qui parait exister entre Jean et les trois autres. Il écrivit aussi une épître dont voici les premiers mots : « Ce qui fut dès le commencement, ce que nous avons entendu, ce que nous avons vu de nos propres yeux, ce que nos mains ont touché au sujet du Verbe de vie; » tous les ecclésiastiques et les érudits l'acceptent comme de lui. Quant

que Philo disertissimus Judæorum, videns Alexandriæ primam Ecclesiam adhuc judaizantem, quasi in laudem gentis suæ librum super eorum conversatione scripsit. *Act.* II, 44. Et quomodo Lucas narrat, Hierosolymæ credentes omnia habuisse communia : sic et ille quod Alexandriæ sub Marco fieri doctore cernebat, memoriæ tradidit. Mortuus est autem octavo Neronis anno, et sepultus Alexandriæ, succedente sibi Anniano.

λογιμώτατος, ὁρῶν ἐν Ἀλεξανδρείᾳ πρώτην ἐκκλησίαν ἔτι Ἰουδαΐζουσαν, ὥσπερ εἰς ἔπαινον τοῦ οἰκείου ἔθνους βίβλον περὶ τῆς τούτων διαγωγῆς συνεγράψατο. Καὶ ὥσπερ Λουκᾶς διηγεῖται τοὺς ἐν Ἱεροσολύμοις πεπιστευκότας πάντα ἐσχηκέναι κοινά, οὕτως κἀκεῖνος ὅπερ ἐν Ἀλεξανδρείᾳ ἐπὶ Μάρκου τοῦ διδασκάλου ἑώρα γινόμενον τῇ μνήμῃ παρέδωκε. Τελευτήσας δὲ τῷ ὀγδόῳ τοῦ Νέρωνος ἔτει, ἀπετέθη ἐν Ἀλεξανδρείᾳ, διαδεξαμένου αὐτὸν Ἀνανίου.

CAPUT IX.

Joannes Apostolus, quem Jesus amavit plurimum, *Joan.* XIII, 23; XIX, 26; XX, 2; XXI, 7, filius Zebedæi, frater Jacobi apostoli, *Matth.* X, 21; X, 2; *Marc.* X, 35; *Luc.* V, 10, quem Herodes post passionem Domini decollavit, *Act.* XII, 2 *seqq.*, novissimus omnium scripsit Evangelium, rogatus ab Asiæ episcopis, adversus Cerinthum, aliosque hæreticos, et maxime tunc Ebionitarum dogma consurgens, qui asserunt Christum ante Mariam non fuisse. Unde et compulsus est divinam ejus nativitatem edicere. Sed et aliam causam hujus scripturæ ferunt, quod cum legisset Matthæi, Marci et Lucæ volumina, probaverit quidem textum historiæ, et vera eos dixisse firmaverit, sed unius tantum anni, in quo et passus est, post carcerem Joannis, (Ms. *tacet Joannis*), historiam texuisse. Prætermisso itaque anno, cujus acta a tribus exposita fuerant, superioris temporis antequam Joannes clauderetur in carcerem, gesta narravit : sicut manifestum esse poterit his qui diligenter quatuor Evangeliorum volumina legerint. Quæ res etiam διαφωνιαν « dissonantiam, » quæ videtur Joannis esse cum cæteris, tollit. Scripsit autem et unam Epistolam, cujus exordium est : « Quod fuit ab initio, quod audivimus et vidimus oculis nostris, quod perspeximus, et manus nostræ contrectaverunt de verbo vitæ, » quæ ab universis Ecclesiasticis et eruditis viris probatur. Reliquæ autem duæ, qua-

Ἰωάννης, ὃν Ἰησοῦς πάνυ ἠγάπησεν, υἱὸς Ζεβεδαίου, ἀδελφὸς Ἰακώβου τοῦ ὑπὸ Ἡρώδου μετὰ τὸ πάθος τοῦ Κυρίου ἀποκεφαλισθέντος, ἔσχατος πάντων ἔγραψεν εὐαγγέλιον παρακληθεὶς παρὰ τῶν τῆς Ἀσίας Ἐπισκόπων, καὶ κατὰ Κηρίνθου καὶ ἄλλων αἱρετικῶν, καὶ μάλιστα τηνικαῦτα τοῦ τῶν Ἐβιωνιτῶν δόγματος ἀνακύψαντος, τῶν φασκόντων τὸν Χριστὸν πρὸ Μαρίας μὴ γεγενῆσθαι. Ὅθεν ἠναγκάσθη τὴν θείαν γέννησιν αὐτοῦ εἰπεῖν. Καὶ ἄλλην δὲ αἰτίαν τούτου τοῦ συγγράμματος φέρουσιν. Ἀναγνοὺς γὰρ Ματθαίου, Μάρκου, καὶ Λουκᾶ τὰ τεύχη, ἐδοκίμασε μὲν τὸ ὕφος τῶν ἱστοριῶν καὶ ἀληθῆ αὐτοὺς εἰρηκέναι ἐβεβαίωσεν, ἑνὸς δὲ ἐνιαυτοῦ μόνον, ἐν ᾧ καὶ ἔπαθε μετὰ τὴν φυλακὴν Ἰωάννου τὴν ἱστορίαν συντάξαι. Ἐάσας τοίνυν τὸν ἐνιαυτὸν οὗ τὰ πεπραγμένα παρὰ τῶν τριῶν ἐξετέθη, τοῦ ἀνωτέρου χρόνου, πρὶν ἢ τὸν Ἰωάννην ἐμβληθῆναι εἰς τὴν εἱρκτήν, τὰς πράξεις ἐξέθετο, κατὰ σαφηνισθῆναι δυνήσεται τοῖς ἐπιμελῶς τοῖς τέσσαρσιν εὐαγγελίοις ἐντυγχάνουσιν. Ὅπερ καὶ τὴν διαφωνίαν τὴν δοκοῦσαν εἶναι Ἰωάννου μετὰ τῶν λοιπῶν ἔλυσε. Ἔγραψε δὲ μίαν ἐπιστολήν, ἧς ἡ ἀρχή ἐστιν « Ὃ ἦν ἀπ' ἀρχῆς, » ἥτις παρὰ πάντων τῶν ἐκκλησιαστικῶν καὶ πεπαιδευμένων ἀνδρῶν ἐγκρίνεται· αἱ δὲ λοιπαὶ δύο, ὧν ἡ ἀρχή ἐστι, πρώτης μέν, « Ὁ πρεσβύτερος Ἐκλεκτῇ κυρίᾳ, » δευτέρας δέ, « Ὁ πρεσβύτερος Γαΐῳ τῷ ἀγαπητῷ, » Ἰωάννου πρεσβυτέρου λέγονται. Οὗ ἔτι καὶ νῦν ἕτερον μνῆμα ἐν τῇ Ἐφέσῳ τυγχάνει. Καί τινες νομίζουσι, τὰ δύο μνημεῖα Ἰωάννου εἶναι τοῦ εὐαγγελιστοῦ, περὶ οὗ ἡνίκα κατὰ τάξιν εἰς Παπίαν τὸν τούτου ἀκροατὴν ἔλθωμεν, ἐξηγησόμεθα. Τοιγαροῦν τεσσαρεσκαι-

aux deux autres, dont l'une commence par ces mots : « Le vieillard à son épouse chérie et à ses enfants, » et dont l'autre commence ainsi : « Le vieillard à son cher cousin, que j'aime dans la vérité, » on les attribue au prêtre Jean, dont on montre encore aujourd'hui le tombeau à Éphèse, bien que plusieurs n'y voient que deux souvenirs du même Jean l'Évangéliste. Nous en parlerons plus loin au sujet de Papias, qui fut disciple de Jean. La quatorzième année, la deuxième après la persécution de Néron, sur l'ordre de Domitien, il fut relégué dans l'île de Patmos, où il composa l'Apocalypse, interprétée par Justin, le martyr, et Irénée. Après la mort de Domitien, le Sénat s'empressa d'annuler les actes de Domitien, marqués au coin d'une trop grande cruauté. Aussi, sous Nerva, Jean put-il revenir à Éphèse et y demeurer jusqu'au règne de Trajan. Il fonda et gouverna toutes les églises de l'Asie, et, accablé de vieillesse, il mourut soixante-huit ans après la passion du Sauveur. Il fut enseveli dans la même ville.

CHAPITRE X.

Hermas, dont fait mention l'apôtre Paul dans son épître aux Romains : « Saluez Asynérite, Phlégon, Hermas, Patrobe, Hermès et nos frères qui sont avec eux, » *Rom.* XVI, 14, est, assure-t-on, l'auteur du livre intitulé : *Le Pasteur*, et déjà dans plusieurs églises grecques on le lit en public. Livre fort utile ; beaucoup d'anciens écrivains y ont puisé des témoignages. Il est presque inconnu aux Latins.

CHAPITRE XI.

Le juif Philon, natif d'Alexandrie, de la race sacerdotale, est compté par nous parmi les écrivains ecclésiastiques, parce que, dans un livre qu'il composa au sujet de la première Église

rum principium est : « Senior Electæ dominæ et natis ejus, » et sequentis : « Senior Caio charissimo, quem ego diligo in veritate, » Joannis presbyteri asseruntur, cujus et hodie alterum sepulcrum apud Ephesum ostenditur (a), etsi nonnulli putant (b) duas memorias ejusdem Joannis Evangelistæ esse, super qua re cum per ordinem ad Papiam auditorem ejus ventum fuerit, disseremus. Quarto decimo igitur anno (c), secundum post Neronem persecutionem movente Domitiano, in Patmos insulam relegatus, scripsit Apocalypsim, quam interpretatur Justinus Martyr et Irenæus. Interfecto autem Domitiano, et actis ejus ob nimiam crudelitatem a senatu rescissis, sub Nerva principe redit Ephesum, ibique ad Trajanum principem perseverans, totas Asiæ fundavit rexitque Ecclesias, et confectus senio, sexagesimo octavo post passionem Domini anno mortuus, juxta eamdem urbem sepultus est.

δεκάτῳ ἔτει, δεύτερον μετὰ Νέρωνα διωγμὸν κινοῦντος Δομετιανοῦ, εἰς Πάτμον νῆσον περιορισθεὶς, συνέταξεν Ἀποκάλυψιν, ἣν μετέφρασεν Ἰουστῖνος μάρτυρ καὶ Εἰρηναῖος. Σφαγέντος δὲ Δομετιανοῦ καὶ τῶν πράξεων αὐτοῦ διὰ τὴν πολλὴν ὠμότητα παρὰ συγκλήτου ἀκυρωθεισῶν, ἐπὶ Νέρβα εἰς Ἔφεσον ὑπέζευξε, ἕως Τραϊανοῦ τοῦ βασιλέως ἐκεῖσε διατελέσας· πάσας τὰς τῆς Ἀσίας ἐθεμελίωσε καὶ ᾠκοδόμησεν ἐκκλησίας, καὶ λίαν γηράσας ἑξηκοστῷ ὀγδόῳ ἐνιαυτῷ, μετὰ τὸ πάθος Κυρίου τελευτήσας, πλησίον τῆς προειρημένης πόλεως ἠξιώθη τῆς κοιμήσεως.

CAPUT X.

Herman, cujus Apostolus Paulus ad Romanos scribens meminit : « Salutate Asyncritum, Phlegonta, Herman, Patroban, Hermen, et qui cum eis fratres sunt, » *Rom.* XVI, 14, asserunt auctorem esse libri, qui appellatur Pastor, et apud quasdam Græciæ Ecclesias jam publice legitur. Revera utilis liber, multique de eo Scriptorum veterum usurpavere testimonia. Sed apud Latinos pene ignotus est.

Ἑρμᾶς, οὗ ὁ Ἀπόστολος πρὸς Ῥωμαίους γράφων μέμνηται, Ἀσπάσασθε Ἀσύγκριτον, Φλέγοντα, Ἑρμᾶν, Πατρόβαν, Ἑρμῆν, λέγεται αὐθέντης γεγενῆσθαι βίβλου ἐπιγραφομένης Ποιμὴν, ἥ τις ἔν τισιν ἀνατολικαῖς ἐκκλησίαις δημοσίᾳ ἀναγινώσκεται. Καὶ ἀληθῶς χρήσιμος ὁ λόγος, ἀφ' οὗ πολλοὶ τῶν παλαιῶν συγγραφέων ὑπέλεξαν μαρτυρίας, ἀλλὰ παρὰ τοῖς Ῥωμαίοις ἄγνωστος εἶναι δοκεῖ.

CAPUT XI.

Philo Judæus, natione Alexandrinus, de genere sacerdotum, idcirco a nobis inter scriptores ecclesias-

Φίλων Ἰουδαῖος, τεχθεὶς ἐν Ἀλεξανδρείᾳ, γένος ἱερέων, διὰ τοῦτο παρ' ἡμῶν μεταξὺ τῶν ἐκκλησιαστικῶν

(a) Sic legimus e mss. S. Crucis, et Fabricii editione [illegible]. Græcus quoque [illegible].

(b) *Duas memorias.* Sic legitur in cunctis mss. exemplaribus, [illegible] *sepulcra* [illegible]. Erant igitur in Ecclesia Ephesiorum duæ memoriæ, [illegible] sicut hodie apud nos exstat in Ecclesia nostra [illegible] ubi est locus sepulturæ [illegible] subtus Altare, sacræ Reliquiæ corporis [illegible] Angelorum imagines ex metallo, [illegible]. Hujus Altaris [illegible] Monasterii nostri sancti Germani a Pratis : quod hoc in memoriam perpetuam [illegible] sancti Joannis evangelistæ. MARTIAN.

fondée par l'évangéliste Marc, à Alexandrie, il a beaucoup loué les nôtres, non-seulement ceux de cette ville, mais encore ceux de plusieurs autres provinces. Leurs lieux d'habitation, il les appelle des monastères, preuve évidente que, dans la primitive Eglise, les fidèles étaient ce que les moines d'aujourd'hui s'efforcent et désirent être, des hommes qui n'ont rien en propre, mais aussi dont aucun n'est ni riche ni pauvre. Abandon des patrimoines aux indigents, pratique de l'oraison, chant des Psaumes, étude de la doctrine, application à la continence, voilà, d'après Luc, ce que faisaient au commencement les fidèles de Jérusalem. On raconte que sous Caïus Caligula, Philon courut des dangers à Rome, où il avait été envoyé comme légat de sa nation. Y revenant une seconde fois, sous Claude, il s'entretint avec l'apôtre Pierre, acquit même son amitié et par là même celle de Marc, disciple de Pierre, ce qui ne contribua pas peu à l'éloge qu'il fit de leurs sectateurs à Alexandrie. Il reste encore de lui d'illustres et d'innombrables ouvrages sur les cinq livres de Moïse, un livre sur la Confusion des langues, un sur la Nature et l'Invention, un sur ce qui convient ou répugne à nos sens, un sur l'érudition, un sur l'Héritier des choses divines, un sur le Partage des semblables et des contraires, un sur les Trois vertus, un sur la Raison des changements de noms dans l'Ecriture sainte, deux sur les Pactes, un sur la Vie du sage, un sur les Géants, cinq sur ce que les Songes sont envoyés par Dieu, cinq sur les Questions et Solutions au sujet de l'Exode, quatre sur le Tabernacle et le Décalogue, sur les Victimes et les Promesses ou les Anathèmes, sur la Providence, sur les Juifs, sur l'Entretien de la vie, sur Alexandre; un sur ce que les animaux muets ont une intelligence particulière, sur ce que tout fou est esclave, sur la Vie des nôtres, livre que nous avons déjà mentionné, c'est-à-dire le livre sur les hommes apostoliques, auquel il a donné pour titre :

licos ponitur, quia librum de prima Marci evangelistæ apud Alexandriam scribens Ecclesia, in nostrorum laude versatus est, non solum eos ibi, sed in multis quoque provinciis esse memorans, et habitacula eorum dicens monasteria. Ex quo apparet talem primum Christo credentium fuisse Ecclesiam, quales nunc monachi esse nituntur (Ms. *imitantur*) et cupiunt, ut nihil cujusquam proprium sit, nullus inter eos dives, nullus pauper. Patrimonia egentibus dividuntur (al. *dividunt*), orationi vacatur (al. *vacant*), et Psalmis, doctrinæ quoque et continentiæ, quales et Lucas refert, *Act.* II, 44, et IV, 32, primum Hierosolymæ fuisse credentes. Aiunt hunc sub Caio Caligula Romæ periclitatum, quo legatus gentis suæ missus fuerat. Cum secunda vice venisset ad Claudium, in eadem urbe locutum esse cum apostolo Petro, ejusque habuisse amicitias, et ob hanc causam, etiam Marci, discipuli Petri, apud Alexandriam sectatores ornasse laudibus suis. Exstant hujus præclara et innumerabilia opera, in quinque libros Moysi, de Confusione linguarum liber unus, de Natura et Inventione liber unus, de His quæ sensu precamur et detestamur liber unus, de Eruditione liber unus, de Hærede divinarum rerum liber unus, de Divisione æqualium et contrariorum liber, de Tribus virtutibus liber unus, Quare quorumdam in Scripturis mutata sunt (Mss. *sint*) nomina liber unus, de Pactis libri duo, de Vita sapientis liber unus, de Gigantibus liber unus, Quod somnia mittantur a Deo libri quinque, Quæstionum et solutionum in Exodum libri quinque, de Tabernaculo et Decalogo libri quatuor, necnon de Victimis et Repromissionibus, sive Maledictis, de Providentia, de Judæis, de Conversatione vitæ, de Alexandro, et Quod propriam rationem muta animalia habeant, et Quod omnis insipiens servus sit, et de Vita nostrorum liber unus, de quo supra

συγγραφέων τάσσεται, ἐπειδὴ περὶ τῆς πρώτης Μάρκου Εὐαγγελιστοῦ ἐν Ἀλεξανδρείᾳ ἐκκλησίας γράφων, εἰς ἔπαινον τῶν ἡμετέρων χωρεῖ, οὐ μόνον αὐτόθι αὐτοὺς ἀλλὰ καὶ ἐν πολλαῖς ἐπαρχίαις εἶναι φάσκων, καὶ τὰς οἰκήσεις αὐτῶν καλῶν μοναστήρια. Ἀφ' οὗ δηλοῦται τοιαύτην ἐξ ἀρχῆς τῶν τῷ Χριστῷ πιστευσάντων ἐκκλησίαν γενέσθαι, ὁποῖοι οἱ νῦν μοναχοὶ εἶναι ζηλοῦσι καὶ ἐπιθυμοῦσιν, ὥστε μηδὲν ἴδιον ἔχειν τινὰ, μηδὲ εἶναι ἐν αὐτοῖς πλούσιον ἢ πένητα, τὰς δὲ οὐσίας τοῖς ἔνδεσι διανέμοντας, εὐχαῖς σχολάζουσι καὶ ψαλμοῖς, παιδεύσει τε καὶ ἐγκρατείᾳ, ὅπως καὶ Λουκᾶς ἀναφέρει, τὸ πρῶτον ἐν Ἱεροσολύμοις τοὺς πιστοὺς γεγενῆσθαι. Λέγουσι τοῦτον ἐπὶ Γαΐου Καλλιγόλα, ἐν τῇ Ῥώμῃ κινδυνεῦσαι, ὅπη καὶ πρεσβευτὴς τοῦ οἰκείου ἔθνους ἀπεστάλη. Καὶ ὅτι τὸ δεύτερον ἐλθὼν πρὸς Κλαύδιον, ἐν τῇ αὐτῇ πόλει διαλεχθῆναι τῷ Ἀποστόλῳ Πέτρῳ, καὶ τούτου ἐσχηκέναι φιλίαν, καὶ διὰ τοῦτο τοὺς σπουδαστὰς Μάρκου τοῦ μαθητοῦ Πέτρου, ἐν Ἀλεξανδρείᾳ ἐπαίνοις κεκοσμηκέναι. Ἔστι τούτου περίφημα, καὶ ἀναρίθμητα συντάγματα εἰς πέντε λόγους Μωϋσέως, οὕτως· περὶ Συγχύσεως γλωσσῶν λόγος εἷς, περὶ Φύσεως καὶ εὑρήματος, περὶ Ὧν κατὰ νοῦν εὐχόμεθα, καὶ ἀπομαρτυρούμεθα, λόγος εἷς, περὶ Παιδείας λόγος εἷς, περὶ κληρονόμου τῶν θείων πραγμάτων λόγος εἷς, περὶ Μερισμοῦ ἴσων καὶ ἐναντίων λόγος εἷς, περὶ Τριῶν ἀρετῶν λόγος εἷς, περὶ τῶν ἐναλλαγέντων Γραφῶν παρά τισιν λόγος εἷς, περὶ Συνθηκῶν λόγοι δύο, περὶ βίου φιλοσόφου λόγος εἷς, περὶ γιγάντων λόγος εἷς, περὶ τοῦ Τοὺς ὀνείρους παρὰ θεοῦ πέμπεσθαι λόγοι πέντε, Ζητημάτων καὶ ἑρμηνευμάτων τῆς Ἐξόδου λόγοι πέντε, περὶ τῆς Σκηνῆς καὶ Δεκαλόγου λόγοι τέσσαρες, περὶ Θυσιῶν, περὶ Ὑποσχέσεων ἤτοι Καταρῶν, περὶ Προνοίας, περὶ Ἰουδαίων, περὶ Ἀναστροφῆς βίου, περὶ Ἀλεξάνδρου, καὶ Ὅτι ἴδιον λόγον ἔχει τὰ ἄλογα. Ὅτι πᾶς ἄφρων δοῦλός ἐστι, περὶ βίου τῶν ἡμετέρων, περὶ οὗ ἔμπροσθεν εἴπομεν, τουτέστι τῶν Ἀποστολικῶν, λόγος εἷς, ὃν ἐπέγραψε, Περὶ βίου [illegible] ὅτι τὰ ἐπουράνια ἀτενίζουσι [illegible] περὶ Γεωργίας λόγοι δύο, περὶ Μέθης δύο. Εἰσὶ καὶ ἕτερα αὐτοῦ συγγράμματα, ὅσα εἰς ἡμᾶς χεῖρας ἦλθε.

περὶ Βίου θεωρητικοῦ ἱκετῶν, la vie contemplative des saints, parce qu'ils contemplent les choses célestes et qu'ils prient Dieu sans cesse; enfin, sous d'autres titres encore, il a composé deux livres sur l'Agriculture, deux sur l'Ivrognerie. Il est encore d'autres monuments de son génie qui ne nous sont point parvenus. De là ce dicton vulgaire chez les Grecs : « Ou Platon philonise, ou Philon platonise, » c'est-à-dire ou Platon suit Philon, ou Philon suit Platon, tant est grande la ressemblance de leurs pensées et de leur langage.

CHAPITRE XII.

Lucius Annæus Sénèque, de Cordoue, disciple du stoïcien Sotion, beau-père du poète Lucain, passa sa vie dans une admirable continence. Je me garderais de le ranger au nombre des saints, si je n'y étais provoqué par ces lettres, qu'on lit tant aujourd'hui, de Paul à Sénèque et de Sénèque à Paul. Précepteur de Néron, et à cette époque homme tout puissant, il montre dans ses lettres qu'il désirait avoir auprès des siens la place qu'occupait Paul auprès des chrétiens. Deux ans avant le martyre de Pierre et Paul, il périt victime de la cruauté de Néron.

CHAPITRE XIII.

Josèphe, fils de Matthias, était prêtre de Jérusalem. Pris par Vespasien et laissé à son fils Titus, à son arrivée à Rome, il offrit aux deux empereurs, père et fils, sept livres sur la captivité juive, qu'on porta à la bibliothèque publique. Son génie le couvrit de tant de gloire qu'il mérita à Rome l'érection d'une colonne en son honneur. Il écrivit encore vingt autres livres sur l'Antiquité, depuis le commencement du monde jusqu'à la quatorzième année du césar Domitien et deux sur les Traditions contre Appion, grammairien d'Alexandrie, qui fut délégué à Caligula de la part des Gentils; un autre contre Philon, qui contenait le blâme ac-

diximus, id est, de Apostolicis viris, quem et inscripsit περὶ Βίου θεωρητικοῦ ἱκετῶν, quod videlicet cœlestia contemplentur, et semper Deum orent. Et sub aliis indicibus, de Agricultura duo, de Ebrietate duo. Sunt et alia ejus monumenta ingenii, quæ in nostras manus non pervenerunt. De hoc vulgo apud Græcos dicitur, ἢ Πλάτων φιλωνίζει, ἢ Φίλων πλατωνίζει; id est, « aut Plato Philonem sequitur, aut Platonem Philo, » tanta est similitudo sensuum et eloquii.

Περὶ τούτου ἐστὶ ἡ παροιμία τῶν Ἑλλήνων, Ἢ Πλάτων φιλωνίζει, ἢ Φίλων πλατωνίζει. Τοσαύτη ἐστὶν ὁμοιότης τῆς τε διανοίας καὶ φράσεως.

CAPUT XII.

Lucius Annæus Seneca Cordubensis, Sotionis Stoici discipulus, et patruus Lucani poetæ, continentissimæ vitæ fuit, quem non ponerem in catalogo Sanctorum, nisi me illæ Epistolæ provocarent, quæ leguntur a plurimis, Pauli ad Senecam, et Senecæ ad Paulum. In quibus cum esset Neronis magister, et illius temporis potentissimus, optare se dicit, ejus esse loci apud suos, cujus sit Paulus apud Christianos. Hic ante biennium quam Petrus et Paulus coronarentur martyrio, a Nerone interfectus est.

Λούκιος Ἄννιος Σενέκας Κορδουβήσιος, Σωτίωνος Στωϊκοῦ μαθητής, καὶ θεῖος πρὸς πατρὸς Λουκανοῦ τοῦ ποιητοῦ, πάνυ ἐγκρατής, ὃν οὐ πάντως κατηρίθμησα ἐν τῷ καταλόγῳ τῶν ἁγίων, εἰ μὴ αἱ ἐπιστολαὶ τοῦτο προὔτρεψαν, αἱ παρὰ πολλῶν ἀναγινωσκόμεναι Παύλου πρὸς Σενέκαν καὶ Σενέκα πρὸς Παῦλον. Νέρωνος ὢν διδάσκαλος, καὶ κατ' ἐκεῖνο καιροῦ δυνατός, ηὔχετο τοιοῦτον ἔχειν παρὰ τοῖς ἰδίοις τόπον, οἷον Παῦλος παρὰ τοῖς χριστιανοῖς. Οὗτος πρὸ ἐνιαυτῶν δύο τοῦ παθεῖν τοὺς Ἀποστόλους Πέτρον καὶ Παῦλον, παρὰ Νέρωνος ἐσφάγη.

CAPUT XIII.

Josephus, Matthiæ filius, ex Hierosolymis sacerdos, a Vespasiano captus, cum Tito filio ejus relictus est. Hic Romam veniens, septem libros Judaicæ captivitatis Imperatoribus patri filioque obtulit, qui et bibliothecæ publicæ traditi sunt, et ob ingenii gloriam, statuam quoque meruit Romæ. Scripsit autem et alios viginti Antiquitatum libros, ab exordio mundi, usque ad decimum quartum annum Domitiani Cæsaris, et duos Ἀρχαιότητος, adversum Appionem grammaticum Alexandrinum, qui sub Caligula lega-

Ἰώσηπος, Ματθίου υἱός, Ἱεροσολύμων ἱερεύς, παρὰ Οὐεσπασιανοῦ ἁλούς, μετὰ Τίτου τοῦ υἱοῦ αὐτοῦ κατελείφθη. Ὃς εἰς Ῥώμην ἐλθὼν, ἑπτὰ λόγους τῆς Ἰουδαϊκῆς ἁλώσεως, τοῖς δύο βασιλεῦσι, πατρί τε καὶ τῷ υἱῷ προσήνεγκεν, οἵτινες καὶ τῇ δημοσίᾳ βιβλιοθήκῃ παρεδόθησαν. Καὶ διὰ τὴν δόξαν τῆς φρενὸς ἀνδριάντος ἠξιώθη. Ἔγραψε δὲ καὶ τῆς Ἀρχαιολογίας λόγους εἴκοσι, ἀπὸ τῆς τοῦ κόσμου ἀρχῆς ἕως τεσσαρεσκαιδεκάτου ἔτους Δομετιανοῦ Καίσαρος, καὶ δύο Ἀρχαιότητος κατὰ Ἀπίωνος γραμματικοῦ Ἀλεξανδρέως, ὃς ἐπὶ Καλιγόλα πρεσβευτὴς ἀποσταλεὶς παρὰ τοῦ μέρους τῶν ἐθνικῶν, κατὰ

centué de la nation juive. Un autre livre qui a pour titre : περὶ Αὐτοκράτορος λογισμοῦ, est remarquable par son élégance : il renferme le martyre des Machabées. Dans le dix-huitième livre des Antiquités, il avoue, sans le moindre détour, que le Christ doit sa mort aux Pharisiens, que Jean-Baptiste a été un vrai prophète, et que la ruine de Jérusalem n'a été que la suite du meurtre de Jacques, l'apôtre. C'est en ces termes qu'il parle du Seigneur : « A cette même époque vivait Jésus, homme sage, si toutefois il faut l'appeler un homme. Auteur d'œuvres admirables, il enseignait ceux qui reçoivent la vérité volontiers. Aussi, tant chez les Juifs que chez les étrangers, comptait-il de nombreux sectateurs. On le croyait le Christ. [illegible] Pilate [illegible], il ne perdit pas l'affection de ses premiers disciples : car, trois jours après sa mort, il leur apparut plein de vie. Les Prophètes, dans leurs chants inspirés, avaient, longtemps à l'avance, annoncé ces prodiges et bien d'autres. Encore aujourd'hui, le peuple chrétien, qui a tiré son titre de son nom, existe sur la terre. »

CHAPITRE XIV.

Juste, de Tibériade, en Galilée, a voulu, lui aussi, donner une histoire du peuple juif et composer quelques petits commentaires sur l'Écriture : Mais Josèphe l'accuse de mensonge. Il est [illegible] qu'il écrivait à l'époque de Josèphe.

CHAPITRE XV.

Clément, dont l'apôtre Paul, dans son épître aux Philippiens, dit ce qui suit : « Avec Clément et mes autres coopérateurs, dont les noms sont écrits au livre de vie. » *Philip.* IV, 3, fut le qua-

tus missus ex parte Gentilium, contra Philonem etiam librum, vituperationem gentis Judaicæ continentem, scripserat. Alius quoque liber ejus, qui inscribitur περὶ Αὐτοκράτορος λογισμοῦ, valde elegans habetur, in quo et Machabæorum sunt digesta martyria. Hic in decimo octavo Antiquitatum libro, manifestissime confitetur, propter magnitudinem signorum, Christum a Pharisæis interfectum, et Joannem Baptistam vere prophetam fuisse, et propter interfectionem (a) Jacobi apostoli, dirutam Hierosolymam. Scripsit autem de Domino in hunc modum : « Eodem tempore fuit Jesus vir sapiens, si tamen virum oportet eum dicere. Erat enim mirabilium patrator operum, et doctor eorum qui libenter vera suscipiunt ; plurimos quoque tam de Judæis quam de gentibus sui habuit sectatores, et credebatur esse Christus. Cumque invidia nostrorum Principum, cruci eum Pilatus addixisset, nihilominus qui eum primum dilexerant, perseveraverunt. Apparuit enim eis tertia die vivens. Multa et hæc alia mirabilia carminibus Prophetarum de eo vaticinantibus, et usque hodie Christianorum gens ab hoc sortita vocabulum non defecit.

[illegible] τῶν Ἰουδαίων [illegible]. [illegible] περὶ Αὐτοκράτορος λογισμοῦ [illegible] τῶν [illegible] Χριστὸν [illegible] παρὰ Φαρισαίων [illegible] Ἰακώβου τοῦ Ἀποστόλου τὰ Ἱεροσόλυμα [illegible] περὶ τοῦ Κυρίου [illegible] τὸν Χρόνον Ἰησοῦς [illegible]. Ἦν γὰρ παραδόξων [illegible] τῶν Ἰουδαίων, πολλοὺς [illegible], ὁ Χριστὸς οὗτος ἦν. Καὶ αὐτὸν [illegible] Πιλάτου, οὐκ ἐπαύσαντο οἱ τὸ πρῶτον αὐτὸν ἀγαπήσαντες. Ἐφάνη γὰρ αὐτοῖς τρίτην ἔχων ἡμέραν πάλιν ζῶν, τῶν θείων προφητῶν ταῦτα καὶ ἄλλα μυρία περὶ αὐτοῦ εἰρηκότων· εἰς ἔτι τε νῦν Χριστιανῶν ἀπὸ τοῦδε ὠνομασμένον οὐκ ἐπέλιπε τὸ φῦλον.

CAPUT XIV.

Justus Tiberiensis, de provincia Galilæa, conatus est et ipse Judaicarum rerum historiam texere, et quosdam Commentariolos de Scripturis componere ; sed hunc Josephus « In Just. Vita » arguit mendacii. Constat autem illum eo tempore scripsisse, quo et Josephus.

Ἰοῦστος Τιβεριεὺς, ἐπαρχίας Γαλιλαίας, ἐπεχείρησε [illegible] καὶ αὐτὸς Ἰουδαϊκὴν ἱστορίαν [illegible], καί τινα [illegible] περὶ γραφῶν. [illegible] Ἰώσηπος [illegible]. Καὶ γὰρ [illegible] συγγράψαι [illegible] καὶ Ἰώσηπος.

CAPUT XV.

Clemens, de quo Apostolus Paulus ad Philippenses

Κλήμης, περὶ οὗ Παῦλος ὁ Ἀπόστολος πρὸς Φιλιπ-

(a) *Scripsit autem de Domino.* Habes hic famosissimum Josephi de Christo Domino testimonium in linguam Latinam ab Hieronymo translatum tanta prudentia ac eruditione, ut illos antevenerit omnes viros doctos, qui Græca verba Josephi, ὁ Χριστὸς οὗτος ἦν, *ipse erat Christus*, fatentur non esse intelligenda ut sonant, sed juxta sententiam Auctoris, quam optime Hieronymus expressit dicens : *Et credebatur esse Christus.* Consule Demonstrationem Evangelicam doctissimi viri P. Danielis Huetii, Propos. III, pag. 27 et seqq. MARTIAN.

trième successeur de Pierre à Rome; car le deuxième fut Linus, le troisième Anaclet, bien que, parmi les Latins, on regarde Clément comme le deuxième après Pierre. Il écrivit, en la personne de l'Eglise Romaine à l'Eglise de Corinthe, une lettre fort utile, dont on fait lecture publique en plusieurs lieux. Pour moi, j'y vois une grande ressemblance avec l'épître aux Hébreux qu'on a mise sous le nom de Paul. On y trouve en effet plusieurs fois, non-seulement le même sens, mais encore le même ordre dans les mots. La ressemblance est très-frappante dans les deux. On nomme une seconde épître de lui que les anciens ont rejetée, ainsi que la Dispute de Pierre et d'Appion, longuement rédigée, qu'Eusèbe a résumée dans le troisième livre de son histoire ecclésiastique. Il mourut la troisième année de Trajan; une église construite à Rome garde encore aujourd'hui le souvenir de son nom.

CHAPITRE XVI.

Ignace fut le troisième successeur de Pierre sur le siége d'Antioche. La persécution venait de sévir, décrétée par Trajan; il fut condamné aux bêtes et conduit enchaîné à Rome. Dans son trajet, il aborda à Smyrne, où Polycarpe, disciple de Jean, était évêque. Il écrivit une lettre aux Ephésiens, une autre aux Magnésiens, une troisième aux habitants de Tralles, une quatrième enfin aux Romains; à son départ de cette ville, il en écrivit une aux Philadelphiens et aux Smyrniens; il en écrivit une à Polycarpe, où il lui recommande son Eglise d'Antioche et où l'on trouve, au sujet de l'Evangile que j'ai naguère traduit, ce témoignage touchant la per-

scribens, ait: « Cum Clemente et cæteris cooperatoribus meis, quorum nomina scripta sunt in libro vitæ, » *Philip.* IV, 3, quartus post Petrum Romæ episcopus: siquidem secundus Linus fuit, tertius Anacletus, tametsi plerique Latinorum, secundum post Petrum Apostolum putent fuisse Clementem. Scripsit ex persona Romanæ Ecclesiæ ad Ecclesiam Corinthiorum valde utilem Epistolam, et in nonnullis locis publice legitur, quæ mihi videtur characteri Epistolæ, quæ sub Pauli nomine ad Hebræos fertur, convenire. Sed et multis de eadem Epistola, non solum sensibus, sed juxta verborum quoque ordinem abutitur. Omnino grandis in utraque similitudo est. Fertur et secunda ejus nomine Epistola, quæ a veteribus reprobatur; et Disputatio Petri et Appionis longo sermone conscripta, quam Eusebius in tertio historiæ Ecclesiasticæ volumine coarguit. Obiit tertio Trajani anno, et nominis ejus memoriam usque hodie Romæ exstructa Ecclesia custodit.

πρὸς Φιλιππησίους γράφων, λέγει· Μετὰ καὶ Κλήμεντος· Τέταρτος μετὰ Πέτρον Ῥώμης Ἐπίσκοπος. Δεύτερος γὰρ Λῖνος γέγονε, τρίτος Ἀνέγκλητος· εἰ καὶ πολλοὶ τῶν Ῥωμαίων ὑπολαμβάνουσι, δεύτερον μετὰ τὸν Ἀπόστολον γεγενῆσθαι Κλήμεντα. Ἔγραψεν ἐκ προσώπου τῆς ἐκκλησίας Ῥώμης πρὸς τὴν ἐν Κορίνθῳ ἐκκλησίαν Ἐπιστολὴν πάνυ θαυμαστήν, ἥτις ἐν φανεροῖς τόποις δημοσίᾳ ἀναγινώσκεται, τῷ χαρακτῆρι τῆς πρὸς Ἑβραίους Ἐπιστολῆς Παύλου συνᾴδουσα οὐ μόνον νοήμασιν, ἀλλὰ καὶ λόγοις. Καὶ ἁπλῶς μεγίστη ἐστὶν ἐν ἑκατέρᾳ ὁμοίωσις. Φέρεται καὶ ἑτέρα ἐξ ὀνόματος αὐτοῦ εἶναι Ἐπιστολή, ἥτις παρὰ πάντων ἀποδοκιμάζεται. Καὶ διάλογος Πέτρου καὶ Ἀπίωνος μακρῷ λόγῳ συνταχθείς, ὅντινα Εὐσέβιος ἐλέγχει, ἐν τῷ τρίτῳ τῆς ἐκκλησιαστικῆς ἱστορίας τεύχει. Τελευτᾷ τῷ τρίτῳ ἐνιαυτῷ Τραϊανοῦ, καὶ τὴν τούτου μνήμην ἄχρι τήμερον ἐν τῇ Ῥώμῃ οἰκοδομηθεῖσα ἐκκλησία φυλάττει.

CAPUT XVI.

Ignatius, Antiochenæ Ecclesiæ tertius post Petrum apostolum episcopus, persecutionem commovente Trajano, damnatus ad bestias, Romam vinctus mittitur. Cumque navigans Smyrnam venisset, ubi Polycarpus, auditor Joannis, episcopus erat, scripsit unam Epistolam ad Ephesios, alteram ad Magnesianos, tertiam ad Trallenses, quartam ad Romanos; et inde egrediens scripsit ad Philadelpheos, et ad Smyrnæos; et proprie ad Polycarpum, commendans illi Antiochensem Ecclesiam, in qua et de Evangelio quod nuper a me translatum est, super persona Christi ponit testimonium dicens: « Ego vero et post resurrectionem in carne eum vidi, et credo quia sit. Et quando venit ad Petrum, et ad eos qui cum Petro erant, dixit eis: Ecce, palpate me, et videte, quia non sum dæmonium (*a*) incorporale. Et

Ἰγνάτιος, τῆς ἐν Ἀντιοχείᾳ ἐκκλησίας τρίτος μετὰ Πέτρον τὸν Ἀπόστολον ἐπίσκοπος, διωγμὸν κινήσαντος Τραϊανοῦ, θηριομαχῆσαι κελευσθεὶς εἰς Ῥώμην στέλλεται δέσμιος. Πλέων δὲ καὶ ἐπιστὰς τῇ Σμύρνῃ ἐν ᾗ Πολύκαρπος ἀκροατὴς Ἰωάννου ἐπίσκοπος ἦν, ἔγραψε πρὸς Ἐφεσίους Ἐπιστολὴν μίαν, ἄλλην πρὸς Μαγνησιανούς, τρίτην πρὸς Τραλλιανούς, τετάρτην πρὸς Ῥωμαίους. Κἀκεῖθεν ἐξιών, ἔγραψε Φιλαδελφεῦσι, καὶ Σμυρναίοις, καὶ ἰδικῶς πρὸς Πολύκαρπον, παρατιθέμενος αὐτῷ τὴν ἐν Ἀντιοχείᾳ ἐκκλησίαν, ἐν ᾗ καὶ περὶ τοῦ εὐαγγελίου τοῦ πρώην μεταφρασθέντος, ἐκ προσώπου Ἰησοῦ Χριστοῦ μνήμην ποιεῖται, λέγων· Ἐγὼ δὲ καὶ μετὰ τὴν ἀνάστασιν ἐν σώματι αὐτὸν εἶδον, καὶ πιστεύω ὅτι ἐστί. καὶ ὅτε ἦλθεν πρὸς Πέτρον, καὶ τοὺς σὺν αὐτῷ ὄντας, εἶπεν αὐτοῖς· Ψηλαφήσατέ με, ὅτι οὐκ εἰμὶ δαιμόνιον ἀσωματικόν. Καὶ εὐθέως ἁψάμενοι αὐτόν, ἐπίστευσαν. Ἄξιον δὲ φαίνεται, ἐπείπερ τοιούτου ἀνδρὸς πεποιήμεθα μνήμην, ἐκ

(*a*) *Dæmonium incorporale.* Erasmus falso legit *corporale* cum pluribus mss. *Incorporale* vero, non *corporale* legendum docet nos ipse Hieronymus Præfatione sua in XVIII librum Commentar. in Isaiam. Consulo locum, ubi *spiritus* et *dæmonium incorporale* pro

[illegible] du Christ : « Pour moi, je l'ai vu dans son corps après sa résurrection et j'y crois. Quand il vint à Pierre et aux autres qui étaient réunis à Pierre, il leur dit : Me voici, touchez-moi, regardez-moi, je ne suis pas un esprit sans corps. Et aussitôt ils le touchèrent et ils crurent. » Il convient, quand on parle d'un tel homme, de citer quelques mots de son épître aux Romains : « De la Syrie jusqu'à Rome, je lutte contre les bêtes, sur mer et sur terre, nuit et jour, lié que je suis à dix léopards, c'est-à-dire à dix soldats qui me gardent : créatures que des bienfaits rendent pires. Leur iniquité m'est une doctrine ; mais je n'en suis point pour cela justifié. Puissé-je jouir des bêtes qui me sont préparées. Ah! je les en conjure, qu'elles soient promptes à me sacrifier; que je les allèche pour qu'elles me dévorent, de peur qu'à l'exemple d'autres martyrs elles n'osent toucher mon corps. Que si elles s'y refusent, je les violenterai, je me jetterai sur elles, afin d'être dévoré. Pardonnez-moi, mes petits enfants, car je sais ce que cela me vaudra. C'est maintenant que je commence à être le disciple du Christ, ne désirant rien de ce qui paraît, afin de trouver Jésus-Christ. Que le feu, la croix, les bêtes, le broiement des os, la séparation des membres, le brisement du corps et tous les tourments du diable fondent sur moi, pour que je puisse au moins jouir du Christ. » Déjà condamné aux bêtes, dans son ardeur de souffrir, comme il entend le rugissement des lions, il s'écrie : « Voici le froment du Christ, que les dents des bêtes le broient et que je devienne un pain sans tache. » Il souffrit le martyre la onzième année de Trajan. Les restes de son corps reposent à Antioche, dans le cimetière de la porte de Daphné.

CHAPITRE XVII.

Polycarpe, disciple de l'apôtre Jean, et ordonné par lui évêque de Smyrne, fut le primat de toute l'Asie. Il eut, en effet, pour maîtres, ou du moins il vit plusieurs apôtres et plusieurs de

[illegible] tetigerunt eum, et crediderunt. » Dignum autem videtur, quia tanti viri fecimus mentionem, et de epistola ejus, quam ad Romanos scribit, [illegible] pauca ponere. « De Syria usque ad Romam pugno ad bestias, in mari et in terra, nocte dieque ligatus cum decem leopardis, hoc est, militibus, qui me custodiunt : quibus et cum benefeceris, pejores fiunt. Iniquitas autem eorum, mea doctrina est, sed non idcirco justificatus sum. Utinam fruar bestiis, quæ mihi sunt præparatæ, quas et oro mihi veloces esse ad interitum, et alliciam eas ad comedendum me, ne sicut aliorum Martyrum, non audeant corpus meum attingere. Quod si venire noluerint, ego vim faciam, ego me ingeram, ut devorer. Ignoscite mihi, filioli : quid mihi prosit, ego scio. Nunc incipio Christi esse discipulus, nihil de his quæ videntur desiderans, ut Jesum Christum inveniam. Ignis, crux, bestiæ, confractio ossium, membrorum divisio, et totius corporis contritio, et tota tormenta diaboli, in me veniant, tantum ut Christo fruar. » Cumque jam damnatus esset ad bestias, ardore patiendi, cum rugientes audiret leones, ait : « Frumentum Christi sum, dentibus bestiarum molar, ut panis mundus inveniar. » Passus est anno undecimo Trajani. Reliquiæ corporis ejus Antiochiæ jacent extra portam Daphniticam in cœmeterio.

[illegible] Ῥωμαίους γραφείσης [illegible] Ἀπὸ Συρίας [illegible] Ῥώμης [illegible] [illegible] φυλάσσουσί με [illegible] Αἱ γὰρ [illegible] θηρίων τῶν ἐμοὶ [illegible] (sic) [illegible] [illegible] καὶ ὅμοιον [illegible] [illegible] Συγγνώ[illegible] [illegible] Νῦν ἄρχο[illegible] [illegible] μαθητής [illegible] ἐπιθυμῶν [illegible] Ἰησοῦν Χριστὸν [illegible] Πῦρ, σταυρός, θηρία, [illegible] καὶ [illegible] διασπασμός [illegible] καὶ βάσανοι τοῦ Διαβόλου, εἰς [illegible] Ἰησοῦ Χριστοῦ [illegible] Κατακρι[illegible] [illegible] τοῦ παθεῖν [illegible] [illegible] Ἰησοῦ Χριστοῦ [illegible] [illegible] Ἔπαθε δεκάτῳ ἔτει [illegible] [illegible] ἔξω τῆς Δαφνιτικῆς πύλης Ἀντιοχείας [illegible] ἐν τῷ κοιμητηρίῳ.

CAPUT XVII.

Polycarpus, Joannis apostoli discipulus, et ab eo Smyrnæ episcopus ordinatus, totius Asiæ princeps fuit. Quippe qui nonnullos Apostolorum, et eorum

Πολύκαρπος, [illegible] Ἀποστόλου μαθητής, καὶ παρ' αὐτοῦ τῆς Σμυρναίων Ἐπίσκοπος καταστάθεὶς, πάσης τῆς Ἀσίας ἀρχηγὸς γέγονε, διὰ τὸ πολλοὺς τῶν Ἀποστόλων

eodem habentur. Præterea vetustissimus omnium codicum [illegible] incorporale; itaque [illegible] codex eminentiss. card. Ottoboni, sive Altempsianæ olim bibliothecæ [illegible] codex. Martian. — Male apud [illegible] interpretem σωματικὸν, ut et in quibusdam Latinis codicibus *corporale*. Nostri etiam, et quos Martianæus consuluit, *incorporale*, ut alibi Hieron, ipse Præf. lib. xviii in Isaiam : *Cum enim Apostoli eum putarent Spiritum, vel juxta Evangelium, quod Hebræorum lectitant Nazaræi incorporale dæmonium.*

ceux qui avaient vu le Seigneur. Au sujet de quelques questions sur la Pâque, sous le règne d'Antonin-le-Pieux et sous le souverain pontificat d'Anicet, il vint à Rome, où il convertit plusieurs fidèles, trompés par les paroles flatteuses de Marcion et de Valentin. Marcion se trouvant un jour, par hasard, sur ses pas, et lui disant : « Reconnais-nous, » il répondit : « Je reconnais en toi le fils aîné du diable. » Plus tard, sous les règnes de M. Antonin et de L. Aurélien Commode, dans la quatrième persécution après Néron, à Smyrne, sous les yeux du proconsul et du peuple entier, assis dans l'amphithéâtre et criant contre lui, il fut livré aux flammes. Il avait écrit aux Philippiens une épître fort utile, qu'on lit encore aujourd'hui dans les réunions de l'Asie.

CHAPITRE XVIII.

Papias, disciple de Jean, fut évêque d'Hiérapolis, en Asie. Il n'a écrit que cinq volumes, avec ce titre : « Amplification des discours du Seigneur. » Dans la préface, il assure ne pas s'en tenir aux diverses opinions, mais à la parole même des Apôtres, et il dit à ce sujet : « Je considérais ce que disait André, ce que disait Pierre, Thomas, Jacques, Jean, Mathieu, ou quelque autre des disciples du Sauveur ; j'écoute encore ce que dit Aristion et le vieux Jean, disciples du Seigneur : « Les livres me servent bien moins pour lire qu'une parole vivante qu'on entend encore aujourd'hui chez leurs auteurs. » On voit par ce catalogue que l'apôtre Jean n'est point le vieux Jean, qu'il place après Aristion. Cette remarque, nous l'avons faite à cause de l'opinion déjà citée, embrassée par plusieurs qui attribuent ainsi les deux dernières épîtres de Jean, non à l'apôtre, mais au prêtre. On dit qu'il a réédité la tradition juive qui concerne l'espace de mille ans. Irénée, Apollinaire et ceux qui disent que le Seigneur, après sa mort, régnera avec les saints dans son corps, l'ont suivi; Tertullien, lui aussi, dans son livre de l'Espoir des Fidèles, et Victorien de Petabion, ainsi que Lactance.

qui viderant Dominum, magistros habuerit, et viderit. Hic propter quasdam super die Paschae quaestiones, sub imperatore Antonino Pio, Ecclesiam in Urbe regente Aniceto, Romam venit, ubi plurimos credentium, Marcionis et Valentini persuasione deceptos, reduxit ad fidem. Cumque ei fortuito obviam fuisset Marcion, et diceret : « Cognosce nos ; Respondit : Cognosco primogenitum diaboli. » Postea vero, regnante M. Antonino, et L. Aurelio Commodo, quarta post Neronem persecutione, Smyrnae, sedente Proconsule, et universo populo in amphitheatro adversus eum personante, igni traditus est. Scripsit ad Philippenses valde utilem Epistolam, quae usque hodie in Asiae conventu legitur.

τινὰς τῶν τὸν Χριστὸν ἑωρακότων συντετυχηκέναι, καὶ διδασκάλους ἐσχηκέναι. Οὗτος διά τινας ζητήσεις τοῦ πάσχα, βασιλεύοντος Ἀντωνίνου τοῦ Πίου, καὶ Ἐπισκοποῦντος τῆς Ἐκκλησίας Ῥώμης Ἀνικήτου, ἐπέστη τῇ Ῥώμῃ, ἔνθα πλείστους τῶν πιστῶν, ἀπάτῃ Μαρκίωνος καὶ Οὐαλεντίνου ἠπατημένους, εἰς τὴν πίστιν ἐπέστρεψε. Ἀπαντήσαντος δὲ αὐτῷ ἐξ αἰφνιδίου Μαρκίωνος καὶ εἰπόντος αὐτῷ, Γνώριζε ἡμᾶς· ἀπεκρίνατο, Γνωρίζω τὸν πρωτότοκον τοῦ διαβόλου. Μετὰ ταῦτα βασιλεύοντος Μάρκου Ἀντωνίνου, καὶ Λουκίου Αὐρηλίου Κομμόδου, τετάρτου μετὰ Νέρωνα διωγμοῦ κινηθέντος, ἐν Σμύρνῃ, ἐφεστῶτος τοῦ ἀνθυπάτου, καὶ παντὸς τοῦ δήμου ἐν τῷ ἀμφιθεάτρῳ κατ' αὐτοῦ βοῶντος, πυρὶ παρεδόθη. Ἔγραψε πρὸς Φιλιππησίους πάνυ ὠφέλιμον ἐπιστολήν, ἥτις ἄχρι τοῦ παρόντος ἐν τῇ Ἀσιανῇ συνόδῳ ἀναγινώσκεται.

CAPUT XVIII.

Papias, Joannis auditor Hierapolitanus in Asia episcopus, quinque tantum scripsit volumina, quae praenotavit, « Explanatio sermonum Domini. In quibus cum se in praefatione asserat, non varias opiniones sequi, sed Apostolos habere auctores, ait : « Considerabam quid Andreas, quid Petrus dixissent, quid Philippus, quid Thomas, quid Jacobus, quid Joannes, quid Matthaeus, vel alius quilibet discipulorum Domini, quid etiam Aristion et Senior Joannes, discipuli Domini loquebantur. Non enim tantum mihi libri ad legendum prosunt, quantum viva vox, usque hodie in suis auctoribus personans. » Ex quo apparet in ipso catalogo nominum, alium esse Joannem, qui inter Apostolos ponitur, et alium Seniorem Joannem, quem post Aristionem enumerat. Hoc autem diximus, propter superiorem

Παπίας, Ἰωάννου ἀκροατής, Ἱεραπολίτης τῆς Ἀσίας Ἐπίσκοπος, πέντε μόνους συνέταξε λόγους, οὓς καὶ ἐπέγραψε, Ἐξήγησις λογίων Κυρίου. Ἐν οἷς λέγων ἐν προοιμίοις μὴ ἀκολουθῆσαι ποικίλαις γνώμαις, ἀλλὰ τοὺς Ἀποστόλους ἔχειν ἐγγυητάς, ἔφη· « Κατενόουν τί Ἀνδρέας, τί Πέτρος εἰρήκει, τί Φίλιππος, τί Θωμᾶς, τί Ἰάκωβος, τί Ἰωάννης, τί Ματθαῖος, καὶ οἱ λοιποὶ τοῦ Κυρίου μαθηταί, τί δὲ Ἀριστίων καὶ ὁ πρεσβύτερος Ἰωάννης, μαθηταὶ τοῦ Κυρίου ἐλάλουν. Οὐδὲ γάρ με τοσοῦτον ὠφελεῖ τὰ ἀναγνώσματα βιβλίων, ὅσον ζῶσα φωνή, ἥτις ἄχρι τοῦ παρόντος διὰ τῶν συγγραφέων ἐκλάμπει. » Δῆλον δὲ ἐξ αὐτοῦ τοῦ καταλόγου τῶν ὀνομάτων, ἄλλον εἶναι Ἰωάννην Ἀπόστολον, καὶ ἄλλον εἶναι πρεσβύτερον Ἰωάννην, ὅντινα ὕστερον μετὰ τὸν Ἀριστίωνα κατηρίθμησεν. Τοῦτο δὲ εἰρήκαμεν διὰ τὰ προκατειρημένα, ἐν οἷς εἴπομεν, τὰς δύο ὑστέρας Ἐπιστολὰς μὴ εἶναι Ἰωάννου τοῦ ἀποστόλου, ἀλλὰ τοῦ πρεσβυτέρου.

CHAPITRE XIX.

Quadrat, disciple des Apôtres, à la mort de Publius, évêque d'Athènes, couronné du martyre pour sa foi en Jésus-Christ, lui succéda. Voyant son Eglise dispersée par un grand trouble, il employa sa foi et toute son industrie à la rassembler. Adrien, étant venu passer un hiver à Athènes, se fit initier aux mystères d'Eleusis et à tous ceux de la Grèce : il offrit par là l'occasion aux ennemis des chrétiens, sans le moindre ordre de l'empereur, d'exercer sur eux toutes sortes de vexations. Aussitôt Quadrat porte à l'empereur un livre composé en faveur de notre religion, fort utile, nourri de raison et de foi, digne de la doctrine des Apôtres, dans lequel, montrant son âge avancé, il dit avoir vu plusieurs malheureux sous le poids de calamités diverses guéris par le Seigneur et ressuscités par lui.

CHAPITRE XX.

Aristide, philosophe athénien d'une grande éloquence, fut disciple du Christ sous le manteau philosophique. Il nous a laissé un volume contenant la raison de notre dogme, à la même époque où Quadrat offrait à l'empereur Adrien l'Apologie des chrétiens. Ce livre, qui existe encore aujourd'hui, est, auprès des philologues, la marque de son génie.

CHAPITRE XXI.

Agrippa, surnommé Castor, homme d'un grand savoir, opposa aux vingt-quatre volumes que l'hérétique Basilide avait dirigés contre l'Evangile, une dissertation vigoureuse, montrant

opinionem, quam a plerisque retulimus traditam, duas posteriores Epistolas Joannis, non Apostoli esse, sed Presbyteri. Hic dicitur mille annorum Judaicam edidisse **δευτέρωσιν**, quem secuti sunt Irenæus, et Apollinarius, et cæteri qui post resurrectionem aiunt in carne cum sanctis Dominum regnaturum. Tertullianus quoque in libro de Spe fidelium, et Victorinus Petabionensis, et Lactantius hac opinione ducuntur.

Οὗτος λέγεται χιλίων ἐνιαυτῶν Ἰουδαϊκὴν ἐκδεδωκέναι δευτέρωσιν, ᾗ ἠκολούθησαν Εἰρηναῖος, καὶ Ἀπολλινάριος, καὶ οἱ λοιποί, οἵτινες μετὰ τὴν ἀνάστασιν φάσκουσιν ἐν τῷ σώματι μετὰ τῶν ἁγίων τὸν Κύριον βασιλεύσειν. Καὶ Τερτυλλιανὸς δὲ ἐν τῇ βίβλῳ τῇ περὶ τῆς Ἐλπίδος τῶν πιστῶν, καὶ Βικτωρῖνος Πεταβῖνος, καὶ Λακτάντιος ταύτῃ τῇ δοκήσει εἴλκονται.

CAPUT XIX.

Quadratus Apostolorum discipulus, Publio Athenarum episcopo, ob Christi fidem martyrio coronato, in locum ejus substituitur, et Ecclesiam grandi terrore dispersam, fide et industria sua congregat. Cumque Hadrianus Athenis exegisset hiemem, invisens Eleusina, et omnibus pene Græciæ sacris initiatus dedisset occasionem his qui Christianos oderant, absque præcepto Imperatoris vexare credentes; porrexit ei librum pro religione nostra compositum, valde utilem, plenumque rationis et fidei, et Apostolica doctrina dignum, in quo et antiquitatem suæ ætatis ostendens, ait, plurimos a se visos qui sub Domino variis in Judæa oppressi calamitatibus, sanati fuerant, et qui a mortuis resurrexerant.

Κουαδρᾶτος, τῶν Ἀποστόλων μαθητής, παθόντος Πουπλίου Ἀθηναίων Ἐπισκόπου ὑπὲρ τοῦ Χριστοῦ, εἰς τὸν αὐτοῦ τόπον ὑπεισέρχεται, καὶ τὴν ἐκκλησίαν ἐν μεγάλῃ ταραχῇ διασκορπισθεῖσαν συνάγει. Καὶ ἡνίκα Ἀδριανὸς ἐν Ἀθήναις ἐχείμασεν ἐν Ἐλευσῖνι γενόμενος, καὶ πάντα σχεδὸν τὰ τῆς Ἑλλάδος μυστήρια μυηθείς, δέδωκεν ἀφορμὴν ἐπὶ τὸ τοὺς μισοῦντας τοὺς Χριστιανούς, καὶ δίχα βασιλικῆς κελεύσεως κολάσαι, ἐπέδωκε βίβλον ὑπὲρ τῆς ἡμετέρας θρησκείας συντεθεῖσαν, πάνυ χρηστήν, καὶ γέμουσαν λογισμοῦ καὶ πίστεως, ἀξίαν τε τῆς Ἀποστολικῆς παιδεύσεως, ἐν ᾗ καὶ τὴν ἀρχαιότητα τῆς ἰδίας ἡλικίας δεικνύς, ἔφη, πολλοὺς ἑωρακέναι τοὺς ὑπὸ τοῦ Κυρίου ποικίλαις ἐν τῇ Ἰουδαίᾳ κάμνοντας νόσοις ἰαθέντας καὶ ὅτι τινὲς ἐκ νεκρῶν ἀνέστησαν.

CAPUT XX.

Aristides, Atheniensis philosophus eloquentissimus, et sub pristino habitu discipulus Christi, volumen nostri dogmatis rationem continens, eodem tempore quo et Quadratus Hadriano principi dedit, id est, Apologeticum pro Christianis, quod usque hodie perseverans, apud philologos ingenii ejus indicium est.

Ἀριστείδης, Ἀθηναῖος φιλόσοφος εὐφραδής, καὶ κατὰ τὴν προτέραν διαγωγήν, μαθητὴς Ἰησοῦ Χριστοῦ, τεῦχος δόγματος ἡμετέρου ἀνάμεστον λογισμοῦ, κατ' ἐκεῖνο καιροῦ ἐν ᾧ καὶ Κουαδρᾶτος, Ἀδριανῷ τῷ βασιλεῖ ἐπέδωκε, τουτέστιν, ἀπολογητικὸν ὑπὲρ τῶν Χριστιανῶν, ὅπερ ἄχρι τοῦ παρόντος παρὰ τοῖς φιλολόγοις σώζεται.

tous ses mystères, énumérant ses prophètes, Barcabas et Barcob, et d'autres noms barbares qui effrayaient l'oreille des auditeurs; d'après lui, le dieu le plus grand était Abraxas, dont les lettres, selon la manière grecque de compter, valent trois cent soixante-cinq jours. Basilide d'où viennent les Gnostiques, resta à Alexandrie sous Adrien, alors que Cochebas, général de la faction juive, faisait mourir les chrétiens dans divers supplices.

CHAPITRE XXII.

Hégésippe, voisin des temps apostoliques, a recueilli toutes les données historiques relatives aux actes de l'Église depuis la passion du Seigneur jusqu'à son époque. Faisant un choix de tout ce qui pouvait être de quelque utilité à ses lecteurs, il a composé cinq livres, d'un style simple, afin d'exprimer la manière de parler de ceux dont il écrivait la vie. Il dit être venu à Rome sous Anicet, dixième successeur de Pierre, et y être resté jusqu'au souverain pontificat d'Eleuthère, auparavant diacre d'Anicet. Prenant à partie les idoles, il montra historiquement à quelle erreur elles devaient leur succès, et à quelle époque il a lui-même fleuri. Il dit, en effet: «On a construit des tombeaux et des temples aux morts, comme nous le voyons encore de nos jours. L'un d'eux est Antinoüs, esclave du césar Adrien, en l'honneur duquel se célèbrent

Agrippa, cognomento Castor, vir valde doctus, adversum viginti quatuor Basilidis hæretici volumina, quæ in Evangelium confecerat, fortissime disseruit, prodens ejus universa mysteria, et prophetas enumerans (a), Barcabam et Barcob, et ad terrorem audientium alia quædam barbara nomina; et Deum maximum ejus Abraxas, qui quasi annum (b) continens, si juxta Græcorum numerum supputetur (c). Moratus est autem Basilides, a quo Gnostici, in Alexandria temporibus Hadriani, qua tempestate et Cochebas dux Judaicæ factionis, Christianos variis suppliciis enecavit.

Ἀγρίππας, ὁ ἐπίκλην Κάστωρ, ἀνὴρ πάνυ πεπαιδευμένος, κατὰ τῶν εἰκοσιτεσσάρων Βασιλείδου αἱρετικοῦ λόγων τῶν εἰς τὸ Εὐαγγέλιον παρ' αὐτοῦ περιφρασθέντων, γενναίως ἐξηγήσατο, πάντα αὐτοῦ τὰ μυστήρια ἐκφαίνων, καὶ τοὺς προφήτας συναπαριθμούμενος, Βαρκαβᾶν, καὶ Βαρκώφ, καὶ πρὸς φόβον τῶν ἀκροωμένων, ἕτερά τινα βάρβαρα ὀνόματα, καὶ τὸν μέγιστον αὐτοῦ θεὸν Ἀβραξᾶς, ὡς ἐνιαυτὸν περιέχοντα κατὰ τὸν ἀριθμὸν, τῶν Γραικῶν ψηφιζόμενον. Τελευτήσαντος Βασιλείδου γνωστικοὶ ἐν Ἀλεξανδρείᾳ ἐκλήθησαν ἐν τοῖς χρόνοις Ἀδριανοῦ, ὅτε καὶ Κοχέβας ὁ τῶν Ἰουδαίων ἡγούμενος πολλοὺς τῶν Χριστιανῶν ποικίλαις τιμωρίαις ἀνῄρησεν.

CAPUT XXII.

Hegesippus, vicinus Apostolicorum temporum, et omnes a passione Domini usque ad suam ætatem Ecclesiasticorum actuum texens historias, multaque ad utilitatem legentium pertinentia hinc inde congregans, quinque libros composuit, sermone simplici, ut quorum vitam sectabatur, dicendi quoque exprimeret characterem. Asserit se venisse sub Aniceto Romam, qui decimus post Petrum episcopus fuit, et perseverasse usque ad Eleutherum ejusdem urbis episcopum, qui Aniceti quondam diaconus fuerat. Præterea adversum idola disputans, ex quo primum errore crevissent, subtexit historiam, ex qua ostendit qua floruerit ætate. Ait enim: «Tumulos mortuis templaque fecerunt, sicut usque ho-

Ἡγήσιππος, τῶν χρόνων τῶν Ἀποστόλων, πάσας ἀπὸ τοῦ πάθους τοῦ Κυρίου, ἕως τῶν ἰδίων χρόνων, τῶν ἐκκλησιαστικῶν πράξεων ὑφαίνων ἱστορίας καὶ πολλὰ εἰς ὠφέλειαν τῶν ἀναγινωσκόντων συντείνοντα, πανταχόθεν συλλέγων πέντε συνέταξε βιβλίους ἁπλουστέρῳ λόγῳ, ὥστε ἐκείνων μιμήσασθαι χαρακτῆρας, ὧν τὸν βίον ἐξηκολούθει. Φάσκει δὲ ἐπιστῆναι τῇ Ῥώμῃ ἐπὶ Ἀνικήτου, τοῦ μετὰ Πέτρον δεκάτου ἐπισκόπου, καὶ διατετελεκέναι ἄχρι Ἐλευθέρου ἐπισκόπου τῆς προειρημένης Ῥώμης, ὃς Ἀνικήτου διάκονος ἐγεγόνει. Καὶ κατὰ τῶν εἰδώλων διαλεγόμενος, ἐκ ποίας πρώτου πλάνης ηὐξήθη, συνέταξεν ἱστορίαν, δηλῶν ἐν ποίοις ἤνθησε καιροῖς. Φάσκει γὰρ οὕτως· «Τύμβους τοῖς νεκροῖς καὶ ναοὺς ἐποιήσαντο, καθὰ ἄχρι τῆς δεῦρο ὁρῶμεν, ἀφ' ὧν ἐστιν καὶ Ἀντίνους, ὁ δοῦλος Ἀδριανοῦ Καίσαρος, οὗτινος καὶ γυμνικὸς

(a) *Barcabon et Barcob.* Ita legunt exemplaria mss. In nonnullis est, *Barthabam et Barcobeth.* At de his verborum portentis, et nomine *Abraxas*, vide indices nostros supra in hoc tomo IV, et in superiori tomo III, nostræ editionis. Similiter et de Antenoo infra in Hegesippo. De *Cochebas* vide Comment. in cap. IX Danielis col. 1117, et in Epistola. *Lectis litteris.* De Abraxas, et aliis nominibus consule Irenæum, lib. IV, cap 23. MARTIAN. — Mirum quam varie barbara hæc duo nomina in editis libris et manu exaratis inveniantur, et quam vitiose. Nostri primum *Barchabbam* legunt cum duplici *b*, ut Eusebius aliique Græci Βαρκαββᾶν. Alterum *Barcob*, aut *Barcho*. Malim rescribi *Barcop*, quod Eusebiano Βαρκώφ magis respondet. Theodoreto Hæret. Fab. I. 4, et Eusebio Præparat. Evangelic. X, 5, ipsique Hier. [illegible] ad Paulam de Alphabeto sonant, *filius coactionis*, sicuti Βαρκαββᾶν Epiphanio XXVI, 2, est *filius stupri*, vel *patris* [illegible]. Proinde vitiose habent alii, qui *Barchobeth*, vel *Barthab*[illegible], et *Marcob*, et *Barchor*, et *Barcobbam*, et *Barcobbet* legunt.

(b) Malim *contineat*, aut *supputatur*, expuncta vocula *se*, quæ ex [illegible] de Hæresibus huc adscita est. Litteræ quæ Ἀβραξᾶς nomen efficiunt, juxta Græcorum numeros supputatæ, reddunt 365 numerum scilicet dierum anni Vid. quæ in epist. ad Theodoram annotavimus.

(c) *Moratus est autem.* Non *mortuus est*, sed *moratus est autem* [illegible], legit codex Sangerman. cum multis aliis. MARTIAN. — Sic legunt codices nostri omnes, et Sangermanen. apud Martianæum, [illegible] pro Regii. Ipse Hier. in Chronic. ad an. Christi 133: *Basilide hæresiarches in Alexandria commoratur, a quo Gnostici* [illegible]. Vide in Chronico ad pag. 703. Nam quod vult quidam nobis dicam dici, quod *moratus* pro *mortuus* legerimus, ut et in [illegible] *moratur* pro *moritur*, nos misero obtrectatore precamur meliorem mentem. (*Edit. Migne.*)

des jeux gymnastiques dans la ville d'Antinoüs, bâtie en son nom et dans le temple de laquelle il a placé des prophètes. » Le césar Adrien, au dire de l'histoire, avait une préférence marquée pour Antinoüs.

CHAPITRE XXIII.

Justin le philosophe, toujours revêtu de l'habit des philosophes, né à Néapolis, en Palestine, fils de Priscus Bacchius, a beaucoup travaillé en faveur de la religion. Il alla même offrir à Antonin-le-Pieux, à ses enfants et au Sénat, un livre écrit contre les Gentils, ne rougissant nullement de l'ignominie de la croix. Il en composa un autre qu'il donna aux successeurs d'Antonin-le-Pieux, à Antonin Vérus et à L. Aurélius Commode. Il reste encore un autre volume contre les Gentils, où il traite aussi de la nature des démons; un quatrième, également contre les Gentils, intitulé «Choix»; un autre sur la Monarchie de Dieu; un autre intitulé le Psalmiste, et un autre sur l'âme. Contre les Juifs, il écrivit le dialogue qu'il eut avec leur chef, Tryphon; à Marcion, il opposa de beaux ouvrages, dont parle Irénée dans son quatrième livre contre les hérésies. Il en fit un aussi contre toutes les hérésies conjurées, dont il fait mention dans l'Apologétique qu'il donna à Antonin-le-Pieux. A Rome, il avait à soutenir des diatribes. Voulant fermer la bouche à Crescens-le-Cynique, qui vomissait contre les chrétiens un torrent de blasphèmes, il ne craignit pas de lui reprocher son amour de la chair, sa crainte de la mort, ses ardeurs passionnées pour la luxure et les plaisirs. Mais celui-ci mit tous ses soins et usa de toutes sortes d'artifices pour l'accuser d'être chrétien: Justin versa son sang pour le Christ.

CHAPITRE XXIV.

Méliton d'Asie, évêque de Sardes, offrit à l'empereur M. Antonin Vérus, qui avait été disciple de Fronton, un livre en faveur du dogme chrétien. Entre autres choses, il a écrit deux livres

die videmus; e quibus est et Antinous servus Hadriani Cæsaris, cui et gymnicus agon exercetur apud Antinoum civitatem, quam ex ejus nomine condidit, et statuit prophetas in templo. » Antinoum autem in deliciis habuisse Cæsar Hadrianus scribitur.

ἀγὼν ἐν τῇ Ἀντινόῳ ἐπιτελεῖται, καὶ τὸ ὄνομα τῆς πόλεως ἐκ τῆς αὐτοῦ προσηγορίας ἔσχε, καὶ προφήτας ἐν τῷ ναῷ ἔστησε. » Τὸν δὲ Ἀντίνοον ἐν τῷ μεταξὺ τῶν ἀθλητῶν ἐσχηκέναι Ἀδριανόν τινες συγγράφονται.

CAPUT XXIII.

Justinus philosophus, habitu quoque philosophorum incedens, de Neapoli urbe Palæstinæ, patre Prisco Bacchio pro religione Christi plurimum laboravit, in tantum, ut Antonino quoque Pio, et filiis ejus, et Senatui librum « Apologia longior » contra Gentes scriptum daret, ignominiamque Crucis non erubesceret, et alium librum « Altera brevior » successoribus ejusdem Antonini, M. Antonino Vero et L. Aurelio Commodo. Exstat ejus et aliud volumen « Oratio ad Græcos » contra Gentes, ubi de dæmonum quoque natura disputat, et quartum adversus Gentes, cui titulum prænotavit Ἔλεγχος; sed et alius de Monarchia Dei, et alius liber quem prænotavit Psalten, et alius de anima. Dialogus contra Judæos, quem habuit adversus Tryphonem principem Judæorum, sed et contra Marcionem insignia volumina, quorum Irenæus quoque in quarto adversus hæreses libro meminit; et alius liber contra omnes hæreses, cujus facit mentionem in Apologetico, quem dedit Antonino Pio. Hic cum in urbe Roma haberet διατριβὰς, et Crescentem Cynicum, qui multa adversum Christianos blasphemabat, redarguere gulosum, mortis timidum, luxuriæque et libidinum sectatorem, ejus extremum studio ejus et insidiis accusatus, quod Christianus esset, pro Christo sanguinem fudit.

Ἰουστῖνος, φιλόσοφος, καὶ τῷ σχήματι τῶν φιλοσόφων χρώμενος, ἀπὸ τῆς Νεαπολιτῶν ἐπαρχίας Παλαιστίνης, ἐκ πατρὸς Πρίσκου Βακχείου, ὑπὲρ τῆς θρησκείας τῶν χριστιανῶν πάνυ ἐκοπίασεν, ὥστε καὶ Ἀντωνίνῳ τῷ ἐπίκλην Πίῳ, καὶ τοῖς τούτου υἱέσι, καὶ τῇ συγκλήτῳ βίβλον κατὰ τῶν ἐθνῶν συνταχθεῖσαν ἐπιδοῦναι, τὸν ὀνειδισμὸν τοῦ σταυροῦ μὴ αἰσχυνόμενος, καὶ ἄλλην βίβλον τοῖς τοῦ αὐτοῦ Ἀντωνίνου διαδόχοις, τουτέστι Μάρκῳ Ἀντωνίνῳ Βήρῳ, καὶ Λουκίῳ Αὐρηλίῳ Κομόδῳ. Ἔστι καὶ ἄλλη αὐτοῦ βίβλος κατὰ τῶν ἐθνῶν, ἐν ᾗ περὶ τῆς φύσεως τῶν δαιμόνων διαλέγεται, καὶ τέταρτον λόγον ὁμοίως κατὰ τῶν ἐθνῶν, ὃν ἐπέγραψεν Ἔλεγχος, καὶ ἄλλον περὶ τῆς τοῦ Θεοῦ μοναρχίας, καὶ ἄλλον ὀνόματι Ψάλτην, καὶ ἕτερον περὶ τῆς ψυχῆς. Διάλογον κατὰ τῶν Ἰουδαίων, ὃν ἔσχε κατὰ Τρύφωνος ἀρχηγοῦ τῶν Ἰουδαίων. Οὐ μὴν ἀλλὰ καὶ κατὰ Μαρκίωνος ἐπίσημα τεύχη, ὧντινων Εἰρηναῖος ἐν τῷ πέμπτῳ λόγῳ τῷ κατὰ τῶν αἱρετικῶν μέμνηται. Καὶ ἄλλη βίβλος κατὰ πασῶν τῶν αἱρέσεων, ἧς μέμνηται ἐν τῷ ἀπολογητικῷ, ὃν δέδωκεν Ἀντωνίνῳ τῷ Πίῳ. Οὗτος ἐν τῇ Ῥώμῃ ἔχων τὰς διατριβὰς, ἐλέγχων Κρήσκην (F. leg. Κρήσκεντα) τὸν Κυνικὸν, τὸν κατὰ τῶν χριστιανῶν βλασφημοῦντα, καὶ καλῶν αὐτὸν λαίμαργον, καὶ τὸν θάνατον φοβούμενον, ἄσωτόν τε καὶ ἀκόλαστον, τέλος τῇ τούτου σπουδῇ καὶ ἐπιβουλῇ, ὡς χριστιανὸς ὑπὲρ τοῦ Χριστοῦ [illegible]

sur la Pâque, un sur la Vie des Prophètes, un sur l'Eglise, un sur le Jour du Dimanche, un sur les Sens, un sur la Foi, un sur la Création, un sur l'Ame et le Corps, un sur le Baptême, un sur la Vérité, un sur la Génération du Ch[illegible] un sur sa Prophétie, un sur l'Hospitalité, un [illegible] dont le titre est *Clavis*; un sur le diable, l'Apo[illegible] de Jean, un sur l'Incarnation de Dieu, [illegible] res d'Eglogues. Tertullien loue [illegible] un peu emphatique, dans [illegible] crivit contre l'Eglise en fa[illegible] où il dit que plusieurs des [illegible] tes [illegible] pour un prophète.

CHAPITRE XXV.

Théophile, sixième évêque d'Antioche, sous l'empereur M. Antonin Vérus, composa un livre contre Marcion, qui nous reste encore. On dit que les trois volumes contre Autolycus sont de lui, ainsi qu'un livre contre l'hérésie d'Hermogène, et d'autres traités courts, mais élégants, destinés à l'édification de l'Eglise. J'ai lu, sous son nom, les commentaires sur l'Evangile et les Proverbes de Salomon, qui me paraissent bien loin de l'élégance et du tour de phrase des volumes déjà cités.

CHAPITRE XXVI.

Apollinaire, évêque de Hiérapolis, en Asie, florissait sous l'empereur M. Antonin Vérus, auquel il fit don d'un magnifique volume en faveur de la foi des chrétiens; il reste encore de lui cinq livres contre les Gentils, deux sur la Vérité contre les Cataphryges, qui s'élevaient alors avec Prisca et Maximille, folles prophétesses, en même temps que paraissait Montanus.

CAPUT XXIV.

Melito [illegible] lensis episcopus, librum imperatori M. A[illegible] Vero, qui Frontonis oratoris discipulus fuit, p[illegible] tiano dogmate dedit. Scripsit quoque et alia, [illegible] ista sunt, quæ subjecimus : De Pascha libros duo [illegible] de Vita Prophetarum librum unum, de Ecclesia librum unum, de Die Dominica librum unum, de Sensibus librum unum, de Fide librum unum, de Plasmate librum unum, de Anima et Corpore librum unum, de Baptismate librum unum, de Veritate librum unum, de Generatione Christi librum unum, de Prophetia sua librum unum, de Philoxenia librum unum, et alium librum qui Clavis inscribitur; de diabolo librum unum, de Apocalypsi Joannis librum unum, περὶ Ἐνσωμάτου Θεοῦ librum unum, et Ἐκλογῶν libros sex. Hujus elegans et declamatorium ingenium Tertullianus in septem libris, quos scripsit adversus Ecclesiam pro Montano, cavillatur, dicens eum a plerisque nostrorum prophetam putari.

Μελίτων Ἀσιανὸς, Σαρδέων Ἐπίσκοπος, βίβλον βασιλεῖ Μάρκῳ Ἀντωνίνῳ Βήρῳ, ὃς Φρόντωνος τοῦ ῥήτορος μαθητὴς [illegible], ὑπὲρ τοῦ τῶν χριστιανῶν δόγματος ἐπέδωκεν. [illegible]γραψε δὲ καὶ ἕτερα, ἀφ' ὧν τάδε ὑπετάξαμεν· περὶ τοῦ [illegible] λόγους δύο, περὶ Βίου προφητικοῦ λόγον ἕνα, περὶ Ἐκκλησίας λόγον ἕνα, περὶ Ἡμέρας Κυριακῆς λόγον ἕνα, περὶ Διανοίας λόγον ἕνα, περὶ τῶν Πιστῶν λόγον ἕνα, περὶ Πλάσεως ἕνα, περὶ Ψυχῆς καὶ σώματος ἕνα, περὶ Βαπτίσματος ἕνα, περὶ Ἀληθείας ἕνα, περὶ Γεννήσεως Χριστοῦ ἕνα, περὶ Προφητείας ἰδίας ἕνα, περὶ Φιλοξενίας ἕνα, καὶ ἕτερον λόγον, ὃς ἐπιγράφεται Κλεὶς, περὶ Διαβόλου ἕνα, περὶ Ἀποκαλύψεως Ἰωάννου ἕνα, καὶ περὶ τοῦ Ἐνσωμάτου θεοῦ λόγον ἕνα, Ἐκλογῶν λόγους ἕξ. Τούτου τὴν εὐφυΐαν ἐπαινῶν Τερτυλλιανὸς ἐν τοῖς ἑπτὰ λόγοις, οὓς ἔγραψε κατὰ τῆς Ἐκκλησίας ὑπὲρ Μοντανοῦ, λέγει ὅτι πολλοὶ τῶν ἡμετέρων νομίζουσιν αὐτὸν προφήτην.

CAPUT XXV.

Theophilus sextus Antiochensis Ecclesiæ episcopus, sub imperatore M. Antonino Vero librum contra Marcionem composuit, qui usque hodie exstat. Feruntur ejus et ab Autolycum tria volumina, et contra hæresim Hermogenis liber unus, et alii breves elegantesque tractatus ad ædificationem Ecclesiæ pertinentes. Legi sub nomine ejus in Evangelium et in Proverbia Salomonis Commentarios, qui mihi cum superiorum voluminum elegantia et phrasi non videntur congruere.

Θεόφιλος, ἕκτος τῆς ἐν Ἀντιοχείᾳ Ἐκκλησίας ἐπίσκοπος, βασιλεύοντος Μάρκου Ἀντωνίνου Βήρου, βίβλον κατὰ Μαρκίωνος συνέταξεν, ἥτις ἄχρι τήμερον τυγχάνει. Τούτου φέρεται καὶ πρὸς Αὐτόλυκον τρία τεύχη, καὶ κατὰ τῆς αἱρέσεως Ἑρμογένους λόγος εἷς, καὶ ἄλλαι βραχεῖαι βίβλοι, εἰς οἰκοδομὴν τῆς ἐκκλησίας ἀνήκουσαι. Ἀνέγνων ἐπ' ὀνόματι αὐτοῦ εἰς Εὐαγγέλιον καὶ εἰς Παροιμίας Σαλομῶντος ὑπομνήματα, ἅτινά μοι οὐ δοκοῦσι συμφωνεῖν τῇ εὐφυΐᾳ, καὶ τῇ φράσει τῶν προειρημένων συγγραμμάτων.

CAPUT XXVI.

Apolinaris Asiæ, Hierapolitanus episcopus, sub imperatore M. Antonino Vero floruit, cui et insigne volumen pro fide Christianorum dedit. Exstant

Ἀπολινάριος, Ἱεραπόλεως τῆς Ἀσίας ἐπίσκοπος, βασιλεύοντος Μάρκου Ἀντωνίνου Βήρου ἤνθησεν, ᾧτινι καὶ ἐπίσημον τεῦχος ὑπὲρ τῆς τῶν Χριστιανῶν πίστεως

CHAPITRE XXVII.

Denys, évêque de Corinthe, avait une éloquence et une habileté telles, que non-seulement le peuple de sa cité et de sa province, mais encore les évêques des autres villes et provinces, s'instruisaient par la lecture de ses lettres ; il en envoya une aux Lacédémoniens, une autre aux Athéniens, une troisième aux habitants de Nicomédie, une quatrième aux Crétois, une cinquième à l'Eglise d'Amastris et aux autres Eglises du Pont, une sixième aux Cnossiens et à Pinyte, évêque de cette ville ; une septième aux Romains, qu'il écrivit à Soter, leur évêque ; une huitième à Chrysophora, sainte femme. Il brilla sous les empereurs M. Antonin Vérus et L. Aurélius Commode.

CHAPITRE XXVIII.

Pinyte de Crète, évêque de Cnosse, écrivit à Denys, évêque de Corinthe, une lettre fort élégante ; d'après lui, ce n'est point toujours avec du lait qu'on doit nourrir les peuples, de crainte qu'à leur dernier jour on ne les prenne pour des enfants, mais bien avec des aliments substantiels, pour qu'ils arrivent à la vieillesse de la spiritualité. Lui aussi a brillé sous M. Antonin Vérus et L. Aurélius Commode.

CHAPITRE XXIX.

Tatien, qui avait débuté par l'enseignement de l'art oratoire, où par sa rhétorique il s'était acquis une grande renommée, devint le disciple de Justin-le-martyr. Dans l'Eglise, il eut ses succès tant qu'il ne la quitta pas. Peu après, enflé des succès de son éloquence, il enfanta

ejus et alii quinque adversum gentes libri, et de veritate duo, adversum Cataphrygas tunc primum exortos cum Prisca et Maximilla insanis vatibus, incipiente Montano.

ἐπίσκοπον. Εἰσὶ καὶ ἕτεροι πέντε αὐτοῦ κατὰ τῶν ἐθνῶν λόγοι, καὶ περὶ ἀληθείας δύο, καὶ κατὰ τῶν Φρυγῶν τότε πρῶτον ἀναφανέντων ἅμα Πρισκίλλῃ καὶ Μαξιμίλλῃ ἀνοσίοις προφήταις, ἀρξαμένου Μοντανοῦ.

CAPUT XXVII.

Dionysius, Corinthiorum Ecclesiæ episcopus, tantæ eloquentiæ et industriæ fuit, ut non solum suæ civitatis et provinciæ populos, sed et aliarum urbium et provinciarum episcopos epistolis erudiret. Ex quibus est una ad Lacedæmonios, alia ad Athenienses, tertia ad Nicomedienses, quarta ad Cretenses, quinta ad Ecclesiam Amastrianam, et ad reliquas Ponti Ecclesias, sexta ad Cnossianos, et ad Pinytum ejusdem urbis episcopum, septima ad Romanos, quam scripsit ad Soterem episcopum eorum, octava ad Chrysophoram, sanctam feminam. Claruit sub impp. M. Antonino Vero et L. Aurelio Commodo.

Διονύσιος τῆς κατὰ Κόρινθον Ἐκκλησίας ἐπίσκοπος τοσοῦτον εὐφραδὴς καὶ σπουδαῖος ἐγένετο, ὥστε μὴ μόνον τοὺς λαοὺς τῆς ἰδίας πόλεως καὶ ἐπαρχίας, ἀλλὰ καὶ ἑτέρων ἐπαρχιῶν καὶ πόλεων, δι' οἰκείων ἐπιστολῶν πεπαιδευκέναι, ἀφ' ὧν ἐστι μία πρὸς Λακεδαιμονίους, ἄλλη πρὸς Ἀθηναίους, τρίτη πρὸς Νικομηδεῖς, τετάρτη πρὸς Κρῆτας, πέμπτη πρὸς Ἀμαστριανὴν Ἐκκλησίαν, καὶ λοιπὰς Πόντου Ἐκκλησίας, ἕκτη πρὸς Κνωσσιανοὺς καὶ Πινυτὸν τῆς αὐτῆς πόλεως ἐπίσκοπον, ἑβδόμη πρὸς Ῥωμαίους, ἣν ἔγραψε πρὸς Σωτῆρα τὸν τούτων ἐπίσκοπον, ὀγδόη πρὸς Χρυσοφόραν εὐλαβῆ γυναῖκα. Διέπρεψεν ἐπὶ Μάρκου Ἀντωνίνου Βήρου, καὶ Λουκίου Αὐρηλίου Κομόδου.

CAPUT XXVIII.

Pinytus Cretensis, Cnossiæ urbis episcopus, scripsit ad Dionysium Corinthiorum episcopum valde elegantem epistolam ; in qua docet, non semper lacte populos nutriendos, ne quasi parvuli ab ultimo occupentur die ; sed et solido vesci debere cibo, ut in spiritalem proficiant senectutem. Et hic sub M. Antonino Vero et L. Aurelio Commodo floruit.

Πινυτὸς Κρήτης, Κνωσσοῦ τῆς πόλεως ἐπίσκοπος, ἔγραψε πρὸς Διονύσιον Κορίνθου ἐπίσκοπον πάνυ κομψὴν ἐπιστολήν, ἐν ᾗ διδάσκει, οὐκ ἀεὶ δεῖν τοὺς λαοὺς γάλακτι τρέφεσθαι, μήπως ὡς νήπιοι τῇ ἐσχάτῃ καταληφθῶσιν ἡμέρᾳ, ἀλλὰ καὶ στερεῷ βρώματι, ἵνα τῆς πνευματικοῦ προκόψωσι γήρως. Καὶ οὗτος ἐπὶ τῶν αὐτῶν ἤνθησεν.

CAPUT XXIX.

Tatianus, qui primum oratoriam docens, non parvam sibi ex arte Rhetorica gloriam comparaverat, Justini martyris sectator fuit, florens in Ecclesia, quamdiu ab ejus latere non discessit. Postea vero

Τατιανὸς ὃς πρῶον τὴν ῥητορικὴν διδάσκων, οὐκ ἐλαχίστην ἐκ τῆς ῥητορικῆς ἐπιστήμης δόξαν ἐκτήσατο, Ἰουστίνου τοῦ μάρτυρος σπουδαστὴς γέγονε διαπρέπων ἐν τῇ ἐκκλησίᾳ, ἐν ὅσῳ τῆς τούτου πλευρᾶς οὐκ ἀπέστη.

une nouvelle hérésie, qu'on nomme l'encratisme, que Sévère compléta, et dont les partisans s'appellent encore aujourd'hui Sévériens. Tatien écrivit une infinité de volumes, parmi lesquels il nous est parvenu un livre contre les Gentils, qui eut la plus grande vogue et qui est un des plus beaux. Lui aussi a vécu sous M. Antonin Vérus et L. Aurélius Commode.

CHAPITRE XXX.

Philippe, évêque de Gortyne, en Crète, dont parle Denys dans son épître à l'Eglise de cette ville, fit paraître un livre de mérite contre Marcion, sous les empereurs M. Antonin Vérus et L. Aurélius Commode.

CHAPITRE XXXI.

Musanus, qui n'est pas le moins illustre de tous ceux qui ont écrit sur le dogme ecclésiastique, écrivit, sous l'empereur M. Antonin Vérus, un livre à quelques-uns de ses frères, déserteurs de la vraie foi pour l'hérésie des encratites.

CHAPITRE XXXII.

Modeste a vécu sous les empereurs M. Antonin et L. Aurélius Commode, il écrivit contre Marcion un livre que nous possédons encore. On met sous son nom d'autres écrits, mais les érudit les rejettent comme apocryphes.

CHAPITRE XXXIII.

Bardesanes s'illustra en Mésopotamie. D'abord disciple de Valentin, il le réfuta dans la suite et fit paraître une nouvelle hérésie. D'après les Syriens, rien n'était ardent comme son esprit,

inflatus eloquentiæ tumore, novam condidit hæresim quæ Ἐγκρατιτῶν dicitur, quam postea Severus auxit, a quo ejusdem partis hæretici Severiani usque hodie appellantur. Porro Tatianus infinita scripsit volumina, e quibus unus contra Gentes florentissimus exstat liber, qui inter omnia opera ejus fertur insignis. Et hic sub imperatore M. Antonino Vero et L. Aurelio Commodo floruit.

Ὕστερον δὲ τῷ ὄγκῳ τῆς παιδεύσεως ἐπαρθεὶς, καινὴν συνεστήσατο αἵρεσιν, λέγω δὴ τὴν Ἐγκρατιτῶν, ἣν μετέπειτα Σεβῆρος ἐπηύξησεν, ἀφ' οὗ ἄχρι τοῦ παρόντος οἱ τούτου τοῦ μέρους αἱρετικοὶ Σεβηριανισταὶ ὀνομάζονται. Ὁ δὲ προειρημένος Τατιανὸς πάμπολλα συνεγράψατο τεύχη, ἀφ' ὧν ἐστὶ κατὰ τῶν ἐθνῶν λόγος εἷς πάνυ θαυμαστὸς, ὃς μεταξὺ πάντων αὐτοῦ τῶν συγγραμμάτων ἐπίσημός ἐστι. Καὶ οὗτος βασιλεύοντος Μάρκου Ἀντωνίνου Βήρου καὶ Αὐρηλίου Κομόδου ἤνθησεν.

CAPUT XXX.

Philippus, episcopus Cretensis, hoc est, urbis Gortynæ, cujus Dionysius in epistola sua meminit, quam scripsit ad ejusdem civitatis Ecclesiam, præclarum adversum Marcionem edidit librum, temporibusque M. Antonini Veri et L. Aurelii Commodi claruit.

Φίλιππος, ἐπίσκοπος Κρήτης πόλεως Γορτύνης, οὗτινος Διονύσιος ἐν τῇ ἐπιστολῇ αὐτοῦ μέμνηται, ἣν ἔγραψε πρὸς τὴν Ἐκκλησίαν προειρημένης πόλεως, ἔνδοξον πάνυ κατὰ Μαρκίωνος ἐξέδωκε βίβλον, (*Forte supplendum* καὶ) ἐν τοῖς καιροῖς τῶν προειρημένων διέπρεψεν.

CAPUT XXXI.

Musanus, non ignobilis inter eos qui de ecclesiastico dogmate scripserunt, sub imperatore M. Antonino Vero confecit librum ad quosdam fratres, qui de Ecclesia ad Encratitarum hæresim declinaverant.

Μουσανὸς, οὐκ ἄδοξος μεταξὺ τῶν περὶ ἐκκλησιαστικοῦ δόγματος συγγραψαμένων, ἐπὶ Μάρκου Ἀντωνίνου Βήρου κατεσκεύασε βίβλον, πρός τινας ἀδελφοὺς, τῶν ἀπὸ τῆς Ἐκκλησίας πρὸς τὴν τῶν Ἐγκρατιτῶν αἵρεσιν κατανευσάντων.

CAPUT XXXII.

Modestus et ipse sub imperatore M. Antonino et L. Aurelio Commodo, adversum Marcionem scripsit librum, qui usque hodie perseverat. Feruntur sub nomine ejus et alia syntagmata, sed ab eruditis quasi ψευδόγραφα repudiantur.

Μόδεστος, καὶ αὐτὸς ἐπὶ Ἀντωνίνου καὶ Κομόδου κατὰ Μαρκίωνος συνέταξε βίβλον, ἥτις ἄχρι σήμερον ὑπάρχει. Φέρεται καὶ ἄλλα αὐτοῦ συγγράμματα, ἅτινα παρὰ τῶν πεπαιδευμένων ψευδεπίγραφα ἀποδοκιμάζεται.

CAPUT XXXIII.

Bardesanes in Mesopotamia clarus habitus est, qui primum Valentini sectator, deinde confutator, no-

Βαρδησάνης, ἐν Μεσοποταμίᾳ λαμπρὸς φανεὶς, πρῶτον μὲν Βαλεντίνου σπουδαστὴς, ὕστερον δὲ ἀντίπαλος, και-

..ien de véhément comme ses disputes. Il multiplia les ouvrages presque contre tous les hérétiques, ses contemporains. Un surtout se fait remarquer par sa clarté et sa force, c'est celui qu'il donna à M. Antonin, sur le Destin. — Il en composa d'autres sur la persécution, que ses disciples ont traduit du syriaque en grec. Si tels sont le nerf et le brillant de la traduction, quels ne doivent-ils pas être dans le texte primitif?

CHAPITRE XXXIV.

Victor, treizième évêque de Rome, écrivit au sujet de la Pâque et quelques autres opuscules; il gouverna l'Eglise pendant dix ans, sous Sévère.

CHAPITRE XXXV.

Irénée, prêtre de Pothin, évêque de Lyon dans les Gaules, fut envoyé par les martyrs de cette ville à Rome, pour y traiter quelques questions touchant leur Eglise. Il portait au pape Eleuthère des lettres où son nom était couv. d'éloges. Dans la suite, quand Pothin fut deven nonagénaire, et qu'il eût reçu la couronne du martyre pour le Christ, il fut mis à sa place. Il est bien certain qu'il fut le disciple de Polycarpe, prêtre et martyr, dont nous avons déjà parlé. Il écrivit cinq livres contre les hérésies, et un petit volume contre les Gentils, un autre sur la

vam hæresim condidit. Ardens ejus a Syris prædicatur ingenium, et in disputatione vehemens. Scripsit infinita adversum omnes pene hæreticos, qui ætate ejus pullulaverant. In quibus clarissimus ille et fortissimus liber, quem M. Antonino (a) de Fato tradidit; et multa alia super persecutione volumina, quæ sectatores ejus de Syra lingua verterunt in Græcam. Si autem tanta vis est et fulgor in interpretatione, quantam putamus in sermone proprio?

τὴν αἵρεσιν συνεστήσατο. Τούτου παρὰ τῶν Σύρων ὑμνεῖται μεγαλοφυΐα καὶ ἐν διαλέξει σφοδρότης. Ἔγραψε πάμπολλα κατὰ πασῶν σχεδὸν τῶν αἱρέσεων τῶν ἐπὶ τῶν χρόνων αὐτοῦ ἀνακυψασῶν· ἐν οἷς περιφανής ἐστι καὶ γενναῖος ὁ λόγος, ὃν Μάρκῳ Ἀντωνίνῳ περὶ Μοίρας ἐπιδέδωκεν, ἀλλὰ καὶ ἄλλα πολλὰ περὶ διωγμοῦ τεύχη, ἅπερ οἱ τούτου σπουδασταὶ ἀπὸ τῆς Σύρας εἰς Ἑλληνικὴν διάλεξιν μετέφρασαν. Ὅπου δὲ τοσαύτη ἰσχύς ἐστι καὶ λαμπρότης ἐν τῇ ἑρμηνείᾳ, πόσην νομίζομεν ἐν τῷ οἰκείῳ λόγῳ ἔχειν * ἀρετήν.

CAPUT XXXIV.

Victor, tertius decimus Romanæ urbis episcopus, super quæstione Paschæ, et alia quædam scribens opuscula, rexit Ecclesiam sub Severo principe annis decem.

Βίκτωρ, τρισκαιδέκατος Ῥώμης ἐπίσκοπος, περὶ τῆς τοῦ Πάσχα ζητήσεως, καὶ ἄλλα τινὰ συντάξας τεύχη, ἐκυβέρνησε τὴν Ἐκκλησίαν βασιλεύοντος Σεβήρου ἐπ' ἔτη δέκα.

CAPUT XXXV.

Irenæus, Pothini episcopi, qui Lugdunensem in Gallia regebat Ecclesiam, presbyter, a martyribus ejusdem loci, ob quasdam Ecclesiæ quæstiones legatus Romam missus, honorificas super nomine suo ad Eleutherum episcopum perfert litteras. Postea jam Pothino prope nonagenario, ob Christum martyrio coronato, in locum ejus substituitur. Constat autem Polycarpi, cujus supra fecimus mentionem, sacerdotis et martyris, hunc fuisse discipulum.

Εἰρηναῖος, Ποθεινοῦ τοῦ ἐπισκόπου Λουγδούνου τῆς ἐν Γαλλίαις Ἐκκλησίας πρεσβύτερος, παρὰ τῶν μαρτύρων τῆς τοιαύτης πόλεως, διά τινας ἐκκλησιαστικὰς αἰτίας, πρεσβευτὴς εἰς Ῥώμην σταλείς, ἐπ' ὀνόματι οἰκείῳ δεξάμενος ἐπιστολὰς γεμούσας τιμῆς, πρὸς Ἐλεύθερον ἐπίσκοπον Ῥώμης ἀπηνέγκατο. Μετὰ δὲ ταῦτα, Ποθεινοῦ σχεδὸν ἐνενήκοντα ἔτους μαρτυρήσαντος, εἰς τὸν τούτου τόπον ὑπεισέρχεται. Ὡμολόγηται δὲ Πολυκάρπου, οὗτινος προεμνήσθημεν, γεγενῆσθαι μαθητής. Ἔγραψε πέντε κατὰ τῶν αἱρετικῶν βίβλους, καὶ κατὰ τῶν Ἐθνῶν τεῦχος βραχύ,

(a) Sunt docti viri qui hunc Antoninum nihil minus fuisse quam imperatorem vellnt et perperam scriptum ab Hieronymo *Marcum Antoninum* quem Eusebius duntaxat *Antoninum* dicit, quemdam, ut autumant, eo nomine Bardesanis socium. Nam et lib. vi Præparat. Evang. cap. 9, postquam hujusmet libri *de Fato* fragmentum attulisset luculentissimum, ita subdit, Bardesanem philosophari solitum ἐν τοῖς πρὸς τοὺς ἑταίρους διαλόγοις, *in Dialogis ad amicos*. Ad hæc Valesio minime est verisimile, libros Syro sermone scriptos imperatori Romano potuisse nuncupari : quod quidem argumentum et me movit aliquando. Verum si putes innui M. Antoninum Elegabulum, qui apud Phœnices Solis sacerdos fuit, Syrumque adeo sermonem optime noverat, jam nihil erit. Quod spectat Eusebii testimonium, personæ quæ in dialogis colloquentes inducuntur, minime omnium vetant quin liber ipse alteri possit inscribi. In hoc autem *de Fato* non præsumptus Antoninus, sed Philippus nescio quis disserit, ut neque ex hoc capite aliquid evincant qui in contraria opinione versantur. Cætera optime quadrant Hieronymianæ sententiæ, atque ipsa cum primis ratio temporis, siquidem Auctor Chronici Edesseni natum tradit Bardesanem anno Græcorum 465, hoc est Christi 154, Abgaro Mauni filio familiarem fuisse testatur Epiphanius hæresi 66, eique consentit Eusebius lib. v Præpar. cap. 10, ubi legem, cui sanciendæ regi auctor fuerit Bardesanes, ne quis se in posterum eviraret, durasse ait *ad tempora Antonini Cæsaris, non Pii appellati, sed Veri*. Quin etiam tradit idem Epiphanius, illum, cum orthodoxe sentiret, usque adeo flagrasse zelo Dei, ut audire recusarit Apollonium Antonini Imperatoris amicum suadentem, ut se Christianum esse negaret. Porro hic ejus *Liber de Fato* adversus Abidan Fati assertorem est editus. *Edit. Mig.*

discipline, un sur la prédication apostolique à son frère Martien, un qui contient plusieurs traités, un sur le schisme, à Blastus; un sur la monarchie, à Florin, où il démontre que Dieu n'est pas l'auteur du mal. De plus, il a composé un magnifique commentaire sur l'octave, à la fin duquel, se montrant voisin des temps apostoliques, il écrit ce qui suit : « Je vous conjure, vous qui transcrivez ce livre, au nom de Notre-Seigneur Jésus-Christ, de sa glorieuse venue, où il doit juger les vivants et les morts, de le collationner, après que vous l'aurez transcrit, et de le corriger avec le plus grand soin sur l'exemplaire qui vous a servi de modèle; je vous conjure aussi de transcrire cette prière, comme vous l'avez trouvée dans l'exemplaire. » On parle d'autres lettres de lui au pontife romain Victor, sur la question de la Pâque, où il l'avertit de ne pas rompre aisément l'unité du Collége; car Victor avait cru que plusieurs évêques d'Asie et d'Orient, qui célébraient la Pâque avec les Juifs le quatorzième jour de la lune, étaient passibles d'une condamnation. Cette sentence n'eut point l'adhésion de ceux qui la célébraient un jour différent. Il brilla surtout sous Commode, successeur de M. Antonin Vérus à l'empire.

CHAPITRE XXVI.

Pathène, philosophe stoïcien, d'après un antique usage d'Alexandrie, où, depuis l'évangélique Marc, furent toujours des docteurs ecclésiastiques, fut d'une sagesse et d'une érudition aussi consommées dans la sainte Ecriture que dans la littérature profane. Il fut demandé dans l'Inde par des légats de ce pays, et Démétrius, évêque d'Alexandrie, s'empressa de l'envoyer. Il y trouva que Barthélemi, l'un des douze, avait prêché la venue de Notre-Seigneur Jésus-Christ d'après l'Evangile de Mathieu, écrit en lettres hébraïques, qu'il apporta avec lui à son retour à Alexandrie. Il reste de lui beaucoup de commentaires de la sainte Ecriture; mais il servit beaucoup plus l'Église de vive-voix. Il enseigna sous Sévère et Antonin Caracalla.

Scripsit quinque adversus hæreses libros, et contra gentes volumen breve, et de disciplina aliud, et ad Martianum fratrem de Apostolica prædicatione, et librum variorum tractatuum, et ad Blastum de Schismate, et ad Florinum de Monarchia, sive quod Deus non sit conditor malorum, et de Ogdoade egregium commentarium, in cujus fine significans se Apostolicorum temporum vicinum fuisse, sic subscripsit : « Adjuro te, qui transcribis librum istum, per Dominum Jesum Christum, et per gloriosum ejus adventum, quo judicaturus est vivos et mortuos, ut conferas, postquam transcripseris, et emendes illum ad exemplar, unde scripsisti, diligentissime; hanc quoque obtestationem similiter transferas, ut invenisti in exemplari. » Feruntur ejus et aliæ ad Victorem episcopum Romanum de quæstione Paschæ epistolæ, in quibus commonet eum, non facile debere unitatem collegii scindere. Siquidem Victor multos Asiæ et Orientis episcopos, qui decima quarta luna cum Judæis Pascha celebrabant, damnandos crediderat. In qua sententia hi qui discrepabant ab illis, Victori non dederunt manus. Floruit maxime sub Commodo principe, qui M. Antonino Vero in imperium successerat.

καὶ περὶ ἐπιστήμης ἕτερον, καὶ πρὸς Μαρκιανὸν ἀδελφὸν περὶ τοῦ Ἀποστολικοῦ κηρύγματος, καὶ βίβλον ποικίλων διαλέξεων, καὶ πρὸς Βλάστον περὶ Σχίσματος, καὶ πρὸς Φλωρῖνον περὶ Μοναρχίας, καὶ Ὅτι ὁ Θεὸς κτίστης κακῶν οὐκ ἔστι, καὶ περὶ Ὀγδοάδος ἐξαίρετον σύνταγμα, ἐν τῷ τέλει δὲ τοῦ αὐτοῦ συντάγματος ὑπέγραψεν οὕτως· « Ὁρκίζω σε τὸν μεταγράφοντα ταύτην τὴν βίβλον, κατὰ τοῦ Κυρίου ἡμῶν Ἰησοῦ Χριστοῦ, καὶ κατὰ τῆς ἐνδόξου ἐλεύσεως αὐτοῦ, ἐν ᾗ κρινεῖ ζῶντας καὶ νεκρούς, ἵνα ἀντιβάλῃς μετὰ τὸ γράψαι, καὶ ἐκδιορθώσῃ πρὸς τὰ ἀντίγραφα, ἀφ' ὧν ἔγραψας, ἐπιμελῶς, καὶ ταύτην τὴν κατάκρισιν ὁμοίως μεταγράψῃς, καθὼς εὗρες ἐν τοῖς ἀντιγράφοις. » Φέρονται αὐτοῦ καὶ ἄλλαι πρὸς Βίκτορα ἐπίσκοπον Ῥώμης περὶ ζητήσεως τοῦ Πάσχα ἐπιστολαί, ἐν αἷς παραινεῖ αὐτῷ, μὴ ῥᾳδίως ὀφείλειν τὴν ἕνωσιν τῆς Ἀσίας καὶ τῆς Ἀνατολῆς ἐπισκόπους καθεῖλεν, οἵτινες τῇ τεσσαρεσκαιδεκάτῃ τῆς σελήνης μετὰ τῶν Ἰουδαίων τὸ Πάσχα ἐπετέλεσαν. Ταύτῃ δὲ τῇ γνώμῃ τοὺς διαφωνήσαντας μὴ συναινέσαι Βίκτορι. Ἤνθησε μάλιστα ἐπὶ Κομόδου Βασιλέως, ὅστις εἰς τόπον Ἀντωνίνου Βήρου ὑπεισῆλθεν.

CAPUT XXXVI.

Pantænus, Stoicæ sectæ philosophus, juxta quamdam veterem in Alexandria consuetudinem, ubi a Marco evangelista semper Ecclesiastici fuere Doctores, tantæ prudentiæ et eruditionis tam in Scripturis divinis quam in sæculari litteratura fuit, ut in Indiam quoque rogatus ab illius gentis legatis, a Demetrio Alexandriæ episcopo, mitteretur. Ubi reperit Bartholomæum de duodecim Apostolis, adventum Domini nostri Jesu Christi juxta Matthæi Evangelium prædicasse, quod Hebraicis litteris scriptum,

Πανταῖνος, Στωϊκοῦ δόγματος φιλόσοφος, κατά τινα παλαιὰν τῶν Ἀλεξανδρέων συνήθειαν, ἐν ᾗ ἀπὸ Μάρκου τοῦ εὐαγγελιστοῦ, ἐκκλησιαστικοὶ γεγόνασι διδάσκαλοι, τοσαύτης σοφίας καὶ παιδεύσεως, τοῦτο ἐν ταῖς θείαις γραφαῖς, τοῦτο δὲ καὶ τοῖς κοσμικοῖς γράμμασιν ὄντος γέγονεν, ὥστε παρακληθέντα (Al. περικληθέντα) αὐτὸν παρὰ τῶν Ἰνδίας πρεσβυτέρων, ὑπὸ Δημητρίου Ἀλεξανδρείας ἐπισκόπου εἰς τὴν Ἰνδίαν ἀποσταλῆναι, ἐν ᾗ εὗρε Βαρθολομαῖον ἐκ τῶν δώδεκα Ἀποστόλων, τὴν ἔλευσιν τοῦ Κυρίου Ἰησοῦ κατὰ ὁ Ματθαῖου Εὐαγγέλιον κηρύξαντα,

CHAPITRE XXXVII.

Lodon d'Asie, instruit sur l'Écriture-Sainte, à Rome, par Tatien, dont nous avons déjà parlé, a beaucoup écrit. Son principal ouvrage est contre Marcion, où il fait voir comment les Marcionites eux-mêmes ne sont pas d'accord entre eux, et contre le vieillard Apelle, autre hérétique dont il avait autrefois triomphé et dont il s'était moqué, parce qu'il prétendait ignorer le Dieu qu'il adorait. C'est dans ce même livre, adressé à Callistion, qu'il se dit avoir eu à Rome Tatien pour maître. Il composa de plus, sur l'ouvrage des Sept-Jours, d'élégants traités et un ouvrage remarquable contre les Cataphryges, sous les empereurs Commode et Sévère.

CHAPITRE XXXVIII.

Clément, prêtre de l'Église d'Alexandrie, disciple de Panthène, dont nous avons parlé, tint, après la mort de son maître, l'école ecclésiastique d'Alexandrie, et fut maître des catéchèses; on a de lui de beaux ouvrages, pleins d'érudition et d'éloquence, tant sur la Sainte-Écriture que sur la littérature profane; parmi lesquels on remarque huit livres intitulés *Stromates*, huit sur les hypothèses, un contre les Gentils, trois de pédagogie, un sur la Pâque, sur le jeûne; un autre, avec ce titre : Quel est le riche qui se sauvera? un sur les mauvaises langues, un sur les Canons ecclésiastiques, contre ceux qui suivent l'erreur des Juifs, livre qu'il lut lui-même à

revertens Alexandriam secum detulit. Hujus multi quidem in sanctam Scripturam exstant commentarii; sed magis viva voce Ecclesiis profuit. Docuitque sub Severo principe et Antonino, cognomento Caracalla.

ὅπερ Ἑβραϊκοῖς γράμμασι γεγραμμένον, εἰς τὴν Ἀλεξανδρείαν ἀναζεύξας, μεθ' ἑαυτοῦ ἐκόμισε. Τούτου πολλὰ ὑπομνήματα εἰς τὰς θείας γραφὰς τυγχάνει, ἀλλὰ μᾶλλον ζώσῃ ταῖς ἐκκλησίαις ὠφέλησεν. Ἐδίδαξε ἐπὶ Σεβήρου καὶ Ἀντωνίνου τοῦ ἐπίκλην Καρακάλου.

CAPUT XXXVII.

Rhodon, genere Asianus, a Tatiano, de quo supra diximus, Romæ in Scripturis eruditus, edidit plurima, præcipuumque adversus Marcionem opus, in quo refert quomodo ipsi quoque inter se Marcionitæ discrepent; et Apellem senem alium hæreticum a se quondam fuisse conventum, et risui habitum, eo quod Deum, quem coleret, ignorare se diceret. Meminit in eodem libro, quem scripsit ad Callistionem, Tatiani se Romæ fuisse auditorem. Sed et in Hexaemeron elegantes tractatus composuit, et adversum Phrygas insigne opus; temporibusque Commodi et Severi floruit.

Ῥόδων, Ἀσιανός, παρὰ Τατιανῷ τῷ προειρημένῳ, ἐν ταῖς θείαις Γραφαῖς παιδευθείς, ἐξέδωκε μὲν παμπολλα, ἐξαίρετον δὲ κατὰ Μαρκίωνος σύνταγμα, ἐν ᾧ ἐξηγεῖται ὅπως καὶ αὐτοὶ εἰς ἑαυτοὺς Μαρκιωνισταὶ διαφωνοῦσι, καὶ τὸν Ἀπελλῆν τὸν γέροντα ὁμοίως αἱρετικόν, συντετυχηκέναι αὐτοῖς, καὶ καταγέλαστον λογισθῆναι, εἰρηκότα ἐπὶ τὸν θεὸν ὃν σέβει, ἀγνοεῖ. Μέμνηται ἐν τῇ αὐτῇ βίβλῳ, ἣν ἔγραψε πρὸς Καλλιστίωνα, Τατιανοῦ γεγενῆσθαι ἐν τῇ Ῥώμῃ ἀκροατής, καὶ εἰς τὴν ἑξαήμερον δὲ κομψὰς ὁμιλίας συνέταξε, καὶ κατὰ τῶν Φρυγῶν ἐπίσημον ἔργον, ἀνθήσας ἐπὶ τῶν χρόνων Κομόδου καὶ Σεβήρου.

CAPUT XXXVIII.

Clemens, Alexandrinæ Ecclesiæ Presbyter, Pantæni, de quo supra retulimus, auditor, post ejus mortem Alexandriæ ecclesiasticam scholam tenuit, et κατηχήσεων magister fuit. Feruntur ejus insignia volumina, plenaque eruditionis et eloquentiæ, tam de Scripturis divinis, quam de sæcularis litteraturæ instrumento. E quibus illa sunt, στρωματεῖς, libri octo; Ὑποτυπώσεων libri octo; adversus Gentes, liber unus; Pædagogi libri tres, de Pascha liber unus, de jejunio disceptatio, et alius qui inscribitur « Quisnam dives ille sit, qui salvetur ; de obtrectatione liber unus ; de Canonibus ecclesiasticis, et adversum eos qui Judæorum sequuntur errorem, liber unus, quem proprie Alexandro, Hierosolymorum episcopo, προσεφώνησε. Meminit autem in Stromatibus suis voluminis Tatiani adversus Gentes, de quo supra diximus, et Cassiani cujusdam χρονογραφίας, quod opusculum invenire non potui. Necnon et de Judæis

Κλήμης, Ἀλεξανδρείας πρεσβύτερος, Πανταίνου, περὶ οὗ προείπομεν, ἀκροατής, ὃς μετὰ τὴν τούτου τελευτὴν τῆς διατριβῆς τῆς ἐν Ἀλεξανδρείᾳ Ἐκκλησίας κατέσχε, καὶ κατηχήσεων διδάσκαλος γέγονεν. Ἐπίσημά τε τεύχη, παιδεύσεως καὶ εὐγλωττίας ἀνάμεστα συνέταξε, τοῦτο μὲν τῶν θείων, τοῦτο δὲ καὶ κοσμικῶν, ἀφ' ὧν ἐστι τάδε Στρωματεῖς ὀκτώ, Ὑποτυπώσεων λόγοι ὀκτώ, κατὰ τῶν Ἐθνῶν, Παιδαγωγοὶ τρεῖς, περὶ τοῦ Πάσχα εἷς, περὶ Νηστείας διάλεξις, καὶ ἕτερος ἐπιγραφόμενος. Τίς ἄρα πλούσιος σωθήσεται, περὶ Κακολογίας λόγος, εἷς, περὶ Κανόνων ἐκκλησιαστικῶν, καὶ κατὰ τῶν ἀκολουθούντων τῇ τῶν Ἰουδαίων πλάνῃ λόγον, ὅντινα ἰδικῶς Ἀλεξάνδρῳ ἐπισκόπῳ Ἱεροσολύμων προσεφώνησε. Μέμνηται δὲ ἐν τοῖς ἰδίοις Στρώμασιν τοῦ τεύχους Τατιανοῦ τοῦ προειρημένου κατὰ τῶν Ἐθνῶν, καὶ Κασσιανοῦ τινος χρονογραφίας, ὅπερ ἐν τοῖς παλαιοῖς εὑρεῖν οὐκ ἠδυνήθημεν. Οὐδὲν δὲ ἧττον καὶ Ἰουδαίους Ἀριστόβουλόν τινα καὶ Δημήτριον, καὶ Εὐπόλεμον ἀναφέρει, οἷα κατὰ τῶν ἐθνῶν συγγραψαμένους καθ' ὁμοιότητα Ἰωσήπου, ἀρχαιο-

Alexandre, évêque de Jérusalem. Dans son livre des Stromates, il cite le volume de Tatien contre les Gentils, dont nous avons déjà parlé, ainsi que la Chronographie d'un certain Cassien, opuscule que je n'ai pu trouver. Il cite encore, parmi les Juifs, Aristobule, Démétrius, et Eupolème, qui ont écrit contre les Gentils et soutenu les origines de Moïse et de la nation juive, à l'exemple de Josèphe. Il reste d'Alexandre, évêque de Jérusalem, qui, plus tard, gouverna cette Eglise avec Narcisse, une épître aux habitants d'Antioche sur l'ordination du confesseur Asclépiade, où il les félicite, terminant par ces mots : « Voilà, seigneurs et frères, la lettre que je vous ai envoyée par le bienheureux Clément, prêtre, homme illustre et plein de probité, qui ne vous est point inconnu, et que vous reverrez avec plus de plaisir. Quand il vint ici, conduit par la Providence, il confirma et agrandit l'Eglise du Seigneur. » Il est bien certain qu'Origène fut son disciple. Il vécut sous Sévère et Antonin.

CHAPITRE XXXIX.

Miltiade, que cite Rhodon dans son ouvrage contre Montan, Prisca et Maximilla, écrivit contre les mêmes un volume, plusieurs autres contre les Gentils et les Juifs, et donna un livre d'apologie aux empereurs de ce temps-là. Il vécut sous M. Antonin et Commode.

PSAUME XL.

Apollonius, l'un des hommes les plus diserts, écrivit aussi contre Montan, Prisca et Maximilla, un long et beau volume, où il assure que Montan et ses folles prophetesses ont été pendus; entre beaucoup d'autres choses, il dit celles-ci au sujet de Prisca et de Maximilla: «Si elles prétendent n'avoir point reçu de présents, qu'elles avouent n'être pas prophètes ceux qui

Aristobulum quemdam et Demetrium et Eupolemum scriptores adversus Gentes refert, qui in similitudinem Josephi ἀρχαιογονίαν Moysi et Judaicæ gentis asseverant. Exstat Alexandri Hierosolymorum episcopi, qui cum Narcisso postea rexit Ecclesiam, epistola super ordinatione Asclepiadis confessoris ad Antiochenses, congratulantis eis, in qua ponit in fine : « Hæc vobis, domini ac fratres, scripta transmisi per Clementem beatum presbyterum, virum illustrem et probatum, quem vos quoque scitis, et nunc plenius recognoscetis, qui cum huc venisset juxta providentiam et visitationem Dei, confirmavit et auxit Domini Ecclesiam. Constat Originem hujus fuisse discipulum. Floruit autem Severi et Antonini filii ejus temporibus.

γονίας Μωϋσέως, καὶ τοῦ Ἰουδαϊκοῦ ἔθνους. Ἔστι καὶ Ἀλεξάνδρου Ἱεροσολύμων Ἐπισκόπου ὃς μετὰ Νάρκισσον ὕστερον προέστη τῆς Ἐκκλησίας, Ἐπιστολὴ περὶ χειροτονίας Ἀσκληπιάδου ὁμολογητοῦ, πρὸς Ἀντιοχεῖς, συγχαίροντος αὐτοῖς, ἐν ᾗ εἰς τὸ τέλος οὕτως λέγει· « Ταῦτα ὑμῖν, κύριοι ἀδελφοί τε, τὰ γράμματα πέπομφα, διὰ τοῦ μακαριωτάτου Κλήμεντος, ἀνδρὸς περιφανοῦς καὶ δεδοκιμασμένου, ὃν καὶ ὑμεῖς ἴστε, καὶ νῦν πλέον ἐπιγνώσεσθε, ὅστις ἐνταῦθα ἐλθὼν κατὰ πρόνοιαν καὶ ἐπισκοπὴν Θεοῦ, ἐστήριξε καὶ ηὔξησε τοῦ Κυρίου τὴν Ἐκκλησίαν. Ὁμολογεῖται τὸν Ὠριγένην τούτου γεγενῆσθαι μαθητήν. Ἤνθησε δὲ βασιλευόντων Σεβήρου καὶ Ἀντωνίνου τοῦ υἱοῦ αὐτοῦ.

CAPUT XXXIX.

Miltiades, cujus Rhodon in opere suo, quod adversus Montanum, Priscam Maximillamque composuit, recordatur, scripsit contra eosdem volumen præcipuum, et adversus Gentes Judæosque libros alios, et Principibus illius temporis Apologeticum dedit. Floruit autem M. Antonini Commodique temporibus.

Μιλτιάδης, οὗτινος Ῥόδων ἐν τῷ ἰδίῳ συγγράμματι τῷ κατὰ Μοντανοῦ καὶ Πρισκίλλης καὶ Μαξιμίλλης συντεθέντι, μέμνηται, ἔγραψε κατ' αὐτῶν τεῦχος ἐξαίρετον, καὶ κατὰ τῶν Ἐθνῶν τε καὶ Ἰουδαίων λόγους ἄλλους. Ἐπέδωκε δὲ τοῖς τηνικαῦτα βασιλεῦσι ἀπολογητικόν, ἀνθήσας τοῖς χρόνοις Μάρκου Ἀντωνίνου Κομόδου.

CAPUT XL.

Apollonius, vir disertissimus, scripsit adversus Montanum, Priscam et Maximillam insigne et longum volumen, in quo asserit Montanum, et insanas vates ejus periisse suspendio, et multa alia, in quibus de Prisca et Maximilla refert : « Si negant eas accepisse munera, confiteantur non esse Prophetas qui accipiant ; et mille hoc testibus approbabo. Sed et ex aliis fructibus probantur Prophetæ. Dic mihi, crinem fucat Prophetes? stibio oculos linit? Prophetæ vestibus et gemmis ornantur? Prophetes ta-

Ἀπολλώνιος, ἀνὴρ ἐλλογιμώτατος, ἔγραψε κατὰ Μοντανοῦ, Πρισκίλλης καὶ Μαξιμίλλης μέγα καὶ ἐπίσημον τεῦχος, ἐν ᾧ φησι Μοντανὸν καὶ τὰς μαινομένας προφήτιδας ἀπάγξασθαι, καὶ ἕτερα πολλά, ἐν οἷς περὶ Πρισκίλλης καὶ Μαξιμίλλης λέγει. Εἰ ἀρνοῦνται αὐτὰς εἰληφέναι δῶρα, καὶ διὰ χιλίων τοῦτο ἐλέγχω μαρτύρων. Ἀλλὰ καὶ δι' ἑτέρων ἔργων προφῆται δοκιμάζονται. Εἰπέ μοι, κόμην βάπτει προφήτης; στίβῳ τοὺς ὀφθαλμοὺς χρίει; προφήτης ἐσθήμασι καὶ μαργαρίταις κοσμεῖται; προφήτης τάβλᾳ καὶ βόλοις παίζει; τόκους λαμβάνει προφήτης;

les reçoivent, et je le prouverai par mille témoins. D'autres fruits font reconnaître un prophète. Un prophète peigne-t-il avec art ses cheveux? farde-t-il ses yeux? porte-t-il de beaux vêtements et des perles? un prophète joue-t-il, aux tablettes, aux dés? un prophète reçoit-il de l'argent? Qu'elles répondent : cela est-il permis, oui ou non? A moi de montrer ce qu'elles ont fait. » Dans le même livre, il dit qu'au moment où il écrit, il y a quarante ans qu'a commencé l'hérésie des Cataphryges. Tertullien, après avoir publié six volumes contre l'Eglise sur l'extase, en fit un septième surtout contre Appollonius, où il s'efforce de défendre tout ce qu'il a attaqué. Apollonius vécut sous Commode et Sévère.

CHAPITRE XLI.

Sérapion, ordonné évêque d'Antioche la onzième année de Commode, écrivit une épître à Caricus et à Pontius, sur l'hérésie de Montan, où il dit : « Afin de vous apprendre comment de tous côtés on repousse la folie de ce fameux dogmatisme, c'est-à-dire, de cette nouvelle prophétie, je vous ai envoyé les écrits du bienheureux Apollinaire, évêque de Phrygie. » Il envoya aussi un volume à Domninus qui, au moment de la persécution, avait penché vers les Juifs; il composa un autre livre sur l'Evangile qu'on dit être de Pierre, qu'il envoya à l'Eglise de Rhoses, en Cilicie, qui était tombée dans l'hérésie par la lecture de cet Evangile. Çà et là on lit quelques lettres courtes qui répondent au genre de vie ascétique de l'auteur.

CHAPITRE XLII.

Apollonius, sénateur romain, fut livré par un esclave à Sévère, sous l'empire de Commode, accusé d'être chrétien. Prié de rendre compte de sa foi, il composa un magnifique volume qu'il lut en plein sénat, ce qui ne l'empêcha pas d'être condamné par le sénat et d'avoir la tête tranchée pour le Christ, d'après une loi ancienne portant que tout chrétien traduit à sa barre ne peut être relâché sans une négation formelle.

bula ludit et tesseris? Propheta fenus accipit? Respondeant, utrum hoc fieri liceat, an non : meum est approbare quod fecerint. » Dicit in eodem libro, quadragesimum esse tantum usque ad tempus, quo ipse scribebat librum, ex quo hæresis Cataphygarum habuerit exordium. Tertullianus sex voluminibus adversus Ecclesiam editis, quæ scripsit περὶ ἐκστάσεως, septimum proprie adversus Apollonium elaboravit, in quo omnia quæ ille arguit conatur defendere. Floruit autem Apollonius sub Commodo Severoque principibus.

ἀποκριθῶσιν, εἰ τοῦτο γενέσθαι ἔξον, ἢ καὶ μὴ, καὶ ἐμὸν ἔσται ἐλέγξαι ὅτι περ πεποιήκασι. Λέγει ἐν αὐτῷ τῷ βιβλίῳ, τεσσαρακοστὸν εἶναι ἔτος ἕως τοῦ καιροῦ, ἐν ᾧ καὶ αὐτὸς συγγράφεται, ἀφ' οὗ τὴν ἀρχὴν ἐδέξατο ἡ αἵρεσις ἡ κατὰ τῶν Φρυγῶν. Τερτυλλιανὸς δὲ ἐκδεδωκὼς λόγους ἓξ κατὰ τῆς Ἐκκλησίας περὶ ἐκστάσεως, τὸν ἕβδομον ἰδικῶς κατὰ Ἀπολλωνίου συνέταξεν, ἐν ᾧ πάντα ἅπερ ἐκεῖνος ἐλέγχει ἐπιχειρεῖ ἐκδικεῖν. Ἤκμαζε δὲ Ἀπολλώνιος ἐπὶ Κομόδου καὶ Σευήρου.

CAPUT XLI.

Serapion, undecimo Commodi imperatoris anno Antiochiæ episcopus ordinatus, scripsit epistolam ad Caricum et Pontium, de hæresi Montani, in qua et hæc addit : « Ut autem sciatis falsi hujus dogmatis, id est, novæ prophetiæ ab omni mundo insaniam reprobari, misi vobis Apollinaris beatissimi, qui fuit in Hierapoli Asiæ episcopus, litteras. » Ad Domninum quoque, qui persecutionis tempore ad Judæos declinaverat, volumen composuit; et alium de Evangelio quod sub nomine Petri fertur, librum ad Rhosensem Ciliciæ Ecclesiam, quæ in hæresim ejus lectione diverterat. Leguntur et sparsim ejus breves epistolæ, auctoris suì ἀσκήσει et vitæ congruentes.

Σεραπίων τῷ ἑνδεκάτῳ ἔτει Κομόδου τοῦ βασιλέως, χειροτονηθεὶς τῆς Ἀντιοχέων ἐκκλησίας ἐπίσκοπος, ἔγραψεν ἐπιστολὴν πρὸς Καρικὸν καὶ Πόντιον, περὶ τῆς αἱρέσεως Μοντανοῦ, ταῦτα προσθείς· « Ἵνα δὲ γνῶτε τὴν βλάβην τοῦ δόγματος τούτου, τῆς καινῆς λέγω προφητείας, καὶ τὴν ἐν ὅλῳ τῷ κόσμῳ πάντων ἀποδοκιμασίαν ὑπάρχειν, ἔπεμψα ὑμῖν Ἀπολιναρίου, τοῦ μακαριωτάτου, ὃς γέγονεν Ἱεραπόλεως Ἀσίας ἐπίσκοπος, γράμματα· καὶ πρὸς Δόμνον δὲ τὸν τῷ καιρῷ τοῦ διωγμοῦ πρὸς τοὺς Ἰουδαίους καταπεσόντα συνέταξε τεῦχος, καὶ ἄλλο περὶ τοῦ Εὐαγγελίου, ὅπερ ἐπ' ὀνόματι Πέτρου φέρεται, καὶ πρὸς τὴν ἐν Ῥωσῷ τῆς Κιλικίας Ἐκκλησίαν βίβλον, ἥτις εἰς τὴν αἵρεσιν αὐτοῦ ἐξετράπη, καὶ τινας εἰς ἀνάγνωσιν τοῦ τούτου αἱρέσεως, καὶ μετέτρεψεν. Ἀναγινώσκονται δὲ καὶ σποράδην βραχεῖαί αὐτοῦ ἐπιστολαὶ τῇ ἀσκήσει καὶ τῷ βίῳ αὐτοῦ πρέπουσαι.

CAPUT XLII.

Apollonius, Romanæ urbis senator, sub Commodo principe a servo Severo proditus, quod Christianus

Ἀπολλώνιος, Ῥώμης συγκλητικὸς, ἐπὶ Κομόδου τοῦ βασιλέως παρὰ τοῦ δούλου παρὰ Σευήρῳ προδοθεὶς Χρισ-

CHAPITRE XLIII.

Théophile, évêque de Césarée, en Palestine, autrefois Tour de Straton, sous l'empereur Sévère, s'opposa à ceux qui, avec les Juifs, célébraient la Pâque le quatorzième jour de la lune, et, avec d'autres évêques, il composa une lettre synodique fort utile.

CHAPITRE XLIV.

Bacchyle, évêque de Corinthe, s'illustra sous ce même empereur Sévère. Il écrivit, au nom de tous les évêques de l'Achaïe, un livre élégant sur la Pâque.

CHAPITRE XLV.

Polycrate, évêque d'Ephèse, avec les autres évêques d'Asie, qui, d'après une vieille coutume, célébraient avec les Juifs la Pâque le quatorzième jour de la lune, écrivit à Victor, évêque de Rome, une lettre synodique où il prétend marcher sur les traces de l'apôtre Jean et des anciens. Nous en extrayons les passages suivants : « Nous célébrons ce jour inviolable, sans y rien ajouter, sans y rien retrancher. Car en Asie se sont éteints d'illustres flambeaux que le Seigneur rallumera, quand il viendra des cieux dans sa majesté ressusciter tous les saints ; j'entends parler de Philippe, l'un des douze, qui s'endormit à Hiérapolis, et de deux de ses filles qui ont vieilli dans leur virginité, et d'une troisième qui, remplie de l'Esprit-Saint, est morte à Ephèse. Bien plus, de Jean, qui

esset, impetrato, ut rationem fidei suæ redderet, insigne volumen composuit, quod in senatu legit : et nihilominus sententia senatus, pro Christo capite truncatus est, veteri apud eos obtinente lege, absque negatione non dimitti Christianos, qui semel ad eorum judicium pertracti essent.

ἱκανὸς εἶναι, ἐπιταγεὶς τε τῆς οἰκείας πίστεως δοῦναι λόγον, μέγα τεῦχος συνέταξεν, ὅπερ ἐν τῇ συγκλήτῳ ἀνέγνω, καὶ οὗτος οὐδὲν ἧττον ἀποφάσει τῆς συγκλήτου, ὑπὲρ τοῦ Χριστοῦ ἀπετμήθη, παλαιᾶς παρ' αὐτοῖς κατεχούσης συνηθείας, δίχα ἀρνήσεως μὴ ἀφεθῆναι τοὺς Χριστιανούς, τοὺς ἅπαξ εἰς τὴν αὐτῶν ἀκρόασιν ἑλκυσθέντας.

CAPUT XLIII.

Theophilus, Cæsareæ Palæstinæ (quæ olim Turris Stratonis vocabatur) Episcopus, sub Severo principe, adversum eos, qui decima quarta luna cum Judæis Pascha faciebant, cum cæteris Episcopis synodicam valde utilem composuit epistolam.

Θεόφιλος, Καισαρείας Παλαιστίνης, ἥτις πρώην πύργος Στράτωνος ἐκαλεῖτο, ἐπίσκοπος, ἐπὶ Σεβήρου τοῦ βασιλέως, κατὰ τῶν ἐπιτελούντων τὸ πάσχα μετὰ τῶν Ἰουδαίων τῇ τεσσαρεσκαιδεκάτῃ τῆς σελήνης, συνοδικὴν ἐπιστολὴν πάνυ θαυμαστὴν μετὰ ἑτέρων συνέταξεν.

CAPUT XLIV.

Bacchylus, Corinthi episcopus, sub eodem Severo principe clarus habitus, de Pascha ex omnium qui in Achaia erant episcoporum persona, elegantem librum scripsit.

Βακχύλος, Κορίνθου ἐπίσκοπος, ὁμοίως Σεβήρου βασιλεύοντος λαμπρὸς ὑπάρχων, περὶ τοῦ πάσχα ἐκ προσώπου πάντων τῶν ἐν Ἀχαΐᾳ ἐπισκόπων θαυμαστὴν συνέταξε βίβλον.

CAPUT XLV.

Polycrates, Ephesiorum episcopus, cum cæteris episcopis Asiæ, qui juxta quamdam veterem consuetudinem cum Judæis decima quarta luna Pascha celebrabant, scripsit adversus Victorem, episcopum Romanum, epistolam synodicam, in qua docet, se apostoli Joannis, et veterum auctoritatem sequi ; de qua hæc pauca excerpsimus : « Nos igitur inviolabilem celebramus diem, neque addentes aliquid, neque demenles. Etenim in Asia elementa maxima dormierunt, quæ resurgent in die Domini, quando venturus est de cœlis in majestate sua, suscitaturus omnes sanctos : Philippum loquor de duodecim Apostolis, qui dormivit Hierapoli, et duas filias ejus, quæ virgines senuerunt, et aliam ejus filiam, quæ Spiritu sancto plena in Epheso occubuit. Sed et Joannes, qui super pectus Domini recubuit, et pontifex ejus auream laminam in fronte portans, mar-

Πολυκράτης, Ἐφέσου ἐπίσκοπος, μετὰ τῶν λοιπῶν Ἀσίας ἐπισκόπων, τῶν ἐπιτελούντων τὴν ἑορτὴν τοῦ πάσχα μετὰ τῶν Ἰουδαίων τῇ τεσσαρεσκαιδεκάτῃ τῆς σελήνης, κατὰ Βίκτορος ἐπισκόπου Ῥώμης ἐπιστολὴν συνοδικὴν ἐξέδωκε, διδάσκων ὀφείλειν Ἰωάννου τοῦ ἀποστόλου, καὶ τῇ παλαιᾷ ἐξακολουθεῖν αὐθεντίᾳ, ἀφ' ἧς ὀλίγα διηγήσομαι· Ἡμεῖς τοίνυν ἀμίαντον ἐπιτελοῦμεν τὴν ἑορτήν, μηδὲ προστιθέντες, μηδὲ ὑφαιροῦντες. Καὶ γὰρ ἐν τῇ Ἀσίᾳ μεγάλα στοιχεῖα ἐκοιμήθη, ἅπερ ἀναστήσεται ἐν τῇ ἡμέρᾳ τοῦ Κυρίου, ὅτ' ἂν ἔλθῃ ἐκ τῶν οὐρανῶν ἐν τῇ οἰκείᾳ δόξῃ, ἐγείρων πάντας τοὺς ἁγίους· Φίλιππον λέγω ἐκ τῶν δώδεκα Ἀποστόλων, ὃς ἐκοιμήθη ἐν Ἱεραπόλει, καὶ τὰς δύο θυγατέρας, αἵτινες παρθένοι ἐγήρασαν, καὶ ἑτέραν αὐτοῦ θυγατέρα, ἥτις ἐν ἁγίῳ Πνεύματι πεπληρωμένη, ἐν Ἐφέσῳ ἐτελεύτησε. Καὶ Ἰωάννης, ὃς ἐπὶ τὸ στῆθος τοῦ Κυρίου ἀνέπεσε, καὶ ἱερεὺς αὐτοῦ γέγονε χρυσοῦν πέταλον ἐν τῷ μετώπῳ βαστάζων, μάρτυς καὶ διδάσκαλος ἐν τῇ Ἐφέσῳ ἐκοιμήθη, καὶ Πολύ-

a reposé sa tête sur la poitrine du Maître, pontife qui a porté sur son front une lame d'or et s'est endormi martyr et docteur à Éphèse; de Polycarpe, évêque et martyr, qui repose à Smyrne; de Thraséas qui, lui aussi, évêque et martyr d'Euménie, repose à Smyrne. Pourquoi rappeler les noms de Sagares, évêque et martyr, enseveli à Laodicée; du bienheureux Papirius; de Méliton, eunuque, qui a toujours servi le Seigneur dans l'Esprit-Saint, et dont le corps, enseveli à Sardes, attend la résurrection à la venue du Seigneur? Tous ces personnages-là ont célébré la Pâque le quatorzième jour de la lune, s'en tenant à la tradition évangélique et en fidèles observateurs des canons ecclésiastiques. Moi aussi, le dernier d'entre tous, Polycrate, j'ai suivi la doctrine des sept évêques voisins, dont je suis le huitième, et j'ai toujours célébré la Pâque pendant que les Juifs prenaient leurs azymes. Aussi, frère, âgé de soixante-cinq ans dans le Seigneur, renseigné par beaucoup de frères de tous les points du monde, après avoir parcouru l'Écriture, je ne craindrai pas ceux qui nous menacent. Mes ancêtres m'ont répété : Obéissez plutôt à Dieu qu'aux hommes. » Si j'ai cité ce passage, c'était pour montrer, au moyen de ce petit opuscule, le génie et l'autorité de l'auteur. Il vécut sous Sévère, en même temps que Narcisse de Jérusalem.

CHAPITRE XLVI.

Héraclide, sous les empereurs Commode et Sévère, a fait un commentaire sur l'Apôtre.

CHAPITRE XLVII.

Maxime, sous les mêmes empereurs, a traité, dans un magnifique ouvrage, la fameuse question de l'origine du mal et de la création de la matière par Dieu.

tyr et doctor in Epheso dormivit : et Polycarpus, episcopus et martyr, Smyrnæ cubat. Thraseas quoque episcopus et martyr de Eumenia in eadem Smyrna requiescit. Quid necesse est Sagaris episcopi et martyris recordari, qui in Laodicea soporatur, et Papirii beati, et Melitonis in sancto Spiritu eunuchi, qui semper Domino serviens, positus est in Sardis, et exspectat in adventu ejus resurrectionem? Hi omnes observaverunt Paschæ diem decima quarta luna, ab Evangelica traditione in nullam partem declinantes, et Ecclesiasticum sequentes canonem. Ego quoque minimus omnium vestrum Polycrates, secundum doctrinam propinquorum meorum, quos et secutus sum : septem siquidem fuerunt propinqui mei episcopi, et ego octavus : semper Pascha celebravi, quando populus Judæorum azyma faciebat. Itaque, fratres, sexaginta quinque annos ætatis meæ natus in Domino, et a multis ex toto orbe fratribus eruditus, peragrata omni Scriptura, non formidabo eos, qui nobis minantur. Dixerunt enim majores mei : Obedire Deo magis oportet, quam hominibus. » Hæc propterea posui, ut ingenium et auctoritatem viri ex parvo opusculo demonstrarem. Floruit temporibus Severi Principis, eadem ætate qua Narcissus Hierosolymæ.

καρπος ἐπίσκοπος καὶ μάρτυς ἐν τῇ Σμύρνῃ κατάκειται, καὶ Θρασέας ἐπίσκοπος καὶ μάρτυς ἀπὸ Εὐμενείας ἐν τῇ αὐτῇ Σμύρνῃ ἀναπαύεται. Οὐκ ἔστιν ἀνάγκη Σαγάριος ἐπισκόπου καὶ μάρτυρος μνησθῆναι, τοῦ ἐν Λαοδικείᾳ ἀναπαυσαμένου, καὶ Παπυρίου τοῦ μακαριωτάτου, καὶ Μελίτωνος ἐν τῷ ἁγίῳ Πνεύματι εὐνούχου, ὅστις ἀεὶ τῷ Κυρίῳ λατρεύων, ἐν Σάρδεσι κατετέθη, καὶ περιμένει ἐν τῇ αὐτοῦ ἐλεύσει τὴν ἀνάστασιν. Οὗτοι πάντες παρεφύλαξαν τὴν ἡμέραν τοῦ πάσχα τῇ τεσσαρεσκαιδεκάτῃ τῆς σελήνης, ἀπὸ τῆς Εὐαγγελικῆς παραδόσεως εἰς οὐδὲν μέρος ἀποκλίνοντες, καὶ Ἐκκλησιαστικῷ κανόνι ἑπόμενοι. Κἀγὼ δὲ ἐλάχιστος πάντων ὑμῶν Πολυκράτης, κατὰ τὴν διδαχὴν τῶν πλησίον μου, οἷς καὶ ἐξηκολούθησα· καὶ γὰρ ἑπτὰ ἐγένοντο συγγενεῖς μου ἐπίσκοποι, κἀγὼ ὄγδοος ἀεὶ τὸ πάσχα ἐτέλεσα, ὅτε ὁ τῶν Ἰουδαίων λαὸς τὰ ἄζυμα ἐποιεῖτο. Τοιγαροῦν, ἀδελφοί, ἑξήκοντα πέντε ἄγων ἔτη ἐν Κυρίῳ, καὶ παρὰ πολλῶν ἐκ πάσης τῆς οἰκουμένης ἀδελφῶν παιδευθεὶς, διελθὼν πᾶσαν γραφὴν, οὐ δειλιάσω τοὺς ἀπειλουμένους ἡμῖν. Εἰρήκασι γὰρ οἱ προηγησάμενοί μου, Πειθαρχεῖν μᾶλλον Θεῷ δεῖ ἢ ἀνθρώποις. Ταῦτα διὰ τοῦτο τέθεικα, ἵνα τὴν τοῦ ἀνδρὸς αὐθεντίαν ἐξ ἐλαχίστου συντάγματος ὑποδείξω. Ἤκμασεν ἐν τοῖς χρόνοις Σεβήρου τοῦ βασιλέως, ὁπηνίκα καὶ Νάρκισσος ἐν Ἱεροσολύμοις.

CAPUT XLVI.

Heraclitus sub Commodi Severique imperio in Apostolum Commentarios composuit.

Ἡράκλεις ἐπὶ Κομόδου καὶ Σεβήρου βασιλέως τὸν Ἀπόστολον ὑπεμνημάτισεν.

CAPUT XLVII.

Maximus, sub iisdem principibus famosam quæstionem insigni volumine ventilavit, unde malum, et quod materia a Deo facta sit.

Μάξιμος ἐπὶ τῶν αὐτῶν βασιλέων θαυμαστὸν ζήτημα ἐν ἐπισήμῳ τεύχει συνέταξε, τουτέστι, Πόθεν τὸ κακὸν, καὶ ὅτι ἐκ τοῦ Θεοῦ ἡ ὕλη ἐδόθη.

CHAPITRE XLVIII.

Candide, encore sous les mêmes règnes, a composé de très-beaux traités sur l'ouvrage des six jours.

CHAPITRE XLIX.

Appien, sous Sévère, a, lui aussi, composé des traités sur l'ouvrage des six jours.

CHAPITRE L.

Sextius, sous Sévère, a écrit un livre sur la résurrection.

CHAPITRE LI.

Arabien, encore sous Sévère, a composé quelques ouvrages sur le dogme chrétien.

CHAPITRE LII.

Judas a longuement disserté sur les soixante-dix semaines de Daniel, et nous a laissé une chronographie des temps antérieurs, jusqu'à la sixième année de Sévère. Il s'y est trompé en indiquant la venue de l'Antechrist comme contemporaine; on peut l'excuser, car la grandeur des persécutions était une menace pour la ruine du monde actuel.

CHAPITRE LIII.

Tertullien, prêtre, placé le premier des latins, après Victor et Apollonius, était originaire de Carthage, en Afrique. Son père, centurion, était proconsul. Doué d'un génie plein de pénétration et de véhémence, il fleurit sous Sévère et surtout sous Antonin Caracalla. Plusieurs des volumes sortis de sa plume sont tellement connus, que nous n'en parlerons pas. Nous avons

CAPUT XLVIII.

Candidus, regnantibus supra scriptis, in Hexaemeron pulcherrimos tractatus edidit.

Κάνδιδος βασιλευόντων τῶν προγεγραμμένων, εἰς τὴν Ἑξαήμερον ὡραίας συνέταξεν ὁμιλίας.

CAPUT XLIX.

Appion, sub Severo principe, similiter in Hexaemeron tractatus fecit.

Ἀπίων ἐπὶ Σεβήρου τοῦ βασιλέως, ὁμοίως εἰς τὴν Ἑξαήμερον ὁμιλίας συνεγράψατο.

CAPUT L.

Sextus sub imperatore Severo, librum de resurrectione scripsit.

Σέξτος ἐπὶ Σεβήρου τοῦ βασιλέως, βίβλον περὶ τῆς ἀναστάσεως συνεγράψατο.

CAPUT LI.

Arabianus sub eodem principe, edidit quædam opuscula ad Christianum dogma pertinentia.

Βραβιανὸς ἐπὶ τοῦ αὐτοῦ βασιλέως, ἐξέδωκέ τινα συντάγματα τῶν Χριστιανῶν δόγματι προσήκοντα.

CAPUT LII.

Judas de septuaginta apud Danielem hebdomadibus plenissime disputavit, et chronographiam superiorum temporum usque ad decimum Severi produxit annum. In qua erroris arguitur, quod adventum Antichristi circa sua tempora futurum esse dixerit; sed hoc ideo, quia magnitudo persecutionum præsentem mundi minabatur occasum.

Ἰούδας περὶ τῶν ἑβδομήκοντα ἑβδομάδων τῶν κατὰ Δανιὴλ ἀκριβῶς ἐξηγήσατο, καὶ χρονογραφίαν τῶν ἀνωτέρω χρόνων, ἕως τοῦ δεκάτου ἐνιαυτοῦ Σεβήρου τοῦ βασιλέως συνέταξεν, ἐν ᾗ καταγινώσκεται τὴν τοῦ Ἀντιχρίστου ἐπιστασίαν, περὶ τοὺς ἰδίους καιροὺς φήσας πλησιάζειν· τὸ γὰρ μέγεθος τοῦ τότε διωγμοῦ, ὡσανεὶ παροῦσαν ἐμήνυε τῆς οἰκουμένης ἀπώλειαν.

CAPUT LIII.

Tertullianus presbyter, nunc demum primus post Victorem et Appollonium Latinorum ponitur, provinciæ Africæ, civitatis Carthaginiensis, patre Centurione Proconsulari. Hic acris et vehementis ingenii, sub Severo principe et Antonino Caracalla

Τερτυλλιανὸς πρεσβύτερος, νῦν πρῶτος μετὰ Βίκτορα καὶ Ἀπολλώνιον ψηφίζεται τοὺς Ῥωμαϊκούς, ἐκ τῆς Καρχηδόνος τῆς Ἀφρικῆς ὁρμώμενος, πατρὸς κεντυρίωνος ἀνθυπατικοῦ. Οὗτος δεινὸς καὶ σφόδρα εὐφυὴς ἐπὶ Σεβήρου καὶ Ἀντωνίνου τοῦ ἐπίκλην Καρακάλλου, ἤνθησε,

connu un certain Paul de Concorde, en Italie, déjà sur le déclin de l'âge, qui nous assure avoir vu, dans sa jeunesse, le vieux secrétaire de saint Cyprien. Celui-ci, l'ayant rencontré à Rome, lui dit que Cyprien ne passait pas un seul jour sans lire Tertullien, et qu'il lui répétait souvent : Faites-moi passer le Maître, c'est-à-dire, Tertullien. Prêtre de l'Église jusqu'à la moitié de sa vie, poussé par l'envie et les tracasseries du clergé de Rome, il tomba dans le dogmatisme de Montanus. Dans plusieurs de ses livres, il parle d'une Nouvelle Prophétie ; il a beaucoup écrit contre l'Église, a traité de la pudeur, de la persécution, du jeûne, de la monogamie ; il a composé six livres sur l'extase, et le septième contre Apollonius. On dit qu'il parvint à un âge très-avancé et qu'il composa plusieurs ouvrages qui ne nous sont point parvenus.

CHAPITRE LIV.

Origène, ou bien Adamantius, perdit son père Léonide la dixième année du règne de Pertinax, dans une persécution soulevée contre les chrétiens où il fut couronné du martyre. Laissé pauvre avec six frères et sa mère, il n'avait alors que dix-sept ans. Tous ses biens, grâce à sa fidélité au Christ, étaient devenus la proie du fisc. L'Église d'Alexandrie venait à peine d'être dispersée, qu'à dix-huit ans, il aborda l'œuvre des catéchèses ; après quoi, Démétrius, évêque de cette ville, le mit à la place du prêtre Clément, où il s'illustra durant de longues années.

maxime floruit, multaque scripsit volumina, quæ quia nota sunt pluribus, prætermittimus. Vidi ego quemdam Paulum Concordiæ, quod oppidum Italiæ est, senem, qui se beati Cypriani, jam grandis ætatis, notarium, cum ipse admodum esset adolescens, Romæ vidisse diceret, referreque sibi solitum nunquam Cyprianum absque Tertulliani lectione unum diem præterisse, ac sibi crebro dicere, Da magistrum : Tertullianum videlicet significans. Hic cum usque ad mediam ætatem (*a*) presbyter Ecclesiæ permansisset, invidia postea et contumeliis clericorum Romanæ Ecclesiæ, ad Montani dogma delapsus, in multis libris Novæ Prophetiæ meminit, specialiter autem adversum Ecclesiam texuit volumina, de pudicitia, de persecutione, de jejuniis, de monogamia, de ecstasi libros sex, et septimum, quem adversum Apollonium composuit. Ferturque vixisse usque ad decrepitam ætatem, et multa, quæ non exstant, opuscula condidisse.

πολλὰ συντάξας τεύχη, ἅτινα διὰ τὸ πολλοῖς εἶναι ἐγνωσμένα παρεσιωπήσαμεν. Εἶδον ἐγὼ Παῦλον ἀπὸ Κονκορδίας τῆς Ἰταλίας γέροντα ὅστις τοῦ μακαριωτάτου Κυπριανοῦ νοτάριον, ἑαυτὸν πρεσβύτην ὄντα, ἔλεγεν, ἔτι νέος ὢν ἑωρακέναι ἐν τῇ Ῥώμῃ καὶ ἀκηκοέναι παρ' αὐτοῦ ὡς οὐδέποτε σχεδὸν ἡμέραν διετέλει Κυπριανὸς ἀναγνώσεως ἄνευ Τερτυλλιανοῦ γραφῆς, συχνῶς λέγοντος τοῦ αὐτοῦ Κυπριανοῦ· Ἐπίδος τὸν διδάσκαλον, Τερτυλλιανὸν δηλονότι φάσκων. Οὗτος ἄχρι μέσης ἡλικίας πρεσβύτερος τῆς ἐκκλησίας διαμείνας γέγονε, ὕστερον δὲ φθόνῳ καὶ προπηλακισμοῖς τῶν κληρικῶν τῆς ἐν Ῥώμῃ Ἐκκλησίας, εἰς τὸ Μοντανοῦ δόγμα ὀλισθήσας, πολλαῖς συντάξεσι βίβλοις, * καινῆς προφητείας μέμνηται, καὶ ἰδικῶς κατὰ τῆς Ἐκκλησίας συνεγράψατο, οὐδὲν δὲ ἧττον περὶ σωφροσύνης, περὶ διωγμοῦ, περὶ νηστείας, περὶ μονογαμίας, περὶ ἐκστάσεως λόγους ἕξ, καὶ ἕβδομον κατὰ Ἀπολλωνίου, καὶ ἕτερα πάμπολλα, ζήσας ἕως γήρους ἐσχάτου.

CAPUT LIV.

Origenes, qui et Adamantius, decimo Severi Pertinacis anno adversum Christianos persecutione commota, a Leonide Patre, Christi martyrio coronato, cum sex fratribus et matre vidua, pauper relinquitur, annos natus circiter decem et septem. Rem enim familiarem ob confessionem Christi fiscus occupaverat. Hic Alexandriæ dispersa Ecclesia, decimo octavo ætatis suæ anno, κατηχήσεων opus aggressus, postea a Demetrio, ejusdem urbis episcopo, in locum Clementis presbyteri confirmatus, per multos

Ὠριγένης, ὁ καὶ Ἀδαμάντιος, δεκάτῳ ἐνιαυτῷ Σεβήρου τοῦ Περτίνακος κατὰ τῶν Χριστιανῶν διωγμοῦ κινηθέντος, παρὰ Λεωνίδου πατρὸς, τοῦ καὶ μαρτυρήσαντος, μετὰ ἓξ ἀδελφῶν καὶ μητρὸς χήρας πένης κατελείφθη, ἐτῶν περί που δεκαεπτά. Τούτων γὰρ ἡ περιουσία διὰ τὸ εἶναι Χριστιανῶν ἐδημεύθη. Ὅστις ἐν Ἀλεξανδρείᾳ διασκορπισθεῖσαν τὴν Ἐκκλησίαν ὀκτωκαίδεκα ἐτῶν τὴν ἡλικίαν ἄγων, κατηχήσεων ἐπιστήμην παρείληφε, μετ' οὐ πολὺ παρὰ Δημητρίου τῆς αὐτῆς πόλεως ἐπισκόπου, εἰς τόπον Κλήμεντος πρεσβυτέρου κατασταθεὶς, ἐπὶ ἔτη πολλὰ διέ-

(*a*) Et sunt tamen qui negant [illegible] fuisse *presbyterum* Tertullianum, et veterem nullum ex Antiquis id unquam tradidisse, unde hic apud Hieronymum pro *presbyter Ecclesiæ* legendum contendunt *[illegible] Ecclesiæ*, ut aiunt, constet Hieronymus, qui aliter dicere videretur, fuisse Tertullianum in infantia presbyterii gradu donatum, in quo usque ad mediam ætatem permanserit, tunc esse presbyter cessaverit, id quod cum Ecclesiæ doctrina [illegible] consistere nullo modo potest. His tamen Auctorum omnium qui de Tertulliano locuti sunt sive in Bibliothecis ecclesiasticis, sive aliis [illegible], aliquos quod de Hieronymi textu dubitarunt. Tum optime habere quod hic dicitur *presbyter Ecclesiæ*, non presbyterum [illegible], ut intelligas dici Tertullianum ad id usque temporis catholicæ fuisse [illegible] in presbyterii gradu, postea ad Montanistas defecisse, apud quos, etiamsi presbyter esse non desierit, tamen *Ecclesiæ presbyter* non amplius fuerit. Vide Tillemontium, Fleurium atque alios. Ex antiquis Auctor *Prædestinati*, qui certe ante Hieronymum Romanum scripsit, a quo laudatur et creditur a doctis sæculi Auctor, *presbyteratum* expresse Tertulliano tribuit. Denique ipse se Tertullianus a Laicis distinguit lib. de Anima cap. 9. Quod si lib. de Monogamia et Exhortat. ad Castitatem se cum Laicis confundit, id causæ est, quod eos libros composuit, cum ad Montanistas defecisset. *Edit. Mig.*

Arrivé au milieu de sa vie, il se rendait par la Palestine à Athènes, avec l'appui d'une lettre apostolique, à cause des Eglises de l'Achaïe, infestées par plusieurs hérésies, lorsque Théotiste et Alexandre, évêques de Césarée et de Jérusalem, l'ordonnèrent prêtre, ce qui offensa vivement Démétrius. Celui-ci ne se contint plus et remplit le monde d'écrits contre Origène. Il est certain qu'avant d'aller à Césarée, il se trouva à Rome sous l'évêque Zéphirin, et que revenu aussitôt à Alexandrie, il se donna pour collaborateur des catéchèses le prêtre Héraclas, qui portait l'habit de philosophe, et qui, après Démétrius, gouverna l'évêché d'Alexandrie.

Telle était sa renommée, que Firmilien, évêque de Césarée, l'invita avec toute la Cappadoce et le garda. Dans la suite, cet évêque s'étant rendu en Palestine, à l'occasion des Lieux-Saints, Origène lui enseigna pendant longtemps l'Ecriture-Sainte. Bien plus, appelé par Mammea, femme religieuse, mère de l'empereur Alexandre, il vint à Antioche, où on le tint en grand honneur; il écrivit à l'empereur Philippe, qui fut à Rome le premier prince chrétien, ainsi qu'à la mère de cet empereur, des lettres qu'on possède encore aujourd'hui. Est-il quelqu'un qui ignore son immense amour de l'Écriture-Sainte, qui lui fit apprendre l'hébreu, en dépit de son âge et de sa nationalité, et réunir, à l'exception des Septante, les autres éditions en un seul volume, à savoir : celle d'Aquila, prosélyte du Pont, celle de Théodotion, hébionien, et de Symmaque, hébionien lui aussi, qui écrivit des commentaires sur l'Evangile selon Mathieu, sur

annos floruit : et cum jam mediæ esset ætatis, et propter Ecclesias Achaiæ, quæ pluribus hæresibus vexabantur, sub testimonio Ecclesiasticæ epistolæ Athenas per Palæstinam pergeret, a Theoctisto et Alexandro, Cæsareæ et Hierosolymorum episcopis, presbyter ordinatus, Demetrii offendit animum : qui tanta in eum debacchatus est insania, ut per totum mundum super nomine ejus scriberet. Constat eum, antequam Cæsaream migraret, fuisse Romæ sub Zephyrino episcopo, et statim Alexandriam reversum, Heraclan presbyterum, qui sub habitu philosophi perseverabat, adjutorem sibi fecisse κατηχήσεως, qui quidem et post Demetrium Alexandrinam tenuit Ecclesiam.

Quantæ autem gloriæ fuerit, hinc apparet, quod Firmilianus, Cæsareæ episcopus, cum omni Cappadocia eum invitavit, et diu tenuit, et postea sub occasione sanctorum locorum Palæstinam veniens, diu Cæsareæ in sanctis Scripturis ab eo eruditus est. Sed et illud, quod ad Mammeam, matrem Alexandri imperatoris, religiosam feminam, rogatus venit Antiochiam, et summo honore habitus est : quodque ad Philippum imperatorem, qui primus de regibus Romanis Christianus fuit, et ad (e) matrem ejus litteras fecit, quæ usque hodie extant. Quis ignorat et quod tantum in Scripturis divinis habuerit studii, ut etiam Hebræam linguam, contra ætatis gentisque suæ naturam edisceret : et exceptis Septuaginta interpretibus, alias quoque editiones in unum congregaret volumen : Aquilæ scilicet Pontici proselyti, et Theodotionis Hebionei, et Symmachi ejusdem dogmatis, qui in Evangelium quoque κατὰ Ματθαῖον scripsit commentarios, de quo et suum dogma confirmare conatur. Præterea quintam et sex-

πορῆς, μεσήλιξ τε γενόμενος, διὰ τὰς ἐν τῇ Ἀχαΐᾳ Ἐκκλησίας, αἵτινες παρὰ πολλῶν αἱρέσεων ἐσκύλλοντο, ἐπὶ μαρτυρίᾳ Ἐκκλησιαστικῆς ἐπιστολῆς ἀπιὼν διὰ Παλαιστίνης εἰς Ἀθήνας, παρὰ Θεοκτίστου καὶ Ἀλεξάνδρου Καισαρείας καὶ Ἱεροσολύμων ἐπισκόπων, πρεσβύτερος χειροτονηθεὶς, Δημητρίῳ προσέκρουσεν, ὅστις τοιαύτῃ κατ' αὐτοῦ ἐχρήσατο ἀνοίᾳ, ὥστε ἐπ' ὀνόματι αὐτοῦ πᾶσαν τὴν οἰκουμένην γράψαι. Πρὸ τοῦ δὲ μετελθεῖν εἰς Καισάρειαν, τὴν Ῥώμην κατείληφεν ἐπὶ Ζεφυρίνου ἐπισκόπου, εὐθύς τε εἰς Ἀλεξάνδρειαν ἀναζεύξας, Ἡρακλᾶν τὸν πρεσβύτερον τὸν ἐν σχήματι φιλοσόφου διατελοῦντα, βοηθὸν συνελάβετο κατηχήσεως, ὅστις καὶ μετὰ Δημήτριον τὴν Ἀλεξανδρέων ἐκυβέρνησεν Ἐκκλησίαν. Ὅσης δὲ δόξης ἐγένετο, ἐκ τούτου δηλοῦται· Φιρμιλλιανὸς γὰρ Καισαρείας ἐπίσκοπος μετὰ πάσης τῆς Καππαδοκίας καὶ προέτρεψεν αὐτὸν, καὶ ἐπὶ πολὺ κατέσχε, καὶ ὕστερον προφάσει τῶν ἁγίων τόπων εἰς Παλαιστίνην ἐλθὼν, ἐν τῇ Καισαρείᾳ παρ' αὐτοῦ τὰς θείας ἐπαιδεύθη γραφάς· Κἀκεῖνο δὲ οὐδεὶς ἀγνοεῖ, ὅτι περ πρὸς Μαμέαν τὴν μητέρα Ἀλεξάνδρου τοῦ Βασιλέως εὐλαβεστάτην γυναῖκα παρακληθεὶς, ἦλθεν εἰς Ἀντιόχειαν, καὶ ἐν μεγίστῃ γέγονε τιμῇ· καὶ πρὸς Φίλιππον τὸν βασιλέα τὸν πρῶτον ἐκ τῶν Ῥωμαίων βασιλέων Χριστιανὸν γενόμενον, καὶ πρὸς τὴν τούτου μητέρα γράμματα ἀπέσταλκεν, ἄχρι τοῦ παρόντος τυγχάνοντα· καὶ ὅτι τοσαύτην ἔσχε σπουδὴν περὶ τὰς θείας γραφὰς, ὥστε καὶ τὴν Ἑβραϊκὴν διάλεξιν ἐναντιουμένην τῇ τε ἡλικίᾳ, καὶ τῇ οἰκείᾳ φύσει, ἐκμαθεῖν· καὶ δίχα τῶν Ἑβδομήκοντα ἑρμηνευτῶν, ἄλλας ἐκδόσεις εἰς ἓν συναγαγεῖν, Ἀκύλα λέγω Ποντικοῦ προσηλύτου, καὶ Θεοδοτίωνος Ἠβιωναίου, καὶ Συμμάχου τοῦ αὐτοῦ δόγματος, ὃς τὸ κατὰ Ματθαῖον Εὐαγγέλιον ὑπεμνημάτισε, δι' οὗ καὶ τὸ ἴδιον δόγμα βεβαιῶσαι σπεύδει. Ὁμοίως δὲ πέμπτην καὶ ἕκτην καὶ ἑβδόμην τὰς ἐκδόσεις, ἅστινας καὶ ἡμεῖς ἐκ τῆς αὐτοῦ βιβλιοθήκης ἔσχομεν, πολλῷ πόνῳ εὑρὼν, μετὰ ἑτέρων ἐκδόσεων συνήψατο. Καὶ ἐπειδὴ τὸν ἔλεγχον τῶν αὐτοῦ συνταγμάτων ἐν τῷ τεύχει τῶν ἐπιστολῶν τῶν πρὸς Παῦλαν παρ' ἡμῶν γραφεισῶν, ἐν μιᾷ ἐπιστολῇ

(e) Oracillam Severam Philippi junioris matrem, et senioris conjugem, unde γαμετὴν Σεβήραν dixit Euseb., non matrem. Eam epistolam etiam Vincentius Lyrinensis Commonit. I, cap. 23, his verbis laudat : *Quæ autem privato eas solum conditioni, sed ipsi quoque fecerit reverendus imperio, declarat historia, quæ eum a matre Alexandri imperatoris accitum ferunt, cœlestis utique sapientiæ merito, cujus et ille gratia, et illa amore flagrabat. Sed et ejusdem epistolæ testimonium perhibent, quas ad Philippum imperatorem, qui primus Romanorum principum Christianus fuit, Christiani magisterii auctoritate conscripsit.* Unam porro epistolam, non plures, intellige, eamque circa annum scriptam 24[illegible].

lequel il tâche d'appuyer son dogme. Il a ensuite admirablement révisé les cinquième, sixième et septième éditions, que nous possédons de sa bibliothèque, et les a confrontées avec les autres.

Comme la liste des ouvrages qu'il a composés se trouve dans les lettres que nous avons adressées à Paule, et dans une épître que nous écrivîmes contre les ouvrages de Varron, je la passe ici sous silence. Sur son immortel génie, je me garderai bien de taire qu'il possédait la dialectique, la géométrie, l'arithmétique, la musique, la grammaire et la rhétorique. Il connaissait les sectes de tous les philosophes, au point d'avoir pour élèves des amis de la littérature profane. Tous les jours, il leur donnait des interprétations, et chaque fois se renouvelait un admirable concours d'auditeurs. Il les recevait avec plaisir, afin qu'à propos de littérature profane il les amenât à la foi. Inutile de parler de la cruauté de la persécution élevée sous Dèce contre les chrétiens, car elle compte au nombre de ses victimes Philippe, Fabien, évêque de Rome, qui périrent ; Alexandre et Babylas, évêques de Jérusalem et d'Antioche, qui moururent en prison pour confesser le Christ. Si l'on veut savoir ce qui arriva à Origène, qu'on lise d'abord ses lettres qui suivirent la persécution, et qu'on feuillette le sixième livre sur l'Histoire Ecclésiastique d'Eusèbe de Césarée, et les six volumes sur ce même Origène, et on pourra facilement l[e sa]voir. Il vécut jusqu'à Gallus et Volusien, c'est-à-dire jusqu'à la soixante-neuvième année de son âge ; il mourut à Tyr, où il fut enseveli.

tam et septimam editionem, quas etiam nos de ejus bibliotheca habemus, miro labore reperit, et cum cæteris editionibus comparavit.

Et quia indicem operum ejus in voluminibus epistolarum, quas ad Paulam scripsimus, in quadam (a) epistola contra Varronis opera conferens posui, nunc omitto : illud de immortali ejus ingenio non tacens, quod dialecticam quoque et geometriam, et arithmeticam, musicam, grammaticam et rhetoricam, omniumque philosophorum sectas ita didicit, ut studiosos quoque sæcularium litterarum sectatores haberet, et interpreraretur eis quotidie, concursusque ad eum miri fierent : quos ille propterea recipiebat, ut sub occasione sæcularis litteraturæ in fide Christi eos institueret. De crudelitate autem persecutionis, quæ adversum Christianos sub Decio consurrexit, eo quod in religionem Philippi desæviret, quem et interfecit, superfluum est dicere : cum etiam Fabianus, Romanæ Ecclesiæ episcopus, in ipsa occubuerit, et Alexander Babylasque Hierosolymorum et Antiochenæ Ecclesiæ pontifices, in carcere pro confessione Christi dormierint. Et super Origenis statu si quis scire velit, quid actum sit, primum quidem de epistolis ejus, quæ post persecutionem ad diversos missæ sunt ; deinde de sexto Eusebii Cæsariensis ecclesiasticæ historiæ libro, et pro eodem Origene in sex voluminibus, poterit (b) liquido cognoscere. Vixit usque ad Gallum et Volusianum, id est usque ad LXIX ætatis suæ annum ; et mortuus est Tyri, in qua urbe et sepultus est.

συγκρίνων τοῖς Βάῤῥωνος ἔργοις τέθεικα, νῦν παραλιμπάνω, ἐκεῖνο περὶ τῆς αὐτοῦ ἀθανάτου εὐφυΐας μὴ σιωπῶν, ὅτι περ διαλεκτικὴν, καὶ γεωμετρικὴν, ἀριθμητικὴν, μουσικὴν, γραμματικὴν, καὶ ῥητορικὴν, καὶ πάντων τῶν φιλοσόφων τὰ δόγματα, οὕτως ἐξέμαθεν, ὥστε σπουδαστὰς τῶν κοσμικῶν γραμμάτων ἀκροατὰς ἐσχηκέναι, καὶ ἐξηγεῖσθαι αὐτοῖς ἑκάστοτε, συνδρομάς τε πρὸς αὐτὸν πολλὰς γίνεσθαι, ἃς διὰ τοῦτο ἐδέχετο, ἐφ' ᾧγε προφάσει τῆς διδασκαλίας, εἰς τὴν τοῦ Χριστοῦ πίστιν ἀνάγειν πάντας. Περὶ γὰρ τῆς ὠμότητος τοῦ διωγμοῦ, τοῦ κατὰ τῶν Χριστιανῶν ἐπὶ Δεκίου κινηθέντος· ἐλύσσα γὰρ εἰς Φιλίππου εὐλάβειαν, ὃν καὶ ἀπέκτεινεν· εἰπεῖν ἡγοῦμαι περιττόν. Ἐν αὐτῷ γὰρ τῷ διωγμῷ, καὶ Φαβιανὸς ὁ Ῥώμης ἐπίσκοπος ἐτελεύτησεν, καὶ Ἀλέξανδρος καὶ Βαβύλας Ἱεροσολύμων καὶ Ἀντιοχείας ἐπίσκοποι, ἐν τῇ φυλακῇ ὁμολογηταὶ ἐκοιμήθησαν. Εἴ τις γὰρ περὶ Ὠριγένους μαθεῖν ἐθελήσῃ, πρῶτον μὲν ἐκ τῶν ἐπιστολῶν αὐτοῦ, τῶν μετὰ τὸν διωγμὸν πρὸς διαφόρους ἀποσταλεισῶν, ἔπειτα δὲ καὶ ἀπὸ τοῦ ἕκτου λόγου τῆς Εὐσεβίου Καισαρείας ἐπισκόπου ἱστορίας, καὶ ὑπὲρ τοῦ αὐτοῦ Ὠριγένους βιβλίων ἓξ τηλαυγῶς μαθεῖν δυνήσεται. Ἔζησεν ἕως Γάλλου, καὶ Βολουσιανοῦ, τοῦτ' ἔστιν ἕως ἐννάτου καὶ ἑξηκοστοῦ τῆς ἡλικίας αὐτοῦ ἔτους, καὶ ἐκοιμήθη ἐν Τύρῳ, ἐν ᾗ καὶ ἐτάφη.

(b) *In quadam Epistola.* Hæc epistola injuria temporum intercidit ; cujus tamen bonam partem Rufini invectiva nobis conservatam prodidit. Vide supra in fine Epistolarum secundæ classis. Cæterarum quoque volumina Epistolarum invidit posteris humilitas ac modestia sanctæ Paulæ, quæ noluit nomen suum celebrari ex Epistolis S. Hieronymi. MARTIAN.— Hujus epistolæ fragmentum servavit Rufinus in Invectivarum lib. II, quod et nos inde ascitum in priori tomo, epist. 33, exhibemus. Eumdem indicem Eusebius instituerat in vita S. Pamphili mart. quacum una periit.

(a) *Liquido cognoscere.* Inter hæc verba *cognoscere* et *vixit*, addita leguntur consequentia verba in codice ms. Ambrosianæ bibliothecæ num. 281, et in Vaticanis 318, 319 ; « Hæc laus Origenis et falsa est, et deceptio plurimorum, qui in amorem ejus provocantur : cum constet eum super omnes hæreticos venenato ore (*vel* venerario) inauditas et intolerabiles blasphemias spiritu diabolico in Dominum nostrum Jesum Christum locutum fuisse : quique a sanctis Patribus, episcopis, et monachis anathematizatus, etiam bona ipsius minime legi debere. Vixit, etc. » MARTIAN. — In ms. Ambrosiano 281 et duobus Vaticanis Scholion hujusmodi ineptissimum invenit Martianæus : *Hæc laus Origenis et falsa est, et deceptio plurimorum, qui in amorem ejus provocantur, cum constet eum super omnes hæreticos venenato ore inauditas et intolerabiles blasphemias spiritu diabolico in Dominum Jesum Christum locutum fuit quique a sanctis Patribus, episcopis et monachis anathematizatus, etiam bona illius minime legi debere.*

CHAPITRE LV.

Ammonius, homme disert et très-érudit en philosophie, passait à cette même époque pour un homme illustre à Alexandrie. Parmi les nombreux et magnifiques monuments de son génie, il a laissé un élégant ouvrage sur l'accord parfait de Moïse et de Jésus. Il composa les Canons évangéliques, que suivit plus tard Eusèbe de Césarée. Il n'est pas vrai, comme l'a prétendu Porphyre, qu'il ait quitté le christianisme pour le paganisme, attendu qu'il a persévéré jusqu'à sa mort dans la religion chrétienne.

CHAPITRE LVI.

Ambroise, d'abord partisan de Marcion, ensuite converti par Origène, fut diacre de l'Église; il eut la gloire insigne de confesser le Christ. Origène lui écrivit, ainsi qu'au prêtre Protoclète, son livre sur le Martyre. C'est par ses soins, ses richesses, ses instances qu'Origène publia ses nombreux ouvrages. Lui aussi, en homme noble, avait un esprit cultivé, comme le témoignent les lettres d'Origène. Il précéda Origène dans la tombe, emportant avec lui le reproche d'être mort avec des richesses et avoir laissé son vieil ami dans la pauvreté.

CHAPITRE LVII.

Tryphon, disciple d'Origène, auquel il adressa plusieurs lettres qui nous restent, fut profondément versé dans l'Écriture-Sainte : ce que montrent plusieurs opuscules de lui, mais surtout un livre qu'il composa sur la Vache rousse dans le Deutéronome, et sur les victimes divisées qu'on donne à Abraham dans la Genèse, avec la colombe et la tourterelle.

CAPUT LV.

Ammonius, vir disertus et valde eruditus in philosophia, eodem tempore Alexandriæ clarus habitus est : qui inter multa ingenii sui et præclara monumenta etiam de consonantia Moysi et Jesu elegans opus composuit, et evangelicos canones excogitavit, quos postea secutus est Eusebius Cæsariensis. Hunc falso accusat Porphyrius, quod ex Christiano Ethnicus fuerit, cum constet eum usque ad extremam vitam Christianum perseverasse.

Ἀμμώνιος ὁ ἐλλογιμώτατος καὶ φιλοσοφίας πεπαιδευμένος, ἐν τοῖς αὐτοῖς χρόνοις ἐν Ἀλεξανδρείᾳ λαμπρὸς φανείς, μεταξὺ τῶν συνταγέντων παρ' αὐτοῦ περιφανῶν λόγων, καὶ περὶ τῆς συμφωνίας Μωϋσέως καὶ Ἰησοῦ βίβλον θαυμαστὴν συνέθηκε, καὶ εὐαγγελικοὺς κανόνας ἐφεῦρεν, οἷς μετὰ ταῦτα ἐξηκολούθησεν Εὐσέβιος ὁ Καισαρεύς. Τούτου πλαστῶς κατηγορεῖ ὁ Πορφύριος, φάσκων ἀπὸ Χριστιανῶν ἐθνικὸν γεγενῆσθαι, ὅστις ἄχρι τῆς τελευταίας Χριστιανὸς διετέλεσεν.

CAPUT LVI.

Ambrosius primum Marcionites, deinde ab Origene correctus, Ecclesiæ diaconus, et confessionis Dominicæ gloria insignis fuit, cui et Protocteto presbytero liber Origenis de Martyrio scribitur. Hujus industria, et sumptu et instantia adjutus infinita Origines dictavit volumina. Sed et ipse, quippe ut vir nobilis, non inelegantis ingenii fuit, sicut ejus ad Origenem epistolæ indicio sunt. Obiit ante mortem Origenis; et in hoc a plerisque reprehenditur, quod vir locuples amici sui senis et pauperis moriens non recordatus sit.

Ἀμβρόσιος πρῶτον Μαρκιωνιστής, ὕστερον παρὰ Ὠριγένους διορθωτής, ἐκκλησίας διάκονος, καὶ θείας ἐξομολογήσεως ἐπίσημος ἐγένετο, τούτῳ ὑπὲρ Θεοκτίστου πρεσβυτέρου βίβλος Ὠριγένους περὶ τοῦ Μαρτυρίου γράφεται. Τῇ σπουδῇ τούτου καὶ ἀναλώμασι καὶ ἐπείξει, πρὸς τοῦτον πάμπολλα Ὠριγένης ἐπέστειλε συντάγματα. Ἀλλὰ καὶ αὐτὸς ἀνὴρ εὐγενέστατος ὤν, οὐκ ἄμοιρος ἐν τῇ εὐφυΐᾳ ἐγένετο, καθὰ αἱ πρὸς Ὠριγένην τούτου δηλοῦσιν ἐπιστολαί. Ἐτελεύτησε δὲ πρὸ Ὠριγένους, καὶ ἐν τούτῳ παρὰ πολλῶν καταγινώσκεται, ὅτι περ πλούσιος ὤν, τοῦ οἰκείου φίλου γέροντος καὶ πένητος τελευτῶν οὐκ ἐμνήσθη.

CAPUT LVII.

Tryphon, Origenis auditor, ad quem nonnullæ ejus exstant epistolæ, in Scripturis eruditissimus fuit. Quod quidem et multa ejus sparsim ostendunt opuscula, sed præcipue liber, quem composuit de Vacca rufa in Deuteronomio, et de Dichotomematibus, quæ cum columba et turture Abraham ponuntur in Genesi.

Τρύφων, Ὠριγένους ἀκροατής, πρὸς ὃν πολλαί εἰσιν ἐπιστολαί, ἐν ταῖς θείαις γραφαῖς πεπαιδευμένος, καθὰ σποράδην δείκνυσι συντάγματα, καὶ ἐξαιρέτως ἡ βίβλος, περὶ Βοδαμαλίας τῆς ἐν τῷ Δευτερονομίῳ, καὶ περὶ τῶν Διχοτομούντων, ἅτινα μετὰ τῆς περιστερᾶς καὶ τρυγόνος τοῦ Ἀβραὰμ ἐν τῇ Γενέσει ἀναγινώσκομεν.

CHAPITRE LVIII.

Minucius Félix, célèbre avocat de Rome, écrivit un Dialogue de controverses entre un chrétien et un païen du nom d'Octave. On lui attribue aussi un autre livre sur le Destin ou contre les mathématiciens, qui, lui aussi, est d'un homme de talent, mais dont le style diffère du premier. Lactance parle dans ses livres de ce Minucius.

CHAPITRE LIX.

Gaius, sous le pontificat de Zéphyrin, c'est-à-dire sous Antonin, fils de Sévère, eut contre Procule, sectateur de Montanus, une dispute des plus belles, où il le convainc de témérité, à propos de la défense de la Nouvelle-Prophétie, et dans le même volume il ne compte que treize épîtres de Paul; quant à la quatorzième, celle aux Hébreux, il la lui refuse, regardée qu'elle est encore aujourd'hui par les Romains comme n'appartenant pas à l'Apôtre.

PSAUME LX.

Béryle, évêque de Bostres, en Arabie, gouverna longtemps avec gloire son Eglise, tomba ensuite dans l'hérésie qui nie l'existence du Christ avant l'incarnation. Origène l'en retira. Il écrivit plusieurs opuscules, et surtout des lettres, où il remercie Origène. Il existe aussi des lettres d'Origène à son adresse, et un dialogue entre les deux, où l'hérésie est combattue. Il brilla sous Alexandre, fils de Mammée, et sous Maximus et Gordien, qui lui succédèrent à l'empire.

CAPUT LVIII.

Minucius Felix, Romæ insignis causidicus, scripsit Dialogum Christiani et Ethnici disputantium, qui Octavius inscribitur. Sed et alius sub nomine ejus fertur de Fato, vel contra mathematicos, qui cum sit et ipse diserti hominis, non mihi videtur cum superioris libri stylo convenire. Meminit hujus Minucii et Lactantius in libris suis.

Μινούκιος Φῆλιξ, ἐν Ῥώμῃ ἐπίσημος δικολόγος ὤν, συνέγραψε διάλογον Χριστιανοῦ καὶ Ἐθνικοῦ, ὃν ἐπέγραψεν Ὀκτάβιον. καὶ ἕτερος δὲ λόγος ἐξ ὀνόματος αὐτοῦ φέρεται, περὶ Μοίρας, ἤτοι κατὰ τῶν μαθηματικῶν, ὅστις λόγος, εἰ καὶ ἐλλογίμου ἀνδρὸς φαίνεται, ἐμοὶ δὲ οὐ δοκεῖ συνᾴδειν τῷ χαρακτῆρι τοῦ προειρημένου λόγου. Μέμνηται τούτου τοῦ Μινουκίου καὶ Λακτάντιος ἐν τοῖς ἰδίοις συγγράμμασιν.

CAPUT LIX.

Gaius, sub Zephyrino Romanæ urbis episcopo, id est sub Antonino Severi filio, disputationem adversum Proculum, Montani sectatorem, valde insignem habuit, arguens eum temeritatis, super Nova Prophetia defendenda, et in eodem volumine Epistolas quoque Pauli, tredecim tantum enumerans; decimam quartam quæ fertur ad Hebræos, dicit non ejus esse, sed et apud Romanos usque hodie quasi Pauli apostoli non habetur.

Γαῖος ἐπὶ Ζεφυρίνου Ῥώμης ἐπισκόπου, τοῦτ' ἔστιν ἐπὶ Ἀντωνίνου υἱοῦ Σεβήρου, διάλεξιν κατὰ Πρόκλου σπουδαστοῦ Μοντανοῦ, σφόδρα μεγίστην ἔσχεν, εὐθύνων αὐτὸν προπετείας, τῆς καινῆς Προφητείας. Ἐν αὐτῷ τῷ τεύχει τρισκαίδεκα Ἐπιστολὰς μόνας Παύλου ἀπαριθμούμενος· τὴν γὰρ πρὸς Ἑβραίους λέγει μὴ εἶναι αὐτοῦ, ἀλλὰ καὶ παρὰ τοῖς Ῥωμαίοις ἄχρι τοῦ παρόντος Παύλου ἀποστόλου νομίζεται μὴ εἶναι.

CAPUT LX.

Beryllus, Arabiæ Bostrenus episcopus, cum aliquanto tempore gloriose rexisset Ecclesiam, ad extremum lapsus in hæresim, quæ Christum ante incarnationem negat, ab Origene correctus. Scripsit varia opuscula, et maxime epistolas, in quibus Origeni gratias agit, sed et Origenis ad eum litteræ sunt. Exstat dialogus Origenis et Berylli, in quo hæreseos coarguitur. Claruit autem sub Alexandro, Mammeæ filio, et Maximino et Gordiano, qui ei in imperium successerunt.

Βήρυλλος, Ἀραβίας τῆς Βοστρήνων ἐπίσκοπος, ἐπί τινα χρόνον ἐνδόξως κυβερνήσας τὴν Ἐκκλησίαν, τελευταῖον εἰς τὴν ἀρνουμένην τὸν Χριστὸν πρὸ τῆς ἐνανθρωπήσεως, ὀλισθήσας, παρὰ Ὠριγένους ἐπιστραφείς, συνέγραψε ποικίλα πράγματα, καὶ μάλιστα ἐπιστολὰς ἐν αἷς τῷ Ὠριγένει εὐχαριστεῖ· ἀλλὰ καὶ Ὠριγένους πρὸς αὐτὸν εἰσιν Ἐπιστολαί. Ἔστι δὲ διάλογος Ὠριγένους καὶ Βηρύλλου, ἐν ᾧ αἱρέσεως ἐλέγχεται. Διέπρεψε δὲ ἐπὶ Ἀλεξάνδρου τοῦ Μαμαίας υἱοῦ καὶ Μαξιμίνου καὶ Γορδιανοῦ τῶν διαδεξαμένων τὴν ἐκείνου βασιλείαν.

CHAPITRE LXI.

Hippolyte, évêque d'une Eglise dont je n'ai pu savoir le nom, détermina l'époque de la Pâque, dressa les Canons des temps jusqu'à la première année de l'empereur Alexandre, et retrouva le cycle de seize ans, qui n'était pas inconnu des Grecs. Il ouvrit la route à Eusèbe, qui forma le cycle de dix-neuf ans. Il a écrit plusieurs commentaires sur l'Ecriture, parmi lesquels j'ai retrouvé les suivants : un sur l'ouvrage des six jours, sur l'Exode, le Cantique des Cantiques, la Génèse; un sur Zacharie, sur les Psaumes, Isaïe, Daniel, l'Apocalypse, les Proverbes, l'Ecclésiaste, sur Paul et la Pythenisse, l'Antechrist, la Résurrection; un livre contre Marcion, sur la Pâque, contre toutes les hérésies; une homélie sur notre Sauveur, dan laquelle il se dit parlant dans l'Eglise, en présence d'Origène. Son émule Ambroise, passé de l'hérésie de Marcion à la vraie foi, exhorta Origène à écrire des commentaires sur l'Ecriture, lui offrant plus de sept secrétaires et un égal nombre de copistes, et qui plus est exigeant, dans son zèle infatigable, de l'ouvrage tous les jours. Aussi Origène l'appelle-t-il, dans une de ses lettres, l'excitateur de son travail.

CHAPITRE LXII.

Alexandre, évêque de Cappadoce, se rendait à Jérusalem pour visiter les Saints-Lieux, lorsque Narcisse, évêque déjà vieux de cette Eglise, eut, avec quelques-uns de ses clercs, connaissance de l'arrivée, pour le lendemain, d'un évêque qui devait lui aider à porter sa charge épiscopale. La chose se passa comme elle avait été prédite : on réunit tous les évêques de Pa-

CAPUT LXI.

Hippolytus, cujusdam Ecclesiæ episcopus, nomen quippe urbis scire non potui, rationem Paschæ temporumque Canones scripsit, usque ad primum annum Alexandri imperatoris, et sedecim annorum circulum, quem Græci ἑκκαιδεκαετηρίδα vocant, reperit, et Eusebio, qui super eodem Pascha Canonem, decem et novem annorum circulum, id est, ἐννεακαιδεκαετηρίδα composuit, occasionem dedit. Scripsit nonnullos in Scripturas commentarios, e quibus hos reperi : in ἑξαήμερον, et in Exodum, in Canticum Canticorum, in Genesim, et in Zachariam : de Psalmis, et in Isaiam, de Daniele, de Apocalypsi, de Proverbiis, de Ecclesiaste, de Saul et Pythonissa, de Antechristo, de Resurrectione, contra Marcionem, de Pascha, adversum omnes hæreses, et Προσομιλίαν de laude Domini Salvatoris, in qua, præsente Origene, se loqui in Ecclesia significat. In hujus æmulationem Ambrosius, quem de Marcionis hæresi ad veram fidem correctum diximus, cohortatus est Origenem, in Scripturas commentarios scribere, præbens ei septem et eo amplius notarios, eorumque expensas, et librariorum parem numerum, quodque his majus est, incredibili studio quotidie ab eo opus exigens. Unde in quadam epistola ἐργοδιώκτην eum Origines vocat.

Ἱππόλυτος, οὐκ οἶδα ποίας Ἐκκλησίας ἐπίσκοπος, ἢ τίνος πόλεως τὴν προσηγορίαν μαθεῖν οὐκ ἠδυνήθην, συνέγραψε λόγον τοῦ πάσχα, καὶ τοὺς χρονικοὺς κανόνας ἕως πρώτου ἐνιαυτοῦ Ἀλεξάνδρου τοῦ βασιλέως, δεκαέξ λέγω δὴ ἐνιαυτῶν κύκλον, ὃν οἱ λεγόμενοι Γραικοί, ἑκκαιδεκαετηρίδα καλοῦσιν, Εὐσεβίῳ τῷ περὶ αὐτοῦ τοῦ πάσχα ἐννεακαιδεκαετηρίδα συντάξαντι πρόφασιν παρεσχηκώς. Ἔγραψεν εἰς τὰς θείας γραφὰς ὑπομνήματα, ἀφ' ὧν τάδε εὗρον, εἰς τὴν ἑξαήμερον, εἰς τὴν Ἔξοδον, εἰς τὰ Ἄσματα τῶν ᾀσμάτων, εἰς τὴν Γένεσιν, εἰς Ζαχαρίαν, περὶ Ψαλμῶν, εἰς Ἠσαΐαν, περὶ Δανιήλ, περὶ Ἀποκαλύψεως, περὶ Παροιμιῶν, περὶ Ἐκκλησιαστοῦ, περὶ Σαοὺλ καὶ Πύθωνος, περὶ τοῦ Ἀντιχρίστου, περὶ Ἀναστάσεως, κατὰ Μαρκίωνος, περὶ τοῦ Πάσχα, κατὰ πασῶν τῶν Αἱρέσεων, προσομιλιῶν (*Leg.* προσομιλίαν), περὶ τῶν Ἐπαίνων τοῦ Κυρίου ἡμῶν Ἰησοῦ Χριστοῦ, ἐν οἷς παρόντος Ὠριγένους ἑαυτὸν ὡμιληκέναι κατὰ μίμησιν αὐτοῦ ἐν τῇ ἐκκλησίᾳ δηλοῖ. Ἀμβρόσιος, ὅντινα ἀπὸ τῆς πλάνης Μαρκίωνος εἰς τὴν ἀληθινὴν πίστιν ἐπιστρέψαι προείρηται, προετρέψατο Ὠριγένη τὰς θείας ὑπομνηματίσαι γραφάς, παρεσχηκὼς αὐτῷ ἑπτὰ καὶ πλείους νοταρίους, καὶ τὰς τούτων δαπάνας, καὶ καλλιγράφους τὸν ἴσον ἀριθμόν, καὶ ὅπερ ἐστὶ μεῖζον, ἀνυποίστῳ σπουδῇ ἑκάστοτε ἔργον παρ' αὐτοῦ ἀπαιτῶν, διὸ ἐν μιᾷ ἐπιστολῇ, ἐργοδιώκτην αὐτὸν Ὠριγένης καλεῖ.

CAPUT LXII.

Alexander, episcopus Cappadociæ, cum desiderio sanctorum locorum Hierosolymam pergeret, et Narcissus episcopus ejusdem urbis jam senex regeret Ecclesiam, et Narcisso et multis clericorum ejus revelatum est, altera die mane intrare episcopum, qui adjutor sacerdotalis cathedræ esse deberet. Itaque re ita completa, ut prædicta fuerat, cunctis in Pa-

Ἀλέξανδρος, ἐπίσκοπος Καππαδοκίας, πόθῳ τῶν ἁγίων τόπων ἐπιστὰς τῇ Ἱεροσολύμων, τοῦ ἐπισκόπου Ναρκίσσου τῆς αὐτῆς πόλεως ἤδη γεγηρακότος, καὶ τὴν Ἐκκλησίαν κυβερνῶντος, αὐτῷ τε τῷ Ναρκίσσῳ καὶ πολλοῖς κληρικοῖς αὐτοῦ ἀπεκαλύφθη μέλλειν τῇ ἑξῆς ἕωθεν εἰσιέναι ἐπίσκοπον τὸν ὀφείλοντα βοηθὸν γενέσθαι τῆς ἱερατικῆς καθέδρας. Τοῦ πράγματος τοίνυν καθὼς προεμηνύθη

lestine, et, sur la proposition de Narcisse, il accepta de partager avec lui le gouvernement de l'Eglise de Jérusalem. Dans une lettre qu'il écrivit aux Antinoïtes, sur la paix de l'Eglise, il leur dit : «Narcisse qui, avant moi, a occupé ce siége épiscopal, et maintenant le soutient de ses prières, âgé qu'il est de cent seize ans, vous salue et vous conjure avec moi de ne rechercher qu'une seule et même chose.» Il en écrivit une autre aux habitants d'Antioche, par l'entremise de Clément, prêtre d'Alexandrie, dont nous avons déjà parlé; une à Origène, et une pour Origène contre Démétrius, parce qu'il l'avait ordonné prêtre sur le témoignage de Démétrius lui-même. On cite encore de lui d'autres lettres à diverses personnes. A la septième persécution sous Dèce, durant laquelle Babylas souffrit le martyre à Antioche, il fut conduit à Césarée, enfermé en prison et couronné du martyre pour avoir confessé le Christ.

CHAPITRE LXIII.

Julien l'Africain, dont il reste cinq volumes sur les Epoques, reçut sous l'empereur M. Aurèle Antonin, successeur de Macrin, la mission de restaurer la ville d'Emmaüs, qui reçut dans la suite le nom de Nicopolis. On a de lui une épître à Origène sur la question de Susanne, où il prétend que cette narration ne se trouve pas dans l'hébreu et qu'elle n'a aucun rapport de convenance avec l'étymologie hébraïque, comme certaines locutions usitées dans le grec. Origène y répondit par une lettre savante. Il en reste une autre de lui à Aristide, où il dispute longuement sur la différence qui paraît exister entre la généalogie du Sauveur donnée par Matthieu, et celle que Luc a donnée.

læstina episcopis in unum congregatis, adnitente quoque ipso vel maxime Narcisso, Hierosolymitanæ Ecclesiæ cum eo gubernaculum suscepit. Hic in fine cujusdam epistolæ, quam scribit ad Antinoitas super pace Ecclesiæ, ait : « Salutat vos Narcissus, qui ante me hic tenuit episcopalem locum, et nunc mecum eumdem orationibus regit, annos natus circiter centum sedecim, et vos mecum precatur ut unum idemque sapiatis. » Scripsit et aliam ad Antiochenses, per Clementem presbyterum Alexandriæ, de quo supra diximus, nec non ad Origenem, et pro Origene contra Demetrium, eo quod juxta testimonium Demetrii eum presbyterum constituerit. Sed et aliæ ejus ad diversos feruntur epistolæ. Septima autem persecutione sub Decio, quo tempore Babylas Antiochiæ passus est, ductus Cæsaream, et clausus in carcere, ob confessionem Christi martyrio coronatur.

πληρωθέντος, πάντων τῶν ἐν Παλαιστίνῃ ἐπισκόπων ἐπὶ τὸ αὐτὸ συναχθέντων, συνεπινεύοντος αὐτοῖς Ναρκίσσου, τὴν κυβέρνησιν τῆς ἐν Ἱεροσολύμοις Ἐκκλησίας σὺν αὐτῷ ἀνεδέξατο. Οὗτος ἐν τῷ τέλει μιᾶς ἐπιστολῆς γραφείσης παρ' αὐτοῦ πρὸς Ἀντινοΐτας, περὶ τῆς ἐκκλησιαστικῆς εἰρήνης, ἔφη· « Ἀσπάζεται ὑμᾶς Νάρκισσος ὃς πρὸ ἐμοῦ εἴχετο τῆς ἐνταῦθα ἐπισκοπῆς, καὶ νῦν τὸν αὐτὸν τόπον μετ' ἐμοῦ εὐχόμενος ἐπέχει, ἐνιαυτὸν ἄγων ἑκατοστοέξ καὶ δέκατον, δεόμενος ὑμῶν ἅμα ἐμοί, ἵνα τὸ αὐτὸ καὶ ἓν φρονήσητε. » Ἔγραψε καὶ ἄλλην πρὸς Ἀντιοχεῖς διὰ Κλήμεντος πρεσβυτέρου Ἀλεξανδρείας, περὶ οὗ προεῖπον· οὐ μὴν ἀλλὰ καὶ πρὸς Ὠριγένην καὶ ὑπὲρ Ὠριγένους κατὰ Δημητρίου, καὶ ὅτι προσμαρτυροῦντος Δημητρίου πρεσβύτερον αὐτὸν ἐχειροτόνησε. Καὶ ἄλλαι δὲ αὐτοῦ πρὸς διαφόρους φέρονται ἐπιστολαί. Τῷ δὲ ἑβδόμῳ διωγμῷ ἐπὶ Δεκίου ἡνίκα καὶ Βαβύλας ἐν Ἀντιοχείᾳ ἔπαθεν ἀχθεὶς Καισάρειαν, καὶ εἰς φυλακὴν ἐγκλεισθείς, διὰ τὴν τοῦ Χριστοῦ ἐξομολόγησιν ἐμαρτύρησεν.

CAPUT LXIII.

Julius Africanus, cujus quinque de Temporibus exstant volumina, sub Imperatore M. Aurelio Antonio, qui Macrino successerat, legationem pro instauratione urbis Emmaus suscepit, quæ postea (a) Nicopolis appellata est. Hujus est epistola ad Origenem super quæstione Susannæ : eo quod dicat in Hebræo hanc (b) fabulam non haberi, nec convenire cum Hebraica etymologia (c), *ἀπὸ τοῦ σχίνου σχίσαι, καὶ ἀπὸ τοῦ πρίνου πρίσαι*, contra quem doctam epistolam scribit Origenes. Exstat ejus ad Aristidem altera epistola, in qua super διαφωνίᾳ, quæ videtur esse in genealogia Salvatoris apud Matthæum et Lucam, plenissime disputat.

Ἰούλιος Ἀφρικανός, οὗ πέντε περὶ Χρόνων τυγχάνει λόγοι, ἐπὶ Μάρκου Αὐρηλίου Ἀντωνίνου τοῦ διαδεξαμένου Μακρῖνον, πρεσβείαν ἀνεδέξατο περὶ ἀναστάσεως Ἐμμαοῦς τῆς πόλεως τῆς μετακληθείσης Νικοπόλεως. Ἔστι καὶ ἐπιστολὴ πρὸς Ὠριγένην, ἕνεκεν τῆς κατὰ Σωσάνναν ζητήσεως· λέγει γὰρ ἐν τῷ Ἑβραϊκῷ τοῦτον μὴ εἶναι τὸν μῦθον, μηδὲ συνᾴδειν τῇ Ἑβραϊκῇ ἐτυμολογίᾳ, ἀπὸ τοῦ πρίνου πρίσαι, καὶ ἀπὸ τοῦ σχίνου σχίσαι, πρὸς ὃν δεδοκιμασμένην ἐπιστολὴν γράφει Ὠριγένης. Ἔστιν αὐτοῦ καὶ πρὸς Ἀριστείδην ἄλλη ἐπιστολή, ἐν ᾗ περὶ τῆς διαφωνίας τῆς δοκούσης εἶναι ἐν τῇ γενεαλογίᾳ τοῦ Σωτῆρος παρὰ Ματθαίου καὶ Λουκᾶ ἀρκούντως διαλέγεται.

(a) In Chronico ad. an. 4 M. Aurelii Antonini, *In Palæstina Nicopolis, quæ prius Emmaus vocabatur, urbs condita est, legationis industriam pro ea suscipiente Julio Africano scriptore temporum.* Vide et Cassiodorum ad an. Christi 222.

(b) *Hanc fabulam.* Fabulam hic vocat historiam Susannæ, sicut supra historiam Samsonis et Dalilæ. Vide Indicem prioris Partis hujus tomi. MARTIAN. — *Fabulam* cum dicit Hieronymus, non statim pro figmento accipe; interdum enim et de verissimis rebus dixit, ut in Philem. *totam Samsonis fabulam*, et Quæst. Heb. XI, 28, fabulam vocat quamdam Hebræorum traditionem de Abraham quam paulo post veram traditionem appellat.

(c) Ἀπὸ τοῦ σχίνου σχίσαι. Omittuntur verba hæc Græca in vetustissimo nostro codice Sangerman. Vide Præfationem Hieron. in librum Danielis, I tomo edit. nostræ. MARTIAN.

CHAPITRE LXIV.

Gémisus, prêtre de l'Eglise d'Antioche, laissa peu de monuments de son génie. Il vécut sous Alexandre et sous l'évêque de sa ville, Zébennus, à cette époque surtout où Heraclas fut ordonné pontife de l'Eglise d'Alexandrie.

CHAPITRE LXV.

Théodore, qui porta plus tard le nom de Grégoire, évêque de Néocésarée, dans le Pont, passa tout jeune, pour étudier les lettres grecques et latines, de Cappadoce à Béryte et de là à Césarée, en Palestine, avec son frère Athénodore. Ayant frappé par leur beau caractère Origène, celui-ci les exhorta à l'étude de la philosophie, dans laquelle il introduisit peu après la foi du Christ, et finit par les rendre ses sectateurs. Instruits par lui pendant cinq ans, ils sont remis à leur mère, et Théodore, en partant, écrivit à Origène une lettre de remerciments, qu'il lut devant une nombreuse assemblée, en présence d'Origène lui-même. Elle nous reste encore. Il écrivit sur l'Ecclésiaste une métaphrase courte, il est vrai, mais fort utile. On lui attribue encore plusieurs autres lettres, surtout des signes éclatants et des miracles qu'il faisait étant évêque.

CHAPITRE LXVI.

Corneille, évêque de Rome, auquel Cyprien adressa huit lettres que nous possédons encore, écrivit à Fabius, évêque d'Antioche, une lettre sur le synode romain, italien, africain; une autre sur Novatien et sur ceux qui sont tombés; une troisième sur les actes du synode de Rome de l'an 251;

CAPUT LXIV.

Geminus, Antiochenæ Ecclesiæ presbyter, pauca ingenii sui monumenta composuit, florens sub Alexandro principe, et episcopo urbis suæ Zebenno, eo vel maxime tempore, quo Heraclas Alexandrinæ Ecclesiæ pontifex ordinatus est.

Γεμῖνος τῆς κατὰ Ἀντιόχειαν Ἐκκλησίας πρεσβύτερος, ὀλίγα τῆς οἰκείας εὐφυΐας βιβλία συνέταξεν, ἀνθήσας ἐπὶ Ἀλεξάνδρου τοῦ βασιλέως, καὶ ἐπὶ Ζεβέννου ἐπισκόπου τῆς ἰδίας πόλεως, ἐν ἐκείνῳ μάλιστα τῷ καιρῷ, ἐν ᾧ Ἡρακλᾶς τῆς Ἀλεξανδρείων ἐκκλησίας πρεσβύτερος κατέστη.

CAPUT LXV.

Theodorus, qui postea Gregorius appellatus est, Neocæsareæ Ponti episcopus, admodum adolescens, ob studia Græcarum et Latinarum litterarum, de Cappadocia Berytum, et inde Cæsaream Palæstinæ transiit, juncto sibi fratre Athenodoro. Quorum cum egregiam indolem vidisset Origines, hortatus est eos ad philosophiam, in qua paulatim Christi fidem subintroducens, sui quoque sectatores reddidit. Quinquennio itaque eruditi ab eo remittuntur ad matrem, e quibus Theodorus proficiscens, **πανηγυρικὸν εὐχαριστίας** scripsit Origeni : et convocata grandi frequentia, ipso quoque Origene præsente, recitavit, qui usque hodie exstat. Scripsit et **μετάφρασιν** in Ecclesiasten brevem quidem, sed valde utilem. Et aliæ hujus vulgo feruntur epistolæ, sed præcipue signa atque miracula, quæ jam episcopus cum multa Ecclesiarum gloria perpetravit.

Θεόδωρος, ὃς ὕστερον ἐκλήθη Γρηγόριος, Νεοκαισαρείας ἐπίσκοπος, νέος κομιδῇ, διὰ τὴν παίδευσιν Ἑλληνικῶν τε καὶ Ῥωμαϊκῶν γραμμάτων, ἀπὸ τῆς Καππαδοκίας εἰς Βηρυτὸν, κἀκεῖθεν εἰς Καισάρειαν τῆς Παλαιστίνης διέβη, ἅμα Ἀθηνοδώρῳ, ἀδελφῷ, ὧντινων τὴν ἐξαίρετον εὐφυΐαν ἑωρακὼς Ὠριγένης, τούτους εἰς φιλοσοφίαν προετρέψατο, καὶ κατὰ μέρος εἰς τὴν τοῦ Χριστοῦ πίστιν εἰσάγων, ζηλωτὰς ἰδίους κατέστησεν. Ἐπὶ πέντε τοίνυν παρ' αὐτοῦ παιδευθέντε ἔτη, πρὸς τὴν μητέρα ἀποπέμπονται, ἀφ' ὧν ὁ Θεόδωρος ἀποδημῶν, πανηγυρικὸν εὐχαριστίας τῷ Ὠριγένει ἔγραψε, καὶ συγκαλεσάμενος πάντας τοὺς ἐπιχωρίους, αὐτοῦ τε τοῦ Ὠριγένους παρόντος, τοῦτον ἀνέγνω τὸν λόγον, ὅστις ἄχρι τοῦ παρόντος ὑπάρχει. Ἔγραψε δὲ καὶ ἔκφρασιν εἰς Ἐκκλησιαστὴν, ἐλάχιστον μὲν, πάνυ δὲ θαυμαστὸν λόγον, καὶ ἄλλας πολλὰς ἐπιστολὰς, ποιήσας σημεῖά τε καὶ θαύματα, ἡνίκα ἐπίσκοπος ἐτύγχανεν.

CAPUT LXVI.

Cornelius, Romanæ urbis episcopus, ad quem octo Cypriani exstant epistolæ, scripsit epistolam ad Fabium Antiochenæ Ecclesiæ episcopum, de synodo Romana, Italica, Africana, et aliam de Novatiano, de his qui lapsi sunt ; tertiam de gestis synodi « Romanæ an. 251 » ; quartam ad eumdem Fabium

Κορνήλιος, Ῥώμης ἐπίσκοπος, πρὸς ὃν ὀκτὼ Κυπριανοῦ ἐπιστολαὶ τυγχάνουσιν, ἔγραψεν ἐπιστολὴν πρὸς Φλαβιανὸν Ἀντιοχείας ἐπίσκοπον περὶ τῆς συνόδου Ῥώμης, Ἰταλίας, καὶ Ἀφρικῆς, καὶ ἑτέραν περὶ Νοβατιανοῦ, καὶ τῶν ὀλισθησάντων· τρίτην περὶ τῶν ἐν τῇ συνόδῳ πραχθέντων· τετάρτην πρὸς τὸν αὐτὸν Φλαβιανὸν, πάνυ

une quatrième au même Fabius, très-prolixe, contenant les causes et l'anathème de l'hérésie novatienne. Il gouverna l'Eglise pendant deux ans, sous Gallus et Volusien, et reçut la couronne du martyre. Lucius lui succéda.

CHAPITRE LXVII.

Cyprien d'Afrique commença par enseigner la rhétorique ; ensuite, sur les conseils du prêtre Cécilius, d'où lui vint son surnom, il se fit chrétien, donna tous ses biens aux chrétiens, et, peu de temps après, choisi pour la prêtrise, il devint évêque de Carthage. Il est inutile de faire l'éloge de son génie, car ses ouvrages surpassent l'éclat du soleil. Il souffrit, sous Valérien et Gallien, durant la huitième persécution, le même jour que Corneille à Rome, mais non la même année.

CHAPITRE LXVIII.

Pontius, diacre de Cyprien, supporta les rigueurs de l'exil jusqu'à la mort de son évêque, et laissa un magnifique livre sur la vie et le martyre de Cyprien.

CHAPITRE LXIX.

Denys, évêque d'Alexandrie, tint, pendant qu'il était prêtre, sous Héraclas, une école, et fut un des auditeurs les plus illustres d'Origène. S'associant au dogme de Cyprien et du synode d'Afrique, pour redonner le baptême aux hérétiques, il envoya plusieurs lettres à divers destinataires, lettres qui existent encore ; à Fabius, évêque d'Antioche, sur la Pénitence ; une aux Romains, par Hippolyte ; à Xiste, successeur d'Etienne, deux ; à Philémon et à Denis, prêtres de

valde prolixam, et Novatianæ hæreseos causas et anathema continentem. Rexit Ecclesiam annis duobus sub Gallo et Volusiano ; cui ob Christum martyrio coronato, successit Lucius.

μεγάλην, καὶ τὰς αἰτίας τῆς Νοβατιανοῦ αἱρέσεως, καὶ ἀναθέματα περιέχουσαν. Ἐκυβέρνησε τὴν Ἐκκλησίαν ἔτη δύο, Γάλλου καὶ Βολουσιανοῦ βασιλευόντων, ὅντινα μετὰ τὸ μαρτύριον τοῦ Χριστοῦ διεδέξατο Λούκιος.

CAPUT LXVII.

Cyprianus Afer, primum gloriose rhetoricam docuit ; exinde suadente presbytero Cæcilio, a quo et cognomentum sortitus est, Christianus factus, omnem substantiam suam pauperibus erogavit, ac post non multum temporis electus in presbyterum, etiam episcopus Carthaginiensis constitutus est. Hujus ingenii superfluum est indicem texere, cum sole clariora sint ejus opera. Passus est sub Valeriano et Galieno principibus, persecutione octava, eodem die quo Romæ Cornelius, sed non eodem anno.

Κυπριανὸς Ἄφρος, πρῶτον ἐνδόξως τὴν ῥητορικὴν διδάξας, πεισθεὶς παρὰ Καικιλίου πρεσβυτέρου, οὗ καὶ τὴν ἐπωνυμίαν ἐκληρώσατο, Χριστιανὸς γενόμενος, πᾶσαν αὐτοῦ τὴν περιουσίαν τοῖς πτωχοῖς δέδωκε, καὶ μετ' οὐ πολὺ καταταγεὶς εἰς πρεσβύτερον καὶ ἐπίσκοπος ἐγένετο Καρθαγένης. Τούτου τὸν τῆς εὐφυΐας κατάλογον ὑφαίνειν, περιττὸν ἡγοῦμαι, διὰ τὸ λαμπρότερα εἶναι τοῦ ἡλίου τὰ τούτου συντάγματα. Ἔπαθεν ἐπὶ Βαλεριανοῦ καὶ Γαλιήνου βασιλέων, διωγμῷ ὀγδόῳ αὐτῇ τῇ ἡμέρᾳ, ἐν ᾗ ἐν τῇ Ῥώμῃ Κορνήλιος, ἀλλ' οὐκ ἐν τῷ αὐτῷ ἐνιαυτῷ.

CAPUT LXVIII.

Pontius, diaconus Cypriani, usque ad diem passionis ejus cum ipso exsilium sustinens, egregium volumen vitæ et passionis Cypriani reliquit.

Πόντιος, Διάκονος Κυπριανοῦ, ἕως τῆς ἡμέρας τοῦ πάθους αὐτοῦ ἅμα αὐτῷ τὴν ἐξορίαν ὑπομείνας, ἐξαίρετον τεῦχος βίου τε καὶ πάθους τοῦ Κυπριανοῦ αὐτοῦ καταλέλοιπεν.

CAPUT LXIX.

Dionysius, Alexandrinæ urbis episcopus, sub Heracla scholam κατηχήσεων presbyter tenuit, et Origenis valde insignis auditor fuit. Hic in Cypriani et Africanæ synodi dogma consentiens, de hæreticis rebaptizandis, ad diversos plurimas misit epistolas, quæ usque hodie exstant ; et ad Fabium, Antiochenæ urbis episcopum, scripsit de pœnitentia, et ad Romanos per Hippolytum alteram ; ad Xystum, qui Stephano successerat, duas epistolas, et ad Philemonem et ad Dionysium, Romanæ Ecclesiæ presby-

Διονύσιος, Ἀλεξανδρείας ἐπίσκοπος, ἐπὶ Ἡρακλᾶ, σχολὴν κατηχήσεων πρεσβυτερίου κατέσχε καὶ Ὠριγένους ἐπίσημος βοηθὸς ἐγένετο. Οὗτος εἰς τὸ δόγμα τοῦ Κυπριανοῦ, καὶ τῆς Ἀφρικῆς συνόδου συναινῶν, περὶ αἱρετικῶν ἀναβαπτισθησομένων, πολλὰς πρὸς διαφόρους ἀπέστειλεν ἐπιστολάς, τὰς καὶ ἄχρι τοῦ παρόντος τυγχανούσας, καὶ πρὸς Φλαβιανὸν δὲ Ἀντιοχείας ἐπίσκοπον γράφει περὶ μετανοίας, καὶ πρὸς Ῥωμαίους διὰ Ἱππολύτου ἑτέραν, καὶ πρὸς Ξύστον διαδεξάμενον Στέφανον ἐπιστολὰς δύο, πρὸς Φιλήμονα καὶ Διονύσιον τῆς ἐν Ῥώμῃ Ἐκκλησίας πρεσβυτέρους ἐπιστολὰς δύο, καὶ πρὸς τὸν

l'Eglise romaine, deux; au même Denis, plus tard évêque de Rome, une, ainsi qu'à Novatien, qui prétendait avoir été ordonné évêque de Rome malgré lui, et dont voici le commencement : « Denys à Novatien, son frère, salut. Si c'est malgré vous, comme vous le prétendez, que vous avez été ordonné, la meilleure preuve sera un désistement volontaire. On a dû le supporter, de peur de faire éclater un schisme dans l'Eglise. Le témoignage que vous eussiez ainsi rendu, par une telle horreur du schisme, n'eût pas été moins éclatant que ne l'est celui d'un martyr refusant de sacrifier aux idoles; il l'eût même été beaucoup plus, dans ma pensée, puisqu'il s'agit ici de sauver uniquement son âme, et qu'il y va plus haut des intérêts de l'Eglise entière. Et maintenant, si vous employez votre influence et votre énergie pour ramener les frères à la concorde, vous aurez plus fait en accomplissant ce devoir que vous n'omettriez de sens en y manquant. On pourrait ignorer la faute, on comblera d'éloges la bonne action. Si vous échouez devant la résistance, du moins n'oubliez rien pour sauver votre âme. » Nous avons encore de lui une autre lettre à Denys et à Didyme, ainsi que plusieurs sur la célébration de la Pâque, dans un style déclamatoire; une à l'Eglise d'Alexandrie, sur l'exil; une à Hiéraque, évêque en Egypte; une sur la Mort et le Sabbat; sur le Gymnase; une à Hermammon; une sur la persécution de Dèce; deux livres contre l'évêque Népos, qui soutient, dans ses écrits, le règne temporel des mille ans, et dans lesquels il traite avec le plus grand soin de l'Apocalypse de Jean; il a écrit aussi contre Sabellius; à Ammon, évêque de Béronice; à Télesphore, à Euphranor; quatre livres à Denys, évêque de Rome; aux Laodicéens, sur la pénitence; de même à Canon, sur la Pénitence; à Origène, sur le martyre; aux Arméniens, sur la pénitence et l'ordre des délits; sur la nature, à Timothée; sur les tentations, à Euphranor. A Basilide, il envoya beaucoup de lettres, dans une desquelles il dit qu'il a commencé des commentaires sur l'Ecclésiaste. Même contre Paul de Samosate, peu de jours avant sa mort, il écrivit une lettre fort belle. Il mourut la douzième année de Galien.

teros, duas epistolas, et ad eumdem Dionysium, postea Romæ episcopum, et ad Novatianum causantem quod invitus Romæ episcopus ordinatus esset, cujus epistolæ hoc exordium est : « Dionysius Novatiano fratri salutem. Si invitus, ut dicis, ordinatus es, probabis, cum volens secesseris. Nam oportuit quidvis etiam hac gratia perpeti, ne discinderetur Ecclesia Dei. Neque minus præclarum ex hoc contigisset testimonium, quod noluisses dissidium inducere, quam proficisci solet ex eo si quis recuset simulacris immolare, atque adeo præclarius etiam, mea quidem sententia, siquidem illic uni propriæque consulitur animæ, hic totius Ecclesiæ negotium agitur. Tametsi nunc quoque, si persuaseris, si compuleris fratres in concordiam redire, plus egeris officio quam peccaris errato. Atque hoc quidem haud imputabitur, illud vero laudibus feretur. Cæterum si non obtemperantibus illis minus assequeris quod vis, tamen fac modis omnibus ut tuam ipsius serves animam. » Est ejus ad Dionysium et ad Didymum altera epistola, et ἑορταστικαὶ de Pascha plurimæ, declamatorio sermone conscriptæ, et ad Alexandrinam Ecclesiam de exsilio, et ad Hieracam in Ægypto episcopum, et alia de Mortalitate, et de Sabbato, et περὶ γυμνασίου, et ad Hermammonem, et alia de persecutione Decii, et duo libri adversum Nepotem episcopum, qui mille annorum corporale regnum suis scriptis asseverat, in quibus de Apocalypsi Joannis diligentissime disputat; et adversum Sabellium, et ad Ammonem Beronices Episcopum, et ad Thelesphorum, et ad Euphranorem, et quatuor libri ad Dionysium Romanæ urbis episcopum, et ad Laodicenses de pœnitentia; item ad Canonem de

αὐτὸν Διονύσιον, ὕστερον Ῥώμης ἐπίσκοπον, καὶ πρὸς Νοβατιανὸν αἰτιώμενον, ὡς ἄκων ἐν τῇ Ῥώμῃ ἐχειροτονήθη ἐπίσκοπος, ἧστινος ἐπιστολῆς τὸ προοίμιον ἔχει οὕτως· « Διονύσιος Ἀλεξανδρείας Νοβατιανῷ. Εἰ ἄκων ὡς φῂς ἤχθης, δείξῃς ἀναχωρήσας ἑκών. Ἔδει μὲν γὰρ καὶ πᾶν ὁτιοῦν παθεῖν, ὑπὲρ τοῦ μὴ διακόψαι τὴν Ἐκκλησίαν τοῦ Θεοῦ, καὶ ἦν οὐκ ἀδοξοτέρα τῆς ἕνεκεν τοῦ μὴ εἰδωλολατρῆσαι γινομένης, ἡ ἕνεκεν τοῦ μὴ σχίσαι μαρτυρία κατ' ἐμὲ δὲ καὶ μείζων. Ἐκεῖ μὲν γὰρ ὑπὲρ μιᾶς τῆς ἑαυτοῦ ψυχῆς, ἐνταῦθα δὲ ὑπὲρ ὅλης τῆς Ἐκκλησίας, καὶ νῦν δὲ εἰ πείσαις, καὶ εἰ βιάσαις τοὺς ἀδελφοὺς εἰς ὁμόνοιαν ἐλθεῖν, μεῖζον ἔσται σοι τοῦ σφάλματος τὸ κατόρθωμα. Καὶ τὸ μὲν οὐ λογισθήσεται, τὸ δὲ ἐπαινεθήσεται. Εἰ δὲ ἀπειθούντων ἀδυνατοίης, σώζων σῶζε τὴν ἑαυτοῦ ψυχήν. » Ἔστιν αὐτοῦ πρὸς Διονύσιον καὶ Δίδυμον ἄλλη ἐπιστολὴ, καὶ ἑορταστικαὶ περὶ τοῦ πάσχα πολλαὶ, λόγων κράτος ἔχουσαι, καὶ πρὸς τὴν Ἀλεξανδρέων Ἐκκλησίαν περὶ ἐξορίας, καὶ πρὸς Ἱέρακα Αἰγύπτου ἐπίσκοπον, καὶ ἄλλη περὶ θνήσεως καὶ σαββάτου, καὶ περὶ γυμνασίου, καὶ πρὸς Ἑρμάμμωνα, καὶ ἄλλη περὶ διωγμοῦ Δεκίου, καὶ δύο λόγοι κατὰ Νέποτος ἐπισκόπου τοῦ συγγραψαμένου χιλίων ἐνιαυτῶν σωματικὴν βασιλείαν, ἐν οἷς περὶ τῆς Ἰωάννου Ἀποκαλύψεως ἐπιμελῶς διείλεκται. Καὶ κατὰ Σαβελλίου, καὶ πρὸς Ἄμμωνα Βερονίκης ἐπίσκοπον, καὶ πρὸς Τελεσφόρον καὶ Εὔφραν, καὶ τέσσαρες λόγοι πρὸς Διονύσιον Ῥώμης ἐπίσκοπον, καὶ πρὸς Λαοδικεῖς περὶ μετανοίας, ὁμοίως πρὸς Κάνονα περὶ Μετανοίας, πρὸς Ὠριγένην περὶ Μαρτυρίου, πρὸς Ἀρμενίους περὶ Μετανοίας, καὶ κανόνας ἁμαρτιῶν, περὶ Φύσεως πρὸς Τιμόθεον, περὶ Πειρασμῶν πρὸς Εὐφράνορα, καὶ πρὸς Βασιλείδην πολλὰς ἐπιστολάς, ἀφ' ὧν ἐν τῇ μιᾷ λέγει, ὡς ἤρξατο καὶ εἰς τὸν Ἐκκλησιαστὴν συντάττειν ὑπομνήματα, καὶ κατὰ Παύλου τοῦ Σαμοσατέως πρὸ ὀλίγων ἡμερῶν τῆς αὐτοῦ τελευτῆς, ἐπίσημος αὐτοῦ φέρεται ἐπιστολή. Τελευτᾷ τῷ δεκάτῳ ἔτει Γαλιήνου βασιλέως.

CHAPITRE LXX.

Novatien, prêtre de l'Eglise romaine, essaya de s'emparer de la chaire pontificale à la place de Corneille. Il constitua le dogme des Novatiens, en grec Καθαρῶν, refusant de recevoir les apostats pénitents. L'auteur de cette secte fut Novat, prêtre de Cyprien. Il écrivit sur la Pâque, le Sabbat, la Circoncision, le Sacerdoce, l'Oraison, les Aliments juifs, sur l'Instance, sur Attalus beaucoup de choses; un volume sur la Trinité, faisant pour ainsi dire l'épitome de l'ouvrage de Tertullien, et que plusieurs attribuent à Cyprien, parce qu'ils l'ignorent.

CHAPITRE LXXI.

Malchion, prêtre très-éloquent de l'Eglise d'Antioche (il y avait enseigné avec le plus grand éclat la rhétorique), écrivit contre Paul le Samosate, qui, évêque de l'Eglise d'Antioche, avait renouvelé le dogme d'Artémon : ce dialogue existe encore de nos jours. Une lettre assez longue, rédigée par lui au nom du synode, fut envoyée à Denys, évêque de Rome, et à Maxime, évêque d'Alexandrie. Il vécut sous Claude et Aurélien.

CHAPITRE LXXII.

Archelaüs, évêque de Mésopotamie, composa, en syriaque, un livre sur la discussion qu'il eut contre Manès, qui venait de Perse. Plusieurs possèdent ce livre, qu'on a traduit en grec. Archelaüs vécut sous Probus, successeur d'Aurélien et de Tacite.

pœnitentia, et ad Origenem de martyrio, ad Armenios de pœnitentia et de ordine delictorum, de natura ad Timotheum de tentationibus ad Euphranorem. Ad Basilidem quoque multæ Epistolæ, in quarum una se asserit etiam in Ecclesiasten cœpisse scribere commentarios. Sed et adversus Paulum Samosatenum, ante paucos dies quam moreretur, insignis ejus fertur epistola. Moritur duodecimo Galieni anno.

CAPUT LXX.

Novatianus, Romanæ urbis presbyter, adversus Cornelium cathedram sacerdotalem conatus invadere, Novatianorum, quod Græce dicitur Καθαρῶν dogma constituit, nolens apostatas suscipere pœnitentes. Hujus auctor Novatus, Cypriani presbyter, fuit. Scripsit autem de Pascha, de Sabbato, de Circumcisione, de Sacerdote, de Oratione, de Cibis Judaicis, de Instantia, de Attalo multaque alia, et de Trinitate grande volumen, quasi ἐπιτομήν operis Tertulliani faciens, quod plerique nescientes, Cypriani existimant.

Νωβατιανὸς, τῆς ἐν Ῥώμῃ ἐκκλησίας πρεσβύτερος, κατὰ Κορνηλίου τὸν θρόνον τῆς ἐπισκοπῆς ὑπεισελθεῖν ἐπιχειρήσας, τὸ Νωβατιανῶν, ὅπερ Ἑλληνικῇ διαλέκτῳ καθαρῶν λέγουσι, συνεστήσατο δόγμα, μὴ βουλόμενος τοὺς ἀποστάντας δέξασθαι μετανοοῦντας. Τούτου διδάσκαλος, ἤτοι ἀρχηγὸς Νώβατος, Κυπριανοῦ πρεσβύτερος γέγονε. Καὶ συνεγράψατο περὶ τοῦ Πάσχα, περὶ Σαββάτου, περὶ Περιτομῆς, περὶ Ἱερέως, περὶ Εὐχῆς, περὶ Βρωμάτων Ἰουδαϊκῶν, περὶ τῶν Ἐνεστώτων, περὶ Ἀττάλου, καὶ ἕτερα πολλά, καὶ περὶ τῆς Τριάδος μέγα τεῦχος, ὥσπερ ἐπιτομὴν τοῦ Τερτυλλιανοῦ συγγράμματος ποιῶν, ὅπερ πολλοὶ ἀγνοοῦντες νομίζουσιν εἶναι Κυπριανοῦ.

CAPUT LXXI.

Malchion, disertissimus Antiochenæ Ecclesiæ presbyter, quippe qui in eadem urbe rhetoricam florentissime docuerat, adversum Paulum Samosatenum, qui Antiochenæ Ecclesiæ episcopus dogma Artemonis instauraret, excipientibus notariis disputavit; qui dialogus usque hodie exstat. Sed et alia grandis epistola, ex persona synodi, ab eo scripta ad Dionysium et Maximum Romanæ et Alexandrinæ Ecclesiæ episcopos dirigitur. Floruit sub Claudio et Aureliano.

Μαλχίων, ἐλλογιμώτατος τῆς ἐν Ἀντιοχείᾳ Ἐκκλησίας πρεσβύτερος, καὶ ἐν τῇ αὐτῇ πόλει τὴν ῥητορικὴν ἐπιστήμως διδάξας, κατὰ Παύλου τοῦ Σαμοσατέως, τοῦ ἐν τῇ Ἀντιοχείας Ἐκκλησίᾳ τὸ δόγμα Ἀρτέμωνος ἀνανεώσαντος, ἐκλαμβανόντων Νοταρίων διελέχθη, ὅστις διάλογος ἄχρι τῆς δεῦρο ὑπάρχει. Καὶ ἄλλη ἐπιστολὴ ἐκ προσώπου τῆς συνόδου παρ' αὐτοῦ γραφεῖσα, πρὸς Διονύσιον καὶ Μάξιμον Ῥώμης καὶ Ἀλεξανδρείας ἐπισκόπους, πέμπεται. Ἤνθησεν ἐπὶ Κλαυδίου καὶ Αὐρηλιανοῦ.

CAPUT LXXII.

Archelaus, episcopus Mesopotamiæ, librum disputationis suæ, quam habuit adversum Manichæum, exeuntem de Perside, Syro sermone composuit, qui translatus in Græcum habetur a multis. Claruit sub imperatore Probo, qui Aureliano et Tacito succes-

Ἀρχέλαος, ἐπίσκοπος Μεσοποταμίας, λόγον οἰκείας διαλέξεως, κατὰ Μανιχαίου, ἀπὸ Περσίδος ἐξελθόντος, τῇ τῶν Σύρων διαλέκτῳ συνέθηκεν, ὃς μεταφρασθεὶς εἰς Ἑλληνικὸν, ἔστι παρὰ πολλοῖς. Διέπρεψε βασιλεύοντος Πρόβου τοῦ διαδεξαμένου Αὐρηλιανὸν καὶ Τάκιτον.

CHAPITRE LXXIII.

Anatole d'Alexandrie, évêque de Laodicée, en Syrie, vécut sous Probus et Clarus ; il possédait de grandes connaissances sur l'arithmétique, la géométrie, l'astronomie, la grammaire, la rhétorique et la dialectique. Pour connaître la grandeur de son génie, il faut lire son volume sur la Pâque et ses dix livres sur l'arithmétique.

CHAPITRE LXXIV.

Victorin, évêque de Pétavie, ne connaissait pas aussi bien le latin que le grec. Voilà pourquoi ses ouvrages, pleins de fonds, ont une forme des plus défectueuses. Ce sont des commentaires sur la Genèse, l'Exode, le Lévitique, Isaïe, Ezéchiel, Abacuc, l'Ecclésiaste, le Cantique des Cantiques, l'Apocalypse de Jean, des écrits contre toutes les hérésies, et bien d'autres choses. A la fin, il fut couronné du martyre.

CHAPITRE LXXV.

Pamphile, prêtre, ami inséparable d'Eusèbe, évêque de Césarée, avait un tel goût pour la Bibliothèque divine, qu'il transcrivit de sa main la plus grande partie des ouvrages d'Origène, qui, encore aujourd'hui, se trouvent dans la bibliothèque de Césarée. Mais, ô bonheur ! j'ai trouvé sur les douze Prophètes les vingt-cinq volumes d'Origène, transcrits de sa main : je les embrasse, je les garde avec tant de joie que je crois posséder les richesses de Crésus. Si c'est

CAPUT LXXIII.

Anatolius Alexandrinus, Lodiceæ Syriæ episcopus, sub Probo et Caro imperatoribus floruit ; miræ doctrinæ vir fuit in arithmetica, geometria, astronomia, grammatica, rhetorica, dialectica. Cujus ingenii magnitudinem de volumine, quod super Pascha composuit, et decem libris de arithmeticæ institutionibus, intelligere possumus.

Ἀνατόλιος, Ἀλεξανδρεύς, Λαοδικείας τῆς Συρίας ἐπίσκοπος, ἐπὶ Πρόβου καὶ Κάρου βασιλέων ἤνθησε, θαυμαστῆς παιδεύσεως ἀνὴρ ἐν τῇ ἀριθμητικῇ, γεωμετρικῇ, ἀστρονομικῇ, γραμματικῇ, ῥητορικῇ, διαλεκτικῇ. Οὗτινος τῆς εὐφυΐας τὸ μέγεθος ἀπὸ τοῦ τεύχους τοῦ περὶ Πάσχα συντεθειμένου, καὶ ἀπὸ τῶν δέκα λόγων τῆς ἀριθμητικῆς συντάξεως, νοεῖν δυνησόμεθα.

CAPUT LXXIV.

Victorinus (a), Petavionensis episcopus, non æque Latine ut Græce noverat. Unde opera ejus grandia sensibus, viliora videntur compositione verborum. Sunt autem hæc : Commentarii in Genesim, in Exodum, in Leviticum, in Isaiam, in Ezechiel, in Abacuc, in Ecclesiastem, in Cantica Canticorum, in Apocalypsim Joannis, adversum omnes hæreses, et multa alia. Ad extremum martyrio coronatus est.

Βικτωρῖνος Πεταβίωνος ἐπίσκοπος, οὐχ ὁμοίως Ῥωμαϊστί ὡς Ἑλληνιστὶ ἠπίστατο· διὸ τὰ ἔργα αὐτοῦ πάνυ μεγάλα ὄντα τοῖς νοήμασιν, δοκεῖ εἶναι εὐτελῆ διὰ τὴν τῶν λόγων σύνθεσιν· Ἔστι δὲ ταῦτα· Ὑπομνήματα εἰς τὴν Γένεσιν, εἰς τὴν Ἔξοδον, εἰς Λευϊτικόν, εἰς Ἡσαΐαν, εἰς Ἰεζεκιήλ, εἰς Ἀβακούκ, εἰς Ἐκκλησιαστήν, εἰς Ἄσματα των ᾀσμάτων, εἰς Ἀποκάλυψιν Ἰωάννου, κατὰ πασῶν τῶν αἱρέσεων, καὶ ἕτερα πάμπολλα. Εἶτα τελευταῖον μαρτυρήσας ἐστέφθη.

CAPUT LXXV.

Pamphilus presbyter, Eusebii Cæsariensis episcopi necessarius, tanto Bibliothecæ divinæ amore flagravit, ut maximam partem Origenis voluminum sua manu descripserit, quæ usque hodie in Cæsariensi bibliotheca habentur. Sed et in duodecim Prophetas viginti quinque ἐξηγήσεων Origenis volumina, manu ejus exarata reperi, quæ tanto amplector et servo gaudio, ut Crœsi opes habere me credam. Si enim lætitia est, unam epistolam habere Martyris, quanto magis tot millia versuum, quæ mihi videtur sui san-

Πάμφιλος πρεσβύτερος, Εὐσεβίου Καισαρείας ἐπισκόπου ἀναγκαῖος φίλος, οὕτω κατεσχέθη φίλτρῳ τῆς θείας Βιβλιοθήκης, ὥστε αὐτον μέγιστον μέρος τῶν Ὠριγένους συνταγμάτων ἰδίᾳ χειρὶ καταγράψαι, ἅπερ ἄχρι τοῦ παρόντος ἐν τῇ Καισαρείας βιβλιοθήκῃ τυγχάνει, καὶ εἰς τοὺς δώδεκα Προφήτας πέντε καὶ εἴκοσιν ἐξηγήσεων Ὠριγένους τεύχη, τῇ χειρὶ αὐτοῦ εὗρον γραφέντα, ἅτινα τοσαύτῃ περιπτύσσομαι καὶ φυλάττω χαρᾷ, ὡς τὸν Κροίσου πλοῦτον ἔχειν με πιστεύειν. Εἰ γὰρ μεγίστης ἐστὶ χαρμοσύνης μίαν ἐπιστολὴν μάρτυρος ἔχειν, πόσῳ

(a) *Victorinus Petabionensis episc.* Non erat iste Victorinus martyr episcopus Pictavorum; sed episcopus *Petabionensis*, sive *Petavionensis* in Styria. Est enim urbs Pannoniæ superioris dicta *Petovio, Petavium* et *Pœtovio*. Cave igitur errorem eorum, qui Victorinum hunc martyrem Pictavorum in Gallia volunt fuisse episcopum. Martian. — *Petabionensis* erat in superiori Pannonia Episcopus, non *Pictaviensis*, ut olim falso lectum est. Hunc sæpius laudat Hieron. in epistolis præcipue 61, ad Vigilantium; 70, ad Magnum; 84, ad Pammach. et Ocean., atque alibi.

une grande joie de posséder une seule lettre d'un martyr, quelle ne doit pas être celle de posséder tant de milliers de lignes qu'il me semble avoir signées des gouttes de son sang ! Il a composé, avant qu'Eusèbe de Césarée ne le fît, l'Apologie d'Origène et a souffert le martyre à Césarée, durant la persécution de Maximin.

CHAPITRE LXXVI.

Piérius, prêtre de l'Eglise d'Alexandrie, donna aux peuples, sous Carus et Dioclétien, pendant que Théonas gouvernait cette Eglise comme évêque, les plus heureux enseignements ; il mit tant d'élégance à ses sermons et à ses traités qui nous restent encore, qu'on l'appelait Origène-le-Jeune. Il paraît qu'il était d'une admirable pureté de mœurs, amoureux de la pauvreté volontaire, et en même temps profondément versé dans la dialectique et la rhétorique. Après la persécution, il passa le reste de ses jours à Rome. On a de lui un fort long traité sur le prophète Osée. D'après un sermon, il l'aurait lu dans une vigile de Pâques.

CHAPITRE LXXVII.

Lucien homme fort éloquent, prêtre de l'Eglise d'Antioche, a mis tant de soins à l'étude de l'Ecriture-Sainte, qu'aujourd'hui même certains exemplaires portent son nom. On a de lui quelques petits traités sur la foi, et quelques lettres assez courtes. Il souffrit le martyre à Nicomédie, pour avoir confessé le Christ, pendant la persécution de Maximin. Son tombeau est à Hélénopolis, en Bithynie.

guinis signasse vestigiis ! (a) Scripsit, antequam Eusebius Cæsariensis scriberet, Apologeticum pro Origene, et passus est Cæsareæ Palæstinæ sub persecutione Maximini.

μᾶλλον τοσαύτας χιλιάδας στίχων, δι' ὧν, ὡς ἐμοὶ δοκεῖ, τὰ ἴχνη τοῦ οἰκείου καταλέλοιπε πάθους. Ἔγραψε δὲ πρὸ τοῦ Εὐσέβιον συγγράψαι ἀπολογητικὸν ὑπὲρ Ὠριγένους, καὶ ἔπαθεν ἐν Καισαρείᾳ τῆς Παλαιστίνης ἐν τῷ Μαξιμίνου διωγμῷ.

CAPUT LXXVI.

Pierius, Alexandrinæ Ecclesiæ presbyter, sub Caro et Diocletiano principibus, eo tempore quo eam Ecclesiam Theonas episcopus regebat, florentissime docuit populos, et in tantam sermonis diversorumque tractatuum, qui usque hodie exstant, venit elegantiam, ut Origenes junior vocaretur. Constat hunc miræ ἀσκήσεως, et appetitorem voluntariæ paupertatis fuisse, scientissimum dialecticæ et rhetoricæ artis, et post persecutionem omne vitæ suæ tempus Romæ fuisse versatum. Hujus est longissimus tractatus de propheta Osee, quem, (b) in vigilia Paschæ habitum ipse sermo demonstrat.

Πιέριος, τῆς κατὰ Ἀλεξάνδρειαν Ἐκκλησίας πρεσβύτερος, ἐπὶ Κάρου καὶ Διοκλητιανοῦ βασιλέων, ἐν ἐκείνῳ τῷ καιρῷ, ἐν ᾧ τὴν αὐτὴν ἐκκλησίαν Θεωνᾶς ἐπίσκοπος ἐκυβέρνα, ἀνθηρῶς τὸν λαὸν ἐδίδαξε, καὶ εἰς τοσαύτην τῶν τε λόγων καὶ διαφόρων ὁμιλιῶν, τῶν ἄχρι σήμερον τυγχανουσῶν, ἦλθεν εὐφυΐαν, ὥστε αὐτὸν νέον κληθῆναι Ὠριγένην. Ὡμολόγηται δὲ τοῦτον τῆς τε ἀσκήσεως καὶ ἑκουσίου πτωχείας γεγενῆσθαι ἐραστὴν, ἔμπειρον ὄντα διαλεκτικῆς καὶ ῥητορικῆς ἐπιστήμης, καὶ κατὰ τὸν διωγμὸν, πάντα τὸν βίον ἐν τῇ Ῥώμῃ διατετελεκέναι. Ἔστι τούτου μακροτάτη ὁμιλία περὶ Ὠσηὲ Προφήτου, ἥντινα τῇ παννυχίδι τοῦ Πάσχα ἁρμόττειν πρὸς τὴν ἀνάγνωσιν, αὐτὸς ὁ λόγος δηλοῖ.

CAPUT LXXVII.

Lucianus, vir disertissimus, Antiochenæ Ecclesiæ presbyter, tantum in Scripturarum studio laboravit, ut usque nunc quædam exemplaria Scripturarum Lucianea nuncupentur. Feruntur ejus de Fide libelli, et breves ad nonnullos epistolæ. Passus est Nicomediæ ob confessionem Christi, sub persecutione Maximini, sepultusque Helenopoli Bithyniæ.

Λουκιανὸς, ἀνὴρ ἐλλογιμώτατος, τῆς κατὰ Ἀντιόχειαν Ἐκκλησίας πρεσβύτερος, τοσοῦτον ἐν τῇ ἀσκήσει τῶν γραφῶν κέκμηκεν, ὥστε ἄχρι τοῦ παρόντος τινὰ τῶν ἀντιγράφων κληθῆναι Λουκιάνεια. Φέρονται αὐτοῦ περὶ Πίστεως λόγοι, καὶ βραχύταται πρός τινας ἐπιστολαί. Ἀπέθανεν ἐν Νικομηδείᾳ ὑπὲρ τῆς Χριστοῦ ἐξομολογήσεως, ἐν τῷ διωγμῷ Μαξιμίνου, καὶ ἐτάφη ἐν Ἑλενοπόλει τῆς Βιθυνίας.

(a) *Scripsit antequam*, etc. Hoc aliquando persuasum habuit S. Hieronymus, quod postea multis in locis abjecit et retractavit, maxime libro II Apologiæ adversus Rufinum, dicens : *Inter cæteros Tractatores posui et hunc librum a Pamphilo editum ; ita putavi esse, ut a te et tuis discipulis fuerat divulgatum.* MARTIAN.

(b) Idem. Vatic. aliique *in pervigilio Paschæ*. Gravius in hanc rem nonnulla ex Hieronymo adducit. In Præfat. Osee, *Pierii legi tractatum longissimum, quem in exordio hujus Prophetæ die vigiliarum Dominicæ passionis extemporali et diserto sermone profudit.* In libro contra Vigilantium num. 10, *et in vigiliis Paschæ tale quid fieri plerumque convincitur.* In Matth. XXV : *Traditio Judæorum est, Christum media nocte venturum, unde reor et traditionem Apostolicam permansisse, ut in die vigiliarum Paschæ ante noctis dimidium populos dimittere non liceat exspectantes adventum Christi, et postquam illud tempus transierit, securitate præsumpta, festum cunctis agentibus diem.* Adamantii autem et Pierii exemplaria citat Hieron. in Matth. c. XXIV. MARTIAN. — *Quem in pervigilio Paschæ.* Aliqui mss. codices, *in vigilia Paschæ*, quod idem significat. Vide Præfationem Commentar. S. Hieron. in Osee prophetam.

CHAPITRE LXXVIII.

Philéas, de la ville de Thmuis, en Egypte, était issu d'une noble famille, possédait d'immenses richesses et reçut l'épiscopat. Il composa un livre très-élégant sur l'éloge des martyrs. Ayant eu une discussion avec le juge, qui le poussait à sacrifier, il eut la tête tranchée pour le Christ, en Egypte, sous le même persécuteur qui fit périr Lucien à Nicomédie.

CHAPITRE LXXIX.

Arnobe, sous l'empereur Dioclétien, enseigna, avec le plus grand succès la rhétorique, à Sicca, en Afrique. Il écrivit contre les Gentils des livres devenus vulgaires.

CHAPITRE LXXX.

Firmien ou Lactance était disciple d'Arnobe. Sous Dioclétien, il fut appelé à Nicomédie, avec le grammairien Flavius, dont il reste quelques livres, composés en vers, sur la médecine; il y enseigna la rhétorique et, faute d'élèves, parce que c'était une ville grecque, il se livra aux travaux de composition. Nous avons de lui Symposius, fruit de sa jeunesse. Il composa en hexamètres l'itinéraire d'Afrique à Nicomédie, et un livre avec ce titre : « La Grammaire, » et un autre magnifique sur la Colère de Dieu. Il en fit sept contre les Gentils, sur les Institutions divines, ainsi qu'un épitome de ce même ouvrage, dans un livre sans titre; il en écrivit deux à Asclépiade, un sur la Persécution, quatre livres de lettres à Probus, deux livres de lettres à Sévère, deux autres à Démétrien, son disciple; au même, un livre, le Chef-d'Œuvre de Dieu, ou la perfection de l'homme. Dans son extrême vieillesse, il devint, en Gaule, le maître du césar Crispus, fils de Constantin, qui devint dans la suite victime de son père.

CAPUT LXXVIII.

Phileas, de urbe Ægypti quæ vocatur Thmuis, nobili genere, et non parvis opibus, suscepto episcopatu, elegantissimum librum de Martyrum laude composuit, et disputatione actorum habita adversum Judicem, qui eum sacrificare cogebat, pro Christo capite truncatur; eodem in Ægypto persecutionis auctore, quo Lucianus Nicomediæ.

Φιλέας, ἀπὸ πόλεως Θμούεως τῆς Αἰγύπτου, περιφανὴς τῷ γένει, καὶ οὐ μικρᾶς περιουσίας, ἐπισκοπὴν δεξάμενος, εὐφυέστατον λόγον περὶ τῶν ἐπαίνων τῶν μαρτύρων συνεγράψατο, καὶ διάλογον τῆς γενομένης πράξεως ἐπὶ τοῦ ἄρχοντος καταναγκάζοντος αὐτὸν ἐπὶ τὸ θύειν. Οὗτος ὑπὲρ τοῦ Χριστοῦ ἀποτέμνεται, διωγμοῦ ἐν τῇ Αἰγύπτῳ ὄντος, κἀκείνου αὐθεντοῦντος τοῦ καὶ ἐπὶ Λουκιανοῦ ἐν Νικομηδείᾳ.

CAPUT LXXIX.

Arnobius sub Diocletiano principe Siccæ apud Africam florentissime rhetoricam docuit, scripsitque adversum gentes, quæ vulgo exstant, volumina.

Ἀρνόβιος ἐπὶ Διοκλετιανοῦ ἐν Σίκκῃ τῇ πόλει τῆς Ἀφρικῆς, ἀνθηρῶς τὴν ῥητορικὴν ἐδίδαξε, καὶ συνεγράψατο κατὰ τῶν ἐθνῶν τεύχη, ἅπερ τυγχάνει παρὰ πολλοῖς.

CAPUT LXXX.

Firmianus, qui et Lactantius, Arnobii discipulus, sub Diocletiano principe accitus cum Flavio Grammatico, cujus de Medicinalibus versu compositi exstant libri, Nicomediæ rhetoricam docuit, et penuria discipulorum, ob Græcam videlicet civitatem, ad scribendum se contulit. Habemus ejus Symposium, quod adolescentulus scripsit; ὁδοιπορικὸν de Africa usque Nicomediam, hexametris scriptum versibus, et alium librum, qui inscribitur Grammaticus, et pulcherrimum de ira Dei, et Institutionum divinarum adversum gentes libros septem, et ἐπιτομὴν ejusdem operis in libro uno acephalo, et ad Asclepiadem libros duos, de persecutione librum unum, ad Probum Epistolarum libros quatuor, ad Severum Epistolarum libros duos; ad Demetrianum, auditorem suum, Epistolarum libros duos; ad eumdem de Opificio Dei, vel formatione hominis, librum unum. Hic extrema senectute magister Cæsaris Crispi filii Constantini, in Gallia fuit, qui postea a patre interfectus est.

Φιρμιανὸς, ὁ καὶ Λακτάντιος, Ἀρνοβίου μαθητὴς, ἐπὶ Διοκλετιανοῦ βασιλέως μετασταλεὶς μετὰ Φλαβίου Γραμματικοῦ, οὗτινος περὶ Ἰατρικῶν εἰσι δι' ἐπῶν συγγραφαὶ, ἐν Νικομηδείᾳ τὴν ῥητορικὴν ἐδίδαξε, καὶ τῇ πενίᾳ τῶν μαθητῶν, μάλιστα διὰ Ἑλληνικὴν πόλιν, εἰς συγγράμματα ἑαυτὸν μεθῆκεν. Ἔχομεν τούτου Συμπόσιον, ὅπερ νέος ἐν τῇ Ἀφρικῇ συνέταξε, καὶ ὁδοιπορικὸν ἀπὸ τῆς Ἀφρικῆς ἕως Νικομηδείας δι' ἑξαμέτρων συντεθὲν, καὶ ἄλλην βίβλον, ἥτις ἐπιγράφεται Γραμματικὸς, καὶ ὡραῖον περὶ Ὀργῆς Θεοῦ, καὶ Θείων Εἰσαγωγῶν κατὰ τῶν ἐθνῶν λόγους ἑπτὰ, καὶ ἐπιτομὴν τοῦ αὐτοῦ σπουδάσματος ἀκέφαλον, καὶ πρὸς Ἀσκληπιάδην λόγους δύο, περὶ Διωγμοῦ λόγον ἕνα, πρὸς Πρόβον Ἐπιστολῶν λόγους τέσσαρας, πρὸς τὸν αὐτὸν περὶ Δημιουργίας Θεοῦ λόγον ἕνα. Οὗτος ἐν τῷ ἐσχάτῳ γήρᾳ διδάσκαλος κατέστη Καίσαρος Κρίσπου, τοῦ υἱοῦ Κωνσταντίνου ἐν Γαλλίαις, ὃς ὕστερον παρὰ τοῦ πατρὸς ἀνῃρέθη.

CHAPITRE LXXXI.

Eusèbe, évêque de Césarée, en Palestine, avait un goût très-prononcé pour l'Ecriture. Il mettait le plus grand soin à parcourir, avec le martyr Pamphile, cette bibliothèque divine. Il composa un grand nombre de volumes, entre autres : vingt livres sur la Démonstration évangélique, quinze sur la Préparation évangélique, cinq sur les Apparitions divines, dix sur l'Histoire Ecclésiastique, l'histoire des Canons, un abrégé de ces mêmes Canons, des éclaircissements sur les Evangiles; dix livres sur Isaïe, et, contre Porphyre, qui écrivait à cette époque, en Sicile, comme plusieurs le croient, trente livres: il ne m'en est parvenu que vingt. On compte encore un livre sur les Topiques, une Apologie d'Origène, en six livres; trois sur la vie de Pamphile, quelques autres opuscules sur les Martyrs et sur les cent cinquante psaumes, des commentaires marqués au coin de la plus grande érudition; il y en aurait encore bien d'autres. C'est surtout sous Constantin et Constance qu'il brilla. — Il dut à son amitié pour Pamphile de porter ce même nom.

CHAPITRE LXXXII.

Rhéticius, évêque des Eduens ou d'Autuns brilla dans les Gaules de la plus célèbre renommée, sous l'empereur Constantin. On a de lui des Commentaires sur le Cantique des Cantiques, et un fort volume contre Novatien. En dehors de ces Compositions, je n'ai pu rien trouver de lui.

CHAPITRE LXXXIII.

Méthodius, évêque d'Olympe, en Lycie, et, dans la suite, de Tyr, avait un style pur et élégant. Il écrivit plusieurs livres contre Porphyre, le Festin des dix Vierges, un magnifique ouvrage

CAPUT LXXXI.

Eusebius, Cæsareæ Palæstinæ episcopus in Scripturis divinis studiosissimus, et Bibliothecæ divinæ, cum Pamphilo martyre, diligentissimus pervestigator, edidit infinita volumina. De quibus hæc sunt : Εὐαγγελικῆς Ἀποδείξεως libri viginti, Εὐαγγελικῆς Προπαρασκευῆς libri quindecim, Θεοφανείας libri quinque, Ecclesiasticæ historiæ libri decem, Chronicorum Canonum omnimodo historia, et eorum Ἐπιτομή, et de Evangeliorum Diaphonia, in Isaiam libri decem, et contra Porphyrium, qui eodem tempore scribebat in Sicilia, ut quidam putant, libri triginta, de quibus ad me viginti tantum pervenerunt ; Τοπικῶν liber unus, Ἀπολογίας pro Origene libri sex, de Vita Pamphili libri tres, de Martyribus alia opuscula, et in centum quinquaginta psalmos eruditissimi commentarii, et multa alia. Floruit maxime sub Constantino imperatore et Constantio, et ob amicitiam Pamphili martyris ab eo cognomentum sortitus est.

Εὐσέβιος, Καισαρείας Παλαιστίνης ἐπίσκοπος, ἐν ταῖς θείαις Γραφαῖς σπουδαῖος, καὶ τῆς θείας Βιβλιοθήκης ἅμα Παμφίλῳ τῷ μάρτυρι, ἐπιμελέστατος ἀνιχνευτής, ἐξέδωκε πολλὰ τεύχη, ὧν εἰσι τάδε· Εὐαγγελικῆς ἀποδείξεως λόγοι εἴκοσι, Εὐαγγελικῆς προδείξεως παρασκευῆς λόγοι δέκα καὶ πέντε, Θεοφανείας λόγοι πέντε. Ἐκκλησιαστικῆς Ἱστορίας λόγοι δέκα, Χρονικῶν κανόνων παντοδαπῆς ἱστορίας, καὶ τούτων ἐπιτομή. Περὶ τῆς Εὐαγγελίων διαφωνίας, εἰς Ἡσαΐαν λόγοι δέκα, κατὰ Πορφυρίου, τοῦ τότε συγγράφοντος ἐν Σικελίᾳ, ὥς τινες οἴονται, λόγοι τριάκοντα, ἀφ' ὧν εἰς ἐμὲ λόγοι εἴκοσι μόνον περιῆλθον. Τοπικῶν λόγος εἷς. Ἀπολογίας ὑπὲρ Ὠριγένους λόγοι ἕξ, περὶ τοῦ βίου Παμφίλου λόγοι τρεῖς, περὶ μαρτύρων ἕτερα συγγράμματα καὶ εἰς τοὺς ἑκατὸν καὶ πεντήκοντα ψαλμοὺς δεδοκιμασμένα ὑπομνήματα, καὶ ἕτερα πολλά. Ἤνθησε μάλιστα ἐπὶ Κωνσταντίνου τοῦ βασιλέως καὶ Κωνσταντίου, καὶ διὰ τὴν φιλίαν τὴν πρὸς Πάμφιλον τὸν μάρτυρα, τῇ ἐπωνυμίᾳ αὐτοῦ ἐκλήθη.

CAPUT LXXXII.

Rheticius, Æduorum, id est, Augustodunensis Episcopus, sub Constantino celeberrimæ famæ habitus est in Galliis. Leguntur ejus Commentarii in Cantica canticorum, et aliud grande volumen adversus Novatianum, nec præter hæc quidquam ejus operum reperi.

Ῥαιτίκιος, Ἰδουάρων, τουτέστιν, Αὐγουστοδίας ἐπίσκοπος, ἐπὶ Κωνσταντίνου ἀπολήψεως χρηστῆς ἐγένετο ἐν τῇ Γαλλίᾳ. Ἀναγινώσκονται τούτου ὑπομνήματα εἰς Ἄσματα τῶν ᾀσμάτων, καὶ μέγα τεῦχος κατὰ Νωβατιανοῦ, οὐδὲν δὲ ἕτερον πλὴν τούτων, ἐκ τῶν αὐτοῦ εὗρον συγγραμμάτων.

CAPUT LXXXIII.

Methodius, Olympi Luciæ, et postea Tyri episcopus, nitidi compositique sermonis, adversum Porphyrium confecit libros, et Symposium decem virginum, de resurrectione opus egregium contra

Μεθόδιος, Ὀλύμπου Λυκίας, καὶ μετὰ ταῦτα Τύρου ἐπίσκοπος λαμπροῦ καὶ συγκειμένου λόγου, κατὰ Πορφυρίου συνέταξε τεύχη, καὶ συμπόσιον δέκα παρθένων, περὶ ἀναστάσεως λόγον ἄριστον κατὰ Ὠριγένους, κατὰ τοῦ

sur la Résurrection, contre Origène; un autre, contre le même, sur la Pythonisse et sur le Libre Arbitre; des commentaires sur la Genèse et le Cantique des Cantiques; beaucoup d'autres ouvrages qu'on lit presque partout. A la fin de la dernière persécution, ou, comme d'autres l'affirment, sous Dèce et Valérien, à Chalin, en Grèce, il fut couronné du martyre.

CHAPITRE LXXXIV.

Juvencus, issu d'une illustre famille, était prêtre en Espagne. Il traduisit les quatre Évangiles en vers hexamètres presque mot par mot; il composa quatre livres, et, sur le même rhythme, quelques opuscules touchant les Sacrements. Il vécut sous Constantin.

CHAPITRE LXXXV.

Eustathe Sidites, pamphilien d'origine, gouverna d'abord l'Église de Béroé, en Syrie; puis celle d'Antioche. Il luttait avec force contre les Ariens, lorsque, sous Constantin, il fut exilé à Trajanopolis, en Thrace, où il repose encore aujourd'hui. Il reste de lui des écrits sur l'Ame, sur l'Engastrimythe, contre Origène, et un nombre infini de lettres qu'il serait trop long d'énumérer.

CHAPITRE LXXXVI.

Marcel, évêque d'Ancyre, vécut sous Constantin et Constance, écrivit plusieurs volumes de thèses diverses, surtout contre les Ariens. On a contre lui les livres d'Astérius et d'Apollinaire, qui l'accusent d'hérésie sabellienne. Hilaire, dans son septième livre contre les Ariens, donne à son nom la note d'hérétique. Or, Marcellus prétend ne point appartenir au dogme dont on l'accuse, mais participer à la communion de Jules et d'Athanase, pontifes de Rome et d'Alexandrie.

Originem, et adversus eumdem de Pythonissa, et de Autexusio; in Genesim quoque et in Cantica canticorum commentarios; et multa alia, quæ vulgo lectitantur. Et ad extremum novissimæ persecutionis, sive, ut alii affirmant, sub Decio et Valeriano in Chalcide Græciæ, martyrio coronatus est.

αὐτοῦ περὶ Πυθωνίσσης, καὶ περὶ Αὐτεξουσίου, εἰς τὴν Γένεσίν τε, καὶ εἰς τὰ Ἄσματα τῶν ᾀσμάτων ὑπομνήματα, καὶ ἕτερα πολλὰ γῦδην ἀναγινωσκόμενα. Ὃς περὶ τὰ τελευταῖα τοῦ διωγμοῦ, ἢ καθὼς τινες διαβεβαιοῦνται, ἐπὶ Δεκίου καὶ Βαληριανου, ἐν Χαλκίδι τῆς Ἀνατολῆς μαρτυρήσας ἐστεφανώθη.

CAPUT LXXXIV.

Juvencus, nobilissimi generis, Hispanus presbyter, quatuor Evangelia hexametris versibus pene ad verbum transferens, quatuor libros composuit, et nonnulla eodem metro ad Sacramentorum ordinem pertinentia. Floruit sub Constantino principe.

Ἰούβεγκος, περιφανοῦς γένους, Ἱσπανὸς πρεσβύτερος, τῶν τεσσάρων Εὐαγγελίων δι' ἑξαμέτρων σχεδὸν κατὰ πόδας, τέσσαρας συνέταξε βίβλους, καὶ τινα τῷ αὐτῷ μέτρῳ εἰς μυστικὴν προσήκοντα τάξιν. Ἤνθησεν ἐπὶ Κωνσταντίνου βασιλέως.

CAPUT LXXXV.

Eustathius, genere Pamphylius, Sidites, primum Berœæ Syriæ, deinde Antiochiæ rexit Ecclesiam, et adversum Arianorum dogma componens multa sub Constantino principe pulsus est in exsilium Trajanopolim Thraciarum, ubi usque hodie conditus est. Exstant ejus volumina de Animo, de Engastrimytho adversum Origenem, et infinitæ epistolæ, quas enumerare longum est.

Εὐστάθιος, τῷ γένει Παμφύλιος, Σιδίτης, πρῶτον μὲν τὴν ἐν Βεροίᾳ τῆς Συρίας, ἔπειτα τὴν Ἀντιόχειαν ἐκυβέρνησεν ἐκκλησίαν, κατὰ τοῦ δόγματος τῶν Ἀρειανῶν πολλὰ συντάξας, ἐπὶ Κωνσταντίου βασιλέως ἐξωστρακίσθη εἰς Τραϊανόπολιν τῆς Θρᾴκης, ἐν ᾗ καὶ ἐτάφη. Εἰσὶ τούτου συγγράμματα περὶ ψυχῆς, περὶ Ἐγγαστριμύθου κατὰ Ὠριγένους. καὶ ἄλλαι πολλαὶ ἐπιστολαὶ, ἃς ἀπαριθμεῖσθαι περισσόν.

CAPUT LXXXVI.

Marcellus, Ancyranus episcopus, sub Constantino et Constantio principibus floruit, multaque diversarum ὑποθέσεων scripsit volumina, et maxime adversum Arianos. Feruntur contra hunc Asterii et Apollinarii libri, Sabellianæ eum hæresis arguentes, sed et Hilarius, in septimo adversum Arianos libro, nominis ejus, quasi hæretici meminit. Porro ille defendit, se non esse dogmatis cujus accusatur, sed communione Julii et Athanasii, Romanæ et Alexandrinæ urbis pontificum, se esse munitum.

Μάρκελλος, Ἀγκυρανὸς ἐπίσκοπος, ἐπὶ Κωνσταντίνου καὶ Κωνσταντίου ἤνθησε, πολλὰ διαφόρων ὑποθέσεων γράψας τεύχη, καὶ μάλιστα κατὰ τῶν Ἀρειανῶν. Φέρονται κατ' αὐτοῦ Ἀστερίου καὶ Ἀπολλιναρίου λόγοι Σαβελλιανῆς τοῦτον αἱρέσεως εὐθύνοντες, καὶ Ἱλάριος δὲ ἐν τῷ ἑβδόμῳ κατὰ τῶν Ἀρειανῶν λόγῳ, οἷα δὴ αἱρετικοῦ μέμνηται, ἀλλ' ἐκεῖνος ἀπολογεῖται, μὴ εἶναι οὗ κατηγορεῖται δόγματος, τῇ κοινωνίᾳ πεποιθὼς Ἰουλίου καὶ Ἀθανασίου Ῥώμης καὶ Ἀλεξανδρείας ἐπισκόπων.

CHAPITRE LXXXVII.

Athanase, évêque d'Alexandrie, après avoir enduré plusieurs embûches de la part des Ariens, s'enfuit vers Constant, préfet des Gaules, d'où il revint muni de lettres. Ayant été de nouveau chassé après la mort de ce prince, il resta caché jusqu'à l'empire de Jovien, qui lui rendit son Eglise, et mourut sous Valens. On a de lui deux livres contre les Gentils, un contre Valens et Ursace, un sur la Virginité, plusieurs sur les persécutions des Ariens, sur les titres des Psaumes, une histoire de la vie du moine Antoine, des lettres admirables, et bien d'autres ouvrages qu'il serait trop long d'énumérer.

CHAPITRE LXXXVIII.

Le moine Antoine, dont Athanase, évêque d'Alexandrie, a écrit la vie dans un magnifique volume, écrivit en égyptien sept lettres, pleines de sens et de paroles apostoliques, aux divers monastères. On les a traduites en grec ; la principale est celle qu'il adressa aux Arsanoïtes. Il vécut sous Constantin et ses fils et parvint à l'âge de cent cinq ans.

CHAPITRE LXXXIX.

Basile, évêque d'Ancyre, était habile dans la médecine. Il écrivit contre Marcellus, composa un livre sur la Virginité, plusieurs autres opuscules, et fut sous Constance, prince de Macédoine, avec Eustache de Sébaste.

CHAPITRE XC.

Théodore, évêque d'Héraclée, en Thrace, avait un langage plein d'élégance et de franchise ; il possédait l'intelligence de l'histoire, et, sous Constance, composa des commentaires sur Matthieu, Jean, l'Apôtre et le Psautier.

CAPUT LXXXVII.

Athanasius, Alexandrinæ urbis episcopus, multas Arianorum perpessus insidias, ad Constantem Galliarum principem fugit, unde reversus cum litteris, et rursum post mortem ejus fugatus, usque ad Joviani imperium latuit, a quo recepta Ecclesia, sub Valente moriter. Feruntur ejus adversum Gentes duo libri, et contra Valentem et Ursacium unus, et de virginitate, et de persecutionibus Arianorum plurimi, et de Psalmorum titulis, et historia Antonii monachi vitam continens, et ἑορταστικαὶ epistolæ, et multa alia, quæ enumerare longum est.

Ἀθανάσιος, Ἀλεξανδρείας ἐπίσκοπος, πολλὰς παρὰ τῶν Ἀρειανῶν ὑπομείνας ἐπιβουλὰς, πρὸς Κώνσταντα τὸν Γαλλιῶν βασιλέα προσέφυγεν, ὅθεν ἀναζεύξας μετὰ γραμμάτων, καὶ αὖθις μετὰ τὴν αὐτοῦ τελευτὴν διωχθεὶς, ἕως τῆς βασιλείας Ἰοβιανοῦ διέλαθε, καὶ ἀναλαβὼν τὴν Ἐκκλησίαν, ἐπὶ Οὐάλεντος τελευτᾷ. Φέρονται αὐτοῦ κατὰ τῶν Ἐθνῶν λόγοι δύο, κατὰ Οὐάλεντος καὶ Οὐρσακίου εἷς, περὶ Παρθενίας, περὶ Διωγμῶν Ἀρειανῶν πλεῖστοι, περὶ ἐπιγραφῆς Ψαλμῶν, καὶ Ἱστορία Ἀντωνίου ἀναχωρητοῦ τὸν βίον περιέχουσα, καὶ ἑορταστικαὶ ἐπιστολαὶ, καὶ πλεῖστα ἄλλα τινὰ, ἅπερ ἀπαριθμεῖσθαι ὀκνῶ.

CAPUT LXXXVIII.

Antonius monachus, cujus vitam Athanasius, Alexandrinæ urbis episcopus, insigni volumine prosecutus est, misit Ægyptiace ad diversa monasteria Apostolici sensus sermonisque epistolas septem, quæ in Græcam linguam translatæ sunt, quarum præcipua est ad Arsenoitas. Floruit sub Constantino et filiis ejus regnantibus. Vixit annos centum quinque.

Ἀντώνιος μοναχὸς, οὗ τὸν βίον Ἀθανάσιος Ἀλεξανδρείας ἐπίσκοπος ἐπισήμῳ τεύχει διεξῆλθεν, ἔστειλε πρὸς διάφορα τῆς Αἰγύπτου μοναστήρια, Ἀποστολικοῦ χαρακτῆρος καὶ λόγου ἐπιστολὰς ἑπτὰ εἰς ἑλληνικὴν διάλεκτον μεταφρασθείσας, ὧν ἐξαίρετός ἐστι πρὸς τοὺς Ἀρσενοΐτας. Ἤνθησεν ἐπὶ Κωνσταντίνου καὶ τῶν τούτου παίδων βασιλευόντων.

CAPUT LXXXIX.

Basilius, Ancyranus episcopus, artis medicinæ, scripsit contra Marcellum, et de Virginitate librum, et nonnulla alia, et sub rege Constantio Macedonianæ partis, cum Eustathio Sebasteno, princeps fuit.

Βασίλειος, Ἀγκυρανὸς ἐπίσκοπος (ἰατρὸς τὴν τέχνην) ἔγραψε κατὰ Μαρκέλλου, καὶ περὶ Παρθενίας λόγον καὶ οὐκ ὀλίγα ἄλλα, καὶ βασιλεύοντος Κωνσταντίου, Μακεδονιακῆς θρησκείας ἅμα Εὐσταθίῳ Σεβαστηνῷ ἦρξεν.

CAPUT XC.

Theodorus, Heracliæ Thraciarum episcopus, elegantis apertique sermonis, et magis historicæ intel-

Θεόδωρος, Ἡρακλείας τῆς Θρᾳκῶν ἐπίσκοπος, εὐφυοῦς καὶ ἀρίστου λόγου καὶ ἱστορικῆς διανοίας, ἐξέδωκεν ἐπὶ

CHAPITRE XCI.

Eusèbe, évêque d'Émèse, à l'esprit élégant et fleuri, fit plusieurs livres qui ont mérité les applaudissements du peuple. S'en tenant beaucoup plus à l'histoire, il fait les délices de ceux qui veulent déclamer. Les principaux sont contre les Juifs, les Gentils, les Novatiens, dix aux Galates; des homélies sur l'Evangile, courtes, il est vrai, mais nombreuses. Il vécut et mourut sous l'empereur Constance. Il fut enseveli à Antioche.

CHAPITRE XCII.

Triphyllius, évêque de Lèdres, en Chypre, ou de Lémotheon, l'un des hommes les plus éloquents de son époque, jouit de la plus grande célébrité sous Constance. Il composa, dit-on, bien d'autres ouvrages qui ne nous sont pas tous parvenus.

PSAUME XCIII.

Donat, chef des Donatiens, qui, sous Constance et Constantin, ont pullulé en Afrique, persuada à presque toute l'Afrique, et surtout à la Numidie, que les nôtres, pendant la persécution, avaient abandonné l'Ecriture aux Gentils. Il reste de lui plusieurs écrits touchant son hérésie, un livre sur l'Esprit-Saint, qui s'accorde avec le dogme arien.

ligentiæ, edidit sub Constantio principe commentarios in Matthæum, et in Joannem, et in Apostolum, et in Psalterium.

Κωνσταντίου βασιλέως ὑπομνήματα εἰς Ματθαῖον καὶ Ἰωάννην, καὶ εἰς τὸν Ἀπόστολον, καὶ εἰς τὸ Ψαλτήριον.

CAPUT XCI.

Eusebius, Emesenus episcopus, elegantis et rhetorici ingenii, innumerabiles, et qui ad plausum populi pertinent, confecit libros, magisque historiam secutus, ab his qui declamare volunt, studiosissime legitur, e quibus vel præcipui sunt adversum Judæos, et Gentes, et Novatianos, et ad Galatas libri decem, et in Evangelia homiliæ breves, sed plurimæ. Floruit temporibus Constantii Imperatoris, sub quo et mortuus, Antiochiæ sepultus est.

Εὐσέβιος, Ἐμεσηνός, εὐφυὴς καὶ ῥητορικῶς, ἀναριθμήτους καὶ εἰς κρότον τοῦ λαοῦ συντείνοντας ἐποιήσατο λόγους, καὶ μᾶλλον ἀκολουθῶν ἱστορίᾳ, ὅστις σπουδαιότερον ἀναγινώσκεται παρὰ τῶν κρότοις χαιρόντων, ἀφ' ὧν εἰσιν ἐξαίρετοι λόγοι δέκα, κατὰ τῶν Ἰουδαίων καὶ Ἐθνῶν, καὶ Νοβατιανῶν, καὶ πρὸς Γαλάτας εἷς, εἰς Εὐαγγέλια ὁμιλίαι βραχύταται μὲν, πολλαὶ δέ. Ἤνθησεν ἐπὶ Κωνσταντίου βασιλέως, καὶ τελευτήσας ἐν Ἀντιοχείᾳ ἐτάφη.

CAPUT XCII.

Triphyllius, Cypri Ledrensis, sive Leucotheon (a) episcopus, eloquentissimus suæ ætatis, et sub rege Constantio celeberrimus fuit. Legi ejus in Cantica canticorum commentarios. Et multa alia composuisse fertur quæ in nostras manus minime pervenerunt.

Τριφύλλιος, Κύπρου Λήδρου, ἤτοι Λευτεώνος ἐπίσκοπος, εὐφραδὴς καὶ ἐπὶ Κωνσταντίου ἐπίσημος. Ἀνέγνων τούτου εἰς Ἄσματα ᾀσμάτων ὑπομνήματα, ὅστις, πολλὰ λέγεται συγγεγραφέναι, ἅτινα εἰς τὰς ἡμετέρας χεῖρας οὐ περιῆλθεν.

CAPUT XCIII.

Donatus, a quo Donatiani per Africam sub Constantio Constantinoque principibus pullulaverunt, asserens a nostris Scripturas in persecutione Ethnicis traditas, totam pene Africam et maxime Numidiam sua persuasione decepit. Exstant ejus multa ad suam hæresim pertinentia opuscula, et de Spiritu sancto liber, Ariano dogmati congruens.

Δωνᾶτος, ἀφ' οὗ οἱ Δονατισταὶ ἐν τῇ Ἀφρικῇ ἐπὶ Κωνσταντίου τοῦ βασιλέως, φάσκων παρὰ ἡμετέρων τὰς θείας Γραφὰς ἐν τῷ διωγμῷ τοῖς Ἐθνικοῖς παραδίδοσθαι, πᾶσαν τὴν Ἀφρικὴν, καὶ μάλιστα τὴν Νουμιδίαν τῇ πειθοῖ ἠπάτησεν. Εἰσὶ τούτου πολλὰ, τῇ αὐτοῦ αἱρέσει ἀνήκοντα, καὶ περὶ τοῦ ἁγίου Πνεύματος λόγος, τῷ Ἀρειανῶν δόγματι ἁρμόζων.

(a) *Leucotheon episcopus.* Fucum hoc in loco, ut in aliis bene multis, fecit Erasmo et Mariano falsus Sophronius interpres Græcus, qui verbum Λευτεώνος posuit pro *Leucotheon* genuino nomine retento in cunctis exemplaribus mss. Est autem Ledrensis urbs, quæ et Leutheon, urbs Archiepiscopalis et Metropolis Cypri insulæ, in ora Boreali, quæ *Leucothon* et *Leucosia* Græcis dicitur, *Nicosia* vero Sophronio et aliis. Ad originem itaque Latinam Hieronymi revertentes, falsum sæpissime ac depravatum in Græco Sophronio contextum emendamus ex codicibus mss. quorum fidei atque auctoritati adhærentes, imperitorum hujus temporis judicium contemnimus, et eorum calumnias aure surda transimus. MARTIAN. — Duo mss. cum Freculpho *Cypriledensis* uno verbo. Pro *Leucotheon* Erasmus et Victorius *Leuteonis* ex Græco interprete, quem sequitur etiam Honorius, et Meursius l. I de Cypro. Erat autem *Leucotheon*, ut Martianæus annotavit. Metropolis Cypri insulæ in ora Boreali, quæ et *Leucosia* Græcis dicitur, aliis *Nicosia*.

CHAPITRE XCIV.

Astérius, philosophe de la secte arienne, écrivit, sous le règne de Constance, des commentaires sur l'Épître aux Romains, les Évangiles et les Psaumes, et beaucoup d'autres choses qui sont lues avec le plus grand soin par les partisans de sa secte.

CHAPITRE XCV.

Lucifer, évêque de Cagliari, fut envoyé par l'évêque Libère, avec Pancrace et Hilaire, clercs de l'Église Romaine, à l'empereur Constance, comme témoins de la foi. Ayant refusé de condamner la foi de Nicée, au nom d'Athanase, il fut relégué en Palestine, où il montra la plus admirable constance et prépara son âme au martyre. Il y écrivit contre l'empereur Constance un livre qu'il lui envoya même pour le lui faire lire, et bientôt après, sous Julien, il revint à Cagliari et mourut sous le règne de Valentinien.

CHAPITRE XCVI.

Eusèbe de Sardaigne, de lecteur de l'Église romaine devenu évêque de Verceil, fut exilé, pour ses sentiments inébranlables dans la foi, d'abord à Scythopolis, puis en Cappadoce ; ce qui fut l'œuvre de l'empereur Constance. Revenu dans son Eglise sous Julien, il publia les commentaires sur les Psaumes d'Eusèbe de Césarée, qu'il traduisit du grec en latin. Il mourut sous le règne de Valentinien et de Valens.

CAPUT XCIV.

Asterius (a), Arianæ philosophus factionis, scripsit, regnante Constantio, in Epistolam ad Romanos et in Evangelia et Psalmos commentarios, et multa alia, quæ a suæ partis hominibus studiosissime leguntur.

Ἀστέριος, Ἀρειανικῆς φιλόσοφος αἱρέσεως, ἔγραψε βασιλεύοντος Κωνσταντίου, εἰς τὴν Ἐπιστολὴν τὴν πρὸς Ῥωμαίους, καὶ εἰς Εὐαγγέλια καὶ Ψαλμοὺς ὑπομνήματα, καὶ ἕτερα πολλά, ἅτινα παρὰ τῶν τῆς αὐτῆς αἱρέσεως σπουδαιότερον ἀναγινώσκεται.

CAPUT XCV.

Lucifer, Caralitanus episcopus, cum Pancratio et Hilario Romanæ Ecclesiæ clericis, ad Constantium imperatorem a Liberio episcopo, pro fide legatus missus, cum nollet sub nomine Athanasii Nicænam damnare fidem, in Palæstinam relegatus, miræ constantiæ et præparati animi ad martyrium, contra Constantium imperatorem scripsit librum, eique legendum misit, ac non multo post, sub Juliano principe, reversus Caralis, Valentiniano regnante, obiit.

Λουκίφερ, Καραλάλεως ἐπίσκοπος, ἅμα Παγκρατίῳ καὶ Ἱλαρίῳ τῆς Ἐκκλησίας Ῥώμης Κληρικοῖς, πρὸς Κωνστάντιον βασιλέα παρὰ Λιβερίου ἐπισκόπου, ὑπὲρ τῆς πίστεως εἰς πρεσβείαν σταλεὶς, μὴ βουλόμενος ἐπ' ὀνόματι Ἀθανασίου τὴν Νικαηνὴν σύνοδον καταλῦσαι, εἰς Παλαιστίνην ἐξορισθεὶς, θαυμαστῆς ἐγκρατείας καὶ εὐπρεπισμένου λογισμοῦ εἰς μαρτύριον, συνέταξε λόγον κατὰ Κωνσταντίου, τοῦτόν τε αὐτῷ ἀπέστειλεν ἀναγνωσθησόμενον, καὶ μετ' οὐ πολὺ βασιλεύοντος Ἰουλιανοῦ, εἰς τὴν Καρακαλίνων ἀναζεύξας, ἐπὶ Βαλεντιανοῦ βασιλέως ἐτελεύτησεν.

CAPUT XCVI.

Eusebius, natione Sardus, et ex Lectore urbis Romanæ, Vercellensis episcopus, ob confessionem fidei a Constantio principe Scythopolim et inde Cappadociam relegatus, sub Juliano imperatore ad Ecclesiam reversus, edidit in psalmos commentarios Eusebii Cæsariensis, quos de Græco in Latinum verterat. Mortuus est Valentiniano et Valente regnantibus.

Εὐσέβιος, γένει Σάρδος, ἀπὸ ἀναγνωστῶν τῆς Ἐκκλησίας Ῥώμης, Βαρκελλίνσης ἐπίσκοπος, διὰ τὴν τῆς πίστεως ἐξομολόγησιν παρὰ Κωνσταντίου Βασιλέως εἰς Σκυθόπολιν, κἀκεῖθεν εἰς Καππαδοκίαν ἐξορισθεὶς ἐπὶ Ἰουλιανοῦ τοῦ βασιλέως εἰς τὴν ἐκκλησίαν ἀναζεύξας ἐξέδωκεν εἰς τοὺς ψαλμοὺς ὑπομνήματα Εὐσεβίου τοῦ Καισαρέως, ἅτινα ἀπὸ Ἑλληνικοῦ εἰς Ῥωμαϊκὸν μετενηνόχει. Καὶ ἐτελεύτησεν ἐπὶ Οὐαλεντινιανοῦ καὶ Οὐάλεντος.

(a) Vix dubitandum videtur mihi ex Hieronymi sententia, hunc eudem Asterium esse, quem alibi vocat Scythopolitam. Nempe hoc ipso ordine in epist. 70 sæpius laudata, ad Magnum *Eusebii Emesseni, et Tryphillii Cyprii, et Asterii Scythopolitæ* nomina ac libros recenset. Et in epist. 112, ad Augustinum : *Maxime*, inquit, *in explanatione Psalmorum, quos apud Græcos interpretati sunt multis voluminibus, primus Origenes, secundus Eusebius Cæsariensis, tertius Theodorus Heracleotes, quartus Asterius Scythopolitanus, quintus Apollinaris*, etc. Ex quo etiam par est credere, neminem alium, qui in Psalmos scripsisset, cognominem Asterium illi innotuisse. Fabricius tamen, tum hic, cum in Bibliothec. Græc. lib. v, cap. 28, hunc alium a Scythopolitano fuisse tradit : *Cappadocem* nempe, illum Sophistam, quem Socrates lib. I cap. 36, memorat, quique Luciano martyre suadente pænitentiam, ad Christianos rediit, postquam idolis immolasset, et Arianorum deinde promachus fuit.

CHAPITRE XCVII.

Fortunatien d'Afrique, évêque d'Aquilée, sous l'empereur Constance, écrivit sur les Évangiles, dans un style peu recherché, de courts commentaires qu'il arrangea par chapitres. Ce qui est à regretter, c'est qu'au départ du pape Libère pour l'exil, où sa foi l'avait fait condamner, il alla le premier le solliciter, le déterminer, le pousser à souscrire son hérésie.

CHAPITRE XCVIII.

Acace, qu'on appelait le Borgne, parce qu'il n'avait qu'un œil, était évêque de Césarée, en Palestine. Il composa sur l'Ecclésiaste dix-sept volumes, six sur des recherches réunies, et plusieurs autres traités sur différents sujets. Telle était sa faveur auprès de Constance, qu'à la place de Libère, il fit nommer Félix évêque de Rome.

CHAPITRE XCIX.

Sérapion, évêque de Thmuis, mérita, pour le tour élégant de son esprit, le surnom de Scholastique. Ami du moine Antoine, il écrivit contre Manès un livre magnifique, un autre sur le titre des Psaumes, plusieurs lettres fort utiles à divers personnages. Sous Constantin, il s'illustra encore par son martyre.

CHAPITRE C.

Hilaire était évêque de Poitiers, en Aquitaine; en butte à la faction de Saturnin, évêque d'Arles, il fut relégué du concile de Béziers en Phrygie, composa douze livres contre les Ariens, un sur les synodes, qu'il écrivit aux évêques des Gaules, et des commentaires sur les Psaumes: le 1[er] et le 2[e] d'abord, puis du cinquante-unième au soixante-deuxième, et du cent dix-huitième jus-

CAPUT XCVII.

Fortunatianus, natione Afer, Aquileiensis episcopus, imperante Con[illegible]antio, in Evangelia, titulis ordinatis, brevi et [illegible]ico sermone scripsit commentarios: et in hoc habetur detestabilis, quod Liberium, Romanæ urbis episcopum, pro fide ad exsilium pergentem, primus sollicitavit ac fregit, et ad subscriptionem hæreseos compulit.

Φουρτουνατιανός, γένει Ἄφρος, Ἀκυληΐας ἐπίσκοπος, βασιλεύοντος Κωνσταντίου, εἰς τὰ εὐαγγέλια κανόνας διατυπώσας, βραχύτατα ὑπομνήματα λόγῳ ἀγροίκῳ συνέταξε· διὰ δὲ τοῦτο ἐστιν ἀποτρόπαιος, ὅτιπερ Λιβέριον Ῥώμης ἐπίσκοπον, ὑπὲρ τῆς πίστεως εἰς ἐξορίαν ἀπιόντα, οὐ μόνον ὑπενόθευσεν, καὶ ὑπεσκέλισεν, ἀλλὰ καὶ εἰς ὑπογραφὴν αἱρετικῶν κατηνάγκασεν.

CAPUT XCVIII.

Acacius, quem, quia luscus erat, μονόφθαλμον nuncupabant, Cæsariensis Ecclesiæ in Palæstina episcopus, elaboravit in Ecclesiasten decem et septem volumina, et συμμίκτων ζητημάτων sex, et multos præterea diversosque tractatus. In tantum autem sub Constantio imperatore claruit, ut in Liberii locum Romæ Felicem episcopum constitueret.

Ἀκάκιος, ὅντινα ἐπειδὴ ἑνὶ ὀφθαλμῷ πηρὸς ἦν, μονόφθαλμον ἐκάλεσαν, τῆς ἐν Παλαιστίνῃ Καισαρείας ἐπίσκοπος, συνέταξε εἰς Ἐκκλησιαστὴν βιβλία δέκα καὶ ἑπτὰ, καὶ συμμίκτων ζητημάτων ἕξ, καὶ πολλὰς διαφόρους ὁμιλίας. Εἰς τοσοῦτον δὲ ἐπὶ Κωνσταντίου βασιλέως διέπρεψεν, ὥστε εἰς τόπον Λιβερίου Φήλικα ἐπίσκοπον Ῥώμης χειροτονῆσαι.

CAPUT XCIX.

Serapion, Thmueos episcopus, qui ob elegantiam ingenii cognomen Scholastici meruit, charus Antonii monachi, edidit adversum Manichæum egregium librum, et de psalmorum titulis alium, et ad diversos utiles epistolas, et sub Constantio principe etiam in confessione inclytus fuit.

Σαραπίων, Θμουέως ἐπίσκοπος, ὁ διὰ τὴν εὐφυΐαν ἐπονομασθεὶς Σχολαστικὸς, γνήσιος φίλος Ἀντωνίου μοναχοῦ, ἐξέδωκε κατὰ Μανιχαίου ἐξαίρετον βίβλον, καὶ περὶ ἐπιγραφῆς Ψαλμῶν ἑτέραν, καὶ πρὸς διαφόρους ἀναγκαίας ἐπιστολὰς, καὶ ἐπὶ Κωνσταντίου ἐν τῇ ἐξομολογήσει διέπρεψεν.

CAPUT C.

Hilarius, urbis Pictavorum Aquitaniæ episcopus, factione Saturnini Arelatensis episcopi de synodo Biterrensi in Phrygiam relegatus, duodecim adversus Arianos confecit libros et alium librum de Synodis, quem ad Galliarum episcopos scripsit, et in psalmos commentarios, primum videlicet et secun-

Ἱλάριος, Πικταβίων Ἀκυιτανίας ἐπίσκοπος, συσκευῇ Σατουρνίνου τῆς Ἀρελατῶν ἐπισκόπου, ἀπὸ τῆς συνόδου Βιτερισσίων εἰς Φρυγίαν ἐξορισθεὶς, δέκα καὶ δύο κατὰ Ἀρειανῶν συνέταξε λόγους, καὶ ἕτερον περὶ τῶν Συνόδων, ὅντινα πρὸς Γαλλιῶν Ἐπισκόπους ἔγραψε, καὶ εἰς ψαλμοὺς ὑπομνήματα, πρῶτον λέγω δὲ καὶ δεύτερον, ἀπὸ

qu'à la fin. Il a imité Origène et y a beaucoup ajouté du sien. On a de lui un libelle adressé à Constance, qu'il lui donna à Constantinople; un autre contre le même Constance, qu'il écrivit après sa mort, ainsi qu'un livre contre Valens et Ursace, qui renferme l'histoire des conciles de Rimini et de Séleucie; un autre au préfet Saluste, contre Dioscore; un livre d'hymnes et de mystères, des commentaires sur Matthieu; un traité sur Job, qu'il traduisit, quant au sens, du grec d'Origène; un autre opuscule très-élégant contre Auxence, et plusieurs lettres à divers personnages. On dit même qu'il a écrit sur le Cantique des Cantiques; nous ne connaissons point cet ouvrage. Il mourut à Poitiers, sous le règne de Valentinien et de Valens.

CHAPITRE CI.

Victorin d'Afrique, enseigna la rhétorique à Rome, sous Constance. Arrivé à une extrême vieillesse, se donnant au christianisme, il écrivit contre Arius des livres fort obscurs, grâce au genre dialectique qu'il employa : les érudits seuls peuvent les comprendre. Il laissa aussi des commentaires sur l'Apôtre.

CHAPITRE CII.

Tite, évêque de Bostrène, sous Julien et Jovinien, écrivit contre les Manichéens des livres assez vigoureux; il laissa aussi quelques autres volumes. Il mourut sous Valens.

dum, et a quinquagesimo primo usque ad sexagesimum secundum, et a centesimo decimo octavo usque ad extremum, in quo opere imitatus Origenem, nonnulla etiam de suo addidit. Est ejus et ad Constantium libellus, quem viventi Constantinopoli porrexerat, et alius in Constantium, quem post mortem ejus scripsit, et liber adversum Valentem et Ursacium, historiam Ariminensis et Seleuciensis synodi continens : et ad præfectum Salustium, sive contra Dioscorum, et liber Hymnorum et Mysteriorum alius, et commentarii in Matthæum, et tractatus in Job, quos de Græco Origenis ad sensum transtulit, et alius elegans libellus contra Auxentium, et nonnullæ ad diversos epistolæ. Aiunt quidam, scripsisse eum et in Cantica canticorum; sed a nobis hoc opus ignoratur. Mortuus est Pictavis, Valentiniano et Valente regnantibus.

πεντηκοστοῦ πρώτου ἕως ἑξηκοστοῦ δευτέρου, καὶ ἀπὸ ἑκατοστοῦ ὀκτοκαιδεκάτου ἕως τοῦ ἐσχάτου, ἐν ᾗ συντάξει Ὠριγένην ἐμιμήσατο, τινὰ ἐξ ἰδίων προσθείς· Ἔστιν αὐτοῦ καὶ πρὸς Κωνστάντιον λίβελλος, ὅντινα περιόντι ἐν Κωνσταντινουπόλει ἐπέδωκε, καὶ ἕτερος εἰς Κωνστάντιον, ὅντινα μετὰ τὴν αὐτοῦ ἀποβίωσιν συνέταξε, καὶ βίβλοι κατὰ Οὐάλεντος καὶ Οὐρσακίου, τὴν ἱστορίαν τῆς Ἀριμηνσίου καὶ Σελευκείας συνόδου περιέχουσαι, καὶ πρὸς Σαλούστιον ἔπαρχον, ἤτοι κατὰ Διοσκόρου, καὶ τῶν Λιβερτίνων, καὶ ἕτερος λόγος Μυστηρίων, καὶ ὑπομνήματα εἰς Ματθαῖον, καὶ εἰς τὸν Ἰὼβ ὁμιλίαι, ἃς ἀπὸ τοῦ Ἑλληνικοῦ Ὠριγένους μετέφρασε, καὶ ἕτερος εὐφυέστατος λίβελλος κατὰ Αὐξεντίου, καὶ πολλαὶ πρὸς διαφόρους Ἐπιστολαί. Φασὶ δέ τινες γεγραφέναι αὐτὸν καὶ εἰς τὰ Ἄσματα τῶν ἀσμάτων, ἅπερ παρ' ἡμῖν ἐστιν ἄγνωστα. Ἐτελεύτησεν ἐν Πικτάβῃ Βαλεντινιανοῦ καὶ Οὐάλεντος βασιλευόντων.

CAPUT CI.

Victorinus, natione Afer, Romæ sub Constantio principe rhetoricam docuit, et in extrema senectute (*a*), Christi se tradens fidei, scripsit adversus Arium libros more dialectico valde obscuros (*b*), qui nisi ab eruditis non intelliguntur, et Commentarios in Apostolum.

Βικτωρῖνος, γένει Ἄφρος, Κωνσταντίου βασιλεύοντος, ἐν τῇ Ῥώμῃ ῥητορικὴν διδάξας, ἐν τῷ ἐσχάτῳ γήρᾳ Χριστιανὸς γενόμενος, κατὰ Ἀρείου λόγους διαλεκτικοὺς πάνυ ἀμαυροὺς συνέγραψεν, οἵτινες παρὰ τῶν πεπαιδευμένων μόνον νοοῦνται, καὶ ὑπομνήματα εἰς τὸν Ἀπόστολον.

CAPUT CII.

Titus, Bostrenus episcopus, sub Juliano et Joviano principibus, fortes adversum Manichæos scripsit libros, et nonnulla volumina alia. Moritur autem sub Valente.

Τίτος, Βοστρήνων ἐπίσκοπος, ἐπὶ Ἰουλιανοῦ καὶ Ἰοβιανοῦ βασιλευόντων, ἰσχυροὺς κατὰ τῶν Μανιχαίων συντάξας λόγους, καὶ ἕτερα πολλά. ἐπὶ Οὐάλεντος ἐτελεύτησεν.

(*a*) Luculentissimum de ejus conversione Augustini testimonium lib. VIII Confession. c. 2, Miræus recitat : *Ubi*, inquit Hipponensis episcop., *commemoravi episcopo Ambrosio, legisse me quosdam libros Platonis, quos Victorinus quondam rhetor urbis Romæ, quem Christianum defunctum esse audieram, in Latinam linguam transtulisset; ut me exhortaretur ad humilitatem Christi, mihi narravit, quemadmodum ille doctissimus senex, et omnium liberalium doctrinarum peritissimus, quique Philosophorum tam multa legerat, et dijudicaverat, et dilucidaverat, doctor tot nobilium Senatorum, quique etiam, ob insigne præclari magisterii, statuam in Romano foro meruerat, et acceperat; non erubuerit esse puer Christi tui, et infans fontis tui, subjecto collo ad humilitatis jugum, et edomita fronte ad crucis opprobrium.*

(*b*) *Qui nisi ab eruditis non intelliguntur.* Omnes mss. codices hoc modo legunt. De Commentariis porro Victorini in Apostolum Hieronymus ita loquitur Præfat. Commentariorum in Epist. ad Galatas : *Non quia ignorem C. Marium Victorinum, qui Romæ me puero rhetoricam docuit, edidisse Commentarios in Apostolum*, etc. Sic legendum ex ms. Cluniacensi; ex alio autem Ambrosianæ

CHAPITRE CIII.

Damase, évêque de Rome, avait l'esprit bien fait à tourner des vers. Aussi donna-t-il plusieurs écrits en vers d'un mètre fort court; presque octogénaire, il s'éteignit sous Théodose.

CHAPITRE CIV.

Apollinaire, évêque de Laodicée, en Syrie, eut un prêtre pour père. Dans sa jeunesse, il cultiva beaucoup les lettres, puis écrivit d'innombrables volumes sur l'Écriture, et mourut sous Théodose. On a de lui trente livres contre Porphyre; parmi ses autres ouvrages, ce sont ceux que l'on goûte le plus.

CHAPITRE CV.

Grégoire, de la Bétique, évêque d'Elvire, composa jusqu'à son extrême vieillesse des traités d'un style médiocre, et un livre très-élégant sur la Foi, qui existe encore aujourd'hui, d'après ce que l'on prétend.

CHAPITRE CVI.

Pacien, évêque de Barcelone, près des Pyrénées, était chaste et éloquent. Il s'illustra autant par sa vie que par ses discours, et composa divers ouvrages, entre autres le Cerf, et ceux qu'il écrivit contre les Novatiens. Sous Théodose, après être parvenu à une extrême vieillesse, il mourut.

CAPUT CIII.

Damasus, Romanæ urbis episcopus, elegans in versibus componendis ingenium habuit, multaque et brevia metro edidit, et prope octogenarius sub Theodosio principe mortuus est.

Δάμασος, Ῥώμης ἐπίσκοπος, εἰς ἐποποιΐαν εὐφυής, πολλὰ καὶ σύντομα ἡρωϊκῷ μέτρῳ ἐξέδωκε, καὶ ὀγδοηκονταέτης ἐπὶ Θεοδοσίου βασιλέως ἐτελεύτησεν.

CAPUT CIV.

Apollinarius, Laodicenus Syriæ episcopus, patre presbytero, magis grammaticis in adolescentia operam dedit, et postea in sanctas Scripturas innumerabilia scribens volumina, sub Theodosio imperatore obiit. Exstant ejus adversus Porphyrium triginta libri, qui inter cætera ejus opera vel maxime probantur.

Ἀπολλινάριος, Λαοδικείας τῆς Σύρων ἐπίσκοπος, πατρὸς πρεσβυτέρου, ἐν τῇ νεότητι μᾶλλον τὴν γραμματικὴν ἤσκησεν, ὕστερον δὲ εἰς τὰς θείας Γραφὰς ἀναριθμητα συντάξας τεύχη, Θεοδοσίου βασιλεύοντος ἐτελεύτησεν. Εἰσὶν αὐτοῦ κατὰ Πορφυρίου τριάκοντα λόγοι, οἵτινες μεταξὺ τῶν ἄλλων αὐτοῦ συγγραμμάτων μᾶλλον ἐκρίθησαν.

CAPUT CV.

Gregorius, Bæticus, Eliberi Episcopus, usque ad extremam senectutem diversos mediocri sermone tractatus composuit, et de Fide elegantem librum, qui hodieque superesse dicitur.

Γρηγόριος, Ἐλιβέρου τῆς Βαιτικῆς ἐπίσκοπος, ἕως τῆς ἐσχάτης ἡλικίας διαφόρους ὁμιλίας κοινῷ λόγῳ συνέταξε, καὶ περὶ πίστεως λόγον ἄριστον, ὅστις ἄχρι τοῦ παρόντος λέγεται περιεῖναι.

CAPUT CVI.

Pacianus, [illegible] Pyrenæi jugis Barcilonæ episcopus, castitate [illegible] oquentia, et tam vita, quam sermone clarus, scripsit varia opuscula, de quibus est Cervus, et contra Novatianos. Sub Theodosio principe, jam ultima senectute, mortuus est.

Πακιανός, ἐν τοῖς Πυῤῥιναίου μέρεσι Βαρκίλωνος ἐπίσκοπος, σώφρονι βίῳ, εὐφραδείᾳ καὶ λόγῳ λαμπρός, συνέταξε ποικίλα, ἀφ' ὧν ἐστι Κέρβος, καὶ κατὰ τῶν Νωβατιανῶν. Ἐπὶ Θεοδοσίου βασιλέως ἐν ἐσχάτῳ γήρᾳ ἐτελεύτησεν.

Bibliothecæ, *qui Romæ me a puero Rhetoricam docuit.* At de his vide, quæ diximus in Additamentis prioris partis hujus tomi IV. MARTIAN. — Sic habent mss. nostris omnes, et quos Martianæus consuluit, et plures alii. Nec diverso sensu Victorius, *ab eruditis modo intelliguntur.* Vitiose autem editiones aliæ, *non intelliguntur.* Hi libri quatuor propris *contra Candidum* scripti sunt, cujus etiam epistolæ *de divina generatione* Victorinus respondit.

CHAPITRE CVII.

Photin, de Galatie, fut disciple de Marcellus; ordonné évêque de Sirmium, il essaya de restaurer l'hérésie d'Hébion. Chassé ensuite de son Église par Valentinien, il écrivit plusieurs volumes dont les principaux sont les livres contre les Gentils, et à Valentinien.

CHAPITRE CVIII.

Phébade, évêque d'Agen, en Gaule, a fait un livre contre les Ariens. On lui attribue d'autres ouvrages que je n'ai pas lus. Il vit encore aujourd'hui dans une vieillesse décrépite.

CHAPITRE CIX.

Didyme d'Alexandrie, ayant souffert dans son bas âge d'une maladie de la vue, et pour cela ne connaissant pas les premiers éléments, est une merveille pour tous ceux qui le connaissent. Ainsi, il apprit la dialectique, et il a poussé jusqu'à la dernière perfection la géométrie, qui demande le secours du regard; il a écrit plusieurs ouvrages pleins de noblesse, des commentaires sur tous les Psaumes, sur l'Évangile de Matthieu, de Jean, sur les dogmes; deux livres contre les Ariens, un sur le Saint-Esprit, que nous avons traduit en latin; dix-huit tomes sur Isaïe, Osée, en nous les envoyant; trois livres de commentaires, et, sur notre demande, cinq livres sur Zacharie; des commentaires sur Job, et une infinité d'autres qui nécessiteraient un catalogue. Il vit encore aujourd'hui et il a dépassé sa quatre-vingt-troisième année.

CHAPITRE CX.

Optat d'Afrique, évêque de Milève, écrivit pour le parti catholique, sous Velentinien et Valens, six livres contre les Donatistes, où il affirme qu'on ne peut rétorquer l'accusation des Donatistes contre nous qu'à faux.

CAPUT CVII.

Photinus, de Gallogræcia, Marcelli discipulus, Sirmii episcopus ordinatus, Hebionis hæresim instaurare conatus est, postea a Valentiniano principe pulsus Ecclesia, plura scripsit volumina, in quibus vel præcipua sunt contra Gentes, et ad Valentinianum libri.

Φωτεινός, ἀπὸ τῆς Γαλλογραικίας, Μαρκέλλου μαθητής, Σιρμίου ἐπίσκοπος, τὴν τῶν Ἑβιωνιτῶν αἵρεσιν ἀνανεῶσαι ἐπεχείρησεν, ὕστερον παρὰ Βαλεντινιανοῦ βασιλέως ἐξεώσθη τῆς Ἐκκλησίας· πολλὰ συντάξας τεύχη, ἀφ' ὧν εἰσιν ἐξαίρετοι κατὰ τῶν Ἐθνῶν, καὶ πρὸς Βαλεντινιανὸν λόγοι.

CAPUT CVIII.

Phœbadius, Agenni Galliarum episcopus, edidit contra Arianos librum. Dicuntur et ejus alia esse opuscula, quæ needum legi. Vivit usque hodie decrepita senectute.

Φοιβάδιος Ἀγενοῦ τῆς κατὰ Γαλλίας ἐπίσκοπος, ἐξέδωκε, κατὰ Ἀρειανῶν τεῦχος. Λέγονται αὐτοῦ καὶ ἕτερα εἶναι σπουδάσματα, οἷς οὔπω ἐνέτυχον. Μέχρι νῦν ζῇ ἐν ἐσχάτῳ γήρᾳ διάγων.

CAPUT CIX.

Didymus, Alexandrinus, captus a parva ætate oculis, et ob id elementorum quoque ignarus, tantum miraculum sui omnibus præbuit, ut dialecticam quoque, et geometriam, quæ vel maxime visu indiget, usque ad perfectum didicerit. Is plura opera et nobilia conscripsit, commentarios in psalmos omnes, commentarios in Evangelium Matthæi et Joannis, et de Dogmatibus, et contra Arianos libros duos, et de Spiritu sancto librum unum, quem ego in Latinum verti : in Isaiam tomos decem et octo, in Osee, ad me scribens, commentariorum libros tres, et in Zachariam, meo rogatu, libros quinque, et commentarios in Job, et infinita alia quæ digerere proprii iudicis est. Vivit usque hodie, et octogesimum tertium ætatis excessit annum.

Δίδυμος, Ἀλεξανδρεύς, ἐκ νέας ἡλικίας βλαβεὶς τὰς ὄψεις, καὶ διὰ τοῦτ' ἄπειρος τῶν στοιχείων, τοσοῦτον θαῦμα πᾶσι παρέσχετο, ἕως τε τὴν διαλεκτικήν, καὶ γεωμετρικήν, ἥτις μάλιστα ὁράσεως χρήζει, εἰς ἄκρον ἐκμεμαθηκέναι. Ὅστις πολλὰ καὶ περιφανῆ συνέταξε, τουτέστιν ὑπομνήματα εἰς πάντας τοὺς Ψαλμούς, ὑπομνήματα εἰς Ματθαῖον καὶ Ἰωάννην, καὶ περὶ Δογμάτων, καὶ κατὰ Ἀρειανῶν λόγους δύο, καὶ περὶ Πνεύματος ἁγίου λόγον ἕνα, ὅντινα ἐγὼ εἰς Ῥωμαϊκὸν μετέφρασα· εἰς Ἡσαΐαν τόμους ὀκτωκαίδεκα, εἰς Ὠσηὲ πρὸς ἐμὲ γράφων ὑπομνημάτων λόγους τρεῖς, εἰς Ζαχαρίαν ἐμοῦ παρακαλέσαντος λόγους πέντε, ὑπομνήματα εἰς τὸν Ἰώβ, καὶ ἄλλα ἄπειρα, ἅτινα διηγήσασθαι ἰδίου ἐστὶ καταλόγου. Περίεστιν ἄχρι τοῦδε, καὶ ὀγδοηκοστὸν τρίτον ἐπλήρωσεν ἐνιαυτόν.

CHAPITRE CXI.

Aquilius Sévère, d'Espagne, issu de cette famille des Sévères à laquelle Lactance a écrit deux livres de lettres, composa un volume ou plutôt un mémoire qui contient, tant en prose qu'en vers, l'histoire de sa vie, qu'il a appelé Catastrophe ou Epreuve. Il mourut sous Valentinien.

CHAPITRE CXII.

Cyrille, évêque de Jérusalem, souvent chassé de son Eglise, y revint enfin, et, sous Théodore, y passa huit ans tranquille. On a de lui des Catéchèses qu'il composa dans sa jeunesse.

CHAPITRE CXIII.

Euzoius, pendant sa jeunesse, reçut à Césarée des leçons du rhéteur Thespésius, en compagnie de Grégoire, évêque de Nazianze. Devenu dans la suite évêque de Césarée, il résolut, à force de travail, de restaurer la bibliothèque d'Origène et de Pamphile, déjà détériorée, et de la mettre sur parchemin. A la fin, sous Théodose, il fut chassé de son Eglise. On a de lui des traités aussi nombreux que variés, dont la connaissance est on ne peut plus facile.

CHAPITRE CIV.

Épiphane, évêque de Salamine, en Chypre, a écrit, contre toutes les hérésies, des livres et quantité d'autres choses que les érudits lisent pour le fonds et les moins savants pour la forme. Il existe encore aujourd'hui, et, jusque dans son extrême vieillesse, il compose des ouvrages.

CAPUT CX.

Optatus Afer, episcopus Milevitanus, ex parte catholica, scripsit Valentiniano et Valente principibus, adversum Donatianæ partis calumniam libros sex, in quibus asserit crimen Donatianorum in nos falso retorqueri.

Ὀπτᾶτος, ἐπίσκοπος τῆς Μελιυΐτῶν, τοῦ μέρους τῆς καθολικῆς, ἔγραψε ἐπὶ Βαλεντινιανοῦ καὶ Οὐάλεντος κατὰ τῶν Δονατιανῶν συκοφαντίας λόγους ἕξ, ἐν οἷς λέγει, τὸ ἔγκλημα παρὰ τῶν Δωνατιστῶν εἰς ἡμᾶς ψευδῶς ἐπηνέχθαι.

CAPUT CXI.

Aquilius Severus, in Hispania, de genere illius Severi, ad quem Lactantii duo epistolarum scribuntur libri, composuit volumen, quasi ὁδοιπορικὸν totius suæ vitæ statum continens tam prosa quam versibus, quod vocavit Καταστροφὴν, sive Πεῖραν, et sub Valentiniano principe obiit.

Ἀκύλιος Σεβῆρος, ἐν ταῖς Ἱσπανίαις ἀπόγονος Σεβήρου, πρὸς ὃν δύο Λακταντίου ἐπιστολῶν φέρονται λόγοι, συνέταξε τεῦχος ἐν τάξει ὁδοιπορικοῦ, παντὸς τοῦ βίου αὐτοῦ περιέχον διήγημα, τοῦτο μὲν καταλογάδην, τοῦτο δὲ καὶ μέτρῳ ἡρωϊκῷ, ὅπερ ὠνόμασε Καταστροφὴν, ἤτοι Πεῖραν, καὶ ἐπὶ Βαλεντινιανοῦ βασιλέως ἐτελεύτησεν.

CAPUT CXII.

Cyrillus Hierosolymæ episcopus, sæpe pulsus Ecclesia, et receptus, ad extremum sub Theodosio principe octo annis inconcussum episcopatum tenuit. Exstant ejus κατηχήσεις quas in adolescentia composuit.

Κύριλλος, Ἱεροσολύμων ἐπίσκοπος, πολλάκις ἐξωσθεὶς τῆς Ἐκκλησίας, ὕστερον Θεοδοσίου βασιλεύοντος, ἐπὶ ἐνιαυτοὺς ὀκτὼ ἀσάλευτον ἔσχε τὴν ἐπισκοπὴν, οὗτινος εἰσὶ κατηχήσεις, ἃς ἐν τῇ νεότητι συνέταξεν.

CAPUT CXIII.

Euzoius, apud Thespesium rhetorem, cum Gregorio Nazianzeno episcopo adolescens Cæsareæ eruditus est, et ejusdem postea urbis episcopus, plurimo labore, corruptam jam Bibliothecam Origenis et Pamphili in membranis instaurare conatus est. Ad extremum sub Theodosio principe Ecclesia pulsus est. Feruntur ejus varii multiplicesque tractatus, quos nosse perfacile est.

Εὐζώϊος, παρὰ Θεσπεσίῳ ῥήτορι ἅμα Γρηγορίῳ Ναζιανζοῦ ἐπισκόπῳ νέος ἐν Καισαρείᾳ φοιτήσας, καὶ ὕστερον τῆς αὐτῆς πόλεως ἐπίσκοπος, πολλῷ πόνῳ φθαρεῖσαν ἤδη τὴν Ὠριγένους καὶ Παμφίλου βιβλιοθήκην, ἐν σωματίοις ἀνανεῶσαι ἐπεχείρησεν. Καὶ ὕστερον ἐπὶ Θεοδοσίου βασιλέως τῆς Ἐκκλησίας ἐξεώθη. Φέρονται τούτου πολλαὶ καὶ πλεῖσται ὁμιλίαι, αἷς ἐστι ῥᾴδιον ἐντυχεῖν.

CAPUT CXIV.

Epiphanius, Cypri Salaminæ episcopus, scripsit adversum omnes Hæreses libros, et multa alia, quæ ab eruditis propter verba lectituntur. Superest usque hodie, et in extrema jam senectute varia cudit opera.

Ἐπιφάνιος, Κύπρου Σαλαμίνης ἐπίσκοπος, ἔγραψε κατὰ πασῶν τῶν αἱρέσεων λόγους, καὶ ἕτερα πολλὰ, ἅτινα παρὰ μὲν τῶν πεπαιδευμένων διὰ τὰ πράγματα, παρὰ δὲ τῶν ἰδιωτῶν διὰ τὰ ῥήματα ἀναγινώσκεται. Περίεστιν ἄχρι τοῦδε, καὶ ἐν ἐσχάτῳ γήρᾳ ποικίλα συντάττει συγγράμματα.

CHAPITRE CXV.

Ephrem, diacre de l'Église d'Édesse, écrivit en syriaque, et devint si célèbre qu'après la lecture de l'Ecriture-Sainte, on lit dans certaines Églises ses écrits. J'ai lu son ouvrage en grec sur l'Esprit-Saint, qu'il avait traduit du syriaque, et j'ai aperçu même dans la traduction l'élévation de son génie. Il est mort sous Valens.

CHAPITRE CXVI.

Basile, évêque de Césarée, en Cappadoce, autrefois Mazaca, élabora de magnifiques ouvrages contre Eunomius, un livre sur l'Esprit-Saint, et neuf homélies sur l'ouvrage des Six Jours, des œuvres ascétiques et divers traités assez courts. Il est mort sous Gratien.

CHAPITRE CXVII.

Grégoire, d'abord évêque de Sasimes, puis de Nazianze, était un homme fort éloquent. Il a été mon maître dans l'étude de l'Ecriture-Sainte, et ses ouvrages comptent trente mille vers. Quelques-uns ont pour titre : La mort de mon frère Césaire, l'Amour de la pauvreté, Louanges des Machabées, Eloge de Cyprien, Eloge d'Athanase, Eloge du philosophe Maxime à son retour de l'exil, auquel quelques personnes ont ajouté le nom d'Héron (parce qu'il existe un

CAPUT CXV.

Ephræm, Edessenæ Ecclesiæ diaconus, multa Syro sermone composuit, et ad tantam venit claritudinem, ut post lectionem Scripturarum publice in quibusdam ecclesiis ejus scripta recitentur. Legi ejus de Spiritu sancto Græcum volumen, quod quidam de Syriaca lingua verterat, et acumen sublimis ingenii, etiam in translatione, cognovi. Decessit sub Valente principe.

Ἐφραὶμ, τῆς ἐν Ἐδέσσῃ ἐκκλησίας διάκονος, πολλὰ τῇ τῶν Σύρων διαλέξει συντέθηκε, καὶ εἰς τοσαύτην ἦλθε λαμπρότητα, ὥστε μετὰ τὴν ἀνάγνωσιν τῶν θείων Γραφῶν, δημοσίᾳ ἔν τισι τῶν ἐκκλησιῶν ἀναγινώσκεται τὰ συγγράμματα. Ἀνέγνων περὶ τοῦ ἁγίου Πνεύματος Ἑλληνικὸν τεῦχος, ὅπερ τινὲς ἀπὸ τῆς Σύρων γλώττης μετέφρασαν, καὶ τὸ ἄκρον τῆς ὑψηλοτάτης διανοίας, ἐκ τῆς μεταφράσεως ἔγνων. Ἐτελεύτησε βασιλεύοντος Γρατιανοῦ.

CAPUT CXVI.

Basilius, Cæsareæ Cappadociæ, quæ prius Mazaca vocabatur, episcopus, egregios contra Eunomium elaboravit libros, et de Spiritu sancto volumen, et in Hexaemeron homilias novem, et ἀσκητικὸν, et breves variosque tractatus (*a*). Moritur imperante Gratiano.

Βασίλειος, Καισαρείας τῆς Καππαδοκῶν, ἥτις πρῶτον Μάζακα ἐκαλεῖτο, ἐπίσκοπος, κατὰ Εὐνομίου ἐξαιρέτους συνέταξε λόγους, καὶ περὶ Πνεύματος ἁγίου τεῦχος, καὶ εἰς τὴν ἑξαήμερον ὁμιλίας ἐννέα, καὶ ἀσκητικὸν, καὶ βραχείας καὶ ποικίλας ὁμιλίας. Τελευτᾷ βασιλεύοντος Γρατιανοῦ.

CAPUT CXVII.

(*b*) Gregorius, primum Sasimorum, deinde Nazianzenus episcopus, vir eloquentissimus, præceptor meus, quo Scripturas explanante, didici, ad triginta millia versuum omnia opera sua composuit. E quibus sunt : de morte fratris Cæsarii, περὶ Φιλοπτωχίας, laudes Machabæorum, laudes Cypriani, laudes Athanasii, laudes Maximi philosophi, post exsilium reversi, quem falso nomine quidam Heronis superscripserunt, quia est et alius liber vituperationem

Γρηγόριος, Σασίμων πρότερον, εἶτα Ναζιανζοῦ ἐπίσκοπος, ἀνὴρ ἐλλογιμώτατος, ὁ ἐμὸς διδάσκαλος, οὗ ἐξηγουμένου τὰς θείας ἔγνων Γραφὰς, εἰς τρεῖς μυριάδας στίχων πάντα τὰ συντάγματα αὐτοῦ συνέθηκεν, ἀφ' ὧν εἰσὶ τάδε· περὶ τῆς τελευτῆς τοῦ ἀδελφοῦ Καισαρίου, περὶ Φιλοπτωχίας, ἐπαίνους τῶν Μακκαβαίων, ἐπαίνους Κυπριανοῦ, ἐπαίνους Ἀθανασίου, ἐπαίνους Μαξίμου φιλοσόφου μετὰ τὴν ἐξορίαν ἀναζεύξαντος, ὅντινα ψευδῶς τινες Ἥρωνος ἐπέγραψαν (ἔστι γὰρ καὶ ἄλλη βίβλος, κατάγνω-

(*a*) *Moritur imperante Gratiano.* Hic bene se res habet cum Basilio, qui magno intervallo separatus est a Photino Sirmii episcopo; nam quod in Chronicis Eusebianis simul ponuntur Photinus et Basilius, hinc factum est, ut quod de priori Hieronymus dixerat, proxime consequenti sit ascriptum, nempe isthæc verba : *Qui plurima continentiæ et ingenii bona, uno superbiæ malo perdidit.* Hoc de Photino mortuo asserebat Hieronymus; non de sancto Basilio, ut volunt hæretici hujus temporis quærentes nodum in scirpo. At de his fusius dicetur, si Deus vitæ annos tribuerit ad novam usque Chronicorum editionem, quam multi eruditi viri a nobis expetunt. MARTIAN.

(*b*) Duo mss. nostri, et Erasm. *Gregorius Nazianzenus*, etc., omissis quæ interseruntur, *primum Sasimorum, deinde*, quæ possunt a Hieronymi manu non profecta videri; cur enim si quas ille tenuit sedes, enumerare animus erat, Constantinopolitanam præterit, quam cum impleret an. 381, ejus præceptor fuit? Et Sasimis quidem ægre tulit præfici se episcopum a Basilio. Nazianzi autem proprie, decrepiti patris sui, episcopi, vicibus fungebatur; quamquam Nazianzenus episcopus etiam apud veteres Scriptores audit. Quidam codices vetustissimam retinent lectionem *Nazanzenus* pro *Nazianzenus*, quam et in veteribus monimentis Mabillonius animadvertit, et nos sequimur.

autre ouvrage qui blâme Maxime, comme si le même auteur n'a point pu le louer et le blâmer selon les circonstances); un dialogue en hexamètres entre la virginité et le mariage; un livre contre Eunomius, un autre sur l'Esprit-Saint, deux contre l'empereur Julien. — Dans l'art de la parole, il suivit Polémon, et s'étant donné un évêque pour remplaçant, il mena à la campagne la vie monastique. Il mourut à peu près trois ans avant Théodose.

CHAPITRE CXVIII.

Lucien, après Athanase, évêque du parti Arien, conserva l'Eglise d'Alexandrie jusqu'à l'avénement de Théodose, qui le chassa. On a de lui des lettres sur la Pâque pleines de solennité, et quelques livres seulement sur diverses thèses.

CHAPITRE CXIX.

Diodore, évêque de Tarse, brilla surtout pendant qu'il n'était que prêtre, à Antioche. Avec des commentaires sur l'Apôtre, il a laissé plusieurs autres choses. Il a quelque chose d'Eusèbe d'Emèse; il en a suivi le sens, mais il n'en a point pu imiter l'éloquence, ne connaissant pas la littérature profane.

CHAPITRE CXX.

Eunomius, évêque de Cyzique pour les Ariens, se précipita sans hésiter dans les blasphèmes de cette hérésie. Ce que ses coréligionnaires cachaient, il le publiait. On dit qu'il vit encore en Cappadoce; il a beaucoup écrit contre l'Eglise, mais il trouva à qui parler dans la personne d'Apollinaire, de Didyme, de Basile de Césarée, de Grégoire de Nazianze et de Grégoire de Nysse.

ejusdem Maximi continens, quasi non licuerit eumdem et laudare et vituperare pro tempore; et liber, hexametro versu, Virginitatis et Nuptiarum, contra se disserentium; adversum Eunomium liber unus, de Spiritu sancto liber unus, contra Julianum Imperatorem libri duo. Secutus est autem Polemonem dicendi charactere, (a) vivoque se episcopum in loco suo ordinans, ruri vitam monachi exercuit. Decessitque ante hoc ferme triennium sub Theodosio principe.

σιν τοῦ αὐτοῦ Μαξίμου περιέχουσα, ὡς μὴ ἐξὸν εἶναι τὸν αὐτὸν καὶ ἐπαινέσαι καὶ ψέξαι ἐν καιρῷ)· καὶ βίβλος, δι' ἑξαμέτρου, Παρθενίας, καὶ Γάμου, καθ' ἑαυτῶν διαλεγομένων· κατὰ Εὐνομίου λόγος εἷς, περὶ Πνεύματος ἁγίου λόγος εἷς, κατὰ Ἰουλιανοῦ τοῦ βασιλέως λόγος εἷς. Ἠκολούθησε δὲ τῷ Πολέμωνος χαρακτῆρι καὶ περιὼν εἰς τὸν οἰκεῖον τόπον ἐπίσκοπον καταστήσας, ἐν ἀγρῷ βίον μοναδικὸν ἀπηνέγκατο, καὶ ἐτελεύτησε πρὸ τριετοῦς χρόνου βασιλεύοντος Θεοδοσίου.

CAPUT CXVIII.

Lucius, post Athanasium Arianæ partis episcopus, usque ad Theodosium principem, a quo et pulsus est, Alexandrinam ecclesiam tenuit. Exstant ejus solemnes de Pascha epistolæ, et pauci variarum hypotheseon libelli.

Λούκιος, μετὰ Ἀθανάσιον Ἀρειανῆς θρησκείας ἐπίσκοπος, ἄχρι Θεοδοσίου βασιλεύοντος, παρ' οὗ καὶ ἐξεώθη, τὴν Ἀλεξανδρειανὴν κατέσχεν ἐκκλησίαν. Φέρονται τούτου περὶ τοῦ Πάσχα ἐπιστολαί, καὶ ὀλίγοι ποικίλων ὑποθέσεων λόγοι.

CAPUT CXIX.

Diodorus, Tarsensis episcopus, dum Antiochiæ esset presbyter, magis claruit. Exstant ejus in Apostolum commentarii, et multa alia, ad Eusebii magis Emiseni characterem pertinentia, cujus cum sensum secutus sit, eloquentiam imitari non potuit propter ignorantiam sæcularium litterarum.

Διόδωρος, Ταρσοῦ ἐπίσκοπος, ἡνίκα ἦν Ἀντιοχείας πρεσβύτερος, μᾶλλον λαμπρὸς ἦν. Εἰσὶ τούτου εἰς τὸν Ἀπόστολον ὑπομνήματα, καὶ ἕτερα πλεῖστα εἰς τὸν Εὐσεβίου μᾶλλον τοῦ Ἐμεσηνοῦ χαρακτῆρα προσήκοντα, οὗτινος τῇ γνώμῃ ἀκολουθήσας, τὸ ἐλλόγιμον οὐκ ἠδυνήθη μιμήσασθαι, διὰ τὴν ἀπειρίαν τῶν κοσμικῶν γραμμάτων.

CAPUT CXX.

Eunomius, Arianæ partis, Cyzicenus episcopus, in apertam hæreseos suæ prorumpens blasphemiam, ut quod illi tegunt, iste publice fateretur, usque hodie vivere dicitur in Cappadocia, et multa contra Ecclesiam scribere. Responderunt ei Apollinarius, Didymus, Basilius Cæsariensis, Gregorius Nazianzenus, et Gregorius Nyssenus.

Εὐνόμιος, Ἀρειανῆς θρησκείας, Κυζίκου ἐπίσκοπος, τοσοῦτον εἰς βλασφημίαν ἦλθε τῆς οἰκείας αἱρέσεως, ὥστε ὅπερ ἐκεῖνοι κρύπτουσι, τοῦτο φανερῶς ὁμολογῆσαι. Ἕως τοῦ νῦν λέγεται περιεῖναι ἐν Καππαδοκίᾳ, καὶ πολλὰ κατὰ τῆς ἐκκλησίας συγγράφειν, ᾧτινι ἀντέγραψαν Ἀπολλινάριος, Δίδυμος, Βασίλειος Καισαρείας, Γρηγόριος Ναζιανζηνὸς καὶ Νυσσηνός.

(a) *Vivoque se episcopum, etc.* *Eulalium* videlicet virum sanctum ac sapientem. Arianzum autem locus fuit, ubi vitam Monachi Gregorius exercuit. Tacuit porro Hieronymus de episcopatu Gregorii in sede Constantinopolitana, quia brevi tempore sedem illam occupavit sanctus Doctor, e qua se ipsum tandem exturbavit, videns spem pacis inter episcopos exturbatam. MARTIAN.

CHAPITRE CXXI.

Priscillien, évêque d'Abila, qui faisait partie de la faction d'Hidacius et d'Ithacius, fut massacré par le tyran Maxime, à Trèves. Il composa plusieurs opuscules, dont quelques-uns nous sont parvenus. Jusqu'à nos jours, on l'a accusé de faire partie de l'hérésie des Gnostiques, c'est-à-dire d'être le partisan de Basilide et de Marcus, dont Irénée a parlé; d'autres l'en ont défendu.

CHAPITRE CXXII.

Latronien, d'Espagne, homme d'un grand savoir, qui supporterait pour la poésie la comparaison avec les anciens auteurs, fut tué, lui aussi, à Trèves, avec Priscillien, Félicissime, Julien, Euchrotia, fauteurs de la même faction. On a de lui plusieurs œuvres écrites sous diverses formes de poésie.

CHAPITRE CXXIII.

Tibérien le Bétique, écrivit, pour se laver de l'accusation d'hérésie priscillienne, son apologétique dans un style ampoulé et compassé. Après le massacre des siens, vaincu par l'ennui de l'exil, il changea de projet, et justifiant ces paroles de l'Ecriture : « Le chien est revenu à ses vomissements, » *Prov.* XVI, 11; *Petr.* II, 22, il maria une fille, jusque-là vierge consacrée à Jésus-Christ.

CHAPITRE CXXIV.

Ambroise, évêque de Milan, écrit encore aujourd'hui. Aussi ne tairai-je sur son compte, de peur de faire réprimer en moi ou l'adulation ou la vérité.

CAPUT CXXI.

Priscillianus, Abilæ episcopus, qui factione Hidacii et Ithacii Treveris a Maximo tyranno cæsus est, edidit multa opuscula, de quibus ad nos aliqua pervenerunt. Hic usque hodie a nonnullis Gnosticæ, id est Basilidis et Marci, de quibus Irenæus scripsit, hæreseos accusatur, defendentibus aliis, non ita eum sensisse, ut arguitur.

Πρισκιλλιανός, Ἀβίλης ἐπίσκοπος, ὅστις συσκευῇ Ὑδατίου καὶ Ἰθακίου, εἰς Τρέβερον παρὰ Μαξίμου τοῦ τυράννου ἐσφάγη, ἐξέδωκε πολλὰ συντάγματα, ἀφ' ὧν τινα εἰς ἡμᾶς παρεληλύθασιν. Οὗτος ἄχρι σήμερον παρά τινων τὴν Γνωστικὴν αἵρεσιν, τουτέστιν Βασιλείδου καὶ Μαρκίωνος, περὶ ὧν Εἰρηναῖος συνέγραψεν, ὡς αἱρετικὸς, κατηγορεῖται, ἐκδικούντων τινῶν, οὐχ οὕτως αὐτὸν νενοηκέναι ὡς εὐθύνεται.

CAPUT CXXII.

Latronianus, provinciæ Hispaniæ, valde eruditus, et in metrico opere veteribus comparandus, cæsus est et ipse Treveris cum Priscilliano, Felicissimo, Juliano, Euchrotia, ejusdem factionis auctoribus. Exstant ejus ingenii opera, diversis metris edita.

Λατρωνιανὸς, ἐπαρχίας Ἱσπανίας, σφόδρα πεπαιδευμένος, καὶ εἰς ἐποποιΐαν τοῖς ἀρχαίοις συγκρινόμενος, ἐσφάγη καὶ αὐτὸς ἐν Τριβέρει ἅμα Πρισκιλλιανῷ, Φηλικισσίμῳ, Ἰουλιανῷ, καὶ Εὐχρωτίᾳ, τοῖς ἐξάρχοις τῆς αὐτῆς αἱρέσεως. Εἰσὶ τούτου συγγράμματα διαφόρῳ μέτρῳ ἐκδοθέντα.

CAPUT CXXIII.

Tiberianus, Bæticus, scripsit pro suspicione, qua cum Priscilliano accusabatur hæreseos, apologeticum tumenti compositoque sermone; sed post suorum cædem, tædio victus exsilii, mutavit propositum, et juxta sanctam Scripturam, « canis reversus ad vomitum suum, » *Prov.* XVI, 11; II *Petr.* II, 22, filiam, devotam Christo virginem, matrimonio copulavit.

Τιβεριανὸς, Βαιτικὸς, συνέγραψε περὶ τῆς ὑπονοουμένης αἱρέσεως, εἰς ἣν ἅμα Πρισκιλλιανῷ κατηγορεῖτο, ἀπολογητικὸν ὑψηλῷ καὶ ἐπηρμένῳ λόγῳ. Ὅστις μετὰ τὴν τῶν ἰδίων σφαγὴν ἡττηθεὶς, ἀνιαρῶς διάγων ἐν τῇ ἐξορίᾳ, ἐξέστη τῆς οἰκείας προθέσεως, καὶ κατὰ τὴν θείαν Γραφὴν, κύων εἰς τὸν ἴδιον ἔμετον ἀναζεύξας, θυγατέρα, καθιερωθεῖσαν Θεῷ παρθένον, γαμηθῆναι κατηνάγκασεν.

CAPUT CXXIV.

Ambrosius, Mediolanensis episcopus, usque in præsentem diem scribit; de quo, quia superest, meum judicium subtraham, ne in alterutram partem, aut adulatio in me reprehendatur, aut veritas.

Ἀμβρόσιος, Μεδιολάνου ἐπίσκοπος, ἕως τῆς σήμερον ἡμέρας συγγράφεται καὶ ἐπεί περ περίεστι, τὴν ἐμὴν κρίσιν ἀναστέλλω, μήπως κολακείας μᾶλλον, ἢ ἀληθείας εὐθύνωμαι.

CHAPITRE CXXV.

Evagre, évêque d'Antioche, au génie mordant et vif, a écrit, n'étant encore que prêtre, des traités sur plusieurs sujets qu'il m'a lus, mais qu'il n'a pas encore publiés. Il a fait aussi la traduction, en latin, de la vie grecque du Bienheureux Antoine, par Athanase.

CHAPITRE CXXVI.

Ambroise d'Alexandrie, disciple de Didyme, a écrit contre Apollinaire un volume considérable, en vers, sur les dogmes, et, comme on nous l'a dit naguère, un commentaire sur Job, qui reste encore aujourd'hui.

CHAPITRE CXXVII.

Maxime, le philosophe, né à Alexandrie, devint évêque de Constantinople. Dans son exil, il compose un magnifique livre sur la foi contre les Ariens, qu'il offrit à Gratien, à Milan.

CHAPITRE CXXVIII.

Grégoire, évêque de Nysse, était frère de Basile de Césarée. Il y a quelques années à peine, il nous lut, en compagnie de Grégoire de Nazianze, ses livres contre Eunomius, qui a écrit bien d'autres choses et, dit-on, en écrit d'autres encore.

CHAPITRE CXXIX.

Jean, prêtre de l'Eglise d'Antioche, sectateur d'Eusèbe d'Emèze et de Diodore, compose, dit-on, bien des choses; nous n'avons lu que son œuvre sur le Sacerdoce.

CAPUT CXXV.

Evagrius, Antiochiæ episcopus, acris ac ferventis ingenii, cum adhuc esset presbyter, diversarum hypotheseon tractatus mihi legit, quos necdum edidit. Vitam quoque Beati Antonii de Græco Athanasii in sermonem nostrum transtulit.

Εὐάγριος, Ἀντιοχείας ἐπίσκοπος, εὐφυοῦς καὶ ἄκρας διανοίας, ἔτι πρεσβύτερος ὤν, διαφόρων ὑποθέσεων ὁμιλίας ἀνέγνω μοι, ἃς οὔπω ἐξέδωκε, καὶ τὸν Βίον δὲ τοῦ μακαρίου Ἀντωνίου ἀπὸ ἑλληνικοῦ Ἀθανασίου, εἰς τὴν ἡμετέραν διάλεξιν μετήνεγκεν.

CAPUT CXXVI.

Ambrosius Alexandrinus, auditor Didymi, scripsit adversum Apollinarium volumen multorum versuum de dogmatibus, et ut ad me nuper quodam narrante perlatum est, commentarium in Job, qui usque hodie superest

Ἀμβρόσιος, Ἀλεξανδρεύς, ἀκροατὴς Διδύμου, ἔγραψε κατὰ Ἀπολλιναρίου τεῦχος πολλῶν στίχων, περὶ δογμάτων, καὶ καθὼς ὑπόγυον διηγουμένου τινὸς ἔγνων, ὑπομνήματα εἰς τὸν Ἰώβ, ὃς ἄχρι τοῦ παρόντος περίεστιν.

CAPUT CXXVII.

Maximus Philosophus, natus Alexandriæ, Constantinopoli episcopus ordinatus est, et pulsus, insignem de Fide adversus Arianos scripsit librum, quem Mediolani Gratiano principi dedit.

Μάξιμος φιλόσοφος, ὁρμώμενος ἐκ τῆς Ἀλεξανδρέων, Κωνσταντινουπόλεως ἐπίσκοπος καταστὰς καὶ καθαιρεθεὶς, ἐπίσημον περὶ τῆς πίστεως κατὰ τῶν Ἀρειανῶν συνέταξε βίβλον, ἥντινα ἐν Μεδιολάνῳ Γρατιανῷ ἐπέδωκε βασιλεύοντι.

CAPUT CXXVIII.

Gregorius Nyssenus episcopus, frater Basilii Cæsariensis, ante paucos annos mihi et Gregorio Nazianzeno contra Eunomium legit libros, qui et multa alia scripsisse et scribere dicitur.

Γρηγόριος Νύσης ἐπίσκοπος, ἀδελφὸς Βασιλείου τοῦ Καισαρείας, πρὸ ὀλίγων ἐνιαυτῶν ἐμοὶ καὶ Γρηγορίῳ τῷ Ναζιανζηνῷ κατὰ Εὐνομίου ἀνέγνω λόγους, ὅστι, καὶ ἄλλα πολλὰ γεγραφέναι καὶ γράφειν λέγεται.

CAPUT CXXIX.

(a) Joannes Antiochenæ Ecclesiæ presbyter, Eusebii Emiseni Diodorique sectator, multa componere dicitur, de quibus περὶ Ἱερωσύνης tantum legi.

Ἰωάννης Ἀντιοχείας πρεσβύτερος, Εὐσεβίου Ἐμεσηνοῦ, καὶ Διοδώρου ἀκόλουθος, πολλὰ συγγράψαι λέγεται, ἀφ' ὧν περὶ Ἱερωσύνης μόνον ἀνέγνων.

(a) *Joannes Antiochenæ.* Ægre ferunt quidam recentiores tam parva scripta fuisse de sancto Joanne Chrysostomo, quia nesciunt præsens opus de Scriptoribus Ecclesiasticis editum fuisse sex annis antequam Joannes sublevaretur in thronom episcopalem Constanti-

CHAPITRE CXXX.

Gélase, évêque de Césarée, en Palestine, après Euzoius, écrit, dit-on, dans un style soigné, bien limé, un ouvrage qu'il ne fait point publier.

CHAPITRE CXXXI.

Théotime, évêque de Tomes, en Scythie, a écrit plusieurs petits traités sentencieux contre l'usage des dialogues et de l'éloquence ancienne. On nous dit même qu'il écrit autre chose.

CHAPITRE CXXXII.

Dexter, fils de Pacien, dont nous avons déjà parlé, brillait dans le siècle et s'est donné à la foi. On nous dit qu'il a composé une histoire universelle; nous ne l'avons point encore lue.

CHAPITRE CXXXIII.

Amphiloque, évêque d'Iconium, nous a lu dernièrement un livre sur l'Esprit-Saint, où il démontre qu'il est Dieu, qu'il doit être adoré et qu'il est tout-puissant.

CHAPITRE CXXXIV.

Sophronius, homme d'un talent très-remarquable, a écrit les louanges de Bethléem en-

CAPUT CXXX.

Gelasius, Cæsareæ Palæstinæ post Euzoium episcopus, accurati limatique sermonis fertur quædam scribere, sed celare.

Γελάσιος Καισαρείας Παλαιστίνης μετὰ Εὐζώϊον ἐπίσκοπος, λαμπρῶς τινα συγγραφέναι λέγεται, ἀποκρύπτειν δέ.

CAPUT CXXXI.

Theotimus, Scythiæ Tomorum episcopus, in morem dialogorum et veteris eloquentiæ breves commaticosque tractatus edidit. Audio eum et alia scribere.

Θεότιμος Σκυθίας Τομέων ἐπίσκοπος ἐν τάξει διαλόγων καὶ ἀρχαίας φράσεως βραχείας ὁμιλίας ἐξέδωκεν. Ἀκούω τοῦτον καὶ ἄλλα συγγράφειν.

CAPUT CXXXII.

Dexter, Paciani, de quo supra dixi, filius, clarus apud sæculum et Christi fidei deditus, fertur ad me omnimodam historiam texuisse, quam necdum legi.

Δέξτρος, Πακιανοῦ, περὶ οὗ προείρηκα, υἱός, λαμπρὸς ἐν τῇ πολιτείᾳ, καὶ τῇ τοῦ Χριστοῦ πίστει ἐκδεδομένος, λέγεται παντοδαπὴν πρός με συντεταχέναι ἱστορίαν, ἥντινα οὔπω ἀνέγνων.

CAPUT CXXXIII.

Amphilochius, Iconii episopus, nuper mihi librum legit de Spiritu sancto, quod Deus, et quod adorandus, quodque et omnipotens sit.

Ἀμφιλόχιος Ἰκονίου ἐπίσκοπος, ὑπόγυόν μοι λόγον ἀνέγνω περὶ τοῦ ἁγίου Πνεύματος, ὅτι Θεός, καὶ προσκυνητόν ἐστιν, ὅτι τε δὴ παντοκράτωρ.

CAPUT CXXXIV.

Sophronius vir apprime eruditus, laudes Bethlehem adhuc puer, et nuper de subversione Serapis

Σωφρόνιος, ἀνὴρ εἰς ἄκρον πεπαιδευμένος, τοὺς ἐπαίνους Βηθλεὲμ ἔτι νέος ὢν συνέθηκεν, ὑπόγυον δὲ περὶ

nopolit. nomenque ejus celeberrimum haberetur in Ecclesiis catholicorum. Sed quam vetus sit illa imperitorum quæstio ac querela, facile discimus e ms. codice Cluniacensi, in quo nebulo quidam ac impostor invito Hieronymo hunc obtrudit contextum in laudem sancti Chrysostomi :

CXXIX. « Joannes Antiochenæ prius Ecclesiæ presbyter, postea Constantinopolitanæ episcopus civitatis, tractator peritissimus, et ex tempore declamator insignis, Eusebii Emiseni Diodorique sectator multa composuit : ΠΕΡΙ ΙΕΡΟΣΥΝΗΣ, de Compunctione cordis ; de Lapsu animæ; de Mysterio Crucis, de Fide adversum Arianos; adversum Machedonianos; adversum Anomœos; et alia infinita, quæ nec invenire apud aliquem quamvis studiosum facile est; sed per totum orbem scripta ejus tam Græco sermone edita, quam in Latinum translata, velut fulgura discurrentia migrant. Claruit maxime sub Arcadio principe, a quo privata Augustæ conjugis indignatione, exsilio pulsus obiit. Et post multos annos corporis ejus reliquiæ cum magna gloria a Theodosio filio ejus Constantinopolim deportatæ, intra Apostolorum thecas conditæ jacent. »

Videant nunc amatores Chrysostomi, quantum potuit scelus imperitus amator Joannis, et ineptus corruptor Hieronymi, non intelligens anno Theodosii senioris decimo quarto, nihil tale scribi potuisse de exsilio S. Chrysostomi, de morte ejus, et reliquiis Constantinopolim deportatis. Meminerit vero lector studiosus periodorum Pauli Apostoli, et Teclæ virginis, et fatebitur non insolens fuisse amatoribus Sanctorum imperitis multa fingere et confingere veritati contraria. MARTIAN.

core jeune, et, dernièrement, nous a donné un livre de toute beauté sur le renversement d'Osiris ; un traité de la Virginité à Eustochium; la vie du moine Hilaire, traduction de nos œuvres en grec le plus élégant ; un Psautier et les Prophètes que nous traduisons de l'hébreu en latin.

CHAPITRE CXXXV.

Jérôme, fils d'Eusèbe, naquit dans la forteresse de Stridon, renversée par les Goths, qui se trouvait aux confins de la Dalmatie et de la Pannonie. Jusqu'à ce jour, c'est-à-dire la quatorzième année de Théodore, j'ai écrit la vie de Paul, moine ; un livre de lettres à divers personnages ; une exhortation à Héliodore ; la lutte des partisans de Lucifer et des Orthodoxes ; une Chronique d'histoire universelle ; la traduction du grec en latin des vingt-huit homélies d'Origène sur Jérémie et Ézéchiel ; un traité sur les Séraphins, sur l'Osanna, sur l'Enfant prodigue ; les trois Questions de la loi ancienne ; deux homélies sur le Cantique des Cantiques ; contre Helvidius, une dissertation sur la perpétuelle virginité de la Vierge Marie ; à Eustochium, sur la garde de la Virginité ; à Marcelle, un livre d'épîtres ; à Paule, un livre de condoléances sur la mort de sa fille ; trois livres de commentaires sur l'épître de Paul aux Galates ; trois autres, sur l'épître aux Éphésiens ; un livre sur l'épître à Tite ; des commentaires sur l'Ecclésiaste ; un livre de questions hébraïques, sur la Genèse ; un au sujet des Lieux, un sur les noms hébreux ; un livre de traduction, en latin, du Saint-Esprit, de Didyme ; trente-neuf homélies sur Luc, sept traités sur les Psaumes, du dixième au seizième ; la vie de Malchus, moine captif, et du bienheureux Hilarion. Nous avons épuré le Nouveau Testament grec, et traduit l'Ancien du texte hébreu ; quant aux lettres que nous écrivons tous les jours à Paule et à Eustochium, le nombre en est incertain. Nous avons écrit de plus deux livres de développement sur Michée,

insignem librum composuit : de virginitate quoque ad Eustochium, et Vitam Hilarionis monachi, opuscula mea, in Græcum eleganti sermone transtulit : Psalterium quoque et Prophetas, quos nos de Hebræo in Latinum vertimus.

τῆς καταλύσεως τοῦ Σεραπείου ἐπίσημον συνέθηκε λόγον, καὶ περὶ παρθενίας πρὸς Εὐστόχιον, καὶ τὸν Βίον Ἱλαρίωνος μοναχοῦ, τὰ συγγράμματά μου, εἰς ἑλληνικὸν λόγον σοφῶς μετέφρασε, καὶ τὸ Ψαλτήριον δὲ, καὶ τοὺς Προφήτας, οὓς ἡμεῖς ἀπὸ τοῦ Ἑβραίου εἰς Ῥωμαϊκὸν μετηνέγκαμεν.

CAPUT CXXXV.

Hieronymus patre Eusebio natus, oppido Stridonis, quod a Gothis eversum, Dalmatiæ quondam Pannoniæque confinium fuit, usque in præsentem annum, id est, Theodosii principis decimum quartum, hæc scripsi : Vitam Pauli monachi, Epistolarum ad diversos librum unum, ad Heliodorum Exhortatoriam, Altercationem Luciferiani et Orthodoxi, Chronicon omnimodæ historiæ ; in Hieremiam et in Ezechiel Homilias Origenis viginti octo, quas de Græco in Latinum verti ; de Seraphim, de Osanna, et de frugi et luxurioso filiis ; de tribus Quæstionibus Legis veteris, Homilias in Cantica canticorum duas, adversus Helvidium de virginitate Mariæ perpetua, ad Eustochium de virginitate servanda, ad Marcellam Epistolarum librum unum, Consolatoriam de morte filiæ ad Paulam, in Epistolam Pauli ad Galatas commentariorum libros tres, item in Epistolam ad Ephesios libros tres, in Epistolam ad Titum librum unum, in Epistolam ad Philemonem librum unum, in Ecclesiasten commentarios, Quæstionum hebraicarum in Genesim librum unum, de Locis librum unum, hebraicorum nominum librum unum ; de Spiritu sancto Didymi, quem in Latinum transtuli, librum unum ; in Lucam homilias triginta novem ; in Psalmos, a decimo usque ad decimum sextum, tractatus septem ; Malchi, captivi monachi, vitam, et beati

Ἱερώνυμος, υἱὸς Εὐσεβίου, ἀπὸ πολίχνης Στριδῶνος τῆς παρὰ τῶν Γότθων πορθηθείσης, ὅπερ Δαλματίας ἐστὶ καὶ Παννονίας ὅμορον, ἕως τοῦ παρόντος ἐνιαυτοῦ, τουτέστι, Θεοδοσίου τοῦ τεσσαρεσκαιδεκάτου, τάδε συνέταξα· τὸν Βίον Παύλου μοναχοῦ, Ἐπιστολὰς πρὸς διαφόρους ἐν ἑνὶ λόγῳ, πρὸς Ἡλιόδωρον προτρεπτικὸν, Διάλεξιν Λουκιφεριανοῦ καὶ Ὀρθοδόξου, Χρονικὴν παντοδαπῶν ἱστοριῶν· εἰς Ἱερεμίαν καὶ Ἰεζεκιὴλ ὁμιλίας εἰκοσιοκτὼ, ἃς ἀπὸ τοῦ Ἑλληνικοῦ Ὠριγένους εἰς Ῥωμαϊκὸν μετέφρασα· Περὶ Σεραφὶμ, καὶ περὶ τοῦ Ὡσαννὰ, περὶ φειδωλοῦ καὶ ἀσώτου υἱῶν, περὶ τῶν τριῶν Ζητημάτων τοῦ παλαιοῦ νόμου, ὁμιλίας εἰς τὰ Ἄσματα τῶν ᾀσμάτων δύο, καθ' Ἑλβιδίου περὶ τῆς διηνεκοῦς παρθενίας τῆς ἁγίας Μαρίας, πρὸς Εὐστόχιον περὶ παρθενίας διατηρητικὸς, πρὸς Μάρκελλαν ἐπιστολῶν λόγον ἕνα, παραμυθικὸν περὶ τοῦ θανάτου τῆς θυγατρὸς πρὸς Παῦλαν, εἰς τὴν Ἐπιστολὴν τὴν πρὸς Γαλάτας ὑπομνημάτων λόγους τρεῖς, εἰς τὴν πρὸς Τίτον λόγον ἕνα, εἰς τὴν πρὸς Φιλήμονα, λόγον ἕνα, εἰς τὸν Ἐκκλησιαστὴν ὑπομνήματα, Ζητημάτων Ἑβραϊκῶν εἰς τὴν Γένεσιν λόγον ἕνα, περὶ Πνεύματος ἁγίου, Διδύμου, ὃν εἰς Ῥωμαϊκὸν μετέβαλον, λόγον ἕνα, εἰς τὸν Λουκᾶν ὁμιλίας εἰκοσιεννέα, εἰς τοὺς Ψαλμοὺς, ἀπὸ δεκάτου ἕως ἑκκαιδεκάτου ὁμιλίας ἑπτὰ, Βίον αἰχμαλώτου μοναχοῦ, Βίον τοῦ μακαρίου Ἱλαρίωνος, τὴν καινὴν Διαθήκην τῇ Ἑλληνικῇ ἀκριβείᾳ ἐπιστρέψας, τὴν παλαιὰν πρὸς τὸ Ἑβραϊκὸν μετέφρασα. Ἐπιστολῶν δὲ τῶν πρὸς Παῦλαν καὶ Εὐστόχιον ἐπειδὴ καθημέραν γράφονται, ἄδηλος καὶ ὁ ἀριθμός. Ἔγραψα πρὸς ταύταις καὶ εἰς Μι-

un sur Sophonie, un sur Nahum, deux sur Habacuc, un sur Aggée. Il nous reste entre les mains bien d'autres ouvrages commencés sur les prophètes, mais ils ne sont pas encore terminés. Enfin, deux contre Jovinien; une Apologétique et une Epitaphe à Pammaque.

Hilarionis. Novum Testamentum Græce fidei reddidi, Vetus juxta Hebraicam transtuli; Epistolarum autem ad Paulam et Eustochium, quia quotidie scribuntur, incertus est numerus. Scripsi præterea in Michæam explanationum libros duos, in Sophoniam librum unum, in Nahum librum unum, in Habacuc libros duos, in Aggæum librum unum. Multaque alia de opere prophetali, quæ nunc habeo in manibus, et necdum expleta sunt (*a*). Adversus Jovinianum libros duos, et ad Pammachium Apologeticum et Epitaphium.

χαίαν λόγους δύο, εἰς τὸν Ναοὺμ λόγον ἕνα, εἰς τὸν Ἀβακοὺκ λόγους δύο, εἰς Σοφονίαν λόγον ἕνα, εἰς Ἀγγαῖον λόγον ἕνα, καὶ πολλὰ ἐκ τοῦ προφητικοῦ ἔργου ἃ νῦν μετὰ χεῖρας ἔχω, καὶ οὐδέπω ἐπληρώθη. Κατὰ Ἰουβινιανοῦ λόγους δύο, πρὸς Παμμάχιον ἀπολογητικὸν καὶ ἐπιτάφιον

(*a*) *Necdum expleta sunt.* Addunt editi libri : *Adversum Jovinianum libros duos, et ad Pammachium Apologeticum et Epitaphium.* In ms. autem codice Cluniacensi legimus : *Item post hunc librum dedicatum, contra Jovinianum hæreticum libros duos, et Apologeticum ad Pammachium.* Post editum itaque librum de Scriptoribus Ecclesiasticis, scripsit Hieronymus adversus Jovinianum, uti exploratum nobis est, Præf. Comment. in Jonam : *Triennium*, inquit, *circiter fluxit, postquam quinque Prophetas interpretatus sum, Michæam, Nahum, Habacuc, Sophoniam, Aggæum; et alio opere detentus non potui implere quod cœperam : Scripsi enim librum de Illustribus Viris, et adversum Jovinianum duo volumina; Apologeticum quoque*, etc.

Ad calcem hujus libri additus est perperam liber Gennadii Massiliensis, quasi supplementum opusculi S. Hieronymi : nos vero genuina solummodo in hoc tomo retinentes, aliena et supposititia abjecimus in tomum V, ubi Gennadium edidimus ex vetustissimo ms. codice Corbeiensi, nunc Sangermanensi, num. 112. Consule igitur volumen ipsum in tomo V nostræ editionis.

Cæterum diversa diversorum exscriptorum additamenta neglexi; quia hæc indigna censeo, quæ typis vulgata prodeant in lucem. MARTIAN. — In hæc verba *Expleta sunt*, omnes desinunt, quos consuluimus mss. libri, et quos Martianæus : qui tamen annotat in cod. Cluniacenci, hæc addi : *Item post hunc librum dedicatum, contra Jovinianum hæreticum libros duos*, etc., quæ adeo uncinis inclusa ex vulgatis plerisque, et Græco interprete retinemus. At vero nihil dubitamus, ab alia manu fuisse assuta ex his Præfation Commentariorum in Jonam verbis : *Triennium circiter fluxit, postquam quinque Prophetas interpretatus sum, Michæam, Nahum Habacuc, Sophoniam et Aggæum, et alio opere detentus non potui implere quod cœperam. Scripsi enim librum de Illustribus Viris et adversum Jovinianum duo volumina, Apologeticum quoque, et de Optimo genere interpretandi ad Pammachium, et ad Nepotianum, vel de Nepotiano* (scilicet *de Vita Clericorum* et *Epitaphium*) *duos libros, et alia, quæ enumerare longum est.*

AVANT-PROPOS

Enfin, dans ce tome des œuvres de saint Jérôme, nous abordons ce genre remarquable d'écrits dont l'objet essentiel est l'interprétation des Lettres divines ; ici, notre saint commentateur s'est acquis en propre l'immortel surnom de *Docteur très-grand*, dont les suffrages unanimes du monde entier lui décernent la gloire. Dans la critique patiente des monuments de la doctrine humaine, il a également remporté tous les suffrages ; mais comme interprète de l'Ecriture, il a fait preuve d'une telle supériorité de science, que, tandis qu'en ses autres mérites il semble avoir beaucoup d'égaux, la gloire de commentateur sacré, dans toute son étendue, paraît appartenir à lui seul. C'est que les aptitudes à peu près sans nombre qui sont nécessaires pour répondre à la majesté du livre divin, il les a eues toutes, et chacune, pour ainsi dire, en argent comptant : je doute qu'un autre esprit ait embrassé comme le sien l'ensemble des langues de l'Orient, qui ont affermi leurs premières racines en ce livre comme dans leur terre natale, et surtout la connaissance de l'hébreu et du grec ; qu'un autre ait fait une étude aussi consciencieuse et savante des interprètes qu'ont produits la Synagogue et l'Eglise, des Pères grecs et latins qui se sont illustrés en ce genre; qu'un autre ait allié autant de goût dans le choix des pensées et des preuves à toutes les belles qualités de l'érudition.

Muni des ressources des connaissances les plus variées, dès qu'il a tourné son esprit vers l'interprétation des Lettres sacrées, il donne à cet art tout l'éclat de la perfection : assurément aucun des devanciers ne l'avait porté à cette hauteur, au-dessus de laquelle il n'est plus allé depuis. Cette mine a trois filons : saint Jérôme les fouille, il en suit les moindres vestiges. Sur le premier point, qui est le côté historique des mots, dont il fixe le sens littéral, il insiste longtemps, conciliant les gloses diverses des anciens interprètes d'après l'hébreu, les suppositions diverses et les opinions des commentateurs. Alors seulement il aborde les deux autres genres d'éclaircissements : il revient aux voies plus larges du sens figuré ; tous les trésors de morale, tous les trésors de mysticisme que les sources cachées de la science versaient à son opulent génie, il les répand avec une merveilleuse profusion, et l'on s'étonne qu'il se soit trouvé des copistes assez expéditifs pour les recueillir.

Ces sortes d'investigations sont utiles entre toutes. Quelques hommes, que rien ne satisfait, blâment notre saint Docteur, je ne l'ignore pas, de ce que d'ordinaire il tait les noms de ceux dont il approuve les sentiments, en sorte qu'on ne saurait décider, entre tant d'opinions des anciens Pères, à quel avis il se rangerait de préférence. Injuste et misérable imputation dirigée déjà contre lui de son vivant ; en vingt endroits, mais surtout dans la préface du onzième livre des Commentaires sur Isaïe, il la détruit par cet argument sans réplique : « J'ai laissé, » dit-il, « à la discrétion du lecteur le choix entre plusieurs opinions, et par réserve au moment d'ouvrir mon avis, et par égard pour ceux qui devaient me lire; il se peut que j'en sois blâmé par ceux qui s'inquiètent peu des décisions des Anciens, pour ne s'occuper que de notre manière de voir. La réponse est facile : Je n'ai pas voulu trancher de l'arbitre souverain, de crainte de paraître condamner les autres. » Au commentaire du chapitre XXII de Jérémie, il dit encore : « Ce malheureux Grunnius et plus tard ses disciples et ceux de Jovinien m'accusèrent et m'accusent de cacher mes propres opinions à l'ombre de noms respectés; je le fais par charité, pour ne point paraître nuire à la réputation de qui que ce soit. » En réalité, Grunnius, ou Rufinus, ou tout autre calomniateur de ceux du troupeau de Jovinien, ne sauraient nous donner le change sur leurs sentiments contre saint Jérôme : ils se font condamner pour leur odieuse envie, dont les inventions n'atteignent nullement notre grand Docteur.

Quant aux hommes d'hétérodoxie plus rapprochés de nous qui renouvellent ces attaques, ils le font peut-être moins par conviction que pour faire montre de savoir, ou par un méprisable et téméraire désir de rabaisser les anciens Pères, dont ils ont déserté la foi. Je ne dis rien des catholiques; si d'aucuns ont fait des observations à ce sujet, elles sont de nature assurément à ne déprécier en rien saint Jérôme, tout en portant les esprits zélés à faire des sciences ecclésiastiques une étude approfondie, qui leur permette de restituer à chaque auteur ses opinions : travail des plus avantageux à la lecture des saintes Écritures et surtout des œuvres de saint Jérôme. C'est là, dit-on, ce que saint Basile et Grégoire de Nazianze, surnommé le Théologue, firent pour les écrits d'Origène : tous les principes qu'ils croyaient de lui et qui leur semblaient en désaccord avec d'autres opinions, ils les marquaient d'un double X, à la manière des Platoniciens, qui, lisant les livres de leur maître, distinguaient par ce signe les passages les plus importants, comme nous l'apprend Laërce à propos de Platon. C'est un travail semblable que nous essayons de faire avec le plus de soin possible, et les volumes qui suivent, entièrement composés des Commentaires, mettront surtout en lumière nos efforts à cet égard. Et maintenant, il n'est pas inutile de dire ce que nous avons fait pour l'avantage de ce tome troisième, par lequel nous commençons les Commentaires.

Evidemment, ces Commentaires doivent être rangés dans l'ordre suivi pour les livres saints qu'ils expliquent; toutefois deux Opuscules, dont l'un est intitulé *Des Noms hébreux* et l'autre *Des Lieux* mentionnés dans l'Ecriture, ont été mis en tête de toute la collection, puisque, en effet, ils ne visent pas telle partie de l'Ecriture plutôt que telle autre : ils embrassent toute la matière qu'elle embrasse elle-même, ils nous ouvrent la voie vers l'intelligence certaine et des Livres sacrés et des Commentaires de saint Jérôme. Assurément, les vieux éditeurs ont fait trop peu de cas du premier de ces écrits, soit que cette matière ingrate semblât leur promettre une trop mince moisson de gloire, soit qu'ils eussent la conviction de ne pouvoir faire goûter leur travail à des ignorants. Bien plus, un critique moderne de saint Jérôme a osé dire que ce Traité, et même que la plupart des œuvres de notre Docteur n'ont aucune valeur, ou sont de la plus médiocre utilité. Ce jugement, si téméraire, a été longuement combattu dans l'Apologie de Martianay; il suffisait pour le détruire du simple raisonnement que voici. On rencontre parfois dans ce livre, comme le dit ce critique, certaines étymologies forcées, quelques-unes qui sont presque absurdes, d'autres même contraires au génie de la langue; mais n'en faites pas un crime à saint Jérôme, qui va au-devant de ce reproche dans sa préface; l'exemplaire grec qu'il avait sous les yeux, il l'a fidèlement traduit, comme il le devait, prévenant souvent le lecteur de ne pas se laisser tromper par quelque fausse interprétation d'un mot. Au contraire, nous lui devons une grande reconnaissance de ce qu'il a traduit en latin et corrigé très-souvent ce livre, presque le seul dont les commentateurs grecs d'abord et les latins ensuite se sont servis pour saisir le sens figuré des mots d'après leur signification, livre qui est la clef de toute leur tropologie, monument tout entier élevé à la gloire de l'antiquité.

L'opuscule intitulé *Des Lieux de la Palestine,* écrit en grec par Eusèbe, a été traduit en latin par saint Jérôme. Je ne m'arrêterai pas ici à prouver son excellence, témérairement contestée par le même Zoïle de tout à l'heure. L'examen que nous avons fait de cet ouvrage suffira peut-être pour lui donner le regret d'avoir injustement apprécié notre grand Docteur. A peu près tous les passages qu'il a voulu flétrir, nous n'avons rien négligé pour les relever de ces fausses accusations dans des notes où, profitant de l'occasion, nous avons rétabli le texte primitif et la traduction de saint Jérôme quand ils avaient été altérés par l'incurie des copistes, et nous les avons défendus quand ils étaient témérairement attaqués. C'est qu'aucun de nos devanciers n'avait eu la bonne fortune dont j'ai profité pour cette édition : comme un érudit fouillait avec attention les plus secrets recoins de la bibliothèque Vaticane, entre autres documents utiles à notre entreprise, il mit la main sur un manuscrit assez ancien du texte d'Eusèbe, enrichi de notes précieuses, et tel enfin que le monde savant en désirait un pareil depuis longues années. On ne connaissait jusqu'à présent que trois manuscrits de cet opuscule : celui de la bibliothèque Royale de Paris, publié par Bonfrérius et revu par Martianay; celui que possède l'Académie d'Oxford; et celui que les membres de l'Académie de Leyde ont, dit-on, transporté de la bibliothèque de Vossius dans celle de leur ville. Rhenferdius regrette que la permission de contrôler ce dernier n'ait encore été donnée à personne; quant à celui d'Oxford, les gardiens de cette bibliothèque conviennent qu'il n'est qu'une copie récente de celui de Paris. L'exemplaire de la bibliothèque Royale est donc la source de toutes les éditions imprimées jusqu'ici; or, je ne saurais dire combien il est chargé de fautes, d'irrigularités, de lacunes, d'imperfections de toute sorte. Au contraire, celui qu'on a eu le bonheur de découvrir, bien qu'il ne soit pas à l'abri de tout reproche, est à la fois et beaucoup plus ancien, puisqu'il est antérieur au xe siècle, et accompagné de notes bien meilleures. Grâce à ces avantages, on rétablit tant de passages mal lus, on peut réparer tant de lacunes, qu'il semble d'abord que le texte primitif d'Eusèbe soit remis tout entier en lumière. Ce précieux manuscrit fut autrefois la propriété du célèbre cardinal Sirleti; maintenant, il fait partie de la collection du Vatican, sous le numéro 1456.

A cette préparation générale à l'étude des Livres Saints succèdent immédiatement les *Questions hébraïques sur la Genèse,* trésor des traditions juives et de l'érudition la plus reculée. Un travail semblable a été également entrepris par saint Jérôme sur les autres livres de l'Ecriture; mais comme nous l'avons dit dans la préface générale, ou bien il n'a pas eu le loisir de polir ces matériaux à peine dégrossis, ou bien, ce qui est plus probable, il changea de dessein plus tard en travaillant à ses Commentaires, et utilisa différemment ces matériaux qu'il avait entassés sans ordre; ou bien enfin, quel que fût l'objet de ce travail, il le réservait à son usage particulier et ne le destinait pas au grand jour de la publicité. Il est certain que, dans le temps qu'il travaillait à ces *Questions,* il en parle souvent, et surtout dans son opuscule *Des Lieux*; mais, quelques années plus tard, établissant lui-même un catalogue de ses écrits, il ne fait mention d'aucun autre traité de *Questions hébraïques* que de celui sur la Genèse, et montre ainsi clairement qu'il ne compte pas les autres au nombre de ses livres.

De là, franchissant un grand intervalle, nous passons aux *Commentaires sur l'Ecclésiaste,* auxquels l'auteur lui-même paraît avoir attaché le plus grand prix, puisqu'il les invoque souvent contre les calomnies de Rufin, pour justifier sa foi. Viennent ensuite deux *Homélies sur le Cantique des Cantiques,* interprétation latine des homélies grecques d'Origène, dont la rare élégance l'avait charmé, au point qu'il n'hésite pas à dire qu'Origène, qui est sans rival dans ses autres œuvres, s'est surpassé lui-même dans le Cantique des Cantiques. Ces cinq Traités, qui remplissent la première partie de ce volume, sont des œuvres authentiques de notre saint Docteur. Nous n'avons rien négligé, avec le secours des manuscrits et des éditions antérieures, pour corriger les fautes grossières qui s'y trouvaient en grand nombre, et leur rendre, autant que possible, leur primitif éclat.

Reste à déterminer la date à laquelle remonte chacun de ces livres. Commençons par les homélies sur le Cantique des Cantiques, qui sont séparées des autres par l'intervalle le plus long. Portées au Catalogue immédiatement avant le livre contre Helvidius, elles sont inscrites sous le pontificat de Damase à Rome; il est donc aisé de comprendre qu'il faut les rapporter à l'année 383. C'est, en effet, vers l'année précédente que Jérôme vint à Rome, et c'est au plus tard vers la fin de l'an 383 lui-même qu'il écrivit contre Helvidius, comme nous l'avons établi dans l'avertissement mis en tête de cette réfutation. Quant aux autres quatre livres, aussitôt après avoir fait mention des Commentaires sur les Epitres de saint Paul aux Galates, aux Ephésiens, à Tite et à Philémon, voici dans quel ordre il les énumère lui-même au Catalogue : Les *Commentaires sur l'Ecclésiaste ;* un livre de *Questions hébraïques sur la Genèse;* un livre *Des Lieux;* un livre *Des Noms hébreux.* D'où il faut induire d'abord leur rang d'ancienneté d'après l'auteur lui-même, que les dates seules ont dû guider, ce nous semble, dans le classement de ses écrits.

Pour l'année précise qu'il faut attacher à chacun d'eux, ce sont encore des témoignages de l'auteur et la suite des événements qui vont nous éclairer. De la préface elle-même des Commentaires sur l'Ecclésiaste, il ressort que notre Docteur les composa « cinq ans environs après » que, étant à Rome, « il avait lu ce livre à sainte Blaisille, afin de lui inspirer le détachement des choses du siècle. » Ces paroles désignent évidemment l'année 383, époque à laquelle sainte Blaisille n'avait pas encore définitivement dit adieu au monde ; si l'on ajoute cinq ans, on obtient 388, date que nous assignons à ces Commentaires. C'est à la même époque qu'il composa les *Questions hébraïques* et les deux Livres des *Lieux et des Noms :* la preuve en est dans les préfaces mêmes de ces ouvrages, où ils se mentionnent réciproquement. De plus, elles appartiennent également à l'année 388 ; c'est encore une préface qui en fait foi, celles des Homélies d'Origène sur saint Luc qui ont été cette même année traduites en latin par saint Jérôme, cela est hors de doute ; or, il nous apprend en cet endroit que, pour s'occuper de cette traduction, « il a pour quelque temps mis de côté le livre des *Questions hébraïques.* » En outre, la série des livres qui suivent dans le Catalogue, et surtout l'interprétation du livre de Didyme sur l'Esprit-Saint, que nous rapportons à 389, confirment amplement nos calculs.

Nous n'avons que peu de chose à dire de l'Appendice. Les opuscules que nous y avons réunis sont précédés d'Avis au lecteur, où nous nous mettons en garde autant que possible contre certaine critique dont les dents s'attaquent à tout art et à toute science, et qui se rejette surtout, on le conçoit, sur les travaux consacrés aux monuments de l'antiquité. Nous avons plutôt à expliquer la longueur de cet Appendice, pour qu'on ne croie pas que nous avons chargé saint Jérôme d'œuvres étrangères, afin de remplir notre volume. Tous ces écrits avaient donc été jusqu'ici rattachés à ceux de saint Jérôme; à l'exception de quelques pages, nous n'avons rien ajouté aux vieilles éditions, que rien ne nous autorisait à tronquer; tout retranchement dans celle des Bénédictins, par exemple, nous aurait mérité les justes reproches des hommes avides d'érudition. D'ailleurs, ces opuscules, par leur caractère, se lient intimement aux œuvres originales de notre Docteur, et ne sauraient trouver une place convenable en aucun autre endroit ; et puis, ils ne sont pas sans intérêt et peuvent rendre des services importants et divers à la cause du Christianisme et des Lettres, j'en suis convaincu, tant par expérience personnelle que d'après l'opinion et l'exemple de mes devanciers.

Après avoir fait au lecteur toutes les observations préalables qui lui étaient dues, je manquerais à toutes les convenances, si je ne manifestais bien haut mes sentiments de gratitude éternelle à l'égard de tant d'érudits de tous les pays, pleins d'impartialité, à l'abri de tout soupçon de complaisance, qui, sans obéir aux inspirations de l'amitié ou de l'intérêt, et sans me connaître, ont fait l'éloge de mon travail, non-seulement en paroles, mais encore dans leurs écrits. Je les louerais à mon tour, et j'inscrirais leurs noms au frontispice de ce livre, si je ne craignais qu'on n'imputât cet acte de reconnaissance au compte de la vanité ; je laisse donc à d'autres le soin de cette justice distributive. Mais qu'on le sache bien : si mon travail doit être honoré de quelque solide estime, il la doit à ceux dont les encouragements m'ont soutenu, et font que j'apporte de jour en jour une ardeur plus grande à cette entreprise.

LIVRE

SUR LES

NOMS HÉBREUX

PRÉFACE

1-2. Origène lui-même loue sans réserve Philon, l'homme le plus disert de la Judée, d'avoir mis au jour un livre sur les Noms hébreux, classés par ordre alphabétique, avec l'étymologie en regard de chacun d'eux. Ce livre, devenu vulgaire parmi les Grecs, a été recueilli dans toutes les bibliothèques du monde ; de là notre projet de le traduire en latin. Mais les exemplaires sont si peu d'accord, il y règne une telle confusion dans l'arrangement des mots, qu'il m'aurait paru plus sage de me taire que de donner une œuvre par trop répréhensible. Aussi, à l'instigation de mes frères Lupulianus et Valérien, qui se fondent trop peut-être sur mes connaissances en langue hébraïque, et frappé de l'utilité de l'entreprise, j'ai compulsé dans l'ordre chaque volume des Écritures ; c'est ainsi que, restaurant avec soin un vieil édifice, je crois avoir fait un travail dont les Grecs eux-mêmes doivent désirer la réalisation en leur langue. Au reste, je préviens ici le lecteur que s'il remarque quelques lacunes, c'est que j'ai réservé des matériaux pour une autre œuvre. J'ai présentement sur le métier des livres de Questions hébraïques, entreprise neuve, et jusqu'ici entièrement inconnue aux Grecs non moins qu'aux Latins. — 3-4. Non que je veuille présomptueusement exagérer mon ouvrage; mais j'ai conscience de mes efforts, et c'est pourquoi j'engage ceux qui sont inexpérimentés en ces sortes d'études à lire ces écrits. Ceux donc qui se les procureront, et avec eux le présent volume et le livre que je dois publier sur les Lieux de la Palestine, n'auront pas à s'inquiéter de faire une étude rebutante des textes hébreux. Et pour que cet édifice ne manquât pas de son couronnement, j'ai mis à la suite l'explication des mots et des noms du Nouveau Testament, désireux d'imiter en partie Origène, qui est après les Apôtres le plus zélé pionnier des études sacrées, on ne saurait le nier à moins d'ignorance. Or, au nombre des monuments remarquables de son génie, il faut compter le travail qu'il a fait pour combler, comme chrétien, les lacunes que Philon avait laissées comme juif.

COMMENCEMENT DU LIVRE

Il ne faut pas de prime abord, partout où nous écrivons les mots par A (א), lettre que les Juifs appellent Aleph (אלף), croire que tous ces mots commencent en hébreu par cette seule lettre. Un petit nombre commencent par Ain (ע), beaucoup par He (ה), quelques-uns par Heth (ח), lettres dont l'une prend parfois l'aspiration et le son de l'autre. Il est donc à noter que, soit dans la Genèse, soit dans tout autre livre, les mots qui commencent par une voyelle n'ont pas tous la même orthographe en hébreu, comme nous venons de le dire. C'est que, ne possédant pas une aussi grande variété de voyelles, nous devons nous contenter d'une simple modification du ton. D'où il arrive que des mots qui se distinguent en hébreu par leur orthographe, peuvent avoir reçu différentes interprétations chez nous, quoiqu'ils y soient figurés d'une seule manière.

INCIPIT LIBER.

Non statim ubicumque ex A (א), littera quæ apud Hebræos dicitur Aleph (אלף), ponuntur nomina, æstimandum est ipsam solam esse quæ ponitur. Nam interdum ex Ain (ע), sæpe ex He (ה), nonnunquam ex Heth (ח) litteris, quæ aspirationes suas vocesque commutant, habent exordium. Sciendum igitur quod tam in Genesi quam in cæteris libris, ubi a vocali littera nomen incipit, apud Hebræos a diversis, ut supra diximus, inchoetur elementis. Sed quia apud nos non est vocum (Vet. *vocalium*) tanta diversitas, simplici sumus elatione contenti. Unde accidit ut eadem vocabula, quæ apud illos non similiter scripta sunt, nobis videantur in interpretatione variari.

ANCIEN TESTAMENT

DE LA GENÈSE.

A

Ethiopie, les Latins donnent à ce mot le sens de ténèbres ou d'obscurité.
Assyrien, qui dirige.
Adam, homme, ou qui vit sur terre, ou indigène, ou terre rouge.
Abel, affliction ou vanité, ou vapeur, ou misérable.
Ada, témoignage.
Ararat, Arménie, ou montagne déchirée.
Aschenez (אשכנז), feu arrosant ainsi.
Evila, qui se plaint, ou qui enfante.
Archab, embûches.
Assur, qui dirige, ou heureux, ou qui s'avance.
Anamim, eaux qui répondent.
Amorrhéen, amer, ou qui parle.
Aruchéen, qui me ronge tout autour.
Asennéen, qui me soulage.
Aradien, mon vendangeur suffisant.
Amethi, mon indignation.
Adama, sol, ou terre, ou terrestre,
Arphaxad, qui guérit la dépopulation.
Aram, élevé.
Asarmoth, vestibule de la mort.
Adoram, génération élevée.
Aizel (*Uzal*), poursuivant son chemin.
Abimael, mon père par Dieu.
Abraham, père élevé.
Arram (ארן), caisse, coffre, cassette.
Egypte, tribulation qui oppresse.
Aggai (*Hai*), question, ou réjouissance.

VETUS TESTAMENTUM.

DE GENESI.

A

Æthiopiam (*a*), tenebras, vel caliginem interpretantur Latini.
Assyriorum, dirigentium.
Adam, homo, sive terrenus, aut indigena, vel terra rubra.
Abel, luctus, sive vanitas, vel vapor, aut miserabilis.
Ada, testimonium.
Ararat, Armenia, sive mons vellicatus.
Aschenez (אשכנז), ignis sic aspergens.
Ævila, dolens, sive parturiens.
Archab, insidiæ.
Assur, dirigens, vel beatus, aut gradiens.
Anamim, respondentes aquæ.
Amorrhæum, amarum, vel loquentem.
Aruchæum, circumrodentem me.
Asennæum, levantem me.
Aradium, vindemiator meus sufficiens.
Amethi, indignatio mea.
Adama, humus, vel terra, sive terrena.
Arphaxad, sanans depopulationem.
Aram, excelsus.
Asarmoth, atrium mortis.
Adoram, generatio excelsa.
Aizel (*Uzal*), pergens.
Abimael, pater meus a Deo.
Abram, pater excelsus.
Arram, (ארן) riscus, arca, vel capsa.
Ægyptus (*b*), tribulatio coangustans.
Aggai (*Hai*), quæstio, vel festivitas.

(*a*) *Æthiopiam.* Ita legit Colbertinæ Bibliothecæ vetus codex 4951. De hisce Nominibus Græcis vel Latinis inter Hebraica absurde satis recensitis, sic monuit nos S. Hieronymus infra ad vocem *Puteoli* in Actibus Apostolorum occurrentis : *Hæc omnia*, inquit, *Græca nomina vel Latina, quam violenter secundum linguam Hebraicam interpretata sint, perspicuum puto esse lectori.* Et ante de vocabulo Erasti : *Erastus, frater meus videns. Satis absurde vocabulum figuratum.* Hujusmodi igitur violenter deductas etymologias et alias ineptias si auctori adscribas Hieronymo, parum æquus eris rerum æstimator, et Doctoris eximii iniquus judex. Jam si nomen *Æthiopiæ* quasi Hebræum interpretari volueris, figuratum illud intellige ex אתם et עיפה, nam, ex his duobus verbis constari potest עתעופה, ac legi juxta morem antiquorum *Æthiopa* vel *Æthiopia* ; quod ita confictum significat *tenebras vel caliginem.* Similiter accipiendum nomen *Ægyptus*, quod in altera columna legitur cum ista interpretatione, *tribulatio coangustans.* Nam confictum videtur secundum linguam Hebraicam, ex similibus verbis יגע, פטש et אוץ, unde formari potest איגעפטאוץ *Ægyptus*, vel Αἴγυπτος, et habere significantiam *tribulationis contundentis, et angustiantis.* MARTIAN.

(*b*) Integris libris de Ægypti etymo disputant harum litterarum eruditi. Hæc certe interpretatio ex Hebraico *Mesraim* deducitur, non ab ipsa *Ægyptus* voce derivatur, quæ Græcam originem trahit, Αἶα Κόπτου, *Terra Copti*, Africæ regio notissima. Noster in cap. III Joelis : *Ægyptus*, inquit, *dicitur Mesraim quod interpretatur* ἐκθλίβουσα, *id est Sanctos Dei persequens et tribulans.*

Amrafel et ailleurs Amaraphal, il dit afin qu'il tombât.
Arioch, ivre, ou ivrognerie.
Astaroth, bergeries, ou ils vont à la découverte.
Amalec, peuple qui lèche, ou qui lape.
Agar, étrangère, ou changée.
Abraham, père qui voit le peuple.
Ammon, fils de mon peuple, ou peuple de chagrin.
Abimelech, mon père roi.
Azia (*Azau*), voyant.
Arbee, la quatrième, ou quatre.
Assurim, bois.
Apher, sol ou poussière.
Abidahé, mon père, sachant.
Ader (עדר), troupeau.
Aser, béatitude, ou heureux.
Ana, réponse, ou répondant.
Aluam, méprisant.
Ahié (*Aja*), ombrage.
Amada (*Hamdan*), désirable.
Acan, nécessité, ou leur travail.
Aran (הרין), avec colère, ou bienséant.
Adad, principal, ou enfant de l'oncle paternel.
Avith, injuste.
Achobor, les rats.
Adollamite, témoignant, ou témoignage de l'eau.
Aunan (*Aner*), leur chagrin, ou les travaux.
Aseneth, ruine.
Aod (*Ahod*), noble.
Amul, qui épargne.
Aggi, mon allégresse.
Acheri (החרי), qui décline.
Aroedi, vendangeur suffisant.
Arieli, lion de mon Dieu.
Achi, mon frère.
Arad, descendant.
Asom (*Husim*), qui se hâtent.
Atad, témoignage, ou ronce épineuse.

B

Babylone, confusion.
Bethel, maison de Dieu.
Bara (ברע), dans la malice, ou créature.
Balac (*Balé*), précipitant, ou dévorant.
Barad, grêle.
Buz, regardant de haut, ou méprisant.

Amrafel [al. *Amaraphal*], dixit ut caderet.
Arioch, ebrius, vel ebrietas.
Astaroth, ovilia, vel faciunt exploratores.
Amalec, populus lambens, vel lingens.
Agar *(a)*, advena, vel conversa.
Abraham, pater videns populum.
Ammon, filius populi mei, vel populus mœroris.
Abimelech, pater meus rex.
Azia *(Azau)*, videns.
Arbee, quarta, vel quatuor.
Assurim, nemus.
Apher, humus, sive pulvis.
Abidahe, pater meus, sciens.
Ader (עדר), grex.
Aser, beatitudo, sive beatus.
Ana, responsio, sive respondens.
Aluam, despiciens.
Ahie *(Aja)*, umbraculum.
Amada *(Hamdan)*, desiderabilis.
Acan, necessitas, vel labor eorum.
Aran (הרין), iracunde, vel decor.
Adad, præcipuus, vel patruelis.
Avith, iniqua.
Achobor, mures.
Adollamitem, testificantem, sive testimonium aquæ.
Aunan *(Aner)*, mœror eorum, vel labores.
Aseneth, ruina.
Aod *(Ahod)*, inclytus.
Amul, parcens.
Aggi, festivitas mea.
Acheri (החרי), declinans.
Aroedi, vindemiator sufficiens.
Arieli, leo Dei mei.
Achi, *Apud* LXX, *Genes.* XLI, 18, frater meus.
Arad, descendens.
Asom *(Husim)*, festinantes.
Atad, testimonium, vel rhamnus.

B

Babylon, confusio.
Bethel, domus Dei.
Bara (ברע), in malitia, sive creatura.
Balac *(Bale)*, præcipitans, sive devorans.
Barad, grando.
Buz, despiciens, sive contemnens.

(a) Agar. Editi nonnulla addunt hoc loco : *Aner, lumen, vel illuminatio, vel lucerna, vel civitas, vel oculus hominis.* Nihil horum exstat in codicibus mss. quos inspeximus, nisi in Regio 3993, qui legit vocem *Aner* ante *Agar*, sed absque ulla expositione ejusdem verbi. Unde autem in librum Hieronymi derivata fuerint, invenire mihi licuit ex codice ms. Colbert. 5216, ubi Auctor anonymus interpretationes nominum Hebraicorum collegisse se profitetur ex Origene, Hieronymo, Beda, Rabano, et aliis orthodoxis Patribus. In hac ergo Anonymi congerie nomen *Aner* positum ante *Agar*, ab eo sic interpretatum legitur : Aner, amicus Abraham, *lucerna, vel frater lucernæ, vel lumen.* Aner, civitas imperialis, *oculus luminis, vel dolor eorum.* MARTIAN. — Vocem *Aner* absque ulla interpretatione præponit hic loci noster ms. quod et in Regio quodam invenit Martianæus, qui hac de re fusius disserit : ipsum vero nomen *Agar* in eodem ms. nostro pro *advena* exponitur *adversa* : proprie *meridiem* significat.

Bathuel, vierge de Dieu.
Beri (בארי), mon puits, ou mes puits.
Basemoth, dans les noms, ou faisant une faute, ou venant, ou placée.
Bala (בלה), invétérée.
Balaam, sans peuple, ou sans leur substance, ou sans substance en eux.
Benjamin, fils de la droite.
Beor, dans la peau.
Bosora, dans la tribulation, ou l'angoisse.
Badad, principal.
Balaanan, traité avec faveur.
Basan, gras.
Baria (בריעה), dans son cri.
Bochor, premier-né, ou sur le bât, ou l'agneau est entré.

C

Caïn, possession, ou lamentation.
Caïnan, lamentation, ou leur possession.
Cithiens (Κήτιοι), insensés, ou frappés de stupeur.
Carnaïm, les cornes.
Cadès, sainte, ou changée.
Cinéens, qui possèdent.
Cénéséens, jaloux, ou sa possession.
Cedmonéens, antique tristesse, ou Orientaux.
Camuel, résurrection de Dieu, ou pause de Dieu.
Cedar, ténèbres, ou chagrin.
Cedma, oriental, ou qui précède.
Caath, dents molaires, ou patience.

Jusqu'ici les mots ont dû être lus avec la prononciation du C simple; désormais on doit ajouter l'aspiration du chi (Χ) grec. Le mot chérubin *fait seul exception en français.*

Chérubin, science mutiple, ou comme plusieurs.
Cham (חם), chaud. Il faut remarquer qu'en hébreu, ce mot n'a pas la lettre *chi*; il s'écrit par la lettre *heth*, qui est émise avec une double aspiration.
Chethim (כחוה), brisés ensemble.
Chus, Ethiopien.
Chanaan, σάλος, c'est-à-dire leur mouvement, ou marchand, ou humble.
Chalanné, consommation future, ou nous tous.
Chalech (כלח), comme vert.
Chaseluim, leur région mise à couvert.
Chaphthoriim, troupe d'explorateurs, ou tourterelles, et mieux Cappadociens.
Chéthéen (חתי), sortie de l'esprit, ou fixé, ou retranché. Mais ce mot en hébreu, au lieu de commencer par une consonne, commence par *heth*, dont nous avons parlé tout à l'heure.
Chaldéens (כשדים), comme les démons, ou comme les mamelles, ou féroces.

Bathuel, virgo Dei.
Beri (בארי), puteus meus, sive putei mei.
Basemoth, in nominibus, sive delinquens [al. *delinquentem*], vel veniens, aut positam.
Bala (בלה), inveterata.
Balaam, sine populo, vel absque substantia eorum, sive in eis.
Benjamin, filius dexteræ.
Beor, in pelle.
Bosora, in tribulatione, vel angustia.
Badad, præcipuus.
Balaanan, habens gratiam.
Basan, pinguis.
Baria (בריעה), in clamore ejus.
Bochor, primogenitus, vel in clitellis, aut ingressus est agnus.

C

Cain, possessio, vel lamentatio.
Cainan, lamentatio, vel possessio eorum.
Cithii (Κήτιοι), amentes, vel stupentes.
Carnaim, cornua.
Cades, sancta, sive mutata.
Cinæi, possidentes.
Cenesæi, zelotypi, vel possessio ejus.
Cedmonæi, antiqua tristitia, sive orientales.
Camuel, resurrectio Dei, sive statio Dei.
Cedar, tenebræ, vel mœror.
Cedma, orientalis, vel antecedens,
Caath, molares dentes, sive patientia.

Hucusque per simplicem C litteram lecta sint nomina: exin aspiratione addita, id est, per chi *Græcum legenda.*

Cherubin, scientia multiplicata, vel quasi plures.
Cham (חם), calidus. Sed sciendum, quod in Hebræo *chi* litteram non habeat: scribitur autem per *heth*, quæ duplici aspiratione profertur.
Chethim (כחוה), confracti.
Chus, Æthiops.
Chanaan, σάλος, hoc est motus eorum, vel negotiator, aut humilis.
Chalanne, consummatio futura, sive omnes nos.
Chalech (כלח), quasi viride.
Chaseluim, contecta regio eorum.
Chaphthoriim, manus exploratorum, sive turturum, sed melius Cappadoces.
Chethæus (חתי), mentis excessus, sive fixus, vel abscisus. Sed hoc nomen in Hebraico non incipit a consonanti littera, verum ab *heth*, de qua jam supra diximus.
Chaldæi (כשדים), quasi dæmonia, vel quasi ubera, aut feroces.

Charran (ורן), trous ou colère, ou qui les creuse. Mais ce mot en hébreu commence par *heth*.

Chebron (חברון), mariage, ou enchanteur, ou vision éternelle. Ce mot commence aussi par *heth*.

Chodorlagomer (כדרלעמר), pour ainsi dire génération d'une poignée, ou pour ainsi dire belle poignée.

Chorréens, à cause des trous dont ils se criblent, on les appelle Troglites.

Chobal *(Hoba)*, condamnation.

Chased, qui semblent dépeupler. Il s'agit des Chaldéens.

Cheth, frappant.

Chettura (קטורה), offrant des parfums, ou accouplée, ou adjointe.

Choadad *(Hadad)*, principal.

Chabrath, comme choisi, ou pesant.

Chorri ou Chorréen, farine, ou couvert de farine, ou après moi, ou mon ouverture.

Chazib, mensonge.

Charmi, ma vigne, ou ma connaissance.

Chabor (חבור), conjonction, ou enchanteur. Mais ce mot est aussi de ceux qui s'écrivent par *heth*.

D

Dan, jugement, ou jugeant.

Dedan, solitaire, ou fils de leur frère.

Dasem *(Resen)*, frein.

Decla, subtil, ou brodée de palmes.

Damas (דמשק), boisson de sang, ou baiser de sang, ou sang du sac.

Dadan, jugeant.

Duma, se taisant.

Dina, ce jugement.

Debbora, abeille, ou éloquence.

Deson, fort mamelon, ou, en langue syriaque, il la foulera aux pieds. Au reste, en hébreu, on l'interprète par graisse, ou cendre, c'est-à-dire cendre légère des holocaustes.

Desan, même interprétation que pour *deson*, quoique quelques-uns pensent qu'il signifie fort éléphant.

Dennaba, apportant le jugement.

Dothaïn (דתן), leur fourrage vert, ou disette suffisante.

Charran (ורן), foramina, sive ira, vel fodiens eos. Sed et hoc nomen per *heth* Hebraicum incipit.

Chebron (חברון), conjugium, sive incantator, aut visio sempiterna. Et hoc *heth* habet in principio.

Chodorlagomer (כדרלעמר), quasi generatio manipuli, sive quasi decorum manipulum.

Chorræi, de foraminibus, quos vocant *(a)* Troglitas.

Chobal *(Hoba)*, condemnatio.

Chased, quasi populantes. Sunt autem Chaldæi.

Cheth, percutiens.

Chettura (קטורה), thymiama offerens, vel copulata, aut juncta.

Choadad *(Hadad)*, præcipuum.

Chabrath, quasi electum, sive grave.

Chorri, sive Chorræus, farina, aut farinatus, seu post me, vel foramen meum.

Chazib, *Apud* LXX, *Genes.* XXXVIII, 5 *(b)*, mendacium.

Charmi, vinea mea, vel cognitio mea.

Chabor (חבור), conjunctio, vel incantator. Sed et hoc per *heth* litteram scribitur.

D

Dan, judicium, aut judicans.

Dedan, solitarius, sive fratruelis eorum.

Dasem *(Resen)*, frenum.

Decla, subtile, sive palmata.

Damascus (דמשק), sanguinis potus, sive sanguinis osculum, vel sanguis sacci.

Dadan *(c)*, judicans.

Duma, tacens.

Dina, judicium istud.

Debbora, apis, sive eloquentia.

Deson *(d)*, fortis papilla, sive calcabit eam, sed hoc Syro sermone dicitur : cæterum Hebraice, pinguedo interpretatur, aut cinis, id est, favilla holocaustorum.

Desan, similiter ut supra : licet quidam putent fortem elephantem (al. *elephantum*) interpretari.

Dennaba, judicium afferens.

Dothain (דתן), pabulum viride eorum, aut sufficientem defectionem.

(a) *Troglitas.* Colbertini codices habent *Troglitas* et *Troditas;* in cæteris legimus *Traglitas* et *Troglitas.* Quinam sint *Troglitæ* vel *Troglodytæ,* vide in Lexico Geographico novo Philippi Ferrarii. MARTIAN. — Ita mss., sed rectius *Troglodytas* rescribendum. — Ex chori filio Lotan. Gen. XXXVI, 22, gentile derivatur *Hæchorim,* Troglodytæ, Gen. XIV, et XXXII, 32.

(b) Præponitur in ms. nostro *Charan* absque expositione : tum *Chazhi* legitur pro *Chazib,* et ad subsequens *Charmi* expositio altera, *vel cognitio mea,* non habetur. Olim in editis vitiose erat, *vel cognatio mea.* Infra ex Exodo : *Charmi, vinea mea, vel agnitio aquæ.*

(c) *Dadan, judicans.* Post *Dadan,* editi legunt adhuc ista. *Dedan, grande judicium. Dan, judicium, aut judicans.* Pejus vero legunt initio hujus litteræ D. *Dodanim, patruelis : in propinquos vertitur et cognatos.* MARTIAN.

(d) *Deson.* Dison, דישן, significat *fortem papillam* sive *pupillam* cum figuratum est ex די, *dai,* quod Hieronymus ex Aquila *robustum* aut *fortem* interpretatur ; et ex אישון, *ison,* quæ vox Latine vertitur, *pupilla oculi.* Syro autem sermone *Dison* significat *calcabit eam,* ex verbo דוש *dus,* vel דיש *dis,* et affixo singulari tert. pers. f. ה *oh ;* quasi legeretur *disoh, calcabit eam.* Hebraice, ut optime monet S. Hieronymus, *Dison* a voce, דשן, *dasan,* derivatum, significat *pinguedinem,* vel *cinerem.* MARTIAN.

E

Eden, volupté, délices, ornement.
Evila, qui se plaint, ou qui enfante.
Euphrates, qui fertilise, ou qui croit.
Eva, calamité, ou malheur à ! ou vie.
Enoch, dédicace.
Enos, homme, ou désespéré, ou violent.
d'Eve, féroce, ou très-mauvais.
Eber, passant.
Elmodad, vers sa principale mère, ou mesure de Dieu.
Ellasar, éloignement de Dieu, ou qui la sépare.
Esrom (הצרן), dard des troupeaux.
Eschol, grappe de raisin, ou tout le feu.
Ephron, poussière du chagrin, ou poussière inutile, ou leur poussière.
Eldea (אלדעה), vers la science, ou au sujet de la science.
Ethéen, redoutant, ou frappé de stupeur.
Edom, roux, ou de terre.
Emor, âne.
Ephrata, abondance, ou pleine de poussière.
Eser, fiction, ouvrage de terre à potier.
Esban, le feu en eux.
Efraïm, fécond, ou qui croit.
Esrom (חצרנ), qui voit la flèche.
Esbel (אשבעל), feu vain, ou vieux.

Jusqu'ici on a dû lire le commencement des mots par E bref ; il est long dans ceux qui suivent.

Elisa, mon Dieu, ou mon salut, ou vers l'île, ou salut de mon Dieu.
Elam, du siècle, ou de l'univers.
Emim, horribles.
Eliezer, secours de Dieu.
Epha, dissolu, ou mesure.
Esaü, composition, ou de bois de chêne, ou monceau de pierres, ou vain, ou en vain.
Elon (אלון), région champêtre, ou chêne, ou de bois de chêne.
Eliphaz, or de mon Dieu.
Emam (הימם), leur chaleur.
Ebal (עיבל), ancienne vallée, ou tas de pierres.
Ela, térébinthe.
Er, veillées, ou concubine, ou action de se lever, ou épanchement.
Enaïm, yeux, ou fontaines.
Eroou, c'est-à-dire des héros, signifie en face d'eux, ou veillées des douleurs.

F

Fison, noyau de la prunelle, ou changement de visage.
Fut, Libye, ou action de détourner son visage.
Fetrusim, détruisant la mesure.

E

Eden, voluptas, sive deliciæ, vel ornatus.
Evila, dolens, sive parturiens.
Euphrates, frugifer, sive crescens.
Eva, calamitas, aut væ, vel vita.
Enoch, dedicatio.
Enos, homo, sive desperatus, vel violentus.
Evæum, ferum, sive pessimum.
Eber, transitorem.
Elmodad, ad matrem ejus præcipuam, sive Dei mensura.
Ellasar, Dei declinatio, sive hanc separans.
Esrom (חצרן), jacula gregum.
Eschol, botrus, sive ignis omnis.
Ephron, pulvis mœroris, vel pulvis inutilis, sive pulvis eorum.
Eldea (אלדעה), ad scientiam, sive de scientia.
Etheus, formidans, sive stupens.
Edom, rufus, sive terrenus.
Emor, asinus.
Ephrata, ubertas, sive pulverulenta.
Eser, fictio, sive plasma.
Esban, ignis in eis.
Efraim, frugiferum, sive crescentem.
Esrom (הצרנ), sagittam videns.
Esbel (אשבעל), ignis vanus, sive vetus.

Hucusque per brevem litteram E, nunc per productam nominum sunt legenda principia.

Elisa, Deus meus, vel ejus salus, vel ad insulam, vel Dei mei salvatio.
Elam, sæculi, vel orbis.
Emim, horribiles.
Eliezer, Dei auxilium.
Epha, dissolutus, sive mensura.
Esau, factura, sive roboreus, vel acervus lapidum, seu vanus, aut frustra.
Elon (אלון), regio campestris, aut quercus, aut roboreus.
Eliphaz, Dei mei aurum.
Emam (הימם), calor eorum.
Ebal (עיבל), vallis vetus, aut acervus lapidum.
Ela, terebinthus.
Er, vigiliæ, sive pellicius, aut surrectio, vel effusio.
Enaim, oculi, sive fontes.
Eroou, *Apud* LXX, Ἡρώων ; *in Vulg. Gessen*, id est Eroum, in facie eorum, sive vigiliæ dolorum.

F

Fison, os pupillæ, sive oris mutatio.
Fut, Libya, sive oris declinatio.
Fetrusim, dissolvens mensuram.

Felestim, qui tombent, ou chute de la coupe, ou qui tombent d'ivresse.
Farao, qui dissipe, ou qui le découvre.
Faleg, divisant.
Férézéens, qui séparent, ou disséminés, ou qui fructifient.
Faran, leur férocité.
Fichol, le visage de tous.
Filistiim, double ruine.
Faldas, ruine de la pauvreté, ou germe qui tombe.
Fau (פעו), rien, ou subitement.
Fiennon, à leur bouche, ou à la bouche liée.
Futifar (פוטיפר), inclinant la face pour disséquer.
Farez, division.
Fétréfé (פוטיפרע), veau de la Libye, qui met à découvert, ou certainement division, ou détournant sa face.
Fallu, admirable.
Fua (פועה), ici, ou rouge.
Fanuel, face de Dieu.

G

Géon (גיחון), poitrine, ou escarpé.
Gomer, assomption, ou consommation, ou perfection.
Gergéséen, chassant le colon, ou l'étranger qui s'approche.
Gérara (גררה), il vit l'action de ruminer, ou muraille. Mais il faut noter que Gérara se traduit par temps qu'on demeure dans un pays étranger, et Gédéra (גדרה) par muraille ou haie.
Gaza, sa force.
Gomorrhe (עמורה), crainte du peuple, ou sédition. Il est à remarquer que ce mot n'a pas en hébreu la lettre G et s'écrit par la voyelle *Ain*.
Gether, voyant le pressoir, ou habitant près des lieux explorés.
Gebal (עיבל), escarpé, ou vallée ancienne.
Geraris, étrangers qui s'approchent, ou qui les frappe des cornes.
Gaam et Gadim, chaleur de la vallée.
Gad, tentation, ou petit voleur, ou fortune.
Galaad, tas du témoignage, ou transmigration du témoignage. Il en est parlé avec plus d'étendue dans les livres des Questions hébraïques.
Gatham (געתם), il rit en touchant.
Gesen (גשן), étant près de leur attouchement, ou voisinage.
Gerson, étranger en ce lieu, ou leur expulsion.
Gera, action de ruminer, ou temps d'exil.
Gani (גוני), mon élévation, ou mon jardin.

I

Jobel (יובל), renvoyant, ou changé, ou il découlera.

Felestim, cadentes, sive ruina poculi, aut cadentes potione.
Farao, dissipans, sive discooperiens eum.
Faleg, dividens.
Ferezæi, separantes, sive disseminati, vel fructificantes.
Faran, ferocitas eorum.
Fichol, os omnium : ab ore, non ab osse.
Filistiim, ruina duplex.
Faldas, ruina paupertatis, sive cadens germen.
Fau (פעו), nihil, aut subito.
Fiennon, ori eorum, aut ori vincto.
Futifar (פוטיפר), os inclinans ad dissecandum.
Farez, divisio.
Fetrefe (פוטיפרע), Libycus vitulus, sive discooperiens, vel certe divisio, aut os declinans.
Fallu, mirabilis.
Fua (פועה), hic, adverbium loci; sive rubrum.
Fanuel, facies Dei.

G

Geon (גיחון), pectus, sive præruptum.
Gomer, assumptio, sive consummatio, vel perfectio.
Gergesæus, colonum ejiciens, sive advenam propinquantem.
Gerara (גררה), ruminationem vidit, seu maceria. Sed sciendum quod Gerara interpretatur, incolatus; Gedera vero (גדרה), maceria, sive sepes.
Gaza, fortitudo ejus.
Gomorrha (עמורה), populi timor, sive seditio. Sciendum quod G litteram in Hebraico non habet, sed scribitur per vocalem *Ain*.
Gether, torcular videns, sive accola explorationis.
Gebal (עיבל), præruptum, sive vallis vetus.
Geraris, advenæ propinquantes, sive cornupeta eorum.
Gaam [al. *Gadim*], vallis æstus.
Gad, tentatio, sive latrunculus, vel fortuna.
Galaad *(a)*, acervus testimonii, sive transmigratio testimonii. De hoc in libris Hebraicarum Quæstionum plenius diximus.
Gatham (געתם), tangens risit.
Gesen (גשן), appropinquans palpationi eorum, sive vicinitas.
Gerson, advena ibi, vel ejectio eorum.
Gera, ruminatio, vel incolatus.
Gani (גוני), elatio mea, sive hortus meus.

I

Jobel (יובל), dimittens, aut mutatus, sive defluet.

(a) *Galaad*. Consule sequentes Quæstiones Hebraicas in Genes, cap. XXXI, ubi de Galaad abunde disseruit Hieronymus. MARTIAN.

Jobal (יובל), dénoncé, ou renvoyant.
Jared, descendant, ou fortifiant.
Japhet, largeur.
Javan, il est et il n'est pas, ou colombe. Mais c'est un mot syriaque.
Jébuséen, foulé aux pieds, ou leur crèche.
Jectan (יקטן), très-petit.
Jarée, la lune.
Johab, d'un père mage, ou tombant goutte à goutte.
Jescha, tabernacle, ou son onction.
Ismaël, action d'ouïr Dieu.
Isaac, rire, joie.
Jedlaph, levant la main, ou la main à la bouche.
Jexan (יקשן), dur, dureté.
Jesboc, il est cendre, ou attouchement.
Jetur, tourné, ou mis en ordre.
Judith, qui loue, qui confesse, ou Judée.
Jacob, qui supplante.
Juda, louange, ou confession.
Issachar, il est la récompense.
Joseph, accroissement.
Jourdain, leur descente.
Jor (יאר), ruisseau.
Jaboch, sable, ou lutte.
Jéus (יעוש), épargnant, ou faisant, ou ébranlé.
Jeglam (*Jhelon*), méprisant.
Jethram, leur superflu.
Jetheth, donnant.
Irad, descente de la ville.
Iram, leur cité.
Jiras (הירה), il vit mon frère, ou vision de mon frère.
Jamuel, Dieu est son jour.
Jamin, la droite.
Jachin, préparant.
Job, mage.
Joalel, vie de Dieu, ou commencement de Dieu, ou attendant Dieu.
Jemna, marine, ou minérale.
Jesua, surface unie, ou il est mon désir, ou certainement sauveur.
Jessul (*Jessui*), se plaindre.
Jasael (*Jasiel*), moitié de Dieu.
Jesar, image, ou tribulation.

Jobal (יובל), delatus, sive dimittens.
Jared, descendens, sive roborans.
Japhet, latitudo.
Javan (*a*), est et non est, sive columba: sed Syrum est.
Jebusæum, calcatum, sive præsepe eorum.
Jectan (יקטן), parvulus.
Jaree, luna.
Johab, mago patre, sive distillans.
Jescha, tabernaculum, vel unctio ejus.
Ismael, auditio Dei.
Isaac, risus, vel gaudium.
Jedlaph, manum tollens, vel manum ad os.
Jexan (יקשן), durus, sive durities.
Jesboc, est cinis, sive tactus.
Jetur, versus, aut ordinatus.
Judith, laudans, aut confitens, aut Judæa.
Jacob, supplantator.
Juda, laudatio, sive confessio.
Issachar, est merces.
Joseph, augmentum.
Jordanis, descensio eorum.
Jor (יאר), rivus.
Jaboch, arena, sive lucta.
Jeus (יעוש), parcens, aut faciens, aut commotus.
Jeglam (*Jhelon*), despiciens.
Jethram, superfluus eorum.
Jetheth, dans.
Irad, civitatis descensio.
Iram, civitas eorum.
Jiras (הירה), vidit fratrem meum, sive fratris mei visio.
Jamuel, dies ejus Deus.
Jamin, dextera.
Jachin, præparans.
Job (*b*), magus.
Joalel, vita Dei, sive exordium Dei, vel præstolans Deum.
Jemna, marina, sive mineralis.
Jesua, planities, sive est desiderium meum, aut certe salvator.
Jessul (*Jessui*), est dolere.
Jasael (*Jasiel*), dimidium Dei.
Jesar, figmentum, sive tribulatio.

(*a*) *Javan, est et non est. Javan* Hebraice scribitur יון cum tribus litteris : quare ut significet *est, et non*, figuratum debet intelligi ex יש *jes* ; ו *ve* ; et אין *en*. Quæ tria sic sumpta Latine interpretantur *est, et non*. Quod autem *Javan* Syro sermone *columba* dicatur, nonnihil difficultatis habere videtur propter interpretationem nominis *Bar-Jona* in Matthæi volumine occurrentis. Nam de hoc nomine Hebraico hæc habet Hieronymus infra : *Bar-Jona, filius columbæ. Syrum est pariter et Hebræum. Bar quippe lingua Syra, filius, et Jona, columba utroque sermone dicitur.* MARTIAN.

Isthæc interpretatio *est, et non est*, quæ contra analogiæ regulas nonnullis doctis viris visa est, ab Hebræorum traditionibus petitur, ex ipsiusmet Hieronymi testimonio, lib. VIII Commentariorum in Ezechielem c. XXVII : *Aiunt Hebræi Græcam, id est Javan, interpretari est, et non est. Quod proprie refertur ad sapientiam sæcularem, in qua, si recte aliquid reperiunt,* EST *appellatur ; si in contrariam partem,* NON EST. Consule Martianæi commentarium ad libri calcem.

(*b*) *Job, magus.* Nomen *Job.*, Gen. XLVI, 13, quod Hebraice scribitur, יוב, in Exemplaribus Græcis legitur *Asoum* et *Jasouph*. MARTIAN. — Emendandi ex hoc loco Pseudo-Hieronymi in Jobum codices : *Job, qui dolens, vel magnus interpretatur*. Lege *magus*. Noster in nominibus de Ezechiele, *Job otiosus*, de Job ipso *dolens*. Apposite vero notatum Martianæo nomen istud, quod יוב Hebraice scribitur, Gen. XLVI, 13, in Græcis exemplaribus Ἀσούμ, et Ἰασούφ dici.

L.

Lamech, humilié, ou frappant, ou frappé.
Ludiim, nés, ou ils sont très-utiles.
Laabim, brûlés ou enflammés.
Lasa, pour le salut.
Lud, utile.
Lot, lié, ou action de se détourner.
Laban, d'un blanc éclatant.
Latusim, forgerons.
Laommin, tribus, ou mères.
Lia, laborieuse.
Levi, adapté, ou pris pour soi.
Lotan, leur chaîne, ou enfermé lui-même.

M

Mahuiael, qui est le Seigneur Dieu? ou Dieu selon la vie.
Mathusalé, délivrance de la mort, ou il est mort et il interrogea.
Maleleel, louant Dieu.
Magog, toit, ou ce qui vient du toit.
Medaï, mesure, ou bien suffisamment.
Mesech (μοσόχ), prolongation, ou défection, ou certainement comprimé.
Mesraïm, leurs ennemis, ou mesure. Mais il faut noter que l'Égypte est appelée Mesraim.
Mesa (משא), eau rare, ou élévation.
Melcha, sa reine.
Mamré, à cause de la vision, ou transparente.
Masec (משק), donnant à boire, ou buvant à la santé.
Maacha, brisant, ou brisée.
Maedan (מדן), moissonnant, ou répondant.
Madian, d'après le jugement, ou d'après la cause.
Massan, pour les agréments.
Masmaé, exauçant.
Massa, soulageant, ou poids, ou fardeau.
Meleech (מהלת), chœur, ou dès le commencement.
Meza, j'existe.
Manath (מנחת), se reposant, ou à celui qui donne.
Masreca, vain tribut, ou qui siffle, ou qui traîne.
Mettabel, combien Dieu est bon.
Matraïd, persécution, ou verge s'abaissant.
Mezaab, eau d'or, ou eau qui coule.
Mabsar, fortifiée.
Magdiel, d'après la promesse de Dieu, ou tour de Dieu, ou Dieu me glorifie.

L.

Lamech, humiliatum, aut percutientem, sive percussum.
Ludiim, nati, sive prosunt fortiter.
Laabim, deusti, sive flammantes.
Lasa, in salutem.
Lud, utilis.
Lot, vinctus, sive declinatio.
Laban, candidus.
Latusim, malleatores.
Laommin, tribus, sive matres.
Lia, laboriosa.
Levi, additus, sive assumptus.
Lotan, vinculum eorum, sive ipse conclusus.

M

Mahuiael, quis est Dominus Deus? vel ex vita Deus.
Mathusale, mortis emissio, vel mortuus est, et interrogavit.
Maleleel, laudans Deum.
Magog, quod δῶμα, id est tectum, vel de domate, hoc est de tecto.
Medai, mensura, sive quam sufficienter.
Mesech (μοσόχ), prolongatio, sive defectio, aut certe compressus.
Mesraim, hostes eorum, sive mensura. Sed sciendum quod Mesraim, Egyptus appellatur.
Mesa (משא), aqua rara, vel elatio.
Melcha, regina ejus.
Mamre, de visione, sive perspicuam.
Masec (משק), potum dans, sive propinans.
Maacha, frangentem, sive confractam.
Maedan (מדן), metientem, sive respondentem.
Madian, de judicio, sive de causa.
Massan (b), de jucunditatibus.
Masmae, exaudientem.
Massa, levans, sive pondus, aut onus.
Melech (מהלת), chorus, sive a principio.
Meza, existo.
Manath (מנחת), requiescens, sive donanti.
Masreca, vectigal vanum, sive sibilans, vel trahens.
Mettabel, quam bonus Deus.
Matraid, persecutio, sive virga descendens.
Mezaab, aqua auri, sive aqua fluens.
Mabsar, munita.
Magdiel, de repromissione Dei, sive turris Dei, vel magnificat me Deus.

(a) *Massan.* In editis scriptum est, *Mabram*, quod nomen non legitur in Genesi : unde corruptum intelligitur, et *Mabram* esse positum pro מבשם, *Mabsam*, Gen. xxv, 13, sive potius pro Μασσάμ, *Massam*, ut legimus apud LXX et in codicibus mss. Hieronymus enim hunc librum edidit post Philonem Judæum, qui utebatur Versione Græca LXX Translatorum. Verum ex posita significatione ac etymologia legendum ut in Hebraico, *Mabsan*, quia illud nomen constructum figuratur ex servili מ *Mem*, et verbo בשם, *basam* juxta quod significat, *de jucunditatibus*. MARTIAN. — Noster ms. cum vulgo editis *Mabram*, de qua corrupta lectione Martianæus disserit.

Madianites, qui jugent.
Manassé, décès ou nécessité.
Merari, amer, amertumes.
Melchiel, Dieu mon roi.
Machir, qui vend.
Melchisedech, roi juste.
Memphin, de leur bouche.

N

Naïd, mouvement, ou fluctuation.
Noemma, beauté, ou volupté, ou foi.
Noé, repos.
Nemrod, tyran, ou fugitif, ou transgresseur.
Ninévé, belle, ou germe de beauté.
Nephthuim, qui taillent, ou qui ouvrent.
Nachor, repos de la lumière, ou quand la lumière se repose, ou dernière supplication.
Nabeoth, prophétisant.
Nabdeel (*Abdeel*), servant Dieu, ou bien ours de Dieu.
Naphes, rafraîchissement, ou âme.
Nephthali, il m'a conservé, ou il m'a agrandi, ou certainement il m'a entrelacé.
Naeth, se reposant.
Neman, fidèle, ou leur mouvement.

O

Orech (ארך), longueur.
Ochozad, tenant.
Olibama, mon tabernacle en quelqu'un, ou hauteur du tabernacle.
Odollamites, prenant quelqu'un à témoin, ou témoignage dans l'eau.
Ophim (חפם), lits nuptiaux.

Nous avons jusqu'ici lu par O bref; désormais il est long au commencement du mot.

Ophir (אפיר), ou Uphir, } le mot qui s'écrit par Aleph, s'interprète par vain, ou stérile en herbes.
Ox, qui veut.

Madianæi, judicantes.
Manasse, obitus, vel necessitas.
Merari, amarus, vel amaritudines.
Melchiel, rex meus Deus.
Machir, vendens.
Melchisedec, rex justus.
Memphin, de ore eorum.

N

Naid, Apud LXX tantum, Gen. xlvi, 16, motus, sive fluctuatio.
Noemma, decor, sive voluptas, vel fides.
Noe, requies.
Nemrod, tyrannus, vel profugus, aut transgressor.
Nineve, pulchra, vel germen pulchritudinis.
Nephthuim, scalpentes, sive aperientes.
Nachor, requies luminis, vel requiescente luce, vel obsecratio novissima.
Nabeoth, prophetans.
Nabdeel (*Abdeel*), serviens Deo, vel ursus Dei.
Naphes, refrigerium, vel anima.
Nephthali, conservavit me, vel dilatavit me, vel certe implicuit me.
Naeth, requiescens.
Neman, fidelis, vel motus eorum.

O

Orech (ארך) *(a)*, longitudo.
Ochozad, tenens.
Olibama, tabernaculum meum in aliquo, vel tabernaculi altitudo.
Odollamites, contestans aliquem, vel testimonium in aqua.
Ophim (חפם), thalami.

Hucusque cum per O brevem litteram legerimus: exin per extensum pronuntiemus elementum.

Ophir (אפיר) *(b)*, sive Uphir, quod per Aleph litteram scribitur, interpretatur irritum, vel inherbosum.
Ox *(c)*, volentem.

(a) *Orech, longitudo*. Pro *Orech*, quod *longitudinem* significat, depravate in editis legitur *Obeth*, cujus nominis nullum exstat in Genesi vestigium. Est autem *Orech* civitas regni Nemrod in terra Sennaar, quæ in Vulgata *Arach* dicitur, ex Hebræi ארך. Septuaginta legunt Ὀρὲχ, Gen. x, 10. Idemque *Orech* hic scriptum legimus apud Hieronymum, qui in præsenti opere secutus est Græcam auctoritatem LXX Translatorum. Martian.

(a) *Ophir, sive Uphir*. In editis libris et aliquot mss. *sive Aphir*. Sed error manifestus est librariorum veterum, qui legentes, *quod per Aleph scribitur*, putarunt Hieronymum posuisse, *sive Aphir;* cum ex fide codicum mss. scripserit, *sive Uphir*. Aleph enim quiescit in hoc nomine אופיר, et *Vau* sequens initio nominis auditur, sive illud ו legatur o vel u; *Ophir*, vel *Uphir*. Martian. Etiam in ms. nostro *sive Aphir*, quemadmodum in aliis Martianæus invenit, et vulgati libri præferebant. Vid. quæ ipse editor Benedictinus annotavit.

(b) *Ox, volentem*. Multis diversisque modis nomen istud mutatur in Græcis ac Latinis exemplaribus, est enim, Hebræum עוץ, *Hus;* quod Septuaginta Interpretes legebant Ὢς, *Hos*, sive *Os*, Gen. xxxvi, 28. Ὀῦς, *Ous*, autem sive *Us*, Gen. xxii, 21. Nomen itaque *Os* Latini mutavere cum *Ox*, frequenter enim *x* pro *s* usurpatur ab antiquis librariis, ut in Jobi libro secundum LXX, *in regione Auxitidi*, pro *Ausitidi*. Septuaginta quoque cum elemento ξ nonnulla Hebræorum vocabula scripta retinent, ut Βαὸξ, *Bux*, ex Hebraico בוץ *Buz*. Unum est, quod nostris observationibus obsistere possit, significatio nempe vocis עוץ, Ὢς, *Os* sive *Ox*, quæ transfertur hoc loco in *volentem*, cum tamen significet *consiliatorem*, etiam apud Hieronymum infra verbo *Us*. Sed nisi me fallat opinio, posuerat Hieronymus Græcam vocem βουλευτὴν; sicut in nomine *Chanaan* vocabulum Græcum σάλος, et in *Agag*, δῶμα, etc., quod minime intellectum ab imperitis librariis, pro βουλευτὴν, posuerunt *volentem*. Judith. viii, 1, apud LXX, Ὢξ, pro *Idex*. Martian.

Omar, peuple, ou amer.
Onan, leur chagrin.

ר

Ripheth, voyant une bouchée, ou voyant les biens.
Rhodiens, en hébreu Rodim ou Rodanim (רדנים) et Dodanim (דדנים). Ce mot se traduit par descendants, ou oncle paternel qui juge, ou vision du jugement.
Raama (*Rhegma*), des tonnerres, ou élevée.
Rhooboth, penchant, ou places.
Ragau, malade, ou qui paît.
Raphaïm, géants.
Rebecca, grande patience, ou elle reçut beaucoup, ou patience.
Remma ou Ruma (ראומה), } qui voit quelque chose, ou élevée.
Rachel, brebis, ou voyant le commencement, ou vision du crime, ou voyant Dieu. La diversité seule des accents et de l'orthographe peut faire qu'un même mot ait des interprétations aussi opposées.
Ruben, fils qui voit, ou voyant au milieu.
Raguel, pasteur de Dieu, ou Dieu est sa nourriture.
Ros, tête.
Ramessé (רעמסס), pâture, ou petit ver, ou malice inspirée par le ver.

ש

Nous avons dit au début, au sujet des voyelles, que parfois nous n'avons qu'un seul caractère pour représenter ce que les Hébreux distinguaient par des sons divers; cette observation s'applique aussi à la lettre S. Il y a trois S chez les Hébreux : le Samech (סמך), ס, qui se prononce simplement, comme s'il s'agissait de notre lettre S elle-même; le Sin (שין), ש, qui a un certain sifflement étranger à notre prononciation; enfin le *Sadé* (צדי), צ, dont nos oreilles ont la plus profonde horreur. Ainsi, lorsqu'on rencontre le même mot interprété de différentes manières, c'est qu'il a plusieurs orthographes en hébreu. Et les observations que nous faisons à cet égard pour la Genèse, s'appliquent également à tous les autres Livres saints.
Sela, son ombre.
Seht, position, ou posé, ou coupe, ou gazon, ou semence, ou résurrection.
Sem, nom, ou nommé.
Saba (שבא), captif ou captivité, ou certainement qui tourne.

Omar, populus, vel amarus.
Onan, mœror eorum.

ר

Ripheth, videns buccellam, sive videns bona.
Rhodii, quod Hebraice dicitur RODIM vel Rodanim רדנים *In Hebr.* Dodanim דדנים, interpretantur descendentes, aut patruus judicans, vel visio judicii.
Raama *(Rhegma)*, tonitruum, vel excelsa.
Rhooboth, inclinatio, vel plateæ.
Ragau, ægrotans, vel pascens.
Raphaim, gigantes.
Rebecca, multa patientia, vel multum accepit, sive patientia.
Remma, vel Ruma ראומה, videns aliquid, vel excelsa.
Rachel *(a)*, ovis, vel videns principium, aut visio sceleris, sive videns Deum. Hoc autem secundum accentuum et litterarum evenit diversitatem, ut tam in contrarias significationes nomina commutentur.
Ruben, videns filius, vel videns in medio.
Raguel, pastor Dei, vel pabulum ejus Deus.
Ros, caput.
Ramesse (רעמסס), pabulum, vel tinea, sive malitia de tinea.

ש

Quod in principio dixeramus in vocalibus litteris observandum : eo quod apud nos interdum una sit littera, et apud Hebræos variis vocibus proferatur : hoc nunc quoque in S littera sciendum est. Siquidem apud Hebræos tres sunt S litteræ : una quæ dicitur SAMECH (סמך), ס, et simpliciter legitur, quasi per S nostram litteram describatur ; alia SIN (שין), ש, in qua stridor quidam non nostri sermonis interstrepit ; tertia SADE (צדי), צ, quam nostræ aures penitus reformidant. Sicubi ergo evenerit, ut eadem nomina aliter atque aliter interpretentur, illud in causa est, quod diversis scripta sunt litteris. Hoc autem quod in Genesi diximus, in omnibus libris similiter observandum.
Sela, umbra ejus.
Seht, positio, vel positus, aut poculum, sive gramen, aut semen, seu resurrectio.
Sem, nomen, vel nominatus.
Saba (שבא), captus sive captivitas, vel certe convertens

(b) *Rachel, ovis, etc. Rachel* significat *ovem*, cum Hebraice media littera est *kheth*, רחל, *Rakhel*, sive *Rachel*. Si autem figuratum fuerit ex ראה, *raa*, et אל, *el*, sonat *videntem Deum*. Rursus ex ראה, *raa*, חלל, *khalal*, sive *Chalal*, *videntem principium*. Denique figuratum ex ראי, *rai*, et רע, *ra* cum Ain, *visionem ac scelus* significat, sive *visionem sceleris*. Hanc igitur litterarum diversitatem intelligit S. Hieronymus, ut et accentuum in vocibus רא, רח et רע, id est, in *ra* cum Aleph, vel in *ra* cum Heth, aut in *ra* cum Ain. MARTIAN.

Sabatha, tournant en rond, allant autour.
Sabathacha, tournant autour de toi, action de l'entourer, ou ta demeure.
Sennaar, ébranlement des dents, ou leur mauvaise odeur.
Sidona (צידן), chasse du chagrin.
Samaréen, ma laine, ou mon union, et mieux gardien.
Sodome, troupeau qui se tait, ou cécité, ou leur ressemblance.
Seboïm, des chèvres, ou des daims, ou la mer est son lieu de repos, ou arrêt de la mer.
Sala (שלח), envoyée.
Sophéra (שפרה), narration, ou livre.
Serug, courroie, ou achevé.
Saraï, ma princesse.
Sichem, épaules, ou travail.
Soor, petite, ou de midi.
Sennaab, père de la dent, ou mauvaise odeur du père.
Sémébad, nom de perdition, ou la perdition est là.
Ségor (צער). C'est la même que Soor. Mais remarquons qu'il n'y a pas de G au milieu, et que ce mot s'écrit en hébreu par *Aïn*.
Sau (שוה), ou Savé, } dignement, ou élévation.
Séïr, velu, ou hérissé.
Sara (שרה), princesse.
Sur, mur, ou direct, ou contenant.
Saba (צבא), conversion, ou filet.
Sué, parlant, ou cantilène.
Siméon, action d'exaucer, ou nom de l'habitation.
Salem, paix, ou rendant.
Sichimorum (שכם), épaules. C'est la même ville que Sichem; mais le latin et le grec changent la consonnance du mot.
Sebeon, l'iniquité se tenant debout.
Sophar, son contemplateur, ou trompette.
Samma, perdition.
Sobal, vaine vétusté, ou leviers pour porter.
Saphon et Sephion, contemplateur.
Salama, vêtement, ou pacifique.
Saül, désiré.
Sava (שוח), éloquence, ou clameur.
Séla (שלח), comme à lui, ou action de le renvoyer, ou de le demander.
Somthoupanech, c'est une locution corrompue; nous lisons dans l'hébreu *Saphneth* (צפנת) *phanéé* (פענח), ce qui se traduit par qui trouve les choses cachées. Or, les Egyptiens nous ont appris que dans leur langue ce mot veut dire sauveur du monde.

Sabatha, gyrans, sive circumiens.
Sabathacha, circumiens te, sive circumsessio tua, vel sedes tua.
Sennaar, excussio dentium, sive fetor eorum.
Sidona (צידן), venatio mœroris.
Samaræum, lanam meam, sive conjunctum meum, sed melius custos.
Sodoma, (*al.* Sodomorum), pecus silens, vel cæcitas, vel similitudo eorum.
Seboim, caprearum, vel damularum, sive statio ejus mare, aut statio maris.
Sala (שלח), missa.
Sophera (צפנת), narratio, sive liber.
Serug, corrigia, sive perfectus.
Sarai, princeps mea.
Sichem, humeri, vel labor.
Soor, parva, vel meridiana.
Sennaab, dentis pater, sive fetor patris.
Semebad, nomen perditionis, sive ibi perditio.
Segor (צער), parva : ipsa est quæ et supra Soor. Sed sciendum, quia G litteram in medio non habeat, scribaturque apud Hebræos per vocalem AIN.
Sau (שוה), sive Save, digne, vel elevatio.
Seir, pilosus, vel hispidus.
Sara (שרה), princeps.
Sur, murus, vel directus, aut continens.
Saba (צבא), conversio, sive rete.
Sue, loquens, sive cantilena.
Simeon, exauditio, vel nomen habitaculi.
Salem, pax, vel reddens.
Sichimorum (שכם), humeri : ipsa est quæ et Sichem. Sed in Latinum et Græcum sonum vertitur.
Sebeon, stante iniquitate.
Sophar, speculator ejus, vel buccina.
Samma, perditio.
Sobal, vana vetustas, vel vectes, ad portandum.
Saphon (Sephion), speculator.
Salama, vestimentum, vel pacifica.
Saul, expetitus.
Sava (שוח), eloquentia, vel clamor.
Sela (שלח), ut ei, vel dimissio ejus, aut petitio.
Somthomphanech (*a*), corrupte dicitur; nam in Hebræo legimus; *saphneth* (צפנת), *phanee* (פענח), quod interpretatur, absconditorum repertor. Porro ab Ægyptiis didicimus, quod in lingua eorum resonet (*b*), salvator mundi.

(*a*) Præstantis. cod. Mareschalli *Somthofanee corrupte dicitur ; nam in Hebræo legimus Saphineth fane, quod interpretatur*, etc.

(*b*) *Salvator mundi*. Qui linguæ Cophtæ, seu antiquæ Ægyptiacæ student, consentiunt cum Hieronymo ; docent enim lingua Cophtarum *Salvatorem sæculi* seu *mundi* appellari *fsotem pane*, pro quo LXX corrupte legunt Ψονθομφανήχ, *psonthomphanech*. De hoc nomine Joseph imposito a Pharaone plura dicentur in Quæstionibus Hebraicis in Genesim. MARTIAN.

Semron, voyant le nom, ou gardien.
Sarad, afin qu'il descendit.
Sephion, le visage de la tristesse s'en est allé.
Soni, ma prunelle, ou mon second.
Saré (שרה), malitieux, ou qui siffle.
Syria (ארם), élevée, ou mouillé.
Staulam, enraciné.

T

Tabéé, tuant.
Tachos (תחש), qui se tait.
Talam, rosée.

Jusqu'ici T a eu le son simple; il faut le prononcer désormais avec aspiration.

Thobel ou Thobal, conduit au deuil, ou tourné, ou toutes choses.
Thiras, qui craint, ou qui revient, ou superflu.
Thogorma, séjour quelconque en un lieu, ou interprète.
Tharsis, chercheurs de l'allégresse, ou joie.
Thara, chercheurs de l'odeur, ou recherche de l'ascension, ou action de faire paitre.
Thargal et Thadal, connaissant le joug, ou explorateur.
Thamar, palme, ou amertume, ou changement.
Theman, auster, ou vent d'Afrique.
Themana, défendant, ou marquant.
Thamath (תמנחה), partie complète, ou consommation donnée.

Tholaé (תולע), vermisseau, ou vêtement d'écarlate.
Thesbon (*Esebon*), prompt à comprendre.

U

Us (אוץ), conseiller.
Ul (הול), qui se plaint, ou qui enfante.
Usam (השם), leur promptitude.

Z

Zemram, leur enchantement, montrant le temps.
Zelphan (זלפה), bouche qui marche, ou qui coule.
Zabulon, leur habitation, ou son serment, ou demeure de la force, ou cours de la nuit.
Zara, orient, ou origine.
Zavan, mouvement, ou leur fluctuation.
Zozommin, préparés pour le combat, ou quelle est cette eau?

DE L'EXODE.

A

Aaron, montagne de la force, ou montagne forte.
Aser (אשר), heureux.
Abeberim (העברים), des Hébreux ou des passants.
Afférézéens (הפרזי), séparés, ou sans mur.
Aneim, vaine humilité, ou vainement humbles, ou humbles qui s'élèvent, ou réponse vaine, ou collier.

Semron, nomen videns, aut custos.
Sarad, ut descenderet.
Sephion, egressum est os tristitiæ.
Soni, pupilla mea, vel secundus meus.
Sare (שרה), malitiosus, vel sibilans.
Syria (ארם), sublimis, sive humecta.
Staulam, radicatus.

T

Tabee, occidens, id est, interficiens.
Tachos (תחש), silens.
Talam, ros.

Hucusque per litteram T simplicem legerimus, nunc aspiratione addita, legendum est.

Thobel, sive Thubal, ductus ad luctum, vel conversus, aut universa.
Thiras, timens, sive rediens, aut superfluum.
Thogorma, incolatus quispiam, aut interpres.
Tharsis, exploratores lætitiæ, sive gaudium.
Thara, exploratores odoris, sive exploratio ascensionis, vel pastio.
Thargal (Thadal), sciens jugum, vel explorator.
Thamar, palma, sive amaritudo, vel commutans.
Theman, auster, vel Africus.
Thamna, vetans, vel deficiens.
Thamath (תמנחה), perfecta pars, sive consummatio data.

Tholae (תילע), vermiculus, vel coccinum.
Thesbon (Esebon), festinus ad intelligendum.

U

Us (אוץ), consiliator.
Ul (הול), dolens, sive parturiens.
Usam (השם), festinus eorum

Z

Zemram, cantio eorum, vel tempus ostendens.
Zelphan (זלפה), ambulans os : ab ore, non ab osse, vel fluens os.
Zabulon, habitaculum eorum, vel jusjurandum ejus, aut habitaculum fortitudinis, vel fluxus noctis.
Zara, oriens, vel ortus.
Zavan, motus, vel fluctuatio eorum.
Zozommin, præparati in acie : vel quæ est hæc aqua?

DE EXODO

A

Aaron, mons fortitudinis, sive mons fortis.
Aser (אשר), beatus.
Abeberim (העברים), Hebræorum, vel transeuntium.
Afferezei (הפרזי), separati, sive absque muro.
Aneim, humilitas vana, sive humiles vanæ, vel humiles consurgentes, aut responsio vana, aut monile colli.

Aod (אהד), glorieux.
Amram, peuple élevé.
Aminadab, mon peuple de son plein gré.
Abiu, il est mon père, ou le père lui-même.
Asir (אשיר), lié.
Abiasaph, collection de mon père.
Amalec, peuple sauterelle, ou peuple qui lèche.
Abiud (אביהיא), force du père, ou leur père.
Acchérubim (הכרבים), connais et comprends, ou quantité de la science.
Achisameth, fortifiant mon frère.

B

Bésélécl, dans l'ombre de Dieu.
Béelséphon, ayant un sommet.

C

Caath, patience, ou dents molaires, ou polissant, ou disposant.
Cadès, sainte.
Chananéens, marchands, ou ce pauvre malheureux, ou prêts d'avance, ou humilité.
Charmi, ma vigne, ou connaissance de l'eau.
Chérubim, quantité de la science, ou science et intelligence.

D

Dan, jugement, ou qui juge.

E

Hébreux, passants.
Ebrioth, passage.
Etthi (התי), ils craignirent, ou ils furent frappés de stupeur.
Emori (אמירי), mère ma lumière.
Evi (חוי), lugubres, ou féroces.
Enoch, il dédia.
Emorréen, parlant, ou causant de l'amertume.
Esrom, voyant la flèche, ou vestibule de la tristesse, ou fort.
Ebron, participation à la tristesse, ou à la force, ou accroissement éternel.
Eléazar, Dieu mon secours, ou secours de Dieu.
Edom, roux.

Jusqu'ici nous avons lu E bref; désormais il est long.

Elisaphan, observatoire de mon Dieu, ou mon Dieu qui cache.
Elisabeth, satiété de mon Dieu, ou serment de mon Dieu, ou le septième de mon Dieu.
Eleana, possession de Dieu.
Etham, accompli, ou entreprenant une navigation.
Elim, bélier.
Epha, mesure.

Aod (אהד), gloriosus.
Amram, populus excelsus.
Aminadab, populus meus spontaneus.
Abiu, pater meus est, sive pater ipse.
Asir (אשיר), vinctus.
Abiasaph, patris mei collectio.
Amalec, populus bruchus, sive populus lingens.
Abiud (אביהוא), patris robur, sive pater eorum.
Accherubim (הכרבים), cognosce et intellige, sive scientiæ multitudo.
Achisamech, fratrem meum roborans.

B

Beseleel, in umbra Dei.
Beelsephon, habens speculam.

C

Caath, patientia, vel molares dentes, sive dolans, aut componens.
Cades, sancta.
Chananæi, negotiatores, sive hic pauperculus, aut præparati, vel humilitas.
Charmi (a), vinea mea, vel agnitio aquæ.
Cherubim, scientiæ multitudo, aut scientia, et intellectus.

D

Dan, judicium, sive judicans.

E

Ebræorum, transeuntium.
Ebrioth, transitus.
Etthi (התי), timuerunt, sive obstupuerunt.
Emori (אמירי), mater lux mea.
Evi (חוי), ferales, vel feroces.
Enoch, dedicavit.
Emorræum, loquentem, sive amaricantem.
Esrom, sagittam videns, sive atrium tristitiæ, vel fortis.
Ebron, participatio tristitiæ, sive fortitudinis, vel augmentum sempiternum.
Eleazar, Deus meus adjutor, sive Dei adjutorium.
Edom, rufus.

Hucusque per E, brevem litteram legerimus, exin per extensum legamus elementum.

Elisaphan, Dei mei specula, vel Deus meus abscondens.
Elisabeth, Dei mei saturitas, vel Dei mei juramentum, aut Dei mei septimus.
Eleana, Dei possessio.
Etham, consummatus, sive suscipiens navigationem.
Elim, aries.
Epha, mensura.

(a) *Charmi, vinea mea.* Nomen כרמו, *Charmi*, ex נכר, *noscere* formatum, supra in libro Genesis littera C. interpretatum est in antea editis libris, *cognatio mea*; verum ex præsenti loco ostenditur legendum esse, *cognitio mea*, non *cognatio mea*; quia hic nomen *Charmi* etiam in editis vertitur, *agnitio aquæ*. MARTIAN.

Eliézer, Dieu mon secours.
Eliab, Dieu mon père.

F

Farao, dissipateur, ou il le mit à découvert.
Fithom, ouverture de l'abîme, ou subitement.
Foa (פוּעָה), ici, ou j'apparaîtrai, et mieux, rouge.
Fallu, misérable.
Fotiel, Dieu s'inclinant ici, ou Dieu s'inclinant, ou inclination de la force de Dieu.
Finées, ménageant la bouche, ou il se reposa de la bouche, ou présage de la bouche.
Felistim, deux tombèrent.
Fasée, action de passer outre, ou d'escalader.

G

Gad, tentation, ou ceint, ou petit larron.
Gersam, étranger en ce lieu.
Gersoni, leur bannissement, ou étranger en ce lieu, ou étrangère à la prunelle.
Gadiel, Dieu est ma ceinture.
Gadi, bouc, ou ma tentation.
Gamaliel, Dieu m'a rendu.
Goel, proche, ou qui rachète.
Galaad, monceau témoin. Ce mot est l'objet d'une explication plus complète dans le livre des *Questions hébraïques*.
Goni, jardin, ou mon arrogance.
Gabaa, hauteur.
Gomor, mesure athénienne, de trois chénices.

I

Israel, voir Dieu, homme ou âme qui voit Dieu. Il est traité plus longuement dans le livre des *Questions hébraïques*.
Jéthro, qui déborde de celui-ci.
Jébusi, chaussé, ou ma crèche.
Jamuel, Dieu est son jour.
Jamin, la droite.
Jachin, préparant.
Jessaar, midi, ou de midi, ou mon onction, ou par métaphore, huile.
Jochabed, où est la gloire, ou il est imposant, ou gloire du Seigneur.
Ithamar, où il est amer, où est la palme, il est amer, palmier de l'île.

Eliezer, Deus meus adjutor.
Eliab, Deus meus pater.

F

Farao, dissipator, sive discooperuit eum.
Fithom, os abyssi, vel subito.
Foa (פוּעָה), hic, adverbium loci, sive apparebo, sed melius, rubrum.
Fallu, mirabilis.
Fotiel, hic declinans Deus, loci adverbium, non pronomen, vel declinans Deus, sive oris declinatio Dei.
Finees, ori parcens, vel ore requievit, aut oris augurium.
Felistim, ceciderunt duo.
Fasee, transgressus, sive transcensio.

G

Gad, tentatio, sive accinctus, vel latrunculus.
Gersam, advena ibi.
Gersoni, ejectio eorum, sive advena ibi, aut advena pupillæ.
Gadiel, accinctio mea Deus.
Gadi, hœdus, sive tentatio mea.
Gamaliel, reddidit mihi Deus.
Goel, propinquus, sive redimens.
Galaad, acervus testis. Super hoc in libris Hebraicarum Quæstionum plenius diximus.
Goni, horti, sive arrogantia mea.
Gabaa, sublimitas.
Gomor, mensura Atticorum, chœnicum trium.

I

Israel (*a*), est videre Deum, sive vir, aut mens videns Deum. Et de hoc in libris Hebraicarum Quæstionum plenius diximus.
Jethro, superfluus hujus.
Jebusi, calceatus, sive præsepe meum.
Jamuel, dies ejus Deus.
Jamin, dextera.
Jachin, præparans.
Jessaar, est meridies, sive meridianus, aut unctio mea, vel μεταφορικῶς, oleum.
Jochabed, ubi est gloria, sive est gravis, aut Domini gloria.
Ithamar, ubi amarus, vel ubi palma, vel est amarus, sive insulæ palma.

(*a*) *Israel, est videre Deum.* Interpretationem istam nominis *Israel* nequaquam probat Hieronymus; etsi consuetudinem veterum Scriptorum secutus eam in hoc libro mutare noluerit. De nomine vero Israel ita disserit libro Quæstionum Hebraicarum in Genesim : *Illud autem, quod in libro Nominum interpretatur*, Israel, vir videns Deum, *omnium pene sermone detritum, non tam vere, quam violenter mihi interpretatum videtur. Hic enim Israel per has litteras scribitur*, IOD, SIN, RES, ALEPH, LAMED, *quod interpretatur*, princeps Dei, *sive* directus Dei, *hoc est*, εὐθύτατος Θεοῦ. *Vir vero* videns Deum, *his litteris scribitur*, ALEPH, IOD, SIN, *ut vir ex tribus litteris scribatur, et dicatur* IS : *videns vero ex tribus*, RES, ALEPH, HE, *et dicatur* RA. *Porro* EL *ex duabus*, ALEPH, *et* LAMED, *et interpretatur*, Deus, *sive* fortis. *Quamvis igitur grandis auctoritatis sint, et eloquentiæ ipsorum umbra nos opprimat, qui* Israel, virum videntem Deum *transtulerunt : nos magis Scripturæ et Angeli, vel Dei, qui ipsum* Israel *vocavit, auctoritatis ducimur, quam cujuslibet eloquentiæ sæcularis.* Hinc videat Lector, quam imprudenter a quibusdam sciolis Hieronymus reprehendatur tamquam linguæ Hebraicæ imperitus, quod in libris Nominum Hebraicorum et Locorum ineptas ac violentas etymologias reposuerit ; neque vero in hujusmodi interpretationibus suam profert sententiam, sed aliorum longe dissimilium ponit opiniones. MARTIAN.

Jésus (יהושע), sauveur.
In (הין), mesure pour les liquides.

L

Levi, ajouté.
Labeni, à mon fils, ou je suis le cœur, ou blancheur éclatante.

M

Mesraim, leurs ennemis, ou Egypte.
Moyse, qui manie, qui tâte, ou pris de dans l'eau, ou assomption.
Madian, au sujet du jugement.
Merari, amère, ou amertumes.
Mooli, à cause de l'infirmité, ou mon chœur, ou dès le commencement.
Musi, celui qui me touche, qui me tâte.
Misael, attouchement de Dieu, ou, qui interrogera ?
Magdola (מגדל), qui est grand ? ou tour.
Moab, au sujet du père.
Mariam, celle qui m'éclaire, celle qui les éclaire, ou cantique de la mer, ou étoile de la mer.
Merra (מירה), amertume.
Marath (מירתה), amère.
Man, quoi ?

N

Nephthali, largeur.
Nephec (נפך), braise, charbon, ou séduction.
Néesson, rendant des augures, ou augure fort.
Nadab, volontaire.
Navé (נון), semence, germe, ou beauté.

O

Oziel, Dieu est ma force.
Omer (*Gomor*), qui ride, ou poignée.
Oliab, père ma protection.
Oéphi (איפה), mesure de trois boisseaux.

O est long dans les quatre noms qui suivent.

Oreb (חורב), ardeur, sécheresse, ou corbeau, ou solitude.
Ori, ma lumière.
On, travail, ou douleur.
Or, colère.

R

Ruben, voyant le fils, ou voyez le fils.
Ramessès, sa voix éclata de joie, ou malice à cause du ver.
Raguel, pâturage de Dieu, ou Dieu son ami.
Raphidim, mains ouvertes, ou bon sens du jugement, ou vision de la force suffisante pour eux.

S

Siméon, il entendit la tristesse, ou nom de la demeure.

Jesus (יהושע), salvator.
In (הין), mensura liquentis materiæ.

L

Levi, additus.
Labeni, filio meo, vel cor ego, aut candor.

M

Mesraim, hostes eorum, vel Ægyptus.
Moses, attrectans, vel palpans, aut sumptus ex aqua, sive assumptio.
Madian, de judicio.
Merari, amara, sive amaritudines.
Mooli, de infirmitate, sive chorus meus, aut ab initio.
Musi, attrectator, sive palpator meus.
Misael, tactus Dei, sive, quis interrogavit ?
Magdola (מגדל), quis grandis ? vel turris.
Moab, de patre.
Mariam (a), illuminatrix mea, vel illuminans eos, aut smyrna maris, vel stella maris.
Merra (מרה), amaritudo.
Marath (מרתה), amara.
Man, quid ?

N

Nephthali, latitudo.
Nephec, (נפך), pruna, vel carbo, sive seductio.
Neesson, augurans, vel augur fortis.
Nadab, spontaneus.
Nave (נון), semen germen, vel pulchritudo.

O

Oziel, fortitudo mea Deus.
Omer (*Gomor*), crispans, sive manipulus.
Oliab, protectio mea pater.
Oephi (איפה), trium modiorum mensura.

Nomina quatuor, quæ sequuntur, per extensam legenda sunt litteram.

Oreb (חורב), ardor, sive siccitas, aut corvus, vel solitudo.
Ori, lux mea.
On, labor, vel dolor.
Or, iracundia.

R

Ruben, videns filium, vel videte filium.
Ramesses, intonuit lætus, sive malitia de tinea.
Raguel, pastio Dei, sive amicus ejus Deus.
Raphidim, laxæ manus, vel sanitas judicii, aut visio oris sufficiens eis.

S

Simeon, audivit tristitiam, vel nomen habitaculi.

(a) *Mariam, illuminatrix mea*, etc. Imperfectum est nomen istud in antea editis libris, ubi legimus *Maria* : addendum namque est *m* in fine, sine quo *Maria* non potest habere significationem *maris*, vel pronominis *eos*, ut sciunt Hebraicæ linguæ periti. MARTIAN.

Séphra, il adhéra, ou qui plait.
Séphora, son oiseau, ou sa beauté, ou qui plait.
Sor, de midi.
Suriel (*Soar*), Dieu réprimant, ou Dieu fort.
Salu, tentation rétrospective.
Saül, souhaité, ou qui abuse.
Séméi, entends, ou mon action d'entendre.
Séthri, celui qui me chasse, ou action de me cacher.
Séchoth, les tabernacles.
Sur, mur, ou robuste, ou angoisse.
Sin, amphore, ou tentation, ou buisson.
Sinaï, mon amphore, ou ma mesure, ou ordre.
Sabbat, repos.
Settim, des épines.

Thémana, auster.
Thélamé, rigoles des eaux, ou amas des eaux.
Tholé, vermisseau, ou vêtement d'écarlate.
Thécth, au-dessous de.

U

Ur (חור), feu, ou lumière.

Z

Zébulon, demeure de la force.
Zéchri, ma mémoire.

DU LÉVITIQUE.

Melcho (*Moloch*), au roi.
Salumith, rétribution, ou pacifique.
Fath, climat, c'est-à-dire zône, comme lorsque nous disons la zône polaire, la zône torride.

DU LIVRE DES NOMBRES.

A

Ammiod, mon peuple glorieux.
Abidan, mon père est mon juge.
Aggelaoni (*Gedeoni*), il annonce mon iniquité.
Ahiézer, mon frère est mon secours.
Ammisédaï, mon peuple suffisant.
Achran, Ochran et Acharan, } il les troubla.
Ahiréé, ami de mon frère.
Anan, nuages.
Abia, celui-là est mon père, ou abondance de mon père.
Aseroth, vestibule de l'angoisse, ou béatitudes.
Ammiel, mon peuple de Dieu.
Amath (*Emath*), indignation, outre.
Achiman, qui est mon frère?
Anacim (*Enac*), ornement pour un cou de noble race.
Aetthi (חתתי), frappant de stupeur ou de terreur.
Abiram (*Abiron*), mon père élevé.

Sephra, adhæsit, vel placens.
Sephora, avis ejus, vel pulchritudo ejus, sive placens.
Sor, meridianus.
Suriel (*Soar*), coangustans Deus, vel robustus Deus.
Salu, tentatio respiciens.
Saul, expetitus, sive abutens.
Semei, audi, vel auditio mea.
Sethri, exactor meus, vel absconsio mea.
Sechoth, tabernacula.
Sur, murus, aut robustus, sive angustia.
Sin, amphora, vel tentatio, sive rubus.
Sinai, amphora mea, sive mensura mea, vel mandatum.
Sabbatha, requies.
Settim, spinarum.

T

Themana (Leguntur in Exodo Hebraice tantum), auster.
Thelame, rivi aquarum, vel agger aquarum.
Tholæ, vermiculus, aut coccinum.
Theeth, subter.

U

Ur (חור), ignis, aut lumen.

Z

Zebulon, habitaculum fortitudinis.
Zechri, memoria mea.

DE LEVITICO

Melcho (*Moloch*), regi.
Salumith, retributio, vel pacifica.
Fath, κλίμα, id est, plaga : verbi gratia cum dicimus, septentrionalis plaga, vel meridiana.

DE NUMERORUM LIBRO

A

Ammiod, populus meus inclytus.
Abidan, pater meus judex.
Aggelaoni (*Gedeoni*), annuntiat iniquitatem meam.
Abiezer, frater meus adjutor.
Ammisedai, populus meus sufficiens.
Achram, Ochran, *al.* Acharan, turbavit eos.
Ahiree, fratris mei amicus.
Anan, nubes.
Abia, pater meus iste, vel patris mei abundantia.
Aseroth, atrium angustiæ, sive beatitudines.
Ammiel, populus meus Dei.
Amath (*Emath*), indignatio, vel uter.
Achiman, frater meus quis?
Anacim (*Enac*), monile collo sublimi.
Aetthi (חתתי), obstupefaciens, sive perterrens.
Abiram (*Abiron*), pater meus excelsus.

Aunan (*Onan*), il n'existe pas, ou inutile.
Arrad, en descendant il réveilla, ou il poussa à descendre.
Atharim, des explorateurs.
Aei, c'est ce que les Grecs appellent *lithologie*.
Aranon, tas de la tristesse, ou louange.
Ar, il réveilla, ou veille.
Ammon (עמון), peuple de chagrin.
Agag, dôme, c'est-à-dire toit.
Assur, béatitude, ou marche.
Aggi, réjouissance, ou solennel.
Arodi, malédiction suffisante, ou maudit.
Arieli, mon Dieu est un lion.
Ammon (חמון), il épargna.
Asaréel (*Asriel*), Dieu heureux.
Aphar (*Hepher*), il fouille, ou sol.
Agla (*Hegla*), cette solennité, ou veau.
Ahiram, élévation de mon frère.
Arad, je suis descendu.
Aber (*Heber*), il engagea, ou il commença le combat, ou prenant part à.
Araboth, bas, plat et champêtre.
Abarim, pendant le passage. C'est dit en grec d'une manière beaucoup plus expressive par le mot πέραν.
Ataroth, couronnes.
Aroer, soulevant, ou action de rendre vide, ou vigilant, ou Tamarins.
Ahiroth (*Phihahiroth*), ciselé.
Alas (*Alus*), mets en fermentation, ou mêle avec, ce que les Grecs expriment par φύρασον.
Arada, il fut saisi d'étonnement, il admira.
Asmona (חשמרן), qui se hâte, qui s'empresse, ou compter.
Aggedgad (*Gadgad*), annonce, ou ceint, ou petit larron.
Achiam, ombrage, ou lieux escarpés.
Alamon, sur la multitude, ou dédain.
Abelsettim, deuil des plages ou des rives.
Acrabbim, scorpions, ou décemment.
Adar, élevé, ou manteau.
Asémona (עצמנה), son ossature.
Asmo (חדשו), son dernier temps.
Arebla (*Rebla*), celle qui tend des pièges.
Ain, fontaine.
Azan (*Ozan*), leur force.
Achidod, la gloire de mon frère.

B

Benjamin, fils de la droite.
Bamoth, dans la mort, ou lieux élevés.
Basan (בשן), lourd, ou graisse. Car c'est *busa* (בושה), qui se traduit par ignominie ou confusion.
Balac, léchant, ou brisant, ou enveloppant.

Aunan (*Onan*), non est, vel inutile.
Arrad, suscitavit descendens, vel suscitavit descensionem.
Atharim (*Apud* LXX xxi, 1), exploratorum.
Aei, quam Græci λιθολογίαν vocant.
Aranon, acervus tristitiæ, sive laus.
Ar, suscitavit, vel vigilia.
Ammon (עמון), populus mœroris.
Agag, δῶμα, id est, tectum.
Assur, beatitudo, sive gressus.
Aggi, festivitas, sive solemnis.
Arodi, maledictio sufficiens, sive maledictus.
Arieli, leo Deus meus.
Ammon (חמון), pepercit.
Asareel (*Asriel*), beatus Deus.
Aphar (*Hepher*), fodit, sive humus.
Agla (*Hegla*), solemnitas ista, sive vitulus.
Ahiram, fratris mei sublimitas.
Arad, descendi.
Aber (*Heber*), commisit, vel certamen iniit, aut particeps.
Araboth, *Apud* LXX, xxvi, 3, humilem, planam, atque campestrem.
Abarim, in transitu : quod significantius Græce dicitur πέραν.
Ataroth, coronæ.
Aroer, sublevans, vel vacuefactio, vigilis, aut myricæ.
Ahiroth (*Phihahiroth*), scalptum.
Alas (*Alus*), fermenta, sive commisce, quod Græce dicitur φύρασον.
Arada, obstupuit, admiratus est.
Asmona (חשמרן), festinus, sive festinans, aut numera.
Aggedgad (*Gadgad*), annuntia, sive accinctus, vel latrunculus.
Achiam, umbraculum, sive prærupta.
Alamon, super multitudinem, aut despectio.
Abelsettim, luctus littorum, vel riparum.
Acrabbim, *Apud* LXX, xxxiv, 4, scorpiones, vel decenter.
Adar, sublimis, vel pallium.
Asemona (עצמנה), os ejus, ab osse, non ab ore.
Asmo (חדשו), novissimum ejus.
Arebla (*Rebla*), insidiatrix.
Ain, fons.
Azan (*Ozan*), fortitudo eorum.
Achidod, fratris mei gloria.

B

Benjamin, filius dexteræ.
Bamoth, in morte, sive excelsa.
Basan (בשן), brucus, sive pinguedo. Nam quod interpretari solet ignominia, vel confusio, *busa* (בושה) dicitur.
Balac, lingens, vel elidens, aut involvens.

Balaam, peuple vain, ou qui les précipite, ou sans le peuple.
Beor, dans la peau.
Baal, qui a, ou homme.
Balfeor, ayant une bouche flatteuse.
Bacher, sur le bât, ou l'agneau est entré.
Balé, il précipita, ou il absorda.
Baria (*Bric*), dans ses maux, ou dans son changement.
Béelséphon, qui a l'aquilon, ou un observatoire.
Baon, dans l'iniquité.
Barnéé, émotion exquise.
Béthanamra, demeure des léopards (ailleurs : des bardes), ou demeure de l'amertume.
Béelséphon, ascension au belvédère.
Bétharan, demeure de l'arche, ou ascension des montagnes, ou élévation des humbles.
Baalméon, ayant une demeure.
Bénacan (*Bénéjacan*), fils de la nécessité.
Bacci, deuil, ou dans le vomissement, ou vieux.

C

Cadès, changé, ou saint.
Céni, mon trésorier, ou mon nid, ou possession.
Citus (*Cethim*), à ceux qui sont frappés de stupeur, ou qui admirent.
Canath, émulation, ou jalousie.
Calaatha, assemblée des fidèles, ou voix.
Cadesbarnéé, changement choisi, ou changeant.
Cariathaïm, leur maison de campagne, ou leur forteresse.
Coré, calvitie.
Camuel, résurrection de Dieu, ou Dieu se tiendra debout.

Jusqu'ici les mots ont dû être lus avec la prononciation du C simple ; désormais, commencez les mots par C aspiré.

Chanaan, il est revenu, ou comme s'ils répondaient, ou comme s'ils remuaient.
Chaleb, comme le cœur, ou tout le cœur, ou chien.
Chamos, ridé avec, ou comme un attachement.
Chazbi (כזבי), calice en moi, ou immole-moi.
Chennéroth, signal des harpes, ou comme des lampes.
Chaslon, tristesse coupable, ou protection.
Chérubin, comme plusieurs, ou peinture rongée des vers, ou quantité de la science.

D

Deuel, qu'ils connaissent Dieu.
Dathan, leur offrande, ou offrande suffisante.
Dibon, suffisant pour l'intelligence, ou très-intelligent.
Debongad, comprenant suffisamment la tentation.

Balaam, vanus populus, sive præcipitans eos, vel sine populo.
Beor, in pelle.
Baal, habens, sive vir.
Balfeor, habens os pelliceum.
Bacher, in sagmate, vel ingressus est agnus.
Bale, præcipitavit, sive absorbuit.
Baria (*Brie*), in malis, sive in commutatione ejus.
Beelsephon, habens aquilonem, sive speculam.
Baon, in iniquitate.
Barnee, electa commotio.
Bethanamra, domus pardorum, *al.* bardorum, sive domus amaritudinis.
Beelsephon, ascensio speculæ.
Betharan, domus arcæ, vel montium, aut ascensus humilium.
Baalmeon, habens habitaculum.
Benacan (*Benejacan*), filius necessitatis.
Bacci, luctus, sive in vomitu, aut vetus.

C

Cades, commutatus, sive sanctus.
Ceni, ærarius meus, sive nidus meus, aut possessio.
Citus (*Cethim*), stupentibus, sive mirantibus.
Canath, æmulatio, sive zelotypia.
Calaatha, ecclesia venit, vel voces.
Cadesbarnee, commutatus electus, vel mutabilis.
Cariathaim, villa, vel oppidum eorum.
Core, calvitium.
Camuel, resurrectio Dei, aut stabit Deus.

Hucusque per C litteram simplicem legerimus : exin aspiratione addita, nominum sunt legenda principia.

Chanaan, reversus est, sive quasi respondentes, aut quasi moventes.
Chaleb, quasi cor, aut omne cor, vel canis.
Chamos, cum rugatus, vel quasi attrectatio.
Chazbi (כזבי), calix in me, sive immola mihi.
Chenneroth, cithararum signum, aut quasi lucernæ.
Chaslon, scelerata tristitia, aut protectio.
Cherubin, quasi plures, aut vermiculata pictura, vel scientiæ multitudo.

D

Deuel, agnoscent Deum.
Dathan, donum eorum, sive sufficiens donum.
Dibon, sufficiens ad intellectum, vel abundanter intelligens.
Debongad, sufficienter intelligens tentationem.

Daféca, il adhéra, ou rémission.

Débélathan, espèces de briques, ou masses formées avec des figues nouvelles ; les Hébreux les appellent *Débélath* (דבלת) et les Grecs *palathes*. Ainsi le mot que nous avons inscrit ici s'explique par leurs masses de figues.

E

Efraim, qui croît, ou qui porte des fruits.

Elaad (*Eldad*), jusqu'à celui qui est seul ou solitaire, ou jusqu'au dernier.

Erma, son anathème.

Esébon, pensée, ou ceinture de chagrin.

Edraïm, descente des pasteurs.

Elean, une partie d'entre eux, ou leur témoignage.

Esbel, feu ancien, ou vain.

Evi, j'ai désiré.

Eladé, pour l'ascension.

Ebruna, action de traverser en montant, ou d'aller au-delà.

Eniel, Dieu est ma grâce.

Ephod, vêtement de dessus, ou qui couvre les épaules.

Escol, grappe de raisin, ou tout le feu.

Jusqu'ici les mots ont été lus par E bref au commencement ; désormais, faites E long.

Elisar, mon père fort (*Elisur, mon Dieu fort*), ou mon père qui comprime.

Eliab, mon Dieu père, ou Dieu père.

Elon, force de l'armée.

Elisamé, mon Dieu a entendu.

Elisphat (*Elisaphan*, ou *Eliasoph*), Dieu a rassemblé, ou protection de mon Dieu, ou action que fait mon Dieu de me cacher.

Enan, nuées.

Édraï, l'inondation me nourrira.

Er, vigilant, ou se levant, ou débauché.

Elon, chêne, ou Aulon, nom de contrée dont il est traité plus longuement dans le livre des *Lieux*.

Dafeca *(a)*, adhæsit, sive remissio.

Debelathan, lateres, sive massas, quæ de recentibus ficis compingi solent, quas Hebræi *Debelath* (דבלת), Græci *palathas* nuncupant. In præsenti itaque loco, nomen quod proposuimus, interpretatur palathæ eorum.

E

Efraim, crescens, sive frugifer.

Elaad (*Eldad*), ad solum, sive solitarium, aut ad unum.

Erma, anathema ejus.

Esebon, cogitatio, sive cingulum mœroris.

Edraim, descensio pastorum.

Elean, pars eorum, sive testimonium eorum.

Esbel, ignis vetus, sive vanus.

Evi desideravi.

Etale, ad ascensum.

Ebruna, transcensus, sive transgressio.

Eniel, gratia mea Deus.

Ephod, superindumentum, vel superhumerale.

Escol, botrus, sive ignis omnis.

Hucusque per E brevem litteram legerimus : exin per extensum legamus elementum.

Elisar, pater meus fortis (*Elisur, Deus meus fortis*), sive pater meus coangustans.

Eliab, Deus meus pater, vel Deus pater.

Elon, exercitus fortitudo.

Elisame, Deus meus audivit.

Elisama, Deus meus audiens.

Elisaphat (*Elisaphan* vel *Eliasaph*), Deus congregavit, vel Dei mei protectio, sive absconsio.

Enan, nubes.

Edrai, inundatio pascet me.

Er, vigilans, aut consurgens, vel pellicius.

Elon, quercus, sive aulon : de quo in libro Locorum plenius diximus.

(a) *Dafeca, adhæsit*, etc. Quod de nomine *Israel* in Notis nostris jam observatum est, hic de *Dafeca* pariter observandum ex iis, quæ leguntur Epist. 127, ad Fabiolam : *Hoc nomen*, inquit Hieronymus, *apud Hebræos* [illegible], *id est, pulsatio dicitur..... In libro autem Hebraicorum Nominum, adhæsionem, remissionemque transtulimus, quod lectorem turbare non debet ; nec putet nos dissonantia scribere. Ibi enim juxta hoc, quod vulgo habetur, edidimus ; si medium verbum scribatur per sade litteram : hic autem in Hebraico volumine scriptum reperi per tau, quod elementum magis pulsationem, quam glutinum sonat.* Cætera videsis in jam laudata epistola Mans. 9 ; sed cavendum Lectori studioso ne cum editis libris depravatam hanc lectionem retineat, *adhæsionem retentionemque transtulimus* ; germana namque est quam nos restituimus, ut constat cum ex codicibus mss. Epistolæ ad Fabiolam, tum ex hoc ipso libro Hebraicorum Nominum, ubi *Dafeca* vertitur *adhæsit, sive remissio*. MARTIAN. — Recolenda ipsius Hieronymi expositio ex Epist. de Mans. mans. 9 : *Nomen*, inquit, *Dephca apud Hebræos* [illegible], *id est, pulsatio dicitur..... In libro autem Hebraicorum Nominum, adhæsionem, remissionemque transtulimus, quod lectorem turbare non debet : nec putet nos dissonantia scribere. Ibi enim juxta hoc quod vulgo habetur, edidimus, si medium verbum scribatur per sade litteram : hic autem in Hebraico volumine scriptum reperi per tau, quod elementum magis pulsationem, quam glutinum sonat.* Facile hinc colligas, lectum olim ab Hieronymo hoc in libro *Dabeca*, non *Dafeca* : illudque adeo restituendum, ut *medium verbum scribatur per Beth litteram*. Et vero libri hujus auctor ex duplici lectione, utraque autem falsa, hoc nomen fuerit interpretatus, et cum *adhæsionem*, vertit, *Dabeca* legerit, vel *Dabeca* : cum autem *remissionem*, *Raphca*, sive ut LXX habent, Ῥαφακά. Quare subdit Hieronymus loco modo laudato : *Miror quosdam eruditos, et ecclesiasticos viros ea voluisse transferre, quæ in Hebraico non habentur, et de male interpretatis fictas explanationes quærere, ut in præsenti pro littera, eo quod Res, et Daleth parvo apice distinguuntur.* Ita vero legit Orig. *Raphca* hom. 27 in Num.

Eran, il a été rendu vide.
Etthan, fort.
Esaon (*Asion Gaber*), volonté du chagrin ou de la force.
Enon (*Enan*), source de tristesse.
Elidad, mon Dieu, Dieu de mon cousin-germain paternel, et mon Dieu, Dieu de mon oncle paternel.

F

Fodasur, rédemption forte, ou imprenable.
Fagiel, accourez au-devant de moi, mon Dieu, ou action de Dieu de venir à la rencontre.
Faran, leur bête fauve, ou fertile.
Faletti (*Phalti*), mon Sauveur.
Feleth, ruine, ou renversement.
Fesga, retranché, ou poli, ou bouche excessive.
Fethora, examen du visage, ou petite ouverture pour la lumière, ou bec de tourterelle.
Fagur (*Phogor*), peau de la bouche, ou il bâilla.
Finéès, la bouche se reposa, tais-toi, ou il ménagea sa bouche.
Farez, division.
Finoni (פיונני), ma bouche appartient à la postérité.
Farnach, veau gras, ou mon départ.

G

Gédéoni, tentation de l'iniquité, ou de l'humilité.
Garizini, division, retranchement.

I

Ifanné, il consentit, ou qui consent.
Jégal (יגאל), prochain, ou qui rachète.
Jésu, Sauveur.
Jazer, celui qui aide.
Jarden, leur abaissement, ou vois le jugement.
Jasse, demie, ou action ordonnée.
Jacob, lutte, ou poussière.
Jério (*Jéricho*), son odeur, ou la lune.
Jasub, conversion.
Jalel, il attendit Dieu.
Jamna, mer, ou sa droite.
Jésévi (ישוי), j'ai désiré ce qui est, ou mon égal.
Jaasael (Jésiel), Dieu a partagé.
Jéser, il forma de terre, il façonna, ou ce qui est façonné.
Jaïr, illuminant.
Jéthébatha (יטבתה), bontés, ou il se détourna afin qu'il vint.
Isimoth, il amènera la mort.
Jégali, qui me rachète, ou mon prochain.

Erau, vacuefecit.
Etthau, fortem.
Esaou (*Asion Gaber*), voluntas mœroris, sive fortitudinis.
Enou (*Enan*), fons tristitiæ.
Elidad, Deus meus patruelis, vel Deus meus patruus.

F

Fodasur, redemptio fortis, sive vallata.
Fagiel, occurre mihi Deus, vel occursio Dei.
Faran, ferus eorum, vel frugifer.
Faletti (*Phalti*), salvator meus.
Feleth, ruina, vel dejectio.
Fesga, abscisus, vel dolatus, aut os multum, ab ore, non ab osse.
Fethora, *Apud* LXX, LXX, 5, oris exploratio, sive buccella luminis, vel os turturis.
Fagur (*Phogor*), oris pellis, vel hiavit.
Finees, os requievit, sile, vel ori pepercit.
Farez, divisio.
Finoni (פיונני), os meum nepotum.
Farnach, vitulus saginatus, aut discessio mea.

G

Gedeoni (a), tentatio iniquitatis, vel tentatio humilitatis.
Garizim, divisio, sive præcisio.

I

Ifanne, innuit, vel innuens.
Jegal (יגאל), propinquus, vel redimens.
Jesu, salvator.
Jazer, adjutor.
Jarden, descensio eorum, vel vide judicium.
Jassa, dimidia, vel factum mandatum.
Jacob, lucta, vel pulvis.
Jerio (*Jericho*), odor ejus, vel luna.
Jasub, conversio.
Jalel, exspectavit Deum.
Jamna, mare, vel dextera ejus.
Jesevi (ישוי), quod est desideravi, vel æqualis meus.
Jaasael (*Jesiel*), dimidiavit Deus.
Jeser, plasmavit, hoc est finxit, vel fictum.
Jair, illuminans.
Jetebatha (יטבתה), bonitates, sive declinavit ut veniat.
Isimoth, adducet mortem.
Jegali, redimens me, vel propinquus meus.

(a) *Gedeoni, tentatio humilitatis.* Editi sic legunt, *Gedeon, tentatio iniquitatis, vel tentatio iniquitatis meæ.* At *Gedeon* sine littera *i* in fine non potest reddi cum pronomine *meæ*. Deinde omnes vetustiores mss. codices habent *humilitatis meæ*, non *iniquitatis meæ*; nec immerito, cum medium verbum scribatur per litteram *Ain*, גדעוני, *Gedeoni* Numer. I, 13. MARTIAN. — Noster mss. *Gedeoni, tentatio iniquitatis, vel tentatio iniquitatis meæ.* Concinunt veteres editi, qui tamen *Gedeon* habent pro *Gedeoni*.

L

Lael, en Dieu, ou à Dieu.
Lomna, blanche, ou candide.

M

Manassé, oublieux, ou ce qu'il a oublié.
Madiani, contradiction, ou réponse.
Médad, il a mesuré.
Michael, qui est comme Dieu?
Machi, pourquoi parce que?
Matthana, don.
Médaba, eaux qui s'élèvent.
Machir, il rétablira, ou il vendit, ou à cause de la faiblesse.
Maala, chœur, ou infirmité.
Melcha, son roi.
Malchiel, Dieu est mon roi.
Maceloth, les assemblées des fidèles.
Mathca, douceur, ou satiété.
Moseroth, exclusions, ou liens, ou règles, ou successions. On lit dans nos recueils Masoroth (μασουρὼθ.)

N

Nathanael, mon Dieu, ou don de Dieu.
Naabi, cachés, ou il s'est reposé en moi.
Néphé, soufflant, ou respirant.
Namuel, Dieu a dormi, ou Dieu, disent-ils.
Noa (נעה), mouvement; en grec σάλον, ce qui est plus expressif.
Nééman, leur ornement, ou leur mouvement.
Namra, léopard, ou amertumes.
Nabau, nous viendrons, ou dans la conclusion.
Nobé, qui aboie.
Naason, de serpent, ou augure.

O

Othotham (*Etham*), leur vigne.
Ozni, mon oreille.
Opham (*Hupham*), leurs choses maritimes, ou leur lit nuptial.
Opher, ignominie. Mais chez les Hébreux il s'écrit par *heth* (חפר).

Nous avons jusqu'ici commencé les mots par O bref; désormais ils commencent par O long.

Obab, chéri, ou embrassé, ou haie.
Ori, qui fait cuire, ou qui m'exclut, ou qui saisit.
Osée, sauveur, ou sauvant.
Onam, douleur, ou leur tristesse, ou action de murmurer entre les dents, ou murmure plaintif.
Or, lumière.
Obath (אבת), mage, ou pythonisse appelée par les Grecs ἐγγαστρίμυθον.
Og, entassant, ou caché.
Oni, ma douleur.

L

Lael, in Deum, vel Deo.
Lomna, alba, vel candida.

M

Manasse, obliviosus, vel quod oblitus est.
Madiani, contradictio, vel responsio.
Medad, mensus est.
Michael, quis ut Deus?
Machi, quid quia?
Matthana, donum.
Medaba, aquæ eminentes.
Machir, restituet, sive venundavit, vel de infirmitate.
Maala, chorus, vel infirmitas.
Melcha, rex ejus.
Malchiel, rex meus Deus.
Maceloth, ecclesiæ.
Mathca, dulcedo, vel saturitas.
Moseroth, exclusiones, vel vincula sive disciplinæ, aut successiones, quod in nostris codicibus Masoroth (Apud LXX μασουρὼθ xxxiii, 30) legitur.

N

Nathanael, Deus me[illegible] vel donum Dei.
Naabi, absconditi, vel requievit in me.
Nephe, sufflans, vel spirans.
Namuel, dormivit Deus, sive inquiunt Deus.
Noa (נעה), motus: quem significantius Græci σάλον vocant.
Neeman, decus, sive motus eorum.
Namra, pardus, sive amaritudines.
Nabau, veniemus, vel in conclusione.
Nobe, latrans.
Naason, serpentinus, vel augurium.

O

Othotam (*Etham*), signum eorum.
Ozni, auris mea.
Opham (*Hupham*), maritima eorum, vel thalamus eorum.
Opher, ignominia (חפר). Sed apud Hebræos per heth litteram scribitur.

Hucusque per O brevem litteram legerimus: exin per extensum legamus elementum.

Obab, dilectus, sive amplexatus, aut sepes.
Ori, coquens, vel excludens me, vel apprehendens.
Osee salvator, aut salvans.
Onam, dolor, vel tristitia eorum, aut mussitatio, vel murmuratio.
Or, lumen.
Obath (אבת), magus, vel pythonissa, quam Græci ἐγγαστρίμυθον vocant.
Og, coacervans, sive absconditus.
Oni, dolor meus.

R

Raphao (*Raphu*), qui guérit, qui donne des remèdes.

Roob, places, ou largeur.

Recem, variété, ou peintures.

Rébé, quatre. Mais il s'écrit par *Ain*.

Rathma, vision consommée, ou genevrier, ou son.

Remmonpharez, division d'une grenade, ou division des choses sublimes.

Réésa, frein.

S

Saddésor (*Sédéur*), lumière de ces mamelles, ou lumière des mamelles.

Salomiel, Dieu me récompensant, ou Dieu est ma paix.

Surisadaï, contenant mes mamelles, ou mon Seigneur est fort.

Suriel, Dieu me contentant, ou mon Dieu est fort.

Soar, fort petit.

Samoé (*Samua*), qui entend.

Saphat, il jugea.

Sodi, mon secret, ou il m'a exclu.

Susi, mon cheval.

Sethur, caché, ou se détournant de son chemin.

Sisaï, celui des miens qui est fort âgé.

Soon (צען), Tanis, ville d'Egypte.

Séon, germe à naître, ou germe inutile, ou entretien, ou chaleur, ou tentation qui obsède.

Seffor, oiseau.

Settim, épines.

Satan, contraire.

Seth, action de poser, ou il posa.

Séir, velu, ou bouc.

Salu (סלוא), tentation rétrospective, et mieux, fortuné, ou vigoureux, en grec εὐπαθής (ailleurs, εὐσταθής).

Séfion (*Séphon*), caché, ou sors du visage chagrin, ou leurs observatoires.

Soni, graine d'arbrisseau qui teint en écarlate, ou ma prunelle.

Sela, demande, ou qui demande.

Semron, il a vu le nom, ou son gardien.

Sichem, épaule.

Sémites, mon nom est la science.

Salphaad, ombre formidable, ou ombre en cela même, c'est-à-dire pareillement.

Suthaló, coupe mélangée, épine verte ou mouillée.

R

Raphao (*Raphu*), sanant, aut medicans.

Roob, plateæ, sive latitudo.

Recem, varietas, sive picturæ.

Rebe, quatuor : sed per AIN litteram scribitur.

Rathma, visio consummata, sive juniperus, vel sonitus.

Remmonpharez, maligranati divisio, sive sublimium divisio.

Reesa, frenum.

S

Saddesor (*Sedeur*), uberum eorum lux, vel uberum lumen.

Salomiel, retribuens mihi Deus, vel pax mea Deus.

Surisadai, continens mea ubera, vel fortis meus Dominus.

Suriel, continens me Deus, vel fortis meus Deus.

Soar, pusillus.

Samoe (*Samua*), audiens.

Saphat, judicavit.

Sodi, arcanum meum, vel exclusit me.

Susi, equus meus.

Sethur, absconditus, sive divertens.

Sisai, longævus meus.

Soon (צען), Tanis, urbs Ægypti.

Seon, germen quod non est, vel germen inutile, vel alloquium, aut calor, sive tentatio lacessens.

Seffor, avis.

Settim *(a)* In Hebr. XXII. 32, spinæ.

Satan, contrarius.

Seth, positio, sive posuit.

Seir, pilosus, vel hircus.

Salu (סלוא), tentatio respiciens *(b)* : sed melius εὐπαθής, al. εὐσταθής, quem fortunatum vel vegetum possumus appellare.

Sefion *(Sephon)*, absconditus, vel egredere os mœroris, aut speculæ eorum.

Soni, coccum, vel pupilla mea. Sela, petitio, vel petens.

Semron, nomen vidit, vel custos ejus.

Sichem, humerus.

Semide, nomen meum scientia.

Salphaad *(c)*, umbra formidinis, sive umbra in idipsum, id est pariter.

Suthale, poculum mistum, sive spina viridis, vel madida.

(a) *Settim, spinæ*. Nomen *Settim* interpretatur Hieronymus *spinas* in hoc præsenti libro Nominum Hebraicorum, ut et lib. XII Commentar. in Isai. cap. XLI : *Quæ varietates arborum*, inquit, *diversitatem significant gratiæ spiritualis. Et quia omnibus natura earum nota est, de* SETTA *tantum Hebraica edisseramus, quam spinam Theodotio transtulit. Est autem genus arboris nascentis in eremo, spinæ albæ habens similitudinem ; unde omnia ligna Arcæ et Tabernaculi facta sunt instrumenta, quæ appellantur* SETTIM, etc. Idem nomen *Settim* Symmachus *spinas* interpretatur, de quo videndus Hieronymus Comment. in cap. III Joelis, et in cap. VI Michææ. MARTIAN.

(b) *Sed melius* εὐπαθής. Pro εὐπαθής, a nobis restituto ad fidem mss. codicum, editi legunt εὐσταθής ; qua vero auctoritate viderint illi, qui tanto studio antiquas defendunt editiones. MARTIAN.

(c) A צל *umbra*, et פה *ore*, Origenes interpretatur homil. 21 in Numer. *Salphaad umbra in ore ejus*.

Sfufan, usant en frottant, ou à l'ombre des becs d'oiseau, qui s'appellent en hébreu SAPHAPHIM.
Sophar, trompette.
Sarahé (שרח), voile, ou princesse du frère.
Sicher (σίκερα), ivrognerie.
Salem (*sellem*), rends.
Sabama, conversion quelconque, ou lève sur eux, ou ôte la hauteur.
Saphan (*Saphar*), lèvre, ou hérisson, ou lièvre.
Socholh, les tentes.
Salmona, ombre d'une partie, ou il a calculé l'ombre, ou son image.
Sin, qui a soif.
Senna, volonté, ou son ordre.
Séduda, de son côté.
Sophan, lèvre, ou barbe de la lèvre supérieure, que les Grecs appellent *moustache*.
Saphatam (*Sephtan*), jugeant le peuple.
Samuel, Dieu est son nom.
Salomi, ma paix.

T

Tholaé, vermisseau, ou vêtement d'écarlate.
Thersa, qui se plaît à soi-même. Le mot grec εὐδοκοῦσα traduit mieux.
Thena, camp, ou choses données.
Théeth (*Tehen*), au-dessous.
Tharé (*Thahath*), recherche, ou pâture, ou méchanceté.

Tous les mots que nous venons de mettre sous la rubrique T doivent se lire avec aspiration au commencement.

V

Vaphsi, et ma fin.

Z

Zachur, qui se souvient.
Zorad (*Zared*), étranger, ou descente.
Zoob, or.
Zéméri (*Zambri*), celui-là irritant, ou donnant de l'aigreur.
Zaré, il a commencé d'être.
Zéféruna, vous avez vu ce visage.
Zamri, psaume, cantique.

DU DEUTÉRONOME.

A

Astaroth, parcs de brebis, étables, bergeries, ou vestibules.
Aza, sa force.

Sfufan *(a)*, atterens, sive ad umbraculum rostrorum, quod Hebraice dicitur SAPHAPHIM.
Sophar, tuba.
Sarahe (שרח), velamen, sive princeps fratris.
Sicher (σίκερα), ebrietas.
Salem *(Sellem)*, redde.
Sabama, conversio quæpiam, sive leva in eis, vel tolle altitudinem.
Saphan *(Saphar)*, labium, aut hericius, vel lepus.
Socholh, tabernacula.
Salmona, umbra portionis, sive umbram numeravit, aut imago ejus.
Sin, sitiens.
Senna, voluntas, sive mandatum ejus.
Sedada, ex latere ejus.
Sophan, labium, sive barba superioris labii, quam Græci μύστακα vocant.
Saphatam *(Sephtan)*, judicans populum.
Samuel, nomen ejus Deus.
Salomi, pax mea.

T

Tholae, vermiculus, vel coccinum.
Thersa, complacens sibi, quod Græce melius dicitur εὐδοκοῦσα.
Thena, castra, vel donata.
Theeth (*Tehen*), subter.
Thare (*Thahath*), exploratio, vel pastura, sive nequitia.

Hæc omnia, quæ ex T littera posuimus, cum aspiratione in suis legenda sunt principiis.

V

Vaphsi, et finis meus.

Z

Zachur, memor.
Zorad (*Zared*), alienus, vel descensio.
Zoob, Apud, LXX, xxi, 14, aurum.
Zemeri (*Zambri*), iste exacerbans, sive amaricans.
Zare, ortus est.
Zeferuna, hoc os vidistis: ab ore, non ab osse.
Zamri, psalmus, vel canticum.

DE DEUTERONOMIO

A

Astaroth, caulæ, præsepia, ovilia, vel atria.
Aza, fortitudo ejus.

(a) *Sfufan, atterens*, etc. Editi legunt *Suphan*; LXX vero Σωφάν. In Hebræo hodierno Num. 26, 39, *Sephupham*, sive *Sphupham*, ut scriptum est in codicibus mss. Latinis. Deinde in editis, et aliquot recentioribus mss. libris SUFUSIM legimus; in aliis vero, numero et vetustate præstantioribus, SAPHAPHIM. Quod *Suphan*, aut *Sphupham*, significet *conterentem* et *atterentem*, nullo negotio discere nobis licet ex verbis *Saphaph*, *Suph*, et *Saphah*. Sed quod *Suphasim*, vel *Saphaphim*, Latine reddatur *ad umbraculum rostrorum*, sive *rostrorum* (ut habet editio Mariani) divinationi Lectoris permitto: tædet enim me bonas horas male collocasse, dum frustra in bona librorum copia istiusmodi prosequor etymologias. Vide tamen conjecturas nostras in Commentario. MARTIAN.

Araba (ארבה), qui tombe, ou le soir.
Argob, élévation maudite.
Avi (*Hévéen*), farouches.
Avothiaïr, gloire, ou vie de la lumière ; mais il doit se prononcer *Authjair.*
Acan, nécessité.
Aseroth, portiques, vestibules ; quand il est écrit par *heth* et *sadé* (חצרת). Mais il signifie béatitudes, quand il est écrit par *Aleph* et *Sin* (אשרות).
Amora (*Gomorrhe*), illumination du peuple, ou son peuple.
Adama, sol.

B

Baalféor, ayant un visage de peau, ou un front de peau.
Basar, angoisse, ou dans l'angoisse, ou enfance.
Bosor, dans l'angoisse.
Béroth, puits.
Barné, fils du changement (*Ms.* du mouvement).
Balaam, vain peuple, ou absorption.

C

Cadémoth, dès le commencement de la mort, commencement de la mort.

Les trois noms qui suivent doivent être prononcés avec aspiration du C.

Chorréen, irascible, ou de l'ouverture ; aussi les Grecs l'appellent-ils *Troglyte.*
Chaphtorim, troupe de tourterelles, ou d'explorateurs.
Chaphtor (*Cappadociens*), Cappadoce.

E

Edraïm (אדרעי), inondation de maux, ou nativité des méchants, ou descente des pasteurs.
Erma (*Horma*), anathème.
Evim (*Hévéens*), iniques.
Ermon, anathème de la tristesse.
Esdoth, effusion.
Emmim, peuples.

Dans les quatre noms suivants, la voyelle E est longue.

Esaü, tas de pierres, ou assemblage de pierres que les Grecs appellent λιθολόγιον, ou vainement, ou composition, c'est-à-dire action de faire.
Elath, térébinthe, ou vallées creuses.
Enim, terribles.
Ebal, ancien gouffre.

F

Fasga, retranchée, ou polie, ou visage de la faute.
Faran, augmenté, ou croissant par-dessous.

Araba (ארבה), occidens, sive vespera.
Argob, maledicta sublimitas.
Avi (*Hevæus*), feri.
Avothiair, gloria luminis, vel vita luminis : ita tamen ut pronuntietur Authjair.
Acan, necessitas.
Aseroth, atria, sive vestibula : si tamen per *heth* et *sade* (חצרת) litteram scribatur. Si vero per *Aleph* et *sin* (אשרות), beatitudines sonat.
Amora (*Gomorrha*), populi illuminatio, sive populus ejus.
Adama, humus.

B

Baalfeor, habens os pellis, sive superius os pellis.
Basar, angustia, sive in angustia, vel infantia.
Bosor, in angustia.
Beroth, putei.
Barne, filius mutationis. (*Ms.* motationis).
Balaam, vanus populus, vel sorbitio.

C

Cademoth, a principio mortis, sive principium mortis.

Tria nomina hæc, quæ sequuntur, ex C per aspirationem legenda sunt.

Chorræus, iracundus, sive de foramine, quem Græci (a) τρωγλύτην vocant.
Chaphtorim, manus turturum, sive exploratorum.
Chaphtor (*Cappadoces*), Cappadocia.

E

Edraim (אדרעי), inundatio malorum, vel nativitas pessimorum, sive descensio pastorum.
Erma (*Horma*) anathema.
Evim (*Hevæi*), iniqui.
Ermon, anathema tristitiæ.
Esdoth. *Apud* LXX, III, 1, effusio.
Emmim, populi.

Quatuor nomina, quæ sequuntur, per extensam vocalem legenda sunt.

Esau, acervus lapidum, sive collectio lapidum, quod Græce dicitur λιθολόγιον, vel frustra, aut factura, id est, ποίησις.
Elath, terebinthus, vel aulones.
Emim, terribiles.
Ebal, vorago vetus.

F

Fasga, abscisa, vel dolata, sive os delicti.
Faran, auctus, sive succrescens.

(a) *Quem Græci* τρωγλύτην *vocant.* Pro τρωγλύτην editi legunt τρώγλη et τρώγλην. Verum retinenda est lectio omnium mss. codicum ; nam τρώγλη significat tantummodo *cavernam, aut foramen* aliquod rostro factum ; τρωγλύτης autem *foraminosum*, cum scilicet, qui de foramine nomen accipit. Sicut Hebraice חר *hhor*, est *caverna*, vel *foramen* ; et חרי *hhori*, est *foraminosus*, quia subit cavernas et foramina petrarum. Τρωγλύται etiam sunt hirundines nidulantes in cavernis et foraminibus. MARTIAN.

Fennador (*Dor*), bouleversement de la génération.

G

Gaza, force. Mais remarquons que ce mot, en hébreu, au lieu de commencer par une consonne, commence par la voyelle *Ain* (עזה), et se dit *Aza*.

Gésuri, près de la lumière, ou lieux voisins de la lumière.

Golam, leur transmigration, ou leur volupté.

Gergéséen, mets un colon.

Gaulon, son action de se rouler.

Garizim, division, ou étrangère.

Galgal, roue, ou révélation.

Gaï, gouffre.

Gébal (עיבל), ancien gouffre, ou cavité remplie de pierres, en grec λιθολόγιον.

Nous omettons les lettres I *et* L, *parce que les mêmes mots sont interprétés dans les autres livres, et qu'il est inutile de répéter ce qui a été dit ou ce qui va l'être. Quant à l'*H, *plusieurs pensent que c'est une aspiration plutôt qu'une lettre. Il est superflu de faire mention du* K, *alors qu'on ne le trouve même pas en latin, excepté dans le mot* Kalendæ, Calendes. *Il ne faut donc pas oublier que les noms omis ici ou ailleurs peuvent se trouver dans les autres livres.*

M

Misor, direct, qui se dit en grec εὐθεῖα, ou lieux plats et champêtres.

Maachati, ils sont brisés pour moi, ou ventre frappé.

Moséra, érudition, ou son enseignement.

Mamoazer (Mamzer), de loin, ou éloigné.

O

Oraïm, conçu, ou compréhension.

R

Raphaïm, médecins, ou géants.

Rabath, multitude, ou grand.

Rubeni, vision de mon fils, ou voyez au milieu de moi.

Ramoth, signe élevé, ou il vit la mort, ou les hauteurs.

S

Sidon, chasse de la tristesse, ou inutilité.

Saréon, prince du chagrin.

Sanir, élève la nouveauté, ou crochet de la lampe.

Salacha (Selcha), viens pour soulager, ou il vint pour enlever.

Settim, épines.

Séboïm, chèvres, ou dommages, ou la mer est son lieu d'arrêt.

Sames, humble commandement.

Sina (סנה), tentation, ou buisson ; pourvu toutefois qu'on l'écrive par *Sameth*.

T

Thophel, sottise.

Fennador (*Dor*), conversio generationis.

G

Gaza, fortitudo. Sed sciendum quod apud Hebræos non habeat in principio litteram consonantem : verum incipiat a vocali *ain* (עזה), et dicatur *Aza*.

Gesuri, juxta lumen, vel vicinia luminis.

Golam, transmigratio eorum, vel voluptas eorum.

Gergesæum, colonum applica.

Gaulon, volutatio ejus.

Garizim, divisio, sive advena.

Galgal, rota, vel revelatio.

Gai, *Apud* LXX, xxxi, 6, vorago.

Gebal עיבל, vorago vetus, sive λιθολόγιον.

I *litteram, et* L, *idcirco prætermisimus, quia eadem nomina in cæteris libris interpretantur, et superfluum est dicta vel dicenda repetere.* H *autem a plerisque aspiratio putatur esse, non littera. De* K *superfluum est facere mentionem : cum etiam apud Latinos, exceptis kalendis, superflua judicetur. Igitur observandum quod eadem nomina quæ hic vel alibi prætermissa sunt, in aliis libris possumus invenire.*

M

Misor, *Apud* LXX III, 10, directum, quod Græce dicitur εὐθεῖα, vel plana, atque campestria.

Maachathi, fracti sunt mihi, aut venter percussus.

Mosera, eruditio, vel diciplina ejus.

Mamoazer (*Mamzer*), de longe, sive alienatus.

O

Oraim, conceptus, sive comprehensio.

R

Raphaim, medici, vel gigantes.

Rabath, multitudo, vel grandis.

Rubeni, visio filii mei, vel videte inter me.

Ramoth, excelsum signum, sive vidit mortem, vel excelsa.

S

Sidon, venatio tristitiæ, sive inutilitas.

Sareon, princeps mœroris.

Sanir, leva novitatem, sive dens lucernæ.

Salacha (*Selcha*), levans veni, vel tollens venit.

Settim, spinæ.

Seboim, capreæ, vel damna, aut statio ejus mare.

Sames, mandatum humile.

Sina (סנה), tentatio, sive rubus, si tamen per *samech* litteram scribatur.

Z

Zozomim, ces pensées, ou quel est cette eau? ou préparés pour la bataille.

DU LIVRE DE JOSUÉ.

A

Aïn, question.

Adonibézec, mon Seigneur lançant la foudre, ou mon Seigneur ayant méprisé les vains. Mais si on l'écrit par la lettre *Sadé*, on peut l'interpréter par mon Seigneur juste.

Azéca, force, ou piége.

Ailon, le même qu'Aulon déjà expliqué. Que si nous lisons *æglon* (אגרון), il faut traduire par leur vache.

Asor, flèche de lumière.

Axaf (אכשף), médicament. Si nous lisons *Axa* (עכסה), il faut traduire par furibonde.

Araboth, lieux bas, plats et champêtres.

Alac (*Halchath*), ma part, ou blessant.

Aermon, anathème du chagrin.

Anaba (*Anab*), raisin, ou mon humilité.

Asdod (*Azota*), dissolution, ou effusion, ou incendie.

Arnon, leur lumière, ou leur malédiction.

Aroer, mine faite pendant la veille, ou garde se relevant, et mieux tamarin.

Adar (*Eder*), troupeau.

Adaglam, leur rassemblement.

Aphéo, il contint, ou continence.

Adraïm, inondation des plus méchants.

Accaron, enseignement de la tristesse, ou stérilité.

Amas (*Amma*), indignation, ou fureur.

Asoth, c'est-à-dire Asdodiens, } feu de mon oncle paternel, ou incendie.

Ascalon, suspendue, ou feu infâme.

Assahar, matin, petit jour.

Acrabbim, scorpions.

Addar, magnifique, manteau.

Asamona, son os.

Achor, trouble, tumulte.

Adommim, choses rouges.

Anacam (*Enacim*), humble, qui se lève.

Ahiman, son frère.

T

Thophel, insulsitas.

Z

Zozomim, hæc cogitationes, sive quæ est hæc aqua, vel in acie præparati.

DE LIBRO JESU

A

Ain, quæstio.

Adonibezec (*a*), Dominus meus fulgurans, vel Dominus contemptus vani. Si vero per *sade* litteram scribatur, interpretari potest Dominus meus justus.

Azeca, fortitudo, sive decipula.

Ailon, quem supra Aulonem diximus : quod si *æglon* (אגרון), legere voluerimus, interpretatur vacca eorum.

Asor, sagitta luminis.

Axaf, (אכשף), medicamentum : quod si legere voluerimus Axa (עכסה), interpretatur furibunda.

Araboth, *Apud LXX*, IV, 13, humilia, plana, atque campestria.

Alac (*Halchath*), pars mea, sive lubricum.

Aermon, anathema mœroris.

Anaba (*Anab*), uva, vel humilitas meas.

Asdod (*Azotus*), dissolutio, vel effusio, sive incendium.

Arnon, lumen eorum, aut maledictio eorum.

Aroer, suffossio vigiliæ, sive exurgens vigilia : sed melius myrice.

Ada (*Eder*) (*b*), grex.

Adagiam, congregatio eorum.

Apheo, continuit, sive continentia.

Adraim, inundatio pessimorum.

Accaron, eruditio tristitiæ, vel sterilitas.

Amas (*Amma*), indignatio, vel furor.

Asoth, id est Asdodii, ignis patrui mei, vel incendia.

Ascalon, appensa, vel ignis infamis.

Assahar, mane, diluculum.

Acrabbim, scorpiones.

Addar, magnificus, sive pallium.

Asamona, os ejus : ab osse, non ab ore.

Achor, turbatio, vel tumultus.

Adommim, rubra.

Anacam (*Enacim*), humilis, exsurgens.

Ahiman, frater ejus.

(*a*) *Adonibezec*, *Dominus meus*, etc. Quod *Adonibezec* scriptum in fine per sade litteram significet *Dominum meum justum*, vix patientur linguæ Hebraicæ periti ; neque vero *bezech* cum *Sadec justum* sonat : sed *inflatum* et *intumescentem*. Non itaque sic intelligendus hoc loco Hieronymus, qui indicare tantum voluit nomen *Adonibezec*, Ἀδωνιζεδὲκ scriptum apud LXX, Josue X, 1, legi in Hebræo *Adonisedec*, et interpretatum esse, *Dominus meus justus*. MARTIAN.

(*b*) *Adar*, *grex*. Post hæc verba, *Adar*, *grex*, adjunt editi libri : *Amanon*, *mons Ciliciæ*, *qui et Taurus*. *Inde Amana*, *inquietus*, *turbulentus*, *vel deus vigilia rum*. Sed nullum remanet verborum illorum vestigium in mss. codicibus ; et pelo manifestum esse erudito lectori, tum ex rebus ipsis, tum ex significatione verborum, illum pericopen adscititiam esse, atque Hieronymo indignam prorsus. Fit equidem mentio in libro Josue *Amana* sive *Amanon* urbis Arabiæ nobilis, quæ *Philadelphia* dicta est : at de monte Ciliciæ, qui et *Taurus*, nescio qua occasione meminisse potuerit Josue liber Hebræus. Jam quod *Amana* Latine reddatur *deus vigiliarum*, intoleranda est supinitas et inscitia ; ut norunt Hebraicæ linguæ mediocriter consulti. Observandum autem vocem sequentem *Adaglam* in mss. libris, et *Adram* in editis, ipsam esse quæ infra dicitur *Adollamba* ; et pro *Adaglam*, legendum *Adullam*.

Achsa, qui boite, ou action de faire, en grec ποίησις.
Athoniel, son temps est à Dieu, ou réponse de Dieu.
Adada, jusqu'au témoignage.
Asergada, le vestibule où il s'apprête
Asmone, compte vite.
Avim, tas de pierres, en grec λιθολογία.
Ain, source, ou œil.
Aengannim, fontaine ou œil des jardins.
Adollamim (עדלם), leur rassemblement.
Adasa, choses nouvelles.
Athar, supplication.
Achazib, mensonge, ou sottise.
Ani, pauvre.
Arabe (ארב), embûches.
Amméta (המטה), choisi.
Accen (*Accam*), nid.
Alala, relâchement.
Arabba (*Rabba*), beaucoup de choses.
Ataroth, couronne.
Asrael (Esriel), heureux est Dieu.
Agla, sa réjouissance.
Aser (אשר, חצר), heureux, quand il est écrit par *Aleph* et *Sin*; vestibule, s'il est écrit par *Heth* et *Sadé*.
Amathim (*Emath*), leur indignation, leur bile.
Anem, cercles, couronnes, ou préludant.
Aérim (*Iim*), tas de pierres, en grec λιθολόγιον.
Affara, veau ou taureau.
Afara, son sol. Il s'écrit avec d'autres lettres que le précédent.
Ammona, son peuple.
Aphani (*Ophni*), moi volant (de voler, fendre l'air).
Aalef (*Eleph*), mille.
Asarsualim (*Hasarsual*), vestibule des renards.
Asom, os.
Asan, fumée.
Apharim (*Hapharaim*), fouillant la mer.
Ammès, robuste.
Amad (*Amosa*), peuple encore.
Acharan, les troublant.
Ammon (חמון), peuple.
Amma (עמה), son peuple.
Anneceb (*Neceb*), surnom.
Aser, portique, vestibule.
Adamé (*Adam*), caillots de sang, sang (au pluriel).
Ajalon, champs, vallées creuses.
Anathoth, obéissant, ou répondant par signe.
Abdo (*Abdon*), son serviteur.
Ammador (*Hammothdor*), peuple de la génération.
Alaf, relâchement, en grec χαύνωσις; légèreté, quand on fait la première syllabe longue.

Achsa, claudicans, vel factura, id est, ποίησις.
Athoniel, tempus ejus Dei, vel responsio Dei.
Adada, usque ad testimonium.
Asergadda, atrium accinctionis ejus.
Asmona, celeriter numera.
Avim, acervi lapidum, id est λιθολογία.
Ain, fons, vel oculus.
Aengannim, fons, aut oculus hortorum.
Adollamim (עדלם), congregatio eorum.
Adasa, nova.
Athar, deprecatio.
Achazib, mendacium, sive stultitia.
Ani, pauper.
Arab (ארב), insidiæ.
Amneta (המטה), lectus.
Accen (*Accam*), nidus.
Alala, laxitas.
Arabba (*Rabba*), multa.
Ataroth, corona.
Asrael (*Esriel*), beatus Deus.
Agla, festivitas ejus.
Aser (אשר, חצר), beatus, si per ALEPH et SIN litteram scribatur : sin autem per HETH et SADE, atrium interpretatur.
Amathim (*Emath*), indignatio, id est bilis eorum.
Anem, circuli, vel coronæ, sive præcinens.
Aerim (*Iim*), acervus lapidum, id est λιθολόγιον.
Affara, vitulus, vel taurus.
Afara, humus ejus : aliis quippe litteris scribitur.
Ammona, populus ejus.
Aphani (*Ophni*), volans ego.
Aalef (*Eleph*), mille.
Asarsualim (*Hasarsual*), atrium vulpium.
Asom, os : ab osse, non ab ore.
Asan, fumus.
Apharim (*Hapharaim*), fodiens mare.
Ammes, robustus.
Amad (*Amosa*), populus adhuc.
Acharan, turbans eos.
Ammon (חמון), populus.
Amma (עמה), populus ejus.
Anneceb (*Neceb*), cognomentum.
Aser, atrium, sive vestibulum.
Adame (*Adam*), cruores sive sanguis : numero plurali.
Ajalon, campi, vel aulones.
Anathoth, obediens, vel respondens signum.
Abdo (*Abdon*), servus ejus.
Ammador (*Hammothdor*), populus generationis.
Alaf, laxitudo, quam Græci χαύνωσιν vocant, sive levitas, per extensam primam syllabam.
Astarthen, Apud LXX, XXIV, 33. facturam superfluam, id est ποίησιν περιττήν.

Astarthé, composition superflue.

Astaroch, action, invention des explorateurs.

B

Béthaun, maison inutile.

Babylone, confusion.

Betharan, maison de la colère, ou maison des montagnes.

Baalgad, il eut l'équipement, ou homme équipé, ou pirate, ou fortuné.

Béthaisimoth, maison déserte, ou maison amenant la mort.

Bamoth, élevée.

Baal, qui a.

Baalméon, ayant un domicile.

Bethphéor, maison de la gueule des peaux.

Bégunim, maçons.

Bétharam, maison des hauteurs, ou des montagnes.

Béthanamra, maison des léopards, ou des amertumes.

Béthaglam, maison de leur réjouissance.

Bétharaba, maison humble, ou du soir.

Boon (*Boen*), pouce, ou au milieu.

Baala, qui l'a, ou au-dessus.

Bala, qui l'a, ou son mari, ou elle est venue.

Baaloth (*Baalath*), dans l'ascension, ou escalades.

Béthaphaleth, maison du salut.

Bazéotha (*Baziothia*), dédain, ou son mépris.

Baal, vétusté.

Basécoth (*Bascath*), graisse, ou défécation.

Bethdagon, maison du froment.

Beththaphué, maison du pommier.

Bethsur, maison du fort.

Béthanoth, maison de ceux qui prédisent.

Bétharraba, maison grande.

Bénennam (נן חנם), en eux, ou au milieu d'eux.

Béthagla, maison de leur réjouissance.

Béroth, puits.

Béthula (*Béthul*), vierge.

Bethmarchaboth, maison des quadriges.

Béthlabaoth, maison de ceux qui viennent.

Balath, possédé.

Béram (*Bérramath*,) puits de la hauteur.

Bethphessé, maison du rivage qui fleurit.

Bethsémus, maison du soleil.

Béten, ventre.

Béthémec, maison de la vallée.

Banael (*Jebnéel*), construction de Dieu.

Béthanath, maison de l'humilité, ou maison qui répond.

Balathaba, possédée.

Banébarac, fils de la foudre.

Balac, brisant.

Astaroth, factura, id est, ποίησις exploratorum.

B

Bethaun, domus inutilis.

Babylon, confusio.

Betharan, domus iræ, vel domus montium.

Baalgad, habuit accinctum, vel vir accinctus, aut vir pirata, vel fortunatus.

Bethaisimoth, domus deserta, vel domus adducens mortem.

Bamoth, excelsa.

Baal, habens.

Baalmeon, habens domicilium.

Bethpheor, domus oris pellium.

Begunim, fabri cæmentarii.

Betharam, domus sublimium, sive montium.

Bethanamra, domus pardorum, sive amaritudinum.

Bethaglam, domus festivitatis eorum.

Betharaba, domus humilis, vel vesperæ.

Boon (*Boen*), pollex, vel in medio.

Baala, habens eam, vel supra.

Bala, habens eam, vel vir ejus, sive venit hæc.

Baaloth (*Baalath*), in ascensu, vel ascensus : numero plurali.

Bethaphaleth, domus salutis.

Bazeotha (*Baziothia*), despectio, sive contemptus ejus.

Baal, vetustas.

Basecoth (*Bascath*), adeps, vel defecatio.

Bethdagon, domus tritici.

Beththaphue, domus mali : non a malitia, sed ab arbore intelligendum.

Bethsur, domus robusti.

Bethanoth, domus præcinentium.

Betharraba, domus multa, vel grandis.

Benennam (נן חנם), in eis, vel in medio eorum.

Bethagla, domus festivitatis ejus.

Beroth, putei.

Bethula (*Bethul*), virgo.

Bethmarchaboth, domus quadrigarum.

Bethlabaoth, domus venientium.

Balath, habitus : ab habendo, non ab habitu, id est cultu vestis.

Beram (*Beerramath*), puteus altitudinis.

Bethphesse, domus oris florentis.

Bethsemus, domus solis.

Beten, venter.

Bethemec, domus vallis.

Banael (*Jebneel*), ædificatio Dei.

Bethanath, domus humilitatis, vel domus respondens.

Balathaba (a), habita, genere feminino, ab habendo : participium est, non verbum imperativum.

Banebarac, filius fulguris.

Balac, elidens.

(a) *Balathaba*, *habita*. Nomen istud, Josue xix, 8, legitur apud LXX, βαλέκ. In nonnullis mss. exemplaribus Latinis præsentis Libri, *Balathala*; in antea editis, *Belathan*; in vetustioribus mss. uno Colbertino, et San-Cygiranno altero, *Balathaba*. Ultimam

C

Cariathiarim, cité, ou ville des forêts.
Cadesbarné, changée pour celle qui est choisie, ou sainte pour celle qui est choisie.
Cadès, sainteté, ou sainte, ou changée.
Cariatham, leur cité, ou vocation parfaite.
Caïna (*Cyna*), lamentation.
Ceila, jetée selon la fronde, ou la réveillant, ou enlevant à soi-même.
Carmel, mou, ou connaissance de la circoncision.
Cariathbaal, il eut la cité, ou cité possédée.
Cana, roseau. Notons que le latin *canna* est dérivé de l'hébreu.
Casim (*Casis*), sommet, ou commencement.
Catthathou, ou Caath, morsure, ou assemblés.
Caséon (*Césion*), durs par la force.
Cabasam, leur rassemblement.
Cartham, il acheva la vocation.
Cédémoth, auparavant, ou Oriental.

Jusqu'ici nous avons lu par C simple: désormais il faut le prononcer avec aspiration.

Chido, écu, ou bouclier.
Chiphara (Caphira), son petit, ou main ruinée, ou expiation. Quand nous disons petit, il s'agit du lionceau que les Grecs appellent σκύμνον.
Chermel, mou, tendre, ou connaissance de la circoncision. Il serait mieux de l'interpréter tendre agneau.
Cheslon, leur révélation.
Chésil, robuste.
Chabon, qui comprend presque.
Chéréloth, peut-être Chénéreth, } vous avez vu le signe.
Chésiloth, signe d'un sot.
Chabol, comme un germe.

D

Débir, qui parle, discours, ou qui craint l'ours.
Dor, génération.
Debon, abondamment, ou assez intelligent.
Dabira, qui parle, éloquence, ou qui craint l'ours.
Dimonia, qui compte assez, ou élévation.
Dalani, pauvre indigent.
Daleam, leur indigence.
Dana, cause, ou son jugement.
Duma (*Ruma*), silence, ou joie.
Dabbath (*Dabéreth*), croupe.
Dabrath, discours.
Dédara, sa génération.
Domna (*Dimona*), silence.

E

Eglon, veau du chagrin, ou leur réjouissance.

C

Cariathiarim, civitas, vel villa silvarum.
Cadesbarne, commutata electæ, sive sancta electæ.
Cades, sanctitudo, vel sancta, sive mutata.
Cariatham, civitas eorum, vel vocatio perfecta.
Caina (*Cyna*), lamentatio.
Ceila, ad fundam jacta, sive suscitans eam, aut tollens sibimet.
Carmelus, molis, sive cognitio circumcisionis.
Cariathbaal, civitatem habuit, sive civitas habita.
Cana, calamus. Notandum, quod Latinum Canna, de lingua Hebræa sumptum sit.
Casim (*Casis*), summitas, vel principium.
Catthath, sive Caath, morsus, vel congregati.
Caseon (*Cesion*), duri fortitudine.
Cabasam, congregatio eorum.
Cartham, vocationem perfecit.
Cedemoth, prius, vel Orientalis.

Hucusque per C simplicem litteram legimus, exin aspiratione addita legendum est.

Chidon [In Heb. viii, 23], scutum, vel clypeus.
Chiphara (*Caphira*), catulus ejus, vel manus dissipata, sive expiatio. Quod autem diximus catulum, leonem significat quem Græci vocant σκύμνον.
Chermel, molle, vel tenerum, sive cognitio circumcisionis. Melius autem si interpretetur, agnus tener.
Cheslon, relevatio eorum.
Chesil, robustus.
Chabon, quasi intelligens.
Chereloth [forte *Chenereth*], vidisti signum.
Chesiloth, stulti signum.
Chabol, quasi germen.

D

Debir, loquens, vel loquela, aut ursum timens.
Dor, generatio.
Debon, abundanter, vel satis intelligens.
Dabira, loquens, vel eloquentia, vel ursum timens.
Dimonia, satis numerans, vel sublimitatis.
Dalani, egens pauper.
Daleam, egestas eorum.
Dana, causa, vel judicium ejus.
Duma (*Ruma*), silentium, sive gaudium.
Dabbath (*Dabereth*), clunis.
Dabrath, loquela.
Dedara, generatio ejus.
Domna (*Dimona*), silentium.

E

Eglon, vitulus mœroris, vel festivitatis eorum.

hanc lectionem retinemus, eo quod in Hebraico contextu scriptum sit loco supra citato: *Bahalathbeer Ramath*, quod Septuaginta vel alii Hellenistæ Judæi legebant forte, *Baalath ber Ramath*, unde remansit in nominibus Hebraicis, *Balathbeer*, aut *Balathbala*. Notandum autem nomen *Balath* supra inde, significans *habitus* ab habendo, hic vero *Balathbah* genere feminino *habita*, propter syllabam penultimam *Ha*, quæ femininum genus annuntiat. Martian.

Esdad (*Asédoth*), effusion, ou incendie, ou feu de l'oncle paternel.

Evéen, rassemblant des pierres, ce qui se dit en grec λιθολόγος.

Evi, désirant, ou il est.

Esron (חצרון), s'irritant, ou flèche de la vision.

Enéam (*Enaim*), voilà celle-là, ou les voilà.

Emmam (*Amam*), leur mère.

Eltholed, vers la nativité.

Ermom, anathème ou condamnation.

Esthaol, le feu des enfantements.

Esna (δευτέρωσις), ce que du nombre deux nous pouvons exprimer par occupant le deuxième rang, ou feu, ou développement.

Esthamma (*Esthémo*), pensée.

Esaan, je fais effort sur, ou je confirme.

Elthéeem, il porta en avant.

Enec, vallée.

Elec (*Hélec*), portion.

Emeccasis, vallée de la coupure.

Erma, son anathème.

Ennathon, donnant la grâce.

Enarath, voilà qu'elle conçut.

Elchath, portioncule.

Elamméleeh (*Elméleeh*), vers le roi.

Estmoé, femme du ventre.

Elthaci, faisant vainement un vœu.

Jusqu'ici nous avons fait E bref; il faut désormais commencer le mot par E long.

Elo, son armée. En effet, en hébreu, on exprime toujours les légions de soldats ou les richesses par le mot abondance (εὐπορία).

Engaddi, fontaine du bouc.

Endor, fontaine de la génération.

Engannim, fontaine des jardins.

Enadda (*Enhadda*), fontaine affûlée.

Edroï, purification qui me nourrit.

Eram (*Horem*), vie sublime.

F

Fesga, polie, ou coupée, ou d'une bouche excessive.

Faletti (*Jephléti*), qui me sauve.

G

Gazer, coupure, division.

Gosnam (*Gosen*), auprès d'elle, ou appliquée.

Gaza (עזה), fort. Ce mot commence par *ain*, et non par la consonne *gimel*.

Geth, pressoir.

Gessori, appliquant la lumière, ou appliquant celui qui dirige.

Galiloth, révélation, ou transmigration.

Gazao, au robuste.

Geththaeo, au pressoir.

Gadéra, sa haie.

Gadéroth, maigreur, ou haie.

Gabaoth, collines.

Esdad (*Asedoth*), effusio, vel incendium, sive ignis patruelis.

Evæus, lapides colligens, quod Græce dicitur λιθολόγος.

Evi, desiderans, sive est.

Esron (חצרון), irascens, vel sagitta visionis.

Eneam (*Enaim*), ecce ista, vel ecce sunt.

Emmam (*Amam*), mater eorum.

Eltholed, ad nativitatem.

Ermom, anathema, sive damnatio.

Esthaol, ignis parturitionum.

Esna, δευτέρωσις, quam nos a secundo numero dicere possumus secundantem, sive ignis, vel edissertio.

Esthamma (*Esthemo*), cogitatio.

Esaan, innitor, sive confirmo.

Elthecem, protulit.

Emec, vallis.

Elec (*Helec*), portio.

Emeccasis (*Apud* LXX, XVIII, 21), vallis concisionis.

Erma, anathema ejus.

Ennathon, gratiam dantes.

Enarath, ecce concepit.

Elchath, portiunculam.

Elammelech (*Elmelech*), ad regem.

Estmoe, mulier ventris.

Elthaci, nequaquam voventem.

Hucusque per E brevem litteram legerimus, exin per extensum legamus elementum.

Elo, excercitus ejus. Pro εὐπορία enim, semper in Hebræo aut turmæ militum describuntur, aut opes.

Engaddi, fons hœdi.

Endor, fons generationis.

Enadda (*Enhadda*), fons exacutus.

Edroi, inundatio pascens me.

Eram (*Horem*), vita sublimis.

F

Fesga, dolata, sive præcisa, aut oris multi.

Faletti (*Jephleti*), salvans me.

G

Gazer, præcisio, sive divisio.

Gosnam (*Gosen*), juxta eam, vel applicitam.

Gaza (עזה), fortis : ab *ain* littera incipiens, non a consonanti *gimel*.

Geth, torcular.

Gessori, applicans lumen, vel applicans dirigentem.

Galiloth, revelationes, vel transmigratio.

Gazan, robusto.

Geththæo, torculari.

Gadera, sepes ejus.

Gaderoth, maceria, vel sepes.

Gabaoth, colles.

Gabaon, colline du chagrin.
Geththaapher, son pressoir dans le sol, ou creusé.
Gabathon, leur élévation, ou colline du chagrin.
Géthremmon, pressoir élevé, ou pressoir des hauts lieux.
Golam (*Gilo*), leur transmigration.
Galim, marécages, ou monceaux.
Galgalis, aux bourbiers.
Gabaad (*Gabaath*), colline de l'oncle paternel.

I

Jérimoth, craignant la mort, ou hauteurs de la mort.
Jafié, bouche.
Jabin, intelligent, intelligence.
Jeenano, il posséda le peuple.
Jazer, secours.
Jarim, des clairières, ou des forêts.
Jebnéel, construction de Dieu.
Jagur, colon étranger.
Jétan (*Jéta*), de la récompense.
Jectael (*Jecthel*), honneur de Dieu.
Jephté (*Jephtha*), ouvrant, ouvert.
Janum, sommeillant.
Jetta, ils étendirent.
Jezrael, semence de Dieu.
Jecdom (*Jucadam*), le peuple s'appuya sur.
Janua (*Janoé*), repos.
Jéblaam, le peuple étant insensé.
Jerféi (*Jaréphel*), Dieu renvoya.
Jeenam, possession du peuple.
Jafié, ouverture, action de montrer, surface.
Jéphéel (*Jephtahel*), Dieu ouvrira.
Jédala, main, malédiction.
Jaïel (*Néhiel*), repos de Dieu.
Jéraon (*Jéron*), ils craindront.
Jéracon (*Jercon*), jaunisse, en grec ἴκτερον.
Jéfouné, nu.
Jetta, inclination.
Jézer, force, ou secours.

L

Lachis, il importe, ou homme pour lui-même.
Lobna (*Labana*), blancheur éclatante, ou briques.
Labo, entrée, ou qui viennent.
Lahamas (*Léhéman*), à l'iniquité.
Luza, amande. Quelques-uns le rendent par collier des condamnés, c'est-à-dire carcan. On peut le traduire encore par : et celui-ci lui-même.
Labec, acceptable.
Lacum, pour se lever ensemble.
Lésem, d'après le nom.
Lésemdan, jugement du nom.

M

Maceda, embrasement, ou oriental.

Gabaon, collis mœroris.
Geththaapher, torcular ejus humi, vel fossum.
Gabathon, sublimitas eorum, vel collis mœroris.
Gethremmon, torcular excelsum, vel torcular sublimium.
Golam (*Gilo*), transmigratio eorum.
Galim, loca palustria, vel acervi.
Galgalis, volutabris.
Gabaad (*Gabaath*), collis patruelis.

I

Jerimoth, timens mortem, vel altitudines mortis.
Jafie, est os : ab ore, non ab osse.
Jabin, intelligens, vel intelligentia.
Jecnam, possedit populum.
Jazer, auxillium.
Jarim, saltuum, vel silvarum.
Jebneel, ædificatio Dei.
Jagur, colonus, vel advena.
Jetan (*Jeta*), mercedis.
Jectael (*Jecthel*), honestas Dei.
Jephte (*Jephta*), aperiens, vel apertus.
Janum, dormitans.
Jetta, extenderunt.
Jezrael, semen Dei.
Jecdom (*Jucadam*), incubuit populus.
Janua (*Janoe*), requies.
Jeblaam, desipiscens populus.
Jerfel (*Jarephel*), dimisit Deus.
Jecnam, possessio populi.
Jafie, adapertio, vel ostensio, sive superficies.
Jepheel (*Jephtahel*), aperiet Deus.
Jedala, manus, maledictio.
Jaiel (*Nehiel*), requies Dei.
Jeraon (*Jeron*), timebunt.
Jeracon (*Jercon*), aurugo : quam Græci ἴκτερον vocant.
Jefone, nudus.
Jetta, inclinatio.
Jezer, fortitudo, vel adjutorium.

L

Lachis, interest, vel sibimet vir.
Lobna (*Labana*), candor, vel lateres.
Labo, ingressus, sive venientes.
Laamas (*Leheman*), ad iniquitatem.
Luza, ἀμυγδαλῶν : licet quidam interpretentur κλοιόν, torquem videlicet damnatorum, quam vulgo Boium vocant. Potest autem interpretari, et hic ipse.
Labec, *Apud* LXX, XVII, 5, acceptabilis.
Lacum, ad consurgendum.
Lesem, ad nomen.
Lesemdan, nominis judicium.

M

Maceda, exustio, sive Orientalis.

Madon, contradiction, ou habitation.
Maspha, belvédère, ou de l'observatoire.
Masépha, observatoire.
Marom, élevé, ou d'un lieu élevé.
Masarphoth, incendies, ou de la tribulation des becs d'oiseau.
Maachati, ventre coupé, ou elle a été brisée pour moi.
Marom, autrement, amère, tristesse.
Mageddo, de ses fruits, ou ses cénacles.
Médab (*Médaba*), disette des eaux.
Méphaath (מפעת), impétuosité des eaux, ou les temps depuis eux.
Manaïm, camps.
Maabéel (*Cabséel*), rassemblement de Dieu.
Molada, nativité.
Médabéna (*Médéména*), à cause des fardeaux.
Maldalgad, tour du pirate, ou tour de l'homme équipé.
Marésa, depuis la tête.
Maon, habitation.
Maaroth (*Mareth*), caverne.
Meddin, jugement.
Mahala, chœur.
Malcha, reine.
Messa, rixe, ou azyme.
Marala, embarquement douloureux.
Maalaph, de mille, ou d'après la doctrine.
Magdaliel, Dieu est ma tour.
Masadda, recherchant, ou retenant.
Misor, directe, ou champêtre, ou par la tribulation.

N

Napheddor (*Dor*), changement de la génération.
Nephthoé, dissolus, ou déception.
Nasib, titre, ou arrêt.
Nabsan, desséchée.
Noal (נעיאל), ascension.
Noa, mouvement, ou commotion.
Nahala, qu'ils louent.

O

Oziph (*Ziph*), germination.
Orchiataroth, longueur de la couronne.
Oli (*Holon*), infirmité.
Ozanoth (*Azanoth*), comme un signe, ou signe fort.

Jusqu'ici nous avons lu par O bref; désormais il est long.

Oham, malheur au peuple ! ou insensé.
Oram, malheur au superbe ! ou colère.
Osa (*Hosa*), espérance.
Océo, diligent, ou qui examine à fond.
Oga (*Haucca*), noble, ou glorieux.
Ono (*Beth-Anoth*), sa douleur.

Madon, contradictio, sive habitatio.
Maspha, specula, sive de specula.
Masefa, specula.
Marom, sublimis, sive de excelso.
Masarphoth, incendia, sive de tribulatione rostrorum.
Maachati, venter cæsus, sive fracta est mihi.
Marom, aliter, amara tristitia.
Mageddo, pomorum ejus, sive cœnacula ejus.
Medab (*Medaba*), aquarum fames.
Mephaath (מפעת), aquarum impetus, sive ab eis tempora.
Manaim, castra.
Maabeel (*Cabseel*), congregatio Dei.
Molada, nativitas.
Medabena (*Medemena*), de oneribus.
Magdalgad, turris piratæ, vel turris accincti.
Maresa, a capite.
Maon, habitaculum.
Maaroth (*Mareth*), speluncæ
Meddin, judicium.
Mahala, chorus.
Malcha, regina.
Messa, rixa, vel azymus.
Marala, amara conscensio.
Maalaph, de mille, sive de doctrina.
Magdaliel, turris mea Deus.
Masadda, requirentem, sive retinentem.
Misor, directa, sive campestris, vel de tribulatione.

N

Napheddor (*Dor*), conversio generationis.
Nephthoe, dissoluti, sive deceptio.
Nasib, titulus, vel statio.
Nabsan, exsiccata.
Naal (נעיאל), ascensio.
Noa, movens, sive commotio.
Nahalal, laudent.

O

Oziph (*Ziph*), germinatio.
Orchiataroth, longitudo coronæ.
Oli (*Holon*), infirmitas.
Ozanoth (*Azanoth*), quasi signum, vel forte signum.

Hucusque per O brevem litteram legerimus; nunc per extensam legendum est.

Oham, væ populo, sive insaniens.
Oram (*Horam*), væ excelso, vel iracundia.
Osa (*Hosa*), spes.
Oceo, diligens, sive perscrutans.
Oga (*Hucuca*), inclytus, vel gloriosus.
Ono (*Beth-Anath*), dolor ejus.

Les Grecs et les Hébreux ne connaissaient pas la lettre Q, et la langue latine, au temps de Jérôme, avait seule cette consonne ; aussi n'en est-il pas question dans ce vocabulaire.

R

Rahab, largeur, faim, impétuosité.
Réeem, variété, ou action de rendre vide.
Rébé, quatrième, ou mis en ordre.
Ramoth, vision de la mort.
Ragal (*Rogel*), pied, ou portant en bas.
Raphaïm, géants.
Remmon, élévation.
Rama, élevée.
Rabboth, un grand nombre.
Ramath, celle-ci élevée.
Roob, au large.
Raccath, mâchoires, ou creux des joues.

S

Sarathan, leur tribulation.
Semro, son gardien, ou il vit le nom.
Salacha, il porta à soi-même, ou essai d'un chemin.
Saron, prince de la tristesse.
Semronmaron, gardien d'un amer chagrin.
Sabama, soulage celle qui est élevée, ou quelque changement.
Sarth, lien, ou sa gêne.
Sin, sortant.
Sechrona, ivres, ou tentes.
Sisaï, qui est d'un âge avancé.
Sémé (*Sama*), audition.
Suhalim, renards.
Sicéleg, adoucissement d'une voix sévère, ou il répandit un setier.
Sénésanna (*Sensenna*), enlevant le rouge, ou tentations.
Saloïm (*Sélim*), délivrances.
Saraa, charbons, ou gêne des maux.
Socha (*Socho*), tente, ombrage.
Saharim, portes.
Sanan, abondant, ou leur sortie.
Samer, gardée.
Siher, très-petit, ou turbulent.
Sébacha (*Sothéba*), filet.
Sélom (*Sélim*), arrachement ; délivrance ; là où il est lui-même.
Semdaé (*Sémida*), science du nom.
Samari, ma laine.
Sélam, côté.
Sabé, sept, sept fois.
Sarid, restes.
Sonim (*Sunem*), vêtement d'écarlate.
Séon, à sa race.
Sahasim (*Séhésima*), il s'appuya en sortant.
Sala, enlevant.

Q *Litteram, nec Græci resonant, nec Hebræi, et exceptis Latinis nulla alia lingua habet, unde a nobis hic penitus prætermissa est.*

R

Rahab, latitudo, vel fames, sive impetus.
Recem, varietas, sive vacuefactio.
Rebe, quartus, vel ordinatus.
Ramoth, visio mortis.
Ragal (*Rogel*), pes, vel deorsum ferens.
Raphaim, gigantes.
Remmon, sublimitas.
Rama, excelsa.
Rabboth, multi.
Ramath, excelsa hæc.
Roob, late.
Raccath, maxillæ, sive buccæ.

S

Sarathan, tribulatio eorum.
Semro, custos ejus, vel nomen ejus.
Salacha, tulit sibimet, vel tentatio itineris.
Saron, princeps tristitiæ.
Semronmaron, custos amari mœroris.
Sabama, leva excelsam, sive conversio quædam.
Sarth, vinculum, sive angustia ejus.
Sin, egrediens.
Sechrona, ebrii, vel tabernacula.
Sinai, longævus.
Seme (*Sama*), auditio.
Subalim, vulpes.
Siceleg, defecatio vocis adductæ, sive effudit sextarium.
Senesanna (*Sensenna*), tollens rubrum, vel tentationes.
Saloim (*Selim*), emissiones.
Saraa, carbones, sive angustia malorum.
Socha (*Socho*), tabernaculum, vel umbraculum.
Saharim, portæ.
Sanan, abundans, sive egressus eorum
Samer, custodia.
Sihor, parvulum, sive turbulentum.
Sebacha (*Sotheba*), reticulum.
Selom (*Selim*), avulsio, vel dimissio, sive ubi est ipse.
Semdae (*Semida*), nominis scientia.
Samari, lana mea.
Selam, latus : a latere, non a latitudine.
Sabe, septem, vel septies.
Sarid, reliquiæ.
Sonim, (*Sunem*), coccinum.
Seon, semini ejus.
Sahasim (*Schesima*), incubuit egrediens.
Sala, tollens.

Sémès, soleil.
Salabim (*Sélébim*), surchargeant l'intelligence.

T

Talam (*Télem*), leur rosée, ou arrosée.
Tyr, qui se dit en hébreu son (ער), et se traduit par tribulation, angoisse, ou force.

Ces deux mots doivent être lus avec le son du T *simple; il faut commencer les suivants par une aspiration.*

Thafféô (*Thaphua*), pomme, ou roue creuse.
Thaanac, qui répond, ou humilité.
Thersa, action de complaire, et plus expressivement en grec εὐδοκία.
Thalmé, sillon, ou dépendant.
Thamna, nombre, ou fidèle, ou comptée, ou leur consommation.
Thénac, figuier.
Thérêla, vous avez vu le térébinthe.
Thabor, lumière qui vient.
Thalla, son champ, ou action de suspendre.
Thamnatsaré, ombre du mystère nouveau.

U

Ur (*Hur*), aérien, ou provoquant à la colère.

Z

Zebdi, de ma dot.
Zabdi, flux violent ou abondant.
Zanoc, il repoussa, ou celui-là se reposa.

DU LIVRE DES JUGES.

A

Adonibézec, Seigneur de la foudre, ou le Seigneur méprisant les vains.
Ahiman, qui est mon frère?
Asca (אכסה), qui boite, ou qui s'irrite.
Athaniel, mon temps de Dieu.
Arad (ערד), action de se lever ensemble pour descendre, ou témoignage qui descend.
Accho, jusqu'ici, ou hameçon, ou son humilité.
Alab (הלב), lait, ou lactée.
Acrabbim, scorpions.
Astaroth, bergeries, ou structure des explorateurs.
Anatha, réponse.
Arasth (*Arad*), artisan.
Abinaam, ornement de mon père.
Abel, deuil, ou envoyant ensemble.
Abelméola, gémissement de celle qui enfante.
Arès (חרס), soleil.
Abed, serviteur.
Armon, anathème du chagrin, ou image de la tristesse.

Semes, sol.
Salabim (*Selebin*), aggravans intellectum.

T

Talam (*Telem*), ros eorum, sive irrorata.
Tyrus, quæ Hebraice dicitur sor (ער) et interpretatur tribulatio, sive angustia, vel fortitudo.

Hucusque per simplicem litteram legerimus, exin aspiratione addita legendum est.

Thaffee (*Thaphua*), malum: ab arbore, non a malitia intelligendum, sive tympanum apertum.
Thaanac, respondens, sive humilitas.
Thersa, complacitio; quæ significantius Græce dicitur, εὐδοκία.
Thalme, sulcus, vel dependens.
Thamna, numerus, vel fidelis, sive numerata, aut consummatio eorum.
Thenac, ficus.
Therela, vidisti terebinthum.
Thabor, veniens lumen.
Thalla, ager ejus, vel appensio.
Thamnatsare, numerus operimenti novi.

U

Ur (*Hur*), aerium, sive ad iracundiam provocans.

Z

Zebdi, dotis meæ.
Zabdi, fluxus vehemens, sive abundans.
Zanoc, repulit, vel iste requievit.

DE LIBRO JUDICUM.

A

Adonibezec, dominus fulminis, sive dominus contemptus vani.
Ahiman, frater meus quis?
Axa (אכסה), claudicans, vel irascens.
Athaniel, tempus meum Dei.
Arad (ערד), consurrectio descensionis, aut testimonium descendens.
Accho, usque huc, aut hamus, aut humilitas ejus.
Alab (הלב), lac, vel lactea.
Acrabbim, scorpiones.
Astaroth, ovilia, vel factura, id est ποίησις exploratorum.
Anatha, responsio.
Arasth (*Harad*), artifex.
Abinaam, patris mei decor.
Abel, luctus, vel committens.
Abelmeola, luctus parturientis.
Ares (חרס), sol.
Abed, servus.
Armon, anathema mœroris, vel imago tristitiæ.

Avoth, séjour, ou demeure, ou village, ou berceau, en grec ἔπαυλις.
Abgam (*Abésan*), père de la souillure.
Abdon, serviteur du chagrin.
Aiiel (*Illel*), louange.
Aminadab, mon peuple de son plein gré.

B

Bézec, foudre, ou vain mépris, ou brillant.
Baalmésar, qui a, ou homme par le prince.
Barac, foudroyant.
Barthal, joug.
Bara, créature, ou choisi.
Baraccinnim, créature des nids, ou chardons.
Baalbérith, ayant un pacte.
Béra (בארה), puits.
Bérith, pacte.
Baalthamar, ayant la palme.
Booz, dans la force, ou en qui est la vertu.

C

Cénez, possession méprisable.
Cétrum (*Cétron*), leurs ténèbres, ou parfum.
Cison, ils heurtèrent, ou leur dureté, ou leur joie.
Carcar, investigation.
Camon, résurrection inutile.

Les quatre noms qui suivent doivent se lire par C aspiré.

Chettim (*Hetthim*), insensés, ou craignant, ou marquée d'un signe.
Chusam, leur Éthiopie.
Chamos, comme touchant, ou rassemblant.
Chélion, consommation, ou toute douleur, ou dès le commencement.

D

Debbora, abeille, ou babillarde.
Dalila, fort pauvre, ou seau à puiser.
Dagon, poisson de la tristesse.

E

Enac, humble qui s'élève.
Eloï, Dieu.
Ezri, mon secours.
Ephod, manteau de dessus, que les Grecs appellent ἐπένδυμα, ou ἐπωμίδα.
Ephrata (*Ephra*), féconde, ou venant de la cendre, ou pulvérulente. Ce que nous pensons de ce mot, nous l'avons plus longuement expliqué dans les livres des Questions hébraïques.

Avoth, commoratio, vel sedes, aut viculus, sive incunabula, quod Græce dicitur ἔπαυλις.
Abgam (*Abesan*), pater sordis.
Abdon, servus mœroris.
Ailel (*Illel*), laus.
Aminadab, populus meus spontaneus.

B

Bezec, fulgur, vel contemptus vanus, sive micans.
Baalmesar, habens, vel vir ex principe.
Barac, fulgurans.
Bachal, jugum.
Bara, creatura, sive lectus.
Baracinnim, *Apud* LXX, VIII, 7, creatura nidorum, sive tribuli.
Baalberith, habens pactum.
Bera (בארה), puteus.
Berith, pactum.
Baalthamar, habens palmam.
Booz, in fortitudine, sive in quo virtus.

C

Cenez, possessio contemptibilis.
Cetrum (*Cetron*), tenebræ eorum, vel thymiama.
Cison, impegerunt, sive duritia eorum vel lætitia.
Carcar, *Apud* LXX, VIII, 10, investigatio.
Camon, resurrectio inutilis.

Quatuor nomina, quæ sequuntur, ex C. littera aspiratione addita sunt legenda.

Chetthim (*Hetthim*), insanientes, vel formidans, sive signata.
Chusam, Æthiopia eorum.
Chamos, quasi attrectans, vel congregans.
Chelion (*a*), consummatio, sive omnis dolor, vel ab initio.

D

Debbora, apis, vel loquax.
Dalila, paupercula, vel situla.
Dagon, piscis tristitiæ.

E

Enac, humilis consurgens.
Eloi, *Apud* LXX, V, 5, Deus.
Ezri, auxilium meum.
Ephod, superindumentum, quod Græci vocant ἐπένδυμα, sive ἐπωμίδα.
Ephratha (*b*) (*Ephra*), frugifera, sive de cinere veniens, aut pulverulenta. Et super hoc quid nobis videatur, in libris Hebraicarum Quæstionum plenius diximus.

(*a*) *Chelion, consummatio*, etc. *Chelion* non legimus in libro Judicum ; etsi codices mss. omnes hoc nomen scriptum retineant in præsenti serie, abjiciant autem e volumine Ruth, ubi propriam habet sedem. Verum meminisse debet lector studiosus Judicum et Ruth libros pro eodem volumine apud veteres fuisse susceptos. MARTIAN.

(*b*) *Ephrata, frugifera*, etc. de Ephrata disserit S. Hieronymus libro Quæstionum Hebraicarum in Genesim cap. XLVIII. Nolim tamen asseruisse ejusdem esse Quæstiones quas hoc loco citavit S. Doctor : multos enim libros edidit Hebraicarum Quæstionum, et quidem diversos pro diversis Scripturarum voluminibus ; unde ait : *In libris Hebraicarum Quæstionum plenius diximus*. MARTIAN.

Euphrathitès, sol, ou leur poussière, ou fécond.

Dans les deux noms qui suivent, E est long.

Eüd (*Aod*), recevant la gloire.

Etam (עיטם), leur oiseau.

F

Fura (*Phara*), petit flacon, ou fertile.

Fanuel, face de Dieu.

Fou (*Phua*), ouvrier, ou son, ou évident.

Farez, qui divise, ou violent, ou division.

G

Goazar (*Gazer*), commotion.

Géra, action de ruminer.

Gédéon, allant autour, ou tentation de leur iniquité.

Gabatha, colline, ou élevé.

Garizim, qui habite auprès, ou son étranger.

Gaola (Gaal), rejetant, ou révélation.

Gaza, sa force.

Gadam, tentation, su équipement du peuple.

I

Jezbaam (*Jéblaam*), qui coule, ou peuple insensé.

Jabin, intelligent, ou qui sait.

Jael, biche, ou accouplement des cerfs, ou qui commence.

Joas, qui espère, ou temporel, ou force du Seigneur.

Jérobaal, Baal jugera, ou celui qui a jugera, ou supérieur, ou ayant un débat.

Jechazé (יקבזאב), pressoir du loup.

Jecba, pressoir.

Jotham, il est accompli.

Jaïr, illuminant.

Jonathan, don de la colombe, ou il donna à la colombe, ou don du Seigneur.

Jabès, desséchée, ou sécheresse.

L

Laffidoth, lampe, ou comme la bouche du couteau.

Laïs, lion, ou homme à soi-même.

M

Meroz, les eaux des sacrements.

Maoz, robuste, fort.

Méré (*Méromé*), manifeste, illuminant, ouvert.

Mello, plein.

Manné (*Manué*), repos.

Micha, qui est ici? ou qui est celui-là?

Euphrathites, humus, aut pulvis eorum, sive frugifer.

Duo nomina, quæ sequuntur, per extensum legamus elementum.

Eud (*Aod*), accipiens gloriam.

Etam (עיטם), avis eorum.

F

Fura (*Phara*), laguncula, vel frugifer.

Fanuel, facies Dei.

Foa (*Phua*), operarius, vel sonitus, aut evidens.

Farez, dividens, vel violentus, sive divisio (*a*).

G

Gaasar (*Gazer*), commotio.

Gera, ruminatio.

Gedeon, circumiens, sive tentatio iniquitatis eorum.

Gabatha, *Apud* LXX, vii, 1, collis, sive sublimis.

Garizim, accola, sive advena ejus.

Gaola (*Gaal*), abjiciens, sive revelatio.

Gaza, fortitudo ejus.

Gadam, *Apud* LXX, xx, 45, tentatio, vel accinctio populi.

I

Jezbaam (*Jeblaam*), defluens, vel desipiscens populus.

Jabin, intelligens, vel sapiens.

Jael, cerva, vel conjugium cervale, sive incipiens.

Joas, sperans, sive temporalis, vel domini robur.

Jerobaal, judicet Baal, vel judicet habens, aut superior, sive jurgium habens.

Jecbaze (יקב זאב *in Hebr.* vii, 25), torcular lupi.

Jecba, torcular.

Jotham, est perfectus.

Jair, illuminans.

Jonathan, columbæ donum, vel columbæ dedit, aut Domini donum.

Jabes, exsiccata, vel siccitas.

L

Laffidoth, lampas, sive quasi os cultri : ab ore, non ab osse.

Lais, leo, vel sibimet vir.

M

Meroz, aquæ sacramentorum.

Maoz, *Apud* LXX, vi, 26, robustus, fortis.

Mere (*Merome*), manifestus, vel illuminans, aut apertus.

Mello, plenus.

Manue (*Manue*), requies.

Micha, quis hic, adverbium loci, vel quis est iste ?

(*a*) Amovi hinc nomen *Fenenna*, sive ut Martian. legit *Fennana, conversio* : quod neque in meo ms. neque in Regio altero, teste ipso Martian. habetur, nec denique, in editis antea libris. Et vero non ad Judicum librum, sed ad primum Regnorum pertinet, quo loco emendatiores mss. et vulgati repræsentant. — *Fennaa*, *conversio*. Manuscripti veteres addunt hic loci nomen *Phenennæ*, quod minime legi debet in libro Judicum, sed ad primo Samuelis volumine, in quo tamen illud omittunt manuscripti codices jam dicti. Regius vero codex num. 3993 nomen *Phenennæ* proprio loco retinuit, neque illud addidit in libro Judicum. MARTIAN.

N

Néellel (נהלל), louange, hymne.
Nabé (*Nobé*), aboiement.

Dans les trois noms qui suivent sous la rubrique O; cette voyelle est longue.

O

Obed, qui sert.
Obab (*Hobab*), amour.
Oreb, corbeau, ou sécheresse.

R

Réchab, ascension, ou qui monte.
Résathaïm, leur impiété.

S

Sasaï, d'un âge très-avancé, ou composé de six.
Sépheth (צפת), observatoire.
Salabbim, salut des cœurs.
Syria (ארם), hauteur.
Saïrath, chèvre.
Sémégar, nom de l'étranger, ou colon en ce lieu.
Sisara, exclusion de la joie, ou enlevant celui qui se retire, ou vision d'un cheval.
Setta (*Bethsetta*), épines.
Saratha (*Saraa*), celui qui lie est venue, ou tribulation.
Saroreb, rocher du corbeau.
Salmané, ombre de défendre, ou ombre de la commotion.
Samir, ronces, ou inculte.
Séon, tentation enflammée, ou germe qui n'est pas.
Sémanoth, nom humble.
Samson, leur soleil, ou force du soleil.
Sorec, choisie, la meilleure.
Salma (*Salmana*), qui sent, ou parfaite, ou pacifique.

T

Tabath (*Tabbath*), bonne.

A l'exception de ce mot, tous ceux qui suivent doivent se prononcer par T aspiré.

Thalmaï, suspension, ou sillon.
Tamnatharès (*Tanathsaré*), dénombrement du soleil.
Thanach, humilité, ou il te répondra.
Thèbes (תבץ) conversion, ou devenir œufs.

Z

Zib, loup.
Zébul, habitation.
Zabulonites, son habitation.

N

Neellel (נהלל), laus, hymnus.
Nabe (*Nobe*), latratus.

Tria nomina, quæ ex O subjicimus, per extensam legenda sunt litteram.

O

Obed (*a*) serviens.
Obab (*Hobab*), dilectio.
Oreb, corvus, aut siccitas.

R

Rechab, *Apud* LXX, I, 19, ascensio, sive conscendens.
Resathaim, impietas eorum.

S

Sasai, longævus, vel senarius.
Sepheth (צפת), specula.
Salabbim, salus cordium.
Syria (ארם), sublimitas.
Sairath, capra.
Semegar, nomen advenæ, sive ibi colonus.
Sisara, gaudii exclusio, sive tollens recedentem, vel equi visio.
Setta (*Bethsetta*), spinæ.
Saratha (*Saraa*), vinciens venit, sive tribulatio.
Suroreb, *in Hebr.* VII, 25, saxum corvi.
Salmane, umbra prohibendi, vel umbra commotionis.
Samir, vepres, vel incultum.
Seon, tentatio calens, vel germen quod non est.
Semanoth, nomen humile.
Samson, sol eorum, vel solis fortitudo.
Sorec (*b*), electa, optima.
Salma (*Salmana*), sentiens, vel perfecta, sive pacifica.

T

Tabath (*Tebbath*), bona.

Excepto hoc nomine, cætera, quæ sequuntur hujus litteræ, per aspirationem legenda sunt.

Thalmai, suspensio, vel sulcus.
Thamnathares (*Thamnathsare*), enumeratio solis.
Thanach, humilitas, vel respondebit tibi.
Thebes (תבץ), conversio, sive fieri ova.

Z

Zib, lupus.
Zebul, habitaculum.
Zabulonites, habitaculum ejus.

(*a*) *Obed, serviens.* Mirare, lector, editorum veterum incogitantiam, dicit Hieronymus tria tantum nomina hic ex O littera subjecisse : ipsis vero placuit quinque reposuisse contra fidem codicum vetustissimorum, qui tria tantum vocabula retinent. In editis ergo libris hæc spuria nomina occurrunt inter genuina : *Othoniel, responsio Dei,* vel *revelatio Dei.* Et post vocem Obab : *Othoniel, tempus mei Dei,* vel *signum Dei.* MARTIAN. — Tribus hisce nominibus duo hæc alia interserunt veteres editi libri, *Othoniel, responsio Dei, vel revelatio Dei :* et denuo, *Othoniel, tempus mei Dei, vel signum Dei,* contra mss. fidem, ipsumque Hieronymi testimonium, quia tantum per O extensam legenda se dixit subjicere.

(*b*) *Sorec, electa, optima.* Veteres aliquot mss. *Electio optima ;* et infra ad nomen *Ruth,* legunt *definiens* pro *deficiens.* MARTIAN.

DE RUTH.

Booz, dans la force.
Eliméléch, Dieu mon roi.
Jessé (ישי) libation de l'île.
Maalon, de la fenêtre ou dès le principe, ou consommation.
Noémi, belle.
Orpha, son cou.
Ruth, voyant, ou se hâtant, ou marquant.

DU LIVRE PREMIER DES ROIS.

A

Anna, sa grâce.
Aphec, fureur nouvelle, ou avec continence.
Aminadab (*Abinadab*), mon père de son plein gré ou poli.
Abia, le Seigneur père, ou il a été père.
Abiel, Dieu mon père.
Ammoni, comprimant, ou me gênant.
Asor, flèche de la lumière.
Ahias, autre frère, ou son frère.
Ahitob, mon frère bon.
Ahinaam, ornement du frère.
Abenner, mon père lampe, ou père de la lampe.
Agag, dôme, c'est-à-dire toit.
Armathaïm (*Ramathaïm*), leur hauteur.
Azéca, force, ou piége.
Adréel (עדריאל), troupeaux de Dieu.
Azel, s'en allant, continuant sa route.
Achis, mais cependant homme, ou mon frère, ou frère homme.
Abiméléch, mon frère roi.
Avilath (*Hévila*), se plaignant, ou enfantant.
Arth (*Haret*), retard.
Abiathar, père superflu.
Achéla (*Hachila*), la regardant avec admiration.
Abigal, père du transport de joie, ou de la rosée.
Adisa, encens de mon père, ou sacrifice.
Aendor, œil, ou source de la génération.
Abigail, transport de joie de mon père.
Asan, fumant.
Athach, en tout temps.

B

Baalim, qui ont, ou qui montent, ou supérieurs.
Béthahar, maison de la connaissance ou de l'agneau.
Bochorach (*Bocorath*), ton premier né.

DE RUTH.

Booz (*a*), in fortitudine.
Elimelech, Deus meus rex.
Jesse (ישי), insulæ libamen.
Maalon, de fenestra sive a principio, vel consummatio.
Noemi, pulchra.
Orpha, cervix ejus.
Ruth, videns, vel festinans, sive deficiens.

DE REGNORUM LIB. I.

A

Anna, gratia ejus.
Aphec, furor novus, aut continenter.
Aminadab (*Abinadab*), (*b*) pater meus spontaneus, vel urbanus.
Abia, pater Dominus, vel pater fuit.
Abiel, pater meus Deus.
Ammoni, comprimens, vel coangustans me.
Asor, sagitta luminis.
Ahias, frater alius, vel frater ejus.
Ahitob, frater meus bonus.
Ahinaam, fratris decor.
Abenner, pater meus lucerna, vel pater lucernæ.
Agag, δῶμα, id est tectum.
Armathaim (*Ramathaim*), altitudo eorum.
Azeca, fortitudo, sive decipula.
Adreel (עדריאל) greges Dei.
Azel, abiens, pergens.
Achis, veruntamen vir, sive frater meus, aut frater vir.
Abimelech, frater meus rex.
Avilath (*Hevila*), dolens, sive parturiens.
Arth (*Haret*), mora.
Abiathar, pater superfluus.
Achela (*Hachila*), suspiciens eam.
Abigal, pater exsultationis, sive (*c*) pater roris.
Abisa, patris mei incensum, vel sacrificium.
Aendor, oculus, aut fons generationis.
Abigail, patris mei exsultatio.
Asan, fumans.
Athach, tempore tuo.

B

Baalim, habentes, sive ascendentes, vel superiores.
Bethahar, domus agnitionis vel domus agni.
Bochorach (*Bocorath*), primogenitus tuus.

(*a*) *Booz, in fortitudine.* In optimo exemplari manuscripto Colbertinæ bibliothecæ tria solummodo vocabula scripta leguntur de libro Ruth, nempe *Maalon*, *Orpha* et *Ruth*. Nihil legitur amplius in uno codice Monasterii sancti Cygiranni : at in aliis bene multis codicibus mss. septem nomina reperimus ut in antea editis libris, quos secuti sumus hoc loco. MARTIAN.

(*b*) *Aminadab, pater meus spontaneus*, etc. Septuaginta legunt *Aminadab*, sed corrupte, ut optime liquet ex ipsa etymologia : quia nomen *Aminadab* non vertitur Latine, *pater meus spontaneus* ; sed *populus meus spontaneus*. MARTIAN.

(*c*) *Abigal*, *pater roris*. Editi libri, *pater erroris* : sed verius legitur in manuscriptis, quia auctor hujus libri respexit ad nomen *Abital*, quod reddi potest, *pater roris*, non *pater erroris*. MARTIAN.

Bézec, disette.
Badan, seul, ou en jugement.
Bosès, il fleurit en lui-même, ou coupure.
Bama, en qui.
Baritha, Pythonisse, que les Grecs appellent ἐγγαστρίμυθος.
Bosori (*Bésor*), annonciation, ou chair.
Bersabéé, puits de la satiété, ou septième puits.

C

Cariathjarim, cité des forêts.
Ciis (קיש), dur, ou vomissement de l'homme, ou homme qui vomit.

Les mots qui suivent doivent se lire avec aspiration.

Chérubin, grande quantité de science.
Chetti (חתי), insensés, ou avec moi.
Chéretti (Céréthi), tuant, et plus expressivement en grec ἐξολοθρεύοντες.
Chaleb, comme si le cœur, ou tout le cœur, ou chien.

D

David, fort de la main, ou désirable.
Damaïm (*Domnim*), des sangs.
Doec (*Doeg*), ému, sollicité, en grec ἀγωνιῶν.

E

Eléazar, pour le secours, ou secours de Dieu.
Escabod (*Ichabod*), la gloire est tombée, ou malheur à la gloire! Ce que nous pensons de cette locution, nous l'expliquons longuement dans les Questions hébraïques.
Evilath, dès le commencement.
Hébreux, passants.
Etthi (אתי), avec moi.
Esthamoé, pensant.

E est long dans les trois mots suivants.

Elcana, possession de Dieu.
Eliu, mon Dieu est celui-là.
Eliab, mon Dieu père.

F

Finéès, la bouche se reposa, ou bouche muette, ou qui se tait.
Fénenna, conversion.
Falti, à mon sauveur.

G

Gabaa, colline.

Bezec, egestas.
Badan, solus, vel in judicio.
Boses, in ipso floruit, vel abscissio.
Bama, in quo.
Baritha *(a)*, Pythonissa, quam Græci ἐγγαστρίμυθον vocant.
Bosori *(Besor)*, annuntiatio, vel caro.
Bersabee, puteus satietatis, vel puteus septimus.

C

Cariathjarim, civitas silvarum.
Ciis (קיש), durus, vel vomitus viri, sive vomens vir.
Quæ sequuntur, aspiratione addita, sunt legenda.
Cherubim, multitudo scientiæ.
Chetti (חתי), insanientes, vel mecum.
Cheretti *(Cerethi)*, interficientes, qui signicantius Græce dicuntur ἐξολοθρεύοντες.
Chaleb, quasi cor, aut omne cor, sive canis.

D

David, fortis manu, sive desiderabilis.
Damaim *(Dommim)*, sanguinum.
Doec (*b*) (*Doeg*), motus, sive sollicitus : quod Græce dicitur ἀγωνιῶν.

E

Eleazar, ad adjutorium, sive Dei adjutorium.
Escabod (*Ichabod*) (*c*), cecidit gloria, vel væ gloriæ. Et de hoc quid nobis videatur, in libris Hebraicarum Quæstionum plenius disputatum est.
Evilath, a principio.
Ebræi, transitores.
Etthi (אתי), mecum.
Esthamoe, cogitans.
Tria nomina, quæ sequuntur, per extensam litteram proferenda sunt.
Elcana, Dei possessio.
Eliu *(d)*, Deus meus iste.
Eliab, Deus meus pater.

F

Finees, os requievit, sive os mutum, vel silens.
Fenenna, conversio.
Falti, salvatori meo.

G

Gabaa, collis.

(*a*) *Baritha, Pythonissa*, etc. Legendum esset *Balitha ob*, juxta Hebraicum *baalath ob*, quod apud LXX, I Samuelis XXVIII, 7 et 9 dicitur ἐγγαστρίμυθος : sed librarii veteres parum consulti linguæ Hebraicæ legerunt *Baritha* pro *Balitha* ; ut alibi *Tabitha* pro *Talitha*. MARTIAN.

(*b*) *Doec*, ἀγωνιῶν. Ita legunt omnes mss. codices, editi autem ἀγώνιος contra fidem veterum exemplarium. MARTIAN.

(*c*) *Escabod, cecidit gloria*, etc. Ex hoc loco manifestissime comprobatur Hieronymum edidisse libros Quæstionum Hebraicorum præter eum quem in Genesim superstitem habemus, in quo de *Ichabod* nulla est mentio, uti nec in illis Quæstionibus Hebraicis Hieronymo usque in præsentem diem falso scriptis, quæ si germinæ ejus essent Quæstiones, seu Traditiones Hebraicæ in libros Regum, de *Escabod* sive *Ichabod* plenius in illis disputatum fuisset; juxta præsentem locum et admonitionem ipsius auctoris. MARTIAN.

(*d*) *Eliu, Deus meus*, etc. In editis libris, *Eliu, Deus meus iste*. Hæc lectio optima est, cum *Elihu* complectatur pronomen demonstrativum *hu*, quod Latine redditur *ipse* vel *iste*, sicut et *ejus*. MARTIAN.

Galgala, roulement, ou révélation.
Goliath, révélé, ou émigrant.
Gallim, émigrants, ou révélés.
Gésuri, auprès de ma lumière, ou attachant à la faveur de ma lumière.
Garizim, coupures.
Gelboé, roulement, ou décours, ou amas qui pleure.
Gédori, appliquant, ou s'approchant.

J

Jéroboam (*Jéroham*), miséricordieux.
Josué, sauveur.
Jéchonia, préparation de Dieu.
Joel, qui commence, ou Dieu fut.
Jabès, desséchée.
Jérobaal, jugement de Baal, ou débat du supérieur ou de celui qui a.
Jésavi (*Jessui*), j'ai désiré.
Jessal, sacrifice de l'île, ou encens.
Joab, ennemi, ou il est le père.
Jéramééli, miséricorde de mon Dieu.

M

Matari (*Métri*), pluie, ou moi étant mouillé.
Machmas, humilié, ou touchée légèrement.
Mageddon (*Magron*), tentant.
Melchisué, roi mon salut, ou roi mon tyran.
Mérob, à cause de la multitude.
Michol, toute l'eau, ou entre tous.
Méolati (מחלת), de moi enfantant, ou de moi me plaignant.
Maon, habitation.
Maoch, retranchement de la virilité, en grec θλαδίαν.

N

Ner, lampe.
Nuath (*Najoth*), beauté.
Nobé, aboiement.
Nabal, insensé ; et si vous lisez Nebel (נבל), c'est un nom de mesure, ou il signifie psaltérion.

O

Ophni, déchaussé, ou folie du changement.
Odollam, leur témoignage.

R

Ramathaïm, leurs lieux élevés.
Rachal, négociation.
Rachel, brebis, ou qui voit Dieu.

S

Sophim, observatoire ou rocher.
Saupha (צוף), observateur, ou versant dessus.
Sabaoth, des armées, ou des vertus.

Galgala, volutatio, sive revelatio.
Goliath, revelatus, sive transmigrans.
Gallim, transmigrantes, sive revelati.
Gesuri, juxta lumen meum, vel applicantes e lumine meo.
Garizim, abscisiones.
Gelboe, volutatio, sive decursus, vel acervus plueus.
Gedori, applicans, sive accedens.

J

Jeroboam (*Jeroham*), misericors.
Josue, salvator.
Jechonia, *Apud* LXX, vi, 19, præparatio Dei.
Joel, incipiens, vel fuit Dei.
Jabes, exsiccata.
Jerobaal, judicium Baal, sive jurgium superioris, aut habentis.
Jesavi (*Jessui*), id est (al. *est*) desideravi.
Jessai, insulæ sacrificium, sive incensum.
Joab, inimicus, vel est pater.
Jerameeli, misericordia Dei mei.

M

Mata... (*Metri*), pluvia, vel compluto me.
Machmas, humilitas, sive attrectata.
Mageddon (*Magron*), tentans.
Melchisue, rex meus salus, sive rex meus tyrannus.
Merob, de multitudine.
Michol, aqua omnis, vel ex omnibus.
Meolati (מחלת), a parturiente me, sive a dolente me.
Maon, habitaculum.
(*a*) Maoch, eviratus : quem Græci θλαδίαν vocant.

N

Ner, lucerna.
Nuath (*Najoth*), pulchritudo.
Nobe, latratus.
Nabal, insipiens quod si legere volueris Nebel (נבל), mensuræ nomen est, sive psalterii.

O

Ophni, discalceatus, sive insania conversionis.
Odollam, testimonium eorum.

R

Ramathaim, excelsa eorum.
Rachal, negotiatio.
Rachel, vero interpretatur ovis, aut videns Deum.

S

Sophim, specula, vel scopulus.
Saupha (צוף), speculator, aut superelfundens.
Sabaoth, exercituum, sive virtutum.

(*a*) *Maoch, eviratus*, etc. Editi legunt θλαδίαν, mss. vero codices cum Δ *Delta* charactere etiam Latino θλαδίαν. Utrumque reperitur apud Græcos pro eo cui contusi, seu elisi sunt testiculi. Martian. — Et Suidas θλαδίαν scribit, Græci autem frequentius θ. λασίαν, ut hic quoque olim erat.

Samuel, son nom est Dieu.
Semsi (שמשי), mon soleil.
Saror, resserrant, ou revêtu.
Saül, demande.
Salisa, la troisième.
Salim (שעלים), renards; mais il est mieux de dire Sualim.
Suph, observatoire ou répandant.
Sena, enlevant, ou gêne, ou dent.
Soba, ordre contre elle.
Sur, droit.
Suma, là, ou qui entend.
Soccoth (*Socho*), rameau, ou humilité.
Séchui, fat.
Sarvia, lié, ou gêne.
Sonaïm (*Sunam*), écarlate, ou leur résistant.
Séphamoth, lèvre de la mort.

T

Thou, fou, errant.

Z

Ziphéens, qui germent, qui fleurissent.

DU LIVRE II° DES ROIS.

A

Asuri (*Gessuri*), mon vestibule.
Abisa, incendie du père, ou sacrifice, ou holocauste. L'expression grecque κάρπωμα est beaucoup plus expressive.
Asaé (*Asad*), façon, en grec ποίημα.
Ammon, coudée.
Ammon, pleurs de la mère.
Abessalom, père de la paix.
Adonia, seigneur dominateur.
Aggia (*Haggith*), de fête, ou solennel.
Abital, mon père rosée.
Agla, génisse.
Aïa, vautour.
Adrazer, beau secours.
Acchereth, perdant, ou dissipant.
Ammiel, mon peuple de Dieu.
Amon, donnant.
Abiséi, père du sacrifice.
Ammiod, mon peuple glorieux.
Ahitophel, mon frère tombant, ou se ruant sur, ou bien mon frère pensant, ou méditant.
Arachi (*Arachites*), ma longueur.
Amessa (*Amasa*), il porta le peuple.
Aphelethi, admirable.
Adoniram, Dieu élevé.
Adoram, génération élevée.
Ahiloth (*Ahilud*), frère illustre.
Armoni, qui m'illumine, ou anathème, ou mon cellier, ou ma maison.

Samuel, nomen ejus Deus.
Semsi (שמשי), sol meus.
Saror, coangustans, sive indutus.
Saul, petitio.
Salisa, tertia.
Salim (שעלים), vulpes : sed melius si legatur Sualim.
Suph, specula, vel effundens.
Sena, tollens, vel angustia, sive dens.
Soba, mandatum in ea.
Sur, rectus.
Sama, ibi, vel audiens.
Soccoth (*Socho*), ramus, vel humilitas.
Sechui, fatuus.
Sarvia, vinctus, sive angustia.
Sonaim (*Sunam*), coccinea, vel subsistens eis.
Sephamoth, labium mortis.

T

Thou, amens, vel errans.

Z

Ziphæi, germinantes, sive florentes.

DE REGNORUM LIBRO II

A

Asuri (*Gessuri*), atrium meum.
Abisa, patris incendium, sive sacrificium, vel holocaustum : quod significantius Græce κάρπωμα dicitur.
Asae (*Asad*), factura, id est, ποίημα.
Amman, cubitus, mensura, non brachium.
Ammon (*Apud* LXX, II, 24), matris fletus.
Abessalom, pater pacis.
Adonia, dominator Dominus.
Aggia (*Haggith*), festus, sive solemnis.
Abital, pater meus ro[illegible].
Agla, juvencula, vel vitula.
Aia, vultur.
Adrazer, decorum auxilium.
Acchereth (הכרתי), disperdens, sive dissipans.
Ammiel, populus meus Dei.
Amon, donans.
Abisei, pater sacrificii.
Ammiod, populus meus gloriosus.
Ahitophel, frater meus cadens, sive irruens, vel frater meus cogitans, sive tractans.
Arachi (*Arachites*), longitudo mea.
Amessa (*Amasa*), populum tulit.
Aphelethi, mirabilis.
Adoniram, Dominus excelsus.
Adoram, generatio excelsa.
Ahiloth (*Ahilud*), frater inclytus.
Armoni, illuminans me, vel anathema, sive cellarium meum, aut domus mea.

Adino, très-tendre, ou délicat.
Ahesani, de la volonté, ou par le conseil moi.
Ahoï, des épines.
Aga (*Agé*), méditant, ou parlant.
Ararites, montueux.
Adollam, leur congrégation.
Ariel, lion de Dieu.
Asael, ouvrage de Dieu.
Aradius (*Harodi*), frappé de stupeur, ou admirant.
Aras (*Ira*), élevé.
Alab, lait.
Abiezri (*Abiézer*), secours de mon Dieu.
Anathothithes, signal qui répond.
Adaï (*Heddai*), robuste, ou suffisant.
Abialbon, mon père très-intelligent.
Azmath (*Azmaveth*), fort par la mort.
Ahiem (*Aïan*), frère de la mère.
Aseraï (*Hesdraï*), mon vestibule.
Arunas (*Areuna*), illuminés.

B

Beurim, élus.
Baana, celui qui répond est venu.
Bérothi, puits.
Béga, élevée.
Banaïa, maçon, c'est-à-dire architecte du Seigneur.
Béthroob, la maison des plateaux.
Bethsabée, fille de la satiété. C'est là le sens de ce mot quand la première syllabe est brève; mais si elle est longue, il signifie maison.
Balasor (בעל חצור), qui a la flèche de la lumière, ou action de monter dans le vestibule.
Betchar, maison de l'agneau.
Baurim, élus, comme Beurim; ou jeunes gens.
Berzellaï, mon fer.
Bochori, mon premier-né.
Bethmacha, maison humble, ou du marché, ou du tribut.
Baana (*Ms.* Baara), celui qui répond est venu.
Bareumi (*Béromi*), n'importe qui le fuit.
Béthoron, maison de la colère.

C

Casir (Κατσὸκ), moisson.
Cabsel (קציר), rassemblement de Dieu.

C est aspiré dans les trois noms suivants :

Chalamac, toute force.
Chusi, Ethiopie.
Chorethi (*Céréthi*), dissipant, ou ruinant.

Adino, *Apud* LXX, XXIII, 8, tenellus, vel delicatus.
Ahesani (*Ibid*), voluntatis, sive consilio ego.
Ahoi (אחוחי), spinarum.
Aga (*Age*), meditans, sive loquens.
Ararites, montanus.
Adollam, congregatio eorum.
Ariel, *Apud* LXX, XXIII, 20, leo Dei.
Asael, factura Dei, id est ποίημα.
Aradius (*Harodi*), obstupescens, vel admirans.
Aras (*Ira*), elatus.
Alab (חלב), lac.
Abiezri (*Abiezer*), (*a*) Dei mei auxilium.
Anathothithes, respondens signum.
Adai (*Heddai*), robustus, sive sufficiens.
Abialbon, pater meus super intelligens.
Azmath (*Azmaveth*), fortis morte.
Ahiem (*Aian*), frater matris.
Aserai (*Hesdrai*), atrium meum.
Arunas (*Areuna*), illuminati.

B

Beurim, electi.
Baana, venit respondens.
Berothi, putei.
Bega (*b*), excelsa.
Banaia, cæmentarius, id est, ædificator domini.
Bethroob, domus platearum.
Bethsabee, filia saturitatis : ita tamen ut prima correpta sit syllaba : alioquin ubi producitur, semper domus interpretatur.
Balasor (בעל חצור), habens sagittam luminis, vel ascensio atrii.
Bethchar, domus agni.
Baurim, electi, ut supra : vel juvenes.
Berzellai, ferrum meum.
Bochori, primogenitus meus.
Bethmacha, domus humilis, fori, vel tributi.
Baana (*Ms.* Baara), venit respondens.
Bareumi (*Beromi*), fugit eum quispiam.
Bethoron, domus iræ.

C

Casir, *Apud* LXX, Κατσὸκ, messis.
Cabsel (קציר), congregatio Dei.

Tria nomina, quæ sequuntur, aspiratione addita legenda sunt.

Chalamac, *Apud* LXX, IX, 16, omnem fortitudinem.
Chusi, Æthiopia.
Chorethi (*Cerethi*), dissipans, sive disperdens.

(*a*) *Abiezri, Dei mei auxilium.* Hoc nomen legitur II Reg. XXIII, 27, verum falsa comprobatur ejus interpretatio tam in editis quam in mss. libris, quia *Abiezer*, vertitur *patris mei auxilium*, non *Dei mei auxilium*. MARTIAN.

(*b*) *Bega, excelsa. Bega* minime legitur sub hac forma lib. II Regnorum ; sed, ni fallor, ipsum est nomen *Gabaa* cap. XXIII, 29, et pro *Bega* legendum *Gela* vel *Gabath*, quod significat *collis* et *excelsa*. Proclivis est apud veteres librarios hujusmodi litterarum transpositio, pro *Amada* enim supra posuerant *Adama*, et hic pro *Gela* scribunt *Bega* vel *Beza*. MARTIAN.

E

Eliaba, caché en vain.

Excepté ce mot, tous ceux qui suivent doivent se lire avec la première syllabe longue.

Elisué, salut de mon Dieu.
Elisamé, mon Dieu qui entend.
Elidahé (*Eliada*), mon Dieu sait.
Eliphaleth, mon Dieu sauvant.
Eliam, peuple de mon Dieu.
Elianam, le Seigneur dominant.

F

Féletthé, admirable, ou qui exclut.
Faraothoni, de ma tristesse qui s'envole.
Faaraï, ceux-ci avant moi.

G

Gio, lutte, ou lutter.
Gélo, émigre, ou à celui qui émigre.
Géra, qui rumine.
Gom (*Gob*), fosse.
Gaas, ébranlé.
Gélonites, émigration.
Garab, galeux.

H

Hiram, vivant avec élévation.
Histob, homme bon.
Hiras, vigilant.
Hisboseth, par la force de la confusion.

Nous avons écrit ces noms avec aspiration, parce qu'ils s'écrivent par une diphthongue et en grec et en hébreu.

I

Jezrael, Dieu a semé.
Jéthraam, peuple superflu.
Jebgar (*Jébahar*), il choisit.
Japhié, il illumine, ou il montre.
Joram, qui est élevé, ou mains de ceux qui sont élevés.
Jéroboseth, jugeant la confusion, c'est-à-dire l'ignominie.
Ididia, aimable du Seigneur.
Jonadab, volontaire du Seigneur.

E

Eliabe, nequaquam absconditus.

Excepto hoc nomine, cætera quæ ex littera sequuntur, per extensam primam syllabam legenda sunt.

Elisue, Dei mei salus.
Elisamie, Deus meus audiens.
Elidahe (*Elioda*), Deus meus scit.
Eliphaleth, Deus meus salvans.
Eliam, Dei mei populus.
Elianam, Domino dominante.

F

Feletthe, mirabilis, sive excludens.
Faraothoni, avolantis tristitiæ meæ.
Faaraï, hi ante me.

G

Gio, lucta, sive luctari.
Gelo, migra, vel transmigranti.
Gera, ruminans.
Gom (*Gob*), fovea.
Gaas, commotus.
Gelonites, transmigratus.
Garab, scabiosus.

H

Hiram, vivens excelse.
Histob, vir bonus.
Hiras, vigilans.
Hisboseth, vi confusionis.

Hæc [illegible] apud Græcos, [illegible] diphthongum scribuntur.

J

[illegible] seminavit Deus.
Jethraam, superfluus populus.
Jebgar (*Jebahar*), elegit.
Japhie, illuminat, vel ostendit.
Joram, qui est sublimis, vel manus sublimium.
Jeroboseth, *Ap.* LXX, xxiii, 8, judicans confusionem, id est ignominiam.
Ididia, amabilis Domini.
Jonadab, Domini spontaneus.

(a) *Per diphthongum scribuntur.* Quatuor [illegible] ab Hieronymo vel Philone [illegible], apud Hebræos per diphthongum [illegible] leguntur hoc modo, *Hiram, Histob,* [illegible] tibus usurpatæ erant, [illegible] diphthongum constituere [illegible] apparet hoc ita esse, [illegible] Græce leguntur absque diphthongo [illegible] Hisboseth scriptum [illegible] cætera nomina Hebraica simili [illegible] *Jabes,* quæ [illegible] passim scripta [illegible] diphthongum [illegible] indifferenter [illegible] promiscua scripta [illegible]

Joadahé, lui-même connaissant.
Josaphat, lui-même juge.
Jodassé, qui sait, ou qui connait.
Jesbi (*Jesbibénob*), il est en moi.
Jaaré, saut.
Jojadahé, connaissance de Dieu, ou lui-même connaissant.
Jasan (*Jassen*), vieux.
Jagual, proche.
Jaaxaer, il secourra.
Jaan, qui répond.

L

Lodabar, à lui-même la parole.
Lasabi, il a espéré en moi.

M

Manaïm, consolation, repos.
Maacha, remué, ou brisé.
Memfibosté, ignominie de la bouche.
Maana, repos.
Maaria (*Maharai*), ma maison, ou amère, ou selon la vision.
Maachati, subjugué, c'est-à-dire que j'ai amolli.

N

Néphec (*Népheg*), appliquant à la bouche, ou sorte de pierre précieuse, en grec Λιγύριον.

Naas, serpent.
Néthophathi, renfermé.
Néélé, échelle, ou torrent.
Naalia, torrents.

O

Orchati, mon estimation.
Odsi, mon mois.

O est long dans les trois noms suivants :

Obédadam (עבד אדום), servant le sol.
Obiada, lui-même connait.
Oren (*Areuna*), colère.

R

Resphab, pavé.
Racha, quadrige, ou course.
Roboam, largeur du peuple.
Ragal (*Rogel*), tristes, ou en bas.
Ragalim (*Rogelim*), pieds.
Rapha (*Arapha*), santé.
Ribaï, qui jugent.

S

Saphatia, qui me juge.
Sion, observatoire, ou observateur, ou roches.
Samoé (*Samma*), audition.
Sobab, tournant.
Sobi, coupée.

Joadahe, ipse cognoscens.
Josaphat, ipse judicat.
Jodasse, sciens, sive cognoscens.
Jesbi (*Jesbibenod*), est in me.
Jaare, saltus.
Jojadahe, Domini cognitio, sive ipso cognoscente.
Jasan (*Jassen*), vetus.
Jagaal, propinquus.
Jaaxaer, auxiliabitur.
Jaan, *in Hebr.* xxiv, 6, respondens.

L

Lodabar, ipsi verbum.
Lasabi, speravit in me.

M

Manaim, *Apud* LXX, II, 12, consolatio, sive requies.
Maacha, molitus, sive confractus.
Memfiboste, de ore ignominia.
Maana, requies.
Maaria (*Maharai*), domus mea, vel amara, sive ex visione.
Maachati, subactus, id est, mollitus meus.

N

Nephec (*Nepheg*), applicans ori, vel ligyrium : nomen est lapidis.
Naas, serpens.
Nethophathi, inclusus.
Neele, *Apud* LXX, *in ms. Alex.*, XXIII, 30, scala, vel torrens.
Naalia, torrentes.

O

Orchathi, æstimatio mea.
Odsi, mensis meus.

Tria nomina, quæ sequuntur, per extensam litteram proferenda sunt.

Obedadam (עבד אדום), serviens humo,
Obiada, ipse cognoscit.
Oren (*Areuna*), ira.

R

Resphab, λιθόστρωτον.
Recha, quadriga, sive cursus.
Roboam, latitudo populi.
Ragal (*Rogel*), tristes, vel deorsum.
Ragalim (*Rogelim*), pedes.
Rapha (*Arapha*), sanitas.
Ribai, judicantes.

S

Saphatia, judicans me.
Sion, specula, vel speculator, sive scopulus.
Samoe (*Samua*), auditio.
Sobab, convertens.
Soba, secta, a secando, non a sectando.

Susacim, joie du cilice.
Siba, étant sorti il vient.
Saraïa, le Seigneur prince.
Sobach, qui te convertit.
Sunem, d'écarlate, ou élevant.
Sabé, satiété.
Sadoc, juste.
Subi, change-moi.
Sia (*Sira*), indigents ou sommeillant.
Subuchaï, condensé, ou pépinière. Sur ce mot aussi, nous avons dit longuement ce que nous pensons dans les livres des *Questions hébraïques*.
Samaï (שמעי), là pour moi, ou qui écoute.
Salmon, ombre de la vertu.
Saraï, ma princesse.
Salech (*Sélech*), sortant.

T

Thèbes, ils furent en elle, ou devenue mienne.
Tholmé (*Tholmai*), sillons.
Thecué, retentissement, ou trompette, ou percussion.
Thécuitès, trompette qui chante, ou celui qui sonne de la trompette.
Théétim, inférieurs, ou au-dessous.

Tous ces mots commençant par T *doivent se lire avec aspiration.*

U

Urie, ma lumière de Dieu.
Usi, qui se hâte.
Urchi (ארכי), ma longueur.
Usathi, moi me hâtant.

DU LIVRE IIIe DES ROIS.

A

Abisaï (*Abisag*), mon père superflu, ou rugissement de mon père.
Acchéréthi (*Céréthi*), tuant, ou dissipant, ou démolissant.
Amasa, enlevant le peuple, ou le soulageant.
Asor (אצר), vestibule.
Asarie, secours du Seigneur.
Ahia, son frère, ou bien où est celle-ci ?
Ahisar, mon frère prince.
Adoniram, mon Seigneur élevé.
Abda, son serviteur.

Susacim (*a*), gaudium cilicii.
Siba, egressus venit.
Saraia, princeps Dominus.
Sobach, convertens te.
Sunem, coccineum, sive elevans.
Sabe, saturitas.
Sadoc, justus.
Subi, converte me.
Sia *(Sira)*, indigentes, sive dormitantes.
Subuchai, condensum, sive frutetum.
Et super hoc, quid nobis videatur, in libris *(b)* Hebraicarum Quæstionum plenius diximus.
Samai (שמעי), ibi mihi, sive audiens.
Salmon, umbra virtutis.
Sarai, princeps mea.
Salech *(Selech)*, egrediens.

T

Thebes, fuerunt in ea, sive facta mea.
Thalme *(Tholmai)*, sulci.
Thecue, clangor, vel tuba, sive percussio.
Thecuites, tuba canens, sive buccinator.
Theethim, *in Hebr.* XXIV, 6, inferiores, vel subter.

Hæc nomina, quæ posuimus per litteram T, *aspiratione addita sunt legenda.*

U

Uria, lux mea Dei.
Usi, festinans.
Urchi (ארכי), longitudo mea.
Usathi, festinante me.

DE REGNORUM LIB. III.

A

Abisai *(Abisag)*, pater meus superfluus, sive patris mei rugitus.
Accherethi *(Cerethi)*, interficiens, sive dissipans, vel demoliens.
Amasa, populum tollens, sive levans.
Asor (אצ'), atrium.
Azaria, auxilium Domini.
Ahia, frater ejus : vel ubi hæc ?
Ahisar, frater meus princeps.
Adoniram *(c)*, Dominus meus excelsus.
Abda, servus ejus.

(*a*) *Susacim, gaudio cilicii.* Pro *Sesac* in exemplaribus LXX Translatorum *Susacim* legebatur, ut III Reg. XII, 24, ubi adhuc super est Σουσακίμ. *Susacim* autem idem nomen esse, quod *Sesac*, interpretatio ipsa nos doceat ; nam utrumque nomen Latinè dicitur *gaudium cilicii*. Vide litteram S in III Regum volumine sequenti. MARTIAN. — Admonet Martian. idem nomen esse cum *Sesac*.

(*b*) *Et super hoc*, etc. Non exstant illi libri Quæstionum Hebraicorum, quarum hic recordatur S. Hieronymus. MARTIAN.

(*c*) *Adoniram, Dominus meus excelsus.* Desunt in editis libris omnia isthæc nomina, quæ clauduntur inter iteratum nomen *Adoniram* : proclivique lapsu veterum librariorum omissa sunt propter eamdem vocem bis positam sub una littera A. Id genus erroris frequens est in omnibus libris, Græcis ac Latinis, in alibi a nobis observatum exstat. MARTIAN. — Septem quæ hinc subsequuntur nomina, usque ad alterum *Adoniram*, neque in ms. nostris habentur, neque in editis ante Martianæum libris. Ipsum utique *Adoniram*, quod repetitur, fraudi fuerit librario, ut oculo properante, intermedia præteriret ; quid vero causæ esset, ut iisdem litteris repeteretur, non video. Facile *Adoram* altero loco scribendum est, nam et hoc nomine appellatum Præfectum illum tributis, textus Scripturarum docet. (*Edit. Migu.*)

Arobboth (*Aruboth*), cataractes.
Aser (*Epher*), creusée par dessous.
Ahilod, mon frère illustre.
Avoth, gloire, ou en grec ἔπαυλις.
Argob, élévation maudite.
Adoniram, seigneur élevé.
Aélam, devant la porte, ou vestibule.
Adadézer (*Adarézer*), honorable secours.
Adorram, génération élevée, ou honneur de celui qui est élevé.
Ano, leur douleur.
Asa, levant, ou soulevant.
Avan, il les renversa, ou qui les meut, ou fontaine.
Anacim, il n'est pas innocent.
Anani, dont on m'a gratifié, ou qu'on m'a donné.
Abab, frère du père.
Azuba, délaissée, ou déserte.

B

Bethsabée, fille du serment. La première syllabe est brève.
Bénur, fils aérien, ou fils du feu.
Bethsamès, maison du soleil.
Bethanan, maison de la grâce, ou du don.
Basamath, qui pèche (*ailleurs*, abandonnant).
Baaloth, qui montent.
Bol, germe.
Booz, dans la force.
Barasa (*Baasa*), dans la disette, ou qui vient pour faire, ou qui puisent.

C

Cavé (*Coa*), patience, ou son de la trompette.
Carmel, très-tendre, ou mou, ou science de la circoncision.

Jusqu'ici nous avons lu par C simple ; il faut lire désormais avec aspiration.

Chalaad (*Chalcol*), faisant paître, ou nourrissant.
Chamos, rassemblement, ou à celui qui tâte, en quelque sorte, ou qui palpe.
Charith, division, ou connaissance.
Chanaan, rougissant, ou marchand.

D

Dachar, qui aiguillonnent.
Dardahé, génération de la connaissance.
Dabir, oracle.
Dui, beauté.
Damasce, buvant ou versant à boire le sang.

E

Esda, miséricorde.

Arobboth (*Aruboth*), cataractæ.
Aser (*Epher*), suffossa.
Ahilod, frater meus inclytus.
Avoth, gloria, vel ἔπαυλις.
Argob, maledicta sublimitas.
Adoniram, Dominus excelsus.
Aelam, *Apud* LXX, VI, ante fores, sive vestibulum.
Adadezer (*Adarezer*), decorum auxilium.
Adorram, generatio excelsa, sive decor excelsi.
Ano, *Apud* LXX, XII, 24, dolor eorum.
Asa, tollens, sive sustollens.
Avan (*a*), subvertit eos, sive movens eos, vel fons.
Anacim, non est innocens.
Anani, gratificatus mihi, sive donatus mihi.
Abab, frater patris.
Azuba, relicta, vel deserta.

B

Bethsabee (*b*), filia juramenti, per brevem primam syllabam legendum est.
B.nur, filius aerius, sive filius ignis.
Bethsames, domus solis.
Bethanan, domus gratiæ, aut doni.
Basamath, delinquens, *al.* derelinquens.
Baaloth, ascendentes.
Bol, germinis.
Booz, in fortitudine.
Barasa (*Baasa*), in egestate, sive veniens ad faciendum, vel haurientes.

C

Cave (*Coa*), patientia, sive clangor tubæ.
Carmelus, tenellus, aut mollis, sive scientia circumcisionis.
Hucusque per C simplicem litteram legerimus : exin aspiratione addita legendum est.
Chalacad (*Chalcol*), pascens, sive nutriens.
Chamos, congregatio, sive quasi attrectanti, vel palpanti.
Charith, divisio, sive cognitio.
Chanaan, erubescens, sive negotiator.

D

Dachar, *Apud* LXX, IV, 9, compungentes.
Dardahe (*Dorda*), generatio cognitionis.
Dabir, *Apud* LXX, VI, 6, oraculum.
Dui, pulchritudo.
Damascus, sanguinem bibens, vel propinans.

E

Esda, *Apud* LXX, IV, 10, misericordia.

(*a*) *Avan, subvertit eos*, etc. Apud LXX, cap. XII, 24, legimus *Naanan*, forte idem quod præsens *Avan*. Similique nominum corruptela, post pauca positum, videtur *Abab*, pro *Ahinadab*. MARTIAN. — Conjicit Martian. idem esse ac *Naanan*, Græc. Ναανάν, III Reg. XII, 24.

(*b*) *Bethsabee, filia juramenti*, etc. *Bath*, sine *jod* in medio, *filiam* significat : *Beth* autem cum *jod* dicitur *domus*. Itaque ex Hieronymo syllaba brevis erit sine *jod*, et longa cum eodem. Vide supra verbum *Bethsabee*. MARTIAN.

Ezraeli, semence de Dieu.
Emori (*Amorrhéens*), de celui qui cause de l'amertume ou qui parle.
Esraï, indigne, ou orientale.
Ezaïon (*Hézion*), vision.

Jusqu'ici E a été bref; il est long désormais.

Eli, mon Dieu, ou qui monte.
Elioreph, hiver de Dieu.
Eri (עירי), mon vigilant.
Elon, Aulon, dont il est plus amplement disserté dans le livre *Des Lieux*.
Ethan, robuste, ou escalade.
Eman, qui reçoit, ou leur effroi.
Ethanim, des robustes.
Esiongaber, volonté, ou dessein de la tristesse réconfortée, ou de jeune homme.
Ela, maudite, ou à elle-même.
Esaïon (ההוין), volonté, ou conseil du chagrin.
Elia, Dieu Seigneur.
Elisaé (*Elisée*), salut de mon Dieu.

F

Féléthi, admirablement.
Fadaia, rédemption du Seigneur.

G

Gaber, homme, ou jeune, ou fort, ou virilement.
Gonéabath, larcin d'une fille.
Gonath (*Gineth*), ton arrogance, ou ton jardin.
Géézi (*Gazer*), voyant le précipice, ou vision d'une vallée.
Gir (*Géra*), division, ou retranchement.
Gozan, leur tonte, ou leur force.
Gabé, colline.
Godolia, magnifique du Seigneur.

I

Izabel, qui habite avec, ou vain écoulement.
Jacomam (*Jecman*), il se venge du peuple.
Jair, il illumina.
Jachon (*Jachin*), préparation.
Jéroboam, jugeant le peuple, ou jugeant sur nous.
Jessai, sacrifice de l'île, ou holocauste.
Josia, de qui est le sacrifice au Seigneur, ou salut du Seigneur, ou force du Seigneur.
Jeu, lui-même, ou il est.
Joram, qui est élevé.
Josaphat, jugement du Seigneur.
Jemla, plénitude, ou circoncision.

L

Leben, édification, ou blanche.

M

Mageddo, ses salles à manger.

Ezraeli (*Ezraita*), semen Dei.
Emori (*Amorrhæi*), amaricantis, vel loquentis.
Esrai, *Apud* LXX, II, 12, indigna, vel orientalis.
Ezaion (*Hezion*), visio.

Hucusque per E brevem litteram : exin per extensam legamus.

Eli, Deus meus, sive scandens.
Elioreph, Dei hyems.
Eri (עירי), vigil meus.
Elon, Aulon, de quo plenius in volumine (a) Locorum diximus.
Ethan, robustus, sive ascensus.
Eman, accipiens, vel formido eorum.
Ethanim, robustorum.
Esiongaber, voluntas, sive consilium tristitiæ confortatæ, vel juvenalis.
Ela, maledicta, vel ipsi.
Esaion (ההוין), voluntas, sive consilium mœroris.
Elia, Deus Dominus.
Elisao (*Eliseus*), Dei mei salus.

F

Felethi, admirabiliter.
Fadaia, redemptio Domini.

G

Gaber, vir, aut juvenis, vel fortis, sive viriliter.
Goneabath, furtum filiæ.
Gonath (*Gineth*), arrogantia tua, vel hortus tuus.
Geezi (*Gazer*), præruptum videns, vel vallis visio.
Gir (*Gera*), divisio, vel præcisio.
Gozan, tonsio eorum, vel fortitudo eorum.
Gabe, collis.
Godolia, magnificus Domini.

I

Izabel, cohabitatrix, sive fluxus vanus.
Jacomam (*Jecman*), ulciscitur populum.
Jair, illuminavit.
Jachon (*Jachin*), præparatio.
Jeroboam, dijudicans populum, vel dijudicans super nos.
Jessai, insulæ sacrificium, vel holocaustum.
Josia, cujus est sacrificium Domino, vel salus Domini, vel fortitudo Domini.
Jeu, ipse vel est.
Joram, qui est excelsus.
Josaphat, Domini judicium.
Jemla, plenitudo, vel circumcisio.

L

Leben, ædificatio, vel candida.

M

Mageddo, cœnacula ejus.

(a) *In volumine Locorum diximus*. Consule librum Locorum in littera A de Numeris et Deuteronomio. MARTIAN.

Maacha, frappant, ou frappée.
Macès, au sujet de la fin.
Maob, chœur, ou plénitude.
Mérab, à cause de la multitude.
Malathra, méprisant, ou division.
Méchonoth, supports, en grec βάσεις, c'est-à-dire ὑποθέματα.
Melloth, plénitude, ou remplie.
Machaïa (*Michée*), quoi ici? ou qui dominera?
Mosaé, Sauveur, ou par le Sauveur.

N

Néphaddor, génération dispersée.
Nééna, image.
Neisoth, station.
Nabaoth, remarquable, ou action de s'asseoir, ou exclusion.
Nadab, spontanément.
Naama, ornement.
Naamani, beauté de mon offrande.
Nésib, se tenant debout.
Namsi, touchant, maniant, palpant.

O

Omri (*Amri*), ce que je serre, ou poignée.
Oza (*Osa*), robuste du Seigneur.
Olda, destruction, ou détour.

O *est long dans les trois noms suivants :*

Og, rassemblant.
Ophir, affaiblissant.
Obédia (*Abdias*), servant le Seigneur.

R

Rei, mon pasteur.
Ramoth, vision de la mort.
Razon, mystique, ou consacré.
Rabaam, choc du peuple, ou Roboam, largeur du peuple.

S

Sunamith, qui que ce soit mourra, ou mortifiée.
Sisa, tentation, ou couvert de farine.
Saalabim, surchargeant l'intelligence.
Soca (*Socho*), rameau.
Sartham (*Sarthana*), leur tribulation, ou des démolisseurs, ou des oppresseurs.
Sion, sommet de roc, ou ordre, ou impraticable.
Saba, captive.
Sathan, contraire, ou adversaire.
Suba, incendiée, ou changeant.
Saduda (*Saréda*), son côté.
Sarua, lèpre.
Sésac, lin très-fin du cilice, ou joie du cilice.
Sichima, épaule.
Séméïa, écoutant le Seigneur.
Somer, gardien.

Maacha, percutiens, sive percussa.
Maces, de fine.
Moal, chorus, vel plenitudo.
Merab, de multitudine.
Malathra, *Apud* LXX, VI, 5, despiciens, sive divisio.
Mechonoth, *Apud* LXX, VII, 43, fulcra : quæ Græci βάσεις vocant, id est, ὑποθέματα.
Melloth, plenitudo, sive adimpleta.
Machaia (*Michæas*), quid hic? adverbium loci, sive quis dominabitur?
Mosac, salvificator, sive a salvatore.

N

Nephaddor, dispersa generatio.
Neena, imago.
Neisoth, statio.
Nabaoth, conspicuus, vel sessio, sive exclusio.
Nadab, sponte.
Naama, decor.
Naamani, decor doni mei.
Nesib, *Apud* LXX, XVII, 28, stans.
Namsi, stangens, attrectans, sive palpans.

O

Omri (*Amri*), crispans meus, vel manipulus meus.
Oza, *Apud* LXX, XVI, 9 (*Osa*), robustus Domini.
Olda, destructio, sive diverticulum.

Tria nomina, quæ sequuntur, per extensam litteram proferenda sunt.

Og, congregans.
Ophir, infirmans.
Obedia (*Abdias*), serviens Domino.

R

Rei, pastor meus.
Ramoth, visio mortis.
Razon, mysticus, vel sacratus.
Rabaam, impetus populi, vel latitudo Roboam populi.

S

Sunamith, quicumque morietur, sive mortificata.
Sisa, tentatio, sive farinaceus.
Saalabim, aggravans intellectum.
Soca (*Socho*), ramus.
Sartham (*Sarthana*), tribulatio eorum, sive demolitorum, aut coangustantium.
Sion, specula, vel mandatum, sive invium.
Saba, captiva.
Sathan, contrarius, sive adversarius.
Suba, incensa, sive convertens.
Sadada (*Sareda*), latus ejus : a latere, non a latitudine.
Sarua, lepra.
Sesac, byssus cilicii, sive gaudium cilicii.
Sichima, humerus.
Semeia, audiens Dominum.
Somer, custos.

Sali (*Salai*), envoyée.
Sophar, dissiper, diviser.
Sigub, enlever par dessus.
Sareptha, incendie, ou tribulation du pain.
Sidonia, chasse inutile.
Saphat, jugeant.
Sédécia, le Seigneur juste.

T

Taphat, le très-petit est venu.
Tabremmon, bon pour voir, ou bonne hauteur, ou leur bonne vision.

Jusqu'ici nous avons lu par T simple ; désormais il est aspiré.

Thanach, il répond.
Thermad (Θερμάθ), recherche de la rédemption.
Thalisa, claudication, ou rémission de la vie.
Thédor, petit pieu.
Thémor (תמר), Smyrne.
Tharsis, recherche de la joie.
Thaphnès, un signe à couvert, et plus expressivement en grec σύσσημον.
Thersa, qui plait.
Thebni, ma paille.
Thesbi, captivant, ou convertissant.

Z

Zoéleth, trainé, ou tiré dehors.
Zabud, gros charbon qui se dissout, et vulgairement tison.
Zamri (*Zambri*), celui-là persécutant, causant de l'amertume ; ce mot vient en effet de celui qui signifie amertume.
Zava, iniquité.
Zabadia, dotée du Seigneur.

DU LIVRE IVe DES ROIS.

A

Ahiel (*Ahia*), vivant pour Dieu, ou qui voit Dieu.
Abiram, au père élevé.
Azael, vue pour Dieu.
Adad, oncle paternel, ou de l'oncle paternel, ou témoin.
Aazia (אחזיה), *Ochosias*, } saisissant Dieu, ou force du Seigneur, ou sa force.
Abana, ses pierres.
Athalie, temps du Seigneur, ou son temps, ou temporaire du Seigneur.
Aramaththai (*Amathi*), le terrassant (*Ms.* tu le terrasseras).
Arnon, leur lumière, ou arche du chagrin.
Ammessia (Amasias), robuste du Seigneur, ou peuple élevé.

Sali (*Salai*), missa.
Sophar, *Apud* LXX, IX, 23, dissipare, dividere.
Sigub, supertollere.
Sareptha, incendium, sive tribulatio patris.
Sidonia, venatio inutilis.
Saphat, judicans.
Sedecia, justus Dominus.

T

Taphat, parvulus venit.
Tabremmon, bonus ad videndum, sive bona sublimitas, vel bona visio eorum.

Hucusque per T simplicem litteram legerimus : exin aspiratione addita legendum est.

Thanache, respondet.
Thermad, *Ms.* A., IX, 18, Θερμάθ, exploratio redemptionis.
Thalisa, claudicatio, sive remissio vitæ.
Thedor, paxillus.
Themor (חמר *in Hebr.* IX, 18), Smyrna.
Tharsis, exploratio gaudii.
Thaphnes, cooperte signum, quod significantius (a) Græce σύσσημον dicitur.
Thersa, placens.
Thebni, palea mea.
Thesbi, captivans, sive convertens.

Z

Zoeleth, tractum, sive protractum.
Zabud, fluens torris, quem vulgo titionem vocant.
Zamri (*Zambri*), iste lacessens, vel amaricans : proprie enim nomen ab amaritudine figuratum est.
Zava, iniquitas.
Zabadia, dotata Domini.

DE REGNORUM LIBRO IV

A

Ahiel (*Ahia*), vivens Deo, vel videns Deum.
Abiram, patri excelso.
Azael, visus Deo.
Adad, patruus, vel patruelis, aut testis.
Aazia (אחזיה, *Ochosias*), apprehendens Deum, vel fortitudo Domini, sive fortitudo ejus.
Abana, lapides ejus.
Athalia, tempus Domini, vel tempus ejus, sive temporalis Domini.
Aramaththai (*Amathi*) dejiciens (*Ms.* dejicies) eum.
Arnon, lux eorum, vel arca mœroris.
Ammessia (*Amasias*), robustus Domini, vel populus elatus.

(a) *Græce σύσσημον dicitur*. Raro invenies Græca nomina in præsenti opere quæ pure edita legantur : hic enim editi legunt σημεῖον pro σύσσημον quod restituimus ad fidem omnium manuscriptorum codicum, ubi scriptum est CYCCUMON, vel CICCUMON, aut CICICCUMON. Σύσσημον porro aliquid amplius significat quam σημεῖον, quod est nudum et simplex signum : unde Σύσσημον propius accedit ad vocem Hebræam *Taphnes*. MARTIAN.

Aphec, il contiendra, ou il saisira.
Amia, robuste du Seigneur, ou peuple du Seigneur.
Amathi, ma vérité.
Azaria, le Seigneur qui aide.
Assith, liberté.
Argob, outrageant celui qui est élevé.
Ariel (*Arie*), lion de Dieu.
Asor, flèche de la lumière.
Aaz (אחז), contenant, ou saisissant.
Ala, infirmité (*Ms.* infinité).
Abur (*Habor*), couleur livide, ou blessure.
Asama, délit.
Adramélech, robe du roi, ou ornement du roi.
Anamélech, au roi qui répond.
Abisa, ma volonté en elle.
Asaph, rassemblant.
Arphad, guérissant, ou guéri.
Anéi (*Ana*), est-ce qu'il a été ébranlé?
Amos, robuste.
Ararat, Arménie, ou montagne déchirée.
Asaradam, qui vainc, ou très-aigu.
Arus (ארוץ), incisé, ou d'or.
Adaïa, témoignage du Seigneur.
Abicam, mon frère se levant.
Asaïa, au Seigneur qui fait.
Achbor, rat.
Aars, soleil.
Amutal, rosée chauffée.
Avil (*Evil*), sot, insensé.

B

Baalzébub, dévorant la mouche.
Baalsalisa, ayant le troisième.
Badacar, il vient pour être aiguillonné.
Béthagan, maison du jardin.
Béthacon, maison de la sculpture.
Basan, confusion, ou graisse, ou sécheresse.
Bédec, renouvellement.
Banadu (*Bénadad*), fils beau.
Baladan, il est venu jugeant pour lui-même, ou vanité pour soi-même.
Basécath, graisse.
Béthim, aux maisons.

C

Cabalaam, il précipita.
Cadésim, changés, ou efféminé.
Caréé, chauve.

Aphec, continebit, vel apprehendet.
Amia, robustus Domini, vel populus Domini.
Amathi, veritas mea.
Azaria, adjutor Dominus.
Assith, *in Hebr.* xv, 5, libertas.
Argob, maledicens excelsum.
Ariel (*Arie*), leo Dei.
Asor, sagitta luminis.
Aaz (אחז), continens, aut comprehendens.
Ala, infirmitas (*Ms.* infinitas).
Abur (*Habor*), livor, aut vulnus.
Asama, *Apud* LXX, xvii, 30, delictum.
Adramelech, stola regis, vel decor regis.
Anamelech, respondenti regi.
Abisa (*a*), voluntas mea in ea.
Asaph, colligens.
Arphad, sanans, aut sanatus.
Anei (*Ana*), numquid commotus est?
Amos, robustus.
Ararat, Armenia, vel mons convulsus.
Asaradan, vincens, vel exacutus.
Arus (ארוץ), incisa, vel aureus.
Adaia, testimonium Domini.
Abicam, frater meus surgens.
Asaia, facienti Domino.
Achbor, mus.
Aars, sol.
Amutal, calefactus ros.
Avil (*Evil*), stultus, insipiens.

B

Baalzebub, devorans muscam.
Baalsalisa, habens tertium.
Badacar, venit compungi.
Bethagan, domus horti.
Bethacon, domus sculpturæ.
Basan, confusio, sive pinguedo, vel siccitas.
Bedec, *Apud* LXX, xii, 5, instauratio.
Banada (*Benadab*), filius decorus.
Baladan, venit sibimet judicans, vel vanitas pro semetipso.
Basecath, adipem.
Bethim, domibus,

C

Cabalaam, *Apud* LXX, xv, 10, præcipitavit.
Cadesin, *Apud* LXX, xxiii, 7, commutati, sive effeminati.
Caree, calvus.

(*a*) *Abisa, voluntas mea in ea.* Corruptum est nomen istud *Abisa*, ut ex significatione seu interpretatione liquido apparet; non enim *Abisa* legendum est, sed *Aphsiba*, quod satis innuunt Græca exemplaria in quibus scribitur Ἀψιβὰ et Ὀψιβά. Hebraice est *hhaphsiba*; idque Latine dicitur *voluntas mea in ea*. Eadem vox infra occurrit sub littera E, ubi etiam editi legebant *Ebsiba* pro *Ephsiba* ob pronuntiationem ni fallor, veterum librariorum, qui audientes *Ephsiba*, putabant se audire *Ebsiba* cum *b*, propter affinitatem sonorum in illis consonantibus. Cæterum solœcismus est in interpretatione jam dictæ vocis *Ephsiba*, tam in editis libris quam in manuscriptis: legunt enim pronomen masculinum tertiæ personæ singularis, *voluntas mea in eo*: cum ex affixo Hebræo feminino ה in fine, verbum *Hapsi-ba* necessario interpretari debeamus *voluntas mea in ea*. MARTIAN.

Jusqu'ici nous avons lu par C simple ; désormais il doit être aspiré.

Chabratha, élection. Nous nous sommes expliqués plus longuement sur ce mot dans les livres des *Questions hébraïques*.
Charith, coupure.
Charan, colère, ou percement.
Chomarim, gardiens du temple.

E

Ezer (נזיר), séparé, sanctifié.
Elchian, part du Seigneur.
Ephsiba (חפציבה), ma volonté en elle.
Esèliau (אצליהו), il est près du Seigneur.
Ennam, voilà ce que ces choses sont.
Eennathan (*Elnathan*), vers celui qui donne, ou Dieu donnant.

E est long dans les quatre noms qui suivent :

Eloth (אילות), signe du bélier, ou choc.
Elam (*Ela*), peuple de Dieu, ou pour les portes.
Elia (אליה), du Dieu Seigneur.
Eliacim, résurrection de Dieu.
Esaïa, salut du Seigneur.

F

Farfar, creusant, ou dissipations, ou taupes.
Ful, ruine, ou qui tombe.
Facéia, le Seigneur ouvrant, ou assomption de la bouche.
Falasar, prince qui tombe.
Farurim, déchirés.
Faséé, action de monter au-delà, ou de franchir.
Fadaï (*Fadaia*), rédemption du Seigneur.

I

Jéblaam, il absorbe.
Josabé, où est la satiété? ou satiété du Seigneur.
Jodaé (*Joiada*), connaissance du Seigneur.
Jozachar, mémoire du Seigneur, ou celui qui se souvient.
Jozabath, dot du Seigneur, ou qui est doté.
Joaaz, où est le pouvoir de retenir? ou force d'arrêter qu'a le Seigneur.
Joadina (*Joadan*), délicate du Seigneur, ou qui est délicate ; tendron.
Jactel (*Jectéhel*), assemblée de Dieu, ou secours de Dieu.
Jona, colombe, ou bien où est celui qui a reçu le don? ou qui se plaint.
Jachalia, force du Seigneur.
Joatham, consommé, ou parfait.
Jézécia, saisissant le Seigneur, ou force du Seigneur.

Hucusque per C simplicem litteram legerimus, exin aspiratione addita proferendum est.

Chabratha, electio : super hoc in libris Hebraicarum Quæstionum plenius disputatum est.
Charith, *Apud* LXX, xxv, 23, concisio.
Charan, ira, vel foramen.
Chomarim, *Apud* LXX, xxiii, 5, æditui.

E

Ezer (נזיר), separatus, sanctificatus.
Elchian, pars Domini.
Ephsiba (חפציבה), voluntas mea in ea.
Eseliau (אצליהו), prope Dominum est.
Ennam, ecce hæc sunt.
Eennathan (*Elnathan*), ad dantem, sive Deo dante.

(a) *Quatuor nomina, quæ sequuntur, per extensam litteram proferamus.*

Eloth (אילות), arietis signum, vel arietatio.
Elam (*Ela*), Dei populus, vel pro foribus.
Elia (אליה), Dei Domini.
Eliacim, Dei resurrectio.
Esaia (b), salus Domini.

F

Farfar, fodientes, sive dissipationes, vel talpæ.
Ful, ruina, vel cadens.
Faceia, aperiente Domino, vel oris assumptio.
Falasar, cadens princeps, vel cadentem principem.
Farurim, conscissi.
Fasee, transcensus, sive transgressus.
Fadai (*Fadaia*), redemptio Domini.

I

Jeblaam, absorbet.
Josabe, ubi est saturitas? vel Domino saturitas.
Jodae (*Joiada*) (c), Domini cognitio.
Jozachar, Domini memoria, vel qui est memor.
Jozabad, Domini dos, vel qui est dotatus.
Joaaz, ubi est retinere? vel Domini retentio.
Joadina (*Joadan*), Domini delicata, sive quæ est delicata, vel tenella.
Jactel (*Jectehel*), cœtus Dei, vel auxilium Dei.
Jona, columba, vel ubi est donatus? sive dolens.
Jachalia, fortitudo Domini.
Joatham, consummatus, sive perfectus.
Jezecia, apprehendens Dominum, vel fortitudo Domini.

(a) *Quatuor nomina.* Quatuor tantum nomina per extensam litteram proferenda recensuit Hieronymus ; etsi quinque legantur tam in editis quam in libris manu exaratis. Si conjecturis tribuatur locus, nomen *Esaia* redundat, quia incipit ab *Jod*, non ab *Aleph* sicut reliqua quatuor, quæ propterea per extensam litteram proferenda monet Hieronymus. Martian.

(b) Videtur Martianæo redundare nomen istud *Esaia*, tum quod a *Jod* littera, non ab *Aleph*, ut superiora, incipiat ; tum vero quod quatuor dumtaxat nomina per extensam litteram Hieronymus proferri dixerit, non quinque.

(c) Ms. noster, cum editis pridem libris, *Joiade*.

Joahé, où est le frère ? ou frère du Seigneur, ou bien ouvrage du frère.
Jothaba, péchant contre elle.
Ididia, aimable du Seigneur, ou son aimable.
Jérémiahu, élevé du Seigneur.
Jézania (*Jézonnias*), qui entend, ou écoute le Seigneur.
Jojacim, résurrection du Seigneur, ou le Seigneur ressuscitant, ou celui qui se lève.

M

Masaa (*Messa*), fardeau, ou assomption.
Matthan, choses données, ou donnant.
Manem, consolant.
Manaa, consolation, présent, sacrifice.
Médon, leurs eaux.
Mocchota (מכותה, *Chuta*), ses plaies.
Mochoth, plaies.
Marodach, amère, arrogance, ou contention.
Messalem (*Messulam*), rendant, ou rendue.
Maséna, seconde.
Mazaroth, zodiaque, que les mathématiciens divisent en douze signes.
Moloch, roi.
Mesthi, variété.
Mageddo, à cause de la tentation.
Mathania, don de Dieu.
Méchonoth, appuis, en grec βάσεις ou ὑποθέματα.
Masséphath, action d'épier, ou contemplation.
Mérodach, envoyant l'amertume sur.
Mamzamaroth, tridents, ou fourches, en grec ἀναλήμπτηρας.

N

Naboé, prophète, ou qui prophétise.
Naaman, leur ornement, ou leur commotion.
Nergal, lampe du monceau.
Nabaaz, alors il prophétisa, ou commencement de la séance.
Noesthan, leur airain.
Ninive, qui est enceinte, ou germe de beauté, ou ravissante.
Nesrach, fugitif jeune, ou tentation légère.
Néchota, son storax, ou aromates.
Nécho, frappés.
Nabuchodonosor, prophétie de la bouteille étroite, ou prophétisant un signe de cette sorte, ou action de s'asseoir pour la connaissance de la difficulté.
Noostha, son airain.

Joahe, ubi est frater? vel Domini frater, sive factura fratris.
Jothaba, peccantes in ea.
Ididia, amabilis Domini, vel amabilis ejus.
Jeremiahu, excelsus Domini.
Jezania (*Jezonias*), audiens, vel auscultans Dominum.
Jojacim, Domini resurrectio, vel (*a*) Domino suscitante, sive qui est consurgens.

M

Masaa (*Messa*), onus sive assumptio.
Matthan, donata, vel donans.
Manem, consolans.
Manaa, *Apud* LXX, VIII, 2 ; *et* XVII, *sæpe*, consolatio, sive munus, aut sacrificium.
Medon (*b*), aquæ eorum.
Mocchota (מכותה *Chuta*), plagæ ejus.
Mochoth, plagæ.
Marodach, amara arrogantia, sive contentio.
Messalem (*Messulam*), reddens, vel reddita.
Masena, secunda.
Mazaroth, *Apud* LXX, XXIII, 5, ζωδίοις, quæ duodecim signa mathematici asserunt.
Moloch, rex.
Mesthi, *Apud* LXX, XXIII, 13, varietas.
Mageddo, de tentatione.
Mathania, donum Dei.
Mechonoth, *Apud* LXX, XVI, 17, fulturæ : quas βάσεις, vel ὑποθέματα possumus dicere.
Massephath, speculatio, sive contemplatio.
Merodach, amaritudinem immittens.
Mamzamaroth, *in Hebr.* XXV, 14, tridentes, vel fuscimulæ, quas Græci ἀναλήμπτηρας vocant.

N

Naboe, propheta vel prophetans.
Naaman, decus sive commotio eorum.
Nergal, lucerna acervi.
Nabaaz (*c*), prophetavit tunc, sive sessionis initium.
Noesthan, æs eorum.
Ninive, feta, sive germen pulchritudinis, vel speciosa.
Nesrach, fugitivus tener, vel tentatio tenera.
Nechota, *Apud* LXX, XX, 13, styracem ejus, vel aromata.
Necho, percussi.
Nabuchodonosor, prophetia lagunculæ angustæ, sive prophetans istiusmodi signum, sive sessio in agnitione angustiæ.
Noostha, æs ejus.

(*a*) Idem ms. *vel Domini suscitatio*. Veteres editi, *vel suscitatio* dumtaxat.

(*b*) *Medon, aquæ eorum*. *Medon* Græce Μηδῶν, id est, *Medorum* cap. XVII, 6, in Hebræo מדי, *Madai*. MARTIAN.

(*c*) Sic lego, nullusque dubito, hunc esse *Nebahaz* IV Reg. XVII, 31. Hebraice *Nibchaz* scribitur : penes LXX in Alexandrin. cod. Ναιβάς, in Complut. Νιβχάζ. Hevæorum, sive Colchorum Dei nomen, quod interpretatur *remotus videns* : ex scilicet Sol, qui lustrat ex cœlorum sublimitate terrarum spatia. Ipsa quoque auctoris nostri expositio ita legendum persuadet : nimirum *Nabahaz* a *prophetavit*, et *tunc*. Melius tamen legeretur *Nabaz* ut *naba, prophetavit* ; et *az* significaret, *tunc*. MARTIAN.

Nabuzardan, ailleurs *Nabuézardan,*	il prophétisa les pelles vulgairement appelées vans à vanner, ou prophétie du jugement étranger.

Nathania, le Seigneur donnant.

R

Réchab, ascension, ou lieux élevés.

Ramalia, élevé du Seigneur.

Raason (*Rasin*), course, ou complaisance, soin de plaire, en grec plus expressivement εὐδοκία.

Raosaris, prince eunuque, ou maître, chef eunuque.

Rabsacé, prince baisant tendrement, ou se multipliant par le baiser.

Raphès, oiseaux, ou course de la bouche.

Rablaí, beaucoup ces choses-ci, ou choses nombreuses.

Ruma, élevée.

Reblath, celle-ci nombreuse, ou multitude.

S

Sunem, dents, ou vêtement d'écarlate, ou variété.

Samarie, gardée.

Sabath, repos, interruption.

Sir (סיר), bassin, ou marmite que l'on appelle vulgairement pot-au-feu.

Sadéroth (περίβολοι), murs, ou portiques publics.

Sabia, chevreuil, ou dommages.

Séla, toujours.

Sémath, entendant.

Saalum, rendant.

Salmanasar, parfait pour le lien, ou pour enchaîner.

Sapharvaïm, livres, ou lettres.

Sechehothbanoth, ailleurs *Sochothanoth,*	tentes ou ombrages de filles.

Sennachérib, prenant, ou levant les choses désertes.

Sobnas, s'asseyant, ou revenant.

Saesdéma, air pestilentiel, plus expressivement en grec ἀνεμοφθορία.

Sarasar, prince de la tribulation.

Saphau (*Saphan*), sa lèvre.

Sadémoth, champs, ou régions.

Saraïa, lié.

Saphania, le Seigneur cacha, ou protection du Seigneur.

Tous les noms qui vont suivre sous la rubrique T *doivent être prononcés avec aspiration.*

T

Thaphsé, indignant, ou retard de la pierre d'achoppement.

Nabuzardan, al. *Nabuezardan* (*a*), prophetavit palas, quæ ventilabra vulgo nuncupant, sive prophetia alieni Judicii.

Nathania, dante Domino.

R

Rechab, ascensio, sive excelsa.

Ramalia, excelsus Domini.

Raason (*Rasin*), cursus, vel complacitio, sive placentia, quam significantius Græci εὐδοκίαν vocant.

Rabsaris, princeps eunuchus, sive magister, aut major eunuchus.

Rabsace, princeps deosculans, sive multus osculo.

Raphes, *Apud* LXX, XVIII, 17, volucres, sive cursum oris.

Rablai, multum hæc, sive multa.

Ruma, excelsa.

Reblath, multam istam, sive multitudo.

S

Sunem, dentes, vel coccinum, sive varietes.

Samariam, custoditam.

Sabath, requies, vel intermissio.

Sir (*b*) (סיר), lebes, vel aula, quam vulgo ollam vocant.

Saderoth, περίβολοι, mœnia, vel porticus publicæ, *Apud* LXX, XI, 15.

Sabia, caprea, vel damna.

Sela, semper.

Semath, audiens.

Saalum, reddens.

Salmanasar, perfectus vinculo, vel ad vinciendum.

Sapharvaim, libri, vel litteræ.

Sechchothbanoth, al. *Sochothaneth,* tabernacula, vel umbracula filiarum.

Sennacherib, tollens, vel levans deserta.

Sobnas, sedens, vel revertens.

Saesdema, pestilens aer : quam Græci significantius ἀνεμοφθορίαν vocant.

Sarasar, princeps tribulationis.

Saphau (*Saphan*), labium ejus.

Sademoth, *Apud* LXX, XXIII, 5, area, vel regiones.

Saraia, vinctus.

Saphania, abscondit Dominus, vel protectio Domini.

Omnia nomina, quæ per T *litteram subdita sunt, aspiratione addita sunt proferenda.*

T

Thaphse, indignans, sive sessio offendiculi.

(*a*) *Nabuzardan..... palas.* Observandum diligenter quod tempore Hieronymi *palæ* vulgo fuerint nuncupatæ *ventilabra.* Itaque in Evangelio idem erit *habens ventilabrum in manu sua,* et *ferens palam in manu sua.* MARTIAN.

(*b*) *Sir, lebes, vel aula,* etc. Antiquis, ut vides, *aulæ* erant quæ apud nos *ollæ* dicuntur. Unde auliceccia exta, quæ in aulis coquebantur, dicebant ; id est elixa. Apud Plautum Aul. 18 hubes *aulam onustam auri.* MARTIAN.

Théglath, changeant de demeure, dans le sens actif, en grec ἀποικίζων, c'est-à-dire transportant les autres.
Tharthach, subversion, et mieux en grec ἀνατροπῆς.
Thartan, il donna la tourterelle, ou superflu, ou allongeant
Thalasar, prince, suspendu.
Thaasar, richesses.
Théeum (*Thécué*), patience.
Thrach (*Tharaca*), allongé, ou pour figurer le nom propre, Proculus.
Toph (*Thopheth*), protection de la bouche, ou géhenne.
Théraphim, incendies et mieux images, ou figures que les Grecs appellent μορφώματα.
Thanameth (*Thanéhumeth*), consolateur.

DU PSAUTIER.

A

Abessalon, père de la paix.
Asaph, rassemblant.
Aleph, mille, ou doctrine.
Ain, source, ou œil.

B

Baalphéor, celui qui a eu la bouche ouverte, ou qui a une bouche de peau.
Beth, maison.
Babylone, confusion.

C

Cadès, changée, ou sainte.
Coph, vocation, oiseau, et mieux secousse, en grec ἔκκρουμα (*Ms.* Ἐκκρουσμοί).
Cédar, ténèbres, ou chagrin.
Chusi, Éthiopien.
Caph, main, paume, ou creux de la main.

D

Daleth, pauvre, ou table, ou porte.

E

Ezraïtes, semence de Dieu.
Ermon, son anathème, ou anathème du chagrin.
Ephrata, féconde, ou en vérité tu vois.
Hé, elle-même, ou celle-là, ou soutenant.
Heth, vie, ou vivacité.

F

Fé, bouche, lacet, piége.

G

Gébal, bornant, limitant.
Gimel, rétribution, ou plénitude.

I

Jémini, ma droite.

Thegldth, transmigrans : activa significatione intelligendum, quod Græce dicitur ἀποικίζων, id est, alios transferens.
Tharthach, subversio : quam melius Græci ἀνατροπὴν vocant.
Thartan, turturem dedit, vel superfluus, vel elongans.
Thalasar, appensus princeps.
Thaasar, divitiæ.
Thecum (*Thecue*), patientia.
Therach (*Tharaca*), elongatus : sive ut nomen proprium figuremus, Proculus.
Thoph (*Topheth*), protectio oris, sive gehenna.
Theraphim, *Apud* LXX, xxiii, 24, incendia : sed melius imagines, vel figuræ, quas Græci μορφώματα vocant.
Thanameth (*Thanehumeth*), consolator.

DE PSALTERIO.

A

Abessalon, pater pacis.
Asaph, congregans.
Aleph, mille, sive doctrina.
Ain, fons, sive oculus.

B

Baalpheor, habens hiavit, sive habens os pellis, vel pelliceum.
Beth, domus.
Babylon, confusio.

C

Cades, immutata, vel sancta.
Coph, vocatio, vel avis : sed melius excussio, quam Græci ἔκκρουμα (*Ms.* Ἐκκρουσμοί) vocant.
Cedar, tenebræ, vel mœror.
Chusi, Æthiops.
Caph, manus, palma, vel vola.

D

Daleth, pauper, vel tabulæ, vel janua.

E

Ezraites, semen Dei.
Ermon, anathema ejus, vel anathema mœroris.
Ephrata, frugifera, sive equidem vides.
He, ipsa, vel ista, sive suscipiens.
Heth, vita, vel vivacitas.

F

Fe, os : ab ore, non ab osse : sive laqueus, sive decipula.

G

Gebal, definiens, sive disterminans.
Gimel, retributio, vel plenitudo.

I

Jemini, dextera mea.

Idithun (ידותון), sautant par-dessus eux, ou les couvrant.
Jod, principe, ou science, ou dominateur.

L

Lamed, doctrine, enseignement.

M

Mem, de qui, ou d'eux-mêmes, ou eau.

N

Nun, portée, ou poisson, ou éternel.

R

Rès, tête.

S

Salmó (צלמנע), ailleurs *Salmon*, ombre de la pierre d'achoppement, ou sentant, ou image de la force.
Samech, firmament ; quoique certains l'expliquent par érection, ou secours, ou appui.
Sadé, région, ou justice, ou chasse.
Sin, dents.

T

Teth, bien.

T *est aspiré dans les quatre noms suivants :*

Thabor, lumière qui vient, ou que la lumière vienne.
Thau, signe, ou au-dessous.
Thalasar, il pendit le prince.
Thobel, offrir.

V

Vau, et lui-même.

Z

Zébée, victime, ou hostie.
Zaïn, olive, ou fornication, ou celle-ci.
Je crois avoir discuté à fond l'alphabet des Hébreux dans ma lettre sur le CXVIII[e] psaume, adressée à sainte Paule.

DU PROPHÈTE ISAIE.

A

Aïth (*Ajat*), condamnation.
Elamites, qui dédaignent, ou apprêtés.
Asaph, rassemblant.
Arran, colère, ou irritant.
Ané, est-ce qu'il a été ébranlé ?
Ava (*Ana*), iniquité.
Adramélech, beau règne, beau roi.
Aserdan, lien de la peau, ou du jugement, ou très-aigu.
Achor, trouble, tumulte, perversion.

B

Barachia, le Béni du Seigneur, ou béni le Seigneur.

Idithun (ידותון), transiliens eos, sive saliens eos.
Jod, principium, vel scientia, aut dominator.

L

Lamed, doctrina, sive disciplina.

M

Mem, ex quo, vel ex ipsis, sive aqua.

N

Nun, fœtus, vel piscis, sive sempiternum.

R

Res, caput.

S

Salmoe (צלמנע), al. *Salmon*, umbra offendiculi, vel sentiens, sive imago fortitudinis.
Samech, firmamentum : licet quidam erectionem, vel adjutorium, sive fulturam putent.
Sade, regia, sive justitia, vel venatio.
Sin, dentes.

T

Teth, bonum.

Quatuor reliqua, quæ sequuntur, aspiratione addita proferenda sunt.

Thabor, veniens lumen, vel veniat lux.
Thau, signum, vel subter.
Thalasar, appendit principem.
Thobel, offerre.

V

Vau, et ipse.

Z

Zebee, victima, sive hostia.
Zain, oliva, vel fornicatio, sive hæc.
De alphabeto Hebræorum plenius in Epistola, quam super centesimo decimo octavo psalmo, ad sanctam Paulam scripsi, æstimo disputatum.

DE ISAIA PROPHETA.

A

Aith (*Ajat*), condemnatio.
Ælamitæ, despicientes, sive comparati.
Asaph, congregans.
Arran, ira, vel irascens.
Ane, numquid commotus est ?
Ava (*Ana*), iniquitas.
Adramelech, decorum regnum, vel decorus rex.
Aserdan, vinculum cutis, sive judicii, vel exacutus.
Achor, turbatio, vel tumultus, sive perversio.

B

Barachia, Benedictus Domini, vel benedictus Dominus.

Bosra, dans la tribulation.
Baladan, venant la juger.
Bel, vétusté, ou sans.

C

des Citiens (*Cethim*), des coupés, ou plaies de la consommation.
de Carthage, de la recherche.
à Cyrus, à l'héritier.

C est aspiré dans les deux noms qui suivent :

Chalané, tous.
Chelciau (חלקיהו), ma part est le Seigneur.

D

Dimaon (*Dibon*), le chagrin leur suffit.
Déseth, action de fouler aux pieds, ou onction.
Dodanim, d'oncles paternels.

E

Emmanuel, Dieu avec nous.
Eléalé, pour l'ascension.
Eglaïm, veaux, ou génisses.
Ezaon, vision.

E est long dans les trois noms qui suivent :

Elamites, leur tas de pierres, ou prêts, ou qui méprisent.
Elim, bélier, ou manquant.
Epha, dissous, ou répandant.

F

Facéé, ouvrant.
Fud, revêtez.

G

Gébim, fosses.
Gozam, leur noix.

I

Jasub, revenant.
Jaas (*Jassa*), demi, ou il fut.
Joach, dont il est le frère; et mieux proclamant, ou glorifiant.
Jérusalem, vision de la paix.

L

Laïsa, lion.
Luith, mâchoires, joues.
Lud, utile, ou déclinant, ou plût à Dieu !

M

Madian, iniquité.
Magro (מגרון), à la gorge, ou du gosier.
Machmas, tribut de la ferme, ou d'après le toucher.
Madabéna, depuis son saut.
Memphis, par la bouche.
Marodach, amère contrition, ou insolence.
Mosoch, qui prennent.

Bosra, in tribulatione.
Baladan, veniens eam judicare.
Bel, vetustas, sive absque.

C

Citiorum (*Cethim*), concisorum, sive plagæ consummationis.
Carthaginis, scrutationis.
Cyro, hæredi.

Duo nomina, quæ sequuntur, per aspirationem legenda sunt.

Chalane, omnes.
Chelciau (חלקיהו), pars mea Dominus est.

D

Dimaon (*Dibon*), sufficit eis mœror.
Deseth, *In Heb.* xxi, 10, calcatio, vel unctio.
Dodanim, patrueles.

E

Emmanuel, nobiscum Deus.
Eleale, ad ascensum, sive conscensum.
Eglaim, *Apud* LXX, xv, 8, vituli, vel juvencæ.
Ezion, *In Hebr.* I, 1, visio.

Tria nomina, quæ sequuntur, per extensam proferenda sunt litteram.

Elamitæ, λιθολόγιον eorum, sive comparati, aut despicientes.
Elim, *Ubi supra apud* LXX, aries, sive dificiens.
Epha, resolutus, vel effundens.

F

Facee, aperiens.
Fud, *Apud* LXX, LXV, 19, induite.

G

Gebim, fossæ.
Gozam, nux eorum.

I

Jasub revertens.
Jaas (*Jassa*), dimidium, vel fuit.
Joach, cujus est frater : sed melius confitens, sive glorificans.
Jerusalem, visio pacis.

L

Laisa, leo.
Luith, maxillæ, sive genæ.
Lud, utilis, vel declinans, sive utinam.

M

Madian, iniquitas.
Magro (מגרון), gutturi, vel de fauce.
Machmas, villæ tributum, sive de tactu.
Madabena, a saltu ejus.
Memphis, ab ore.
Marodach, amara contritio, sive procacitas.
Mosoch, capientes.

N

Nabao, prophétie, ou qui viennent.
Nemrim, des léopards, ou des apostats.
Ninévé, enceinte, ou germe de beauté, ou ravissante.
Nasaach, germe faible, ou tendre.
Nabo, action de s'asseoir, ou qui survient.

O

Ozia, force du Seigneur.
Oronim, trou du chagrin.

R

Ramélia, élevé du Seigneur.
Réseph, pavé.
Rabba (רב), beaucoup de choses, multitude.

S

Sorec, excellente, ou élue.
Sicéra, ivresse.
Séraphim, ardents, ou qui allument.
Siloa, envoyé.
Sion, sommet du roc.
Sabaoth, des armées, ou des vertus, ou des milices.
Samarie, leur garde.
Suphir, inutile.
Sabama, enlevant la hauteur.
Sargan, prince du jardin.
Sobnam, siégeant, ou revenant.
Sisaïm (*Sabaim*), sortant.
Saron, prince du chagrin, ou chantant la tristesse.
Sarasar, prince de la tribulation, ou élévation.
Sabaim, captifs.
Sabé, captivité.

T

Tabéel, Dieu bon.
Tanis, ordonnant des choses humbles.

Z

Zacharie, qui se souvient du Seigneur.

DU PROPHÈTE OSÉE.

B

Bééri, mon puits, ou en lumière.
Baalim, dans les supérieurs, ou qui ont, ou hommes.

D

Débélaïm, masses de figues.

I

Jotham, consommation du Seigneur, ou perfection.
Jezrael, semence de Dieu.
Jarib (*Jarim*), jugeant ou vengeant.
Jérébéel, jugement de Dieu, ou le supérieur jugeant.

N

Nabao, prophetia, vel venientes.
Nemrim, pardorum, sive apostatarum.
Nineve, forta, vel germen pulchritudinis, aut speciosa.
Nazareth, germen molle, vel tenerum.
Nabo, sessio, vel superveniens.

O

Ozia, fortitudo Domini.
Oronim, foramen mœroris.

R

Ramelia, excelsus Domini.
Reseph, λιθόστρωτον.
Rabba (רב *In Heb.* I, 11), multa, vel multitudo.

S

Sorec, optima, vel electa.
Sicera, *Apud* LXX, v, 11, ebrietas.
Seraphim, ardentes, vel incendentes.
Siloa, missus.
Sion, specula.
Sabaoth, exercituum, sive virtutum, vel militiarum.
Samariam, custodiam eorum.
Suphir, irritum.
Sabama, tollens altitudinem.
Sargan, princeps horti.
Sobnam, sedens, vel revertens.
Sisaim (*Sabaim*), egrediens.
Saron, princeps mœroris, vel cantans tristitiam.
Sarasar, princeps tribulationis, sive elatio.
Sabaim, captivi.
Sabe, captivitas.

T

Tabeel, bonus Deus.
Tanis, mandans humilia.

Z

Zacharia, memor Domini.

DE OSEE PROPHETA.

B

Beeri, puteus meus, vel in lumine.
Baalim, in superioribus, vel habentes, aut viri.

D

Debelaim, palathæ.

I

Jotham, Domini consummatio, sive perfectio.
Jezrael, semen Dei.
Jarib (*Jarim*), dijudicans, vel ulciscens.
Jerebeel, judicium Dei, vel dijudicans superior.

M

Maamad (*Machmas*), désirable.

O

Osée, sauvant, ou sauvé.
On, inutilité, ou douleur, ou iniquité.

S

Salmana, consommé, ou parfait.
Saboïm, arrêt, ou qui se tiennent debout.

D'AMOS.

A

Amos, fort, ou robuste, ou déracinant le peuple.
Accarem, pâturages du troupeau, ou dans les pâturages, en grec ἐν ποιμνιοτροφίοις.
Amésia, fort du Seigneur, ou soulageant le peuple.

G

Gaza, sa force.
Gag, dôme, c'est-à-dire toit.

M

Malchuo, notre roi.

R

Réphan, votre ouvrage, ou votre repos.

S

Sarphath, incendie.

T

Théman, auster.
Thécué, trompette, clairon, ou battement (en musique), appelé en grec χρουσμόν.

DE MICHÉE.

A

Achaz, tu saisiras, ou tenant.
Anacim, humilité qui refuse.

M

Micha, qui est ici? ou qui est celui-là?
Morasthi, mon héritier.

N

Nemrod, apostat.

DE JOEL.

F et I

Fétuel, largeur de Dieu, ou Dieu ouvrant.
Joel, commençant, ou il est de Dieu.

M

Maamad, *Apud* LXX, VI. *In Hebr.* IX, *Machmas*, desiderabilis.

O

Osee, salvans, vel salvatus.
On, *Apud* LXX, IV, 16 *et* X, 5, *et* VIII, inutilitas, vel dolor, sive iniquitas.

S

Salmana, consummatus, sive perfectus.
Saboim, statio, sive stantes.

DE AMOS.

A

Amos, fortis, sive robustus, vel populum avellens.
Accarem, gregis pascua, sive in pascuis, quod Græce dicitur, ἐν ποιμνιοτροφίοις.
Amesia, fortis Domini, vel populum levans.

G

Gaza, fortitudo ejus.
Gog (*Apud* LXX, VII, 1), δῶμα, id est, tectum.

M

Malchom, rex noster.

R

Rephan, factura vestra, vel requies vestra.

S

Sarphath, *In Hebr.* IV, 11, incendium.

T

Theman, auster.
Thecue, tuba, vel buccina, sive percussio : quam Græci χρουσμόν vocant.

DE MICHÆA.

A

Achaz, apprehendes, vel tenens.
Anacim, *Apud* LXX, II, 10, humilitas renuens.

M

Micha, quis hic? adverbium loci : vel quis iste?
Morasthi (*a*), hæres meus.

N

Nemrod, apostata.

DE JOEL.

F et I

Fetuel, latitudo Dei, vel aperiens Deus.
Joel, incipiens, vel est Dei.

(*a*) *Morasthi, hæres meus.* Tanta est dissonantia codicum manuscriptorum, et editorum librorum in minoribus prophetis ab hoc Michææ loco, ut diceres universum in illis opus fuisse descriptum; nam quæ in his exemplaribus nomina ponuntur sub Michæa, in aliis leguntur sub Joel, et sic in reliquis. Quæ cum manifeste in cunctis exemplaribus sint perturbata errore antiquorum librariorum omnia ac singula propriis locis restituere curavi. Variantes autem lectiones, quia frequentiores sunt, majusque postulant spatium scribendi, ad finem libri reperient homines studiosi. MARTIAN. — Duo Colbertini mss. 4353 et 4951 citante Martian. ad libri hujus calcem, tantum habent *hæres*. Ab Hieronymo autem, epist. 53, ad Paulinum, *Michæas de Morasthi cohæres Christi* appellatur.

D'ABDIAS.

Abdias, serviteur du Seigneur.

DE JONAS.

A et I

Amathi, ma vérité, ou mon fidèle.
Jonas, colombe, ou qui se plaint.
Joppé, beauté.

DE NAHUM.

E, N et S

Elcéséens, appelés.
Ninive (*Nénévé*), ravissante.
Nahum (ail. *Naum*), consolateur.
Sénam, abondance.
Saraphad, incendie.

D'ABACUC.

Abacuc, embrassant.

DE SOPHONIE.

A, G et S

Amaria, le Seigneur disant.
Godalia, le Seigneur glorifié, ou magnifique.
Sophonie, le cachant.

D'AGGÉE.

A, E, S et Z

Aggée, de fête, ou solennel.

Josédec, juste du Seigneur, ou justifié.
Salathiel, solliciteur du Seigneur, ou demande du Seigneur.
Zorobabel, prince, ou maître de Babylone, ou translation étrangère, ou né dans Babylone.

DE ZACHARIE.

A, C, R et S

Addo, son serviteur, son témoin, sa force.
Asael, ouvrage de Dieu.
Ananéel, grâce de Dieu.
Chasélen, son espérance.
Ragom, hiver, ou grand délit.
Rama, élevée.
Sabat (ail. *Sabath*), sceptre ou verge.
Sédrach (*Hadrach*), mon beau.

DE MALACHIE.

E, M et T

Elie, Dieu Seigneur.
Malachie, mon ange.
Thesbites, captivant.

DU PROPHÈTE JÉRÉMIE.

A

Anatoth, réponse, ou signe qui répond, ou obéissance.
Amon, fidèle, ou qui nourrit, ou fardeau.

DE ABDIA.

Abdia, servus Domini.

DE JONA.

A et I

Amathi, veritas mea, vel fidelis meus.
Jona, columba, vel dolens.
Joppe, pulchritudo.

DE NAHUM.

E, N et S

Elcesaei, advocati.
Ninive (*Nineve*), speciosa.
Nahum (al. *Naum*), consolator.
Senam, abundantia.
Saraphad, incendium.

DE AMBACUC.

Ambacuc, amplexans.

DE SOPHONIA.

A, G et S

Amaria, dicente Domino.
Godalia, magnificatus Dominus, vel magnificens.
Sophonia, abscondens eum.

DE AGGÆO.

A, E, S et Z

Aggæus, festus, sive solemnis.

Josedec, Domini justus, sive justificatus.
Salathiel, petens Domini, vel petitio Domini.
Zorobabel, princeps, vel magister Babylonis, sive aliena translatio, vel ortus in Babylone.

DE ZACHARIA.

A, C, R et S

Addo, servus, sive testis ejus, vel fortitudo ejus.
Asael, factura Dei.
Ananeel, gratia Dei.
Chaselen, spes ejus.
Ragom, hiems, sive multum delictum.
Rama, excelsa.
Sabat, al. *Sabath*, sceptrum, vel virga.
Sedrach (*Hadrach*), decorus meus.

DE MALACHIA.

E, M et T

Elia, Deus Dominus.
Malachi, angelus meus.
Thesbites, captivans.

DE PROPHETA JEREMIA.

A

Anatoth, responsio, sive respondens signum, vel obedientia.
Amon, fidelis, vel nutriens, sive onus.

Achbor, souris.
Ananie, grâce dissipée, ou grâce de Dieu.
Azor, aidé.
Amasia, ouvrage de Dieu.
Anaméel, à qui Dieu a donné.
Asédémoth, champs, ou environs de la ville.
Ananéel, grâce de Dieu.
Azécha, fermée au verrou, ou robuste.
Abania, grâce du père.
Ania, grâce du Seigneur, ou le Seigneur donnant.
Abdiel, servant Dieu.
Abdeméloch, serviteur du roi.
Asa, ouvrage.
Aphréé, fureur étrangère, ou vie dissipée et divisée.
Azau (*Esai*), sa force.
Aroer, creusée en dessous, et mieux tamarin.
Alasa, triple, ou consternée.
Ahi (*Hai*), question, ou vallée, ou il vit.
Arpath, guérissant.
Aschenez, feu ainsi répandu.
Amuthal (*Amithal*), rosée chauffée.
Avil (*Evilméroduch*), sot, insensé.

B

Buz, dédain, mépris.
Baruch, béni.
Baalis (*Baalim*), ayant un homme.
Baasa, l'ouvrage venant.
Bosor (*Bozra*), tribulation.
Bel, vétusté.

C

Cariathiarim, cité des clairières, ou des forêts.
Colaïa (*Colias*), la voix a été faite.
Cédron, triste chagrin, ou douleur.
Cariatham, leur cité, ou forteresse.
Carioth, rencontre du signe.

C, simple jusqu'ici, est désormais aspiré.

Cheleia (*Helcia*), part du Seigneur.
Chabouim (*Chabasin*), main, ou tas d'épines, et mieux préparation, quoique la plupart des interprètes hébreux l'expliquent par tartelette, par gâteau de farine, de miel et d'huile.
Chamoam, semblable à eux.
Charmamos (*Carmamis*), agneau réuni au troupeau, ou connaissance.
Chamos, rassemblé.

Achbor, mus.
Anania, gratia dissipata, sive gratia Dei.
Azor, adjutus.
Amazia, factura Dei.
Anameel, cui donavit Deus.
Asedemoth, *Apud* LXX, XXXVIII, 40, arva, vel suburbana.
Ananeel, gratia Dei.
Azecha (*a*), clausam pessulo, vel robustam.
Abania, patris gratia.
Ania, gratia Domini, vel donans Dominus.
Abdiel, serviens Deo.
Abdemelech, servus regis.
Asa, factura.
Aphree, furor alienus, sive vita dissipata, atque discissa.
Azau (*Esai*), fortitudo ejus.
Aroer, suffossa, sed melius myrice.
Alasa, triplex, vel consternata.
Ahi (*Hai*), quæstio, vel vallis, sive vivit.
Arphath, sanans.
Aschenez (*b*), ignis ita aspersus.
Amuthal, al. *Amithal*, calefactus ros.
Avil (*Evilmerodach*), stultus, insipiens.

B

Buz, despectus, sive contemptus.
Baruch, benedictus.
Baalis (*Baalim*), habens virum.
Baasa, veniente factura.
Bosor (*Bosra*), tribulatio.
Bel (*c*), vetustas.

C

Cariathiarim, civitas saltuum, sive silvarum.
Colaia (*Colias*), vox facta est.
Cedron, tristis mœror, sive dolor.
Cariatham, civitas, vel oppidum eorum.
Carioth, occursus signi.

Hucusque per C simplicem litteram legerimus : exin aspiratione addita proferendum est.

Cheleia (*Helcia*), pars Domini.
Chabonim, *Chabasin, apud* LXX, XLII, 3, *chabonim*, manus, vel acervus spinarum ; sed melius præparationes, licet plerique Hebræorum libum, vel crustulam significari putent.
Chamoam, similis eis.
Charmamos (*Charchamis*), agnus congregatus, sive agnitio, quasi sarmentum.
Chamos, congregans.

(*a*) *Azecha, clausam pessulo*, etc. Desunt in editis ante libris nomina isthæc duo, *Azeca* et *Abania*. Inter mss. codices nonnulla quoque est discrepantia ; nam Colbertinus 1581 ita legit, *Azeca deauratam, vel robustam* : alii ut nos edidimus. MARTIAN. — Duo hæc nomina, *Azecha*, et *Abania*, neque vulgati libri ante Martianæum, neque ms. noster agnoscunt.

(*b*) *Aschenez, ignis*, etc. Nomen *Aschenez* interpretatum supra posuimus in libro Genesis cum variantibus lectionibus codicum mss. qui hoc loco inter se plane consentiunt. MARTIAN.

(*c*) *Bel, vetustas*. Ex Judithæ libro translata sunt in Jeremiam nomina *Bethuliæ* et *Holophernis*, quorum nullum exstat vestigium in vetustioribus exemplaribus manu exaratis. Neque unquam crediderim a Philone Judæo in hoc opere fuisse posita. MARTIAN.

D

Dedan, ce jugement, ou un tel jugement.
Dalaïa, le Seigneur puissant, ou pauvre du Seigneur.
Dibon, assez intelligent.
Déblathaïm, leurs masses de figues.

E

Enom, voilà ces choses, ou ils vont.
Elnathan, vers celui qui donne, ou ajoute, ou bien don de Dieu.
Elasa, pour faire.
Ezriel, aidé par Dieu.
Esébon, pensée du chagrin.

E, bref jusquici, est long désormais.

Elam, opposés, ou abjects, ou apaisés.
Elisama, mon Dieu écoutant.
Efai, ma désertion.
à Elisama, le Seigneur écoutant.
Elom (*Hélon*), armée de la force.

F

Fésor (פשחור), bouche de la noirceur.
Fathurès, trompé, foulé aux pieds, ou bouchée assurée.
Farao nécho, dissipant les choses préparées.

G

Gamaria, le Seigneur rétribuant, ou le Seigneur achevant.
Garab, gale, ou long exil.
Gamuel (*Beth-Gamul*), rétribution.

I

Jérémie, élevé du Seigneur.
Jéchonia, préparation du Seigneur, ou ainsi fait.
Jézonia, écoutant le Seigneur.
Jegdalian (*Jégédélias*), le Seigneur magnifique.
Joachal, robuste et fort.
Jéraïa, craignant le Seigneur.
Jonathan, don du Seigneur, ou il donna une colombe.
Juchal, puissant.
Joanam, il était donnant, ou don du Seigneur.
Jazer, secouru.

M

Mésaïa (מעשיה), ouvrage du Seigneur.
Moréthi (*Morasthi*), mon héritier.
Moloch, roi.
Matthanna (*Matthan*), présent et don.
Melchia, mon roi.
Maséphа, reconnaissance, ou contemplation.
Magdalo, à la magnificence, ou tour.
Méphaath, choc de l'eau.
Maon (*Beth-Maon*), habitation.
Melcham, leur roi.
Marodach, amère contrition, ou impudence.
Medon (Μηδών), qui mesurent.

D

Dedan, hoc judicium, sive tale judicium.
Dalaia, hauriens Dominus, vel pauperculus Domini.
Dibon, satis intelligens.
Deblathaim, palathæ eorum.

E

Enom, ecce hæc, sive sunt.
Elnathan, ad dantem, sive addentem, vel donum Dei.
Elasa, ad faciendum.
Ezriel, adjutus a Deo.
Esebon, cogitatio mœroris.

Hucusque per E brevem litteram legerimus : exin per extensum legamus elementum.

Elam, oppositi, sive abjecti, vel compositi.
Elisama, Deus meus audiens.
Efai, defectio mea.
Elisamæ, Domino audiente.
Elom (*Helon*), exercitus fortitudinis.

F

Fesor (פשחור), os nigredinis.
Fathures, deceptus, calcatus, sive buccella confirmata.
Farao necho, dissipans præparata.

G

Gamaria, retribuens Dominus, sive consummans Dominus.
Garab, scabies, sive incolatus multus.
Gamuel (*Beth-Gamul*), retributio.

I

Jeremia, excelsus Domini.
Jechonia, præparatio Domini, vel sic factus.
Jezonia, auscultans Dominum.
Jegdalian (*Jegedelias*), magnificus Dominus.
Joachal, robustus et fortis.
Jeraia, timens Dominum.
Jonathan, Domini donum, vel columbam dedit.
Juchal, potens.
Joanam, erat donans, vel Domini donum.
Jazer, auxiliatus.

M

Mesaia (מעשיה), factura Domini.
Morethi (*Morasthi*), hæres meus.
Moloch, rex.
Matthanna (*Matthan*), munus et donum.
Melchia, rex meus.
Masepha, speculatio, sive contemplatio.
Magdalo, magnificentiæ, sive turris.
Mephaath, aquæ impetus.
Maon (*Beth-Maon*), habitaculum.
Melcham, rex eorum.
Marodach, amara contritio, sive impudentia.
Medon, Μηδών *Apud* LXX, xxviii, 11, metientes.

N

Nééléamites, héritage d'un certain homme.
Nathania, don du Seigneur, ou le Seigneur donna.
Nergel, lanterne du monceau.
Nabuzabaru (*Nabusezban*), temps foulé aux pieds.
Néchao, celui-là prêt.

O

Omré (*Emmer*), parole.

Sauf ce mot, les quatre noms qui suivent doivent se lire par O long.

Ophaz, or épuré au feu, en grec κίρρον.
Ojadaé (*Jojada*), sa science, ou lui-même connut, ou science du Seigneur.
Osaï, il me sauvera.
Oronaïm, trou du chagrin.

R

Réchab, quadrige, ou qui monte.
Rabsaris, prince eunuque.
Rabmag, prince de la nourriture.
Rablatha, celle-ci beaucoup de choses, ou celui-là beaucoup.

S

Sédécias, juste du Seigneur.
Sior, firmament nouveau, ou troublé.
Sor, fort, ou pierre, ou Tyr.
Sésac (ששך), lin de sac, ou main du sac.
Sélom, transporté, ou restituant.
Samaïa, écoutant le Seigneur.
Saphané, sa lèvre.
Salom, rétribuant, ou pacifique.
Séphéla, humble, ou champêtre.
Sélémia, le Seigneur rendant.
Saraïa, il fut prince.
Saphatia, le Seigneur juge.
Sarazar, prince de la tribulation.
Samagar (*Séméyarnabu*), nom de l'étranger.
Sarsachim, prince du cadavre, ou de la ruine.
Saphan, porc-épic, lièvre, hérisson, ou leur lèvre.
Sabama, haussant celui qui est élevé.
Ségon (*Séon*), discours inutile.

T

Taphnas, bouche insensée du serpent, ou signe couvert.

T est aspiré dans les deux noms qui suivent:

Thoph (*Thopheth*), géhenne, ou danger de la bouche.
Thaamath (*Thanéhumeth*), il donna l'indignation, ou la bile.

N

Neeleamites, hæreditas cujusdam.
Neria, lucerna Domini.
Nathania, donum Domini, vel dedit Dominus.
Nergel, lucerna acervi.
Nabusabaru (*Nabusezban*), calcatum tempus.
Nechao (*a*), paratus iste.

O

Omre (*Emmer*), verbum.

Excepto hoc nomine, quatuor quæ sequuntur per extensam vocalem legenda sunt.

Ophaz, obrizum. Est autem genus auri quod Græci κίρρον vocant.
Ojadae (*Jojada*), ejus scienti, sive ipse cognovit, vel Domini scientia.
Osai, salvabit me.
Oronaim, foramen mœroris.

R

Rechab, quadriga, vel ascendens.
Rabsaris, princeps eunuchus.
Rabmag, princeps cibi.
Rablatha, multa hæc, vel multum iste.

S

Sedecia, justus Domini.
Sior, *in Hebr.* II, 18, firmamentum novum, vel turbidum.
Sor, *Apud* LXX, XXI, 13, fortis, vel petra, sive Tyrus.
Sesac (ששך), byssus saccens, sive manus sacci.
Selom, translatus, sive restituens.
Samaia, audiens Dominum.
Saphane, labium ejus.
Salom, retribuens, sive pacifiens.
Sephela, *Apud* LXX, XXXIV, 44, humilis, sive campestris.
Selemia, reddente Domino.
Saraia, princeps fuit.
Saphatia, judicat Dominus.
Sarasar, princeps tribulationis.
Samagar (*Semegarnabu*), nomen advenæ.
Sarsachim, princeps cadaveris, vel ruinæ.
Saphan, chœrogryllius, lepus, vel hericius, sive labium eorum.
Sabama, attollens excelsum.
Segon (*Seon*), loquela inutilis.

T

Taphnas, insanum os serpentis, sive opertum signum.

Duo nomina quæ per T litteram sequuntur, aspiratione addita sunt legenda.

Thoph (*Thopheth*), gehenna, vel periculum oris.
Thaamath (*Thanehumeth*), dedit indignationem, sive bilem.

(*a*) *Nechao, paratus iste.* De nomine *Holofernis*, quod hic in editis legitur, diximus supra [illegible] Judith libro, quem in canonem Scripturarum divinarum Judæi non admittunt. Satis vero mihi videtur ad scripturam veterum, et editorum librorum coarguendum errorem, quod positum sit nomen illud ab illi incipiens, cum iis quæ ab initio habent N. MARTIN.

DE DANIEL.

A

Asfanez, dompteur de chevaux.
Ananie, grâce de Dieu.
Abdénago, en servant je me tais.
Amalasar, le prince dit.
Arioch, réduisant à la solitude.
Assuérus, son vestibule, ou béatitude.
Astiage, volonté, ou conseil de la réjouissance.
Ambacum, les embrassant, ou les recevant.
Artaxerxès, lumière pénétrant les ténèbres.

B

Balthasar, cheveu de la tête.
Bari, en changeant, ou puits, ou dans le ventre.
Bel, vétusté.

D

Dura (*ail.* Duram), parlant.

E

Elam, séculaires, ou éternelles.

F

Forthommin, division parfaite du peuple glorieux. Nous avons dit là dessus toute notre pensée dans les livres des *Questions Hébraïques*.

I

Joacim, de qui est la préparation, ou préparation du Seigneur.
Jézéchiel, fort de Dieu, ou saisissant Dieu.
Jezmia, son oreille, ou le Seigneur écoutant.
Jobad, ennemi, ou il est père.
Isimoth, il amènera la mort.
Isar, changée, ou très-petite.
Jézael, il est le chemin.
In, il fut, ou mesure.

M

Misael, quel est le salut du Seigneur ?
Misac, quel est le rire ? ou de la joie.
Mané, il a compté.
Michael, qui est comme Dieu ?

P

Perses, essayant.

DE DANIELE.

A

Asfanez, equorum domitor.
Anania, gratia Dei.
Abdenago, serviens taceo.
Amalasar (*a*), dixit princeps.
Arioch, ad solitudinem redigens.
Assuerus, atrium ejus, vel beatitudo.
Astiage, voluntas, vel consilium festivitatis.
Ambacum, amplexans eos, sive suscipiens eos.
Artaxerxes, lumen silentio tentans.

B

Balthasar, capillus capitis.
Bari, in commutando, sive putei, vel in ventre.
Bel, vetustas.

D

Dura, al. *Duram*, loquens.

E

Elam, sæculasia, vel sempiterna.

F

Forthommim (*b*), divisio perfecta populi gloriosi. Et de hoc quid nobis videatur, in libris Hebraicarum Quæstionum plenius diximus.

I

Joacim, cujus est præparatio, vel Domini præparatio.
Jezechiel (*c*), fortis Dei, vel apprehendens Deum.
Jezania, auris ejus, vel auscultante Domino.
Jobad, inimicus, sive est pater.
Isimoth, adducet mortem.
Isar, immutata, vel parvula.
Jezael, est iter.
In, fuit, vel mensura.

M

Misael, quæ salus (*d*) Domini ?
Misac, qui risus ? vel de gaudio.
Mane, numeravit.
Michael, quis ut Deus ?

P

Persæ, tentantes.

(*a*) *Amalasar, dixit princeps.* In Hebræo *Amalasar*, vel *Hammelsar* secundum Massorethicam punctationem. *Amalasar* autem vertitur in Latinam linguam, *circumcisio tribulationis*; non, *dixit princeps*. Sed observandum diligenter Philonem hujus operis primum conditorem promiscue ei indifferenter accipere litteram *tsade* et *sin*, *Sar* et *Sar*; et antea *Saphan* et *Saphat*. Deinde exemplaria Græcorum diversimode legunt, Ἀμελσὰδ *Amelsad*, et Ἀμερσὰρ *Amersar*, juxta quem ultimum litterarum sonum *Amersar* recte interpretatur *dixit princeps*. MARTIAN.

(*b*) *Forthommim, divisio perfecta*, etc. Quæstiones Hebraicæ, quarum hoc loco meminit Hieronymus, ad nostram ætatem minime pervenerunt : nonnihil supplere possunt ad intelligentiam *Forthommim* Commentariorum libri in Danielem, cap. 1. 3. MARTIAN.

(*c*) *Jezechiel, fortis Dei*, etc. Quæ sequuntur sub littera I, et notantur charactere Italico, non leguntur hodie in Daniele, sed in Ezechiele. MARTIAN.

(*d*) Veteres editi, *quæ palus Domini*, quod Martian. in erratorum indice demum emendat. In Origeniano altero lexico, Μισαὴλ, Ἔλεος Θεοῦ, *Misael, misericordia Dei*. Proprie autem *Mischael* : qui et *Mesach* Chaldæis dictus est, Daniel. 1, 7, ex מי שהאל derivatur, *quis est quemadmodum Deus est*, sive *quod Deus est*.

S

Suzanne, lis, ou sa grâce.
Sennaar, enlèvement de la dent.
Sidrach, mon beau.
Susis, équitation, ou revenant.

V

Ulaï, marais, ou douleur de la cuisse, ou de l'ombrage.

D'ÉZÉCHIEL.

A

Azur, aidé.
Acchérélhi (*Chéréthim*), tuant, ou démolissant.
Assurim, feu des illuminations.
Aran (*Haran*), colère, ou irascible.
Aun, inutile, ou idole.
Ainagallim, fontaine, ou œil du taureau.
Azara, base.
Auran, colère.
Ariel, lion de Dieu.
Aser, béatitude.
Asemel, silence de la circoncision.
Achal (הכל), toutes choses.
Aradiens, qui déposent.
Aélamites, apposés, ou mis ensemble, ou opposés.

B

Buzi, dédain, ou mépris.
Bénaïa, édifice du Seigneur.
Bérotha, ses puits.
Baalméon, humble descente.
Bagazin, méprisé en haut lieu.
Bubaste, bouche, ou lèvre de l'épreuve.
Beth (פי בסת), fille, ou mesure.

C

Cariathim, leur cité.
Cédar, triste, ou ténèbres.
Cadès, changé.
Cur (קרח), gelée.

C, simple jusqu'ici, est désormais aspiré.

Chobar, pesanteur, gravité, ou à côté de l'élu.
Chodchod (*Ms. Chodoch*), Carthaginois.
Channa (*Chéné*), fond, ou préparation.
Chalamad, il consomma, ou il mesura.
Chaldéens, comme des mamelles, ou comme des bêtes féroces, ou comme des démons.
Chéréthim, qui disposent, et mieux en grec διατιθέμενοι.
Chennor, connaissance de la lumière, ou harpe.

S

Susanna, lilium, vel gratia ejus.
Sennaar, dentis vacuefactio.
Sidrach, decorus meus.
Susis, equitatio, vel revertens.

V

Ulai, palus, a palude, non a palo : sive dolor femoris, aut umbraculi.

DE EZECHIELE.

A

Azur, adjutus.
Accherethi (*Cheretim*), interficiens, sive demoliens.
Assurim, ignis illuminationum.
Aran (*Haran*), ira, vel iracundus.
Aun, *in Hebr.* xxx, 17, inutilis, sive idolum.
Ainagallim (*a*), fons, vel oculus vituli.
Azara, *in Hebr.* XLIII, 14, crepido.
Auran, iracundia.
Ariel, leo Dei.
Aser, beatitudo.
Asemel, silentium circumcisionis.
Achal (הכל), omnia.
Aradii, deponentes.
Aelamitæ, appositi, sive collati, aut objecti.

B

Buzi, despectus, sive contemptus.
Banaia, ædificium Domini.
Berotha, putei ejus.
Baalmeon, descensio humilis.
Bagazin, in excelso contemptus.
Bubastus, os, vel labium experimenti.
Beth (פי בסת *Vid. Comment. in Ezech.* xxx), filia, vel mensura.

C

Cariathim, civitas eorum.
Cedar, tristis, vel tenebræ.
Cades, mutatus.
Cur (קרח *in Hebr.* I, 22), gelu.

Hucusque per C simplicem litteram legerimus ; exin aspiratione addita proferendum est.

Chobar, gravitudo, vel gravitas, sive juxta electum.
Chodchod, ms. *Chodoch*, Charthaginienses.
Channa (*Chene*), fundum, vel præparatio.
Chalamad, consummavit, sive mensus est.
Chaldæi, quasi ubera, vel quasi feri, aut quasi dæmones.
Cherethim, *in Hebr.* xxv, 16, disponentes : pro quo melius in Græco habet διατιθέμενοι.
Chennor, *in Hebr.* XXVI, 13, agnitio luminis, vel cithara.

(a) *Ainagallim, fons*, etc. Tripliciter legitur nomen istud in hoc libro. *Ainagallim, Enaggallim* et *Engallim*. Similiter et sequens *Asemel, Esemel* et *Semel*, sub tribus litteris. Quod in multis aliis nominibus æque præcavendum est lectori. MARTIAN.

Cherchoro, enlèvement connu.
Chelbon, qui sont de lait.
Chalamar, toute amertume.
Chomor (חמר), persécutions.

D

Déblatha, masses de figues.
Diospolis (*Alexandrie*), refusant, et mieux, en grec, cité de Jupiter.

E

Esémel (חשמל), ambre jaune.
Elisa, vers l'île, ou Dieu Sauveur.
Elbon, robuste par la force, ou force de Dieu.
Ethalon, berceau du chagrin.
Ezer (*Azur*), force, ou secours.
Emmer, discours ou parole.
Eschani (*Chéné*, ou *Chanaan*), qui habitent le mépris.
Elisée, celle-ci est de Dieu, ou salut de Dieu.

E, *bref jusqu'ici, est long désormais.*

Enaggalim, source, ou œil des veaux.
Elam, sempiternel, ou siècle, ou leur tas de pierres.
Epha, mesure.
Engaddi, œil, ou source du bouc.
Enom, fontaine de la force.

F

Féléthia, salut du Seigneur.
Fut, Libye.
Fennag, mouvement de la tête pour consentir.
Farès, dissipant.
Facud, visité, ou visitant.

G

Gazæ, lieu ou l'on garde le trésor, ou sa force.
Gog, toit.
Gomor, consommation, ou perfection, ou vente.
Galali, bourbiers.
Galilée, mobile, ou émigration faite.

I

Jézéchiel, force de Dieu.
Jézoma, son oreille.
In, mesure.
Job, oisif.
Ir, vigilant.

L

Lydiens, nés.

Cherchoro, cognita *(a)* ablatio.
Chelbon, *Apud* LXX, XXVII, 28, lactei.
Chalamar, omnis amaritudo.
Chomor (חמר), lacessiones.

D

Deblatha, palathæ.
Diospolis (*Alexandria*), abnuens : sed multus Græce, Jovis civitas.

E

Esemel (חשמל), electrum.
Elisa, ad insulam, sive Deus salvator.
Elbon, robustus fortitudine, sive Dei fortitudo.
Ethalon, incunabula mœroris.
Ezer (*Azur*), fortitudo, vel auxilium.
Emmer, sermo, vel verbum.
Eschani (*Chene* vel *Chanaan*), habitantes contemptum.
Elisee, Dei est hæc, vel Dei salus.

Hucusque per E brevem litteram legerimus : exin per extensum legamus elementum.

Enaggalim, fons, vel oculus vitulorum.
Elam, sempiternum, vel sæculum, vel λιθολόγιον eorum.
Epha, mensura.
Engaddi, oculus, vel fons hœdi.
Enom, fons fortitudinis.

F

Felethia, salus Domini.
Fut, Libye.
Fennag, nutus.
Fares, *In Hebr. c.* XXVII, 27 (עוף), dissipans.
Facud, *Apud* LXX, XXIII, 23, visitatus, vel visitans.

G

Gazæ, gazophylacium, sive fortitudo ejus.
God, tectum.
Gomor, consummatio, sive perfectio, vel venundatio.
Galali, *Apud* LXX, IX, 13, volutabra.
Galilæa, volubilis, sive transmigratio facta.

I

Jezechiel, fortitudo Dei.
Jezoma, auris ejus.
In, mensura.
Job, otiosus.
Ir, vigil.

L

Lydi, nati.

(a) Cherchoro, cognita ablatio. Septuaginta sic legunt pro *Chodchod*, decepti nempe *Resch* et *Daleth* similitudine, quod sæpius conqueritur Hieronymus. In Hebræo כדכד *Chadchod*, duplex *Caph* cum duplici *Daleth*; apud LXX, Κορχὸς, et Κερχορὸς in ms. A. Quid sit autem *Chodchod* invenire non potuit Hieronymus. Videsis ejusdem librum Comment. in Ezech. cap. XXVII. MARTIAN.

M

Maalméon (*Béelmaon*), ils eurent une habitation, ou au sujet de l'habitation.
Méséein (*Mosoch*), insensés, ou qui traînent.
Magog, quel toit ? ou au sujet du toit.
Mégia, mépris.
Macualaïm, leur consommation.
Magdol, grandeur, ou tour.
Magalim, émigration, colonies.
Manaïm (מנחה), au sujet du repos.

N

Noé, repos,

O

Oola, tente.
Ooliba, mon tabernacle est en elle.
Oépha, ardeur.

O, *bref jusqu'ici, est long désormais.*

Ozan, il s'en alla.
Oram (*Harom*), irrités.
Ophar (עוף), qui ont pris leur essor.
Osia, salut du Seigneur.
On (*Aun*), douleur, chagrin.

R

Rabbath, multitude.
Raama, tonnerre.
Rodii, vision du jugement.
Ramoth, vision de la mort.
Regma (רעמה), malice quelconque.

S

Semel, idole. Notez que de l'hébreu *semel* vient le latin *similitudo* (similitude), d'où le nom de simulacres donné aux idoles.
Saphan, hérisson, ou lièvre, ou sa lèvre.
Séla (צלה), son ombrage.
Sémoth (שמות), noms.
Sanir, enlève la nouveauté, ou dent de la lampe.
Sœné (*Syénes*), son rond, ou qui a éprouvé.
Séim, qui sortent.
Sodada, son côté.
Sabaarim, entourer les montagnes.
Saffirus (*Péluse*), remarquable, beau.
Sua, du Sauveur.
Saïs, tentation.
Safarim (ספוים), livres, ou historiens.
Sonam (צאנם), leur troupeau, ou leurs dents.

T

Tanis, ordre humble.

M

Maalmoon *(Beelmaon)*, habuerunt habitationem, sive de habitatione.
Mesecin *(Mosoch)*, amentes, sive trahentes.
Magog, quod tectum ? vel de tecto.
Megia, despectio.
Machalaim, *Apud* LXX, xxv, consummatio eorum.
Magdol, *Apud* LXX, xxv, 10, magnitudo, vel turris.
Magalim, transmigrationes, sive coloniæ.
Manaim (מנחה), de requie.

N

Noe, requies.

O

Oola, tabernaculum.
Ooliba, tabernaculum meum in ea.
Oepha, æstus.

Hucusque per O brevem litteram legerimus, exin per extensam legendum.

Ozan, abiit.
Oram, *(Haran)*, irati.
Ophar, (עוף), volantes.
Osia, salus Domini.
On (*Aun, supra*), dolor, vel mœror.

R

Rabbath, multitudo.
Raama, tonitrus.
Rodii *Apud* LXX, xxvii, 13, visio judicii.
Ramoth, *Vide* LXX, xxvii, 16, visio mortis.
Regma (רעמה), malitia quæpiam.

S

Semel, idolum. Et notandum, quod Latinus sermo sit in Hebræis voluminibus a similitudine, unde et simulacra dicuntur.
Saphan, hericius, vel lepus, sive labium ejus.
Sela (צלה), umbraculum ejus.
Semoth (שמות), nomina.
Sanir, tolle novitatem, vel dens lucernæ.
Sœne *(Syenes)*, gyrus ejus, vel experta.
Seim, *In Hebr. c.* xxviii, 13, exeuntes.
Sodada, latus ejus : a latere, non a latitudine intelligendum.
Sabaarim, circumire montes.
Saffirus, *Apud* LXX, ix, 2. *Pelusium*, speciosus, egregius.
Sua, salvatoris.
Sais, *Apud* LXX, xxii, 3, tentatio.
Safarim (ספוים), libri, vel historici.
Sonam (צאנם), pecus eorum, vel dentes eorum.

T

Tanis *(a)*, mandatum humile.

(a) *Tanis, mandatum humile.* Multum variant Exemplaria in nomine *Tanis*. In Hebræo legimus *tsoan*, quod Vulgata transtulit *Taphnis* : Græcorum vero librorum fides Τάνιν retinet ; unde *Tanis* in hoc opere. MARTIAN.

Taphnas, bouche étonnée du serpent.

Sauf dans ces deux noms, le T est partout aspiré.

Thélabim, dispersés. Nous avons dit notre pensée sur ce mot dans les livres des *Questions hébraïques*.

Thammuz, qui achèvent, ou mépris. Encore un mot commenté dans les mêmes livres.

Théraphim, figures.

Thubal, apportant, ou il sera apporté, ou a apporté.

Thogorma, arrachant, ou séjour de quelqu'un.

Thaphnès, signe couvert.

Thicon, au milieu (féminin).

Thav (תו), consommation.

Thasoph (תשפה), sommet de rocher

Thobel, toutes les choses; ou vanité.

Thémor, consommation de l'amertume.

Z

Zarda, très-aliéné.

DE JOB.

A

Ausitidi, à la conciliatrice. Encore un mot commenté dans les *Questions hébraïques*.

Asom, qui se tait, ou osseux.

Adad, d'oncle paternel, ou témoin.

B

Baldad, vétusté seule.

Barachel, bénédiction de Dieu.

Buzites, méprisable.

Barad, grêle.

Barachel, il bénit Dieu.

Buzi, il me méprisa.

D

Dennaba, portant le jugement.

Eliphaz, mépris de Dieu.

Eliu, mon Dieu celui-là, ou Dieu Seigneur.

G

Gabis, hauteur de la confusion, béliers (machines de guerre.)

Géthan, ils les adossèrent.

I

Job, qui se plaint.

L

Léviathan, leur augmentation.

Taphnas, stupens os serpentis : ab ore intelligendum, non ab osse.

Exceptis his duobus nominibus, cætera ejusdem litteræ per aspirationem proferenda sunt.

Thelabim (a), dispersi. Et super hoc in libris Hebraicarum Quæstionum, quid nobis videatur, plenius diximus.

Thammuz, *Apud* LXX, III, 13, consummantes, sive contemptus : et super hoc in eisdem libris plenissime dicitur.

Theraphim, figuræ.

Thubal, deferens, vel defertur, sive delatus.

Thogorma, avellens, vel incolatus cujusdam.

Thaphnes, opertum signum.

Thicon, medium.

Thav (תו), consummatio.

Thasoph (תשפה), specula.

Thobel, universa, vel vanitas.

Themora, consummatio amaritudinis.

Z

Zarda, abalienatus valde.

DE JOB.

A

Austidi (b), conciliatrici. Et super hoc quid nobis videatur, in libris Hebraicarum Quæstionum diximus.

Asom, *Apud* LXX, *in fine libri*, silens vel osseus.

Adad *(Ibid.)*, patruelis, vel testis.

B

Baldad, vetustas sola.

Barachel, benedictio Dei.

Buzites, contemptibilis.

Barad *(Ibid.)*, grando.

Barachel, benedixit Deum.

Buzi, contempsit me.

D

Dennaba *(Ibid.)*, judicium ferens.

Eliphaz, Dei contemptus.

Eliu, Deus meus iste, vel Deus Dominus.

G

Gabis, *In Hebr. et apud* LXX, XXVIII, 18, altitudo confusionis, sive πετροβόλοι.

Gethan, *Apud* LXX, *in fine*, applicuerunt eos.

I

Job, dolens.

L

Leviathan, additamentum eorum.

(a) *Thelabim dispersi.* Hujusmodi Quæstionum Hebraicarum nihil superest nobis; nec ubi legatur apud Ezechielem nomen *Thelabim* usque in præsentiarum invenire potui. De *Thammuz* sequenti pulchre disserit Hieronymus in caput octavum Ezechielis. MARTIAN.

(b) *Ausitidi, conciliatrici.* Non exstant illæ Quæstiones Hebraicæ in Job : nonnulla tamen de Jobo invenies libro Hebraicarum Quæstionum in Genesim cap. 22. MARTIAN.

M

Mazuroth, zodiaque, ou signe de l'horoscope.

N

Naamathites, transportant la mort.
Naamathi, ornement.

O

Oophar (עופר), prenant son essor.
Ophir (אופיר), infirmité.

R

Raam, vision, ou beaucoup.
Raphaïm, géants, médecins.
Rathamim, genevriers.
Ram, élevé.

S

Saucacorum (Σαυχίων), cantilènes.
Sophar, renversement de l'observatoire, ou mettant en fuite l'observateur, ou je verrai l'espion.
Saba, conversion ou captivité.
Séchui (*Suhites*), variété.
Satan, adversaire.
Sui (שוחי), parlant.
Sénech, cymbale.

T

Topaze, bien.

DU NOUVEAU TESTAMENT

DE S. MATTHIEU.

A

Abraham, père qui voit le peuple.
Aminadab, mon peuple de son plein gré.
Abia, le Seigneur père.
Asa, levant, ou élevant.
Aazia (*Ozias*), saisissant le Seigneur, ou force du Seigneur, ou sa force.
Aaz (*Achaz*), saisis.
Amon (עמון אמון), écrit par ALEPH, il signifie fidèle, ou nourricier; écrit par *Aïn*, il veut dire chargé.

M

Mazuroth, *Apud* LXX, xxxix, 32, ζώδιον, id est, signa horoscopi.

N

Naamathites, movens mortem.
Naamathi, decor.

O

Oophar (עופר), volans.
Ophir (אופיר), infirmitas.

R

Raam, visio, vel multum.
Raphaim, *In Hebr. cap.* xxvi, 5, gigantes, vel medici.
Rathamim, *Ib.* xxx, 4, juniperi.
Ram, excelsus.

S

Saucacorum (Σαυχίων), cantilenæ.
Sophar, speculæ dissipatio, vel speculatorem dissipans, sive speculatorem videbo.
Saba, converso, vel captivitas.
Sechui *(Suhites)*, varietas.
Satan, adversarius.
Sui (שוחי), loquens.
Senech, cymbalum.

T

Topazium, bonum.

NOVI TESTAMENTI.

DE MATHÆO.

A

Abraham, pater videns populum.
Aminadab, populus meus voluntarius.
Abia, pater Dominus.
Asa, tollens, aut attollens.
Aazia *(Ozias)*, apprehendes Dominum, aut robur Domini, vel fortitudo ejus.
Aaz (*Achaz*), apprehende.
Amon (עמון אמון), fidelis vel nutritius : si tamen ab ALEPH littera exordium habeat : quod si ex AIN scribitur, onustus interpretatur.

Abiu, mon père celui-là, ou il est mon père.
Azur, aidé.
Archélaüs, lion qui reconnaît.
Amen, vraiment, ou fidèlement.
André, beau, ou qui répond à la nourriture.
Alphée, fugitif, et mieux millième, ou savant.
Amora, peuple ordonné, ou illumination du peuple.
Abel, vapeur, ou deuil, ou vanité.
Acheldama, champ du sang. Mot syriaque.

B

Booz, en qui la force, ou en lui-même la force, et mieux dans la force.
Barthélemy, fils de celui qui suspend les eaux, ou fils de celui qui me suspend. Ce mot n'est pas hébreu ; il est syriaque.
Bethsaïda, maison des fruits, ou maison des chasseurs.
Barjona (בר יונה), fils de la colombe. Mot à la fois hébreu et syriaque. *Bar* en syriaque veut dire fils, et *Jona* signifie colombe dans l'une et l'autre langue.
Bethphagé, maison de la bouche des vallées, ou maison de la bouche. Ce mot n'est pas hébreu ; il est syriaque. Quelques-uns l'expliquent par maison des mâchoires.
Béthanie, maison de son affection, ou maison de l'obéissance.
Barachia, ou béni le Seigneur, ou bénédiction du Seigneur.
Barabban, le fils de notre maître. Encore un mot syriaque.

C

Caïphe, investigateur, ou sagace, et mieux vomissant par la bouche.
Codrantès, obscurité, ténèbres. Nous l'écrivons Quadrant.
Corbana, offrande.
Cananéen (קנני), qui possède, ou possession.
Jusqu'ici nous avons écrit par C *simple les mots que les Grecs commencent par* K ; *désormais il faut lire avec aspiration la lettre qu'ils appellent* chi.
Chanani (כנני), marchand, ou qu'on peut mouvoir, ou lui-même très pauvre.
Chrazain, ceci est mon mystère.
Chananéens, marchands.

D

Diable, qui découle ; en grec, accusateur.
David, désirable, ou fort par la main.
Daniel, jugement de Dieu, ou Dieu me juge.

E

Esrom, il vit la flèche, ou leur vestibule.
Essaï (*Jessé*), libation, et mieux encens de l'île.

Abiu, pater meus iste, vel pater meus est.
Azur, adjutus.
Archelaus, agnoscens leo.
Amen, vere, sive fideliter.
Andreas, decorus, vel respondens pabulo.
Alphæus, fugitivus, sed melius millesimus, vel doctus.
Amora, populus scitus, vel populi illuminatio.
Abel, vapor, aut luctus, aut vanitas.
Acheldama, ager sanguinis. Syrum est, non Hebræum.

B

Booz, in quo robur, vel in ipso fortitudo; sed melius in fortitudine.
Bartholomæus, filius suspendentis aquas, vel filius suspendentis me. Syrum est nomen, non Hebræum.
Bethsaida, domus frugum, vel domus venatorum.
Barjona (בר יונה), filius columbæ. Syrum pariter et Hebræum. *Bar* quippe lingua Syra filius, et *Jona* columba utroque sermone dicitur.
Bethphage, domus oris vallium, vel domus buccæ. Syrum est, non Hebræum. Quidam putant domum maxillarum vocari.
Bethania, domus afflictionis ejus, vel domus obedientiæ.
Barachia, vel benedictus Dominus, vel benedictio Domini.
Barabban, filium magistri nostri. Syrum est, non Hebræum.

C

Caiphas, investigator, vel sagax, sed melius vomens ore.
Codrantes, caligo, vel tenebræ. Quem nos per Q litteram quadrantem dicimus.
Corbana, oblatio.
Cananæus (קנני), possidens, sive possessio.
Hucusque per C *simplicem litteram scripta sunt nomina, quæ Græci per* K *efferunt : exin aspiratione addita legendum, quam illi litteram* CHI *vocant.*
Chanani (כנני), negotiator, vel motabilis, aut ipse pauperculus.
Chorazain, hoc est mysterium meum.
Chananæi, negotiatores.

D

Diabolus, defluens : Græce vero dicitur criminator.
David, desiderabilis, aut fortis manu.
Daniel, judicium Dei, vel judicat me Deus.

E

Esrom, sagittam vidit, sive atrium eorum.
Essai (Jesse), insulæ libatio, sed melius, incensum.

E, *bref jusqu'ici, est long désormais.*

Eliacim, résurrection de Dieu, ou Dieu ressuscitant, ou Dieu ressuscitera.

Eliu, mon Dieu celui-là, ou de celui-là mon Dieu.

Eliézer, mon Dieu qui aide.

Elie, Seigneur Dieu.

Eli Eli lama azabthani, mon Dieu, mon Dieu, pourquoi m'avez-vous abandonné ?

F

Farès, division, ou il divisa.

Fariséens, qui divisent, ou divisés.

G

Gennésar, origine des princes.

Géhennam, ils sont dans la vallée ou vallée gratuite.

Getsémani, vallée des graisses.

Golgotha, calvaire. Mot syriaque, et non hébreu.

I

Jésus, sauveur, ou qui doit sauver.

Afin de conserver son rang à la lettre I, *nous avons supprimé dans la plupart des mots l'aspiration* H, *que les grammairiens ne regardent pas comme une lettre.*

Isaac, rire, ou joie.

Jacob, supplantateur, ou qui supplante.

Judas, confessant, ou glorifiant.

Josaphat, lui-même jugeant, et mieux le Seigneur jugera.

Joram, où est celui qui est élevé, ou celui qui est élevé, et mieux il sera élevé.

Jotham, consommé, ou parfait.

Jézécia, fort du Seigneur, ou le Seigneur fortifiera.

Josia, où est l'encens du Seigneur, ou dans lequel est l'encens du Seigneur, ou salut du Seigneur ; et encore force du Seigneur.

Jéchonias, préparant, ou préparation du Seigneur.

Joïachim, où est la préparation, ou préparation du Seigneur.

Jojacim, résurrection du Seigneur, ou le Seigneur ranimant.

Joseph, il mit auprès, ou mettant auprès.

Jérusalem, vision de la paix, ou il craindra parfaitement.

Jérémie, élevé du Seigneur.

Joannam, à qui est grâce, ou grâce du Seigneur.

Hucusque per E brevem litteram legerimus : exin per extensum legamus elementum.

Eliacim, Dei resurrectio, vel Deus resuscitans, aut Deus resuscitabit.

Eliu, Deus meus iste, vel Dei mei istius.

Eliezer, Deus meus adjutor.

Eliu, Deus Dominus.

Eli Eli lama azabthani (*a*), Deus meus, Deus meus, quare dereliquisti me ?

F

Fares, diversio, sive divisit.

Farisæi, dividentes, sive divisi.

G

Gennesar, ortus principium.

Gehennam, de valle sunt, sive vallis gratuita.

Getsemani, vallis pinguedinum.

Golgotha, calvaria. Syrum est, non Hebræum.

I

Jesus, salvator, sive salvaturus.

Ut I litteræ servemus ordinem, aspirationem H in plerisque omisimus : licet eam Grammatici non putent litteræ loco habendam.

Isaac, risus, sive gaudium.

Jacob, supplantator, sive supplantans.

Judas, confitens, sive glorificans.

Josaphat, ipse judicans, sed melius, Dominus judicabit.

Joram, ubi est excelsus, aut qui est excelsus, sed melius, sublimabitur.

Jotham, consummatus, sive perfectus.

Jezecia, fortis Domini, vel confortabit Dominus.

Josia, ubi est incensum Domini, vel in quo est incensum Domini, vel Domini salus : potest et fortitudo Domini dici.

Jechonias, præparans, sive præparatio Domini.

Joiachim, ubi est præparatio ? vel Domini præparatio.

Jojacim, Domini resurrectio, sive Dominus suscitans.

Joseph, apposuit, sive apponens.

Jerusalem, visio pacis, vel timebit perfecte.

Jeremias, excelsus Domini.

Joannam (*b*), cui est gratia, vel Domini gratia.

(*a*) Sic Hebræus habet Psalmi xxii, juxta Hebræorum supputationem. Hebræus autem Matthæi textus, ne quid de Hebraica ejus versione solliciti simus, *lamasabactani*, vel *sabactani* habet. Porro, Syriace idem est, quod Hebraice. Et forte Matthæus [illegible] a Christo recitatum, ut in archetypis Psalmi erat, exhibuit, cum tamen Dominus [illegible] idiomate pronuntiaverit. — *Eli Eli lamazabthani*, etc. In Hebraico textu Matthæi hodierno, *Eli Eli lama [illegible]*, et in margine pro varia lectione [illegible], legimus *azabthani*. Manuscripti codices Latini hujus operis legunt ut plurimum, [illegible]. Martian.

(*b*) Huc ref. cl. Huetius, quod Orig. t. V, in Joan. tradit : [illegible] τῶν ὀνομάτων, (ὅτι τοῦ) Ἰωάννης τὸ Ἰωὰ χωρὶς τοῦ νῆς, [illegible] Ἰωάννης, [illegible] Ἑβραίων ὀνόματα [illegible] Ἑλληνικῷ, ὥσπερ ἐπὶ Ἰακώβ, Ἰάκωβον, καὶ ἐπὶ Συμεών, Σιμῶνα. *[illegible]* *ut pro Jacob Jacobum, pro Simeon Simeonem.* Perspicuum namque est *Joannam*, cui postrema syllaba deficit, ibi fuisse indicatum quod ἀπὸ Θεοῦ χάρις, *a Deo gratia* interpretatum invenit, quamquam inscite pro Joanne acceperit. (*Edit. Migne.*)

Isaïe, salut du Seigneur.

Iscarioth, mémorial du Seigneur. Si nous lisons Issacharioth, il faut traduire, il est sa récompense. On peut le traduire aussi par mémoire de la mort.

Jéricho, son odeur, ou lune.

Les Latins regardent la lettre K comme superflue, et ils écrivent par C tous les mots, excepté Kalendæ. Nous avons donc omis le K.

L

Lebbéen, nom dérivé de cœur, que nous pouvons traduire par petit cœur.

M

Manassé, oublieux.

Matthan, don, ou qui a reçu un don.

Marie. La plupart traduisent ce nom par: ceux-là m'illuminent, ou illuminatrice, ou cantique de la mer; je n'approuve pas ces interprétations. Il est mieux de traduire par étoile de la mer, ou mère amère. Il faut savoir d'ailleurs qu'en syriaque Marie signifie maîtresse.

Matthieu, donné un jour.

Magedda, ses fruits ou messagère.

Madeleine, tour, et mieux, de même que de montagne on dit montagneux, de tour il faudrait dire semblable à une tour.

N

Naason. Il en est qui voient en ce mot le sens de son apaisé; nous traduirons mieux par augurant, ou leur serpent.

Nazareth (נצרת), fleur, ou sa baguette, ou pureté, ou séparé, ou gardée. Il ne s'écrit point par la lettre Z, mais par *Sadé*, qui n'a le son ni de Z ni de S.

Nazoréen, pur.

Nephthali, reconnu, ou séparé, ou il a converti, ou il m'a enveloppé.

O

Obed, qui sert.

Osanna, sauve, en grec σῶσον δή. Dans ces deux mots, O est long.

Isaia, salus Domini.

Iscarioth, memoriale Domini: quod si voluerimus legere (a) Issacharioth, interpretatur, est merces ejus. Potest autem dici et memoria mortis.

Jericho, odor ejus, sive luna.

K *litteram nos superfluam habemus, et exceptis kalendis, per C universa exprimimus, unde consequenter hic prætermissa est.*

L

Lebbæus, figuratum nomen a corde, quod nos diminutive corculum possumus appellare.

M

Manasse, obliviosus.

Matthan, donum, sive donatus.

Mariam plerique æstimant interpretari, illuminant me isti, vel illuminatrix (b), vel smyrna maris, sed mihi nequaquam videtur. Melius autem est, ut dicamus sonare eam stellam maris, sive amarum mare: sciendumque quod Maria, sermone Syro domina nuncupetur.

Matthæus, donatus quondam.

Magedda, poma ejus, vel nuntia.

Magdalene, turris, sed melius sic ut a monte montanus, ita turrensis a turri dicatur.

N

Naason, quidam putant requietum sonitum interpretari, sed melius est, augurans, sive serpens eorum.

Nazareth (נצרת), flos, aut virgultum ejus, vel munditiæ, aut separatus, vel custodita. Scribitur autem non per z litteram, sed per Hebræum SADE, quod nec s, nec z litteram sonat.

Nazoreus, mundus.

Nephtali, discretus, sive sejunctus, vel convertit, sive convolvit me.

O

Obed, serviens.

Osanna, salvifica, quod (c) Græce dicitur, σῶσον δή. Utrumque autem nomen per O litteram extensam legendum.

(a) *Issacharioth*, etc. Respexit Hieronymus ad nomen *Issachar*, filii Jacob. MARTIAN. — Ita quidem satis violenter Græci. Lexicon Origenian. Ἰσσαχὰρ μισθός, *Isachar merces*, et Ἰσκαριὼθ μνημόσυνον, σκηνὴ θανάτου, *Iscaroth*, *memoria*, *tabernaculum mortis*.

(b) *Vel smyrna maris.* Observa, Lector, quam longe aberrent a vero, qui putant Hieronymum auctorem esse omnium etymologiarum libri de Nominibus Hebraicis: nomen itaque Hebræum מרים *Miriam*, id est, *Maria* apud Hebræos optime sonat *amarum mare*; apud Syros etiam מרא *Maria* intelligitur *Domina*, juxta annotationem sancti Doctoris. MARTIAN.

(c) *Græce dicitur* σῶσον δή. Incogitantiam stupendam editorum librorum non possum reticere, uti jam factitavi sexcentis locis. Ita enim corrumpunt contextum Hieronymianum hujus loci, ut legere ausi sint contra fidem manuscriptorum codicum, *quod Græce dicitur* ὃς; ἄννα vel ὃς; ἀννά. Quasi OSANNA Hebræorum, Græce dicatur ὃς; ἄννα, *os anna*, et *os* sit nomen distinctum ab *anna*; aliquo utrumque legatur per extensam litteram. Bone Deus, qualis et quanta errorum colluvies! *Osanna* Hebræum (Matth. XXI, 9, Ὡσαννά) non dicitur Græce *os anna*, sed σῶσον δή, *sosonde*, ut testis est ipse Hieronymus in Epistola ad Damasum papam, ubi abunde disputavit de *Osanna filio David*. Nomen autem *utrumque*, quod Hieronymus notavit, non refer is ad *Osanna*, sed ad nomen *Obed* et *Osanna*, quod utrumque legitur per o litteram extensam. MARTIAN.

R

Raama, élevée, ou exaltée.
Rachel, brebis, ou voyant Dieu.
Raab, large, ou dilatée.
Rachab, montant, ou précipitée, ou voyant.
Ruth, se hâtant.
Raabam, choc du peuple.
Raca, nain.
Rabbi, mon maître. Mot syriaque.
Ramatham, leurs lieux élevés, ou haut pour eux.

S

Salman, sensible, ou sens.
Salomon, pacifique, ou il sera apaisé.
Salathiel, Dieu est ma demande.

Ces trois noms s'écrivent par la lettre Sin; *les deux suivants, par la lettre* Sadé..

Sadoc, justifié, ou juste.
Sidona, chasse.

T

Thamar, palme, ou amère.
Thomas, abîme, ou double, d'où son nom grec Didyme.
Tharé (*ail.* Tharaï), qui fait paître, ou pâture.

Z

Zaré, se levant, ou il est né.
Zorobbabel, maître lui-même de Babylone, c'est-à-dire, de la confusion.
Zabulon, habitation ; on peut aussi l'interpréter par biens de l'habitation.
Zébédée, doté, ou celui-là coulant.
Zacharie, mémoire du Seigneur, ou qui se souvient du Seigneur.
Zachée, justifié, ou juste, ou qui doit être justifié. Ce mot est syriaque.

DE S. MARC.

A et I

Arrimathéen, sa hauteur, ou lui-même a été exalté.
Abba, père. Mot syriaque, et non hébreu.
Idumée, rousse, ou terrestre.
Israel, homme voyant Dieu, et mieux, juste du Seigneur.

C et S

Cenna, zèle ; d'où l'on dit tantôt Cananéen, et tantôt zélateur.
Salomé, pacifique.

R

Raama (*a*), excelsa, sive exaltata.
Rachel, ovis, vel videns Deum.
Raab, lata, sive dilatata.
Rachab, ascendens, vel concita, sive videns.
Ruth, festinans.
Raabam, impetus populi.
Raca, vanus.
Rabbi, meus. Syrum est.
Ramatham, excelsa eorum, vel sublime eis.

S

Salman, sensibilis, sive sensus.
Salomon, pacificus, sive pacatus erit.
Salathiel, petitio mea Deus.

Hæc tria nomina per SIN *litteram scribuntur : reliqua duo,* SADE *in exordio habent*

Sadoc, justificatus, sive justus.
Sidona, venatio.

T

Thamar, palma, vel amara.
Thomas, abyssus, vel geminus : unde et Græce Didymus appellatur. *Thare* (*al.* Tharai) (*b*), pascens, sive pastura.

Z

Zare, oriens, sive ortus est.
Zorobbabel, ipse magister Babylonis, id est, confusionis.
Zabulon, habitaculum : potest et habitaculi substantia nuncupari.
Zebedæus, dotatus, sive fluens iste.
Zacharia, memoria Domini, vel memor Domini.
Zachæus, justificatus, aut justus, vel justificandus, Syrum est, non Hebræum.

MARCI.

A et I

Arrimathæus, altitudo ejus, vel exaltatus est ipse.
Abba, pater. Syrum est, non Hebræum.
Idumæa, rufa, sive terrena.
Israel, vir videns Deum : sed melius : rectus Domini.

C et S

Cenna (*c*), zelotes : unde in alio loco Cananeus, in alio Zelotes dicitur.
Salome, pacifica.

(*a*) *Rama excelsa*, etc. In editis *Rama* et *Rachel* leguntur post vocem *Roboam*, sive *Raabam*. Martian. — Duo isthæc priora nomina ms. noster, cum olim editis, post *Raabam* recenset.

(*b*) *Thare, pascens*, etc. Nomen *Thare* non legitur hodie nisi apud Lucam, e quo in antiquis exemplaribus Græcis S. Matthæi additum fuisse videtur tempore Origenis, qui in hoc Opere nomina et verba novi Testamenti supplevit. Martian.

(*c*) *Cenna, zelotes*, etc. De volumine Matthæi Hebraico sumptum videtur nomen *Cenna*, sive ab Origene, sive ab Hieronymo, qui hoc exemplari sæpius utuntur. Hebraice *Cana*, intelligitur *zelus*. Martian.

T

à Tyr, à l'angoisse. Tyr, en hébreu, se dit *Sor* (צור), que traduit notre mot angoisse.

Tibère, sa vision, ou sa bonté.

Talitha cumi, jeune fille, lève-toi. Locution Syriaque.

Tracontide, négoce de la tristesse.

C

César, possession de la principauté.

Cyrénin, de l'héritier; on l'écrirait mieux en latin par la lettre Q, et l'on dirait Quirinu.

Cosam, devinant.

Caïnam, deuil, ou se désolant.

Capharnaüm, champ ou ville de la consolation.

DE S. LUC.

A

Aépheta, ouvrier.

d'Auguste, de celui qui se tient solennellement debout, ou solemnité ajoutée.

Abilénès, de celui qui gémit.

Abia, le Seigneur père.

Aaron, leur montagne.

Anna, sa grâce.

Aser, heureux, ou il sera heureux.

Amos, chargeant, ou il chargea.

Aggé (*Naggé*), solemnité.

Addaï (*Addi*), robuste. Ce nom est violemment dérivé de *Saddaï*.

Arfaxad, guérissant la dépopulation.

Adam, homme, ou terrestre, ou indigène.

Ammaüs, peuple vil.

E

Eséli (*Esli*), mon voisin.

Eber, passage.

Enoch, dédicace.

Enos, homme.

E, *bref jusqu'ici, est long désormais.*

Hérodes, débauché glorieux.

Elisabeth, satiété de mon Dieu, ou serment de mon Dieu, ou septième.

Eli, qui monte.

Elmadadi (*Elmadan*), mesure de mon Dieu.

Er, vigilant, ou veille.

Enam, leur œil.

Elisaé, salut de mon Dieu.

F

Fanuel, face de Dieu.

T

Tyro, angustiæ. Tyrus quippe lingua Hebræa *Sor* (צור), dicitur, quod in nostrum sermonem transfertur, angustia.

Tiberius, visio ejus, sive bonitas ejus.

Talitha cumi, puella surge. Syrum est.

Tracontidis, negotiatio tristitiæ.

C

Cæsar, possessio principalis.

Cyrenin, hæredis : qui apud nos melius effertur, et verius per Q litteram, ut dicatur Quirinu.

Cosam, divinans.

Cainam, luctus, aut lugens.

Capharnaum, ager, vel villa consolationis.

LUCÆ.

A

Aepheta (*a*), adaperire.

Augusti, solemniter stantis, aut solemnitatem additam.

Abilenes, lugentis.

Abia, pater Dominus.

Aaron, mons eorum.

Anna, gratia ejus.

Aser, beatus, aut beatus erit.

Amos, onerans, aut oneravit.

Agge (*Nagge*), solemnitas.

Addai (*Addi*), robustus : violenter figuratum nomen ab eo quod dicitur, *saddai*.

Arfaxad, sanans depopulationem.

Adam, homo, aut terrenus, sive indigena.

Ammaus, populus abjectus.

E

Eseli (*Hesli*), vicinus meus.

Eber, transitus.

Enoch, dedicatio.

Enos, homo.

Hucusque per brevem E *litteram legerimus; exin per extensum legamus elementum.*

Erodes, pelliceus gloriosus.

Elisabe, Dei mei saturitas, vel Dei mei juramentum, aut septimus.

Eli, ascendens.

Elmadadi (*Elmadan*), Dei mei mensura.

Er, vigilans, aut vigilia.

Enam, oculus eorum.

Elisae, Dei mei salus.

F

Fanuel, facies Dei.

(*a*) *Fetha, aperi.* Hoc loco retinent manuscripti codices nomen *Fetha*, quod est ipsum *Ephpheta* Marci VII, 34. Eliti collocant idem nomen *Aepheta* sub Luca, ab initio litteræ A. MARTIAN. — Ad hunc modum, hocque in loco exhibent nomen istud ms. noster, vulgatique libri. Martianæus ex aliis mss. ad Marci seriem revocavit proxime superiori loco, legens *Fetha, aperi*, ipso litterarum ordine alphabetico renuente. Nam quod apud Marcum, non Lucam vocabulum habeatur, nihil movet, cum multa alia sint, quæ Italico charactere passim describuntur, non suis locis ab ipso, ut videtur, libri hujus auctore recensita.

Fasée, passage, ou action de franchir; nos commentateurs y voient la Pâque.

Falee, divisant, ou il divisa.

Philippe, bouche de la lampe, ou bouche des mains.

G

Gabriel, Dieu m'a fortifié, ou force de Dieu, ou mon homme.

Galilée, qu'on peut mouvoir, ou émigration achevée, ou roue.

des Géraséniens, environs de la ville, ou colons là même.

I

Iturée, montagneuse. Mot syriaque.

Jourdain, leur descente, ou leur action de saisir, ou voyant le jugement.

Joni (*Jona*), ma colombe.

Jannaï (*Janné*), préparé.

Jojarim, le Seigneur exaltant, ou exalte.

Jared, descendant, ou contenant, en grec ἐπίκρατον.

Jona, colombe.

Joanna, le Seigneur est sa grâce, ou le Seigneur miséricordieux.

Jaïr, illuminant, ou illuminé.

L

Lisania, naissance de la tentation; mais cette étymologie est trop forcée.

Lévi, placé auprès.

Lamech, humble; quelques-uns croient pouvoir le traduire par frappant, ou par frappé.

Lazare, aidé.

Lot, lié, ou déclinant, ou vide.

M

Moïse, assomption, ou palpant, ou caressant, ou pressant, mais mieux, de l'eau.

Matthathias, don de Dieu, ou parfois.

Melchi, mon roi.

Mathusala, il est mort, et il a envoyé.

Maallalel, loué de Dieu, ou louant Dieu.

Marthe, irritant, provoquant; en syriaque, ce nom signifie maîtresse, ou qui domine.

N

Naasson, qui augure.

Naim, consolation, ou consolateur.

Néri, ma lampe.

Nathan, il donna, ou qui donnent.

Nahor, la lumière se reposa.

Naa (*Nauma*), belle.

Fasee, transitus, sive transgressio, pro quo nostri Pascha legunt.

Falee, dividens, aut divisit.

Filippus, os lampadis, vel os manuum.

G

Gabriel, confortavit me Deus, aut fortitudo Dei, vel vir meus.

Galilæa, volutabilis, aut transmigratio perpetrata, vel rota.

Gerasenorum, suburbana, aut coloni ibidem.

I

Ituræe, montanæ. Syrum est.

Jordanis, descensus eorum, aut apprehensio eorum, vel videns judicium.

Joni (*Jona*), columba mea.

Jannai (*Janne*), præparatus.

Jojarim, Dominus exaltans, vel est exaltans.

Jared, descendens, sive continens, quod Græce dicitur, ἐπίκρατον.

Jona, columba.

Joanna, Dominus gratia ejus, vel Dominus misericors.

Jairus, illuminans, aut illuminatus.

L

Lisania, nativitas tentationis; sed nimium violenter.

Levi, appositus.

Lamech, humilis; quidam putant percutientem, sive percussum posse resonare.

Lazarus, adjutus.

Lot, ligatus, aut declinans, vel vacans.

M

Moses, assumptio, vel palpans, sive contrectans, aut urgens, sed melius est, ex aqua.

Matthathia, donum Dei, aut aliquando.

Melchi, rex meus.

Matusala, mortuus est, et misit.

Maallalel, laudatus Dei, vel laudans Deum.

Martha (*a*), irritans, provocans : sermone autem Syro, domina interpretatur, vel dominans.

N

Naasson, augurans.

Naum, consolatio, sive consolator.

Neri, lucerna mea.

Nathan, dedit, vel dantes.

Nahor, requievit lux.

Noe, requiescit, aut requievit.

Naa (*Nauma*), pulchra.

(*a*) *Martha, irritans*, etc. Idem significat sermone Syro quod *Maria*, sive enim scribatur מריא *mara*; sive מרת *marath*, aut *martha*, eamdem habebit significantiam; quia una est radix seu origo hujusmodi vocum in verbo מרא *mara*. MARTIAN. — Atque hoc demum erudite ac vere. Proprie enim מרתא, Græce Μάρθα, *dominam*, sive *heram* significat. Rabbini quoque Babylonici, quemadmodum doctis viris notatum est, ad Beresćith Rabba, sect. 47, dominam vocant *Martha*.

Ninévites, origine de la beauté, ou remarquables.

P

Pierre, qui reconnait.
Ponce, éludant la délibération.
Pilate, bouche de forgeron.

Mais remarquons que la lettre P n'existe pas en hébreu ; aucun mot ne commence donc par ce son. C'est donc abusivement qu'on écrit ainsi des mots, qui devraient commencer par F.

R

Ros (*Résa*), tête.
Ram (*Aram*), haut.
Reu, qui nourrit, ou il est repu.

S

Sicéra, ivrognerie. Les Hébreux appellent *sicéra* tout ce qui peut produire l'ivresse.
Siméon, entendant, ou il entendit la tristesse.
Sédi, de mon coté.
Sémi, entendant.
Salathiel, Dieu est ma demande.
Salman, paix.
Séruch, cuir, courroie, ou qui pend, ou perfection.
Salem, il envoya.
Sem, nom.
Seth, posé, ou posant, ou il posa, ou coupe, ou germe, ou résurrection.
Séraptha, incendiée, ou disette du pain. Mot composé d'hébreu et de syriaque.
Simon, cesse de te chagriner, ou entends la tristesse.
Sosanna, lis, ou sa grâce ; mais il est mieux de représenter ce nom féminin par le mot lis.
Samaritains, gardiens.
Sodome, action de paître en silence, ou leur éloignement, ou de couleur fauve.
Satan, adversaire, ou transgresseur.
Saba, captivité.
Sadducéens, justifiés.

DE S. JEAN.

A

Aénon, ciel, ou leur fontaine.
Anani, il me donna.

B

Banéréem, fils du tonnerre. (Par corruption Boanergès.)
Barsémia, fils aveugle. Par corruption, quelques-uns lisent Bartimée.

Ninevitæ, nativitas pulchritudinis, aut speciosi.

P

Petrus, agnoscens.
Pontius, declinans consilium.
Pilatus, os malleatoris.

Sed sciendum est, quod apud Hebræos P littera non habeatur : nec ullum nomen est, quod hoc elementum resonet. Abusive igitur accipienda, quasi per F litteram scripta sint.

R

Ros (*Resa*), caput.
Ram (*Aram*), sublimis.
Reu, pascens, aut pastus est.

S

Sicera, ebrietas. Omne enim quod inebriare potest, apud Hebræos Sicera dicitur.
Simeon, audiens, vel audivi' tristitiam.
Sedi, ex latere meo.
Semi, audiens.
Salathiel, petitio mea Deus.
Salman, pax.
Seruch, lorum, sive corrigia, vel dependens, sive perfectio.
Salem, misit.
Sem, nomen.
Seth, positus, aut ponens, vel posuit, aut poculum, sive germen, vel resurrectio.
Seraptha, incensa, sive angustia panis. Nomen ex Hebræo Syroque compositum.
Simon, pone mœrorem, vel audi tristitiam.
Sosanna, lilium, aut gratia ejus : sed melius si femininum nomen figuretur a lilio.
Samaritæ, custodes.
Sodoma, pastio silens, vel declinatio eorum, aut fulva.
Satan, adversarius, sive transgressor.
Saba, captivitas.
Sadducæi, justificati.

DE JOANNE.

A

Aenon, oculus, aut fons eorum.
Anani, donavit mihi.

B

Banereem, filii tonitrui, quod corrupte Boanerges usus obtinuit.
Barsemia (a), filius cæcus, quod et ipsum corrupte quidam Bartimæum legunt.

(a) *Barsemia, filius cæcus*, etc. Mss. codd. retinent pronomen masculinum *quem in ipsum*, etc. Notandum vero nomen *Barsemia*, sive *Bartimæus* hodie non legi apud Joannem ; sed Marci capite decimo, versu 46. De Marco igitur translatum jam erat in Joannem tempore Origenis. Nisi dicere præstat cæco nato Joan. cap. IX nomen *Barsemia* inditum fuisse ab aliquot scriptoribus vetustioribus ; quod nomen postea corrupte quidam *Bartimæum* legebant, quia Filium Timæi eum suspicabantur. Certe ad Etymologiam si attendas est cur corruptum locum fateamur cum Hieronymo, qui pro *Bartimæus* legendum docet *Barsemia*, quod Syro sermone significat *filium cæcum*. Nec me latet Origenem Comment. in Matthæum, e Græca lingua *Timæi* etymologiam mutuatum esse, nempe a [illegible] ; quid simile. Sed satius est adhæsisse Hieronymo, qui Syro homini nomen vernaculum adscripsit. MARTIAN.

Béelzébub, ayant les mouches, ou dévorant les mouches, ou homme des mouches. Il faut donc finir ce mot par B, et non par L, puisque mouche se dit Zébub.

Baraba, fils du père.

C

Céphas, Pierre. Mot syriaque.

Cana, possession, ou il a possédé.

E

Ephraïm, fertile, accru. On ne peut le traduire en latin par *Augentium*, de *augendo*.

M et N

Messie, oint, c'est-à-dire Christ.

Manna, qu'est-ce?

Nazareth, pureté.

S

Saalim, petites poignées, creux de la main, ou naissance des eaux, et plus brièvement en grec βρύοντα.

Sichar, conclusion, ou rameau. L'usage fait qu'on a lu Sichar, par corruption, au lieu de Sichem, dont la traduction est épaules.

Siloé, envoyé.

DES ACTES DES APOTRES.

A

André, dignité dans le port, ou répondant à la nourriture (cette étymologie est violente.) Il serait mieux de traduire par viril, de *vir* (homme), d'après le grec ἀπὸ τοῦ ἀνδρός.

Alphée, millième, ou sur la bouche.

Acheldama, champ du sang. Mot syriaque.

Egypte, ténèbres, ou tribulations.

Arabes, humbles, ou champêtres.

Annas, qui donne.

Alexandre, ôtant l'angoisse des ténèbres. Cette étymologie est forcée.

Ananias, grâce du Seigneur.

Amos (אמץ), puissant, ou fort, pourvu que ce mot commence par *aleph* et finisse par *sadé*; mais s'il commence par *ain* et finit par *nun* (עמן), il faut le traduire par peuple qui sépare de force.

Azot (אשדוד), en hébreu *esdod*; d'après le nom primitif il signifie feu de l'oncle paternel.

Ascalon, feu insensé, ou feu abject.

Aénéas, qui répond, ou pauvre, ou misère.

Agabus, messager, ou messager de tribulation. Cette étymologie est forcée.

Astalia, son temps, et mieux, éloignement du Seigneur.

Beelzebub, habens muscas, aut devorans muscas, aut vir muscarum. In fine ergo nominis B littera legenda est, non L. Musca enim zebub vocatur.

Barabba, filius patris.

C

Cephas, Petrus. Syrum est.

Cana, possessio, sive possedit.

E

Ephraim, fertilis, sive auctus; quem non possumus ab augendo, Augentium, dicere.

M et N

Messia, unctus, id est, Christus.

Manna, quid est?

Nazareth, munditiæ.

S

Saalim, pugilli, sive volæ, aut ortus aquarum, quod brevius Græce dicitur βρύοντα.

Sichar, conclusio, sive ramus. Corrupte autem pro Sichem, quæ transfertur in humeros, ut Sichar legeretur, usus obtinuit.

Siloe, missus.

DE ACTIBUS APOSTOLORUM.

A

Andreas, decus in statione, vel respondens pabulo, sed hoc violentum. Melius autem est, ut secundum Græcam etymologiam ἀπὸ τοῦ ἀνδρός, id est, a viro, virilis appelletur.

Alphæus, millesimus, sive super os, ab ore non ab osse.

Acheldama, ager sanguinis. Syrum est.

Ægyptus, tenebræ, sive tribulationes.

Arabes, humiles, sive campestres.

Annas, donans.

Alexander, auferens angustiam tenebrarum; sed et hoc violentum.

Ananias, gratia Domini.

Amos (אמץ), potens, vel fortis : si tamen ab *aleph* littera incipiat, et finiatur in *sade*: quod si exordium sumit ab *ain*, et consummatur in *nun* (עמן), transfertur in populum divellentem.

Azotus (אשדוד), Hebraice vocatur *esdod*, et secundum pristinum nomen etymologiam habet, Ignis patruelis.

Ascalon (*a*), ignis insanus, aut ignis ignobilis.

Aeneas, respondens, aut pauper, sive miseria.

Agabus, nuntius, vel nuntius tribulationis; sed et hoc violentum.

Attalia, tempus ejus, melius declinatio domini.

(*a*) *Ascalon, ignis insanus*, etc. Aliquot manuscripti, *ignis infamis*; et consequenter legunt *Baribu*, pro *Barieu*. MARTIAN. — Hactenus editi libri *insanus* pro *infamis* præferebant, contradicentibus mss. ipsaque etymologia nominis, quod ita constanter exponitur etiam ex Josue libro.

Amphipolis, peuple se ruant par la bouche.
Apollonie, enseignement, ou leur synagogue. Etymologie forcée.
Athéniens, explorateurs, ou qui répondent, ou humbles, ou dissipés par le temps (étymologie violente.)
Aréopage, solemnité primitive. Cette étymologie est violente, puisqu'il s'agit du nom de ce tribunal d'Athènes qui fut nommé Aréopage du Dieu Arès ou Mars.
Aigle, qui se plaint, ou qui enfante.
Achaïe, sœur qui souffre.
Appelles, les rassemblant. Étymologie forcée.
Artémis, c'est-à-dire Diane, excitant les maladies. Sens forcé.
Aristarque, relevant la couronne.
Antipatride, de celui qui donne la louange. Etymologie violente.
Agrippa, rassemblant subitement.
Adrumétine, divisant en haut. Etymologie forcée.
Adrias, contenant les maux, ou lieux des maux. Forcée.
Forum d'Appius, libre, ou forte abondance. Forcée.

B

Barthélémy, fils de celui qui suspend les eaux, ou les sens qui ont été donnés plus haut.
Barsaban, fils revenant, ou fils du repos. Mot composé d'hébreu et de syriaque.
Barnabé, fils du Prophète, ou fils de celui qui vient, ou, comme plusieurs le pensent, fils de la consolation.
Blastum, ayant du gain.
Bérieu, malfaisant, ou dans le mal. D'aucuns lisent Bariésu par corruption.
Bithynie, fille belle, ou inutile.
Béroéa, son fils. Mot syriaque.
Bérénice, agitée avec élégance, d'une manière exquise, ou fils innocent. Mot composé d'hébreu et de syriaque.

C

Cappadoce, rachetée par la main du Seigneur. Etymologie forcée.
Cyrène, héritier.
Crète, de la vocation, ou appelés. Entre le syriaque et l'hébreu.
Caïphe, investigateur, sagace, ou vomissant par la bouche.
Cyprien, triste, ou chagrin.
Cyrénéens, héritiers.
Cilicie, assemblée, ou deuil, ou assomption, ou son vomissement.
Césarée, possession du prince.
de Candace, d'elle changée.

Amphipolis, populus ore corruens.
Apollonia, disciplina, vel synagoga eorum; sed et hoc violentum.
Athenienses, exploratores, aut respondentes, vel humiles, sive tempore dissipati; sed et hoc violentum.
Arios pagos, primitiva solemnitas : sed et hoc violentum est; cum Atheniensis curiæ nomen sit, quæ a Marte nomen accepit.
Aquila, dolens, sive parturiens.
Achaia, soror laborans.
Apelles, congregans eos. Violentum.
Artemis, id est, Diana, suscitans ægrotationes. Violentum.
Aristarchus, suscitans coronam.
Antipatridem, donantis laudationem. Violentum.
Agrippa, congregans subito.
Adrumetina, dividens sublimiter. Violentum.
Adrias, continens mala, sive locus malorum. Violentum.
Appii forum, libera, vel fortis ubertas. Violentum.

B

Bartholomæus, filius suspendentis aquas, vel ut supra.
Barsaban, filium revertentem, vel filium quietis : ex Syro et Hebræo nomen compositum.
Barnabas, filius prophetæ, vel filius venientis, aut ut plerique (a) putant, filius consolationis.
Blastum, habentem lucrum.
Berieu, maleficum, sive in malo. Nonnulli Bariesu corrupte legunt.
Bithynia, filia speciosa, sive inutilis.
Beroea, filius ejus. Syrum est.
Berenice, eleganter, vel electe commota, sive filius innocens : ex Syro Hebræoque compositum.

C

Cappadocia, manu redempta Domino. Violentum.
Cirenæ, hæres.
Creta, vocationis, aut vocatæ. Inter Syrum et Hebræum.
Caiphas, investigator, aut sagax, vel vomens ore.
Cyprius, tristis, aut mœror.
Cyrenenses, hæredes.
Cilicia, cœtus, aut luctus, vel assumptio, aut vomitus ejus.
Cæsarea, possessio principis.
Candacis, commutatæ.

(a) Quin Lucas ipse Actorum scriptor, Josem tradit ab Apostolis, cognomen tulisse Barnabæ, quo significaretur υἱὸς παρακλήσεως, *Filius consolationis*. Œcumenius, ad Actor. IV, 36, denotare ait hoc nomen παραμυθίαν, καὶ οἰκτιρμόν, *consolationem, miserationemque*. Eadem infra expositio repetitur ex Epist. I ad Corinthios.

Corneille, comprenant la circoncision.
Claude, espoir de la tranquillité.
Cis, homme qui vomit, ou dur.
Colonie, leur révélation, ou leur voix.
Corinthe, leur genre de vie, que les Grecs appellent plus expressivement πολιτεία, c'est-à-dire administration de la république.
Crispus, sachant, ou connaissant.
Cenchrées, possédant des sectateurs.
Co (*Chio*), secousse, ou attente.
Cnidos (*Gnide*), départ de l'esprit.
Cauden (*Queue*), recours, ou suspension, ou son aigu.

Sauf un très-petit nombre, tous les noms qui commencent par C ont été violemment interprétés.

D

David, désirable, ou fort par la main.
Damas, coupe de sang.
Derben, fils de la génération, ou qui parle.
Denis, jugé, ou qui fuit précipitamment.
Damaris, tête qui se tait.
Démétrius, nouant fortement ensemble, ou poursuivant trop.
Derbœus, parleur.
Drusilla, de race pacifique.
Dioscures, beaux pour couvrir. Ce sont les deux Castor.

E

d'Eléon (Ἠλαιῶνος), c'est-à-dire du mont des Oliviers, qui s'interprète par divinité, ou par qui travaillent fortement.
Elamites, mis devant, opposés, ou méprisés.
Hébreux, passants.
Emor, âne, si on l'écrit par *heth* (חמור) ; mais si on l'écrit par *aleph* (אמור), il signifie babillard.
Elimas, vers la transgression, ou faisant transgresser.
Ermès, anathème du chagrin.
Eraste, mon frère qui voit. Ce mot est forgé d'une manière assez absurde.
Hellade, vers la science, ou vers l'élévation, ou science de Dieu. En syriaque, ce mot signifie sur celle-ci.
des Hellènes, c'est-à-dire des Grecs, signifie vers ceux qui montent, ou science de Dieu.
Ephèse, ma volonté en elle, ou leur fin.
Eutychès, insensé. En grec, il signifie fortuné.
Hébraïquement, passagèrement.
Euriélion (*Euroaquilon*, ailleurs *Euriclion*), mêlant, ou conduisant en bas.

Cornelius, intelligens circumcisionem.
Claudius, spes tranquillitatis.
Cis, vomens vir, aut durus.
Coloniam, revelationem eorum, aut vocem eorum.
Corinthum, conversationem eorum, quam significantius (*a*) Græci πολιτείαν vocant, hoc est, administrationem reipublicæ.
Crispus, sciens, vel cognoscens.
Cenchreas, possidens sectatores.
Co (*Chius*), excussio, sive præstolatio.
Cnidos (*Gnidus*), mentis excessus.
Cauden (*Cauda*), recursum aut retentionem, sive clangorem.

Exceptis paucis nominibus, omnia pene ex C littera violenter interpretata sunt.

D

David, desiderabilis, sive manu fortis.
Damascus, sanguinis poculum.
Derben, generationis filium, sive loquentem.
Dionysius, dijudicatus, sive vehementer fugiens.
Damaris, silens caput.
Demetrius, vehementer innectens, sive nimium persequens.
Derbeus, loquax, sive ut supra.
Drusilla, generis pacifici.
Dioscuri (*b*), pulchri ad tegendum. Sunt autem gemini Castores.

E

Eleonis (Ἠλαιῶνος), id est, montis Oliveti, quod interpretatur divinitas, vel allaborantes.
Elamitæ, objecti, oppositi, sive despecti.
Ebræi, transitores.
Emor, asinus, si per *heth* litteram scribatur (חמור) : quod si per *aleph* (אמור), loquax dicitur.
Elimas, ad transgressionem, sive transgredi faciens.
Ermes, anathema mœroris.
Erastus, frater meus videns : satis absurde vocabulum figuratum.
Ellada, ad scientiam, vel ad ascensum, sive Dei scientia. Syra vero lingua dicitur, super hanc.
Ellenon, id est, Græcorum, ad ascendentes, sive scientia Dei.
Ephesum, voluntas mea in ea, sive finis eorum.
Eutyches, amens. Porro Græce dicitur fortunatus.
Ebraice, transitorie.
Eurielon (*Euroaquilo*, al. *Euriclion*), commiscens, sive deorsum ducens.

(*a*) *Græci πολιτείαν vocant*, etc. Iidem mss. non Græce scribunt πολιτείαν, sed Latine *politiam*. Martian.

(*b*) *Dioscuri pulchri*, etc. *Dioscuri* illi, sive *Dioscuros*, ut legunt nonnulli manuscripti, sunt Castor et Pollux, qui Græce appellantur Διόσκουροι. De iis multa fabulamenta apud Mythologos. Martian. — Ms. *Dioscoroe*. Erant hi Jovis filii Castores, Alexandrinæ navis, qua Paulus vehebatur, insigne. Actor, xxviii, 11.

E est long dans les deux noms qui suivent :

Hérodes, peau de la gloire.

Esaïe, salut du Seigneur. Chez les Hébreux, ce nom commence par la lettre I.

F

Philippe, bec des lampes.

Phrygie, déchirement des poitrines.

Pharisiens, divisés.

Pharaon, le dépouillant, ou celui que le met en déroute.

aux Phéniciens, ils consentirent, ou signe de consentement.

Pisidie, son de la bouche. Les Hébreux n'ayant pas de P, écrivent ce mot par F.

Félix, ruine de l'ouvrage, ou sa crainte. C'est un nom latin.

Festus, par la bouche de beaucoup. Encore un nom latin violemment introduit dans l'hébreu.

G

Galiléens, changeants, qu'on meut comme des roues.

Gamaliel, rétribution de Dieu.

Gaza (געזה), sa force. La lettre G a été ajoutée, si toutefois on écrit en hébreu par *aïn*.

de Gallion, de celui qui porte.

Galatie, magnifique, ou transportée.

Gaius, ébranlé, et mieux de sa part.

H

Jérusalem, vision de la paix.

Jean, en qui est la grâce, ou grâce du Seigneur.

Joseph, augmenté.

Justus, épargnant, ou lui-même soulagé.

Joël, Dieu commençant, ou Dieu est.

Jonathas, colombe qui donne, ou colombe qui vient.

Joppé, beauté.

Italique, sortie de l'esprit.

Jésar (*Jessé*), oblation de l'île.

de Jason, de celui qui désire ou qui aurait fait l'ordre.

Julius, commençant.

Iconium, préparation, ou consolation.

L

Libye, qui viennent, ou entrées.

Lévites, ajoutés.

Des fils d'affranchi, de ceux qui font des pailles.

Lydda, utilité.

Lucius, ranimant lui-même.

Lycaonie, pour ranimer.

Lystra, engendrant la gloire,

Lydie, qui a acquis l'utile, dirons-nous, et en grec ὠφεληθεῖσα.

Quæ sequuntur duo nomina per extensam E litteram sunt legenda.

Erodes, pellis gloria.

Esaias, salus Domini : verum apud Hebræos ab I littera sumit exordium.

F

Filippus, os lampadarum.

Frigia, scissio pectorum.

Farisæi, divisi.

Farao, denudans eum, sive dissipator ejus.

Fœnicis, annuerunt, sive nutus.

Fisidiam, os sonitus ; quia (ut supra dixi) P litteram non habent, propterea Pisidiam per F efferunt.

Felicem, ruinam facturæ, sive timorem ejus. Latinum nomen est.

Festum, ore multorum : et hoc Latinum nomen violenterque Hebraice figuratur.

G

Galilæi, volubiles, sive rotabiles.

Gamaliel, retributio Dei.

Gaza (געזה), fortitudo ejus : G littera addita est : siquidem Hebraice per AIN scribitur.

Gallionis, transferentis.

Galatiam, magnificam, sive translatatam.

Gaium, commotum, sed melius vallensem.

H

Jerosolyma, visio pacis.

Joannes, in quo est gratia, vel Domini gratia.

Joseph, auctus.

Justus, parcens, sive ipse allevatus.

Joel, incipiente Deo, sive est Deus.

Jonatha, columba dans, sive columba veniens.

Joppe, pulchritudo.

Italica, mentis excessus.

Jezar (*Jesse*), insulæ oblatio.

Jasonis, desiderantis; sive qui mandatum fecerit.

Julium, incipientem.

Iconium, præparatio, aut consolatio.

L

Libyam, venientes, sive introitus : numero plurali.

Levites, additus.

Libertinorum, facientium paleas.

Lydda, utilitas.

Lucius, ipse suscitans.

Lycaonia, ad suscitandum.

Lystra, generans decorem.

Lydia, quam nos dicere possumus (a) prodificatam. Porro Græce melius appellatur ὠφεληθεῖσα.

(a) *Dicere possumus prodificatam.* In editis antea libris legimus, *quam nos possumus dicere prædificatam.* At retinendam lectionem manuscriptorum codicum docet Græca vox sequens ὠφεληθεῖσα, cui minime respondet Latinum nomen *prædificata*. Vide infra in Loide. MARTIAN. — Sic habet ms. quoque noster ; vitiose autem veteres editi *prædificatam*.

Lysias, engendré.
Laïssa, pour le salut.

Presque tous les noms commençant par L ont été violemment introduits dans l'hébreu.

M

Matthieu, donné.
Marie, illuminée, et les explications déjà données.
Mèdes, qui mesurent, ou mesurés.
Mésopotamie, élevée par quelque vocation; mais il vaut mieux l'étymologie grecque, rappelant que ce pays est entre l'Euphrate et le Tigre.
Madianite, en jugement, ou d'après le jugement.
Moloch, votre roi; on dit aussi Melchom.
Marc, élevé par l'ordre.
Manaès, camp.
Mysie, attouchement, ou action de palper.
Macédonien, que nous pouvons traduire par oriental, en le figurant par le nom hébreu MECCÉDEM (מקדם).
Mitylène, se détournant, ou émigrant.
Milet, engendrant.
Mnason, consolant, ou se reposant.
Myrrhe, amère.
Militine, selon l'infirmité, ou ordre de l'humilité.

N

Nazoréen, pur, saint, ou séparé.
Nicanor, lampe qui est auprès.
Nicolas, sot de l'église qui languit.
Niger, qui monte.
Naples, commotion admirable.
Nasson, qui augure.

P

Pierre, qui connaît, ou qui dissout.
Parthes, divisant parfaitement.
Pont, qui incline.
Pamphylie, changés par la ruine, ou division qui tombe.
Ponce, éludant l'avis.
Pilate, bouche de forgeron.
Procorus, rassemblant les fruits.
Parména, divisant la plénitude.
Pâque, action de monter à travers ou de franchir.
Paphos, rédemption qui tombe.
Parien (φόρον), découvrant.
Pergé, gouffre.
Phyton, bouche de l'abîme.
Priscille, qui reconnaît.
Pyrrhus, qui dissout.
Patara, qui sépare.
Ptolémaïs, conduisant à la mesure.
Portius, qui divise leur dureté.
Publius, son tabernacle.
Pouzzoles, qui se détournent.

Lysias, generatus.
Lyciæ, lacrymantis.
Laissa, in salutem.
Omnia pene ex L littera nomina violenter usurpata sunt.

M

Matthæum, donatum.
Maria, illuminata, vel ut supra.
Medi, mensurantes, sive mensurati.
Mesopotamia, elevata vocatione quadam : sed melius a Græco et etymologiam possidet, quod duobus fluviis, Euphrate ambiatur et Tigri.
Madian, in judicio, vel ex judicio.
Moloch, rex vester : quem et Melchom solent dicere.
Marcus, excelsus mandato.
Manaem, castrum.
Mysia, attrectatio, sive palpatio.
Macedo, quem nos Orientalem possumus dicere, figuratum nomen ab eo, quod Hebraice legitur, MECCEDEM (מקדם).
Mitylene, declinans, sive transmigrans.
Miletum, generantem.
Mnasonem, consolantem, sive quiescentem.
Myrrha, amara.
Militine, de infirmitate, sive mandatum humilitatis.

N

Nazoræum, mundum, sanctum, sive sejunctum.
Nicanorem, stantem lucernam.
Nicolaum, stultum ecclesiæ languentis.
Niger, ascendens.
Neapolim, commotionem mirabilem.
Nasson, augurans.

P

Petrus, cognoscens, sive dissolvens.
Parthi, dividentes perfecte.
Pontus, inclinans.
Pamphylia, conversi a ruina, sive divisio cadens.
Pontius, declinans consilium.
Pilatus, os malleatoris.
Procorum, fructus congregantem.
Parmenam, dividentem plenitudinem.
Pascha, transcensum, sive transgressum.
Paphum, redemptionem cadentem.
Parion (φόρον XXVIII, 15), discooperientem.
Perge, voraginem.
Phytona, os abyssi.
Priscilla, agnoscens.
Pyrrhus, dissolvens.
Patara, seperans.
Ptolemais, deducens ad mensuram.
Portium, dividentem duritiam eorum.
Publius, tabernaculum ejus.
Puteoli, declinantes.

Tous ces noms grecs ou latins ont été violemment interprétés en hébreu; le lecteur ne s'y méprendra pas.

R

Romains, élevés ou qui tonnent.
Rapham (*Ramphan*), à votre ouvrage ou à leur relâchement.
Rhodé, qui voit, ou fort.
Rhodes, vision, ou descente.
Régius, leur pâturage.
Rome, élevée, ou des tonnerres.

S

Samarie, gardienne.
de Simon, de celui qui obéit, ou qui cesse d'être chagrin, ou qui écoute la tristesse.
Salomon, pacifique.
Samuel, Dieu est son nom.
Sadducéens, justifiés.
Saphira, qui raconte, ou lettrée, ou libraire; et certainement en syriaque, belle.
Etienne, votre règle, ou but vers lequel on dirige le dard et la flèche.
Sichem, épaules.
Sinaï ou Sinii, second, ou ordre, ou sa mesure, ou tentation.
Saulus, tentation de celui qui regarde en arrière, ou satiété.
Saron, chantant la tristesse.
Sidoniens, chasseurs.
Séleucie, s'enlevant elle-même, ou essai du chemin, ou sortant vers la vocation.
Salamine, ombre de la commotion, ou flot, ou salutation du jugement.
à Sergius, au prince de la vallée ou du petit jardin.
Saül, recherché, ou demande.
Silas, envoyé.
Syrie, élevée, d'après l'étymologie hébraïque; car Syrie (ארם) se dit ARAM en hébreu.
Samothrace, audition de la révélation ou de la réponse.
Sosthènes, à celui qui les sauve, ou donne-moi la joie.
Siéva, petit renard qui crie, ou parlant.
Sopater, qui raconte.
Secundus, élevant.
Samos, ouïe.

Hæc omnia Græca nomina, vel Latina, quam violenter secundum linguam Hebraicam interpretata sint, perspicuum puto esse lectori.

R

Romani, sublimes, vel tonantes.
Rapham (*Ramphem*), facturæ vestræ, vel laxitati eorum.
Rhode, videns, vel fortis.
Rhodum, visionem, aut descensionem.
Regium, pascuam eorum.
Romam, sublimem, sive tonitruum.

S

Samaria, custos.
Simonis, obedientis, sive ponentis tristitiam, aut audientis mœrorem.
Salomon, pacificus.
Samuel, nomen ejus Deus.
Sadducæi, justificati.
Saffiram (*a*), narrantem, sive litteratam, aut librariam : vel certe Syro sermone, formosam.
Stephanum, normam vestram, vel σκοπὸν vestram, quo veru et jacula diriguntur.
Sichem, humeri.
Sinai (*b*), sive Sinii, aut secundus interpretatur, aut mandatum, mensuraque ejus, vel certe tentatio.
Saulus, tentatio respicientis vel saturitas.
Sarona, cantans tristitiam.
Sidonii, venatores.
Seleuciam, tollentem semetipsam, sive experimentum itineris, vel exeuntem ad vocationem.
Salaminam, umbra commotionis, aut fluctus, vel salutationem judicii.
Sergio, principi vallis, sive hortuli.
Saul, expetitus, sive petitio.
Silam, missus.
Syria, sublimis juxta Hebræam etymologiam : nam Syria (ארם) Hebraice ARAM dicitur.
Samothracia, auditio revelationis, sive responsionis.
Sosthenes, salvanti eos, sive gaudium da mihi.
Scæva, vulpecula clamans, vel loquens.
Sopater (*c*), narrans.
Secundus, elevans.
Samus, aud

(*a*) *Saffram, narrantem*, etc. *Saffira* narrantem, sive litteratam, aut librariam significat, cum ab initio habet litteram Samech, *Saphira* : Syro autem Sermone, si per Sin scribatur *Saphira*, interpretatur *formosa*. MARTIAN.

(*b*) *Sinai, sive sinii*, etc. Hoc modo legunt manuscripti vetustiores. In ante hac editis, *Sinai, sentis, aut*, etc. MARTIAN. — Veteres editi, *Sinai, sentis, aut secundus*, etc. Et *senticetum* quidem, sive *rubetum*, a rubis in quorum uno Moses Deum vidit, ex radice. *Sinai* optime interpretatur. Impressam lectionem e suis mss. excudit Martianæus. Noster, *Sinai, sive finis*. Si conjecturis vacet, legi velim, *sive silis* : nempe Græcis etymplogiis Σινὰ est δόξα. Sed et ὅρασις αἰωνία, *visio æterna*, et fallentibus, ut videtur, librarium litteris, ἄρσις αἰωνία, *elevatio æterna*, ab iisdem redditur.

(*c*) *Sopater, narrans*. Manuscriptum elegantissimum Colb. Biblioth. secuti sumus ; quia *Sopater* magis accedit ad Hebræum *Soper* quam *Sosipater*, MARTIAN. — Alii editi, ac mss, *Sosipater*, quod idem est variis dialectis Σώπατρος, et Σωσίπατρος Actor, XX, 4.

Des sicaires, des ivrognes.

Sébaste, au rond, ou à celui qui tourne; mais en tant que le mot commence par la lettre SAMECH (ס).

Samon (*Salmon* ms. *Salamon*), nom de l'habitation.

Syrte, angoisse, ou tribulation. Il vaut mieux l'étymologie de Salluste, qui donne à ce mot le sens de « action de charrier. »

Syracuse, mur, ou clôture de la joie.

T

Timon, mesurant la soif, ou la graisse.

Tabita, dommages, ou chevreuil.

Tyriens, resserrés, en faisant, comme nous l'avons déjà dit, dériver du mot hébreu sor (צור).

Troade, repos.

du Tyran, de celui qui les contient, ou qui les fortifie.

Tertullus, qui plaît par leur fumier ou par leur monceau.

Tabernes, de leur vision, ou bonne vision.

Les mots qui précèdent s'écrivent en grec par tau (τ); les suivants s'écrivent par thêta (θ).

Théophile, portant en haut, ou convertissant; mais il vaut mieux traduire par aimé de Dieu, d'après l'étymologie grecque.

Thomas, Didyme, c'est-à-dire jumeau, ou abîme.

Thendas, louange, ou saisissant, ou signe.

de Tharse, qui recherche la joie.

Thyatira, illuminée.

des Thessaloniciens, de ceux qui se hâtent de fortifier ou d'affermir une ombre.

DES EPITRES CANONIQUES

Abraham, du père qui voit la multitude.

Elia, du Dieu Seigneur.

Esaïe, salut du Seigneur.

Job, mage.

Junie, commençant.

Jason, fait dans l'ordre.

Sicariorum, ebriosorum.

Sebaste, gyro, sive gyranti : ita tamen ut a SAMECH littera (ס) exordium habeat.

Samonem *(Salmonem, ms. Salamonem)*, nomen habitaculi.

Syrtim, angustiam, sive tribulationem : (*a*) melius autem Sallustius (*b*), a tractu ait nomen impositum.

Syracusæ, murus, sive maceria lætitiæ.

T

Timonem, numerantem sitim, sive pinguedinem.

Tabita, damna, vel caprea.

Tyrii, coangustati, ut supra diximus, ab Hebraico *sor* (צור) nomine declinatum.

Troadem, requiem.

Tyranni, continentis eos, sive confortantis eos.

Tertullus, placens stercore, vel aggere eorum.

Tabernæ, visionis eorum, sive bona visio.

Hucusque per simplicem litteram tau (τ), nunc per theta (θ) Græcum legenda sunt.

Theophile, sursum ferens, sive convertens : sed melius Græca etymologia, ab eo quod amatus sit a Deo.

Thomas, Didymus, id est, geminus, vel abyssus.

Theudas, laudatio, sive capiens, aut signum.

Tharsensis, explorator lætitiæ.

Thyatira, illuminata.

Thessalonicensium, festinantium umbram roborare, sive firmare.

DE EPISTOLIS CANONICIS

JACOBI.

Abraham, patris videntis multitudinem.

Elia, Dei Domini.

Esaia, salus Domini.

Job, magus.

Junia (*c*), incipiens.

Jason, factus in mandato.

(*a*) *Melius autem Sallustius*, etc. Sallustius de Bello Jugurthino ubi de Leptitanis disserit, verbi Syrtis meminit in hoc modo : *Cæterum (oppidum) situm inter duas Syrtes, quibus ex re nomen inditum : nam duo sunt sinus prope in extrema Africa, impares magnitudine, pari natura; quorum proxuma terræ præalta sunt; cætera, ubi fors tulit, alta : alia in tempestate vadosa : nam ubi mare magnum esse, et sævire cœpit ventis, limum arenamque, et saxa ingentia fluctus trahunt. Ita facies locorum cum ventis simul mutatur : Syrtes ab tractu nominatæ.* Syrtis itaque a them. σύρω, id est, *traho*, quod naves attractas aut retineant in arena hærentes, aut prorsus mergant. MARTIAN.

(*b*) Scilicet ἀπὸ τοῦ σύρειν, a *trahendo*. Ita vero Sallustius habet in Jugurtha cap. 78, de Leptis oppido : *Situm inter duas Syrtes, quibus nomen ex re inditum; nam duo sunt sinus prope in extrema Africa, impares magnitudine, pari natura; quorum proxuma terra præalta sunt; cætera, uti fors tulit, alta; alia in tempestate vadosa. Nam ubi mare magnum esse, et sævire ventis cœpit, limum, arenamque, et saxa ingentia fluctus trahunt.*

(*c*) *Junia, incipiens.* Nomina hic scripta Italico charactere non leguntur in Epistola Jacobi Canonica; sed in Epistola Pauli ad Romanos. MARTIAN.

Raab, dilatée.
Sabaoth, des vertus, ou des armées.

DE PIERRE I.

Asie, élevant,
Bithynie, petite vierge, ou fille du Seigneur.
Babylone, confusion, ou transfèrement.
Cappadoce, main rachetée par le Seigneur.
Galatie, émigrant, ou transportée.
Marc, élevée par la mission.
Ponce, qui élude.
Sara, princesse.
Silvain, envoyé.

DE PIERRE II.

Balaam, peuple vain, ou son engloutissement.
Bosor, dans la tribulation, ou charnel, ou débauché.
Cappadoce, main rachetant au Seigneur.
Electé, qui montent.
Galatie, qu'on a transportée.
Gomorrhe (גמירה), crainte du peuple, ou aveuglement. Le G a été ajouté au début, qui s'écrit en outre par *ain*.
Lot, se détournant, ou lié.
Marc, élevé par la mission, ou frotté fortement, ou amer.
Noé, repos.
Pont, qui élude.

Paul, admirable.
Sara, princesse.
Simon, qui entend.
aux Sadonites, aux fauves, ou à ceux qui se taisent.
Silvain, envoyé.

DE S. JEAN I.

Caïn, possession.

DE S. JEAN II.

Diotréphès, beau ridicule, ou beauté insensée.
Démétrius, fort pour poursuivre, ou verge, forte pour renverser.
Gaïus, mobile.

DE S. JUDE.

Egypte, ténèbres, ou tribulation.
Adam, homme.
Balaam, peuple vain.
Caïn, possession.
Coré, calvitie, ou glace.
au Diable, à celui qui découle, ou qui est enfermé dans la prison des esclaves. (Ail. *dans les prisons*).
Enoch, dédicace.
Gomorrhe, crainte du peuple, ou aveuglement.
Michael (מיכאל), qui est comme Dieu ?
Moïse, palpant, ou adoucissant.
Sodome, troupeau qui se tait.

Raab, dilatata.
Sabaoth, virtutum, sive exercituum.

PETRI I.

Asia, elevans.
Bithynia, virguncula, aut filia Domini.
Babylon, confusio, sive translatio.
Cappadocia (*a*), manus redempta Domino.
Galatia, transmigrans, sive translata.
Marcus, sublimis mandato.
Pontium, declinantem.
Sara, princeps.
Silvanus, missus.

PETRI II.

Balaam, vanus populus, aut devoratio ejus.
Bosor, in tribulatione, aut carneus, sive pellicius.
Cappadocia, manus redimens Domino.
Electe, ascendentes.
Galatia, transmigrata.
Gomorrha (גמירה), populi timor, sive cæcitas. G in principio additum est, alioquin ex *ain* scribitur.
Lot, declinans, sive vinctus.
Marcus, sublimis mandato, sive defricatus, aut amarus.
Noe, requies.
Pontus, declinans.

Paulus mirabilis.
Sara, princeps.
Simon, audiens.
Sodomis, fulvis, aut tacentibus.
Silvanus, missus.

JOANNIS I.

Cain, possessio.

JOANNIS II.

Diotrephes, speciosus insulsus, sive decor insaniens.
Demetrius, fortis ad persequendum, sive fortis virga dejicere.
Gaius, mobilis.

JUDÆ.

Ægyptus, tenebræ, sive tribulatio.
Adam, homo.
Balaam, vanus populus.
Cain, possessio.
Core, calvities, aut glacies.
Diabolo, defluenti, vel clauso in ergastulo (al. *ergastulis*).
Enoch, dedicatio
Gomorrha, populi timor, aut cæcitas.
Michael (מיכאל), quis ut Deus?
Moses, palpans, sive leniens.
Sodoma, pecus tacens.

(*a*) *Cappadocia, manus*, etc. Similiter et ista ad priorem Epistolam Petri, non ad posteriorem spectant. MARTIAN.

DES EPITRES DE L'APOTRE S. PAUL

A

Abraham, père qui voit le peuple.
Adam, homme, ou engendré de la terre.
Abba, père. Mot syriaque.
Achaïe, quel est le frère? ou son frère, ou frère du Seigneur, ou le Seigneur mon frère.
Aquila, qui se plaint, ou qui enfante.
Asie, élevée, ou marchant.
Andronic, beau pour le stade (Ms. *pour se tenir debout*), ou répondant, ou pensant à la pâture.
Ampliatus, peuple forgeron.
Apelles, les rassemblant.
Aristobule, ranimant le germe par la douleur.
Asyncritus, dirigeant l'encensoir.

B

Benjamin, fils de la droite.
Baal, qui a, ou qui dévore.

C

Ceneris, possédant des sectateurs.

D

David, désirable.

E

Epinéton, revêtu par dessus.
Ermen, anathématisant le chagrin.
Erman, enlevant, ou notre anathème.
Eraste, mon frère qui voit, ou vigilant.
Les trois noms qui suivent doivent se lire par H :
Hésaïe, salut du Seigneur.
Hélie, le Seigneur Dieu, ou le Seigneur fort.
Hérodion, effroi.

F

Pharaon, qui le découvre.
Phœbé, édifiant avec la bouche, ou fils de la bouche.
Phlégon, disséquant, ou divisant.
Philologue, puissant par la bouche, ou ma bouche à lui en guise de jardin.

G

Gomorrhe, crainte du peuple, ou aveuglement.
Gaïus, mobile, ou de rempart.

I

Juda, confessant, ou glorifiant.

DE EPISTOLIS PAULI APOSTOLI

AD ROMANOS

A

Abraham, pater videns populum.
Adam, homo, sive terrigena.
Abba, pater. Syrum est.
Achaia, frater quis? aut frater ejus, vel frater Domini, vel frater meus Dominus.
Aquila, dolens, sive parturiens.
Asia, elevata, sive gradiens.
Andronicus, decorus ad stadium (Ms. *ad standum*), aut respondens, sive cogitans pastionem.
Ampliatus, populus malleator.
Apelles, congregans eos.
Aristobulus, suscitans dolore germen.
Asyncritum, dirigens thuribulum.

B

Benjamin, filius dexteræ.
Baal, habens, sive devorans.

C

Generis, possidens sectatores.

D

David, desiderabilis.

E

Epineton (a), superindutum.
Ermen, anathematizantes, mœrorem.
Erman, auferentem, sive anathema nostrum.
Erastus, frater meus videns, aut vigilans.
Tria nomina quæ sequuntur per H litteram legenda.
Hesaias, salutare Domini.
Helias, Deus Dominus, aut fortis Dominus.
Herodionem, formidinem.

F

Farao, discooperiens eum.
Fœben, ore ædificantem, aut oris filius.
Flegon, dissecans, sive dividens.
Filologum, ore præcipuum, vel os meum ei in hortum.

G

Gomorrha, populi timor, vel cæcitas.
Gaius, mobilis, sive vallensis.

I

Juda, confitens, sive glorificans.

(a) *Epineton, superindutum.* Lege *Epænetum*, nomen enim est viri Rom. XVI, 5, quod Græce scribitur Ἐπαίνετος, significatque *laudabilem*. MARTIAN.

Jésu, sauveur.
Israël, homme voyant Dieu.
Isaac, rire.
Jessé, libation de l'île.
Illyrien, étranger, ou élément, ou certainement tourné vers.
Jérusalem, vision de la paix.

L

Lucius, lui-même élevant, ou se levant.

M

Moïse, maniant, ou adoucissant.
Macédoine, orientale.
Marie, illuminant, ou illuminée.

N

Narcisse, montée de la joie, ou lampe qui divise, ou qui rassemble.
Nérée, lampe du Seigneur.

O

Osée, Sauveur.
Olympe, lit nuptial qui enfante.

P

Paul, admirable, ou élu.
Priscus, qui reconnait.
Perse, tentant, ou détachant ses côtés.
Patrobe, qui le dissout, ou qui le voit.

Q

Quartus, rendant en vain un son aigu.

R

Rebecca, grande patience, ou celle qui aurait reçu beaucoup.
Rufus, nous guérissant, ou nous ranimant.

S

Sara, princesse.
Sabaoth, des vertus, ou des armées.
Sodome, troupeau qui se tait, ou fauve, ou stérile.
Sion, pointe de roc.
Spanie, expédition, ou équipement ; mais on écrit plus correctement Hispanie.
Stachyn, qui fait des cantilènes.
Satan, en grec παραβάτης (ail. *parabate*), c'est-à-dire contraire.
Sosipater, qui sauve ceux qui sont dispersés.

T

Triphène, consentant, ou revenant.
Trifossam, clairement.
Timothée, bienfaisant.
Tertius, se joignant, c'est-à-dire s'appliquant.

U

Urbanus, se réjouissant de la lumière.

Jesu, salvator.
Israel, vir videns Deum.
Isaac, risus.
Jesse, insulæ libamen.
Illyricus, advena, aut elementum : vel certe secundum versus.
Jerusalem, visio pacis.

L

Lucius, ipse elevans, sive consurgens.

M

Mose, attrectans, sive leniens.
Macedonia, orientalis.
Maria, illuminans, aut illuminata.

N

Narcissus, ascensus lætitiæ, sive lucerna scindens, aut colligens.
Nereus, lucerna Domini.

O

Osee, salvator.
Olympam, parturientem thalamum.

P

Paulus, mirabilis, sive electus.
Priscus, agnoscens.
Persidam, tentantem, sive dissuentem latera sua.
Patrobam, dissolventem eum, sive videntem eum.

Q

Quartus, clangens superflue.

R

Rebecca, multa patientia, sive quæ multum acceperit.
Rufum, sanantem nos, vel reficientem nos.

S

Sara, princeps.
Sabaoth, virtutum, sive exercituum.
Sodoma, pecus tacens, sive fulva, vel sterilis.
Sion, specula.
Spania, expeditio, sive accinctio : sed rectius Hispania scribitur.
Stachyn, facientem cantilenas.
Satanas (*a*), παραβάτης (al. *parabata*), sive contrarius.
Sosipatrus, salvans dispersos.

T

Triphenam, innuentem, sive revertentem.
Trifossam, perspicue.
Timotheus, beneficus.
Tertius, adjungens, id est, applicans se.

U

Urbanus, luce gaudens.

(*a*) *Satanas*, παραβάτης, etc. Antiqui codices manuscripti legunt *parabata*. MARTIAN.

AUX CORINTHIENS, I.

A

Apollon, miracle, ou les rassemblant.
Achaïe, mon frère quelqu'un, ou mon frère le Seigneur.
Aquila, enfantant, ou se plaignant.

B

Barnabé, fils de la consolation.

C

Corinthe, citoyens, ou leurs décurions.
Céphas, Pierre. Mot syrien.
Crispus, qui sait.
Chloès, qui recherchent, ou tous; et mieux, conclusion, ou consommation.

D

Damas, action de boire du sang.

E

Ephèse, ma volonté en elle, ou mon âme en elle.
Ève, vie, ou calamité.
Hébreux, passants.

G

Gaïus, ébranlé.
Galatie, magnifique, ou translation.

I

aux Juifs, à ceux qui confessent, ou qui louent.
à Jacob, au supplantateur.
Jérusalem, vision de la paix.

M

Moïse, palpant, ou adoucissant.
Macédoine, orientale.
Maranatha, Notre-Seigneur est venu. Mot syriaque.

P

Prisca, qui connaît.

S

Sosthènes, sauvant dans le temps.
Etienne, votre règle, ou votre observateur, ou celui qui vous juge.
Silvain, envoyé.
Satan, adversaire.
Sabbat, repos.

AD CORINTHIOS I.

A

Apollo, miraculum, sive congregans eos.
Achaia, frater meus quispiam, vel frater meus Dominus.
Aquila, parturiens, sive dolens.

B

Barnabas, filius consolationis.

C

Corinthum, cives, sive decuriones eorum.
Cephas, Petrus. Syrum est.
Crispum, scientem.
Chloes, investigantes, sive omnes : sed melius conclusio, sive consummatio.

D

Damascus, sanguinis potus.

E

Epheso (*a*), voluntas mea in ea, sive anima mea in ea.
Eva, vita, sive calamitas.
Ebraei, transitores.

G

Gaium, commotum.
Galatia, magnifica, sive translatio.

I

Judaeis, confitentibus, sive laudantibus.
Jacobo, supplantatori.
Jerusalem, visio pacis.

M

Moses, palpans, sive leniens.
Macedonia, orientalis.
Maranatha, Dominus noster venit. Syrum est.

P

Prisca, cognoscens.

S

Sosthenes, salvans in tempore.
Stephana, regulam vestram, vel speculatorem vestrum, sive judicantem vos.
Silvanus, missus.
Satanas, adversarius.
Sabbathum, requies.

(*a*) *Epheso, voluntas mea in ea*, etc. Non satis apparet quomodo *Epheso* vertitur *voluntas mea in ea*; nam in eo nomine affixum, sive pronomen primae personae *mea* exprimi debuisset per *Jod Ephesi*, voluntas *mea*. Desideratur etiam littera *beth* ad praepositionem *in*; et *o* finale supplet vicem pronominis masculini *eo* apud Hebraeos, non feminini *ea*. Melius ergo *Epheso* et *Ephesa* alibi vertitur *voluntas ejus*. Confer ista cum Epistola ad Timotheum. MARTIAN. — Improbat Martian. pronomen *mea*, quemadmodum et voces *in ea*, quae ex Ephesi nomine derivari nullo modo possunt. Hoc autem vitium et supra ex Actibus et pleraque alia hujusmodi tertio quoque verbo in Graecis, Latinisque nominibus occurrunt, si persequi notatu velis. Ephesus proprie *finis* interpretatur; tamen Heraclides, ἔφεσιν, id est *permissionem* appellatam terram illam tradit, quod eam Amazonibus Hercules permisisset.

AUX CORINTHIENS, II.

A

Asie, enlevant, ou continuant sa route.
Abraham, père voyant la multitude.
Aréta, stupeur, ou descente.

B

Béliar, angoisse obscure, ou lumière obscure, ou fils de la prévarication. On prononce plus correctement Bélial.

D

Damas, action de boire du sang.

E

Eve, calamité, ou vie.
Hébreux, passants.

I

Israélites, hommes voyant Dieu.

S

Silvain, envoyé.
Satan, transgresseur, ou adversaire.

T

Troade, repos, ou latitude.
Tite, cherchant, ou bon ; et mieux, qui a lutté.

AUX GALATES.

A

Arabie, humble, ou occidentale.
Antioche, silence de la pauvreté.
Abraham, père voyant la multitude.
Abba, père. Mot syriaque.
Agar, étrangère, ou convertissant.

C

Cilicie, assomption, ou vocation lamentable.

D

Damas, boisson de sang.

I

Judaïsme, confession.
Jérusalem, vision de la paix.
à Jacob, au supplantateur.
Jean, grâce du Seigneur.
Isaac, rire.
Israël, homme voyant Dieu.

P

Pierre, qui dissout, ou déchaussant.

S

Syrie, élevée.
Sina, sa mesure, ou tentation.

AD CORINTHIOS II.

A

Asia, auferens, sive pergens.
Abraham, pater videns multitudinem.
Areta, stupor, sive descensio.

B

Beliar, cæca angustia, sive cæcum lumen, vel filius prævaricationis : sed rectius Belial dicitur.

D

Damascus, sanguinis potus.

E

Eva, calamitas, sive vita.
Ebræi, transitores.

I

Israelitæ, viri videntes Deum.

S

Silvanus, missus.
Satanas, transgressor, sive adversarius.

T

Troadem, requiem, sive latitudinem.
Titum, quærentem, sive bonum : sed melius (a), luctatum.

AD GALATAS.

A

Arabiam, humilem, sive occidentalem.
Antiochiam, paupertatis silentium.
Abraham, pater videns multitudinem.
Abba pater. Syrum est.
Agar, advena, sive convertens.

C

Cilicia, assumptio, sive vocatio lamentabilis.

D

Damascus, sanguinis potus.

I

Judaismum, confessionem.
Jerosolyma, visio pacis.
Jacobo, supplantatori.
Joannes, Domini gratia, sive cui donatum est.
Isaac, risus.
Israel, vir videns Deum.

P

Petrus, dissolvens, sive discalcians.

S

Syria, sublimis.
Sina, mensura ejus, sive tentatio.

(a) *Sed melius, luctatum.* Editi libri legunt *mutatum*, pro *luctatum*. MARTIAN. — Ms. noster, vulgatique veteres libri, *mutatum* : verene an falso, quis doceat ? Valerius, a Sabino nomine *Titurio*, Titum fluxisse, auctor est.

AUX ÉPHÉSIENS ET AUX PHILIPPIENS.

B

Benjamin, fils de la droite.

C

Clément, ecclésiastique, ou orateur.

E

Epaphrodite, qui porte des fruits.
Hébreu, passant.
Evodia, saisissant le Seigneur.

P

Philippiens, bec de lampes.
Pharisien, divisé.
Philippe, ouverture des mains, ou des lampes.

S

Syntichen, discours, ou en grec ἀδολεσχία, que nous pouvons traduire par cantilène.

T

Thessalonique, se hâtant (ail. *hâte*) d'établir une ombre.

AUX COLOSSIENS.

A

Aristarque, montagne de l'ouvrage superflu.
Archippe, longueur de l'ouvrage, ou embûches de la bouche, ou embûches de celui qui est dilaté.

B

Barnabé, fils de la consolation.

C

Colosse, à la voix faite.

D

Démas, qui se tait.

E

Epaphra, fécond, ou qui voit en vérité.

I

Jésus, Sauveur.
Justus, épargnant, ou lui-même élevé.
à Jérapolis, au jugement supérieur.

L

Laodicée, tribu aimée du Seigneur, et mieux, nativité attendue.
Luc, lui-même se levant, ou lui-même élevant.

M

Marc, sublime par la mission, ou amer, ou assurément, usé par le frottement et limé.

AD EPHESSIO ET AD PHILIPPENSES.

B

Benjamin, filius dexteræ.

C

Clemens, ecclesiastes, sive concionator.

E

Epaphroditum, frugiferum.
Ebræus, transitor.
Evodiam, apprehendentem Dominum.

P

Philippenses, os lampadarum.
Pharisæus, divisus.
Philippus, os manuum, sive lampadarum.

S

Syntichen, loquela (a), sive ἀδολεσχίαν, quam nos dicere possumus cantilenam.

T

Thessalonicam, festinans (al. *festivitas*) umbram statuere.

AD COLOSSENSES.

A

Aristarchus, mons facturæ superfluæ.
Archippus, longitudo operis, sive insidiæ oris, vel insidiæ dilatati.

B

Barnabas, filius consolationis.

C

Colossis, voci factæ.

D

Demas, silens.

E

Epaphra, frugifer, vel equidem videns.

I

Jesus, salvator.
Justus, parcens, sive ipse elatus.
Jerapoli, judicio superiori.

L

Laodicia, tribus amata Domini, sed melius nativitas exspectata.
Lucas, ipse consurgens, aut ipse elevans.

M

Marcus, sublimis mandato, sive amarus : vel certo attritus, atque limatus.

(a) *Sive* ἀδολεσχίαν, etc. Pro ἀδολεσχίαν manuscripti legunt *adolescentiam*. Unus prima manu posuerat *adolescitia* ; sed Græcam vocem non intellectam, Latinam fecit amanuensis, apponendo cen ad primam scripturam, ut suo sensu *adolescentiam* legeremus. De *adoleschia* autem hæc legi Epist. ad Sun. et Fretel. Psal. LXXVI : *Pro exercitatione*, ἀδολεσχίαν, *id est decantationem quamdam, et meditationem Septuaginta transtulerunt*. MARTIAN.

N

Nymphe, appliquée à leur bouche.

O

à Onésime, à celui qui est beau, ou qui répond.

T

Tychicus, se taisant.

AUX THESSALONICIENS.

A

Achaïe, qui est mon frère, ou le Seigneur mon frère.
Athènes, ruinée dans le temps.

S

Silvain, envoyé.
Satan, adversaire, ou transgresseur.

AUX HÉBREUX.

A

Abraham, père voyant la multitude.
Egypte, ténèbres, ou angoisses.
Aaron, montagne de la force.
Abel, deuil.

B

Barach, foudroyant.

C

Caïn, possession.

D

David, désirable, ou fort par la main.

E

Enoch, dédicace.
Esaü, de chêne, ou tas de pierres.
Hébreu, passant.

F

Pharaon, ilé mit à nu, ou il le ruina.
Fasé, action de traverser en montant, ce qu'on interprète par Pâque.

G

Gédéon, épreuve de l'iniquité.

I

Jésus, salut, ou Sauveur.
Juda, qui confesse, ou qui loue.
Isaac, rire.
Jacob, supplantateur.
Joseph, ajoutant, ou accroissement.
Jéricho, lune, ou son odeur.
Jephté, il ouvrit, ou de celui qui ouvre.

L

Lévi, ajouté.

N

Nympham, applicitam ori eorum.

O

Onesimo, decoro, sive respondenti.

T

Tychicus, tacens.

AD THESSALONICENSES.

A

Achaia, frater meus quis, sive frater meus Dominus.
Athenæ, in tempore dissipatæ.

S

Silvanus, missus.
Satanas, adversarius, sive transgressor.

AD HEBRÆOS.

A

Abraham, pater videns multitudinem.
Ægyptus, tenebræ, sive angustiæ.
Aaron, mons fortitudinis.
Abel, luctus.

B

Barach, fulgurans.

C

Cain, possessio.

D

David, desiderabilis, sive fortis manu.

E

Enoch, dedicatio.
Esau (*a*), roboreus, sive acervus lapidum.
Ebræus, transitor.

F

Farao, nudavit eum, sive dissipavit eum.
Fase, transcensus, quod interpretatur pascha.

G

Gedeon, experimentum iniquitatis.

I

Jesus, salus, sive salvator.
Juda, confitens, vel laudator.
Isaac, risus.
Jacob, supplantator.
Joseph, addens, sive augmentum.
Jericho, luna, sive odor ejus.
Jepthe, aperuit, sive aperientis.

L

Levi, additus.

(*a*) *Esau, roboreus, etc.* Male in editis antea libris *Esau* vertitur *rubeus*, pro *roboreus*, sive *robustus*. *Esau* enim vertitur in *robustum*; *Edom* vero in *rubeum*, sive *rufum*. Vide infra in Græcis Fragmentis vocem δρύϊνος, id est, *roboreus*. MARTIAN.

M

Moïse, palpant, ou adoucissant.
Melchisédech, roi juste.
Manne, qu'est-ce que cela?

N

Noé, repos, ou se reposant.

R

Raab, faim, si la lettre du milieu est *aïn* (רעב); choc, si cette lettre est *hé* (רהב); latitude, si cette lettre est *heth* (רחב).

S

Sabbat, repos.
Salem, paix.
Sara, princesse.
Samson, leur soleil.
Samuël, son nom est Dieu.
Sion, pointe de roc.

A TIMOTHÉE, I.

A

Alexandre, soulageant l'angoisse des ténèbres.
Adam, homme.

G

Galatie, translation.
Gaule, transportant.

D

Diable, découlant, ou enfermé dans les cachots.

E

Ephèse, sa volonté.
Eve, calamité, ou vie, ou malheur à!

I

Jamnès, marin, ou bien là où est le signe.
Jambrès, mer de peau, ou mer sur la tête.

O

Onésiphore, répondant la narration.

P

Ponce, modifiant l'avis.
Pilate, forgeron par la bouche, ou frappant avec la bouche.

S

Satan, adversaire.

M

Moses, palpans, vel leniens.
Melchisedech, rex justus.
Manna, quidnam est istud?

N

Noe, requies, sive requiescens.

R

Raab, si per *ain* mediam litteram scribatur (רעב), famen significat; si per *he* (רהב), impetum : si per *heth*, (רחב), latitudinem.

S

Sabbatha, requies.
Salem, pax.
Sara, princeps.
Samson, sol eorum.
Samuel, nomen ejus Deus.
Sion, specula.

AD TIMOTHEUM I.

A

Alexander, levans angustiam tenebrarum.
Adam, homo.

G

Galatia, translatio.
Gallia (a), transferens.

D

Diabolum, defluentem, sive clausum in latomiis.

E

Ephesum, voluntas ejus.
Eva, calamitas, aut vita, sive væ.

I

Jamnes, marinus, sive ubi est signum.
Jambres, mare pelliceum, sive mare in capite.

O

Onesiphorus, respondens narrationem.

P

Pontius, inclinans consilium.
Pilatus, ore malleator, sive ore contundens.

(a) *Gallia, transferens*. *Galatiam* sæpissime legimus in Epistolis Paulinis; *Galliam* non item. A quo igitur hoc loco positum sit nomen *Gallia*, ab Origene, aut ab Hieronymo, vel potius ab aliquo scriptore Gallo, divinationi lectorum permitto. MARTIAN. — A quo positum hic sit nomen *Gallia*, quod nunquam in Paulinis Epistolis legitur, pro *Galatia*, quod sæpius occurrit, Martianæus, homo Gallus, divinationi lectorum permittit. Nihil vero divinandum est, quando veteres Scriptores luculenter tradunt, in II ad Timoth. IV, 10, ubi vulgo habetur, Κρήσκης εἰς Γαλατίαν, *Crescens in Galatiam*, Græca quædam exemplaria legisse εἰς Γαλλίαν, *in Galliam*. Eusebius Hist. Eccl. lib. III, cap. 4 : Κρήσκης μὲν ἐπὶ τὰς Γαλλίας στειλάμενος ὑπ' αὐτοῦ (Παύλου) μαρτυρεῖται, *Crescens quidem missus in Gallias, Pauli ipsius testimonio declaratur*. Atque ita quidem retinendum contendit Epiphanius in Hæresi Alogorum, οὐκ ἐν τῇ Γαλατίᾳ ὥς τινες πλανηθέντες νομίζουσιν, ἀλλ' ἐν τῇ Γαλλίᾳ : *Non in Galatia, ut quidam errore decepti putant, sed in Gallia*. Denique Theodoritus ipsum Γαλατίας nomen pro Γαλλίας docet accipiendum : Γαλατίαν τὰς Γαλλίας οὕτως ἐκάλεσεν. Οὕτω γὰρ ἐκαλοῦντο πάλαι. Οὕτω δὲ καὶ νῦν αὐτὰς ὀνομάζουσιν οἱ τῆς ἔξω παιδείας μετειληφότες, *Galatiam Gallias ita Paulus appellavit : sic enim et olim vocabantur, et nunc quoque, qui exoticis disciplinis imbuti sunt vocant*. Vide Appendicem priorem ad Hieronymi librum de Scriptoribus Ecclesiasticis cap. 10 : *Crescens in Galliis prædicavit*, etc. (Edit. Migne.)

Y

Yménée, qui sommeille.

A TIMOTHÉE.

A

Asie, élévation.
Archippe, longueur de l'ouvrage.
Aristarque, montagne de l'ouvrage superflu.
Antioche, silence de la pauvreté.
Aquila, se plaignant, ou enfantant.

C

Crescent, ténébreux.
Carpus, qui sait clairement.
Corinthe, il naît lui-même.
Claudia, espoir de la tranquillité.

D

David, désirable, ou fort par la main.
Démas, qui se tait, ou terrestre, ou sanguinaire.
Dalmatie, grande pauvreté.

E

Eunice, de celui qui orne.
Evodia, saisissant le Seigneur.
Ermogènes, les vomissant dans la vallée; et mieux, montagne fouillée.
Ephèse, sa volonté.
Eraste, frère qui voit.
Eubulus, cohabitant.

F

Fygélus, allant au-devant, ou contraire.
Philon (φελόνη ou φενόλη), face de Dieu.
Philétus, se détournant, ou ma bouche.

G

Galatie, magnifique, ou translation.

I

Iconium, appelée, ou dure; et mieux, où est le roseau?

L

Loidi, qui a acquis l'utile (ὠφεληθείσῃ).
Lystris, utilité de l'angoisse ou de la tribulation.
Luc, se levant ou élevant lui-même.
Lin, candide, ou joueur de flûte.

M et P

Moïse, palpant, ou adoucissant.
Membrana, ouvertes, ou manifestes.

S

Satanas, adversarius.

Y

Ymenæus, dormitans.

AD TIMOTHEUM II.

A

Asia, elevatio.
Archippus, longitudo operis.
Aristarchus, mons facturæ superfluæ.
Antiochia, paupertatis silentium.
Aquila, dolens, sive parturiens.

C

Crescens, tenebrosus.
Carpum, scientem perspicue.
Corinthus, oritur ipse.
Claudia, spes tranquillitatis.

D

David, desiderabilis, vel fortis manu.
Demas, silens, sive terrenus, vel sanguineus.
Dalmatiam, paupertatem grandem.

E

Eunice, ornantis.
Evodiam, apprehendentem Dominum.
Ermogenes, vomens eos in valle: sed melius, mons scrutatus.
Ephesо, voluntas ejus.
Erastus, frater videns.
Eubulus, cohabitator.

F

Figelus, occurrens, sive contrarius.
Filonem (φελόνην *vel* φενόλην), faciem Dei.
Filethus, declinans, sive os meum.

G

Galatia, magnifica, sive translatio.

I

Iconium, vocatam, sive duram: sed melius, ubi est calamus?

L

Loidi (*a*), ὠφεληθείσῃ, id est, quæ consecuta est utilitatem.
Lystris, utilitas angustiæ, vel tribulationis.
Lucas, ipse consurgens, sive elevans.
Linus, candidus, sive tibicen.

M et P

Moses, palpans, sive contrectans.
Membranas, apertas, sive manifestas.

(*a*) *Loidi*, ὠφεληθείσῃ, etc. Corrupte hic et supra in editis libris legitur vox Græca ὠφεληθεῖσα, quam in nomine *Lydiæ* ita scribunt vetustiores manuscripti codices; et hoc loco pro α finali optime ponunt η, id est, ὠφεληθείσῃ, pro ὠφεληθεῖσα. In reliquis etiam perfecta sunt exemplaria manuscripta, nam utrobique, id est, in Actibus Apostolorum, et hic in Epistola II, ad Timotheum, nomen scribunt cum ω ab initio, ut par est: editi vero cum ο brevi. Est autem ὠφεληθεῖσα femininum masculini ὠφεληθεὶς a. 1 pass. a themate ὠφελέω, id est, *juvo, prosum, proficio*. MARTIAN.

Milet, engendrer, ou qui est à lui ?
Prisca, qui reconnait.
Pudens, revêtu de conseil.

R et T

Rome, élevée, ou des tonnerres.
à la Troade, à celui qui sert.
Trophime, déliant le mariage.

A TITE.

A et C

Artéma, anathématisant, ou troublant.
Apollon, admirable.
Crète, vocation consommée.

N et Z

Nicopolis, germe de ma protection.
Zéna, sa commotion, ou qui l'émeut, ou lui-même se reposant.

A PHILÉMON.

A et D

Apphia, continente, ou continence, ou libre.
à Archippe, à la longueur de l'ouvrage.
Démas, qui se tait.

E et F

Epaphra, que nous pouvons rendre par croissant ou augmentation.
à Philémon, admirablement gratifié, ou assurément, la bouche de leur pain.

O

Onésime, répondant.

DE L'APOCALYPSE DE S. JEAN.

A

Asie, élévation.
Amen, en vérité, ou fidèlement.
Aser, béatitude, ou heureux.
Egypte, tribulation.
Armageddon (הרמגדון), soulèvement du toit, ou soulèvement contre les choses antérieures ; et mieux, montagne des larrons, ou montagne ronde.
Alleluia, louez le Seigneur.

B

Balaam, vain peuple.
Balac, brisant.
Benjamin, fils de la droite.
Babylone, confusion, ou translation.

D

Diable, coulant dessous.
David, désirable.

E et F

Ephèse, ma volonté, ou mon conseil.
Euphrate, qui porte des fruits.

Mileto, generare, sive quis est ejus ?
Priscam, agnoscentem.
Pudens, indutus consilio.

R et T

Roma, excelsa, sive tonitruum.
Troadi, servienti.
Trophimum, dissolventem thalamos.

AD TITUM.

A et C

Arteman, anathematizantem, sive conturbantem.
Apollo, mirabilem.
Cretam, vocationem consummatam.

N et Z

Nicopoli, germen protectionis meæ.
Zenam, commotionem ejus, sive commovens eum, vel ipse requiescens.

AD PHILEMONEM.

A et D

Apphia, continens, sive continentia, vel libera.
Archippo, longitudini operis.
Demas, silens.

E et F

Epaphran, quem nos crescentem, sive augmentum possumus dicere.
Filemoni, mire donato, vel certe os panis eorum.

O

Onesimum, respondentem.

DE APOCALYPSI JOANNIS.

A

Asia, elatio.
Amen, vere, sive fideliter.
Aser, beatitudo, sive beatus.
Ægyptus, tribulatio.
Armageddon (הרמגדון), consurrectio tecti, sive consurrectio in priora ; sed melius, mons a latrunculis, vel mons globosus.
Alleluia, laudate Dominum.

B

Balaam, vanus populus.
Balac, elidens.
Benjamin, filius dexteræ.
Babylon, confusio, sive translatio.

D

Diabolus, deorsum fluens.
David, desiderabilis.

E et F

Ephesum, voluntas mea, sive consilium meum.
Euphrate, frugifero.

Philadelphie, qui sauve celui qui est attaché au Seigneur.

G

Gad, tentation.
Gog, dôme, c'est-à-dire toit.

J

Jézabel, flux de sang, ou dégouttante de sang; et mieux, où est le creux à fumier?
Issachar, il est la récompense.
Joseph, augmentant.
Jésus, Sauveur.

L

Loodicée, tribu aimable au Seigneur, ou ils furent dans le vomissement.
Lévi, ajouté.
Labbadon, perdant pour lui, c'est-à-dire tuant; et mieux, leur solitaire.

M

Manne, qu'est-ce que ceci?
Manassé, oublieux, ou frappé de stupeur.
Michaël, qui est comme Dieu?
Magog, du dôme, c'est-à-dire du toit, ou qu'est-ce que le toit?

N

Nicolaïtes, effusion, ou Eglise languissante, ou sottise de l'Eglise languissante.

Nephthali, de celui qui vit avec.

P et R

à Paul (Appolyon), à leur bouche, ou à la bouche de la trompette.
Pergame, divisant leurs cornes, ou partageant la vallée.
Ruben, voyez le fils, ou voyez au milieu.

S et Z

à Smyrne, à leur cantique.
à Sardes, au prince de la beauté.
à Satan, au trangresseur, ou à l'adversaire.
Siméon, à celui qui entend les tristesses.
Sodome, au troupeau qui se tait.
Zabulon, habitation de la beauté.

DE L'EPITRE DE S. BARNABÉ.

A et D

Abraham, père qui voit le peuple.
Adam, homme.
Amalec, peuple qui lèche, ou peuple sauterelle.
David, désirable.

E et M

Eve, calamité, ou malheur à! ou assurément, vie.
Ephraïm, qui porte des fruits, ou abondance.
Manassé, qui a oublié.

Filadelphia, salvans hærentem Domino.

G

Gad, tentatio.
Gog, δῶμα; id est, tectum.

J

Jezabel, fluxus sanguinis, vel fluens sanguine; sed melius, ubi est sterquilinium?
Issachar, est merces.
Joseph, adaugens.
Jesus, salvator.

L

Laodicia, tribus amabilis Domini, sive fuerunt in vomitu.
Levi, additus.
Labbadon, perdens pro eo, quod est interficiens; sed melius, solitarius eorum.

M

Manna, quid est hoc?
Manasse, obliviosus, sive obstupescens.
Michael, quis ut Deus?
Magog, de domate, hoc est de tecto, sive, quod est δῶμα;

N

Nicolaitarum, effusio (al. *effluxio*), sive Ecclesia languens, vel stultitia Ecclesiæ languentis.

Nephtali, conversantis.

P et R

Paulo (Appolyon), ori eorum, sive ori tubæ.
Pergamo, dividenti cornua eorum, vel dissecanti vallem.
Ruben, videte filium, sive videte in medio.

S et Z

Smyrnæ, cantico eorum.
Sardis, principi pulchritudinis.
Satanæ, transgressori, sive adversario.
Simeon, audienti tristitias.
Sodoma, pecori tacenti.
Zabulon, habitaculum pulchritudinis.

(a) DE EPISTOLA BARNABÆ.

A et D

Abraham, pater videns populum.
Adam, homo.
Amalec, populus lingens, sive populus bruchus.
David, desiderabilis.

E et M

Eva, calamitas, sive væ, aut certe vita.
Ephraim, fructifer, sive ubertas.
Manasse, oblitus.

(a) *De Epistola Barnabæ.* Observandum suo ordine Epistolam Barnabæ fuisse hoc loco recensitam, quia antiquitus legebatur in Ecclesiis Christianorum ad plebis ædificationem. MARTIAN.

N et R

Naüm, germe.
Rébecca, patience.

S

Sabbat, repos.
Sion, pointe de roc.
Sina, mesure, ou ordre, ou tentation.
Satan, adversaire, ou prévaricateur.

N et R

Naum, germen.
Rebecca, patientia.

S

Sabbatha, requies.
Sion, specula.
Sina, mensura, mandatum, vel tentatio.
Satan, adversarius, sive prævaricator.

LIVRE

SUR

LA SITUATION ET LES NOMS

DES LIEUX HÉBREUX.

PRÉFACE

Eusèbe, qui a mérité d'ajouter à son nom celui du bienheureux martyr Pamphile, quand il eut écrit ses dix livres de l'Histoire Ecclésiastique, composé les Canons des temps que j'ai traduits en latin, fait le tableau des différentes nations, avec les noms qu'elles avaient autrefois chez les Hébreux et ceux qu'elles portent aujourd'hui, et tracé la chorographie de la Judée avec les lots distincts des tribus et une image de Jérusalem et de son temple suivie d'une très-courte explication, à la fin de ce dernier ouvrage, s'efforça de recueillir pour nous, dans la sainte Ecriture, les noms de presque toutes les villes, montagnes, fleuves, villages et lieux divers ; de ces noms, les uns sont encore les mêmes, d'autres ont été changés plus tard, et d'autres ont été en partie altérés. Et nous, marchant sur les traces de cet admirable docteur,

LIBER DE SITU ET NOMINIBUS [(a)]

LOCORUM HEBRAICORUM.

PRÆFATIO.

Eusebius, qui a beato Pamphilo martyre cognomentum sortitus est, post decem Ecclesiasticæ Historiæ libros; post Temporum Canones, quos nos Latina lingua edidimus ; post diversarum vocabula nationum, quæ quomodo olim apud Hebræos dicta sint, et nunc dicantur, exposuit (b); post Chorographiam terræ Judææ, et distinctas tribuum sortes, ipsius quoque Jerusalem templique in ea cum brevissima expositione picturam, ad extremum in hoc opusculo laboravit, ut congregaret nobis de sancta Scriptura omnium pene urbium, montium, fluminum, viculorum, et diversorum locorum vocabula, quæ vel eadem manent, vel immutata sunt postea, vel aliqua ex parte corrupta. Unde et nos admirabilis viri se-

(a) *Liber de Situ et Nominibus*, etc. In quamplurimis codicibus mss. opusculum istud ita inscribitur : *Liber de distantiis Locorum*. Martian.

(b) *Post Chorographiam*. Regius codex unus habet, *post Cosmographiam ;* alter imperitissime, *post Orthographiam*. Editi. *Topographiam*. Martian. — Al. *Topographiam*. Vetus edit. an. 1496, cum nonnullis mss. *cosmographiam ;* alii, *orthographiam*.

nous avons traduit son œuvre, en conservant l'ordre alphabétique suivi dans le grec ; seulement, nous avons mis de côté les noms qui ne paraissent pas dignes d'être conservés à l'histoire, et nous en avons changé un grand nombre. Comme je l'ai déjà dit dans la préface du livre des Temps, je suis à la fois et traducteur et créateur d'une œuvre nouvelle : surtout lorsqu'un homme qui en est à l'*a b c* de la science a osé donner de ce même livre une traduction latine qui n'a rien de latin ; son ignorance, par la comparaison de son travail avec celui-ci, sautera, pour ainsi dire, aux yeux de tout lecteur sensé. Non que je prétende atteindre aux plus hautes régions, mais je crois pouvoir soutenir mon vol au-dessus du terre-à-terre.

LE LIVRE COMMENCE.

DE LA GENÈSE.

Ararat, Arménie. Il est de tradition certaine que l'arche après le déluge s'arrêta sur les monts Ararat, et l'on ajoute qu'il y en reste des débris encore de nos jours. Jérémie parle de ces montagnes dans la vision contre Babylone ; et Josèphe, dans le premier livre des Antiquités judaïques, citant les histoires profanes, s'exprime ainsi : « Quand Noé vit la terre délivrée du déluge, il laissa passer encore sept jours ; puis, après avoir ouvert toutes les barrières et donné la liberté à tous les animaux, il sortit lui-même, suivi de sa famille, immolant à Dieu des victimes et se réjouissant avec ses enfants. Les Arméniens appellent ce lieu le débarquement, la sortie ; et vraiment les cultivateurs de ces contrées attestent que l'arche s'y arrêta d'abord et que la preuve en est restée dans quelques débris de son bois. De cette arche et du déluge, on retrouve le souvenir dans tous les historiens barbares. L'un d'eux, Bérose le Chaldéen, dans sa narration sur le déluge, parle en ces termes : On dit qu'il reste en Arménie une partie de ce navire, près de la montagne des Carduènes, et que certains en arrachent le bi-

quentes studium, secundum ordinem litterarum, ut sunt in Græco posita (*a*), transtulimus, relinquentes ea, quæ digna memoria non videntur, et pleraque mutantes. Semel enim et in Temporum libro præfatus sum, me vel interpretem esse, vel novi operis conditorem ; maxime cum quidam vix primis imbutus litteris, hunc eumdem librum ausus sit in Latinam linguam non Latine vertere ; cujus imperitiam, ex comparatione eorum, quæ transtulimus, prudens statim lector inveniet. Ut enim (*b*) mihi excelsa non vindico, ita terræ cohærentia supergredi posse me credo.

INCIPIT LIBER.

DE GENESI.

Ararat (*c*), Armenia. Si quidem in montibus Ararat arca post diluvium sedisse perhibetur : et dicuntur ibidem usque hodie ejus permanere (*d*) vestigia. Meminit horum montium et Jeremias in visione contra Babylonem. Josephus quoque in primo Antiquitatum Judaicarum libro, sæcularium litterarum Historicos proferens : « Animadvertens, inquit, Noe terram diluvio liberatam, septem alios dies abire permisit ; et universa animalia bestiasque patentibus claustris emittens, ipse cum sua prole egressus est, immolans Deo hostias (*e*), gaudensque cum liberis. Hunc locum Armenii exitum, vel egressum vocant. Siquidem ibi cultores illarum regionum, arcam primum sedisse testantur, et lignorum quædam superesse monumenta. Arcæ hujus et diluvii, omnes qui barbaras scripsere historias, recordantur ; quorum unus est Berosus Chaldæus, qui super diluvio referens, hæc locutus est : Dicitur hujus navis in Armenia propter montem Carduenorum pars aliqua permanere, et quosdam bitumen ex ea avellentes circumferre ; quo utuntur vel maxime hi

(*a*) *Ut sunt in Græco posita.* Consule sensum hujus loci in præcedenti Admonitione nostra. MARTIAN.

(*b*) *Ut enim mihi excelsa non vindico.* Nonnulli mss. codices cum antea editis sic legunt : *Ut enim excelsa mihi non vindico ; ita terræ inhærentia me supergredi posse credo.* In exemplaribus quoque mss. frequentius est *vendico*, quam *vindico*. MARTIAN.

(*c*) *Ararat, Armenia.* Juxta Hieronymianam hanc interpretationem in Græco sic legebat sanctus doctor : Ἀραράτ, ἡ Ἀρμενία. Ἐν ὄρεσιν δὲ Ἀραράτ ἡ κιβωτὸς καθίσαι λέγεται, id est, *Ararat, Armenia. Siquidem in montibus Ararat arca sedisse dicitur.* Addit vero Hieronymus, *post diluvium*, ad significandum definite tempus quo arca sedit in montibus Ararat. MARTIAN.

(*d*) *Permanere vestigia.* Vestigia hoc loco intellige *reliquias* ; nam in Græco est λείψανα, nomen plurale significans proprie *reliquias*, a λείπω, id est, *relinquo*. Unde ab ipso Hieronymo λείψανα consequenter *monumenta* interpretantur. MARTIAN.

(*e*) *Gaudensque cum liberis.* Josephus lib. I Antiqq. cap. III, συνευωχεῖτο τοῖς οἰκείοις, *una epulabatur cum domesticis*, hoc est *cum familia*. MARTIAN.

tume et le transportent de tous côtés ; ce bitume est recherché surtout de ceux qui se purifient par des sacrifices expiatoires. Je pourrais également citer Jérôme d'Egypte, qui a fait un bel écrit sur les Antiquités des Phéniciens, et Mnaséas, et bien d'autres. Nicolas Damascène, dans le quatre-vingt-seizième livre, dit à son tour : Il y a en Arménie, sur le Mynias, une montagne du nom de Béris ; un grand nombre d'hommes s'y réfugièrent, dit-on, pendant le déluge, et y furent sauvés. On ajoute que d'autres abordèrent au même sommet, portés au-dessus des eaux par une arche, dont on eut la coutume de montrer les débris pendant de longs siècles. Je pense que ces derniers hommes ne sont autres que ceux dont Moïse, le législateur des Juifs, a parlé dans ses livres.

Achad, ville du royaume de Nemrod, en Babylonie. Les Hébreux disent qu'elle n'est autre que la ville aujourd'hui appelée Nisibe, en Mésopotamie, qui fut jadis assiégée et prise par le consul romain Lucullus, et que l'empereur Jovien a livrée aux Perses, il y a quelques années.

Aggaï est à l'occident et à peu de distance de Béthel, située elle-même, pour ceux qui vont à Ælia (Jérusalem) de Néapolis (Sichem), sur la gauche de la route, vers la douzième borne milliaire avant Ælia. On visite Béthel encore de nos jours, quoiqu'il n'y ait là qu'un petit village. Une église s'est élevée à l'endroit où s'endormit Jacob, allant en Mésopotamie, circonstance pour laquelle il appela ce lieu *béthel* (ביתאל), c'est-à-dire maison de Dieu. Pour Aggaï, à peine en reste-t-il quelques pauvres ruines ; on n'en montre que l'emplacement. Notons qu'en hébreu ce nom n'a pas de G, qu'on le prononce *aï* (העי), et qu'on l'écrit par la lettre appelée *aïn* (עין).

Astaroth Carnaïm, terre des géants qui habitaient autrefois les hauteurs de Sodome et qu'extermina Chodorlagomor. On voit aussi de nos jours, dans la Batanée, deux châteaux-forts de ce nom, à neuf milles l'un de l'autre, entre les villes d'Adara et d'Abila.

Arboc. C'est par corruption que nos recueils écrivent Arboc ; ceux des Hébreux disent *Arbée* (ארבע), c'est-à-dire quatre, parce que c'est là que les trois patriarches Abraham, Isaac et Jacob ont été ensevelis longtemps après Adam lui-même, ainsi que le rapporte le livre de Josué, *Josu.* XIV, 15, contrairement à l'opinion hasardée qui place le tombeau du premier homme sur le Calvaire. Arboc est la même que Chébron, autrefois métropole des Philistins et séjour des géants, annexée plus tard par le roi David à la tribu de Juda, et devenue ville sacerdotale, avec droit d'asile. Elle est à vingt-deux milles environ au midi d'Ælia ; on y voit encore le chêne

qui lustrantur et se expiant. Sed et Hieronymus Ægyptius, qui antiquitates Phœnicum pulchro sermone conscripsit ; et Mnaseas, et multi alii. Nicolaus quoque Damascenus in nonagesimo sexto libro refert : Est in Armenia super Myniadem mons nomine Beris ; ad quem multos in diluvio confugisse autumant, ibique esse salvatos. Alios vero in arcæ alveo supernatantes, ad ejus verticem pervenisse, et usque ad multas ætates ligna arcæ monstrari solita ; quos quidem ego puto non esse alios, nisi eos quos Moyses legifer Judæorum in suis voluminibus edidit. »

Achad, urbs regni Nemrod in Babylone. Porro Hebræi hanc esse dicunt Mesopotamiæ civitatem, quæ hodie vocatur Nisibi, a Lucullo quondam Romano Consule obsessam, captamque et ante paucos annos a *(a)* Joviano imperatore Persis traditam.

Aggai, ad occidentalem plagam vergit Bethelis, non multum ab ea distans. Sita est autem Bethel, euntibus Æliam de Neapoli in læva parte viæ duodecimo circiter milliario ab Ælia ; et usque hodie parvus licet vicus ostenditur. Sed et ecclesia ædificata est ubi dormivit Jacob pergens Mesopotamiam. Unde et ipsi loco *bethel* ביתאל, id est domus Dei, nomen imposuit. Aggai vero vix parvæ ruinæ resident, et locus tantummodo monstratur. Et sciendum, quod in Hebræo G litteram non habet, sed vocatur *ai* העי, scribiturque per elementum, quod apud eos dicitur *ain* עין.

Astaroth Carnaim, terra gigantum quondam in supercilio Sodomorum, quos interfecit Chodorlagomor. Sunt hodieque duo castella in Batanæa hoc vocabulo, novem inter se millibus separata inter Adaram et Abilam civitates.

Arboc, corrupte in nostris codicibus Arboc scribitur, cum in Hebræis legatur *arbee* ארבע, id est, quatuor : eo quod ibi tres patriarchæ, Abraham, Isaac, et Jacob sepulti sunt, et Adam maximus : ut in Jesu libro scriptum est ; *Jos.* XIV, 15 ; licet eum quidam positum in loco Calvariæ suspicentur. Hæc est autem eadem Chebron, olim metropolis Philistinorum, et habitaculum gigantum, regnumque *(ubi regia)* postea David in tribu Juda, civitas sacerdotalis et fugitivo-

(a) A *Joviano imperatore.* Gennadius in Catalogo Illustrium virorum, in Jacobo Nisibeni episcopo hæc habet : *Post multos annos ingressus Julianus Nisibem, et vel gloriæ sepulti (Jacobi) invidens, vel fidei Constantini, cujus domum persequebatur, jussit efferri de civitate sancti corporis reliquias, et post paucos menses, consulendæ licet reipublicæ Jovianus imperator, qui Juliano successerat, tradidit barbaris civitatem ; quæ usque hodie Persarum ditioni cum finibus suis subjecta servit.* Consule Ammianum l. XXV. MARTIAN.

d'Abraham, que l'on montrait à Mamré, sous l'empereur Constance, et le tombeau du patriarche. Les catholiques y ont fondé une église. Les populations de toute la contrée ont en extrême vénération la place où fut un térébinthe, sous lequel Abraham aurait jadis offert l'hospitalité aux trois anges. Appelée d'abord Arbée, cette ville reçut plus tard le nom de Chébron, de l'un des fils de Chaleb. Lisez les Paroles des jours. I *Paral.* II, 42.

Ailath, sur les extrêmes limites de la Palestine, touchant au désert du midi et à la mer Rouge; elle est le port de départ de l'Egypte dans l'Inde, et d'arrivée de l'Inde en Egypte. La dixième légion romaine y tient garnison. Les anciens appelaient cette ville Ailath; elle se nomme à présent Aila. Il y eut aussi jadis une nation des Elamites, gouvernée par Chodorlagomor, dont il est fait mention dans les Actes des Apôtres, *Act.* II, 9, et dans les livres des Rois. *Reg.* x, 17. Notons enfin une ville de Palestine qui s'écrit Ælam.

Adama, l'une des cinq villes des Sodomites engloutie avec les autres.

Asason-Thamar, qu'habitaient jadis des Amorrhéens exterminés par Chodorlagomor. Elle est près du désert de Cadès. Il existe un autre château de Thamar, occupé maintenant par une garnison romaine, et séparé de Mampsis, ail. Mamphis, par un jour de marche, pour ceux qui vont de Chébron à Aila.

Allus, pays de l'Idumée maintenant appelé Gabaléné et voisin de la ville de Pétra.

Ænan, sur la route de Tamna, lieu maintenant désert et voisin de ce même gros bourg de Thamna, qui est situé entre Ælia et Diospolis (Lydda). On trouve en cet endroit une source qui l'a pu faire nommer Aénam, c'est-à-dire fontaine. Il y a au-dessus une idole, objet d'une très-grande vénération pour les habitants du

rum. Distat ad meridianam plagam ab Ælia millibus circiter vigintiduobus; et quercus Abraham, quæ et Mamre, usque ad Constantii regis imperium monstrabatur, et mausoleum ejus in præsentiarum cernitur. Cumque a nostris jam ibidem ecclesia ædificata sit, a cunctis in circuitu gentibus terebinthi locus superstitiose colitur: eo quod sub ea Abraham angelos quondam hospitio susceperit. Hæc ergo primum Arbee postea a Chebron uno filiorum Chaleb sortita vocabulum est. Lege Verba dierum. I *Paral.* II, 42.

Ailath, in extremis finibus Palæstinæ juncta meridianæ solitudini et mari Rubro; unde ex Ægypto Indiam, et inde ad Ægyptum navigatur. Sedet autem ibi legio Romana cognomento Decima; et olim quidem Ailath a veteribus dicebatur, nunc vero appellatur Aila (*a*). Sed et Elamitarum quondam natio fuit, cui imperavit Chodorlagomor, cujus in Actibus quoque Apostolorum fit mentio, *Act.* II, 9, et in Regnorum libris; *Reg.* x, 17; urbs quædam Palæstinæ Ælam scribitur.

Adama, una de quinque civitatibus Sodomorum eversa cum cæteris.

Asason-Thamar, in hac habitabant quondam Amorrhæi, quos interfecit Chodorlagomor; juxta eremum Cades. Est et aliud castellum Thamara *(b)*, unius diei itinere a Mampsis, al. *Mamphis,* oppido separatum, pergentibus Ailam de Chebron, ubi nunc Romanum præsidium positum est.

Allus, regio Idumæorum, quæ nunc Gabalene dicitur, vicina Petræ civitati.

(c) Ænan, euntibus Thamnam, nunc desertus lo-

(*a*) *Appellatur Aila.* In aliquot mss. *Ala* dicitur hic et infra ubi scriptum est, *pergentibus Ailam de Chebron.* MARTIAN.

(*b*) *Unius diei itinere a Mampsis.* Locus obscurissimus in Græcis æque ac in Latinis: nam si legamus cum Græco Regio codice, διεστῶσα Μάλις ἡμέρας ὁδόν, *distans a Malis unius diei itinere,* ignoro prorsus ubi positum fuerit oppidum illud *Malis* dictum. Sin autem cum Bonfrerio pro μάλις adverbium μόλις, id est, *vix* legerimus; sententia hæret suspensa; nec intelligimus a quo loco vel oppido castellum Thamara *vix unius diei itinere sit separatum.* In Latinis exemplaribus tota discordia pendet e nomine oppidi a quo distat Thamara; antiquiora manuscripta ac melioris notæ vocant illud *Mampsis;* nonnulla *Mamamphis;* cætera *Mansis;* editi vero libri *Memphis.* Sed sive *Memphis,* sive *Mampsis* legendum statuerimus, semper remanet eadem difficultas inveniendi illius oppidi, quod Eusebius, vel Hieronymus saparatum dixit unius diei itinere a castello Thamara, ubi sedebat militare præsidium. Usque in præsens nihil reperire potui apud scriptores geographos, quod huic nodo solvendo subsidium afferret. Sed cum Hieronymum vel Eusebium infra in nomine *Arad* attente consulo, nullum mihi superest dubium, quin pro *Mampsis,* scribendum sit *Malathis:* quod ipsissimum oppidum est distans a *Thamara* castello, itinere unius diei, ut ex his facile colligitur. *Arad, civitas Amorrhæorum vicina deserto Cades: et usque nunc ostenditur villa ab oppido Malathis quarto lapide, a Chebron vicesimo, in tribu Juda.* Itaque in Græco Eusebio lege Μάλαθις non Μάλις, aut μόλις cum Bonfrerio. Et ne quid amplioris diligentiæ a me desiderare possis, moneo te, benignum lectorem, *Malattha* urbem esse Arabiæ Petrææ, teste Ptolemæo: quæ quidem eadem videtur cum oppido *Malathis;* saltem vocabuli et regionis vicinia, atque affinitate. Confer omnia cum tabulis geographicis Scripturæ sacræ. MARTIAN.

(*c*) Bonfrerius ait: Non *Ænan,* sed *Aenam,* vel *Enam* habent omnes codices Septuaginta Interpretum, Gen. cap. XXXVIII, vers. 14, ubi in nostra versione nulla est vox propria: nam Hieronymus vertit, *in bivio itineris,* pro quo Septuaginta Interpretes dixerunt *ad portas Enam.* Et vero in Hebræo est *in ostio Henaim:* quæ postrema vox utrum propria, an appellativa, in hunc diem disputatur, quemadmodum nos ad eum locum diximus: appellative sumpta significare potest duos fontes, vel duos oculos, seu duos quasi aspectus, ut fit in bivio, cum quis hæret et dubitat qua eundum sit. Quidquid sit, sæpe ex loci genio et circumstantia nomina propria vel quasi propria induntur, quod credi potest ei loco accidisse, planeque verisimile est, non esse alium locum ab eo qui Josue cap. xv, vers. 34, in tribu Juda *Enaim* appellatur, qui postea in urbem creverit. (*Edit. Migu.*)

pays. Or, les Hébreux affirment que Ænam ne signifie point bois sacré, mais bien bifurcation de deux routes, où l'on est obligé de choisir du regard quelle est celle qu'il faut prendre.

Aréaatad, lieu au-delà du Jourdain, où jadis on pleura Jacob, à la troisième pierre depuis Jéricho et à deux milles du Jourdain; il s'appelle maintenant Bethgla, qui signifie lieu de la ronde, sans doute parce que, selon l'usage des funérailles, les Israélites tournèrent autour du cercueil de Jacob.

DE L'EXODE.

Ælim, campement des Israélites et lieu du désert où Moïse, au sortir de la mer Rouge, trouva douze fontaines et soixante-dix palmiers.

Ælus, dans le désert; les Israélites y campèrent.

DES NOMBRES ET DU DEUTÉRONOME.

Aséroth, partie du désert, où Aaron et Marie parlèrent contre Moïse. Les Evéens habitèrent jadis l'Aséroth jusqu'à la ville de Gaza. Les Hébreux pensent que le nom de cette région n'est pas Aséroth, mais Asérim.

Asémona, campement des Israélites dans le désert.

Ahétharim, qu'Aquila et Symmaque traduisent par route des espions; sur ce point du désert, les Iraélites repoussèrent les Chananéens, qui avaient fondu sur eux par le midi.

Ahié, aussi appelée Achalgaï. Ce mot, d'après Symmaque, veut dire sur les collines. Cette ville est dans l'ancien pays de Moab, aujourd'hui Aréopolis, vers l'orient.

Arnon, rocher très-haut sur les confins des Amorrhéens, entre ce peuple et Moab, qui est une ville d'Arabie aujourd'hui appelée Aréopolis. Les habitants de ce pays montrent un point assez horrible et dangereux, où la vallée s'enfonce dans des roches taillées à pic que beaucoup appellent encore Arnons et qui s'étendent vers le nord d'Aréopolis. Il y eut là, disent-ils, une rencontre sanglante et pleine d'horreur entre deux armées distribuées sur l'un et l'autre bord. Cet endroit appartint primitivement aux Moabites, auxquels l'enleva par les armes Séon, roi des Amorrhéens. Le territoire des Israélites au-delà du Jourdain commence à l'Arnon, d'où il s'étend jusqu'aux montagnes Aermon et au Liban.

cus et proximus Thamnæ vico grandi, qui situs est inter Æliam et Diospolim. Est et fons in supra dicto Aena loco; unde et Aenam, id est, fontis nomen accepit; in quo stans idolum maxima illius regionis veneratione colitur. Porro Hebræi affirmant Ænam non lucum significare, sed bivium, ubi certo intuitu necessarium sit ad unam e duabus viis eligendam.

(a) Areaatad, locus trans Jordanem, in quo planxerunt quondam Jacob (b), tertio a Jericho lapide, duobus millibus ab Jordane, qui nunc vocatur Bethgla, quod interpretatur, locus gyri: eo quod ibi more plangentium circumierint, al. *circumeunt*, in funere Jacob.

DE EXODO.

Ælim, castra filiorum Israel, et locus in deserto in quo duodecim fontes, et septuaginta palmarum arbores Moyses de mari Rubro exiens repetit.

Ælus, in deserto, ubi filii Israel castrametati sunt.

DE NUMERIS ET DEUTERONOMIO.

Aseroth, pars eremi, ubi Maria et Aaron contra Moysen locuti sunt. Habitaverunt autem quondam Evæi in Aseroth usque ad urbem Gazam. Verum hæc loca non Aseroth, sed Aserim appellari Hebræi putant.

Asemona, castra filiorum Israel in deserto.

Ahetharim (c), pro quo Aquila et Symmachus, exploratorum viam interpretati sunt; ubi adversum Chananæum, qui ab austro contra Israel eruperat, in solitudine dimicatur.

Ahie, quæ et Achalgai; pro hac Symmachus interpretatur, in collibus. Est autem e regione quondam Moab, nunc Areopoleos ad orientalem plagam.

Arnon, rupes quædam in sublime porrecta in finibus Amorrhæorum inter Moab et Amorrhæos. Moab vero Arabiæ civitas est, quæ nunc Areopolis nominatur. Ostendunt regionis illius accolæ locum vallis in prærupta demersæ satis horribilem et periculosum, qui a plerisque usque nunc Arnonas appellatur; extenditurque ad septentrionem Areopoleos; in quo et militum ex omni parte præsidia distributa, plenum sanguinis et formidinis, testantur ingressum. Hic quondam Moabitarum fuit, et postea Seon rex Amorrhæorum jure belli, al. *bellico*, eum obtinuit; sed et terra filiorum Israel trans Jordanem, incipiens ab Arnone, usque ad montes Aermon et Libanum extenditur.

(a) *Areaatad, locus trans Jordanem.* Locum hunc celeberrimum prætermisit Eusebius, quamvis occurrat Gen. L, 10 et 11 apud Septuaginta. Martin.

(b) Josephus spatium hoc esse 60 stadiorum docet, id est 7 milliarium et dimidium. Cum Hieronymo tamen convenit iisdem pene verbis Procopius Gazæus Com. ad Gen. L. Ex quo etiam Eusebiani textus lacunam suppleri commode posse, docti viri admonent.

(c) *Ahethari* [illegible], etc. Hic Græca verba nonnihil differunt a Latina interpretatione. Martin.

Ar, lieu ou place fermée de l'Arnon ; la Version des Septante l'appelle Er, par allongement de la voyelle.

Aésimon, lieu du désert. Au reste, ce mot lui-même signifie terre inculte et déserte.

Abelsatim, lieu du désert, au midi des Moabites.

Azor ou Jazer, limite qui sépare le territoire de la ville d'Ammon, maintenant appelée Philadelphie, de la région des Amorrhéens. Vers la huitième pierre à partir de là, du côté du couchant, est le bourg de Jazer qui existe encore.

Aroer, place forte des Moabites, située sur le torrent d'Arnon. Possédée dans l'origine par la nation très-ancienne des Oménim, elle fut dans la suite retenue par les fils de Lot, c'est-à-dire les Moabites, après qu'ils eurent anéanti les anciens habitants. On la montre encore aujourd'hui sur le sommet de cette montagne ; quant au torrent, il roule à travers les roches abruptes, pour aller se perdre dans la mer Morte. Aroer échut au lot de la tribu de Gad, en face de Rabba.

Astaroth, l'antique cité d'Og, roi de Basan, alors habitée par des géants. Elle échut au lot de la tribu de Manassès, avec le pays de Batanée. Elle est à six milles d'Adra, ville d'Arabie. Or, Adra est à vingt-cinq milles de Bostra. Nous avons parlé plus haut d'Astaroth Carnaïm.

Agri (pointe d'), montagne des Moabites, sur laquelle Balac, fils de Séphor, amena le devin Balaam, afin qu'il maudît Israël du haut de ce sommet, dont le nom veut dire déchiré, parce qu'il est violemment taillé en surplomb au-dessus de la mer Morte non loin de l'Arnon.

Araboth Moab, où se fit le second dénombrement du peuple. Aquila traduit ce mot par lieux bas ou unis de Moab, ayant l'habitude de définir le désert une surface égale et plane (ὁμαλήν). Symmaque rend Araboth Moab par lieux en plaine de Moab. Il existe encore de nos jours un endroit de ce nom, près du mont Phogor,

Ar, locus vel oppidum Arnonæ, quod a Septuaginta Interpretibus per extensam vocalem (*a*), Er dicitur.

Aesimon, locus deserti ; denique et ipsum vocabulum incultam terram desertamque significat.

(*b*) Abelsatim, locus in deserto ad meridiem Moabitarum.

Azor, sive Jazer, terminus urbis Ammon quæ nunc Philadelphia dicitur, dividens eam Amorrhæorumque regionem, et est in octavo circiter lapide ejus ad solis occasum vicus Jazer usque in præsentem diem permanens.

Aroer, oppidum Moabitarum, quod situm est super ripam torrentis Arnon, possessum olim a gente veterrima, Ommim (*c*), et postea retentum a filiis Lot, id est, Moabitis, cum priores accolas subvertissent. Et ostenditur usque hodie in vertice (*d*) montis illius ; sed et torrens per abrupta descendens, in mare Mortuum fluit. Cecidit autem Aroer in sortem tribus Gad contra faciem Rabba.

Astaroth, antiqua civitas Og regis Basan, in qua habitaverunt gigantes, quæ postea cecidit in sortem tribus Manasse, regionis Batanææ, et sex millibus ab Adra urbe Arabiæ separata est. Porro Adra a Bostra viginti quinque millibus distat. Diximus et supra de Astaroth Charnaim.

Agri specula, mons est Moabitarum, in quem adduxit Balac filius Sephor, Balaam divinum ad maledicendum Israel super verticem, qui propter vehemens præruptum, vocatur excisus, et imminet mari Mortuo haud procul ab Arnone.

Araboth Moab, ubi secundo numeratus est populus, quod Aquila interpretatur, humilia sive æqualia Moab, hanc habens consuetudinem, ut eremum propter planitiem ὁμαλήν, id est, æqualem interpretetur et planam. Denique Symmachus pro Araboth

(*a*) *Per extensam vocalem, Er dicitur.* Codex vetus manu-scriptis Colbert. *Aer* corrupte legit ; cum apud Septuaginta num. XXI 15 : Ἤρ, Er, per *Eita* litteram scriptum reperiatur : et illud sit quod monuit Hieronymus : *Er* dici apud LXX per extensam vocalem. MARTIAN.

(*b*) *Abelsatim, locus in deserto*, etc. Non consentiunt hoc loco Eusebius et Hieronymus ; prior enim collocat *Abelsatim* κατὰ δυσμὰς Μωάβ ; id est *versus vel contra occidentem Moab* : alter vero *ad meridiem Moabitarum*. Nec difficultatem sive dissidium tollit Bonfrerius, dicens illum genitivum *Moabitarum* conjungendum esse cum voce *deserto*, non cum altera voce *ad meridiem*. Nam quocumque modo legamus, *Abelsatim*, erit *ad occasum* juxta Eusebium, et *ad meridiem* juxta Hieronymum. At si consulatur commentarius Hieronymi in caput tertium Joelis, hæc ab eo scripta reperiemus de ; *Abelsatim : Est autem locus*, inquit, *juxta Libiadem trans mare Mortuum, sexto ab ea distans milliario : ubi quondam cum Madianitis fornicatus est Israel*, etc. E quibus sic conciliare possumus Eusebium cum Hieronymo, ut dicamus *Abelsatim*, respectu solitudinis sive campestrium Moab, positum esse ad occidentem ; sed respectu Liviadis urbis respicere ad meridiem Moabitarum. Consule tabulas geographicas. Ignosce, lector, difficultati locorum : aut si melius quid inveneris [illegible] libenter [illegible]. MARTIAN.

(*c*) *Gente veterrima Ommim.* Ms. Colbertinus recentior, *gente veterrima Omnium* : Nonnulli legunt *Ommim*. Vetustissimus Corb. num. 2[illegible], *a gente veterrima Omnim*. MARTIAN.

(*d*) Frustra hoc Bonfrerius indignatur, frustraque contendit, Aroer ad fluvii ripas, non in montis vertice constitutam. Non video, inquit Relandus, quidni urbs in monte sita, si ad ejus montis radices flumen labatur, possit ad ripam fluminis sita dici, si quidem a vertice ad radicem usque montis extendi potest, eamdemque et latera montis incumbere, et ad ripam fluminis esse. Vide infra *Aroir*.

sur la route de ceux qui vont de Libiade vers Esébon d'Arabie, en face de Jéricho.

Araba. Aquila rend ce mot par plaine, comme le précédent ; Symmaque le traduit tantôt par champêtre, tantôt par inhabitable ; et Théodotion par occidental.

Atharoth, autrefois cité des Amorrhéens au-delà du Jourdain, échut ensuite au lot de la tribu de Gad. Ce nom d'Atharoth fut encore celui d'un fils de Salma ou Salmon, ail. *Solamon*, comme c'est écrit dans les Paralipomènes, ail. *Paralipomène*.

Ataroth Sophan ; encore une ville de la tribu de Gad.

Arad, ville des Amorrhéens voisine du désert de Cadès. On montre de nos jours encore une ferme d'Arad, à quatre milles du fort de Malathis, et à vingt milles de Chébron, dans la tribu de Juda.

Asémona, ville du désert, au midi de la Judée, séparant l'Egypte du lot de la tribu de Juda, qui s'étend jusqu'à la mer. J'ai déjà parlé d'Asémona, campement des Israélites.

Acrabbi, limite orientale de la province de Judée et de la tribu de Juda. Il existe en outre un bourg encore considérable, à neuf milles de Néapolis pour ceux qui descendent à l'orient vers le Jourdain et Jéricho, par le pays appelé Acrabittène. La frontière des Amorrhéens s'appelle aussi Acrabbin ; c'est le lieu dont il est écrit, dans le livre des Juges, que la tribu de Nephthali n'en chassa point les étrangers.

Asadada, confin de Juda qui regarde le nord.

Arad, autre limite de Juda, à vingt milles de Chébron vers le midi ; sa situation a été déterminée plus haut.

Asarénam, limite de la Judée vers le nord.

Asernai, autre limite de la Judée.

Arbéla, autre limite de la Judée, à l'aspect du levant. Il existe aussi de nos jours un bourg d'Arbel au-delà du Jourdain, sur la limite du territoire de Pella, ville de la Palestine ; et un autre du même nom dans une très-vaste campagne, à neuf milles du fort de la Légion.

Aulon. Ce n'est pas un mot grec, comme d'aucuns le pensent ; c'est un mot hébreu. On appelle ainsi une grande et champêtre vallée qui se développe sur une longueur très-considérable ; elle est ceinte des deux côtés de montagnes qui se succèdent et s'enchaînent, et qui,

Moab, campestria Moab transtulit; et est usque hodie locus juxta montem Phogor, euntibus a Labiade in Esebon Arabiæ contra Jericho, qui ita appellatur.

(*a*) Araba, hanc ut supra, Aquila transtulit planam; Symmachus, interdum campestrem, interdum inhabitabilem; Theodotion, occidentalem.

Atharoth, civitas olim Amorrhæorum trans Jordanem, quæ postea cecidit in sortem tribus Gad; vocatus est autem Atharoth et filius Salma, sive Salmon, al. *Solamon*, ut in Paralipomenis, al. *Paralipomenon*, scriptum est.

Ataroth Sophan, et hæc civitas tribus Gad.

Arad, civitas Amorrhæorum vicina deserto Cades; et usque nunc ostenditur villa (*b*) ab oppido Malathis quarto lapide, a Chebron vicesimo, in tribu Juda.

Asemona, civitas in deserto, ad meridiem Judææ, dividens Ægyptum et sortem tribus Judæ ad mare usque tendentem. Posui et supra Asemona, castra filiorum Israel.

Acrabbi, terminus Judææ provinciæ ad Orientem respiciens, tribus Judæ. Est autem et vicus nunc usque grandis, novem millibus a Neapoli contra Orientem descendentibus ad Jordanem et Jerichum, per eam quæ appellatur Acrabittene; sed et confinium Amorrhæorum, Acrabbim dicitur; de quo loco non exterminavit alienigenas tribus Nephthalim, ut in Judicum libro scriptum est.

Asadada, confinium Judæ respiciens ad aquilonem.

Arad, terminus et ipse Judææ distans a Chebron millibus viginti ad meridiem; de quo supra positum est.

Asarenam, terminus Judææ ad septentrionem.

Asernai, terminus et ipse Judææ.

Arbela, terminus Judææ, ad ortum solis aspiciens. Est et usque hodie vicus Arbel trans Jordanem in finibus Pellæ civitatis Palæstinæ, et alius hoc vocabulo in campo prægrandi distans ab oppido Legionis millibus novem.

(*c*) Aulon, non Græcum, ut quidam putant, sed Hebræum vocabulum est; appellatur autem vallis grandis atque campestris in immensam longitudinem se extendens; quæ circumdatur ex utraque parte montibus, sibi invicem succedentibus et cohæ-

(*a*) *Araba, hanc ut supra*, etc. Corruptissime hæc cum præcedentibus conjuncta sunt in antea editis libris, et apud Bonfrerium. Martian.

(*b*) *Ad oppido Malathis*, etc. Regius ms. codex omnium recentior, num. 3629 legit hoc loco *Mallatis*. De hoc oppido plura edisseruimus in scholiis nostris ad vocem *Asasonthamar*. Martian.

(*c*) *Aulon, non Græcum*, etc. Monet hic consulto Hieronymus, *Aulon* non esse Græcum vocabulum, ut quidam sua ætate putabant, sed Hebræum. Non idem est vocabulum illud, quod *Elon*, a LXX *Aulon* lectitatum. Id si attendisset Joannes Clericus in sua Dissertatione de statua salis, non imperite redargueret Hieronymum propter admonitionem eruditam hujus loci. Hanc autem suam præmisit Hieronymus observationem, quod probe novisset αὐλῶνα alibi vocem esse Græcam, quæ significet locum longum, angustum et cavum. Sed in præsenti libro Locorum Hebraicorum, *Aulon* nomen est proprium cujusdam regionis Judææ, in qua sunt urbes nobiles suis nominibus hoc loco expressæ. Martian.

depuis le Liban et au-delà, se prolongent jusqu'au désert de Pharan. Il y a dans l'Aulon, c'est-à-dire dans cette champêtre vallée, de nobles cités, Scythopolis, Tybériade et le lac qui l'avoisine, Jéricho, la mer Morte et les régions qui l'environnent et que traverse le Jourdain, sorti des sources de Panéas pour aller se perdre dans la mer Morte.

Amalécites (pays des), région du désert au midi de la Judée, au-delà de la ville de Pétra, pour ceux qui vont à Aila. L'Écriture dit à ce sujet: Amalec habite une terre vers l'Auster. *Num.* XIII, 20. Mais à côté habitait également un autre Chananéen, qui combattit contre les Israélites dans le désert ; il est écrit de l'un et de l'autre : Amalec et le Chananéen habitent dans la vallée. *Num.* XIV, 25.

Araba, nom qu'Aquila traduit par plaine, et Symmaque par champêtre, comme nous l'avons déjà dit. Or, il y a une ville d'Araba, sur les confins de la Diocésarée, autrefois appelée Saphorine, et une autre à trois milles de Scythopolis, à l'aspect de l'occident.

Amman, maintenant Philadelphie, noble cité de l'Arabie que peuplaient à l'origine les Raphaïm, antique race que détruisirent les fils de Lot, qui occupèrent depuis Amman.

Argob, région d'Og, roi de Basan, qui tomba dans le lot d'une demi-tribu de Manassès. Il existe encore de nos jours un bourg du nom d'Arga, aux environs et à quinze milles vers l'occident de Gérasa, ville d'Arabie. Arga, d'après Symmaque, veut dire mesure.

Asédoth, ville des Amorrhéens, qui échut par le sort à la tribu de Ruben. Elle s'appelle, avec addition d'un surnom, Asédoth Phasga, ou, en notre langue, Asédoth coupée.

Abarim, montagne sur laquelle mourut Moïse. Il mourut sur la partie de l'Abarim appelée Nébo, dans la terre de Moab, en face de Jéricho, au-dessus du Jourdain et sur les sommets de Phasga. A ceux qui remontent de Liviade vers Esbus, on montre le Nébo, dont le nom s'est perpétué à travers les âges ; il est auprès du mont Phogor, qui garde aussi son nom primitif, et qui a donné à la contrée environnante le nom de Phasga qu'elle porte maintenant.

Avothiaïr, qu'on interprète par gloire de la lumière, est ce pays de Basan dont les soixante bourgs, sur les monts de Galaad, tombèrent dans le lot d'une demi-tribu de Manassès. Ce lieu s'appelle maintenant Golam, dans la terre de Batanée.

DU LIVRE DE JOSUÉ.

Antiliban ; ce nom s'applique à la chaîne qui est au-delà du Liban, à l'aspect de l'orient, vers le territoire de la ville de Damas, qui tomba dans le lot de la tribu de Manassès.

rentibus, qui incipientes a Libano et ultra, usque ad desertum Pharan perveniunt. Suntque in ipso Aulone, id est, in valle campestri urbes nobiles, Scythopolis, Tyberias stagnumque propter eam ; sed et Jericho, mare Mortuum, et regiones in circuitu, per quas medius Jordanis fluit, oriens de fontibus Paneadis, et in mare Mortuum interiens.

Amalecites, regio in deserto ad meridiem Judeæ trans urbem Petram, euntibus Ailam; cujus et Scriptura recordatur, dicens : « Amalec habitat in terra ad Austrum. » *Num.* XIII, 20. Sed et juxta eam alius Chananæus habitabat, qui et dimicavit contra filios Israel in deserto; de quibus scribitur : « Amalec autem et Chananæus habitant in valle. » *Num.* XIV, 25.

Araba, Aquila planam, Symmachus campestrem interpretantur, sicut supra dictum est. Porro est et alia villa Araba nomine, in finibus Diocæsareæ, quæ olim Saphorine dicebatur, et alia tribus millibus a Scythopoli contra occidentem.

Amman, quæ nunc Philadelphia, urbs Arabiæ nobilis, in qua habitaverunt olim Raphaim, gens antiqua, quam interfecerunt filii Lot, habitantes pro eis in Amman.

Argob, regio Og regis Basan super Jordanem, quæ cecidit in sortem dimidiæ tribus Manasse ; et est usque hodie vicus circa Gerasam urbem Arabiæ, quindecim ab ea millibus distans contra occidentem, qui Arga appellatur, quod interpretatur Symmachus mensuram.

Asedoth, urbs Amorrhæorum, quæ cecidit in sortem tribus Ruben ; appellatur autem, addito cognomento, Asedoth Phasga, quod in lingua nostra resonat, abscissum.

Abarim, mons in quo mortuus est Moses. Dicitur autem et mons esse Nabau, in terra Moab contra Jericho supra Jordanem in supercilio Phasga. Ostenditurque ascendentibus de Leviade in Esbum, antiquo hodieque vocabulo juxta montem Phogor, nomen pristinum retinentem, a quo circa eum regio usque nunc appellatur Phasga.

Avothiair, quod interpretatur ἐπαύλεις ἰαΐρ, hæc est Basan, in qua sunt vici sexaginta in monte Galaad, qui ceciderunt in sortem dimidiæ tribus Manasse : qui locus nunc vocatur Golam, in terra Batanæa.

DE LIBRO JESU.

Antilibanus. Ea quæ sunt supra Libanum, ad orientalem plagam respicientia, Antilibanus appel-

Azéca, ville des Chananéens dans le lot de la tribu de Juda, jusqu'à laquelle Josué poursuivit les cinq rois. On voit encore de nos jours un village d'Azéca, entre Eleuthéropolis et Jérusalem.

Aialon, vallon et précipice au-dessus desquels, à la prière de Josué, la lune s'arrêta, du côté du village qui s'appelle Ailon maintenant encore ; il regarde l'orient de Béthel, dont il est à trois milles, non loin des villes de Gabaa et de Rama de Saül. Or, les Hébreux affirment qu'Aialon est un bourg près de Nicopolis, à la seconde pierre pour ceux qui vont à Ælia.

Achor, en hébreu *éméachor* (עמקעכור), qui signifie vallée du tumulte ou des troubles, parce qu'Israël y fut soulevé et troublé ; c'est là que fut autrefois lapidé Achan, à cause du vol de l'offrande. Cette vallée est vers le nord de Jéricho, et les habitants de la contrée lui donnent encore ce nom. Il en est question dans le prophète Osée. *Osé.* II, 15.

Asédoth, une autre ville que celle que nous avons déjà rapportée sous le même nom ; Josué la prit, après en avoir tué le roi.

Asor, ville du royaume de Jabin, la seule qu'incendia Josué, parce qu'elle était la métropole de toutes les possessions des Philistins. Une autre ville d'Asor existe encore de nos jours, sur les confins d'Ascalon, vers l'orient ; elle tomba dans le lot de la tribu de Juda ; l'Écriture, qui la nomme, *Jos.* XIII, 15, dit Asor la neuve, pour la distinguer de l'ancienne.

Ærmon, région des Evéens, que conquit Josué. Le précepteur hébreu sous lequel j'ai appris les Ecritures affirme que le mont Ærmon domine la Panéade, que possédèrent jadis les Evéens et les Amorrhéens, et dont les neiges sont transportées à Tyr, en été, pour les délices de la boisson.

Ahalaé, sommet dont Aquila interprète le nom par divisant la montagne, et Symmaque par montagne trompeuse, c'est-à-dire transparente, ou dangereuse.

Aermon, montagne des Amorrhéens, dont il vient d'être parlé. Les Phéniciens l'appellent *Sanior*, les Amorrhéens la nommaient *Sanir*. A son sommet s'élève, dit-on, un temple magnifique, objet d'une grande vénération pour les païens de la Panéade et du Liban. La terre des Israélites au-delà du Jourdain, vers le levant, s'étend depuis le pic d'Arnon jusqu'au sommet d'Aermon.

Anob, ville que prit Josué. C'est le village qui existe encore aujourd'hui sous le nom de Béthoannaba, près de Diospolis, à peu près à quatre milles vers l'orient. La plupart affirment

lantur, circa regionem urbis Damasci, quæ cecidit in sortem tribus Manasse.

Azeca, civitas Chananæorum in parte tribus Judæ, ad quam usque persecutus est Jesus quinque reges. Sed et hodie vocatur villa Azeca, inter Eleutheropolim et Æliam.

Aialon, vallis atque præruptum, super quod, orante quondam Jesu, luna stetit juxta villam quæ usque nunc Ailon dicitur, contra orientem Bethelis, tribus ab ea millibus distans haud procul a Gabaa et Rama Saulis urbibus. Porro Hebræi affirmant Aialon, vicum esse juxta Nicopolim in secundo lapide, pergentibus Æliam.

Achor Hebraice dicitur *emecachor* עמקעכור, quod interpretatur Vallis tumultus, vel turbarum, eo quod ibi tumultuatus et turbatus sit Israel, in qua lapidaverunt quondam Achan, propter furtum anathematis. Est autem ad septentrionem Jerichus; et usque hodie a regionis illius accolis sic nominatur. Meminit hujus Osee propheta. *Osee* II, 15.

Asedoth, alia hæc civitas, non quæ supra, licet eodem nomine vocetur, quam expugnavit quondam Jesus, rege illius interfecto.

Asor, civitas regni Jabin, quam solam incendit Jesus, quia metropolis erat omnium regnorum Philistiim. Est et alia villa usque hodie Asor, in finibus Ascalonis, contra orientem ejus; quæ cecidit in sortem tribus Juda, cujus et Scriptura meminit, *Jos.* XIII, 15, appellans eam ad distinctionem veteris, Asor novam.

Ærmon, regio Evæorum, quam obtinuit Jesus. Hebræus vero quo prælegente Scripturas didici, affirmat montem Ærmon Paneadi imminere, quem quondam tenuere Evæi et Amorrhæi; de quo nunc æstivæ nives Tyrum ob delicias deferuntur.

Ahalae, mons quem Aquila interpretatur, dividentem montem; et Symmachus, lævem montem, id est, limpidum, sive lubricum.

Aermon, mons Amorrhæorum, de quo nunc dictum est, quem Phœnices vocant, « sanior, » et Amorrhæus appellavit, « senir ; » diciturque in vertice ejus insigne (*a*) templum, quod ab ethnicis cultui habetur e regione Paneadis et Libani; sed et terra filiorum Israel trans Jordanem ad solis ortum a prærupto Arnonis usque ad montem Aermon extenditur.

Anob, civitas quam expugnavit Jesus, et est usque hodie villa juxta Diospolim, quasi in quarto milliario (*b*) ad orientalem plagam, quæ vocatur Bethoan-

(*a*) Minime vero tradit Eusebio ἱερὸν, *templum* ibi fuisse constructum, sed montem ipsum ὡς ἱερὸν τιμᾶσθαι, *velut sacrum a gentibus coli.* Vetus nempe erat fabula, *quod Angeli concupiscentes filias hominum, cum de cœlo descenderent, in hoc montem maxime excelsum convenerint.* Ita S. Hilarius in Ps. CXXXII. quem consule. Sed et subsequentia suo potius sensu, quam ab Eusebio Hieronymus edisseruit.

(*b*) ***Ad orientalem plagam.*** Unus ms. codex monasterii nostri S. Theodorici prope Rhemo legit, *ad occidentalem plagam.* MARTIAN.

qu'il est à huit milles de Diospolis et se nomme Béthaunaba.

Asdod, dans le lot de la tribu de Juda, aujourd'hui Azotus. Les géants appelés Enacim y furent laissés. Elle est maintenant encore une place importante de la Palestine.

Ader, ville que prit Josué, après en avoir tué le roi.

Aphec, encore une ville prise par Josué, après que le roi en eut été mis à mort.

Acsaph, dont le roi fut également combattu par Josué; elle porte maintenant le nom de Chasal, petit village, à huit milles de Diocésarée, au pied du mont Thabor, dans les lieux plats.

Accaron, dans la tribu de Dan, ou, selon moi, dans celle de Juda, vers la gauche du pays de Chanaan; l'une des villes des cinq primitives satrapies de la Palestine. Elle échut à la tribu de Juda, qui ne la conserva point, parce qu'elle n'en put pas chasser les premiers habitants. Il existe à présent un gros bourg du peuple juif appelé Accaron, entre Azotus et Jamnia, à l'aspect de l'orient. Quelques-uns pensent qu'Accaron est la tour de Straton, nommée dans la suite Césarée.

Azotus, la même qu'Adod rapportée plus haut, est maintenant encore un municipe assez important de la Palestine, et l'une des cinq villes des Allophyles. Elle échut à la tribu de Juda qui ne la conserva point, n'en ayant pu chasser les anciens habitants.

Ascalon, ville célèbre de la Palestine. Elle forma dès l'origine l'une des cinq satrapies des Allophyles. Elle échut aussi à la tribu de Juda, qui ne la garda point, n'en ayant pu vaincre les habitants.

Aphéca, limite des Amorrhéens sur le Jourdain, dans le lot de la tribu de Ruben. Il existe maintenant encore un grand château, du nom d'Aphéca, près d'Hippus, ville de la Palestine.

Agad, située au pied du mont Aermon.

Aémath, ville qui tomba dans le sort de Ruben. Il y a maintenant encore un village d'Amath au-delà du Jourdain, à vingt milles de Pella, vers le midi. On cite également un hameau du nom d'Amatha, où jaillissent des eaux chaudes; il est dans le voisinage de Gadara. On lit aussi dans le Livre des Rois : Depuis l'entrée d'Aémath jusqu'à la mer d'Araba, III *Reg.* VIII, 65, c'est-à-dire du désert, laquelle est la mer Morte. En outre, dans mes recherches, j'ai trouvé, sous le nom d'Aémath, la ville de Célésyrie, qui porte maintenant le nom grec d'Epiphanie.

Ammon, au-delà du Jourdain, dans la tribu de Gad. C'est la même qu'Ammam, dont nous avons parlé, et qui est maintenant la célèbre Philadelphie, en Arabie.

naba. Plerique autem affirmant in octavo ab ea milliario situm, et appellari Bethaunabam.

Asdod, in sorte tribus Judæ, quæ nunc vocatur Azotus; in qua derelicti sunt gigantes, qui appellabantur Enacim, et est usque hodie insigne oppidum Palestinæ.

Ader, urbs quam expugnavit Jesus, rege illius interfecto.

Aphec, et hæc civitas est, quam, rege ipsius trucidato, expugnavit Jesus.

Acsaph, et contra hujus regem Jesus pugnasse describitur : appellaturque hodie villula Chasalus in octavo lapide Diocæsareæ, ad radicem montis Thabor, in campestribus.

Accaron, in tribu Dan, sive ut ego arbitror, in tribu Judæ, ad lævam Chananæorum : urbs una de quinque olim Satrapiis Palestinæ, et decreta est quidem tribui Judæ, nec tamen tenta ab ea, quia habitatores pristinos nequivit expellere. Sed et usque hodie grandis vicus civium Judæorum Accaron dicitur inter Azotum et Jamniam, ad orientem respiciens. Quidam putant Accaron turrim Stratonis, postea Cæsaream nuncupatam.

Azotus, quæ supra Asdod, usque hodie non ignobile municipium Palestinæ, et una de quinque civitatibus Allophylorum; decreta quidem tribui Judæ, sed non retenta ab ea, quia nequaquam veteres accolas potuit expellere.

Ascalon, urbs nobilis Palæstinæ : quæ et ipsa antiquitus una fuit de quinque Satrapiis Allophylorum; separata quidem per sortem tribui Judæ, nec tamen retenta ab ea, quia habitatores ejus superare non potuit.

Apheca, terminus Amorrhæorum super Jordanem in sorte tribus Ruben; sed et usque hodie est castellum grande, Apheca nomine, juxta Hippum, urbem Palestinæ.

Agad, sita ad radices montis Aermon.

Aemath, urbs quæ cecidit in sortem Ruben : sed et nunc Amathus villa dicitur trans Jordanem in vigesimo primo milliario Pellæ ad meridiem. Est et alia villa in vicinia Gadaræ nomine Amatha, ubi calidæ aquæ erumpunt. In Regnorum quoque libris scribitur : « Ab introitu Aemath usque ad mare Araba, » III *Reg.* VIII, 65, hoc est, deserti, quod est mare Mortuum. Ego autem investigans, reperi Aemath urbem Cœlesyriæ appellari, quæ nunc Græco sermone Epiphania dicitur.

Ammon, trans Jordanem in tribu Gad. Hæc est Ammam, de qua supra diximus, Philadelphia civitas illustris Arabiæ.

Addara, dans la tribu de Juda, près du désert. Une autre ville de ce nom est sur les confins de Diospolis, près du pays Thamnitique, encore ainsi appelé de Thamna, son chef-lieu.

Accarea, bourg du désert situé dans les possessions de la tribu de Juda. Ce nom signifie pavé, d'après Symmaque.

Achor, dans la tribu de Juda. Il en a été déjà parlé.

Adommim, autrefois petit villagg, maintenant ruines dans la tribu de Juda. Cet endroit se nomme encore aujourd'hui Malédomim, en grec ἀνάβασις πυῤῥῶν, ce qui peut se rendre en latin par *ascensus ruforum* ou *rubentium*, montée des roux ou des rouges, à cause du sang qui y est fréquemment répandu par les voleurs. Il est limitrophe des tribus de Juda et de Benjamin, pour ceux qui descendent d'Ælia à Jéricho, et l'on y a établi un poste militaire pour la défense des voyageurs. Enfin, Notre-Seigneur fait allusion à ce lieu de sang et de meurtre, dans la parabole de l'homme qui descendait de Jérusalem en Jéricho. *Luc.* x, 30-35.

Amam, dans la tribu de Juda.

Aser, dans la tribu de Juda; c'est encore le nom d'un bourg très-grand, sur la route de ceux qui vont d'Azot à Ascalon.

Asarsuaï, dans la tribu de Juda.

Aïn, dans la tribu de Juda, ville sacerdotale. Il existe encore de nos jours un hameau de Béthennim, à deux milles du Térébinthe, c'est-à-dire de la tente d'Abraham, à quatre milles de Chébron.

Asthaol, dans la tribu de Juda. Il existe maintenant encore un petit village du nom d'Asth, entre Azot et Ascalon.

Asna, dans la tribu de Juda.

Adollam, dans la tribu de Juda. Encore de nos jours ce nom est celui d'un bourg assez important, à l'orient et à dix milles d'Eleuthéropolis.

Adithaïm, dans le lot de la tribu de Juda. Il y a un hameau d'Adia, près de Gaza, et un autre d'Aditha, aux environs de Diospolis, presque à l'aspect de l'orient.

Adasa, dans la tribu de Juda, bourg existant encore aujourd'hui près de Guphnas. Je m'étonne qu'Eusèbe ait mis la région de Guphnas dans la tribu de Juda, quand il est évident, par le second livre de Josué, qu'elle échut en partage à la tribu d'Ephraïm.

Ather, dans la tribu de Juda.

Asan, même tribu. Il y a maintenant encore un bourg du nom de Béthasan dépendant d'Ælia, dont il est à quinze milles.

Asèna, dans la tribu de Juda.

Agziph, même tribu.

Anab, même tribu, bourg encore existant sur

Addara, in tribu Juda, juxta desertum. Est quoque et alia villa in finibus Diospoleos circa Thamniticam regionem, quæ a Thamna villa usque hodie sic vocatur.

Accarea, vicus in deserto situs in possessione tribus Judæ; pro quo Symmachus interpretatur, pavimentum.

Achor, in tribu Juda; de qua et supra dictum est.

Adommim, quondam villula, nunc ruinæ in sorte tribus Judæ, qui locus usque hodie vocatur Maledomim, et Græce dicitur ἀνάβασις πυῤῥῶν; Latine autem appellari potest, ascensus ruforum, sive rubentium, propter sanguinem qui illic crebro a latronibus funditur. Est autem confinium tribus Judæ et Benjamin descendentibus ab Ælia Jerichum, ubi et castellum militum situm est, ob auxilia viatorum. Hujus cruenti et sanguinarii loci, Dominus quoque in parabola descendentis Jerichum de Hierosolyma, recordatur.

Amam in tribu Judæ.

Aser, in tribu Judæ, appellatur autem et nunc vicus prægrandis pergentibus Ascalonem de Azoto.

Asarsual, in tribu Judæ.

Ain, in tribu Judæ, urbs sacerdotibus separata. Est et usque hodie villa Bethennim nomine, in secundo lapide a Terebintho, hoc est a tabernaculo Abraham, quatuor millibus a Chebron.

Asthaol, in tribu Judæ; et usque hodie villula vocabulo Astho, inter Azotum et Ascalonem permanet.

Asna, in tribu Judæ.

Adollam, in tribu Judæ; et usque hodie vicus non parvus ad orientem Eleutheropoleos in decimo ejus milliario hoc vocatur nomine.

Adithaim, in sorte tribus Judæ. Dicitur autem et quædam villula Adia, juxta Gazam, et alia Aditha, circa Diospolim, quasi ad orientalem plagam respiciens.

(a) Adasa, in tribu Judæ, usque hodie vicus juxta Guphnas. Sed miror quomodo Guphnensem regionem in tribu Judæ posuerit, cum perspicuum sit secundum librum Jesu in sortem eam cecidisse tribus Ephraim.

Ather, in tribu Judæ.

Asan, in tribu Judæ. Est usque hodie vicus nomine Bethasan ad Æliam pertinens, in quinto decimo ab ea milliario.

Asena, in tribu Judæ.

Agziph, in tribu Judæ.

Anab, in tribu Judæ; nunc usque vicus in finibus

(a) *Adasa in tribu Judæ.* *Adasa* prætermissa est in Græco Eusebii codice; quam tamen ipse posuerat, uti liquet ex observatione Hieronymiana, in qua redarguitur Eusebius, quod Guphnensem regionem posuerit in tribu Judæ. MARTIAN.

les confins d'Eleuthéropolis. Il y a aussi un grand village des Juifs, nommé Anéa, dans le Daroma, en face du pays au midi de Chébron, dont il est à neuf milles.

Asténioé, bourg de la tribu de Juda, aujourd'hui des Juifs, dans le Daroma, à l'aquilon du lieu d'Anem.

Anim, dans la tribu de Juda. Il y a un bourg d'Anéa, près de celui dont nous avons parlé tout à l'heure; il est à l'aspect de l'orient; tous ses habitants sont chrétiens.

Aphem, même tribu.

Ammata, même tribu.

Arebba, même tribu.

Atharoth, près de Ramma, dans la tribu de Joseph.

Atharoth, cité de la tribu d'Ephraïm; maintenant, un bourg à l'aquilon et à quatre milles de Sébaste, s'appelle Athar.

Adar, cité de la tribu d'Ephraïm.

Aser, cité de la tribu de Manassès. On montre maintenant une ferme de ce nom à ceux qui descendent de Néapolis à Scythopolis, vers la quinzième borne, non loin de la voie publique.

Atharoth, cité de la tribu de Benjamin. Il y a deux Atharoth non loin d'Ælia.

Anathoth, cité du lot de Benjamin, distraite pour les prêtres, à trois milles d'Ælia. Elle fut la patrie de Jérémie.

Addar, cité du lot de Benjamin.

Ælmon, cité de la tribu de Benjamin, distraite pour les prêtres.

Amec-Casis, c'est-à-dire vallée de Casis, dans la tribu de Benjamin.

Avim, même tribu.

Aphra, même tribu. Il existe aussi de nos jours un bourg d'Effrem, à cinq milles de Béthel, à l'aspect de l'orient.

Amoéniam, même tribu.

Aphini, même tribu...........

Arim, même tribu. Il y a près de Diospolis une ferme qui s'appelle maintenant encore Bétariph.

Amsa, même tribu.

Asar, dans la tribu de Siméon.

Asan, même tribu.

Amarchabod, même tribu.

Aïn, dans la tribu de Juda, ou cité de celle de Siméon séparée pour les prêtres.

Asenna, dans la tribu de Siméon.

Amathar, dans la tribu de Zabulon.

Anua, même tribu. Il y a un autre village d'Anua, à dix milles de Néapolis, sur la route de Jérusalem.

Eleutheropoleos. Est et alia grandis villa Judæorum, nomine Anea, in Daroma, contra australem plagam Chebronis, novem ab ea millibus separata.

Astemoe, in tribu Judæ vicus, et ipse Judæorum, in Daroma, ad aquilonem loci Anem.

Anim, in tribu Judæ. Est vicus Anea, juxta alterum, de quo supra diximus, ad orientalem plagam respiciens, cunctis habitatoribus Christianis.

Apheca, in tribu Judæ.

Ammata, in tribu Judæ.

Arebba, in tribu Judæ.

Atharoth, juxta Rammam, in tribu Joseph.

Atharoth, civitas tribus Ephraim; nunc vicus ad aquilonem Sebastæ, in quarto ejus milliario, Atharus dicitur.

Adar, civitas tribus Ephraim.

Aser, civitas tribus Manasse; nunc demonstratur villa descendentibus a Neapoli Scytopolim in decimoquinto lapide juxta viam publicam.

Atharoth, civitas tribus Benjamin. Sunt autem duæ Atharoth haud procul ab Ælia.

Anathoth, civitas sortis Benjamin sacerdotibus separata, in tertio ab Ælia milliario; de qua et Jeremias Propheta fuit.

Addar, civitas sortis Benjamin.

Ælmon, civitas tribus Benjamin, sacerdotibus separata.

Amec-Casis, id est, vallis Casis, in tribu Benjamin.

Avim, in tribu Benjamin.

Aphra, in tribu Benjamin. Est et hodie vicus Effrem, in quinto milliario Bethelis, ad orientem respiciens.

Amoeniam, in tribu Benjamin.

Aphni, in tribu Benjamin.

. . . .

Arim, in tribu Benjamin. Est et villa juxta Diospolim, quæ nunc usque appellatur (a) Betariph.

Amsa, in tribu Benjamin.

Asar, in tribu Symeonis.

Asan, in tribu Symeonis.

Amarchabob, in tribu Symeonis.

Ain, in tribu Judæ, sive Symeonis civitas sacerdotibus separata.

Asenna, in tribu Symeonis.

Amathar, in tribu Zabulon.

Anua, in tribu Zabulon. Est et alia villa Anua, euntibus de Neapoli Æliam in decimo milliario.

Ananthon, in tribu Zabulon.

(a) *Appellatur Bethariph.* Ms. Codex Patrum S. Dominici apud Tolosates, pro *Betariph* retinet *Becharíph.* MARTIAN.
— Ita præferunt Hieronymiani libri editi ac mss. Bonfrerius tamen rescribi vult *Betharim*, ut aliquam cum voce *Arim* affinitatem habeat. Vide num sit *Betaris*, aut *Betarus*, quæ in Itinerario Antonini inter Cæsaream et Diospolim ponitur.

Ananthon, dans la tribu de Zabulon.

Aschaséluth, cité de la tribu d'Issachar. Il y a un bourg de Chasal près du mont Thabor, dans la campagne, à huit milles de Diocésarée et à l'aspect de l'orient, comme nous l'avons déjà dit.

Aphraïm, cité de la tribu d'Issachar. Il y a aujourd'hui une ferme du nom d'Affaréa, à six milles de la Légion, en face du septentrion.

Anérith, dans le lot de la tribu d'Issachar.

Æmès, même lot.

Acsaph, dans la tribu d'Aser.

Aliméloch, du lot d'Aser.

Amath, dans la tribu d'Aser.

Abdon, même tribu, cité séparée pour les Lévites.

Aniel, même tribu. Il y a une ferme de Bétoaénéa, à quinze milles de Césarée, située sur le versant oriental d'une montagne et où, dit-on, coulent des sources salutaires.

Achran, même tribu.

Amon, même tribu.

Accho, du lot d'Aser, qui ne put en chasser les habitants primitifs. Elle s'appelle maintenant Ptolémaïs.

Achziph, dans la tribu d'Aser; mais les étrangers en restèrent maîtres. C'est la même qu'Ecdippa, à neuf milles de Ptolémaïs, sur la route de Tyr.

Amma, du lot d'Aser.

Aphec, même lot; les habitants primitifs en restèrent maîtres.

Addemmé, dans la tribu de Nephthali.

Assemdim, même tribu.

Adami, même tribu.

Aschaseluth, civitas tribus Issachar; appellatur autem et quidam vicus, Chasalus, juxta montem Thabor, in campestribus, in octavo milliario Diocæsareæ ad orientem respiciens, sicut supra diximus.

Aphraim, civitas tribus Issachar; estque hodie villa Affarea nomine, in sexto milliario Legionis (a) contra septentrionem.

Anerith, in sorte tribus Issachar.

Æmes, in sorte tribus Issachar.

Acsaph, in tribu Aser.

Alimelech, sortis Aser.

Amath, in tribu Aser.

Abdon, in tribu Aser, civitas separata Levitis.

Aniel, in tribu Aser (b). Est quædam villa nomine Betoaenea, in quintodecimo lapide a Cæsarea, sita in monte contra orientalem plagam, in qua et lavacra dicuntur esse salubria.

Achran, in tribu Aser.

Amon, in tribu Aser.

Accho, quæ nunc Ptolemais appellatur, sortis Aser, de qua habitatores pristinos non quivit expellere.

Achziph, in tribu Aser, in qua alienigenæ permanserunt. Hæc est Ecdippa in nono milliario Ptolemaidis pergentibus Tyrum.

Amma, sortis Aser.

Aphec, sortis Aser, in qua habitatores pristini permanserunt.

Addemme, in tribu Nephthalim.

Assemdim, in tribu Nephthalim.

Amath, in tribu Nephthalim.

(a) *Contra septentrionem.* In antea editis libris maxima hic est Locorum et nominum perturbatio, quam omnino sustulimus, manuscripti jam laudati et præcipue Colbertini unius ... [illegible]issimi subsidio adjuti; quæ quidem restituo ut cæteræ omnes hujus editionis. Ipso Eusebii Græci contextu verissimæ ac tutissimæ repertæ sunt in contentione codicum Latinorum manuscriptorum cum Eusebiano exemplari Græco. MARTIAN.

(b) Insigne mendum, quod jam ab ipso Hieronymi ævo Rhenferdus putat irrepsisse, codicis Vaticani scriptura ipsa mendosa prodit, et quo pacto corrigi possit, subindicat. Scilicet Eusebium de voce *Anea* peculiari titulo egisse compertum est tum aliis argumentis, cum præcipue suemet testimonio ad vocem Βηθαναβά, ubi de Bethanea rursum loquens, *quam*, inquit, *et supra sub nomine ANEÆ posuimus.* Immo quod ait *supra*, locum hunc ipsum aperte innuit; neque enim alibi sub A littera Bethaneæ ejusque situs et salubrium quæ in ea sunt aquarum per partes meminit. Nihil porro dubium esse debet, *Anæam* quæ nusquam in hoc libro recensetur, hic proprie loci fuisse ab Auctore positam, factumque librariorum occursum in voce hac βαιτο ΑΝΑΙΑ qui solemnis est descriptorum lapsus. Igitur quæ post Ἀνὴρ, κλήρου Ἀσὴρ hic subsequuntur, κώμη βαιτοανακα, temere juncta sunt, minimeque ad nomen Ἀνὴρ, aut *Aniel* pertinent. Id primo indicat Cod. Vaticanus, qui post Ἀσὴρ, jacentem lineolam punctis utrinque distinctam ex minio ponit, ut finem esse ejus tituli doceat. Tum exorditur Ἀναιὰ, atque hoc rectissime quidem, ut ex eo nomine peculiaris titulus incipiat. Sed cætera laciniose distracta, ac perperam : nam spatio interposito revocatur κώμη, vox superiori versiculo descripta, cui succedit βαίτο Καισαρείας, etc. Bene tamen hinc discimus, specialem fuisse Aneæ titulum, eumque pristinæ integritati commode posse restitui. Scripserit Eusebius,

Ἀναιὰ (κλήρου Ἀσὴρ, καὶ ἔστιν) κώμη βαιτοαναιὰ Καισαρείας, etc.

Duo priora verba κλήρου Ἀσὴρ, ex ipsa petuntur serie, ac proinde male Rhenferdus supplet φυλῆς Νεφθαλεὶμ, cum tribuum seriem non interrumpi ab Eusebio constet, sed ad earum ordinem exigi continuo nomina, hæc ipsa fere omnia quæ ex Josue describuntur, probant. Voculas καί ἔστι res ipsa postulat. Jam vero quid de Hieronymianis codicibus dicemus, quos et eodem loco, eodemque plane mendo corruptos fuisse vix credas? Dico vocem *Aser* fraudi fuisse Latino librario, quemadmodum et Græco fuit. Nec diffiteor mirum id esse, tametsi hic lapsu evenerit procliviore ex vocum *Aniel* et *Anea*, sive Ἀνὴρ et Ἀναιὰ majori quam in cæteris similitudine. Meus autem ms. et totum *Aniel* prætermittit, ut scias, non aliam extitisse hallucinationis causam quam vocis *Aser* occursum. Profecto nemini persuadeat Rhenferdus, Eusebiano exemplari hunc errorem insedisse ab ipso Hieronymiano : qui enim potuisset a S. Doctore non animadverti, quod corruptum esse primo statim intuitu apparet? Rursum nemini probet vir cæteroqui doctus, atque in emendandis aliquot Eusebii locis solertissimus, quod huc refert, legendaque docet continua serie quæ ad *Anab* vocem de Anea Judæorum vico, et ad *Anim* de alia Anæa Christianorum seorsim referuntur. (EDIT. MIGN.)

Asor, même tribu. Il est écrit qu'elle fut dévastée par le roi d'Assyrie.

Azanoth, limite de Nephthali. Il y a maintenant un bourg de ce nom, dépendant du territoire de Diocésarée, en rase campagne.

Aïalon, ville du lot de Dan, séparée pour les Lévites, qui est aujourd'hui le bourg d'Alus, non loin de Nicopolis. Notons que la version des Septante interprète ce mot par où étaient les ours.

DU LIVRE DES JUGES.

Arad est la cité où habitèrent les fils d'Obad, gendre de Moïse, au centre d'Israël.

Areth, fontaine auprès de laquelle campa Gédéon.

Arisoth, cité de Sisara, général de Jabis. Il y a maintenant un gros village de Jabis au-delà du Jourdain, à six milles de Pella, sur la route de Gérasa.

Arès, montée d'Arès. Aquila rend ce mot par des forêts, et Symmaque par des montagnes.

Aruir, où combattit Jephté. C'est aujourd'hui un village sur une montagne, à vingt milles d'Ælia, vers le septentrion.

Arima, où l'Ecriture dit que campa Abimélech.

Ajalim, cité de la terre de Zabulon ; elle fut la patrie de cet Ajalon qui fut juge d'Israël.

Abel-des-Vignes, où combattit Jephté, sur la terre des Ammonites. On voit encore, à sept milles de Philadelphie, un village d'Abéla au milieu d'un vignoble. Il y a une autre Abéla, fertile en vins, à douze milles de Gadaris, à l'aspect de l'orient. Une troisième Abéla se trouve en Phénicie, entre Damas et Panéas.

DU LIVRE DES ROIS.

Armathem Sophim, ville d'Helcana et de Samuël, dans la Thamnitique, près de Diospolis, patrie de Joseph, surnommé d'Arimathie dans les Evangiles.

Abénézer, qui signifie pierre du secours ou pierre qui aide. C'est le lieu d'où les Philistins enlevèrent l'arche d'alliance, entre Ælia et Ascalon, près de la ville de Bethsamis.

Aphès Dommim, où combattit Saül. Aquila explique ce mot par sur les confins de Dommim.

Annégeb, qui signifie auster d'après Aquila, et midi d'après Symmaque.

Adami, in tribu Nephthalim.

Asor, in tribu Nephthalim, quam rex Assyriorum populasse scribitur.

Azanoth, terminus Nephthalim. Est autem et nunc vicus ad regionem Diocæsareæ pertinens in campestribus.

Aialon, urbs sortis Dan, separata Levitis, et est hodie vicus Alus haud procul a Nicopoli. Sciendumque quod pro Aialon, Septuaginta interpretes ediderunt, *Ubi erant ursi.*

DE JUDICUM LIBRO.

Arad, est civitas in qua habitaverunt filii Obad soceri Mosi, in medio Israelis.

Areth, fons apud quem Gedeon castrametatus est.

Arisoth, civitas Sisaræ principis Jabis. Est autem Jabis trans Jordanem nunc villa prægrandis, a civitate Pellæ sex millibus distans, pergentibus Gerasam.

Ares, ascensus Ares : pro quo Aquila interpretatur, saltuum : Symmachus, montium.

(*a*) Aruir, ubi dimicavit Jephte : est hodieque villa in monte sita, vigesimo ab Ælia lapide ad septentrionem.

Arima, ubi Scriptura refert sedisse Abimelech.

Ajalim, civitas in terra Zabulon : de qua fuit et ille Ajalon, qui judicavit populum Israel.

Abel vinearum, ubi dimicavit Jephte, in terra filiorum Ammon : nam et usque in præsentem diem, in septimo lapide Philadelphiæ, villa Abela cernitur vinetis consita : alia quoque est civitas nomine Abela, vini fertilis, in duodecimo a Gadaris milliario contra orientalem plagam : necnon et tertia in Phœnice Abela, inter Damascum et Paneadem.

DE REGNORUM LIBRIS.

Armathem Sophim, civitas Helcanæ et Samuelis in regione Thamnitica, juxta Diospolim, unde fuit Joseph, qui in Evangeliis de Arimathia scribitur.

Abenezer, quod interpretatur, lapis adjutorii, sive lapis auxiliator. Est autem locus unde tulerunt Philistiim arcam testamenti, inter Æliam et Aschalonem, juxta villam Bethsamis.

Aphes dommim, ubi dimicavit Saul pro quo Aquila interpretatus est in finibus Dommim.

Annegeb, pro quo Aquila austrum, Symmachus meridiem transtulerunt.

(*a*) Non, ut Bonfrerius putat, idem hic est locus, qui supra ex Josue Aroer dictus est. Ille enim Moabitarum atque Amorrhæorum terminus ad Arnonem, hic Ammonitarum erat, quorum regio partem alteram regni Sehon occupat. Hujus mentio fit Judic. XI, 33, illius Josue XIII, 16 : quin etiam eo ipso capite utraque Aroer describitur : et illa quidem versic. 16 : *Aroer quæ ad ripam fluminis Arnon;* nostra hæc versic. 25 : *Aroer quæ est ante conspectum Rabbe* dicitur. Rursum immerito sive Eusebium sive Hieronymum culpat Bonfrerius, quod hanc ipsam *Aruir, in qua dimicavit Jephte,* tradiderint, vicum esse ad septentrionem Æliæ, seu Hierosolymæ. Sed illi, commate de Aruir expleto, alium modo cognominem vicum ad Æliæ septentrionem situm memorant : et Eusebius quidem in sexto, Hier. in vicesimo milliario. Vid. supra ad vocem *Aroer.*

Arith, où s'arrêta David, est le village d'Areth, vers l'occident d'Ælia.

Abialim, qu'Aquila traduit par des cerfs, et Théodotion par pierres des cerfs.

Aendor, qui est en Jezraël, et où campèrent les Israélites pour se préparer au combat. Il y a aujourd'hui un grand bourg d'Aendor près du mont Thabor et à quatre milles vers le midi.

Aphec, près d'Aendor de Jezraël, où combattit Saül.

Arma, lieu où David envoya une partie des dépouilles.

Athach, autre lieu où David envoya une partie du butin.

Amma, dans le désert, sur la route de Gabaon.

Aëthon Adasaï, que Symmaque interprète par route inférieure.

Aréa Orné ; c'est Jérusalem.

Assur, cité de la Judée que fonda Salomon.

Abelmaula, ville de l'un des généraux de Salomon, patrie du prophète Elisée. Il y a maintenant un bourg de l'Aulon, dont nous avons parlé, qui est à dix milles de Scythopolis, à l'aspect du midi et qui se nomme Béthaula. On cite également un village d'Abelméa, entre Néapolis et Scythopolis.

Avoth Jaïr, ville de l'un des généraux de Salomon.

Ailath, sur le littoral de la mer Rouge, dans la terre d'Edom. Nous en avons déjà parlé.

Abéloth, que fit bâtir Azarias.

Ænda, dont le roi Asa fit le siége et qu'il détruisit.

Aziongaber, où la flotte de Josaphat fut détruite par la tempête. On dit qu'elle est la même qu'Essia, non loin d'Aila, sur la mer Rouge.

Alléabar Gozan, noms de fleuves de la Médie, vers les montagnes où Israël fut emmené en captivité.

Abana, fleuve de Damas.

Aopsithé ou Aphusoth, qu'Aquila traduit par liberté.

Aïan, que prit le roi d'Assyrie.

Aïa, lieu d'Assyrie.

Asyma, place forte de la Judée que bâtirent ceux qui y étaient venus d'Emath.

Arcem, selon Josèphe, est Pétra, ville célèbre de la Palestine.

Adramélech, idole des Assyriens, qu'adorèrent également les Samaritains.

Aroniim, dans Isaïe *Cap.* xv, est le nom d'une route, dans la vision contre Moab. Aquila écrit Oronaïm et Symmaque Oraunim.

Agallim, dont parle également Isaïe dans la vision contre Moab. Il y a maintenant un bourg d'Ægalim, vers le midi et à huit milles d'Aréopolis.

Arith, ubi sedit David, est villa Arath nomine, ad occidentem Æliæ.

Abialim, pro quo Aquila transtulit, cervorum, Theodotio lapides cervorum.

Aendor, quæ est in Jezraela, ubi filii Israel se ad prælium præparantes castra posuerunt. Et est hodieque grandis vicus Aendor, juxta montem Thabor ad meridiem in quarto milliario.

Aphec, juxta Aendor Jezraelis, ubi dimicavit Saul.

Arma, ad quem locum spoliorum partem misit David.

Athach, ad hunc quoque locum David misit partem prædæ.

Amma, in desertum euntibus Gabaon.

Aethon Adasai, pro quo Symmachus posuit, inferiorem viam.

Area Orne, hæc est Jerusalem.

Assur, civitas Judææ, quam ædificavit Salomon.

Abelmaula, urbs unius de principibus Salomonis, unde fuit et Eliseus Propheta. Est autem nunc vicus in Aulone, de quo supra diximus, in decimo a Scythopoli milliario contra Australem plagam nomine Bethaula. Sed et Abelmea villula nuncupatur inter Neapolim et Scythopolim.

Avoth Jair, civitas unius de ducibus Salomonis.

Ailath, super littus Rubri maris in terra Edom, de qua et supra dictum est.

Abeloth, quam exstruxit Azarias.

Ænda, hujus expugnator atque subversor Asa rex fuit.

Aziongaber, in hoc loco classis Josaphat, vi tempestatis attrita est. Fertur autem ipsa esse Essia, haud procul ab Aila in Rubro mari.

Alleabar Gozan, nomina fluminum in terra Medorum, ad quorum montes captivus ductus est Israel.

Abana, fluvius Damasci.

Aopsithe, vel Aphusoth, quod Aquila, in libertatem vertit.

Aian, quam expugnavit rex Assyriorum.

Aia, in Assyriorum regione locus.

Ameeh, regio Assyriorum.

Asyma, oppidum in terra Judæa, quod ædificaverunt hi, qui ad eam venerant de Emath.

Arcem Josephus refert, hanc esse Petram urbem nobilem Palestinæ.

Adramelech, idolum Assyriorum, quod et Samaritæ venerati sunt.

Aroniim, juxta Isaiam *Cap.* xv viæ nomen est, in visione contra Moab, pro quo Aquila Oronaim posuit, et Symmachus Oraunim.

Agallim, et hujus Isaias meminit in visione contra Moab. Est autem nunc Ægalim vicus ad australem partem Areopoleos, distans ab ea millibus octo.

Ælim, puits de Dimon, dont parle Isaïe dans la même vision.

Ariel, nommée encore par Isaïe, XXIX, 1. Aquila et Symmaque traduisent ce nom par lion de Dieu. Quelques-uns pensent que c'est la ville d'Aréopolis, parce qu'on y adore encore l'idole Ariel, ainsi nommée ἀπὸ τοῦ Ἄρεως, c'est-à-dire du dieu Mars, et qui, d'après eux, aurait donné son nom à la ville. Pour moi, d'après le sens et le texte de la prophétie, il me semble qu'en cet endroit Ariel signifie allégoriquement Jérusalem, ou temple, c'est-à-dire lion de Dieu, parce que son règne aurait été fort et puissant. J'ai disserté plus longuement à ce sujet dans les livres des *Questions hébraïques*.

Adama, dans Isaïe encore, mot qu'Aquila et Symmaque rendent par sol, et Théodotion par terre.

Agerfullonis, champ du foulon, nom qu'on lit également dans Isaïe. Aujourd'hui encore on montre ce lieu dans la banlieue de Jérusalem.

Asédech, que le même prophète Isaïe annonce comme devant exister en Egypte. Notons qu'en hébreu, au lieu de ce nom, il y a écrit Aharès, que certains font venir de sécheresse et traduisent par soleil, et que d'autres rendent par écaille, suivant qu'ils veulent y voir Héliopolis ou Ostracine. La critique de ces deux opinions serait trop longue ici; on la trouvera dans les *Questions hébraïques*.

Arphad, ville du pays de Damas, que prit le roi d'Assyrie, comme le rapportent Isaïe, Jérémie et le Livre des Rois.

Aneugava, dont parle Isaïe, XXXVII, 13, et dont Aquila fait Ané et Gava, traduisant par la conjonction *et* la syllabe *u* placée au milieu du nom. Symmaque rend ce mot par il sollicita et humilia. Le livre des Rois, IV *Reg.* XVIII, 34, en parle également.

Arménie, dans Isaïe, n'est autre que l'Ararat.

Asaël; il en est fait mention dans le prophète Zacharie.

Anaméel, tour de Jérusalem, comme c'est écrit dans le livre de Zacharie, XIV, 5.

Assaméroth, dans Jérémie, XXXI. 40. Le texte hébreu porte SADÉMOTH, qu'Aquila traduit par lieux suburbains.

Aénioth, dans Jérémie, XXXVII, 15; Aquila traduit par boutiques ou tavernes.

Alaoth, dans Jérémie, XLVIII. Le texte hébreu écrit LUIT.

Aéthan, dans Jérémie, XLIX, 10. Aquila traduit par forte, et Symmaque par antique.

DES EVANGILES.

Acheldama, champ du sang, que l'on montre

Ælim, puteus Dimon, et hujus loci in eadem visione Isaias recordatur.

Ariel, hujus quoque Isaias meminit, XXIX, 1, quam Aquila et Symmachus interpretati sunt, leonem Dei. Hanc putant esse quidam Areopolim, eo quod ibi usque nunc Ariel idolum colant, vocatum ἀπὸ τοῦ Ἄρεως, id est, a Marte, unde et civitatem dictam suspicantur. Mihi autem videtur juxta consequentiam textumque prophetiæ, Ariel ibi allegorice Jerusalem, sive templum significare, hoc est, leonem Dei, quod forte regnum fuerit et potens. De hoc (a) in libris Hebraicarum Quæstionum plenius dictum est.

Adama, in Isaia, pro quo Aquila et Symmachus humum, Theodotio terram interpretantur.

Ager fullonis, et hoc in Isaia scriptum est. Ostenditur autem nunc usque locus in suburbanis Jerusalem.

(b) Asedech, et hanc Isaias propheta futuram in Ægypto vaticinatur. Sciendum autem, quod in Hebræo pro hoc nomine scriptum sit, AHARES, quod a siccitate quidam interpretantur in solem, et alii in testam transferunt, volentes vel Heliopolim significari, vel Ostracinem. Sed et hujus rei disputationem, quia longior est, in libris Hebraicarum Quæstionum reperies.

Arphad, urbs Damasci, quam expugnavit rex Assyriorum, sicut in Isaia, et Jeremia, et Regnorum libris scribitur.

Aneugava, et hujus Isaias meminit, XXXVII, 13, quam Aquila transtulit Ane et Gava, scilicet *u* syllabam, quæ in medio nominis posita est, in conjunctionem *et* est interpretatus; Symmachus vero, sollicitavit et humiliavit. Legimus super hoc et in Regnorum libris. IV *Reg.* XVIII, 34.

Armenia, in Isaia, quæ est Ararat.

Asael : hujus meminit Zacharias propheta.

Anameel, turris Jerusalem : sicut in Zachariæ libro scriptum est XIV, 5.

Assameroth, in Jeremia XXXI, 40 : pro quo in Hebræo scriptum est : SADEMOTH : quod Aquila interpretatur, suburbana.

Aenioth, in Jeremia XXXVII, 15 : quod Aquila vertit, in officinas, vel tabernas.

Alaoth, in Jeremia XLVIII, 5 : pro quo in Hebræo legitur, LUIT.

Aethan, in Jeremia XLIX, 19 : quam Aquila, validam : Symmachus interpretatur, antiquam.

(a) *In Libris Hebraicarum Quæstion.* Non exstant illæ Quæstiones Hebraicæ in Isaiam; quæ si ab Hieronymo editæ fuerunt aliquando, injuria temporum nobis perierunt, magno nimis Reipublicæ litterariæ ac Ecclesiæ Christi detrimento. MARTIAN.

(b) *Asedech.* Observet lector loca Scripturæ hic esse semper citata juxta LXX Interpretes; *Adama* enim legitur apud LXX Isai. XV, 9; *Asedec* cap. XIX, 18, et ita de cæteris in margine notatis. MARTIAN.

maintenant encore à Ælia, vers le midi de la montagne de Sion.

Ænon, près de Salim, où Jean baptisait, au rapport de l'évangile selon saint Jean, III, 23. On montre maintenant encore cet endroit, à huit milles de Scythopolis, vers le midi, près de Salim et du Jourdain.

DE LA GENÈSE.

Babel, la même que Babylone, signifie confusion. C'était une cité du royaume de Nemrod, dans laquelle furent confondues les langues de ceux qui bâtirent la tour; Josèphe affirme que leur roi était Nemrod. Il invoque même, à l'appui de son dire, le témoignage de la Sibylle grecque : « Le lieu, dit-il, où ils bâtirent la tour s'appelle maintenant Babylone, à cause de la confusion du langage de ceux qui mettaient tous leurs soins à élever ce monument. Et vraiment le mot hébreu Babel signifie confusion. Sur cette tour et sur la diversité des langues, la Sibylle elle-même écrit en ces termes : Au temps où les hommes parlaient une même langue, quelques-uns édifièrent une tour très-haute, par laquelle ils désiraient escalader le ciel; mais les dieux, lâchant les tourbillons et les vents, renversèrent la tour, et assignèrent à chacun un langage particulier et différent, d'où il advint aussi que la ville fut appellée Babylone. »

Béthel, bourg à douze milles d'Ælia, à la droite de ceux qui vont à Néapolis. Il s'appelait d'abord Luza, c'est-à-dire amandier. Le sort le fit tomber dans le lot de la tribu de Benjamin comme Bétham et Gaï, dont s'empara Josué, après en avoir tué le roi. Or, ceux qui, suivant l'erreur des auteurs grecs, pensent que Béthel s'appelait à l'origine Ulammaulas, se trompent grandement. Ils ont mêlé un mot hébreu au nom lui-même de la ville, puisque Ulam veut dire d'abord, en grec, πρότερον, et Luza, amandier ; le sens devient ainsi : Béthel s'appelait d'abord Luza. D'autres voient une ville différente dans Béthaun, que les Hébreux croient être la même que Béthel. Après que Nabath, fils de Jéroboam, y eut fait fabriquer des veaux d'or, qui furent adorés par les dix tribus, la ville, qui s'appelait auparavant maison de Dieu, fut nommé Béthaun, c'est-à-dire maison de l'idole. Nous avons débattu ce point tout au long dans les *Questions hébraïques*.

Bala, dans la suite Ségor, et maintenant Zoara, est la seule des cinq villes des Sodomites qui fut préservée par les prières de Lot. Elle domine la mer Morte, et a une population particulière, en

DE EVANGELIIS.

Acheldama, ager sanguinis, qui hodieque monstratur in Ælia ad (a) australem plagam montis Sion.

Ænon juxta Salim, ubi baptizabat Joannes, sicut in Evangelio cata Joannem scriptum est III, 23 : et ostenditur nunc usque locus in octavo lapide Scythopoleos ad meridiem juxta Salim et Jordanem.

DE GENESI.

Babal, quæ et Babylon, interpretatur confusio. Erat autem civitas regni Nemrod, in qua eorum qui ædificaverunt turrim, linguæ divisæ sunt, quorum principem Josephus Nemrod fuisse affirmat. Testem quoque ejus historiæ, Sibyllam Græcam exhibens : « Locus, inquit, in quo turrim ædificavere, nunc appellatur Babylon, propter confusionem sermonis eorum, qui altissimam turrim omni studio fabricabantur. Siquidem Hebræi confusionem Babel vocant. De hac turre, et diversitate linguarum scribit et Sibylla in hunc modum : Cum omnes mortales una lingua uterentur, quidam ex his altissimam turrim ædificavere, cœlum per eam cupientes scandere; dii vero turbines ventosque mittentes, evertere turrim, et propriam atque diversam unicuique tribuere linguam; unde urbem quoque appellari contigit Babylonem. »

Bethel, vicus in duodecimo ab Ælia lapide, ad dexteram euntibus Neapolim, quæ primum Luza, id est amygdalon, vocabatur; et cecidit in sortem tribus Benjamin juxta Betham et Gai, quam expugnavit Jesus, rege illius interfecto. Porro quod quidam putant secundum errorem Græcorum voluminum (b), Ulammaulas antiquitus nuncupatam, vehementer errant. Verbum quippe Hebræum et nomen ipsius civitaculæ pariter miscuerunt, cum Ulam significet prius, id est πρότερον, Luza vero amygdalon; et fit sensus : vocabatur autem Bethel prius, Luza. Necnon et hoc quod Bethaun aliud oppidum suspicantur, Hebræi putant eamdem esse Bethel. Sed ex eo tempore quo ibi ab Jeroboam filio Nabath vituli aurei fabricati sunt, et a decem tribubus adorati, vocatum esse Bethaun, id est, domus idoli, quæ ante vocabatur domus Dei. Sed et super hoc in libris Hebraicarum Quæstionum plenius diximus.

Bala, quæ est Segor, nunc Zoara nuncupatur; sola de quinque Sodomorum urbibus, Lot precibus reservata. Imminet autem mari Mortuo, et præsidium in ea positum est militum Romanorum; habitatoribus quoque propriis frequentatur; et apud eam gi-

(a) Eusebius *ad septentrionem* dixit.

(b) *Ulammaulas*, etc. Sic legunt mss. antiquiores et optimæ notæ : infra autem Quæstionibus Hebraicis in Genesim idem verbum scribunt *Ulamaus*, conformiter ms. Alexandrino in Polyglot. Londin. ubi Genesis capite XXVIII legimus Οὐλαμμαῦς. *Ulammau* Variant etiam in hoc nomine libri Græci. Consule editionem LXX et Notas Nobilii. MARTIAN.

outre de la garnison romaine qui y est établie. On y récolte le baume et le fruit du palmier, indices de son ancienne fertilité. Que l'on ne s'étonne pas d'ailleurs de ce que Ségor est appelée Zoara; les deux mots signifient très-petite ou moindre. Le mot hébreu ZOARA correspond au mot syriaque SÉGOR. Quant à Bala, ce nom veut dire absorbée; et cette étymologie est discutée tout au long dans les livres des *Questions hébraïques*.

Balanus, c'est-à-dire chêne du deuil; c'est sous cet arbre que fut enseveli la nourrice de Rébecca.

Barad. Entre Cadès et Barad, on montre encore aujourd'hui le puits d'Agar.

Bethléem, cité de David, dans le lot de la tribu de Juda, où est né le Seigneur notre Sauveur, à six milles environ d'Ælia, et l'aspect du midi, près de la route qui conduit à Chébron. On y montre le sépulcre de Jessé et de David, et, à environ mille pas plus loin, la tour d'Ader, mot qui signifie tour du troupeau, et qui désigna longtemps avant, par une sorte de prophétie, les bergers confidents de la Nativité dominicale. Près du même Bethléem est encore le tombeau du roi de Judée Archélaüs; il est à l'endroit où le sentier qui conduit à nos cellules s'embranche à la voie publique. Bethléem portait aussi le nom de fils d'Ephrata, c'est-à-dire de Marie, comme on peut s'en convaincre par le livre des Paralipomènes. I *Paral.* II, 19, *etc.* Lisez avec soin l'histoire.

DE L'EXODE.

Béelséfon, campement des Israélites dans le désert, près de la mer Rouge, à la sortie de l'Egypte.

DES NOMBRES ET DU DEUTÉRONOME.

Banéjacan, dans le désert, campement sur l'itinéraire des fils d'Israël.

Bamoth, cité des Amorrhéens, au-delà du Jourdain, sur l'Arnon; les fils de Ruben la possédèrent.

Basan, dont il est écrit: Et Og, roi de Basan. *Psalm.* CXXXIV, 11. Machaathi lui donne le surnom d'Avoth Jaïr, c'est-à-dire gloire de la lumière. Basan tomba dans le lot d'une demi-tribu de Manassé, dans la terre de Galaad, qui comprend le pays de Basan, lequel s'appelle actuellement la Batanée.

Béelphégor, qui se traduit par simulacre d'ignominie. C'est l'idole des Moabites, du nom de Baal, élevée sur le mont Phogor; les Latins la

gnitur balsamum, et poma palmarum, antiquæ ubertatis indicia. Nullum autem moveat quod Segor, eadem Zoara dicitur, cum idem nomen sit parvulæ, vel minoris. Sed SEGOR Hebraice, ZOARA Syriace nuncupatur. Bala autem interpretatur absorpta; super quo in libris Hebraicarum Quæstionum plenius diximus.

Balanus, id est quercus luctus, sub qua Rebeccæ nutrix sepulta est.

Barad, inter Cades et Barad, hodieque Agar puteus demonstratur.

(*a*) Bethleem, civitas David in sorte tribus Judæ, in qua Dominus noster atque Salvator natus est, in sexto ab Ælia milliario contra meridianam plagam, juxta viam quæ ducit Chebron, ubi et sepulcrum Jesse et David ostenditur, et mille circiter passibus procul turris Ader, quæ interpretatur turris gregis, quodam vaticinio Pastores Dominicæ nativitatis conscios ante significans. Sed et propter camdem Bethleem, regis quondam Judææ Archelai tumulus ostenditur; qui semitæ ad cellulas nostras e via publica divertentis principium est. Vocabatur autem Bethleem et filius Ephratæ, id est Mariæ, ut in Paralipomenon volumine plenius legimus, I *Paral.* II, 19, etc. Lege diligenter historiam.

DE EXODO.

(*b*) Beelsefon, in deserto castra filiorum Israel, juxta mare Rubrum egredientibus Ægyptum.

DE NUMERIS ET DEUTERONOMIO.

Banejacan, in deserto castra itineris filiorum Israel.

Bamoth, civitas Amorrhæorum trans Jordanem in Arnone, quam possederunt filii Ruben.

Basan, super qua scribitur: « Et Og regem Basan. » *Psal.* CXXXIV, 11. Hanc autem Machaathi cognominavit Avoth Jair, hoc est ἐπαύλεις Ἰαΐρ. Ceciditque in sortem dimidiæ tribus Manasse, in terra Galaad, hæc est Basanitis, quæ nunc Batanæa dicitur.

Beelphegor, quod interpretatur, simulacrum igno-

(*a*) Justinus triginta sex stadiis, hoc est septem fere milliariis distare tradit: contra Gulliel. de Baldensel vix quatuor numerat. Sunt etiam qui non Judæ, sed Benjamin tribui ascribant, quasi ex Rachelis sepultura, quam in ejus loci via Jacob extruxerat, jus aliquod in posteros manaverit. Denique, quod aiunt Eusebius atque Hieronymus, ibi sepulcrum David esse, confirmat Frater Anselmus a Canisio editus in descriptione Terræ sanctæ: *Venitur ad civitatem inclytam quondam Bethleem, quæ est in tribu Juda, ubi fuit caput ipsius David Regis Judæorum, et modo est ad instar oppiduli parvi.*

(*b*) *Beelsefon*, etc. In antea editis libris absunt hæc omnia loca a voce *Beelsefon*, usque ad verbum *Bethfeli*. Leguntur vero in omnibus antiquis exemplaribus mss. Romanis, et Gallicanis, atque in Græco Eusebio. Cur autem omissa sint in editionibus Erasmiana et Marianæa, non aliam conjicio causam præter mutilum et corruptum exemplar quo usi sunt, quodque festinanter ac negligenter, prout in manus venit, edendum tradiderunt imperitis typographis. Porro ingens illa lacuna reperitur in paucis codicibus mss. recentioribus et infimæ notæ, ad quos adornatæ sunt, ut plurimum veteres editiones Hieronymi. MARTIAN.

nomment Priape. Ce point d'histoire est pleinement discuté dans nos *Questions hébraiques*.

Béan, cité des Amorrhéens ; les fils de Ruben s'en emparèrent.

Béthamnaram, au-delà du Jourdain, bâtie par la tribu de Gad. Il y a aujourd'hui un village de Bethnamaris, à cinq milles de Libiade, en face du nord.

Bétharran, au-delà du Jourdain, bâtie par la tribu de Gad.

Béelméon, au-delà du Jourdain, bâtie par les fils de Ruben. Il existe encore, près de Baaru aill. *Baara*, en Arabie, un grand bourg du nom de Béelmans, où des eaux chaudes jaillissent du sol ; il est à neuf milles d'Esbus et vit naître le prophète Elisée.

Baal, au-delà du Jourdain, ville des fils de Ruben.

Buthan, qui s'appelle aussi Æthan, campement des Israélites dans le désert.

Béla, limite de la Judée à l'aspect du levant ; nous en avons déjà parlé sous le nom d'Arbéla.

Bosor, dans le désert, au-delà du Jourdain, après être tombée dans le lot de la tribu de Ruben, avec la partie orientale du territoire de Jéricho, devint ville sacerdotale et de refuge. Elle est la même que Bostra, métropole de l'Arabie. Il y avait une autre Bosor, cité d'Esaü, dans les monts d'Idumée, dont Isaïe parle en ces mots : « Quel est celui qui vient d'Edom? il est sorti de Bosor avec des habits teints de sang. » *Isai.* LXIII, 1.

Béroth, des fils de Jacim, dans le désert, lieu où mourut Aaron ; on le montre encore à dix milles de la ville de Pétra, sur le sommet d'une montagne.

DU LIVRE DE JOSUÉ.

Bunos, c'est-à-dire collines des prépuces, lieu de Galgal où Josué circoncit le peuple d'Israël, à deux milles de Jéricho. On montre encore les pierres qui y furent transportées du Jourdain, selon l'Ecriture. *Jos.* IV, 8..

Béthoron, jusqu'où Josué poursuivit les rois ennemis, et qui tomba dans le lot des fils de Joseph, c'est-à-dire d'Ephraïm. Il y a, vers la douzième borne à partir d'Ælia, sur la route de Nicopolis, deux bourgs, dont, à cause de leur situation, l'un s'appelle Béthoron supérieur, bâti par Salomon, et l'autre Béthoron inférieur, donné en possession aux Lévites.

Barné est la même que Cadès Barné, dans le désert qui s'étend jusqu'à la ville de Petra.

Baalgad, cité en plate campagne du Liban, au pied du mont Ermon ; elle fut prise par Josué.

miniæ. Est autem idolum Moab, cognomento Baal, super montem Phogor, quem Latini Priapum vocant. Et de hoc (*a*) in Libris Hebraicarum Quæstionum plenius dictum est.

Bæan, civitas Amorrhæorum, quæ et ipsa a filiis Ruben tenta est.

Bethamnaram, trans Jordanem, quam ædificavit tribus Gad. Est hodieque villa Bethnamaris in quinto a Libiade milliario contra Aquilonem.

(*b*) Betharran, trans Jordanem, quam ædificavit tribus Gad.

Beelmeon, trans Jordanem, quam ædificaverunt filii Ruben. Est autem vicus usque nunc grandis juxta Baaru, al. *Baara*, in Arabia, ubi aquas calidas sponte humus effert, cognomento Beelmans, distans ab Esbus millibus novem, unde et Elisæus propheta fuit.

Baal, trans Jordanem, urbs filiorum Ruben.

Buthan, castra filiorum Israel in deserto, quæ et Æthan nuncupatur.

Bela, terminus Judææ ad Orientem respiciens, de quo et supra sub nomine Arbelæ diximus.

Bosor, in deserto trans Jordanem, quæ cecidit in sortem tribus Ruben ad orientalem partem Jerichus, civitas sacerdotalis et fugitivorum. Hæc est Bostra metropolis Arabiæ. Appellatur autem et alia Bosor civitas Esau in montibus Idumææ, cujus Isaias recordatur dicens : « Quis est iste qui venit de Edom? fulvida vestimenta ejus ex Bosor. » *Isai.* LXIII, 1, juxta LXX. »

Beroth, filiorum Jacim, in deserto locus in quo obiit Aaron; et ostenditur usque hodie in decimo lapide urbis Petræ in montis vertice.

DE JESU.

Bunos, hoc est collis præputiorum, locus in Galgalis, ubi circumcidit Jesus populum Israel in secundo ab Jericho lapide. Et ostenduntur usque hodie saxa, quæ de Jordane illuc translata Scriptura, *Josue* IV, 8, commemorat.

Bethoron, ad quam usque inimicos persecutus est reges Jesus, quæ cecidit in sortem filiorum Joseph, id est, Ephraim. Sunt autem duo vici in duodecimo ferme ab Ælia lapide Nicopolim pergentibus, e quibus propter situm unus dicitur Bethoron superior, quem ædificavit Salomon; et alius Bethoron inferior datus Levitis in possessionem.

Barne, hæc ipsa est, quæ et Cades Barne in deserto, quod extenditur usque ad urbem Petram.

Baalgad, civitas in campestribus Libani, ad radices montis Ærmon, quam et ipsam cepit Jesus.

(*a*) *In libris Hebraicarum Quæstionum.* Non supersunt Quæstiones Hebraicæ Hieronymi in Numeros et Deuteronomium, ubi abunde disputaverat de turpissimo Latinorum Priapo, et Hebræorum Beelfegor. MARTIAN.

(*b*) *Betharran*, etc. Eadem est *Betharran*, quæ præcedens *Bethanamram*, licet in Scriptura diversimode scribantur. MARTIAN.

Bethfogor, ville des fils de Ruben, au-delà du Jourdain, près du mont Phogor, en face de Jéricho, à six milles au-dessus de Libiade.

Bethsimuth, c'est-à-dire maison ou lieu d'Isimuth. Il y a maintenant encore un bourg d'Isimuth en face et à dix milles de Jéricho, dans la région du midi, près de la mer Morte.

Bééroth, au pied de la colline de Gabaon. C'est un village que l'on montre aujourd'hui à sept milles d'Ælia, sur la route de Néapolis.

Bothnin, au-delà du Jourdain, cité de la tribu de Gad, qui porte le même nom encore de nos jours.

Bétharam, cité de la tribu de Gad, au-delà du Jourdain; les Syriens l'appellent Béthramta, et le surnom de Libiade lui a été donné par Hérode, en l'honneur d'Auguste.

Bethnemra, ville de la tribu de Gad, près de Libiade, au-delà du Jourdain.

Béthagla, de la tribu de Juda. Il y a un bourg du nom d'Agla à dix milles d'Eleuthéropolis, sur la route de Gaza. On trouve un autre Béthagla sur le littoral de la mer, à huit milles de Gaza.

Bétharaba, dans la tribu de Juda.

Baal, qui est Cariathiarim, c'est-à-dire ville des forêts, ou, selon d'autres, cité de Jarid, dans la tribu de Juda. Ceux qui descendent d'Ælia vers Diospolis trouvent encore un bourg de Cariathiarim à la dixième borne.

Balaa, dans la tribu de Juda.

Baloth, dans la tribu de Juda.

Bethfali, même tribu.

Barsabéé, dans la tribu de Juda, ou dans celle de Syméon; c'est maintenant encore un gros bourg, à vingt milles de Chédron, en tournant vers le midi; une garnison romaine y est établie. Les limites de la terre de Judée commençant en cet endroit s'étendaient jusqu'à Dan, que l'on voit près de Panéas. On interprète Bersabéé par puits du serment, parce qu'Abraham et Isaac y contractèrent alliance par serment avec Abimélech. On ne doit pas s'étonner de trouver parfois des villes de Juda dans la tribu de Syméon ou dans celle de Benjamin. Le peuple de Juda, belliqueux entre tous et souvent victorieux de ses adversaires, eut la prééminence sur toutes les tribus; aussi les lots d'autres tribus se trouvent-ils parfois enveloppés dans le réseau de ses possessions; par exemple, il ressort évidemment de l'Ecriture qu'il advint à Syméon d'habiter au milieu de la tribu de Juda.

Balam, dans la tribu de Juda.

Bethfogor, urbs filiorum Ruben trans Jordanem juxta montem Phogor contra Jericho, sex millibus supra Libiadem.

Bethsimuth, hoc est, domus, sive locus Isimuth. Est autem usque hodie vicus Isimuth contra Jericho, decem ab ea millibus distans in meridiana plaga juxta mare Mortuum.

Beeroth, sub (a) colle Gabaon. Ostenditur hodieque villa ab Ælia euntibus (b) Neapolim in septimo lapide.

Bothnin, trans Jordanem civitas tribus Gad, quæ usque hodie similiter appellatur.

Betharam, civitas tribus Gad juxta Jordanem, quæ a Syris dicitur Bethramta, et (ab Herode in honorem Augusti) Libias cognominata est.

Bethnemra, urbs tribus Gad juxta Lybiadem trans Jordanem.

Bethagla (tribus Judæ). Est autem vicus euntibus Gazam de Eleutheropoli in decimo lapide, qui Agla appellatur. Et alia villa Bethagla maritima in octavo a Gaza milliario.

Betharaba, in tribu Juda.

Baal, hæc est, Cariathiarim, id est, villa silvarum, sive, ut quidam putant, civitas Jarib, in tribu Juda. Et est usque hodie vicus descendentibus ab Ælia Diospolim Cariathiarim in decimo milliario.

Balaa, in tribu Juda.

Baloth, in tribu Juda.

Bethfali, in tribu Juda.

Bersabee, in tribu Judæ, sive Symeonis : est usque hodie vicus grandis in vigesimo a Chebron milliario vergens ad austrum, in quo et Romanorum militum præsidium positum est. A quo loco termini Judææ terræ incipientes tendebantur usque ad Dan, quæ juxta Paneaden cernitur. Interpretatur vero Bersabee, puteus juramenti, eo quod ibi Abraham et Isaac fœdus cum Abimelech sociavere jurantes. Nec movere debet quempiam, si interdum civitates Judæ easdem in tribu Symeonis, vel Benjamin reperiat. Tribus enim Juda bellicosissimis viris pollens, et crebro adversarios superans, in omnibus tribubus tenuit principatum; et idcirco etiam aliarum tribuum sortes in ejus interdum funiculo nuncupantur; alioquin in medio tribus Judæ habitasse Symeonem, Scriptura manifestissime docet.

Balam, in tribu Juda.

(a) Verba *sub colle Gabaon* juxta Græcum textum, quod Relandus animadvertit, ita accipienda sunt, ut sub Gabaone, sive Gabaonis ditione significent. Hoc sensu ad vocem *Cephira* vertit ipse Hieronymus, et Gabaonem μητρόπολιν fuisse docet Eusebius.

(b) *Euntibus Neapolim*. Omnes codices mss. legunt *Neapolim* : Bonfrerius adhæret Eusebio Græco, qui legit *Nicopolim*. MARTIAN. — Emendandi nunc ex Eusebio sunt codd. Hieronymiani legendumque *Nicopolim* pro *Neapolim*. Nimirum Beeroth, Gabaon, Chephira et Chariathiarim quatuor erant urbes Gabaonitarum proximæ ad sese invicem, quarum postremam Chariathiarim neque ipse Hieronymus diffitetur in via ducente Ælia Diospolim exstitisse, quæ via eadem ac Neapoleos erat, ut ex Itinerario Hierosolymit. observat Relandus. Alia in hanc rem argumenta congerunt docti viri.

Bascath, même tribu.

Bethdagon, même tribu; on montre encore un grand bourg de Capherdago, entre Diospolis et Jamnica.

Béthalot, même tribu.

Béthaphu, même tribu; bourg à quatorze milles au-delà de Raphaïm, sur la route d'Egypte; il est la limite de la Palestine.

Bétharaba, que Symmaque traduit par les mots : dans les lieux qui sont près de l'inhabitable, désignant ainsi le désert.

Béesthara, dans la tribu de Manassé, ville séparée pour les Lévites, dans le pays de Basan.

Béthaun, dans la tribu de Benjamin, près de Gaï et de Béthel, en face de Machmas. C'est à tort, nous l'avons déjà dit, que plusieurs confondent cette ville avec Béthel.

Baliluth, même tribu.

Bethsur, dans la tribu de Juda, ou dans celle de Benjamin. Il y a maintenant un bourg de Bethsoron sur la terre d'Ælia à Chébron, près duquel, au pied de la montagne, une source d'eau bouillante se perd aussitôt dans le sol d'où elle vient de jaillir. Les Actes des Apôtres, VIII, 38, rapportent que là fut baptisé, par Philippe, l'eunuque de la reine Candace. Il y a un autre village de Bethsur dans la tribu de Juda, à mille pas d'Eleuthéropolis.

Boon, dans la tribu de Benjamin.

Béthalon, même tribu. Symmaque interprète ce mot par en rase campagne.

Béthala, même tribu.

Béroth, même tribu.

Bola, dans la tribu de Syméon.

Bathul, même tribu.

Beth, même tribu.

Baaleth, même tribu.

Barammoth, même tribu.

Bethlabooth, même tribu.

Bethléem, dans la tribu de Zabulon. Pour en distinguer l'autre ville de ce nom, on l'appelle Bethléem de Juda.

Bethphasès, dans la tribu d'Issachar.

Bathné, dans la tribu d'Aser. Il y a un bourg de Bethbéten, à huit milles de Ptolémaïs, à l'aspect de l'orient.

Bethdagon, lieu où sont les confins des deux tribus de Zabulon et d'Issachar.

Bethémec, que Symmaque traduit par lieu de la vallée. Ville du lot d'Aser.

Béthana, dans la tribu de Nephthali. Il y a un village de Batanéa à quinze mille de Césarée; il possède, dit-on, des sources salutaires; nous l'avons indiqué plus haut au mot Anéa.

Bané, dans la tribu de Dan.

Barac, même tribu. On appelle encore au-

Bascath, in tribu Juda.

Bethdagon, in tribu Juda; sed et usque hodie grandis vicus Capherdago inter Diospolim et Jamniam demonstratur.

Bethaloth, in tribu Juda.

Bethaphu, in tribu Juda, vicus trans Raphaim millibus quatuordecim euntibus Ægyptum, qui est terminus Palæstinæ.

Betharaba; pro qua Symmachus transtulit, in locis quæ juxta inhabitabilem sunt, significans eremum.

Beesthara, in tribu Manasse, separata Levitis, in regione Basanitidi.

Bethaun, in tribu Benjamin juxta Gai et Bethel contra Machmas, licet plerique, ut supra dictum est, eamdem putent esse Bethel.

Baliluth, in tribu Benjamin.

Bethsur, in tribu Juda, sive Benjamin : et est hodie Bethsoron vicus euntibus nobis ab Ælia Chebron, in vicesimo lapide, juxta quem fons ad radices montis ebulliens ab eadem in qua gignitur, sorbetur humo. Et Apostolorum Acta VIII, 38, referunt Eunuchum Candacis reginæ in hoc esse a Philippo baptizatum. Est et alia villa Bethsur in tribu Juda, mille passibus distans ab Eleutheropoli.

(a) Boon, in tribu Benjamin.

Bethalon, in tribu Benjamin : pro qua Symmachus interpretatur, in campestribus.

Bethala, in tribu Benjamin.

Beroth, in tribu Benjamin.

Bola, in tribu Symeonis.

Bathul, in tribu Symeonis.

Beth, in tribu Symeonis.

Baaleth, in tribu Symeonis.

Barammoth, in tribu Symeonis.

Bethlabooth, in tribu Symeonis.

Bethleem, in tribu Zabulon : ad cujus distinctionem altera Bethleem appellatur Judæ.

Bethphases, in tribu Issachar.

Bathne, in tribu Aser, et nunc appellatur vicus Bethbotem, in octavo milliario Ptolemaidis contra orientem.

Bethdagon, locus in quo duæ tribus Zabulon et Issachar habent confinia.

Bethemec, quod interpretatur Symmachus, locum vallis. Est autem sortis Aser.

Bethana, in tribu Nephthalim : et est villa nomine Bathanæa, in quintodecimo a Cæsarea lapide, in qua dicuntur lavacra esse salubria : quam et supra sub nomine Aneæ posuimus.

Bane, in tribu Dan.

(a) *Boon, in tribu Benjamin.* Perversus est ordo locorum et nominum in antea editis libris usque ad nomen *Bethleem* : sed nos genuinam seriem hoc loco restituimus vetustissimis exemplaribus moniti ac Eusebiano Græco contextu, in quo absunt nomina locorum non pauca, quæ tamen leguntur apud Hieronymum. MARTIAN.

jourd'hui Barécha, un petit bourg près d'Azotus.

DU LIVRE DES JUGES.

Bézec, ville du roi Adonibézec. Il existe encore deux villages du nom de Bézech, voisins l'un de l'autre, à dix-sept milles de Néapolis, sur la route qui descend à Scythopolis.

Bethsan, place forte dont la tribu de Manassé ne put expulser les habitants primitifs. Elle s'appelle maintenant Scythopolis, ville célèbre de la Palestine. L'Ecriture la surnomme parfois maison de San, mot qui en notre langue se rend par ennemi.

Bethsamès, cité sacerdotale, dans la tribu de Benjamin; on la montre encore à dix milles d'Eleuthéropolis, sur la route de Nicopolis, à l'aspect de l'orient.

Bethnath, dans le lot de la tribu de Nephthali; mais cette tribu n'en put chasser les premiers habitants.

Bethsamès, dans la tribu de Nephthali; les premiers possesseurs s'y maintinrent également.

Baal Ærmon, montagne vers le Liban, sur les confins des Allophyles.

Baaleth, dans la tribu de Dan.

Bethbéra, ail. *Béthara*, qui signifie maison de l'eau ou du puits. Gédéon occupa cette ville dans une expédition militaire.

Béthasetta, ail. *Béthasepta*, où les Madianites prirent la fuite.

Balanus, c'est-à-dire chêne de Sicim, où régna Abimélech. On la montre encore dans les environs de Néapolis près du sépulcre de Joseph.

Barconni, Aquila traduit ce nom par dans les épines, et Symmaque par dans les charbons.

Béra, où vint habiter Abimélech après avoir fui de Joatha. Le bourg de Béra est à huit milles d'Eleuthéropolis, vers le nord.

Baalthamar, près de Gabaa, où les fils d'Israël commencèrent le combat contre la tribu de Benjamin; on montre encore en cet endroit un petit bourg du nom de Béthamari.

DES LIVRES DES ROIS.

Bethcur, jusqu'où les Israélites poursuivirent les étrangers dans leur fuite. Ils appelèrent ce lieu Pierre du Secours.

Bama, où Saül, près d'être sacré roi, prit un repas avec Samuël. Aquila traduit toujours Bama par élevé.

Bosès, nom d'une pierre au sujet de laquelle nous nous sommes expliqués dans les *Questions hébraïques*.

Bésor, torrent au bord duquel vint David.

Borasan, lieu où David envoya une grande partie du butin.

Barac, in tribu Dan, usque hodie prope Azotum Barecha viculus appellatur.

DE JUDICUM LIBRO.

Bezec, urbs regis Adonibezec; hodie que duæ villæ sunt nomine Bezech, vicinæ sibi in septimodecimo lapide a Neapoli descendentibus Scythopolim.

Bethsan, ex hoc oppido tribus Manasse accolas pristinos non potuit expellere; et nunc appellatur Scythopolis, urbs nobilis Palæstinæ, quam interdum Scriptura cognominat domum San, quod in nostra lingua interpretatur, inimicus.

Bethsames, civitas sacerdotalis in tribu Benjamin, quæ usque hodie demonstratur de Eleutheropoli pergentibus Nicopolim in decimo milliario contra orientalem plagam.

Bethnath, in sorte tribus Nephthalim. Sed nec de hac pristinos accolas tribus Nephthalim valuit expellere.

Bethsames altera, in tribu Nephthalim, in qua et ipsa cultores pristini permansere.

Baal Ærmon, mons circa Libanum in finibus Allophylorum.

Baaleth, in tribu Dan.

Bethbera, al. *Bethara*, quod interpretatur, domus aquæ, sive putei, quam expeditione bellandi occupavit Gedeon.

Bethasetta, al. *Bethasepta*, ubi terga vertit Madian.

Balanus, id est quercus Sicimorum, ubi regnavit Abimelech, quæ usque hodie ostenditur in suburbano rure Neapoleos propter sepulchrum Joseph.

Borconni, quod vertit Aquila, in spinas, Symmachus vertit, in tribulos.

Bera, ubi cum Abimelech Joatham fugisset, habitavit. Distat autem vicus Bera ab Eleutheropoli octo millibus ad aquilonem.

Baalthamar, juxta Gabaa, ubi filii Israel adversus tribum Benjamin iniere certamen, et usque hodie Bethamari in supra dictis locis viculus appellatur.

DE REGNORUM LIBRIS.

Bethcur, usque ad hunc locum populus Israel fugientes alienigenas persecutus est, appellans eum, Lapidem adjutorii.

Bama, ubi Saul ungendus in regem, cum Samuele cibum sumpsit. Porro Bama, Aquila semper, Excelsum transtulit.

Boses, nomen petræ; super qua in (*a*) libris Hebraicarum Quæstionum diximus.

Besor, torrens, ad quem venit David.

Borasan, ad quem locum David prædæ partem misit.

(*a*) *In libris Hebraic. Quæst.* Non exstant libri illi Quæstionum Hebraicarum in libros Regum: falso enim Hieronymo antea ascripti sunt, quos in Appendicem hujus voluminis amandavimus. In consequenti nomine *Besor* constans et antiquissimus error invenitur; nam omnes mss. codices et editio Erasmiana constanter legunt: *Besor, turris ad quam venit David.* Sed corruptela manifesta est ex I Reg. xxx, 9, ubi Besor *torrens* dicitur, non *turris*. MARTIAN.

Baurim, lieu jusqu'où le mari de Michol, fille de Saül, l'accompagna en pleurant.

Baalasor, près d'Ephraïm, où l'on tondait les troupeaux d'Abessalon.

Bethmacha, jusqu'où Joab poursuivit le rebelle Sabée ; nous lisons aussi que cette ville fut prise dans la suite par le roi d'Assyrie. Il y a sur la route qui monte d'Eleuthéropolis à Ælia, à la huitième borne, un village du nom de Machamim.

Ballath, ville que bâtit Salomon.

Betharisa, dont un habitant vint avec des présents vers le prophète Elisée. C'est un village, sur les confins et à quinze milles environ de Diospolis, à l'aspect du nord, dans le pays de Thamna.

Béthagan, route par laquelle il est écrit qu'Ochozias prit la fuite.

Bazéchath, antique ville de la Judée.

Béthacath, bourg de Samarie, où vint Jéhu, roi d'Israël ; situé dans une campagne très-ouverte, il n'est pas à plus de quinze milles du château-fort de la Légion. Ce nom, d'après Aquila, signifie maison de ceux qui courbent ; d'après Symmaque, maison d'un à un, parce que l'entrée, étroite et basse, ne permettait d'y entrer que un à un et en se courbant.

Bénith, que construisent les Samaritains qui y étaient venus de la région de Babylone.

Byblos, cité de la Phénicie dont fait mention Ezéchiel, XXVII, 9 ; son nom hébreu est GOBEL.

Bubaste, cité d'Egypte, dans Ezéchiel, XXX, 7.

Buz, dans la terre de Cédar, comme l'a écrit Jérémie, XXV, 23.

Bel, idole des Babyloniens.

DES EVANGILES.

Bethsaïda, dans la Galilée, ville d'André, de Pierre et de Philippe, apôtres, près du lac de Génézareth.

Bethphagé, petit hameau du mont des Oliviers, où vint Notre-Seigneur Jésus.

Béthanie, village à deux milles d'Ælia, sur le versant du mont des Oliviers ; le Sauveur y ressuscita Lazare, sur le tombeau duquel a été construite une église.

Béthabara, au-delà du Jourdain, où Jean baptisait dans la pénitence. Aujourd'hui encore beaucoup de nos frères, c'est-à-dire du nombre des croyants, désirant renaître en cet endroit, y reçoivent les eaux du baptême.

Béthasda, piscine de Jérusalem, qui s'appelle προβατική (probatique), ce que nous pouvons traduire par des bestiaux. Elle eut autrefois cinq portiques, et l'on y montre deux bassins, dont l'un se remplit habituellement par les pluies de

Baurim, locus ad quem usque prosecutus est Michol filiam Saulis vir suus lacrymans.

Baalasor, juxta Ephraim, ubi Abessalon pecora tondebantur.

Bethmacha, usque ad hanc persecutus est Joab perduellem Sabee; et postea, eam ab Assyriorum rege captam legimus. Est autem ascendentibus de Eleutheropoli Æliam in octavo lapide, nunc villa quæ Machamim dicitur.

Ballath, urbs quam ædificavit Salomon.

Bethsarisa unde venit homo cum muneribus ad Elisæum prophetam. Est autem villa in finibus Diospoleos, quindecim ferme ab ea millibus distans contra septentrionem in regione Thamnitica.

Bethagan, via per quam Ochoziam fugisse legimus.

Bazechath, urbs antiqua Judææ.

Bethacath, vicus Samariæ, ad quem venit Jeu rex Israel, qui in latissimo campo situs, non amplius quindecim millibus a Legionis oppido separatur; pro quo Aquila interpretatus est domum curvantium, Symmachus domum singulorum, eo quod angustus et humilis introitus, singulos tantum, et nec ipsos stantes ingredi sustineret.

Benith, quam construxerunt Samaritani, qui de Babylonis regione transierant.

Byblos, civitas Phœnicis, cujus meminit Ezechiel XXVII, 9; pro qua in Hebraico continetur GOBEL.

Bubastus, civitas Ægypti, juxta Ezechiel XXX, 7.

Boz, in terra Cedar, sicut scribit Jeremias XXV, 23.

Bel, idolum Babyloniuum.

DE EVANGELIIS.

(a) Bethsaida, civitas in Galilæa Andreæ, Petri et Philippi Apostolorum, prope stagnum Genesareth.

Bethphage, villula in monte Oliveti, ad quem venit Dominus Jesus.

Bethania, villa in secundo ab Ælia milliario, in latere montis Oliveti; ubi Salvator Lazarum suscitavit, cujus et monumentum Ecclesia nunc ibidem exstructa demonstrat.

Bethabara, trans Jordanem, ubi Joannes in pœnitentiam baptizabat, unde et usque hodie plurimi de fratribus, hoc est de numero credentium, ibi renasci cupientes, vitali gurgite baptizantur.

Bethesda, piscina in Jerusalem, quæ vocabatur προβατική, et a nobis interpretari potest pecualis.

(a) *Bethsada*. Colbertinus codex optimæ notæ sæpe laudatus legit *Bethsaida* juxta Vulgatam Latinam editionem, et nonnulla Græca exemplaria Evangelii κατὰ Joannem. MARTIAN.

— Mss. quibus utimur omnes *Bethsaida*. Bonfrerius ait, Meliorum auctorum sententia est imprimisque Hieronymi, hic legendum esse *Bethesda* pro *Bethsaida* : nam et Græci codices *Bethesda* habent, et nonnulli Latini, uti et versio Syriaca.

l'hiver, et l'autre, prodigieusement rougi, comme si ses eaux étaient ensanglantées, porte en soi les signes de son antique destination. On rapporte que les prêtres avaient coutume d'y laver les victimes, et c'est de là que lui serait venu son nom.

DU PENTATEUQUE.

Carnaïm Astaroth, c'est maintenant un gros bourg, dans l'angle de la Batanée appelé Carnéa, d'au-delà du Jourdain. Là fut, dit-on, la demeure de Job. Nous avons déjà parlé d'un village de Carnéa, à neuf milles d'Ælia.

Cadès, où est la fontaine du jugement, la même que Cadesbarné, dans le désert, qui la relie à la ville de Pétra, en Arabie. Là mourut Marie ; là Moïse, frappant sur le rocher, abreuva le peuple altéré. On y montre encore aujourd'hui le sépulcre de Marie. Les princes d'Amalec y furent taillés en pièces par Chodorlagomer.

Céné, région des princes des Iduméens.

Cariathaïm, cité bâtie par les fils de Ruben. C'est maintenant un bourg entièrement peuplé de chrétiens, près de Médaban, ville d'Arabie, dont il est à dix milles, à l'aspect de l'occident ; il s'appelle Corojatha ; il est voisin du lieu qu'on nomme Baaré.

Cariatharbéé, c'est-à-dire petite ville quadruple, n'est autre que Chébron, dont nous avons déjà parlé.

Canath, bourg d'Arabie, maintenant Canatha. Naban l'ayant prise la nomma Naboth. Il fut de la tribu de Manassé, dans la Trachonitide, près de Bostran.

Cata ta chryséa, c'est-à-dire du côté des dorées. Ce sont des montagnes du désert fertiles en or, à onze journées de marche de Choreb, près desquelles on dit que Moïse écrivit le Deutéronome. On croit que ces montagnes pleines de veines d'or étaient autrefois voisines d'un temple construit en airain, qui est détuit maintenant.

Cadémoth, désert, d'où Moïse envoya des ambassadeurs à Séon, roi des Amorrhéens.

Cariath, bourg qui avait Gaba pour métropole.

Cédès, cité que pris Josué, après en avoir tué le roi. Elle est dans le lot de la tribu de Juda.

Cadémoth, cité des fils de Ruben.

Cedson, dans la tribu de Ruben, ville séparée pour les Lévites.

Hæc quinque quondam porticus habuit, ostenduntur que gemini lacus, quorum unus, hibernis pluviis impleri solet ; alter, mirum in modum rubens, quasi cruentis aquis, antiqui in se operis signa testatur. Nam hostias in eo lavari a sacerdotibus solitas ferunt, unde et nomen acceperit.

DE PENTATEUCHO.

Carnaim Astaroth, Carnaim nunc vicus est grandis in angulo Batanææ et appellatur Carnæa trans fluenta Jordanis ; traduntque ibi fuisse domum Job. Sed et supra meminimus Carnææ viculi, in nono ab Ælia milliario.

Cades, ubi fons judicii ; est et Cadesbarne in deserto, quæ conjungitur civitati Petræ in Arabia ; ibi occubuit Maria, et Moses, rupe percussa, aquam sitienti populo dedit. Monstratur ibidem usque in præsentem diem sepulcrum Mariæ ; sed et principes Amalec ibi a Chodorlagomer cæsi sunt.

Cene, regio principum Idumæorum.

Cariathaim, civitas quam exstruxerunt filii Ruben. Nunc autem est vicus Christianis omnibus florens, juxta Medaban urbem Arabiæ, et appellatur Corojatha in decimo milliario supradictæ urbis, contra occidentalem plagam, vicinus ejus loci, qui appellatur Baare.

Cariatharbee, id est villula quatuor, quæ et Chebron, de qua jam supra diximus.

Conath, vicus Arabiæ, qui nunc Canatha dicitur ; quem cum cepisset Naban, appellavit Naboth. Fuit autem in tribu Manasse in regione Trachonitidi juxta Bostran.

Cata ta chrysea, id est ad aurea. Sunt autem montes auri fertiles in deserto, procul undecim (*a*) mansionibus a Choreb, juxta quod Moses Deuteronomium scripsisse perhibetur. Sed et metallo æris Fano, quod nostro tempore corruit, montes venarum auri plenos olim fuisse vicinos æstimant.

Cademoth, desertum, ex quo loco misit legatos Moses ad Seon regem Amorrhæorum.

Cariath, vicus qui sub Gaba metropoli fuit.

Cedes, civitas quam cepit Jesus, rege ipsius interfecto. Est autem in sorte tribus Judæ.

Cademoth, altera civitas filiorum Ruben.

Cedson, in tribu Ruben, urbs separata Levitis.

(*a*) *Procul undecim mansionibus a Choreb.* Editi legunt, *undecim millibus a Choreb.* Qui locus corruptissimus est, ut patet ex Deuteronomii capite primo, e quo verba isthæc desumpta sunt ab Eusebio, qui et ipse habet *undecim dies* pro *undecim milliaribus.* Itaque locus in quo Moses Deuteronomium scripsisse perhibetur, distabat ab *Horeb* sive *Choreb*, undecim mansionibus, aut itinere undecim dierum : est enim iter circiter 50 milliarum quod undecim diebus lente procedendo confici potuit. Ubi autem fuerit *metallum æris fanen*, quod tempore Hieronymi corruit, apud geographos nullibi reperire potuimus. Vide in *Fedan infra.* MARTIAN.

— Olim erat *undecim millibus* contra mss. fidem, sacrique textus Deuteron. cap. I, ubi *undecim dies* numerantur. Porro ubius diei iter et mansio hic idem sunt : tametsi vix possit certo intervallo definiri, quot milliariis una quæque mansio, sive diei iter constaret, quæ pro locorum ratione plura fuisse aut pauciora, necesse est.

U LIVRE DE JOSUÉ.

Capséel, dans la tribu de Juda.

Cina, même tribu.

Ceila, même tribu. David y séjourna jadis. C'est maintenant le village de Céla, à l'aspect de l'orient, pour ceux qui vont d'Eleuthéropolis à Chébron et vers la neuvième borne. On y montre le tombeau du prophète Ambacuc.

Cariathbaal, cité de Jarim, dans la tribu de Juda.

Cana, dans la tribu d'Ephraïm.

Campsaïm, même tribu.

Cané, dans la tribu de Manassé.

Cariathiarim, aussi nommée Cariathbaal, ville des forêts, l'une des cités des Gabaonites appartenant à la tribu de Juda, à neuf milles d'Ælia, sur la route de Diospolis, ail. *Héliopolis*. Ce fut la patrie du prophète Urie, tué à Jérusalem par Joacim, comme le rapporte Jérémie, XXVI, 20. Dans le livre des Paralipomènes, *Par.* II, 50, un fils de Sobal est appelé Cariathiarim.

Cision, dans la tribu d'Issachar, cité séparée pour les Lévites.

Cartha, dans la tribu de Zabulon, cité séparée pour les Lévites.

Cotta, même tribu, également attribuée aux Lévites.

Cana tend son territoire jusqu'à Sidon la grande, que ce surnom distingue d'une autre Sidon dite la petite. Cana était dans la tribu d'Aser ; Notre-Seigneur et Sauveur y changea l'eau en vin. Nathanael était de cette ville, et le miracle du Sauveur prouve qu'il était vraiment israélite. Cana est maintenant un petit bourg, dans la Galilée des Gentils.

Cédès, du lot de Nephtali, cité sacerdotale et de refuge, dans la Galilée, sur le mont Nephthali. Le roi d'Assyrie la prit. Son nom est maintenant Cidissus, à vingt milles de Tyr, près de Panéas.

Charthaın, dans la tribu de Nephthali, cité séparée pour les Lévites.

DU LIVRE DES JUGES.

Céthron, dans la tribu de Zabulon ; les habitants primitifs s'y maintinrent.

Carcaz, où étaient les fils de Zébéé et de Salmana, exterminés par Gédéon. Il existe encore un château de Carcaria, à une journée de marche de la ville de Pétra.

Camon, cité de Jaïr, qui y fut enseveli, après avoir été juge du peuple d'Israël. Il y a aujourd'hui un bourg de Cimona, dans une grande

DE LIBRO JESU.

Capseel, in tribu Juda.

Cina, in tribu Juda.

Ceila, in tribu Juda, ubi quondam sedit David, et nunc est villa Cela ad orientalem plagam Eleutheropoleos pergentibus Chebron, quasi in octavo milliario, in qua sepulcrum monstratur prophetæ Ambacuc.

Cariathbaal, civitas Jarim in tribu Juda.

Cana, in tribu Ephraim.

Campsaim, in tribu Ephraim.

Cane, in tribu Manasse.

Cariathiarim, quæ et Cariathbaal, civitas saltuum, una de urbibus Gabaonitarum pertinens ad tribum Judæ, euntibus ab Ælia Diospolim, al. *Heliopolim*, in milliario (*a*) nono. De hac fuit Urias propheta, quem interfecit Joacim in Jerusalem, sicut scribit Jeremias. XXVI, 20. Sed et in Paralipomenon libro, *Par.* I, 50, filius Sobal appellatur Cariathiarim.

Cision, in tribu Issachar, civitas separata Levitis.

Cattha, in tribu Zabulon, civitas separata Levitis.

(*b*) Cotta, in tribu Zabulon, civitas separata Levitis.

(*c*) Cana, usque ad Sidonem majorem ; est quippe et altera minor, ad cujus distinctionem major hæc dicitur. Fuit autem Cana in tribu Aser, ubi Dominus noster atque Salvator aquas vertit in vinum. Unde Nathanael verus Israelita Salvatoris testimonio comprobatur ; et est hodie oppidulum in Galilæa gentium.

Cedes, sortis Nephthalim, civitas sacerdotalis ac fugitivorum, in Galilæa super montem Nephthalim. Sed et hanc cepit rex Assyriorum, quæ nunc Cidissus appellatur, in vicesimo Tyri milliario juxta Paneadem.

Chartham, in tribu Nephthalim, civitas separata Levitis.

DE JUDICUM LIBRO.

Cethron, in tribu Zabulon, in qua pristini remansere cultores.

Carcar, ubi filii erant Zebee et Salmana, quos interfecit Gedeon : et est usque hodie castellum cognomento Carcaria, unius diei itinere ab urbe Petra distans.

(*a*) *In milliario nono.* Pro *nono*, *unum* milliare ponunt hic editi antea libri. MARTIAN.

— Olim erat *milliario uno.* Ipse autem Eusebius Hieronymusque alibi ad vocem *Baal*, nedum in *nono* hanc urbem in *decimo ab Ælia Diospolim milliario* collocant.

(*b*) *Cotta, in tribu Zabulon.* Desunt quoque isthæc usque ad *Cana*, in veteribus editionibus Hieronymi. MARTIAN.

(*c*) *Cana, usque ad Sidonem majorem*, etc. Locum hunc obscurum et involutum fatetur doctus Bonfrerius, quod multa videantur tribui Canæ majori, quæ tribuenda sunt minori : nam Cana minor est illa in qua Christus aquam mutavit in vinum, de qua et Nathanael. Hoc igitur modo legendum statuit ad tollendam ambiguitatem : *Cana usque ad Sidonem majorem. Fuit autem Cana in tribu Aser. Est quoque et altera minor (ad cujus distinctionem major hæc dicitur) ubi Dominus noster*, etc. MARTIAN.

plaine, à six milles du nord de la Légion, sur la route de Ptolémaïs.

Cison, torrent près du mont Thabor, où il fut combattu contre Sisara.

Cadomi, torrent près duquel Débora fit la guerre.

Cœlas Titanorum, c'est-à-dire vallée des géants ; c'est contre eux que se battit David.

Clauthmon, c'est-à-dire endroit des larmes, nom tiré des lamentations.

DES LIVRES DES ROIS.

Céni, région des Philistins.

Carmel, où habita jadis Nabal Carmélius ; c'est maintenant un village du nom de Cherméla, à dix milles de la forteresse de Chébron, un peu vers l'orient. Il y a une garnison romaine.

Cédron, nom d'un torrent et d'une vallée, près de Jérusalem, à l'aspect de l'orient. Il en est fait mention dans l'Evangile selon S. Jean.

Cyrène, sur les confins de l'Egypte ; c'est là que le roi d'Assyrie transplanta les habitants de Damas.

Coa, qui est près de l'Egypte.

Carchédon, c'est-à-dire Carthage, dont parlent Isaïe et Ezéchiel de la vision de Tyr ; au lieu de ce nom, le texte hébreu écrit THARSIS. Nous nous sommes pleinement expliqués au sujet de cette ville dans nos *Questions hébraïques*.

Cœlas, c'est-à-dire vallée de Josaphat, entre Jérusalem et le mont des Oliviers. Lisez le prophète Joël, III, 2.

Cédem, dans Ezéchiel. Aquila et Symmaque rendent ce mot par orient.

Cédar, dans Ezéchiel, les princes de Cédar, XXVII, 21. Isaïe et Jérémie, dans la vision de l'Arabie, mentionnent aussi ce nom. C'est une région du désert de Sarrasins, appelée Cédar, du nom d'un fils d'Ismaël.

Carioth, dans le pays de Moab, comme l'a écrit Jérémie.

Capharnaüm, près du lac de Gennézar ; c'est encore une forteresse de la Galilée des Gentils, sur les confins de Zabulon et Nephthali.

Jusqu'ici les mots ont été lus par la lettre C, qui correspond au KAPPA *grec ; désormais il faut les lire et les écrire selon l'élément* CHI, *que n'ont pas les Latins et qui porte en soi le signe d'une aspiration.*

Camon, civitas Jair, in qua et sepultus est, cum primum judicasset populum Israel. Appellatur autem hodieque vicus Cimona, in campo latissimo sex millibus a Legione ad septentrionalem plagam pergentibus Ptolemaidem.

Cison, torrens, juxta montem Thabor ; ubi contra Sisaram dimicatum est.

Codomi, torrens, juxta quem Debbora bellum gessit.

Cœlas Titanorum, id est vallis Gigantum, adversus quos prœliatus est David.

Clauthmon, id est, fletuum locus, a planctu nomen accipiens.

DE REGNORUM LIBRIS.

Ceni, regio Philistiim.

Carmelus, ubi Nabal quondam Carmelius fuit, et nunc villa est Chermela nomine, in decimo lapide oppidi Chebron, vergens ad orientalem plagam, ubi et Romanum præsidium positum est.

....

Cedron, appellatur torrens, sive vallis Cedron, juxta Jerusalem, ad orientalem plagam ; cujus et Joannes Evangelista meminit.

Cyrene, in finibus Ægypti, ad quem locum rex Assyriorum transtulit Damascenos.

Coa, quæ est juxta Ægyptum.

Carchedon, id est Carthago : cujus Isaias et Ezechiel in visione Tyri recordantur ; pro quo in Hebraico THARSIS scriptum est. Sed et de hac (a) in libris Hebraicarum Quæstionum plenius diximus.

Cœlas, id est vallis Josaphat, inter Jerusalem et montem Oliveti. Lege Prophetam Joel. III, 2.

Cedem, in Ezechiel ; quod Aquila et Symmachus interpretantur orientem.

Cedar, in Ezechiel, *principes Cedar.* XXVII, 21. Sed et Isaias et Jeremias in visione Arabiæ, hujus vocabuli recordantur. Est autem regio in eremo (b) Saracenorum, a filio Ismaelis Cedar ita cognominata.

Carioth, in regione Moabitarum, sicut Jeremias scribit.

Capharnaum, juxta stagnum Gennezar ; usque hodie oppidum in Galilæa gentium situm, in finibus Zabulon et Nephthalim.

Hucusque per C litteram, id est Græcum KAPPA *legere debemus ; exinde per elementum* CHI, *quod aspirationem in se continet, et a Latinis minime habetur, scribendum pariter ac legendum.*

(a) *In Libris Hebraicarum Quæstionum.* Non exstant hujusmodi Quæstiones Hebraicæ, nec aliæ quæ infra citantur in Libros Josue, Regum et Job. MARTIAN.

(b) Videtur de sui temporis nomenclatura intelligere, nam *regio Ostracinorum*, non *Saracenorum* olim dicta est. Et sat . lus quidem Hilarius Com. in Psalm. CXIX, *Ostracinis* attribuit, addit tamen, *hi sunt nunc Saraceni nuncupati.*

DE LA GENÈSE.

Chalanné, cité du royaume de Nemrod en Babylonie ; Isaïe en parle en ces termes : « Et Chalanné, où fut élevée une tour. »

Chalach, ville des Assyriens, bâtie par Assur à sa sortie de la terre de Sennaar.

Charran, cité de la Mésopotamie, au-delà d'Edesse ; elle se nomme encore aujourd'hui Charra. L'armée romaine y fut défaite et son chef Crassus fait prisonnier.

Chébron, autrefois Arbé, que les recueils grecs écrivent à tort Arboc. Elle fut fondée sept ans avant Tanis, ville d'Egypte. Nous en avons déjà parlé. Elle fut la métropole des Enacim, en qui nous devons voir de forts géants.

Chobaa, sur le côté gauche de Damas. Il y a dans ce même pays un village de Chobaa, habité par des Hébreux qui, croyant en Jésus-Christ, observent toutes les pratiques de l'ancienne loi. On les appelle Ebionites, du nom du chef de cette hérésie. L'apôtre saint Paul a écrit aux Galates contre cette croyance.

Chabratha, qu'Aquila traduit par καθ' ὁδὸν, c'est-à-dire près de la route. Cette route conduit à Ephrata, c'est-à-dire à Bethléem. Rachel y succomba, après avoir mis au monde Benjamin. Nous avons dit notre sentiment sur ce mot, dans les *Questions hébraïques*.

Chazbi, où Thamar enfanta les deux fils jumeaux de Juda. C'est un lieu désert qu'on montre près d'Odolla, sur les confins d'Eleuthéropolis. Nous avons aussi discuté ce nom dans les *Questions hébraïques*.

DES NOMBRES ET DU DEUTÉRONOME.

Choreb, montagne de Dieu dans le pays de Madian, près du mont Sina, au-delà de l'Arabie, dans le désert auquel se rattache la montagne et le désert des Sarrasins, appelé Pharan. Je crois que la même montagne a deux noms, tantôt Choreb, et tantôt Sinaï.

Charada, campement des Israélites.

Chennéreth, mer où est la limite de la Judée dans la tribu de Nephthali. On prétend que ce nom fut primitivement celui de la ville qu'Hérode, roi de Judée appela plus tard Tibériade, en l'honneur de Tibère-César, après l'avoir restaurée.

DE GENESI.

(*a*) Chalanne, civitas regni Nemrod in Babylone : cujus et Isaias meminit, dicens : *Et Chalanne, ubi turris ædificata.*

Chalach, urbs Assyriorum, quam ædificavit Assur egrediens de terra Sennaar.

Charran, civitas Mesopotamiæ (trans Edessam), quæ usque hodie Charra dicitur (ubi Romanus est cæsus exercitus, et Crassus dux captus).

Chebron, quæ quondam appellabatur Arbe licet male in Græcis codicibus habeatur Arboc ; condita est autem ante septem annos, quam Tanis urbs Ægypti conderetur. Diximus de hac et supra. Fuit autem metropolis Enacim, quos gigantes et potentes intelligere debemus.

Chobaa, ad lævam partem Damasci. Est autem et villa Chobaa, in iisdem regionibus, habens accolas Hebræos, qui credentes in Christum omnia legis præcepta custodiunt. Et a (*b*) principe hæreseos Ἐβιωνῖται (*Ebionitæ*) nuncupantur. Contra istiusmodi dogma Paulus Apostolus scribit ad Galatas.

Chabratha, quod interpretatur Aquila καθ' ὁδὸν, id est, juxta viam, quæ ducit in Ephrata, id est Bethleem ; ubi Rachel cum Benjamin peperisset, occubuit. Super hoc verbo quid nobis videatur (*c*), in libris Hebraicarum Quæstionum diximus.

Chazbi, ubi geminos Judæ filios Thamar edidit. Ostenditur autem nunc locus desertus juxta Odollam in finibus Eleutheropoleos. De hoc quoque in libris Hebraicarum Quæstionum plenius disputatum est.

DE NUMERIS ET DEUTERONOMIO.

Choreb, mons Dei in regione Madian, juxta montem Sina super Arabiam in deserto, cui jungitur mons et desertum Saracenorum, quod vocatur Pharan. Mihi autem videtur, quod duplici nomine idem mons, nunc Sinai, nunc Choreb vocetur.

Charada, castra filiorum Israel.

Chennereth, mare ubi est Judææ terminus in tribu Nephtalim. Sed et oppidum quod in honorem postea Tiberii Cæsaris, Herodes rex Judææ instauratum appellavit Tyberiadem, ferunt hoc primum appellatum nomine.

(*a*) *Chalanne, ubi turris ædificata est.* Hæc leguntur apud LXX, Isai. x. 9. In Vulgata Latina dicitur *Calano*, sed melius in Div. Bibliotheca S. Hieronymi *Chalano*. Martian.

(*b*) Nihil ejusmodi Eusebius de Ebione principe hæreseos tradit ; atque est revera propius ad fidem, Ebionitas a *sensus paupertate* appellatos, non a quodam Ebione magistro. Hieronymus cum Epiphanio facit, qui hominem arbitratus est, cui *Ebion proprium hoc erat nomen non sine vaticinio tamen aliquo, quo mendicus infelixque fore significaretur, cum a parentibus id nominis accepisset.* Vid. quæ annotamus in Isaiæ caput primum. Jam vero *Chobaa*, ipsam Ebionitarum sedem, idem Epiphanius *Cocabe* appellat. *In pago quodam Cocabe in regione Carnainorum Arneni, et Astharotarum, et Basanitidis tractu*, etc. Nec chorographica descriptio ab Hieronymia abludit, siquidem erat illud oppidum in vicinia Damasci ad tertium quartumve lapidem. Edrisius, qui sub nomine Geographi Nubiensis venit ad Damasci pagos, refert, vocatque *Caucaba*, et alias *Caucab*. Migr.

(*c*) *In Libris Hebraicarum Quæstionum.* De *Chabratha* et *Chasbi* disputat Hieron. Libro Quæstionum Hebraicarum in Genesim. Videsis post Librum Locorum. Martian.

DU LIVRE DE JOSUÉ.

Chéphira, bourg appartenant à la cité de Gabaon, dans la tribu de Benjamin.

Chasalon, dans la tribu de Juda et sur les confins de la très-grande ville d'Élia.

Chisil, même tribu.

Chabon, même tribu.

Chaphtis, même tribu.

Chermel, patrie de Nabal Carmélius. Il en a été parlé déjà.

Chilon, dans la tribu de Juda.

Chéphri, dans la tribu de Benjamin.

Chasselath Thabor, dans la tribu de Zabulon.

DES LIVRES DES ROIS.

Chettiim, terre de Chettiim, est le nom de Cypre, où Cyprus fonda la ville de Luza, appelée de nos jours Cypricittium.

Charri, lieu vers lequel Joab poursuivit Sabée, qui méditait une révolution.

Chomarim, où Josias brûla les idoles.

Chalanné, où fut bâtie une tour, au rapport d'Isaïe, comme nous l'avons déjà dit.

Charran, cité des Assyriens qu'Isaïe place dans la région de Thémath.

Chaselath, près du Thabor, limite de Zabulon. Nous en avons déjà parlé sous le nom de Chasalus.

Chabol, limite d'Aser.

Chalab, dont Aser ne put expulser les habitants primitifs.

Chorath, torrent au-delà du Jourdain ; ce fut sur ses bords que se cacha Élie, hors de la région du Jourdain.

Chota, région de l'Assyrie.

Chobar, fleuve de Babylonie dont parle Ezéchiel.

Charchamis, cité sur les bords de l'Euphrate.

Chamoam, petit village près de Bethléem.

Chælon, la même qu'Ealon, forteresse de Moab, comme l'a écrit Jérémie.

Chamos, cité de Moab.

DES EVANGILES.

Chorozaïn, place forte de la Galilée ; Jésus-Christ déplora l'avenir misérable que lui réservait son incrédulité. C'est maintenant un lieu désert, à deux milles de Capharnaüm.

Chimarrus, c'est-à-dire torrent de Cédron. Il est, nous l'avons dit plus haut, entre le mont des Oliviers et Jérusalem. L'évangéliste S. Jean rapporte que le Sauveur fut livré en cet endroit.

DU LIVRE DE LA GENÈSE.

Dasem, noble ville des Assyriens, que bâtit Assur, entre Ninive et Chalach.

DE LIBRO JESU.

Chephira, vicus ad civitatem pertinens Gabaon in tribu Benjamin.

Chasalon, in tribu Juda, et in finibus Æliæ villa prægrandis.

Chisil, in tribu Juda.

Chabon, in tribu Juda.

Chaphtis, in tribu Juda.

Chermel, unde Nabal Charmelius fuit, de qua et supra dictum est.

....

Chilon, in tribu Juda.

Chephri, in tribu Benjamin.

Chasselath Thabor, in tribu Zabulon.

DE REGNORUM LIBRIS.

Chetthiim, terra Chetthiim, Cyprus dicitur, in qua civitatem condidit Luza. Nam et urbs hodieque Cypricittium nuncupatur.

Charri, ad quem locum persecutus est Joab res novas molientem Sabee.

Chomarim, ubi Josias simulacra combussit.

Chalanne, ubi turris ædificata est, juxta Isaiam, sicut supra diximus.

Charran, civitas Assyriorum, in regione Themath, juxta Isaiam.

Chaselath, juxta Thabor, terminus Zabulon; diximus de ea et supra sub nomine Chasalus.

Chabol, terminus Aser.

Chalab, de hac cultores pristinos Aser non valuit expellere.

Chorath, torrens, trans Jordanem, in quo absconditus est Elias, e regione ejusdem fluminis.

Chotha, regio Assyriorum.

Chobar, flumen Babylonium, sicut in Ezechiel.

Charchamis, civitas juxta flumen Euphratem.

Chamoam, villula juxta Bethleem.

Chælon, quæ et Ealon, oppidum Moab sicut in Jeremia scribitur.

Chamos, idolum Moab.

DE EVANGELIIS.

Chorozain, oppidum Galileæ, quod Christus propter incredulitatem miserabiliter deplorat et plangit. Est autem nunc desertum in secundo lapide a Capharnaum.

Chimarrus, id est, torrens Cedron, de quo et supra diximus, inter montem Oliveti et Jerusalem, ubi Dominum Salvatorem Joannes evangelista narrat traditum.

DE LIBRO GENESEOS.

Dasem, urbs Assyriorum nobilis, quam exstruxit Assur, inter Ninivem et Chalach.

Drys, c'est-à-dire chêne de Mambré, près de Chébron. C'est un térébinthe très-vieux, dont la grandeur indiquait le grand âge, et que l'on montrait encore à l'époque de mon enfance, sous l'empereur Constance. Abraham habita au pied de cet arbre. Les Gentils lui avaient voué un culte extraordinaire et le regardaient comme consacré par quelque remarquable volonté divine.

Damas, noble ville de la Phénicie. Elle porte le même nom qu'un fils de Masec, servante d'Abraham. Or, j'ai discuté tout au long, dans les *Questions hébraïques*, le sens de ce nom de Masec. Ici, je n'ai fait que traduire Eusèbe, ne me préoccupant point de prouver qu'il a existé une servante d'Abraham du nom de Masec.

Dan est un petit bourg à quatre milles de Panéas, sur la route de Tyr; il porte encore le même nom, et marque la frontière de la province de Judée vers le nord. C'est là que naît le fleuve du Jourdain, qui lui doit son nom, puisque les Hébreux appellent Jor tout courant d'eau, tout ruisseau, en grec ῥεῖθρον.

Dannaba, cité de Balac, fils de Bélor, roi d'Edom, après lequel régna Job. Je suis loin de partager cette opinion d'Eusèbe. C'est maintenant le village de Dannaïa, à huit milles d'Aréopolis, sur la route de l'Arnon. Il y a un autre Dannaba sur le mont Phogor, à sept milles d'Esbus.

Dothaïm, où Joseph trouva ses frères gardant les troupeaux. On montre encore cet endroit à douze milles de Sébaste, vers le nord.

DES NOMBRES ET DU DEUTÉRONOME.

Débon, et aussi Dibon, dans le désert, campement des Israélites. Il y a un autre Dibon, gros village près de l'Arnon, qui, après avoir appartenu aux Moabites, et plus tard à Séon, roi des Amorrhéens, par droit de conquête, prise et possédée par les Israélites, tomba dans le lot de la tribu de Gad. Il est nommé par Jérémie et par Isaïe dans la vision contre Moab.

Débongad, campement des Israélites.

Dysmé Moab, c'est-à-dire à l'occident de Moab, près du Jourdain, en face de Jéricho. Là, Balac, roi de Moab, et les anciens de Madian firent tomber les Israélites dans leurs piéges. C'est encore là que Moïse écrivit le Deutéronome.

DU LIVRE DE JOSUÉ.

Dabira, cité de la tribu de Dan, dont Josué

Drys, id est, quercus Mambre, juxta Chebron; quæ usque ad ætatem infantiæ meæ, et Constantii regis imperium, terebinthus monstrabatur pervetus, et annos magnitudine indicans, sub qua habitavit Abraham. Miro autem cultu ab ethnicis habita est, et veluti quodam insigni numine consecrata.

Damascus, nobilis urbs Phœnicis. Eodem autem vocabulo et Masec, ancillæ Abraham filius, appellatus est. Porro Masec quid sibi velit, in libris Hebraicarum Quæstionum plenius disputavi; hic tantum interpretis sum functus officio, non quod ancillam Abrahæ Masec nuncupatam, probem.

Dan, viculus est in quarto a Paneade milliario euntibus Tyrum; qui usque hodie sic vocatur, terminus Judææ provinciæ contra septentrionem, de quo et Jordanis flumen erumpens. A loco sortitus est nomen (*a*); Jor, quippe ῥεῖθρον, id est fluvium sive rivum Hebræi vocant.

Dannaba, civitas Balac, filii Beor, regis Edom, post quem regnavit Job, licet mihi videntur longe aliter, et est usque hodie villa Dannaia, in octavo milliario Ἀρεοπόλεως pergentibus (*b*) Arnonem; et altera Dannaba super montem Phogor in septimo lapide Esbus.

Dothaim, ubi invenit Joseph fratres suos pecora pascentes, qui et usque hodie (*c*) in duodecim milliario a Sebaste, contra Aquilonis plagam, ostenditur.

DE NUMERIS ET DEUTERONOMIO.

Debon, quæ et Dibon, in solitudine castra filiorum Israel. Est autem et alia Dibon, villa prægrandis juxta Arnonem, quæ cum prius fuisset filiorum Moab, et post eam Seon rex Amorrhæorum belli jure tenuisset, a filiis Israel capta atque possessa, in partem venit tribus Gad. Meminit hujus Jeremias et Isaias (*d*) in visione contra Moab.

Debongad, filiorum Israel castra.

Dysmemoab, id est, ad occidentem Moab, juxta Jordanem contra Jerichum; ubi Balac rex Moab et majores natu Madian, Israelem insidiis deceperunt (*e*), in quo loco et Moses scripsit Deuteronomium.

DE LIBRO JESU.

Dabira, civitas in tribu Dan, cujus regem inter-

(*a*) Ita in Quæstionibus in Genes. cap. XIV : *Dan, inquit, unus e fontibus est Jordanis; nam alter vocatur Jor, quod interpretatur ῥεῖθρον, id est, rivus.* Vide quæ annotavimus in epist. 73, ad Fabiol., mans. 41, ac rursum Commentarios in Ezech. cap. XLVIII.

(*b*) Mavult Relandus *Arnonam*, nempe regionem quæ ab Arnone fluvio nomen sortitur. Aliter minime sibimet constare videtur Hieronymus, qui ad vocem *Madian* sitam dixerit Areopolim ad Arnonem, hic vero ab eo octo mille passus removeat.

(*c*) *In duodecimo milliario*, etc. Ms. unus Colberi *decimo*. MARTIAN.

(*d*) *In visione contra Moab.* Visiones illæ creberrime in hoc Locorum Libro citatæ, capitula sunt Propheticorum contextuum, quæ nos distincte edidimus in Prophetis tomo I editionis nostræ. Consulat lector Divinam Hieronymi Bibliothecam. MARTIAN.

(*e*) *In quo loco et Moses*, etc. Supra in *Catha ta Chrysea* Moses dicitur scripsisse Deuteronomium juxta montes auri fertiles. MARTIAN. — Recole paulo superius vocem *Catha ta Chrysea*.

tua le roi. Il y a un autre village juif de Dabira sur le mont Thabor, dans la région qui dépend de Diocésarée.

Dornapheth, que Symmaque traduit par Dor la maritime. C'est la Dora, maintenant déserte, que ceux qui vont à Tyr trouvent à neuf milles de Césarée de la Palestine. Elle était échue au lot de la tribu de Manassé, qui ne la posséda pas, n'en ayant pu chasser les premiers habitants.

Dabir, dans la tribu de Juda ; elle était surnommée la cité des lettres. Elle fut prise par Gothoniel, frère de Caleb, qui y extermina les Enacim. Elle devint ville sacerdotale. Quelques-uns pensent que Gothoniel était le fils d'un frère de Caleb.

Dabir, sur le Jourdain, cité des Amorrhéens.

Dimona, dans la tribu de Juda.

Dadan, même tribu.

Denna, même tribu ; c'est la même que Dabir la cité des lettres.

Dahiva ou Dahiad, même tribu.

Duma, même tribu ; gros bourg en Daroma, c'est-à-dire vers le pays austral, sur les confins et à dix-sept milles d'Eleuthéropolis.

Damna, dans la tribu de Zabulon, cité séparée pour les Lévites.

Dasbath, même tribu.

Dasbrath, dans la tribu d'Issachar, ville séparée pour les Lévites.

DU LIVRE DES JUGES.

Drys, c'est-à-dire chêne, en Ephrata, dans la tribu de Manassé, patrie de Gédéon. Nous avons dit notre sentiment à ce sujet dans les *Questions hébraïques*. On se demande en effet comment on place ici Ephrata dans la tribu de Manassé.

DES LIVRES DES ROIS.

Dibon, dont nous avons déjà parlé, et dont fait mention Isaïe dans la vision contre Moab.

Déseth, qui signifie paroi d'après Aquila, et mur d'après Symmaque.

Dodanim, dont parle Isaïe dans la vision de l'Arabie ; elle est près d'Aréopolis.

Darom, dont s'est souvenu Ezéchiel, xx, 46, dans la Version des Septante. Symmaque traduit ce nom par Africus (vent d'Afrique).

Diospolis, cité d'Egypte, comme il est écrit dans Ezéchiel.

Dadan, dans la région de Cédar ; elle est citée dans Jérémie.

Déblataïm, que Jérémie place dans la terre de Moab.

Dédan, dans le pays d'Idumée ; il en est ques-

fecit Jesus. Est autem et alia villula Judæorum in monte Thabor regionis ad Diocæsaream pertinentis.

Dornapheth, quod Symmachus transtulit, Dor maritima. Hæc est Dora in nono milliario Cæsareæ Palestinæ pergentibus Tyrum, nunc deserta : quæ cum cecidisset in sortem tribus Manasse, eam possidere non potuit, quia habitatores in illa pristini permansere.

Dabir, in tribu Juda, quæ vocabatur civitas litterarum, hanc præoccupavit Gothoniel frater Caleb interfectis in ea Enacim. Fuit autem et ipsa sacerdotibus separata. (Porro Gothoniel quidam arbitrantur filium fratris Caleb.)

Dabir, super Jordanem, civitas Amorrhæorum.

Dimona, in tribu Juda.

Dadan, in tribu Juda.

Denna, in tribu Juda, eadem est autem quæ et Dabir civitas litterarum.

(*a*) Dahiva, sive Dahiad, in tribu Juda.

Duma, in tribu Juda, vicus grandis in Daroma, hoc est, ad australem plagam in finibus Ἐλευθεροπόλεως, decem et septem ab ea millibus distans.

Damna, in tribu Zabulon, Levitis separata civitas.

Dasbath, in tribu Zabulon.

Dabrath, in tribu Issachar, urbs separata Levitis.

DE LIBRO JUDICUM.

Drys, id est, quercus, in Ephrata, in tribu Manasse, unde fuit Gedeon. Et de hac quid nobis visum sit (*b*), in libris Hebraicarum Quæstionum diximus. Quæritur enim, quomodo Ephrata in tribu Manasse nunc esse dicatur.

DE REGNORUM LIBRIS.

Dibon, de qua supra diximus, cujus meminit Isaias in visione contra Moab.

Deseth, quod Aquila transtulit, parietem : Symmachus, murum.

Dodanim, de qua Isaias in visione scribit Arabiæ. Est autem juxta Areopolim.

Daromi ; hujus meminit Ezechiel xx, 46, *apud* LXX, quod Symmachus vertit, in Aphricum.

Diospolis, civitas Ægypti, sicut scribit Ezechiel.

Dadan, in regione Cedar, de qua scribit Jeremias.

Deblataim, in terra Moab, sicut scribit Jeremias.

Dedan, in regione Idumæa, super qua scribit Jeremias. Est autem in quarto milliario (*c*) a Metallofeno contra aquilonem.

(*a*) *Dahiva*, etc. Vetus codex Colbertinus, *Dahuia, sive Dahuid*. MARTIAN.

(*b*) *In Libris Hebraicarum Quæstionum*, etc. Exciderunt Libri illi Hebraicarum Quæstionum in Librum Judicum. Haud dubie in illis docebat Hieronymus *Ephra* legendum pro *Ephrata* : nam *Ephra* legitur in Versione Latina Hieronimyana, et in aliquot Exemplaribus Græcis. Ex hac autem lectione cessat omnis quæstio. MARTIAN.

(*c*) *A Metallofeno*, etc. Forte legendum *Metallofano*, ut supra ad voces *Cata ta Chrysea*. MARTIAN.

tion dans Jérémie. Elle est à quatre milles de Métallofénum, vers le nord.

Décapole, dont parle aussi l'Évangile. C'est une région de dix villes, au-delà du Jourdain, près d'Hippus, de Pella et de Gadara.

DE LA GENÈSE.

Eden, lieu du paradis sacré, vers l'Orient. Ce mot signifie volupté, délices.

Evila, où naissent l'or le plus pur, appelé en hébreu *zaab* (צאב), et les pierres les plus précieuses, l'escarboucle et l'émeraude. C'est une région qui tire vers l'Orient et qu'entoure le Phison à sa sortie du paradis ; le Phison est le fleuve que nous appelons le Gange. Evila fut le nom d'un des descendants de Noé ; Josèphe dit qu'il occupait avec ses frères tout le pays depuis le fleuve Cephène et la région de l'Inde jusqu'au lieu qui s'appelle Hiéria. Il est écrit aussi qu'Ismaël habita dans les solitudes d'Evila, que la sainte Ecriture place dans le désert de Sur, en face de l'Egypte, lequel s'étend jusqu'à la terre des Assyriens.

Euphrate, fleuve de Mésopotamie, qui prend sa source dans le paradis. Or, l'historien Salluste affirme avec certitude qu'on montre les sources du Tigre et de l'Euphrate en Arménie. D'où nous voyons qu'il nous faut chercher ailleurs le paradis et ses fleuves.

Ellasar, cité du roi Arioch.

Ephrata, région de Bethléem, cité de David, qui a vu naître Jésus-Christ. Elle est dans la tribu de Juda, quoique plusieurs la placent dans celle de Benjamin, près de la route où Rachel fut ensevelie à cinq milles de Jérusalem, en cet endroit que la Version des Septante appelle Hippodrome. Nous trouvons Ephrata dans le livre des Paralipomènes, I *Paral.* II, 50, comme nous l'avons déjà dit.

DES NOMBRES ET DU DEUTÉRONOME.

Ebrona, dans le désert, campement des Israélites.

Emath, que traversèrent les espions envoyés par Josué.

Decapolis, sicut in Evangelio legimus. Est autem regio decem urbium trans Jordanem circa Hippum et Pellam et Gadaram.

DE GENESI.

Eden, sacri paradisi locus, ad Orientem, quod in voluptatem deliciasque transfertur.

Evila, ubi aurum purissimum, quod Hebraice dicitur *zaab* (צאב), et gemmæ pretiosissimæ, carbunculus, smaragdusque nascuntur. Est autem regio ad Orientem vergens, quam circumit de paradiso Phison egrediens (a) : quem nostri, mutato nomine, Gangen vocant. Sed et unus de minoribus Noe, Evila dictus est, quem Josephus refert cum fratribus suis a flumine Cephene et regione Indiæ, usque ad eum locum qui appellatur Hieria, possedisse. Sed et Ismael in solitudine Evila habitasse scribitur : quam ait sancta Scriptura esse in deserto Sur contra faciem Ægypti, et tendere usque ad terram Assyriorum.

Euphrates, fluvius Mesopotamiæ, in paradiso oriens. Porro (b) Sallustius auctor certissimus asserit tam Tigris quam Euphratis in Armenia fontes demonstrari. Ex quo animadvertimus aliter de paradiso et fluminibus ejus intelligendum.

Ellasar, civitas regis Arioch.

Ephrata, regio Bethleem civitatis David, in qua natus est Christus. Est autem in tribu Juda (c), licet plerique male æstiment in tribu Benjamin, juxta viam ubi sepulta est Rachel quinto milliario ab Jerusalem, in eo loco qui a Septuaginta vocatur Hippodromus. Legimus Ephratham in Paralipomenon libro, I *Paral.* II, 50, sicut supra dictum est.

DE NUMERIS ET DEUTERONOMIO.

Ebrona, in deserto castra filiorum Israel.

(a) *Quem nostri, mutato nomine*, etc. In Græco legimus, παρ' Ἕλλησι, *apud Græcos*. Sub Græcorum autem nomine continentur omnes nationes præter Judæorum gentem, juxta illud Apostoli, *Judæo primum et Græco*. MARTIAN.

(b) *Sallustius auctor certissimus*, etc. Incertum ubi hæc a Sallustio scripta sint ; nam in Sallustii Fragmentis, versus finem p. 236, inter cætera incerta et istud reperiet lector : *Sallustius, auctor certissimus, asserit Tigrim et Euphratem uno fonte manare in Armenia, qui per diversa euntes, longius dividuntur, spatio medio relicto multorum millium, quæ tamen terra, quæ ab ipsis ambitur, Mesopotamia dicitur*. Quæ profecto non videntur sumpta ab isto præsenti Hieronymi loco : cum multa sint discrepantia, et plura addantur in Fragmento. De Euphrate vero apud Sallustium lib. Historiarum IV hoc etiam scriptum legimus : *Quem tantum is itineribus per regnum Ariobarzanis contendit, ad flumen Euphratem ; qua in parte Cappadocia ab Armenia disjungitur*, etc. MARTIAN. — Aliter in Sallustii fragmentis hic locus in antiquis editionibus legitur : qui enim ea primum collegerunt, ex Isidoro Hisp. lib. XIII, c. 22, sumpsere, ut nobis videtur, non ex Hieronymo, unde ipsum tamen Isidorum hausisse manifestum est. *Sallustius autem auctor certissimus asserit, Tigrim et Euphratem uno fonte manare in Armenia, qui per diversa euntes longius dividuntur*, etc. Subditurque : *Ex quo Hieronymus animadvertit aliter de Paradisi fluminibus intelligendum*. Frustra igitur hæc apud Sallustium quæruntur, nec textus utriusque discrepantiam causatur Martianæus ; non enim hæc ex Sallustio, sed ex Isidoro allata sunt. Hic autem nescio utrum verius legerit in antiquis Hieronymi exemplaribus, *uno fonte manare*, pro *fontes demonstrari*, cum quippe lectionem contextus videtur postulare, tametsi diversos fluminis utriusque fontes prodiderit Strabo, quos διέχειν ἀλλήλων, σταδίους βφ, *distare invicem stadia circiter* 2500 dixit. Vid. alium Isidorum Characenum : Agathemerum, lib. I ; Plutarchum de Euphrate, aliosque.

(c) *Licet plerique male æstiment*, etc. Eusebium notat Hieronymus : ab eodem quoque dissentit cum Ephratam quinto milliario ab Jerusalem positam refert : nam Eusebius in altera columna Ephratham posuit in Tribu Benjamin, quarto milliario ab Hierosolymis. MARTIAN. — Supra ad vocem *Bethleem* in sexto milliario collocant, quod plerique alii auctores uno ore tradunt.

Erma, où une partie du peuple israélite fut taillée en pièces par les Amalécites et par les Chananéens, que l'Écriture, dans le Deutéronome, appelle Amorrhéens.

Ésébon, cité de Séon, roi des Amorrhéens, dans la terre de Galaad. Les Moabites la possédèrent d'abord, puis les Amorrhéens par droit de conquête. Jérémie s'en est souvenu, et Isaïe pareillement dans la vision contre Moab. Elle s'appelle maintenant Esbus, ville remarquable d'Arabie, sur les montagnes qui sont en face de Jéricho ; vingt milles la séparent du Jourdain. Elle fut distraite de la tribu de Ruben pour les Lévites.

Edraï, où fut tué Og, roi de Basan, géant et puissant, et où toute son armée fut taillée en pièces. C'est maintenant Adra, ville importante de l'Arabie, à vingt-quatre mille de Bostra.

Éléalé, cité des Amorrhéens en Galaad, qui tomba dans la part de la tribu de Ruben. Jérémie s'en est souvenu et Isaïe pareillement, dans la vision contre Moab. C'est encore un grand village que l'on montre à un mille d'Esbus.

Enna, qui est près du désert de Cadès.

Ermon, montagne que les Phéniciens surnomment Sanior. Nous l'avons déjà mentionnée.

DU LIVRE DE JOSUÉ.

Enee Achor, qui signifie vallée d'Achor, c'est-à-dire du tumulte et des troubles, où Achan fut lapidé pour avoir détourné quelque chose des offrandes saintes. C'est un lieu près de Jéricho, non loin de Galgal. C'est donc à tort que certains pensent que la vallée d'Achor a pris son nom de celui qui y fut lapidé, puisque celui-ci s'appelait Achan, et non Achor ou Achar.

Eglom, la même qu'Odellam, dans la tribu de Juda. Dabir roi de cette ville, fut tué par Josué. C'est maintenant un gros village, à douze milles d'Eleuthéropolis, vers l'Orient. Nous en avons déjà parlé.

Esrom, la même qu'Asor, près du désert, dans la tribu de Juda. Il en a été déjà fait mention.

Enacim, où Josué extermina les géants du même nom qui peuplaient les montagnes des environs de Chébron. Je crois cependant qu'Enacim n'est pas un nom de ville, et que c'est celui des habitants de Chébron.

Ephron, dans la tribu de Juda. Il y a aussi un gros village d'Ephréa, vers le nord, à vingt milles d'Ælia.

Edré, même tribu.

Ethnam, même tribu.

Ebéziuthia, même tribu.

Evim, même tribu.

Elolath, même tribu.

Emath, quam transierunt exploratores, qui ab Jesu missi sunt.

Erma, ubi pars populi cæsa est Israelis ab Amalec et Chananæo, quem in Deuteronomio Amorrhæum Scriptura vocat.

Esebon, civitas Seon regis Amorrhæorum in terra Galaad : quæ cum fuisset ante Moabitarum, ab Amorrhæis belli jure possessa est. Meminit hujus Jeremias, Isaias quoque in visione contra Moab. Porro nunc vocatur Esbus, urbs insignis Arabiæ, in montibus qui sunt contra Jericho, viginti a Jordane millibus distans. Fuit autem in tribu Ruben separata Levitis.

Edrai, ubi interfectus est Og rex Basan, gigas et potens, omnisque illius cæsus exercitus. Nunc autem est Adra insignis Arabiæ civitas in vicesimo quarto lapide a Bostra.

Eleale, civitas Amorrhæorum in Galaad, quæ cecidit in sortem tribus Ruben. Meminit hujus et Isaias in visione contra Moab, et Jeremias; sed et usque hodie villa grandis ostenditur in primo ab Esbus milliario.

Enna, quæ est juxta desertum Cades.

Ermon, mons Ermon, quem Phœnices cognominant Sanior; jam et supra positus.

DE LIBRO JESU.

Enee Achor, quod interpretatur, vallis Achor, id est tumultus atque turbarum, ubi Achan lapidibus oppressus est, eo quod quædam de anathemate sustulisset. Est autem locus juxta Jericho haud procul a Galgalis (a). Male ergo quidam putant vallem Achor, a nomine ejus qui lapidatus est, nuncupatam, cum ille Achan dictus sit, et non Achor, vel Achar.

Eglom, quæ et Odollam, in tribu Judæ; cujus regem nomine Dabir, interfecit Jesus. Est autem nunc villa prægrandis (b), in duodecimo ab Eleutheropoli lapide contra Orientem : de qua et supra diximus.

Esrom, quæ et Asor, juxta eremum in tribu Juda : de qua et supra dictum est.

Enacim, et in hac interfecit Jesus Enacim gigantes de regione montana in Chebron. Sed mihi videtur non esse nomen loci « Enacim, » sed habitatorum Chebron.

Ephron, in tribu Juda. Est et villa prægrandis Ephræa nomine contra septentrionem in vicesimo ab Ælia milliario.

Edre, in tribu Juda.

Ethnam, in tribu Juda.

Ebeziuthia, in tribu Juda.

(a) *Male ergo quidam putant vallem Achor.* Eusebius notatur hoc loco. MARTIAN.

(b) Latini exscriptoris videtur hic esse lapsus; alibi enim Eusebio consentiens Hieronymus, Odollam *in decimo ab Eleutheropoli milliario* collocat. Recole vocem *Adollam*.

Ereb, même tribu. Il y a maintenant encore, dans la Daroma, c'est-à-dire vers l'Auster, un village d'Erémiththa.

Esan, dans la tribu de Juda.

Elul, même tribu. Il y a maintenant encore, dans la région qui dépend d'Ælia, un village d'Alula, près de Chébron.

Elthécé, ail. *Elthéi*, même tribu. C'est maintenant le bourg de Thécua, à neuf (lisez *douze*) milles d'Ælia, à l'aspect du midi; patrie du prophète Amos, dont on y montre encore le tombeau.

Engaddi, même tribu, où David se cacha dans la solitude qui est dans l'Aulon de Jéricho, c'est-à-dire dans cette région champêtre dont nous avons déjà parlé. On nomme maintenant encore Engadda, un très-gros bourg des Juifs, près de la mer Morte, d'où l'on tire le suc des baumes, arbrisseaux que Salomon appelle les vignes d'Engaddi. *Cant.* I, 13.

Esthémo, cité sacerdotale, maintenant gros bourg des Juifs qu'on montre dans le Daroma, lieu qui dépend de la région d'Eleuthéropolis.

Emec Raphaïm, c'est-à-dire vallée de Raphaïm, dans la tribu de Benjamin.

Edomia, même tribu. On montre maintenant un village d'Eduma dans l'Acrabittène, environ à douze milles de Néapolis, à l'aspect de l'orient.

Erma, que prit Josué, après en avoir tué le roi. Elle fut du lot de Juda ou de Syméon.

Ether, du lot de Syméon, maintenant gros village du nom de Jeththira, au milieu du Daroma, près de Malatham.

Eththa, dans la tribu de Syméon.

Eleath, dans la tribu d'Aser, ville séparée pour les Lévites.

Edraï, dans la tribu de Nephthali.

Esthaül, dans la tribu de Dan, où mourut Samson. On la montre encore à dix milles d'Eleuthéropolis, vers le nord pour ceux qui vont à Nicopolis.

Elthéco, même tribu, ville attribuée aux Lévites.

Elba, dont la tribu d'Aser ne put expulser les habitants primitifs.

Eremmon, bourg très-grand des Juifs, à seize milles d'Eleuthéropolis, à l'aspect du midi, dans le Daroma.

Emathdor, dans la tribu de Nephthali, ville séparée pour les Lévites.

Emath, limites des Allophyles dans la région de Damas.

DES LIVRES DES ROIS.

Ergab, lieu vers lequel Jonathas, fils de Saül, dirigea sa flèche en s'exerçant au tir militaire de l'arc. D'après Aquila et Symmaque, ce mot signifie pierre, quoique ailleurs Symmaque l'ait traduit par le périmètre.

Evim, in tribu Juda.

Elolath, in tribu Juda.

Ereb, in tribu Juda. Est hodieque villa in Daroma, id est, ad Austrum, quæ et Eremiththa nuncupatur.

Esan, in tribu Juda.

Elul, in tribu Juda. Est et hodie in regione ad Æliam pertinente villa nomine Alula, juxta Chebron.

Elthece, al. *Elthei*, in tribu Juda; est hodieque Thecua vicus in nono (leg. *duodecimo*) ab Ælia milliario contra meridianam plagam, de quo fuit Amos propheta, cujus et sepulchrum ibidem ostenditur.

Engaddi, in tribu Juda: ubi absconditus est David in solitudine, quæ est in Aulone Jerichus, hoc est in regione illa campestri, de qua supra diximus. Vocatur autem usque hodie vicus prægrandis Judæorum Engadda, juxta mare Mortuum, unde et opobalsamum venit, quas vineas Engaddi Salomon, *Cant.* I, 13, nuncupat.

Esthemo, civitas sacerdotalis, nunc autem ostenditur prægrandis vicus Judæorum in Daroma, qui locus ad Eleutheropoleos pertinet regionem.

Emec Raphaim, id est, vallis Raphaim, in tribu Benjamin.

Edomia, in tribu Benjamin; nunc vero ostenditur villa Eduma in Acrabittene duodecim ferme millibus distans a Neapoli contra Orientem.

Erma, et hanc Jesus cepit, rege illius interfecto; quæ fuit in sorte Symeonis, sive Judæ.

Ether, sortis Symeonis, et nunc est villa prægrandis nomine Jeththira, in interiori Daroma juxta Malatham.

Eththa, in tribu Symeonis.

Eleath, in tribu Aser, Levitis separata civitas.

Edrai, in tribu Nephthalim.

Esthaul, in tribu Dan, ubi mortuus est Samson; quæ usque hodie ostenditur in decimo Eleutheropoleos milliario contra aquilonem pergentibus Nicopolim.

Eltheco, in tribu Dan, separata Levitis.

Elba, de hac tribus Aser accolas pristinos non quivit expellere.

Eremmon, vicus Judæorum prægrandis in sexto decimo ab Eleutheropoli milliario contra meridiem in Daroma.

Emathdor, in tribu Nephthalim, separata Levitis.

Emath, terminus Allophylorum in regione Damasci.

DE REGNORUM LIBRIS.

Ergab, ad quem locum Jonathan filius Saul veru dirigit, milliaribus jaculis se exercens. Pro quo Aquila et Symmachus interpretati sunt lapidem, licet in alio loco Symmachus pro hoc τὴν περίμετρον dixerit.

Echéla, où se cacha David ; c'est maintenant le village d'Eccéla, à sept milles d'Eleuthéropolis, près duquel on montre le tombeau du prophète Habacuc.

Elmoni, signifie un lieu quelconque. Aquila et Théodotion ont traduit par τόνδε τινὰ, que nous pouvons rendre par *tel ou tel autre*. Que le lecteur soigneux se rappelle, ce dont je l'ai prévenu quelque part au début de ce livre, que je n'approuve pas toutes les opinions que je rapporte ; aussi ai-je laissé sous la responsabilité de l'auteur grec certains points que j'ai pleinement discutés dans mes *Questions hébraïques*.

Esthama, lieu vers lequel David envoya.

Eloth, que bâtit le roi Azarias.

Emath, dans Isaïe, ville du pays de Damas que prit le roi d'Assyrie. Zacharie et Ezéchiel s'en sont souvenus. Dans Amos, on trouve *Emath Rabba*, ce qui signifie pour nous *Emath la grande*. Nous avons dit plus haut que cette ville nous paraît être la même qu'Epiphanie, près d'Emèse, qui maintenant encore porte ce nom dans la langue syriaque.

Eser, ville bâtie par Salomon, est Elcésé, patrie du prophète Nahum, puisqu'il est appelé Elcéséen.

Emacim, que Symmaque et Aquila traduisent par des vallées.

DES EVANGILES.

Emmaüs, patrie de Cléophas, dont parle l'évangéliste saint Luc ; c'est maintenant Nicopolis, noble cité de la Palestine.

Ephraïm, près du désert, où vint Notre-Seigneur Jésus avec ses disciples. Nous en avons parlé déjà sous le nom d'Ephon.

Jusqu'ici le commencement des noms a été lu par E bref. Désormais nous le lirons par E long, représenté en grec par hêta.

DE LA GENÈSE.

Elath, région des princes d'Edom et cité d'Esaü, à dix milles de Pétra, à l'aspect de l'orient.

Eroun (*Gessé*), cité d'Egypte, où Joseph vint au-devant de son père Jacob.

Héliopolis ou ville du soleil, cité d'Egypte dont le nom hébreu est *On*. Pétéfrès y fut prêtre. Ezéchiel la nomme.

Etham, dans le désert, campement des Israélites ; on l'appelle Ebutham (peut-être aussi *Butham*.)

DU LIVRE DE JOSUÉ.

Engannim, dans la tribu de Juda, est maintenant un bourg près de Béthel.

Enaïm, même tribu, est aujourd'hui le hameau de Béthénim, aux environs du Térébinthe.

Echela, ubi absconditus est David ; nunc vero Eccela villa dicitur in septimo ab Eleutheropoli milliario, juxta quam et sepulcrum Ambacuc (*a*) prophetæ ostenditur.

Elmoni, locus quispiam interpretatur : pro quo Aquila et Theodotio transtulerunt τόνδε τινὰ, quod nos dicere possumus, « hunc vel illum. » Porro diligens lector agnoscat, quod in principio quoque libri hujus aliqua ex parte perstrinxi, me non omnia quæ transfero comprobare : sed idcirco quædam juxta auctoritatem Græcam relinquere, quia de his in Libris Hebraicarum Quæstionum plenius disputavi.

Esthama, ad quem locum misit David.

Eloth, quam ædificavit rex Azarias.

Emath, in Isaia civitas Damasci, quam oppugnavit rex Assyriorum. Meminit hujus Zacharias et Ezechiel. In Amos quoque « Emath Rabba » scribitur, quod nobiscum sonat, « Emath magna. » Diximus de hac et supra, quod nobis videretur hanc esse Epiphaniam juxta Æmesam, quæ usque hodie Syro sermone sic dicitur.

Eser, urbs quam ædificavit Salomon, Elcese, de quo loco et Naum propheta fuit, nam appellatur Elcesæus.

Emacim, quod Symmachus et Aquila transtulerunt, vallium.

DE EVANGELIIS.

Emmaus, de quo loco fuit Cleophas, cujus Lucas Evangelista meminit ; hæc est nunc Nicopolis insignis civitas Palæstinæ.

Ephraim, juxta desertum, ad quam venit Dominus Jesus cum discipulis suis. Diximus de hac et supra sub Ephon vocabulo.

Hucusque per correptam litteram E, nominum sunt lecta principia. Exinde per extensum legamus elementum, quod Græce dicitur heta.

DE GENESI.

Elath, regio principum Edom, et civitas Esau, in decimo a Petra milliario contra Orientem.

Eroum (*Gesse*), civitas in Ægypto, ad quam Joseph occurrit patri suo Jacob.

Heliopolis, civitas solis, urbs in Ægypto, pro qua in Hebræo scriptum est « on, » in qua Petrefres sacerdos fuit. Meminit hujus et Ezechiel.

Etham, castra filiorum Israel in deserto, quæ appellantur Ebutham (*f. et Butham*).

DE LIBRO JESU.

Engannim, in tribu Juda, nunc est vicus juxta Bethel.

Enaim, in tribu Juda, hodieque villa est Bethenim circa Terebinthum.

(*a*) *Sepulcrum Ambacuc.* Sepulcrum Abacuc multis locis diversis monstrabatur, sicut hodie caput S. Joannis Baptistæ. Martian.

Endor, dans la tribu de Manassé, où la Pythonisse fut consultée par Saül, roi de Judée. Nous avons déjà parlé d'Endor, qui est près de la forteresse de Naïm, aux portes de laquelle le Sauveur ressuscita le fils de la veuve. C'est dans les environs de Scythopolis.

Enganni, dans la tribu d'Issachar, cité séparée pour les Lévites. Il y a une autre ville appelée Enganna, non loin de Gérasa, au-delà du Jourdain.

Enadda, dans la tribu d'Issachar. Il y a maintenant encore un village d'Ennadab, environ à dix milles d'Eleuthéropolis, sur la route d'Ælia.

Enasor, dans la tribu de Nephthali, est située au-dessus d'Asor.

Ereccon, limite de la tribu de Dan, près de Joppé.

DU LIVRE DES JUGES.

Etam, où habitait Samson, grotte près d'un torrent.

DES LIVRES DES ROIS.

Ela; nous lisons la vallée d'Ela, qu'Aquila et Théodotion traduisent par vallée du chêne.

Engaddi, désert où se cacha David. Nous avons plus haut placé cet Engaddi dans la tribu de Juda, près de la mer Morte, à l'aspect de l'occident.

Emath, région des Allophyles; elle dépendait, selon Jérémie, de la cité de Damas.

Enam, limite de Damas, comme on le lit dans Ezéchiel, tournant vers l'orient à partir de Théman et de Palmès. Les autres traducteurs appellent cette limite Thamar.

DE LA GENÈSE.

Phison, qui signifie multitude; fleuve que nous appelons le Gange; il sort du paradis, s'avance vers les régions de l'Inde, qu'il traverse avant de se jeter dans la mer. L'Ecriture dit qu'il entoure toute la région d'Evila, où naissent l'or le plus pur, l'escarboucle et l'émeraude.

Faran, maintenant forteresse au-delà de l'Arabie, dans le voisinage des Sarrasins, nomades du désert. Les Israélites passèrent par là, quand ils eurent levé leur campement du mont Sinaï. Il est, disons-nous, au-delà de l'Arabie, en regard de la plage australe, et à trois journées de marche d'Aila vers l'Orient. Or, l'Ecriture nous dit, *Gen.* XXI, qu'Ismaël habita dans le désert de Pharan, où il donna naissance aux Ismaélites, maintenant les Sarrasins. Nous lisons aussi que le roi Chodorlagomor les défit et qu'ils étaient alors dans le désert de Pharan.

Philistiim, maintenant appelée Ascalon, qui a autour d'elle la région de la Palestine.

Fanuel, lieu où Jacob, luttant toute la nuit, mérita le surnom d'Israël, près du torrent de Jabob. Or, Fanuel signifie face de Dieu, parce que Jacob vit Dieu en cet endroit.

Endor, in tribu Manasse, ubi Pythonissa a Saule rege Judææ consulitur. Diximus et supra de Endor, quæ est juxta oppidum Naim, in cujus portis Salvator filium viduæ suscitavit. Est autem circa Scythopolim.

Enganni, in tribu Issachar civitas separata Levitis. Sed et alia quædam civitas Enganna dicitur, circa Gerasam trans Jordanem.

Enadda, in tribu Issachar. Est autem usque hodie quædam villa Ennadab pergentibus de Eleutheropoli Æliam, quasi in decimo milliario.

Enasor, in tribu Nephthalim, posita est et supra Asor.

Ereccon, terminus tribus Dan, juxta Joppen.

DE JUDICUM LIBRO.

Etam, ubi habitabat Samson, in spelunca Etam, juxta torrentem.

DE REGNORUM LIBRIS.

Ela, legimus vallem Ela; quam Aquila et Theodotio interpretantur, vallem quercus.

Engaddi, desertum, in quo absconditus est David. Posuimus et supra Engaddi in tribu Juda juxta mare Mortuum, contra Occidentem.

Emath, regio Allophylorum. Porro juxta Jeremiam civitas Damasci.

Enam, terminus Damasci, sicut in Ezechiel legitur, ad Orientem vergens a Themam et Palmetis; quæ cæteri interpretes ediderunt, Thamar.

DE GENESI.

Fison, quod interpretatur, caterva; fluvius quem nostri *(Græci)* Gangen vocant, de paradiso exiens, et pergens ad Indiæ regiones, post quas erumpit in pelagus. Dicit autem Scriptura circumiri ab hoc universam regionem Evila, ubi aurum præcipuum nascitur et Carbunculus lapis et Prasinus.

Foran, nunc oppidum trans Arabiam junctum Saracenis, qui in solitudine vagi erant. Per hoc iter fecerunt filii Israel, cum de monte Sina castra movissent. Est ergo, ut diximus, trans Arabiam contra australem plagam, et distat ab Aila contra Orientem, itinere trium dierum. In deserto autem Pharan Scriptura, *Gen.* XXI, commemorat habitasse Ismaelem. Unde et Ismaelitæ, qui nunc Saraceni. Legimus quoque Chodorlagomor regem percussisse eos, qui erant in deserto Pharan.

Filistiim, quæ nunc dicitur Ascalon, et circa eam regio Palæstinæ.

Fanuel, locus in quo Jacob tota nocte colluctans, Israelis vocabulum meruit, juxta torrentem Jabob. Fanuel autem interpretatur facies Dei, ab eo quod Jacob ibi Deum viderit.

Fogo, cité du roi Adad, dans la région de Gabal.

Fénon, campement des Israélites dans le désert. Autrefois cité des princes d'Edom, c'est maintenant un petit bourg du désert, où les mines d'airain sont creusées par les condamnés aux carrières, entre Pétra et Zoara. Il en a été déjà parlé.

DE L'EXODE.

Fithom, cité d'Egypte bâtie par les Israélites.

DES NOMBRES ET DU DEUTÉRONOME.

Fin, campement des Israélites dans le désert.

Fathura, cité au-delà de la Mésopotamie, patrie de Balaam le devin. Il y a aussi un village de Fathura, près d'Eleuthéropolis, sur la route de Gaza.

Phogor et Bethphogor, montagne des Moabites, vers laquelle le roi Balac conduisit le devin Balaam, sur le sommet de Liviade. On voit, non loin de Bethléem, un autre village de Phogor, qui s'appelle maintenant Phaora.

Phasga, cité des Amorrhéens. Il y a aussi, à l'aspect de l'orient, une montagne de Phasga, nom qu'Aquila interprète par déchiré. La version des Septante traduit aussi quelque part ce nom par déchiré.

DU LIVRE DES JUGES.

Fanuel, cité que fonda Jéroboam.

Fanuel, tour renversée par Gédéon. L'un des fils d'Hor s'appelait également Fanuel. I *Paral.* XLIV.

Fraaton, sur le mont Amalec, patrie d'Abdon, juge d'Israël.

DES LIVRES DES ROIS.

Felmoni almoni, qu'Aquila traduit par celui-là ou cet autre ; Symmaque par je ne sais quel lieu, et Théodotion par ce lieu-là. C'est Elmon, mot que j'ai discuté dans les *Questions hébraïques.*

Fogo, cité du royaume d'Edom.

Farfar, fleuve du pays de Damas.

Fathoré, selon Ezéchiel et Jérémie, région d'Egypte où habitèrent les Juifs fugitifs.

DE LA GENÈSE

Géon, fleuve que les Egyptiens appellent le Nil. Il naît dans le paradis, et entoure toute l'Ethiopie.

Gomorrhe, l'une des cinq villes dés Sodomites ; elle fut, comme les autres, détruite par le feu divin.

Gérara, d'où la région au-delà du Daroma se nomme aujourd'hui Gératique, est à vingt-cinq milles d'Eleuthéropolis, vers le midi. C'était jadis la limite des Chananéens vers la plage australe, et une cité métropole de la Palestine. L'Ecriture la place entre Cadès et Sur, c'est-à-dire entre deux déserts, dont l'un, joint à l'Egypte, reçut

Fogo, civitas Adad regis, quæ est in regione Gabalitica.

Fenon, castra filiorum Israel in deserto. Fuit autem quondam civitas principum Edom, nunc viculus in deserto, ubi æris metalla damnatorum suppliciis effodiuntur, inter civitatem Petram et Zoaram, de quo et supra diximus.

DE EXODO.

Fithom, civitas Ægypti, quam ædificaverunt filii Israel.

DE NUMERIS ET DEUTERONOMIO.

Fin, castra filiorum Israel in deserto.

Fathura, civitas trans Mesopotamiam, unde fuit Balaam hariolus ; sed et juxta Eleutheropolim quædam villa nomine Fathura euntibus Gazam nuncupatur.

Fogor, et Bethfogor, mons Moabitarum, ad quem Balac rex adduxit Balaam hariolum in supercilio Liviadis. Sed et alia villa Fogor haud procul a Bethleem cernitur, quæ nunc Phaora nuncupatur.

Fasga, civitas Amorrhæorum. Est autem et mons contra orientalem plagam Fasga, pro quo Aquila interpretatur, excisum. Sed et Septuaginta interpretes Fasga in quodam loco, excisum transtulerunt.

DE LIBRO JUDICUM.

Fanuel, civitas quam ædificavit Jeroboam.

Fanuel, turris quam subvertit Gedeon. Sed et unus de filiis Hor vocatus est Fanuel. I *Paral.* XLIV.

Fraaton, unde fuit Abdon judex populi Israel in monte Amalec.

DE REGNORUM LIBRIS.

Felmoni almoni, quod Aquila interpretatur, illum vel istum. Symmachus vero, nescio quem locum. Theodotio, illum locum. Elmon (de quo in libris Hebraicarum Quæstionum plenius disputatum est).

Fogo, civitas regni Edom.

Farfar, fluvius Damasci.

Fathore, regio Ægypti juxta Ezechielem et Jeremiam, in qua profugi habitavere Judæi.

DE GENESI.

Geon, fluvius, qui apud Ægyptios Nilus vocatur, in paradiso oriens, et universam Æthiopiam circumiens.

Gomorrha, una de quinque civitatibus Sodomorum, quæ cum reliquis divina ultione subversa est.

Gerara, ex cujus nomine nunc Geraritica vocatur regio trans Daroma, procul ab Eleutheropoli millibus viginti quinque ad meridiem. Erat autem olim terminus Chananæorum ad australem plagam, et civitas metropolis Palæstinæ. Scriptura commemorat fuisse eam inter Cades et Sur, hoc est inter duas solitudines : quarum una Ægypto jungitur, ad quam

le peuple à sa sortie de la mer Rouge, et l'autre, celui de Cadès, s'étend jusqu'au désert des Sarrarins.

Galaad, montagne près de laquelle arriva Jacob fugitif, le septième jour de marche après son départ de Charris. Elle est derrière la Phénicie et l'Arabie, se relie au Liban, et s'étend, à travers le désert, jusqu'à cet endroit d'au-delà du Jourdain où habitait jadis Séon, roi des Amorrhéens. Cette chaîne de montagnes tomba dans les lots de Ruben, de Gad et d'une demi-tribu de Manassé. Jérémie en parle : « Galaad, tu es pour moi le commencement du Liban. » XLII, 6. Une ville bâtie sur le sommet prit le nom de la montagne ; elle fut prise aux Amorrhéens par Galaad, fils de Machis, fils de Manassé.

Gader, tour où, pendant que Jacob l'habitait, Ruben profana le lit paternel. Ce nom s'écrit en hébreu sans la lettre G, *ader*. (עדר).

Getthaïm, que l'hébreu écrit AVITH, cité d'Adad, qui fut le quatrième roi d'Idumée, maintenant appelée Gébalène.

Gésem, région d'Egypte, qu'habita Jacob avec sa famille.

DES NOMBRES ET DU DEUTÉRONOME.

Gasiongaber, campement des Israélites dans le désert, selon qu'il est écrit dans le livre des Nombres. D'après le Deutéronome, c'était une cité d'Esaü, que l'on croit être la même qu'Esia, près de la mer Rouge et d'Aila.

Gaï, campement des Israélites dans le désert ; on appelle encore Gaïa une ville de la Palestine, près de Pétra.

Gelmon Déblathaïm, campement, c'est-à-dire halte des Israélites dans le désert.

Gadgad, montagne dans le désert, au pied de laquelle campèrent les Israélites.

Gaza, cité des Evéens, qu'habitèrent les Cappadociens, après en avoir exterminé les habitants primitifs. Chez les anciens, elle formait la limite entre les Chananéens et l'Egypte. Elle tomba dans le lot de la tribu de Juda, qui ne put la conserver, parce que les Enacim ou géants, les plus puissants des Allophyles, s'y maintinrent. C'est maintenant encore une importante cité de la Palestine. On se demande pourquoi un Prophète a dit que Gaza doit être changée en tombeau éternel. Voici la réponse à cette question : A peine quelques vestiges de fondements indiquent-ils la place de l'ancienne cité, remplacée par celle qui existe maintenant et qui a été bâtie en un autre endroit.

Gargasi, cité au-delà du Jourdain, tenant aux montagnes de Galaad et possédée autrefois par la tribu de Manassé. C'est maintenant, dit-on, Gérasa, importante ville d'Arabie. D'autres pensent qu'elle est la même que Gadara. L'Evangile parle des Gergéséniens.

populus trans fretum Rubri maris pervenit ; altera vero Cades, usque ad Saracenorum eremum extenditur.

Galaad, mons ad quem septimo die profectionis e Charris Jacob profugus venit. Est autem ad tergum Phœnices et Arabiæ, collibus Libani copulatus ; extenditurque per desertum usque ad eum locum, ubi trans Jordanem habitavit quondam Seon rex Amorrhæorum. Cecidit supradictus mons in sortem filiorum Ruben, et Gad, et dimidiæ tribus Manasse ; sed et Jeremias, XLII, 6, loquitur : « Galaad tu mihi initium Libani, » a quo monte et civitas in eo condita, sortita vocabulum est ; quam cepit de Amorrhæorum manu Galaad filius Machis, filii Manasse.

Gader, turris, ubi habitante Jacob, Ruben patris violavit torum, quæ absque G littera, in Hebræo *ader* (עדר) scribitur.

Getthaim, pro qua in Hebræo positum est AVITH, civitas Adad, qui quartus regnavit in terra Idumæa, quæ nunc Gebalene dicitur.

Gesen, regio Ægypti, in qua habitavit Jacob cum liberis suis.

DE NUMERIS ET DEUTERONOMIO.

Gasiongaber, castra in solitudine filiorum Israel, sicut in Numerorum libro scriptum est. Porro juxta Deuteronomium civitas est Esau, quam nunc Esiam nuncupari putant, juxta mare Rubrum et Ailam.

Gai, in solitudine castra filiorum Israel ; et usque hodie Gaia urbs dicitur Palestinæ, juxta civitatem Petram.

Gelmon Deblathaim, castra, id est, mansio filiorum Israel in deserto.

Gadgad, mons in deserto, ubi castrametati sunt filii Israel.

Gaza, civitas Evæorum, in qua habitavere Cappadoces, pristinis cultoribus interfectis. Apud veteres erat terminus Chananæorum juxta Ægyptum, ceciditque in sortem tribus Judæ ; sed eam tenere non potuit, quia Enacim, id est gigantes, Allophylorum fortissimi, restiterunt ; et est usque hodie insignis civitas Palæstinæ. Quæritur autem quomodo in quodam Propheta dicatur Gaza futura in tumulum sempiternum ; quod solvitur ita : antiquæ civitatis locum vix fundamentorum præbere vestigia, hanc autem quæ nunc cernitur in alio loco, pro illa quæ corruit, ædificatam.

Gargasi, civitas trans Jordanem, juncta monti Galaad, quam tenuit tribus Manasse. Et hæc esse nunc dicitur Gerasa, urbs insignis Arabiæ. Quidam autem ipsam esse Gadaram æstimant. Sed et Evangelium meminit Gergesenorum.

Gaggada, où se trouvent d'abondantes sources d'eau. C'est un lieu du désert.

Gaulon ou Golam, dans la tribu de Manassé, ville sacerdotale et de refuge de la Basanitide. On appelle aussi maintenant Gaulon, dans la Batanée, un gros village dont la région environnante a pris le nom.

Gébal, montagne de la terre promise où, selon l'ordre de Moïse, fut construit un autel.

Il y a près de Jéricho deux montagnes voisines, en regard l'une de l'autre, et dont l'une s'appelle Garizim, et l'autre Gébal. Les Samaritains croient que ces deux montagnes sont celles des environs de Néapolis; mais ils se trompent grandement; celles-ci sont à une distance trop grande l'une de l'autre et ne peuvent entendre réciproquement les voix de ceux qui se bénissent ou qui se maudissent entre eux, selon l'expression de l'Ecriture au sujet de Gazirim et de Gébal.

. Gazirim, montagne sur laquelle se placèrent ceux qui maudissaient, en face du mont Gébal.

Golgol, et aussi Galgal, près de laquelle se trouvent, selon l'Ecriture, les monts Garizin et Gébal. Or, Galgal est un lieu près de Jéricho. Les Samaritains se trompent donc quand ils prétendent montrer le Garizin et le Gébal près de Néapolis, alors que le témoignage de l'Ecriture les place près de Galgal.

Gaï, en Moab, qui se traduit par vallée de Moab. Là, près du mont Phogor, fut enseveli Moïse.

DU LIVRE DE JOSUÉ.

Galgala, la même que Golgol de tout à l'heure, vers la plage orientale de l'antique Jéricho, au-deçà du Jourdain, où Josué circoncit le peuple pour la seconde fois, célébra la Pâque et, à défaut de manne, ordonna aux Israélites l'usage des pains de froment. En ce même lieu demeurèrent les pierres qu'ils y avaient apportées du lit du Jourdain ; le tabernacle de l'alliance y fut aussi longtemps fixé. Galgala tomba dans le lot de la tribu de Juda ; c'est maintenant un lieu désert qu'on montre à deux lieues de Jéricho, et que les habitants du pays ont en très-grande vénération. Quelques-uns citent une autre Galgala qui aurait existé près de Béthel.

Gaï, près de Bethan et de Béthel ; Josué la prit, après en avoir tué le roi. Les Amorrhéens d'en deçà, ail. *des environs,* du Jourdain la peuplèrent jadis. On n'y voit maintenant qu'un lieu désert.

Gabaon, d'où les Gabaonites suppliants vinrent vers Josué. C'était autrefois une métropole des Evéens et leur ville royale. Elle tomba dans le lot de la tribu de Benjamin. On montre encore un village du même nom à quatre milles de Béthel, à l'aspect de l'occident, près de Rama et de Remmon ; c'est là que Salomon, ayant

Gaggada, ubi aquarum torrentes sunt. Est autem locus in solitudine.

Gaulon, sive Golam, in tribu Manasse civitas sacerdotalis et fugitivorum, in regione Basanitide. Sed et nunc Gaulon vocatur villa prægrandis in Batanæa, ex cujus nomine et regio sortita vocabulum est.

Gebal, mons in terra repromissionis, ubi ad imperium Mosis altare constructum est. Sunt autem juxta Jericho duo montes vicini contra se invicem respicientes, e quibus, unus Garizim, alter Gebal dicitur. Porro Samaritani arbitrantur, hos duos montes juxta Neapolim esse ; sed vehementer errant : plurimum enim inter se distant, nec possunt invicem benedicentium sive maledicentium inter se audiri voces ; quod Scriptura commemorat.

Garizin, mons super quem steterunt hi qui maledicta resonabant, juxta supra dictum montem Gebal.

Golgol, quæ et Galgal, juxta quam montes esse scribuntur Garizin et Gebal. Galgal autem, locus est juxta Jericho. Errant igitur Samaritani, qui juxta Neapolim Garizin et Gebal montes ostendere volunt, cum illos juxta Galgal esse Scriptura testetur.

Gai, in Moab, quod interpretatur, vallis Moab, juxta Phogor, ubi sepultus est Moses.

DE LIBRO JESU.

Galgala, hæc est quam supra posuimus Golgol, ad orientalem plagam antiquæ Jerichus cis Jordanem, ubi Jesus secundo populum circumcidit, et Pascha celebravit, et deficiente manna, triticeis panibus usus est Israel. In ipso loco lapides quoque, quos de alveo, al. *alveolo*, Jordanis tulerant, statuerunt ; ubi et tabernaculum testimonii fixum multo tempore fuit. Cecidit autem in sortem tribus Judæ, et ostenditur usque hodie locus desertus in secundo Jerichus milliario, ab illius regionis mortalibus miro cultu habitus. Sed et juxta Bethel quidam aliam Galgalam suspicantur.

Gai, juxta Bethan et Bethel, quam expugnavit Jesus, rege illius interfecto, et habitavit in illa quondam citra, al. *circa*, Jordanem Amorrhæus, nunc desertus tantum ostenditur locus.

Gabaon, unde Gabaonitæ supplices venerunt ad Jesum : erat olim metropolis et regalis civitas Evæorum, ceciditque in sortem tribus Benjamin. Et nunc ostenditur villa eodem nomine in quarto milliario Bethelis contra occidentalem plagam, juxta Rama et Remmon ; ubi Salomon hostiis immolatis, divinum

immolé des victimes, mérita d'entendre l'oracle divin. Cette ville fut séparée pour les Lévites.

Gabé, du lot de Benjamin, ville également séparée pour les Lévites.

Gazer, dans le lot de la tribu d'Ephraïm, ville séparée pour les Lévites. Josué la prit, après en avoir tué le roi. Reconstruite plus tard par Salomon, elle est maintenant le village de Gazara, à quatre milles de Nicopolis, à l'aspect du nord. Notons qu'Ephraïm ne put en expulser les étrangers.

Goson, que Josué prit aussi.

Geth, où se maintinrent les géants appelés Enacim, habitants du pays des Philistins. C'est un bourg qu'on montre à cinq milles d'Eleuthéropolis, sur la route de Diospolis.

Gésom, cité des étrangers, qui est en Gargas dans la Basanitide. Les Israélites n'en purent expulser les Gésures.

Gader, dont Josué tua le roi. Nous lisons que Jacob fixa sa tente au-delà de la tour de Gader. *Gen.* xxxv, 16.

Goïm in Gelgel, les nations de Gelgel, d'après Aquila et Symmaque.

Gelgel, que prit Josué. On montre maintenant un village de Galgulis, à six milles vers le nord d'Antipatride.

Golathmaïm, lieu dont le nom veut dire possession de l'eau.

Gadda, dans la tribu de Juda. C'est maintenant encore un village sur la limite extrême du Daroma, vers l'orient, au-dessus de la mer Morte.

Gadéra, même tribu. C'est maintenant le village de Gadora, dépendant du territoire d'Ælia, près de Térébinthe.

Gahédur, même tribu. C'est aujourd'hui Gédrus, gros bourg à dix milles de Diospolis, sur la route d'Eleuthéropolis.

Gabli, terre des Allophyles.

Gison, dans la tribu de Juda.

Gélon, même tribu.

Gadéroth, même tribu.

Gétremmon, dans la tribu de Manassé, cité séparée pour les Lévites.

Gaï, vallée ou pic.

Géhennom, qui signifie vallée d'Ennom, et dont quelques-uns tirent le nom de géhenne. Elle tomba dans le lot de la tribu de Benjamin, près du mur de Jérusalem, à l'aspect de l'orient. Il a été longuement discuté à ce sujet dans les *Questions hébraïques*.

Géthépher, dans la tribu de Zabulon.

Gefthaël, c'est-à-dire vallée d'Efthaël, même tribu.

Gabathon, dans la tribu de Dan, ville séparée pour les Lévites. Il y a une forteresse de Gabé à seize milles de Césarée, et un village de Ga-

meruit oraculum. Fuit autem et ipsa separata Levitis.

Gabe, sortis Benjamin, et hæc Levitis civitas separata.

Gazer, in sorte tribus Ephraim, urbs separata Levitis : quam et ipsam expugnavit Jesus, rege illius interfecto. Ædificata est autem postea a Solomone ; nunc Gazara villa dicitur in quarto milliario Nicopoleos contra septentrionem. Veruntamen sciendum, quod alienigenas ex ea Ephraim non potuit expellere.

Goson, et hanc expugnavit Jesus.

Geth, in hac gigantes, qui vocabantur Enacim, et Philistinorum accolæ permanserunt. Ostenditur vicus in quinto miliario ab Eleutheropoli euntibus Diospolim.

Gesom, civitas alienigenarum, quæ est in Gargasi in Basanitide : de qua filii Israel expellere non valuerunt Gesuri.

Gader, et hujus regem interfecit Jesus. Legimus quod Jacob trans turrim Gader fixerit tabernaculum suum. *Gen.* xxxv, 16, *apud* LXX.

Goim in Gelgel, quod Aquila et Symmachus interpretantur, gentes in Gelgel.

Gelgel, et hanc cepit Jesus ; et nunc ostenditur villa nomine Galgulis, ab Antipatride in sexto milliario contra septentrionem.

Golathmaim, locus qui interpretatur possessio aquæ.

Gadda, in tribu Juda. Est autem hodieque villa in extremis finibus Daromæ contra orientem, imminens mari Mortuo.

Gadera, in tribu Juda ; nunc appellatur villa ad regionem civitatis Æliensis pertinens, nomine Gadora, circa Terebinthum.

Gahedur, in tribu Juda ; hodieque vocatur Gedrus, vicus prægrandis in decimo milliario Diospoleos pergentibus Eleutheropolim.

Gabli, terra Allophylorum.

Gison, in tribu Juda.

Gelon, in tribu Juda.

Gaderoth, in tribu Juda.

Getremmon, in tribu Manasse, civitas separata Levitis.

Gai, vallis, sive præruptum.

Gehennom, quod interpretatur, vallis Ennom, et ab hac quidam putant appellatam gehennam. Cecidit autem in sortem tribus Benjamin juxta murum Jerusalem contra orientem ; super qua in libris Hebraicarum Quæstionum plenius dictum est.

Gethepher, in tribu Zabulon.

Gefthael, id est vallis Efthael, in tribu Zabulon.

Gabathon, in tribu Dan, civitas separata Levitis. Est quoque oppidum, quod vocatur Gabe, in sexto-

batha sur les confins de Diocésarée, près du vaste camp de la Légion ; on nomme aussi les petits bourgs de Gaba et de Gabatha, à l'aspect de l'orient du Daroma. Citons une autre Gabatha, dans la tribu de Benjamin, où fut la maison de Saül. Enfin, le livre des Rois, mentionne une autre Gabatha des étrangers, près de Bethléem, dans la tribu de Juda.

Gétremmon, cité de la tribu de Dan, séparée pour les Lévites. Elle est maintenant un gros village à douze milles de Diospolis, pour ceux qui y reviennent d'Eleuthéropolis.

Galiloth, près du Jourdain, dans la tribu de Benjamin, lieu où les fils de Ruben élevèrent un autel au Seigneur.

Gaas, dans la tribu d'Ephraïm, montagne sur le versant septentrional de laquelle fut enseveli Josué, fils de Navé ; on montre encore son remarquable tombeau près du bourg de Thamna.

Gabaath, dans la tribu de Benjamin, ville de Phinéés, fils d'Eléazar. Là fut enseveli Eléazar. C'est maintenant Gabatha, village à douze milles d'Eleuthéropolis ; on y montre aussi le tombeau du prophète Habacuc.

Gabaam, jusqu'à laquelle il fut combattu contre la tribu de Benjamin, comme le rapporte le livre des Juges, *Jud.* 20.

DU LIVRE DES ROIS.

Geththa, lieu où l'on transporta d'Azot l'arche d'alliance ; maintenant un grand bourg s'appelle Giththam, entre Antipatride et Jamnia. Un autre village est aussi appelé Geththim.

Gallim, patrie de Phalthi, qui, après la fuite de David, avait reçu son épouse Michol. Isaïe s'est souvenu de ce lieu. On dit qu'il y a près d'Accaron un bourg de Gallaa.

Gélamsur, région des Allophyles.

Gelboé, montagne des étrangers, à six milles de Scythopolis, sur lesquelles il y a un gros bourg du nom de Gelbus.

Gédud, où descendit David. Aquila traduit ce mot par prêt, équipé ; Symmaque par coin des larrons.

Gazéra, où David battit les étrangers. Nous avons déjà cité Gazer.

Gésur, région des étrangers en Syrie.

Gilon, patrie d'Achitophel.

decimo milliario Cæsareæ, et alia villa Gabatha in finibus Diocæsareæ juxta grandem campum Legionis ; necnon Gaba et Gabatha, viculi contra orientalem plagam Daromæ. Sed et alia Gabatha in tribu Benjamin, ubi fuit domus Saul ; alienigenarum quoque in Regnorum libris quædam Gabatha scribitur ; et juxta Bethleem in tribu Juda.

Getremmon, alia civitas in tribu Dan, separata Levitis. Est autem nunc villa prægrandis in duodecimo milliario Diospoleos pergentibus ad eam de Eleutheropoli.

Galiloth, locus juxta Jordanem in tribu Benjamin ; ubi altare Domino constituerunt filii Ruben.

Gaas, mons in tribu Ephraim, in cujus septentrionali plaga sepultus est Jesus filius Nave, et usque hodie juxta vicum Thamna sepulcrum ejus insigne monstratur.

Gabaath, in tribu Benjamin, urbs Phinees filii Eleazar, ubi sepultus est Eleazarus. Est autem nunc Gabatha, villa in duodecimo lapide Eleutheropoleos, ubi et sepulcrum (a) Ambacuc prophetæ ostenditur.

Gabaam, usque ad hanc bellatum est contra tribum Benjamin, sicut in libro Judicum scribitur. *Jud.* 20.

DE REGNORUM LIBRIS.

Geththa, ad quem locum transtulerunt arcam testamenti de Azoto ; nunc vicus grandis vocatur Giththam, inter Antipatridem et Jamniam. Sed et alia villa appellatur Geththim.

Gallim, unde fuit Phalthi, qui post fugam David, Michol uxorem ejus acceperat. Meminit hujus loci et Isaias. Dicitur autem esse quidam juxta Accaron vicus, qui vocetur Gallaa.

Gelamsur, regio Allophylorum.

Gelboe, montes alienigenarum, in sexto lapide a Scythopoli, in quibus et vicus est grandis, qui vocatur Gelbus.

Gedud, ad quam descendit David ; pro quo Aquila, τὸν εὔζωνον, id est, expeditum, vel accinctum ; Symmachus, latronum cuneum, transtulerunt.

Gazera, ubi percussit David alienigenas. Posuimus et supra Gazer.

Gesur, regio alienigenarum in Syria.

Gilon, unde fuit Achitophel.

(a) Et supra ad *Ceila*, itemque ad *Echela* idem Ambacuci sepulcrum monstrari traditur : quod projecta temeritate Clericus hoc in loco deridet, accusatque ἀντιλογίας. Contra Relandus ac Rhenferdus nihil ab Eusebio aut Hieronymo peccatum ostendunt, valdeque erudite observant tria hæc loca, *Ceila*, *Echela* et *Gabatha* fuisse in via Regia, vel militari sita inter Eleutheropolim et Chebronem, quod ex his quæ ad *Ceila* dicuntur, manifesto liquet. Nimirum a euntibus Eleutheropoli Chebronem versus, ad septimum lapidem *Echela* occurrebat, ad octavum *Ceila*, ad decimum *Gabatha* : neque adeo mirum, si duarum leucarum spatio idem monumentum tribus aut pluribus locis monstraretur ad dexteram, vel sinistram viæ militaris situm, maxime si imposita moles paulo altior fuit, aut in editiori loco exstructa, quod erat ad ejus gentis ingenium paulo remotius e via publica. Enimvero non in aliquo trium horum locorum, nedum in tribus ipsis prophetam fuisse sepultum Eusebius aut Hieronymus docent : sed tantum juxta hæc loca ejus monumentum monstrari solitum viatoribus, qui æque ab hoc, quam ab illo conspicere potuissent. Adducitur in hanc rem Virgilii quoque versus Eclog. IX :

Hinc adeo media est nobis via ; namque sepulcrum
Incipit apparere Bianoris.

Gob, où fut livré un combat, II *Reg.* XXI, 18.

Galilée. Il y en a deux: la Galilée des Gentils, voisine des frontières de Tyr, où Salomon donna vingt cités à Hiram, roi de Tyr, dans le lot de la tribu de Nephthali ; et la Galilée dite des environs de Tibériade et du lac de Génézareth, dans la tribu de Zabulon.

Gion, où Salomon fut sacré roi.

Ger, lieu ou Jéhu, roi d'Israël, frappa Ochozias, roi de Juda, près de Jéblaam.

Gettha-Chopher, patrie du prophète Jonas.

Gaddi, que ruina Azaël, roi de Damas.

Gadda a été placée plus haut.

Gémala, région des Iduméens. Aquila et Symmaque interprètent ce nom par vallée du sel.

Gébin, dont parle Isaïe. Il y a un village de Géba, à cinq milles de Gephna, sur la route de Néapolis.

Gozan, dans le pays d'Emath ; Isaïe la nomme. Elle est limitrophe de Damas.

Gareb, colline près de Jérusalem, comme l'a écrit Jérémie.

Gébarth, qui, d'après Aquila, signifie dans les haies, et, d'après Symmaque, dans les colonies. Lisez Jérémie.

Gépha, nom de région écrit dans Isaïe.

Gamem ou Gamon, région des Moabites, selon Isaïe.

DES EVANGILES.

Gadara, ville d'au-delà du Jourdain, à l'opposé de Scythopolis et de Tibériade, à l'aspect de l'orient, sur une montagne au pied de laquelle jaillissent des eaux chaudes qui alimentent les bains bâtis au-dessus.

Gergésa, où le Sauveur délivra les possédés du démon ; c'est encore un petit bourg sur une hauteur, près du lac de Tibériade, dans lequel furent précipités les pourceaux. Il en a été déjà question plus haut.

Gethsémani, lieu où le Seigneur pria avant la Passion. Il y a maintenant, au pied du mont des Oliviers, une église élevée en cet endroit.

Golgotha, lieu du calvaire, sur lequel le Sauveur a été crucifié pour le salut de tous. On le montre encore en Ælia, vers le nord de la montagne de Sion.

DE LA GENÈSE.

Jaboc, fleuve après le passage duquel Jacob lutta contre celui qui lui était apparu, et fut nommé Israël. Il coule entre Amman, c'est-à-dire Philadelphie, et Gérazan, à quatre milles de cette dernière, et, s'avançant au-delà, mêle ses eaux à celles du Jourdain.

Idumée, région d'Esaü, qui fut ainsi nommée parce qu'il s'appelait Edom. Elle est aux envi-

Gob, ubi commissum est prælium. II *Reg.* XXI, 18.

Galilæa : duæ sunt Galilææ, e quibus una Galilæa gentium vocatur, vicina finibus Tyriorum, ubi et Salomon viginti civitates donavit Chiram regi Tyri, in sorte tribus Nephthali : altera vero Galilæa dicitur circa Tyberiadem et stagnum Genezareth, in tribu Zabulon.

Gion, ubi Salomon est unctus in regem.

Ger, locus in quo percussit Jehu rex Israel Ochoziam regem Judææ, juxta Jeblaam.

Gettha-Chopher, unde Jonas Propheta fuit.

Gaddi, quam percussit Azael rex Damasci. Posita est et supra Gadda.

Gemala, regio Idumæorum, pro qua Aquila et Symmachus interpretantur, vallem salis.

Gebin, meminit hujus Isaias. Et est villa Geba, in quinto milliario a Guphnis euntibus Neapolim.

Gozin, in regione Emath ; et hujus meminit Isaias. Est autem in finibus Damasci.

Gareb, collis juxta Jerusalem, sicut scribit Jeremias.

(*a*) Gebarth : pro quo Aquila interpretatur. in sepibus ; Symmachus vero, in coloniis. Lege Jeremiam.

Gepha, nomen regionis, ut in Isaia scriptum est.

Gamem, sive Gamon, regio Moabitarum, juxta Isaiam.

DE EVANGELIIS.

Gadara, urbs trans Jordanem, contra Scythopolim et Tyberiadem ad orientalem plagam sita in monte, ad cujus radices aquæ calidæ erumpunt, balneis desuper ædificatis.

Gergesa, ubi eos qui a dæmonibus vexabantur, Salvator restituit sanitati, et hodieque super montem viculus demonstratur, juxta stagnum Tyberiadis, in quod porci præcipitati sunt. Diximus de hoc et supra.

Gethsemani, locus ubi Salvator ante Passionem oravit. Est autem ad radices montis Oliveti nunc Ecclesia desuper ædificata.

Golgotha, locus Calvariæ, in quo Salvator pro salute omnium crucifixus est, et usque hodie ostenditur in Ælia ad septentrionalem plagam montis Sion.

DE GENESI.

Jaboc, fluvius, quo transmisso, luctatus est Jacob adversus eum, qui sibi apparuerat, vocatusque est Israel. Fluit autem inter Amman, id est, Philadelphiam, et Gerazan, in quarto milliario ejus, et ultra procedens, Jordani fluvio commiscetur.

Idumæa, regio Esau, quæ ex eo quod ille Edom

(*a*) *Gebarth*, etc. Ita mss. codices, editi vero libri legunt *Gebath;* Jeremiæ capite XL, non *Gebarth*, sed *Galeroth*, significat *sepes*. MARTIAN.

rons de la ville de Pétra, et porte le nom de Gébalène.

Itheth, région des princes d'Edom, dans cette même Gébalène dont nous venons de parler.

DE L'EXODE.

Iroth, lieu du désert où vinrent les Israélites après le passage de la mer Rouge.

DES NOMBRES ET DU DEUTÉRONOME.

Jétabatha, camp des Israélites dans le désert.

Incendium, en grec ἐμπυρισμός (incendie), lieu du désert où le feu du ciel consuma une partie du peuple.

Inthaath, camp des Israélites dans le désert.

Janna, qui est dans les champs de Moab, au pied du Phasga, c'est-à-dire du mont déchiré, lequel est, à l'aspect du désert, près d'Arnon.

Jassa, où il fut combattu contre Séon, roi des Amorrhéens. Isaïe en parle dans la vision contre Moab, et Jérémie après lui. On la montre encore entre Médaban et Débus.

Jazer, cité des Amorrhéens, à dix milles de Philadelphie, vers le soleil couchant, au-delà du Jourdain. Elle formait la limite de la tribu de Gad, et s'étend jusqu'à Aroer, qui est elle-même à l'aspect de Rabba. Jérémie parle de la ville de Jazer, et Isaïe pareillement, dans la vision contre Moab. Elle fut attribuée aux Lévites. Elle est à quinze milles d'Esébon. Un grand cours d'eau y naît et va se jeter dans le Jourdain.

Jourdain, fleuve qui traverse la Judée, l'Arabie et l'Aulon, dont nous avons déjà parlé, coule vers la mer Morte, et, après beaucoup de sinuosités, près de Jéricho, tombe dans cette mer, où il perd son nom.

Jetabatha, lieu du désert où l'on montre de fortes sources d'eau.

Jéricho, ville que renversa Josué après le passage du Jourdain, et dont il tua le roi. Ozam de Béthel, de la tribu d'Ephraïm, y bâtit une nouvelle ville, que Notre-Seigneur et Sauveur a daigné immortaliser par sa présence. Celle-ci, au temps du siége de Jérusalem par les Romains, fut prise et détruite, à cause de la trahison de ses habitants. Une troisième ville a été bâtie, qui existe encore, et près de laquelle on montre maintenant les vestiges des deux premières.

DU LIVRE DE JOSUÉ, FILS DE NAVÉ.

Jérusalem, où régna Adonibésec, et qu'occupèrent ensuite les Jébuséens, à qui elle dut son nom; David les ayant exterminés longtemps après, fit de cette ville la métropole de toute la Judée, en y achetant l'emplacement du temple,

vocabatur, nomen accepit. Est autem circa urbem Petram, quæ nunc dicitur Gabalene.

Itheth, regio principum Edom, in eadem, de qua supra diximus, Gebalene.

DE EXODO.

(a) Iroth, locus deserti, ad quem venerunt filii Israel, mare Rubrum transfretantes.

DE NUMERIS ET DEUTERONOMIO.

Jetabatha, castra in solitudine filiorum Israel.

Incendium, id est ἐμπυρισμός, locus in deserto, ubi quamdam partem populi flamma consumpsit.

Inthaath, castra in deserto filiorum Israel.

Janna, quæ est in campo Moab, subtus verticem Phasga, id est, excisi, quod respicit ad desertum juxta Arnon.

Jassa, ubi adversus Seon Amorrhæorum regem dimicatur. Meminit hujus Isaias in visione contra Moab; sed et Jeremias. Et usque hodie ostenditur inter (b) Medaban et Debus.

Jazer, civitas Amorrhæorum, in decimo lapide Philadelphiæ ad solis occasum, trans Jordanem, quæ fuit terminus tribus Gad; extenditurque usque Aroer, quæ et ipsa respicit ad Rabba. Meminit urbis Jazer et Isaias in visione contra Moab, sed et Jeremias. Fuit autem separata Levitis, et distat ab Esebon millibus quindecim, e qua magnum flumen erumpens, a Jordane suscipitur.

Jordanes, fluvius dividens Judæam, Arabiam et Aulonem, de quo supra diximus, et usque ad mare Mortuum fluens, qui post multos circumitus juxta Jericho, Mortuo commixtus mari, nomen amittit.

Jetabatha, locus in deserto, ubi torrentes aquarum demonstrantur.

Jericho, urbs, quam, Jordane transgresso, subvertit Jesus, rege illius interfecto; pro quo exstruxit aliam Ozam de Bethel, ex tribu Ephraim, quam Dominus noster atque Salvator sua præsentia illustrare dignatus est. Sed et hæc eo tempore, quo Jerusalem oppugnabatur a Romanis, propter perfidiam civium capta atque destructa est. Pro qua tertia ædificata est civitas, quæ usque hodie permanet, et ostenduntur utriusque urbis vestigia usque in præsentem diem.

DE JESU NAVE.

Jerusalem, in qua regnavit Adonibesec, et postea eam tenuere Jebusæi, e quibus et sortita vocabulum est, quos multo post tempore David exterminans, totius eam Judææ provinciæ metropolim fabricatus

(a) Ex composito, *Phihahiroth*, quod Septuaginta num. xxxiii. 5, στόμα εἰρώθ os *Iroth*, interpretantur, avulsum hoc nomen esse notat Bonfrerius, qui et de suo post ἐξῆλθον verbum, addit in Græco οἱ υἱοὶ Ἰσραήλ.

(b) *Inter Medabam et Debus.* Corrupte legebamus in antea editis libris *Deblatham* pro *Debus*, quod Bonfrerium fefellit. MARTIAN.

dont il laissa les soins d'édification à Salomon, son fils. Josèphe rapporte qu'elle est la même qui est appelée Salem dans la Genèse, sous le roi Melchisédech. Elle était dans la tribu de Benjamin.

Jébus, la même Jérusalem.

Jarim, cité des Gabaonites.

Jarimuth, cité que renversa Josué, dans la tribu de Juda, à quatre milles d'Eleuthéropolis, près du village d'Esthaol.

Isimoth, où se cacha David ; nous avons dit ce que nous en pensions, au mot Bethsimuth. Sur le premier livre des Rois, Aquila explique Isimuth par détruite, et Symmaque par déserte.

Jedna, à six milles d'Eleuthéropolis, sur la route de Chébron.

Jéconam, cité du Carmel, que prit Josué, après en avoir tué le roi.

Jaïr, cité de la tribu de Manassé.

Jamnel, dans la tribu de Juda ; c'est maintenant encore la forteresse de Jamnia, en Palestine, entre Diospolis et Azot.

Jabir, cité des lettres, dans la tribu de Juda.

Jathur, dans la tribu de Juda.

Jermus, même tribu. C'est aujourd'hui le village de Jermucha, à dix milles d'Eleuthéropolis pour ceux qui montent à Ælia.

Jectaël, même tribu.

Jectan, même tribu.

Jéther, même tribu, cité sacerdotale. C'est maintenant le grand village de Jéthira, à vingt milles d'Eleuthéropolis ; tous les habitants sont chrétiens. Il est situé dans le Daroma intérieur, près de Malathan. Nous avons déjà parlé de cette ville.

Janum, même tribu. Il y a un village de Janua, à trois milles vers le midi de la Légion ; mais Janum paraît ne plus exister.

Jétan, même tribu, cité sacerdotale, est maintenant un gros bourg des Juifs, à dix-huit milles d'Eleuthéropolis, vers la partie australe, dans le Daroma.

Jesraël, même tribu ; il faut la distinguer de la suivante.

Jezraël, dans la tribu de Manassé, maintenant encore gros bourg qu'on montre dans le Champ-Maxime, entre Scythopolis et la Légion. C'était la limite d'Issachar. L'un des descendants d'Ephrata, d'après les Paralipomènes, 1 *Par.* v, 3, s'appelait Jezraël.

Jecdan, dans la tribu de Juda.

Jephléthi, dans la tribu de Joseph.

Jano, dans la tribu d'Ephraïm. Le roi d'Assyrie la prit. C'est maintenant le bourg de Jano qu'on voit dans l'Acrabittène, à douze milles de Néapolis, vers l'orient.

est : eo quod ibi locum templi emerit et impensas structuræ Salomoni filio dereliquerit. Hanc esse Josephus refert, quæ in Genesi scribitur Salem, sub rege Melchisedec. Fuit autem in tribu Benjamin.

Jebus, ipsa est quæ et Jerusalem.

Jarim, civitas Gabaonitarum.

Jarimuth, civitas quam subvertit Jesus, in tribu Juda, quarto distans (*a*) ab Eleutheropoli lapide, juxta villam Esthaol.

Isimoth, ubi absconditus est David ; de qua et supra quid nobis videretur diximus, ponentes Bethsimuth. Sed et in Regnorum libro primo, pro Isimuth, Aquila interpretatur, dissipatam ; Symmachus vero, desertam.

Jedna, in sexto ab Eleutheropoli lapide pergentibus Chebron.

Jeconam, civitas Carmeli, quam cepit Jesus, rege illius interfecto.

Jair, civitas tribus Manasse.

Jamnel, in tribu Juda, usque hodie oppidum Palestinæ Jamnia, inter Diospolim et Azotum.

Jabir, civitas litterarum in tribu Juda.

Jathur, in tribu Juda.

Jermus, in tribu Juda. Est autem usque hodie villa Jermucha, in decimo ab Eleutheropoli lapide ascendentibus Æliam.

Jectael, in tribu Juda.

Jectan, in tribu Juda.

Jether, in tribu Juda, civitas sacerdotalis. Et nunc est villa prægrandis Jethira nomine, in vicesimo milliario Eleutheropoleos ; habitatores quoque ejus omnes christiani sunt. Sita est autem in interiori Daroma, juxta Malathan. Diximus de hac et supra.

Janum, in tribu Juda ; est villa Jauna, in tertio milliario Legionis contra Meridiem. Sed non videtur ipsa esse quæ scribitur.

Jetan, in tribu Juda, civitas sacerdotalis, est hodieque vicus prægrandis Judæorum in decimo octavo lapide ab Eleutheropoli ad australem partem in Daroma.

Jesrael, in tribu Juda ; sed non est ipsa quæ supra.

Jezrael, in tribu Manasse ; hodieque prægrandis vicus ostenditur in Campo maximo inter Scythopolim et Legionem. Fuit autem terminus Issachar. Sed et unus de posteris Ephratæ, sicut in Paralipomenon, I *Par.* v, 3, legimus (*supp. libris*), vocatus est Jezrael.

Jecdaan, in tribu Juda.

Jephlethi, in tribu Joseph.

Jano, in tribu Ephraim. Hanc quoque cepit rex Assyriorum ; et hodieque vicus ostenditur Jano, in Acrabittena regione, in duodecimo lapide Neapoleos contra Orientem.

(*a*) *Jarimuth*, etc. Hunc locum prætermittunt plures mss. codices Latini, cum tamen exstet in Græco Eusebio sub nomine Ἰαζείς. MARTIAN.

Jamin, qu'Aquila et Symmaque traduisent par la main droite.

Jaseb (ail. Jasen), qui signifie en hébreu habitants.

Inémec, qu'Aquila et Symmaque ont rendu par dans la vallée.

Jéblaam, dans la tribu de Manassé, qui n'en put chasser les étrangers.

Jerphel, dans la tribu de Benjamin.

Jecnal, dans la tribu de Zabulon, cité séparée pour les Lévites.

Jasthié, même tribu ; on l'appelle maintenant Joppé, montée de Japho. Il y a aussi, près du Carmel, une forteresse de Sycaminum, sur la route de Césarée à Ptolémaïs sur mer, qui s'appelle Epha.

Jephthaël, dans la tribu de Zabulon.

Jadéla, même tribu.

Jermoth, dans la tribu d'Issachar, ville séparée pour les prêtres. Nous avons déjà nommé Jérimuth, dont parle le prophète Osée.

Icoc, du lot de Nephthali, sur les confins de trois tribus : de la tribu de Zabulon au midi, de celle d'Aser à l'occident, et de la tribu de Juda au levant.

Jabnel, dans la tribu de Nephthali.

Jéron, même tribu.

Jethlam, dans la tribu de Dan.

Jéhon, même tribu.

Jud, même tribu.

Jérachon-les-Eaux, même tribu.

Inléchi, nom qui, d'après Aquila, veut dire dans la mâchoire.

Jabis Galaad, que prirent les Israélites. C'est maintenant un bourg d'au-delà du Jourdain, à six milles de Pella, sur la montagne que traversent ceux qui vont à Gérasa.

DU LIVRE DES ROIS.

Joar, bois où fut un essaim d'abeilles.

Jéraméli, région des Allophyles.

Jéther, où envoya David ; c'est maintenant un village du Daroma, du nom de Jetthira, dont nous avons déjà parlé.

Jecmaam, cité des généraux de Salomon.

Itabyrium, qu'Aquila et Symmaque, commentant le prophète Osée, ont traduit par Thabor. Le mont Thabor est dans le Champ-Maxime, vers l'orient de la Légion.

Jecthoël, nom d'un rocher dans le livre des Rois.

Jecthaba, ancienne ville de Judée.

Inaczeb, que Symmaque traduit par dans la vallée de Zeb.

Inachim ou Inbachim, qui, d'après Aquila et Symmaque, signifient dans les pleurs. Le prophète Michée en parle.

Jamin, pro quo Aquila et Symmachus interpretantur, dexteram.

Jaseb, al. *Jasen*, pro quo Hebræi, habitatores legunt.

Inemec, pro quo Aquila et Symmachus transtulerunt, in vallem.

Jeblaam, in tribu Manasse, de qua alienigenas non valuit expellere.

Jerphel, in tribu Benjamin.

Jecnal, in tribu Zabulon, Levitis civitas separata.

Jasthie, in tribu Zabulon; nunc usque Joppe vocatur, ascensus Japho. Sed et oppidum Sycaminum nomine, de Cæsarea Ptolemaidem pergentibus super mare, propter montem Carmelum Epha dicitur.

Jephthael, in tribu Zabulon.

Jadela, in tribu Zabulon.

Jermoth, in tribu Issachar, urbs sacerdotibus separata. Posuimus et supra Jerimuth, cujus Osee propheta meminit.

Icoc, sortis Nephtali, in confinio trium tribuum : id est, in tribu Zabulon ad australem plagam, in tribu Aser ad occidentem, porro in tribu Juda ad solis ortum.

Jabnel, in tribu Nephtali.

Jeron, in tribu Nephtali.

Jethlam, in tribu Dan.

Jelon, in tribu Dan.

Jud, in tribu Dan.

Jerachon, aquæ, in tribu Dan.

Inlechi, pro quo Aquila interpretatur, in maxilla.

Jabis Galaad, et hanc oppugnaverunt filii Israel. Nunc autem est vicus trans Jordanem in sexto milliario civitatis Pellæ, super montem euntibus Gerasa.

DE REGNORUM LIBRIS.

Joar, saltus, in quo examen apum fuit.

Jerameli, regio Allophylorum.

Jether, ad quam misit David; nunc est villa in Daroma, nomine Jetthira, de qua supra diximus.

Jecmaam, civitas principum Salomonis.

Itabyrium, pro quo Aquila et Symmachus in Osee propheta transtulerunt, Thabor. Est autem mons Thabor in Campo maximo ad orientalem plagam Legionis.

Jecthoel, nomen petræ in Regnorum libris.

Jethaba, urbs antiqua Judææ.

Inaczeb, pro quo Symmachus transtulit, in valle Zeb.

Inachim, sive Inbachim, pro quo Aquila et Symmachus transtulerunt, in fletu. Meminit hujus et Michæas propheta.

Joppé, forteresse maritime de la Palestine, dans la tribu de Dan.

Inaraba; Aquila traduit par dans le bas ou la plaine, et Symmaque par dans le champêtre.

Iturée et Trachonitide, région dont Philippe fut tétrarque, comme nous lisons dans l'Evangile. On appelle Trachonitide une terre près du désert d'Arabie qui touche à Bostra...........

DE LA GENÈSE.

Lasa, limite des Chananéens aux environs de Sidon.

Luza, dans la tribu de Benjamin. Jacob la surnomma plus tard Béthel. C'est maintenant un village sur la gauche de la route de Néapolis à Ælia.

Luza, autre ville qui tomba dans le lot des fils de Joseph, près de Sichem, à trois milles de Néapolis.

Lotan, ville des chefs d'Edom.

DES NOMBRES ET DU DEUTÉRONOME.

Lébon, dans le désert, campement des fils d'Israël.

Lobon, lieu du désert au-delà du Jourdain, où Moïse lut le Deutéronome.

DU LIVRE DE JOSUÉ.

Lochis, dans la tribu de Juda. Josué la prit, après en avoir tué le roi. Il en est question dans Isaïe et dans Jérémie. C'est maintenant un village à sept milles d'Eleuthéropolis, sur la route du Daroma.

Lebna, même tribu, cité sacerdotale; Josué la prit, après en avoir tué le roi. C'est maintenant un village de la région d'Eleuthéropolis qui s'appelle Lobna. Isaïe a écrit à son sujet.

Lasaron, que prit Josué, après en avoir tué le roi.

Lapis Boen, des fils de Ruben. C'est la limite de la tribu de Juda.

Laboth, dans la tribu de Juda.

Lamas, même tribu.

Labaoth, dans la tribu de Syméon.

Labanath, dans la tribu d'Aser.

Lacum, limite de Nephthali.

Laboémath, qui veut dire, d'après Aquila, entrée d'Emath.

Lésem; les fils de Dan s'en étant emparés de force, la surnommèrent Dan.

Luza, autre ville de ce nom, près de Béthel, dans la terre de Cetthim, fondée par celui qui avait quitté Béthel, comme le raconte l'histoire.

Léchi, mâchoire, d'après Aquila et Théodotion. Nous en avons déjà parlé.

Laïsa, que prirent les fils de Dan à main armée, et qu'ils conservèrent, parce qu'elle était éloignée de Sidon; ils l'appelèrent Dan. Elle

Joppe, oppidum Palæstinæ maritimum in tribu Dan.

Inaraba: pro quo Aquila transtulit, in humili, vel plano; porro Symmachus, in campestri.

Iturœa et Trachonitis regio, cujus Tetrarcha fuit Philippus, sicut in Evangeliis legimus. Trachonitis autem dicitur terra juxta desertum Arabiæ, quod Bostræ jungitur.

. . . .

DE GENESI.

Lasa, terminus Chananæorum circa Sidonem.

Luza, in tribu Benjamin, quam postea Jacob cognominavit Bethel. Est autem hodie villa in sinistra parte viæ de Neapoli pergentibus Æliam.

Luza, hæc altera est, quæ cecidit in sortem filiorum Joseph, juxta Sichem in tertio lapide Νεαπόλεως.

Lotan, urbs ducum Edom.

DE NUMERIS ET DEUTERONOMIO.

Lebona in deserto, castra filiorum Israel.

Lobon, locus solitudinis trans Jordanem, in quo Moyses Deuteronomium legit.

DE LIBRO JESU.

Lochis, in tribu Juda; sed et hanc cepit Jesus, rege ipsius interfecto. Meminit hujus Isaias et Jeremias; et nunc est villa in septimo milliario ab Eleutheropoli euntibus Daromam.

Lebna, in tribu Juda, civitas sacerdotalis, quam tenuit Jesus, rege illius interfecto; nunc est villa in regione Eleutheropolitana, quæ appellatur Lobna. Scribit de hac et Isaias.

Lasaron, et hanc cepit Jesus, rege illius interfecto.

Lapis Boen, filiorum Ruben; est autem terminus tribus Judæ.

Laboth, in tribu Juda.

Lamas, in tribu Juda.

Labaoth, in tribu Symeonis.

Labanath, in tribu Aser.

Lacum, terminus Nephthalim.

DE JUDICUM LIBRO.

Laboemath, pro quo Aquila interpretatur, ingressus Emath.

Lesem; hanc filii Dan vi captam, cognominaverunt Dan.

Luza altera, juxta Bethel, in terra Cetthim, quam condidit ille qui abierat de Bethel, sicut narrat historia.

Lechi, pro quo Aquila et Theodotio interpretantur, maxillam; de qua jam et supra diximus.

Laisa, hanc filii Dan captam manu, possederunt, cum esset procul a Sidone, et vocaverunt eam Dan.

forma la limite de la Judée au nord, limite qui s'étend de Dan à Bersabée. Il en est parlé dans Isaïe. Elle est située près du mont Panéas, où le fleuve du Jourdain prend sa source.

DU LIVRE DES ROIS.

Lamatthara, lieu vers lequel Jonathan dirigeait ses traits. Aquila rend ce mot par vers le signe ; Symmaque par vers le but.

Ladabar, où était Miphibosthé.

Lodabar, patrie de Machir.

Libon, très-hautes montagnes de la Phénicie.

Luith, dont parle Isaïe ; c'est maintenant le bourg de Luitha, entre Aréopolis et Zoara.

DE LA GENÈSE.

Messé, région de l'Inde, qu'habitèrent les fils de Jectan, fils d'Héber.

Mambré, la même que Chébron, près de laquelle fut enseveli Abraham, avec Isaac et Jacob. Nous en avons déjà parlé. Mambré était aussi le nom de l'un des amis d'Abraham.

Madian, ville ainsi appelée de l'un des fils d'Abraham ; elle se nommait d'abord Chetthura. Elle est au-delà de l'Arabie, vers le midi, dans le désert des Sarrasins, à l'orient de la mer Rouge. Elle donne son nom aux Madianites, et la région s'appelle pays de Madian. Nous lisons aussi que les filles de Jobab, gendre de Moïse, étaient appelées filles de Madian. Mais celle-ci est une autre ville du même nom, près de l'Arnon et d'Aréopolis, et dont on ne montre maintenant que les ruines.

Moab, de l'un des fils de Lot qui portait ce nom, ville d'Arabie, aujourd'hui Aréopolis, dont nous avons parlé plus haut. La contrée s'appelle aussi Moab, du nom de la ville. Celle-ci, comme dénomination distinctive, est dite Rabbath Moab, c'est-à-dire Moab la grande.

Fuit autem terminus terræ Judææ, contra Septentrionem, a Dan usque ad Bersabee se tendentis. Meminit hujus et Isaias. Sita est autem juxta Paneadem, de qua Jordanis fluvius erumpit.

DE REGNORUM LIBRIS.

Lamatthara, ad quem locum Jonathan jacula dirigebat, pro quo Aquila interpretatur, ad signum : Symmachus, ad condictum.

Ladabar, ubi erat Miphibosthe.

Lodabar, unde fuit Machir.

Libanus, mons Phœnicis altissimus.

Luith, hujus meminit Isaias ; et est usque hodie vicus inter Areopolim et Zoaram nomine Luitha.

DE GENESI.

Messe, regio Indiæ, in qua habitaverunt filii Jectan, filii Heber.

Mambre, hæc est Chebron, juxta quam sepultus est Abraham cum Isaac et Jacob ; de qua et supra diximus. Mambre autem vocabatur et unus amicorum Abraham.

Madian, urbs ab uno filiorum Abraham ex Chetthura sic vocata. Est autem trans Arabiam (a) ad meridiem in deserto Saracenorum contra orientem maris Rubri ; unde vocantur Madianæi, et Madianæa regio. Legimus et (b) filias Jobab soceri Mosis, filias Madian. Sed hæc alia civitas est ὁμώνυμος ejus, juxta Arnonem et Areopolim, cujus nunc ruinæ tantummodo demonstrantur.

Moab, ab uno filiorum Lot, qui vocabatur Moab, urbs Arabiæ, quæ nunc Areopolis dicitur, sic vocata est : cujus et supra meminimus. Appellatur autem Moab ex nomine urbi. et regio. Porro ipsa civitas, quasi proprium vocabulum possidet Rabbath Moab, id est grandis Moab.

(a) Legerat olim Rabanus *trans Arabiam Eudæmonem in deserto.* Atque ipse quidem Hieron. in Quæstion. Hebraic. in Genes. cap. 25 : *de Cetura nati filii Abraham juxta Historicos Hebræorum occupaverunt* τρωγλοδύτην, *et Arabiam, quæ nunc vocatur* εὐδαίμων.

(b) *Filias Jobab,* etc. Ubi legamus in Scriptura *filias Jobab,* sive Obab, *filias Madian,* non facile est invenisse ; sed manifeste falsus deprehenditur Bonfrerius, qui hic *filias Jethro,* pro *filias Jobab,* aut *Hobab,* docet esse legendum. Exploratissimum enim nobis est *Hobab* apud LXX dici Ἰωβάβ, Jud. iv, 11. Et Theodot. Qu. 15 in Numer. putat *Jobab* fuisse filium *Raguelis,* qui idem sit ac *Jothor,* sive *Jethro.* Porro filii Jobab soceri Mosis, Cinæi dicti sunt et habitaverunt aliquando inter Amalecitas atque Madianitas ; unde *filiæ Jobab, filiæ Madian* dici potuerunt a Madian civitate, quæ est juxta Arnonem et Areopolim. In Græco Eusebio nulla est difficultas, quia *filiæ Moab* et *filiæ Madian* promiscue accipiuntur in Scriptura, et apud Josephum lib. 4 Antiqq. Jud. cap. 6. — Recte suo quisque sensu, Eusebius ac Hieronymus scribunt : alter Μωάβ, alter *Jobab.* Hic nempe proprium soceri Mosis nomen quod est Ἰωβάβ aut Ὠβάβ reposuit, siquidem nihil est dubium filias Jobab appellari Madianitides, quarum patria erat Madianitis ad mare Rubeum. Ille Numerorum locum cap. xxv, 1, respexit, ubi *filiæ Moab* memorantur, quæ utique Madianitides puellæ audiunt toto illo capite, ac sedes Madian Moabitidi finitimas incolebant. Varia igitur allusione inter se tantum discrepant, nec quidquam tamen alteruter peccat, contra quam Bonfrerius et maxime Clericus jactat, qui verba Eusebii perperam ab Hieronymo interpolata, falsamque lectionem *Obab* pro *Moab* substitutam, mentitur. Alterum, quod in Hieronymo tantopere accusant, quod hanc dixerit esse Madianitidem ad Areopolim et Arnonem, verissime atque erudite Rhenferdus purgat : ostendens omnino vitiatos librariorum culpa esse Hieronymi codices, proque verbis, *Sed hæc,* legendum *Sed et,* quæ phrasis est illi sexcentis locis familiarissima. Enim vero S. Doctorem tam ineptum, totiusque Geographiæ et Historiæ ignarum, sibique minime constantem nemo putabit, ut cum Madianæam regionem *in deserto Saracenorum contra orientem maris Rubri,* a qua et *filias Obab soceri Mosis filias Madian* appellari existimat, constituisset, hanc ipsam diceret esse civitatem juxta Arnonem et Areopolim. Rescribe itaque sodes, *Sed et alia,* etc., qua emendatione nihil certius. Sed Græcum quoque textum Relandus hoc loco supplet Ἔστι δὲ ὄνομα ἑτέρας πόλεως, etc. Mign.

Masséca, ville du royaume d'Edom, près de la Gébalène.

Mabsar, aujourd'hui encore gros bourg de la Gébalène appelé Mabsara, et appartenant à la ville de Pétra.

Magédiel, aussi dans la Gébalène, et jadis possédée par les chefs d'Edom.

DE L'EXODE.

Magdolus, où arrivèrent les Israélites, après la sortie d'Egypte, avant le passage de la mer Rouge. Nous lisons dans Ezéchiel : « De Magdolus jusqu'à Syène. » Jérémie rapporte que les Juifs, qui avaient fui avec lui devant l'invasion des Assyriens, se retirèrent dans cette ville d'Egypte.

Merra, qui signifie amertume. C'est le lieu où Moïse rendit les eaux douces, d'amères qu'elles étaient, en y jetant du bois.

DES NOMBRES ET DU DEUTÉRONOME.

Mémorié, c'est-à-dire sépulcres de la concupiscence, dans le désert, camp des Israélites, où la colère divine les frappa, quand ils eurent mangé les viandes.

Macéloth, camp des Israélites dans le désert.

Masuruth, autre camp des Israélites dans le désert.

Matthané, aujourd'hui Maséchana, située dans l'Arnon, à douze milles vers l'orient de Médabus.

Misor, cité d'Og, roi de Basan. Le mot Misor signifie lieux en plaine et champêtres.

Machanarath, limite du territoire de la ville d'Amman, aussi appelée Philadelphie.

Madobarès, que nous appelons désert et que les Hébreux nomment Madrarim.

Misaïde, des fils de Jacim, lieu du désert où mourut Aaron.

DU LIVRE DE JOSUÉ.

Macéda, où Josué enferma cinq rois dans une grotte, où il les tua, avec celui de Macéda elle-même, qui appartint à la tribu de Juda ; elle est maintenant à neuf milles d'Eleuthéropolis, à l'aspect du soleil levant.

Madon, cité où fut le roi Jobab, contre qui Josué fit la guerre.

Masséphа, dans la tribu de Juda, où habitait Jephté, près de Cariathiarim, ancienne résidence de l'arche d'alliance, et de Samuël, juge du peuple. Jérémie parle de cette ville.

Merrom, sources auprès desquelles, l'armée étant prête, on posa le camp. C'est maintenant le bourg de Merrus, à douze milles de Sébaste, près de Dothaïm.

Masseca, civitas regni Edom, circa Gebalenen.

Mabsar, usque ad præsentem diem vicus grandis in regione Gebalena, appellatur Mabsara ad urbem Petram pertinens.

Magediel, et hæc in regione Gebalena possessa quondam a ducibus Edom.

DE EXODO.

Magdolus, ad quem filii Israel, cum exissent de Ægypto, pervenerunt, antequam transirent mare Rubrum. Legimus et in Ezechiel : de Magdolo usque Syenen. Porro Jeremias Judæos, qui secum fugerant, Babyloniorum impetum declinantes, in hac urbe Ægypti habitasse refert.

Merra, quod interpretatur amaritudo. Est autem locus, in quo amaras aquas jactu ligni Moses in dulcem vertit saporem.

DE NUMERIS ET DEUTERONOMIO.

Memoriæ, id est, sepulcra concupiscentiæ, castra filiorum Israel in deserto, ubi post esum carnium ascendit ira Dei super illos.

(a) Maceloth, castra filiorum Israel in solitudine.

Masuruth, castra filiorum Israel in deserto.

Matthane, quæ nunc dicitur Masechana. Sita est autem in Arnone, duodecimo procul milliario contra orientalem plagam Medabus.

Misor, civitas Og regis Basan. Significat autem Misor, loca plana atque campestria.

Machanarath, terminus urbis Amman, quæ et Philadelphia dicitur.

Madobares, quam nos vocamus eremum, hanc Hebræi *Madrarim* nominant.

Misaida, filiorum Jacim, locus in solitudine, in quo obiit Aaron.

DE LIBRO JESU.

Maceda, in hac conclusit Jesus quinque reges in spelunca, quos interfecit cum rege Maceda, quæ fuit in tribu Juda; et nunc est in octavo milliario Eleutheropoleos contra solis ortum.

Madon, civitas in qua fuit rex Jobab, adversus quem Jesus bellum gessit.

Massepha, in tribu Juda, apud quam habitabat Jephte juxta Cariathiarim, ubi quondam arca testamenti fuit, et Samuel populum judicavit. Meminit hujus et Jeremias.

Merrom, aquæ ad quas, exercitu præparato, castra sunt posita. Est autem nunc vicus Merrus nomine in duodecimo milliario urbis Sebastæ juxta Dothaim.

(a) *Maceloth... in solitudine.* Addunt hoc loco editi antea libri, *Matheca, castra filiorum Israel in solitudine;* verum nec in Græco ea invenies, nec in mss Latinis exemplaribus perantiquis ac optimæ notæ.

Masséphothmaïm, qui veut dire Masséphoth, d'après Aquila, et, d'après Symmaque, Masséphoth de la mer.

Machathi, ville des Amorrhéens sur le Jourdain, près du mont Aermon ; les Israélites ne purent en expulser les Machathiens.

Marom, que prit Josué, après en avoir tué le roi. Nous avons déjà nommé Marrus.

Mageddo, que prit Josué, après en avoir tué le roi ; elle échut au lot de la tribu de Manassé, qui ne la posséda point, n'ayant pu en expulser les habitants primitifs.

Misor, qui veut dire humble, d'après Aquila et Symmaque. C'est une cité de la tribu de Ruben, séparée pour les Lévites, dans la Gabalène.

Médaba, ville d'Arabie qui conserve encore son nom antique, près d'Esébon.

Maphaath, dans la tribu de Benjamin. Il y en a une autre au-delà du Jourdain, où réside une garnison romaine, à cause du voisinage du désert.

Masapha, dans la tribu de Gad, ville séparée pour les Lévites. Il y a maintenant encore une autre Maspha, sur les confins d'Eleuthéropolis, au nord pour ceux qui vont à Ælia ; elle appartient à la tribu de Juda.

Manaïm, dans la tribu de Gad, ville attribuée aux Lévites dans la Galaaditide.

Moladab, dans la tribu de Gad ou de Syméon. C'est Médéména, dont parle Isaïe, dans la tribu de Juda ; elle s'appelle maintenant Ménoïs, près de Gaza.

Magdala, dans la tribu de Juda.

Marésa, même tribu ; il n'en reste que des ruines à deux milles d'Eleuthéropolis.

Maon, même tribu, vers le levant du Daroma.

Maroth, même tribu.

Maddi, même tribu.

Masfa, dans la tribu de Benjamin.

Machoth, dans la tribu de Manassé.

Marala, montée de Zabulon.

Masan, dans la tribu d'Aser, près du Carmel, vers la mer, cité séparée pour les Lévites.

Mer Salée, appelée aussi mer Morte ou lac Asphaltique, c'est-à-dire bitumineux, entre Jéricho et Zoara.

Méeleb, limite de Nephthali.

Magdiel, dans la tribu de Nephthali, est aujourd'hui encore un petit bourg à cinq mille de Dora, sur la route de Ptolémaïs.

Mont des Oliviers, à l'orient de Jérusalem, sur lequel Jésus enseignait ses disciples.

Massephothmaim : pro quo Aquila, Massephoth aquæ; Symmachus, Massephoth maris, interpretati sunt.

Machathi, urbs Amorrhæorum super Jordanem juxta montem Aermon, de qua exterminare non valuerunt filii Israel Machathæum.

Marom, et hanc cepit Jesus, rege illius interfecto. Posita est et supra Marrus.

Mageddo. Et hanc cepit Jesus, rege illius interfecto. Quæ cum cecidisset in sortem tribus Manasse, nequaquam possedit eam, quia pristinos habitatores nequivit expellere.

Misor, pro quo Aquila et Symmachus, humilem interpretati sunt. Est autem civitas tribus Ruben, separata Levitis in regione Gabalena.

Medaba, usque hodie urbs Arabiæ, antiquum nomen retinens juxta Esebon.

Maphaath, in tribu Benjamin. Sed et alia est trans Jordanem, in qua præsidium Romanorum militum sedet propter viciniam solitudinis.

Masapha, in tribu Gad, separata Levitis. Est autem et alia nunc Maspha, in finibus Eleutheropoleos contra septentrionem pergentibus Æliam, pertinens ad tribum Judæ.

Maanaim, in tribu Gad, separata Levitis, in regione Galaaditide.

(a) Moladab, in tribu Judæ, sive Simeonis. Medemena, in tribu Judæ, cujus meminit Isaias; et nunc est Menois oppidum juxta civitatem Gazam.

Magdala, in tribu Juda.

Maresa, in tribu Juda; cujus nunc tantummodo sunt ruinæ in secundo lapide Eleutheropoleos.

Maon, in tribu Juda, contra solis ortum Daromæ.

Maroth, in tribu Juda.

Maddi in tribu Juda.

Masfa, in tribu Benjamin.

Machoth, in tribu Manasse.

Marala (b), ascensus Zabulon.

Masan, in tribu Aser, juxta Carmelum ad mare, civitas separata Levitis.

Mare Salinarum, quod vocatur Mortuum, sive mare Asphalti, id est, bituminis, inter Jericho et Zoaram.

Meeleb, terminus Nephtalim.

Magdiel, in tribu Nephtalim, et hodieque parvus

(a) *Moladab*, etc. Editi hoc nomen scribunt post *Macabe;* Græcus autem Eusebius et Latini codices mss. eodem ordine, quo a nobis reponitur.

(b) Rursum dissentit ab Eusebio, qui ponit φυλῆς Μανασσῆ, Hieronymus, sed verius puto. Maralam in finibus Zabulon exstitisse, tradit Josephus quoque : certe ab iis non longe erat, cujus terminus dicitur ascendisse ... et *Marala*. Minime vero ad mare ipsum se usque protendebat regio Zabulon; alioqui tribus Aser et dimidia Manasse non se mutuo attigissent, quod Josue testimonio xvii, 10, compertum est. Igitur Marala locus fuerit ad fines occidentales sortis Zabulon; cujus ascensui Hieronymus tribuit, Eusebius Manassi.

DU LIVRE DES JUGES.

Mosphétaïm, des sorts, d'après Aquila; du voisinage, d'après Symmaque.

Moré, nom d'une colline, sur lequel nous avons dit notre sentiment dans les *Questions hébraïques*.

Mennith, où combattit Jephté. C'est maintenant le village de Manith, qu'on montre à quatre milles d'Esbus, sur la route de Philadelphie.

Machmas, gros bourg qui porte encore son ancien nom, sur les limites et à neuf milles d'Ælia, près de la ville de Rama.

DU LIVRE DES ROIS.

Messab, forteresse ennemie près de Gaba.

Magdon ou Magron, où séjourna Saül.

Masséphа, en Moab, où vint David fugitif, lorsqu'il évitait les embûches de Saül.

Maséreth, où séjourna David, maintenant déserte. Aquila traduit ce mot par munitions, Symmaque par refuges, et Théodotion par grottes.

Masbach, ennemie des Israélites, cité du roi Adrazar.

Méla, c'est-à-dire Géméla, qui signifie vallée du sel; nous en avons déjà parlé.

Maacha, région du roi Gésur.

Modéim, bourg près de Diospolis, patrie des Macchabées, dont y montre encore les tombeaux. Je m'étonne donc qu'on puisse les montrer à Antioche, où du moins d'après quel auteur s'est répandue la croyance qu'ils sont à Antioche.

Mabsar de Tyr; Aquila et Symmaque traduisent par Tyr fortifiée.

Magau, ville que fonda Salomon.

Méèber, Aquila traduit par au delà et Symmaque par de vis-à-vis.

Macès, ville de l'un des généraux de Salomon.

Mello, cité fondée par Salomon. Symmaque et Théodotion traduisent par accomplissement. Nous nous sommes expliqués à ce sujet dans nos *Questions hébraïques*.

Méédam, cité fondée par Salomon.

Memphis, cité d'Egypte, mentionnée par les prophètes Osée, Ezéchiel et Jérémie. Les Juifs, qui s'enfuirent de Jérusalem avec Jérémie, habitèrent Memphis.

Machaas, dans Osée. Aquila et Symmaque traduisent ce nom par concupiscences.

Milet, cité de l'Asie, mentionnée par Ezéchiel.

vicus ostenditur in quinto milliario Doræ, pergentibus Ptolemaidem.

Mons Olivarum, ad orientem Jerusalem, in quo discipulos erudiebat Jesus.

DE LIBRO JUDICUM.

Mosphetaim : pro quo Aquila interpretatur, sortium : Symmachus, viciniarum.

More, nomen est collis, de quo in Libris Hebraicorum Quæstionum plenius disputatum est.

Mennith, ubi Jephte præliatus est; nunc autem ostenditur Manith villa in quarto lapide Esbus pergentibus Philadelphiam.

Machmas, usque hodie vicus grandis ostenditur in finibus Æliæ, antiquum nomen retinens, novem ab ea milibus distans juxta villam Rama.

DE REGNORUM LIBRIS.

Messab, hostile oppidum juxta Gaba.

Magdon, sive Magron, ubi sedit Saul.

Massepha, in Moab, ad quam profugus David, cum Saulis insidias declinaret, venit,

Masereth, in qua sedit David, nunc deserta : pro quo Aquila interpretatur, munitiones : Symmachus, refugia : Theodotio, speluncas.

Masbach, hostilis civitas regis Adrazar.

Mela, id est, Gemela, quam Aquila et Symmachus transferunt, vallem salis; diximus de hac et supra.

Maacha, regio regis Gesur.

(*a*) Modeim, vicus juxta Diospolim, unde fuerunt Macchabæi; quorum hodieque ibidem sepulcra monstrantur; satis itaque miror, quomodo Antiochiæ eorum reliquias ostendunt, aut quo hoc certo auctore sit creditum.

Mabsar Tyri, pro quo Aquila et Symmachus interpretantur, munitam Tyrum.

Magau, urbs quam ædificavit Salomon.

Meeber : pro quo Aquila transtulit, ἀπὸ πέραν; Symmachus, ἐξεναντίας, id est, trans, vel de contra.

Maces, urbs unius principum Salomonis.

Mello, civitas quam ædificavit Salomon. Porro (*b*) Symmachus et Theodotio, adimpletionem transtulerunt. Et de hac in libris Hebraicarum Quæstionum plenius dicitur.

Maedam, civitas quam ædificavit Salomon.

Memphis, civitas Ægypti, cujus Osee, et Ezechiel, et Jeremias, prophetæ recordantur; sed et Judæi, qui cum Jeremia de Jerosolymis profugi exierant, habitaverunt in Memphis.

Machaas, in Osee, pro quo Aquila et Symmachus, concupiscentias interpretantur.

Miletus, civitas Asiæ, de qua Ezechiel scribit.

(*a*) In mente facile habuerit Hieronymus Mathatiæ posteros, quorum certa sepulcra erant in Modin. Sed quorum reliquiæ Antiochiæ monstrabantur, septem erant celebratissimi fratres Macchabæi, qui alii plane sunt a posteris Mathatiæ. Illos vero Antiochiæ martyrium subiisse (licet Josephus Antiq. XII, et libello de Macchabæis, Cedrenus, aliique pauci dicant Jerosolymis) Martyrologia ac veteres passim auctores tradunt. Sanctus quoque Augustinus, sermon. de Macchabæis, templum Antiochiæ illis dedicatum memorat.

(*b*) Symmachi interpretationem, quæ eadem ac Theodotionis fuerit, ex regio Hexaplari codice penes Montfauconium suppleas : Σ. ἀπὸ προσθέματος. *Sym. ab additamento;* nam ἀπὸ πληρώματος versio *a plenitudine*, ibi Aquilæ tribuitur.

Mariboth, dont Ezéchiel a dit : « Jusqu'à l'eau de Mariboth. » *Ezech.* XLVIII, 28. Aquila traduit par procès ; Symmaque par querelles ou contestations.

Morasthi, patrie du prophète Michée. C'est un bourg à l'orient d'Eleuthéropolis.

Masagam, région des Moabites, selon que l'a écrit Jérémie.

Misor, région de Moab, selon Jérémie.

Mophath, région des Moabites, d'après le même Jérémie. Elle est située au-dessus de Memphrua.

Maon, région des Moabites, selon Jérémie.

Melchom, idole des Ammonites, comme l'a écrit Jérémie.

Magédan, jusqu'aux confins de laquelle alla Notre-Seigneur, d'après l'Evangile selon saint Matthieu. Saint Marc rapporte aussi ce nom. C'est maintenant la région appelée Magédène, aux environs de Gérasa.

DES CINQ LIVRES DE MOISE.

Naïd, terre qu'habita Caïn ; ce nom se traduit par pleine mer, c'est-à-dire mouvement, fluctuation.

Ninévé, ville d'Assyrie que bâtit Assur à sa sortie de la terre de Sénaar. Il existe encore une autre Ninévé, ville des Juifs, dans l'angle de l'Arabie ; c'est par corruption qu'on la nomme maintenant Ninévé.

Maaliel, camp des Israélites près de l'Arnon.

Nabau, en hébreu Nébo, montagne sur le Jourdain, au-dessus de Jéricho, dans la terre de Moab : Moïse mourut sur son sommet. On la montre encore à six milles d'Esbus, à l'aspect de l'orient.

Nabo, cité des fils de Ruben, dans la région de Galaad. Isaïe en parle dans la vision contre Moab, et Jérémie également. Il y aussi un homme du nom de Nabau, qui de son nom donna celui de Naboth (*Nobé*) au territoire de Caan (*Chanaath*) et des bourgs qui l'environnent. On montre encore le lieu désert de Naba, à huit milles d'Esbus et à l'aspect du midi.

Négeb, Auster ; Symmaque traduit par midi le *Nageb* des Hébreux. Notons que la même plage avait, chez les Hébreux, trois noms : *Nageb, Théman, Darom*, que nous pouvons traduire par Auster, Africus et midi ou Eurus.

DU LIVRE DE JOSUÉ.

Néphed dor signifie maritime, d'après Sym-

Mariboth, cujus meminit Ezechiel dicens : « Usque ad aquam Mariboth, » *Ezech.* XLVIII, 28, juxta LXX, pro quo Aquila, lites ; Symmachus, jurgia, vel contradictiones interpretantur.

Morasthi, unde fuit Micheas propheta. Est autem vicus contra orientem Eleutheropoleos.

Masagam, regio Moabitarum, ut scribit Jeremias.

Misor, regio Moab, juxta Jeremiam.

Mophath, regio Moabitarum, sicut in Jeremia legimus. Posita est autem et supra Memphrua.

Maon, regio Moabitarum, juxta Jeremiam.

Melchom, idolum Ammonitarum, sicut scribit Jeremias.

(*a*) Magedan, ad cujus fines Matthæus Evangelista scribit, Dominum pervenisse ; sed et Marcus ejusdem nominis recordatur ; nunc autem regio dicitur Magedena, circa Gerasam.

DE QUINQUE MOSIS LIBRIS,

(*b*) Naid, terra in qua habitavit Cain, vertitur autem in salum, id est, motum, sive fluctuasionem.

Nineve, urbs Assyriorum, quam ædificavit Assur egrediens de terra Senaar. Est et alia usque hodie civitas Judæorum nomine Nineve in angulo Arabiæ ; quam nunc (*c*) correpte Nineve vocant.

Naaliel, juxta Arnonem castra filiorum Israel.

Nabau, quod Hebraice dicitur *Nebo*, mons supra Jordanem contra Jerichum in terra Moab, ubi Moses mortuus est ; et usque hodie ostenditur in sexto milliario urbis Esbus contra orientalem plagam.

Nabo, civitas filiorum Ruben in regione Galaad : cujus meminit Isaias in visisione contra Moab, et Jeremias. Est vero et cujusdam viri vocabulum Nabau, qui Caan (*Chanaath*), et cæteros vicos, qui circum eam erant, ex suo nomine nuncupavit Naboth (*Nobe*). Sed et usque hodie ostenditur desertus locus Naba, distans a civitate Esbus millibus octo contra meridianam plagam.

Negeb, Auster, apud Hebræos *Nageb* dicitur, quod Symmachus interpretatur, meridiem. Sciendum autem quod eadem plaga apud Hebræos tribus vocabulis appelletur, *Nageb, Theman, Darom*, quod nos possumus Austrum, Africum, et Meredíem, sive Eurum interpretari.

DE LIBRO JESU.

Nepheddor, quod Symmachus interpretatur mari-

(*a*) *Magedan*, etc. Matthæus recordatur nominis *Magedan*, cap. XV, vers. 39, quod in Græco contextu scribitur *Magdala*. Marcus vero pro *Magedan* legit *Dalmanutha*, cap. VIII, vers. 10. Nec tamen erroris insimulare debemus Eusebium, qui utebatur Græcis exemplaribus, ubi *Magedan* scriptum legebatur apud Marcum, sicut hodie in plurimis codicibus mss., quos inter variantes lectiones Græcas N. T. recensent Biblia Polyglotta Londinensis. MARTIAN.

(*b*) Vatic. Ναΐδ, נוד. Recte Hieron. *Naid*, Gen. IV, 16.

(*c*) *Correpte Nineve vocant*. Editi legunt *corrupte* ; sic et mss. codices, propter Colbertinum optimæ notæ num. 1351, et alterum Monasterii S. Cygiranni, quos secuti sumus ; quia nulla apparet nominis corruptio *Nineve* cum *Nineve* ; sed correpte una potuit vocari *Nineve* ; cum altera producta legeretur *Ninêve*. MARTIAN.

maque. Dor est une forteresse maintenant déserte, à neuf milles de Césarée, sur la route de Ptolémaïs.

Nafthé, nom d'une fontaine de la tribu de Benjamin.

Naama, cité de la tribu de Juda.

Néésib, dans la tribu de Juda; maintenant Nasibi, à sept milles d'Eleuthéropolis, sur la route de Chébron.

Nepsam, même tribu.

Naaratha, dans la tribu de Juda d'Ephraïm; c'est aujourd'hui le petit village juif de Naorath, à cinq milles de Jéricho.

Napheth, dans la tribu de Manassé. Naalol, dans la tribu de Zabulon, cité séparée pour les Lévites.

Néecab, dans la tribu de Nephthali.

DU LIVRE DES JUGES.

Néela, d'où Zabulon ne put expulser les étrangers. C'est aujourd'hui le petit bourg de Neila, dans la Batanée.

Nabbé ou Nobba, où monta Gédéon, ville sacerdotale, que détruisit plus tard la fureur de Saül.

Nemra, cité de la tribu de Ruben, dans la terre de Galaad; c'est aujourd'hui le plus gros bourg de Namara, dans la Batanée.

DES LIVRES DES ROIS.

Navioth, lieu dans Rama, où s'arrêta David. Nous avons dit notre opinion à ce sujet dans les *Questions hébraïques*.

Nachon, aire de Nachon, qu'Aquila interprète par aire préparée.

Néphath, cité de l'un des généraux de Salomon.

Nérigel, construite en Judée par les Samaritains partis de Babylone.

Nézab, fondée en Judée par les Evéens.

Nazareth, idole des Assyriens.

Némérim, dont parle Isaïe dans la vision contre Moab et Jérémie pareillement. C'est aujourd'hui le bourg de Bennamarim, vers le nord de Zoara.

Nébéoth, pays dont parle Isaïe.

DES ÉVANGILES.

Nazareth, d'où Notre-Seigneur et Sauveur est appelé nazaréen; et nous, qu'on appelle maintenant chrétiens, nous portions, chez les anciens, le nom de nazaréens comme une sorte d'opprobre. Nazareth est maintenant le petit bourg de Nazara, dans la Galilée, en face et à quinze milles vers l'orient de la Légion, près du mont Thabor.

Naïm, petite forteresse, où Notre-Seigneur ressuscita le fils de la veuve; on le montre encore à deux milles du mont Thabor, à l'aspect du midi, près d'Endor.

timam; Dor autem est oppidum jam desertum in nono milliario Cæsareæ, pergentibus Ptolemaidem.

Naftho, nomen fontis in tribu Benjamin.

Naama, civitas tribus Judæ.

Neesib, in tribu Juda, quæ nunc vocatur Nasibi, in septimo milliario Eleutheropoleos pergentibus Chebron.

Nepsam, in tribu Juda

Naaratha, in tribu Ephraim, et nunc est Naorath villula Judæorum, in quinto milliario Jerichus.

Napheth, in tribu Manasse.

Naalol, in tribu Zabulon, civitas separata Levitis.

Neceb, in tribu Nephtalim.

DE LIBRO JUDICUM.

Neela, de hac alienigenas Zabulon non valuit expellere. Est hodieque in regione Batanæa viculus nomine Neila.

Nabbe, sive Nobba, ad quam ascendit Gedeon, urbs sacerdotibus separata, quam postea legimus Saulis furore subversam.

Nemra, civitas tribus Ruben in terra Galaad; et usque ad præsens vicus grandis Namara, in regione Batanæa.

DE REGNORUM LIBRIS

Navioth, locus in Rama, ubi sedit David; et de hoc in libris Hebraicarum Quæstionum diximus.

Nachon, area Nachon, pro quo Aquila interpretatur, area præparata.

Nephath, civitas unius principum Salomonis.

Nerigel, et hanc exstruxerunt in regione Judæa Samaritani, qui de Babylonia sunt profecti.

Nezab, quam condiderunt Evæi in terra Judæa.

Nazareth, idolum Assyriorum.

Nemerim, cujus meminit Isaias in visione contra Moab, et Jeremias; nunc autem est vicus nomine Bennamarim ad septentrionalem plagam Zoaræ.

Nebeoth, regio de qua scribit Isaias.

DE EVANGELIS.

Nazareth, unde et Dominus noster atque Salvator Nazaræus vocatus est; sed et nos apud Veteres quasi opprobrio Nazaræi dicebamur, quos nunc Christianos vocant. Est autem usque hodie in Galilæa viculus contra Legionem, in quintodecimo ejus milliario ad orientalem plagam juxta montem Thabor, nomine Nazara.

Naim, oppidulum, in quo filium viduæ a mortuis Dominus suscitavit, et usque hodie, in secundo milliario Thabor montis ostenditur, contra meridiem juxta Ændor.

DE LA GENÈSE.

Orech, cité du royaume de Nemrod, en Babylonie.

Oolibama, cité des princes d'Edom.

Odollam, que nous avons mentionnée plus haut et dont parle Isaïe.

DE L'EXODE.

Oothon, second campement des Israélites après leur sortie de Soccoth, près du désert, quand ils partirent d'Egypte.

DU LIVRE DE JOSUÉ.

Opher, que prit Josué, après en avoir tué le roi.

Ooli, cité dans la tribu d'Aser.

Ophra, route d'Ophra, conduisant à la terre de Soal.

O *a été bref jusqu'ici; il est long désormais au commencement des mots.*

DU PENTATEUQUE.

On, ville d'Egypte, en grec Héliopolis, c'est-à-dire ville du soleil, bâtie par les Israélites, d'après la version des Septante. Les recueils hébraïques ne le disent pas, et avec raison, puisqu'elle était déjà construite quand Jacob vint en Egypte, et qu'elle eut pour prêtre Pétréfrès, père d'Asénetlı.

Or, montagne sur laquelle mourut Aaron, près de Pétra; on y montre encore le rocher que frappa Moïse et dont il fit sortir de l'eau pour le peuple.

Oboth, dans le désert, campement des Israélites.

DE JOSUÉ ET DES LIVRES DES ROIS.

Osa, dans la tribu d'Aser.

Oram, dans la tribu de Nephthali.

Ophir, d'où, comme nous l'apprennent les livres des Rois, l'or était apporté à Salomon. Il y eut un descendant d'Héber du nom d'Ophir, dont la postérité, d'après Josèphe, habita le fleuve Cophère jusqu'à la région de l'Inde, appelée Hiéria; j'incline à penser qu'il a donné son nom à la région.

On, ville de Samarie, dont en hébreu le nom est écrit *aun* (ארן), qu'Aquila interprète inutile, et Théodotion iniquité.

Ocho, cité sacerdotale.

Oronaïm, ville des Moabites, selon Jérémie.

DE LA GENÈSE.

Puits du serment, creusé par Abraham, le même que Bersabée, dans la Gérarítique. Nous en avons parlé plus haut.

Puits de la vision, dans le désert, près duquel habita Isaac.

Puits du jugement, qui existe encore dans la Géraritique. Le village s'apelle Berdan, ce qui correspond à Puits du jugement.

DE GENESI.

Orech, civitas regni Nemrod in Babylone.

Oolibama, civitas principum Edom.

Odollam, diximus de hoc et supra, cujus meminit et Isaias.

DE EXODO.

Oothon, ubi secundo filii Israel castrametati sunt, egredientes de Soccoth juxta desertum, quando de Ægypto profecti sunt.

DE LIBRO JESUS.

Opher, hanc cepit Jesus, rege illius interfecto.

Ooli, civitas in tribu Aser.

Ophra, via Ophra, ducens ad terram Soal.

Hucusque per O brevem litteram legimus : exin per extensum legamus elementum.

DE PENTATEUCHO.

On, urbs in Ægypto, quæ Heliopolis Græce dicitur, id est, civitas solis, quam ædificaverunt filii Israel, sicut Septuaginta Interpretes arbitrantur. Alioquin in Hebraicis voluminibus non habetur. Et recte : siquidem antequam Jacob ingrederetur Ægyptum erat exstructa jam civitas, quæ et sacerdotem habuit Petefrem, patrem Asoneth.

Or, mons in quo mortuus est Aaron, juxta civitatem Petram, ubi usque ad præsentem diem ostenditur rupes, qua percussa, Moses aquas populo dedit.

Oboth, in deserto castra filiorum Israel.

DE JESU ET REGNORUM LIBRIS.

Osa, in tribu Aser.

Oram, in tribu Nephtalim.

Ophir, unde, sicut in Regnorum libris legimus, aurum afferebatur Salomini. Fuit autem unus de posteris Heber, nomine Ophir, ex cujus stirpe venientes a fluvio Cophene, usque ad regionem Indiæ, quæ vocatur Hieria, habitasse, refert Josephus, a quo puto et regionem vocabulum consecutam.

On, civitas Samariæ, pro qua in Hebraico scriptum est *aun* (ארן), quod et Aquila et Symmachus interpretatur, inutile; Theodotion, iniquitatem.

Ocho, civitas sacerdotalis.

Oronaim, urbs Moabitarum, sicut in Jeremia scriptum est.

DE GENESI.

Puteus juramenti, quem fodit Abraham, id est, Bersabee, in regione Geraritica. Diximus de hoc et supra.

Puteus visionis, in deserto, apud quem habitavit Isaac.

Puteus Judicii, usque in præsentem diem in regione Geraritica. Vocatur autem villa nomine Berdan, quod Latine dicitur Puteus judicii.

Puits du serment, où jurèrent Isaac et Abimélech, et qui s'appelle château d'Isaac. Les saintes Ecritures nomment plusieurs autres puits qu'on montre de nos jours dans la Géraritique et près d'Ascalon.

Pétra, ville d'Arabie, dans la terre d'Edom, surnommée Jectaël, et appelée Récem par les Syriens.

....

DU PENTATEUQUE.

Rooboth, cité des Assyriens, bâtie par Assur à sa sortie de la terre de Sennaar. Nous en avons longuement parlé dans nos *Questions hébraïques*.

Roobóth, autre ville près d'un fleuve, où était le roi d'Edom; il y a maintenant encore un gros bourg de ce nom, avec garnison, dans la Gabalène.

Ramessé, ville bâtie par les Israélites en Egypte; autrefois, toute la province habitée par Jacob et sa famille s'appelait ainsi.

Roob, que traversèrent les espions envoyés par Josué, fils de Navé; c'est encore le bourg de Rooba, autrefois séparé pour les Lévites, à quatre milles de Scythopolis.

Raphaca, camp des Israélites d[a]ns le désert.

Raphidim, lieu du désert près du mont Choreb, où les eaux coulèrent et qui fut surnommé la Tentation. Autre lieu du désert, où Josué combattit Amalec, près de Pharan.

Rathma, dans le désert, campement des Israélites.

Remmon Pharès, où campèrent les Israélites.

Ressa, camp des fils d'Israël.

Rammoth, dans la tribu de Gad, ville sacerdotale et de refuge, dans la terre de Galaad. C'est maintenant un bourg à quinze milles de Philadelphie, à l'aspect de l'Orient.

Récem, la même que Pétra, cité d'Arabie, où régna Récem, que tuèrent les Israélites. Ce même roi se nomme Madian.

DU LIVRE DE JOSUÉ.

Remmon, dans la tribu de Siméon ou de Juda. Il existe encore un bourg de Remmon, à quinze milles d'Ælia, à l'aspect de l'aquilon.

Rogel, nom d'une fontaine, dans la tribu de Benjamin.

Rama, même tribu, cité de Saül, à six milles

Puteus juramenti, ubi juraverunt Isaac et Abimelech, vocaturque oppidum Isaac. Sunt autem et alii plures putei in sanctis Scripturis, qui hodieque in Geraritica regione, et juxta Ascalonem demonstrantur.

Petra, civitas Arabiæ in terra Edom, quæ cognominata est Jectael, et a Syris Recem dicitur.

....

DE PENTATEUCHO.

Rooboth, civitas Assyriorum, quam ædificavit Assur, egrediens de terra Sennaar. Et de hac (*a*) in libris Hebraicarum Quæstionum plenius diximus.

Rooboth, urbs alia juxta fluvium, ubi erat rex Edom, et usque hodie est præsidium in regione Gabalena, et vicus grandis qui hoc vocabulo nuncupatur.

Ramesse, urbs quam ædificaverunt filii Israel in Ægypto : olim autem et universa provincia sic vocabatur, in qua habitavit Jacob una cum liberis suis.

Roob, quam transierunt exploratores (*b*), qui ab Jesu filio Nave missi sunt, et usque hodie vicus Rooba in quarto lapide Scythopoleos sic vocatur, qui et Levitis separatus fuit.

Raphaca, in deserto ubi filii Israel castrametati sunt.

Raphidim, locus in deserto juxta montem Choreb, in quo de petra fluxere aquæ, cognominatusque est Tentatio; ubi et Jesus adversus Amalec dimicat prope Pharan.

Rathma, in deserto, castra filiorum Israel.

Remmon Phares, ubi filii Israel castrametati sunt.

Ressa, castra filiorum Israel.

Rammoth, in tribu Gad, civitas sacerdotalis et fugitivorum in terra Galaaditide. Nunc autem est vicus in quinto decimo milliario Philadelphiæ (c) contra Orientem.

Recem, hæc est Petra civitas Arabiæ, in qua regnavit (*d*) Recem, quem interfecerunt filii Israel. Dicitur ipse rex quoque Madian.

DE LIBRO JESU.

Remmon, in tribu Simeonis, vel Judæ; hodieque est vicus nomine Remmon, juxta Æliam contra Aquilonem in quintodecimo ejus milliario.

Rogel, nomen fontis in tribu Benjamin.

Rama, in tribu Benjamin, civitas Saulis in sexto

(*a*) *In libris Hebraicarum Quæstionum.* Vide consequenter Quæstiones Hebraicas in Genesim. MARTIAN.

(*b*) *Qui ab Jesu filio Nave.* Memoriæ lapsus hic videtur; nisi exscriptores Latini posuerint *ab Jesu*, pro eo quod est, *cum Jesu*. Certum namque exstat *Robob* Num. XIII, 22, aditam fuisse ab illis exploratoribus, qui a Mose missi fuerant, quorum etiam Josue exploratorum unus fuit. MARTIAN. — Emendandi ex Eusebio codd. Hieronymiani, ut recte Victorius et Martian. judicant, legendumque, *qui cum Jesu*, οἱ μετὰ Ἰησοῦ. Ipse Josue unus ex illis exploratoribus fuit, quos Moses emiserat. Numer. XIII, 22.

(*c*) Martianæus ad Hieronymianam lectionem exigi Eusebium jubet; fallitur vero, nam e contrario legendum atque emendandum in Hieronymo est ad Eusebianum exemplar *ad occidentem*, πρὸς δυσμάς. Alioquin Rammoth extra fines terræ Israeliticæ exstitisset, quæ ultra Philadelphiam Orientem versus non tendebatur.

(*d*) Reginæ ms. *Roacam*: noster *Rocam* præfert, quemadmodum et vulgares Græci libri Ῥοχαν; sed Ῥοχόμ habent castigatiores. Epiphanius de Hæresi Melchisedechian. οἱ μὲν τῇ Ἀραβίᾳ τῇ Πετραίων Ῥοκόμ τε καὶ Ἐδὼμ καλουμένῃ.

d'Ælia, vers le septentrion, en face de Béthel. Jérémie en parle.

Récem, même tribu.

Remmon, pierre de Remmon, dans la tribu de Syméon ou de Zabulon.

Rabboth, dans la tribu d'Issachar. Il y a encore aujourd'hui un autre village de Rebbo, sur les confins d'Eleuthéropolis, vers le levant.

Réthom, même tribu.

Roob, dans la tribu d'Aser, ville séparée pour les Lévites.

Rama, même tribu, s'étendant jusqu'à la cité fortifiée des Tyriens.

Rama, dans la tribu de Nephthali.

Les mêmes noms de villages sont assignés à des tribus diverses, parce que, quoi qu'ils paraissent être le même nom en notre langue, ils sont écrits en hébreu avec des lettres différentes.

Reccath, dans la tribu de Nephthali.

Ruma, la même qu'Aria, où demeura Abimélech, comme le rapporte le livre des Juges; IX, 41 ; elle s'appelle maintenant Remphis. Elle est sur les confins de Diospolis, et plusieurs lui donnent aussi le nom d'Arimathie.

DES LIVRES DES ROIS.

Remmath, où David envoya une partie du butin.

Rachel, qui reçut également de David une partie des dépouilles.

Remmoth Galaad, ville au-delà du Jourdain, près de la rivière de Jaboc. Nous en avons déjà parlé.

Rabbath, cité du royaume d'Ammon, maintenant Philadelphie, dont parle Jérémie.

Roos, que traversa David. Aquila et Symmaque traduisent par citadelle.

Rogellim, patrie du galaadite Berzellaï, ami de David.

Raphaïm, vallée des Allophyles, vers le septentrion de Jérusalem.

Remmam, cité des rois de Syrie, près de Damas.

Reth, que frappa le roi Asa.

Rothem, qu'Aquila interprète par genévrier, et Symmaque par ombrage.

Remmon, citée par Isaïe dans la vision contre Moab.

Raseph, cité de la Syrie.

Raphet, ville des Assyriens, dans la région du Théman; Isaïe en parle.

Rébla, dans la terre d'Emath, d'où Pharaon vainqueur transporta en Egypte Joachas, prisonnier.

Remma, montagne, dans Isaïe. Aquila traduit par montagne d'Emmona, et Symmaque par dans l'Arménie. Il y a un village de Remmus, dans le Daroma. Dans le livre des Rois, Remmam est le nom d'une idole des Damascènes.

Réblatha, région des Babyloniens, ou ville aujourd'hui appelée Antioche.

milliario ab Ælia ad septentrionalem plagam contra Bethel. Meminit hujus et Jeremias.

Recem, in tribu Benjamin.

Remmon, petra Remmon, in tribu Simeonis, sive Zabulon.

Rabboth, in tribu Issachar; est usque hodie alia villa Rebbo in finibus Eleutheropoleos ad solis ortum.

Rethom, in tribu Issachar.

Roob, in tribu Aser, civitas separata Levitis.

Rama, in tribu Aser, usque ad civitatem munitam Tyriorum.

Rama, in tribu Nephtalim.

Idcirco eadem nomina viculorum tribubus variis assignantur, quia cum apud nos unum nomen sonare videantur, apud Hebræos diversis scripta sunt litteris.

Reccath, in tribu Nephtalim.

Ruma, quæ et Aria, ubi sedit Abimelech, sicut in libro Judicum IX, 41 scriptum est, quæ nunc appellatur Remphis. Est autem in finibus Diospoleos, et a plerisque Arimathæa nunc dicitur.

DE REGNORUM LIBRIS.

Remmath, ad quam David prædæ partem misit.

Rachel, et ad hanc David spoliorum partem misit.

Remmoth Galaad, villa trans Jordanem juxta fluvium Jaboc. Diximus de hac et supra.

Rabbath, civitas regni Ammon, nunc Philadelphia, cujus meminit Jeremias.

Roos, quam pertransivit David : pro quo Aquila et Symmachus interpretantur, arcem.

Rogellim, unde fuit Berzellai Galaadites, amicus David.

Raphaim, vallis Allophylorum ad septentrionalem plagam Jerusalem.

Remmam, civitas regum Syriæ juxta Damascum.

Reth, hanc percussit Asa rex.

Rothem, pro quo Aquila interpretatur ἄρκευθον, id est, juniperum; Symmachus, umbraculum.

Remmon, hujus meminit Isaias in visione contra Moab.

Raseph, civitas Syriæ.

Raphet, urbs Assyriorum in regione Theman, de qua in Isaia scribitur.

Rebla, in terra Emath, unde victor Pharao adductum Joacha transtulit in Ægyptum.

Remma, mons in Isaia : pro quo Aquila interpretatur, mons Emmona; Symmachus, in Armenia. Est et villa Remmus in Daroma. Porro in Regnorum libris Remmam, domus dicitur idoli Damasceni.

Reblatha, regio Babyloniorum, sive urbs quam nunc Antiochiam vocant.

Ramalé, qu'Aquila traduit par il sera exalté; ce nom est dans Zacharie, xiv, 10. Il y a un autre lieu, dans la tribu de Benjamin, près de Bethléem, dont il est dit : « Une voix a été entendue en Rama. » *Matth.* xi, 18. Nous nous sommes pleinement expliqué à ce sujet dans les *Questions hébraïques*.

Rhinocorura, cité d'Egypte dont parle Isaïe. Notons que ce nom n'est pas dans les recueils hébraïques, et qu'il a été ajouté par la version des Septante, pour nous faire connaître le lieu.

Nous croyons devoir rappeler l'avis que nous avons donné dans le livre des Noms hébreux, en tête de la lettre S : il y a en hébreu trois sortes d'S : Samec, Sadé et Sin. Les Grecs et les Latins les prononcent de la même manière, tandis que ces lettres ont dans leur langue des sons différents. D'où il suit que les mêmes noms paraissent se répéter pour nous, et que cette lettre précède plus de mots que les autres. Nous y faisons, en effet, le recensement des lieux, des villes et des bourgs commençant en hébreu par trois lettres.

DE LA GENÈSE.

Sidon, ville importante de Phénicie, autrefois formant la frontière nord des Chananéens, ensuite de la Judée. Elle tomba dans le lot d'Aser, qui ne la posséda pas, n'en ayant pu chasser les ennemis.

Sennaar, plaine de Babylone, où la tour fut élevée. Assur l'ayant quittée, bâtit Ninive. Josèphe s'est souvenu de ce lieu dans le premier livre des Antiquités, quand il écrit : « L'historien Histiée parle en ces termes de la plaine de Babylonie appelée Sennaar : Quelques prêtres, déserteurs du temple de Jupiter Enyalius, dont ils avaient dérobé le trésor sacré, arrivèrent dans la Sennaar, plaine de Babylonie. »

Sichem et Salem, en latin, et en grec Sicima, cité de Jacob, maintenant déserte. On en montre l'emplacement dans les environs de Néapolis, près du tombeau de Joseph. Abimélec la détruisit, et sema du sel sur ses ruines, comme le rapporte le livre des Juges. *Jud.* ix, 45. Elle

(a) Ramale, pro quo Aquila interpretatur : exaltabitur, scriptum est in Zacharia, xiv, 10. Est autem et alius locus in tribu Benjamin juxta Bethleem, de quo dicitur : « Vox in Rama audita est. » *Matth.* ii, 18. Et de hoc in libris Hebraicarum Quæstionum plenius dicitur.

Rhinocorura, civitas Ægypti, cujus meminit Isaias. Sciendum autem, quod hoc vocabulum in libris Hebraicis non habetur, sed a Septuaginta Interpretibus propter notitiam loci additum est.

Quod in libro Hebraicorum nominum diximus, hoc etiam nunc in S litteræ videtur titulo prænotandum: apud Hebræos tria esse S, hoc est samec, sade, et sin. Quæ cum apud Græcos et Latinos sono simili proferantur, in sua lingua aliter atque aliter resonant. Unde accidit, ut eadem nomina apud nos diversum sonare videantur, et plus quam cæteræ litteræ hæc habeat. Non enim ex una, sed ex tribus litteris, loca et urbes et viculi describuntur.

DE GENESI.

Sidon, urbs Phœnices insignis, olim terminus Chananæorum ad Aquilonem respiciens, et postea regionis Judææ. Cecidit autem in sortem tribus Aser, sed non eam possedit, quia hostes nequaquam valuit expellere.

Sennaar, campus Babylonis, in quo turris exstructa est. Unde egressus Assur ædificavit Ninevem. Meminit hujus loci Josephus in primi Antiquitatum libro, ita scribens : « De campo qui in Babylonia regione vocatur Sennaar, narrat Hestiæus historicus, dicens : Quidam sacerdotum profugi de templo (b) Enyalii Jovis sacra rapientes, in Sennaar campum Babyloniæ pervenere. »

Sichem et Salem, quæ Latinæ et Græce Sicima vocata est, civitas Jacob, nunc deserta. Ostenditur autem locus in suburbanis Neapoleos juxta sepulcrum Joseph; quam subvertit Abimelec, et seminavit in ea salem, sicut in libro Judicum, *Jud.* ix, 45,

(a) *Ramale*, etc. Puto hanc vocem e Græca Ῥαβλδέ sumptam, depravatam fuisse ab exscriptoribus Latinis, qui pro *Ramade*, posuerunt *Ramale*; nam apud LXX legimus Ῥαμὰ δὲ, quod Eusebius conjunctim forte legebat Ῥαμαδέ. Martian. — Nihil dubium hanc esse Ramma, de qua loquitur Zacharias cap. xiv, 10. Græco nomini Ῥαμὰ subsequitur, penes LXX, δὲ particula : fitque adeo probabile Martianæo, lectum ab Eusebio conjunctim Ῥαμαδέ. Hieron. in eum locum, *Rhama autem in loco suo permanebit : melius*, inquit, *interpretatus est Aquila, et cæteri qui posuerunt*, exaltabitur; *Rhama quippe* exaltatio *dicitur*.

(b) *De templo Enyalii*, etc. Quo auctore Jupiter *Gemalius* vel *Gemelius* in Hieronymum irrepserit, dicere erubesco; neque vero exscriptorum veterum supinitatem vel ignorantiam hic coarguendam patitur testis conscientia; quia mss. codices retinent veram lectionem *Enyalii*, licet cum hoc discrimine nomen in illis fuerit scriptum, *anial*, *enialii*, et ENYALII. Unum e Regiis exemplaribus neutram posuit dictionem; sed hoc modo lectionem mutavit ac sensum : *de templo Veneris alii Jovis sacra*, etc. Quis sit igitur confictus ille Jupiter *Gemalius*, prorsus ignoro : sed de Jove *Enyalio* plurima legi apud optimos Scriptores. Primum nomen Ἐνυάλιος; *Martem* significat, et pro *Marte* seu *Deo bellico* sumitur apud Græcos auctores. Distinguitur nihilominus *Enyalios* a *Marte* apud Soph. in Ajace, ἢ χαλκοθώραξ, ἢ ἐνυάλιος, vel *Calcothorax*, id est, *Mars*, vel *Enyalios*. Similiter apud Plutarc. in Rom. Quirinus a quibusdam dictus fertur ὁ Ἐνυάλιος. Secundo apud Josephum lib. i Antiqq. cap. 5, nomen illud scriptum legitur Ἐνυέλιος; in ms. codice Regio Eusebii ἐννυέλιος, cum duplici ν et ε in medio, pro α quod Hieronymus legebat, ut fidem faciunt omnia exemplaria S. Doctoris, in quibus est *enyalii*, non *enyelii*. Quare autem in antea editis libris legamus *Gemalii* pro *Enyalii*, non aliam conjicio causam præter Apologiam Hieronymi adversus Jovinianum, in qua lib. i, *Gamelius Jupiter et Genethlius* nominatur. Putarunt itaque Erasm. et Marian. eodem modo semper legendum apud Hieronymum. Hinc *Gamelius*, sive *Gemelius* hoc loco, pro *Enyalius*. Martian.

fut plus tard rebâtie par Jéroboam, comme nous l'apprend l'histoire des Rois. III *Reg.* XII, 25. La ville est située sur les limites de la tribu d'Ephraïm. Un fils d'Emmor qui portait le nom de Sichem, l'avait donné à ce lieu. Il y eut une autre Sichem, cité de refuge, sur le mont Ephraïm.

Sennaar, patrie d'Amarfal, qui fit la guerre contre les rois des Sodomites.

Sodome, cité d'impies consumée par le feu du ciel, près de la mer Morte.

Séboïm, autre cité coupable, changée pour toujours en cendres, autrefois près de Sodome.

Sophéra, montagne de l'Orient, dans l'Inde, près de laquelle habitèrent les fils de Jectan, fils d'Héber. Josèphe rapporte qu'ils s'étendirent depuis le fleuve Cophène et les régions de l'Inde jusqu'à la contrée appelée Hiérie. La flotte de Salomon entretint pendant trois ans le commerce d'exportation avec ces contrées.

Soora, ville près de Sodome, la même que Ségor et Zoara, dont nous avons déjà parlé.

Savé, antique cité qu'habitèrent les Amorrhéens, nation courageuse, au-dessus de la région de Sodome, et que détruisit Chodologomor.

Séir, montagne de la terre d'Edom, où habita Esaü, dans la Gébatène; elle reçut le nom de Séir, c'est-à-dire velue, de ce qu'Esaü était velu et hérissé. En ces lieux habitaient auparavant les Chorréens, qu'extermina Chodologomor. Isaïe parle du mont Séir dans la vision d'Idumée.

Salem, cité des Sicimites, la même que Sichem. On montre encore un autre village de ce nom près d'Ælia, vers l'occident; à huit milles de Scytopolis, en plaine, il y a pareillement un village de Salumias. Josèphe, à son tour, *Antiq.* I, 11, affirme que Salem est la ville où régna Melchisédech, laquelle s'appela plus tard Solyme, et prit enfin le nom de Jérusalem.

Sur, où l'Ange trouva Agar, servante de Sara, entre Cadès et Barad. Le désert de Sur s'étend jusqu'à la mer Rouge, qui touche aux confins de l'Egypte. Cadès est la solitude au-dessus de Petra. Toutefois, l'Ecriture dit que le désert de Cadès va jusqu'en face de l'Egypte, et que les Hébreux y entrèrent immédiatement après le passage de la mer Rouge.

Ségor, la même que Bala et Zoara, l'une des cinq villes des Sodomites, fut épargnée par le feu, à la prière de Lot; elle existe maintenant encore. Isaïe s'en est souvenu dans la vision contre Moab. Nous en avons déjà parlé.

Séné, c'est-à-dire les tentes, lieu qu'habita Jacob au retour de la Mésopotamie, et qui s'appelle en hébreu *Soccoth.*

scriptum est. Postea vero instaurata est a Jeroboam, ut Regnorum narrat historia III *Reg.* XII, 25, et sita est in finibus tribus Ephraim. Sed et filius Emmor appellabatur Sichem, a quo et locus nomen acceperat. Fuit autem et altera Sichem in monte Ephraim, civitas fugitivorum.

Sennaar, unde fuit Amarfal, qui adversus reges Sodomorum bellum gessit.

Sodoma, civitas impiorum divino igne consumpta, juxta mare Mortuum.

Seboim, et hæc civitas impiorum in æternos cineres dissoluta, juxta urbem quondam Sodomam.

Sophera, mons orientis in India, juxta quem habitaverunt filii Jectan, filii Heber. Quos Josephus refert a Cophene flumine et Indiæ regionibus usque ad id locorum pervenisse, ubi appellatur regio Hieria : sed et classis Salomonis per triennium hinc quædam commercia deportabat.

Soora, urbs juxta Sodomam, quæ et Segor et Zoara; de qua et supra diximus.

Save, civitas antiqua in qua habitaverunt Amorrhæi, gens valida, super regionem Sodomæ, quam excidit Chodologomor.

Seir, mons in terra Edom, in qua habitavit Esau in regione Gebalena; quæ ex eo quod Esau pilosus esset et hispidus, Seir, id est, pilosi nomen accepit. In quibus locis antea habitavit Chorræus, quem interfecit Chodologomor. Meminit montis Seir et Isaias in visione Idumææ.

Salem, civitas Sicimorum, quæ est Sichem; sed et alia villa ostenditur usque in præsentem diem juxta Æliam contra occidentalem plagam hoc nomine in octavo quoque lapide a Scythopoli in campo vicus Salumias appellatur; Josephus vero Salem esse affirmat, *Antiqq.* lib. I, cap. 11, in qua regnavit Melchisedech, quæ postea dicta est Solyma, et ad extremum, Jerosolymæ nomen accepit.

Sur, ubi invenit Angelus ancillam Saræ Agar, inter Cades et Barad. Extenditur autem desertum Sur usque ad mare Rubrum, quod ad Ægypti confinia pervenit. Porro Cades, solitudo est super urbem Petram; sed et Scriptura desertum Cades contra faciem Ægypti extendi memorat, ad quod primum venere Hebræi, Rubro mari transvadato.

Segor, quæ et Bala et Zoara, una de quinque civitatibus Sodomorum ad preces Lot de incendio reservata, quæ usque nunc ostenditur. Meminit hujus et Isaias in visione contra Moab, de qua et supra diximus.

Sene, id est, tabernacula, locus in quo habitavit Jacob regressus de Mesopotamia, qui lingua Hebraica appellatur *Soccoth.*

DE L'EXODE.

Soccoth, première halte des Israélites dans le désert, après leur départ d'Egypte, avant le passage de la mer Rouge.

Sin, désert entre la mer Rouge et la solitude du Sina. De ce désert, les Israélites vinrent en Raphidim et de Raphidim en Sina, au pied de la montagne sur laquelle Moïse reçut les tables de la loi. L'Ecriture dit que le désert de Sin est le même que celui de Cadès; celui-ci est près de la Judée. Au reste, ce nom n'est pas dans la version des Septante.

DES NOMBRES ET DU DEUTÉRONOME.

Selmona, campement des Israélites dans le désert.

Saphar, mont Saphar, dans le désert, campement des fils d'Israël.

Sattim, où le peuple se souilla par le contact impur avec les filles de Moab. Ce lieu est près du mont Phogor, et de là Josué manda des espions pour explorer et reconnaître Jéricho.

Sabama, cité de Moab, dans la terre de Galaad; elle échut au lot de la tribut de Ruben. Isaïe en parle dans la vision contre Moab.

Selcha, cité du roi Og, dans le Basan.

Senna, limite de la Judée; on montre encore, à sept milles de Jéricho, vers le septentrion, un village du nom de Magdalséna, nom qui signifie tour de Senna.

Séphama, limite de Juda vers le levant.

Sadada, limite de Juda.

DU LIVRE DE JOSUÉ.

Soméron, que prit Josué, après en avoir tué le roi. On dit que son nom actuel est Sébaste, château-fort de Palestine, où sont ensevelis les restes de saint Jean-Baptiste. Nous lisons dans les livres des Rois, III *Reg.* XVI, 24, que Zamri, roi d'Israël, acheta le mont Séméron d'un certain Sémer, et bâtit à son sommet une ville à laquelle il donna ce nom de Séméron.

Seira, ville prise par Josué.

Selcha, cité dans le pays de Basan.

Sior, lieu en face de l'Egypte. On montre maintenant encore un vilage du nom de Sior, entre Ælia et Eleuthéropolis, dans la tribu de Juda. Nous nous sommes expliqué à ce sujet dans les *Questions hébraïques*.

Saorth, dans la tribu de Ruben, sur le Jourdain.

Sochoth, dans la tribu de Gad, sur le Jourdain.

Syphon, même tribu, sur le Jourdain.

Sacharoma, dans la tribu de Juda.

Samem, même tribu.

Saal, dans la tribu de Juda ou de Syméon.

DE EXODO.

Soccoth, prima mansio filiorum Israel in deserto postquam de Ægypto sunt profecti, antequam mare transirent Rubrum.

Sin, desertum inter mare Rubrum et solitudinem Sina. Nam de hoc deserto filii Israel venerunt in Raphidim, et a Raphidim in desertum Sina, juxta montem Sina, ubi Moyses tabulas legis accepit. Desertum autem Sin idem dicit esse Scriptura quod et Cades, sed et hoc juxta Hebræos. Cæterum in Septuaginta Interpretibus non habetur.

DE NUMERIS ET DEUTERONOMIO.

Selmona, castra filiorum Israel in deserto.

Saphar, mons Saphar, in deserto, castra filiorum Israel.

Sattim, ubi populus pollutus est fornicatione, filiarum Moab. Est autem juxta montem Phogor : unde et Jesus exploratores ad investigandam et noscendam misit Jericho.

Sobama, civitas Moab, in terra Galaad, quæ cecidit in sortem tribus Ruben. Meminit et hujus Isaias in visione contra Moab.

Selcha, civitas regis Og, in regione Basanitide.

Senna, terminus Judææ, et usque hodie ostenditur in septimo lapide Jericho contra septentrionalem plagam villa quædam nomine Magdalsena, quod interpretatur, turris Senna.

Sephama, terminus Judæ ad solis ortum.

Sadada, terminus Judæ.

DE LIBRO JESU.

Someron, et hanc cepit Jesus, rege illius interfecto. Dicunt autem nunc pro ea Sebasten vocari oppidum Palæstinæ, ubi S. Joannis Baptistæ reliquiæ conditæ sunt. Legimus in Regnorum libris, III *Reg.* XVI, 24, quod Zamri rex Israel emerit montem Semeron, a quodam Semer, et ædificaverit in vertice ejus civitatem, quam ex nomine domini appellaverit Semeron.

Seira, et hanc cepit Jesus.

Selcha, civitas in regione Basanitide.

Sior, locus contra faciem Ægypti. Sed et hodie ostenditur villa nomine Sior inter Æliam et Eleutheropolim in tribu Juda. Super hoc in libris Hebraicarum Quæstionum plenius diximus.

Saorth, in tribu Ruben, super Jordanem.

(*a*) Sochoth, in tribu Gad, super Jordanem.

Syphon, in tribu Gad, super Jordanem.

Sacharoma, in tribu Juda.

Samem, in tribu Juda.

Saal, in tribu Juda, vel Simeon.

(a) Hic vero titulus, necdum in Græco, etiam in Latino a Reginæ mss. ignoratur : in nostro autem secunda manu ad libri album describitur.

Sicéleeh, que le roi des étrangers Achis donna comme demeure à David. Elle est dans le Daroma, du lot de Juda ou de Syméon.

Sansana, dans la tribu de Juda.

Sélél, même tribu.

Saara, bourg sur les confins d'Eleuthéropolis, au nord de la route de Nicopolis, presque à la dixième borne, dans la tribu de Dan ou de Juda.

Soccho, dans la tribu de Juda. Il existe encore deux villages de Sochoth, sur la route d'Eleuthéropolis à Ælia, vers la neuvième borne de la voie publique : l'un sur une hauteur, et l'autre en plaine.

Saraïn, dans la tribu de Juda.

Sénam, dans la tribu de Juda.

Saphir, même tribu, village dans les montagnes, entre Eleuthéropolis et Ascalon.

Soccho, dont nous venons de parler. On dit que cette bourgade fut fondée par les Samaritains partis de Babylone.

Scacha, dans la tribu de Juda.

Sélo, dans la tribu d'Ephraïm, lieu où l'arche d'alliance et le tabernacle du Seigneur demeurèrent jusqu'au temps de Samuel. Il est à dix milles de Néapolis, dans l'Acrabittène. Nous lisons qu'un fils du patriarche Juda s'appelait Sélo.

Séchem, dans la tribu de Manassé, cité sacerdotale et de refuge, sur le mont Ephraïm, sépulture de Joseph. Nous en avons déjà parlé.

Samès, c'est-à-dire fontaine de Samès, dans la tribu de Benjamin. Aquila traduit par fontaine du soleil.

Semri, même tribu.

Séla, même tribu.

Sabéé, dans la tribu de Syméon.

Sarith, limite de Zabulon.

Sams, traduit par du soleil par Théodotion et Symmaque.

Sémérom, dans la tribu de Zabulon.

Sunem, dans la tribu d'Issachar ; on montre encore un bourg de Sulem, à cinq milles du mont Thabor, vers le midi.

Séon ou Soen, dans la tribu d'Issachar ; aujourd'hui village près du mont Thabor.

Sasima, limite d'Issachar.

Sior, dans la tribu d'Asser.

Sennanim, chêne appartenant à la limite de Nephtali.

Sorech, dans la tribu de Dan, où nous lisons que fut Samson, près d'Estaol, dont nous avons déjà parlé.

Samer, dans la tribu de Dan. J'en ai déjà parlé sous le nom de Bethsamis.

Sicelech, quam Achis rex alienigenarum dedit ad inhabitandum David. Est autem in Daroma sortis Judæ, vel Simeonis.

Sansana, in tribu Juda.

Selei, in tribu Juda.

Saara, vicus in finibus Eleutheropoleos contra septentrionem pergentibus Nicopolim, quasi in decimo milliario, in tribu Dan, sive Juda.

Soccho, in tribu Juda. Sunt autem usque hodie viculi duo pergentibus Æliam de Eleutheropoli, in nono milliario viæ publicæ : unus in monte, alter in campo situs, qui Sochoth nuncupatur.

Sarain, in tribu Juda.

Senam, in tribu Juda.

Saphir, villa in montanis sita inter Eleutheropolim et Ascalonem, in tribu Juda.

Soccho, de qua et supra dictum est. Dicuntur autem Samaritani, qui de Sabylone profecti sunt, hunc viculum condidisse.

(a) Scacha, in tribu Juda.

Selo, in tribu Ephraim, in quo loco arca testamenti mansit, et tabernaculum Domini usque ad tempora Samuelis. Est autem in decimo milliario Neapoleos in regione Acrabittena. Sed et Judæ Patriarchæ filium Selon appellatum legimus.

Sechem, in tribu Manasses, civitas sacerdotalis et fugitivorum, in monte Ephraim, ubi sepelierunt ossa Joseph, de qua et supra diximus.

Sames, id est fons Sames, in tribu Benjamin : pro quo Aquila interpretantur, fontem solis.

Semri, in tribu Benjamin.

Sela, in tribu Benjamin.

Sabee, in tribu Simeon.

Sarith, terminus Zabulon.

Sams, pro quo Theodotio et Symmachus transtulerunt, solis.

Semerom, in tribu Zabulon.

Sunem in tribu Issachar, et usque hodie vicus ostenditur nomine Sulem, in quinto milliario montis Thabor contra australem plagam.

Seon, sive Soen, in tribu Issachar : hodieque ostenditur villa juxta montem Thabor.

Sasima, terminus Issachar.

Sior, in tribu Aser.

Sennanim, quercus pertinens ad terminum Nephtalim.

Sorech, in tribu Dan, ubi Samson fuisse legimus, juxta Estaol; de qua jam supra diximus.

Samer, in tribu Dan ; de qua et supra memoravi, sub nomine Bethsamis.

(a) *Scacha*, etc. Antea editi legunt *Scatha*, quod multum torsit eruditum Bonfrerium, qui nescivit omnia fere nomina depravata fuisse in veteribus editionibus Hieronymi. MARTIAN.

Salabim, dans la tribu de Dan; c'est aujourd'hui le gros bourg de Salaba, sur les confins de la Sébastène.

Sépheth, lieu des Chananéens.

DU LIVRE DES JUGES.

Sirotha, où se réfugia le juge Ahud. Nous avons parlé de Séira.

Sur Choreb, qui s'interprète par pierre de Choreb.

Selmon, montagne qu'escalada Abimélec combattant contre Sicima.

Séphina, qu'Aquila et Symmaque traduisent par aquilon.

Sorech, nom d'un torrent. De ce lieu fut Dalila, celle de Samson. On montre encore, vers le nord d'Eleuthéropolis, un bourg de Capharsorech, près de Saar, et qui fut la patrie de Samson.

DES LIVRES DES ROIS.

Sophim, montagne d'Ephraïm sur le mont Armathem.

Salisa, que traversa Saül.

Senna, nom de roche.

Saalim, village que traversa Saül, sur la limite occidentale et à sept milles d'Eleuthéropolis.

Sim, où Samuël trouva Saül.

Sabim, où Saül combattit.

Sonam, patrie de la Sunamite. C'est maintenant le village de Sanim, sur les limites de Sébaste, dans l'Acrabittène.

Sophamoth, lieu où David envoya.

Séira, nom de puits, d'où Joab fit battre en retraite le général de l'armée d'Abenner.

Suba, dont David frappa le roi.

Sarthan, qui est au pied de Jezraël.

Sophéra, la même que Sophir, d'où venaient les navires de Salomon. Nous en avons déjà parlé. C'est une montagne de l'orient dans l'Inde.

Sérora, cité sur la route d'Edom.

Saba, cité royale d'Ethiopie, que Josèphe dit avoir reçu le surnom de Méroé, de la sœur du roi Cambyse.

Séla, où fut frappé Joas.

Saffarvaïm, d'où les Assyriens émigrants habitèrent en Samarie; c'est d'eux que prit son origine la nation des Samaritains. Isaïe en parle.

Sadémoth, où Josias brûla les simulacres des idoles.

Saresta, forteresse des Sidoniens, située sur la voie publique. Elie l'habita autrefois.

Salabim, in tribu Dan, usque hodie grandis vicus ostenditur in finibus Sebastenes, al. *Sebastenis*, nomine Salaba.

Sepheth, locus Chananæorum.

DE JUDICUM LIBRO.

Sirotha, quo confugit judex Ahud. Diximus et supra de Seira.

Sur Choreb, quod interpretatur, petra Choreb.

Selmon, mons quem conscendit Abimelec adversus Sicimam dimicans.

Sephina: pro quo Aquila et Symmachus interpretantur, aquilonem.

Sorech, nomen torrentis, de quo loco fuit Dalila, illa Samsonis: sed et usque hodie ad septentrionalem plagam Eleutheropoleos vicus ostenditur, nomine Capharsorech, juxta villam Saar, unde et Samson fuit.

DE REGNORUM LIBRIS.

Sophim, mons Ephraim in monte Armathem.

Salisa, quam pertransiit Saul.

Senna, nomen petræ.

Saalim, villa quam pertransiit Saul in finibus Eleutheropoleos contra Occidentem, septem ab ea millibus distans.

Sim, ubi Samuel invenit Saulem.

Sabim, ubi Saul præliatus est.

Sonam (a), unde fuit illa mulier Sunamitis. Est autem usque hodie vicus in finibus Sebastæ in regione Acrabittena, vocabulo Sanim.

Sophamoth, ad quem locum misit David.

Seira, nomen putei, a quod Joab fecit reverti principem exercitus Abenner.

Suba, cujus regem percussit David.

Sarthan, quæ est ad radices Jezraelæ.

Sophera, quæ est et Sophir, unde veniebant naves Salomonis: de qua et supra diximus. Est autem mons Orientis pertinens ad Indiæ regionem.

Serora, civitas pergentibus Edom.

Saba, civitas regalis Æthiopiæ, quam Josephus a Cambyse rege Meroen cognominatam ex sororis vocabulo, refert.

Sela, ubi percussus est Joas.

Saffarvaim, de quibus locis Assyrii transmigrantes, habitaverunt in Samaria; et ab ipsis Samaritanorum gens sumpsit exordium. Meminit horum et Isaias.

Sademoth (b), ubi Josias rex idolorum signum combussit.

Saresta, oppidum, Sidonorium in via publica situm: ubi habitavit quondam Elias.

(a) Martian. vitiose in Latino *ubi* pro *unde*, in Græco Ἀχριβαττινῇ legit, et mox Σωμανίτην pro Σωανῖτιν, quem errorem sæpius admisit.

(b) *Ubi Josias rex*, etc. Habes hic quoque in antea editis Erasmi insignem depravationem; nam pro *Josia*, supponunt *Oziam*. MARTIAN.

Saron, dont Isaïe a dit : « Saron a été changé en marais. » *Isa.* XXXIII, 7. Aujourd'hui encore la région entre le mont Thabor et le lac de Tibériade s'appelle Saronas. Bien plus, on donne ce nom à toute la terre qu'on voit depuis Césarée de la Palestine jusqu'au fort de Joppé.

Séphéla, dans Isaïe, qu'Aquila traduit par champêtre, et Symmaque par vallée. On donne encore ce nom à toute la plaine champêtre des environs d'Eleuthéropolis, laquelle s'étend vers le nord et vers l'occident.

Sennar, qu'Aquila écrit Sennam et que Symmaque interprète par fertile. Le prophète Michée en parle.

Sedrach, terre de Damas, nommée dans Zacharie, IX, 1.

Sion, montagne de la ville de Jérusalem.

Samarie, cité royale d'Israël, aujourd'hui Sébaste. La ville avait autrefois donné son nom à toute la région environnante.

Sor, Tyr, métropole de la Phénicie, dans la tribu de Nephthali.

Soéné, cité de la Thébaïde que nomme Ezéchiel.

Saïs, ville d'Egypte dont parle Ezéchiel, d'où le canton de Saïs.

Sadala, dans le même Ezéchiel, limite de la Judée.

Sabarim, encore dans Ezéchiel, entre Damas et Emath.

Salisa, qu'Aquila interprète par triennal. Jérémie en parle.

Sichar, devant Néapolis, près du champ que Jacob donna à son fils Joseph ; là Notre-Seigneur et Sauveur, d'après l'Evangile selon S. Jean, a parlé à la femme samaritaine auprès du puits sur lequel s'élève maintenant une église.

DE LA GENÈSE.

Tigre, fleuve sortant du paradis, d'après le témoignage de l'Ecriture, coulant vers l'Assyrie, et, après beaucoup de détours, tombant dans la mer Rouge, au dire de Josèphe. Ce nom lui a été donné à cause de sa rapidité, semblable à celle du tigre se précipitant avec une impétuosité trop grande.

Térébinthe, chez les Sicimites, arbre sous lequel Jacob ensevelit les idoles, près de Néapolis.

DU LIVRE DE JOSUÉ.

Tina, dans la tribu de Juda.

Talem, même tribu.

Tésan, même tribu.

Tyr, dans la tribu de Nephthali.

Saron, cujus et Isaias meminit, dicens : « In paludes versus est Saron. » *Isa.* XXXIII, 9. Usque in præsentem autem diem, regio inter montem Thabor et stagnum Tyberiadis, Saronas appellatur. Sed et a Cæsarea Palestinæ, usque ad oppidum Joppe, omnis terra quæ cernitur, dicitur Saronas.

Sephela, sicut scribit Isaias : pro quo Aquila, campestrem ; Symmachus, vallem interpretantur. Usque hodie omnis regio juxta Eleutheropolim campestris et plana, quæ vergit ad Aquilonem et Occidentem, Sephela dicitur.

Sennaar : pro quo Aquila, Sennam ; Symmachus interpretatur, uberem. Meminit hujus et Michæas propheta.

Sedrach, terra Damasci : legimus in Zacharia, IX, 1 ; *Vid.* Hadrach.

Sion, mons urbis Jerusalem.

Samaria, civitas regalis in Israel, quæ nunc Sebaste dicitur. Sed et omnis regio quæ circa eam fuit, a civitate quondam nomen acceperat.

Sor, Tyrus metropolis Phœnicis, in tribu Nephtalim.

Soene, civitas Thebaidis, sicut scribit Ezechiel.

Sais, civitas Ægypti, cujus meminit Ezechiel : a qua et Saitis pagus.

Sadala, terminus Judææ, sicut et scribit Ezechiel.

Sabarim, inter Damascum et Æmath, sicut scribit Ezechiel.

Salisa, pro quo Aquila interpretatur, triennalem. Meminit hujus Jeremias.

Sichar, ante Neapolim, juxta agrum quem dedit Jacob filio suo Joseph, in quo Dominus noster atque Salvator secundum Evangelium Joannis, Samaritanæ mulieri ad puteum loquitur, ubi nunc Ecclesia fabricata est.

DE GENESI.

Tigris, fluvius de paradiso exiens, juxta Scripturæ fidem, pergensque contra Assyrios : et post multos circuitus (*a*), ut vult Josephus, in mare Rubrum influens. Vocatur autem hoc nomine propter velocitatem, instar bestiæ nimia pernicitate currentis.

Terebinthus, in Sicimis, sub qua abscondit Jacob idola, juxta Neapolim.

DE LIBRO JESU.

Tina, in tribu Juda.

Talem, in tribu Juda.

Tesan, in tribu Juda.

Tyrus, in tribu Nephtalim.

(*a*) *Ut vult Josephus*, etc. Consule quæ supra dicta sunt de Tigri flumine, et de Tigride animali, col. 547, in Notis nostris ad Græca Fragmenta libri Nominum. MARTIAN.

DU LIVRE DES JUGES.

Tabath, où l'on combattit contre les Madianites.

Tob, terre qu'habita Jephté.

Topheth, dans la vallée des fils d'Ennom, où le peuple d'Israël adora les idoles des nations. C'est un lieu des environs de Jérusalem.

Tanis, cité d'Egypte, dont parlent Isaïe et Ezéchiel.

Taphnas, ville d'Egypte. Lisez Osée, Ezéchiel, et Jérémie. Là habitèrent les Juifs, qui avaient fui avec Jérémie, par crainte des Babyloniens.

DE L'EVANGILE.

Trachonitide ou Iturée, dont Philippe fut tétrarque, selon l'Evangile de S. Luc. Nous en avons déjà parlé. Elle est au-delà de Bostra, ville d'Arabie dans le désert, vers le midi, presque en regard de Damas.

Jusqu'ici nous avons lu par T simple. Les mots suivants, chez les Hébreux, s'écrivant, non par teth, mais par thau, qui répond au thêta grec, il faut les lire avec aspiration.

DE LA GENÈSE.

Théman, région des princes d'Edom, dans la Gébalitique ; elle tira son nom de Théman, fils d'Eliphaz, fils d'Esaü. Il existe encore un village de Théman, à cinq milles de Pétra, ayant garnison romaine, et qui fut la patrie d'Eliphaz roi des Thémaniens. L'un des fils d'Ismaël s'appelait aussi Théman. Notons qu'en hébreu toute la région australe s'appelle Théman.

Thamna, où Judas tondit ses brebis. C'est encore un gros bourg, sur les confins de Diospolis, route d'Ælia, dans la tribu de Dan ou de Juda.

Thamana, autre ville des princes d'Edom. Une concubine d'Eliphaz, fils d'Esaü, s'appelait Thamna, et mit au monde Amalec, d'où les Amalécites.

DU DEUTÉRONOME.

Thaphol, lieu du désert, au-delà du Jourdain, où Moïse écrivit le Deutéronome, en face de Jéricho.

Thaath, camp des Israélites,

Thara, autre camp des Israélites.

DU LIVRE DE JOSUÉ.

Thaffu, dans la tribu de Juda, ville que prit Josué, après en avoir tué le roi. Nous avons parlé de la limite entre la Palestine et l'Egypte, appelée Bethtaphu.

Thaanach, cité que prit Josué, après en avoir tué le roi. Elle fut séparée de la tribu de Manassé pour les Lévites ; on montre maintenant un bourg de ce nom à quatre milles du fort de la Légion.

DE LIBRO JUDICUM.

Tabath, ubi pugnatum est adversus Madian.

Tob, terra in qua habitavit Jephte.

Topheth, in valle filiorum Ennom, ubi populus Israel gentium simulacra veneratur. Est autem locus in suburbanis Jerusalem.

Tanis, civitas Ægypti, sicut Isaias et Ezechiel scribunt.

Taphnas, civitas Ægypti. Lege Osee, Ezechiel et Jeremiam. In hac habitaverunt Judæi, qui ob metum Babyloniorum cum Jeremia fugerunt.

DE EVANGELIO.

Trachonitis regio, sive Iturea, cujus tetrarcha fuit Philippus, juxta Evangelium Lucæ. Diximus de hac et supra. Est autem trans Bostram Arabiæ civitatem in deserto, contra australem plagam, quasi ad Damascum respiciens.

Hucusque per T simplicem litteram legerimus. Verum quoniam quæ sequuntur apud Hebræos, non ex teth, sed ex thau, id est, theta Græco, scribuntur, cum aspiratione legere debemus.

DE GENESI.

Theman, regio principum Edom in terra Gebalitica, a Theman filio Eliphaz filii Esau sortita vocabulum. Sed et usque hodie est villa Theman nomine, distans ab urbe Petra quinque millibus, ubi et Romanorum militum præsidium sedet, de quo loco fuit Eliphaz rex Themanorum. Unus quoque filiorum Ismael appellabatur Theman. Sciendum autem, quia omnis Australis regio Hebraice Theman dicitur.

Thamna, ubi oves suas totondit Judas : ostenditur hodieque vicus prægrandis in finibus Diospoleos euntibus Æliam, in tribu Dan, sive Judæ.

Thamna, alia civitas principum Edom ; sed et concubina Eliphaz filii Esau, Thamna appellata est, quæ peperit ei Amalec, unde Amalecitæ.

DE DEUTERONOMIO.

Thaphol, locus in deserto trans Jordanem, in quo Deuteronomium scribit Moyses, contra Jericho.

Thaath, castra filiorum Israel.

Thara, castra filiorum Israel.

DE LIBRO JESU.

Thaffu, in tribu Juda civitas, quam expugnavit Jesus, rege illius interfecto. Diximus et supra de termino Palæstinæ et Ægypti qui appellatur Bethtaphu.

Thaanach, civitas quam expugnavit Jesus, rege istius interfecto. Fuit autem in tribu Manasse separata Levitis, et nunc in quarto milliario oppidi Legionis hoc nomine vicus ostenditur.

Thénath, dans la tribu de Joseph. Il y a aujourd'hui un village de Théna, que ceux qui descendent vers le Jourdain trouvent à dix milles de Néapolis, vers l'orient.

Thaffué, dans la tribu de Joseph.

Thaphuth, dans la tribu de Manassé.

Théco, bourg qu'on montre encore près du désert d'Ælia, patrie du prophète Amos.

Thesram, que Josué prit avec son roi.

Thérama, dans la tribu de Benjamin.

Tholad, dans la tribu de Juda ou de Siméon.

Thabor, limite de Zabulon. C'est une montagne au milieu de la campagne de Galilée, haute et d'une étonnante rondeur, à dix milles de Diocésarée, vers l'orient; ce fut également la limite entre les tribus d'Issachar et de Nephthali.

Thalcha, dans la tribu de Siméon; c'est maintenant le gros bourg des Juifs appelé Thella, presque à seize milles d'Eleuthéropolis, vers le midi.

Thamnathsara, cité de Josué, fils de Navé, située sur une montagne. Nous en avons déjà parlé sous le nom de Thamna. On y montre encore le tombeau de Josué, dans la tribu de Dan.

....

DU LIVRE DES JUGES.

Thaanach, ville près de laquelle Debbora combattit contre Sisara, dans la tribu de Manassé; séparée pour les Lévites, mais dont on ne put s'emparer sur les habitants primitifs. C'est maintenant un gros bourg, à trois milles de la Légion.

Thébès, ville au siége de laquelle périt Abimélech, frappé d'un éclat de meule. Il y a aujourd'hui un bourg de Thébès, sur les confins et à treize milles environ de Néapolis, sur la route de Scythopolis.

Thamnatha; nous l'avons placée dans la tribu de Juda, sous le nom de Thamnan.

DES LIVRES DES ROIS.

Thélamugé, lieu où Abenner envoya vers David. Notons qu'Aquila interprète ce mot par aussitôt, et Symmaque par pour soi-même.

Thaad, près de Galaad.

Thamsa, limite du royaume de Salomon.

Thermoth, cité que bâtit Salomon dans le désert. Nous en avons fait aussi mention dans les *Questions hébraïques*.

Tharsis, d'où l'or était apporté à Salomon.

Thenath, in tribu Joseph; hodieque est villa Thena in decimo milliario Neapoleos contra Orientem, descendentibus in Jordanem.

Thaffue, in tribu Joseph.

Thaphuth, in tribu Manasse.

Theco, usque hodie juxta desertum civitatis Æliæ vicus ostenditur, unde et Amos propheta fuit.

Thesram, et hanc cum rege suo cepit Jesus.

Therama, in tribu Benjamin.

Tholad, in tribu Juda, sive Simeonis.

Thabor, terminus Zabulon. Est autem mons in medio Galilææ *(a)* campo (mira rotunditate sublimis), distans a Diocæsarea decem millibus, contra orientalem plagam; qui confinium quoque inter tribum Issachar et Nephtalim fuit.

Thalcha, in tribu Simeon; nunc vicus grandis Judæorum vocatur Thella, quasi in sextodecimo milliario Eleutheropoleos contra *(b)* australem plagam.

Thamnathsara, civitas Jesu filii Nave, in monte sita; de qua et supra sub nomine Thamnæ diximus; in qua usque in præsentem diem sepulcrum ejus ostenditur in tribu Dan.

....

DE LIBRO JUDICUM.

Thaanach, civitas juxta quam Debbora adversum Sisaram dimicavit, in tribu Manasse, separata Levitis, quam tenere non potuit pristinis cultoribus nequaquam ejectis. Est autem nunc villa prægrandis distans a Legione millibus tribus.

Thebes, urbs quam cum oppugnaret Abimelech, fragmine molæ ictus interiit. Est autem usque hodie vicus nomine Thebes, in finibus Neapoleos pergentibus Scythopolim, quasi in tertio decimo ejus lapide.

Thamnatha: posuimus et supra Thamnam, in tribu Juda.

DE REGNORUM LIBRIS.

Thélamugo, locus in quo Abenner misit ad David. Sed sciendum quod pro hoc verbo Aquila interpretatur, extemplo; Symmachus, pro semetipso.

Thaad, juxta Galaad.

Thamsa, terminus regni Salomonis.

Thermoth, civitas quam ædificavit Salomon in deserto; cujus *(c)* in libris Hebraicarum Quæstionum fecimus mentionem.

Tharsis, unde aurum Salomoni deferebatur; hanc

(a) Vox *campo* in Reginæ mss. non est.

(b) *Contra australem plagam.* Male in veteribus editionibus et in aliquot mss. codicibus posuerunt *occidentalem plagam*. pro *australi;* nam Thalcha in Græco dicitur esse *in Daroma*, quæ regio tota australis est; vocemque *Darom* sæpius interpretatur Hieronymus *australem plagam*. Cæterum nomen *Talcha* legitur apud LXX, Josue XIX, 7. MARTIAN.

(c) *In libris Hebraicorum Quæstionum.* Diximus supra Quæstiones Hebraicas Hieronymi, præter eas quæ sunt in Genesim, non superesse. MARTIAN.

Josèphe croit que c'était Tarse, ville de Cilicie. D'après le prophète Ezéchiel, il paraîtrait que c'était Carthage, puisque à ce passage, où nous lisons Carthage dans la version des Septante, le texte hébreu porte Tharsis. Quelques-uns pensent qu'il s'agit de l'Inde. Nous avons débattu ce point, tant dans nos lettres à Marcella, que dans les *Questions hébraïques*.

Thersa, où fut Asa, roi d'Israël.

Thersila, patrie de Manaïm. Il y a encore, sous ce nom, un petit bourg de Samaritains, dans la Batanée.

Therba, d'où était originaire le prophète Elie le Thesbite.

Théman, dans Ezéchiel, ville de l'Idumée. Isaïe la place dans sa vision de l'Arabie. Jérémie la nomme également. Abdias écrit qu'elle est une cité d'Esaü. Au reste, un fils d'Esaü s'appelait Théman, comme nous l'avons dit plus haut.

Tharac, que les Evéens fondèrent en Judée.

Thalassar, région de Syrie.

Thogorma, que nomme Ezéchiel.

Taphet; nous lisons dans Jérémie, XVII, 32, autel de *Thaphet*. Il y a encore un lieu de ce nom, dans la banlieue d'Ælia, près de la piscine du Foulon et du champ Acheldéma.

DE LA GENÈSE.

Ur des Chaldéens, où mourut Aram, frère d'Abraham ; on y montre encore son tombeau, au rapport de Josèphe. Nous avons dit notre sentiment à ce sujet dans les *Questions hébraïques*.

Ulammaüs, nom au lieu duquel le texte hébreu porte *Luza*. C'est la même ville que Béthel, nous l'avons déjà dit. On montre un village d'Ulamma, à douze milles de Diocésarée, vers le soleil levant.

Us, patrie de Job, dans l'Ausitide. Us est aussi le nom d'un descendant d'Esaü. Nous avons discuté ce point dans les *Questions hébraïques*.

DU LIVRE DES JUGES.

Xil, dans la tribu de Juda.

DE LA GENÈSE.

Zaphoïm, région des princes d'Edom, dans la Gébalène actuelle.

DES NOMBRES ET DU DEUTÉRONOME.

Zoob, ville des Amorrhéens, dans l'Arnon, dont il est écrit : « C'est pourquoi il est dit dans le livre des Guerres du Seigneur : Il livra aux flammes Zoob et les torrents d'Arnon. » *Num.* XXI, 14.

putat Josephus Tarsum urbem esse Ciliciæ. Porro juxta Ezechiel prophetam Carthago sentitur. Siquidem in eo loco, ubi apud Septuaginta Interpretes legimus Carthaginem, in Hebræo scriptum habet *Tharsis*. Nonnulli Indiam putaverunt, et de hoc tam in libro Epistolarum, *Epist. num.* 37, quas ad Marcellam scripsimus, quam in libris Hebraicarum Quæstionum plenius dictum est.

Thersa, ubi Asa rex Israel fuit.

Thersila, unde fuit Manaem; usque hodie est viculus Samaritanorum in regione Batanæa, qui Thersila dicitur.

Therba, unde ortus est Elias propheta, Thesbites.

Theman, juxta Ezechielem civitas Idumææ. Porro Isaias in visione eam ponit Arabiæ. Meminit hujus et Jeremias. Abdias autem scribit civitatem Esau. Sed et unus filiorum ejus Theman appellabatur sicut supra diximus.

Tharac, quam in terra Judæa Evæi condidere.

Thalassar, regio Syriæ.

Thogarma, legimus in Ezechiel.

Taphet, legimus in Jeremia, VII, 32, aram *Thaphet*. Est autem in suburbanis Æliæ usque hodie locus, qui sic vocatur, juxta piscinam Fullonis, et agrum Acheldema.

DE GENESI.

Ur Chaldæorum, ubi mortuus est Aram, frater Abrahæ ; cujus hodieque, sicut Josephus refert, tumulus ostenditur. Et super hoc quid nobis videatur in libris Hebraicarum Quæstionum plenius diximus.

Ulammaus, pro quo in Hebræo scriptum habet *Luza*. Eadem est autem quæ et Bethel, sicut supra diximus. Sed et quædam villa nomine Ulamma in duodecimo Diocæsareæ lapide ostenditur contra solis ortum.

Us, unde fuit Job de regione Ausitidi; sed et unus de posteris Esau, appellabatur Us. De quo *(a)* in libris Hebraicarum Quæstionum diximus.

DE LIBRO JUDICUM.

Xil, in tribu Juda.

DE GENESI.

Zaphoim, regio Edom principum, in terra quæ nunc vocatur Gebalena.

DE NUMERIS ET DEUTERONOMIO.

Zoob, civitas Amorrhæorum sita in Arnone : de qua scriptum est : « Propterea dicitur in libro Bellorum Domini ; Zoob inflammavit et torrentes Arnon. » *Num.* XXI, 14, *apud* LXX.

(a) *In libris Hebraicarum Quæstionum.* Vide consequenter librum Hebraicarum Quæstionum in Genesim, ubi de *Ur*, *Ulammaus*, et *Us* disputat S. Doctor. MARTIAN.

Zéphrona, limite de la Judée (ail. *de Juda*), vers le nord.

Zared, vallée de Zared, dans une partie du désert.

DU LIVRE DE JOSUÉ.

Zeph, dans la tribu de Juda.

Zannohua, même tribu. Il y a encore maintenant un village de Zanua, aux confins d'Eleuthéropolis, sur la route d'Ælia.

Zib, à huit milles de Chébron, vers l'orient, bourg qu'on montre encore et où fut enseveli David. Il appartenait à la tribu de Juda, dans le Daroma, sur les confins d'Eleuthéropolis.

DES LIVRES DES ROIS.

Ziph, montagne âpre, ou noire, ou nuageuse, à côté de Ziph, où s'arrêta David, près de Chermela, que les saintes Ecritures appellent Carmel, aujourd'hui bourg des Juifs, patrie de Nabal Carmélius. L'un des descendants de Caleb s'appelait Ziph. Lisez les Paralipomènes. I *Paral.* II, 42.

Zogora, dans Jérémie, cité des Moabites, la même que la Zoara de nos jours et que Ségor, l'une des cinq villes des Sodomites.

Zeb, cité d'Amman. On montre encore un village de Zia, à quinze milles de Philadelphie, vers l'occident. Jérémie en parle.

Zoéleth, nom de la pierre sur laquelle Adonias immola des victimes, près de la fontaine de Rogel.

EXTRAITS DES LIVRES DE SAINT JÉROME

AU SUJET DE QUELQUES LIEUX DE LA PALESTINE

Adadremmon est une ville près de Jezraël; elle a changé son nom d'autrefois contre celui de Maximianopolis, dans les champs de Mageddo, où le roi Josias fut blessé par le Pharaon appelé Néchao. *Zach.* XII, 11.

Ahila. La mer Rouge, sur le littoral de laquelle est située Ahila, où résident une légion et une garnison romaine. *Ezéch.* XLVII.

Anathot est un petit bourg situé à trois milles de Jérusalem vers le nord. *Jérém.* I.

Zephrona, terminus Judææ, al. *Judæ*, ad septentrionem.

Zared, vallis Zared in parte deserti.

DE LIBRO JESU.

Zeph, in tribu Juda.

Zannohua, in tribu Juda, usque hodie in finibus Eleutheropoleos pergentibus Æliam, villa Zanua nuncupatur.

Zib, in octavo milliario Chebron contra Orientem, usque in præsens vicus ostenditur, ubi absconditus est David. Fuit autem tribus Judæ in Daroma in finibus Eleutheropoleos.

DE LIBRIS REGNORUM.

Ziph, mons squalidus, vel caligans, sive nebulosus, juxta Ziph, in quo sedit David prope Chermelum, quæ in Scripturis sanctis Carmelus appellatur, vicus hodie Judæorum, unde fuit Nabal Carmelius. Sed et unus de posteris Caleb dictus est Ziph. Lege Paralipomenon. I *Paral.* II, 42.

Zogora, in Jeremia civitas Moabitarum; hæc est quæ nunc vocatur Zoara, sive Segor, una de quinque civitatibus Sodomorum.

Zeb, civitas Amman, hodieque villa Zia ostenditur in quintodecimo lapide Philadelphiæ, contra Occidentem, de qua scribit Jeremias.

Zoeleth, nomen lapidis, ubi Adonias immolavit victimas juxta fontem Rogel.

EX HIERONYMI LIBRIS

EXCERPTA DE ALIQUOT PALESTINÆ LOCIS.

Adadremmon urbs est juxta Jezraelem, quæ hoc olim vocabulo nuncupata est, et hodie vocatur Maximianopolis, in campo Mageddon, in quo Josias rex a Pharaone cognomento Nechao vulneratus est. *Zach.* XII, 11.

Arabie. Le roi de Babylone... sortira sans doute par le seul chemin qui mène de ce côté hors de la Chaldée ; mais quand, à travers le désert et les solitudes, il atteindra la bifurcation de l'Arabie, aujourd'hui appelée terre des fils d'Ammon, où la route de droite conduit à Jérusalem et celle de gauche à Rabbath d'Ammon, cité métropolitaine, aujourd'hui Philadelphie, etc. *Ezech.* XXI, 21.

Ar, cité métropole du pays de Moab, qui est une province d'Arabie. Ce nom, par l'addition d'un mot grec au mot hébreu, est devenu Aréopolis, qui ne signifie donc pas ici, comme on l'a dit, ville d'"Αρης ou de Mars. *Isa.* XV.

Arnon est la limite des Amorrhéens et des Moabites.

Azotus. Par mer la plus reculée, il faut entendre celle qui est à l'occident, qui conduit en Egypte, et sur le littoral de laquelle sont situées Gaza, Ascalon, Azotus, Joppé, Césarée et les autres villes maritimes. *Joël.* II, 20.

Bersabée, où existe encore aujourd'hui la forteresse de Bersabée. Cette province, peu de temps avant la division de la Palestine en gouvernements, avait été surnommée Salutaire. *Quæst. ad Gen.* XVII, 307.

Beth-aven. Celle qui s'appelait autrefois Béthel, est une ville de la tribu d'Ephraïm, derrière Benjamin ; elle a été fondée sur le territoire d'Ephraïm, non loin du lieu qui la sépare d'avec Benjamin. *Osée.* V, 8.

Béthulie. Avec une innombrable armée de poursuivants, il vint à Béthulie;... le cinquième jour, il vint à Péluse. *In Vita S. Hilarionis.*

Caderbarné. Elle est dans le désert qui s'étend jusqu'à la ville de Pétra. *Ezech.* XXVII, 19.

Carmel. Il y a deux montagnes de ce nom : l'une où fut Nabal Carmélius, mari d'Abigaïl, vers la région australe ; l'autre, près de Ptolémaïs (*près de la frontière de Phénicie*), appelée d'abord Acho, dominant la mer, et sur laquelle le prophète Elie s'agenouilla pour implorer la pluie. *Amos.* I, 2.

Carmel. S'ils se cachent sur le sommet du Carmel, ou près des limites de la Phénicie, au midi de la contrée septentrionale, à côté du vaste désert, au lieu que jadis habita Nabal Carmélius. *Amos.* IX, 3.

Le *Mont Carmel,* sur les confins de la Palestine et de la Phénicie, domine Ptolémaïs ; les saintes Ecritures citent un autre mont Carmel, sur lequel résida Nabel Carmélius. *Isa.* XXIX, 17.

Cédar, qui fut autrefois inhabitable, région au-delà de l'Arabie des Sarrasins. *Isa.* XLII, 11.

Ahila. Mare Rubrum, in cujus littore Ahila posita est, ubi nunc moratur legio, et præsidium Romanorum. *Ezech.* XLVII.

Anathot est viculus in tertio milliario ab urbe *(Jerusalem)* situs, *Procem. in lib.* I *Comment. in Osee,* contra septentrionem Jerusalem in tertio milliario. *Jerem.* I, 1.

Apedno. Figat tabernaculum suum in Apedno juxta Nicopolin, quæ prius Emmaus vocabatur, ubi incipiunt montana Judææ consurgere. *Dan.* XI, 45.

Arabia. Rex Babylonis... egredietur quidem uno itinere Chaldæorum, sed cum venerit per desertum et solitudinem ad bivium terræ Arabiæ, quæ appellatur filiorum Ammon, quarum una via Jerusalem ducit ad dexteram partem, sinistra vero ad Rabbath filiorum Ammon, quæ est civitas metropolis, et hodie Philadelphia nominatur, etc. *Ezech.* XXI, 21.

Ar, civitas metropolis regionis Moab, quæ provincia est Arabum. Hodie ex Hebræo et Græco sermone composita, Areopolis nuncupatur ; non ut plerique æstimant, quod "Αρεως, id est, *Martis* civitas sit. *Isai.* XV.

Arnon, est terminus Amorrhæorum et Moabitarum. *(Ibid).*

Azotus. Mare autem novissimum intellige hoc quod ad occidentem est, et quod ducit in Ægyptum, in cujus littore Gaza, et Ascalon, Azotusque et Joppe, et Cæsarea, et ceteræ urbes maritimæ sitæ sunt. *Joel.* II, 20.

Bersabee. Ubi et Bersabee usque hodie oppidum est ; quæ provincia, ante non grande tempus ex divisione Præsidum Palestinæ, Salutaris est dicta. *Quæst. ad Gen.* XVII, 30.

Beth-aven. Quæ quondam vocabatur Bethel, est urbs in tribu Ephraim, post Benjamin ; ubi enim tribus finitur Benjamin, haud procul in tribu Ephraim hæc urbs condita est. *Osee.* V.

Bethulia. Cum infinito agmine prosequentium venit Bethuliam... quinto die venit Pelusium. *In Vit. S. Hilarionis.*

Cadesbarne. In deserto est, quod extenditur usque ad urbem Petram. *Ezech.* XLVII, 19.

Carmelus. Duo sunt montes, qui vocantur hoc nomine : alter in quo fuit Nabal Carmelius, maritus Abigail, ad Australem plagam ; alter juxta Ptolemaidem *(juxta Phœnicis terminos),* quæ prius vocabatur Acho, mari imminens, in quo Elias propheta flexis genibus pluvias impetravit. *Amos.* I, 2.

Carmelus. Si absconditi fuerint in vertice Carmeli, vel juxta Phœnices terminos, in Septentrionali plaga ad meridiem, propter eremi vastitatem, ubi habitavit quondam Nabal Carmelius. *Amos.* IX, 3.

Carmelus mons in confinio Palestinæ et Phœnices Ptolemaidi imminet, licet et alius in Scripturis sanctis mons Carmelus appellatur, in quo fuit Nabal Carmelius. *Isai.* XXIX, 17.

Cedar, quæ quondam inhabitabilis fuit, regio trans Arabiam Sarasenorum. *Isai.* XLII, 11.

Dan, sur la limite de la terre de Judée, là où est maintenant Panéas. *Amos.* VIII, 14.

Dan. La septième, celle de Dan, jusqu'à Joppé, et où sont les tours d'Aïlon, de Sélébi et d'Emmaüs, aujourd'hui Nicopolis, quoique nous lisions dans la suite qu'ils prirent, après avoir traversé les autres tribus, la ville de Lésem, dans la tribu de Dan, ville aujourd'hui appelée Panéas. *Ezech.* XLVIII.

Dimon et *Dibon.* Qu'on n'aille pas croire à une erreur de copiste, et tomber dans l'erreur, en voulant corriger celle d'autrui : la même ville s'écrit et par *m* et par *b*. Dimon signifie *silence*, et Dibon, *qui coule ;* ce double nom a été donné à la ville à cause des sources qui y sourdent sans bruit. Maintenant encore on appelle cette petite localité indifféremment Dimon ou Dibon. *Isa.* XV.

Duma, région d'Idumée qui s'étend vers le midi, et qui est à vingt milles de la ville de la Palestine aujourd'hui appelée Eleuthéropolis. *Isa.* XXI.

Edomie. Le même homme a porté les trois noms d'Esaü, d'Edom et de Séir, et possède la région appelée de nos jours Gébalène ; il est limitrophe d'Eleuthéropolis, autrefois habitée par les Horréens, c'est-à-dire *libres*, d'où est venu à la ville son nom actuel. Le lieu appelé Edom en hébreu, et Idumée en grec, est maintenant un petit bourg de la Palestine qui a reçu son nom de son fondateur. *Abdi.* I, 7.

Emath-la-Petite, pour la distinguer d'Emath la grande, maintenant appelée Antioche, est une ville sur la limite de la Terre-Sainte, du côté du soleil levant. Elle fut plus tard appelée Epiphanie d'Antiochus, surnommé Epiphane. *Amos.* VI, 15.

Emmaüs. Près de Nicopolis, autrefois appelée Emmaüs, où commencent à s'élever les montagnes de la Judée. *Dan.* XII.

Emmaüs. Il annonce le temps de Judas Macchabée, qui, parti du bourg de Modin, avec l'aide de ses frères, de ses proches et d'un grand nombre du peuple juif, bat les généraux d'Antiochus, près d'Emmaüs, aujourd'hui Nicopolis. *Dan.* VIII.

Engallim est le commencement de la mer Morte, à l'embouchure du Jourdain. Engaddi est l'endroit où elle finit, où elle s'achève. *Ezéch.* XLVII, 10.

Esébon. A peine y a-t-il cinq cents pas entre Esébon et Sébama. *Ibid.* XVI.

Gabaa est une ville de la tribu de Benjamin, près de Rama, *Osée.* V, 8.

Galaad, que posséda une demi-tribu de Manassé, est au-delà du Jourdain, l'Ecriture nous le rappelle. Sur cette montagne Laban, poursuivait Jacob qui fuyait, et ce lieu, d'après la

Dan in terminis terræ Judaicæ, ubi nunc Paneas est. *Amos.* VIII, 14.

Dan. Septima Dan usque ad Joppem, ubi sunt turres Ailon, et Selebi, et Emmaus, quæ nunc appellatur Nicopolis, licet postea legerimus, quod ceperint sibi, transcensis aliis tribubus, urbem Lesem in tribu Dan, quæ hodie appellatur Paneas. *Ezech.* XLVIII.

Dimon et *Dibon.* Ne quis scriptoris vitium putet, et errorem emendare dum vult, faciat ; una urbs et per *m* et per *b* litteram scribitur : e quibus Dimon, *silentium* interpretatur ; Dibon, *fluens ;* indito utroque nomine propter latices, qui tacite fluant. Usque hodie indifferenter et Dimon et Dibon hoc oppidulum dicitur. *Isai.* XV.

Duma Regio Idumæa, quæ ad Austrum vergit, et ab urbe Palæstinæ, quæ hodie dicitur Eleutheropolis 20 distat millibus. *Isai.* XXI.

Edomia. Unus ergo atque idem tribus nominibus appellatur, Esau, Edom, Seir, posseditque eam regionem, quæ nunc Gebalena dicitur, et in finibus est Eleutheropoleos, ubi ante habitaverant Horræi, qui interpretantur *liberi*, unde ipsa urbs postea sortita vocabulum est. Quod ergo Hebraice Edom, et Græce dicitur Ἰδουμαία, nunc viculus Palæstinæ est, a conditore sic imposito nomine. *Abdiæ.* I, 7.

Emath minor, ad distinctionem Emath magnæ, quæ nunc Antiochia vocatur, urbs est in terminis Terræ sanctæ, qui solem respiciunt. Postea dicta est Epiphania ab Antiocho, cui cognomentum Epiphanes. *Amos.* VI, 15.

Emmaus. Juxta Nicopolim, quæ prius Emmaus vocabatur, ubi incipiunt montana Judææ consurgere. *Dan.* XII.

Emmaus. Judæ Macchabæi significat tempora, qui, de vico Modin, fratribus ac propinquis secum annitentibus, et multis de populo Judæorum, Antiochi duces superat juxta Emmaus, quæ nunc Nicopolis dicitur. *Dan.* VIII.

Engallim in principio est maris Mortui, ubi Jordanus ingreditur. Engaddi vero, ubi finitur, atque consumitur. *Ezech.* XLVII, 10.

Esebon. Inter Esebon et Sabama vix quingenti passus sunt. *Ibid.* XVI.

Gabaa. Urbs est in tribu Benjamin, juxta Rama. *Osee*, V, 8.

Galaad, quam possedit dimidia tribus Manasse, trans Jordanem Scriptura commemorat. In quo monte Laban fugientem consecutus est Jacob, et mons juxta Genesim nomen accepit σωρός, id est, *tumulus* testimonii, eo quod ibi Jacob Labanque juraverint in acervum lapidibus congregatis. Est au

Genèse, prit le nom de σωρός, c'est-à-dire *éminence* de l'alliance, parce que Jacob et Laban y firent serment sur un monceau de pierres. C'est la tête ou le commencement de la haute chaîne du Liban, qui est partout couvert de cèdres. *Hieronym. in c.* XXII, *Jeremiæ.*

Génésareth. Le Jourdain forme ce lac, sur le bord duquel sont situées Capharnaüm, Tibériade, Bethsaïda et Chorozaïm. *Isa.* IX.

Géraris. Il faut remarquer que de Géraris au mont Moria, sur lequel est le temple, il y a trois jours de marche. *Quæst. in Genes.* XXII, 3.

Geth, comme l'atteste le livre des Rois, est une des cinq villes de la Palestine, voisine de la frontière de la Judée, sur la route d'Eleuthéropolis à Gaza; c'est maintenant encore un bourg considérable; patrie de ce Goliath Getthéen que David tua en combat. *In cap.* I 10 *Mich. Là même cette ville est appelée par S. Jérôme métropole de la Palestine.*

Geth, qui est en Opher, est un petit village sur la route de Tibériade, à deux milles de Séphorim, aujourd'hui Diocésarée. On ajoute Opher, pour la distinguer des autres villes du nom de Geth. *Hieron. Proœm. in Joanni.*

Geth, voisine et limitrophe d'Azotus, appelée en hébreu *Esdod. Jérém.* XXV.

Helkési est encore aujourd'hui un bourg de Galilée, très-petit, gardant à peine quelques vestiges des anciens édifices. Il est cependant connu des Juifs et m'a été montré par mon conducteur. *Proœm. in Nahum.*

Jasa, ville qui domine la mer Morte, et où passe la limite des Moabites. *Isa.* XV.

Idumée. Les Iduméens que la région du midi sépare de quinze milles à peine de Jérusalem. *In Epist. ad Dardan.*

Idumée. Toute la région australe des Iduméens, depuis Eleuthéropolis jusqu'à Pétra et Ahila, qui est aussi une possession d'Esaü, a des habitations dans les cavernes. *Abdi.* I.

Jérusalem est dans la tribu de Benjamin, nul ne l'ignore. Nos yeux nous prouvent également chaque jour que Thécua est un petit bourg sur une montagne, à douze milles de Jérusalem. *Jérém.* VI, 1.

Jezraël, qui est maintenant près de Maximianopolis, fut la métropole du royaume de Samarie; aux environs est une très-vaste plaine et une vallée très-large, qui s'étend à plus de dix mille pas. C'est là que, dans un combat, Israël fut taillé en pièces par les Assyriens. *Osée.* I, 4.

Joppé était un port de la Judée, le livre des Rois et les Paralipomènes nous le disent; Hiram, roi de Tyr, y envoyait par mer les bois du Liban, qui étaient ensuite transportés par terre à Jérusalem.... A cause de la nature du pays, le Prophète, venant des montagnes et des hauteurs

tem caput, sive principium Libani montis excelsi, qui universus cedris consitus est. *Hieronym., in c.* XXII *Jeremiæ.*

Genesareth. Lacus Jordane influente efficitur, in cujus littore Chapharnaum, et Tiberias, et Bethsaida, et Chorozaim sitæ sunt. *Isai.* IX.

Geraris. Notandum, quod de Geraris usque ad montem Moria, id est sedem Templi, iter dierum trium sit. *Quæst. in Genes. c.* XXII, 3.

Geth, ut Regnorum quoque testatur historia, una est de quinque urbibus Palæstinæ, vicina Judææ confinio, et de Eleutheropoli euntibus Gazam, nunc usque vicus vel maximus; unde fuit et Goliad ille Getthæus, quem David occidit in prælio. *In cap.* I *Mich. Hæc urbs abs Hieronymo ibid. vocatur Palæstinæ metropolis.*

Geth, quæ est in Opher, haud grandis est viculus in secundo Sephorim milliario, quæ hodie appellatur Diocæsarea euntibus Tyberiadem; additur Opher, ad distinctionem aliarum Geth urbium. *Hieron. Proœm. in Jonam.*

Geth vicina atque confinis est Azoto quæ Hebraice dicitur Esdod. *Jerem.* XXV.

Helkesi usque hodie in Galilæa viculus est, parvus quidem, et vix ruinis veterum ædificiorum indicans vestigia; sed tamen notus Judæis, et mihi quoque a circumducente monstratus. *Proœm. in Nahum.*

Jasa, urbs quæ Mortuo mari imminet, ubi est terminus provinciæ Moabitarum. *Isai.* XV.

Idumæa. Idumæos quoque a Meridiana plaga vix septuaginta quinque millibus ab Jerosolyma separatos. *In epist. ad Dardan.*

Idumæa. Omnis Australis regio Idumæorum de Eleutheropoli usque Petram, et Ahilam, hæc est enim possessio Esau, in speluncis habitatiunculas habet. *Abdiæ.* I.

Jerusalem in tribu Benjamin sitam nullus ignorat. Thecuam, quoque viculum esse in monte situm, et duodecim millibus ab Jerosolymis separatum quotidie oculis cernimus. *Jerem.* c. VI, 1.

Jezrael, quæ nunc juxta Maximianopolim est, fuit metropolis regni Samariæ; prope quam sunt campi latissimi, et vallis nimiæ vastitatis, quæ plus quam decem millium tenditur passibus. In hac commisso certamine, ab Assyriis cæsus est Israel. *Osee,* I, 4.

Joppe. Joppen portum esse Judææ et in regnorum, et Paralipomenon libris legimus, ad quem Hiram quoque Rex Tyri ligna de Libano ratibus transferebat, quæ Jerusalem terreno itinere perveherentur... sed et juxta regionis naturam de mon-

vers Joppé et la plaine, dit avec raison qu'il descendit. *Jon.* I, 2.

Madian. Il n'y a aucun doute, le pays de Madian et toute l'étendue du désert sont limitrophes de l'Arabie. *Ezéch.* XXV.

Mambré. De Mambré au mont Moria, à peine y a-t-il un jour plein de marche. *Quæst. in Genes.* XXII, 3.

Morasthi est encore un petit bourg près d'Eleuthéropolis, ville de la Palestine. *Proœm. Comment. in Michæam.*

Nemrim, forteresse sur la mer Morte. *Isa.* XV.

Pétra, qui est elle-même une ville de Palestine. *Isa.* XLII, 11.

Pharan est un lieu voisin du mont Sina. *Abac.* III, 3.

Rabbath. La métropole du nom de Rabbath, appelée maintenant Philadelphie, avec la Judée, par le roi d'Egypte, surnommé Philadelphe, qui s'est aussi emparé de l'Arabie. *Ezéch.* XXV, 5.

Rama est une ville de la tribu de Benjamin, à sept milles de Jérusalem. *Osée.* V, 8.

Ramoth Galaad, ville au-delà du Jourdain, en la possession de la tribu de Gad. Ce fut une cité de refuge.

Rhinocorura, ville près d'un torrent du désert, ou de l'occident, d'après la version des Septante. Entre elle et Péluse, un ruisseau du Nil ou un torrent venant du désert se jette dans la mer. *Amos.* VI.

Rhinocorura est une forteresse sur la limite de l'Egypte et de la Palestine. *Isa.* XXVII.

Samarie. Une autre ville de ce nom fut la métropole des dix tribus et plus tard surnommée, par César Auguste, Augusta, c'est-à-dire Sébaste. Les restes mortels de saint Jean-Baptiste y furent ensevelis. *Osée,* I.

Saron, nom de toute la région près de Joppé et de Lydda ; elle possède de vastes et fertiles campagnes. *Isa.* XXXIII, 9.

Ségor est située sur les limites des Moabites, qu'elle sépare de la terre des Philistins.

Sochoth. Il y a maintenant encore une cité de ce nom au-delà du Jourdain, dans la contrée de Scythopolis. *Genes.* XXXIII, 17.

Solitude. Celle qui reste sur la gauche de ceux qui suivent le littoral pour aller en Egypte de Majoma, marché de Gaza. *Invit. S. Hilarionis.*

Thabatha. Hilarion était enfant du bourg de Thabatha, situé à cinq milles environ au midi de Gaza, ville de Palestine. *Ibid.*

Thabor, montagne de Galilée, située en pleine campagne, haute et ronde, et qui finit au sol de tous côtés. *Osée,* V, 1.

Tharsis est, ou une région de l'Inde, comme le veut Josèphe, ou assurément un nom général donné à toute la mer, et à la ressemblance du ciel. *Jérémie* X, 9.

Thécué est une forteresse à dix milles vers le

tantis et arduis ad Joppen et campestria veniens propheta, recte dicitur descendisse. *Jonæ* I, 27.

Madian. Nulli dubium est, Madianitas et totam eremi vastitatem adjacere terræ Arabiæ. *Ezech.* XXV.

Mambre. A Mambre usque ad Montem Moria vix unius diei iter plenum est. *Quæst. in Genes.* c. XXII, 3.

Morasthi usque hodie juxta Eleutheropolim urbem Palæstinæ, haud grandis est viculus. *Proœm. Comm. in Michæam.*

Nemrim, oppidum super mare Mortuum. *Isai.* XV.

Petra. Quæ et ipsa urbs Palæstinæ est. *Isai.* XLII, 11.

Pharan. Vicinus est locus monti Sina. *Abac.* III, 3.

Rabbath. Metropolis nomine Rabbath, quæ hodie a rege Ægypti Ptolemæo, cognomento Philadelpho, qui Arabiam tenuit, cum Judæa Philadelphia nuncupata est. *Ezech.* XXV, 5.

Rama est urbs in tribu Benjamin, in septimo lapide ab Jerosolymis sita. *Osee,* V, 8.

Ramoth Galaad. Urbs trans Jordanem in possessione tribus Gad. Ipsa fugitivorum civitas fuit.

Rhinocorura est oppidum in Ægypti Palæstinæque confinio. *Isai.* XXVII.

Rhinocorura. Urbs ad torrentem deserti, sive occidentis, ut LXX transtulerunt; inter eam et Pelusium rivus Nili sive torrens de eremo veniens, mare ingreditur. *Amos,* VI.

Samaria. Altera urbs fuit metropolis decem tribuum, quæ postea ab Augusto Cæsare appellata est Augusta, id est, Sebaste : in qua et ossa Joannis Baptistæ condita sunt. *Osee,* I.

Saron omnis juxta Joppen Liddamque appellatur regio, in qua latissimi campi fertilesque tenduntur. *Isai.* XXXIII, 9.

Segor in finibus Moabitarum sita est, dividens ab iis terram Philistiim.

Sochoth. Est usque hodie civitas trans Jordanem hoc vocabulo in parte Scythopoleos. *Genes.* XXXIII, 17.

Solitudo. Quæ a Majoma, Gazæ emporio, per littus euntibus Ægyptum ad lævam flectitur. *In vit. S. Hilarionis.*

Thabatha. Hilarion ortus vico Thabatha, qui circiter quinque millia a Gaza urbe Palæstinæ ad austrum situs est *(Ibid.).*

Thabor est mons in Galilæa, situs in campestribus, rotundus atque sublimis, et ex omni parte finitur æqualiter. *Osee,* V, 1.

Tharsis vel regio Indiæ est, ut vult Josephus : vel certe omne pelagus Tharsis appellatur, et cœli habet similitudinem. *Jeremiæ* X, 9.

Thecue est oppidum quod sex millibus ad meridianam plagam abest a sancta Bethleem, quæ mundi

midi de la sainte cité de Bethléem qui a enfanté le Sauveur du monde; au-delà, il n'y a aucun hameau, même pas de champêtres cabanes. Le désert est si vaste, qu'il s'étend jusqu'à la mer Rouge, et aux confins des Perses, des Ethiopiens et des Indiens. *In proœm. Comment. in Amos.*

Thécua est un hameau, sur une montagne, à douze milles de Jérusalem, au juger de l'œil. *Jérém.* II, 7.

Théman est une région de l'Idumée et s'étend vers le midi. Cette province s'appelle aussi Darom et Nageb, parce qu'elle regarde l'Eurus, l'Auster et l'Africus. *Ibid.*

Thophet. L'autel de Thophet, qui est dans la vallée du fils d'Ennom, désigne le lieu arrosé par les sources de Siloé, site des plus riants, lieu très-boisé, peuplé maintenant de jardins délicieux. Les erreurs du paganisme infestèrent toutes les provinces, au point qu'auprès de ces sources, au sein de ces bois si beaux, on immola des victimes, on observa tous les rites d'une coupable superstition. Thopheth, en hébreu, signifie largeur; il est écrit dans le livre de Josué, fils de Nun, au sujet de ce lieu, qui est dans la vallée du fils d'Ennom, appelée en hébreu *gé Ennom. Gé* signifie *vallée; Ennom* est le nom d'un homme, ou veut dire *grâce.* On rapporte que les Hébreux ont fait du nom de ce lieu celui de Géhenne, sans doute parce que tout le peuple juif se perdit là, en offensant Dieu. En cet endroit aussi, ils auraient consacré leurs fils aux idoles dans le feu, ou les auraient offerts en holocauste, ce qui ne leur était prescrit ni ordonné par aucune sanction de la loi. *Jérém.* VII, 32.

Tyr et *Sidon*, les plus importantes villes du littoral phénicien..... Carthage est leur colonie. *Jérém.* XXV, 22.

Vallée ou torrent des épines, lieu près de Liviade, au-delà de la mer Morte, dont elle est à six milles, et où jadis Israël se laissa aller à l'idolâtrie avec les Madianites. *Joel.* II.

genuit Salvatorem; et ultra nullus est viculus, ne agrestes quidem casæ. Tanta est eremi vastitas, quæ usque ad mare Rubrum, Persarumque et Æthiopum atque Indorum terminos dilatatur. *In Proœm. Com. in Amos.*

Thecuam viculum esse in monte situm, et duodecim millibus ab Jerosolymis separatum quotidie oculis cernimus. *Jerem.* II, 7.

Theman Idumæorum regio est, et vergit ad Australem plagam; quæ provincia non solum Theman, sed et Darom, et Nageb dicitur, eo quod Eurum et Austrum, Africumque respiciat *Ibid.*

Thophet. Ara Thophet, quæ est in valle filii Ennom, illum locum significat, qui Siloe fontibus irrigatur; et est amœnissimus atque nemorosus, hodieque hortorum præbet delicias. Hic autem gentilitatis error omnes provincias occupavit, ut ad capita fontium lucosque amœnissimos victimas immolarent, et omnis pravæ superstitionis religio servaretur. Thopheth lingua Hebræa interpretatur latitudo : scriptumque fertur in libro Josue filii Nun, de hoc loco qui est in valle filii Ennom, et Hebraice dicitur *ge Ennom. Ge* quippe φάραγγα, hoc est, *vallem*; et *Ennom* vel hominis nomen, vel *gratiam* sonat. Traduntque Hebræi ex hoc loco appellatam Gehennam, quod scilicet omnis populus Judæorum ibi perierit, offendens Deum. In quo loco etiam filios suos in igne idolis consecrarint, sive holocaustum obtulerint, quod non præceperit eis, nec ulla legis jusserit sanctione. *Jerem.* VII, 32.

Tyrus et *Sidon* in Phœnicis littore principes civitates... quarum Carthago colonia. *Jerem.* XXV, 2.

Vallis, seu Torrens spinarum, est locus juxta Liviadem trans mare Mortuum, sexto ab ea distans milliario, ubi quondam cum Madianitis fornicatus est Israel. *Joel.* III.

LIVRE

DES

QUESTIONS HÉBRAIQUES SUR LA GENÈSE

PRÉFACE

Au début de ces livres, je me proposais d'exposer le sujet de l'œuvre qui va suivre, et je suis obligé de répondre d'abord aux médisants, quelque peu à l'imitation de Térence, qui, pour se défendre, donnait des prologues aux scènes de ses pièces. Il était pressé par Lucius Lanuinus, semblable à notre Lucius, et qui accusait le poëte de piller en quelque sorte un trésor public. La même injustice, née de l'envie, atteignit le poëte de Mantoue ; il avait traduit mot à mot quelques vers d'Homère, on lui reprocha d'être le plagiaire des anciens. Preuve de grande force, répondait-il, que d'arracher la massue des mains d'Hercule. Cicéron lui-même, qui, dans le camp de l'éloquence romaine, est demeuré le roi des orateurs, l'astre de la langue latine, est accusé de concussion envers les Grecs. Il n'est donc pas surprenant que contre moi, pauvre petit homme, s'élèvent les grognements d'immondes animaux, qui foulent aux pieds les perles, lorsque contre les princes de la science, dont la gloire aurait dû planer au-dessus de toute jalousie, l'envie a déchaîné ses fureurs. Après

LIBER HEBRAICARUM QUÆSTIONUM IN GENESIM.

PRÆFATIO [a].

Qui in principiis librorum debebam secuturi operis argumenta proponere, cogor prius respondere maledictis, Terentii quippiam sustinens, qui comœdiarum prologos *(b)* in defensionem sui scenis dabat. Urgebat enim cum Luscius (c) Lanuinus, nostro Lucio similis, et quasi publici ærarii poetam furem criminabatur. Hoc idem passus est ab æmulis et Mantuanus vates, ut cum quosdam versus Homeri transtulisset ad verbum, compilator veterum diceretur. Quibus ille respondit, magnarum esse virium, clavam Herculi extorquere de manu. Sed et Tullius, qui in arce eloquentiæ Romanæ stetit rex oratorum et Latinæ linguæ illustrator, repetundarum accusatur a Græcis. Non mirum ergo si contra me parvum homunculum immundæ sues grunniant, et pedibus margaritas conculcent, cum adversus doctissimos viros, et qui gloria invidiam superare debuerant, livor exarserit. Verum hoc illis merito accidit, quorum in theatris, curia, concione, pro rostris eloquentia pertonabat. Semper enim in propatulo fortitudo æmulos habet, « feriuntque summos Fulmina montes. » *Hor. Carm.* II, *ode* X, 10. Me vero procul ab urbibus, foro, litibus, turbis remotum, sic quoque, ut Quintilianus ait,

(a) Totum hunc librum exegimus ad quinque mss. codices : duos Vaticanos, olim Succorum Reginæ, prænotatos numeris 39 et 215 ; tum alium antiquiss. Palatinum, in eadem Vaticana Bibliotheca 183, atque unum Mediolanensem in Ambrosiana sub littera D num. 88 ; denique nostrum, quem domi asservamus, non illum quidem remotissimæ antiquitatis, sed optimæ ferme præ cæteris notæ. Inscribitur autem in nostro ad hunc modum : *Sophronii Eusebii Hieronymi in libros Hebraicarum Quæstionum ante se inauditos tam Græcis, quam Latinis omnibus, incipit prologus.* In Reginæ altero : *Incipit brevis annotatio Hieronymi in Genesim. Præfatio.*

(b) *Qui comœdiarum Prologos.* Terentius respondet maledictis veteris Poetæ in Prologo Andriæ, et Argumentum Comœdiæ in prima Scena proponit. MARTIAN.

(c) Sic ferunt mss. nostri omnes, aliique penes Martian., tum vetus edit. an. 1596, ac demum ipse Hier. alibi, qui et *Lanuinum* æmulum suum aliis in locis cognominat. Martian. aliique editores, *Lavinius.* Vid. prolog. Terentii in Andriam. — *Luscius Lavinius.* In aliquot Exemplaribus mss. legimus, *Lucius Larvinus*, vel *Lanuinus, Lanuvinus.* Apud Grammaticos Scriptores vetus Poeta æmulus Terentii dicitur *Lucius,* non *Luscius.* Quis autem Hieronymi fuerit æmulus et *Luscius,* quando hasce Quæstiones Hebraicas scribebat, nondum apparet : quia tunc temporis Rufinus presbyter nihil dissidii habuit cum Hieronymo propter Origenem, qui adhuc bene audit in hac Præfatione. Codex denique Corbeiensis antiquissimus aliud præ se fert intellectum, legit enim : *Urgebat, cum Lucius Lavinio nostro Luscio similis,* etc. MARTIAN.

tout, ils devaient s'y attendre, ceux dont l'éloquence, comme le tonnerre, remplissait les échos des théâtres, de la curie, du forum. Toujours en évidence, la force attire les envieux, « et la foudre frappe les plus hauts sommets. » *Horace, Carm.* II, *Ode* x, 10. Mais moi, loin des villes, du forum, des procès, de la foule, même ainsi caché, comme dit Quintilien, l'envie a su me découvrir ! Donc, je supplie le lecteur, « s'il s'en trouve quelqu'un toutefois, quelque amant de l'étude qui lise ces pages, » ces livres de *Questions hébraïques*, que j'ai résolu d'écrire sur toute la sainte Ecriture, de ne pas y chercher l'éloquence, les grâces oratoires; que plutôt il réponde pour nous à nos ennemis : Indulgence est due à toute œuvre nouvelle. De même que nous, humbles et pauvres, nous n'avons pas de biens, et nous ne voulons pas accepter ceux qui nous sont offerts, de même ils ne peuvent pas, qu'ils le sachent bien, avoir en même temps la connaissance des Ecritures, c'est-à-dire les trésors de Jésus-Christ et les richesses du monde. Aussi tous nos soins s'attachent-ils, soit à réfuter les erreurs de ceux qui fondent des soupçons hasardés sur les textes hébreux, soit à réduire à leur valeur celles qui semblent naître en foule des recueils grecs et latins; les origines et le sens des noms de choses, d'hommes et de pays, étrangers à notre langage, s'éclairciront en commentant la langue mère; et afin qu'on saisisse plus aisément les corrections, nous rapporterons d'abord les témoignages tels qu'ils existent chez nous, et, par leur comparaison avec ceux qui suivent, nous indiquerons le moins ou le plus, ou l'écart qu'ils contiennent. Ce ne sera pas éplucher les négligences de la version des Septante, comme le crient nos envieux; notre tâche, ce nous semble, n'est pas de les reprendre ; ils ne voulurent pas expliquer à Ptolémée, roi d'Alexandrie, tous les secrets des saintes Ecritures, et surtout les prophéties relatives à la venue de Jésus-Christ, de peur que les Juifs ne lui parussent adorer un autre Dieu, alors que ce sectateur de Platon les avait en grande estime, parce qu'ils n'adoraient, lui disait-on, qu'un seul Dieu. Mais les Evangélistes, et Notre-Seigneur et Sauveur, et l'apôtre saint Paul, rapportent un grand nombre des traits de l'Ancien Testament qui ne sont pas dans nos recueils. A ce sujet, nous discuterons pleinement en temps et lieu. D'où il est évident que les exemplaires les plus autorisés sont ceux qui concordent avec le nouveau Testament. Joignez à cela l'attestation de Josèphe, qui dit, dans l'histoire des Septante interprètes, qu'ils ont traduit seu-

latentem invenit invidia. Unde lectorem obsecro,

..... si quis tamen hæc quoque, si quis
Captus amore leget,........

ut in libris Hebraicarum Quæstionum, quos in omnem Scripturam sanctam disposui scribere, non quærat eloquentiam, non oratorum leporem; sed magis inimicis pro nobis ipse respondeat : Novo operi veniam concedendam. Ut enim nos humiles atque pauperculi, nec habemus divitias, nec oblatas dignamur accipere : ita et illi noverint, non posse se notitiam Scripturarum, id est, divitias Christi (*b*), cum mundi pariter habere divitiis. Studii ergo nostri erit, vel eorum, qui de libris Hebraicis varia suspicantur, errores refellere : vel ea quæ in Latinis et Græcis codicibus scatere videntur, auctoritati suæ reddere; etymologias quoque rerum, nominum atque regionum, quæ in nostro sermone non resonant, vernaculæ linguæ explanare ratione. Et quo facilius emendatio cognoscatur, ipsa primum, ut apud nos sunt, testimonia proponemus, et ex collatione eorum quæ sequuntur, quod in illis, aut minus, aut plus, aut aliter sit, indicabimus. (c) Neque vero Septuaginta Interpretum, ut invidi latrant, errores arguimus : nec nostrum laborem, illorum reprehensionem putamus; cum illi Ptolemæo regi Alexandriæ mystica quæque in Scripturis sanctis prodere noluerint, et maxime ea quæ Christi adventum pollicebantur, ne viderentur Judæi et alterum Deum colere; quos ille Platonis sectator magni idcirco faciebat, quia unum Deum colere dicerentur. Sed et Evangelistæ, et Dominus quoque noster atque Salvator, necnon et Paulus Apostolus, multa quasi de veteri Testamento proferunt, quæ in nostris codicibus non habentur. Super (*d*) quibus in suis locis plenius disseremus. Ex quo perspicuum est, illa magis vera esse

(*a*) *Si tamen hæc*, etc. Maronis carmen ex Georgicis, quod integrum non legunt veteres Editiones; quamvis scriptum legatur in mss. Exemplaribus, ut a nobis editum est. MARTIAN. — Non ex Georgicis, ut Martianæus putat, sed ex Ecloga 6, cui nomen Silenus, Virgilii versus hic est. In plerisque autem mss. alterum *si quis* desideratur.

(*b*) *Cum mundi pariter*, etc. Nonnulli mss. codices sic legunt, *cum sui pariter habere divitiis*. MARTIAN. — Noster ms. *cum mundi, vel cum suis pariter habere divitiis*.

(c) Corrupte in omnibus fere mss. libris, *ut invidi lacerant*. MARTIAN.

(*d*) *Super quibus*, etc. Consule Epistolam de optimo genere interpretandi ad Pammachium. Absunt nihilominus hæc verba in multis exemplaribus mss. MARTIAN.

lement cinq livres de Moïse ; et nous avouons que ceux-là ont plus de conformité avec les originaux hébreux. Mais les interprètes qui suivirent, je veux dire Aquila, Symmaque et Théodotion, sont loin d'être d'accord avec notre manière de lire. Enfin, ce qui peut aussi apaiser nos détracteurs, notre cargaison exotique ne s'adresse qu'aux preneurs de bonne volonté ; que les rustres n'achètent pas ce baume, ce poivre, ces fruits du palmier. Je ne parle pas d'Adamantius (*Al.* d'Origène), dont le nom, s'il est permis de comparer la grandeur au néant, a plus d'envieux que le mien ; dans les homélies, qu'il adresse au peuple, il suit l'édition commune ; dans les livres, c'est-à-dire dans les hautes sphères du débat, soumis à la vérité hébraïque, entouré de la milice de ses auteurs grecs, il emprunte parfois le secours de la langue étrangère. Je me borne à dire que, partageant avec lui les attaques des jaloux, je voudrais avoir sa science des Ecritures, et que pour moi ne sont rien ces ombres de croquemitaine dont le rôle est, dit-on, d'effrayer les petits enfants et de coasser dans les angles ténébreux.

LE LIVRE COMMENCE.

« Au commencement Dieu fit le ciel et la terre. » *Gen.* I, 1. Plusieurs croient, et cette opinion est écrite dans l'Altercation de Jason et de Papiscus, Tertullien la combat dans son livre

exemplaria, quæ cum novi Testamenti auctoritate concordant. Accedit ad hoc (*a*), quod Josephus, qui Septuaginta Interpretum ponit (al. *proponit*) historiam, quinque tantum ab eis libros Moysi translatos refert : quos nos quoque confitemur, plus quam cæteros cum Hebraicis consonare. Sed et hi qui postea interpretes exstiterunt, Aquilam loquor, et Symmachum, et Theodotionem, longe aliter habent, quam nos legimus. Ad extremum, quod etiam obtrectatores nostros placare potest peregrinæ merces (*b*) tantum volentibus navigent (al. *navigant*) : balsamum, piper et poma palmarum rustici non emant (al. *emunt*). De Adamantio (al. *Origene*) autem sileo, cujus nomen, si parva licet componere magnis, meo nomine invidiosius est (*c*), quod cum in homiliis suis, quas ad vulgum loquitur, communem editionem sequatur : in tomis, id est, in disputatione majori, Hebraica veritate (*d*) superatus, et suorum circumdatus agminibus, interdum linguæ peregrinæ quærit auxilia. Hoc unum dico, quod vellem cum invidia nominis ejus habere etiam scientiam Scripturarum, flocci pendens imagines umbrasque (*e*) larvarum, quarum natura (al. *naturæ*) esse dicitur, terrere parvulos, et in angulis garrire tenebrosis.

INCIPIT LIBER

« In principio fecit Deus cœlum et terram. » *Genes.* I, 1. Plerique existimant, sicut in (*f*) Altercatione quoque Jasonis et Papisci scriptum est, et Tertullianus (*g*) in libro contra Praxeam disputat : necnon

(*a*) Amovimus hinc vocem *quoque*, quam elegantius mss. ignorant. Porro Josephi testimonium habes lib. XII Antiquitt. cap. 2, ubi de solis Legis libris, sive Pentateucho a LXX, Ptolemæi jussu Græce redditis, continuo loquitur. Atque hæc quidem sententia doctis plerisque persuasit, ea cum primis de causa, quod cæterorum librorum stylus alios plane interpretes arguit ab his, qui vulgo Septuaginta audiunt, et Moysen Philadelpho regi in Græcum explicasse perhibentur.

(*b*) *Peregrinæ merces*, etc. Omnino depravata legitur sententia isthæc in pluribus codicibus mss. nempo, *peregrina merces tantum volentibus navi defertur.* MARTIAN.

(*c*) Ita, quibus utimur, quinque mss. habent. Antea erat, *qui cum*, etc.

(*d*) *Veritate stipatus.* Consuetudo veterum scriptorum constans est in mutanda hac lectione, pro qua hanc substituunt : *Hebraica Veritate superatus* ; vel, *superatus est*, aut *esset*. MARTIAN. — Emendamus hic quoque ex quatuor mss. veterisque editionis consensu, *superatus* ; quemadmodum et Rufinus, Invectivar II, legit, ipseque contextus legendum persuadet. Antea erit *stipatus*. Unus Vatic. *superatur* : et mox *circumdatur*.

(*e*) Hujusmodi addit glossema alter Reginæ ms. : *Dæmonum genus, quem rustici Oz zellum nominant.*

(*f*) Mysticam quidem interpretationem vocis *principii* in *filium*, in Jasonis et Papisci altercatione fuisse usurpatam, propius vero est, etiamsi jamdiu illa interciderit : cum et Clemens Alexandr. lib. VI Stromat. ex Petri prædicatione, atque alii subinde Patres ita explicent ; sed in Hebræo a quoquam ita umquam lectum fuisse non puto.

(*g*) In libro contra Praxeam hoc nusquam, immo diversum legas a Tertulliano dictum de Praxeæ sectatoribus cap. 5 : *Aiunt quidem et Genesin in Hebræo ita incipere : In principio Deus fecit sibi Filium. Hoc ut firmum non sit, alia me argumenta deducunt.* S. Hilarius vero in Psalm. II : *Bresith verbum Hebraicum est. Id tres significantias in se habet, id est, in principio, et in capite, et in Filio. Sed translatores LXX in principio ediderunt, cæteris diverse transferentibus.* Mox vocem *Baben*, quam cum Martianæo nostri etiam codices retinent, veteres editores ad Massorethicam lectionem exegerant, legentes *Beben*. — *Necnon Hilarius in expositione.* Sanctus Hilarius tractatu in Psal. II, num. 2, hæc habet in Editione nostra : *Ambiguitatis autem linguæ Hebraicæ unum afferemus exemplum, ex quo cætera ejusmodi esse, atque ita ut sunt, intelligatur.* Bresith *verbum Hebraicum est. Id tres significantias in se habet, id est* in principio, *et* in capite, *et* in filio. *Sed Translatores Septuaginta* in principio *ediderunt, cæteris diverse transferentibus : et secundum hanc ambiguitatem hæc ab illis in omni translatione est facta confusio.* Non affirmat Hilarius *in Hebræo haberi* in filio, sed *affirmat verbum Hebraicum* Bresith *tres significantias habere, quarum una est,* in filio. Deinde male in textu Hieronymi legunt illustratores Hilarii, *et non Beben, quod interpretatur, in filio* : scimus enim ab Hieronymo positum fuisse, *et non baben, quod appellatur, in filio.* Hebræum namque בבן legi debet *baben* juxta præceptores Grammaticos Hebræos ; nec ullum vidi usque in præsens codicem ms. qui legat *beben*. Conficta proinde hæc lectio merito reprobatur a nobis. MARTIAN.

contre Praxéas, et Hilaire la certifie dans le commentaire d'un psaume, qu'il y a dans l'hébreu : « Dieu fit le ciel et la terre dans le fils. » C'est une erreur, que démontre la chose elle-même. La version des Septante, et Symmaque, et Théodotion traduisent par « au commencement. » Le texte hébreu porte BRÉSITH (בראשית), *en tête*, d'après Aquila; et non BABEN (בבן), qui signifie *dans le fils*. C'est donc plutôt d'après le sens que d'après la traduction du mot qu'on peut l'entendre de Jésus-Christ; aussi bien au front de la Genèse, qui est la tête de toutes les Ecritures, qu'au début de l'Evangile selon saint Jean, il est assurément inscrit comme créateur du ciel et de la terre. Aussi dans le Psalmiste dit-il de lui-même : « En tête du livre, il est écrit de moi, » *Psalm.* XXXIX, 9, c'est-à-dire au début de la Genèse, et dans l'Evangile : « Toutes choses ont été faites par lui, et rien n'a été fait sans lui. » *Joan.* I, 3. Notons encore que ce livre s'appelle BRÉSITH, chez les Hébreux, qui ont coutume de donner pour nom à un livre le mot du commencement.

« Et l'esprit de Dieu était porté sur les eaux. » *Genes.* I, 2. Au lieu du mot *était porté* de nos recueils, l'hébreu dit MÉRÉFETH (מרחפת), que nous pouvons rendre par *était couché sur* ou par *entretenait dans sa chaleur*, à la ressemblance d'un oiseau vivifiant les œufs par la chaleur. Par là nous comprenons que cela n'est pas dit du souffle du monde, comme quelques-uns le pensent, mais de l'Esprit-Saint, qui est appelé vivificateur de toutes choses dès le commencement. S'il est vivificateur, il est par conséquent créateur, et s'il est créateur, il est Dieu. « Envoyez, est-il dit, votre Esprit, et elles seront créées. » *Psalm.* CIII, 30.

« Et il appela mer les réunions d'eaux. »

Hilarius in expositione cujusdam Psalmi affirmat, in Hebræo haberi : « In filio fecit Deus cœlum et terram; » quod falsum esse, ipsius rei veritas comprobat. Nam et Septuaginta Interpretes, et Symmachus, et Theodotion, *in principio*, transtulerunt. Et in Hebræo scriptum est, BRESITH, (בראשית); quod Aquila interpretatur, *in capitulo :* et non BABEN (בבן), quod appellatur (al. *interpretatur*), *in filio*. Magis itaque secundum sensum quam secundum verbi translationem de Christo accipi potest : qui tam in ipsa fronte Geneseos, quæ caput librorum omnium est, quam etiam in principio Joannis Evangelistæ, cœli et terræ conditor approbatur. Unde et in Psalterio, *Psal.* XXXIX, 9 de seipso ait : « In capitulo (al. *capite*) libri scriptum est de me, » id est, in principio (*a*) Geneseos. Et in Evangelio : « Omnia per ipsum facta sunt, et sine ipso factum est nihil. » *Joan.* I, 3. Sed et hoc sciendum, quod apud Hebræos liber hic BRESITH vocatur; hanc habentes consuetudinem, ut voluminibus ex principiis eorum nomina imponant.

« Et Spiritus Dei ferebatur super aquas. » *Genes.* I, 2. Pro eo quod in nostris codicibus scriptum est, *ferebatur*, in Hebræo habet (*b*) MEREFETH (מרחפת), quod nos appellare possumus, *incubabat*, sive *confovebat*, in similitudinem volucris, ova calore animantis. Ex quo intelligimus, non de spiritu mundi dici, ut nonnulli arbitrantur, sed de Spiritu Sancto, qui et ipse vivificator omnium a principio dicitur. Si autem vivificator, consequenter et conditor. Quod si conditor, et Deus. « Emitte enim, ait, Spiritum tuum, et creabuntur. » *Psal.* CIII, 30.

(*a*) Non referendum hunc Psalmi locum ad Genesim, sed ad secundum librum Legis Mosaicæ, docti quidam viri contendunt.

(*b*) *In Hebræo habet Merefeth.* Sic legunt Romani codices et Gallicani; unus scilicet Bibliothecæ Vaticanæ, *Merafeth.* Quam lectionem retinent etiam e nostris quamplurimi, in primis Corbeiensis vetustissimus supra laudatus. Alii legunt, *Merahefeth* aut *Meraharfeth.* MARTIAN. — Sunt nihilosecius, qui ex Hebræo, *ferebatur* verius exponi velint. Contra S. Basilius Hexam. ex Catenis Regis : Ἐρῶ σοι οὐκ ἐμαυτοῦ λόγον, ἀλλὰ Σύρου ἀνδρὸς σοφίας κοσμικῆς τοσοῦτον ἀφεστηκότος, ὅσον ἐγγὺς ἦν τῆς τῶν ἀληθινῶν ἐπιστήμης. Ἔλεγε τοίνυν τὴν τῶν Σύρων φωνὴν ἐμφατικωτέραν τε εἶναι, καὶ διὰ τὴν πρὸς τὴν Ἑβραΐδα γειτνίασιν μᾶλλόν πως τῇ ἐννοίᾳ τῶν γραφῶν ἐγγίζειν. Τὸ οὖν ἐπεφέρετο, φησίν, ἐξηγοῦντο, ἀντὶ τοῦ συνέθαλπε, καὶ ἐζωογόνει τὴν τῶν ὑδάτων φύσιν, κατὰ τὴν εἰκόνα τῆς ἐπωαζούσης ὄρνιθος, καὶ ζωτικήν τινα δύναμιν ἐνιείσης τοῖς ὑποθαλπομένοις. Quæ sic redduntur : *Non meam tibi, sed Syri cujusdam hominis sententiam proferam qui tantum a mundana scientia distabat, quantum verarum cognitioni rerum propinquior erat. Dicebat igitur iste* (*hunc S. Ephrem esse Basilii amicum vulgo putant*) *Syriacam vocem* (*incubat*) *significantiorem clarioremque esse, et ob affinitatem cum Hebraica lingua sententiæ Scripturarum quodammodo propius accedere. Illud itaque* superferebatur, *interpretantur Syri*, fovebat, *juxta* volucris incubantis, *et in ea quæ fovet, vitalem quamdam vim immittentis, similitudinem.* Clarius adhuc Diodorus : Τὸ ἐπεφέρετο, inquit, μία μὲν ἐστι λέξις παρ' Ἑβραίοις παρ' ἡμῖν δὲ διὰ μιᾶς λέξεως οὐκ ἂν παρασταίη. Βούλεται γὰρ ἡ Ἑβραϊκὴ λέξις, ἡ τοῦ ἐπεφέρετο, σημαίνειν, ὅτι καθάπερ ὄρνις ᾠὰ θάλπει ταῖς πτέρυξιν ἁπαλῶς ἐφαπτομένη ὡς τὸ ζωογονεῖν, αὕτω καὶ τὸ πνεῦμα ἐπεφέρετο τοῖς ὕδασι ζωοθαλπόν. *Illud* superferebatur *una quidem apud Hebræos dictio est, apud nos autem una voce numquam exprimitur. Dictionis quippe Hebraicæ, quæ voci superferebatur respondet, hic est sensus : quemadmodum avis ova pennis molliter contingens, ipsa fovet, ipsisque vitalem calorem imprimit, sic spiritus aquis superferebatur, fovens, atque calorem imprimens.* Vide ex Latinis S. Ambros. in Hexam. lib. I, c. 8, et Augustin. lib. I de Genesi ad lit., c. 18. Quod autem ipse Hieron. in translatione sua verterit *ferebatur*, recte Martianæus notat, consulto verbum illud retinuisse S. Doctorem, ne cum a diversis diverse acciperetur, ad unam tantum significationem trahere videretur : et quod de vento, id est de spiritu hujus mundi intelligunt quamplurimi, ipse de solo Spiritu Sancto, tamquam rerum omnium conditore, sententiam illam sibi astrueret accipiendam : et passim fassus est S. doctor se consuetudini veterum interpretum coaptare voluisse (EDIT. MIGN.)

(*c*) *Si autem vivificator.* Codex unus nostri Monasterii S. Michaelis in periculo maris, et nonnulli alii mss. in Normanniæ Monasteriis collati cum editis, *Sic autem vivificator, quasi conditor et Deus*, MARTIAN.

Genes. I, 10. Notons que toute réunion d'eaux, qu'elles soient salées ou qu'elles soit douces, selon l'idiome de la langue hébraïque, s'appelle mer. Vainement Prophyre critique-t-il de mauvaise foi les Evangélistes d'avoir voulu bâtir un miracle aux yeux des ignorants, en ce que le Seigneur aurait marché sur la mer, quand ils ont dit mer, au lieu de lac de Genésareth ; tout lac, toute réunion d'eaux s'appelle mer.

« Et Dieu acheva le sixième jour les œuvres qu'il fit. » *Ibid.* II, 2. Au lieu de sixième jour, il y a dans l'hébreu, le septième jour. Nous presserons ici les Juifs, qui s'enorgueillissent du repos du sabbat ; au commencement déjà, dirons-nous, fut aboli le sabbat, puisque Dieu travaille ce jour-là, puisqu'il y achève ses œuvres, puisqu'il les bénit en ce même jour, qui est celui où il a complété la création.

« Et le Seigneur Dieu planta le paradis en Eden, en face de l'orient. » *Ibid.* 8. Au lieu de paradis, l'hébreu porte *jardin*, c'est-à-dire GAN (גן). Or, EDEN (עדן) correspond à *délices*. Symmaque l'a traduit par *paradis fleuri*. Ce qui suit, *en face de l'orient*, est écrit en hébreu MÉCÉDEM (מקדם), qu'Aquila remplace par ἀπὸ ἀρχῆς, et que nous pouvons rendre par *dès l'origine*. Symmaque dit ἐκ πρώτης, et Théodotion ἐν πρώτοις, expressions qui ne répondent pas à *orient*, mais à *commencement*. Par là, il est de la dernière évidence qu'avant de faire le ciel et la terre, Dieu avait créé le paradis, comme on le lit dans le texte hébreu : « Le Seigneur Dieu avait planté le paradis en Eden, dès le commencement. »

« Le nom de l'un est Phison. » *Ibid.* II. On pense que c'est le Gange, fleuve de l'Inde.

« Où (ail. *là*) est l'escarboucle et la prime-émeraude. » Au lieu d'*escarboucle* et de *prime-émeraude*, d'autres disent le *bdellion* et l'onyx.

« Et le Seigneur Dieu prit l'homme, et le plaça dans le paradis de la volupté. » *Ibid.* 15. Pour volupté, l'hébreu dit EDEN. Ici, les Septante ont traduit EDEN par *volupté*. Symmaque, qui avait traduit naguères par paradis fleuri, a mis ici ἐν τῷ παραδείσῳ τῆς ἀκτῆς, mots qui réveillent l'idée d'*agrément* et de *délices*.

« En quelque jour que tu en manges, tu périras par la mort. » *Ibid.* 17. Symmaque a mieux interprété par les mots *tu seras mortel*.

« Et le Seigneur Dieu envoya une extase sur Abraham. » *Ibid.* 31. Pour extase, c'est-à-dire

« Et congregationes aquarum vocavit maria. » *Genes.* I, 10. Notandum quod omnis congregatio aquarum, sive salsæ sint, sive dulces, juxta idioma linguæ Hebraicæ, maria nuncupentur. Frustra igitur Porphyrius, Evangelistas ad faciendum ignorantibus miraculum, eo quod Dominus super mare ambulaverit, pro lacu Genezareth, mare appellasse calumniatur, cum omnis lacus et aquarum congregatio maria nuncupentur,

« Et consummavit Deus in die sexto opera sua quæ fecit. » *Genes.* II, 2. Pro die sexto, in Hebræo habet diem septimum. Arctabimus igitur Judæos, qui de otio sabbati gloriantur, quod jam tunc in principio sabbatum dissolutum sit, dum Deus operatur in sabbato, complens opera sua in eo, et benedicens ipsi diei, quia in illo universa compleverit.

« Et plantavit Dominus Deus paradisum in Eden, contra orientem. » *Ibid.* II, 8. Pro paradiso, in Hebræo *hortum* habet ; id est, GAN (גן). Porro EDEN (עדן), *deliciæ* interpretantur. Pro quo Symmachus transtulit, *paradisum florentem*. Necnon quod sequitur, *contra orientem*, in Hebræo MECEDEM (מקדם) scribitur, Aquila posuit ἀπὸ ἀρχῆς, et nos, *ab exordio*, possumus dicere. Symmachus vero, ἐκ πρώτης, et Theodotion, ἐν πρώτοις, quod et ipsum non *orientem*, sed *principium* significat. Ex quo manifestissime (*a*) comprobatur, quod priusquam cœlum et terram Deus faceret, paradisum ante condiderat, sicut et legitur in Hebræo : « Plantaverat autem Dominus Deus paradisum in Eden, a principio ».

« Nomen uni Phison. » *Genes.* II, 11. Hunc esse Indiæ fluvium Gangen putant.

« Ubi (al. *ibi*) est carbunculus et lapis prasinus. » *Genes.* II, 12. Pro *carbunculo et lapide prasino*, βδέλλιον et (*b*) ὄνυχα alii transtulerunt.

« Et sumpsit Dominus Deus hominem, et posuit eum in paradiso voluptatis. » *Genes.* II, 15. Pro voluptate, in Hebræo habet EDEN. Ipsi igitur nunc Septuaginta EDEN interpretati sunt *voluptatem*. Symmachus vero qui florentem paulo ante paradisum transtulerat, hic posuit ἐν τῷ παραδείσῳ τῆς (*c*) ἀκτῆς, quod et ipsum *amœnitatem* et *delicias* sonat.

« In quacumque autem die comederis ex eo, morte

(*a*) *Ex quo manifestissime comprobatur.* Ex hoc loco argumentantur critici scriptores parum modesti, aiuntque Hieronymum indulgere fabulis Judaicis. Sed de his ac similibus locis vide prolixiores nostras Annotationes et Apologiam S. Doctoris supra. MARTIAN.

(*b*) Aquila tamen Σαρδόνυχα vertit, quod fortasse Hieronymus pro eodem ac simplex ὄνυχα accepit.

(*c*) Hactenus falso obtinuit τῆς ἄλσης, quod interpretantur *nemoris*. Et vero suspectam hanc vocem habuit Drusius, quem immerito reprehendit Montfauconius. At non tamen sic satis feliciter ille opinatus est reponendum ἀλόσυνης. Vox certe ἄλσης plane commentitia est, et Græcis scriptoribus ignota, ei siquidem pro ἄλσος accipitur, et τοῦ ἄλσους scribendum esset, necdum tamen ex ea interpretationem *amœnitatis*, ac *deliciarum* utcumque valeas extundere. Contra vox Ἀκτῆς, quam substituimus, nedum Græcis, Latinis quoque auctoribus usurpatur pro *amœno secessu* ; maxime ad maris littus, seu propter fluvios, quales sunt quatuor, quos hic loci Scriptura commemorat.

sortie de l'esprit, l'hébreu met THARDÉMA (תרדמה), qu'Aquila rend par καταφοράν, et Symmaque par κάρον, c'est-à-dire *lourd engourdissement, profond sommeil*. Au reste, on lit ensuite : « Et il dormit. » Le même mot appliqué au sommeil de Jonas, I, 5, profondément endormi.

« Voilà l'os de mes os, et la chair de ma chair; elle s'appellera la femme, parce qu'elle a été tirée de l'homme. » *Ibid.* 23. L'oreille, en présence du texte grec et latin, n'indique point pourquoi elle s'appelle la femme, parce qu'elle a été tirée de l'homme; mais l'étymologie est gardée dans le langage hébreu. L'homme est appelé IS (איש), et la femme ISSA (אשה). C'est donc à bon droit que de IS le nom de ISSA a été donné à la femme. Symmaque a louablement essayé de conserver l'étymologie en grec : Elle sera, dit-il, appelée ἀνδρίς, ὅτι ἀπὸ ἀνδρὸς ἐλήφθη, ce que nous pouvons rendre en latin par : elle sera appelée *virago, quia ex viro sumpta est*, hommasse, parce qu'elle a été tirée de l'homme. Théodotion hasarde un autre étymologie : « Elle sera, dit-il, appelée *assomption*, enlèvement, parce qu'elle a été prise, *sumpta*, de l'homme. » ISSA (אשה), avec un changement d'accent, peut aussi s'interpréter *enlèvement*.

« Le serpent était la plus sagace de toutes les bêtes sur terre. » *Genes.* III, 1. Pour sagace, l'hébreu dit AROM (ערום), πανοῦργον, d'après Aquila et Théodotion, c'est-à-dire *méchant* et *double*. Le sens de ce mot est donc plus près de fourberie et d'astuce que de sagacité.

« Et ils entendirent la voix du Seigneur Dieu marchant dans le paradis vers le soir. » *Ibid.* 8. Dans la plupart des recueils latins, à la place de ces mots *vers le soir*, on lit *après midi*. L'expression grecque τὸ δειλινόν ne peut être rendue à la lettre. Là, le texte hébreu dit LARUÉ AIOM (חיום לרוח), qu'Aquila traduit par ἐν τῷ ἀνέμῳ τῆς ἡμέρας, c'est-à-dire *dans le vent du jour*. Symmaque dit διὰ πνεύματος ἡμέρας, c'est-à-dire *durant le souffle du jour*. Théodotion est plus clair ; ἐν τῷ πνεύματι πρὸς κατάψυξιν τῆς ἡμέρας, *pendant le souffle de l'heure du refroidissement du jour*; il montre que, la chaleur de midi étant tombée, l'haleine de la brise s'est rafraîchie.

« Tu marcheras sur ta poitrine et sur ton ventre. » *Ibid.* 14. Les Septante ont ajouté le mot ventre, l'hébreu n'a que celui de *poitrine*. Sa marche montrera la fourberie et l'astuce de ses pensées, fera voir que tous ses pas tendent

morieris. » *Genes.* II, 17. Melius interpretatus est Symmachus dicens, *mortalis eris*.

« Et misit Dominus Deus ecstasim super Adam. » *Genes.* II. 21. Pro ecstasi, id est, mentis excessu, in Hebræo habetur THARDEMA (תרדמה), quod Æquila καταφοράν, Symmachus κάρον, id est, *gravem et profundum soporem* interpretati sunt. Denique sequitur : *Et dormivit*. Idipsum verbum et in Jonæ (I, 5) stertentis somno positum est.

« Hoc nunc os ex ossibus meis, et caro de carne mea; hæc vocabitur mulier, quoniam ex viro sumpta est. » *Genes.* II-23. Non videtur in Græco et in Latino sonare, cur mulier appelletur, quia ex viro sumpta sit : sed etymologia in Hebræos sermone servatur. Vir quippe vocatur IS (איש), et mulier ISSA (אשה). Recte igitur ab IS, appellata est mulier ISSA. Unde et Symmachus pulchre etymologiam etiam in Græco voluit custodire, dicens : Hæc vocabitur (*a*) ἀνδρίς, ὅτι ἀπὸ ἀνδρὸς ἐλήφθη, quod nos Latine possumus dicere : « Hæc vocabitur virago, quia ex viro sumpta est. » Porro Theodotio aliam etymologiam suspicatus est, dicens : « Hæc vocabitur assumptio, quia ex viro sumpta est. » Potest quippe ISSA (אשה), secundum varietatem accentus et *assumptio* intelligi.

« Serpens autem erat sapientior cunctis bestiis super terram. » *Genes.* III, 1. Pro sapientie in Hebræo habetur (*b*) AROM (ערום), quod Aquila et Theodotion πανοῦργον, interpretati sunt : hoc est, *nequam* et *versipellem*. Magis itaque ex hoc verbo calliditas et versutia, quam sapientia demonstratur.

« Et audierunt vocem Domini Dei ambulantis in paradiso ad vesperam. » *Genes.* III, 8. In plerisque codicibus Latinorum, pro eo quod hic possuimus *ad vesperam, post meridiem* habet : quia τὸ δειλινόν Græcum sermonem ad verbum transferre non possumus : pro quo in Hebræo scriptum est, LARUE AIOM (חיום לרוח), quod Aquila interpretatus est ἐν τῷ ἀνέμῳ τῆς ἡμέρας, id est, *in vento diei*. Symmachus vero διὰ πνεύματος ἡμέρας, id est, *per spiritum diei*. Porro Theodotion manifestius ἐν τῷ πνεύματι πρὸς κατάψυξιν τῆς ἡμέρας, ut, meridiano calore transacto, refrigerium auræ spirantis ostenderet.

« Super pectus tuum, et ventrem tuum ambulabis. » *Genes.* III, 14. Ventrem Septuaginta interpretes addiderunt : cæterum in Hebræo *pectus* tantum habet : ut calliditatem et versutias cogitationum ejus aperiret : quod omnes gressus ejus nequitiæ essent, et

(*a*) Ἀνδρίς, etc. Confictam Symmachi Græcam lectionem retinent editi antea libri in hunc modum, αὕτη κληθήσεται ἀνδρίς, ὅτι ἐκ τοῦ ἀνδρὸς αὐτῆς ἐλήφθη, hoc est, *Hæc vocabitur vira, quia de viro ejus sumpta est*. Partim igitur e Septuaginta interpretum translatione, partim ex ea quam Symmachus ediderat, corruptam hujusmodi lectionem Græcam repræsentant Erasmus et Marianus. Nos genuinam restituimus ad fidem omnium exemplarium mss. Hieronymi. MARTIAN.

(*b*) *In hebræo habetur Arom*. Antiquiores mss. codices sic legunt : sed indifferenter *arum* et *arom* scribi potest, quia apud Latinos exscriptores u et o promiscuo usurpantur. *Non est servos*, et *non est servus* eodem sensu sæpius legitur in vetustissimis exemplaribus. MARTIAN.

aux méchancetés et à la tromperie. Lisons les mots qui suivent : « Tu mangeras la terre. » Au mot terre correspond APAR (עפר), que nous pouvons rendre par cendre, poussière.

« Lui-même épiera ta tête, et toi, tu épieras son talon. » *Ibid.* 15. Le texte hébreu dit mieux : « Lui-même écrasera ta tête, et toi, tu écraseras son talon. » Nos pas, en effet, sont embarrassés par le serpent, et le Seigneur écrasera rapidement Satan sous nos pieds.

« Je multiplierai et je multiplierai encore tes tristesses et tes gémissements. » *Ibid.* 16. Au lieu de tristesse et de gémissement, l'hébreu porte *douleurs* et *conceptions*.

« Et tu seras assujettie à l'homme. Au lieu du sens d'assujettissement, Aquila voit celui de *société*; Symmaque celui do *désir* ou de *passion*.

« La terre maudite en tes œuvres. » *Ibid.* 17. Œuvres ne signifie pas ici les travaux de la terre, comme beaucoup le croient, mais péchés, mot qui est dans l'hébreu. Aquila ne contredit pas ce sens : « Le sol sert maudit à cause de toi ; » Théodotion non plus : « La terre vierge (*adama*) sera maudite à cause de ta transgression. »

« Et Adam donna à sa femme le nom de vie, parce qu'elle est la mère de tous les vivants. » *Ibid.* 20. Pourquoi fut-elle appelée ÈVE (חוה), c'est-à-dire *vie?* parce que le texte le dit, *elle est la mère de tous les vivants.* ÈVE, en effet, veut dire *vie.*

« Il chassa Adam, et le fit habiter en face du paradis de volupté ; et il établit un chérubin avec un glaive enflammé, toujours levé pour garder la route de l'arbre de vie. » *Ibid.* 24. Il y a dans l'hébreu un tout autre sens que celui-là : « Il chassa Adam, » est-il écrit. Aucun doute que c'est le Seigneur qui chasse. « Et il fit habiter devant le paradis de volupté un chérubin, avec un glaive de feu, qui serait tourné de manière à interdire le chemin de l'arbre de vie. » Dieu ne fit donc pas habiter Adam en face du paradis de volupté, dont il l'avait banni ; après l'en avoir chassé, il mit à la porte du paradis un chérubin armé d'un glaive flamboyant, pour garder l'entrée du paradis de telle sorte que personne ne pût la franchir.

« Elle conçut et enfanta Caïn, et elle dit : J'ai acquis ou j'ai possédé l'homme à cause de Dieu. » *Genés.* IV, 1. Caïn (קין) veut dire acquisition ou possession, et voilà pourquoi, expliquant l'origine du nom lui-même, elle dit : CANITHI (קניתי), c'est-à-dire, « j'ai possédé l'homme à cause de Dieu. »

« Et Dieu arrêta son regard sur Abel et sur ses présents ; mais il ne les arrêta pas sur Caïn et sur ses sacrifices, et Caïn fut profondément attristé. » *Ibid.* 4. D'où Caïn pouvait-il savoir

fraudes. Sed et id quod sequitur : « Terram manducabis. » Pro terra APHAR (עפר) scriptum est, quod nos favillam et pulverem possumus dicere.

« Ipse servabit caput tuum, et tu servabis ejus calcaneum. » *Genes.* III, 15. Melius habet in Hebræo : « Ipse conteret cap it tuum, et tu conteres ejus calcaneum; » quia et nostri gressus præpediuntur a colubro, et Dominus conteret Satanam sub pedibus nostris velociter.

« Multiplicans multiplicabo tristitias tuas et gemitus tuos. » *Genes.* III, 16. Pro tristitia et gemitu, in Hebræo *dolores et conceptus* habet.

« Et ad virum conversio tua. » Pro conversione Aquila, *societatem;* Symmachus, *appetitum* vel *impetum* transtulerunt.

« (*a*) Maledicta terra in operibus tuis. » *Genes.* III, 17. Opera hic non ruris colendi, ut pleritque putant, sed peccata significantur : ut in Hebræo habetur : Et Aquila non discordat, dicens : « Maledicta humus propter te. » Et Theodotio : « Maledicta adama in transgressione tua. »

« Et vocavit Adam nomen uxoris suæ, vitam, quia ipsa est mater omnium viventium » *Genes.* III, 20. Quare EVA (חוה), id est, *vita* sit appellata, demonstrat, eo quod sit *mater omnium viventium.* EVA quippe transfertur in *vitam.*

« Et ejecit Adam, et habitare fecit contra paradisum voluptatis. Et statuit Cherubim et flammeam romphæam, quæ vertitur ad custodiendam viam ligni vitæ. » *Genes.* III, 24. Alius multo sensus est in Hebræo quam hic intelligitur. Ait enim : « Et ejecit Adam, » haud dubium quin Dominus. « Et habitare fecit ante paradisum voluptatis Cherubim, et flammeum gladium, qui verteretur, et custodiret viam ligni vitæ. » Non quod ipsum Adam, quem ejecerat Deus, habitare fecerit contra paradisum voluptatis ; sed quod, illo ejecto, ante fores paradisi Cherubim et flammeum gladium posuerit ad custodiendum paradisi vestibulum, ne quis posset intrare.

« Et concepit et peperit Cain, et dixit : « acquisivi sive possedi hominem per Deum. » *Genes.* IV, 1. Cain (קין), acquisitio, sive possessio interpretatur, id est κτῆσις, unde et etymologiam ipsius exprimens ait : CANITHI (קניתי), id est, *possedi hominem per Deum.*

« Et respexit Deus super Abel, et super munera ejus; super Cain autem et super sacrificia ejus non respexit, et contristatus est Cain valde. »

(*a*) *Maledicta terra in operibus tuis.* Quamplures mss. legunt in singulari, *maledicta terra in opere tuo.* Hunc locum reprehendunt Critici, nos vero cum defendimus infra in Notis prolixioribus. MARTIAN.

que Dieu avait accueilli les présents de son frère, et rejeté les siens. Peut-être l'interprétation de Théodotion est-elle la vraie : « Et Dieu fit descendre la flamme sur Abel et sur son sacrifice, mais ne la fit point descendre sur Caïn et sur son sacrifice. » Que le feu avait coutume de descendre du ciel pour consumer l'offrande, nous le voyons à propos de la dédicace du temple sous Salomon, et lorsque Elie construisit un autel sur le mont Carmel. II *Paral*, VII, 1 ; III *Reg*. XVIII, 38.

« Et le Seigneur dit à Caïn : Pourquoi ton visage est-il abattu ? Ne pèches-tu pas, si tu offres selon les rites, sans faire la part comme il convient ? Demeure en repos, Dieu se tournera vers toi, et tu seras son serviteur. » *Ibid*. 6. La nécessité nous oblige d'insister sur chaque détail. Ici encore le texte hébreu présente un sens tout différent de celui de la version des Septante. Le Seigneur y dit à Caïn : « Pourquoi es-tu en colère, et pourquoi ton visage est-il abattu ? Si tu fais bien, ne te sera-t-il pas remis ? si tu fais mal, le péché ne s'assiéra-t-il pas à ta porte ? et tu vivras en société avec lui. Sois donc plutôt son maître. » Ce qu'il dit, le voici : « Pourquoi es-tu en colère, » et pourquoi, dévoré par une coupable envie contre ton frère, courbes-tu ton front vers le sol ? « Si tu fais bien, » tout ton péché « ne te sera-t-il pas remis, » ou, d'après Théodotion, « ton action ne sera-t-elle pas agréable, » c'est-à-dire n'accueillerai-je point ton offrande comme j'ai accueilli celle de ton frère ? « et si tu fais mal, aussitôt le péché s'assiéra devant ta porte, » et ce geôlier t'escortera toujours. Mais puisque tu as la liberté du choix, ne te laisse pas, je t'en préviens, dominer par le péché ; domine-le, au contraire. Ce qui a induit en erreur les Septante, c'est que le mot *péché*, c'est-à-dire ATTATH (חטאת), est du masculin en hébreu et du féminin en grec ; et ceux qui ont interprété, l'ont traduit au masculin, comme il était en hébreu.

« Et Caïn dit à son frère Abel. » *Ibid*. 8. On sous-entend les paroles du Seigneur. Ils sont donc superflus, ces mots qu'on trouve dans le recueil samaritain et dans le nôtre : « Eloignons-nous dans la campagne. »

« Quiconque tuera Caïn, payera sept vengeances. » Au lieu de sept vengeances, Aquila dit : *sept fois pour une* ; Symmaque, *pour la septième fois* ; Théodotion, *pour sept jours*. Sur ce point, consultez notre lettre à l'évêque Damase.

Genes. IV, 4. Unde scire poterat Cain, quod fratris munera suscepisset Deus, et sua repudiasset : nisi illa interpretatio vera est, quam Theodotion posuit. « Et inflammavit Dominus super Abel, et super sacrificium ejus ; super Cain vero, et super sacrificium ejus non inflammavit. » Ignem autem ad sacrificium devorandum solitum venire de cœlo ; et in dedicatione templi sub Salomone legimus, et quando Elias in monte Carmelo construxit altare. II *Par*. VII, 1 ; *Reg*. XVIII, 38.

« Et dixit Domini ad Cain ; Quare concidit vultus tuus? Nonne si recte offeras, non recte autem dividas, peccasti? Quiesce, ad te conversio ejus, et tu dominaberis ejus. » *Genes*. IV, 6. Necessitate compellimur in singulis diutius immorari. Siquidem et nunc multo alius in Hebræo, quam in Septuaginta translatoribus, sensus est. Ait enim Dominus ad Cain : « Quare irasceris et quare concidit vultus tuus? Nonne si bene egeris, dimittetur tibi, et si non bene egeris, ante fores peccatum tuum sedebit? et ad te societas ejus ; sed tu magis dominare ejus. » Quod autem dicit, hoc est : « Quare irasceris, » et invidiæ in fratrem livore cruciatus, vultum dimittis in terram? « Nonne si bene feceris dimittetur tibi omne delictum tuum ; » sive ut Theodotion ait, « acceptabile erit, » id est, munus tuum suscipiam, ut suscepi fratris tui? « Quod si male egeris, illico peccatum ante vestibulum tuum sedebit, » et tali janitore comitaberis. Verum quia liberi arbitrii es : moneo ut non tibi peccatum, sed tu peccato domineris. Quod autem in Septuaginta interpretibus fecit errorem, illud est : quia *peccatum*, id est, ATTATH (חטאת) in Hebræo generis masculini est, in (*a*) Græco femini. Et qui interpretati sunt, masculino illud, ut erat in Hebræo, genere transtulerunt.

« Et dixit Cain ad Abel fratrem suum. » *Genes*. IV, 9. Subauditur ea, quæ locutus est Dominus. Superfluum ergo est, quod in Samaritanorum et nostro volumine reperitur : « Transeamus in campum. »

« Omnis qui occiderit Cain, septem vindictas exsolvet. » *Genes*. IV, 15. Pro septem vindictis, Aquila *septempliciter* interpretatus est ; Symmachus, *septi-*

(*a*) *In Hebræo generis masculini est*. Nescio an aliquis ante nos hunc Hieronymi locum lectori exposuerit. Observat igitur sanctus Doctor, quod multo alius in Hebræo, quam in LXX translatoribus, sensus sit ; causamque erroris apud Septuaginta positam esse dicit in voce Hebræa *attath* vel *hhattath*, quæ *peccatum* significat, et est generis masculini apud Hebræos, cum ἁμαρτία, id est, *error* et *peccatum*, sit generis feminini apud Græcos : cui nihilominus verbo ἁμαρτία respondet relativum masculinum αὐτοῦ. Et hoc ipsissimum est quod docet Hieronymus dicens : *Et qui interpretati sunt* (nempe LXX) *masculino illud, ut erat in Hebræo, genere transtulerunt*. Quamvis enim Septuaginta translatores verbum Hebræum, legerint in secunda persona masc. sing. præteriti, *hhatatha*, id est, ἥμαρτες in aor. 2, *peccasti* : consequenter tamen addentes πρός σὲ ἡ ἀποστροφὴ αὐτοῦ, *ad te conversio ejus*, peccatum intelligunt, illique relativum masculinum αὐτοῦ adjungere studuerunt juxta Hebræum affixum masculinum ו *o*, quod respondet vocibus *hhattath robets*, id est, *peccatum cubans*. MARTIAN.

« Et il habita sur la terre Naïd. » *Ibid.* 16. Où les Septante écrivent *Naïd*, l'hébreu porte Nod (נוד), qui s'interprète par σαλευόμενος, c'est-à-dire instable et irrésolu, et sans demeure fixe. Il ne s'agit donc pas d'une terre de *Naïd*, comme on le croit communément chez nous ; la sentence de Dieu s'est accomplie en ce qu'il erra çà et là vagabond et fugitif.

« Et il l'appela du nom de Seth. Dieu, dit-il, m'a donné un autre rejeton à la place d'Abel, qu'a tué Caïn. » *Ibid.* 25. Seth (שת) signifie proprement θέσις, c'est-à-dire action de poser, *substitution*. C'est parce que Dieu l'avait posé à la place d'Abel, qu'il se nomme Seth ou *substitution*. Aquila traduit ainsi : « Il l'appellera du nom de Seth, disant : Parce que Dieu a posé pour moi un autre rejeton. »

« Et il l'appela du nom d'Enos ; celui-ci se promit d'invoquer le nom du Seigneur Dieu. » *Ibid.* 26. Comme Adam (אדם) veut dire homme, ainsi Enos (אנוש), par une variété de la langue hébraïque, signifie *homme* ou plutôt *homme de cœur*. C'est à bon droit, puisqu'il fut ainsi nommé, qu'il est écrit de lui : « Alors commença l'usage d'invoquer le nom du Seigneur. » Les Hébreux pensent à tort que, pour la première fois alors, des idoles furent fabriquées sous le nom de Dieu et à sa ressemblance.

« Il les fit mari et femme, les bénit et les appela du nom d'Adam. » *Genès.* v, 20, c'est-à-dire *homme*. Le nom d'homme, en général, s'applique tant à la femme qu'au mari.

« Adam vécut deux cent trente ans, et engendra à son image et à sa ressemblance, et il appela sa progéniture du nom de Seth. » *Ibid.* 3. Il faut noter que, jusqu'au déluge, là où nos recueils portent que quelqu'un a engendré à l'âge de *deux cents* années et le surplus, le texte hébreu porte *cent ans* et le reste.

« Les jours d'Adam, après qu'il eut engendré Seth, firent encore soixante-dix ans. » *Ibid.* 4. Comme il y avait erreur sur les deux cents, il ne met ici que soixante-dix, alors que l'hébreu écrit cent quatre-vingts.

« Mathusalem vécut cent soixante-sept ans, et engendra Lamech ; et Mathusalem vécut, après avoir engendré Lamech, quatre-vingt-deux ans, et engendra des fils et des filles ; et le nombre complet des jours que vécut Mathusalem égala neuf cent soixante-neuf ans, et il mourut. » *Ibid.* 25. Une question fameuse, agitée et discutée dans toutes les églises, est née de ce qu'un calcul attentif porte la mort de Mathusalem à quinze années après le déluge. C'est à l'âge de cent soixante-sept ans qu'il engendra Lamech, et c'est à l'âge de cent quatre-vingt-huit ans que Lamech à son tour engendra Noé. Ainsi, à l'époque de la naissance de Noé, Mathu-

mum; Theodotio, per hebdomadem. Super quo capitulo exstat Epistola nostra ad episcopum Damasum.

« Et habitavit in terra *Naid.* » *Genes.* iv, 16. Quod Septuaginta Naid transtulerunt, in Hebræo nod (נוד) dicitur et interpretatur σαλευόμενος, id est, instabilis et fluctuens, ac sedis incertæ. Non est igitur terra *Naid*, ut vulgus nostrorum putat : sed expletur sententia Dei, quod huc atque illuc vagus et profugus oberravit.

« Et vocavit nomen ejus Seth. Suscitavit enim mihi Deus semen aliud pro Abel, quem occidit Cain. » *Genes.* iv, 25. Seth (שת) proprie θέσις, id est, *positio* dicitur. Quia igitur posuerat eum Deus pro Abel, propterea seth, id est, *positio* appellatur. Denique Aquila : « Et vocavit, inquit, nomen ejus Seth, dicens : Quia posuit mihi Deus semen alterum. »

« Et vocavit nomen ejus Enos; hic speravit invocare nomen Domini Dei. » *Genes.* iv, 26. Quomodo adam (אדם) homo interpretatur : ita et enos (אנוש) juxta Hebrææ, linguæ varietatem, *homo* vel *vir* dicitur. Et pulchre, quia hoc vocabulum habuit, de eo scriptum est : « Tunc initium fuit invocandi nomen Domini; » licet plerique Hebræorum aliud arbitrentur, quod tunc primum in nomine Domini et in similitudine ejus fabricata [al. *fabricati*] sint idola.

« Virum et mulierum fecit eos, et benedixit eos, et vocavit nomen eorum Adam, id est, homo. » *Genes.* v, 2. Hominis autem nomen, tam viro quam feminæ convenit.

« Vixit autem Adam ducentos et triginta annos, et genuit ad imaginem et similitudinem suam, et vocavit nomen ejus Seth. » *Genes.* v, 3. Sciendum quod usque ad diluvium, ubi in nostris codicibus, *ducentorum* et quod excurrit annorum genuisse quis dicitur : in Hebræo habeat *centum annos*, et reliquos qui sequuntur.

« Fuerunt autem dies Adam, postquam genuit Seth, septingenti anni. » *Genes.* v, 4. Quia in ducentis erraverat, consequenter hic posuit septingentos, cum in Hebræo hic habeatur octingentos, et supra centum.

« Et vixit Mathusala annis centum sexaginta septem, et genuit Lamech. Et vixit Mathusala, postquam genuit Lameth, annos octogentos duos, et genuit filios et filias. Et fuerunt omnes dies Mathusalæ, quos vixit, anni nongenti sexaginta novem, et mortuus est. » *Genes.* v, 25. Famosa quæstio, et disputatione omnium Ecclesiarum ventilata, quod juxta diligentem supputationem, quatuordecim annos post diluvium Mathusala vixisse referatur. Etenim cum esset Mathusala annorum centum sexaginta septem, genuit Lamech. Rursum Lamech, cum esset anno-

salem avait vécu trois cent cinquante-cinq ans. Or, le déluge eut lieu la six-centième année de la vie de Noé. De là, par l'addition des nombres partiels, on se convainc que Mathusalem avait neuf cent cinquante-cinq ans lorsque survint le déluge. Comme nous avons dit plus haut qu'il vécut neuf cent soixante-neuf ans, il n'y a pas à douter qu'il vécut quatorze années après le déluge. Comment donc est-il vrai qu'il n'y eut que neuf vies de sauvées dans l'arche? Reste à croire qu'il y a ici erreur dans les nombres, comme en bien d'autres endroits. En effet, voici ce que je trouve écrit dans les livres hébreux et samaritains : « Mathusalem vécut cent quatre-vingt-sept ans et engendra Lamech. Mathusalem vécut, après avoir engendré Lamech, sept cent quatre-vingt-deux ans, et engendra des fils et des filles. Tous les jours de Mathusalem égalèrent neuf cent soixante-neuf ans, et il mourut; et Lamech vécut cent quatre-vingt-deux ans, et engendra Noé. » De la naissance de Mathusalem à celle de Noé, il y a donc trois cent soixante-neuf ans; ajoutez les six cents ans de Noé, puisqu'il avait cet âge quand le déluge eut lieu, et vous trouverez ainsi que Mathusalem est mort la neuf cent soixante-neuvième année de sa vie, l'année même qui vit commencer le déluge.

« Et il l'appela du nom de Noé, disant : Celui-ci nous fera reposer de nos travaux. » *Ibid.* 29. Noé (נח) veut dire *repos*; il a reçu ce nom, parce que sous lui toutes les œuvres antérieures cessèrent par le déluge.

« Les fils de Dieu voyant que les filles des hommes étaient belles. » *Genès* vi, 3. Le mot hébreu Eloim (אלהים) est dans les deux nombres, et signifie également *Dieu* ou *les dieux*. Aussi Aquila a-t-il osé dire au pluriel *les fils des dieux*, entendant par dieux les Saints ou les Anges. « Dieu s'est levé dans l'assemblée des dieux; il juge publiquement entre les dieux; » *Psalm.* lxxxi, 1; et Symmaque, se conformant au même sens, dit : « Les fils des puissants voyant les filles des hommes, » et le reste.

« Le Seigneur Dieu dit : Mon esprit ne demeurera pas éternellement sur ces hommes, parce qu'ils sont charnels. » *Ibid.* 3. L'hébreu porte : « Mon esprit ne jugera pas éternellement ces hommes, parce qu'ils sont chair, » c'est-à-dire parce que la condition de l'homme est fragile; je ne les réserverai pas aux éternels supplices, et je leur rendrai ce qu'ils méritent. Ce n'est point la sévérité de Dieu, comme le font entendre nos recueils, c'est sa clémence qui retentit en cet endroit, puisque le pécheur est visité à cause de sa faute. Aussi Dieu en courroux dit-il à certains : « Je ne visiterai pas vos filles à cause de leurs prostitutions, ni vos

rum centum octoginta octo, genuit Noe. Et fiunt simul usque ad diem nativitatis Noe, anni vitæ Mathusalæ, trecenti quinquaginta quinque. Sexcentesimo autem anno vitæ Noe, diluvium factum est. Ac per hoc, habita supputatione per partes, nongentesimo quinquagesimo quinto anno Mathusalæ, diluvium fuisse convincitur. Cum autem supra nongentis sexaginta novem annis vixisse sit dictus, nulli dubium est quatuordecim eum annos vixisse post diluvium. Et quomodo verum est, quod octo tantum animæ in arca salvæ factæ sunt? Restat ergo, ut quomodo in plerisque, ita et in hoc sit error in numero. Siquidem et in Hebræis et Samaritanorum libris, ita scriptum reperi : « Et vixit Mathusala centum octoginta septem annis, et genuit Lamech. Et vixit Mathusala, postquam genuit Lamech, septingentos octoginta duos annos et genuit filios et filias. Et fuerunt omnes dies Mathusalæ, anni nongenti sexaginta novem, et mortuus est. Et vixit Lamech centum octoginta duobus annis, et genuit Noe. » A die ergo nativitatis Mathusalæ, usque ad diem ortus Noe, sunt anni trecenti sexaginta novem : his adde sexcentos annos Noe : quia in sexcentesimo vitæ ejus anno factum est diluvium : atque ita fit, ut nongentisimo sexagesimo nono vitæ suæ Mathusala mortuus sit, eo anno, quo cœpit esse diluvium.

« Et vocavit nomen ejus Noe, dicens : Iste requiescere nos faciet ab operibus nostris. » *Genes.* v. 29. Noe (נח), *requies* interpretatur. Ab eo igitur, quod sub illo omnia retro opera quieverunt per diluvium, appellatus est requies.

« Videntes autem filii Dei filias hominum, quia bonæ sunt. » *Genes.* vi, 2. Verbum Hebraicum Eloim (אלהים), communis est numeri; et *Deus* quippe et *dii* similiter appellantur; propter quod Aquila plurali numero, *filios deorum* ausus est dicere, Deos intelligens, Sanctos, sive Angelos. « Deus enim stetit in synagoga deorum; in medio autem deos discernit (al. *dijudicat*). » *Psal.* lxxxi, 1. Unde et Symmachus istiusmodi sensum sequens, ait : « Videntes filii potentium filias hominum, » et reliqua.

« Et dixit Dominus Deus : Non permanebit spiritus meus in hominibus istis in æternum, quia carnes sunt. » *Genes.* vi, 3. In Hebræo scriptum est : « Non judicabit spiritus meus homines istos in sempiternum, quia caro sunt; » hoc est, quia fragilis est in homine conditio, non eos ad æternos servabo cruciatus; sed hic illis restituam quod merentur. Ergo non severitatem, ut in nostris codicibus legitur, sed clementiam Dei sonat, dum peccator hic pro suo scelere visitatur. Unde et iratus Deus loquitur ad quosdam : « Non visitabo filias eorum, cum fuerint fornicatæ, et sponsas eorum, cum adulteraverint. » *Osee* iv, 14. Et in alio loco : « Visitabo in virga ini-

femmes à cause de leurs adultères, » *Osée* IV, 14 ; et ailleurs : « Je visiterai leurs iniquités dans la verge et leurs péchés dans le fouet ; mais je ne leur retirerai point ma miséricorde. » *Psalm.* LXXXVIII, 33. Et pour ne point paraître cruel en enlevant aux pécheurs le temps de faire pénitence, il ajoute : « Leurs jours seront de cent vingt ans ; » c'est-à-dire, ils auront cent vingt ans pour se repentir. Un grand nombre sont donc dans l'erreur, quand ils disent que Dieu limita la vie humaine à cent vingt ans ; ces cent vingt ans étaient le temps donné à cette génération pour faire pénitence. Aussi trouvons-nous qu'après le déluge Abraham vécut cent soixante-quinze ans, et d'autres plus de deux cents et de trois cents ans. Comme les hommes négligèrent de faire pénitence, Dieu ne voulut pas attendre le délai fixé, il en retrancha vingt ans, et déchaîna le déluge, après les avoir laissé cent ans au repentir.

« Il y avait en ce temps-là des géants sur la terre, après que les fils de Dieu furent venus vers les filles des hommes, et eurent engendré avec elles. Ces hommes étaient appelés dans le monde géants. » *Ibid.* 4. L'hébreu dit : « Des déchus étaient sur la terre en ce temps-là, » c'est-à-dire « ANNAPHILIM (הנפלים). Et ensuite, comme les fils des dieux venaient vers les filles des hommes et engendraient avec elles, leurs rejetons étaient au commencement appelés hommes forts. » Au lieu de déchus ou de géants, Symmaque met *violents*. Le nom de déchus convient et aux Anges et aux enfants des saints.

« Noé, homme juste et parfait en sa génération, plut à Dieu. » *Ibid.* 9. Il est dit à dessein « en sa génération, » pour montrer qu'il était juste, non pas selon la justice pratiquée, mais selon la pureté de sa génération. Aussi lisons-nous dans le texte hébreu : « Noé, homme juste, était parfait dans sa génération ; Noé marchait avec Dieu, » c'est-à-dire suivait ses traces.

« Fais pour toi une arche de bois équarris. » *Ibid.* 14. Au lieu de bois équarris, nous lisons dans l'hébreu *enduite de bitume*.

« Les assemblant, tu feras l'arche, et tu l'achèveras par-dessus en forme de coude. » *Ibid.* 16. Au lieu de *les assemblant, tu feras l'arche*, l'hébreu porte « tu feras le midi de l'arche, » ce dont Symmaque donne un sens très-évident par διαφανές, c'est-à-dire « tu feras la clarté de l'arche ; » il indique ainsi la fenêtre.

« Et l'eau s'apaisa, et les sources de l'abîme et les cataractes du ciel furent dévoilées. » *Genes.* VIII, 2. Au lieu de sources dévoilées, tous les interprètes ont mis fermées et bouchées. A la place de ce qui suit : « L'eau cessa sur la terre, » et le reste, il est écrit : « Les eaux s'en retournèrent de la terre, allant et revenant. » *Ecclés.* I, 7. Notez que, d'après l'Ecclésiaste,

quitates eorum, et in flagellis peccata eorum ; verumtamen misericordiam meam non auferam ab eis. » *Psalm.* LXXXVIII, 34. Porro ne videretur in eo esse crudelis, quod peccantibus locum pœnitentiæ non dedisset, adjecit : « Sed erunt dies eorum centum viginti anni, » hoc est, habebunt centum viginti annos ad agendam pœnitentiam. Non igitur humana vita, ut multi errant, in centum viginti annos contracta est ; sed generationi illi, centum viginti anni ad pœnitentiam dati sunt. Siquidem invenimus, quod post diluvium Abraham vixerit annos centum septuaginta quinque, et cæteri amplius ducentis et trecentis annis. Quia vero pœnitentiam agere contempserunt, noluit Deus tempus exspectare decretum ; sed vigenti annorum spatiis amputatis, induxit diluvium anno centesimo agendæ pœnitentiæ destinato.

« Gigantes autem erant super terram in diebus illis, et post hæc quomodo ingrediebantur filii Dei ad filias hominum, et generabant eis. Illi erant gigantes a sæculo homines nominati. » *Genes.* VI, 4. In Hebræo ita habet : « Cadentes erant in terra in diebus illis, » id est, ANNAPHILIM (הנפלים). « Et post hæc ut ingrediebantur filii deorum ad filias hominum, et generabant eis : hi erant fortes a principio viri nominati. » Pro cadentibus, sive gigantibus, *violentos* interpretatus est Symmachus. Et angelis autem et sanctorum liberis convenit nomen cadentium.

« Noe vir justus atque perfectus in generatione sua, Deo placuit. » *Genes.* VI, 9. Signanter ait, « in generatione sua, » ut ostenderet non juxta justitiam consummatam ; sed juxta generationis suæ justitiam fuisse eum justum. Et hoc est quod in Hebræo dicitur : « Noe vir justus, perfectus erat in generationibus suis ; cum Deo ambulabat [al. *ambulat*] Noe, » hoc est, illius vestigia sequebatur.

« Fac tibi arcam de lignis quadratis. » *Genes.* VI, 14. Pro quadratis lignis, *bituminata* legimus in Hebræo.

« Colligens, facies arcam, et in cubito consummabis eam desuper. » *Genes.* VI, 16. Pro eo quod est, « colligens facies arcam, » in Hebræo habet, « meridianum facies arcæ, » quod manifestius interpretatus est Symmachus, dicens, διαφανές, hoc est, « dilucidum facies arcæ, » volens fenestram intelligi.

« Et quievit aqua, et revelati sunt fontes abyssi, et cataractæ cœli. » *Genes.* VIII, 2. Pro revelatis fontibus, clausos et obturatos, omnes interpretes transtulerunt. Et pro eo quod sequitur : « cessavit aqua super terram, » et reliqua, scriptum est : « et reversæ sunt

toutes les eaux et les courants retournent par des veines secrètes à l'abîme qui les engendre.

« Après quarante jours, Noé ouvrit l'ouverture qu'il avait faite à l'arche, et lâcha le corbeau qui, après être parti, ne revint à lui qu'après que les eaux furent desséchées sur la terre. » *Ibid.* Au lieu d'ouverture, l'hébreu dit *fenêtre.* Il parle aussi tout autrement du corbeau : « Il lâcha le corbeau qui s'éloigna, allant et revenant jusqu'à ce que les eaux furent desséchées sur la terre. »

« Et les fils de Noé qui sortirent de l'arche étaient Sem, Cam et Japheth. » *Genes.* IX, 18. Souvent les Septante, ne pouvant rendre en langue grecque la lettre HETH (ח) qui contient une double aspiration, ajoutent le *chi* (χ) grec, pour nous prévenir qu'il faut prononcer ces sortes de mots avec aspiration. En cet endroit, ils ont écrit *Cham* au lieu de HAM, dont le nom est encore aujourd'hui donné à l'Egypte en langue égyptienne.

« Que Dieu étende Japheth, et que Sem habite dans des tentes. *Ibid.* 27. De Sem, naissent les Hébreux ; de Japheth, le peuple des Gentils. Comme la multitude des croyants est grande, de largeur, en hébreu JAPHETH (יפת), elle a reçu le nom d'*étendue.* Pour ceci : « Que Sem habite dans les tentes, » c'est une prophétie qui nous concerne, nous qui sommes versés dans l'explication et la science des Ecritures, d'où a été banni Israël.

« Et tous les jours de Noé égalèrent neuf cent cinquante ans. » *Ibid.* 29. Noé vécut donc trois cent cinquante ans après le déluge. D'où il suit évidemment, comme nous l'avons dit plus haut, que cent vingt ans avaient été donnés à cette génération pour faire pénitence, et que ce n'était point un terme assigné à la durée de la vie humaine.

« Les fils de Japheth furent Gomer, Magog, Madaï, Javan, Thubal, Mosoch et Thiras. » *Genes.* 2. Japhet, fils de Noé, eut sept fils, qui possédèrent la terre en Asie depuis l'Amanus et le Taurus, montagnes de Cœlé-Syrie et de Cilicie, jusqu'au fleuve Tanaïs ; en Europe, jusque vers Gadira, laissant aux lieux et aux peuples leurs noms, dont la plupart furent changés dans la suite et quelques-uns sont restés les mêmes. Les descendants de Gomer sont les Galates ; de Magog, les Scythes ; de Madaï, les Mèdes ; de Javan, les Ioniens ou Grecs, et de là le nom de mer Ionienne ; de Thubal, les Ibères ou Espa-

aquæ de terra, euntes et redeuntes. » *Eccles.* I, 7. Nota secundum Ecclesiasten, quod omnes aquæ atque torrentes, per occultas venas ad matricem abyssum [al. *abyssi*] revertantur.

« Post quadraginta dies aperuit Noe ostium arcæ quod fecit, et emisit corvum, et egressus non rediit ad eum, donec siccarentur aquæ de terra. » *Genes.* VIII, 6. Pro ostio, *fenestra* scripta est in Hebræo. Et de corvo aliter dicitur : « Emisit corvum et egressus est, exiens et revertens donec siccarentur aquæ de terra. »

« Et erant filii Noe, qui egressi sunt de arca, Sem, Cham, et Japheth. » *Genes*, IX, 18. Frequenter Septuaginta Interpretes non valentes HETH (ח) litteram, quæ duplicem aspirationem sonat, in Græcum sermonem vertere, *chi* (χ) Græcam litteram addiderunt : ut nos docerent in istiusmodi vocabulis aspirare debere : unde et in præsenti loco, *Cham* transtulerunt, pro eo quod est HAM, a quo et Ægyptus usque hodie Ægyptiorum lingua HAM dicitur.

« Dilatet Deus Japheth, et habitet in tabernaculis Sem. » *Genes.* IX, 27. De Sem, Hebræi ; de Japheth, populus gentium nascitur. Quia igitur lata est multitudo credentium, a latitudine, quæ JAPHETH (יפת) dicitur, *latitudo* nomen accepit. Quod autem ait : « Et habitet in tabernaculis Sem, » de nobis prophetatur, qui in eruditione et scientia Scripturarum, ejecto Israele, versamur.

« Et facti sunt omnes dies Noe nongenti quinquaginta anni. » *Genes.* IX, 29. Ecce post diluvium trecentis quinquaginta annis vixit Noe. Ex quo perspicuum est, centum viginti annos generationi illi, ut supra diximus, ad pœnitentiam datos, et non vitæ mortalium constitutos.

« Filii Japheth, Gomer, et Magog et Madai, et Javan, et Thubal, et Mosoch, et Thiras. » *Genes.* X, 2 (a). Japheth filio Noe, nati sunt septem filii, qui possederunt terram in Asia ab Amano et Tauro, Syriæ Cœles et Ciliciæ montibus, usque ad fluvium Tanain. In Europa vero usque ad Gadira, nomina locis et gentibus relinquentes ; e quibus postea immutata sunt plurima, cætera permanent ut fuerunt. Sunt autem Gomer, Galatæ ; Magog, Scythæ ; Madai, Medi ; Javan, Iones, qui et Græci, unde et mare Ionium. Thubal

(a) Hæc pene ad verbum ex Josepho Latine vertit Hieronymus. Græca sic habent : Ἰαφέθου μὲν οὖν τοῦ Νωέου παιδὸς ἦσαν ἑπτὰ υἱοί· κατοικοῦσι δὲ οὗτοι, ἀπὸ Ταύρου καὶ Ἀμάνου τῶν ὀρῶν ἀρξάμενοι, καὶ προῆλθον ἐπὶ μὲν τῆς Ἀσίας, ἄχρι ποταμοῦ Τανάϊδος, ἐπὶ δὲ τῆς Εὐρώπης ἕως Γαδείρων, γῆν ἣν ἔτυχον καταλαμβάνοντες, καὶ ἔθνη τοῖς αὐτῶν ἐκάλουν ὀνόμασι. Τοὺς μὲν γὰρ νῦν ὑφ' Ἑλλήνων Γαλάτας καλουμένους, Γομαρεῖς δὲ λεγομένους, Γόμαρος ἔκτισε. Μαγώγης δὲ τοὺς ἀπ' αὐτοῦ Μαγώγας ὀνομασθέντας ᾤκισε, Σκύθας δὲ ὑπ' αὐτῶν προσαγορευμένους, etc. quæ videsis Antiquitt. lib. 1, cap. 6. Confer quoque Zonaram, Eustathium in Hexaem. notasque Allacii, Syncellum, aliosque. Denique ipsum Hieronymum in Ezechiel. c. XXXVIII, 2.

gnols, d'où les Celtibères, quoique certains rattachent les Italiens à Thubal; de Mosoch, les Cappadociens, chez lesquels aujourd'hui encore une ville s'appelle *Mazéca* (les Septante font venir les Cappadociens de Caphthorim); de Thiras, les Thraces, dont le nom présente à peine un léger changement. Je sais qu'un auteur, se fondant tant sur ce passage de la Genèse que sur Ezéchiel, rapporte à Gog et Magog l'histoire des Goths ravageant naguère l'Europe; la fin de la lutte montre la fausseté de cette opinion. Les précédents érudits regardaient avec plus de raison les Gots comme Gètes que comme descendants de Gog et de Magog. Les sept nations que j'ai rattachées à la souche de Japheth habitaient la partie de l'aquilon.

« Les fils de Gomer furent Aschenez, Riphath, et Thogorma. » *Ibid.* 3. Les Grecs appellent les Aschenez Réginiens, les Riphath Paphlagoniens, et les Thogorma Phrygiens.

« Les fils de Javan furent Elisa, Tharsis, Céthim et Dodanim. Ils se partagèrent dans leurs lots les îles des nations. Les hommes se partagèrent selon leur langue et leur parenté, et selon leur race. » *Ibid.* Des Ioniens ou Grecs naissent les Eliséens ou Grecs, qui s'appellent Eoliens,

Iberi, qui et Hispani, a quibus (a) Celtiberi, licet quidem Italos suspicentur. Mosoch, Cappadoces, unde et urbs usque hodie apud eos *Mazeca* dicitur; porro Septuaginta interpretes, Caphthorim Cappadoces arbitrantur; Thiras (b), Thraces, quorum non satis immutatum vocabulum est. Scio (c) quemdam Gog et Magog, tam de præsenti loco, quam de Ezechiel, ad Gotthorum nuper in terra nostra bacchantium historiam retulisse, quod utrum verum sit, prælii ipsius fine monstratur. Et certe Gotthos omnes retro eruditi, magis Getas, quam Gog et Magog appellare consueverunt. Hæ itaque septem gentes, quas de Japheth venire stirpe memoravi, aquilonis partem inhabitant.

« Filii Gomer, Aschenez, et Riphath, et Thogarma. » *Genes.* x, 3. Aschenez (d) Græci Reginos vocant : Riphath, Paphlagones, Thogarma, Phrygas.

« Filii Javan, Elisa, et Tharsis, Cethim et Dodanim. Ab his divisæ sunt insulæ nationum in terris suis. Vir secundum linguam suam et cognationem suam, et gentem suam. » *Genes.* x, 4. De Ionibus, id est, Græcis nascuntur (e) Elisæi, qui vocantur Æolides;

(a) *A quibus Celtiberi.* Aliquot codices mss. *A quibus Celtiberia.* MARTIAN. — Unus Reginæ ms., *a quibus Celtiberia.*

(b) Nomen *Thraces*, quod exciderat ab editt. Hieron. supplevimus ex quatuor nostris mss. et Rhabano, qui locum ex Hieronymo describit. Quin ipse etiam sensus coegit, qui antea mancus erat. Josephus quoque Θείρας δὲ Θείρας (alii Θρᾶκας) μὲν ἐκάλεσεν, ὧν ἦρξεν. Ἕλληνες δὲ Θρᾶκας αὐτοὺς μετωνόμασαν. Vide et Isidorum lib. IX Orig. cap. 2.

(c) *Scio quemdam Gog*, etc. Sanctum Ambrosium intelligit, qui lib. II de Fide cap. 16, ad Gothorum historiam refert, quæ de Gog dicta leguntur Ezechielis capite XXXVIII et XXXIX. Sed difficilis admodum fuit consensus historicus cum Ambrosiana expositione præsumpta. Hinc modeste dum eam repudiat Hieronymus, ad prælii ipsius finem provocat, dicens : *Quod utrum verum sit, prælii ipsius fine monstratur.* Et Proœmio in librum undecimum Comment. in Ezech. : *Illud breviter admoneo, quod vir nostræ ætatis haud ignobilis ad imperatorem scribens super hac natione dixerit : Gog iste, Gothus est. Cui qua ratione possint omnia quæ in ea scripta sunt, aptari, non est meum, sed eorum, qui hoc putant, disserere.* Noluit quippe opinionem illam apertius confutare, ut ejus auctori verecunde parceret. Sed quid nunc sentiendum de neoterico scriptore, qui sibi credibile astruit Hieronymum, si post victoriam Theodosii scripsisset, hac in re Ambrosio fuisse accessurum. Nescit adhuc bonus vir, Hyeronymum Hebraicas Quæstiones scripsisse in Genesim annis novem post reportatam a Theodosio victoriam. Nam de Gothis in Thracia victor Theodosius scribitur anno Christi 379, cum Hieronymus librum Hebraicarum Quæstionum in Genesim ediderit circa annum 388. Hæc interim propter studium veritatis breviter dicta sufficiant, ne si multa congererem, bellum Gothicum redintegrare viderer. Cæterum in antea editis pro præsenti *monstratur*, legitur corrupte futurum *monstrabitur*. Similiter *vagantium* pro *bacchantium*. MARTIAN. — Hic vulgo creditur S. Ambros. lib. II de Fide ad Gratianum Augustum cap. 16, quem rursum reprehenderit S. doctor in proœmio lib. XI Commentarior. in Ezechiel : *Illud breviter admoneo, quod vir nostræ ætatis haud ignobilis ad Imperatorem scribens, super hac natione dixerit, Gog iste Gothus est, cui quia ratione possint omnia, quæ in ea scripta sunt, aptari, non est meum, sed eorum, qui hoc putant, disserere.* Hieronymo fere concinit Augustinus lib. XX de Civit. Dei. cap. 12 : *Gentes istæ, quas appellat Gog, et Magog, non sic sunt accipiendæ tamquam sint aliqui in aliqua parte terrarum barbari constituti, sive quos quidam suspicantur Getas, et Messagetas propter litteras horum nominum primas, sive aliquos alios alienigenas, et a Romano jure sejunctos.* Sic Dorotheus, sive Dorothei interpres in Abdiam, *Dictum hoc superficie tenus est contra Scythas, hoc est contra Gog et Magog.* Vid. Martian. confratrem suum S. Ambrosii editorem satis acerbe castigantem.

(d) *Aschenez et Riphath.* Manuscripti Latini retinent *Rifan*, pro *Riphath;* sic infra vocem Græcam, πέντην, pro πέμπτην. MARTIAN. — Velim ego suppleri hic verba, *condidit ascenagos;* alioqui sensus videtur imperfectus. Et Josephus quidem, ex quo fere hæc omnia desumpta sunt, Ἀσχάναξος μὲν, inquit, Ἀσχανάξους ᾤκισεν, οἳ νῦν Ῥηγῖνες ὑπὸ τῶν Ἑλλήνων καλοῦνται, etc. *Aschanaxus Aschanaxos condidit, qui nunc Rhegines nominantur a Græcis*, etc. S. Isidorus hunc ipsum de Hieronymo locum recitans Origin. lib. IX, 2. 2, legit : *Ascanax, a quo Sarmatæ, quas græci Reginos vocant.* Cæterum pro *Thogarma* plerique mss. habent *Gotharma.*

(e) Iterum ex Josepho, ut et pleraque alia. Ἰωυάνου δὲ τοῦ Ἰαφέθου, τριῶν καὶ αὐτοῦ παίδων γενομένων, Ἐλισᾶς μὲν Ἐλισαίους ἐκάλεσεν, ὧν ἦρχεν, Αἰολεῖς δὲ νῦν εἰσι. Θαρσὸς δὲ Θαρσεῖς, οὕτως γὰρ ἐκαλεῖτο τὸ παλαιὸν ἡ Κιλικία· σημεῖον δὲ, Θαρσὸς γὰρ παρ' αὐτοῖς τῶν πολέων ἡ ἀξιολογωτάτη καλεῖται μητρόπολις οὖσα, τὸ ταῦ πρὸς τὴν κλῆσιν ἀντὶ τοῦ θῆτα μεταβαλλόντων. *A Jovano autem Japhethi filio, et ipso tres filios habente, ortus Elysas Elysæis nomen dedit, quorum fuit princeps : nunc vero Æoles habentur. Tharsus autem Tharsensibus; sic enim olim appellabatur Cilicia. Indicio autem est, quod urbs apud eos celeberrima, eademque metropolis dicta sit Tarsus, theta ad nomen variandum ab eis converso in tau.* Confer Epistolam 37 ad Marcellam num. 21, et quæ ibi annotamus.

d'où la cinquième langue des Grecs, qu'ils qualifient eux-mêmes de *cinquième dialecte*, se nomme *éolienne*. Josèphe croit que de Tharsis viennent les Ciliciens, et dit que le θ avec aspiration se corrompit dans la suite en simple τ, d'où leur cité-métropole est appelée *Tarse*, ville que saint Paul a illustrée. Les Céthim sont les Citiens, à cause desquels, maintenant encore, une ville de Cypre porte le nom de *Citium*. De Dodanim sont issus les Rhodiens, selon l'interprétation même des Septante. Lisez les Antiquités de Varron, celles de Sisinnius Capiton, l'historien grec Phlégon, et les traités des hommes les plus érudits, vous y trouverez que presque toutes les îles, le littoral du monde entier et les terres voisines de la mer ont été peuplés de colonies grecques; nous l'avons déjà dit, ils possédèrent tous les pays maritimes, depuis les monts Amanus et Taurus jusqu'à l'océan Britannique.

« Les fils de Cham furent Chus, Mesraïm, Phuth et Chanaan. » *Ibid.* 6. L'*Ethiopie* est encore appelée Chus par les Hébreux; l'Egypte, Mesraïm; la Libye, Phuth, qui est maintenant encore le nom d'un fleuve de Mauritanie et de toute la région qui l'avoisine. Un grand nombre d'auteurs latins et grecs sont garants de cette assertion. Pourquoi l'antique nom de Lybie n'a-t-il été retenu que par une partie de la contrée, pour laisser prendre au reste celui d'Afrique, ce n'est ici le lieu ni le moment d'approfondir une semblable question. Quant à Chanaan, il s'établit dans le pays que les Juifs possédèrent ensuite, après en avoir chassé ses descendants.

« Les fils de Chus furent Saba, Evila, Sabatha, Regma et Sabathaca. » *Ibid.* 7. De Saba vinrent les Sabéens, dont Virgile a dit : « Les Sabéens seuls ont l'arbrisseau qui porte l'encens, II *Georg.*; et ailleurs : « Cent autels fument de l'encens sabéen. » I *Æneid.* Evila est le père des Gétules, voisins du désert, dans la partie la plus retirée de l'Afrique. De Sabatha descendent les Sabathènes, aujourd'hui Astabares. Les descendants de Regma et de Sabathaca perdirent peu à peu leur ancien nom, et l'on ignore quels peuples remplacent maintenant ces souches antiques.

« Les fils de Regma furent Saba et Dadan. » *Ibid.* 7. Ce Saba s'écrit par SIN (ש), tandis que celui de tout-à-l'heure, le père des Sabéens, s'écrit par SAMECH (ס). Le dernier Saba s'interprète par Arabie. En effet, dans le soixante-onzième psaume, nos recueils disent*: « Les rois des Arabes et de Saba offriront des présents, » ce qui est écrit dans l'hébreu : « Les rois de Saba et de Saba, » le premier nom par SIN et le second par SAMECH. Les descendants de Dadan sont une nation de l'Ethiopie, sur la plage occidentale.

« Et Chus engendra Nemrod. Celui-ci com-

unde et quinta lingua Græciæ *Æolis* appellatur, quam illi vocant πέμπτην διάλεκτον. THARSIS Josephus Cilicas arbitratur, θ aspirationis litteram vitiose a posteris in τ dicens fuisse corruptam; unde et metropolis eorum civitas *Tarsus* appellatur, Paulo apostolo gloriosa. Cethim, sunt Citii, a quibus usque hodie quoque urbs Cypri *Citium* nominatur. Dodanim, Rhodii : ita enim Septuaginta Interpretes transtulerunt. Legamus Varronis de Antiquitatibus libros, et Sisinnii Capitonis, et Græcum Phlegonta, cæterosque eruditissimos viros; et videbimus omnes pene insulas, et totius orbis littora, terrasque mari vicinas, Græcis accolis occupatas; qui, ut supra diximus, ab Amano et Tauro montibus, omnia maritima loca usque ad oceanum possedere Britannicum.

« Filii Cham, Chus, et Mesraim, et Phuth, et Chanaan. » *Genes.* x, 6. Chus usque hodie ab Hebræis *Æthiopia* nuncupatur; Mesraim, Ægyptus; Phuth, Libyes. A quo et Mauritaniæ fluvius usque in præsens *Phuth* dicitur, omnisque circa eum regio *Phutensis*. Multi scriptores tam Græci quam Latini, hujus rei testes sunt. Quare autem in una tantum climatis parte, antiquum Libyæ nomen resederit, et reliqua terra vocata sit Africa, disserere non hujus loci nec temporis est. Porro Chanaan obtinuit terram quam Judæi deinceps possederunt, ejectis Chananæis.

« Filii Chus, Saba, Ævila, Sabatha, Regma, et Sabathaca. » *Genes.* x, 7. Saba a quo Sabæi, de quibus Virgilius II *Georg.* :

Solis est thurea virga Sabæis.

Et alibi, I, *Æneid.*

..... centumque Sabæo
Thure calent aræ.

Evila, Getuli, in parte remotioris Africæ eremo cohærentes. Sabatha, a quo Sabatheni, qui nunc Astabari nominantur. Regma vero et Sabathaca paulatim antiqua vocabula perdidere, et quæ nunc pro veteribus habeant, ignoratur.

« Filii Regma, Saba et Dadan. » *Ibid.* x, 7. Hic Saba per SIN (ש) litteram scribitur, supra vero per SAMECH (ס), a quo diximus appellatos Sabæos. Interpretatur vero nunc Saba, Arabia, nam in septuagesimo primo psalmo, ubi nos habemus (*a*) : « Reges Arabum et Saba munera offerent, » in Hebræo scriptum est : « Reges Saba, et Saba, » primum nomen per SIN, secundum per SAMECH. Dadan gens est Æthiopiæ in occidentali plaga.

(*a*) *Rege Saba et Saba*. In Hebræo ita legimus, *malce sceba, usba*, id est, *Sceba et Seba*. Primum nomen per *sin*, et secundum per *samech*, ut verissime observat Hieronymus. MARTIAN.

mença à être puissant sur la terre, » *Ibid.* 8; et peu après : « Il fut le chef des royaumes de Babel, d'Arach, d'Achad et de Chalanné, dans la terre de Sennaar. » *Ibid.* 10. Nemrod, fils de Chus, s'empara d'un pouvoir tyrannique et inaccoutumé sur le peuple; il régna sur Babylone, ainsi appelée de Babel (בבל), à cause de la confusion des langues parmi ceux qui y construisirent la tour. Babel, en effet, signifie *confusion*. Il régna sur *Arach*, c'est-à-dire *Edissa*; sur Achad, aujourd'hui Nisibe, et sur Chalanné, qui plus tard, changeant de nom, prit celui de Séleucie, du roi Séleucus, ou qui certainement s'appelle maintenant Ctésiphon.

De cette terre sortit Assur, qui bâtit Ninive et la ville de Robooth. » *Ibid.* 11. Cette terre produisit l'empire des Assyriens, qui donnèrent le nom de Ninus, fille de Bélus, à la grande ville que les Hébreux appellent Ninive, et à la ruine ou à la pénitence de laquelle se rapporte toute la prophétie de Jonas. De ce qu'il est dit : » Ninive et la cité de Robooth, » n'imaginons pas qu'il est question de deux villes; Robooth signifiant *les places*, il faut lire ainsi : « Il bâtit Ninive et les places de cette ville. »

« Mesraïm engendra les Ludim, les Anamim, les Laabim, les Nephtuim, les Phétrosim, et les Chasloïm, tige des Philistins et des Caphthorim.» *Ibid.* 13. Excepté les Laabim, dont le nom forma plus tard celui de Libyens, appelés d'abord Phuthéens, et les Chasloïm, nommés plus tard Philistins et que les latins appellent, par corruption, *Palestins*, les six autres nations nous sont inconnues; bouleversées par les guerres d'Ethiopie, elles arrivèrent jusqu'à l'oubli des noms primitifs. Elles possédèrent la terre depuis Gaza jusqu'aux extrêmes confins de l'Egypte.

« Chanaan engendra Sidon, son premier-né, et Chettée, et Jébus, et Amorrhée, et Gergésée, et Evée, et Aracée, et Sinée, et Aradi, et Samatée, et Amathée. » *Ibid.* 15. Le premier-né de Chanaan est Sidon, qui donne son nom à une ville de Phénicie. Aracée fonde ensuite *Arcas*, forteresse en face de Tripoli, au pied du Liban. Non loin de là fut une cité du nom de Sinus

« Et Chus genuit Nemrod. Iste cœpit esse potens in terra. » *Genes.* x, 8. Et post paululum :

« Et fuit, » inquit, « caput regni ipsius Babel et Arach, et Achad, et Chalanne in terra Sennaar. » *Genes.* x, 10. Nemrod, filius Chus, arripuit insuetam primus in populo tyrannidem, regnavitque in Babylone, quæ ab eo, quod ibi confusæ sunt linguæ turrim ædificantium, BABEL (בבל) appellata est. Babel enim interpretatur *confusio*. Regnavit autem et in Arach, hoc est, in *Edissa*, et in Achad, quæ nunc dicitur *Nisibis*; et in Chalanne, quæ postea verso nomine a Seleuco rege est dicta *Seleucia*, vel certo quæ nunc (*a*) Κτησιφῶν appellatur.

« De terra illa exiit Assur, et ædificavit Ninivem, et Rabooth civitatem. » *Genes.* x, 11. De terra hac Assyriorum pullulavit imperium, qui ex nomine Nini Beli filii, Ninum condiderunt, urbem magnam, quam Hebræi appellant NINIVEN. Ad cujus vel ruinam vel pœnitentiam, tota Jonæ pertinet prophetia. Quod autem ait : « Ninivem et Rooboth civitatem, » non putemus duas esse urbes; sed quia Rooboth *plateæ* interpretantur, ita legendum est : « Et ædificavit Niniven, et plateas civitatis. »

« Et Mesraim genuit Ludim, et Anamim, et Laabim, et Nephtuim, et Phetrosim, et Chasloim, e quibus egressi sunt Philistiim et Caphthorim. » *Genes.* x, 13. Exceptis Laabim, a quibus Libyes postea nominati sunt, qui prius Phutæi vocabantur; et Chasloim, qui deinceps Philistiim appellati sunt, quos nos corrupte *Palæstinos* dicimus, cæteræ (*b*) sex gentes ignotæ nobis sunt, quia [*al.* *qua*] bello Æthiopico subversæ, usque ad oblivionem præteritorum nominum pervenere. Possederunt autem terram a Gaza usque ad extremos fines Ægypti.

« Et Chanaan genuit Sidona primogenitum suum, et Chettæum, et Jebusæum, et Amorrhæum, et Gergesæum, et Evæum, et Aracæum, et Sinæum, et Aradium, et Samaræum, et Amathæum. » *Genes.* x, 15. De (*c*) Chanaan primus natus est Sidon, a quo urbs in Phœnice *Sidon* vocatur. Deinde Aracæus, qui *Arcas* condidit, oppidum contra Tripolim in radicibus Libani situm. A quo haud procul alia civitas fuit no-

(*a*) Erat Ctesiphon Calonitidis Assyriæ provinciæ metropolis, tribus a Seleucia milliaribus.

(*b*) Ita sæpe laudatus Josephus, Νεδέμου τε καὶ Φεθρωσίμου, καὶ Χεσλοίμου, καὶ Χεφθορίμου πέρα τῶν ὀνομάτων, οὐδὲν ἴσμεν. Ὁ γὰρ Αἰθιοπικὸς πόλεμος, περὶ οὗ δηλώσομεν ὕστερον, ἀναστάτους αὐτῶν τὰς πόλεις ἐποίησεν. *Nedemi etiam, et Phethrosimi, et Chesloemi; et Chephthorimi, præter nomina, nihil plane novimus : bello enim Æthiopico, de quo postea narrabimus, urbes eorum eversæ sunt.*

(*c*) Hæc quoque sunt ad Josephi sententiam et pene verba : Ἐγένοντο δὲ ἐκ Κανάνου παῖδες· Σιδώνιος δὲ καὶ πόλιν ἐπώνυμον ἔκτισεν ἐν τῇ Φοινίκῃ, Σιδὼν δ' ὑφ' Ἑλλήνων καλεῖται· Ἀμάθιος δὲ Ἀματινὴν κατῴκισεν, ἥτις ἐστὶ καὶ νῦν ὑπὸ τῶν ἐπιχωρείων Ἀμάθη καλουμένη, Μακεδόνες δ' αὐτὴν Ἐπιφάνιαν ἀφ' ἑνὸς τῶν ἀπογόνων ἐπωνόμασαν· Ἀρουδαῖος δὲ Ἄραδον τὴν νῆσον ἔσχεν. Ἀρουκαῖος δὲ Ἀρκὴν τὴν ἐν τῷ Λιβάνῳ. *Chanaani autem filii fuerint, Sidonius, qui et sui nominis urbem in Phœnice extruxit, Sidon etiam a Græcis vocatur : Amathius autem Amathinem habitavit, quæ etiam adhuc superest, et ab incolis Amathe appellatur; Macedones vero eam Epiphaniam ab uno e successorum Alexandri filiis denominaverunt. Arudæus autem Aradum insulam habuit : Arucæus vero Arcen urbem in Libano sitam.*

qui, ruinée plus tard dans les vicissitudes diverses de la guerre, laissa seulement son nom primitif à l'emplacement. Les Aradiens possédèrent l'île d'Aradus, séparée du littoral de la Phénicie par un détroit très-resserré. Aux Samaréens appartint Emesse, noble cité de Cœlé-Syrie. De nos jours encore les Syriens, comme les Hébreux, donnent à la ville d'Amath le nom qu'on lui donnait jadis; elle a été nommée Epiphanie par les Macédoniens, qui ont régné en Orient après Alexandre. Quelques-uns pensent qu'Antioche s'est appelée autrefois Amath. D'autres, à tort, établissant leur opinion sur un mot presque semblable, pensent qu'*Emath* est le nom de la première halte au sortir d'Antioche, sur la route d'Edesse, et qu'elle est la même que l'Emach des anciens.

« La limite des Chananéens fut depuis Sidon jusqu'à ce qu'on arrive en Gérara à Gara, sur la route de Sodome, de Gomorrhe, d'Adama et de Séboïm jusqu'à Lisé. » *Ibid.* 19. Les autres villes, Sidon, Gérara, Sodome, Gomorrhe, Adama, Séboïm, sont connues de tous ; il suffit de noter que Lisé est la même qui s'appelle aujourd'hui *Callirhoé*, où jaillissent des sources d'eau chaude qui s'écoulent dans la mer Morte.

« Les fils de Sem furent Elam, Assur, Arphaxad, Lud et Aram. » *Ibid.* 22. Ceux-ci occupent une partie de l'Asie, depuis le fleuve de l'Euphrate jusqu'à l'océan Indien. C'est d'Elam qu'on pris leur nom les Elamites, peuple principal de la Perse. Nous avons déjà dit d'Assur qu'il fonda la ville de *Ninus*. D'Arphaxad sont issus les Chaldéens; de Lud, les Lydiens; d'Aram, les Syriens, dont la métropole est Damas.

« Les fils d'Aram furent Us, Ul, Géther et Mès. » *Ibid.* 23. Us, fondateur de Trachonitide et de Damas, eut la souveraineté entre la Palestine et la Cœlé-Syrie, et les Septante, dans le livre de Job, où le texte hébreu dit *terre de Us*, ont traduit *Ausitide* pour *Usitide*. De Ul viennent les Arméniens ; de Géther, les Acarnaniens ou Cariens. Quant à *Mès*, que les Septante écrivent *Mosoch*, il fut la tige des Méoniens actuels.

« Arphaxad engendra Séla, et Séla engendra Héber. D'Héber naquirent deux fils : Phaleg fut le nom de l'un d'eux, parce que c'est à son époque que fut partagée la terre, et son frère s'appela Jectan. » *Ibid.* 24. Héber, d'où les Hébreux, donna par une sorte de divination, à son fils, le nom de Phaleg, qui signifie *division*; c'est en effet sous Phaleg qu'eut lieu la division des langues à Babylone.

« Jectan engendra Helmodad, Saleph, Asermoth, Jaré, Aduram, Uzal, Décla, Ebal, Abimaël, Séba, Ophir, Evila et Jobab. » *Ibid.* 26.

mine Sini quæ postea vario eventu subversa bellorum, nomen tantummodo loco pristinum reservavit. Aradii sunt, qui Aradum insulam possederunt angusto freto a Phœnicis littore separatam. Samaræi : quibus (*a*) Emessa nobilis Syriæ Cœles civitas. Amath usque ad nostrum tempus, tam a Syris quam ab Hebræis, ita ut apud veteres dicta fuerat, appellatur. Hanc Macedones, qui post Alexandrum in Oriente regnaverunt *Epiphaniam* nuncupaverunt. Nonnulli Antiochiam ita appellatam putant. Alii licet non vere, tamen opinionem suam quasi verisimili vocabulo consolantes, *Emath* primam ab Antiochia mansionem Edessam pergentibus appellari putant ; et eamdem esse quæ apud veteres dicta sit Emach.

« Et fuit terminus Chananæorum a Sidone, donec venias in Gerara usque ad Garam pergentibus Sodomam, et Gomorrham, et Adamam, et Seboim usque ad Lise. » *Genes.* x, 19. Quia cæteræ civitates, Sidon videlicet et Gerara, et Sodoma, et Gomorrha, et Adama, et Seboim notæ sunt omnibus, hoc tantum annotandum videtur, quod *Lise* ipsa sit, quæ nunc *Callirhoe* dicitur, ubi aquæ calidæ prorumpentes in mare Mortuum defluunt.

« Filii Sem, Elam, et Assur, et Arphaxad, et Lud, et Aram. » *Genes.* x, 22. Hi ab Euphrate fluvio partem Asiæ usque ad Indicum Oceanum tenent. Est autem Elam, a quo Elamitæ principes Persidis. De Assur ante jam dictum est, quod *Ninum* urbem condiderit. Arphaxad a quo Chaldæi ; Lud a quo Lydii ; Aram a quo Syri, quorum metropolis est Damascus.

« Filii Aram, Us, et Ul, et Gether, et Mes. » *Genes.* x, 23. Us Trachonitidis et Damasci conditor, inter Palæstinam et Cœlen Syriam tenuit principatum ; a quo Septuaginta Interpretes in libro Job, ubi in Hebræo scribitur, *terra Us*, regionem *Ausitidem*, quasi *Usitidem*, transtulerunt. Ul, a quo Armenii ; Gether, a quo Acarnanii, sive Carii. Porro *Mes*, pro quo Septuaginta Interpretes *Mosoch* dixerunt, nunc vocantur Mæones.

« Arphaxad genuit Sela, et Sela genuit Heber. Ex Heber nati sunt duo filii ; nomen uni Phaleg, quia in diebus ejus divisa est terra, et nomen fratris ejus Jectan. » *Genes.* x, 24. Heber, a quo Hebræi, vaticinio quodam filio suo Phaleg nomen imposuit, qui interpretatur *divisio*, ab eo quod in diebus ejus linguæ in Babylone divisæ sunt.

« Jectan genuit Helmodad, et Saleph, et Asermoth, et Jare, et Aduram, et Uzal, et Decla, Ebal, Abimael, Seba, Ophir, Evila, et Jobab. » *Genes.* x, 26. Tredecim harum gentium posteriora nomina invenire non

(*a*) *Quibus Emessa nobilis Syriæ Cœles civitas.* Insigni mendacio libri antea editi posuerunt hoc loco *Edessam* urbem Mesopotamiæ pro *Emessa* Cœles Syriæ civitate. Consule tabulas geographicas et descriptionem Syriæ veteris. MARTIAN.

Je n'ai pu découvrir quels furent plus tard les noms de ces treize nations; sans doute, maintenant encore, éloignées de nous, ou bien elles portent leur nom d'autrefois, ou bien elles l'ont changé et nous ne les connaissons point. Elles possédèrent, depuis le fleuve de Cophène, toute la région de l'Inde appelée Hiérie.

« Et Aran mourut devant son père, sur la terre où il était né, dans la région des Chaldéens. » *Genes.* XI, 28. Au lieu de ces mots, dans *la région des Chaldéens*, nous lisons dans l'hébreu, dans UR CHEDIM (כשדים באור), c'est-à-dire dans *le feu des Chaldéens*. Il y a sur ce point, chez les Hébreux, une tradition que voici: Abraham aurait été livré aux flammes, parce qu'il n'avait pas voulu adorer le feu que les Chaldéens adorent, et, délivré par le secours de Dieu, il aurait échappé au feu de l'idolâtrie; c'est alors, comme on le lit plus loin, qu'il serait allé s'établir avec sa famille à Tharan, hors de la Chaldée, ce que le texte hébreu rapporte en ces termes: « loin du feu des Chaldéens. » Voilà comme il est dit ici: « Et Aran mourut en présence de Tharé, son père, sur la terre de sa naissance, dans les flammes des Chaldéens. » Sans doute il fut consumé par le feu qu'il ne voulut pas adorer. Le Seigneur dit plus tard à Abraham: « Je suis celui qui t'ai conduit hors du feu des Chaldéens. »

« Et Abraham et Nachor prirent des épouses. Celle d'Abraham s'appelait Sara; et celle de Nachor, Melcha, fille d'Aran. Or, le père de Melcha était aussi celui de Jesca. » *Ibid.* 29. Aran, fils de Tharé, et frère d'Abraham et de Nachor, eut deux filles, Melcha et Sara, surnommée Jesca. La première eut pour mari Nachor, et l'autre Abraham. La loi n'avait pas encore prohibé le mariage entre oncle et nièce; chez les premiers hommes, il avait même eu lieu entre frère et sœur.

« Abraham avait soixante quinze ans quand il sortit de Charra. » *Genes.* XII, 4. Ici naît une question insoluble. Si Tharé, père d'Abraham, engendra ce dernier alors qu'il habitait encore la Chaldée, à l'âge de soixante-dix ans, et s'il est mort ensuite à Chara dans la deux cent cinquième année de son âge, comment peut-il dire maintenant qu'après la mort de Tharé, Abraham sortant de Charra avait soixante-quinze ans, quand on nous montre qu'il s'est écoulé cent trente-cinq ans depuis la naissance d'Abraham jusqu'à la mort de son père. Elle est donc vraie cette tradition des Juifs, rapportée plus haut, qui dit que Tharé et ses fils échappèrent au feu des Chaldéens, qu'Abraham, entouré par les flammes des Babyloniens, en fut délivré par le secours de Dieu, en récompense de ce qu'il n'avait pas voulu adorer, et que les jours de sa vie et les années de son âge ne

potui; sed usque in præsens, quia procul a nobis sunt, vel ita vocantur, ut primum, vel quæ immutata sunt, ignorantur. Possederunt autem a Cophene fluvio, omnem Indiæ regionem, quæ vocatur Hieria.

« Et mortuus est (*a*) Aran ante patrem suum in terra, qua natus est in regione Chaldæorum. » *Genes.* XI, 28. Pro eo, quod legimus, *in regione Chaldæorum*, in Hebræo habetur, in UR CHESDIM (כשדים באור), id est *in igne Chaldæorum*. Tradunt autem Hebræi ex hac occasione, istiusmodi fabulam: Quod Abraham in ignem missus sit, quia ignem adorare noluerit, quem Chaldæi colunt, et Dei auxilio liberatus, de idololatriæ igne profugerit; quod in sequentibus scribitur, egressum esse *Tharam* cum sobole sua de regione Chaldæorum, pro quo in Hebræo habetur, *de incendio Chaldæorum*. Et hoc esse quod nunc dicitur: « Mortuus est Aran ante conspectum Thare patris sui in terra nativitatis suæ, in igne Chaldæorum, » quod videlicet ignem nolens adorare, igne consumptus sit. Loquitur autem postea Dominus ad Abraham: « Ego sum qui eduxi te de igne Chaldæorum. »

« Et sumpserunt Abram et Nachor sibi uxores. Nomen uxoris Abram, Sarai: et nomen uxoris Nachor, Melcha filia Aran. Pater autem Melchæ, ipse est pater Jescæ. » *Genes.* XI, 29. Aran filius Thare, frater Abraham et Nachor, duas filias genuit, Melcham, et Sarai cognomento Jescan, διώνυμον. E quibus Melcham accepit uxorem Nachor, et Sarai Abraham: necdum quippe inter patruos, et fratrum filias nuptiæ fuerant lege prohibitæ, quæ in primis hominibus, etiam inter fratres et sorores initæ sunt.

« Erant autem Abram septuaginta quinque annorum, quando egressus est ex Charra. » *Genes.* XII, 4. Indissolubilis nascitur quæstio: si enim Thara pater Abrahæ, cum adhuc esset in regione Chaldæa, septuaginta annorum, genuit Abram, et postea in Charra ducentesimo quinto ætatis suæ anno mortuus est; quomodo nunc post mortem Thare, Abram exiens de Charra, septuaginta quinque annorum fuisse memoratur, cum a nativitate Abræ usque ad mortem patris ejus, centum triginta quinque fuisse anni doceantur. Vera est igitur illa Hebræorum traditio, quam supra diximus, quod egressus sit Thara cum filiis suis de igne Chaldæorum; et quod Abram Babylonio vallatus incendio, quia illud adorare nolebat, Dei sit auxi-

(*a*) *Et mortuus est Aran*, etc. Manuscriptus codex Regius num. 3994 nonnulla addit hoc modo: *Phaleg genuit Ragau: Ragau genuit Sarach: Sarach genuit Nachor: Nachor genuit Thare, Thare genuit Abram et Nachor et Aran. Et mortuus est.* etc. MARTIAN.

lui furent comptés que depuis l'époque où il confessa le Seigneur, méprisant l'idole des Chaldéens. Il peut se faire encore, ce que l'Ecriture laisse incertain, que Tharé, parti de la Chaldée, soit venu à Charran quelques années avant sa mort, ou autrement il serait venu à Charran de suite après la persécution, et y aurait séjourné longtemps. Si quelqu'un est contraire à cette explication, qu'il cherche une autre issue; alors, il pourra désapprouver à bon droit ce que nous venons de dire.

« Abraham partit et alla dans le désert, et la famine se répandit sur la terre. » *Ibid.* 9. Ici et ailleurs, au lieu de désert, le texte hébreu porte *vers l'Auster*. Faisons-en la remarque une bonne fois.

« Les officiers de Pharaon la virent, la louèrent auprès de lui, l'introduisirent dans son palais ; et Abraham prospéra à cause d'elle, et il eut des brebis, des troupeaux, des ânes, des esclaves, des servantes, des mulets et des chameaux. » *Ibid.* 15 et 16. Quoique la violence ne souille pas le corps des saintes femmes, mais le consentement libre, et qu'on puisse excuser Sara en ce que, dans un temps de famine, seule au milieu des Etats d'un prince étranger, elle ne pouvait lui résister, de l'aveu même de son mari, on peut néanmoins expliquer cette honteuse nécessité d'une autre manière. Selon le livre d'Esther, jadis, toute femme qui plaisait au roi était ointe pendant six mois d'huile de myrte ; pendant six autres mois, passait par les parfums et les mains des femmes, et alors seulement était admise auprès du monarque. Par conséquent, il peut se faire que, Sara ayant plu au roi, puisque c'est dans le courant de l'année où se préparait son introduction qu'Abraham reçut de grands présents de Pharaon, celui-ci fut frappé par Dieu bientôt après, quand Sara n'avait pas encore été amenée dans sa couche.

« Abraham monta hors d'Egypte avec son épouse et tout ce qui lui appartenait ; et Lot était avec lui dans le désert. Or, Abraham était fort riche en troupeaux, en argent et en or ; et il s'en retourna par le désert jusqu'à Béthel, d'où il était venu. » *Genes.* XIII, 4. On dit avec raison qu'il monta, après avoir été délivré de l'Egypte. Mais ce qui suit semble en contradiction avec le sens général. Comment pouvait-il être fort riche en quittant l'Egypte ? Cette difficulté se résout par le texte vrai, l'hébreu, où il est écrit : « Abraham était très-accablé ; » βαρὺς σφόδρα ; le fardeau de l'Egypte l'accablait. Bien qu'il paraisse être question de richesses en troupeaux, en or et en argent, toutefois, puisqu'elles vien-

llo liberatus ; et ex illo (*a*) tempore ei dies vitæ, et tempus reputetur ætatis, ex quo confessus est Dominum, spernens idola Chaldæorum. Potest autem fieri, ut quia Scriptura reliquit incertum, ante paucos annos Thara de Chaldæa profectus, venerit in Charran, quam mortem obierit. Vel certe statim post persecutionem in Charran venerit, et ibi diutius sit moratus. Si quis ergo huic expositioni contrarius est, quæret aliam solutionem : et tunc recte ea, quæ a nobis dicta sunt, improbabit.

« Et proficiscens Abram, abiit in desertum : et fames facta est super terram. » *Genes.* XII, 9. Et in præsenti et in plurimis aliis locis, pro deserto, « ad Austrum, » scriptum est in Hebræo. Hoc igitur notare debemus.

« Et viderunt eam principes Pharaonis, et laudaverunt eam apud Pharaonem, et introduxerunt eam in domum Pharaonis ; et Abram benefecit propter eam ; et fuerunt ei oves, et armenta, et asini, et servi, et ancillæ, muli et cameli. » *Genes.* XII, 15 et 16. Licet corpus sanctarum mulierum non vis maculet, sed voluntas ; et excusari possit Sarai, quod famis tempore sola regis in peregrinis locis, marito connivente, resistere nequiverit ; tamen potest et aliter fœda necessitas excusari, quod juxta librum Esther quæcumque mulierum placuisset regi apud veteres, sex mensibus ungebatur oleo myrtino, et sex mensibus in pigmentis variis erat, et curationibus feminarum, et tunc demum ingrediebatur ad regem. Atque ita potest fieri, ut Sarai postquam placuerat regi, dum per annum ejus ad regem præparetur introitus, et Abrahæ Pharao multa donaverit, et Pharao postea sit percussus a Domino, illa adhuc intacta ab ejus concubitu permanente.

« Et ascendit Abram ex Ægypto ipse et uxor ejus, et omnia quæ illius erant ; et Lot cum eo in desertum. Erat autem Abram dives valde in pecore, et argento, et auro ; et abiit unde venit in desertum usque Bethel. » *Genes.* XIII, 4. Pulchre de Ægypto liberatus ascendisse dicitur. Sed occurrit huic sensui illud, quod sequitur : quomodo potuerit exiens de Ægypto fuisse dives valde ? Quod solvitur illa Hebraica veritate, in qua scribitur : « Abram gravis vehementer, » hoc est, βαρὺς σφόδρα ; Ægypti enim

(*a*) Et est tamen ex traditione illa Judaica, quam fabulosam paulo superius ipse Hieron. dixerat. Hanc est quoque Augustinus lib. XVI de Civit. Dei cap. 15, solutionem quæstionis probat. *Soluta est*, inquit, *quæstio ista et aliter, ut septuaginta quinque anni Abrahæ, quando egressus est de Charran, ex illo computarentur, ex quo de igne Chaldæorum liberatus, non ex quo natus est, tamquam tunc potius natus habendus sit.* Melior itaque altera erit solutio, quam suppeditat Samaritanus textus, qui tantum *centum quadraginta quinque* Tharæ annos computat. Genuerit Thara Abram cum annos ageret septuaginta : Abram vero septuagesimo quinto ætatis suæ anno egressus fuerit e Charran, patre mortuo ; efficienturque anni simul centum quadraginta quinque. MIGN.

nent d'Egypte, elles sont à charge au saint patriarche. Enfin, ne disons pas avec les Septante: « Il s'en retourna par le désert jusqu'à Béthel, d'où il était venu ; » mais, avec l'hébreu : « Il s'en alla, suivant son chemin par l'Auster, jusqu'à Béthel. » S'il était parti d'Egypte, ce n'était pas pour entrer dans le désert, qu'il quittait avec elle ; c'était pour venir, par l'Auster, qui est opposé à l'aquilon, jusqu'à la maison de Dieu, où avait été sa tente, entre Béthel et Aï (ail. Gaï).

« Et les Sodomites étaient grandement méchants et pécheurs, en présence de Dieu. » *Ibid.* 13. Ici, les Septante ont inutilement ajouté « en présence de Dieu, » puisque les Sodomites étaient méchants et pécheurs aux yeux des hommes (ail. de tous). On appelle pécheur en présence de Dieu, celui qui peut paraître juste aux yeux des hommes, comme on dit de Zacharie et d'Elisabeth qu'ils furent justes l'un et l'autre devant Dieu, *Luc.* I, 6, et dans le psaume : « Tout vivant ne paraîtra pas juste en votre présence. » *Psalm.* CXLII, 2.

« Lève les yeux et regarde, du lieu où tu te trouves maintenant, vers l'aquilon, et vers l'Auster, et vers l'Orient, et vers la mer ; toute la terre que tu vois, je la donnerai à toi et à ta postérité. » *Ibid.* 14 et 15. Les quatre points cardinaux sont désignés, l'orient et l'occident, le septentrion et le midi. Dans tous les textes de l'Ecriture, qu'il nous suffise de le dire une fois pour toutes, la mer est toujours prise pour l'occident, parce que la Palestine est située de telle sorte qu'elle a la mer au couchant.

« Et le roi de Baló, la même que Ségor. Tous se réunirent près de la vallée Salée, c'est-à-dire près de la mer du Sel. » *Genes.* XIV. 3. Baló, en hébreu, signifie κατάποσις, c'est-à-dire *consomption*. Les Hébreux rapportent qu'en un autre endroit des Ecritures elle est appelée *Salisa*, surnommée en outre μόσχον τριετίζουσαν, c'est-à-dire *génisse de trois ans*, sans doute parce qu'elle a été trois fois détruite par un tremblement de terre. I *Samuel.* IX, 4 ; *Isai.* XV, 5, ou que, depuis la destruction de Sodome, de Gomorrhe, d'Adama et de Ségoïm par le feu du ciel, on la surnomme aussi *la très-petite*. En effet, *Ségor*, en langue syriaque *Zoara*, se traduit par *petite*. Quant à la vallée des Salines, dont il est ici question, et où furent des puits de bitume, après la colère de Dieu et la pluie de soufre, elle s'est changée en mer Morte, que les Grecs appellent *marais Asphaltite*, c'est-à-dire *étang de bitume*.

« Et ils établirent des géants et avec eux de

pondere gravabatur. Et licet videantur esse divitiæ pecoris, auri, et argenti, tamen si Ægyptiæ sunt, viro sancto graves sunt. Denique, non ut in Septuaginta legimus : « Abiit unde venerat in desertum usque Bethel ; » sed sicut in Hebræo scriptum est : « Abiit itinere suo per Austrum usque Bethel. » Idcirco profectus de Ægypto est, ut non desertum ingrederetur, quod cum Ægypto reliquerat ; sed ut per Austrum, qui Aquiloni contrarius est, veniret ad domum Dei, ubi fuerat tabernaculum ejus in medio Bethel et Ai [al. *Gai*].

« Et viri Sodomorum mali et peccatores in conspectu Dei vehementer. » *Genes.* XIII, 13. Superflue hic in Septuaginta Interpretibus additum est, « in conspectu Dei, » siquidem Sodomorum coloni apud homines [al. *omnes*,] mali et peccatores erant. Ille autem dicitur in conspectu Dei peccator, qui potest apud homines justus videri, quomodo de Zacharia et Elizabeth in præconio ponitur, quod fuerint justi ambo in conspectu Dei. *Luc.* I, 6. Et in Psalterio dicitur : « Non justificabitur in conspectu tuo omnis vivens. » *Ps.* CXLII, 2.

« Leva oculos tuos, et vide a loco in quo tu nunc es ad Aquilonem, et ad austrum, et ad orientem, et ad mare ; quia omnem terram, quam tu vides, tibi dabo eam et semini tuo. » *Genes.* XIII, 15 et 16. Quatuor climata mundi posuit, orientem et occidentem, septentrionem et meridianum. Quod autem in omnibus Scripturis legitur, hic semel dixisse sufficiat, mare semper pro occidente poni : ab eo quod Palæstinæ regio ita sita sit, ut mare in occidentis plaga habeat.

« Et rex Balo, hæc est Segor. Omnes hi consenserunt (*a*) apud vallem Salsam, hoc est, mare Salis. » *Genes.* XIV, 3. Balo lingua Hebræa, κατάποσις, id est, « devoratio » dicitur. Tradunt igitur Hebræi, hanc eamdem in alio Scripturarum loco « Salisa » nominari (*b*); dicique rursum, μόσχον τριετίζουσαν, id est, « vitulam conternantem, » quod scilicet tertio motu terræ absorpta sit ; I *Samuel* IX, 4 ; *Isai.* XV, 5. Et ex eo tempore, quo Sodoma et Gomorrha, Adama et Seboim divino igne subversæ sunt, illa « parvula » nuncupetur. Siquidem « Segor » transfertur in « parvam, » quæ lingua Syra « Zoara » dicitur. Vallis autem Salinarum, sicut in hoc eodem libro scribitur, in qua fuerunt ante putei bituminis, post Dei iram, et sulphuris pluviam, in mare Mortuum versa est ; quod a Græcis λίμνη Ἀσφαλτῖτις, id est, « stagnum bituminis » appellatur.

« Et condiderunt gigantes in Astaroth Carnaim, et

(*a*) *Omnes hi consenserunt*, etc. Unus aut alter codex ms. legit, *hic consederunt apud vallem*, etc.; sed necessario retinendum *hi consenserunt*; quia in Hebræo est, *kol elle hhubberu*, id est, *omnes isti convenerunt*. MARTIAN.

(*b*) *Salisa nominari.* Libro primo Samuelis cap. IX, 4, legimus hoc modo : *Et transiit per terram, Salisa*. Idem nomen *Salisa* occurrit in libris Regum. MARTIAN.

fortes nations dans Astaroth Carnaim ; et les Ominéens dans la cité de Savé, avant qu'ils parvinsent à Sodome. » *Ibid.* 5. Quatre rois partis de Babylone exterminèrent les géants, c'est-à-dire les RAPHAIM (רפאים), tous les hommes forts de l'Arabie, et les Zozim dans Hom, et les Enim dans la Savé, qui porte encore aujourd'hui ce nom. ZUZIM (זוזים) et ENIM (אימים) s'interprètent par terribles et épouvantables ; les Septante, traduisant plutôt d'après le sens que mot à mot, ont mis *nations très-fortes*. Quant à *Baem*, qu'ils ont rendu par ἅμα αὐτοῖς, *avec eux*, ils ont cru qu'il s'écrit par HÉ (ה), trompés par la ressemblance des lettres, alors qu'il est écrit par HETH. BAEM s'écrit par trois lettres (בהם) ; si celle du milieu est HÉ, il signifie *avec eux* ; si c'est HETH, comme en ce passage, il désigne un lieu, c'est-à-dire dans HOM (בחם).

« Et revenant, ils vinrent près de la fontaine du jugement, qui est Cadès. » *Ibid.* 71. Ce nom, qui ne lui a été donné que dans la suite, est mis ici par anticipation. On désigne un lieu près de Pétra, qui est appelé Fontaine du jugement, parce que là Dieu jugea le peuple. « Et ils frappèrent toute la région des Amalécites et des Amorrhéens, située autour d'Asasonthamar. » C'est la forteresse qui porte maintenant le nom d'Engaddi, riche en baume et en palmes. Asasonthamar répond en notre langue à *ville des Palmiers*, Thamar se traduisant par *palmier*. Notons qu'à la place des mots qui suivent peu après : « Et ils dirigèrent contre eux une armée pour le combat dans la vallée des Salines, l'hébreu dit dans la vallée de Seddim (שדים), τῶν περιπεδίνων, entourée de plaines, d'après Aquila, et τῶν ἀλσῶν, des bois, d'après Théodotion, qui veulent éveiller l'idée de bosquets agréables.

« Et ils enlevèrent toute la cavalerie de Sodome et de Gomorrhe. » *Ibid.* 11. Au lieu de cavalerie, l'hébreu écrit RACHUS (רכש), c'est-à-dire *biens*.

« Et celui qui avait fui annonça Abraham au passant. Pour lui, il était assis au pied du chêne de Mambré l'amorrhéen, frère d'Eschol, et frère d'Aunam, qui étaient alliés d'Abraham. » *Ibid.* 13. Là où nous avons dit *au passant*, l'hébreu porte IBRI (עברי), qui signifie, en effet, *passant*. A ce passage : « Au pied du chêne de Mambré l'amorrhéen, » nous lisons mieux, dans l'hébreu : « Au pied du chêne de Mambré l'amorrhéen, frère d'Escol, et frère, non pas d'*Aunam*, selon la version des Septante, mais d'*Aner*. » On montre par là que Mambré, Escol et Aner, amorrhéens et frères, étaient alliés d'Abraham.

« Et il les poursuivit jusqu'à Dan. » *Ibid.* 14. Jusqu'à la ville de Phénicie maintenant appelée *Panéas*. *Dan* est une des sources du Jourdain. Le reste, *Jor*, se traduit par ῥεῖθρον, c'est-à-dire *ruisseau*.

gentes fortes simul cum eis ; et Ominæos in Save civitate, antequam Sodomam pervenirent. » *Genes.* XIV, 5. Quatuor reges profecti de Babylone, interfecerunt gigantes, hoc est RAPHAIM (רפאים), robustos quosque [al. *quoque*] Arabiæ, et Zozim, in Hom, et Emim in civitate Save, quæ usque hodie sic vocatur. ZUZIM (זוזים) autem et EMIM (אימים) terribiles et horrendi interpretantur ; pro quo Septuaginta, sensum magis quam verbum ex verbo transferentes, « gentes fortissimas » posuerunt. Porro BAEM, pro quo dixerunt, ἅμα αὐτοῖς, hoc est « cum eis, » putaverunt scribi per HE (ה), ducti elementi similitudine, cum per HETH scriptum sit. BAEM (בהם) enim cum per tres litteras scribitur : si mediam HE habet, interpretatur, « in eis ; » si autem HETH, ut in præsenti, locum significat, id est, IN HOM (בחם).

« Et revertentes venerunt ad fontem judicii, hæc est Cades. » *Genes.* XIV, 7. Per anticipationem dicitur, quod postea sic vocatum est. Significat autem locum apud Petram, qui fons judicii nominatur ; quia ibi Deus populum judicavit. « Et percusserunt omnem regionem Amalecitarum et Amorrhæorum sedentem in Asasonthamar. » Hoc oppidum est, quod nunc vocatur Engaddi, balsami et palmarum fertile. Porro Asasonthamar, in lingua nostra resonat, « urbs Palmarum. » Thamar quippe « palma » dicitur. Sciendum autem pro eo, quod post paululum sequitur : « Et direxerunt contra eos aciem ad bellum in valle Salinarum, » in Hebræo haberi, in valle SEDDIM (שדים) : quod Aquila interpretatur τῶν περιπεδίνων, Theodoti, τῶν ἀλσῶν, amœna nemora significantes.

« Et tulerunt omnem equitatum Sodomorum et Gomorrhæ. » *Genes.* XIV, 13. Pro equitatu in Hebræo habet RACHUS (רכש), id est « substantiam. »

« Et qui fugerat, nuntiavit Abram transitori. Ipse vero sedebat ad quercum Mambre Amorrhæi fratris Eschol, et fratris Aunam, qui erant conjurati Abrahæ. » *Genes.* XIV, 13. Pro eo, quod nos posuimus, « transitori, » in Hebræo scriptum est IBRI (עברי), hoc enim « transitor » exprimitur. Quod autem ait : « apud Quercum Mambre Amorrhæi, » melius in Hebræo legimus : « apud quercum Mambre Amorrhæi fratris Escol, et fratris, » non « Aunam, » ut Septuaginta transtulerunt, sed « Aner » : ut ostenderet Mambre, et Escol, et Aner Amorrhæos atque germanos, socios fuisse Abrahæ.

« Et persecutus est eos usque Dan. » *Genes.* XIV, 14. Ad Phœnicis oppidum, quod nunc *Paneas* dicitur. *Dan* autem unus e fontibus est Jordanis. Nam et alter vocatur *Jor*, quod interpretatur ῥεῖθρον : id est, *rivus*. Duobus ergo fontibus, qui haud procul a se

Deux sources qui jaillissent à peu de distance l'une de l'autre, ayant marié leurs eaux, prennent ensuite le nom de *Jourdain*.

« Et Melchisédech, roi de Salem, apporta du pain et du vin, et comme il était lui-même prêtre du Dieu très-haut, il le bénit. » *Ibid.* 18. Cet opuscule est un recueil de questions hébraïques et de traditions. Rapportons donc ce que les Hébreux pensent au sujet de ce passage. Ils disent que Melchisédech n'est autre que Sem, fils de Noé. Calculant les années de sa vie, ils montrent qu'il vécut jusqu'au temps d'Isaac, ajoutant que tous les premiers-nés de Noé furent pontifes jusqu'au jour où Aaron prit le sacerdoce. Roi de Salem ou roi de Jérusalem, cette ville ayant d'abord porté le nom de Salem. Le bienheureux Apôtre, dans son épître aux Hébreux, VII, 3, rappelant que Melchisédech n'a ni père ni mère, y voit la figure de Jésus-Christ, et par Jésus-Christ celle de l'Eglise universelle. Toute la gloire de la tête est rapportée aux membres, en ce qu'étant incirconcis, il a béni Abraham circoncis, et dans Abraham Lévi, et par Lévi Aaron, d'où est ensuite sorti le sacerdoce. Saint Paul veut prouver par là que le sacerdoce de l'Eglise incirconcise a béni le sacerdoce circoncis de la synagogue. Quant à ces mots : « Vous êtes prêtres pour l'éternité, selon l'ordre de Melchisédech, » *Psalm.* CIX, 4, ils désignent notre mystère dans le mot sacramentel. Des victimes sans raison ne doivent plus être immolées en vain selon le rite d'Aaron ; il faut offrir le pain et le vin, c'est-à-dire le corps et le sang du Seigneur Jésus-Christ.

« Seigneur Dieu, que me donnerez-vous ? Je m'en vais sans enfants, et il n'y a ici que le fils de ma servante Masec, Damascus Eliézer. Et Abraham dit encore : Voilà que vous ne m'avez point donné de postérité, et le fils de ma servante sera mon héritier. » *Genes*, XV, 2, 3. Où nous avons : « le fils de Masec, ma servante, » l'hébreu porte : UBEN MÉSECH BÉTHI, qu'Aquila rend par : ὁ υἱὸς τοῦ ποτίζοντος οἰκίαν μου, c'est-à-dire « le fils de celui qui donne à boire à ma maison, » et Théodotion par : καὶ υἱὸς τοῦ ἐπὶ τῆς οἰκίας μου, c'est-à-dire « et le fils de celui qui administre ma maison. » Il veut dire : Je meurs sans enfants, et le fils de mon intendant, de mon administrateur, qui procure et distribue toutes les provisions de bouche à ma famille, et qui s'appelle Damascus Eliézer, sera mon héritier. *Eliézer* se traduit par *mon Dieu qui aide.* On dit que ce Damascus fonda Damas et lui donna son nom.

« Moi ton Dieu, qui t'ai conduit hors du pays des Chaldéens. » *Ibid.* C'est là, nous l'avons dit plus haut, que le texte hébreu porte : « qui t'ai conduit hors de UR CHESDIM, » c'est-à-dire du feu des Chaldéens.

« Il les plaça mutuellement en face, et ne sépara point les oiseaux. Ceux-ci descendirent sur leurs cadavres et sur leurs divisions, et Abra-

distant, in unum rivulum fœderatis, *Jordanis* deinceps appellatur.

« Et Melchisedech rex Salem protulit panem et vinum, et ipse Sacerdos Dei excelsi, et benedixit ei. » *Genes.* XIV, 18. Quia semel opusculum nostrum, vel Quæstionum Hebraicarum, vel Traditionum congregatio est, propterea quid Hebræi de hoc sentiant, inferamus. Aiunt hunc esse Sem filium Noe ; et supputantes annos vitæ ipsius, ostendunt eum ad Isaac usque vixisse, omnesque primogenitos Noe donec sacerdotio fungeretur Aaron, fuisse pontifices. Porro Salem, rex Jerusalem dicitur, quæ prius Salem appellabatur. Melchisedech autem beatus Apostolus ad Hebræos, VII, 3, sine patre et matre commemorans, ad Christum refert, et per Christum ad gentium Ecclesiam. Omnis enim capitis gloria refertur ad membra, eo quod præputium habens, Abrahæ benedixerit circumciso, et in Abraham Levi, et per Levi Aaron ; de quo postea sacerdotium. Ex quo colligi vult, sacerdotium Ecclesiæ habentis præputium, benedixisse circumciso sacerdotio Synagogæ. Quod autem ait : « Tu es sacerdos in æternum, secundum ordinem Melchisedech, » *Ps.* CIX, 4, mysterium nostrum in to verbo ordinis significatur ; nequaquam per Aaron irrationalibus victimis immolandis, sed oblato pane et vino, id est, corpore et sanguine Domini Jesu.

« Domine Deus, quid dabis mihi ? Et ego vado sine liberis : et filius Masec vernaculæ meæ, hic Damascus Eliezer. Et dixit Abram : Ecce mihi non dedisti semen, et filius vernaculæ meæ hæres meus erit. » *Genes.* XV, 2, 3. Ubi nos habemus : « et filius Masec vernaculæ meæ, » in Hebræo scriptum est : UBEN MESECH BETHI, quod Aquila transtulit : ὁ υἱὸς τοῦ ποτίζοντος οἰκίαν μου, id est : « filius potum dantis domui meæ. » Theodotio vero : καὶ υἱὸς τοῦ ἐπὶ τῆς οἰκίας μου, id est : « et filius ejus, qui super domum meam est. » Quod autem dicit, hoc est : Ego sine liberis morior, et filius procuratoris mei, vel villici, qui universa dispensat et distribuit cibaria familiæ meæ, vocaturque Damascus Eliezer, hic meus hæres erit. Porro *Eliezer* interpretatur, *Deus meus adjutor.* Ab hoc aiunt Damascum et conditam, et nuncupatam.

« Ego Deus, qui eduxi te de regione Chaldæorum. » *Genes.* XV, 7. Hoc est, quod paulo ante diximus in Hebræo haberi : qui eduxi te de UR CHESDIM, id est, de incendio Chaldæorum.

« Et posuit ea contra faciem invicem : aves vero non divisit. Descenderunt autem volucres super ca-

ham s'assit avec eux. » *Ibid.* 10, 11. L'explication de ce mystère n'appartient pas à ce livre. Citons seulement, dans ce texte, la variante de l'hébreu : « Les oiseaux descendirent sur les cadavres, et Abraham les chassait. » Par ses mérites, en effet, Israël fut souvent délivré des angoisses.

« Au coucher du soleil, une extase descendit sur Abraham. » *Ibid.* 12. Pour *extase*, l'hébreu dit THARDÉMA (תרדמה), c'est-à-dire καταφορὰ, que nous avons déjà traduit par *sommeil profond.*

« A la quatrième génération, ils reviendront en ce lieu. » *Ibid.* 16. Point de doute, il s'agit de la postérité d'Abraham. On se demande comment il est écrit dans l'Exode : « A la cinquième génération, les fils d'Israël sortirent de la terre d'Egypte. » *Exod.* XV, 18. Sur ce texte, nous avons donné une courte dissertation.

« Voilà que le Seigneur m'a fermée, afin que je n'enfante pas; vas donc vers ta servante, pour que j'en aie des enfants. » *Genes.* XVI, 23. Remarquez bien que la procréation se dit en hébreu *édification.* On lit en cet endroit : « Entre chez ta servante, pour voir si je puis être *édifiée* par son intermédiaire. » Et voyez que ce ne soit là le sens de ce qui est dit dans l'Exode : « Dieu bénit les sages femmes, et ils *édifièrent* pour eux des maisons. » *Exod.* I, 20.

« L'Ange du Seigneur la rencontra au-dessus d'une source, dans le désert, près la fontaine, sur la route de Sur. » *Ibid.* 7. Par conséquent elle se hâtait de gagner l'Egypte par la voie de Sur, qui conduit en Egypte par le désert.

« Elle l'appela du nom d'Ismaël, disant : Dieu a exaucé mon humilité. » *Ibid.* 11. Ismaël veut dire *action de Dieu qui exauce.*

« Ce sera un homme des champs. Ses mains seront sur tous, et les mains de tous seront sur lui, et il habitera vis-à-vis de tous ses frères. » *Ibid.* 14. Pour *des champs*, l'hébreu dit PHARA (פרא), qui se traduit par *Onagre.* Cela veut dire que ses descendants habiteront le désert, c'est-à-dire que les Sarrasins seront errants et nomades; ils attaquent toutes les nations qui touchent au désert par quelque côté, et sont combattus par toutes.

« Et le Seigneur lui parla, disant : Voici mon testament avec toi : tu seras le père d'une multitude de nations; désormais ton nom ne sera plus Abram, mais Abraham, parce que je t'ai établi le père d'un grand nombre de nations. » *Genes.* XVII, 3 *et seq.* Il est à remarquer que partout où le grec dit *testament,* il y a dans l'hébreu BÉRITH (בהרית), c'est-à-dire *alliance*, ou pacte. Les Hébreux que Dieu prit dans son propre nom, qui a quatre lettres en leur langue, la lettre *Hé* pour l'ajouter à ceux d'Abraham et de Sara. On disait d'abord ABRAM (אברם), qui se traduit par *père très-haut*, et on l'appela par la suite ABRAHAM (אברהם), qui se rend par *père de beau-*

davera et super divisiones eorum, et sedit cum eis Abram. » *Genes.* XV, 10, 11. Non pertinet ad præsens opusculum ejus expositio sacramenti. Hoc tantum dicimus, quia pro his, quæ posuimus, in Hebræo habet : « Et descenderunt volucres super cadavera, et abigebat eas Abram. » Illius enim merito sæpe de angustiis liberatus est Israel.

« Ad occasum autem solis ecstasis cecidit super Abram. » *Genes.* XV, 12. Pro *ecstasi* in Hebræo THARDEMA (תרדמה), id est, καταφορὰ, legitur, quam supra vertimus in *soporem.*

« Generatione autem quarta revertentur huc. » *Genes.* XV, 16. Haud dubium quin hi, qui de semine fuerint. Abrahæ. Quæritur quomodo in Exodo scriptum sit : « Quinta autem generatione egressi sunt filii Israel de terra Ægypti. » *Exod.* XV, 18. Super quo capitulo parvum volumen edidimus.

« Ecce conclusit me Dominus, ut non pariam; ingredere ergo ad ancillam meam, ut habeam filios ex ea. » *Genes.* XVI, 2. Diligenter nota, quod procreatio filiorum, in Hebræo *ædificatio* scripta est. Legitur enim ibi : « Ingredere ad ancillam meam, si quo modo ædificer ex ea. » Et vide, ne forte hoc sit, quod in Exodo dicitur : « Benedixit Deus obstetricibus, et ædificaverunt sibi domos. » *Exod.* I, 20.

« Et invenit eam Angelus Domini super fontem aquæ in deserto ad fontem in via Sur. » *Genes.* XVI, 7. Consequenter Ægyptia in via Sur, quæ per eremum ducit ad Ægyptum, ire festinabat.

« Et vocavit nomen ejus Ismael; quia exaudivit Deus humilitatem meam. » *Genes.* XVI, 11. Ismael interpretatur, *exauditio Dei.*

« Hic erit rusticus homo. Manus ejus super omnes et manus omnium super eum, et contra faciem omnium fratrum suorum habitabit. » *Genes.* XVI, 12. Pro rustico in Hebræo scriptum habet PHARA (פרא), quod interpretatur *onager.* Significat autem semen ejus habitaturum in eremo, id est, Sarracenos vagos, incertisque sedibus, qui universas gentes, quibus desertum ex latere jungitur incursant, et impugnantur ab omnibus.

« Et locutus est ei Dominus, dicens : Ecce testamentum meum tecum; et eris pater multitudinis gentium, et non vocabitur ultra nomen tuum Abram, sed erit nomen tuum Abraam, quia patrem multarum gentium posui te. » *Genes.* XVII, 3 *et seqq.* Notandum quod ubicumque in Græco, *Testamentum* legimus, ibi in Hebræo sermone sit *fœdus*, sive *pactum*, id est, BERITH (ברית). Dicunt autem Hebræi, quod ex nomine suo, Deus, quod apud illos Tetragrammum est, HE litteram, Abrææ et Saræ addiderit; dicebatur enim primum ABRAM (אברם), quod interpretatur, *pater*

coup; le mot suivant, *des nations*, n'est pas dans dans Abraham, il est sous-entendu. Qu'on ne s'étonne pas d'ailleurs de voir, que chez les Grecs et chez nous, c'est la lettre A qui est ajoutée; nous n'en dirons pas moins que c'est la lettre hébraïque Hé qui a été ajoutée; il est dans le génie de cette langue d'écrire par Hé (ה) et de lire par A (א), comme souvent, au contraire, ils donnent à l'A la prononciation de Hé.

« Et Dieu dit à Abraham : Tu n'appelleras plus ton épouse Saraï, mais Sara sera son nom. » *Ibid.* 15. Ils se trompent ceux qui pensent qu'elle s'appelait d'abord *Sara* écrit avec un seul R, et qu'un second R fut ajouté à ce nom. Et comme la lettre R représente le nombre cent chez les Grecs, ils ont bâti une foule d'absurdités sur ce nom. Puisqu'il est avéré qu'il a été changé, souvenons-nous que c'est un nom hébreu, et cherchons à ce changement une raison, non dans la langue grecque, mais dans la langue hébraïque. Dès qu'un nom appartient à une langue, on ne doit pas aller en prendre l'étymologie dans une autre. Elle s'appelait donc primitivement Saraï (שרי), par Sin, Rès, Jod, c'est-à-dire l'élément I étant enlevé, il a été ajouté la lettre Hé, qui se prononce A, et son nom est devenu Sara (שרה). La raison de ce changement, la voici. On lui disait d'abord *ma princesse*, comme à la maîtresse d'une seule maison; on lui dit ensuite d'une manière absolue, *princesse*, ἄρχουσα. En effet, Dieu poursuit : « Je te donnerai d'elle un fils, que je bénirai et qui sera dans les nations; et les rois des peuples sortiront de lui. » Au lieu de ces mots du texte grec : « Dieu dit à Abraham : Le nom de ton épouse Saraï ne sera plus prononcé Saraï, » le texte hébreu, plus significatif, porte : « Tu ne prononceras plus son nom Saraï, c'est-à-dire : Tu ne diras plus : « tu es ma princesse, » parce qu'elle devient désormais la princesse de toutes les nations. Quelques-uns vont jusqu'à dire, bien à tort, que son nom primitif fut *lèpre*, pour devenir plus tard *princesse*. A lèpre correspond Sarath (צרעת), qui ne paraît avoir quelque analogie avec Sara qu'en notre langue; en hébreu, la différence est complète. Il s'écrit par Sadé, Rès, Aïn et Thau, ce qui évidemment est fort loin des trois lettres indiquées Sin, Rès, Hé, qui composent le mot Sara.

« Et Abraham tomba la face contre terre, et il rit, disant en son cœur : Se peut-il qu'un fils naisse à un homme centenaire, et que Sara enfante à l'âge de quatre-vingt-dix ans? » *Ibid.* 17. Et un peu plus loin : « Tu l'appeleras du nom d'Isaac. » Il y a deux opinions sur le nom d'*Isaac*, mais une seule étymologie. *Isaac* signi-

excelsus; et postea vocatus est Abraam (אברהם), quod transfertur *pater multarum*; nam quod sequitur *gentium*, non habetur in nomine, sed subauditur. Nec mirandum, quare cum apud Græcos et nos a littera videatur addita; nos he litteram Hebræam additam dixerimus; idioma enim linguæ illius est, per he (ה) quidem scribere, sed per a (א) legere; sicut e contrario a litteram sæpe per he pronuntiant.

« Et dixit Deus ad Abraam : Sarai uxorem tuam non vocabis eam Sarai, sed Sara erit nomen ejus. » *Genes.* xvii, 15. Errant qui putant primum (*a*) *Saram* per unum r scriptam fuisse, et postea ei alterum r additum. Et quia r apud Græcos centenarius numerus est, multas super nomine ejus ineptias suspicantur; cum utique utcumque volunt ei vocabulum commutatum, non Græcam, sed Hebræam debeat habere rationem, cum ipsum nomen Hebraicum sit. Nemo autem in altera lingua quempiam vocans, etymologiam vocabuli sumit ex altera. Sarai (שרי) igitur primum vocata est per sin, res, iod; sublato igitur iod, id est, i elemento, addita est he littera, quæ per a legitur : et vocata est sara (שרה). Causa autem ita nominis immutati, hæc est, quod antea dicebatur, *princeps mea*, unius tantum domus materfamiliæ. Postea vero dicitur absolute, *princeps*, id est, ἄρχουσα. Sequitur enim : « Dabo tibi ex ea filium, et benedicam ei, et erit in gentes; et reges populorum erunt ex eo. » Signanterque, non ut in Græco legimus : « Dixit Deus ad Abraam : Sarai uxor tua non vocabitur nomen ejus Sarai; » in Hebræo habetur : « non vocabis nomen ejus Sarai, » id est : non dices ei, *princeps mea es*, omnium quippe gentium futura jam princeps est. Quidam pessime suspicantur, ante eam *lepram* fuisse vocitatam, et postea *principem*; cum lepra sarata (צרעת) dicatur, quæ in nostra quidem lingua videtur aliquam habere similitudinem; in Hebræo autem penitus est diversa. Scribitur enim per sade, et res, et ain, et thau; quod multum a superioribus tribus litteris, id est, sin, res, et he, quibus sara scribitur, discrepare manifestum est.

« Et cecidit Abraam super faciem suam, et risit; et dixit in corde suo : Si centenario nascetur filius, et Sara nonagenaria pariet? » *Genes.* xvii, 17. Et post paululum : « Et vocabis nomen ejus Isaac. » Diversa

(*a*) *Errant qui putant primum Saram.* Philonem Judæum et quosdam ejusdem pedisequos carpit Hieronymus hoc loco; quia Philo cum Græcis aliquot Scriptoribus, legit Σάῤῥα cum duplici ρω, et additum alterum existimat libro de Mutatione Nominum. Occasionem hujus erroris nescio an præbuerint Philoni LXX translatores; nam in communi Græca Versione legimus Gen. xvii, 15 : οὐ κληθήσεται τὸ ὄνομα αὐτῆς Σάρα, Σάῤῥα ἔσται τὸ ὄνομα αὐτῆς, id est, *non vocabitur nomen ejus Sara, Sarra erit nomen ejus.* Martian.

de *rire*. Les uns disent que Sara aurait ri, et de là le nom d'*Isaac*; ils sont dans l'erreur. Selon les autres, c'est Abraham qui rit, et nous nous rangeons à cette opinion. C'est seulement lorsque ce fils eut été appelé *Isaac* à cause du rire d'Abraham, que Sara rit à son tour, selon l'Écriture. Notons que, dans l'ancien Testament, il y a quatre hommes qui ont été appelés de leurs noms sans aucun voile, avant de naître ; ce sont *Ismaël*, *Isaac*, *Salomon* et *Josias*. Lisez les Écritures.

« Et il lui dit : Hâte-toi, mêle ensemble trois mesures de fine farine de froment. » *Genes.* XVIII, 6. Dans cette version, trois mesures paraissent nommées d'une manière absolue, et mesure est un mot général. J'ajoute donc que l'hébreu dit *trois sata*, c'est-à-dire *trois amphores*. Nous connaissons ainsi qu'il s'agit ici du même mystère que celui dont parle l'Évangile dans la femme qui fit fermenter trois *sata* de farine. *Matth.* XIII, 33.

« Il dit : Revenant, j'arriverai près de toi au temps et à l'heure voulus, et Sara aura un fils. » Pour *heure*, nous lisons *vie* dans l'hébreu, l'ordre et le sens étant : « Je retournerai vers toi dans le temps de la vie, » comme s'il disait : Si je vis, si la vie m'a accompagné. Il parle là au point de vue humain, comme dans le reste.

« Sara rit en elle-même, disant : je n'ai pas encore conçu, et mon seigneur est vieux. » *Ibid.* 12. Le texte hébreu est tout autre : « Et Sara rit en elle-même, disant : Maintenant que je suis affaiblie, la volupté me sera-t-elle rendue ? » Notez que nous écrivons *volupté*, et que l'hébreu dit EDEN. Symmaque traduit ainsi : « Après que la vieillesse m'a consumée, la jeunesse me sera-t-elle rendue ? »

« Et il dit : Qu'arrivera-t-il, Seigneur, si je parle ? » *Ibid.* 32, ce qui est écrit en grec : μήτι, Κύριε, ἐὰν λαλήσω. Abraham parla une seconde fois à Dieu ; mais on ne voit pas là clairement sa pensée. Le texte hébreu est plus explicite : « Je vous en supplie, Seigneur, ne vous irritez pas si je parle. » Il interrogeait, il paraissait presser le Seigneur pour en obtenir une réponse ; aussi met-il à sa demande un préambule atténuant.

« Et il parla à ses gendres, à ceux qui avaient

opinio, sed una est etymologia (*a*), quare appellatus sit *Isaac*. Interpretatur enim *Isaac*, *risus*. Alii dicunt (*b*), quod Sara riserit, ideo eum risum vocatum esse, quod falsum est. Alii vero quod riserit Abraham, quod et nos probamus. Postquam enim ad risum Abrahæ, vocatus est filius ejus *Isaac*, tunc legimus risisse et Saram. Sciendum tamen quod quatuor in veteri Testamento absque ullo velamine, nominibus suis antequam nascerentur, vocati sunt : « Ismael, Isaac, Salomon, et Josias. » Lege Scripturas.

« Et dixit ei : Festina, tres mensuras farinæ similæ commisce. » *Genes.* XVIII, 6. Quia tres mensuræ absolute hic dictæ videntur, et est incerta mensura : propterea (*c*) addidi, quod in Hebræo *tria sata* habeat, id est *tres amphoras* ; ut idem mysterium et hic, et in Evangelio, ubi mulier tria sata farinæ fermentare dicitur, cognoscamus. *Matth.* XIII, 33.

« Dixit autem : Revertens veniam ad te in tempore hoc, et in hora, et habebit filium Sara. » *Genes.* XVIII, 10. Pro *hora*, *vitam* legimus in Hebræo ; ut sit ordo vel sensus : « Revertar ad te in tempore vitæ ; » quasi diceret, si vixero, si fuerit vita comitata ; hæc autem ἀνθρωποπαθῶς, quomodo et cætera.

« Risit autem Sara in semetipsa, dicens : Necdum mihi factum est usque nunc, et dominus meus senex est. » *Genes.* XVIII, 12. Aliter multo legitur in Hebræo : « Et risit Sara in semetipsa, dicens : Postquam attrita sum, et facta est mihi voluptas ? » Simul nota quod ubi nos posuimus *voluptatem* EDEN scriptum est in Hebræo. Symmachus hunc locum ita transtulit : « Postquam vetustate consenui, facta est mihi adolescentia ? »

« Et dixit : Numquid est, Domine, si loquar ? » *Genes.* XVIII, 32. Quod Græce scriptum est, μήτι, Κύριε, ἐὰν λαλήσω. Secundo Abraham est locutus ad Dominum : quod non videtur manifeste sonare quid dicat. In Hebræo igitur planius scribitur : « Ne, quæso, irascaris, Domine, si locutus fuero. » Quia enim videbatur interrogans Dominum arctare responsione, temperat præfatione quod quærit.

(*a*) *Diversa opinio, sed una est etymologia.* Josephus ex risu Saræ vocatum vult Isacum, id est, *risum* : Philo similiter. Vide Josephum Antiqq. Judaic. lib. I, cap. 9, et Philonem, lib. de Mutatione Nominum. MARTIAN.

(*b*) Ita cum primis sentit Josephus Antiquit. lib. I, cap. 12 : Ἴσακον ὠνόμασε. Τοῦτο γέλωτα σημαίνει, διὰ μέντοι τὸ τὴν Σάῤῥαν μειδιάσαι, τέξεσθαι φήσαντος αὐτὴν τοῦ Θεοῦ, μὴ προσδοκῶσαν ἤδη τοκετοῦ πρεσβυτέραν οὖσαν, τὸν υἱὸν οὕτως ἐκάλεσαν. *Isacum nominavit. Hoc risus significatur. Nam quod Sara subrisit, Deo ipsam parituram esse dicente, cum grandis nata prolem non exspectaret, ita filium appellabat.*

(*c*) *Propterea, addidi.* Melius legeretur *addo* quam *addidi* : cum nihil antea dixerit de *tribus satis*, pro *tribus mensuris*. De allegorica porro expositione in mysterio Trinitatis, ita nos docuit ipsemet Hieronymus lib. II Comment. in Matth. cap. XIII : *Pius quidem sensus : sed nunquam parabolæ, et dubia ænigmatum intelligentia potest ad auctoritatem dogmatum proficere.* MARTIAN. — Martianæus maluisset in instanti *addo*. Facile autem Hieronymus scripserat supra, *tres mensuras* (sive *tria sata*) *farinæ similæ*, etc., quod sæpe facit cum Hebræum inter et Græcum textum exigua diversitas intercedit. Tria porro sata, sive tres amphoræ unum integrum Epha conficiunt. Vide Commentar. in Matthæi cap. XIII.

épousé ses filles. » *Genès.* XIX, 14. Il est écrit plus loin que deux filles de Lot demeurèrent vierges, et c'est d'elles qu'il avait dit naguères aux habitants de Sodome : « Voici mes deux filles qui n'ont point connu de mari. » Comme l'Écriture rapporte ici qu'il eut des gendres, quelques-uns pensent que ses filles mariées restèrent à Sodome, que quittèrent avec lui celles qui étaient vierges. Ce n'est point là ce que dit l'Écriture, qu'il faut voir dans la vérité du texte hébreu : « Lot sortit, et parla aux époux, qui devaient être unis à ses filles. » Celles-ci étaient donc encore vierges, elles n'avaient pas été mariées.

« Il lui dit : voilà que j'ai contemplé ta face. » *Ibid.* 21. L'hébreu porte : « Voilà que j'ai accueilli ta face ; » c'est-à-dire, « j'acquiesce à tes prières. » Symmaque traduit ainsi d'après le sens : *ἰδοὺ ἐδυσωπήθην τὸ πρόσωπόν σου.*

« Et voilà que la flamme s'élevait au-dessus de la terre comme la vapeur d'une fournaise. » *Ibid.* 28. Nous lisons dans l'hébreu : « Voilà que montait ciron (קיטר), comme ἀναθυμίασις; de la fournaise, ce que nous pouvons rendre par *la vapeur,* ou *la fumée,* ou *les étincelles.*

« Lot monta hors de Ségor, et s'assit sur la montagne ; ses deux filles étaient avec lui. Il avait craint de s'arrêter dans Ségor. » *Ibid.* 30. On se demande pourquoi, après avoir d'abord préféré fuir à Ségor que dans la montagne, et voulu y établir sa demeure, il émigre maintenant de Ségor vers la montagne. La vérité est, répondrons-nous, que, selon la tradition des Hébreux, Ségor fut primitivement appelée *Balé* et dans la suite *Salisa,* parce qu'elle était fréquemment bouleversée par les tremblements de terre ; aussi Lot se dit-il en sa crainte : Puisque cette ville a été souvent renversée, alors que les autres demeuraient intactes, à plus forte raison ne pourra-t-elle pas maintenant échapper à la ruine commune. Son union illégitime avec ses filles fut sans doute l'origine de ce changement de résolution. Il avait vu détruire les autres villes, et quoique celle-ci fût debout, il se reconnaissait indigne du secours de Dieu ; ne devait-il pas douter de ce qui lui avait été promis. On dit bien, pour excuser les filles, que leur conviction était que le genre humain était absolument détruit, quand elles avaient consenti à partager sa couche ; mais cela n'excuse point le père. Enfin, les mots qui suivent : « Et il ne sut pas qu'il avait dormi avec elles, ni quand il s'était éveillé de ce sommeil, » *Ibid.* 35, le texte hébreu les pointe par-dessus, en ce

« Et locutus est ad generos suos, qui acceperant filias ejus. » *Genes.* XIX, 14. Quia postea duæ filiæ Lot virgines fuisse dicuntur, de quibus et ipse dudum ad Sodomæos dixerat : « Ecce duæ filiæ meæ, quæ non cognoverunt virum, » et nunc Scriptura commemorat eum habuisse generos ; nonnulli arbitrantur illas, quæ viros habuerunt, in Sodomis remansisse, et eas exisse cum patre, quæ virgines fuerunt. Quod cum Scriptura non dicat, Hebræa veritas exponenda est, in qua scribitur : « Egressus est Lot, et locutus est ad sponsos, qui accepturi erant filias ejus. » Necdum igitur virgines filiæ matrimonio fuerant copulatæ.

« Et dixit ei : Ecce admiratus sum faciem tuam. » *Genes.* XIX, 21. In Hebræo habet : « Ecce suscepi faciem tuam ; » id est, « acquiesco precibus tuis. » Quod Symmachus *secundum sensum* interpretans ait : *ἰδοὺ ἐδυσωπήθην τὸ πρόσωπόν σου.*

« Et ecce ascendebat flamma de terra quasi vapor fornacis. » *Genes.* XIX, 28. Pro quo legimus in Hebræo : « Ecce ascendebat citon (קיטר), » quasi ἀναθυμίασις; fornacis : quod nos vaporem, vel *fumum,* sive *favillam* possumus dicere.

« Et ascendit Lot de Segor, et sedit in monte ; et duæ filiæ ejus cum eo. Timuit enim sedere in Segor. » *Genes.* XIX, 30. Quæritur quare cum primum fugæ montis Segor prætulerit, et eam in habitaculum suum voluerit liberari, nunc de Segor rursum ad montem migret ? Respondebimus veram esse illam Hebræorum conjecturam de Segor, quod frequenter terræ motu subruta, *Bale* primum, et postea *Salisa* appellata sit ; timueritque Lot, dicens : Si cum cæteræ adhuc urbes starent, ista sæpe subversa est ; quanto magis nunc in communi ruina non poterit liberari ? Et ob hanc occasionem infidelitatis, etiam in filias coitus dedisse principium. Qui enim cæteras viderat subrui civitates, et hanc stare, seque Dei auxilio erutum ; utique de eo, quod sibi concessum audierat, ambigere non debuit. Illud igitur, quod pro excusatione dicitur filiarum, eo quod putaverint defecisse humanum genus, et ideo cum patre concubuerint, non excusat patrem. Denique Hebræi, quod sequitur :

« Et nescivit cum dormisset cum eo, et cum surrexisset ab eo *(a),* » *Genes.* XIX, 35, appungunt desu-

(a) *Appungunt desuper,* etc. Plures mss. codices Hebræos curiosius inspexi ; sed nihil in eis reperire potui quo juvaretur intelligentia hujus loci. Erasmus de suo illustratum voluit : *Appungunt desuper,* addunt desuper, significantes id divinitus factum, ut Lot non sentiret concubitum. Verum nec hoc verbum habetur in nostra editione. Hæc Erasmus in locum difficillimum, quem Marianus omnino prætermisit. Mss. codices Latini pro *appungunt desuper,* legunt diverso modo, *adjungunt desuper,* vel *appensant desuper.* Sive igitur intelligamus puncta fuisse superposita verbis hisce Scripturæ, *Et nescivit,* etc. sive ipsa verba fuisse addita in superiore parte contextu sacri et extra seriem reliquorum verborum, quocumque modo id factum credatur, rem incredibilem Hebræi significare voluerunt tam ex punctis, quam ex situ verborum. MARTIAN.

que c'est une chose incroyable et au-dessus de notre intelligence, qu'un homme puisse cohabiter avec une femme sans le savoir.

« Les deux filles de Lot conçurent de leur père, et l'aînée mit au monde un fils, à qui elle donna le nom de Moab. C'est le père des Moabites qui existent encore. La plus jeune aussi mit au monde un fils, à qui elle donna le nom d'Ammon, c'est-à-dire fils de mon peuple. C'est le père des Ammonites. » *Ibid.* 36 *et seqq.* Moab se traduit par *du père*, et le nom tout entier ressort à l'étymologie. Ammon, dont c'est comme la cause du nom, qui se rend par *fils de ma race*, et mieux, selon l'hébreu (עמי), *fils de mon peuple*, est ainsi dérivé, qu'une partie du mot en rappelle le sens et l'autre l'étymologie ; *Ammi*, qui a donné son nom aux Ammonites, veut dire *mon peuple*.

« Elle est vraiment ma sœur du côté du père, mais non du côté de la mère. » *Genès.* xx, 12. C'est-à-dire qu'elle est la fille de son frère Aran, et non pas de sa sœur. L'hébreu porte : « Elle est vraiment ma sœur, fille de mon père, et non fille de ma mère. » Dans ce dernier texte, il s'agit de parenté réelle de frère à sœur. Nous pouvons dire, à la décharge d'Abraham, que de semblables unions n'étaient pas encore prohibées à cette époque.

« Et Sara vit le fils, né à Abraham d'Agar l'Egyptienne, jouer. » *Genès.* xxi, 9. Ce qui suit : « Avec Isaac son fils, » n'est pas dans l'hébreu. Les Hébreux éclaircissent ce point de deux manières : Ou Ismaël avait fabriqué une idole en s'amusant, selon ce qui est écrit ailleurs : « Le peuple s'assit pour manger et pour boire, et se leva ensuite pour jouer ; » *Exod.* xxxii, 6 ; ou, plus âgé qu'Isaac, il revendiquait dans leurs jeux les privautés du premier-né. Sara ne supporta point de telles prétentions, comme le montrent ses paroles : « Renvoyez cette servante avec son fils. L'enfant de la servante ne doit pas être héritier avec mon fils Isaac. » *Ibid.* 10.

« Il prit des pains et une outre d'eau, qu'il plaça sur l'épaule d'Agar, à laquelle il remit son fils, et il la renvoya. » *Ibid.* 14. Quand Isaac naquit, Ismaël avait treize ans ; et celui-ci est chassé de la maison avec sa mère, après le sevrage du premier. De là deux opinions chez les Hébreux, les uns affirmant que le temps établi pour sortir du giron de la nourrice était de cinq ans, les autres qu'il était de douze. Arrêtons-nous au chiffre le plus petit, nous trouvons qu'Ismaël était âgé de dix-huit ans quand il fut chassé avec sa mère, et à cet âge il ne convient pas qu'un fils soit porté sur les épaules maternelles. En réalité, il est dans le génie de la langue hébraïque, que tout fils soit appelé enfant et petit, relativement à ses parents. Et ne nous étonnons pas de ce qu'une langue étrangère a ses caprices, lorsque maintenant encore à Rome tous les fils sont appelés enfants. Abraham mit donc les pains et l'outre sur l'épaule d'Agar ;

per, quasi incredibile, et quod rerum natura non capiat, coire quempiam nescientem.

« Et conceperunt duæ filiæ Lot de patre suo, et genuit primogenita filium, et vocavit nomen ejus Moab. Iste est pater Moabitarum usque in hanc diem. Et minor, et ipsa peperit filium, et vocavit nomen ejus Ammon, id est, filius populi mei. Ipse est pater filiorum Ammon. » *Genes.* xix, 36 *et seqq.* Moab interpretatur, *ex patre;* et totum nomen etymologiam habet. Ammon vero, cujus quasi causa nominis redditur, *filius generis mei*, sive ut melius est in Hebræo (עמי), *filius populi mei*, sic derivatur, ut ex parte sensus nominis, ex parte ipse sit sermo ; AMMI enim, a quo dicti sunt Ammonitæ, vocatur *populus meus*.

« Etenim vere soror mea est de patre, sed non ex matre. » *Genes.* xx, 12. Id est, fratris ejus est Aran filia, non sororis. Sed quia in Hebræo habet : « vere soror mea est, filia patris mei, et non filia matris meæ ; » et magis sonat, quod soror Abrahæ fuerit, in excusationem ejus dicimus, necdum illo tempore tales nuptias lege prohibitas.

« Et vidit Sara filium Agar Ægyptiæ, quem peperit [al. *pepererat*] Abraæ, ludentem ; » *Genes.* xxi, 9 ; quod sequitur, « cum Isaac filio suo, » non habetur in Hebræo. Dupliciter itaque hoc ab Hebræis exponitur ; sive quod idola ludo fecerit, juxta illud quod alibi scriptum est : « Sedit populus comedere et bibere, et surrexerunt ludere ; » *Exod.* xxxii, 6 ; sive quod adversum Isaac, quasi majoris ætatis, joco sibi et ludo primogenita vendicaret. Quod quidem Sara audiens, non tulit ; et hoc ex ipsius approbatur sermone dicentis : « Ejice ancillam hanc cum filio suo. Non enim hæres erit filius ancillæ cum filio meo Isaac. » *Ibid.* 10.

« Et sumpsit panes et utrem aquæ, et dedit Agar, ponens super humerum ejus, et parvulum, et dimisit eam. » *Genes.* xxi, 14. Quando Isaac natus est, tredecim annorum erat Ismael. Et post ablactationem ejus, iste cum matre expellitur domo. Inter Hebræos autem varia opinio est, asserentibus aliis, quinto anno ablactationis tempus statutum, aliis duodecimum annum vendicantibus. Nos igitur ut breviorem eligamus ætatem, post decem et octo annos Ismael supputavimus ejectum esse cum matre, et non convenire jam adolescenti matris sedisse cervicibus. Verum est igitur illud Hebræorum linguæ idioma, quod omnis filius ad comparationem parentum, in-

après quoi, il donna l'enfant à la mère, c'est-à-dire le remit en ses mains, le lui recommanda, et c'est ainsi qu'il les congédia de sa maison. L'Écriture dit plus bas :

« Elle déposa l'enfant sous un buisson, et, s'en allant, elle s'assit à l'écart, en lui tournant le dos, à un jet de flèche de distance, se disant : Je ne verrai point la mort de mon enfant. Aussi lui tourna-t-elle le dos. » *Ibid.* 13, 16. On lit immédiatement après : « L'enfant cria et pleura, et Dieu entendit la voix de l'enfant venue du lieu où il était. « Un ange de Dieu dit à Agar du haut du ciel, » et le reste. Que personne ne s'étonne de ce passage. Dans l'hébreu, après ces mots : « Je ne verrai point la mort de mon enfant, » on lit qu'Agar, s'étant assise en tournant le dos à son fils, éleva la voix et pleura, et que Dieu entendit la voix de l'enfant. En effet, dans les pleurs de la mère, déplorant la mort pitoyable de son fils, Dieu entendit la voix de cet enfant lui-même, au sujet duquel il avait fait à Abraham la promesse suivante : « Je changerai le fils de ta servante en une grande nation. » *Genès.* XVII, 20. D'ailleurs, Agar ne pleurait pas sur sa propre mort, mais sur celle de son fils. Dieu épargna celui que ces larmes avait pour objet. Enfin, il est dit plus loin : « Lève-toi, et prends ton enfant par la main. » *Genès.* XXI, 18. Il est évident par là que celui que la mère tenait par la main ne lui avait point été un fardeau, mais un compagnon de route. Cette action d'Agar de le tenir par la main montre toute la sollicitude maternelle.

« Abiméléch, Ochozath, qui avait présidé à son mariage, et Phicol, chef de son armée, dirent. » *Ibid.* 22. Hors, Abiméléch et Phicol, l'autre nom qu'on lit ici n'est pas dans le volume hébreu.

« Il dit : Tu recevras de moi ces sept brebis, afin qu'elle rendent témoignage que j'ai creusé ce puits. » *Ibid.* 30. Aussi donna-t-il à ce lieu le nom de *puits du serment*, parce que tous deux firent serment. Au lieu de *puits du serment*, l'hébreu dit *Bersabée* (באר שבע). On trouve deux raisons de ce nom : ou parce qu'Abiméléch y reçut d'Abraham sept agneaux, puisque *sept* se dit SABÉE ; ou parce q[...] firent serment, parce que SABÉE signifie également serment. Que si nous trouvons ce nom dans l'Écriture avant cet événement, n'oublions pas qu'il a été employé par prolepse, de même que Béthel et Galgala, qui avaient un nom tout autre avant de recevoir celui-ci. Il suit encore des précédents passages et de celui-ci, qu'Isaac ne naquit pas auprès du chêne de Mambré, ou dans l'Aulon de Mambré, comme le dit le texte hébreu ; il naquit en Gérara, où est encore aujourd'hui la forteresse de Bersabée. Cette province, il y a peu de temps, depuis la division des gouvernements de la Palestine, a été surnommée Salu-

fans vocetur et parvulus. Nec miremur barbaram linguam habere proprietates suas ; cum hodieque Romæ omnes filii vocentur infantes. Posuit ergo Abraham panes et utrem super humerum Agar ; et hoc facto dedit puerum matri, hoc est, in manus ejus tradidit, commendavit, et ita emisit e domo. Quod autem sequitur :

« Et projecit puerum subter abietem, et abiens sedit de contra longe, quasi jactu sagittæ. Dixit enim : Non videbo mortem parvuli mei. Et sedit contra eum. » Et statim jungitur : « Exclamavit puer, et flevit, et audivit Deus vocem pueri de loco ubi erat. Et Dixit Angelus Dei ad Agar de cœlo, » *Genes.* XXI, 15, 16, et reliqua, nullum moveat. In Hebræo enim post hoc, quod scriptum est : « Non videbo mortem parvuli mei, » ita legitur, quod ipsa Agar sederit contra puerum, et levaverit vocem suam, et fleverit, et exaudierit Deus vocem parvuli. Flente enim matre, et mortem filii miserabiliter præstolante, Deus exaudivit puerum, de quo pollicitus fuerat Abrahæ, dicens : « Sed et filium ancillæ tuæ in gentem magnam faciam. » *Gen.* XVII, 20. Alioquin et ipsa mater non suam mortem, sed filii deplorabat. Pepercit igitur et Deus, pro quo fuerat et fletus. Denique in consequentibus dicitur : « Surge et tolle puerum, et tene manum ejus. » *Gen.* XVII, 18. Ex quo manifestum est, eum qui tenetur, non oneri matri fuisse, sed comitem. Quod autem manu parentis tenetur, sollicitus monstratur affectus.

« Et dixit Abimelech et Ochozath pronubus ejus, et Phicol princeps exercitus ejus. » *Genes.* XXI, 22. Excepto Abimelech et Phicol, tertium nomen, quod hic legitur, in Hebræo volumine non habetur.

« Et dixit : Septem oves has accipies a me, ut sint in testimonium mihi, quia ego fodi puteum istum. » *Genes.* XXI, 30. Ideo cognominavit nomen loci illius *puteus juramenti*, quia ibi juraverunt ambo. Ubi hic legitur, *puteus juramenti*, in Hebræo habetur BERSABEE (באר (שבע)). Duplex autem est causa cur ita appellatus sit : sive quia septem agnas Abimelech de manu Abrahæ acceperit, *septem* enim dicuntur SABEE ; sive quod ibi juraverint, quia et *juramentum* SABEE similiter appellatur. Quod si ante hanc causam supra nomen hoc legimus, sciamus per prolepsim dictum esse ; sicut et Bethel et Galgala, quæ utique usque ad tempus quo ita appellatæ sunt, aliter vocabantur. Notandum autem et ex prioribus, et ex præsenti loco, quod Isaac non sit natus ad quercum Mambre, sive in Aulone Mambre, ut in Hebræo habetur ; sed in Geraris, ubi et Barsabee usque

taire. L'Ecriture prouve ce fait en ces mots : « Abraham habita sur la terre des Philistins. » *Ibid.* 34.

« Dieu lui dit : Prends ton fils unique Isaac, que tu chéris, vas sur la terre élevée, et offre-le en holocauste sur la montagne que je te désignerai. » *Genès.* XXII, 2. Il est difficile de traduire les nuances de l'hébreu. Nous disons élevée, et l'hébreu dit MORIA (מוריה), *lumineuse*, d'après Aquila, et *de la vision*, d'après Symmaque. Cette montagne, disent les Hébreux, est celle où plus tard fut fondé le temple, sur le plateau jébuséen d'Orna, selon qu'il est écrit dans les Paralipomènes : « Le second mois et le second jour de ce mois, ils commencèrent l'édification du temple sur le mont Moria. » II *Paral.* III, 1. On le traduit par illuminant et lumineux, parce que là sont DABIR (דביר), c'est-à-dire l'*oracle* de Dieu, et la loi, et l'Esprit-Saint, qui enseigne la vérité aux hommes, et qui inspire les prophéties.

« Il arriva le troisième jour à l'endroit que Dieu lui dit. » *Genès.* XXII, 3. Notons que de Gérara au mont Moria, siége du temple, il y a trois journées de marche ; c'est pourquoi il est dit qu'il y parvint le troisième jour. Ceux-là donc se trompent, qui croient qu'à cette époque Abraham habitait Mambré, qui est à peine séparé du mont Moria par une journée de marche.

« Abraham leva les yeux ; et voilà que derrière lui un bélier était retenu par les cornes dans des broussailles de Sabech. » *Ibid.* 13. Eusèbe d'Emisène a émis en cet endroit une interprétation ridicule : SABECH, dit-il, désigne un *bouc* qui se lève, les cornes droites, pour brouter les feuilles d'un arbre. Aquila dit à son tour συχνεῶνα, que nous pouvons rendre par ronces ou par buisson, ou, pour faire ressortir la force du mot, par broussailles serrées et inextricables. D'où Symmaque, partageant la même opinion, dit : « Un bélier lui apparut retenu par les cornes dans des rets. » Nous préférons, du moins

hodie oppidum est. Quæ provincia ante non grande tempus, ex divisione præsidum Palæstinæ (*a*), Salutare est dicta. Hujus rei Scriptura testis est, quæ ait : « Et habitavit Abraham in terra Philistinorum. » *Genes.* XXI, 34.

« Et dixit ei Deus : Tolle filium tuum unigenitum, quem diligis, Isaac, et vade in terram excelsam, et offer illum ibi in holocaustum super unum de montibus quem ego dicam tibi. » *Genes.* XXII, 2. Difficile est idioma linguæ Hebrææ in Latinum sermonem vertere. Ubi nunc dicitur, « vade in terram excelsam, » in Hebræo habet, MORIA (מוריה), quod Aquila transtulit τὴν καταφανῆ, hoc est, *lucidam*; Symmachus, τῆς ὀπτασίας, hoc est, *visionis*. Aiunt ergo Hebræi hunc montem esse in quo postea templum conditum est in area Ornæ Jebusæi, sicut et in Paralipomenis scriptum est : « Et (*b*) cœperunt ædificare templum in mense secundo, in secunda die mensis, in monte Moria. » II *Paralip.* III, 1. Qui idcirco illuminans interpretatur et lucens, quia ibi est DABIR (דביר), hoc est, *oraculum* Dei ; et Lex et Spiritus sanctus, qui docet homines veritatem, et inspirat prophetias.

« Et abiit in locum, quem dixit ei Deus, in die tertia. » *Genes.* XXII, 3. Notandum quod de Geraris usque ad montem Moria, id est, sedem templi, iter dierum trium sit, et consequenter illuc die tertio pervenisse dicatur. Male igitur sentiunt quidam, Abraham illo tempore ad quercum habitasse Mambre : cum inde usque ad montem Moria, vix unius diei iter plenum sit.

« Et elevavit Abraham oculos suos ; et ecce aries post tergum ejus tenebatur in virgulto Sabech cornibus suis. » *Genes.* XXII, 13. Ridiculam rem in hoc loco Emisenus Eusebius est locutus : *Sabech*, inquiens, dicitur *hircus*, qui rectis cornibus et ad carpendas arboris frondes sublimis attollitur. Rursum Aquila (*c*) συχνεῶνα interpretatus est, quem nos veprem possumus dicere, vel spinetum ; et ut verbi

(*a*) *Salutaris est dicta.* Cognomen est aliquot provinciarum, seu partium illarum, Macedoniæ, Phrigiæ, Galatiæ, Syriæ, Palæstinæ. Consule lib. Notitiæ. MARTIAN. — Salutaris dicta est, quæ Palæstina Tertia sub initium quinti a Christo sæculi in Cod. Theodosiano, atque in Notitia Imperii frequentius audit. Sub Salutaris vero nomine, quo *non ante grande tempus ex divisione Præsidum Palæstinæ* donatam, Hieronymus tradit, primo, quod sciam, occurrit leg. 3 Cod. Theodos. de Protostasia, quæ anno lata est 396 *Præsidi Hygiæ, Palæstinæ*, quod est, *Salutaris Palæstinæ* ; nam quod vulgo legitur *Frigiæ*, mendum scribarum esse, docti viri observarunt. Cæterum et *Bersabee* mentio est in laudata Notitia Dignitatum Imperii, ubi sub dispositione Palæstinæ primo loco recensentur *Equites Dalmatæ Illyriciani Berosabæ*.

(*b*) *Et cœperunt ædificare templum*, etc. Libro secundo Paralipomenon, cap. III, v. 1, non eodem modo legimus : ibi enim scriptum est : *Et cœpit Salomon ædificare domum Domini in Jerusalem in Monte Moria*, etc. Hinc manifestum est, nisi me fallo, Hieronymum memoriter hunc locum recitasse. MARTIAN.

(*c*) *Aquila* συχνεῶνα *interpretatus est.* Male in editis scriptum legimus συχνῶν, cum omnia exemplaria mss. retineant συχνεῶνα, a voce scilicet συχνεών inferius posita etiam in veteribus editionibus Erasmiana et Mariana. סבך *Sabech* igitur Hebræum apud Aquilam erat ὁ συχνεών, ut testatur Hieronymus, qui ejusdem nominis interpretationem genus indicat, dicens : *Quem nos veprem possumus dicere, vel spinetum*, etc. Quanta porro fuerit errorum occasio, in multis libris ex depravata lectione hujus loci, longum est enarrare ac nimis operosum. Ideo satis habemus germanam Hieronymianamque lectionem restituere. MARTIAN. — Olim ἐν συχνῷ, vel συχνεῷ, Cod. Coislinian., teste Montfauconio, qui et sinceriorem hanc et pleniorem Aquilæ lectionem petit, ἐν συχνεῶνι, ἐν κέρασιν αὐτοῦ. E mss. Reginæ, alter vetustissimus ΣΥΧΝΗΩΝΑΝ, et consequenter infra CYXNHΩNA, ubi saltem H in E mutandum liquet. Cæterum συχνεῶνα scripserit Hieronymus, ut Aquilæ verbum suo aptaret contextui.

en cet endroit, l'interprétation des Septante et de Théodotion, qui ont conservé le nom même de SABECH (סבך), disant : « Par les cornes dans des branches de Sabech. » Le σύχνεον ou rets d'Aquila et de Symmaque s'écrit par SIN (ש), tandis qu'il y a ici la lettre SAMECH (ס). Le mot *sabech*, évidemment, ne répond pas à branches serrées et à broussailles enchevêtrées à la manière des rets ; il est le nom lui-même d'un buisson ainsi appelé en hébreu. Toutefois, des recherches minutieuses m'ont fait découvrir que σύχνεον s'écrit souvent par SAMECH (ס).

« Abraham donna à ce lieu le nom : Le Seigneur voit; si bien qu'on dit maintenant en proverbe : Sur la montagne, le Seigneur voit. » *Ibid.* 14. Au lieu de *voit*, le texte hébreu écrit *verra*. Ceci est passé en proverbe chez les Hébreux, et, lorsqu'ils éprouvent quelque misère et qu'ils désirent en être soulagés par le secours divin, ils disent : « Sur la montagne, le Seigneur verra ; » c'est-à-dire, comme il eut pitié d'Abraham, il aura pitié de nous. D'où encore, en souvenir du bélier donné, ils ont, jusqu'à nos jours, conservé la coutume de sonner dans des cornes.

« Ils l'annoncèrent à Abraham en ces mots : Voilà que Melcha elle-même a enfanté des fils à ton frère Nachor : Us, son premier-né, et Buz, frère d'Us, et Camuel, père des Syriens, et Cased. » *Ibid.* 20. Us fut le premier enfant que Nachor, frère d'Abraham, eut de son épouse Melcha, fille d'Aran ; de cette souche descendait Job, comme c'est écrit au commencement de son livre : « Il y eut dans la terre de Us un homme du nom de Job. » Certains pensent donc à tort que Job était de la race d'Esaü, puisque les textes hébreux ne portent pas ce qu'on lit à la fin du livre : « Parce qu'il a été traduit de la langue syriaque et qu'il est le quatrième descendant d'Esaü, » et le reste qu'on y trouve. Le second enfant de Melcha est Buz, que les Septante ont voulu écrire BAUZ. De sa race est ce devin Balaam. *Num*, XXIV, 3 *et seqq.*; *Jos.* XIII, 22, qui, selon la tradition des Hébreux, est

vim interpretemur, condensa et inter se implexa virgulta. Unde et Symmachus in eamdem ductus opinionem : « Et apparuit, ait, aries post hoc retentus in rete cornibus suis. » Verum quibusdam, in hoc duntaxat loco, melius videtur interpretati esse Septuaginta et Theodotio, qui ipsum nomen SABECH (סבך) posuerunt, dicentes : « In virgulto sabech cornibus suis. » Etenim σύχνεον, sive rete, quod Aquila posuit et Symmachus, per SIN (ש) litteram scribitur; hic vero (ס) SAMECH littera posita est; ex quo manifestum est non interpretationem stirpium condensarum, et in modum retis inter se virgulta contexta verbum *Sabech*, sed nomen (a) sonare virgulti, quod ita Hebraice dicitur. Ego vero diligenter inquirens, σύχνεονα per SAMECH (ס) litteram scribi crebro reperi.

« Et vocavit Abraham nomen loci illius, Dominus videt; ut dicant hodie, in monte Dominus videt. » *Genes.* XXII, 14. Pro eo quod hic habet *videt*, in Hebræo scriptum est, *videbitur*. Hoc autem apud Hebræos exivit in proverbium, ut si quando in angustia constituti sunt, et Domini optant auxilio sublevari, dicant : « In monte Dominus videbitur; » hoc est, sicut Abrahæ misertus est, miserebitur et nostri. Unde et in signum dati arietis solent etiam nunc cornu clangere.

« Et nuntiaverunt Abraham, dicentes : Ecce peperit Melcha et ipsa filios Nachor fratri tuo; Us primogenitum ejus, et Buz fratrem ejus, et Camuel patrem Syrorum, et Cased. » *Genes.* XXII, 20. Primogenitus Nachor fratris Abraham de Melcha uxore ejus filia Aran, natus est Us : de cujus stirpe Job descendit, sicut scriptum est in exordio voluminis ejus : « Vir fuit in terra Us, nomine Job. » Male igitur (b) quidam æstimant, Job de genere esse Esau, siquidem illud quod in fine libri ipsius habetur : « Eo quod de Syro sermone (c) translatus est, et quartus sit ab Esau, » et reliqua, quæ ibi continentur, in Hebræis voluminibus non habentur. Secundus natus est de Melcha Buz, quem Septuaginta *Bauz* transferre voluerunt. Et ex hujus genere est Balaam ille divinus. *Num.*

(a) Diodorus in Catenis, ab eodem Montfauconio laudatis, τὸ ἐν φυτῷ οὐκ ἔχει ὁ Σύρος· μόνον δὲ τὸ Σαβέκ· τοῦτο δὲ τὸ ὄνομα τοῦ φυτοῦ εἶναι νομίζω. Τοῖς δὲ Ἑβραίοις δοκεῖ τὸ Σαβὲκ ἄφεσιν σημαίνειν. *Syrus non habet, in virgulto, sed tantum, Sabec. Hoc autem nomen esse virgulti existimo. Hebræi putant, Sabec significare remissionem.*

(b) Ex his Græcos plerosque Patres enumerat in Epist. 73 ap Evangel. n. 2, qui Jobum *non fuisse de genere Levi, sed de stirpe Esau* contendebant : iisque addi possunt Athanasius in Synopsi, Chrysostomus homil. 2 de patientia, Augustinus de Civit. Dei lib. XVIII, c. 47, atque alii sane multi sequioris ævi, Græci pariter ac Latini. Hieronymus ex Hebræorum partibus stat, qui, ut ipse ait infra in cap. Genes. XXXVI. *Contendunt de Nachor eum (Job) stirpe generatum* : et huic opinioni calculum addunt, qui Hieronymum [illegible] describunt recentiores [illegible], seu quicumque ille est auctor libri *de vita et obitu Patrum*, [illegible] Beda, sive quis alius in Job. [illegible], Lyranus denique, et [illegible] alios præterreum. Quid tamen pro certo constitui debeat, non satis exploratum est. Vide quæ in [illegible] Epist. 73 annotavimus p. 439, not. *c tabis col.* 677, *vol. d*). Ipsum quoque additamentum in fine libri Job, quod tradit in Hebraicis voluminibus non haberi, Theodotio exhibet, ex quo pałmare argumentum desumunt ii, quibus opposita sententia persuasit. Memorant et Aristeas, et Philo, et Polyhistor, apud Euseb. Præparat. Evang. lib IX, c. 25. Olympiodorus denique in Catenis, et Origenes Epist. ad Africanum. (*Edit. Migne.*)

(c) *Et quod de Syro sermone*, etc. Consule librum Job juxta LXX, qui nunc editus est in Bibliotheca divina S. Hieronymi, parte secunda I Tom. editionis nostræ. MARTIAN.

le même que *Eliu,* du livre de Job : d'abord saint homme et prophète de Dieu, la désobéissance et le désir des présents, qui le poussent à maudire Israël, lui valent le nom de devin. Il est dit en ce même livre : « Dans sa colère, Eliu, fils de Barachiel le Buzite, » *Job.* XXXII, 2, sans doute parce qu'il descendait de Buz. Quant à Camuel, il est le père des Damascènes. En effet, là où notre texte dit Syriens, l'hébreu porte ARAN, et la Syrie est également désignée sous ce vocable dans Isaïe. Du nom du quatrième enfant Chased est venu celui de *Chasdim,* dont on fit ensuite *Chaldéens.*

« Sara mourut dans la cité d'Arboc, qui est dans une vallée ; cette ville est la même que Chébron, sur la terre de Chanaan. » *Genès.* XXXII, 2. On ne trouve pas ces mots : « Qui est dans la vallée, » dans les recueils authentiques. Le nom lui-même de la cité d'Arboc a été peu à peu défiguré par les lecteurs et les copistes. Il ne faut pas croire que les Septante aient pu dénaturer eux-mêmes et corrompre un nom de ville hébraïque. *Arboc* n'a aucun sens. Elle s'appelait ARBÉE (ארבע), c'est-à-dire *quatre,* parce qu'Abraham, Isaac et Jacob y furent ensevelis après Adam, le premier père du genre humain, ce qui est clairement prouvé par le livre de Josué.

« Ecoutez-nous, Seigneur, vous êtes notre roi par la volonté de Dieu, ensevelissez votre mort dans notre sépulcre choisi. » *Ibid.* 6. Pour roi, l'hébreu porte *prince* ou *chef,* puisque NASI (נשיא) ne répond pas à *roi,* mais à *chef.*

« Abraham écouta Ephron, et Abraham donna à Ephron le poids d'argent qui avait été dit aux oreilles des fils d'Heth. » *Ibid.* 16. En hébreu, le premier nom est écrit EPHRON et le second EPHAN. Après qu'il eût été vaincu par la cupidité, au point de vendre le sépulcre à prix d'argent, quoiqu'Abraham le pressât d'accepter, la lettre *vau,* qui chez les Hébreux se lit pour O, fut enlevée de son nom, qui devint EPHRAN, l'Ecriture voulant montrer que cet homme n'était pas d'une vertu irréprochable et parfaite, puisqu'il put se résoudre à vendre les monuments des morts. Que ceux-là donc qui trafiquent des sépulcres, et, loin d'être pressés d'en recevoir le prix, l'extorquent à des acheteurs forcés, sachent bien que leur nom est changé et qu'ils perdent tout mérite s'ils en ont, puisque cet Ephron, qui avait reçu l'argent malgré lui, est secrètement puni par ses remords.

« Le serviteur posa sa main près de la cuisse

XXIV, 3 *et seqq.*; *Jos.* XIII, 22 (*a*), ut Hebræi tradunt, qui in libro Job dicitur *Eliu*; primum vir sanctus, et prophetes Dei, postea per inobedientiam et desiderium munerum, dum Israel maledicere cupit, divini vocabulo nuncupatur; diciturque in eodem libro : « Et iratus Eliu filius Barachiel Buzites, » *Job.* XXXII, 2, de hujus videlicet Buzi radice descendens. Camuel vero pater est Damasci. Ipsa enim vocatur *Aram,* quæ hic pro Syria scripta est; et ipso nomine legitur in Isaia. *Chased* quoque quartus est, a quo *Chasdim,* id est, *Chaldæi* postea vocati sunt.

« Et mortua est Sara in civitate Arboc, quæ est in valle; hæc est Chebron, in terra Chanaan. » *Genes.* XXXII, 2. Hoc quod hic positum est, « quæ est in valle, » in authenticis codicibus non habetur. Nomen quoque civitatis *Arboc* paulatim a scribentibus legentibusque corruptum est. Neque enim putandum, Septuaginta Interpretes (*b*) nomen civitatis Hebrææ, barbare atque corrupte, et aliter quam in suo dicitur, transtulisse. *Arboc* enim nihil omnino significat. Sed dicitur ARBEE (ארבע), hoc est *quatuor,* quia ibi Abraham, et Isaac, et Jacob conditus est : et ipse princeps humani generis Adam, ut in Jesu libro apertius demonstrabitur.

« Audi nos, Domine, rex a Deo tu es nobis, in electo sepulcro nostro sepeli mortuum tuum. » *Genes.* XXXII, 6. Pro rege *principem* habet in Hebræo, sive *ducem,* NASI (נשיא) quippe non *rex,* sed *dux* dicitur.

« Et audivit Abraham Ephron, et appendit Abraham Ephron argentum, quod locutus est in auribus filiorum Heth. » *Genes.* XXXII, 16. In Hebræo sicut hic posuimus, primum nomen ejus scribitur EPHRON, secundum EPHRAN. Postquam enim pretio victus est, ut sepulcrum venderet argento, licet cogente Abraham, *vau* littera, quæ apud illos pro o legitur, ablata de ejus nomine est; et pro EPHRON appellatus est EPHRAN, significante Scriptura, non eum fuisse consummatæ perfectæque virtutis, qui potuerit memorias vendere mortuorum. Sciant igitur, qui sepulcra venditant, et non coguntur, ut accipiant pretium, sed a nolentibus quoque extorquent, immutari nomen suum, et perire quid de merito eorum, cum etiam ille reprehendatur occulte, qui invitus acceperit.

« Et posuit servus manum suam sub femore Abrahæ domini sui, et juravit ei super verbo hoc. » *Genes.* XXIV, 9. Tradunt Hebræi, quod in sanctificatione ejus, hoc est, in circumcisione juraverit. Nos autem dici-

(*a*) Dissentire videntur Thalmudistæ Synedrin fol. 105, qui ex Booz et Ruth Balaam genitum referunt, quamquam id minime patiatur opinari temporum ratio. Hieronymi autem ævo hæc plane erat Hebræorum opinio, quæ et occurrit inter Apophthegmata Joannis Amorhæi, qui eodem quo Hieronymus sæculo floruisse dicitur. Ex eorum itaque sententia alterum quoque loquitur, scilicet eumdem esse Balaamum et Eliu, cum e contrario constet, Eliu prophetam fuisse, et religiosum, tametsi gloriæ cupidum, interdum et iracundum et nimium sibi tribuentem : Balaamum vero impium hominem, idolorum cultorem, et [illegible] pretio addictum.

(*b*) *Putavisse Septuaginta Interpretes,* etc. Laudat atque defendit LXX Translatores Hieronymus ubi testis conscientia patitur ; eosdem vero castigat frequenter ob multos errores manifestos, quos utique veritatis indagator et assertor numquam tacitus prætermittit. MARTIAN.

de son maître Abraham, et il lui prêta serment en cette parole. » *Genès.* XXIV. Les Hébreux rapportent qu'il prêta serment en sa sanctification, c'est-à-dire en sa circoncision. Nous disons, nous, qu'il prêta serment en la descendance d'Abraham, c'est-à-dire en Jésus-Christ, qui devait naître de lui, selon l'expression de l'évangéliste saint Matthieu : « Livre de la génération de Jésus-Christ, fils de David, fils d'Abraham. » *Matth.* I, 1.

« L'homme porta une boucle d'oreille du poids de deux drachmes, *Genès.* XXIV, 22 ; BACÉ (בקע), écrit en cet endroit à la place de *deux drachmes*, est une demi-once ; le SÉCEL (שקל), devenu par corruption le mot latin *sicle*, a le poids d'une once.

« Voilà que je m'arrête au-dessus de la fontaine, et les filles des hommes sortiront pour puiser de l'eau ; et il y aura une vierge à qui je dirai : Donnez-moi à boire un peu d'eau de votre cruche. » etc. *Ibid.* 43. L'hébreu écrit : « Voilà que, me tenant à côté de la fontaine, il se trouvera une jeune fille, qui sortira pour y puiser ; et je lui dirai : Donnez-moi à boire un peu d'eau de votre cruche, » et la suite. Où nous disons *jeune fille*, en grec νεᾶνις, il y a ALMA (עלמה), nom qui se trouve également dans Isaïe. Là où nos recueils écrivent : « Voilà qu'une vierge concevra et enfantera, » *Isa.* VII, 14, Aquila traduit : « Voilà qu'une jeune fille concevra et enfantera, » et l'hébreu porte : « Voilà qu'une *alma* concevra et enfantera. » Notons que le mot *alma* ne se dit jamais que d'une vierge, et qu'il a pour étymologie *cachée*. Il est écrit dans le livre de Job : « D'où la sagesse serat-elle trouvée ? Et quel est le lieu de l'intelligence ? elle sera cachée aux yeux de tout vivant. » *Job.* XXVIII, 21. Où nous disons *elle sera cachée*, le mot est autrement figuré, à cause de la conjugaison du verbe : NAALMA (נעלמה). Quelque chose de pareil, quoique décliné au genre masculin, est écrit également dans le livre des Rois, de la personne d'Elisée parlant à Giézi : « Et le Seigneur cache loin de moi. » IV *Reg.* IV, 27. Ainsi ALMA, qui se traduit par *cachée*, c'est-à-dire vierge gardée avec la plus grande diligence, me paraît être plus élevé que vierge simplement. On peut être vierge, selon l'Apôtre, de

mus, jurasse eum in semine Abrahæ, hoc est, in Christo, qui ex illo nasciturus erat, juxta Evangelistam Matthæum, loquentem : « Liber generationis Jesu Christi filii David, filii Abraham. » *Matth.* I, 1.

« Et tulit vir inaurem auream, didrachmum pondus ejus. » *Genes.* XXIV, 22. BACE (בקע), quod in hoc loco pro *didrachmo* scribitur, semiuncia est ; SECEL (שקל) vero qui Latino sermone *siclus* corrupte appellatur (*a*), unciæ pondus habet.

« Ecce ego sto super fontem aquæ, et filiæ hominum civitatis egredientur ad hauriendam aquam ; et erit virgo, cui ego dixero : da mihi bibere paululum aquæ de hydria tua, etc. » *Genes.* XXIV, 43. In Hebræo scriptum est : « Ecce ego stans juxta fontem aquæ, et erit adolescentula, quæ egredietur ad hauriendum ; et dixero ei : da mihi bibere paululum aquæ de hydria tua, » et cætera. Pro *adolescentula* quoque, quæ Græco sermone νεᾶνις dicitur, ibi legimus (*b*) ALMA (עלמה), quod quidem et in Isaia habetur. Nam in eo loco ubi in nostris codicibus scriptum est : « Ecce virgo concipiet, et pariet, » *Isa.* VII, 14, Aquila transtulit : « Ecce adolescentula concipiet, et pariet. » In Hebræo legitur : « Ecce alma concipiet, et pariet. » Notandum ergo (*c*), quod verbum *alma*, numquam nisi de virgine scribitur, et habet etymologiam, ἀπόκρυφον, id est, *abscondita*. Scriptum siquidem est in Job : « Sapientia unde invenietur ? Et quis locus intellectus ? et abscondetur ab oculis omnis viventis. » *Job.* XXVIII, 21. Ubi nunc diximus, *abscondetur*, in Hebræo propter declinationem verbi aliter figuratum, NAALMA (נעלמה) dicitur. Huic quid simile, licet masculino genere declinetur, et in Regnorum

(*a*) Equidem rescribi malim *semiunciæ* ; quandoquidem ex ipso constat Hieronymo, Siclum quatuor drachmis æquivalere, octo vero drachmas unciam conficere. In Comment. in Ezechiel. cap. IV, *Siclus*, inquit, *id est, stater quatuor drachmas habet, drachmæ autem octo Latinam unciam faciunt.* Et Josephus lib. III Antiquitt. cap. 9, Siclum pendere quatuor drachmas Atticas, hoc est, semiunciam profitetur. Denique notissimum illud Fanii :

Uncia fit drachmis bis quatuor, unde putandum
Grammata dicta, quod hæc viginti quatuor in se
Uncia habet, tot enim formis vox nostra notatur,
Horis quot mundus peragit noctemque diemque.

Attamen nihil muto absque mss. suffragio, et maxime cum ita scriptum memoriæ lapsu ab Hieronymo putem, aut certe, si librariorum culpa sit, jamdiu olim obtinuerit. Quippe ita in Hieronymianis codicibus legit Isidorus quoque Origin. lib. XVI, c. 24 : *Secel qui Latino sermone siclus corrupte appellatur, Hebræum nomen est, habens apud eos Unciæ pondus.* (Edit. Migu.)

(*b*) Hic sane primam A geminant, alii præterea aspirant. Vide librum contra Helvidium num. 4. et in propositum Isai. locum Commentarios.

(*c*) *Quod verbum alma*, etc. Idipsum cum affirmarem adversus Doctorem Hebræum nomine Moysem, respondit ille, Proverbiorum capite trigesimo legi nomen *Alma*, quod mulieri adulteræ tribuatur. Sed hujus erroris facilis confutatio est ex ipso Hebraico contextu, ubi בעלמה *bealma* separatum legitur puncto silouc, ab iis quæ dicuntur de muliere adultera. Vera est ergo Hieronymiana annotatio, *verbum alma numquam nisi de virgine scriptum in sacris codicibus*. MARTIAN.

corps sans l'être d'esprit, tandis que celle qui est cachée et vierge à la fois a quelque chose de plus que la virginité, en ce qu'elle la possède en réalité et en secret. Celle qui est cachée est nécessairement vierge, d'après l'idiome de la langue hébraïque; tandis que celle qui est vierge peut n'être pas cachée. Nous lisons ce même mot dans l'Exode, *Exod.* II, 8, à propos de Marie, sœur de Moïse. Que les Juifs trouvent donc dans les Ecritures un passage, un seul, où le mot ALMA ait simplement le sens de *jeune fille*, et non de *vierge* absolument; et nous leur accorderons que ces mots d'Isaïe : « Voilà qu'une vierge concevra et enfantera, » ne désignent pas une vierge cachée, mais seulement une jeune fille déjà mariée.

« Ils renvoyèrent Rébecca sa sœur, et ses biens, et le serviteur d'Abraham, et les gens qui étaient avec lui. » *Ibid.* 59. Il y a dans l'hébreu : « Ils renvoyèrent Rébecca sa sœur, et sa nourrice, et le serviteur d'Abraham, et ses hommes. » Il convenait qu'une vierge partant pour se marier loin de la présence de ses parents, eût au moins les consolations de sa nourrice.

« Lui-même habitait sur la terre de l'Auster, et Isaac sortit pour se promener dans la campagne, vers le soir. » *Ibid.* 62, 63. La terre de l'Auster désigne Gérara, d'où il avait été autrefois amené par son père pour être immolé. Au lieu de ces mots : « Il sortit, afin de se promener dans la campagne, » ce qui se dit en grec ἀδολεσχῆσαι, on lit dans l'hébreu : « Isaac sortit, afin de parler dans le champ, sur le déclin du jour. » Cela signifie que, comme le Seigneur priait seul sur la montagne, de même Isaac, qui fut une figure du Seigneur, était, en homme juste, sorti de sa demeure pour prier; et soit à la neuvième heure, soit avant le coucher du soleil, il offrait à Dieu des victimes spirituelles.

« Elle prit son voile d'été, et se couvrit. » *Ibid.* 65. Ce voile d'été est une grande mante, genre de vêtement sous lequel encore les femmes de cette province se dérobent aux regards.

« Abraham s'adjoignit et prit comme épouse une femme du nom de Cétura, qui engendra Zamra, Jecsan, Madan, Madian, Jesboc et Sué. Jecsan engendra Saba et Dadan. Les fils de Dadan furent Asurim, Latusim et Laomim. Les fils de Madian furent Jéphar, Apher, Enoch, Abida et Alédéa. Tous ceux-là étaient descendants de Cétura. Abraham donna tous ses biens à Isaac. Aux fils de ses concubines, il donna des présents et les renvoya loin de son fils Isaac, pendant qu'il vivait encore dans l'Orient, vers la terre orientale. » *Genès.* XXV, 1. Le mot hébreu *Cetura* veut dire *accouplée* ou *jointe*. (Ail. *liée*.) A cause de cela, les Hébreux y voient,

libris scriptum est, ex persona Elisæi loquentis ad Giezi : « Et Dominus abscondit a me. » IV *Reg.* IV, 27. Ergo ALMA, quod interpretatur *abscondita*, id est, virgo, nimia diligentia custodita, majoris mihi videtur laudis esse, quam virgo. Virgo quippe juxta Apostolum potest esse corpore, et non spiritu. Abscondita vero, quæ virgo est, ἐπίτασιν (incrementum) virginitatis habet, ut et virgo sit, et abscondita. Et quæ abscondita est, juxta idioma linguæ Hebrææ, consequenter et virgo est; quæ autem virgo, non statim sequitur, ut abscondita sit. Hoc idem verbum et in Exodo de Maria sorore Moysi virgine legimus. *Exod.* II, 8. Ostendant igitur Judæi in Scripturis alicubi positum ALMA, ubi *adolescentulam* tantum, et non *virginem* sonet; et concedimus eis, illud quod in Isaia apud nos dicitur : « Ecce virgo concipiet, et pariet, » non absconditam virginem, sed adolescentulam significare jam nuptam.

« Et dimiserunt Rebeccam sororem suam, et substantiam ejus, et servum Abraham, et viros qui cum eo erant. » *Genes.* XXIV, 59. In Hebræo habet : « Et dimiserunt Rebeccam sororem suam, et nutricem ejus, et servum Abrahæ, et viros illius. » Decens quippe erat, ut ad nuptias absque parentibus virgo proficiscens, nutricis solatio foveretur.

« Et ipse habitabat in terra Austri; et egressus est Isaac exerceri in campo ad vesperam. » *Genes.* XXIV, 62, 63. Terra Austri, Gerarum signat, unde a patre ad immolandum quondam fuerat adductus. Quod autem ait : « Et egressus est, ut exerceretur in campo, » quod Græce dicitur, ἀδολεσχῆσαι, in Hebræo legitur : « Et egressus est Isaac, ut loqueretur in agro, inclinante jam vespera. » Significat autem secundum illud, quod Dominus solus orabat in monte, etiam Isaac, qui in typo Domini fuit, ad orationem, quasi virum justum domo egressum : et vel nona hora, vel ante solis occasum, spirituales Deo victimas obtulisse.

« Et tulit theristrum, et operuit se. » *Genes.* XXIV, 65. Theristrum pallium dicitur, genus etiam nunc Arabici vestimenti, quo mulieres provinciæ illius velantur.

« Et adjecit Abraham, et accepit uxorem, et nomen ejus Cetura; et peperit ei Zamram, et Jecsan, et Madan, et Madian, et Jesboc, et Sue. Et Jecsan genuit Saba et Dadan. Et filii Dadan, fuerunt Asurim, et Latusim, et Laomim. Et filii Madian, Jephar et Apher, et Enoch, et Abida, et Aldea. Omnes hi filii Ceturæ. Et dedit Abraham universa quæ habuit Isaac. Filiis autem concubinarum, quas habuit, dedit munera, et dimisit eos ab Isaac filio suo, cum adhuc viveret in Oriente, ad terram orientalem. » *Genes.* XXV, 1. Cetura Hebræo sermone *copulata* interpretatur, aut

sous un changement de nom, cette même *Agar* qui, après la mort de Sara, serait de concubine devenue épouse. Le grand âge, la décrépitude semble mettre Abraham à l'abri du reproche d'avoir désiré de nouveaux liens dans un but de concupiscence, dans sa vieillesse, après la mort de sa vieille épouse. Pour nous, ne nous arrêtant pas à l'incertain, nous disons que les fils d'Abraham et de Cétura, d'après les historiens hébreux, occupèrent le pays des Troglodytes et l'Arabie aujourd'hui appelée Heureuse, jusqu'aux confins de la mer Rouge. On raconte qu'un descendant d'Abraham, du nom d'*Apher*, conduisit une armée contre la Lybie, où il s'établit, après avoir vaincu les habitants ; c'est du nom de leur ancêtre que ses descendants donnèrent au pays le nom d'Afrique. Nous avons à ce sujet les témoignages d'Alexandre surnommé Polyhistor, et de Cléodème surnommé Malchus, qui ont écrit en grec l'histoire des peuples barbares. Quant à ces mots : « Les fils de Dadan furent Asurim, Latusim et Laomim, » on croit qu'*Asurim* veut dire *marchands ; Latusim, qui forgent les métaux*, l'airain et le fer ; *Laomim*, *philarques*, c'est-à-dire *princes de beaucoup de tribus* et de peuples. D'autres prétendent que les descendants de Dadan, appelés *Asurim*, sont les Syriens, et que la plupart des descendants d'Abraham et de Cétura habitèrent les régions de l'Inde.

Abraham mourut dans une vieillesse florissante, vieux, mais intact, et il fut recueilli pour son peuple. » *Ibid.* 8. A tort, il a été ajouté dans la version des Septante : « Abraham mourut de faiblesse ; » il ne convient pas à Abraham d'être affaibli ni diminué. Là où nous disons : « Dans une vieillesse florissante, vieux, mais intact, » les recueils grecs disent : « intact quant à ses jours, » c'est-à-dire plein de vie. C'est là une explication du sens : il s'en est allé plein de santé et de force pour les œuvres de la vie ; mais le sens mystique demeure tout entier, si l'on dit simplement *intact*.

« Voici les noms des fils d'Ismaël en eux-

juncta (al. *vincta*). Quam ob causam suspicantur Hebræi, mutato nomine, eamdem esse *Agar*, quæ, Sara mortua, de concubina transierit in uxorem. Et videtur decrepiti jam Abrahæ excusari ætas, ne senex post mortem uxoris suæ vetulæ, novis arguatur nuptiis lascivisse. Nos quod incertum est relinquentes, hoc dicimus, quod de Cetura nati filii Abraham (*a*), juxta historicos Hebræorum occupaverint Τρωγλοδύτην et Arabiam, quæ nunc vocatur Εὐδαίμων, usque ad maris Rubri terminos. Dicitur autem unus ex posteris Abrahæ, qui appellabatur *Apher*, duxisse adversus Libyam exercitum, et ibi, victis hostibus, consedisse : ejusque posteros ex nomine atavi *Africam* nuncupasse. Hujus rei testis est Alexander, qui dicitur Polyhistor, et Cleodemus cognomento Malchus, Græco sermone barbaram historiam retexentes. Quod autem ait : *Et filii Dadan fuerunt Asurim, et Latusim, et Laomim*; Asurim in *negotiatores* transferri putant; *Latusim*, æris ferrique *metalla cudentes*; Laomim vero φύλαρχοι, *principes multarum tribuum* atque populorum. Alii ab hoc *Asurim* vocatos, Syros esse contendunt, et a plerisque filiis Abrahæ ex Cetura occupatas Indiæ regiones.

« Et mortuus est Abraham in senectute bona, senex et plenus, et collectus est ad populum suum. » *Genes.* xxv, 8. Male in Septuaginta Interpretibus additum est, (*b*) « et deficiens Abraham mortuus est; » quia non convenit Abrahæ deficere, et imminui. Illud quoque quod nos posuimus, « in senectute bona senex et plenus, » in Græcis codicibus ponitur, *plenus dierum*. Quod cum sensum videatur exponere, eo quod luce et diei operibus plenus occubuerit; tamen ma-

(*a*) Non dubium quin præcipuum ex Hebræorum historicis Josephum intelligit, ex quo hæc transtulit fere ad verbum, Antiquitt. l. I, c. 15 : Τούτοις ἅπασι τοῖς παισὶ καὶ τοῖς υἱωνοῖς Ἀβράμος ἀποικιῶν στόλους μηχανᾶται, καὶ τήν τε Τρωγλοδύτην καταλαμβάνουσι (filii scilicet Abrahamani ex Cetura) καὶ τὴν τῆς Εὐδαίμονος Ἀραβίας, ὅσον ἐπὶ τὴν Ἐρυθρὰν θάλασσαν καθήκει. Λέγεται δὲ ὡς οὗτος ὁ Ὠφρὴν στρατεύσας ἐπὶ τὴν Λιβύην κατέσχεν αὐτὴν καὶ οἱ υἱωνοὶ αὐτοῦ, κατοικήσαντες ἐν αὐτῇ τὴν γῆν ἀπὸ τοῦ ἐκείνου ὀνόματος Ἀφρικὰν προσηγόρευσαν. Μαρτυρεῖ δέ μου τῷ λόγῳ καὶ Ἀλέξανδρος ὁ Πολυΐστωρ, λέγων οὕτως· « Κλεόδημος δέ φησιν, ὁ προφήτης, ὁ καὶ Μάλχος, ὁ ἱστορῶν τὰ περὶ Ἰουδαίων, καθὼς καὶ Μωϋσῆς ἱστόρησεν ὁ νομοθέτης αὐτῶν, ὅτι ἐκ τῆς Χατούρας Ἀβράμῳ ἐγένοντο παῖδες ἱκανοί. Λέγει δὲ αὐτῶν καὶ τὰ ὀνόματα, ὀνομάζων τρεῖς, Ἀφέραν, Σουρείμ. Ἰάφραν ἀπὸ Σουρεὶμ μὲν τὴν Ἀσσυρίαν κεκλῆσθαι· ἀπὸ δὲ τῶν δύο, Ἀφέρα τε καὶ Ἰάφρα, πόλιν τε Ἀφρὰν καὶ τὴν Χώραν Ἀφρικὰν ὀνομασθῆναι. » *Filiis his omnibus ac nepotibus Abrahamus deducendi colonias auctor fuit. Terramque occupaverunt Troglodyticam, et regionem Arabiæ Felicis, quatenus ad Rubrum mare protenditur. Dicitur autem, ut Ophren, expeditione in Lybiam suscepta, ipsam possederit ; ejusque nepotes, collocatis in ea sedibus, terram ex illius nomine Africam nuncupaverint. Hujus autem sermonis testem habeo Alexandrum Polyhistorem, dum sic loquitur, « Cleodemus vates, qui et Malchus vocatur, rerum Judaicarum historiam conderens, sicuti fecerat et Moyses Judæorum legislator, narrat Abrahamo natos fuisse plures ex Chetura liberos. Refert autem illorum etiam nomina, tres recensens, Apheram, Surim, Japhram. A Suri quidem Assyriam appellatam ; a duobus vero, Aphera, et Japhra urbem Aphram, et regionem Africam nomen accepisse. »*

(*b*) *Et deficiens Abraham mortuus est.* Vere deficit quisquis moritur, et hoc sensu superfluum videri potest verbum *deficiens* additum a LXX Interpretibus. In Hebræo est *Vajigva vajiamoth, et obiit et mortuus est.* Vide infra prolixiores meas annotationes.

MARTIAN.

mêmes et dans leurs générations. » Nabajoth, premier-né d'Ismaël, et Cédar, et les autres, jusqu'à l'endroit où il est dit : « Et ils habitèrent depuis Evila jusqu'à Sur, qui est en face de l'Egypte, sur la route de ceux qui viennent en Assyrie. Il succomba en présence de tous ses frères. » Douze fils naissent d'Ismaël. Le premier-né, Nabajoth, donne son nom à toute la région depuis l'Euphrate jusqu'à la mer Rouge, à toute cette partie de l'Arabie qui s'appelle encore de nos jours Nabathène. Toutes les familles de ce pays, les villes et les bourgs et les châteaux-forts, toutes les tribus s'enorgueillissaient du nom d'Ismaël. De l'un de ses fils et de ses descendants sont venus Cédar, dans le désert, et les noms des pays de Duma, de Théman vers le midi et de Cédéma vers l'orient. Quant à ce que nous lisons à la fin de ce verset, selon la version des Septante : « Il habita en face de tous ses frères, » *Genès.* XIII, 18, nous le croyons moins vrai que notre interprétation : « Il mourut en présence de tous ses frères ; » c'est-à-dire, il mourut entre les mains de tous ses fils, tous les descendants étant saufs, aucun n'ayant été enlevé par la mort avant lui. Les paroles de Jacob à Laban montrent clairement qu'on disait frères pour fils : « Quelle est ma faute, pour laquelle vous m'avez poursuivi, et pourquoi avez-vous fouillé tout mon bagage ? Qu'avez-vous trouvé qui appartînt aux biens de votre maison ? Qu'on place les objets en présence de vos frères et des miens, et qu'ils jugent entre nous. » Nous ne pouvons prétendre, en effet, qu'il ne s'agisse pas des enfants de Jacob et qu'il eût aucun frère avec lui.

« Son épouse Rebecca conçut, et ses fils remuaient en son sein. » *Ibid.* 21. Les Septante ont interprété ce mouvement par ἐσκίρτων, c'est-à-dire *jouaient* ou *regimbaient* ; ce qu'Aquila rend par « ses fils s'entrechoquaient en son sein ; » et Symmaque par ἐπίπλεον, c'est-à-dire « étaient portés à la surface, » à la manière d'un navire.

« Le premier sortit tout roux, comme velu de la peau. » *Ibid.* 25. Notre mot *velu* répond à l'hébreu SÉIR (שער). D'où nous lisons ailleurs qu'Esaü fut surnommé *Séir*, c'est-à-dire *velu*.

« Esaü dit à Jacob : Laisse-moi goûter de ce mets roux, je tombe en défaillance ; c'est pourquoi il fut appelé Edom. » *Ibid.* 30. Roux ou fauve répond au mot hébreu EDOM (אדום). C'est donc parce qu'il vendit son droit d'aînesse pour un mets roux qu'il reçut le surnom de *fauve* ou d'*Edom*.

« Isaac ensemença cette terre, et il recueillit cette année-là au centuple d'orge. » *Genès.* XXVI, 12. Quoique Isaac eût ensemencé plus que sa terre, je ne pense pas qu'il ait eu une aussi grande abondance d'orge. Je crois donc plus juste le sens du texte hébreu donné par Aquila :

gis ad anagogen facit, si simpliciter ponatur *plenus*.

« Et hæc nomina filiorum Ismael in nominibus suis et in generationibus suis. » *Genes.* XXV, 13. Primogenitus Ismaelis Nabajoth, et Cedar, et reliqui, usque ad eum locum ubi ait : « Et habitaverunt ab Evila usque Sur, quæ est contra faciem Ægypti venientibus in Assyrios. In conspectu omnium fratrum suorum cecidit. » Duodecim filii nascuntur Ismaeli, e quibus primogenitus fuit Nabajoth, a quo omnis regio ab Euphrate usque ad mare Rubrum Nabathena usque hodie dicitur, quæ pars Arabiæ est. Nam et familiæ eorum, oppidaque et pagi, ac munita castella, et tribus eorum hac appellatione celebrantur ; ab uno ex his, Cedar in deserto, et Duma alia regio, et Theman ad austrum, et Cedema ad orientalem plagam dicitur. Quod autem in extremo hujus capituli, juxta Septuaginta legimus, « contra faciem omnium fratrum suorum habitavit : » *Genes.* XIII, 18 : verius est illud quod nos posuimus, « coram omnibus fratribus suis occubuit, » id est, in manibus omnium filiorum suorum mortuus est, superstitibus liberis, et nullo prius morte prærepto. Fratres autem pro filiis appellari, Jacob quoque ad Laban demonstrat, dicens : « Quod est peccatum meum, quia persecutus es post me ; et quia scrutatus es omnia vasa mea ? Quid invenisti de universis vasis domus tuæ ? Ponatur coram fratribus meis et fratribus tuis ; et dijudicent inter nos. » *Ibid.* 35. Nec enim possumus credere, ut Scriptura commemoret, quod Jacob, exceptis liberis, secum fratres aliquos habuerit.

« Et concepit Rebecca uxor ejus, et movebantur filii ejus in ea. » *Genes.* XXV, 21. Pro motione, Septuaginta Interpretes posuerunt ἐσκίρτων, id est, *ludebant*, sive *calcitrabant* ; quod Aquila transtulit, *confringebantur filii in utero ejus*. Symmachus vero ἐπίπλεον, id est, in similitudinem navis *in superficie ferebantur*.

« Et egressus est primus rubeus totus, sicut pellis pilosus. » *Genes.* XXV, 25. Ubi nos *pilosum* posuimus, in Hebræo habet SEIR (שער). Unde et Esau, sicut et alibi legimus, *Seir*, id est, *pilosus* est dictus.

« Et dixit Esau Jacob : Da mihi gustum de coctione rubea ista, quia deficio ; propterea vocatum est nomen ejus Edom. » *Genes.* XXV, 30. Rubrum sive fulvum, lingua Hebræa EDOM (אדום) dicitur : ab eo igitur, quod rubro cibo vendiderit primitiva sua, *fulvi*, id est, *Edom* sortitus est nomen.

« Seminavit autem Isaac in terra illa, et invenit in anno illo centuplum hordei. » *Genes.* XXVI, 12. Licet in aliena terra seminaverit Isaac, tamen non puto, quod tanta ei fertilitas hordei fuerit. Unde melius puto illud esse, quod habetur in Hebræo, et Aquila-

« Il trouva cette année-là cent fois plus qu'on n'estimait, » ἑκατὸν εἰκασμένον. Estime et orge s'écrivent en hébreu par les mêmes lettres ; mais estime se prononce SAARIM (שערים), tandis qu'on lit SORIM pour orge. L'Ecriture, en sous-entendant l'espèce des fruits qui furent centuplés, me semble avoir voulu désigner la multiplication de toutes les vertus en lui. Au reste, voici la suite :

« Le Seigneur le bénit et devint un grand homme ; il marchait entouré de louanges, pendant qu'il croissait toujours en honneur. » *Ibid.* 13. Je ne sais si l'abondance de l'orge pourrait acquérir cette gloire à un homme.

« Isaac partit de ce lieu, et vint dans la vallée de Gérara, qu'il habita. » *Ibid.* 17. Au lieu de vallée, l'hébreu dit *torrent*. Isaac, après avoir été glorifié, ne pouvait habiter dans la vallée. Il habita le torrent dont il est écrit : « Il boira dans sa course l'eau du torrent. » *Psalm.* CIX, 7. Elie but de cette eau pendant la famine ; mais Elie n'étant point parfait comme Jésus-Christ, le torrent se dessécha pour lui. III *Reg.* XVII, 7. C'est dans un torrent que Notre-Seigneur fut livré, inaugurant notre rédemption et le sacrement du Baptême.

« Les enfants d'Isaac creusèrent dans la vallée de Gérara, et y trouvèrent un puits d'eau vive. » *Ibid.* 19. Ici encore, au lieu du mot vallée, le mot *torrent;* on ne trouve jamais dans une vallée un puits d'eau vive.

« Ils creusèrent un autre puits, au sujet duquel ils eurent des altercations et qui reçut le nom d'inimitiés. » *Ibid.* 21. Pour inimitiés, l'hébreu dit SATANA (שטנה), τὴν ἀντικειμένην, ou *adverse*, et ἐναντίωσιν, ou *contraire*, d'après Symmaque et Aquila. D'où nous voyons que *Satan* signifie *contraire*.

« Ils creusèrent un autre puits, et n'eurent point querelle entre eux ; ce puits reçut le nom de latitude. » *Ibid.* 22. Pour latitude, l'hébreu dit ROOBOTH (רחבות), expression qui vient à l'appui de ce que nous avons dit plus haut : « Lui-même fonda la cité de Ninive et Rooboth, » c'est-à-dire « ses places. » *Genes.* X.

« Abimélech alla vers lui de Gérara, avec Ochozath qui avait présidé à ses noces et Phicol, chef de sa milice. » *Ibid.* 26. Au lieu d'Ochozath, l'hébreu dit *le cortège de ses amis;* il ne s'agit donc pas d'un homme, mais d'une foule d'amis qui suivait le roi et au nombre desquels était son général, Phicol.

quoque transtulit : « Et invenit in anno illo centuplum æstimatum, » id est, ἑκατὸν εἰκασμένον. Licet enim eisdem litteris et æstimatio scribatur et hordeum, tamen æstimationes SAARIM (שערים) leguntur, hordea vero SORIM. Tacens autem Scriptura genus frugum, quod centuplicaverit, videtur mihi cunctarum in illo virtutum ostendisse multiplicationem. Denique sequitur :

« Et benedixit ei Dominus, et magnus factus est vir, et ambulabat vadens, et magnificatus, donec magnus fieret vehementer. » *Genes.* XXVI, 13. Felicitas autem multiplicati hordei, ignoro, si quem possit facere gloriosum.

« Et abiit inde Isaac, et venit in vallem Gerarum, et habitavit ibi. » *Genes.* XXVI, 17. Pro valle, *torrentem* habet in Hebræo. Neque enim Isaac postquam magnificatus est, habitare poterat in valle. Habitavit autem in torrente, de quo scriptum est : « De torrente in via bibet. » *Psalm.* CIX, 7. De quo etiam Elias tempore famis bibit. Sed quia Elias non erat perfectus, ut Christus ; ideo ei torrens ille aruit. III *Reg.* XVII, 7. Dominus vero noster, etiam in (a) torrente traditus est, dedicans regenerationem nostram et Baptismi sacramentum.

« Et foderunt pueri Isaac in valle Gerarum, et invenerunt ibi puteum aquæ vivæ. » *Genes.* XXVI. 19. Et hic pro valle, *torrens* scriptus est ; numquam enim in valle invenitur puteus aquæ vivæ.

« Et foderunt puteum alterum, et altercati sunt etiam super eo ; et vocavit nomen ejus, inimicitiæ. » *Genes.* XXVI, 21. Pro inimicitiis, quod Aquila et Symmachus, τὴν ἀντικειμένην, et ἐναντίωσιν transtulerunt, id est, *adversum* atque *contrarium*, in Hebræo habet, SATANA (שטנה). Ex quo intelligimus *satanam*, *contrarium* interpretari.

« Et foderunt puteum alium, et non litigaverunt cum eis ; et vocavit nomen ejus latitudo. » *Genes.* XXVI, 22. Pro latitudine, in Hebræo habet ROOBOTH (רחבות), ad probandum illud, quod supra diximus : « Ipse ædificavit Niniven civitatem, et rooboth, id est, plateas ejus. » *Genes.* X.

« Et Abimelech ivit ad eum de Geraris, et Ochozath pronubus ejus, et Phicol princeps militiæ ejus. » *Genes.* XXVI, 26. Pro (b) Ochozath pronubo, in Hebræo habet, *collegium amicorum ejus*; ut non tam hominem significet, quam amicorum turbam, quæ cum rege venerat, in quibus fuit et Phicol princeps exercitus ejus.

(a) S. Joannes, quod et Martianæo notatum est, *trans torrentem* dixit cap. XVIII, vers. 1. — *In torrente traditus est.* Respicit Hieronymus ad capitulum Joannis XVIII, 1, ubi *Dominus* dicitur *egressus trans torrentem Cedron, ubi erat hortus, in quem introivit ipse et discipuli ejus*, etc. Juxta torrentem igitur traditus est Jesus ; quod Hieronymus *in torrente* dixit, ut allegorice sacramenti dedicationem facilius doceret. MARTIAN.

(b) *Pro Ochozath pronubo*, etc. Editi antea libri legunt *Abazath ;* Vulgata autem *Ochozath*, quod mss. exemplaria hujus libri retinent. MARTIAN. — Supra in cap. XXI, vers. 22, omnino non haberi in Hebræo nomen *Ochozath* docuit : hic appellativo sensu accipit, quæ plurium interpretum sententia est.

« Les serviteurs d'Isaac vinrent et lui apportèrent la nouvelle du puits qu'ils avaient creusé ; ils lui dirent : Nous avons trouvé l'eau ; et il appela ce puits satiété. » *Ibid.* 32, 33. Je ne sais d'où vient qu'on lit dans la version des Septante : « Les enfants d'Isaac vinrent et lui annoncèrent la nouvelle du puits qu'ils avaient creusé, lui disant : « Nous n'avons pas trouvé l'eau ; et il l'appela le puits du serment. » Quelle étymologie peut conduire à l'appeler *du serment*, parce qu'on n'a pas trouvé l'eau ? Le texte hébreu au contraire, avec lequel est accord l'interprétation d'Aquila et celle de Symmaque, justifie le nom de *satiété* donné au puits, en ce que l'eau avait été découverte. La ville fut appelée BER-SABÉE, c'est-à-dire *puits de l'abondance*. Nous avons dit plus haut, il est vrai, que ce nom lui vint de serment ou du nombre sept des brebis, nombre qui se dit SABÉE (שבע) ; toutefois, en cette circonstance, au sujet de la découverte de l'eau, Isaac, jouant sur le nom de la ville qui était ainsi appelée, changea un peu le son de la lettre, et remplaça le SIN strident des Hébreux, qui commence SABÉE, par le SAMECH, qui répond au sigma grec. Au reste, et selon la loi de l'allégorie, il ne conviendrait pas qu'Isaac, après tant de puits figurant les vertus, n'eût pas enfin découvert l'eau vive.

« Voilà qu'Esaü mon frère est un homme velu, et moi je suis un homme faible. » Où nous lisons *velu*, l'hébreu écrit SEIR (שעיר). D'où plus tard les monts *Seir*, et ce nom donné aussi à la région qu'habita Esaü. Nous nous sommes déjà prononcés à cet égard.

« Rébecca prit les vêtements de son fils aîné Esaü, qui étaient l'objet d'une grande vénération dans la maison. » *Ibid.* 15. Ici encore, les Hébreux disent que les premiers-nés faisaient l'office de prêtres, et qu'ils eurent un vêtement sacerdotal, dont ils se revêtaient pour offrir des victimes à Dieu, avant qu'Aaron ne fût élu pour le sacerdoce.

« Esaü dit : Il porte à bon droit le nom de Jacob. Voilà qu'il m'a supplanté une seconde fois. » *Ibid.* 36. Jacob se traduit par *supplantateur*. Esaü fait allusion au nom, à cause de l'habileté avec laquelle il a été trompé par son frère. Avant, *Jacob* avait reçu ce nom, parce qu'il avait en naissant saisi la plante du pied de son frère.

« Tu serviras ton frère, et un jour viendra que tu déposeras et briseras le joug qu'il t'aura imposé. » *Ibid.* 40. C'est annoncer que les Iduméens seront sous la servitude des Juifs, et qu'un temps arrivera qu'ils secoueront le joug de la servitude et s'opposeront à leur empire. Selon les Septante, qui disent : « Un temps

« Et venerunt servi Isaac, et nuntiaverunt ei de puteo, quem foderunt ; et dixerunt ei : (*a*) Invenimus aquam ; et vocavit nomen ejus saturitas. » *Genes.* XXVI, 32, 33. Nescio quomodo in Septuaginta Interpretibus habeatur : « Et venerunt pueri Isaac, et nuntiaverunt ei de puteo, quem foderunt ; et dixerunt ei : Non invenimus aquam ; et vocavit nomen ejus juramentum. » Quæ enim etymologia est, propterea vocari *juramentum*, quod aquam non invenerunt ? E contrario in Hebræo, cui interpretationi Aquila consentit et Symmachus, hoc significat, quia invenerint aquam et propterea appellatus sit puteus ipse *saturitas* ; et vocata civitas BERSABEE, hoc est, *puteus saturitatis* ; *Genes.* XXI ; licet enim [al. *nos*] supra ex verbo juramenti, sive ex septenario ovium numero, quod SABEE (שבע) dicitur, asseruerimus BERSABEE appellatam : tamen nunc ex eo quod aqua inventa est, Isaac ad nomen civitatis, quæ ita vocabatur alludens, declinavit paululum litteram, et pro stridulo Hebræorum (*b*) SIN, a quo SABEE incipitur, Græcum sigma, id est Hebræum SAMECH posuit ; alioquin et juxta allegoriæ legem, post tantos puteos in fine virtutum, nequaquam congruit, ut Isaac aquam minime repererit.

« Ecce Esau frater meus vir pilosus, et ego sum vir levis. » *Genes.* XXVII, 11. Ubi nos *pilosum* legimus, in Hebræo scriptum est SEIR (שעיר). Unde postea montes *Seir*, et regio, in qua versabatur, est dicta ; diximus de hoc et supra.

« Et sumpsit Rebecca vestimenta Esau filii sui majoris, quæ erant desiderabilia valde apud se domi. » *Genes.* XXVII, 15. Et in hoc loco tradunt Hebræi, primogenitos functos officio sacerdotum, et habuisse vestimentum sacerdotale, quo induti, Deo victimas offerebant, antequam Aaron in sacerdotium eligeretur.

« Et dixit Esau : Juste vocatum est nomen ejus Jacob. Supplantavit enim me ecce secundo. » *Genes.* XXVII, 36. Jacob *supplantator* interpretatur. Ab eo igitur, quod fratrem arte deceperit, allusit ad nomen. Qui ideo *Jacob* ante vocatus est, quod in ortu plantam fratris apprehenderat.

« Et fratri tuo servies ; et erit quando depones, et solves jugum illius de collo tuo. » *Genes.* XXVII, 40. Signat quod Idumæi servituri sint Judæis, et tempus esse venturum, quando de collo jugum servitutis abjiciant, eorumque imperio contradicant. Secundum autem Septuaginta Interpretes, qui dixerunt : « Erit autem cum deposueris, et solveris jugum de

(*a*) Falso et contrario sensu Martianæus addit negandi particulam, *non invenimus aquam*, etc., cum in Hebræo, quem hic testem Hieronymus primo loco ponit, ipso S. Doctore teste, *hoc significet, quia invenerint aquam* : atque hæc Hebraicum inter et Septuaginta peculiaris diversitas intercedat : qui adeo *juramentum* interpretati sunt pro *abundantia*, sive *saturitate*. Nos eam particulam tum ad sacri textus, tum ad mss. nostrorum, et Victorianæ editionis fidem expunximus.

(*b*) *Pro stridulo Hebræorum Sin.* Quid sit illa declinatio litteræ *sin* diximus in Apologia pro Hieronymo. MARTIAN.

viendra que tu déposeras et briseras le joug, » la pensée paraît suspendue, elle est incomplète.

« Jacob donna à ce lieu le nom de Béthel, et Ulammaus était primitivement le nom de la ville. » *Genes.* XXVIII, 19. D'après ce qu'il venait de dire : « Que ce lien est terrible ! c'est assurément ici la maison de Dieu et la porte du ciel, » il donne un nom à cet endroit et l'appelle Béthel (ביתאל), c'est-à-dire *maison de Dieu* ; on le nommait avant *Luza* (לוז), qui se traduit par *noix* ou *amande*. Citons l'opinion ridicule de certains qui prétendent que le nom primitif de la ville était ULAM (אולם), puisque ce mot signifie *antérieurement*. Il faut donc lire ainsi : « Il donna à ce lien le nom de Béthel, et avant le nom de la ville était Luza. » Les anciens textes fourmillent du mot *Ulam* ou *Elam*, qui signifie simplement avant, ou d'abord, ou vestibule, ou portique, ou portes.

« Passe donc les sept jours de celle-ci, et je te donnerai l'autre également. » *Genès.* XXIX, 27. Après que Jacob trompé eut reçu pour épouse Lia au lieu de Rachel, son beau-père Laban lui dit de passer sept jours après son mariage avec Lia, et qu'ensuite il recevra Rachel, pour laquelle il doit servir encore sept années. Ce n'est donc point sept ans après, mais sept jours après son mariage avec l'aînée des sœurs, qu'il reçut la cadette. En effet, on lit ensuite : « Il entra auprès de Rachel, qu'il aima plus que Lia, et il servit Laban pendant sept autres années. » *Genès.* XXIX, 30.

« Elle conçut et enfanta un fils qui fut appelé Ruben. » *Ibid.* 32. Je veux, pour l'intelligence de la lecture, donner également les étymologies des noms de tous les patriarches. « Un fils qu'elle appela du nom de Ruben, disant : Le Seigneur a vu mon humilité. » RUBEN (ראובן), se traduit par *fils de la vision*.

« Elle conçut un autre fils et dit : Le Seigneur m'a exaucée, alors que mon époux m'avait en aversion, et m'a donné encore celui-ci. Elle l'appela du nom de Siméon. » *Ibid.* 33. Elle lui donna ce nom, parce qu'elle avait été exaucée ; SIMÉON (שמעון) se rend par *audition*. Au sujet du troisième, il est dit :

« Elle conçut encore et enfanta un fils, et elle dit : Maintenant mon mari sera avec moi, parce

collo tuo, » videtur pendere sententia, nec esse completa.

« Et vocavit Jacob nomen loci illius Bethel, et (a) Ulammaus erat nomen civitatis prius. » *Genes.* XXXVIII, 19. Ab eo quod supra dixerat : « Quam terribilis est locus iste ; non est hic nisi domus Dei, et hæc porta cœli ; » nunc loco nomen imponit, et vocat illum BETHEL (ביתאר), id est, « domum Dei ; » qui locus vocabatur ante LUZA (לוז) quod interpretatur « nux, » sive « amygdalon. » Unde ridicule quidam verbum Hebraicum ULAM (אולם), nomen esse urbis putant, cum ULAM interpretetur « prius. » Ordo itaque est lectionis : « Et vocavit nomen loci illius Bethel, et prius Luza vocabulum erat civitatis. » Antiquæ omnes scripturæ verbo, « ulam, » sive ULAM plenæ sunt, quod nihil aliud signat, nisi « ante, » aut « prius, » vel « vestibulum, » sive « superliminare, » vel « postes. »

« Comple ergo hebdomadam istius ; et dabo etiam hanc tibi. » *Genes.* XXIX, 27. Postquam Liam Jacob fraude deceptus pro Rachel uxorem acceperat, dicitur ei a socero Laban ut septem dies post nuptias sororis prioris expleat, et sic accipiat Rachel, pro qua iterum septem annis aliis serviturus sit. Non igitur, ut quidam male æstimant, post septem annos alios Rachel accepit uxorem, sed post septem dies nuptiarum uxoris primæ. Nam sequitur : « Et ingressus est ad Rachel, et dilexit Rachel magis quam Liam, et servivit ei septem annis aliis. » *Genes.* XXIX, 30.

« Et concepit, et peperit filium, et vocavit nomen ejus Ruben. » *Genes.* XXIX, 32. Omnium patriarcharum propter compendium lectionis, etymologias nominum volo pariter dicere.

« Et vocavit, inquit, Ruben nomen ejus dicens : Quia vidit Dominus humilitatem meam. » RUBEN (ראובן) interpretatur « visionis filius. »

« Et concepit, inquit, alterum filium et dixit : Quoniam exaudivit me Dominus, eo quod odio me haberet vir meus, et dedit mihi etiam hunc ; et vocavit nomen ejus Simeon. » *Genes.* XXIX, 33. Ab eo quod sit exaudita, « Simeon » nomen imposuit. SIMEON (שמעון) quippe interpretatur « auditio. » De tertio vero sequitur :

(a) *Et Ulammaus erat nomen*, etc. Græca editio Romana LXX Interpretum legit Οὐλαμλούζ, *Ulamluz*; quod Erasmus in hoc libro retinet. Ms. autem Alexandrinus cum Latinis exemplaribus Hieronymi, Οὐλαμμαούς, *Ulammaus*, MARTIAN. — Ita et mss. nostri cum Martianæo retinent. Veteres editores ad Romanum τῶν LXX exemplar *Ulam Luz*, minus quidem corrupte, at nescio quam vere : reliqui enim mss. Græci codices, mendose, ut libet diserte tamen vel οὐλαμμαούς, vel οὐλαμμαοὺς, vel λαμμαούς præferunt. Dixi de hac lectione, deque Hieronymi subnexa interpretatione vocis *ulam in prius*, multa ad hanc vocem in Locorum libro ; eamque verissimam ostendi, dignamque summa Hieronymi eruditione, contra quam Clericus aliique post eum ridicule cavillantur, si *ulam* pro *prius* usurpetur, bis in eodem textu vocem *prius* frustra occurrere. Addo nunc Theodori notam ex mss. penes Montfauconium : Ἰστέον ὅτι οὐλὰμ τοῦ πρότερον εἶπον οἱ περὶ Ἀκύλαν, καὶ οὐχ ὡς μέρος τοῦ ὀνόματος. Λοῦζα δὲ τὴν πόλιν ῥητῶς μετὰ ταῦτα καλεῖ. *Sciendum*, Ulam *apud Aquilam* prius *redditum esse, sed non tamquam partem nominis civitatis, illam enim Luza mox diserte appellat.*

que je lui ai enfanté trois fils ; aussi lui donna-t-elle le nom de Lévi. » *Ibid.* 34. Où nous lisons : « Mon mari sera auprès de moi, » Aquila traduit : « Mon mari me sera attaché, » ce qui se dit en hébreu ILLAVÉ (ילוה), que les docteurs des Hébreux interprètent autrement, disant : « Mon mari s'attachera à mes pas ; » c'est-à-dire, je ne doute pas de l'affection de mon mari ; il sera mon compagnon en cette vie, et sa tendresse me conduira, m'accompagnera jusqu'à la mort, puisque je lui ai engendré trois fils.

« Elle conçut et enfanta un fils, et elle dit : Maintenant par celui-ci je confesserai le Seigneur; aussi l'appela-t-elle Juda. » *Ibid.* 35. JUDA (יהודה) signifiant *confession*, ce nom est devenu celui du confesseur lui-même. Ici confession est pris dans le sens d'action de grâces ou de louange, comme il arrive souvent dans les Psaumes et dans l'Evangile, *Matth.* XI, 25 : « Je vous confesserai, Seigneur, père du ciel et de la terre, » c'est-à-dire, je vous rends grâces, ou je vous glorifie.

« Bala, après avoir conçu, enfanta un fils à Jacob ; et Rachel dit : Le Seigneur m'a jugée, il a entendu ma voix et m'a donné un fils ; aussi lui donna-t-elle le nom de Dan. » *Genes.* XXX, 5, 6. La cause de l'appellation est exprimée en ce qu'elle donna le nom de jugement à la servante, parce que le Seigneur l'avait jugée elle-même ; en effet, DAN (דן) signifie *jugement.*

« Et Bala, servante de Rachel, conçut encore et enfanta un second fils à Jacob ; Rachel dit alors : Dieu m'a fait habiter dans la demeure avec ma sœur, et je me suis fortifiée. Elle donna donc à l'enfant le nom de Nephthali. » *Ibid.* 7, 8. Cette origine du nom de Nephthali est toute différente de celle qui est écrite dans le livre des noms hébreux ; aussi Aquila dit-il : « Dieu m'a changée, et j'ai été changée, » pour rendre l'hébreu : NEPHTHULÉ ELOIM NEPHTHALÉTH. A cause de son changement, ou de sa comparaison avec Lia, car le mot a les deux sens, changement et comparaison, Rachel appela Nephthali ce fils adoptif. Il est dit ensuite :

« Jacob eut un fils de Zelpha, servante de Lia, et celle-ci dit : Dans la fortune, et elle l'appela Gad. *Ibid.* 10, 11. Où nous mettons *dans la fortune*, le texte grec dit aussi ἐν τύχῃ, ce mot répondant à *événement.* L'hébreu porte BAGAD (בגד), qui veut dire, d'après Aquila, *la force est venue.*

« Et concepit adhuc, et peperit filium, et dit : Nunc mecum erit vir meus, quia peperi ei tres filios ; ideo vocavit nomen ejus Levi. *Genes.* XXIX, 34. Ubi nos legimus : « Apud me erit vir meus, » Aquila interpretatus est : « Applicabitur mihi vir meus, » quod Hebraice dicitur (ילוה), (*a*) ILLAVE, et a doctoribus Hebræorum aliter transfertur, ut dicant : « Prosequetur me vir meus, » id est, non ambigo de amore in me viri mei ; erit mihi in hac vita comes, et ejus dilectio me ad mortem usque deducet, et prosequetur ; tres enim filios ei genui.

« Et concepit, et peperit filium, et dixit : Nunc super hoc confitebor Domino ; et ob id vocavit nomen ejus Juda. » *Genes.* XXIX, 35. JUDA (יהודה) « confessio » dicitur. A confessione itaque confessoris nomen est dictum. Verumtamen hic « confessio » pro (*b*) gratiarum actione, aut pro « laude » accipitur, ut frequenter in Psalmis, et in Evangelio. *Matth.* XI, 25 : « Confitebor tibi, Domine, pater cœli et terræ, » id est, gratias ago tibi, sive glorifico te.

« Et concepit Bala, et peperit Jacob filium ; et dixit Rachel : Judicavit me Dominus, et exaudivit vocem meam, et dedit mihi filium ; propterea vocavit nomen ejus Dan. » *Genes.* XXX, 5, 6. Causam nominis expressit, ut ab eo quod judicasset se Dominus, filio ancillæ, judicii nomen imponeret ; DAN (דן) quippe interpretatur « judicium. »

« Et concepit adhuc, et peperit Bala ancilla Rachel filium secundum Jacob ; et dixit Rachel : Habitare fecit me Deus habitatione cum sorore mea, et invalui ; et vocavit nomen ejus Nephthalim. » *Genes.* XXX, 7, 8. Causam nominis « Nephthalim, » alia hic multo exponitur, quam in libro Hebræorum Nominum scripta est. Unde et Aquila ait, συνανέστρεψέν με ὁ Θεὸς, (*c*) καὶ συνανεστράφην, pro quo in Hebræo scriptum est, NEPHTHULE ELOIM (*d*), NEPHTHALETHI. Unde a conversione, sive a comparatione, quia utrumque sonat, « conversionem, » sive « comparationem, » Nephthalim nomen filio imposuit. Quod autem sequitur.

« Et peperit Zelpha ancilla Liæ Jacob filium ; et dixit Lia : In fortuna ; et vocavit nomen ejus Gad. » *Genes.* XXX, 10, 11 Ubi nos posuimus, « in fortuna, » et Græce dicitur, ἐν τύχῃ, quæ potest « eventus »

(*a*) Idem ms. cum aliis quatuor penes Martianæum *Ellave.* — *Hebraice dicitur, illare.* Quatuor mss. codices *ellare* posuerunt ; sed *i* frequenter in *e* apud veteres exscriptores mutatum novimus. MARTIAN.

(*b*) Atque adeo Josephus loco supra laudato Ἰούδας εὐχαριστίαν τοῦτο δηλοῖ. *Juda, quod nomen gratiarum actionem sonat.*

(*c*) Copulativa καὶ particula neque in ullo e mss. nostris habetur, neque re ipsa Hebraico respondet. In iisdem mss. Hebraica, quæ subsequuntur verba Græcis litteris exarantur. Mox unus Regin. ms. *conversationem* pro *conversione* præfert utroque in loco, quemadmodum et Erasmus exposuerat, quem Victorius castigat.

(*d*) *Nephthule Eloim, Nephthalethi.* In Hebræo est, *naphtule Elohim niphtalti,* vel juxta lectionem Veterum, *nephthule Elohim nephthalethi.* De sensu horum verborum diximus supra in Apologia nostra pro Hieronymo. MARTIAN.

Nous pourrions dire *dans la force*. BA répond en effet, à la fois, à la préposition *dans* et à *est venu*. Donc le fils de Zelpha prit le nom de GAD (גד), qui signifie événement ou bien force. Continuons.

« Jacob eut un second fils de Zelpha, servante de Lia, et celle-ci dit : Je suis heureuse, parce que les femmes me disent heureuse. Elle donna à l'enfant le nom d'Aser, richesses. *Ibid.* 12, 13. On ajoute à tort le mot *richesses*, πλοῦτος, quand l'Ecriture montre ainsi l'étymologie du nom d'Aser : « Je suis heureuse, et les femmes me disent heureuse. » De ce que les hommes (*ail.* tous) la disent heureuse, elle nomme son fils adoptif *heureux*, qui, en cet endroit du moins, est la signification d'ASER (אשר), mal traduit par richesses. En d'autres endroits, par un sens détourné, Aser peut vouloir dire richesses.

« Dieu exauça Lia; elle conçut et enfanta un cinquième fils à Jacob, et Lia dit : Dieu m'a donné ma récompense, parce que j'ai donné ma servante à mon mari. Elle appela l'enfant du nom d'Issachar. » *Ibid.* 17, 18. *Il est la récompense*, telle est l'étymologie de ce nom dans la version des Septante. Ne lisons donc pas : *Ce qui est la récompense,* comme le font la plupart, en ajoutant, mal à propos le pronom; *Il est la récompense* rend le nom tout entier; Is (יש) répond à *est* et SACHAR (שכר) à *récompense*. Cela vient de ce qu'au et moyen de mandragores servies par son fils Ruben, elle avait obtenu pour soi la venue de son mari, qui était due à Rachel. Poursuivons.

« Lia conçut et enfanta un sixième fils à Jacob, et elle dit : Dieu m'a dotée d'une bonne dot; en ce temps, mon mari habitera avec moi, puisque je lui ai enfanté six fils. Elle appela l'enfant Zabulon. » *Ibid.* 19, 20. Où nous avons mis *habitera avec moi*, les Septante ont traduit par *me chérira*, l'hébreu JEXBULÉNI (יזבלני). Le sens est celui-ci : Puisque j'ai enfanté six fils à Jacob, je suis en sécurité, mon mari habitera avec moi. Aussi mon fils s'appelle-t-il *habitation*. C'est donc à tort et en violentant l'étymologie que, dans le livre des Noms, *Zabulon* est traduit par *écoulement de la nuit*.

« Ensuite elle enfanta une fille qu'elle appela Dina (דינה). » *Ibid.* 21. Dina se rend par *cause*, et plus expressivement en grec par δίκη. Elle fut, en effet, une cause de querelle à Sichem. Après les noms des enfants, il faut aussi analyser ceux des mère. LIA (לאה) se rend par *travaillant*. RACHEL (רחל) veut dire *brebis*, et son fils *Joseph* (יוסף) est appelé *accroissement*, parce que sa mère avait désiré d'être accrue d'un enfant.

« Je passerai au milieu de tout notre troupeau. Eloignez d'ici toute bête du troupeau dont la laine est de diverses couleurs, et réservez-moi

dici : in Hebræo habet BAGAD (בגד), quod Aquila interpretatur, « venit accinctio. » Nos autem dicere possumus « in procinctu. » BA enim potest præpositionem sonare « in, » et « venit. » Ab eventu ergo, sive procinctu, qui GAD (גד) dicitur, Zelphæ filius « Gad » vocatus est. Sequitur :

« Et peperit Zelpha ancilla Liæ filium secundum Jacob; et dixit Lia : Beata ego, quia beatificant me mulieres; et vocavit nomen ejus Aser, divitiæ. » *Genes.* XXX, 12, 13. Male additæ sunt « divitiæ, » id est, πλοῦτος, [al. πλουτῶν], cum etymologia nominis Aser Scripturæ auctoritate pandatur dicentis : « Beata sum ego, et beatificant me mulieres. » Et ab eo quod beata dicatur ab hominibus [al. *omnibus*], filium suum beatum vocaverit; ASER (אשר) ergo non « divitiæ, » sed « beatus » dicitur, dumtaxat in præsenti loco. Nam in aliis secundum ambiguitatem verbi possunt et divitiæ sic vocari.

« Et audivit Deus Liam, et concepit, et peperit Jacob filium quintum, et dixit Lia : Dedit Deus mercedem meam mihi, quia dedi ancillam meam viro meo; et vocavit nomen ejus Issachar. » *Genes.* XXX, 17, 18. Etymologiam hujus nominis Septuaginta Interpretes ediderunt, « est merces. » Non utique, ut plerique addito pronomine male legunt, æstimandum est ita scriptum esse, « quod est merces, » sed totum nomen interpretatur, « est merces. » Is quippe dicitur « est, » (יש), et SACHAR (שכר), « merces. » Hoc autem ideo, quia mandragoris filii Ruben introitum, qui Racheli debebatur, ad se viri emerat. Sequitur :

« Et concepit adhuc Lia, et peperit filium sextum Jacob, et dixit Lia : Dotavit me Deus dote bona; in hoc tempore habitabit mecum vir meus, qui peperi ei sex filios; et vocavit nomen ejus Zabulon. » *Genes.* XXX, 19, 20. Ubi nos posuimus, « habitabit mecum, » et Septuaginta interpretati sunt, « diliget me; » in Hebræo habet JEZBULENI (יזבלני). Et est sensus, quia sex filios genui Jacob, propterea jam secura sum : habitabit enim mecum vir meus. Unde et filius meus vocatur « habitaculum. » Male igitur et violenter in libro Nominum, « Zabulon, fluxus noctis » interpretatur.

« Et post hæc peperit filiam, et vocavit nomen ejus Dina (דינה). » *Genes.* XXX, 21. Hæc transfertur in *causam*, quam significantius Græci δίκην vocant. Jurgii enim in Sicimis causa exstitit. Post filios, et parentum ponenda sunt nomina. LIA (לאה) interpretatur *laborans*. RACHEL (רחל), *ovis*, cujus filius IOSEPH (יוסף), ab eo quod sibi alium addi mater optaverat, vocatur *augmentum*.

« Transibo in universo pecore tuo hodie; separa inde omne pecus varium et discolor, et omne pecus

celles d'une seule couleur. Dans mon groupe, tout agneau et tout chevreau qui naîtra avec la laine de diverses couleurs sera ma récompense. Dans la suite, la justice répondra pour moi, quand j'amènerai ma récompense devant vous; vous me compterez comme un vol toute bête, tant agneau que chevreau, qui n'aura pas un lainage multicolore, » *Ibid.* 32, 33, et le reste. Le sens est très-confus dans la version des Septante, et jusqu'à ce jour je n'ai pu trouver aucun des nôtres qui ait tiré bien au clair ce dont il s'agit en ce passage. Voulez-vous, dit Jacob, que je vous serve sept ans encore, faites ce que je demande. Mettez à part les brebis et les chèvres dont la laine est de plusieurs couleurs, et confiez-les à la garde de vos fils. Ensuite, livrez-moi celles qui sont blanches ou noires, c'est-à-dire d'une seule couleur. Si de ces bêtes, blanches ou noires et chacune d'un lainage uniforme, naît un produit de lainage multicolore, ce produit m'appartiendra, comme vous appartiendra tout autre qui n'aura qu'une seule couleur. Je ne demande pas une chose difficile. Vous avez pour vous la nature qui fait naître le blanc du blanc et le noir du noir; j'aurai pour moi ma justice, Dieu sachant mon humilité et regardant mon travail. Laban souscrivit volontiers au pacte qui lui était offert; il fit ce que Jacob demandait, et mit trois journées de marche entre celui-ci et ses fils, de peur que quelque fraude ne naquît du voisinage des troupeaux. Jacob médita donc une ruse nouvelle, et chercha dans la nature même un moyen de combattre la nature dans ce troupeau blanc et noir. Écorçant en partie trois verges, de peuplier, d'amandier et de grenadier, car c'est à tort que les Septante les disent de styrax, de noyer et de platane, il eut des verges de différentes couleurs, puisque partout où l'écorce avait été laissée, la couleur naturelle restait, tandis que la couleur blanche paraissait partout où l'écorce avait été enlevée. Jacob surveillait ensuite le temps de l'accouplement, et lorsque, après la chaleur du jour, les brebis et les chèvres couraient avidement à l'abreuvoir, il disposait dans l'eau les verges multicolores; puis, laissant venir les béliers et les boucs, pendant que les femelles buvaient avec avidité, il favorisait l'accouplement, afin que, sous l'action du double désir de la soif et de l'action des mâles, elles conçussent des produits multicolores, comme les ombres des béliers et des boucs qu'elles voyaient, au-delà de leurs têtes, reproduites dans le miroir des eaux. Les verges placées dans les canaux faisaient, en effet, que les images étaient de couleurs différentes. Du reste, rien d'étonnant en ceci. Les femelles mettent au jour leur progéniture telle qu'elles l'ont vue ou l'ont imaginée au moment même de l'accouplement qui opère la conception. Cela se produit, dit-on, dans les troupeaux

unius coloris; in agnis varium et discolor et in capris, erit merces mea; et respondebit mihi justitia mea in die crastino, cum venerit merces mea coram te; omne in quo non fuerit varium et discolor in capris, et in agnis, furtum erit apud me, » *Genes.* xxx, 32, 33, et cætera. Multum apud Septuaginta Interpretes confusus est sensus, et usque in præsentem diem nullum potui invenire nostrorum, qui ad liquidum quid in hoc loco diceretur, exponeret. Vis, inquit Jacob, me servire tibi etiam alios septem annos, fac quod postulo. Separa omnes discolores et varias, tam oves quam capras, et trade in manus filiorum tuorum. Rursumque ex utroque grege, alba et nigra pecora, id est, unius coloris, da mihi. Si quid igitur ex albis et nigris, quæ unius coloris sunt, varium natum fuerit, meum erit; si quid vero unius coloris, tuum. Rem non difficilem postulo. Tecum facit natura pecorum, ut alba ex albis, et nigra nascantur ex nigris : mecum erit justitia mea, dum Deus humilitatem meam respicit et laborem. Optionem Laban datam libenter arripuit, et ita ut Jacob postulabat faciens, trium dierum iter inter Jacob et filios suos separavit, ne quis ex vicinitate pecoris nasceretur dolus. Itaque Jacob novam stropham commentus est, et contra naturam albi et nigri pecoris, naturali arte pugnavit. Tres enim virgas, populeas et amygdalinas et maligranati, quamquam Septuaginta (a) styracinas et nucinas et platáninas habeant, ex parte decorticans, varium virgarum fecit colorem, ut ubicumque in virga corticem reliquisset, antiquus permaneret color; ubi vero tulisset corticem, color candidus panderetur. Observabat ergo Jacob et tempore, quo ascendebantur pecora, et post calorem diei ad potandum avida pergebant, discolores virgas ponebat in canalibus, et admissis arietibus et hircis, in ipsa potandi aviditate, oves et capras faciebat ascendi, ut ex duplici desiderio, dum avide bibunt, et ascenduntur a maribus, tales fetus conciperent, quales umbras arietum et hircorum desuper ascendentium in aquarum speculo contemplabantur. Ex virgis enim in canalibus positis, varius erat etiam imaginum color. Nec mirum hanc in conceptu feminarum esse naturam, ut quales perspexerint, sive mente conceperint in extremo voluptatis æstu, quæ

(a) *Styracinas et nucinas*, etc. Aliquot mss. codices, *styracinas et nucineas et plataneas*, alii *styraceas et nuceas*, etc. MARTIAN. — Duo mss. *styraceas, et nuceas, et plataninas.*

de cavales, en Espagne; et Quintilien, dans la controverse où il s'agissait d'une matrone qui avait enfanté un Ethiopien, invoquait pour sa défense la nature des conceptions, leur donnant le caractère dont nous venons de parler. Quand des chevreaux et des agneaux au lainage croisé naissaient de ces femelles blanches ou noires, Jacob les mettait à part et les éloignait du troupeau primitif. S'il en naissait d'une seule couleur, c'est-à-dire de tout blancs ou de tout noirs, ils les livrait aux fils de Laban. Il disposait ensuite dans les courants des eaux les verges qu'il avait écorcées, et les femelles, venant boire, concevaient à ce moment même où elles étaient à l'abreuvoir.

« Les femelles concevaient en présence des verges de Jacob, qu'il avait placées devant leurs yeux dans les abreuvoirs, afin d'influencer la conception; il n'en mettait pas devant celles qui concevaient tard; et les produits tardifs appartenaient à Laban, tandis que ceux qui venaient en la saison étaient à Jacob. » *Ibid.* 40-42. La version des Septante ne dit pas ainsi; au lieu de *tardifs* et de *venus en la saison*, ils ont mis je ne sais quoi de tout-à-fait étranger au sens. Le sens de l'Ecriture est celui-ci. Prudent et habile, Jacob conciliait la justice et l'équité avec son expédient inusité. Si tous les chevreaux et tous les agneaux qui naissaient avaient été de lainage mêlé, il y aurait eu soupçon de fraude, et Laban, jaloux, se serait ouvertement opposé à pareil résultat. Il trouva donc un terme moyen, et sans qu'il perdît lui-même le fruit de son travail, Laban n'était pas complètement dépouillé. Les portées printannières sont plus avantageuses; il plaçait donc des verges devant les brebis et les chèvres qui recherchaient les premières l'accouplement, afin qu'elles missent bas des

concipiunt, talem sobolem procreent; cum hoc ipsum etiam in equarum (*a*) gregibus apud Hispanos dicatur fieri; et Quintilianus in ea controversia, in qua accusabatur matrona quæ Æthiopem pepererit, pro defensione illius argumentetur, hanc conceptuum esse naturam, quam supra diximus (*b*). Postquam autem nati fuerant hædi et agni varii et discolores ex albis et unius coloris gregibus, separabat illos Jacob, et procul esse faciebat a pristino grege. Si qui autem nascebantur unius coloris, id est, albi, sive nigri, tradebat in manus filiorum Laban; et ponebat virgas quas decorticaverat, in canalibus quibus effundebantur aquæ, et veniebant ad potandum contra pecora, ut conciperent eo tempore, cum venirent ad potandum.

« Et concipiebant pecora contra virgas Jacob, virgas quas posuerat coram pecoribus (al. *pecore*) in canalibus ad concipiendum in eis, et in serotinis ovibus non ponebat; et fiebant serotina Laban, et temporanea Jacob. » *Genes.* xxx, 41, 42. Hoc in Septuaginta Interpretibus non habetur, sed pro *serotinis et temporaneis*, aliud nescio quid (*c*), quod ad sensum non pertinet, transtulerunt. Quod autem dicit Scriptura, hoc est : Jacob prudens et callidus justitiam et æquitatem etiam in nova arte servabat. Si enim omnes agnos et hædos varios pecora procreassent, erat aliqua suspicio doli, et aperte huic rei Laban invidus contraisset. Ergo ita omnia temperavit, ut et ipse fructum sui laboris acciperet, et Laban non penitus spoliaretur. Si quando oves et capræ primo tempore ascendebantur, quia melior vernus est fetus, ante ipsas ponebat virgas, ut varia soboles nasceretur. Quæcumque autem oves et capræ sero quærebant marem, ante earum oculos non ponebat, ut unius coloris pecora nascerentur. Et quidquid primum nascebatur, suum erat, quia discolor et varium erat;

(*a*) Id perquam eleganter Oppianus in Cynegetic. l. I cecinit :

Δηθάκι δ' ἄλλα βρότοι πανεπίφρονα μητίσαντο
Πῶλον ἐπιγράψαι κὴν νηδύι μητρὸς ἐόντα, etc.

Multa homines animo sæpe invenere sagaci,
Ut pullum maculis varient dum matris in alvo est, etc.

viginti continuis versibus, quos juvabit legisse. Vide S. quoque Augustinum Quæst. 93 in Genes. et S. Isidorum lib. XII Origin. cap. I, ubi totidem fere verbis Hieronymum describit.

(*b*) *Postquam autem.* Hic ex libris Hippocratis editio Erasmiana historiam falso obtrudit, quam codices mss. non retinent. MARTIAN. — Ex S. Augustino Quæst. 93 in Genes. non, ut Martianæus putat, ex ipsius Hippocratis libris, hujusmodi historiam addunt veteres editores Erasmus ac Victorius, proque Hieronymiano contextu obtrudunt. *Et scriptum reperitur in libris Hippocratis, quod quædam* (supple *mulier*) *suspicione adulteri fuerat punienda; cum pulcherrimum* (supple *puerum*) *peperisset, utrique parenti, generique dissimilem, nisi memoratus medicus solvisset quæstionem, monens* (Aug. *illis admonitis*) *quærere ne forte aliqua talis pictura esset in cubiculo; in quo inventa, mulier a suspicione liberata est.*

(*c*) *Quod ad sensum non pertinet :* Apud LXX legimus, *facta sunt autem non signata ipsius Laban : signata autem ipsius Jacob :* Quod sensum hujus loci nequaquam exprimere videtur. MARTIAN. — Scilicet ἐγένετο δὲ τὰ μὲν ἄσημα τοῦ Λάβαν, τὰ δὲ ἐπίσημα τοῦ Ἰακώβ. *Cesseruntque Labano, quæ non erant signata; quæ vero signata erant, Jacobo.* Jam vero, quod *serotina* et *temporanea* Hieronymus interpretatur autumnalis ac verni temporis fetus (siquidem ex ejus mox disserenda sententia, oves in Mesopotamia bis singulis annis pariebant), Orientales Interpretes, Chaldæus, Syrus, atque Arabs probant; innuentes, virgas illas non supposuisse Jacobum cum autumnales fetus conciperentur, utpote imbecilliores, quos ultro Labano concederet. Etsi enim proditum e contrario sit Columella lib. VIII, cap. 3 : *Melior est agnus autumnalis verno, sicut ait verissime Celsus*, etc., sic tamen conciliari cum Hieronymiana sententia potest, ut S. Doctor de conceptionis tempore, non de effusi partus, subjectas a Jacobo virgas intellexerit, atque adeo temporanea vocarit, quæ vere quidem conciperentur ad virgarum aspectum, ederentur autem autumno.

produits de laine multicolore. Pour les brebis et les chèvres tardives, il ne mettait rien devant leurs yeux, afin que les petits fussent de lainage uniforme. Ainsi, tout ce qui naissait d'abord lui appartenait à cause du mélange des couleurs, tandis que tous les produits tardifs revenaient à Laban comme étant ou tout blancs ou tout noirs. Là où nous disons : « Afin d'influencer la conception par ses verges, » l'hébreu porte JÉAMÉNA (ויחמנה). Je ne puis exprimer la force du mot hébreu que par une circonlocution. JÉAMÉNA, c'est, dans l'acte procréateur, cette chaleur extrême qui électrise tout le corps et qui annonce la fin de l'acte lui-même.

« Votre père m'a trompé ; il a changé dix fois la condition du pacte, et Dieu n'a pas permis qu'il me nuisît. Quand il disait, les produits de couleur différente seront ta récompense, ils naissaient tous de couleur différente; quand il disait, tu auras ceux d'une seule couleur, ils naissaient tous d'une seule couleur. » *Genes.* XXXI, 7, 8. Au lieu de ce que nous disons : « Il a changé dix fois la condition du pacte, » les Septante mettent : Il m'a donné *dix agneaux*, conduits par je ne sais quelle idée, puisque le mot hébreu MONI (מני) exprime plutôt le *nombre* que le sens d'*agneaux*. D'ailleurs, ce qui suit corrobore notre interprétation et prouve que Laban changeait la condition à chaque saison des accouplements. S'il voyait naître des petits de diverses couleurs : je veux, disait-il, que ceux-ci soient les miens à l'avenir. Puis, quand il les voyait naître tout blancs ou tout noirs, parce Jacob, ainsi informé, n'avait pas mis de verges dans les abreuvoirs, il disait : La prochaine fois, ceux qui naîtront ainsi me seront réservés. En un mot, la condition du pacte, c'est-à-dire de Jacob, fut changée jusqu'à dix fois par Laban. Quand celui-ci s'attribuait les produits qui seraient d'une façon, ils naissaient de l'autre. Nul ne doit s'étonner d'ailleurs qu'en six ans on parle de dix termes de génération. Il est question dans Virgile « des brebis deux fois en gestation » en un an. On sait en outre que les brebis d'Italie et celle de Mésopotamie sont de même espèce.

« Rachel déroba les idoles de son père. » *Ibid.* 19. Pour *idoles*, nous lisons dans l'hébreu THÉRAPHIM (תרפים), qu'Aquila rend par μορφώματα, c'est-à-dire *figures, images*. Nous savons ainsi ce que veut dire THÉRAPHIM dans le livre des Juges. XVII, 5.

« Il traversa le fleuve et vint sur la montagne de Galaad. » *Ibid.* 21. Non qu'à cette époque cette montagne portât le nom de Galaad ; mais par anticipation, comme nous l'avons dit, on lui donne le nom qu'elle reçut plus tard.

« Vous avez changé ma récompense en dix agneaux. » *Ibid.* 41. Même erreur que tout à l'heure ; il s'agit du nombre de fois, et non d'agneaux.

« Jacob dit à ses frères : Assemblons des

quidquid postea, Laban ; unius enim tam in nigro, quam in albo, coloris pecus oriebatur. In eo autem loco ubi scriptum est : *Ut conciperent in virgis*, in Hebræo habet JEAMENA (ויחמנה). Vim verbi Hebraici nisi circumitu exprimere non possum. JEAMENA enim proprie dicitur extremus in coitu calor, quo corpus omne concutitur, et patranti voluptati vicinus est finis.

« Et pater vester mentitus est mihi, et mutavit mercedem meam decem vicibus, et non dedit ei Deus ut noceret mihi. Si dixerat, hoc varium pecus erit merces tua, nascebatur (al. *nasceretur*) omne pecus varium. Et si dixerat, unius coloris erit merces tua, nascebatur omne pecus unius coloris. » *Genes.* XXXI, 7, 8. Pro eo quod nos posuimus, *mutavit mercedem meam decem vicibus*, Septuaginta Interpretes posuerunt, *decem agnis*, nescio qua opinione ducti, cum verbum Hebraicum, MONI (מני) *numerum* magis quam *agnos* sonet. Denique et ex consequentibus hic magis sensus probatur, quod per singulos fetus semper Laban conditionem mutaverit. Si videbat varium nasci pecus, post fetum dicebat, volo ut in futurum mihi varia nascantur. Rursum cum vidisset unius coloris nasci pecora (Jacob quippe hoc audito, virgas in canalibus non ponebat), dicebat, ut futuros fetus unius coloris sibi pecora procrearent. Et quid plura ? usque ad vices decem semper a Laban pecoris sui, sive Jacob, mutata conditio est. Et quodcumque sibi proposuerat ut nasceretur, in colorem contrarium vertebatur. Ne cui autem in sex annis decem pariendi vices incredibiles videantur, lege Virgilium (*Georg.* II), in quo dicitur :

bis gravidæ pecudes.

Natura autem Italicarum ovium et Mesopotamiæ una esse traditur.

« Et furata est Rachel idola patris sui. » *Genes.* XXXI, 19. Ubi nunc *idola* legimus, in Hebræo THERAPHIM (תרפים) scriptum est, quos Aquila μορφώματα, id est, *figuras* vel *imagines* interpretatur. Hoc autem ideo, ut sciamus quid Judicum libro XVII, 5, THERAPHIM sonet.

« Et transivit fluvium, et venit in montem Galaad. » *Genes.* XXXI, 21. Non quod eo tempore Galaad mons diceretur ; sed per anticipationem, ut frequenter diximus, illo vocatur nomine quo postea nuncupatus est.

« Et mutasti mercedem meam decem agnis. » *Genes.* XXXI, 41. Idem error, qui supra ; numerus enim pro agnis legendus est.

pierres. Ils les rassemblèrent, et en firent un monceau sur lequel ils s'assirent pour manger. Laban appela ce tas monceau du témoignage, et Jacob, monceau témoin. » *Ibid.* 45. *Monceau*, en hébreu, se dit GAL (גל), et *témoignage* se dit AAD (עד); en syriaque, *monceau* se rend par IGAR, et *témoignage* par SÉDUTHA (שהדותא). Jacob appela donc GALAAD en langue hébraïque ce monceau du témoignage que Laban appela IGAR SÉDUTHA, dans l'idiome de sa nation. Il était syrien, et il avait abandonné l'antique langage de sa famille pour adopter celui de la province qu'il habitait.

« Les anges de Dieu vinrent au-devant de lui, et Jacob, dès qu'il les vit, s'écria : C'est ici le camp du Seigneur ; et il donna à ce lieu le nom de camp. » *Genès.* XXXII, 1, 2. Où nous disons camp, l'hébreu porte MANAIM (מחנים). Ce mot n'étant pas interprété ailleurs, nous savons maintenant quel lieu il désigne. Il est bon que les chœurs des anges le reçoivent et l'accompagnent, quand il và vers son frère, qui est son ennemi.

« Jacob dit : Dieu de mon père Isaac, Seigneur, qui m'avez dit : Reviens dans la terre qui est à toi, et je te bénirai ; je suis indigne de votre miséricorde, et de toute la vérité que vous avez fait éclater pour votre serviteur. » *Ibid.* 9, 10. Au lieu de *je suis indigne*, les recueils grecs et latins disent je ne sais quoi qui obscurcit le sens.

« Il lui dit : Quel est ton nom ? Il répondit : Jacob. Il lui dit : On ne t'apellera plus désormais Jacob, on t'appellera Israël, parce que tu as été fort contre Dieu, et que tu seras fort contre les hommes. » *Ibid.* 27, 28. Josèphe, dans le premier livre des Antiquités, croit qu'il fut appelé Israël, parce qu'il ne fut pas terrassé par l'ange ; malgré mes recherches minutieuses, je n'ai pu trouver cela dans l'hébreu. Qu'ai-je besoin de m'enquérir des opinions de chacun, quand celui qui a donné le nom en a lui-même exposé l'étymologie ? « Désormais on ne t'appellera plus Jacob, et ton nom sera Israël. » Pourquoi ? Aquila dit : « Parce que tu as été fort avec Dieu ; » Symmaque : « Parce que j'ai été fort devant Dieu ; » les Septante et Théodotion : « Parce que tu as lutté avec Dieu. » Or, SARITH (שרית) qui dérive du mot Israël, signifie *prince*. Le sens est donc : Tu ne porteras plus le nom de *supplantateur* ou de *Jacob*, mais celui de *prince avec Dieu* ou d'*Israël*. Comme je suis prince, ainsi toi, qui as pu lutter avec moi, tu seras appelé prince. Et si tu as pu lutter contre moi qui suis Dieu ou qui suis ange (puisque les interprétations varient à ce sujet), combien plus seras-tu fort contre les hommes, c'est-à-dire contre Esaü, que tu ne dois pas craindre ! Le livre des Noms interprète Israël par *homme* ou *esprit qui voit Dieu*, étymologie devenue des plus communes, et qui cependant, loin de me

« Et dixit Jacob fratribus suis : Colligamus lapides. Et congregatis lapidibus fecerunt acervum, et comederunt super eum. Et vocavit illum Laban acervum testimonii, et Jacob vocavit illum acervum testis. » *Genes.* XXXI, 46. *Acervus* Hebræa lingua (גל) GAL dicitur : AAD (עד) vero *testimonium*. Rursum lingua Syra *acervus* IGAR appellatur, *testimonium* SEDUTHA (שהדותא). Jacob igitur acervum testimonii, hoc est, GALAAD lingua appellavit Hebræa ; Laban vero idipsum, id est, acervum testimonii, IGAR SEDUTHA, gentis suæ sermone vocavit. Erat enim Syrus, et antiquam linguam parentum, provinciæ, in qua habitabat, sermone mutaverat.

« Et occurrerunt ei Angeli Dei, et dixit Jacob ut vidit eos : Castra Dei hæc sunt ; et vocavit nomen loci ejus castra. » *Genes.* XXXII, 1, 2. Ubi hic castra posita sunt, in Hebræo habet MANAIM (מחנים) ; ut sciamus, si quando non interpretatum in alio loco ponitur, quem locum significet. Et pulchre, ad fratrem iturus inimicum, Angelorum se comitantium excipitur choris.

« Et dixit Jacob : Deus patris mei Isaac, Domine, qui dixisti ad me : Revertere in terram tuam, et benedicam tibi ; minor sum omni misericordia tua, et omni veritate tua, quam fecisti pro servo tuo. » *Genes.* XXXII, 9, 10. Pro eo quod nos posuimus, *minor sum*, aliud nescio quid, quod sensum turbet, in Græcis et Latinis codicibus continetur.

« Et dixit ei : Quod nomen tibi ? Qui ait, Jacob. Dixit autem ei : Jam non vocabitur Jacob nomen tuum, sed vocabitur nomen tuum Israel ; quia invaluisti cum Deo, et cum hominibus valebis. » *Genes.* XXXII, 27, 28. Josephus in primo Antiquitatum libro, Israel ideo appellatum putat, quod adversum Angelum steterit : quod ego diligenter excutiens, in Hebræo penitus invenire non potui. Et quid me necesse est opiniones quærere singulorum, cum etymologiam nominis exponat ipse qui posuit ? « Non vocabitur, inquit, nomen tuum Jacob, sed Israel erit nomen tuum. » Quare ? Interpretatur Aquila ὅτι ἦρξας μετὰ Θεοῦ, Symmachus ὅτι ἦρξω πρὸς Θεόν : Septuaginta et Theodotio, ὅτι ἐνίσχυσας μετὰ Θεοῦ. SARITH (שרית) enim, quod ab Israel vocabulo derivatur, *principem* sonat. Sensus itaque est : Non vocabitur nomen tuum *supplantator*, hoc est, *Jacob* ; sed vocabitur nomen tuum *princeps cum Deo*, hoc est, *Israel*. Quomodo enim princeps ego sum ; sic et tu, qui mecum luctari potuisti, princeps vocaberis. Si autem mecum qui Deus sum, sive Angelus (quoniam plerique varie interpretantur), pugnare potuisti, quanto magis cum hominibus, hoc est cum Esau, quem formidare non debes ! Illud autem, quod in libro Nominum inter-

paraître vraie, me semble tout-à-fait forcée. Ici, Israël (ישראל) est écrit par les lettres IOD, SIN, RÈS, ALEPH et LAMED, ce qui veut bien dire *prince de Dieu* ou *inflexible de Dieu*, εὐθύτατος Θεοῦ. Au contraire, *homme voyant Dieu* s'écrit par ALEPH, IOD et SIN, en sorte que *homme*, écrit en trois lettres, se dise IS (איש), et que *voyant* par RÈS, ALEPH, HÉ, se dise RAA (ראה). Or, EL (אל) par ALEPH et LAMED se traduit par *Dieu* ou *fort*. Ainsi, bien que l'autorité soit grande et que nous oppresse de son ombre l'éloquence de ceux qui ont traduit Israël par homme ou esprit voyant Dieu, nous aimons mieux nous guider sur l'autorité de Dieu ou de l'ange, qui donna le nom d'Israël, que sur l'érudition respectable de qui que ce soit. Lisons ce qui suit :

« Il le bénit en ce lieu, auquel Jacob donna le nom de Face de Dieu : car j'ai vu Dieu face à face, et mon âme a été sauvée. » *Ibid* 29, 30. L'hébreu porte PHANUEL (פנואל) ; notons, par conséquent, qu'il s'agit du même endroit qui, dans les autres passages de l'Ecriture, est écrit PHANUEL en grec comme en hébreu.

« Il groupa les enfants autour de Lia et de Rachel et autour des deux servantes, et il plaça le premier le groupe des servantes et de leurs fils, mettant en arrière le groupe de Lia et de ses fils avec Rachel et Joseph. Lui-même se mit au-devant de toute la troupe. » *Genès*, XXXIII, 1, 2. Il ne fit pas trois bandes, comme beaucoup le croient, mais deux seulement. Nous disons il groupa ; Aquila met ἡμίσευσεν, c'est-à-dire il sépara en deux troupes : l'une était composée des servantes et de leurs fils, l'autre des épouses légitimes Lia et Rachel, avec leurs enfants, en sorte que les servantes précédaient les femmes libres. Lui-même d'ailleurs précédait l'un et l'autre groupe, afin d'accourir vers son frère pour se prosterner devant lui.

« Jacob y bâtit une demeure, et dressa des tentes pour les troupeaux ; aussi appela-t-il ce lieu les Tentes. » *Ibid.* 17. Au lieu de *les Tentes*,

pretatur *Israel* (a), *vir videns Deum*, sive *mens videns Deum*, omnium pene sermone detritum, non tam vere, quam violenter mihi interpretatum videtur. Hic enim Israel (ישראל), per has litteras scribitur, IOD, SIN, RES, ALEPH, LAMED, quod interpretatur *princeps Dei*, sive, *directus Dei*, hoc est, εὐθύτατος Θεοῦ. *Vir* vero *videns Deum* his litteris scribitur, ALEPH, IOD, SIN, ut *vir* ex tribus litteris scribatur, et dicatur IS (איש) ; *videns* autem ex tribus, RES, ALEPH, HE, et dicatur RAA (ראה). Porro EL (אל), ex duabus ALEPH et LAMED, et interpretatur *Deus*, sive *fortis*. Quamvis igitur grandis auctoritatis (b) sint, et eloquentiæ ipsorum umbra nos opprimat, qui Israel *virum*, sive *mentem videntem Deum* transtulerunt ; nos magis Scripturæ, et Angeli, vel Dei, qui ipsum Israel vocavit, auctoritate ducimur, quam cujuslibet eloquentiæ sæcularis. Illud quoque quod postea sequitur :

« Et benedixit eum ibi, et vocavit Jacob nomen loci illius, Facies Dei ; vidi enim Deum facie ad faciem, et salva facta est anima mea. » *Genes.* XXXII, 29, 30. In Hebræo dicitur (c) PHANUEL (פנואל), ut sciamus ipsum esse locum, qui in cæteris Scripturæ sanctæ voluminibus, ita ut in Hebræo scriptum est, Phanuel legitur in Græco.

« Et divisit pueros super Liam et super Rachel, et super duas ancillas, et posuit ancillas et filios earum primos ; Liam vero et pueros ejus (d) novissimos, et Rachel et Joseph novissimos, et ipse transivit ante eos. » *Genes.* XXXIII, 1, 2. Non, ut plerique æstimant, tres turmas fecit, sed duas. Denique ubi nos habemus, *divisit*, Aquila posuit, ἡμίσευσεν, id est, dimidiavit ; ut unum cuneum faceret ancillarum cum parvulis suis, et alium Liæ, et Rachel, quæ liberæ erant, cum filiis earum ; primasque ire faceret ancillas, secundas liberas ; ipse autem ante utrumque gregem, fratrem adoraturus occurreret.

« Et ædificavit ibi [al. *sibi*] Jacob domum, et pecoribus suis ædificavit tabernacula ; ideo vocavit nomen loci illius Tabernacula. » *Genes.* XXXIII, 17. Ubi nos *tabernacula* habemus, in Hebræo legitur (סכות) SOCHOTH.

(a) *Vir vero videns Deum*, etc. Editi libri locum istud aliter exprimunt, legunt enim in hunc modum : *Vir vero videns Deum his litteris scribitur, ut vir ex tribus litteris scribatur, aleph, jod, sin, ut dicatur* איש *is : videns*, etc. Unus est codex Colbertinus, qui eumdem ordinem verborum retinet, cæteri omnes Regii, Colbertini, et Corbeienses cum plurimis aliis legunt ut nos edidimus. MARTIAN. — Verba *sive mens videns Deum*, quæ Martianæus omisit, ex mss. nostrorum consensu, et Victorii editione suffecimus. Videsis porro, quæ ad eam vocem *Israel* in libro Nominum observamus.

(b) Ex his nempe fuerunt Philo lib. de Præmiis et Pœnis, Eusebius Præparat. Evang. XI, 6. Olympiodorus in cap. I Ecclesiastæ, Didymus lib. de Spiritu Sancto, atque alii passim, quos ad eum Didymi locum, num. 44 memoramus. Eo quoque referendi sunt bene multi, quibus Israel dicitur ὁρατικὸς ἀνὴρ καὶ θεωρητικός. Una vera est, quam Hieron. fere præfert expositio. *Princeps cum Deo.* (*Edit. Mign.*)

(c) *In Hebræo dicitur Phanuel.* In Hebræo hodierno non *Phanuel* cum *vau* in medio, sed *Phaniel* vel *Paniel* cum *jod* scriptum legimus. Facilis porro est litterarum *vau* et *jod* permutatio, quia differunt sola magnitudine vel parvitate, quod sæpius observat Hieronymus. MARTIAN.

(d) Erasm. ac Victorius *secundos*, contradicentibus mss. ipsoque Hebraico textu. — *Pueros ejus novissimos.* Pro *novissimos* editiones veteres posuerunt *secundos :* manuscripti autem codices habent *novissimos ;* nec immerito ita legunt, cum in ipso Hebraico contextu filii Liæ positi sint *abharonim*, id est, *posteriores* ac *novissimi*, quemadmodum et filii Rachelis posteriores quoque feruntur positi. Quæ lectio firmatur maxime Hieronymiana annotatione, qua statuit S. Doctor, non tres cuneos fecisse Jacob, sed duos tantum ; nempe unum cuneum ancillarum cum parvulis suis, et alium Liæ et Rachelis, quæ liberæ erant, cum filiis earum. MARTIAN.

l'hébreu dit SOCHOTH (סכת). Il y a maintenant encore, au-delà du Jourdain, dans le territoire de Scythopolis, une ville de ce nom, dont nous avons parlé dans le livre des Lieux.

« Jacob vint à Salem, ville de Sichem, dans la terre de Chanaan, quand il fut venu de la Mésopotamie de Syrie. » *Ibid.* 18. On se demande si ce n'est point par erreur que la ville de Sichem est appelée Salem, alors que ce nom a été donné d'abord à Jérusalem, où régna Melchisédech. Il se peut qu'il y ait eu deux villes du même nom, ce qui se voit de plusieurs lieux de la Judée et de plusieurs villes de même nom qu'on trouve dans la même tribu ou dans des tribus différentes ; ou bien ce surnom de Salem, donné ici à Sichem, doit s'interpréter par *consommée* ou *parfaite*, tandis que le nom de Salem s'appliquant à Jérusalem, répond à notre mot *pacifique*. Le même mot, avec une legère différence dans l'inclinaison de l'accent, a l'un ou l'autre sens. Les Hébreux rapportent que Jacob soigna en cet endroit sa jambe boiteuse et qu'il y fut guéri ; d'où la ville reçut le surnom de *guérison* ou de *perfection*.

« Emor et son fils Sichem vinrent à la porte de leur ville et dirent aux habitants : Ces hommes sont pacifiques pour nous. » *Genés.* XXXIV, 20. Les Septante ont traduit par *pacifiques*; Aquila met ἀπηρτισμένους, c'est-à-dire *consommés* et *parfaits*, pour répondre à l'hébreu SALAMIM (שלמים). Voilà qui montre clairement la vérité de ce que nous venons de dire de Salem.

« Ils entrèrent dans la ville en toute hâte, et mirent à mort tout mâle. » *Ibid.* 25. Où le grec dit ἀσφαλῶς, c'est-à-dire *en diligence*, l'hébreu écrit BÉTÉ (בטח), c'est-à-dire *audacieusement* et *avec confiance*.

« Jacob vint à Luza, qui est Béthel, dans la terre de Chanaan. » *Genés.* XXXV, 6. Voilà qui prouve, sans conteste, que Béthel s'appelait d'abord *Luza*, c'est-à-dire *amandier*, et non Ulammaüs.

« Debbora, nourrice de Rébecca, mourut et fut ensevelie près de Béthel. » *Ibid*, 8. Puisque à cette Debbora qui est morte s'applique le même mot hébreu MÉNÉCETH (מינקת), d'où vient qu'on le traduit ici par *nourrice*, comme l'ont fait les Septante eux-mêmes, tandis qu'on le rend ailleurs par *biens*? Nous ne pouvons le savoir.

« Dieu lui dit : On ne t'appellera plus Jacob, ton nom sera Israël ; et il lui donna le nom d'Israël. » *Ibid.* 10. Il y a quelque temps, l'ange lui donne ce nom, mais seulement pour lui prédire que Dieu le lui imposera. On montre

Est autem usque hodie civitas trans Jordanem hoc vocabulo in parte Scythopoleos, de qua in libro Locorum scripsimus.

« Et venit Jacob Salem civitatem Sichem in terram Chanaan, cum venisset de Mesopotamia Syriæ. » *Genes.* XXXIII, 18. Error oboritur, quomodo Salem, Sichem civitas appelletur, cum Jerusalem in qua regnavit Melchisedech, Salem ante sit dicta. Aut igitur utraque urbs unius nominis est; quod etiam de pluribis Judææ locis possumus invenire, ut idem urbis et loci nomen in alia atque alia tribu sit; aut certe istam Salem, quæ nunc pro Sichem nominatur, dicimus hic interpretari *consummatam*, atque *perfectam;* et illam quæ postea Jerusalem dicta est, *pacificam* nostro sermone transferri. Utrumque enim, accentu paululum (*a*) declinato, hoc vocabulum sonat. Tradunt Hebræi, quod claudicantis femur Jacob ibi convaluerit, et sanatum sit; propterea eamdem civitatem *curati* atque *perfecti* vocabulum consecutam.

« Et venit Emor et Sichem filius ejus ad portam civitatis suæ, et locuti sunt ad viros civitatis dicentes: viri isti pacifici nobis [al. *nobiscum*] sunt. » *Genes.* XXXIV, 20. Ubi nunc Septuaginta Interpretes *pacificos* transtulerunt, Aquila interpretatus est, ἀπηρτισμένους; id est, *consummatos* atque *perfectos*, pro quo in Hebræo legitur (שלמים) SALAMIM. Ex quo perspicuum est, verum esse illud quod supra de Salem diximus.

« Et introgressi sunt civitatem diligenter et interfecerunt omne masculum. » *Genes.* XXXIV, 25. Pro eo quod in Græcis legitur ἀσφαλῶς, id est, *diligenter*, in Hebræo scriptum est, BETE (בטח), id est, *audacter* et *confidenter*.

« Et venit Jacob in Luzam in terram Chanaan, quæ est Bethel. » *Genes.* XXXV, 6. Ecce manifestissime comprobatur, Bethel non Ulammaus, ut supra dictum est, sed *Luzam*, id est, *amygdalon* ante vocitatam.

« Et mortua est Debbora nutrix Rebeccæ, et sepulta est juxta Bethel. » *Genes.* XXXV, 8. Si mortua est nutrix Rebeccæ nomine Debbora, ut Septuaginta quoque hic Interpretes transtulerunt, et ipsum verbum est Hebraicum (מינקת) MENECETH; scire non possumus, quare ibi *substantiam* posuerunt hic *nutricem*.

« Et dixit ei Deus : « Jam non vocabitur nomen tuum Jacob, sed Israel erit nomen tuum : et vocavit nomen ejus Israel. » *Genes.* XXXV, 10. Dudum nequaquam ei ab Angelo nomen imponitur, sed quod imponendum a Deo sit, prædicitur. Quod igitur ibi futurum promittitur, hic docetur expletum.

(*a*) *Accentu paululum declinato*, etc. Accentus ille litteræ ש paululum declinatus, notatur hodie punctulo superiori dextro vel sinistro ad hunc modum שׁ, שׂ. In lexicis tamen Hebræis *Salem* cum punctulo in dextera parte litteræ ש significat et *consummatum* t *pacificum*. Unde liquet veteres Hebræos nonnihil discrepare et dissentire ab hodiernis. Confer ista cum nostra Apologia Hieronymi, et cum voce *Sabee* antea posita cap, XXVI, vers. 33. MARTIAN.

donc ici l'accomplissement de la prophétie qui avait été faite.

« Il arriva que, comme il approchait de Chabratha, dans la terre de Chanaan, pour se rendre à Ephratha, Rachel mit au monde un fils. » *Ibid.* 16. Le mot hébreu CHABRATHA (כברת) est aussi dans les paroles suivantes de Jacob à Joseph : « Comme je venais de la Mésopotamie de Syrie, ta mère Rachel est morte dans la terre de Chanaan, sur la route de l'Hippodrome, quand j'allais à Ephrata. » *Genès.* XLVIII. Je ne sais pourquoi les Septante l'ont traduit par *Hippodrome* ; et ici même où il est dit dans l'hébreu : « Ils l'ensevelirent sur la route d'Ephrata, qui est Bethléem, » *Genes.* XXXV, 19, pourquoi ces mêmes Septante ont mis *Hippodrome* pour *Ephrata*. Il est évident que si Hippodrome est Chabratha, ce même Hippodrome ne peut être Ephrata. Aquila traduit ainsi : « Il arriva καθ' ὁδὸν τῆς γῆς, c'est-à-dire « sur le chemin de la terre, comme il entrait à Ephrata. » Mais il est mieux de dire : « Au temps choisi de l'année, comme il entrait à Ephrata. » Cela désigne le printemps, lorsque tout est en fleurs, ce qui est bien la saison choisie ; ou lorsque ceux qui passent par le chemin cueillent et choisissent le long des champs voisins tout ce qui tombe sous leurs mains, invités par des fleurs de toutes sortes. Ephrata et Bethléem sont deux noms d'une même ville, et leur signification est la même, puisque nous les traduisons par *féconde en fruits* et par *maison du pain*, en vue de ce pain qui dit de lui-même qu'il est descendu du ciel. *Joan.* VI.

« Il arriva, pendant qu'elle rendait l'âme, puisqu'elle mourait, qu'elle lui donna le nom de Fils de ma douleur ; et le père lui donna celui de Benjamin. » *Ibid.* 18. L'hébreu fait ressortir la ressemblance du nom ; *fils de ma douleur*, que lui donna sa mère mourante, se dit BÉNONI (בן אוני) ; et BENJAMIN, qui est le nom tel que le modifia Jacob, répond à *fils de la droite*, c'est-à-dire *de la vertu* Il y a donc erreur de la part de ceux qui interprètent BENJAMIN (בנימין) par *fils des jours*. La *droite* se dit JAMIN (ימין), finissant par la lettre *n* ; *les jours* se rendent par JAMIM (ימים), dont *m* est la dernière lettre.

« Israël partit ; et il étendit sa tente au-delà de la tour d'Ader. » *Ibid.* 21. Les Hébreux veulent que cet endroit soit le même où fut plus tard bâti le temple ; que *tour d'Ader* signifie *tour du troupeau*, c'est-à-dire de la congrégation et de l'assemblée, ce que le prophète Michée atteste en ces mots : « Et toi, tour nébuleuse du troupeau, fille de Sion, » *Mich.* IV, 8, et le reste, et qu'en ce temps-là Jacob ait eu sa tente au-delà de l'endroit où le temple s'éleva plus tard. Mais si nous suivons les points successifs de la route, Ader est le lieu des bergers, près de Bethléem, où le roi des anges chanta lors de la naissance du Seigneur ; Jacob l'appela peut-être ainsi, parce qu'il y fit paître ses troupeaux ; ou plus probablement il contenait, dans une sorte

« Et factum est dum appropinquaret Chabratha in terra Chanaan, ut veniret Ephratha, peperit Rachel. » *Genes.* XXXV, 16. Verbum Hebraicum (כברת) CHABRATHA, in consequentibus, ubi Jacob loquitur ad Joseph : « Ego autem cum venirem de Mesopotamia Syriæ, mortua est mater tua Rachel in terra Chanaan, in via Hippodromi, ut venirem Ephrata ; » *Genes.* XLVIII ; nescio quid volentes, *Hippodromum* Septuaginta Interpretes transtulerunt ; et statim ibi, ubi in Hebræo dicitur : « Et sepelierunt eam in via Ephrata, hæc est Bethleem, » *Genes.* XXXV, 19, rursum Septuaginta pro *Ephrata* posuerunt *Hippodromum* ; cum utique si CHABRATHA *Hippodromus* est, *Ephrata Hippodromus* esse non possit. Aquila autem hoc ita transtulit : « Et factum est καθ' ὁδὸν τῆς γῆς, id est, in itinere terræ, introiens in Ephrata. » Sed melius est si transferatur : « In electo terræ tempore cum introiret Ephratha. » Porro vernum tempus significat, cum in florem cuncta rumpuntur, et anni tempus electum est ; vel cum transeuntes per viam carpunt, et eligunt e vicinis agris quodcumque ad manus venerit, diversis floribus invitati. Ephrata vero et Bethleem unius urbis vocabulum est, sub interpretatione consimili. Siquidem in *frugiferam* et in *domum panis* vertitur ; propter eum panem, qui de cœlo descendisse se dicit. *Joan.* VI.

« Et factum est cum dimitteret eam animam, siquidem moriebatur ; vocavit nomen ejus : Filius doloris mei ; pater vero ejus vocavit nomen ejus Benjamin. » *Genes.* XXXV, 18. In Hebræo similitudo nominis resonat ; *filius* enim *doloris mei*, quod nomen moriens mater imposuit, dicitur BENONI (בן אוני). *Filius* vero *dextræ*, hoc est, *virtutis*, quod Jacob mutavit, appellatur BENJAMIN. Unde errant qui putant BENJAMIN (בנימין) *filium dierum* interpretari. Cum enim *dextera* appelletur JAMIN (יקין), et finiatur in *n* litteram ; *dies* quidem appellatur et ipsi JAMIM (ימים), sed in *m* litteram terminantur.

« Et profectus est Israel ; et extendit tabernaculum suum trans turrim Ader. » *Genes.* XXXV, 21. Hunc locum Hebræi esse volunt, ubi postea templum ædificatum est : et *turrim Ader, turris gregis* significare hoc est, *congregationis* et *cœtus* ; quod et Michæas Propheta testatur, dicens : « Et tu turris gregis nebulosa, filia Sion, » *Mich.* IV, 8, et cætera ; illoque tempore Jacob trans locum, ubi postea templum ædificatum est, habuisse tentoria. Sed si sequamur ordinem viæ, pastorum juxta Bethleem locus est, ubi vel Angelorum rex in ortu Domini cecinit ; vel Jacob

de prophétie, dès les temps primitifs, le mystère à venir.

« Jacob vint vers Isaac son père en Mambré, dans la ville d'Arbée, qui est Chébron. » *Ibid.* 7. Pour ARBÉE, les Septante disent *dans la plaine;* or, Chébron est située sur une montagne. Du reste, cette même ville avait également reçu, très-anciennement, le nom de Mambré, à cause d'un ami d'Abraham.

« Esaü eut d'Ada Eliphaz. » *Genès.* XXXVI, 4. Cet Eliphaz est le même que l'Ecriture nomme dans le livre de Job.

« Ceux-là sont les fils d'Esaü et les princes de ces peuples ; lui-même est Edom, et ils sont les fils de Séir. » *Ibid.* 19. Esaü, Edom et Séir sont les noms d'un seul et même homme ; nous avons déjà dit d'où lui vinrent ces dénominations différentes. Poursuivons.

« Du Chorréen habitant la terre, » *Ibid.* 20, et le reste. Après avoir énuméré les fils d'Esaü, l'historien reprend de plus haut, et dit quels furent avant Esaü, dans le terre d'Edom, les principaux de la race des *Chorréens*, mot qui répond en notre langue à *libres*. Lisons attentivement le Deutéronome, II, 21, qui raconte en détail comment vinrent les fils d'Esaü, comment ils exterminèrent les Chorréens et s'emparèrent de leur territoire.

« Les fils de Lothan furent Chorri et Emam, et sa sœur fut Thamna. » *Ibid.* 22. C'est cette Thamna dont nous avons déjà parlé. « Et Thamna était la concubine d'Eliphaz, premier-né d'Esaü, et elle fut la mère d'Amalech. » Il s'est souvenu des Chorréens, parce que le premier-né d'Esaü avait pris une concubine parmi leurs filles. Quant à ce qu'il dit : « Théman, Cénez, Amalech, » et le reste, sachons que dans la suite ceux-ci donnèrent leurs noms aux régions de l'Idumée.

« C'est le même Ana qui trouva Jamin dans le désert, quand il faisait paître les ânes de Zébéon son père. » *Ibid.* 21. Il y a sur ce passage, chez les Hébreux, une foule d'opinions très-controversées ; pour les Latins et les Grecs, ils sont muets sur ce point. Les uns lisent AJAMIM (הימם), qu'ils traduisent par mers. En effet, le mot *mers* s'écrit par les mêmes lettres. Ils veulent qu'Ana, pendant qu'il faisait paître les ânes de son père dans le désert, ait trouvé des réunions d'eaux, qui sont toutes appelées mers selon l'idiome de la langue hébraïque ; il aurait donc découvert quelque étang, ce qui est difficile dans le désert. Quelques-uns pensent, en se fondant sur la langue punique, limitrophe de celle des Hébreux, que le mot désigne des *eaux chaudes*. D'autres croient qu'Ana aurait permis l'accouplement d'*onagres* avec ses ânesses, et qu'il découvrit ainsi le moyen de produire les ânes les plus rapides, qui s'appellent JAMIM. (ימים). La plupart sont d'avis qu'il fut le pre-

pecora sua pavit, loco nomen imponens; vel quod verius est, quodam vaticinio futurorum jam tunc mysterium monstrabatur.

« Et venit Jacob ad Isaac patrem suum in Mambre, civitatem Arbee, hæc est Chebron. » *Genes.* XXXV, 7. PRO ARBEE in Septuaginta *campum* habet; cum *Chebron* in monte sita sit. Eadem autem civitas dicitur et MAMBRE, ab amico Abrahæ ita antiquitus appellata.

« Et peperit Ada Esau Eliphaz. » *Genes.* XXXVI, 4. Iste est Eliphaz, cujus Scriptura in Job volumine recordatur.

« Isti filii Esau, et isti principes eorum, ipse est Edom, et hi filii Seir. » *Genes.* XXXVI, 19. Esau et Edom, et Seir, unius nomen est hominis, et quare varie nuncupetur supra dictum est. Quod autem sequitur :

« Et Chorræi habitantis terram, » *Genes.* XXXVI, 20, et reliqua. Postquam enumeravit filios Esau, altius repetit, et exponit, qui ante Esau, in Edom terra principes fuerint ex genere *Chorræorum*, qui in lingua nostra interpretantur *liberi*. Legamus diligenter Deuteronomium, II, 21, ubi manifestius scribitur, quomodo venerint filii Esau, et interfecerint Chorræos, ac terram eorum hæreditate possederint.

« Et fuerunt filii Lothan, Chorri et Æman; et soror Lothan Thamna. » *Genes.* XXXVI, 22. Hæc est Thamna, de qua supra dictum est. « Et Thamna erat concubina Eliphaz filii primogeniti Esau, et ex ipsa natus est Amalech. » Idcirco autem Chorræorum recordatus est, quia primogenitus filiorum Esau ex filiabus eorum acceperat concubinam. Quod autem dicitur : « Theman et Cenez et Amalech, » et reliqua; sciamus postea regionibus Idumæorum ex his vocabula imposita.

« Ipse est Ana, qui invenit Jamin in deserto, cum pasceret asinos Zebeon patris sui. » *Genes.* XXXVI, 24. Multa et varia apud Hebræos de hoc capitulo disputantur; apud Græcos quippe et nostros super hoc silentium est. Alii putant AJAMIM (הימם) maria appellata. Iisdem enim litteris scribuntur *maria*, quibus et nunc hic sermo descriptus est. Et volunt illum, dum pascit asinos patris sui in deserto, aquarum congregationes reperisse, quæ juxta idioma linguæ Hebraicæ *maria* nuncupentur : quod scilicet stagnum repererit, cujus rei inventio in eremo difficilis est. Nonnulli putant, *aquas calidas* juxta Punicæ linguæ viciniam, quæ Hebrææ contermina est, hoc vocabulo signari. Sunt qui arbitrentur *onagros* ab hoc admissos esse ad asinas; et ipsum istius modi reperisse concubitum, ut velocissimi ex his asini nascerentur qui vocantur JAMIM (ימים). Plerique putant, quod equarum greges ab asinis in deserto ipse fecerit pri-

mier qui fit visiter dans le désert, par ses ânes, des troupeaux de cavales sauvages, d'où sortit, contre nature, une race nouvelle d'animaux, les mulets. Aquila traduit ainsi ce passage : « C'est ce même Ana qui découvrit les Emim, » et l'interprétation de Symmaque est la même, et vise aussi le pluriel. Les Septante et Théodotion disent pareillement l'*iamim*, ce qui indique le singulier.

« Asa, place où régna Jobab de Bozra, fils de Zara. » *Ibid.* 33. Quelques-uns le confondent avec Job, et cette opinion a été ajoutée à la fin du livre de Job. Les Hébreux, au contraire, affirment qu'il était de la race de Nachor, ainsi que nous l'avons déjà dit.

« Israël aima Joseph plus qu'aucun de ses autres fils, parce qu'il était le fils de sa vieillesse, et il lui fit une tunique de diverses couleurs. » *Genés.* XXXVII, 3. Pour *tunique de diverses couleurs,* Aquila met *tunique* ἀστραγάλειον, c'est-à-dire descendant jusqu'aux talons. Symmaque dit *tunique à manches*, soit qu'elle descendit jusqu'aux talons et qu'elle eût des manches magnifiques embellies d'ornements divers ; soit qu'elle eût simplement des manches, puisque les anciens portaient habituellement des chapes sans manches.

« Ils vendirent Joseph aux Ismaélites pour vingt pièces d'or. » *Ibid.* 28. Au lieu de pièces d'*or*, l'hébreu porte d'*argent*. En effet, le prix de Notre-Seigneur ne peut pas avoir été en métal plus vil que le prix de Joseph.

« Les Madianéens vendirent Joseph en Egypte, à l'eunuque Putiphar, chef de cuisine de Pharaon. » *Ibid.* 36. En plusieurs endroits, l'Ecriture met archimagires, c'est-à-dire maîtres-queux, pour maîtres de l'armée ; le mot grec μαγειρεύειν signifie tuer. Joseph fut donc vendu au chef de l'armée et des guerriers, non à *Pétéphré*, comme l'écrit le recueil Latin, mais à l'eunuque *Putiphar*. On se demande comment il est dit plus bas qu'il avait une épouse. Les Hébreux ra-

mus ascendi, ut mulorum inde nova contra naturam animalia nascerentur. Aquila hunc locum ita transtulit : « Ipse est Ana, qui invenit σὺν (a) τοὺς ἰμίμ. » Et Symmachus similiter τοὺς ἰμίμ, quæ interpretatio pluralem numerum significat. Septuaginta vero, et Theodotion æqualiter transtulerunt dicentes : τὸν ἰαμὶμ, quod indicat numerum singularem.

« Et regnavit pro eo Jobab filius Zaræ, de Bozra. » *Genes.* XXXVI, 33. Hunc quidam suspicantur esse Job, ut in fine voluminis ipsius additum est. Contra Hebræi asserunt de Nachor cum stirpe generatum, ut jam supra dictum est.

« Et Israel dilexit Joseph super omnes filios suos, quia erat filius senectutis ; et fecit ei tunicam variam. » *Genes.* XXXVII, 3. Pro *varia tunica*, Aquila interpretatus est *tunicam* ἀστραγάλειον, id est, *tunicam talarem*. Symmachus, *tunicam* (*b*) *manicatam*, sive quod ad talos usque descenderet, et manibus artificis mira esset varietate distincta ; sive quod haberet manicas ; Antiqui enim magis colobiis utebantur (*c*).

« Et vindiderunt Joseph Ismaelitis vigenti aureis. » *Genes.* XXXVII, 28. Pro *aureis*, in Hebræo, *argenteis* habet. Neque enim viliore metallo Dominus venundari debuit, quam Joseph.

« Madianæi autem vendiderunt Joseph in Egypto Phutiphar eunucho, Pharaonis archimagiro. » *Genes.* XXXVII, 36. In plerisque locis archimagiros, id est, coquorum principes, pro magistris exercitus Scriptura commemorat : μαγειρεύειν quippe Græce interpretatur *occidere*. Venditus est igitur Joseph principi exercitus et bellatorum, non *Petephre* (*d*), ut in Latino scriptum est, sed *Phutiphar* eunucho. Ubi quæritur, quomodo postea uxorem habere dicatur. Tradunt Hebræi emptum ab hoc Joseph ob nimiam pulchritudinem in turpe ministerium, et a Domino virilibus ejus arefactis, postea electum esse juxta morem (*e*)

(*a*) Σὺν τοὺς ἰμίμ. Locus insigniter depravatus in veteribus editionibus. Erasmus hoc modo legit, *qui invenit* σὺν τοῖς σιμείμ. *Et Symmachus similiter* τοὺς σιμείμ. Marianus omisit particulam σὺν, *invenit* τοὺς ἰαμείμ, etc. Manuscripti codices nullo excepto retinent particulam σὺν in versione Aquilæ, *invenit* σὺν τοῖς Ἐμίμ. *Et Symmachus similiter* τοὺς Ἐμίμ. In eo tantum dissident quod H legant nonnulli pro E, et N pro M in fine vocis Ἐμίμ. Diodorus porro docet nos vocem Hebræam integram fuisse servatam ab omnibus interpretibus, nempe ימים ; quæ *emim*, vel *hmim*, aut *jamim* legi potuit a Græcis, sicut legimus *Esaias* et *Isaias*. Hinc liquet σιμείμ Erasmianum omnino reprobum esse, et manifestam Aquilæ depravationem in Hieronymum inductam. MARTIAN. — Sic emendant mss. nostri ; falso autem, et contra mss. fidem Martianæus σὺν τοῖς, qui dum restituere se locum putat, et ad Grammaticæ regulas σὺν, quasi præpositionem dativo inservientem τοῖς jungit, magis depravat. Neque enim hic Græcæ præpositionis vice fungitur, sed ab Aquilæ contentioso ingenio excogitata vox est ad Hebraicum articulum את exprimendum.

(*b*) χειριδωτόν. Agellius lib. VII, cap. 12 : *Tunicis uti virum prolixis ultra brachia, et usque in primores manus, ac prope in digitos, Romæ atque omni in Latio indecorum fuit. Eas tunicas Græco vocabulo nostri* χειριδωτοὺς *appellaverunt.*

(*c*) *Colobiis utebantur.* Colobium est vestis sine manicis vel subucula. Nam κολόβιον dicitur, quia mutilum, id est, κολοβόν. Genus igitur vestimenti peculiare habuit Joseph in *tunica manicata*, ut observat S. Hieronymus ex Antiquorum usu recepto. MARTIAN.

(*d*) Verum et Græci quoque Πετεφρῆν præferunt. Ineptissima porro est Hebræorum, quam Hieron. commemorat, fabula. Satis erudite Gennadius, Εἰ, inquit, εὐνοῦχος Πετεφρῆς, πῶς εὑρίσκεται γυναῖκα ἔχων ; Ἀλλ' ὁ μὲν Σύρος μιᾷ προσηγορίᾳ τόν τε σπάδοντα καὶ τὸν πιστὸν ἄνδρα λέγει τοῖς δεσπόταις· ὁ δὲ Ἑβραῖος ἀληθῶς εὐνοῦχον καὶ τοῦτον. *Si eunuchus Petephres erat, quomodo uxorem habuisse invenitur? Verum Syrus una appellatione et spadonem, et fidelem dominis suis virum vocat : Hebræus vero hunc quoque vocat eunuchum.* Officii igitur ac dignitatis nomen in aula Pharaonis hoc erat. MIGN.

(*e*) *Juxta morem Hierophantarum.* Editi Græce legunt ἱεροφαντῶν. Erant autem Hierophantæ sacrorum Antistites, qui sacra et cæremonias docerent. Plut. in Numa ; et Philo de Vita Moysis, nec non lib. de septenario et Festis. MARTIAN.

content qu'il avait acheté Joseph, le destinant à ses plaisirs, à cause de sa beauté remarquable ; le Seigneur l'ayant alors privé de la virilité, il fut ensuite élu selon la coutume des Hiérophante pour le pontificat d'Héropolis ; il ajoute qu'il aurait été le père d'Aseneth, avec laquelle Joseph se maria dans la suite.

« Elle fut visitée, et elle enfanta un fils qu'elle appela Sélom ; elle était dans Chazbi, quand elle l'enfanta. » *Genes.* xxxviii, 5. Aquila traduit comme un nom de chose le mot hébreu Chazbi, mis ici comme un nom de lieu : « Il lui donna, dit-il, le nom de Sélom ; et il arriva, quand elle eut enfanté Sélom, qu'elle mentit en ses couches ; » c'est-à-dire que la naissance de Sélom fut son dernier accouchement. *Chazbi* n'est donc pas un nom de lieu, mais signifie *mensonge*. Aussi est-il écrit ailleurs : « L'œuvre de l'olivier sera mensongère, » c'est-à-dire « l'olivier ne portera pas de fruit. » *Abac.* iii, 17.

Juda consolé monta vers ceux qui tondaient ses brebis, et avec lui Hiras d'Odallam, son berger. » *Ibid.* 12. Pour *berger*, on lit *ami*. La chose est douteuse, parce que les deux mots s'écrivent par les mêmes lettres ; mais ami se prononce RÉÉ (רעה) et berger ROÉ.

« Il s'assit à la porte d'Enam, qui est sur le trajet de Thamna. » *Ibid.* 14. Le mot hébreu ENAIM (עינים) se rend par *yeux*. Ce n'est donc pas un nom de lieu ; le sens est : « Il s'assit à la bifurcation, » ou bien « au carrefour, » où le voyageur doit attentivement regarder quel est le chemin qu'il doit prendre.

« Juda la connut, et dit : Elle est plus juste que moi, puisque je ne l'ai point donnée à mon fils Sélom. » *Ibid.* 26. L'hébreu porte *justifiée relativement à moi* ; non qu'elle fût juste, mais elle avait fait moins de mal que lui, puisqu'elle avait recherché des enfants, et non d'inutiles et honteuses satisfactions.

« Son frère sortit et dit : Pourquoi la muraille a-t-elle été divisée pour toi ? et il lui donna le nom de Pharès. » *Ibid.* 29. Pour *muraille*, Aquila et Symmaque mettent *division*, ce qui se dit en hébreu PHARÈS (פרץ). Il reçut donc le nom de division, parce qu'il avait divisé la membrane de l'arrière-faix, d'où les *Pharisiens*, qui s'étaient séparés du peuple comme justes, étaient appelés *divisés*.

« Ensuite sortit son frère, tenant à la main un vêtement d'écarlate ; et il lui donna le nom de Zara. » *Ibid.* 30. Ce nom signifie *orient*. Il fut donc appelé ZARA (זרח), c'est-à-dire *orient*, soit parce qu'il parut le premier, soit parce que beau nombre de justes sortirent de lui, comme nous l'apprend le livre des Paralipomènes, I *Paral.* ii.

Hierophantarum in pontificatum Heliopoleos (*a*) ; et hujus filiam esse Aseneth, quam postea Joseph uxorem acceperit.

« Et adjecit, et peperit filium, et vocavit nomen ejus Selom ; hæc autem erat in Chazbi, quando peperit eum. » *Genes.* xxxviii, 5. Verbum Hebræum hic pro loci vocabulo positum est, quod Aquila pro re transtulit, dicens : « Et vocavit nomen ejus Selom. Et factum est ut mentiretur in partu postquam genuit Selom. » Postquam enim genuit Selom, stetit partus ejus. *Chazbi* ergo non nomen loci, sed *mendacium* dicitur. Unde et in alio loco scriptum est : « Mentietur opus olivæ, id est, fructum oliva non faciet. » *Abac.* iii, 17.

« Et consolatus Judas ascendit ad eos, qui tondebant oves ejus ; ipse, et Hiras pastor ejus Odollamites. » *Genes.* xxxviii, 12. Pro *pastore*, *amicus* legitur. Sed verbum ambiguum est, quia iisdem litteris utrumque nomen scribitur ; verum amicus REO (רעה), pastor ROE legitur.

« Et sedit ad portam Enam, quæ est in transitu Thamna. » *Genes.* xxxviii, 14. Sermo Hebraicus ENAIM (עינים), transfertur in *oculos*. Non est igitur nomen loci ; sed est sensus : « Sedit in bivio, sive in compito, » ubi diligentius debet viator aspicere, quod iter gradiendi capiat.

« Cognovit autem Judas, et dixit : Justior est illa, quam ego, eo quod non dedi eam Selom filio meo. » *Genes.* xxxviii, 26. In Hebræo habet : *Justificata est ex me ;* non quod justa fuerit, sed quod comparatione illius minus mali fecerit, nequaquam vagam turpitudinem, sed liberos requirendo.

« Et ecce egressus est frater ejus, et dixit, ut quid divisa est propter te maceria? Et vocavit nomen ejus Phares. » *Genes.* xxxviii, 29. Pro *maceria*, *divisionem* Aquila et Symmachus transtulerunt, quod Hebraice dicitur, PHARES (פרץ). Ab eo igitur, quod diviserit membranulam secundarum [al. *secundinarum*], divisionis nomen accepit. Unde et *Pharisæi*, qui se quasi justos a populo separaverant, *divisi* appellabantur.

« Post hoc exiit frater ejus, in cujus manu erat coccinum ; et vocavit nomen ejus Zara. » *Genes.* xxxviii, 30. Hoc nomen interpretatur *oriens*. Sive igitur, quia primus apparuit, sive quod plurimi justi ex eo nati sunt, ut in libro Paralipomenon I *Par.* ii *et seqq.* continetur, ZARA (זרח), id est, *oriens* appellatus est.

(*a*) Id vero Hebræos *ex Apocrypho*, ἐξ ἀποκρύφου, dicere testatur Origenes in Catenis mss, penes Montfaucon. in Hexaplis : *Phutirpharem, nempe, eumdem ipsum esse, qui Josephi herus et socer fuit. Narrantque Aseneth illam, matrem suam apud patrem accusasse, quod insidias in Josephum struxisset, non autem ab eo insidiis appetita fuisset. Quam ille Josepho sponsam dedit, ut Ægyptiis declararet, a Josepho nihil hujusmodi contra domum suam perpetratum fuisse.* Vide infra Genes. c. xli, v. 43.

« Après ces paroles, le chef de gobelet du roi d'Egypte pécha. » *Genés.* XL, 1. Où nous disons *le chef de gobelet,* l'hébreu porte MASEC (משק), mot que nous avons déjà lu comme nom d'un serviteur d'Abraham, et que nous pouvons rendre par le mot *échanson* communément employé. Et qu'on ne croie pas qu'il s'agit ici de quelque vile fonction, lorsqu'à la cour des rois barbares, encore de nos jours, on tient à grand honneur d'être chargé de présenter la coupe au monarque. Les poètes eux-mêmes, parlant de Ganymède et de Jupiter, ne disent-ils pas que le Dieu honora de cette charge ce jeune homme chéri.

« J'avais en ma présence une vigne portant trois branches et jetant des bourgeons sur ces trois branches. » *Ibid.* 10. Il veut dire trois sarments, trois rameaux, trois pousses ; le mot hébreu est SARIGIM (שריגם).

« Je m'apparaissais portant sur la tête trois corbeilles de gâteaux. » *Ibid.* 16. Au lieu de trois corbeilles de gâteaux, l'hébreu porte *trois paniers de farine.*

« Voilà que du fleuve montaient sept vaches, belles à voir, choisies et grasses, et qu'elles paissaient dans l'ache. » *Genés.* XLI, 2. On trouve deux fois écrit dans la Genèse le mot *Achi* ("Αχα), qui n'est ni grec ni latin. C'est une corruption du mot hébreu lui-même, qui est AHU (אחו), c'est-à-dire *dans le marais.* Le VAU des Hébreux et l'IOD sont semblables et ne diffèrent que par la grandeur ; au lieu de AHU, les Septante ont donc écrit *Achi,* représentant, selon leur coutume, la double aspiration de la lettre HETH par la lettre grec *chi* (χ).

« Joseph répondit à Pharaon en ces termes : Sans Dieu, il ne sera point répondu du salut à Pharaon. » *Ibid.* 16. Le texte hébreu est autre : « Dieu répondra sans moi de la paix à Pharaon. » Enfin, Symmaque, selon son habitude, a traduit en éclaircissant : « Ce n'est pas moi, c'est Dieu qui donnera la paix à Pharaon. »

« Voilà que sept années de grande abondance viendront sur toute la terre d'Egypte. » *Ibid.* 29. Nous avons interprété plus haut le mot hébreu SABÉE (שבע), par *abondance* ou *satiété,* à l'occasion du puits que creusèrent en dernier lieu les serviteurs d'Isaac ; maintenant, les Septante l'ont parfaitement traduit ; je m'étonne donc qu'ils l'aient alors expliqué par *serment,* lorsqu'on peut le rendre par *serment,* ou par *sept,* ou par *satiété,* ou par *abondance,* suivant que le demandent le sens et l'ordre des mots. Dans ce qui suit, partout où nous lisons

« Post verba hæc, peccavit princeps vinariorum regis Ægypti. » *Genes.* XL, 1. Ubi nos posuimus, *principem vinariorum,* in Hebræo scriptum habet MASEC (משק), illud verbum quod in nomine servi Abraham dudum legimus, quem nos possumus more vulgi vocare *pincernam.* Nec vile putetur officium, cum apud reges barbaros usque hodie maximæ dignitatis sit, regi poculum porrexisse ; Poetæ quoque de Catamitho et Jove scriptitent, quod amasium *(a)* suum huic officio manciparit.

« Et ecce vitis in conspectu meo, et in vite tres fundi, et ipsa germinans tres fundos. » *Genes.* XL, 10. Tria flagella, et tres ramos, sive propagines *(b)*, Hebræus sermo significat, quæ ab illis vocantur SARIGIM (שריגם).

« Et videbar mihi tria canistra chondritorum portare in capite meo. » *Genes.* XL, 16. Pro tribus canistris chondritorum, *tres cophinos farinæ* in Hebræo habet.

« Et ecce de fluvio ascendebant septem boves, speciosæ ad videndum, electæ carnibus, et pascebantur in achi. » *Genes.* XLI, 2. Bis in Genesi scriptum est ACHI ("Αχα), et neque Græcus sermo est, nec Latinus. Sed et Hebræus ipse corruptus est ; dicitur enim in AHU (אחו), hoc est, *in palude.* Sed quia VAU littera apud Hebræos, et IOD similes sunt, et tantum magnitudine differunt ; pro AHU, ACHI Septuaginta Interpretes transtulerunt, et secundum consuetudinem suam ad exprimendam duplicem aspirationem, HETH Hebrææ, litteræ, *Chi* (χ) Græcam litteram copulaverunt.

« Et respondit Joseph Pharaoni, dicens : Sine Deo non respondebitur salutare Pharaoni. » *Genes.* XLI, 16. In Hebræo aliter habet : « Sine me Deus respondebit pacem Pharaoni. » Denique Symmachus more suo apertius transtulit : « Non ego, sed Deus respondebit pacem Pharaoni. »

« Ecce septem anni venient abundantiæ magnæ in omni terra Ægypti. » *Genes.* XLI, 29. Miror quomodo verbum Hebraicum (שבע) SABEE, quod nos supra, *abundantiam,* sive *satietatem,* in puteo quem foderunt extremum servi Isaac, interpretati sumus ; nunc Septuaginta rectissime transferentes, ibi *juramentum* interpretati sunt, cum et *juramentum,* et *septem,* et *satietas,* et *abundantia* prout locus et ordo flagitaverint, possit intelligi. Sed et in consequentibus

(a) *Quod Amasium,* etc. Amasius ille fuit turpissimus Ganymedes Trois filius formosissimus, qui raptus in cœlum Jovi erat a poculis. De eo Virgilius I Æneid., *Rapti Ganymedis honores.* Honores dixit propter ministerium poculorum, ad quod receptus est remota Hebe filia Junonis, quæ Jovi bibere ministrabat. *Flavum Ganymedem* appellat Horatius II Carm. Ode 4 : *Phrygium* Ovidius in Metam. Cæterum *Pincernæ* Officium non solum apud reges Barbaros, sed apud reges Francorum maximæ dignitatis fuit. Vide tomum I de Statu Franciæ p. 70. MARTIAN.

(b) Antea multum inconcinne erat, *Hebræo sermone,* contradicentibus et nostris mss. qui tum *Sariagim,* et Græcis litteris CAPYAΓAYM legunt.

abondance, le même mot SABÉE est écrit dans l'hébreu.

« Le héraut cria devant lui, et l'établit sur toute la terre d'Egypte. » *Ibid.* 43. Aquila traduit : « Il proclama de s'agenouiller en sa présence. » Symmaque, interprétant l'hébreu lui-même, dit : « Il cria devant lui ABRECH (אברך). Je crois qu'il faut moins s'arrêter à l'idée de héraut, et à celle de génuflexion pour saluer ou adorer Joseph, qu'à l'interprétation des Hébreux disant que ce mot signifie *père tendre*; AB (אב), se traduit par *père*, et RECH (רך) par *délicat* ou *très-tendre*. L'Ecriture veut dire qu'il était le père de tous quant à la prudence, tandis qu'il était un très-frêle adolescent, un enfant, quant à l'âge.

« Pharaon appela Joseph Saphaneth Phanéé, et lui donna pour époux Aseneth, fille de Putiphar, prêtre d'Héliopolis. » *Ibid.* 45. Ce nom en hébreu veut dire *qui découvre les choses cachées*; mais, puisqu'il est donné par un égyptien, il faut en chercher le sens dans la langue égyptienne. Le mot égyptien SAPHANETH PHANÉÉ (צפנת פנעה), ou, d'après la version des Septante, *Psomthom-Phanech*, se traduit par *Sauveur du monde*, en ce sens que Joseph délivra la terre de la ruine d'une famine prochaine. Remarquons qu'il reçut pour épouse la fille de son ancien maître et acquéreur, qui était alors devenu pontife d'Héliopolis. Les eunuques seuls pouvaient être prêtres de cette idole ; il y donc lieu d'ajouter foi à la tradition des Hébreux à cet égard, que nous avons déjà fait connaître.

« Avant la venue des années de la famine, Joseph eut deux fils, que lui engendra Aseneth, fille de Putiphar, prêtre d'Héliopolis. Joseph donna au premier-né le nom de Manassé, parce que, dit-il, le Seigneur m'a donné l'oubli de tous mes travaux et de la demeure de mon père. Le second reçut le nom d'Ephraïm : parce que, dit Joseph, Dieu m'a donné l'accroissement dans la terre de mon humilité. » *Ibid.* 50 *et seqq.* Rappelons-nous, pour la question des fils de Joseph, que nous verrons bientôt, qu'avant le temps de la famine, époque de l'entrée de Jacob en Egypte, Joseph avait eu seulement deux fils, Ephraïm et Manassé. Parce qu'il avait obtenu l'oubli de ses travaux, il appela l'aîné *Manassé*, mot hébreu qui veut dire *oubli*. L'autre reçut le nom d'*Ephraïm*, parce que Dieu lui avait donné un accroissement, car notre mot *accroissement* répond à l'hébreu *Ephraïm*.

ubicumque *abundantia* legitur, in Hebræo idem verbum scriptum est.

« Et clamavit ante eum præco, et constituit eum super omnem terram Ægypti. » *Genes.* XLI, 43. Pro quo Aquila transtulit : « Et clamavit in conspectu ejus adgeniculationem. » Symmachus ipsum Hebraicum sermonem interpretans ait : « Et clamavit ante eum ABRECH » (אברך). Unde mihi videtur non tam præco, sive adgeniculatio, quæ in salutando vel adorando Joseph accipi potest, intelligenda, quam illud quod Hebræi tradunt, dicentes *patrem tenerum* et hoc sermone transferri ; AB (אב) quippe dicitur *pater*, RECH (רך) *delicatus* sive *tenerrimus* ; significante Scriptura, quod juxta prudentiam quidem pater omnium fuerit; sed juxta ætatem tenerrimus adolescens et puer.

« Et vocavit Pharao nomen Joseph Saphaneth Phanee, et dedit ei Aseneth filiam Phutiphar sacerdotis Heliopoleos in uxorem. » *Genes.* XLI, 45. Licet Hebraice hoc nomen, *absconditorum repertorem* sonet, tamen quia ab Ægyptio ponitur, ipsius linguæ debet habere rationem. Interpretatur ergo sermone Ægyptio SAPHANETH PHANEE (צפנת פנעה), sive ut Septuaginta transferre voluerunt : « Psomthom-Phanech (*a*), Salvator mundi, » eo quod orbem terræ ab imminente famis excidio liberavit. Notandum autem, quod Domini quondam et emptoris sui filiam uxorem acceperit, qui ad id locorum pontifex Heliopoleos erat. Neque enim fas absque eunuchis idoli illius esse antistites, ut vera illa Hebræorum super eo quod ante jam diximus, suspicio comprobetur.

« Et Joseph nati sunt duo filii antequam venirent anni famis, quos peperit ei Aseneth filia Phutipharis sacerdotis Heliopoleos. Vocavit autem Joseph nomen primogeniti Manasse ; quia oblivisci me fecit Deus omnium laborum meorum, et omnis domus patris mei. Nomen autem secundi vocavit Ephraim, quia crescere me fecit Deus in terra humilitatis meæ. » *Genes.* XLI, 50 *et seqq.* Observa propter quæstionem, quæ post paululum de Joseph filiis proponenda est, quod ante famis tempus, quo Jacob intravit in Ægyptum duos tantum Joseph filios habuerit, Manasse et Ephraim. *Manasse* vocans ab eo, quod sit oblitus laborum suorum : ita enim Hebraice vocatur *oblivio*. *Ephraim*, eo quod auxerit eum Deus. Et ex hoc enim vocabulo in linguam nostram transfertur *augmentum*.

« Et deferte viro munera, aliquid resinæ, et mellis,

(*a*) Scite Hieronymus ad Ægyptiacam originem has voces refert, tametsi nihil in iis sit, quod Hebraicam etymologiam non sapiat, juxta quam pervulgata apud omnes est illa interpretatio, qua Psomthom-Phanech *obscurarum rerum interpres* dicitur, sive *qui occulta clare exposuit*. Bernardus tamen in Notis ad Josephum duos profert antiquos Scripturæ codices, qui Hieronymianæ expositioni suffragentur : Pentateuchum nempe Arabicum, pridem ab Ægyptiis manu descriptum, in cujus marginali nota Ψονθομφανήχ, Arabicis verbis *servator mundi* interpretatur, et Octateuchum Græcum Collegii Oxoniensis, in quo Ψονθομφανήχ, ὅ ἐστι σωτὴρ τοῦ κόσμου, *Psonthom-Phanech, id est, Servator mundi*. Vide et Le Moynium ad Varia Sacra p. 101. Jam vero in nostris mss. legitur *Fanech fane*, et Græce *Spomothon phanech*, — *Saphaneth Phanee*. De hoc nomine *Saphaneth Phanee* abunde disputavimus in Apologia nostra pro Hieronymo. Consule supra Commentarium in lib. Hebr. Nomin. cap. 2. MARTIAN.

« Portez à cet homme des présents, de la résine, du miel, des parfums, de la liqueur de myrrhe, du thérébinthe et des noix, » *Genés.* XLIII, 11, ou, d'après Aquila et Symmaque, « *des amandes.* » Nous avons rapporté ce trait, afin d'indiquer que le mot *des parfums* de nos recueils répond à l'hébreu Nécotha (נכאת), qu'Aquila rend par *du storax.* Il suit de là que les mots d'Isaïe, *maison de nécotha*, XXXIX, 21, doivent évidemment se traduire par *magasin du parfum*, ou *du storax*, à cause des aromates divers qui y étaient enfermés.

« Ils burent et s'enivrèrent avec lui. » *Ibid.* 32. Le génie de la langue hébraïque veut qu'on dise *ivresse* pour *satiété*, comme en ce passage : « Elle s'enivrent de ses gouttes et produit des germes. » *Psalm.* LXIV, 11. Il est évident qu'il s'agit de la terre rassasiée d'eau de pluie.

« Place l'argent près de l'ouverture de chaque sac, et cache dans le sac du plus jeune mon condy d'argent. » *Genés.* XLIV, 2. Pour sac, l'hébreu porte *sache longue* ou *bourse*. Pour *condy*, c'est-à-dire *coupe*, mot que nous lisons aussi dans Isaïe, LI, 17, Aquila met *vase à boire*, et Symmaque, *fiole*.

« Descends donc vers moi, ne tarde point, et tu habiteras dans la terre de Gésen d'Arabie. » *Genés.* XLV, 9, 10. D'*Arabie* a été ajouté et ne se trouve point dans les recueils hébreux. De là l'erreur accréditée que la terre de Gésen est en Arabie. Si, comme dans nos recueils, on met un *m* final, *Gésem* (גשם), ce que je n'approuve nullement, le mot signifie terre arrosée ; on traduit *Gésem* par *pluie*.

« Pharaon dit à Joseph : Dis à tes frères : faites ceci ; chargez vos charriots, et allez dans la terre de Chanaan. » *Ibid.* 17. Pour charriots, que les Septante et Théodotion interprètent par τὰ φορεῖα, les autres traducteurs disent *vos bêtes de somme*.

« Il leur donna des provisions pour la route. » *Ibid.* 21. Le mot séda (צדה), que tous rendent d'un commun accord par ἐπισιτισμόν, c'est-à-dire *provisions de bouche* ou *vivres*, se trouve aussi dans le Psautier, où nos traducteurs lisent : « Je bénirai et je bénirai encore sa veuve, » *Psalm.* CXXXI, 15, et bien qu'au lieu de *veuve* de la plupart des recueils, c'est-à-dire au lieu de χήρα, quelques-uns disent θήραν, *gibier*, l'hébreu porte séda (צידה), c'est-à-dire : « Je bénirai et je bénirai encore ses provisions de bouche. » Θήραν rappelle plutôt le produit de la chasse que les fruits;

thymiama et stacten, et terebinthum, et nuces. » *Genes.* XLIII, 11. Sive, ut Aquila et Symmachus transtulerunt, *amygdala*. Idcirco hoc capitulum posuimus, ut sciamus ubi in nostris codicibus habetur *thymiama*, in Hebræo esse NECOTHA (נכאת), quod Aquila *storacem* transtulit. Ex quo *domus nechota*, quæ in Isaia XXXIX, 21 legitur, manifestissime *cella thymiamatis*, sive *storacis* intelligitur, quod in illa aromata diversa sint condita.

« Et biberunt, et inebriati sunt cum eo. » *Genes.* XLIII, 32. Idioma linguæ Hebrææ est, ut *ebrietatem* pro *satietate* ponat, sicut ibi : « In stillicidiis ejus inebriabitur germinans » *Psal.* LXIV, 11, haud dubium, quin terra pluviis irrigata.

« Et pone argentum uniuscujusque in ore sacculi, et condy meum argenteum mitte in sacculum junioris. » *Genes.* XLIV, 2. Pro *sacculo*, *peronem*, vel *follem*, in Hebræo habet. Pro *condy*, id est, *poculo*, quod etiam in Isaia legimus LI, 17, Aquila, *scyphum*, Symmachus *phialam* transtulerunt.

« Descende ergo ad me, ne steteris, et habitabis in terra Gesen Arabiæ. » *Genes.* XLV, 9, 10. Hic *Arabiæ* additum est ; in Hebræis enim voluminibus non habetur. Unde et error increbuit, quod terra Gesen in Arabia sit. Porro si, ut in nostris codicibus est, per extremum *m* scribitur GESEM (גשם), quod mihi nequaquam (*a*) placet, terram signat compluttam ; GESEM enim in *imbrem* vertitur.

« Dixit autem Pharao ad Joseph : Dic fratribus tuis, hoc facite ; onerate vehicula vestra, et ite in terra Chanaam. » *Genes.* XLV, 17. Pro vehiculis, quæ Septuaginta, et Theodotio (*b*), τὰ φορεῖα interpretati sunt, *jumenta* reliqui transtulerunt.

« Et dedit illis cibaria in via. » *Genes.* XLV, 21. Verbum SEDA (צדה), quod hic omnes ore consono, ἐπισιτισμόν, id est, *cibaria*, vel *sitarcia* interpretati sunt, in Psalterio quoque habetur. Ubi enim nostri legunt : « Viduam ejus benedicens benedicam. » *Psal.* CXXXI, 15, (licet in plerisque codicibus pro *vidua*, hoc est pro χήρα, nonnulli legant θήραν), in Hebræo

(*a*) *Gessen* enim in *imbrem* vertitur. Apud LXX legimus cum extremo, *m*, ἐν γῇ Γεσὲμ, *in terra Gesem*. Hoc quoque modo fuit scriptum nomen *Gesem* in Latinis exemplaribus, quæ Hieronymus *nostros codices* vocat, Latinorum scilicet codices quibus proplorihus Christo sæculis usæ sunt occidentis Ecclesiæ, ante Hieronymianam versionem ex Hebræo fonte derivatam. MARTIAN. — Scribendum nempe est *Gesen*, cum *n* ad Hebræum גשן. Neque vero Latini tantum codices cum *m* corrupte efferebant, sed et Græci Γεσὲμ : e quibus notandum in uno Complut. non haberi additum Ἀραβίας.

(*b*) Meus ms. et Reginæ alter ΤΑ ΗΟΡΙΑ, quemadmodum et in aliis exemplaribus legi notatum est in nupera τῶν LXX editione : alii. Ηορεῖα. Atque erant quidem πόρεια, sive πορεῖα, currus, sive vehicula ad aliquid transferendum : unde et στρατιωτικὰ πόρεια, navigia ad milites transportandos. Nec aliter legi debere puto in alio vetustiori Regin. ms. ubi est ΘΑ ΘΥΩΡΥΑ, siquidem compertum est mihi, ejus descriptorem codicis litteram Η in apographo pro duabus hisce ΤΙ accepisse, quas litteras pro Θ et Υ continuo effert. Diu autem, multumque est, quod apud LXX τὰ φορεῖα obtinet.

toutefois, il est de coutume égyptienne de donner à la farine ce nom de Θήραν ; ils l'appellent encore, par corruption *athéran*.

« Toutes les âmes qui entrèrent avec Jacob en Egypte et qui étaient de sa race, sans compter les femmes de ses fils, étaient au nombre de soixante-six ; les fils de Joseph qui lui naquirent en Egypte furent au nombre de neuf. Toutes les âmes qui entrèrent avec Jacob en Egypte étaient donc au nombre de soixante-quinze. » *Genés.* XLVI, 26 *et seq.* Que, Joseph et ses fils exceptés, il y eut soixante-six personnes de la race de Jacob qui entrèrent avec lui en Egypte, cela ne fait l'objet d'aucun doute. En effet, tel est le nombre qui a été trouvé successivement par les calculs particuliers, et que portent les recueils hébreux. Quant à ce passage des Septante où nous lisons : Les fils de Joseph qui lui naquirent en Egypte étaient au nombre de neuf, » sachons qu'au lieu de *neuf* le texte hébreu porte *deux*. Ephraïm et Manassé, avant l'entrée de Jacob en Egypte et le commencement de la famine, étaient nés en Egypte d'Aseneth, fille de Putiphar. Sans doute lisons-nous précédemment : « Manassé eut des fils de sa concubine Syra, qui engendra Machir, lequel engendra Galaad ; et le frère de Manassé, Ephraïm, eut aussi des fils, Suthalaam et Thaam, et Suthalaam eut Edom ; » mais tout cela est ajouté ; ou plutôt, ce sont des événements postérieurs, qui sont racontés par anticipation comme ayant eu lieu. A l'époque de l'entrée de Jacob en Egypte, Ephraïm et Manassé n'étaient pas d'âge à pouvoir engendrer des enfants. D'où il suit que les personnes de la race de Jacob qui entrèrent en Egypte étaient au nombre de soixante-dix, dont soixante-six vinrent alors, et trouvèrent trois personnes en Egypte, c'est-à-dire Joseph et ses deux fils ; la soixante-dixième personne était Jacob lui-même. Nul ne doit voir ici une interprétation contraire à l'autorité de l'Ecriture ; les Septante eux-mêmes, traduisant le Deutéronome, X, 22, disent que soixante-dix âmes entrèrent en Egypte avec Jacob (*al.* Israël). Quiconque n'accepterait pas notre manière de voir, mettrait donc l'Ecriture

habet SEDA (צידה), id est : « Cibaria ejus benedicens benedicam. » Porro Θήραν *venationem* (*a*) magis potest sonare, quam *fruges* : tametsi moris sit Ægyptiorum Θήραν etiam *far* vocare, quod nunc corrupte (*b*) *atheran*.

« Omnes ergo animæ, quæ ingressæ sunt cum Jacob Ægyptum, et quæ exierunt de femoribus ejus, absque mulieribus filiorum Jacob, animæ sexaginta sex ; filii autem Joseph, qui nati sunt ei in Ægypto, animæ novem. Omnes ergo animæ, quæ ingressæ sunt cum Jacob in Ægyptum, septuaginta quinque. » *Genes.* XLVI, 26 *et seqq.* Quod excepto Joseph et filiis ejus sexaginta sex animæ, quæ egressæ sunt de femoribus Jacob, introierunt Ægyptum, nulla dubitatio est. Ita enim, et paulatim per singulos supputatus numerus approbat, et in Hebræis voluminibus invenitur. Hoc autem quod in Septuaginta legimus : « Filii autem Joseph, qui nati sunt et in Ægypto animæ novem, » sciamus in Hebræo pro *novem*, esse *duas*. Ephraim quippe et Manasse, antequam Jacob intraret Ægyptum, et famis tempus ingrueret, nati sunt de Aseneth Putipharis filia in Ægypto. Sed et illud, quod supra legimus : « Facti sunt autem filii Manasse (*c*), quos (al. *quem*) genuit ei concubina Syra, Machir, et Machir genuit Galaad ; filii autem Ephraim fratris Manasse, Suthalaam, et Thaam (*d*) ; filii vero Suthalaam Edem, » additum est, si quidem id quod postea legimus, quasi per anticipationem factum esse describitur. Neque enim illo tempore, quo ingressus est Jacob Ægyptum, ejus ætatis erant Ephraim et Manasse, ut filios generare potuerint. Ex quo manifestum est, omnes animas, quæ ingressæ sunt Ægyptum de femoribus Jacob, fuisse septuaginta, dum sexaginta sex postea ingressæ sunt, et repererunt (al. *pepererunt*) in Ægypto tres animas, Joseph scilicet, cum duobus filiis ejus, septuagesimus autem ipse fuerit Jacob. Hanc rem, ne cui videamur adversum Scripturæ auctoritatem loqui, etiam Septuaginta Interpretes in Deuteronomio X, 22 transtulerunt, quod in septuaginta animabus ingressus sit Jacob (al. *Israel*) in Ægyptum. Si quis igitur nostræ

(*a*) Et vero ita ipse Hieronymus in sua ex Hebræo interpretatione transtulit, *Venationem ejus benedicens benedicam.* In quem locum Pseudo-Hieronymus. *Pro vidua*, inquit, *id est*, χήρα, *et Hebræa volumina, et ipsi LXX* θήραν *habent : sed propter novitatem verbi, et unius litteræ demutationem, paulatim obtinuit, ut pro* θήρα *legeretur* χήρα, *maxime quia in sequenti versiculo pauperes sequebantur.* Θήρα *Symmachus et Aquila* cibaria *interpretati sunt.*

(*b*) *Corrupte atheran nuncupant.* In quibusdam mss. codicibus corrupta hæc vox dicitur *Catheran*, in altero *Athertin*, in Colbertino vetustissimo Græce ΗΘΗΡΑΝ. Videant nunc eruditi linguæ Ægyptiacæ quæ sit inter variantes lectiones cæteris præferenda. MARTIAN. — Martianæus in suis mss. invenit *Catheran*, et *Athertin*, et Græce ΗΘΗΡΑΝ, e quibus lectionibus, quæ preferenda sit, eruditis linguæ Ægyptiacæ permittit. Optime vero habet impressa lectio, quam et mss. nostri omnes confirmant, quorum unus Græce ΑΘΗΡΑΝ æque bene effert. Sic porro ipse vocat Cassianus olim Ægyptius Asceta Collat. 15, c. 10, *Atheram*, quam pro lenticulæ pulmento accipit. Hesychio autem ἀθήρα, sive ἄθαρα, est edulium Ægyptiis parari solitum ex tritico et lacte. Sed et Plinius lib. XXII, cap. 25, *Atharam Ægyptiorum* memorat.

(*c*) *Facti sunt autem filii Manasse.* Integra isthæc pericope addita fuit in LXX translatorum editione ; unde proclivis fuit error in numero animarum, quæ ingressæ sunt Ægyptum cum Patriarcha Jacob.

(*d*) *Suthalaam et Thaam.* Pro, *et Thaam* libri antea editi legunt corrupte *Ethaan*, et deinde *Edom* pro *Edem.* Quamvis enim in LXX Rom. edit. scriptum hic reperiatur Ἐδώμ, in manuscripto tamen Alexandrino legimus Ἐδέμ, juxta exemplaria mss. S. Hieronymi. MARTIAN.

en contradiction avec elle-même. Je le répète, les Septante eux-mêmes, qui disent ici, par prolepse, que soixante-quinze âmes entrèrent en Egypte, en comptant Joseph et sa postérité, ramènent ce nombre à soixante-dix dans le Deutéronome. Peut-être nous objectera-t-on encore que, dans les Actes des Apôtres, VII, dans le discours de saint Etienne au peuple, il est dit que soixante-quinze personnes entrèrent en Egypte ; la réponse est facile. Saint Luc, auteur de cette histoire, publiait les Actes des Apôtres au milieu des Gentils ; il ne devait pas écrire quelque chose de contraire aux textes de l'Ecriture, tels qu'ils leur étaient déjà connus. Assurément, à cette époque encore, l'autorité des Septante était beaucoup au-dessus du témoignage de saint Luc, inconnu, sans considération, en qui les Gentils n'avaient pas une grande confiance. Remarquons en général que, toutes les fois que les saints Apôtres ou les hommes apostoliques s'adressent au peuple, ils se servent le plus souvent, par abus, des témoignages tels qu'ils avaient été déjà publiés parmi les Gentils. Je ne réponds pas à l'opinion commune qui veut que l'évangéliste saint Luc, en qualité de prosélyte, ait ignoré les lettres hébraïques.

« Il envoya Juda au-devant de lui à Joseph, afin qu'il le rencontrât en la ville d'Héroun, sur la terre de Ramessé. » *Ibid.* 28. Le texte hébreu ne parle ni de la ville d'Héroun, ni de la terre de Ramessé, et dit simplement Gésen. Quelques Juifs affirment que Gésen s'appelle maintenant Thébaïde. Quant à ce qui suit : « Il leur accorda de posséder la meilleure terre d'Egypte en Ramessé, » ils présument que c'est le nom primitif du pays d'Asinoé.

« Il lui dit : Fais-moi serment. Il lui fit serment ; et Israël adora devant le haut de sa verge. » *Genès.* XLVII, 31. Sur ce point, c'est à tort que quelques critiques prétendent que Jacob adora le haut du sceptre de Joseph, sans doute parce qu'il aurait adoré la puissance de son fils pour lui faire honneur ; le texte hébreu donne un sens bien différent : « Israël adora à la tête de son petit lit. » Après que son fils l'eut assuré par serment au sujet de la demande qui avait été faite, Jacob adora Dieu près de son siége. Le saint homme, l'homme de Dieu, accablé de vieillesse, avait son siége disposé de telle façon qu'il s'y pouvait aisément arranger pour la prière.

« On en donna la nouvelle à Joseph : Voilà

sententiæ refragatur, Scripturam inter se contrariam faciet. Ipsi enim Septuaginta Interpretes, qui hic septuaginta quinque animas per πρόληψιν, cum Joseph, et posteris suis Ægyptum ingressas esse dixerunt, in Deuteronomio septuaginta tantum intrasse (al. *introisse memorant*) memorarunt. Quod si e contrario nobis illud opponitur, quomodo in Actibus Apostolorum, VII, in concione Stephani dicatur ad populum septuaginta quinque animas ingressas esse Ægyptum ; facilis excusatio est. Non enim debuit sanctus Lucas, qui ipsius historiæ scriptor est, in gentes Actuum Apostolorum volumen emittens, contrarium aliquid scribere adversus eam Scripturam, quæ jam fuerat gentibus divulgata. Et utique majoris opinionis illo dumtaxat tempore Septuaginta Interpretum habebatur auctoritas, quam Lucæ, qui ignotus, et vilis, et non magnæ fidei in nationibus (al. *gentibus*) ducebatur. Hoc autem generaliter observandum, quod ubicumque sancti Apostoli, aut Apostolici viri loquuntur ad populos, his plerumque testimoniis abutuntur, quæ jam fuerant in gentibus divulgata ; licet plerique tradant Lucam Evangelistam, ut proselytum (*a*) Hebræas litteras ignorasse.

« Judam vero misit ante se ad Joseph, ut occurreret ei ad urbem Heroum in terram Ramesse. » *Genes.* XLVI, 28. In Hebræo nec urbem habet Heroum, nec terram Ramesse, sed tantummodo Gesen. Nonnulli Judæorum asserunt (*b*), Gesen, nunc Thebaidem vocari. Et id quod postea sequitur : « Dedit eis, ut possiderent Ægypti (al. *in Ægypto*) optimam terram in Ramesse, » pagum Arsenoitem sic olim vocatum autumant.

« Et dixit ei, jura mihi. Et juravit ei ; et adoravit Israel contra summitatem virgæ ejus. » *Genes.* XLVII, 31. Et in hoc loco quidam frustra simulant adorasse Jacob summitatem sceptri Joseph, quod videlicet honorans filium, potestatem ejus adoraverit, cum in Hebræo multo aliter legatur : « Et adoravit, inquit, Israel ad caput lectuli, » quod scilicet, postquam ei juraverat filius securus de petitione, quam rogaverat, adoraverit Deum contra caput lectuli sui. Sanctus quippe, et Deo deditus vir, oppressus senectute, sic habebat lectulum positum, ut ipse jacentis habitus absque ulla difficultate ad orationem esset paratus.

« Et nuntiatum est Joseph : Ecce pater tuus ægrotat ; et tulit duos filios secum, Manassen et Ephraim. »

(*a*) Tantum vero abest, ut in hac ipse versaretur opinione Hieronymus, ut e contrario post vernaculum Hebræum sermonem, quem in Luca ab ipsis incunabilis supponit, lib. de Scriptoribus Eccles. cap. VII, cum dicat, *Græci sermonis*, quem nempe studio compararit, *non ignarum*. Nec dubitandum, Judæum jam illum exstitisse, antequam Christo nomen daret, maxime si fidem adhibeas antiquis auctoribus, Origeni, sive Adamantio cuidam in Dialogis adversus Marcianitas, et Epiphanio Hæres. LI, 11, qui eum e numero LXX discipulorum tradunt exstitisse. Præterea Hebraismos in ejus scriptis, non contemnendæ eruditionis hominibus observatos.

(*b*) Dixisset, *somniant* : homines Geographiæ imperitissimi. Regio Gessen eadem est ac Terra Ramesses, ex qua civitate nomen obtinet : quod ex subsequenti cap. *vers.* 11, perspicuum est. Recte suo sensu habent LXX *Heroum*, quæ urbs, Ptolemæo Heropolis, erat ad extremam oram Sinus Arabici, qui et Sinus Heropolis dicebatur.

que votre père est malade ; et il prit avec lui ses deux fils Ephraïm et Manassé. » *Genès.* XLVIII, 1. Ce passage confirme ce que nous avons déjà dit : Joseph avait à cette époque deux fils seulement, Ephraïm et Manassé. Puisque bien des années après, à la mort de son père Jacob, il ne présenta que deux fils à sa bénédiction, assurément, quand ses fils étaient hors d'état d'engendrer, étant fort jeunes et presque à la mamelle, à l'époque de l'arrivée de son père et de ses frères, il ne put avoir d'eux, des petits-fils.

« Israël réconforté s'assit sur la couche. » *Ibid.* 2. Je ne sais pourquoi les Septante traduisent le même mot tantôt d'une façon et tantôt d'une autre ; mais nous pouvons dire avec assurance que le mot MÉTA (מטה), qu'ils rendent ici par *couche*, là où nous avons rapporté que Jacob adora, ils l'ont traduit par *verge*, au lieu de *couche*.

« Maintenant, voilà que tes deux fils, qui te sont nés sur la terre d'Egypte, avant que j'y vinsse vers toi, sont à moi, tes fils Ephraïm et Manassé, comme seront à moi Ruben et Siméon. Ceux que tu engendreras dorénavant seront à toi. Ils seront appelés au nom de leurs frères. » *Ibid.* 5. Si quelqu'un ne croyait pas encore que les personnes d'Israël qui entrèrent en Egypte étaient au nombre de soixante-dix, et que Joseph, au temps de l'arrivée de Jacob, n'avait pas neuf, mais seulement deux fils, ce passage doit le convaincre. C'est Jacob lui-même qui assure que Joseph avait deux fils, et non pas neuf. Quant à ces mots : « Ephraïm et Manassé seront à moi comme Ruben et Siméon, » ils signifient ceci : Comme Ruben et Siméon formeront deux tribus, qui porteront leurs noms, ainsi Ephraïm et Manassé formeront deux tribus, seront la tige de deux peuples, et ils auront leur part d'héritage de la terre promise, comme mes propres fils. Tes autres fils, dit-il, ceux qui te naîtront après ma mort, ils seront à toi. Il montre bien qu'ils n'étaient pas engendrés à cette époque.

« Ils seront appelés à l'héritage au nom de leurs frères. » *Ibid.* 6. Ils ne recevront pas une part distincte de territoire, ils n'auront pas de limites propres, comme les autres tribus ; ils seront mêlés aux tribus d'Ephraïm et de Manassé, comme étant ajoutés au peuple.

« Je t'ai donné (*ail.* je te donne), hors part au-dessus de tes frères, Sicima, que j'ai reçue des mains des Amorrhéens par mon glaive et par ma flèche. » *Ibid.* 22. Sicima est donné ici sous son nom grec et latin. En hébreu, le nom est SICHEM, comme l'atteste l'évangéliste saint Jean, IV, 5, quoique l'erreur grossière, qui consiste à lire *Sichar*, se soit fort accréditée ; c'est maintenant *Néapolis*, ville des Samaritains. Le mot hébreu SICHEM (שכם) se traduit par *épaule* ; il y a là une belle allusion au nom, quand il dit : « Je te donnerai une épaule, » puisque au

Genes. XLVIII, 1. Et ex hoc illud quod supra diximus, demonstratur, quia Joseph ad id locorum duos tantum filios habuerit, Ephraim et Manassem. Si enim post multos annos, moriente Jacob patre suo, duos tantummodo filios duxit ad benedictionem, utique illo tempore, cum filii ejus generare non quiverant, parvuli atque lactentes, in ingressu patris et fratrum, nepotes ex eis habere non potuit.

« Et confortatus Israel, sedit super lectulum. » *Ibid.* 2. Causa, cur Septuaginta Interpretes idem verbum aliter atque aliter ediderint, nescio ; hoc unum audacter dico, quod ipsum verbum META מטה, quod hic in *lectulum* transtulerunt, supra ubi diximus, adorasse Jacob, *virgam* potius, quam *lectulum* nominaverunt.

« Et nunc ecce duo filii tui, qui nati sunt tibi in terra Ægypti, antequam venirem ad te in Ægypto, mei sunt, Ephraim, et Manasse, quasi Ruben, et quasi Simeon erunt mihi. Quos autem generaveris post hæc, tui erunt. In nomine fratrum suorum vocabuntur. » *Ibid.*, 5. Si quis ambigebat, quod septuaginta animæ introissent Ægyptum, filiorum Israel, et quod Joseph eo tempore, quo ingressus est Jacob, non novem, sed duos tantum filios habuerit, præsenti capitulo confirmatur. Siquidem ipse Jacob loquitur, duos eum filios habuisse, non novem. Quod autem dicit : « Ephraim et Manasse, sicut Ruben et Simeon erunt mihi, » illud significat, sicut Ruben et Simeon duæ tribus erunt, et ex suis vocabulis appellabuntur ; sic Ephraim et Manasse duæ tribus erunt, duosque populos procreabunt, et sic hæreditabunt repromissionis terram, sicut et filii mei. Reliqui autem, ait, filii, quos post mortem meam genueris, ostendens necdum illo tempore procreatos, tui erunt.

« In nomine fratrum suorum vocabuntur in hæreditatem suam. » *Ibid.*, 6. Non, inquit, accipient separatim terram, nec funiculos proprios habebunt, ut reliquæ tribus, sed in tribubus Ephraim et Manasse, quasi appendices populi commiscebuntur.

« Et ego dedi (al. *do*) tibi Sicimam præcipuam super fratres tuos, quam accepi de manibus Amorrhæorum in gladio meo et sagitta. » *Ibid.*, 22. Sicima juxta Græcam et Latinam consuetudinem declinata est. Alioquin Hebraice SICHEM dicitur, ut Joannes quoque Evangelista testatur IV, 5 ; licet vitiose, ut *Sichar* legatur, error inolevit ; et est nunc *Neapolis* urbs Samaritanorum. Quia igitur SICHEM שכם lingua Hebræa transfertur in *humerum*, pulchre allusit ad

lieu de ἐξαιρέτῳ, on écrit *un* en hébreu. Quand il ajoute qu'il l'a possédée par son arc et par son glaive, il appelle arc et glaive la justice, grâce à laquelle, étranger et voyageur, il a mérité d'échapper au danger, après avoir mis à mort Emor et Sichem. En effet, il craignit, nous l'avons lu plus haut, que les villes et les châteaux voisins ne se levassent contre lui pour venger la prise d'une ville alliée; » *Genés.* XXXIV; et le Seigneur ne permit pas qu'on lui nuisît. Ou peut-être faut-il comprendre ainsi : Je te donnerai Sichem, que j'ai achetée par ma force, c'est-à-dire à prix d'argent, que j'ai acquise par beaucoup de labeurs et de sueurs. Quand il dit : « au-dessus de tes frères, » il montre qu'il a donné cette ville à la tribu de Joseph, hors part. Aussi est-ce là que Joseph fut enseveli ; on y voit son mausolée encore de nos jours.

« Ruben mon premier-né, toi ma force et le commencement de mes enfants, ferme pour le fardeau, mais ferme aussi dans l'insolence et l'injure, ne sois pas bouillant comme l'eau. Tu es monté sur la couche de ton père. Tu l'as alors violée, quand tu y es monté. » *Genés.* XLIX, 3. Il est écrit dans l'hébreu : « Ruben mon premier-né, tu étais ma force, et tu étais en tête de mes enfants, le plus grand pour le fardeau, le plus grand par la force. Tu t'es répandu comme l'eau, n'ajoute pas à ta faute; car tu es monté sur le lit de ton père, et tu as souillé sa couche en y montant. » Voici le sens : Tu es mon premier-né, le plus âgé de mes enfants, et tu devais, selon l'ordre de la naissance, recevoir en héritage le sacerdoce et le commandement, que le droit accorde aux aînés. C'est ce qui est signifié par la force plus grande et la fermeté sous le poids du fardeau. Mais parce que tu as péché, et que, comme l'eau qui déborde du vase, tu t'es répandu dans l'effervescence du plaisir, je t'enjoins de ne plus pécher, et tu descendras au rang de tes frères, portant la peine de la faute qui t'a fait perdre ton privilége de premier-né.

« Les frères Siméon et Lévi ont consommé une iniquité de leur invention ; que mon âme ne vienne pas dans leur conseil, et que mon cœur ne se propose pas pour modèle dans leur assemblée, puisqu'ils ont mis à mort des hommes, et dans leur désir ont coupé les nerfs du taureau. » *Ibid.* 5, 6. La nécessité nous oblige, pour répondre au but de l'ouvrage, de rapporter plus au long les passages qui sont en désaccord avec la vérité du texte hébreu. On y lit ici : « Les armes des frères Siméon et Lévi ont été des vases d'iniquité. Que mon âme n'entre pas dans leur secret et que ma gloire ne soit pas ruinée dans leur assemblée, puisqu'ils ont commis l'homicide en leur fureur, et qu'en leur convoitise ils ont sapé le mur. » *Genés.* XXXIV. Ce n'est point avec son assentiment, veut-il dire,

nomen, dicens : « Et ego dabo tibi humerum unum. » Pro *præcipuo* enim, id est, ἐξαιρέτῳ, *unum* scribitur in Hebræo. Quod autem dicit se eam in arcu, et gladio possedisse ; arcum hic, et gladium, justitiam vocat, per quam meruit peregrinus, et advena, interfecto Sichem, et Emor, de periculo liberari. Timuit enim, ut supra legimus, ne vicina oppida, atque castella ob eversionem fœderatæ urbis adversum se consurgerent; *Gen.* XXXIV ; et Dominus non dedit eis ut nocerent illi. Vel certe sic intelligendum : Dabo tibi Sicimam, quam emi in fortitudine mea, hoc est in pecunia, quam multo labore multoque sudore acquisivi. Quod autem ait, *super fratres tuos*, ostendit absque sorte dedisse eam tribui Joseph. Siquidem eodem loco sepultus est Joseph, et mausoleum ejus ibi hodieque cernitur.

« Ruben primogenitus meus, tu fortitudo mea et principium filiorum meorum, durus ad ferendum et durus procacitate, et injuria, sicut aqua non ebullias. Ascendisti enim super lectulum patris tui. Tunc violasti stratum, cum ascendisti. » *Gen.* XLIX, 3. In Hebræo scriptum est : « Ruben primogenitus meus, tu fortitudo mea, et capitulum in liberis meis. Major ad portandum, et major robore. Effusus es sicut aqua, ne adjicias. Ascendisti enim cubile patris tui, et contaminasti stratum in ascensu. » Est autem sensus hic : Tu es primogenitus meus, major in liberis, et debebas juxta ordinem nativitatis tuæ, hæreditatem quæ primogenitis jure debebatur, et sacerdotium accipere et regnum ; hoc quippe in portando onere et prævalido robore demonstratur. Verum quia peccasti, et quasi aqua, quæ vasculo non tenetur, voluptatis impetu effusus es, idcirco præcipio tibi, ut ultra non pecces, sisque in fratrum numero, pœnam peccati luens, quod primogeniti ordinem perdidisti.

« Simeon et Levi fratres consummaverunt iniquitatem adinventionis suæ ; in consilium eorum non veniat anima mea, et in congregatione eorum non æmuletur jecur meum, quia in furore suo interfecerunt homines, et in desiderio suo subnervaverunt taurum. » *Ibid.* 5, 6. Necessitate compellimur juxta propositum operis longius ea repetere, quæ ab Hebraica veritate discordant. Legitur enim ibi : « Simeon et Levi fratres, vasa iniquitatis arma eorum. In arcanum eorum ne intret anima mea, et in conventu eorum ne desoletur gloria mea, quia in furore suo interfecerunt virum, et in libidine sua suffoderunt murum. » *Genes.* XXXIV. Significat autem non sui consilii fuisse, quod Sichem et Emor fœderatos viros interfecerint, contraque jus pacis et amicitiæ

qu'ils tuèrent Emor et Sichem, ses aliés ; qu'ils répandirent leur sang innocent, contrairement aux droits de la paix et de l'amitié, et que, par une sorte de fureur, outre cette cruauté, ils renversèrent les murs d'une ville hospitalière. De là les paroles qui suivent :

« Maudite leur fureur, parce qu'elle est sans frein, et leur colère, parce qu'elle est inflexible ; je les diviserai dans Jacob et je les disperserai dans Israël. » *Genès.* XLIX, ». Lévi ne reçut point d'héritage propre et eut peu de villes, pour les habiter, disséminées sur toutes les tribus. Pour Siméon, il est écrit de lui dans le livre de Josué, *Jos.* XIX, qu'il n'obtint pas de limites propres et reçut quelques portions de la tribu de Juda. Les Paralipomènes, I, 4, disent clairement que les descendants de Siméon, s'étant multipliés et n'ayant pas de lot qui leur appartînt, émigrèrent dans le désert. Certains voient les Apôtres prophétiquement annoncés dans les hommes mis à mort, et Jésus-Christ dans le taureau, dont les Pharisiens coupèrent plus tard les nerfs.

« Juda, tes frères te loueront. » *Genès.* XLIX. Juda veut dire également *confession* et *louange*. Aussi était-il écrit : « Juda, tes frères te confesseront, » ou, « tes frères te loueront. »

« Les fils de ton père t'adoreront. Juda, mon fils, lionceau, tu as grandi dans ta race, succombant en lion et renaissant en lionceau. Qui le ressuscitera ? » *Ibid.* 9. Outre le grand mystère de la venue de Jésus-Christ, Jacob prophétise, au pied de la lettre, que les rois seront engendrés de Juda par David, et que toutes les tribus lui seront soumises. En effet, il ne dit pas « les fils de ta mère, » il dit « les fils de ton père. » Dans l'hébreu, au lieu de « dans ta race, mon fils, » il y a « tu es monté de la captivité, mon fils, » montrant ensuite qu'il doit conduire les peuples captifs, et, dans un sens plus mystique, qu'il montera dans le ciel et mènera la captivité captive. *Psal.* LXVII, c'est-à-dire, à mon sens, que la captivité désigne la Passion du Sauveur, et l'action de monter sa résurrection.

« Attachant à la vigne son poulain, et l'ânon par une corde. » *Genès.* XLIX, 11. L'hébreu porte : « Attachant à la vigne son poulain, et l'ânesse au Sorec, mon fils. » C'est ainsi que l'ânon sur lequel Jésus-Christ est assis, c'est-à-dire le peuple des Gentils, a été réuni à la vigne des Apôtres, issus d'entre les Juifs ; et qu'au Sorec, c'est-à-dire *à la vigne élue*, a été liée l'ânesse qu'il monte, c'est-à-dire l'Eglise formée au sein des nations. Il ajoute « mon fils, » apostrophant Juda lui-même, pour montrer qu'en Jésus-Christ il doit faire toutes ces choses. Observons aussi qu'à l'endroit où nous lisons : « Attachant à la vigne son poulain, » au lieu de *poulain*, on peut lire dans l'hébreu *sa ville*, dans le sens de l'Eglise universelle, désignée en d'autres termes et de laquelle il est écrit : « La ville élevée sur la montagne ne peut être cachée ; » *Matth.* V, 15 ; et : « L'impétuosité du fleuve comble de joie la cité de Dieu. » *Psalm.* XLV, 5.

« Issachar a désiré le bien, se reposant au

rum sanguinem fuderint innocentem, et quasi quodam furore, sic crudelitate rapti, muros hospitæ urbis everterint. Unde sequitur et dicit :

« Maledictus furor eorum, quia procax ; et ira eorum, quia dura : dividam eos in Jacob, et dispergam eos in Israel. » *Genes.* XLIX, 7. Levi enim hæreditatem propriam non accepit, sed in omnibus sceptris, paucas urbes ad habitandum habuit. De Simeon vero in libro Jesu scriptum est, *Josue*, XIX, quod et ipse proprium funiculum non fuerit consecutus, sed de tribu Juda quiddam acceperit. In Paralipomenon I, 4 autem libris manifestius scribitur, quod, cum multiplicatus fuisset, et non haberet possessionis locum, exierit in desertum. Quidam prophetice interfectos homines, Apostolos, et subnervatum taurum a Pharisæis, Christum interpretantur.

« Juda, te laudabunt fratres tui. » *Genes.* XLIX, 8. Quia Juda, *confessio*, sive *laus* interpretatur, consequenter scribitur : « Juda, tibi confitebuntur fratres tui ; vel, te laudabunt fratres tui. »

« Adorabunt te filii patris tui. Catulus leonis Juda, ex germine, fili mi, ascendisti, procumbens ut leo, et quasi catulus leonis. Quis suscitabit eum ? » *Ibid.* 9. Licet de Christo grande mysterium sit, tamen juxta litteram prophetatur [al. *interpretatur*], quod reges ex Juda per David stirpem generentur, et quod adorent eum omnes tribus. Non enim ait, *filii matris tuæ*, sed *filii patris tui*. Et quod sequitur, *ex germine, fili mi*, in Hebræo habet, *de captivitate, fili mi, ascendisti ;* ut ostenderet eum captivos populos esse ducturum ; et juxta intelligentiam sacratiorem, ascendisse in altum, et captivam duxisse captivitatem. *Psalm.* LXVII. Sive quod melius puto, captivitas passionem, ascensus resurrectionem signat.

« Alligans ad vitem pullum suum, et funiculo pullum asinæ. » *Genes.* XLIX, 11. In Hebræo ita habet : « Alligans ad vitem pullum suum, et in Sorec, fili mi, asinam suam ; » quod videlicet pullum asinæ, cui supersedit Jesus, hoc est, gentilem populum, vineæ Apostolorum, qui ex Judæis sunt, copulaverit. Et ad Sorec, id est, *electam vitem*, alligaverit asinam, cui supersedit, Ecclesiam ex nationibus congregatam. Quod autem dicit, *fili mi*, apostrophen ad ipsum Judam facit, quod Christus hæc sit universa facturus. Sed et hoc sciendum, quod ubi nos legimus : « Alligans ad vitem pullum suum, » pro *pullo* in Hebræo possit legi, *urbem suam*, juxta eumdem sensum aliis verbis Ecclesia demonstrata, de qua alibi scriptum

milieu des lots, et voyant que le repos est bon et la terre est fertile ; il a ployé son épaule pour le travail, et il est devenu homme de culture. » *Genès.* XLIX, 14, 15. Voici le texte hébreu : « Issachar, âne robuste, se reposant au milieu des limites et voyant que le repos est bon et que la terre est belle, a incliné son épaule sous le fardeau et s'est laissé soumettre au tribut. » Il venait de dire que Zabulon posséderait le littoral de la grande mer et s'étendrait jusqu'à Sidon et aux autres villes de Phénicie ; il rentre maintenant au cœur des terres et fixe auprès de Nephthali la résidence d'Issachar, qui doit posséder la plus belle partie de la Galilée. Il l'appelle âne robuste et montre son épaule inclinée sous le fardeau, parce que, dans la culture de la terre et dans le transport vers la mer des produits de sa région, comme aussi pour les tributs qu'il payerait aux rois, il devait soutenir de rudes travaux. Les Hébreux voient là une métaphore ; Issachar, disent-ils, devait méditer nuit et jour les saintes Écritures, mettre tous ses soins à les interpréter, et en cela toutes les tribus devaient être ses inférieures et lui porter des dons comme à leur maître.

« Dan jugera son peuple, comme l'un des sceptres d'Israël. Que Dan devienne couleuvre sur la route, basilic dans le sentier ; qu'il morde le pied du cheval, afin que celui qui le monte tombe en arrière. J'attendrai votre Sauveur, Seigneur. » *Ibid.* 16 *et seqq.* Samson, juge d'Israël, fut de la tribu de Dan. Voici donc ce qu'il dit : Je vois maintenant en esprit Samson, ton Nazaréen, entretenir sa chevelure et triompher des ennemis taillés en pièces ; que, semblable au serpent et à la barrière obstruant la route, il n'en laisse passer aucun par la terre d'Israël ; et si quelque téméraire, confiant en sa force et dans la rapidité de son cheval, essaie de la dévaster et de la piller, il ne pourra fuir. Tout ce passage du serpent et du cavalier est métaphorique. Voyant, dit-il, ton Nazaréen si fort, qui meurt à cause d'une femme perdue et en mourant écrase nos ennemis, j'ai pensé, ô mon Dieu, qu'il est Jésus-Christ lui-même votre Fils ; mais puisque, étant mort, il n'est pas ressuscité, et qu'Israël a été de nouveau conduit en captivité, je dois attendre un autre Sauveur du monde et de ma race, « afin que vienne celui dont Samson n'est que la figure et qui est vraiment l'attente des nations. »

« Le petit larron Gad lui reprendra sa proie, et lui-même s'emparera de sa résidence. » *Ibid.* 19. Nous avons interprété d'après l'hébreu. Où nous avons mis *petit larron* est écrit GÉDUD גדוד, pour jouer sur le nom de GAD, qui signifie εὔζωνος, c'est-à-dire *équipé* ou *armé*. Tout cela fait allusion à ce que Jacob revenant après

est : « Non potest civitas abscondi supra montem posita. » *Matth.* V, 15. Et « Fluminis impetus lætificat civitatem Dei. » *Psalm.* XLV, 5.

« Issachar bonum desideravit, requiescens inter medios cleros, et videns requiem, quia bona est, et terram, quia pinguis : supposuit humerum suum ad laborandum, et factus est vir agricola. » *Genes.* XLIX, 14, 15. In Hebræo ita scriptum est : « Issachar asinus osseus, recumbens inter terminos, et videns requiem, quia bona est, et terram, quia pulchra est : inclinavit humerum suum ad portandum, et factus est in tributum serviens. » Quia supra de Zabulon dixerat, quod maris magni esset littora possessurus, Sidonem quoque et reliquas Phœnicis urbes contingeret ; nunc ad mediterraneam provinciam redit, et Issachar, quia juxta Nephtalim, pulcherrimam in Galilæa regionem possessurus est, benedictione sua habitatorem facit. Asinum autem osseum vocat, et humerum ad portandum deditum, quia in labore terræ, et vehendis ad mare oneribus, quæ in suis finibus nascebantur, plurimum laboraret, regibus quoque tributa comportans. Aiunt Hebræi, per metaphoram significari, quod Scripturas sanctas die ac nocte meditans, studium suum dederit ad laborandum, et ideo ei omnes tribus serviant, quasi magistro dona portantes.

« Dan judicabit populum suum, sicut unum de sceptris Israel. Fiat Dan coluber in via, regulus in semita, mordens ungulas equi, ut cadat [al. *et cadet*] ascensor ejus retrorsum ; salvatorem tuum exspectabo, Domine. » *Ibid.* 16 *et seqq.* Samson judex in Israel, de tribu Dan fuit. Hoc ergo dicit : Nunc videns in spiritu comam nutrire Samson Nazaræum tuum, cæsisque hostibus triumphare ; quod in similitudinem colubri regulique obsidentis vias, nullum per terram Israel transire permittat ; sed [al. *sicut*] etiam si quis temerarius virtute sua, quasi equi velocitate confisus, eam voluerit prædonis more populari, effugere non valebit. Totum autem per metaphoram serpentis et equitis loquitur. Videns ergo tam fortem Nazaræum tuum, quod et ipse propter meretricem mortuus est, et moriens nostros occidit inimicos, putavi, O Deus, ipsum esse Christum Filium tuum ; verum quia mortuus est, et non resurrexit, et rursum captivus ductus est Israel, alius mihi Salvator mundi, et mei generis præstolandus est, « ut veniat cui repositum est et ipse erit exspectatio gentium. »

« Gad latrunculus latrocinabitur eum, et ipse latrocinabitur plantam. » *Ibid.* 19. Juxta Hebræum interpretati sumus. Sed ubi nos *latrunculum* posuimus, ibi scriptum est GEDUD גדוד, ut ad GAD nomen alluderet, qui significantius εὔζωνος, id est, *accinctus*, sive *expeditus* exprimi potest. Totum autem illud est,

quatorze années à ceux de ses descendants qu'il avait envoyés en possession au-delà du Jourdain, avant Ruben et la demi-tribu de Manassé, il trouve une grande guerre engagée contre eux par les nations voisines, et voit Gad vaincre les ennemis, après avoir vaillamment combattu. Lisez le livre de Josué, fils de Navé, *Jos.* XIII, et les Paralipomènes, I, 3. Je n'ignore pas que les bénédictions données aux patriarches cachent plusieurs mystères, mais il n'est pas dans le dessein de ce livre de les expliquer.

« Nephthali, branche émondée, produisant de magnifiques fruits. » *Genès.* XLVIII, 21. L'hébreu porte : « Nephthali, champ arrosé, donnant des témoignages de la beauté, » soit parce que les eaux chaudes abondent dans cette tribu, soit parce que, située au-dessus du lac de Génésareth, elle est arrosée par les eaux du Jourdain. Les Hébreux veulent que Nephthali soit prophétiquement appelé champ arrosé donnant les témoignages éloquents de la beauté, à cause de Tibériade, qui semblait avoir la connaissance de la loi. Où nous avons mis *champ arrosé*, et les Septante στέλεχος ἀνειμένον, c'est-à-dire *branche émondée*, l'hébreu dit AJALA SLUAA אילה שלחה, et peut aussi se traduire par *cerf mis en liberté*, montrant la rapidité avec laquelle une terre des plus fertiles produit les fruits de toute saison. Mais il est mieux de rapporter tout cela à la doctrine du Sauveur, en ce sens que c'est en ce lieu qu'il enseigna le plus, comme d'ailleurs nous l'apprend l'Evangile.

« J'ai un fils de plus, Joseph, et ce fils est mon accroissement, et l'admiration des filles qui vont à la fontaine ou qui s'avancent à pas comptés sur le rempart. Ils l'ont irrité, ils l'ont combattu, ils se sont irrités contre lui, parce qu'ils avaient des flèches. Son arc s'appuie sur la force, et les liens de ses mains ont été brisés par les mains du puissant Jacob, d'où la pierre d'Israël sera maintenue par le Dieu de ton père ; » *Ibid.* 22 *et seqq.* ; et le reste. Comme les Septante donnent presque partout un autre sens à ce passage, au lieu de leur interprétation, nous avons donné la traduction exacte du texte hébreu. Voici le sens général : O Joseph, qui portes ce nom, soit parce que Dieu a fait de toi mon accroissement, soit parce que tu dois être le plus grand parmi tes frères (la tribu d'Ephraïm fut en effet la plus puissante, le livre des Rois et les Paralipomènes nous le disent) ; ô mon fils Joseph, si beau que la foule de toutes les filles d'Egypte s'arrête pour t'admirer du haut des remparts, des tours et des fenêtres : Tes frères, armés des flèches de l'aversion et blessés par les traits de la jalousie, t'ont porté envie et t'ont provoqué à la colère. Mais tu as cherché ton arc et des ressources de combat en Dieu, qui est un puissant athlète ; et les liens dont t'avaient chargés tes frères, il les a dénoués, il les a rompus, afin que de toi naquît Ephraïm, fort, durable, inébranlable comme le rocher le plus dur, et commandant aux dix tribus d'Israël.

« Benjamin, loup ravisseur, dévorera encore le matin, et le soir, au contraire, donnera la nourriture. » *Ibid.* 27. Cette prophétie désigne

quod ante Ruben, et dimidiam tribum Manasse, ad filios, quos trans Jordanem in possessionem dimiserat, post quatuordecim annos revertens, prælium adversum eos gentium vicinarum grande repererit, et victis hostibus, fortiter dimicarit. Lege librum Jesu Nave, *Josue* XIII, et Paralipomenon. I, v. Non ignoro plura in benedictionibus patriarcharum esse mysteria, sed ad præsens opusculum non pertinet.

« Nephtalim virgultum resolutum, dans in generatione pulchritudinem. » *Genes.* XLIX, 21. In Hebræo ita scriptum est : « Nephtalim ager irriguus, dans eloquia pulchritudinis, » significans, quod aquæ calidæ in ipsa nascantur tribu ; sive quod super lacum Genesareth, fluento Jordanis irrigua sit. Hebræi autem volunt, propter Tiberiadem, quæ Legis videbatur habere notitiam, agrum irriguum, et eloquia pulchritudinis prophetari. Porro ubi nos *agrum irriguum*, et Septuaginta στέλεχος ἀνειμένον, id est *virgultum resolutum* posuerunt, in Hebræo legitur AJALA SLUAA אילה שלחה, quod potest et *cervus emissus* transferri, propter temporaneas fruges, velocitatem terræ uberioris ostendens. Sed melius, si ad doctrinam Salvatoris cuncta referamus quod ibi vel maxime docuerit, ut in Evangelio quoque scriptum est.

« Filius auctus Joseph, filius auctus ; super fontem filiæ, gradu composito incedentes super murum. Et exacerbaverunt eum, et contenderunt, et irascebantur adversus eum, habentes sagittas. Sedit in forti arcus ejus, et dirupta sunt vincula manuum ejus, a manibus fortis Jacob, inde pascetur lapis Israel a Deo patris tui. » *Ibid.*, 22 *et seqq.*, et reliqua. Quia Septuaginta Interpretes in plerisque dissentiunt, pro interpretatione eorum, ut in Hebræo habetur, expressimus. Et est sensus capituli : O Joseph, qui ideo sic vocaris, quia adauxit te mihi Deus, sive quia inter fratres tuos major futurus est (fortissima siquidem fuit tribus Ephraim, ut in Regnorum et Paralipomenon libris legimus) ; O, inquam, fili mi Joseph, qui tam pulcher es, ut te tota de muris, et turribus, ac fenestris puellarum Ægypti turba prospectet, inviderunt tibi, et te ad iracundiam provocaverunt fratres tui, habentes livoris sagittas, et zeli jaculis vulnerati. Verum tu arcum tuum et arma pugnandi posuisti in Deo, qui fortis est propugnator ; et vincula tua, quibus te

très-clairement l'apôtre saint Paul, nul ne saurait en douter, puisqu'en sa jeunesse il persécuta l'Eglise, tandis qu'il prêcha l'Evangile en sa vieillesse. Le texte hébreu dit : « Benjamin, loup ravisseur, au matin, dévorera la proie, et le soir, partagera les dépouilles. » Voici l'interprétation des Hébreux. L'autel, sur lequel on immolait les victimes et dont la base était inondée de leur sang, était situé dans la tribu de Benjamin. Ce passage signifierait, par conséquent, que les prêtres, qui, le matin immolent les victimes, partagent entre eux, le soir, les offrandes du peuple, que la loi leur attribue. Le loup sanguinaire, le loup vorace figure l'autel, et le partage des dépouilles figure les prêtres, qui, servant l'autel, vivent de l'autel.

fratres ligaverunt, ab ipso soluta sunt, et dirupta, ut ex tuo semine tribus nascatur Ephraim, fortis, et stabilis, et instar lapidis durioris invicta, imperans quoque decem tribubus Israel.

« Benjamin lupus rapax, mane comedet adhuc, et ad vesperam dabit escam. » *Ibid.* 27.

Quam de Paulo Apostolo manifestissima prophetia sit, omnibus patet, quod in adolescentia persecutus Ecclesiam, in senectute prædicator Evangelii fuerit, tamen in Hebræo sic legitur : « Benjamin lupus rapax, sive capiens, in matutino comedet prædam, et ad vesperam dividet spolia. » Quod ita Hebræi edisserunt : Altare, in quo immolabantur hostiæ, et victimarum sanguis ad basem illius fundebatur, in parte tribus Benjamin fuit. Hoc, inquiunt, ergo significat, quod sacerdotes mane immolant hostias, et ad vesperam dividunt ea, quæ sibi a populo ex Lege collata sunt, lupum sanguinarium, lupum voracem super altaris interpretatione ponentes, et spoliorum divisionem super sacerdotibus, qui servientes altari, vivunt de altari.

FIN DU TOME TROISIÈME.

SAINT-BRIEUC. — IMPRIMERIE FRANCISQUE GUYON.

www.ingramcontent.com/pod-product-compliance
Lightning Source LLC
Chambersburg PA
CBHW060754230426
43667CB00010B/1570
* 9 7 8 2 0 1 2 5 9 5 3 8 5 *